헌법기본서

新 헌법개론

나달숙 저

박영사

근대 헌법이 담으려고 하고 현대 헌법이 추구해온 자유와 평등은 현재도 진행 중이다. 한 국가의 헌법은 국가의 과거이고 현재이고 미래 역사의 산물인 것이다. 1948년 헌법이 제정되고 1987년 현재의 헌법으로 개정되기까지 역사의 수레바퀴는 갈등과 혼란 속에서도 국민을 향해 돌기를 쉬지 않았다.

시대의 흐름과 함께 헌법상황도 변해왔다. 역사와 이론으로 무장했던 헌법의 분야에서 국민의 기본권 보장을 향한 헌법재판소의 역할은 실로 방대해졌다. 그동안 수많은 헌법판례가 축적되어 왔고 이제는 헌법판례를 언급하지 않고는 헌법을 논할 수 없게 되었다. 그만큼 헌법판례의 중요성은 매우 커져가고 있고, 헌법을 공부하는 학생이나 수험생들은 헌법판례를 익히는 것이 필수과정이 되었다고 해도 과언이 아니다. 이러한 상황을 고려해 이 책에서는 헌법의 최신 경향과 이론을 담으려고 했고, 여기에 적절한 판례를 배치함으로써 이론과 판례를 함께 익히는데 도움을 주고자 하였다.

아무리 복잡하게 보이는 만물이라 할지라도 만물에는 정돈된 질서가 존재한다. 한 국가의 국민공동체생활이 매우 다양하고 복잡하다 할지라도 국가를 유지하고 국민의 안정적 생활을 위한 규범은 존재하기 마련이다. 국내적으로 최상위규범인 헌법은 국가의 질서를 세우고 그를 둘러싸고 있는 헌법현실에 맞는 옷을 입히기 위해 부단히 노력해오고 있다. 규범은 변화된 헌법현실을 반영하고 헌법현실은 규범을 변화시킨다. 이 책을 쓰는 데도 이점을 충분히 반영하려고 하였다.

이 책에서는 다음의 몇 가지 점을 고려하면서 서술하였다.

첫째, 큰 틀에서 헌법의 일반적 이론은 헌법총론으로 하고, 헌법상 개개의 기본권과 개개 국가권력기관에 관한 것은 헌법각론으로 하여 서술하였다.

둘째, 그 동안에 사용되어 온 통치구조라는 용어는 국가가 국민을 통치대상으로 볼 때 사용하던 용어 개념으로 통치구조가 아닌 국가권력구조로 서술하였다.

셋째, 헌법기본서로서 기본이론을 충실하게 담고 관련 법령을 최대한 수록하려고 하였고, 수험 준비하는 사람들을 위해 중요한 헌법판례를 최신의 판례까지 담으려고 하였다.

넷째, 책의 서술에 있어서 헌법이론서와 현행헌법의 틀에 맞추어 독사들의 편의를 도모하고자 하였고, 지방자치시대의 큰 흐름을 반영하여 서술하고자 하였다.

　다섯째, 큰 단원마다 서두에 기본적으로 이해해야 하는 내용에 대한 질문을 제시해 중요하게 이해해야 하는 기본적 내용을 환기시키고자 하였다.

　여섯째, 전반적으로 어려운 이론들을 이해하기 쉽게 서술하려고 하였고, 제목에 색을 달리해 시각적으로 각인되어 접근과 기억에 도움을 주고자 하였다.

　독자들이 이 책을 학습용이든 수험기본서이든 어떤 목적으로 활용하든지 모두가 원하는 목표를 이루는데 유용한 책이 되기를 마음을 담아 기원해 본다.

　"내게 능력주시는 자 안에서 내가 모든 것을 할 수 있느니라"(빌 4:13)

　아주 작은 작품일지라도 완성하기까지는 나름의 노고가 들어있다. 미진한 부분은 수정·보완하고자 하며 독자들의 질정을 바란다.

　책이 나오기까지 독자의 입장에서 도움을 준 김효연 박사, 요청대로 표지 디자인 하느라 수고한 선화, 시간으로, 마음으로 응원해준 상미, 추성 그리고 인생의 동반자, 인생의 깊이를 알게 해준 모든 지인들에게 이 자리를 빌려 감사한 마음을 전하고 싶다.

　마지막으로 책 출간을 해주신 박영사 안종만 회장님, 안상준 대표님을 비롯하여, 책이 출간되기까지 한결같이 도와주신 이승현 과장님, 친절하게 도와주신 오치웅 대리님, 편집 하느라 수고해주신 박가온 님, 그리고 출판사 직원 여러분들에게 감사의 마음을 표하며, 박영사의 무궁한 발전을 기원한다.

2022. 2.

저자 나달숙 씀

CONTENTS
차례

제3부 기본권론(기본권 총론)

제1장 기본권 일반론   213

제2편 헌법각론

제1부 기본권(기본권 각론)

제2부 국가권력구조론

일러두기

REFERENCE
참고문헌

■ 주요 참고문헌

계희열, 헌법학(상), 박영사, 2005

계희열, 헌법학(중), 박영사, 2000

권영성, 헌법학원론, 법문사, 2015

김철수, 헌법학신론, 박영사, 2013

_____, 헌법개설, 박영사, 2012.

김하열, 헌법강의, 박영사, 2021

김학성, 헌법학원론, 피앤씨미디어, 2014

나달숙 외 2인, 헌법학개론, 법영사, 2006

나달숙, 헌법(1), 청목출판사, 2008

허 영, 한국헌법론, 박영사, 2015

양 건, 헌법학강의, 법문사, 2007

성낙인, 헌법학, 법문사, 2019

_____, 헌법학입문, 2018

정재황, 헌법학, 박영사, 2021

_____, 헌법입문, 박영사, 2016

정종섭, 헌법학원론, 박영사, 2016

■ 주요 사이트

헌법재판소 www.ccourt.go.kr

대법원 www.scourt.go.kr

국가법령정보센터 www.law.go.kr

제1편
헌법총론

제 **1** 부
헌법서론

01 헌법서설

기본이해를 위한 질문
1. 헌법이란 무엇인가
2. 헌법의 개념에 대한 분류는 어떻게 이루어지고 있는가
3. 헌법의 특성은 무엇인가

제1절 헌법의 의의·분류·기능

제1항 헌법의 의의

헌법이란 국가의 기본법으로서 국가의 조직과 작용의 원칙을 정하고, 국민의 기본권을 보장하는 국가의 근본법으로 국내 최고의 법이다.

헌법(constitutional Law, Verfassungsrecht, droit Constitutionell)이란 용어는 원래 국가의 조직·구조·체제·제도(Constitution)라는 의미를 가지는 것이었고, 이러한 의미의 헌법이 성문화됨으로써 헌법규범으로서 의의를 갖게 된 것이다. 헌법은 처음에는 국가의 조직과 작용에 관한 법으로서 정립되었고, 국가를 조직하고 구성하는 주권자인 국민의 자유와 권리를 보장하는 국가의 기본법으로 전개된 것이다.

영국이나 미국 등 대부분 국가의 기본적 출발점으로서의 헌법이 국가의 조직과 작용으로서의 규범이었다고 한다면, 국민의 기본권을 보장하기 위한 헌법규범으로서의 전개는 국민주권이 보장된 근대 입헌주의헌법에서였다. 그 중심에 1789년 프랑스의 '인간과 시민의 권리선언'이 있다. 프랑스 인권선언 제16조에서 "권리의 보장이 확보되지 아니하고, 권력분립이 규정되어 있지 않은 사회는 헌법을 가진 것이 아니다"라고 선언한 것은 헌법을 규범으로서의 중요한 의의를 갖게 한 것이다.

헌법은 국가의 조직과 작용을 담은 국가권력의 질서를 정하는 법으로, 개인 상호 간의 관계를 규율하는 사법과 달리 국가와 개인과의 관계를 규율하는 공법 영역에 속한다.

헌법은 행정법과 함께 공법에 속하지만 국가의 입법·행정·사법의 전반에 관한 기본적인 사항을 규율하는 법인 반면, 행정법은 헌법의 규정 중 행정에 관한 부분만을 규율한다는 점에서 차이가 있다. 그래서 둘의 관계는 헌법이 전체법이라면 행정법은 부분법이고, 헌법이 국내 최상위

규범으로 존재하는 상위법이라면 행정법은 국회가 제정하는 법률로서 하위법이 된다.

또한 헌법은 한 국가 내에서 효력을 가지는 국내법이란 점에서 다수의 국가들 사이에 효력을 가지는 국제법과 다르다.

제2항 헌법의 개념에 따른 분류

I. 사실성과 법규범적 측면에 따른 개념

(1) 사실로서의 헌법개념(사회학적 개념)은 헌법을 국가의 정치적 사실과 정치적 통일, 그리고 사회적 질서의 상태로 이해하는 것이다.

이는 헌법의 본질이 한 나라의 사실적 권력관계라고 하거나(라살레(F. Lassale)), 헌법이란 본질적으로 다양한 권력집단이나 정치적 세력에 의하여 정치적 통합이 계속 형성되어 가는 과정의 원리라고 하고(스멘트(R. Smend)), 헌법은 헌법제정권력자가 정치적 통일체의 종류와 형태에 관하여 내린 근본적 결단(슈미트(C. Schmitt))으로 파악하고 있다.

이 개념에서는 헌법의 문제를 정치적 현실의 힘의 문제로 보고, 역사적 경험상 법규범의 힘보다 정치적 현실의 힘이 더 크게 작용하는 것으로 확인한다.

(2) 법규범으로서의 헌법개념(법학적 개념)은 헌법을 현실(Sein)과 대립하는, 현실을 규제하고 있어야 할 형태를 제시하는 법규범(Sollen)으로서 파악하는 것이다.

이는 헌법을 국가최고기관의 구성·상호관계·권한배분과 개인이 국가에 대해 갖는 기본적 지위에 관한 법규범이라고 파악하거나(옐리네크(G. Jellinek)), 국내법상 최상위에 위치하는 의제된 규범인 근본규범으로 본다(켈젠(H. Kelsen)). 또한 헌법을 국가의 통치질서와 가치질서의 기본원칙에 관한 최고위의 규범적 표현이라거나(쉬테른(K. Stern)), 국가의 권력구조와 국민의 기본권을 보장하는 국가의 법적인 근본질서(캐기(W. Kägi))로 파악한다.

이 개념에서는 헌법의 법규범적 측면만을 강조하고 정치적·사회적 현실성은 도외시하고 있다거나, 단지 법규범의 효력을 갖는지 여부에만 관심이 있을 뿐 다른 가능성은 무시하는 것이라는 비판이 제기된다.

(3) 사실로서의 헌법개념은 정치적 현실이나 정치적 통일, 헌법제정권자의 결단을 지나치게 강조하고 헌법의 규범적 측면을 무시한다는 점에서, 법규범으로서의 헌법개념은 헌법의 규범적인 측면만을 지나치게 중시한 나머지 헌법의 사실적 측면을 경시한다는 점에서 문제점이 지적된다.

개념 파악에 있어서 사실 또는 법규범 중 어느 한 측면만을 강조한다면 현실성이 빠진 규범 또는 규범성이 빠진 현실의 결과에 이르게 된다. 헌법규범은 현실과 독립되어 존재하는 것이 아니며, 법규범은 경제적·사회적·역사적 여건들이 고려될 때에 비로소 생명력 있는 규범으로서 자리매김할 수 있는 것이다.

따라서 헌법의 개념을 보다 잘 이해하기 위해서는 헌법이 살아있는 법으로서 현실을 반영하는 사실적·동태적 측면으로서의 헌법개념과 동시에 현실을 규제하고 바람직한 형태를 제시하는 법규범적·정태적 측면으로서의 헌법개념을 동시에 파악하여야 한다.

II. 역사적 발전단계에 따른 개념

(1) 고유의 의미의 헌법

고유의 의미의 헌법이란 국가의 통치체제에 관한 기본사항을 정한 국가의 기본법을 말한다. 즉 헌법은 국가최고기관의 조직과 권한을 설정하고 국가최고기관 상호 간의 관계를 정하며, 국가와 국민의 관계에 관한 기본원칙을 정하는 국가의 기본이 되는 법이라고 본다.

이는 국가라면 어떠한 국가든지 모두가 가지고 있고, 성문헌법·불문헌법에 상관없이 국가가 있는 곳이면 언제나 존재하는 헌법개념이다. '영국에도 헌법이 있다'고 할 때는 이러한 고유의 의미의 헌법을 의미하는 것이다.

(2) 근대 입헌주의적 의미의 헌법(시민국가적 헌법)

근대 입헌주의적 의미의 헌법은 국민의 기본권을 보장하고 전제군주의 통치권을 제한한 것으로, 고유의 의미의 헌법과 같이 국가권력을 조직하는 측면보다는 국가권력을 제한하는 측면을 더욱 강조한다.

이는 개인주의·자유주의·법치주의와 같은 일정한 이데올로기를 지향하면서, 개인의 자유와 권리를 보장하고(기본권 보장), 권력분립에 의하여 국가권력이 남용되는 것을 억제하려는(권력분립) 헌법이다.

1789년 프랑스 인권선언 제16조는 권리보장과 권력분립을 규정하여 이러한 입헌주의적 헌법을 선언하였다. 이러한 입헌주의적 헌법의 대표적인 예로는 1776년 미버지니아주 헌법과 1787년 미연방헌법, 프랑스의 1791년 헌법, 1871년 독일 비스마르크헌법, 그리고 1889년 일본제국헌법 등이다.

근대 입헌주의적 헌법에서는 엄격성과 형식성이 강조되고, 그 공통되는 필수적 기본원리로 ① 국민주권의 원칙, ② 기본권 보장의 원칙, ③ 권력분립의 원칙, ④ 법치주의, ⑤ 성문헌법의 원칙 등을 든다.

(3) 현대 복지(사회)국가적 의미의 헌법

현대 복지국가적 의미의 헌법이란 복지국가의 원리를 바탕으로 형식의 완화와 실질을 강조하는 헌법을 말한다. 즉, 현대 복지국가적 헌법은 근대 입헌주의적 헌법의 기반 위에 실질적·사회적 이념이 첨가되어진 헌법이다.

근대 시민국가적 체제에 있어서 국가는 치안유지만을 담당하고 개인에게 간섭하지 않는 소극적인 야경국가였고, 개인의 경제활동에 있어 절대적 자유와 형식적 평등을 강조하였다. 그러나 자본주의사회의 구조적 모순과 부조리가 부익부·빈익빈의 심화, 경제적 약자인 노동자에 대한 자본가의 임금착취 등을 초래하자, 국가는 이에 적극적으로 개입하여 경제적·사회적 불평등을 해소하고자 하였다.

또한 과거의 형식적인 평등만을 강조하던 것이 내용과 절차적인 면에서의 평등도 중요시하게 되었다. 대표적인 현대 복지국가적 헌법은 1919년 독일의 바이마르(Weimar)헌법에서 시작되었고, 대부분의 현대국가가 지향하는 헌법이다.

현대 복지국가적 헌법은 ① 국민주권의 실질화, ② 기본권 보장의 실질화, ③ 실질적·절차적 법치주의, ④ 권력분립주의의 완화, ⑤ 사회적 시장경제주의, ⑥ 행정국가화·적극국가화 경향, ⑦ 헌법재판제도의 확립, ⑧ 국제평화주의 등을 기본원리로 한다.

Ⅲ. 존재론적 측면에 따른 개념

(1) 실질적 의미의 헌법이란 법의 질서형식이 헌법이건 법률이건 명령이건 또는 성문법이건 불문법이건 그 존재형식에 관계없이 국가의 기본법 전부를 말하는 것이다. 국가의 조직과 작용·권한 등을 규정한 모든 규범이 이에 해당되며, 헌법전은 물론 법률·명령·규칙 및 관습이나 조리까지도 모두 포함한다.

실질적 의미에 있어서 헌법은 국가권력조직의 기본법을 의미하므로 고대나 중세, 사회주의 국가나 민주주의 국가, 성문헌법 국가나 불문헌법 국가에 관계없이 모든 국가에 존재하는 것이다. '영국에도 헌법은 있다'고 하는 경우의 헌법은 이러한 실질적 의미의 헌법을 가리키는 것이다.

(2) 형식적 의미의 헌법은 성문화된 헌법전이라는 형식을 갖추어 존재하는 것으로, 법의 규정 내용과 관계없이 특수한 존재형식을 갖추고 있느냐를 기준으로 하는 헌법개념이다.

이러한 의미의 헌법은 보통 단일적인 법전으로 되어 있고, 그 효력은 법률보다 상위에 있으며, 개정에 있어서도 법률의 개정절차보다 더 까다롭고 복잡한 절차를 밟아야 한다. 오늘날 영국을 비롯한 몇 개의 국가를 제외하고는 모든 국가가 이러한 형식적 의미의 헌법을 가지고 있다.

요컨대 영국은 실질적 의미의 헌법과 입헌적 의미의 헌법은 있으나 형식적 의미의 헌법은 없고, 한국은 실질적 의미의 헌법과 형식적 의미의 헌법 그리고 입헌적 의미의 헌법을 모두 가지고 있다.

(3) 형식적 의미의 헌법은 대체로 실질적 의미의 헌법과 그 내용이 일치하지만 반드시 일치하는 것은 아니다.

이 둘의 개념이 일치하지 않는 것은 실질적 의미의 헌법에 해당하는 사항을 모두 헌법전에 수록하는 것이 곤란하다는 입법기술상의 이유가 있고, 실질적 의미의 헌법에 해당하는 사항도 자주 개정할 필요가 있는 것은 헌법전에 규정하지 않는 것이 오히려 편리하기 때문이다.

또한 헌법개정을 어렵게 하려는 헌법정책적 이유로 실질적 의미의 헌법의 내용이 아닐지라도 이를 헌법전에 편입시키는 경우도 있다. 예컨대 스위스헌법의 '미리 마취하지 않은 식육동물을 도살해서는 안 된다'는 도살조항(제25a조)과, 독일의 바이마르헌법의 '미술·천연기념물과 명승풍경의 보호'라는 풍치조항(제150조) 그리고 미연방헌법의 금주조항(수정헌법 제18조) 등은 형식적 의미의 헌법에는 속하나 실질적 의미의 헌법이라 보기 어렵다.

제3항 헌법의 기능

1. 국민적 합의와 국민통합기능

헌법은 국민적 합의를 규범화한 것으로 합의를 도출하는 기능과 도출된 합의를 유지하기 위한 역할을 수행한다. 국민적 합의도출기능은 언론의 자유, 선거를 통한 지도자 선출, 국민투표에 의한 중대한 국가정책결정 등에 의해 유지된다.

그리고 헌법은 국민적 합의를 바탕으로 국가구성원 전체인 공동체 이익의 실현을 위해 국민을 하나로 통합하는 기능을 한다.

2. 정치과정 합리화와 정치생활과정 통합기능

헌법은 국가의 목표를 설정하고 그 목표의 달성을 위해 국가구성원 간의 협력과 조화를 이루는 장치를 규정하고 있다. 헌법은 국가기관 상호 간의 공화와 협조를 규정하고 국가권력의 행사와 한계를 설정하여 정치과정이 합리적으로 이루어지도록 하고 있다.

또한 헌법은 정치세력들의 정치생활과정을 통합하는 기능을 갖는다. 국가는 끊임없는 갱신을 통한 계속형성과 새로운 체험의 과정을 겪으며, 이를 통하여 국가공동체 전체의 통합을 지향한다.

3. 법질서 설정기능

헌법은 공동체생활의 실현을 위한 법질서를 설정하는 타 규범의 준거기능을 갖는다. 헌법에 근거하여 일반 법규범이 설치되고 통일적인 법질서를 형성하고 유지하는 기능을 수행한다.

4. 기본권 보장기능

헌법은 국민의 기본권을 규정하고 국가로 하여금 국민의 기본권을 보장할 의무를 지게하고 있다. 헌법은 국가가 기본권보장을 위한 다양한 장치를 마련하고 실천하도록 하며, 국민의 자유와 권리보장을 위한 역할을 수행하도록 하고 있다.

5. 국가구성과 권력통제기능

헌법은 국가의 조직과 국가기관의 구성에 대해 규정하고 이를 통해 국가권력이 자신의 역할을 수행하도록 하고 있다.

또한 헌법은 구성된 국가기관 상호 간의 견제장치를 마련함으로써 권력적 균형을 유지하고, 권력이 남용되는 경우를 방지하기 위한 장치를 규정하여 국가권력을 통제하는 기능을 수행한다.

제2절 헌법의 특성과 과제

제1항 헌법의 특성

I. 헌법의 사실적 특성

1. 정치성

헌법은 역사적으로 정치권력을 잡은 세력들에 의해 그 지배체제가 형성되고 규정된 것으로 정치세력들에 의해 형성된 결정체로서 정치성을 띠고 있다.

헌법을 제정하는 과정이 우선 정치성을 띤다. 헌법의 권력체제를 정하고 기본권 보장과 경제체제 등을 정하는 헌법의 제정은 정치세력들의 타협물이다. 그리고 제정된 헌법을 개정하는 것도 집권세력 간의 타협을 통해서 이루어지고, 헌법 파괴 등의 헌법현상도 정치적인 것이다.

독일의 법학자 칼 슈미트(Carl Schmitt, 1888~1985)는 헌법제정을 '제정자의 정치적 결단'이라고 하여 헌법이 그 내용뿐만 아니라 결과도 정치적인 것임을 표현하였다.

2. 역사성

헌법은 그 이념과 가치질서가 그때그때의 역사적 여건과 지배 상황에 의하여 제약을 받는 역사성을 갖는다.

근대 입헌주의 헌법이 봉건적 전제군주의 압제에 대항하여 탄생한 것이나, 자본주의의 모순을 해결하기 위해 절대적 자유와 형식적 평등으로부터 상대적 자유와 실질적 평등으로의 변천을 통해 탄생한 현대 복지국가적 헌법은 모두 역사적 발전에 따른 것이다.

3. 이념성

헌법규범은 한 국가가 추구하는 시대정신을 반영하고, 법질서 전체의 바탕을 이루는 특유의 가치와 이념을 내용으로 하는 이념성을 지닌다.

자유 입헌주의헌법이 등장한 근대 시민국가의 헌법은 자유를 시대적 이념으로 하고, 국민의 자유보장과 국민의 기본권(인권) 보장을 국가의 최고이념으로 삼았다. 그리고 현대 복지국가적 헌법은 실질적 평등을 강조하고 사회적 약자의 보호를 위한 복지국가를 지향하고자 하였다.

4. 개방성

헌법은 추상성으로 국가생활 전반에 관해 상세하게 규정하지 않고 그 대강만을 규정한다. 이는 헌법을 미완성, 불확정 규범이게 하는 것임과 동시에 변화되는 공동체 생활이 요청하는 현실을 반영하는 규범으로 존재하게 하는 개방성을 지니게 한다.

따라서 헌법은 시대를 반영하고 모든 사안에 대해 포괄할 수 있는 열린 규범으로서 연구와 해석을 가능하게 한다.

II. 헌법의 규범적 특성

1. 최고규범성

헌법은 헌법제정권력자인 국민의 합의를 내용으로 하는 최고의 규범적 체계로, 실정법 내에서는 그 이상의 상위규범이 없는 최상위법규범으로서 최고규범성을 갖는다.

미국헌법 제6조 제2항과 일본헌법 제98조에서는 명시적으로 헌법이 최고규범임을 규정하고 있다. 현행헌법은 헌법의 최고규범성을 명시적으로 규정하고 있지는 않지만 이를 보장하거나 최고규범임을 의미하는 사실을 확인할 수 있다.

헌법은 그 최고법규성으로 인해 법률, 명령, 규칙 등의 하위법령을 제정하는 기준이 되며, 하위법령의 효력근거가 된다.

위헌법령심사제를 규정하여 헌법재판소로 하여금 법률의 위헌 여부를 심사하도록 하고, 헌법개정절차를 다른 일반법률의 개정절차보다 까다롭게 규정하고 있는 것(경성헌법)은 이러한 헌법의 최고규범성에서 나오는 것이다.

2. 기본권보장규범성

근대 입헌국가헌법은 물론 현대 복지국가헌법은 기본권보장을 규정하여 국민의 자유와 권리의 확보를 선언하고 있다.

프랑스 인권선언은 '권리의 보장이 확보되지 아니한 사회는 헌법을 가진 것이 아니다'라고 하여 기본권 보장의 중요성을 강조하고 있고, 현대 민주국가에서도 국가가 국민의 기본권 보장을 하여야 함을 헌법에 규정하고 있다.

현행헌법 제10조에는 "모든 국민은 인간으로서의 존엄과 가치를 가지며, … 국가는 개인이 가지는 불가침의 기본적 인권을 확인하고 이를 보장할 의무를 진다"라고 하고 있다.

또한 제37조 제2항에서 "국민의 모든 자유와 권리는 국가안전보장·질서유지 또는 공공복리를 위하여 필요한 경우에 한하여 법률로써 제한할 수 있으며, 제한하는 경우에도 자유와 권리의 본질적인 내용을 침해할 수 없다"라고 규정하여 국민의 기본적 인권보장을 명시하고 제한에도 한계가 있음을 확인하고 있다.

3. 조직규범성·수권규범성

모든 국가기구는 헌법이 규정한 권력구조에 관한 기본구조에 의해 조직되고 작용하는 것으로, 헌법은 이러한 국가기관을 조직하는 조직규범성을 갖는다.

현행헌법은 입법권은 국회(제40조), 행정권은 대통령을 수반으로 하는 정부(제66조 제4항), 사법권은 법관으로 구성된 법원(제101조 제1항)에서 행사하는 것으로 규정하여 각 국가기구에 부여한 권한의 범위 내에서 권력작용을 정하고 있다.

이에 따라 모든 국가기관은 헌법이 위임한 권한만을 행사하여야 하며, 이를 초월한 권력행사는 인정되지 않는다는 수권규범성을 갖는다.

이러한 수권규범성으로 인하여 헌법은 다른 법규범의 존재와 타당범위, 그리고 권력기관의 권한 범위를 정해주는 것이다.

4. 권력제한규범성

현대 민주국가헌법은 국민의 자유와 권리를 최대한 보장하고 국가권력을 제한하기 위해 국가권력을 분립하고 있다.

일반적으로 헌법은 국가권력을 입법권·행정권·사법권으로 분립하여, 이를 각 국가기관에 분담시키고 국가기관 상호 간에는 상호 견제와 균형을 유지하게 함으로써, 국가권력의 자의적 행사와 남용을 미연에 방지하고자 하고 있다.

헌법에 권력을 분립하여 규정하고 국민의 기본권을 보장하는 것은 각 국가기구에 부여한 권력작용만을 행사할 것을 요하고 그 부여한 범위를 넘는 권력을 행사하는 것을 제한하는 권력제한규범으로서의 성질을 갖는다.

5. 자기보장규범성

헌법은 국내 최상위법으로서 그 이상의 규범이 존재하지 않고, 다른 하위규범과는 달리 그 실효성을 확보하거나 그 내용을 직접 강제할 수 있는 기관이나 수단을 구비하고 있지 않다. 그래서 헌법은 헌법의 규범력을 유지하기 위한 수단을 헌법에 규정하여 자기 스스로 헌법규범을 보장하는 자기보장규범성을 갖는다.

헌법은 헌법질서의 침해가 발생하는 경우에 헌법의 기존 질서를 유지하고 당면한 위기를 극복하기 위한 수단을 헌법에 규정하고 있다. 헌법은 국가긴급권이나 비상계엄에 관한 규정을 두고 있고, 국민 최후의 보루인 저항권의 행사도 가능하도록 하고 있다.

6. 생활규범성

헌법은 국민의 법적 지위 등을 규정하여 헌법규범 내용이 국민의 공동체 사회생활을 형성하게 하는 생활규범성을 갖는다.

헌법은 이러한 국민공동체생활을 실현하고 유지하게 하는 규범성을 갖는 점에서 일반 규범과 다른 특성을 갖는다.

제2항 헌법의 과제

"헌법은 일반적으로 국가의 권력기관을 정하고 그 구성방법 및 상호관계와 권한을 확정하며, 나아가 국가권력에 대한 개인의 기본적 지위를 정한 법규들을 포함하고 있다"라고 한 옐리네크의 헌법에 대한 개념정의는 국가의 법적 기본질서로서의 헌법에 비중을 두고 있는 것이다.

현대국가의 헌법은 이러한 국가의 법적 질서로서의 과제뿐만이 아니라, 국민 전체로서의 공동체생활과정에서 조정과 갈등 해결 등을 통한 국가적 통합과정의 법적 질서 또한 필요로 하는 것이다.

현대사회의 공동체생활에 있어서 가장 기본이 되는 것은 국가이다. 국가를 기본으로 법질서가 형성되고, 법질서는 국가의 활동영역을 한계짓는다. 법은 강제력을 지니고 국가권력의 형성·유지·활동에 구속력을 발휘하게 된다.

그러나 국가는 단순하게 존재하는 것만이 전부가 아니고 국가 내 현실에서 끊임없이 발생되는 갈등과 분쟁에 대한 해결의 중심에 있게 된다.

이러한 국가공동체생활에 있어서 다양하게 변화되는 사회문제를 해결하기 위해 법질서 또한 변화된다. 사회가 다양화되고 복잡화됨에 따라 이를 위한 법질서 또한 전문화되고 세분화된다.

이같이 변화되는 공동체생활을 안정적이고 일관적으로 유지하기 위해서라면 이러한 법질서에 대한 통일성이 필수적이다. 통일성 있는 법질서를 통한 규범력의 확보는 공동체의 기초를 형성하고 방향을 제시한다. 이러한 역할을 하는 것이 한 국가 최고의 근본법인 헌법이다.

또한 헌법은 국내 최상위법으로서의 국가의 중요한 사항들을 정하고 이를 기반으로 모든 법질서를 형성하게 한다. 헌법은 국가조직의 구성과 활동에 관한 사항을 정하고, 국가의 모든 공동체 생활영역에 영향을 미치는 것이다.

요컨대 현대헌법의 과제는 사회복지국가원리에 입각한 국민공동체생활의 안정화를 지향하고, 다원화와 정보화사회로 변화되는 시대에 규범의 통일성과 정합성을 추구하는 것이라 하겠다.

02 헌법기초이론

기본이해를 위한 질문
1. 헌법의 법원이란 무엇인가
2. 헌법의 분류에는 어떤 유형이 있는가
3. 헌법의 해석이란 무엇이며 합헌적 법률해석이란 무엇인가
4. 헌법은 최초로 어떻게 만들어지는가
5. 헌법의 개정이란 무엇이며, 어떻게 이루어지는가
6. 헌법의 변천이란 무엇인가

제1절   헌법의 법원

I. 헌법법원의 의의

법원이란 법의 연원으로 법의 존재형식을 의미하는 것으로, 헌법의 법원은 헌법의 존재형식을 말한다.

성문헌법이란 성문의 헌법전이 존재하는 헌법을 말하고, 불문헌법이란 그 존재형식이 없는 헌법을 말하는 것으로 관습헌법, 판례헌법 등을 들 수 있다. 대륙법계국가의 대부분은 성문헌법을 헌법의 법원으로 가지고 있는데 대해, 영미법계국가는 불문헌법을 헌법의 법원으로 가지고 있다.

헌법의 법원이 일반법률의 법원과 다른 것은 헌법의 최고규범적 효력을 유지시키기 위해 헌법재판을 할 경우에 헌법이 그 기준으로서 인정된다는 데 있다.

헌법판례는 헌법재판소가 내리는 결정으로, 헌법재판소는 스스로 내린 결정에 대해 판례변경을 할 수 있다는 점에서 국민적 합의에 의한 결정과는 다른 것이다.

성문헌법을 법원으로 채택하고 있는 국가에서는 성문법전에 규정하지 않는 사안을 해결하기 위해 성문헌법 이외에 불문헌법인 관습헌법이나 판례헌법을 헌법의 법원으로 인정할 것이냐에 대한 문제가 제기된다.

II. 관습헌법의 법원성

관습헌법이란 한 국가에서 용인되고 있는 헌법적 가치를 갖는 관습적 규범을 말한다.

성문법국가에서 관습헌법의 법원성을 인정하는 것은 성문의 헌법전에 헌법에 관한 사항을 빠짐없이 모두 규정하는 것이 불가능하다는 데에서 기인한다.

그러나 헌법사항에 관한 것을 담고 있다고 해서 모두가 관습헌법의 법원성이 인정되는 것은 아니며, 법률의 법원에 관습법이 요청되는 요건과 같이 성문헌법국가에서 헌법의 법원으로 관습헌법을 인정하는 데 있어서는 엄격한 요건이 충족되어야 한다.

> **ⓘ 판례** | 관습헌법의 법원성 – 헌재 2004.10.21. 2004헌마554 등(위헌)
>
> 일반적으로 **실질적인 헌법사항**이라고 함은 널리 **국가의 조직에 관한 사항이나 국가기관의 권한 구성에 관한 사항 혹은 개인의 국가권력에 대한 지위를 포함하여 말하는 것**이지만, **관습헌법**은 이와 같은 **일반적인 헌법사항에 해당하는 내용 중에서도 특히 국가의 기본적이고 핵심적인 사항으로서 법률에 의하여 규율하는 것이 적합하지 아니한 사항을 대상**으로 한다. 일반적인 헌법사항 중 과연 어디까지가 이러한 **기본적이고 핵심적인 헌법사항에 해당하는지 여부**는 일반추상적인 기준을 설정하여 재단할 수는 없고, 개별적인 문제사항에서 **헌법적 원칙성과 중요성 및 헌법원리를 통하여 평가하는 구체적 판단에 의하여 확정하여야 한다**"고 한다. 또한 "수도를 설정하는 것 이외에도 국명을 정하는 것, 우리말을 국어로 하고 우리글을 한글로 하는 것, 영토를 획정하고 국가주권의 소재를 밝히는 것 등이 **국가의 정체성에 관한 기본적 헌법사항**이 된다"고 하고, "서울이 수도라는 점은 우리 제정헌법이 있기 **전부터 전통적으로 존재하여온 헌법적 관습**이며 우리 헌법조항에서 명문으로 밝힌 것은 아니지만 **자명하고 헌법에 전제된 규범**으로서, **관습헌법으로 성립된 불문헌법에 해당**한다.

헌법재판소는 '신행정수도건설특별법'의 위헌 여부에 대한 결정에서 수도가 서울이라는 점은 관습헌법에 해당하는 것으로서 이 법률로써 수도를 이전할 수 없고, 헌법 제130조의 국민투표권을 침해하는 법률로 위헌이라고 결정하였다(헌재 2004헌마554 등).

이에 따라 국회는 「신행정수도 후속대책을 위한 연기·공주지역 행정중심복합도시 건설을 위한 특별법」을 제정하였고, 이 법률에 대한 위헌 여부에 대해 헌법재판소는 이 사건 법률은 국민투표권, 청문권, 평등권, 재산권 등 기본권을 침해할 가능성이 없다고 하여 부적법 각하결정을 내렸다(헌재 2005헌마579 등).

Ⅲ. 관습헌법의 성립요건과 변경

관습헌법이 헌법의 법원이 되려면 헌법사항에 관한 관행이나 관례가 존재하고, 이 관행이 오랫동안 지속적으로 반복되어야 하며, 명확한 내용을 가진 관행이 국민의 승인 내지 확신을 통한 합의에 이르러야 한다.

이러한 요건이 충족되어 형성된 관습헌법의 경우에는 성문헌법의 경우와 마찬가지로 법원으로서 적용되어 헌법변경을 가져올 수 있다.

즉, 일반적으로 성문헌법의 경우에는 국민이 직접 헌법의 개정을 통하여 헌법의 변경을 가져오지만, 관습헌법의 경우에는 관행의 반복과 국민의 합의성을 확인하는 것에 의해 헌법의 변경을 가져올 수 있다.

> ⚠️ **판례** | 관습헌법의 성립요건 – 헌재 2004.10.21. 2004헌마554 등(위헌)
>
> **관습헌법**이 성립하기 위하여서는 관습법의 성립에서 요구되는 **일반적 성립 요건**이 충족되어야 한다. 첫째, 기본적 헌법사항에 관하여 어떠한 **관행 내지 관례가 존재**하고, 둘째, 그 관행은 국민이 그 존재를 인식하고 사라지지 않을 관행이라고 인정할 만큼 충분한 기간 동안 **반복 내지 계속**되어야 하며(**반복 · 계속성**), 셋째, 관행은 **지속성**을 가져야 하는 것으로서 그 중간에 반대되는 관행이 이루어져서는 아니 되고(**항상성**), 넷째, 관행은 여러 가지 해석이 가능할 정도로 모호한 것이 아닌 **명확한 내용을 가진 것**이어야 한다(**명료성**). 또한 다섯째, 이러한 관행이 헌법관습으로서 국민들의 **승인 내지 확신 또는 폭넓은 컨센서스**를 얻어 국민이 강제력을 가진다고 믿고 있어야 한다(**국민적 합의**).

Ⅳ. 관습헌법의 효력

성문헌법국가에서 관습헌법이 적용되는 경우에는 원칙적으로 성문헌법과 같은 효력을 가진다.

그러나 관습헌법이 성문헌법에 반하는 경우에 관습헌법은 적용될 수 없는 한계를 갖는다. 즉, 관습헌법은 성문헌법에 규정된 내용을 바꾸는 개폐적 효력은 가질 수 없다.

관습헌법은 성문헌법에 규정한 내용이 없거나 헌법규정이 명확하지 않을 때 비로소 적용하는 보충적 효력을 갖는 것이다.

다만, 이러한 이유로 관습헌법이 적용되는 경우에는 성문헌법과 동등한 효력을 갖게 되는 것이다.

제2절 헌법의 분류

I. 존재형식에 따른 분류 - 성문헌법, 불문헌법

헌법의 존재형식이 성문의 형식이냐 혹은 불문의 형식이냐에 따라 성문헌법과 불문헌법으로 나뉜다.

성문헌법(written Constitution)이란 성문화된 형식적 헌법전을 말하며, 대부분의 국가는 성문헌법을 가지고 있다. 최초의 성문헌법은 1776년에 제정된 미국의 버지니아주헌법이며, 우리 헌법도 이러한 성문헌법에 속한다.

불문헌법(unwritten Constitution)은 성문화된 헌법은 아니나 실질적으로 헌법의 구실을 하는 법률을 말한다. 영국헌법, 캐나다헌법, 뉴질랜드헌법 등은 단일한 성문헌법전이 없고 여러 가지 헌법적 법률로 구성되어 있는 헌법을 가지고 있는 불문헌법이다. 영국의 대헌장, 권리청원, 권리장전, 인신보호법, 왕위계승법 등은 헌법적인 효력을 갖는 불문헌법의 예이다.

II. 개정의 난이에 따른 분류 - 경성헌법, 연성헌법

헌법의 개정절차가 일반법률의 개정절차보다 까다로운지 혹은 동등한지에 따라 경성헌법과 연성헌법으로 나뉜다.

경성헌법(rigid Constitution)은 헌법의 개정절차가 일반법률의 개정절차보다 더 어렵게 되어 있는 헌법을 말한다. 현대국가의 성문헌법은 대부분이 이에 속하며, 우리 헌법도 경성헌법에 속한다.

이에 대해 연성헌법(flexible Constitution)은 헌법의 개정절차가 일반법률의 개정과 동일한 절차에 의하여 개정되는 헌법을 말한다. 연성헌법의 대표적인 예로서는 영국헌법, 1848년의 이탈리아헌법, 1876년의 스페인헌법, 1947년의 뉴질랜드헌법 등을 들 수 있다.

III. 제정주체에 따른 분류 - 흠정헌법, 협약헌법, 민정헌법, 국약헌법

헌법을 제정하는 주체가 누구냐에 따라 흠정헌법, 협약헌법, 민정헌법, 국약헌법으로 나뉜다.

흠정헌법은 군주국가에서 군주 한 사람의 의사로 제정된 헌법을 말하며, 1814년 프랑스헌법, 1850년의 프로이센헌법, 1906년의 제정 러시아헌법 및 제2차 세계대전 이전의 일본 제국주의헌법 등을 들 수 있다.

협약헌법은 군주와 국민 또는 국민의 대표기관과의 협의에 의하여 제정된 헌법을 말하며, 1215년 영국의 대헌장, 1689년 권리장전, 1830년 7월 혁명에 의하여 제정된 프랑스헌법, 19세기 후반기 독일의 각 지방헌법 등이 이에 속한다.

민정헌법은 민약헌법이라고도 하며, 국민주권사상에 입각하여 국민 또는 국민의 대표자가 제정한 헌법이다. 오늘날 대다수 민주국가의 헌법이 이에 속하며, 1787년 미연방헌법, 1919년 독일 바이마르헌법, 1920년 오스트리아헌법, 1948년 대한민국헌법, 1949년의 독일기본법 등이 이에 속한다.

국약헌법은 둘 이상의 국가 간 협약에 의하여 제정되는 헌법으로, 1871년 독일제국헌법, 1992년 독립국가연합헌법(CIS) 등이 이에 속한다.

Ⅳ. 독창성에 따른 분류 – 독창적 헌법, 모방적 헌법

독창적 헌법이란 헌법이 이미 존재하는 다른 헌법에서 유래되지 않고 새로이 창조된, 시원적인 기능원리를 내포하는 헌법을 말한다.

대부분의 헌법은 모방적인 것이나, 독창적 헌법으로 영국의 의원내각제, 미국의 대통령제, 프랑스헌법의 국민공회정부제, 구 러시아의 평의회제, 중국국민당헌법의 오권분립제(입법, 사법, 행정, 감찰, 고시), 폴란드 필수츠키헌법의 신대통령제 등을 들 수 있다.

모방적 헌법은 전래적 헌법이라고도 하며, 국내 또는 외국에서 성립된 헌법모형을 모방하고, 단지 그것을 국가의 필요에 적응시키는 유형의 헌법을 말한다. 우리나라를 비롯한 오늘날 대부분의 국가의 헌법은 이러한 모방적 헌법이다.

Ⅴ. 헌법규범과 현실의 일치 정도에 따른 분류 – 규범적 헌법, 명목적 헌법, 장식적 헌법

독일의 법학자 뢰벤슈타인(K. Löwenstein, 1891~1973)은 기존의 실재론적 분석이 아닌 헌법규범과 헌법현실과의 일치 여부를 기준으로 하여 각국의 헌법을 구별하는 존재론적 분석을 하였다.

1. 규범적 헌법

규범적 헌법은 개인의 자유와 권리의 보장을 최고이념으로 하고, 현실적으로도 최고규범으로서의 실효성이 있는 헌법이다.

규범적 헌법은 헌법규범과 헌법현실이 일치할 경우의 헌법으로, 완전한 규범력을 발휘하는 가장 바람직한 헌법이다. 헌법규범이 정치과정을 지배하여야 하며, 또 권력과정이 헌법규범에 적응하여야 하고 충실하여야 한다.

이를 의복에 비유한다면 현재 몸에 꼭 맞고, 또 실제로 착용되고 있는 의복과 같은 것으로, 서구적 헌법들의 경우가 이에 해당한다.

2. 명목적 헌법

명목적 헌법은 헌법의 내용을 구현하는 데 필요한 전제조건의 결여로, 그 헌법이 현실적으로 규범으로서의 기능을 발휘하지 못하고 다만 명목적인 데 불과한 헌법을 말한다.

명목적 헌법의 목적은 가까운 장래에 완전한 범위에서 규범적이 되고, 권력과정의 동태에 굴복하는 것이 아니라 실제로 이를 지배할 수 있게 되는 데에 있다.

이를 의복에 비유한다면 현재로서는 의복이 장롱 속에 걸려있지만 신체가 성장하여 의복이 맞게 되면 실제적으로 입게 되는 것으로, 서구에서 수입한 아시아·아프리카 후진국의 헌법들이 이에 해당한다.

3. 장식적 헌법

장식적 헌법이란 헌법이 현실을 규율하려는 목적에서가 아니라, 헌법을 가졌다는 것을 외국에 과시하기 위하여 또는 권력자가 자기를 정당화하기 위한 수단으로 만들어진 헌법을 말한다.

만약에 형식적인 헌법이 존재하지 않더라도 권력과정의 실재적인 운영은 눈에 띄게 달라지지는 않을 것이며, 이러한 헌법은 정치권력의 억제에 도움을 주기보다는 사실적인 지배자의 공동사회에 대한 지배를 확보하고 영구화시키는 도구가 되는 것이다.

이를 의복에 비유한다면 의복은 대체로 진정한 의복이 아니라 하나의 변장복에 지나지 않는 것으로, 히틀러시대헌법, 무솔리니헌법, 구소련과 구소련 위성국가들의 헌법 등 독재국가와 공산주의국가 헌법이 이에 속한다.

VI. 국가형태에 따른 분류 – 단일국가헌법, 연방국가헌법

어떤 국가형태를 취하느냐에 따라 단일국가에서 채택하는 헌법을 단일국가헌법이라 하고, 연방국가에서 채택하는 헌법을 연방국가헌법이라고 한다.

연방국가에서의 각 지분국은 국가적 성격을 갖고 지분국은 각각의 헌법을 가지고 있다. 연방국가헌법을 지니고 있는 국가로는 미국, 독일, 스위스, 구소련 등이 이에 해당한다.

제3절 헌법의 해석

제1항 헌법해석의 의의

헌법해석은 헌법전을 대상으로 개개의 조문을 해석하여 헌법규범의 원리와 원칙을 연구하는 것으로, 이를 학문적으로는 헌법해석학이라 한다.

좁은 의미의 헌법해석은 성문헌법인 실정헌법 법규의 의미내용을 명백히 하려는 헌법인식작용을 의미한다. 이에 대해 넓은 의미의 헌법해석은 성문헌법·불문헌법·형식적 의미의 헌법·실질적 의미의 헌법에 관계없이 어떤 헌법규범의 문제를 해석하기 위한 법인식 작용을 의미한다.

헌법해석은 헌법의 개방적이고 불확정적인 특성을 감안하여 헌법에 일정한 가치나 법원리 등의 현실적 요소들을 채움으로써 헌법의 의미내용을 밝혀 확정하는 것이다.

헌법을 해석하는 과정에서 논의의 대상이 되는 구성요소로는 해석의 대상이 되는 헌법규범, 법을 제정한 입법자, 헌법을 해석하여 적용하는 재판관의 세 가지이다.

헌법의 해석을 둘러싼 논의의 전개도 이 세 가지 요소를 중심으로 어느 요소에 중심적 비중을 둘 것인가에 관한 것이다.

제2항 헌법해석의 준칙

Ⅰ. 헌법 통일성의 원칙

헌법의 통일성은 헌법을 헌법 전체를 중심으로 하나의 통일된 규범체계로 파악하는 것이다.

헌법을 해석할 때에는 헌법의 전체적 관련성을 고려하여야 한다. 그래서 헌법규범이 다른 규범과 모순이 발생하지 않도록 하여야 하며, 헌법전의 각 헌법규범 간에도 통일성이 이루어지도록 해석하여야 한다.

Ⅱ. 헌법 규범조화의 원칙

헌법 내에서는 다양한 이해관계로 갈등과 대립이라는 긴장관계에 있게 된다. 이 경우 갈등과 충돌을 해소하고 모든 헌법규범이 서로 최대한 조화를 이루도록 해석되어야 한다.

법익 간의 충돌이 생기는 경우 어느 하나의 법익만이 실현되시 않고 헌법의 통일성에 입각하여 충돌하는 양 법익이 최적으로 실현되도록 하는 조화적 해석이 되어야 한다.

Ⅲ. 기능 적정성의 원칙

권력분립의 원칙상 헌법이 규정한 국가기관은 각자가 배정된 기능의 범위 내에서 이루어지는 것으로 헌법해석에서도 이러한 각 기관의 분배적 기능의 적정성을 고려하여야 한다.

헌법은 국가목표설정, 기본권 보장, 국가권력제한기능을 수행하는 것이므로, 이러한 기능의 적정성을 고려한 헌법해석이 이루어져야 한다.

제3항 헌법해석의 방법

Ⅰ. 전통적 헌법해석

법실증주의자들은 실정법만을 법으로 보아 헌법을 해석하는데 법조문의 해석에 국한하고 법조문에의 엄격한 구속을 강조해왔다. 헌법은 법률과는 다른 규범구조와 특성을 가지고 있음에도 불구하고 헌법을 법률과 같이 법률의 해석방법에 의해 헌법을 해석하였다.

법률의 해석방법으로 사비니(F.C. von Savigny, 1779~1861)는 문법적 해석, 논리적 해석, 역사적 해석, 체계적 해석방법을 제시하여 이들은 서로 협동하여 해석하여야 한다고 보았다. 이러한 해석방법을 헌법의 해석방법에도 적용하여 왔다.

① 문리적 해석은 헌법조문의 법문이나 용어의 의미를 어학적·문법적 방법을 통해 해석하는 방법, ② 역사적 해석은 헌법제정 당시의 상황 또는 헌법제정권자의 의사를 탐구하여 헌법을 해석하는 방법, ③ 목적론적 해석은 헌법제정의 목적이나 헌법에 내재하는 가치를 찾아내어 이에 합치되도록 개개 조문을 해석하는 방법, ③ 논리적·체계적 해석은 헌법조문을 헌법전 또는 헌법 전체 질서와의 논리적 관련성을 고려하여 해석하는 방법이다.

헌법해석에 있어서 제1차적인 해석은 헌법조문의 의미내용을 명백히 하는 문리해석에 있으나, 헌법은 그 추상성으로 인해 조문의 문언이 다의적이므로 이 해석에만 의존할 수는 없다. 따라서 헌법현실을 동태적으로 파악하고 불확정한 헌법요소를 정치사회의 현실에 따른 해석이 행해지게 되는 것이다.

Ⅱ. 헌법해석의 방법론

전통적 해석방법을 중심으로 많은 발전을 해왔다. 법률해석을 입법자의 주관적 의사를 밝히는 데 둘 것인가와 법률에 나타난 법의 객관적 의사에 둘 것인가에 관한 해석으로 견해가 대립되어 왔다.

이러한 법률해석에 대한 견해를 헌법해석에 있어서도 동일하게 적용하여 헌법해석을 법제정자(헌법제정자)의 주관적 의사를 밝히는 데 두는 해석과 헌법에 나타난 객관적 의사에 두는 해석이 가능하다.

헌법을 해석하는 데 헌법조문의 문구나 논리 또는 체계나 역사를 찾는 방법을 사용한다. 이러한 해석은 법제정자의 의도가 무엇인지를 발견하는 방법들로 재판관은 헌법의 문언과 역사 등에 따라야 하며, 자신의 가치선택이 아니라 헌법제정권자의 것임을 주장한다(법제정자 의도설).

이에 대해 헌법해석은 법해석자의 몫으로 법을 해석하고 적용하는 재판관의 역할을 강조하는 견해가 있다. 인간이 만든 법질서는 흠결없는 완결된 것이 아니어서, 헌법의 경우에도 불확정적인 내용이 있고 이를 채워줄 해석이 필요하다는 것이다. 헌법해석을 하는 데 있어서 법제정자의 의도에 구속되기보다는 새로운 상황에서 요구되는 새로운 해석을 하여야 한다는 주장이다(법창조설).

이들 견해에 대한 법해석에 있어 법제정자의 의도설과 법창조설 간 절충적 견해가 제시된다. 이 견해는 법을 해석하는 재판관의 임무는 기존 법체계의 내용파악과 그의 최고의 능력 안에서 구체적 판단을 실현하는 창조적 성격이 존재하나, 이는 법적 통제를 받지 않는 '정책'(policy)에 의해 행하는 입법자의 행위와는 전혀 다르다고 본다.

헌법해석에 의해서 법제정자의 의도를 파악한다거나 재판관의 해석에 의존하는 법창조로 파악하는 것이 극단적인 경우에는 법제정 당시와 달라진 새로운 상황, 그리고 헌법이 공동체생활에서의 역할을 하는 데 한계가 있게 된다. 또한 헌법은 최고법으로서 구체적 사건에 대해 모두 규정할 수 없다. 이러한 점들을 감안하여 헌법의 해석이 가지는 고유한 특성을 이해할 필요가 있게 된다.

해석방법에 있어서 대부분이 불확정적이고 개방적인 헌법규정을 해석하는 데에는 한계가 있을 수밖에 없다. 이러한 점에서 헌법해석은 헌법이 담고 추구하는 이상과 이념에 따른 역사적, 사회적 요구를 올바르게 수용하여 헌법적 방향을 제시하는 헌법의 창조적 기능을 수행하여야 한다. 그래서 헌법해석을 통하여 헌법의 불확정적이고 개방적인 부분을 존재적 요소(법원리, 가치, 법익, 헌법정책)를 고려한 내용을 채워 넣어, 헌법이 지향하고 추구하는 방향에 부합하도록 하여야 할 것이다.

다만, 여기서도 규범을 적절하게 개정하는 것은 입법자의 임무이지 법원의 임무가 아니므로, 창조적 성격은 법규범의 내용이 해석을 통해 보충되는 한도 내에서 이루어져야 한다.

> **판례** | 헌법해석의 방법과 한계 – 헌재 1989.9.8. 88헌가6(헌법불합치)
>
> **헌법의 해석**은 헌법이 담고 추구하는 이상과 이념에 따른 역사적, 사회적 요구를 올바르게 수용하여 **헌법적 방향을 제시하는 헌법의 창조적 기능을 수행하여** 국민적 욕구와 의식에 알맞은 **실질적 국민주권의 실현을 보장하는 것**이어야 한다. 그러므로 헌법의 해석과 헌법의 적용이 우리 헌법이 지향하고 추구하는 방향에 부합하는 것이 아닐 때에는, 헌법적용의 방향제시와 헌법적 지도로써 정치적 불안과 사회적 혼란을 막는 가치관을 설정하여야 한다.

제4항 합헌적 법률해석

I. 합헌적 법률해석의 의의

합헌적 법률해석이란 법률이 헌법에 합치되는지의 여부를 판단할 때, 법률이 위헌으로 보이는 경우에 이를 헌법에 합치되도록 법률을 해석하는 것을 말한다. 이는 법률을 헌법에 합치되도록 해석한다는 점에서 헌법합치적 법률해석 또는 법률의 합헌적 해석이라고도 한다.

합헌적 법률해석은 해석의 대상이 법률이라는 점에서 해석의 대상이 헌법인 헌법해석과는 구별되지만 둘 간의 관계는 밀접하게 관련되어 있다. 합헌적 법률해석은 법률이 가능한 한 헌법과 부합하도록 해석할 것이 요구되는 해석규칙이나, 헌법해석은 헌법에 반하는 법률에 대해 무효를 요구하는 저촉규칙이라는 점에서 구별되지만, 둘은 모두 헌법의 최고규범성을 근거로 한 점에서 서로 밀접한 관련성이 있다.

합헌적 법률해석은 미연방대법원이 판결에 적용해 왔던 합헌성추정의 원칙에서 유래한다. 이는 입법부가 제정한 법률이 위헌으로 판단될 때까지는 일단 유효한 것으로 추정하는 것으로, 법률이 헌법에 어느 정도 일치되는 것으로 해석되는 한 법률을 헌법에 합치하는 것으로 해석해야 한다는 것이다.

헌법재판소도 국가보안법 제7조에 관한 위헌심판사건에서 이러한 합헌적 법률해석에 대해 판시하고 있다(헌재 89헌가113).

> **판례** | 한정합헌해석의 의미 – 헌재 1990.4.2. 89헌가113(한정합헌)
>
> **합헌해석 또는 한정합헌해석**이라 함은 **법률의 규정을 넓게 해석하면 위헌의 의심이 생길 경우에, 이를 좁게 한정하여 해석하는 것**이 당해규정의 입법목적에 부합하여 **합리적 해석**이 되고 **그와 같이 해석하여야 비로소 헌법에 합치하게 될 때 행하는 헌법재판의 한 가지 형태**인 바, 이것은 헌법재판소가 위헌심사권을 행사할 때 해석 여하에 따라서는 **위헌이 될 부분을 포함하고 있는 광범위한 규정의 의미를 한정하여, 위헌이 될 가능성을 제거하는 해석기술**이기도 하다.

II. 합헌적 법률해석의 근거

(1) 법질서의 통일성이다. 법질서는 헌법을 정점으로 통일성을 유지하는 것이 바람직하다.

이를 위해서 비록 법에 위헌적인 요소가 있는 경우라도 해석의 대상이 되는 법을 법체계에서 완전히 제거하는 것보다는 위헌적 가능성을 제거하면서 합헌적인 해석가능성을 유지하는 것이 요청된다.

(2) 입법권한의 존중이다. 입법자의 입법권한은 국민이 선거를 통해 부여받은 것으로 민주적 정당성에 기초하고 있다. 이러한 입법자가 제정한 법률에 대해 다른 국가기관이 위헌이라 판단하는 것은 권력분립의 원칙상 바람직하지 않다.

따라서 헌법을 해석하는 헌법재판소는 입법자의 입법권한을 존중하는 방향으로 헌법을 해석하여야 한다.

(3) 법적 안정성 유지이다. 한번 공포되어 시행 중인 법률에 대해 위헌판단을 하게 되면 국민의 법적 생활의 안정이 위협될 수 있다.

따라서 법률이 합헌적으로 해석될 가능성이 존재하는 경우에 가능한 한 이를 합헌적으로 해석하여 국민의 법적 안정성을 보호하는 것이 요청된다.

III. 합헌적 법률해석의 한계

(1) 법문의적 한계로, 합헌적 법률해석은 법조문의 어의가 유지되는 한에서 허용된다.

합헌적 법률해석은 법조문의 문구가 명백하게 합헌 또는 위헌인 경우가 아닌 다의적 해석이 가능한 경우에 적용될 여지가 있다. 이때에도 해당 법조문의 어의가 완전히 변질되는 해석은 허용되지 않는다.

(2) 입법목적적 한계로, 합헌적 법률해석은 입법자의 목적(의사)에 반해서는 안 된다.

법률을 합헌적으로 해석하여 법률의 목적이 입법자가 본래 의도한 목적과 전혀 다른 내용을 가져서는 안 된다. 이는 이미 법률해석의 정도를 벗어나 실제적인 입법을 하는 것이 되기 때문이다.

(3) 헌법수용적 한계로, 합헌적 법률해석은 헌법에 의하여 수용할 수 있는 한계를 넘는 것이어서는 안 된다.

헌법의 내용을 지나치게 확대하거나 의제하는 등의 해석을 통하여 법률을 해석하는 것은 헌법의 규범적 의미와 내용을 벗어나는 것으로, 헌법이 수용하는 한계를 넘는 것이 된다.

판례 | 헌법합치적 법률해석의 한계 – 헌재 2012.5.31. 2009헌바123 등(한정위헌)

헌법정신에 맞도록 법률의 내용을 해석·보충하거나 정정하는 **'헌법합치적 법률해석'** 역시 **'유효한' 법률조항의 의미나 문구를 대상**으로 하는 것이지, 이를 넘어 이미 실효된 법률조항을 대상으로 하여 헌법합치적인 법률해석을 할 수는 없는 것이어서, **유효하지 않은 법률조항을 유효한 것으로 해석하는 결과에 이르는 것은 '헌법합치적 법률해석'을 이유로도 정당화될 수 없다** 할 것이다.

IV. 합헌적 법률해석의 유형과 적용

(1) 합헌적 법률해석의 유형에는 헌법재판소가 행하는 변형결정에서 나타난다. 변형결정은 한정위헌결정, 한정합헌결정, 헌법불합치결정, 입법촉구결정 등을 들 수 있다(상세한 것은 [헌법각론] 제6장 헌법재판소의 권한 중 위헌법률심판의 결정유형 참조).

(2) 변형결정 중 합헌적 법률해석이 적용되는 전형적인 것은 한정합헌결정에서 나타난다. 한정위헌결정도 합헌적 법률해석의 한 형태라 할 수 있다(헌재 89헌가104(한정합헌)).

그리고 변형결정 중 헌법불합치결정은 그 자체는 위헌의 결과를 가져오는 것이지만 결정 시 바로 위헌으로 판단하지 않고 법적 안정성 관점에서 잠정적이나마 법적 공백과 혼란을 막으려고 한다.

입법촉구결정은 헌법결정에는 영향을 주지는 않으나 헌법합치적 입법을 할 것을 촉구한다. 이러한 점이 부분적이나마 합헌적 법률해석이 추구하는 방향과 전혀 무관하지는 않다는 데에서 이를 이해할 필요가 있다고 본다.

판례 | 한정적 합헌해석의 의미 – 헌재 1992.2.25. 89헌가104(한정합헌)

한정적 합헌해석은 법률의 해석 가능성을 기준으로 하고, **한정적 위헌선언방법은 법률의 적용범위를 기준**으로 하는 점에서 이론적으로는 서로 차이점이 있으나, 위 두 가지의 기준은 일반적으로는 **서로 표리관계**에 있어서 실제적으로는 차이가 있다 할 수 없다. **합헌적인 한정축소해석**은 위헌적인 해석 가능성과 그에 따른 법적용을 **소극적으로 배제**하고, 적용범위의 축소에 의한 **한정적 위헌선언**은 위헌적인 법적용 영역과 그에 상응하는 해석 가능성을 **적극적으로 배제**한다는 뜻에서 차이가 있을 뿐, 다 같이 **본질적으로는 일종의 부분적 위헌선언이며 실제적인 면에서 그 효과를 달리하는 것이 아니다**. 다만, 양자는 법문의미가 미치는 사정거리를 파악하는 관점, 법문의미의 평가에 대한 접근방법 그리고 개개 헌법재판 사건에서의 실무적인 적의성 등에 따라 그중 한 가지 방법을 선호할 수 있을 따름이다(재판관 조규광의 보충의견(한정합헌)).

(3) 합헌적 법률해석을 적용한 판례는 다음과 같다.

[한정합헌결정]

① 한정합헌해석은 헌법을 최고법규로 하는 통일적인 법질서의 형성을 위해서나 입법부가 제정한 법률을 위헌이라고 하여 전면폐기하기보다는 그 효력을 되도록 유지하는 것이 권력분립의 정신에 합치하고 민주주의적 입법기능을 최대한 존중하는 것이 되며, 일부 위헌요소 때문에 전면위헌을 선언하는데서 초래될 충격을 방지하고 법적 안정성을 갖추기 위하여서도 필요하다(헌재 90헌가11).

② 상속세법 제32조의2 제1항은, 조세회피의 목적이 없이 실질소유자와 명의자를 다르게 등기 등을 한 경우에는 적용되지 아니하는 것으로 해석하는 한, 헌법에 위반되지 아니한다(헌재 89헌마38).

③ 국가보안법 제7조 제1항 및 제5항은 각 그 소정행위가 국가의 존립·안전을 위태롭게 하거나 자유민주적 기본질서에 위해를 줄 명백한 위험이 있을 경우에만 축소적용되는 것으로 해석하는 한 헌법에 위반되지 아니한다(헌재 89헌가113).

④ 도로교통법 제50조 제2항 및 동법 제111조 제3호는 피해자의 구호 및 교통질서의 회복을 위한 조치가 필요한 상황에만 적용되는 것이고 형사책임과 관련되는 사항에는 적용되지 아니하는 것으로 해석하는 한 헌법에 위반되지 아니한다(헌재 89헌가118).

판례 | 헌법불합치결정 – 헌재 1999.10.21. 97헌바26; 2000.8.31. 97헌가12(헌법불합치, 각하)

위헌적인 법률조항을 잠정적으로 적용하는 위헌적인 상태가, 위헌결정으로 말미암아 발생하는 법적 공백의 합헌적인 상태보다 오히려 헌법적으로 더욱 바람직하다고 판단되는 경우에는, 헌법재판소는 법적 안정성의 관점에서 법치국가적으로 용인하기 어려운 **법적 공백과 그로 인한 혼란을 방지**하기 위하여 **입법자가 합헌적인 방향으로 법률을 개선할 때까지 일정기간 동안 위헌적인 법규정을 존속케 하고 또한 잠정적으로 적용하게 할 필요가 있다고 판시**하였다.

V. 합헌적 법률해석의 기속력

대법원은 "양도소득세부과처분에 적용된 구 소득세법시행령은 그 위임 근거 규정인 구 소득세법 규정이 헌법재판소의 결정에도 불구하고 그 문언의 표현이 전혀 변경되지 않은 채 존속하고 있는 이상 위 시행령 조항의 헌법위반 여부와 상위법의 위반 여부에 관하여는 대법원이 최종적으로 판단하여 이 사건에 적용할지 여부를 결정하여야 한다"라고 하여 헌법재판소가 내린 변형결정의 기속력에 대해 부정적 입장이다(대판 95누11405).

 판례 | 한정위헌결정은 법률해석, 헌법재판소의 법령의 해석·적용 권한을 부인한 대법원의 견해 – 대판 1996.4.9. 95누11405(기각)

헌법재판소의 결정이 그 주문에서 당해 법률이나 법률조항의 전부 또는 일부에 대하여 위헌결정을 선고함으로써 그 효력을 상실시켜 법률이나 법률조항이 폐지되는 것과 같은 결과를 가져온 것이 아니라 그에 대하여 **특정의 해석기준을 제시하면서 그러한 해석에 한하여 위헌임을 선언하는, 이른바 한정위헌결정의 경우**에는 헌법재판소의 결정에 불구하고 법률이나 법률조항은 그 문언이 전혀 달라지지 않은 채 그냥 존속하고 있는 것이므로 이와 같이 법률이나 법률조항의 문언이 변경되지 아니한 이상 이러한 한정위헌결정은 **법률 또는 법률조항의 의미, 내용과 그 적용범위를 정하는 법률해석**이라고 이해하지 않을 수 없다. 그런데 구체적 사건에 있어서 당해 법률 또는 법률조항의 의미·내용과 적용범위가 어떠한 것인지를 정하는 권한 곧 **법령의 해석·적용 권한은 바로 사법권의 본질적 내용을 이루는 것으로서, 전적으로 대법원을 최고법원으로 하는 법원에 전속한다.** 이러한 법리는 우리 헌법에 규정된 국가권력분립구조의 기본원리와 대법원을 최고법원으로 규정한 헌법의 정신으로부터 당연히 도출되는 이치로서, 만일 법원의 이러한 권한이 훼손된다면 이는 헌법 제101조는 물론이요, 어떤 국가기관으로부터도 간섭받지 않고 오직 헌법과 법률에 의하여 그 양심에 따라 독립하여 심판하도록 사법권 독립을 보장한 헌법 제103조에도 위반되는 결과를 초래한다. 그러므로 **한정위헌결정에 표현되어 있는 헌법재판소의 법률해석에 관한 견해는 법률의 의미·내용과 그 적용범위에 관한 헌법재판소의 견해를 일응 표명한 데 불과**하여 **이와 같이 법원에 전속되어 있는 법령의 해석·적용 권한에 대하여 어떠한 영향을 미치거나 기속력도 가질 수 없다.**

이에 대해 헌법재판소는 "헌법재판소의 법률에 대한 위헌결정에는 단순위헌결정은 물론, 한정합헌, 한정위헌결정과 헌법불합치결정도 포함되고 이들은 모두 당연히 기속력을 가진다"(헌재 96헌마172·173(병합))라고 하여 합헌적 법률해석에 근거한 변형결정에 대해 그 기속력을 인정한다.

즉 피청구인 ○○세무서장이 청구인에게 양도소득세 및 방위세를 부과처분한 사건에서 헌법재판소법 제68조 제1항(공권력의 행사 또는 불행사(不行使)로 인하여 헌법상 보장된 기본권을 침해받은 자는 법원의 재판을 제외하고는 헌법재판소에 헌법소원심판을 청구할 수 있다. 다만, 다른 법률에 구제절차가 있는 경우에는 그 절차를 모두 거친 후에 청구할 수 있다) 본문의 '법원의 재판'에 헌법재판소가 위헌으로 결정한 법령을 적용함으로써 국민의 기본권을 침해한 재판도 포함되는 것으로 해석하는 한도 내에서, 헌법재판소법 제68조 제1항은 헌법에 위반되고, 피청구인 ○○세무서장이 청구인에게 양도소득세 및 방위세를 부과한 처분은 청구인의 재산권을 침해한 것이므로 이를 취소한다고 하고 청구인의 헌법소원심판 청구인용을 결정하였다(헌재 96헌마172·173(병합)).

> **⚠ 판례** | 한정위헌결정은 법률의 위헌성심사의 한 유형 – 헌재 1997.12.24. 96헌마172·173 (병합)(한정위헌, 인용(취소))
>
> 　이 사건 **대법원판결**(대판 1996. 4. 9. 선고 95누11405)은 헌법재판소가 이 사건 법률조항에 대하여 한정위헌결정을 선고(1995. 11. 30. 94헌바40, 95헌바13 병합)함으로써 이미 부분적으로 그 효력이 상실된 법률조항을 적용한 것으로서 **위헌결정의 기속력에 반하는 재판**임이 분명하므로 이에 대한 **헌법소원은 허용된다 할 것**이고, 또한 이 사건 대법원판결로 말미암아 청구인의 헌법상 보장된 기본권인 재산권 역시 침해되었다 할 것이다. 따라서 이 사건 대법원판결은 헌법재판소법 제75조 제3항에 따라 취소되어야 마땅하다. 물론 구체적 사건에서의 법률의 해석·적용권한은 사법권의 본질적 내용을 이루는 것임이 분명하다. 그러나 법률에 대한 위헌심사는 당연히 당해 법률 또는 법률조항에 대한 해석이 전제되는 것이고, **헌법재판소의 한정위헌의 결정**은 단순히 법률을 구체적인 사실관계에 적용함에 있어서 그 법률의 의미와 내용을 밝히는 것이 아니라 **법률에 대한 위헌성심사의 결과로서 법률조항이 특정의 적용영역에서 제외되는 부분은 위헌이라는 것**을 뜻한다. 따라서 헌법재판소의 **한정위헌결정**은 결코 법률의 해석에 대한 헌법재판소의 단순한 견해가 아니라, **헌법에 정한 권한에 속하는 법률에 대한 위헌심사의 한 유형**인 것이다.

제4절　헌법의 제정

제1항 헌법제정의 의의

　헌법의 제정(Constitution – Making)이란 헌법제정권력이 헌법을 창설하는 것을 말한다. 이는 한 국가의 기본적 법규범을 국민적 합의를 통하여 정립하는 행위이다. 헌법이 제정되는 경우는 국가가 새로 성립되거나 기존의 헌법을 폐지하고 이와 완전히 다른 새로운 헌법을 정립하는 때이다.

　헌법의 제정을 실질적 의미로 볼 때는 정치적 공동체의 형태와 기본적 가치질서에 관한 국민적 합의를 법규범체계로 정립하는 것을 말한다(실질적 의미의 헌법제정).

　그리고 헌법의 제정을 형식적 면에서 볼 때는 헌법제정권자가 헌법제정권력을 행사하여 헌법사항을 성문헌법전의 형식으로 편찬하는 것을 말한다(형식적 의미의 헌법제정).

제2항 헌법제정권력

I. 헌법제정권력의 의의 및 본질

1. 헌법제정권력의 의의

헌법제정권력(constituent Power)이란 헌법을 최초로 창설하는 권력, 즉 헌법을 창조하는 시원적인 권력을 말한다(시원적 제헌권).

슈미트는 헌법제정권력이란 "고유의 정치적 실존의 종류와 형태에 관한 전체적인 근본결단을 내릴 수 있는 권력이나 권위를 가진 정치적 의사"라고 하여 이를 권력적 측면에서 보았다. 그리고 마운츠(T. Maunz, 1901~1979)는 헌법제정권력은 사실상의 힘이라는 권력적 측면과 헌법에 정당성을 부여하는 권위라고 하는 가치적 측면을 아울러 가진다고 보았다.

이와 같이 헌법제정권력은 헌법 창조에 근본적 결단을 내리는 권위를 가진 정치적 의사임과 동시에 헌법규범을 창설하는 것에 대한 정당성을 부여해주는 권력이라 할 수 있다.

이러한 헌법제정권력에 관한 논의는 헌법제정권력의 독자성을 부인하는 법실증주의자들의 견해에 대한 반론적인 논의에서 활발히 전개되었다.

2. 헌법제정권력의 본질

헌법제정권력은 헌법질서를 창설하는 시원적인 힘으로, 헌법제정권을 합법화시키는 더 이상 상위의 실정법규범은 존재하지 않고, 그에 의해 만들어진 권력에 근거되는 것은 아니다(**시원성**).

따라서 이는 자기 자신에 의하여 스스로를 정당화하는 권력이다(**자율성**).

그리고 헌법에 의하여 만들어진 헌법개정권력이나 헌법에 의해 조직화된 권력인 입법권·행정권·사법권의 통치권과 달리 이들의 포괄적 기초가 되며 분할될 수 없는 권력이다(**불가분성**).

또한 이는 민주국가에 있어서 국민에게만 있는 것으로 양도할 수 없는 것이며(**불가양성**), 한번 행사하였다고 소멸되는 것이 아닌 영구적인 것이다(**항구성**).

Ⅱ. 헌법제정권력의 연혁

1. 시에예스의 이론

헌법제정권력론을 통일적으로 체계화한 것은 프랑스혁명시기에 활약했던 시에예스(E.J. Siéyès, 1748~1836)에 의해서이다.

그는 「제3신분이란 무엇인가」(1789)에서 헌법제정권력은 제3신분인 국민이며, 선재하는 실정법적 근거가 없이도 법을 창조할 수 있는 시원적 권력이라고 보았다.

따라서 헌법제정권력은 어떠한 절차법적 제한도 받지 않으며, 아무런 근거나 제한도 없는 시원성에서 스스로를 정당화하는 자기정당화의 논리가 나온다고 보았다.

2. 법실증주의자의 이론

독일의 법실증주의자들(G. Anschütz, Laband, G. Jellinek)은 헌법제정권력의 독자성을 부인하였다.

이들은 국가가 제정한 법은 모두 동일하다고 보아 헌법의 최고규범성을 부인하였다. 즉 헌법규정 등가론에 따라 「헌법제정권력＝헌법개정권력＝입법권」이라 하고, 성문헌법의 규정 상호 간에도 모두가 동일한 효력을 가진다고 보았다.

3. 슈미트의 이론

독일의 법학자 슈미트는 결단주의적 헌법관에 근거하여 '헌법제정권력은 정치적 통일체의 종류와 형태에 관한 근본적 결단'이라고 하고, 「헌법제정권력 → 헌법 → 헌법률 → 헌법에 의해 만들어진 권력」의 위계도식이 성립한다고 보았다.

헌법제정권력은 통일적이고 불가분적이며 모든 국가권력의 포괄적 근거가 된다고 보고, 헌법의 정당성의 근거는 결단자의 의지에 의해 정당화된다고 보았다.

그는 헌법제정권력에 의해 헌법이 만들어지고 이러한 헌법은 헌법개정권력으로 개정할 수 있는 헌법률과 구별된다고 보았다. 또한 헌법제정권력의 주체도 국민에게만 한정하지 않았다.

Ⅲ. 헌법제정권력의 한계성

1. 한계부정설

시에예스는 헌법제정권력은 시원적 권력으로 어떠한 법 원리의 구속도 받지 않는다고 하고, 법실증주의자들도 헌법제정권력의 한계를 인정하지 않는다.

슈미트 또한 헌법제정권력은 모든 법적 구속으로부터 자유로운 권력으로 이를 제약하는 한계는 없다고 하여, 헌법제정권력의 한계성을 부정하였다.

2. 한계긍정설

캐기(W. Kägi, 1901~1979)는 헌법은 불변의 근본규범과 그 밖의 규범 중간에 위치하는 것으로 헌법제정권력은 이러한 불변의 근본규범에는 구속된다고 하고, 마운츠는 헌법제정권력은 초국가적인 인권과 같은 자연법상의 원리에는 구속된다고 하였다.

우리나라의 통설도 헌법제정권력에는 일정한 한계가 있다고 보아 그 한계성을 긍정한다.

3. 검 토

헌법제정권력은 항상 무제한적으로 절대적인 것이 아니라 일정한 제약원리에 구속된다고 할 수 있다.

헌법제정권력은 헌법제정 당시 국민적 합의를 담고 국가적 공동체가 수용할 수 있는 이데올로기적 한계(예컨대 자유주의, 민주주의, 사회주의 등), 인권의 존중 등 초실정적·자연법적 원리, 헌법의 제정에 타국가의 영향력이 미치는 국제법적 한계(예컨대 패전국이나 승전국의 헌법 제정 시 승전국이나 보호국의 의사에 따른 영향을 받게 되는 경우)에는 구속된다고 본다.

Ⅳ. 헌법제정권력의 주체

헌법제정권력의 주체는 시대에 따라 다르게 변천되어 왔다.

중세에는 신이, 왕정복고시대에는 왕이라는 특정의 개인이, 과두정 시대에는 소수자의 조직, 근대 이후 헌법제정 시에는 헌법제정의회 집단이, 프랑스혁명시기에는 국민이 헌법제정권력의 주체가 되었다.

오늘날 민주주의 국가에 있어서는 오직 국민만이 헌법제정권력의 주체이다. 이는 국가공동체 의사결정의 궁극적 행사자는 국민이라는 것과 국가권력의 정당성의 근거가 국민이라는 것으로, 국민주권원리와 불가분의 관계를 가진다.

Ⅴ. 헌법제정권력의 행사방법

일반적으로 헌법제정권력이 행사되는 경우로는 신생국가의 성립 시에 헌법을 제정하는 경우나 지금까지 헌법이 없던 국가에서 새로 헌법을 제정하는 경우, 혹은 기존의 헌법을 폐지하고 전혀 새로운 헌법을 창설하는 경우 등이다.

헌법을 제정하는 경우에 헌법제정권력의 행사방법으로는 헌법제정회의에서 의결하는 방법과 헌법제정회의의 의결 외에 국민투표를 하는 경우가 있다. 많은 국가 헌법들은 헌법제정권력의 소재와 주체를 헌법의 전문에 밝혀 놓고 있다(미국헌법, 독일기본법, 일본헌법, 한국헌법).

VI. 헌법제정권력과 타 권력과의 관계

1. 헌법제정권력과 헌법개정권력

헌법제정권력은 헌법을 시원적으로 창조하는 권력으로 그 권력의 행사를 규율하는 법규범적 절차가 존재하지 않는다.

이에 대해 헌법개정권력은 헌법제정권력에 의하여 조직되고 제도화된 제헌권으로 그 행사에 있어서도 헌법이 규정하는 절차에 따라야 한다는 점에서 둘은 구별된다.

국민이 제헌권을 발동하여 헌법을 제정하는 경우는 같은 국민이 하는 행위라 할지라도 국민이 헌법에 규정된 절차에 따라 헌법을 개정하는 경우와는 전혀 다르다고 할 수 있다.

2. 헌법제정권력과 주권

주권은 국가의사를 전반적 · 최종적으로 결정할 수 있는 최고의 권력으로 헌법제정권력이 행사될 경우에 둘은 완전히 일치한다.

그러나 주권이 행사될 수 있는 경우에 항상 헌법제정권력이 행사되는 것은 아니고, 주권은 필요한 경우에 언제라도 행사될 수 있다.

슈미트는 주권과 헌법제정권력을 동일한 권력으로 보고 있으며, 이는 독일의 다수설, 일본의 통설의 입장으로 이는 둘이 일치된 경우를 의미하는 것이다.

3. 헌법제정권력과 통치권

입법권 · 행정권 · 사법권의 통치권은 주권의 위임에 의하여 조직된 권력으로 헌법제정권력보다 하위에 있는 권력이다.

또한 통치권은 제도화된 제헌권인 헌법개정권력의 하위에 위치한다. 따라서 이들 권력 간에는 「헌법제정권력 → 헌법개정권력 → 통치권」의 위계질서가 존재하는 것이다.

Ⅶ. 한국헌법과 헌법제정권력

1. 한국헌법의 제정권력

한국헌법사상 헌법제정권력의 행사와 헌법개정권력의 행사를 구분하여 설명하는 데에는 논란이 있다.

제헌헌법의 제정은 헌법제정권력이 행사된 것으로 이견이 없다.

그러나 1962년 헌법(5·16 군사쿠데타), 1972년 헌법(10월 유신), 1980년 헌법(12.12 사태)의 경우에는 헌법이 제정된 것이냐 혹은 개정된 것이냐에 대해 논란이 있다. 이에 대해 헌법제정도 아니고 헌법의 개정도 아닌 '헌법의 개편 또는 구헌법의 폐제에 따른 헌법전의 신편성 내지 헌법전의 교체'라고 보기도 한다.

이들 헌법의 경우에 헌법제정권력의 소재는 국민으로 변동이 없고, 그 기본적 동일성이 유지되었다는 점에서 헌법의 제정이라고 보기는 어렵다고 본다. 다만, 헌법개정규범에 따르지 않은 점에서 그 정당성에 의문이 제기되기도 한다.

현행헌법에 있어서는 헌법제정권력을 명시적으로 규정하고 있지는 않다.

제헌헌법 전문에 대한국민이 선출한 대표인 국회에서 헌법을 제정하고 있음을 선언하고 있다. 이는 이후에도 면면히 이어와 1987년 헌법 전문에도 "대한국민이 1948년 7월 12일에 제정한 헌법을 국민투표에 의해 개정한다"고 규정하고 있고, 이는 헌법제정권력은 국민임을 선언한 것이다.

그리고 헌법 제1조 제2항 전단에서 "대한민국의 주권은 국민에게 있고"라고 규정한 것은 헌법제정권력의 주체는 국민이라는 것을 밝히고 있는 것이다.

2. 제정헌법의 내용과 헌법제정 논의

제헌헌법은 제1장에 총강, 제2장에 국민의 권리와 의무를 두었다.

제3장에 국회를 규정하고 그 내용은 국회의 단원제, 임기 4년의 국회의원(초대국회는 임기 2년)을 두고 입법권, 예산안심의·결의권, 국정감사권, 탄핵소추권을 부여하였다.

제4장에는 정부를 규정하여, 대통령을 국회에서 간접선출하고, 임기 4년, 1차에 한해 중임하도록 하고, 긴급명령권, 긴급재정처분권을 부여하며, 부통령을 두고 대통령과 부통령의 국무총리와 국회의원직에 대한 겸직금지를 규정하였다.

제5장에서는 법원을 규정하고, 법관의 임기 10년으로 연임이 가능하도록 하고, 대법원에 명령·규칙·처분에 대한 위헌·위법심사권을 인정하였다.

제6장에 경제, 제7장에 재정을 두고 제8장에 지방자치를 규정하고, 제9장에 헌법개정을, 제10장에 부칙 규정을 두었다.

1948년 제헌헌법을 통한 헌법제정 이래 헌법제정에 대한 논의는 통일 후의 헌법의 제정과 개정의 문제로 이어진다.

독일은 서독기본법에 통일 후의 헌법에 관한 규정을 두고 있었지만 우리 헌법에는 이에 관한 규정이 없어 통일 후 헌법제정에 관한 논의가 필요한 것이다.

제5절 헌법의 개정

I. 헌법개정의 의의와 개정의 불가피성

1. 헌법개정의 의의와 구별개념

헌법의 개정(Amendment, Revision)이라 함은 헌법에 규정된 개정절차에 따라 기존헌법의 기본적 동일성을 유지하면서 의식적으로 헌법전 중의 어떤 조항을 수정 또는 삭제하거나 새로운 조항을 추가하는 행위를 말한다.

헌법개정은 헌법에 규정된 개정절차에 따르는 헌법에 의해 조직된 권력에 의해 이루어진다는 점에서 헌법을 시원적으로 창설하는 헌법제정과 다르다.

이는 헌법의 기본적 동일성을 유지한다는 점에서 헌법제정권력의 주체가 교체되고 그 기본적 동일성이 유지되지 않는 헌법의 파괴(파기)와 다르다.

그리고 이는 기존의 헌법을 배제하고 정변, 쿠데타 등으로 정권담당자의 교체를 의미하는 헌법의 폐제와도 구별되며, 의식적인 헌법개정 작용인 점에서 암묵적인 헌법변천과 구별된다.

또한 헌법의 절차에 따라 합헌적으로 그 효력을 변경 또는 상실하게 한다는 점에서 위헌임을 인식하면서 행사하는 헌법의 침해와 구별되며, 종국적인 변경을 가져온다는 점에서 특정 조항을 일시적으로 중단시키는 헌법의 정지와도 구별된다.

> **판례 |** 헌법규정 상호 간의 효력 – 헌재 1995.12.28. 95헌바3(합헌, 각하)
>
> **헌법은 전문과 각 개별조항**이 서로 밀접한 관련을 맺으면서 **하나의 통일된 가치 체계**를 이루고 있는 것으로서, 헌법의 제규정 가운데는 헌법의 근본가치를 보다 추상적으로 선언한 것도 있고, 이를 보다 구체적으로 표현한 것도 있으므로 이념적·논리적으로는 **규범 상호 간의 우열을 인정할 수 있는 것**이 사실이다. 그러나 이때 인정되는 규범 상호 간의 우열은 추상적 가치규범의 구체화에 따른 것으로 헌법의 통일적 해석에 있어서는 유용할 것이지만, 그것이 헌법의 어느 특정규정이 다른 규정의 효력을 전면적으로 부인할 수 있을 정도의 **개별적 헌법규정 상호 간에 효력상의 차등을 의미하는 것이라고는 볼 수 없다.**

2. 헌법개정의 불가피성

대부분의 현대 민주국가의 헌법은 성문화와 경성헌법성을 그 특징으로 하여 헌법개정을 곤란하게 하고 있다.

경성헌법은 각 나라마다 헌법의 개정방식은 다르나 헌법개정이 법률의 개정절차보다 까다로운 반면 연성헌법은 헌법개정의 절차가 일반법률의 개정절차와 같이 쉽게 헌법개정이 가능한 것이다.

경성헌법처럼 헌법의 개정이 어려우면 질서는 안정적일 수 있으나 현실 적응력은 떨어질 수 있다.

헌법규범은 현실을 규율하기 위한 것이지만 현실의 변천으로 헌법규범과 현실 사이에는 간격이 생기기 마련으로, 헌법의 현실적 규범력을 유지하기 위해서는 헌법개정이 불가피하게 된다.

또한 정치세력들 간의 갈등과 대립을 해소하고, 헌법제정 당시 헌법제정과정에 참여하지 못한 세력에게도 헌법형성에 참여할 기회를 제공하고, 변화된 현실상황에 대응하여 헌법의 불비와 흠결을 보완하기 위해 헌법의 개정은 불가피하다.

II. 헌법개정의 형식과 방법

1. 헌법개정의 형식

헌법개정의 형식에는 전면개정·일부개정·증보 등의 방식이 있다.

헌법전을 전면적으로 수정 또는 재편성하는 개정방법을 전면개정이라고 하고, 헌법전의 하나 또는 여러 개의 조항을 변경하는 개정방법(자구수정, 삭제, 개서, 추가)을 일부개정이라고 한다.

또한 기존의 헌법전은 그대로 두고 새로운 조항을 추가하는 개정방법을 증보(additional Amendment)라고 한다.

2. 헌법개정의 방법

일반법률의 개정절차보다 곤란한 개정절차를 규정하는 경성헌법의 개정방법은 헌법에 따라 다르게 나타난다.

헌법개정 절차에 있어서 의회의 의결만으로 개정이 가능하게 하는 방식이 있고, 의회의 의결을 거친 국민투표 승인 방식이나 의회의 의결을 거치지 않는 국민투표 승인 방식이 있다. 그리고 연방국가의 경우에 지방의 동의를 필수요건으로 하는 헌법개정 방식 등이 있다.

헌법개정안의 제안에 있어서 의회 이외 대통령에게도 이를 허용하는 경우나 국민발안권을 인정하는 경우에 헌법개정을 용이하게 할 수 있다.

우리나라에서는 1954년 제2차 개헌 시 민의원선거권자 50만 이상의 찬성으로, 그리고 제3공화국헌법은 국회의원선거권자 50만 이상의 찬성으로 헌법개정의 제안권이 인정되었다. 제3공화국에서는 대통령의 헌법개정 제안권이 인정되지 않았고, 1972년 제4공화국헌법은 대통령의 헌법개정안에 한하여 국민투표를 거치도록 하였다. 1954년 제2차 개헌 시 헌법개정 절차에 국민투표를 거치도록 하였고, 1962년 제3공화국헌법과 1980년 제5공화국헌법 및 1987년 현행헌법에서 필수적 국민투표 방식을 채택하였다.

Ⅲ. 헌법개정의 한계성

1. 학 설

1) 한계부정설

헌법개정에는 한계가 없으므로 모든 헌법규정을 개정할 수 있다는 견해로, 헌법에 규정된 개정절차에 의하기만 하면 어떠한 조항도 개정할 수 있으며, 나아가 명문으로 개정을 금지하는 조항도 헌법개정의 대상이 된다고 본다.

이는 법실증주의적 관점의 헌법관에 입각한 견해로 그 논거로는 ① 국가성립과 동시에 성립된 헌법은 폐기되는 일은 없고 개정될 뿐이라는 것, ② 실정화된 법은 모두 동일한 법으로 보므로 헌법개정의 효력의 차이를 인정할 수 없는 모두가 최고규범으로 그 한계를 인정할 수 없다는 것, ③ 헌법개정권과 헌법제정권을 법적으로 구별하는 것은 인정할 수 없다는 것, ④ 개정한계설이 말하는 자연법적 규범도 실정헌법화함으로써 여타의 헌법규정과 동일한 효력을 갖는 실정헌법 규범으로서 효력을 갖는다는 것 등이 제시되고 있다.

2) 한계긍정설

헌법에 규정된 개정절차에 의하더라도 특정한 조항이나 일정한 내용은 자구수정 외에는 개정할 수 없다고 보는 견해로, 독일의 다수설과 우리나라의 통설이다.

헌법개정의 한계를 인정하는 논거로는 ① 헌법을 제정한 헌법제정권력과 헌법에 의하여 비로소 제도화된 권력인 헌법개정권은 구별되며, 이 권한으로는 헌법 자체의 본질을 변경하는 개정을 할 수 없다는 것, ② 헌법규범 자체의 단계구조인 근본규범(헌법핵) → 헌법개정규범 → 헌법률이 있으므로 헌법개정권은 상위규범은 개정할 수 없고 하위규범인 헌법률만을 개정할 수 있을 뿐이라는 것, ③ 헌법의 동일성은 파괴해서는 안 되며 이 동일성이 파괴되는 것은 헌법개정의 한계를 넘는 것이라는 것, ④ 헌법의 실정규범 상위에 있는 자연법원리의 제한을 받는다는 것, ④ 헌법개정의 한계는 법질서 내에서 차지하는 헌법의 위치와 그에 따른 기능에서 찾아야 한다는 것 등이 제시되고 있다.

3) 검 토

한계부정설은 형식적 합법성만을 절대시하여 정당성이나 실질적 합법성을 외면한 것으로, 헌법개정작용의 본질을 실질적으로 파악하지 못하는 면이 있다.

그러므로 한계긍정설의 논거에 따라 헌법에 개정금지에 관한 규정이 있느냐의 여부에 관계없이 헌법개정에는 법리상 일정한 한계가 있다고 보는 것이 타당하다고 본다.

2. 판 례

헌법의 개별규정 자체가 위헌심사의 대상이 되는지 여부에 대해 헌법재판소의 다수의견은 헌법개정의 한계에 대해서 부정적인 입장에 있다(헌재 95헌바3).

> **판례** | 헌법개정의 한계론 부정견해 – 헌재 1995.12.25. 95헌바3(합헌, 각하)
>
> 우리 헌법의 각 개별규정 가운데 **무엇이 헌법제정규정이고 무엇이 헌법개정규정인지를 구분하는 것이 가능하지 아니할 뿐 아니라, 각 개별규정에 그 효력상의 차이를 인정하여야 할 형식적인 이유를 찾을 수 없다.** 이러한 점과 앞에서 검토한 현행 헌법 및 헌법재판소법의 명문의 규정취지에 비추어, 헌법제정권과 **헌법개정권의 구별론이나 헌법개정한계론**은 그 자체로서의 이론적 타당성 여부와 상관없이 우리 헌법재판소가 **헌법의 개별규정에 대하여 위헌심사를 할 수 있다는 논거로 원용될 수 있는 것이 아니다.**

이에 대한 반대의견은 헌법개정의 한계를 긍정하는 견해를 제시한 바 있다.

> **⚠ 판례** | 헌법개정의 한계론 긍정견해 – 헌재 1995.12.25. 95헌바3, 재판관 하경철의 반대의견
>
> 만일 **국민투표에 의하여 확정되기만 하면 어떠한 내용의 헌법개정도 가능하다고 본다면, 국민투표**는 불법적 "힘"의 결단을 곧 "법"으로 만드는 합법화수단 외에 다른 아무 것도 아닐 것이며, **독재권력에 의하여 언제든지 남용될 수 있는 가능성을 내포**하고 있는 것이다. 그러므로 국민투표를 거쳐서 헌법개정이 되었다 하여 국민투표를 거치지 않은 헌법개정의 경우보다 더욱 높은 정당성을 부여하거나 우위의 효력을 부여할 수 없는 것이며 또 이를 이유로 하여 위헌심사가능성을 부인할 수도 없다 할 것이다.

3. 헌법개정의 한계

1) 초헌법적 한계

헌법의 개정에는 인류보편의 원리인 자연법의 원리, 일반적으로 확립된 국제법상의 일반원칙에 위배될 수 없다.

2) 실정헌법상 한계

(1) 실정헌법상 헌법개정의 내용이나 행위에 대해 명문으로 일정한 제약을 하고 있는 경우가 있다.

공화제국가형태는 개정할 수 없다고 규정하는 것(이탈리아헌법 제139조, 프랑스 제4공화국헌법 제95조, 프랑스 제5공화국헌법 제89조), 연방주의와 이에 부수되는 원칙의 개정을 금지하고 있는 것(미국헌법 제5조), 헌법의 전면금지나 저촉되는 개정을 금지하는 것(독일기본법 제1조, 제20조) 등을 들 수 있다.

(2) 시기상으로 헌법개정에 대해 비상사태 하에서 헌법개정금지(1831년 작센헌법 제151조)나 영토의 전부 또는 일부가 외국군대의 점령 하에 있는 경우의 헌법개정금지(1946년 프랑스헌법)를 규정하고 있다.

(3) 또한 헌법개정의 빈도를 제한하는 것으로 헌법개정과 개정 사이에 일정한 기간을 두고 이루어지도록 하는 규정(1791년 프랑스헌법, 2001년 그리스헌법) 등을 두고 있다. 이는 지나치게 자주 헌법이 개정되는 폐단을 막고 헌법의 안정성을 확보하고자 하는 것이다.

(4) 특정조항을 금지하는 헌법개정조항 그 자체를 개정할 수 있는가에 대해 논란이 있

다. 이에 대해 한계부정설은 이를 긍정하나 헌법개정금지조항의 개정은 헌법제정권력자의 근본결정을 무시하는 것으로 인정할 수 없다고 본다.

Ⅳ. 한국헌법의 개정

1. 헌법의 개정절차

제4공화국헌법은 헌법개정안을 대통령이 제안하는 경우는 국민투표로 확정하고, 국회의원이 제안하는 경우는 국회의결을 거쳐 통일주체국민회의의 의결로 확정하는 헌법개정방법을 이원화하고 있었다.

그러나 제5공화국헌법 이래 헌법개정을 일원화하고 있다.

현행헌법의 개정절차는 헌법 제10장 제128조～130조에 규정되어 있다.

1) 제 안

헌법개정안은 국회의원과 대통령이 제안할 수 있다.

국회의원은 재적의원 과반수의 찬성을 얻어 헌법개정안을 제안할 수 있고(제128조 제1항), 대통령은 국무회의 심의를 거쳐 제안할 수 있다.

2) 공 고

제안된 헌법개정안은 대통령이 20일 이상의 기간 동안 공고하도록 하고(제129조), 이 기간 동안 논의와 토론을 통하여 합의가 이루어지도록 하고 있다.

3) 의 결

국회는 헌법개정안이 공고된 날로부터 60일 이내에 의결하여야 하고, 헌법개정안에 대한 국회의 의결은 재적의원 2/3 이상의 찬성을 얻어야 한다(제130조 제1항).

헌법개정안은 일반법률안과는 달리 수정의결을 할 수 없고, 전부로써 가부투표에 회부되어야 한다. 국회의 헌법개정안에 대한 표결은 기명투표로 한다.

4) 국민투표

국회의 의결을 거친 헌법개정안은 국회가 의결한 후 30일 이내에 국민투표에 회부하여 국회의원선거권자 과반수의 투표와 투표자 과반수의 찬성을 얻어야 확정된다(제130조 제2항).

헌법개정안에 대한 국민투표의 효력에 이의가 있는 투표인은 투표인 10만인 이상의 찬성을 얻어 중앙선거관리위원회 위원장을 피고로 투표일로부터 20일 이내에 대법원에 제소할 수 있다(국민투표법 제92조). 국민투표 무효소송에서 전부 또는 일부무효판결이 나면 재투표를 실시해야 한다.

5) 공 포

국민투표의 찬성을 얻으면 헌법개정은 확정되며 대통령은 헌법개정에 관하여 거부권을 행사할 수 없으며, 즉시 이를 공포하여야 한다(제130조 제3항).

헌법개정 공포문에는 전문을 붙이고 대통령이 서명한 후 국무총리와 국무위원이 부서한다.

6) 발 효

헌법개정의 효력발생시기에 관해서는 일반적으로 부칙에 규정하는데, 부칙에 특별한 규정이 없는 경우 공포시설과 20일 경과시설이 있는데 공포시설이 관례라 할 수 있다.

현행헌법은 1987년 10월 9일에 의결·확정되고, 1988년 2월 25일부터 효력을 발생한다고 규정하고 있다.

> **(!) 판례 | 한미무역협정의 국민투표권 침해 부인 - 헌재 2013.11.28. 2012헌마166(합헌, 각하)**
>
> **성문헌법의 개정**은 헌법의 조문이나 문구의 명시적이고 직접적인 변경을 내용으로 하는 **헌법개정안의 제출에 의하여야** 하고, 하위규범인 **법률의 형식으로, 일반적인 입법절차에 의하여 개정될 수는 없다.** 한미무역협정의 경우, 국회의 동의를 필요로 하는 조약의 하나로서 법률적 효력이 인정되므로, 그에 의하여 성문헌법이 개정될 수는 없으며, 따라서 **한미무역협정으로 인하여** 청구인의 헌법 제130조 제2항에 따른 **헌법개정절차에서의 국민투표권이 침해될 가능성은 인정되지 아니한다.**

2. 헌법개정의 한계

헌법개정의 한계로 초헌법적 한계, 헌법 내재적 한계, 실정법적 한계를 들고 있다.

1) 초헌법적 한계

인간의 보편적 권리인 인권, 인간의 존엄과 가치 등의 자연법적 권리는 실정헌법의 상위에 있는 것으로, 헌법개정권력에 의해서도 개정될 수 없다고 할 수 있다.

2) 헌법 내재적 한계

헌법개정권력은 헌법제정권력에 의하여 만들어진 권력이므로 헌법제정권자의 근본적 결단인 헌법핵은 이를 개정할 수 없으며, 헌법개정은 헌법의 동일성을 유지하는 한도 내에서 인정된다.

따라서 현행헌법의 민주공화국·국민주권주의·평화통일주의·국제평화주의·복수정당제·자유민주적 기본질서·기본권보장주의·사유재산제·사회적 시장경제질서 등의 근본원칙을 변경하는 개정은 할 수 없다.

3) 실정법적 한계

제2차 개정헌법은 '민주공화국(제1조)·국민주권주의(제2조)·주권의 제약, 영토변경(제7조의2)' 규정은 개폐할 수 없다는 헌법개정의 한계규정을 두었다.

현행헌법에는 이러한 명시적 한계규정은 없고 다만 제128조 제2항에 "대통령의 임기연장 또는 중임변경을 위한 헌법개정은 그 헌법개정 제안 당시의 대통령에 대하여는 효력이 없다"는 규정을 두고 있어 이 조항이 실정헌법상 개정금지조항인지가 문제가 된다.

이에 대해 ⅰ) 이 조항을 삭제하고 대통령의 임기조항에 중임·연임을 규정하면 그 시점부터 새 헌법의 효력이 발생하기 때문에 그에 따르면 중임·연임을 할 수 있다는 견해나 ⅱ) 개정 당시 대통령에게도 효력이 있는 대통령 임기연장 또는 중임변경의 개헌을 할 수 없다는 헌법개정한계에 해당한다는 견해 등이 제시되고 있다.

생각건대 이 조항은 임기연장이나 중임변경의 헌법개정을 할 수 없다는 헌법개정 한계사유로 볼 수는 없고 다만 한국헌법사의 장기집권으로 인한 폐해를 막기 위해 규정한 것으로 개정 자체를 금지한 규정은 아니라고 본다.

즉, 대통령의 임기연장이나 중임변경을 위한 헌법개정도 가능하지만 대통령의 장기집권을 방지하기 위해 헌법개정 제안 당시의 대통령에 대해서만 개정의 효력을 배제한다는 것으로 본다.

3. 개정의 한계를 넘는 헌법개정의 효력

현실적으로 헌법개정의 한계를 무시한 헌법개정의 강행으로 이루어진 개헌의 경우 개정헌법 조항의 법적 효력을 어떻게 할 것인가가 문제가 될 수 있는데, 이는 정상적인 헌법개정이 아니므로 법적 무효이다.

그러나 무효이지만 실제 적용되고 있다면 이는 헌법개정의 한계를 벗어난 것으로 헌법수호를 위하여 저항권 행사도 열려 있다 하겠다.

제6절 헌법의 변천

Ⅰ. 헌법변천의 의의

헌법제정권력의 주체인 국민에 의해 만들어진 헌법은 최고규범으로, 그 최고규범성과 실효성 확보를 위해서는 헌법규범이 헌법현실과 일치되어야 한다.

그러나 헌법규범과 헌법현실 사이에 모순이 생기거나 헌법규범과 다른 현실적 운용의 경우가 발생하게 된다.

이때 헌법이 규정한 헌법개정 절차와 방법에 의하지 않고, 헌법규범은 그대로 유지하면서 헌법규범을 달리 적용함으로써 헌법의 의미와 내용에 실질적인 변화를 가져오게 되는데, 이를 헌법의 변천이라고 한다.

Ⅱ. 헌법변천의 유형

옐리네크(G. Jellinek, 1851~1911)는 헌법변천의 유형을 ① 의회·정부·법원이 헌법해석을 통해 헌법조항의 규정내용의 미비점을 보완하는 헌법해석에 의한 변천, ② 정부와 의회의 정치상의 관례나 관행 등에 의하여 헌법규범의 실질이 시대에 따라 변천하는 정치적 필요에 의한 변천, ③ 관행에 의하여 헌법에 적합하게 또는 부적합하게 변천될 수 있다는 헌법상 관행에 의한 변천, ④ 헌법상 인정된 국가권력을 장기간 행사하지 않음으로써 헌법의 규범력을 상실한다는 국가권력의 불행사에 의한 변천, ⑤ 헌법규범에 흠결이 있는 경우 이를 보완하기 위하여 또는 보충함으로써 이루진다는 헌법의 흠결보완에 의한 변천으로 분류하였다.

Ⅲ. 헌법변천의 실례

1. 미국의 헌법변천

미국헌법은 연방대법원에 위헌법률심사권을 부여하고 있지 않았으나, 1803년 Marbury v. Madison 사건(5 U.S. 137, 1803: "연방헌법에 따라 헌법에 위반되는 법률은 무효이며 무엇이 법인가를 선언하는 것은 분명히 사법부의 권한이며 임무"라고 하여 위헌법률심사제를 확립한 계기가 된 사건) 이후 헌법의 해석에 의해 미수정헌법에는 규정되어 있지 않지만 연방대법원이 위헌법률심사권을 행사하도록 하고 있다.

또한 동헌빕 제2조의 내동령선거는 유권자가 각 수에 할당된 선거인들을 선출하고 그 선거인들이 대통령을 선출하는 간접선거가 원칙이나, 사실상 직접선거와 동일한 의미로 운용되고 있는 것은 헌법변천의 대표적 예이다.

2. 영국의 헌법변천

불문법국가인 영국헌법의 변천은 불문헌법 변천의 역사이다.

국왕의 실권이 상실되고 형식적·명목적 권한으로 변질되고, 실질적 지배권은 수상 중심의 내각에 있는 의원내각제의 확립 또한 헌법변천의 결과이다.

3. 일본의 헌법변천

일본의 평화헌법조항(제9조)은 전력의 보유를 금지하고 있다. 그러나 이를 개정하지 아니한 채 자위대라는 명목으로 군사력을 계속 증강해 오고 있는 것도 헌법변천이라 하겠다.

4. 한국의 헌법변천

제1공화국헌법에서는 참의원제도를 두었으나 실제로 참의원이 구성되지 않아 단원제로 운용되었다.

그리고 제3공화국헌법 이래의 헌법은 지방의회에 관한 규정을 두고 있었으나 입법 지연으로 지방의회가 구성되지 않다가, 1991년에야 지방의회가 구성되었다.

이러한 것도 국가권력을 장기간 행사하지 않은 국가권력의 불행사에 의한 헌법변천이라 할 수 있다.

Ⅳ. 헌법변천의 검토

헌법변천을 인정하는 경우에는 헌법개정을 하지 않고서도 헌법을 개정하는 법적 효과를 가져오게 된다.

이러한 헌법변천을 인정할 것인가에 관하여 ⅰ) 긍정설은 헌법규범에 모순되는 국가적 행위가 반복 내지 계속됨으로써 헌법적 관습의 성격을 갖고, 국민의 명시적 또는 묵시적인 법적 확신이 인정되면 당해 헌법조항은 그 의미내용이 변질되고 새로운 헌법규범력을 얻게 된다고 한다.

ⅱ) 반면 부정설은 헌법과 모순되는 국가행위는 그것이 아무리 반복되더라도 단순한 사실의 축적일 뿐 헌법규범이 되는 것이 아니며 헌법개정절차에 의하지 않는 한 합법적

인 변경이 될 수 없다는 것이다.

요컨대 헌법규범은 추상적인 개념일 뿐 아니라 흠결을 지닐 수 있기 때문에 헌법정신을 따르는 헌법해석이나 흠결보완은 가능하다고 본다.

그러나 헌법은 합리적인 헌법개정절차를 명시하고 있으므로 헌법개정의 방법에 의하여서만 그 변경이 가능하다 할 것이나 역사상 국가권력의 불행사 또는 정치적 필요에 의한 헌법변천이 행해져왔다.

03 헌법의 보장

기본이해를 위한 질문
1. 헌법의 보장이란 무엇이며, 한국의 헌법보장제도는 어떠한가
2. 국가긴급권이란 무엇이며, 헌법상 국가긴급권에는 어떤 것이 있는가
3. 저항권이란 무엇이며, 저항권은 인정되는가
4. 방어적 민주주의란 무엇이며 어떻게 구현되는가

제1절 헌법보장 서론

I. 헌법보장의 의의

헌법의 보장이란 헌법의 핵심적 내용이나 규범력이 헌법에 대한 침해로 인해 변질되거나 훼손되지 않도록 헌법에 대한 침해를 사전에 예방하거나 사후에 배제하여 헌법의 존속을 확보하는 것을 말한다.

협의의 헌법보장은 한 국가의 최고규범으로서 헌법규범 그 자체의 실효성을 확보하려는 것을 말하며, 광의의 헌법보장은 헌법 자체의 보장뿐만 아니라 외침에 대한 방어를 의미하는 국가보장을 포함하는 것이다.

II. 헌법보장의 유형

1. 국외학자들의 분류

1) 옐리네크(G. Jellinek)는 (1) 모든 강력한 사회적 세력에 의해 헌법의 실효성을 유지하는 것으로 사회적 보장, (2) 국가의 정치질서의 힘의 관계에 의하여 헌법의 실효성을 보장하는 권력분립제도와 같은 정치적 보장, (3) 헌법침해를 엄격한 법적 절차에 따른 강제력으로 규제하는 법적 보장으로 분류하였다. 특히 법적 보장을 가능하게 하는 제도로 행정적·재정적·의회적 통제, 국가공무원의 책임, 탄핵제도 등 개별적 책임제도, 헌법재판, 행정재판, 그 밖의 법적 구제수단인 행정 구제수단, 행정심판, 청원 등을 들었다.

2) 켈젠(H. Kelsen)은 (1) 헌법에 대한 위협이나 침해를 사전에 방지하기 위하여 헌법이 스스로 정하여 보장하는 사전적·예방적 보장, (2) 헌법이 현실적으로 침해된 경우에

그 침해행위를 배제하거나 효력을 부인함으로써 헌법의 최고규범성과 규범력을 보장하는 사후적·교정적 보장, (3) 위헌행위를 한 기관에 대하여 인적 책임을 지우는 인적 보장, (4) 위헌행위 자체를 하지 못하게 하거나 실질적으로 취소하는 물적 보장으로 분류하였다.

3) 메르크(W. Merk)는 (1) 국가권력의 헌법상의 제한·공법상의 보상·헌법상의 선서·공무원과 제지방의 책임·공무원의 법적 지위 보장의 광의의 헌법보장, (2) 감독적 보장·재판적 보장의 협의의 헌법보장으로 분류하였다.

4) 뷔르도(G. Burdeau)는 (1) 제도화된 보장으로서 조직적 보장, (2) 국민에 의한 저항권 행사와 초헌법적인 국가긴급권의 행사와 같은 제도화되지 않은 보장으로서 미조직적 보장을 들고 있다.

5) 오리우(M. Hauriou)는 (1) 정치적 성격의 정치적 보장, (2) 사법심사를 통한 사법적 보장을 들고 있다.

2. 국내학자들의 분류

1) 권영성 교수는 (1) 헌법수호를 평시와 비상시로 나누고, (2) 평상시 헌법수호제도로 사전·예방적 헌법수호제도와 사후·교정적 헌법수호제도로 나누고, (3) 비상시 헌법수호제도로 국가긴급권과 저항권을 들고 있다.

2) 김철수 교수는 헌법보장을 정치적 보장·사법적 보장·선언적 보장·미조직적 보장으로 나누고 있다.

3) 허영 교수는 (1) 국가권력에 의한 하향식 헌법침해와 특정한 국가의 존재형식을 파괴하려는 개인 내지는 단체에 의한 상향식 헌법침해로 나누었다. (2) 하향식 헌법침해 중 헌법개정권력에 대한 보호수단으로는 헌법개정절차를 엄격히 하거나 헌법개정의 한계를 두고 있고, 기타 국가권력에 대한 보호수단으로는 헌법소송제도와 권력분립제도를 들고 있으며, 예비적인 보호수단으로 저항권을 들고 있다. (3) 상향식 헌법침해에는 헌법내재적 보호수단으로 기본권 실효제도와 정당해산제도를 들고 있으며, 헌법외적 보호수단으로 형사법적 보호수단과 행정절차상 보호수단을 들고 있다.

4) 성낙인 교수는 (1) 헌법의 정치적 성격에 기초한 정치적 보장, (2) 사법심사를 통한 사법적 보장으로 분류하고 있다.

Ⅲ. 헌법의 수호자

1. 헌법수호자 논쟁

헌법의 수호자가 누구인가에 대해서는 1931년 슈미트(C. Schmitt)와 켈젠(H. Kelsen, 1881~1973) 간의 논쟁이 있은 이래 논란이 계속되어 왔다.

① 슈미트는 정당의 각축무대인 국회도, 정당의 자의적 헌법해석의 대변자에 불과한 법원도 아닌, 국민에 의해 선출된 중립적 권력으로서의 대통령이 헌법의 수호자가 되어야 한다고 주장하였다. ② 반면 켈젠은 헌법의 보장이란 오로지 헌법위반의 법률을 저지하기 위한 수단을 의미하는 것으로 대통령도 의회도 헌법재판소도 다 헌법의 수호자라고 주장하였다.

2. 헌법수호자로서의 국가기관

공권력의 담당자인 광의의 공무원은 헌법을 준수할 제1차적 의무를 진다. 특히 대통령의 국가긴급권 행사는 국가 비상시에 입헌질서를 수호하기 위한 헌법수호자로서의 역할을 하는 것이다.

3. 헌법수호자로서의 국민

국회·정부·법원 등 국가기관이 헌법수호의 임무를 완수할 수 없거나 태만히 할 수 있어 이들 국가기관에 의한 헌법보장에도 한계가 있다.

여기서 헌법의 최종적 수호는 국민의 투철한 호헌의지에 달려 있다고 할 수 있으며, 국민이야말로 최후의 헌법수호자라 하겠다.

Ⅳ. 한국의 헌법보장제도

1. 각 기관 등의 헌법보장

1) 헌법재판소에 의한 헌법보장

헌법재판소는 입법부의 위헌입법행위를 무효로 판단하는 위헌법률심사권을 가지고 헌법을 수호하고, 위헌정당을 해산시킴으로써 정당의 위헌행위로부터 헌법을 수호한다. 그리고 공무원의 위헌행위에 대해 탄핵심판을 통해 헌법을 수호한다.

2) 대통령에 의한 헌법보장

대통령은 헌법준수의 의무를 선서하며, 국회가 위헌입법을 할 경우 거부권을 행사함으로써 헌법을 수호하고, 위헌정당의 해산을 제소할 수 있다.

또한 교전상태와 중대한 비상사태 시에 긴급명령권과 계엄권을 발동하여 헌법을 수호하고, 외침에 대해서는 선전포고권과 군통수권을 가지고 국가를 수호한다.

3) 국회에 의한 헌법보장

국회는 법률이 정한 국가공무원이 직무상 중대한 비위를 범한 경우에 탄핵을 소추할 수 있고, 국무총리와 국무위원의 위헌행위에 대하여는 해임건의권을 행사할 수 있다.

또한 대통령이 위헌적인 국가긴급권을 남용한 경우에 그 승인을 거부하거나 해제를 요구할 수 있다.

4) 법원에 의한 헌법보장

법원은 국회의 위헌입법에 대해 위헌법률심판제청을 할 수 있으며, 정부에 대해 위헌·위법·명령·처분심사권을 통해 헌법보장을 할 수 있다.

또 국헌문란사범에 대해서는 재판을 통해 헌법을 수호할 수 있다.

5) 국민에 의한 헌법보장

국민은 헌법개정에 대한 국민투표권을 통해 헌법을 수호할 수 있으며, 최후의 수단으로서 저항권을 통해 헌법을 수호할 수 있다.

2. 시기에 따른 헌법보장

1) 사전적·예방적 헌법보장

헌법침해가 발생하기 전에 헌법이 마련하고 있는 헌법보장으로는 헌법의 최고규범성을 들 수 있다.

또한 각 기관 간에 권력분립을 통하여 견제와 균형을 꾀하고, 법률보다 헌법개정절차를 까다롭게 하는 경성헌법의 채택, 민주주의 적으로부터 헌법을 수호하기 위한 방어적 민주주의를 채택하고 있다. 대통령의 헌법준수의무 선서규정을 두고, 공무원의 정치적 중립성과 군의 정치적 중립성 규정 등을 둠으로써 헌법수호 장치를 마련하고 있다.

2) 사후적·교정적 헌법보장

헌법침해가 발생한 경우에 헌법을 수호하기 위한 수단을 헌법에 마련하고 있다.

헌법재판소는 위헌정당해산심판, 탄핵심판, 위헌법률심판, 헌법소원심판을 통하여, 그리고 대법원의 위헌·위법명령심사제도를 통하여 헌법을 수호하고 있다.

또한 국회의 국무총리·국무위원 해임건의제도, 국회의 긴급명령 등의 승인제도, 계엄해제요구제도, 국회의 국정감사·조사제도 등을 통하여 헌법을 수호하며, 공무원의 책임제도를 두고 있다. 우리 헌법상에는 없는 각료해임의결권이나 의회해산제도, 기본권상실제도와 국민소환제도 등도 사후적·교정적 헌법수호를 위한 것이다.

제2절 국가긴급권

I. 국가긴급권의 의의·구별개념·본질

1. 국가긴급권의 의의

국가긴급권(national Emergency Power)은 입헌주의국가에 있어서 헌법을 보호하기 위하여, 헌법이 비상사태의 유형을 미리 예견하고 비상사태 발생시 이에 대응하는 수단을 헌법에 규정하는 것을 말한다.

평상시의 입헌주의적 권력기구로서는 대체할 수 없는 국가적 위기상황에 있어서, 국가의 존립보전을 위해 특정한 국가기관에게 인정되는 긴급조치를 취할 수 있는 권한으로 비상의 예외적인 권한이다.

2. 구별 개념

국가긴급권은 평상시의 방법으로는 극복할 수 없는 비상사태를 전제로 한다는 점에서, 헌법이 정하는 정상적인 방법에 의한 장애해소가 가능한 헌법장애상태와 구별된다.

또한 저항권과의 관계에서 국가긴급권과 저항권은 모두 위기적 상황에서 행사되는 예외적인 권한으로 그 행사기간이 잠정적·최후수단성이라는 공통점을 지니고 있다. 그러나 국가긴급권은 위로부터의 헌법보장수단인 반면 저항권은 아래로부터의 헌법보장수단이라는 점에서 차이가 있다.

3. 국가긴급권의 본질

국가긴급권은 헌법을 보호하기 위한 헌법보장 수단성을 지니면서도 헌법을 침해할 위험성을 지니는 양면성을 가진다.

즉, 국가긴급권은 한편으로는 국가의 위기상황을 극복하기 위하여 필요하지만, 다른 한편으로는 남용될 경우 입헌주의의 일시적 정지로 입헌주의 그 자체를 파괴할 수 있는 위험성을 지니고 있다.

 판례 | 국가긴급권의 본질 – 헌재 1994.6.30. 92헌가18(위헌)

국가긴급권은 국가의 존립이나 헌법질서를 위태롭게 하는 비상사태가 발생한 경우에 국가를 보전하고 헌법질서를 유지하기 위한 **헌법보장의 한 수단**이다. 그러나 국가긴급권의 인정은 국가권력에 대한 헌법상의 제약을 해제하여 주는 것이 되므로 **국가긴급권의 인정**은 일면 **국가의 위기를 극복하여야 한다는 필요성** 때문이기는 하지만 그것은 동시에 권력의 집중과 입헌주의의 일시적 정지로 말미암아 **입헌주의 그 자체를 파괴할 위험**을 초래하게 된다. 따라서 헌법에서 국가긴급권의 발동기준과 내용 그리고 그 한계에 관해서 상세히 규정함으로써 그 **남용 또는 약용의 소지를 줄이고** 심지어는 국가긴급권의 과잉행사 때는 저항권을 인정하는 등 **필요한 제동장치도 함께 마련해 두는 것이 현대의 민주적인 헌법국가의 일반적인 태도**이다.

Ⅱ. 국가긴급권의 연혁과 발전

1. 로마의 공화제

로마의 공화국 초기 통상의 행정기구로는 국가안전을 유지할 수 없는 정치기구 위기의 상태를 원로원이 확신하게 될 때에 그 제안으로 집정관들이 1인의 독재자를 임명하여 "신성한 독재권(Imperium)"을 부여하였다. 이것이 최초의 계엄제도이다.

2. 영국의 국가긴급권

1588년 영국 엘리자벳여왕은 외국의 무적함대가 접근하였을 때에 최초로 계엄령(martial Law)을 선포하였다. 이때의 계엄령의 내용은 "통상의 법규를 정지하고 국토의 전부 또는 일부를 일시적으로 군사재판의 관할 하에 둔다"는 것이었다.

그 후 1766년 영국에서는 기근대책을 마련하기 위하여 Pitt내각의 각령이 계기가 되어 긴급명령이론이 정립되었고, 특히 양차대전을 전후하여 긴급권법·국방법·병역법에서 국가긴급권을 규정하였다.

3. 미국의 국가긴급권

1815년 미국에서는 뉴올리언즈의 전투에서 잭슨(A. Jackson)에 의해 최초로 계엄령선포가 있었다.

미국에서는 관행에 의하여 국가긴급권이 강화되어 왔지만, 1866년 밀리건(Milligan)사건에서 연방대법원은 계엄령을 선포함에 있어서 "① 실제로 그리고 현존하는 위험이 있을 것, ② 전쟁구역에 한정될 것, ③ 그 선포지역 외에서는 시민적 자유가 방해될 수 없다는 것"을 명시하여 국가긴급권의 한계를 분명히 제시하였다.

4. 프랑스의 국가긴급권

1814년 프랑스에서는 헌법 제14조에서 "국왕은 법률의 집행 및 국가의 안녕을 위하여 필요한 규칙 또는 명령을 발한다"라고 국가긴급권을 최초로 규정하였다.

1848년 헌법 제108조에 의거한 1849년 법률의 포위제도에는 ① 전쟁 또는 무장반란과 같은 긴급의 경우에 한정되고, ② 수색영장 없이 가택수색을 할 수 있고, ③ 전과자나 부랑자의 구금, ④ 무기의 검사, 조사, 몰수에 대한 처리명령을 할 수 있고, ⑤ 질서를 문란케 할 위험이 있는 집회의 금지 등이 규정되었다.

1963년 12월 30일에 개정한 헌법 제16조에는 헌법상의 공권력의 정상적인 기능이 중단되는 경우에 취하는 조치에 대해 규정하고, 제36조에 계엄사태의 선포, 제35조의 전쟁사태·긴급사태의 선포 등을 규정하였다.

5. 독일의 국가긴급권

프로이센헌법 제111조에 의거한 1851년의 "계엄에 관한 법"과 동법 제5조에 의하여 계엄의 선언으로 헌법상의 광범한 인권규정(인신의 자유, 주거의 불가침, 재판관에 의한 재판을 받을 권리, 언론·출판의 자유, 집회·결사의 자유 등)을 정지하게 하였다.

바이마르헌법 제48조 제2항에서는 국가긴급권을 규정하여 대통령독재권을 인정하였다.

그리고 독일기본법 제81조, 제87조a(1966년 추가), 제97조(1968년 개정), 제115조(1968년 추가), 제115조b·c·e·h·k(1968년 추가)는 국가긴급권을 규정하고 있다.

Ⅲ. 국가긴급권의 유형

국가긴급권은 실정법 질서에서 예정하고 있는 광의의 합헌적 국가긴급권과 이를 예정하고 있지 않는 초헌법적 국가긴급권으로 구별할 수 있다.

1. 광의의 합헌적 국가긴급권

1) 경찰적(비상 집행적) 국가긴급권

평상시의 헌법체제를 그대로 유지하면서 비상사태를 극복하기 위하여 필요한 한도 내에서 행정부의 기능을 강화하는 유형이다.

현행헌법의 대통령의 긴급명령제도나 긴급재정경제처분 및 명령제도이다.

2) 협의의 합헌적 국가긴급권

헌법 자체에 미리 긴박한 비상사태를 예상하여 입헌주의를 일시적으로 정지하게 하고 일정한 조건하에 독재적 권력행사를 인정하는 유형으로, 현행헌법상 계엄제도이다.

슈미트는 협의의 합헌적 국가긴급권을 '위임적 독재'라 하고, 초헌법적 국가긴급권을 '주권적 독재'라고 구별하였다.

평상시에 입헌주의 기구로서는 국가적 위기에 대응하기 어렵다. 따라서 비상조치를 필요로 하는 긴급사태가 예측되는 이상 헌법에 처음부터 국가긴급권을 합법적인 제도로서 규정하는 것이 오히려 헌법의 파괴를 가져오지 않게 하므로, 이러한 협의의 합헌적 국가긴급권을 규정한다는 것이다.

다만, 긴급사태 시 합헌적 독재권을 행사할 수 있는 것은 그 발동의 조건·기간·형식 등을 정하여 무제약적 긴급권의 남용을 방지할 수 있는 한 헌법보장적 측면에서 유용한 것으로 본다.

2. 초헌법적 국가긴급권

초헌법적 국가긴급권은 극도의 비상사태 하에서 헌법상의 일체의 규정을 무시하고 독재적 조치를 강구하는 것이다.

이는 헌법규범을 초월한 것이어서 그 인정 여부에 대하여 견해가 대립된다.

ⅰ) 긍정하는 견해(슈미트, 헤세 등)는 국가의 존재나 공공의 안녕질서의 회복을 위해서는 일정한 조치를 취할 수 있는 것으로, 긴급하고 부득이한 것이라면 정당화될 수 없는 것은 아니라고 한다. 그 논거로 '헌법'을 보호하기 위해서는 '헌법률'이 침해·정지될 수밖에 없다는 점, 국가생존권보장을 위한 정당방위론이나 국가자위론이라는 자연법이론, 영미법계에서의 보통법사상이나 대통령의 국민에 대한 봉사자론 등을 제시하고 있다.

ⅱ) 이에 대하여 부정하는 견해(나비아스키, 켈젠 등)는 주로 법실증주의적 관점에서 법치주의 사상을 강조하는 입장으로, 헌법의 틀을 벗어난 독재권력의 발동, 기본권의 정지 등은 위헌이며, 이는 여하한 긴급사태에서도 정당화될 수 없는 불법이라고 본다. 그 논거로는 행위의 합법성은 실정법에 의해서만 판단된다는 점, 헌법상 규정되지 않은 국가긴급권은 헌법이 부정하는 제도라는 점, 초헌법적 국가긴급권 자체가 헌법을 침해·훼손하는

것이라는 점 등을 들고 있다.

헌법재판소는 동원 대상지역 내의 토지수용 등에 관한 「국가보위에 관한 특별조치법」 제5조 제4항에 대한 위헌심판에서 이러한 초헌법적 국가긴급권에 대해 위헌결정을 하였다(헌재 92헌가18).

⚠ 판례 | 초헌법적 국가긴급권의 위헌성 – 헌재 1994.6.30. 92헌가18(위헌)

헌법에서 국가긴급권의 발동기준과 내용 그리고 그 한계에 관해서 상세히 규정함으로써 그 남용 또는 약용의 소지를 줄이고 심지어는 국가긴급권의 과잉행사 때는 저항권을 인정하는 등 필요한 제 동장치도 함께 마련해 두는 것이 현대의 민주적인 헌법국가의 일반적인 태도이다. 우리 헌법도 국가긴급권을 대통령의 권한으로 규정하면서도 국가긴급권의 내용과 효력 통제와 한계를 분명히 함으로써 그 남용과 약용을 막아 국가긴급권이 헌법보호의 비상수단으로서 제기능을 나타내도록 하고 있다. 이상과 같은 이론에서 볼 때 **특별조치법은 첫째, 초헌법적인 국가긴급권을 대통령에게 부여하고 있다는 점에서 이는 헌법을 부정하고 파괴하는 반입헌주의, 반법치주의의 위헌법률**이다. 둘째, 국가긴급권 발동(비상사태선포)의 조건을 규정한 특별조치법 제2조의 "국가안전보장(이하 "국가안보"라 한다)에 대한 중대한 위협에 효율적으로 대처하고 사회의 안녕질서를 유지하여 국가를 보위하기 위하여 신속한 사태대비조치를 취할 필요가 있을 경우"라는 규정내용은 너무 추상적이고 광범위한 개념으로 되어 있어 거의 대통령이 마음 내키는 대로 적용할 수 있게 되어 있으므로 **남용·약용의 소지가 매우 크다.** 이는 기본권 제한법률 특히 **형벌법규의 명확성의 원칙에 반한다.** 그럼에도 불구하고 국회에 의한 사후통제장치도 전무한 상태이다. 이러한 점에서 **비상사태선포에 관한 특별조치법 제2조는 위헌무효이고 비상사태선포가 합헌·유효인 것을 전제로 하여서만 합헌·유효가 될 수 있는 특별조치법의 그 밖의 규정은 모두 위헌이다.**

Ⅳ. 국가긴급권의 발동 요건

국가긴급권을 인정하는 것은 입헌주의를 파괴할 위험을 초래할 수 있으므로 그 남용 또는 약용의 소지를 줄이기 위하여 헌법에서 국가긴급권의 발동요건을 엄격하고 상세하게 규정하는 것이 일반적이다.

(1) 국가긴급권을 발동할 수 있는 상황은 국가적 비상사태가 발생된 경우로 헌법이 평시에 예정하고 있는 수단으로는 이를 제거할 수 없을 정도의 위급상태라야 한다.

(2) 국가긴급권의 목적은 비상사태를 극복하고 국가의 존립과 안전을 신속히 회복하는 소극적 목적을 위한 것이어야 하고 적극적 목적을 위한 것은 인정되지 아니한다.

(3) 또한 국가긴급권의 주체가 확정되어야 하는데 국가원수 또는 행정부 수반으로 하는 것이 일반적이다. 현행헌법도 제76조, 제77조에서 국가긴급권을 대통령의 권한으로 하고 있다.

V. 국가긴급권의 한계

1. 시기상 한계

국가긴급권은 비상사태를 전제로 발동되어야 하며 단순한 비상사태의 발생 가능성을 이유로 사전에 발동할 수 없다. 다만, 자연재해 등 비상사태의 발생이 객관적으로 명백하고 그 침해가 중대한 경우에는 예외적으로 사전에 그 발동이 가능하다고 본다(**사후수단성의 원칙**).

2. 목적상 한계

국가긴급권의 발동은 국가의 존립과 안전을 확보하기 위한 소극적 목적을 위한 것이라야 한다. 따라서 적극적인 정치·경제질서의 변혁을 위한 긴급권 발동은 국가긴급권의 과잉행사로 인정되지 아니한다(**소극성의 원칙**).

3. 시간상 한계

국가긴급권은 헌법수호를 목적으로 일시적이고 단기간에 행사되어야 한다(**잠정성의 원칙**).

4. 상황적 한계

국가긴급권은 평시의 헌법적 절차로는 극복할 수 없는 극한적 비상사태가 발생하고, 국가긴급권 발동이 불가피한 최후수단이라는 것이 객관적으로 납득할 수 있는 경우라야 한다(**보충성, 최후수단성 원칙**).

5. 내용상 한계

국가긴급권은 그 내용에 있어서 최소한의 기본권 침해를 내용으로 하는 것이어야 하고 기본권을 부득이하게 제한하는 경우에도 과잉금지의 원칙 등이 존중되어야 한다(**최소성의 원칙**).

VI. 국가긴급권의 통제

1. 입법적 통제

국가긴급권의 남용을 방지하기 위해서 그 목적, 조건, 내용, 절차 등을 헌법이나 법률에 명시함으로써 긴급권의 발동을 통제할 수 있다.

2. 정치적 통제

정치적 통제방법으로는 의회에 의한 통제와 국민에 의한 통제를 들 수 있다. 의회에 의한 통제는 시간과 장소에 따라 다르나, 의회가 긴급사태 선포에 대한 승인·해제요구·폐지권 등을 통해 통제할 수 있고, 국민은 국민투표의 방법으로 통제할 수 있다.

3. 사법적 통제

국가긴급권의 행사는 통치행위인가 아니면 사법심사의 대상이 되는 것인가에 대해 논란이 있다. 그리고 사법심사의 대상이 된다고 보는 경우에도 사후 심사를 하는 것이 일반적이다.

국가긴급권은 대통령에게 부여되는 통치행위의 하나로 사법적으로 이를 통제하기가 어렵다. 그러나 사법적 통제가 현실적으로는 거의 불가능하다고 하더라도 국가긴급권 행사의 남용을 방지하기 위해서라도 사후적·사법적 통제가 행해져야 할 것이다.

VII. 한국헌법과 국가긴급권

1. 제1공화국헌법

제헌헌법 제64조는 "대통령은 법률의 정하는 바에 의하여 계엄을 선포한다"라고 하여 계엄선포권을 규정하였다.

제57조에는 "① 내우·외환·천재·지변 또는 중대한 재정·경제상의 위기에 제하여 공공의 안녕질서를 유지하기 위하여 긴급한 조치를 할 필요가 있는 때에는 대통령은 국회의 집회를 기다릴 여유가 없을 경우에 한하여 법률의 효력을 가진 명령을 발하거나 또는 재정상 필요한 처분을 할 수 있다. ② 전항의 명령 또는 처분은 지체없이 국회에 보고하여 승인을 얻어야 한다. 만일 국회의 승인을 얻지 못한 때에는 그때부터 효력을 상실하며, 대통령은 지체없이 차를 공포하여야 한다"라고 하여 긴급명령·긴급재정처분권을 규정하였다.

이 규정을 근거로 하여 6.25사변과 4.19 당시에 빈번히 계엄을 선포하였다.

2. 제2공화국헌법

제2공화국헌법에서는 대통령의 긴급명령권을 삭제하고 긴급재정처분권과 긴급재정명령권만을 인정하였다.

헌법 제57조에는 "① 내우·외환·천재·지변 또는 중대한 재정·경제상의 위기에 제하여 공공의 안녕질서를 유지하기 위하여 긴급한 조치를 할 필요가 있을 때에 대통령은 국회의 집회를 기다릴 여유가 없는 때 한해 국무회의의 의결에 의해 재정상 필요한 처분을 할 수 있다. ② 전항의 처분을 집행하기 위하여 필요한 때에는 국무총리는 법률의 효력을 가진 명령을 발할 수 있다"고 규정하고 있다.

제64조에는 "대통령은 국무회의의 의결에 의하여 계엄을 선포한다. 계엄의 선포가 부당하다고 인정될 때에는 대통령은 국무회의의 의결에 불구하고 그 선포를 거부할 수 있다. 계엄이 선포되었을 때에는 법률의 정하는 바에 의하여 국민의 권리와 행정기관이나 법원의 권한에 관하여 특별한 조치를 할 수 있다"라고 규정하였다.

3. 제3공화국헌법

제1공화국헌법에서 규정한 긴급명령권을 제3공화국헌법에서 부활시켰다. 1962년 헌법 제73조 제1항에의 긴급재정경제처분권, 긴급재정경제명령권의 경우는 1948년 헌법 제57조와 동일하다.

제73조 제2항 이하에서는 "② 국가의 안전에 관계되는 중대한 교전상태에 있어서 국가를 보위하기 위하여 긴급한 조치가 필요하고 국회의 집회가 불가능한 때에 한하여 대통령은 법률의 효력을 가지는 명령을 발할 수 있다. ③ 제1항과 제2항의 명령 또는 처분은 지체없이 국회에 보고하여 그 승인을 얻어야 한다. ④ 전항의 승인을 얻지 못한 때에는 그 명령 또는 처분은 그때부터 효력을 상실한다. 다만 그 명령에 의하여 개정 또는 폐지되었던 법률은 그 명령이 승인을 얻지 못한 때부터 당연히 효력을 회복한다. ⑤ 대통령은 제3항과 제4항의 사유를 지체없이 공포하여야 한다"라고 긴급명령권을 규정하였다.

제75조의 계엄선포권은 제1공화국헌법이나 제2공화국헌법의 규정보다는 이를 상세하게 강화시켰다.

그 후 1971년 12월 27일에는 초헌법적인 「국가보위에관한특별조치법」을 공화당만으로 통과시켰으며, 1972년 10월 17일에는 국회가 해산되고 국민의 기본권 일부가 정지되는 비상조치가 단행되었다.

4. 제4공화국헌법

제4공화국헌법은 최초로 긴급조치권을 대통령에게 부여하였다.

제53조에서 "① 대통령은 천재·지변 또는 중대한 재정·경제상의 위기에 처하거나 국

가의 안전보장 또는 공공의 안녕질서가 중대한 위협을 받거나 받을 우려가 있어 신속한 조치를 할 필요가 있다고 판단할 때에는 국방·경제·재정·사법 등 국정전반에 걸쳐 필요한 긴급조치를 할 수 있다. ② 대통령은 제1항의 경우에 필요하다고 인정할 때에는 이 헌법에 규정되어 있는 국민의 자유와 권리를 잠정적으로 정지하는 긴급조치를 할 수 있고, 정부나 법원의 권한에 관하여 긴급조치를 할 수 있다. ③ 제1항과 제2항의 긴급조치를 한 때에는 대통령은 지체없이 국회에 통고하여야 한다. ④ 제1항과 제2항의 긴급조치는 사법적 심사대상이 되지 아니한다. ⑤ 긴급조치의 원인이 소멸한 때에는 대통령은 지체없이 이를 해제해야 한다. ⑥ 국회는 재적의원과반수의 찬성으로 긴급조치의 해제를 대통령에게 건의할 수 있으며, 대통령은 특별한 사유가 없는 한 이에 응하여야 한다"라고 규정하였다. 이러한 규정은 전통적 긴급권이론을 벗어난 강력한 대통령의 긴급조치권이며, 1958년 프랑스 제5공화국헌법 제16조의 비상대권과 유사한 것이라고 할 수 있다.

그리고 제54에서는 계엄선포권을 규정하였는데, 이는 제3공화국헌법의 규정과 동일하다.

5. 제5공화국헌법

제5공화국헌법 제52조는 계엄선포권을 규정하고, 제51조에서는 이전 헌법의 긴급조치를 비상조치권으로 명칭을 변경을 하였다. 그리고 제4공화국헌법에서의 사전적·예방적 긴급조치를 지양하고 사후적 긴급조치를 규정하였다. 그리고 대통령의 긴급권을 헌법적 효과를 갖는 비상조치권과 법률적 효과를 갖는 비상조치권으로 구분하였다.

Ⅷ. 현행헌법과 국가긴급권(제6공화국헌법)

1. 서 설

현행헌법은 제5공화국헌법의 비상조치권을 삭제하고, 제76조 제1항에는 긴급재정경제처분·명령권, 제2항에는 긴급명령권을 규정하여 법률적 효력을 가지는 것으로 하고 있다.

2. 긴급명령권

1) 의의 및 법적 성격

대통령의 긴급명령은 비상사태가 발생하고 국회의 집회가 불가능한 때에 비상사태를 극복하기 위하여 명령으로써 법률사항을 규정할 수 있다. 이러한 긴급명령은 국회입법의 원칙에 대한 중대한 예외를 의미하는 국가긴급권의 일종이다.

2) 요 건

(1) 실질적 요건으로 대통령의 긴급명령 발포 상황은 국가의 안위와 관계되는 중대한 교전상태에 있어서 국가를 보위하기 위하여 긴급한 조치가 필요하고, 국회의 집회가 불가능한 경우에 발동된다(제76조 제2항).

여기서 '중대한 교전상태'란 외국과의 전쟁이나 이에 준하는 사태 또는 내란 등 직접 국가의 안위와 관계되는 것을 말하며, '국가를 보위하기 위한 긴급한 조치'란 국가를 보위하기 위하여 필수불가결한 조치로 국회가 갖는 입법사항전반을 내용으로 할 수 있다. 긴급한 조치의 필요성 유무에 대한 판단은 우선적으로 대통령이 하며, 객관성이 있어야 한다.

'국회의 집회가 불가능한 때'라 함은 국회의 집회가 사실상 불가능한 경우, 국회의원 과반수가 집회에 불응한 경우를 의미한다.

대통령의 긴급재정경제처분은 국가를 보위하는 소극적 목적을 위해서만 발포할 수 있으며 적극적인 공공복리 실현 등의 목적을 위해서는 발포할 수 없다.

(2) 절차적 요건으로 대통령의 긴급재정경제처분은 발동은 반드시 국무회의의 심의를 거쳐야 하며, 국가의 안전보장에 관련된 사항일 때에는 국무회의의 심의에 앞서 국가안전보장회의의 자문을 거쳐야 한다.

긴급재정경제처분은 문서의 형식으로 하되, 국무총리와 관계국무위원의 부서가 있어야 한다.

대통령이 긴급재정경제처분을 발한 때에는 지체없이 국회에 보고하여 그 승인을 얻어야 하며, 이를 지체없이 공포하여야 한다. 이때 승인의 의결정족수는 계엄 해제를 요구하는 의결정족수와 마찬가지로 재적의원 과반수의 찬성을 요하는 것으로 해석한다.

3) 효 력

긴급명령이 국회의 승인을 얻지 못한 때에 그 긴급명령은 그 이후부터 효력을 상실한다. 긴급명령에 의하여 개정되거나 폐지된 법률은 그 명령이 승인을 얻지 못한 때로부터 당연히 효력을 회복한다(제76조 제4항).

국회의 승인을 얻게 되면, 그 명령은 형식은 명령이지만 법적 효력은 국회가 제정한 법률과 동일한 효력을 갖는다. 따라서 긴급명령으로써 국민의 권리를 제한하거나 의무를 부과할 수 있으며, 기존의 법률을 개정하거나 폐지할 수 있고, 그 적용을 정지할 수도 있다.

4) 통 제

대통령이 긴급명령을 발한 경우에는 지체없이 국회에 보고하여 승인을 얻어야 하며(제76조 제3항), 이러한 국회에의 보고와 국회의 승인은 대통령의 긴급명령에 있어서 가장 실효성 있는 통제수단이라 할 수 있다.

긴급명령이 국회의 승인을 얻은 경우에도 그 위헌 여부가 재판의 전제가 된 때에는 법원이 위헌심판을 제청할 수 있다.

법원의 제청이 있는 경우 헌법재판소는 법률에 대한 위헌심판과 같이 긴급명령의 위헌 여부를 심판할 수 있다.

3. 긴급재정경제처분권

1) 의의 및 법적 성격

긴급재정경제처분권이란 내우·외환 등 비상사태가 발생하거나 재정·경제상의 위기가 발생한 경우에 대통령이 비상사태나 위기를 극복하기 위하여, 국회의 의결사항 내지 승인사항인 재정행위에 대해 국회의 승인을 얻지 않을 수 있는 긴급처분권이다.

이러한 긴급재정경제처분권은 국회에 의한 재정의결원칙에 대한 중대한 예외로, 국회의 집회를 기다릴 여유가 없는 경우에 한하여 예외적으로 인정되는 국가긴급권이다.

2) 요 건

(1) 실질적 요건으로 대통령의 긴급재정경제처분은 내우·외환·천재·지변 또는 중대한 재정·경제상의 위기가 발생하고, 국가의 안전보장 또는 공공의 안녕질서를 유지하기 위하여 긴급한 조치가 필요하고 국회의 집회를 기다릴 여유가 없을 때 최소한으로 필요한 처분인 경우에 발동할 수 있다(제76조 제1항).

'내우·외환' 등은 비상사태를 예시한 것이며, '중대한 재정·경제상의 위기'란 재정·경제 분야의 긴급사태를 말한다.

'긴급한 조치'란 국회의 동의나 의결의 절차로는 목적을 달성할 수 없는 경우의 조치를 말하며, 긴급한 조치의 필요성 유무는 대통령이 우선적으로 판단한다.

'국회의 집회를 기다릴 여유가 없을 때'란 국회가 폐회 중인 경우를 말한다.

'최소한으로 필요한'이란 비상사태의 극복을 위하여 요구되는 최소한의 정도와 내용을 말한다.

이러한 대통령의 긴급재정경제처분은 국가의 안전보장 또는 공공의 안녕질서라는 소극적 목적을 위해서만 발동될 수 있다.

'국회의 집회가 불가능한 때'라 함은 국회의 집회가 사실상 불가능한 경우, 국회의원 과반수가 집회에 불응한 경우를 의미한다.

대통령의 긴급재정경제처분은 국가를 보위하는 소극적 목적을 위해서만 발포할 수 있으며 적극적인 공공복리 실현 등의 목적을 위해서는 발포할 수 없다.

(2) 절차적 요건으로 대통령의 긴급재정경제처분의 발동은 반드시 국무회의의 심의를 거쳐야 하며, 국가의 안전보장에 관련된 사항일 때에는 국무회의의 심의에 앞서 국가안전보장회의의 자문을 거쳐야 한다.

긴급재정경제처분은 문서의 형식으로 하되, 국무총리와 관계국무위원의 부서가 있어야 한다.

대통령이 긴급재정경제처분을 발한 때에는 지체없이 국회에 보고하여 그 승인을 얻어야 하며, 이를 지체없이 공포하여야 한다. 이때 승인의 의결정족수는 계엄 해제를 요구하는 의결정족수와 마찬가지로 재적의원 과반수의 찬성을 요하는 것으로 해석해야 한다.

3) 내용과 형식

긴급재정경제처분은 재정사항과 경제사항만을 그 내용으로 할 수 있다. 그 형식은 행정처분의 형식인 개별적·구체적 내용의 처분 또는 조치의 형식을 취한다.

4) 효 력

긴급재정경제처분이 국회의 승인을 얻지 못한 때에는 그 처분은 승인거부 시부터 효력을 상실하나, 승인을 얻게 되면 그 처분이 국회의 동의와 동일한 효과를 가진다(제76조 제4항).

5) 통 제

국회에의 보고와 국회의 승인은 대통령의 긴급재정경제처분에 대한 가장 실질적 통제수단이 되며, 국회의 승인권에는 수정승인권이 포함된다.

긴급재정경제처분이 국회의 승인을 얻은 경우에는 행정처분으로서의 성격을 가지는 것이므로, 법원이 위헌·위법 여부를 심사할 수 있다.

4. 긴급재정경제명령권

1) 의의·경과·법적 성격

긴급재정경제명령이란 국회의 집회를 기다릴 시간적 여유가 없을 때에 한하여 대통령이 긴급재정경제처분의 실효성을 뒷받침하기 위하여 발하는 것으로서 법률의 효력을 가진 명령을 말한다.

긴급재정경제명령으로는 6.25 당시와 5.16 후의 화폐개혁, 1972년 8월 3일 경제안정과 성장에 관한 긴급명령(8·3조치), 1993년 8월 12일 '금융실명거래및비밀보장에관한긴급재정경제명령'이 공포된 바 있다.

긴급재정경제명령은 긴급재정경제처분의 실효성을 뒷받침하기 위하여 필요한 경우에 대통령이 발하는 긴급입법으로 법률적 효력을 갖는다.

이는 국회입법의 원칙과 재정의회주의에 대한 중대한 예외이다.

2) 요 건

(1) 실질적 요건으로 긴급재정경제처분을 법률적 효력을 가진 명령으로 뒷받침할 수 있는 경우에 발동할 수 있다. 그 필요성 유무에 관한 판단은 대통령의 재량으로, 객관적으로 납득할 수 있는 것이어야 한다.

(2) 절차적 요건으로 대통령의 긴급재정경제명령 발동은 반드시 국무회의의 심의를 거쳐야 하며, 국가의 안전보장에 관련된 사항일 때에는 국무회의의 심의에 앞서 국가안전보장회의의 자문을 거쳐야 한다.

긴급재정경제명령은 문서의 형식으로 하되, 국무총리와 관계국무위원의 부서가 있어야 한다.

대통령이 긴급재정경제명령을 발한 때에는 지체없이 국회에 보고하여 그 승인을 얻어야 하며, 이를 지체없이 공포하여야 한다. 이때 승인의 의결정족수는 계엄 해제를 요구하는 의결정족수와 마찬가지로 재적의원 과반수의 찬성을 요하는 것으로 해석한다.

3) 내용 및 형식

긴급재정경제명령은 재정 또는 경제와 관련이 있는 사항만을 그 내용으로 할 수 있으며, 그 형식은 입법의 형식인 일반적이고 추상적인 내용의 입법조치 형식이어야 한다.

4) 효 력

긴급재정경제명령이 국회의 승인을 얻지 못한 때에는 그때부터 효력을 상실하며, 승인을 얻게 되면 그 명령은 형식은 명령이지만 실질은 국회가 제정한 법률과 동일한 효력을 가진다(제76조 제1항). 따라서 명령으로써 국민의 경제적 자유와 권리를 제한할 수 있고, 기존의 법률을 개정·폐지할 수 있다.

5) 통 제

대통령이 긴급재정경제명령을 발한 경우에는 지체없이 국회에 보고하여 승인을 얻어야 하며(제76조 제1항), 이러한 국회에의 보고와 국회의 승인은 대통령의 긴급재정경제명령에 있어서 가장 실효성 있는 통제수단이라 할 수 있다.

긴급재정경제명령이 국회의 승인을 얻은 경우에도 그 위헌 여부가 재판의 전제가 된 때에는 법원이 위헌심판을 제청할 수 있다.

법원의 제청이 있는 경우 헌법재판소는 법률에 대한 위헌심판과 같이 긴급재정경제명령의 위헌 여부를 심판할 수 있다(헌재 93헌마186).

판례 | 대통령 긴급재정경제명령의 헌법재판 대상성 – 헌재 1996.2.29. 93헌마186(기각, 각하)

대통령의 긴급재정경제명령은 국가긴급권의 일종으로서 고도의 정치적 결단에 의하여 발동되는 행위이고 그 결단을 존중하여야 할 필요성이 있는 행위라는 의미에서 이른바 **통치행위**에 속한다고 할 수 있으나, 통치행위를 포함하여 모든 국가작용은 국민의 기본권적 가치를 실현하기 위한 수단이라는 한계를 반드시 지켜야 하는 것이고, 헌법재판소는 헌법의 수호와 국민의 기본권 보장을 사명으로 하는 국가기관이므로 비록 **고도의 정치적 결단에 의하여 행해지는 국가작용이라고 할지라도 그것이 국민의 기본권 침해와 직접 관련되는 경우에는 당연히 헌법재판소의 심판대상이 된다.**

---

5. 계엄선포권

1) 계엄의 의의

계엄이란 전시·사변 또는 이에 준하는 국가비상사태에 있어서, 군사상 필요가 있거나(군사계엄), 공공의 안녕질서를 유지할 필요가 있을 때에(행정계엄), 대통령이 발할 수 있는 긴급권제도를 말한다(제77조 제1항).

계엄이 선포되면 전국 또는 일정한 지역을 병력으로써 경비하고, 해당지역의 행정사무와 사법사무의 일부 또는 전부를 군의 관할하에 두며, 헌법이 보장하는 국민의 기본권의 일부까지도 제한할 수 있다.

헌법 제77조에는 대통령의 계엄선포권을 규정하고 있고, 계엄의 선포와 그 시행 및 해제 등에 필요한 사항을 정하기 위해 「계엄법」을 두고 있다.

2) 계엄선포의 요건

계엄선포의 경우에는 국민의 자유와 권리가 일시적이나마 제한될 뿐만 아니라 군정이 일반국민에게까지 확대되고 군사령관의 의사가 민선정부의 의사를 대신한다는 점에서 그 요건은 엄격하게 해석되어야 한다.

(1) 실질적 요건으로 첫째, 계엄의 선포는 전시·사변 또는 이에 준하는 국가비상사태가 발생한 경우라야 한다.

여기서 '전시'란 전쟁 시를 말하고, '사변'이란 국토를 참절하거나 국헌을 문란하게 할 목적으로 하는 무장반란집단의 폭동행위를 말한다.

'이에 준하는 국가비상사태'란 전시 또는 사변에 해당하지 않는 경우로서 이에 준하는 무장폭동이나 반란 등으로 극도의 사회질서교란상태를 말한다.

국가비상사태 해결을 위한 계엄의 발동 필요성 여부는 대통령이 판단한다.

둘째, 병력으로써 군사상의 필요에 응하거나 공공의 안녕질서를 유지할 필요가 있어야 한다. 국가비상사태로 경찰력만으로는 도저히 공공의 안녕질서유지가 불가능한 상황에서 군병력을 동원하여만 할 경우에 계엄을 선포할 수 있다.

(2) 절차적 요건으로 대통령은 국무회의의 심의를 거쳐 법률이 정하는 바에 의하여 계엄을 선포할 수 있다.

국방부장관 또는 행정안전부장관은 계엄선포의 요건에 해당하는 사유가 발생하면 국무총리를 거쳐 대통령에게 계엄의 선포를 건의할 수 있다.

대통령이 계엄을 선포할 때에는 계엄선포의 이유, 계엄의 종류, 계엄시행일시, 계엄시행지역 및 계엄사령관을 공고하여야 한다.

계엄사령관은 현역장관급장교 중에서 국방부장관이 추천한 자를 국무회의의 심의를 거쳐 대통령이 임명한다.

대통령이 계엄을 선포한 때에는 지체없이 국회에 통고해야 하며(제77조 제4항), 국회가 폐회 중이면 지체없이 임시회의 집회를 요구해야 한다.

3) 계엄의 종류와 효력

(1) 계엄의 종류

계엄에는 경비계엄과 비상계엄이 있다(제77조 제2항, 계엄법 제2조 제1항).

ⅰ) 경비계엄은 전시·사변 또는 이에 준하는 국가비상사태로 일반 행정기관만으로는 치안확보를 할 수 없는 경우에 공공의 안녕질서를 유지하기 위하여 선포하는 계엄이다.

ⅱ) 이에 대하여 비상계엄은 전시·사변 또는 이에 준하는 국가비상사태에 있어서 교전상태에 있거나 사회질서가 극도로 교란되어 국가기능의 수행이 현저히 곤란한 경우에 군사상 필요에 응하거나 공공의 안녕질서를 유지하기 위하여 선포하는 계엄이다.

계엄은 대통령만이 선포할 수 있고, 국방부장관 또는 행정안전부장관은 계엄선포에 해당하는 사유가 발생한 경우에는 국무총리를 거쳐 대통령에게 계엄의 선포를 건의할 수 있다. 국무회의의 심의를 거쳐 그 종류를 변경할 수 있으며(법 제2조 제5항), 시행지역을 축소 또는 확대할 수 있다.

(2) 계엄의 효력

가. 경비계엄의 효력

경비계엄은 비상계엄보다 훨씬 완화된 형태의 계엄으로, 계엄지역 내의 군사에 관한 행정사무와 사법사무만이 계엄조치의 대상이 된다. 경비계엄이 선포되면 이와 관련된 사법·행정기관은 지체없이 계엄사령관의 지휘·감독을 받는다.

그러나 경비계엄 하에서는 헌법과 법률에 의하지 아니한 특별조치로써 국민의 자유와 권리를 제한할 수 없다.

나. 비상계엄의 효력

가) 행정사무와 사법사무에 관한 특별조치

비상계엄이 선포된 때에는 법률이 정하는 바에 의하여 … 정부나 법원에 관하여 특별한 조치를 할 수 있다(제77조 제3항).

비상계엄의 선포와 동시에 계엄사령관은 계엄지역 내의 모든 행정사무와 사법사무를 관장한다. 따라서 당해 지역 내의 행정기관과 사법기관은 지체없이 계엄사령관의 지휘·감독을 받는다.

사법사무는 재판작용을 제외한 사법행정사무를 말하나, 「계엄법」에 열거된 13가지 유형의 범죄(내란죄, 외환죄, 국교(國交)에 관한 죄, 공안을 해치는 죄, 폭발물죄, 공무방해죄, 방화죄, 통화죄, 살인죄, 강도죄, 「국가보안법」에 규정된 죄,「총포·도검·화약류 등의 안전관리에 관한 법률」에 규정된 죄, 군사상 필요에 의하여 제정한 법령에 규정된 죄(법 제10조 제1항))에 대한 재판은 군사법원에서 한다.

비상계엄하의 군사재판은 군인·군무원의 범죄나 군사에 관한 간첩죄의 경우와 초병·초소·유독음식물공급·포로에 관한 죄 중 법률이 정한 경우에 한하여(제27조 제2항) 단심으로 할 수 있으나, 사형선고의 경우는 예외로 한다.

비상계엄지역에 법원이 없거나 해당 관할법원과의 교통이 차단된 경우에는 모든 형사사건에 대한 재판은 군사법원이 한다(법 제10조 제2항).

국회에 대하여는 특별한 조치를 할 수 없다고 보아야 하므로 계엄선포 중 국회의원은 현행범인인 경우를 제외하고는 체포 또는 구금되지 아니한다(법 제13조).

나) 국민의 자유와 권리에 관한 특별조치권

비상계엄이 선포된 때에는 법률이 정하는 바에 의하여 영장제도, 언론·출판·집회·결사의 자유 …에 관하여 특별한 조치를 할 수 있다(제77조 제3항). 다만, 이러한 특별한 조치는 지극히 한시적으로 이루어져야 할 것이다.

그리고 이 특별한 조치를 헌법상 규정된 기본권으로 한정되는 것으로 할 것인가(한정설) 아니면 헌법상 규정된 기본권은 예시적인 것으로 보아야 할 것인가(예시설)에 대해 논란이 있다.

계엄제도는 국민의 기본권보장에 있어 중대한 예외가 되는 것이고 대통령의 권력남용을 방지하기 위해서도 기본권을 제한하는 조치는 엄격하게 해석하여야 한다.

그러나 헌법에서는 영장제도, 표현의 자유와 같은 가장 본원적인 기본권에 대해서 특별조치를 인정하면서 「계엄법」에 규정된 거주·이전의 자유, 단체행동권(법 제9조 제1항), 재산권(법 제9조 제3항) 등에 관한 특별조치를 위헌적으로 보는 경우에 계엄의 목적달성이 가능할 것인가를 생각해 볼 때 이는 예시적인 규정으로 보아야 할 것이다.

> **⚠ 판례** | 영장주의를 완전히 배제하는 특별조치의 위헌성 – 헌재 2012.12.27. 2011헌가5(위헌)
>
> 이 사건 법률조항(구 인신구속 등에 관한 임시특례법 제2조 제1항)과 같이 **영장주의를 완전히 배제하는 특별한 조치**는 비상계엄에 준하는 국가비상사태에 있어서도 가급적 회피하여야 하고, 설사 그러한 조치가 허용된다고 하더라도 **지극히 한시적으로 이루어져야 할 것**이며, 영장 없이 이루어진 수사기관의 강제처분에 대하여는 **사후적으로 조속한 시간 내에 법관에 의한 심사가 이루어질 수 있는 장치가 마련되어야 한다.** 그런데 이 사건 법률조항은 1961.8.7.부터 계엄이 해제된 이후인 1963.12.17.까지 무려 2년 4개월이 넘는 기간 동안 시행되었는바, 비록 일부 범죄에 국한된 것이라도 이러한 **장기간 동안 영장주의를 완전히 무시하는 입법상 조치가 허용될 수 없음은 명백**하므로, 이 사건 법률조항은 구 헌법(1960.11.29. 헌법 제5호로 개정되고, 1962.12.26. 헌법 제6호로 개정되기 전의 것) 제64조나 현행 헌법 제77조의 특별한 조치에 해당한다고 볼 수 없다.

4) 계엄의 해제

(1) 계엄해제의 요구

비상사태가 평상사태로 회복되면 대통령은 계엄을 해제하고 이를 공고하여야 한다(법 제11조 제1항).

대통령은 국방부장관이나 행정안전부장관이 계엄의 목적이 달성되었음을 이유로 국무총리를 거쳐 계엄의 해제를 건의하면(법 제11조 제3항), 국무회의의 심의를 거쳐(법 제11조 제2항) 계엄을 해제한다.

국회가 재적의원 과반수의 찬성으로 계엄의 해제를 요구한 때에는 대통령은 국무회의의 심의를 거쳐 계엄을 해제하여야 한다(제77조 제5항, 법 제11조 제2항). 국회의 계엄해제요구에 응하지 아니하면 대통령에 대한 탄핵사유가 될 수 있다.

(2) 계엄해제의 효과

계엄이 해제되면 해제된 날로부터 모든 행정사무와 사법사무는 평상상태로 복귀한다(법 제12조 제1항).

계엄기간 중의 계엄포고위반의 죄는 계엄해제 후에도 행위 당시의 법령에 따라 처벌된다. 그러나 비상계엄 시행 중에 군사법원에 계속 중이던 재판사건의 관할은 비상계엄의 해제와 동시에 일반법원에 이관하게 된다. 다만, 대통령이 필요하다고 인정할 때에는 군사법원의 재판권은 1개월 이내에 한하여 연기할 수 있다(법 제12조 제2항).

5) 계엄의 통제

계엄에 대한 통제로 기관 내 통제장치로 국무회의의 심의, 관계자의 부서나 건의 등을 마련하고 있어, 대통령의 독단적 판단에 대한 견제와 국정 관련자에 대한 책임소재를 밝히도록 하고 있다.

그러나 정부 스스로의 통제보다는 국회와 법원 및 헌법재판소에 의한 통제가 더 실효성을 가질 수 있다. 국회는 재적의원 과반수의 찬성으로 계엄의 해제를 요구할 수 있고, 이에 불응할 경우 탄핵소추를 할 수 있고 그 밖의 국회의 정부에 대한 통제권으로 통제할 수 있다.

계엄선포에 대하여 사법심사가 가능한가에 대해서 대법원 판례는 계엄선포의 요건구비나 당·부당에 대해 사법심사를 부정한다(대판 80도2756; 80도3147; 81도874; 81도1116; 81도1833; 82도1847).

> **(!) 판례** | 비상계엄선포(통치행위)의 사법심사 부정 – 대판 1981.1.23. 80도2756(기각)
>
> **대통령의 판단결과로 비상계엄이 선포되었을 경우 그 선포는 고도의 정치적, 군사적 성격을 지니고 있는 행위**라 할 것이므로 그것이 누구나 일견해서 헌법이나 법률에 위반되는 것으로 명백하게 인정될 수 있는 것이면 몰라도 그렇지 아니한 이상 고도의 정치적, 군사적 성격을 갖고 있는 **비상계엄선포를 가리켜 당연 무효라고는 단정할 수 없다** 할 것이며 그 계엄선포의 당, 부당을 판단할 권한은 사법부에는 없다.

다만, 계엄선포 이후 내려진 계엄당국이 개별적으로 내리는 포고령이나 개별적·구체적 집행행위는 사법심사의 대상이 된다고 할 수 있다.

한편 헌법재판소는 긴급재정경제명령의 발동이 대통령의 통치행위라는 것을 인정하면서도 이에 대한 사법심사는 가능하다고 보았다(헌재 93헌마186).

> **(!) 판례** | 긴급재정경제명령(통치행위)의 사법심사 긍정 – 헌재 1996.2.29. 93헌마186(기각, 각하)
>
> 이른바 통치행위를 포함하여 모든 국가작용은 국민의 기본권적 가치를 실현하기 위한 수단이라는 한계를 반드시 지켜야 하는 것이고, 헌법재판소는 헌법의 수호와 국민의 기본권 보장을 사명으로 하는 국가기관이므로 비록 **고도의 정치적 결단에 의하여 행해지는 국가작용이라고 할지라도 그것이 국민의 기본권 침해와 직접 관련되는 경우에는 당연히 헌법재판소의 심판대상이 될 수 있는 것일 뿐만 아니라, 긴급재정경제명령은 법률의 효력을 갖는 것이므로 마땅히 헌법에 기속되어야 한다.**

제3절 저항권

I. 저항권의 의의와 구별 개념

1. 저항권의 의의

저항권(Right of Resistance)이란 국가권력에 의한 헌법침해행위에 대해 국민이 최종적으로 저항할 수 있는 권리를 말한다.

국가권력의 헌법침해가 헌법의 존재 자체를 부인하는 것으로 더 이상의 다른 합법적인 구제수단으로는 목적을 달성할 수 없을 때에 국민이 최후수단으로서 실력으로 저항하는 권리이다.

저항권을 헌법에 명문으로 규정하고 있는 국가도 있지만 이를 규정하고 있지 않은 것이 일반적이다. 따라서 비상수단적 권리인 초헌법적인 저항권을 인정할 수 있는가라는 문제가 제기된다.

> **⚠ 판례 | 저항권의 개념 – 헌재 1997.9.25. 97헌가4(각하)**
>
> 저항권은 국가권력에 의하여 헌법의 기본원리에 대한 중대한 침해가 행하여지고 그 침해가 헌법의 존재 자체를 부인하는 것으로 다른 합법적인 구제수단으로는 목적을 달성할 수 없을 때에 국민이 자기의 권리·자유를 지키기 위하여 실력으로 저항하는 권리이다.

2. 구별개념

1) 시민불복종

시민불복종(Right of civil Disobedience)이란 양심상 부정의한 특정입법이나 정책을 개선하기 위하여 비폭력적으로 실정법을 위반하는 정치적 집단행위(예컨대 시민단체의 낙선운동 등)를 말한다.

① 시민불복종은 혁명과 같이 헌법적 질서가 부정되거나 위협받는 경우는 물론 단순히 정부의 정책이나 개별법령의 시행에 대해서도 특별한 제약조건 없이 행사될 수 있으며, 비폭력적 방법으로 행사되어야 한다. ② 반면 저항권은 헌법질서 또는 기본권보장을 근본적으로 부정하거나 위협하는 경우에만 행사될 수 있고, 더 이상 다른 법적 구제수단이 없는 경우에만 예외적·보충적으로 행사될 수 있다. 또한 저항권은 폭력적 방법으로 행사되는 경우도 예정하고 있다.

시민불복종은 명백한 실정법위반 운동으로 초법규적 위법성조각사유에 해당하는지의 여부에 대해서는 견해가 대립된다. 대법원은 낙선운동에 대해 위법성을 인정하였다(대판 2002도315).

> **판례** | 저항권과 구별개념(시민불복종)의 허용 부인 – 대판 2004.4.27. 2002도315(기각)
>
> 피고인들이 확성장치 사용, 연설회 개최, 불법행렬, 서명날인운동, 선거운동기간 전 집회 개최 등의 방법으로 **특정 후보자에 대한 낙선운동**을 함으로써 공직선거 및 선거부정방지법에 의한 선거운동제한 규정을 위반한 피고인들의 같은 법 위반의 각 행위는 **위법한 행위로서 허용될 수 없는 것이**고, 피고인들의 위 각 행위가 **시민불복종운동**으로서 **헌법상의 기본권 행사 범위 내에 속하는 정당행위이거나 형법상 사회상규에 위반되지 아니하는 정당행위 또는 긴급피난의 요건을 갖춘 행위로 볼 수는 없다.**

2) 혁명·쿠데타

혁명과 저항권은 폭력적 수단을 사용하거나 국민적 정당성에 기초한다는 점에서 일치되는 면이 있다.

그러나 혁명은 폭력적 수단으로 기존의 헌법적 질서를 새로운 헌법적 질서로 대체시키려 한다는 점에서 기존의 헌법적 질서를 유지하고 회복시키려는 저항권과는 구별된다.

또한 쿠데타는 기존헌법질서를 배제한다는 점에서 기존헌법질서를 유지·회복하려는 저항권과 구별된다.

헌법재판소는 헌정질서파괴 범죄행위에 대해 국가의 소추권 행사에 장애가 존재한 기간은 공소시효 진행이 정지된다고 하여 성공한 쿠데타에 대해 처벌하였다(헌재 96헌가2 등; 2000헌바76).

> **판례** | 헌정질서파괴범에 대한 공소시효 정지 – 헌재 1996.2.16. 96헌가2 등(합헌)
>
> 12·12 및 5·18 사건의 경우 그 이전에 있었던 다른 헌정질서파괴범과 비교해 보면, **공소시효의 완성 여부에 관한 논의가 아직 진행 중**이고, 집권과정에서의 불법적 요소나 올바른 헌정사의 정립을 위한 과거청산의 요청에 미루어 볼 때 비록 **특별법**(5.18민주화운동등에관한특별법 제2조 제1항: 공소시효의 정지)**이 개별사건법률이라고 하더라도 입법을 정당화할 수 있는 공익이 인정될 수 있으므로 위 법률조항은 헌법에 위반되지 않는다.**

3) 국가긴급권

국가긴급권(national Emergency Power)은 국가의 존립과 안전이 위협을 받는 위기상황에서 발동되는 국가의 자구행위임에 반하여, 저항권은 헌법적 질서와 기본권보장에 대한 위기가 발생한 경우에 국민이 행사하는 권리라는 점에서 구별된다.

II. 저항권의 발전과 입법례

1. 저항권론의 발전

저항권론은 서양에 있어서 폭군에 대한 국민의 저항인 폭군방벌론과 동양에 있어서 역성혁명론에서 기원한다.

근대적 의미의 저항권론은 로크(J. Locke, 1631~1704)의 자연권이론과 사회계약론에 근거하고 있다. 그는 국가는 인민의 신탁 내지 위임에 따라 성립한 것이므로 국가가 신탁의 정신을 망각하여 불법적인 지배를 감행할 경우 인민은 이에 저항할 수 있는 자연법적 권리를 가진다고 하였다.

로크의 이러한 저항권이론은 그 후 미국을 비롯한 각국 헌법에 실정화되었다.

2. 저항권에 관한 입법례

(1) 미국에서는 1776년 독립선언이나 버지니아주를 비롯하여 각 주의 권리장전은 천부불가양의 인권을 선언하고 저항권을 선언하고 있다.

(2) 프랑스는 1789년 인권선언 제2조에서 자유·재산·안전권과 압제에 저항하는 권리를 선언하고, 1791년 헌법에도 계승되어 저항권은 자연법상의 불가양의 인권으로서 헌법상 인정되게 되었다.

1958년 헌법에는 저항권에 관한 명문규정이 없으나 그 전문의 "1789년의 인권선언을 계승한다"라는 규정은 저항권을 인정한 것으로 보고 있다.

(3) 독일에서는 나치시대를 겪은 후인 2차 세계대전 이후에 자연법의 수용을 전제로 하는 저항권사상이 부활하였고, 1946년의 헤센(Hessen)주헌법을 비롯한 각 주의 헌법에서 이를 실정화하기에 이르렀다.

1946년의 독일기본법 제정 당시에는 저항권에 관한 규정을 두지 않았으나, 1968년 제17차 개헌에서 제20조 제4항에 "모든 독일인은 이러한 질서를 폐지하려고 하는 자에 대하여 다른 구제수단이 불가능한 때에는 저항할 권리를 가진다"라고 하여 기본법에 저항권을 명시하였다.

그 후 독일연방헌법법원은 1956년 8월 17일 독일공산당(KPD)에 대한 위헌판결에서 저항권의 본질과 행사요건을 체계화하였다(BVerfGE 5, 85).

Ⅲ. 저항권의 법적 성격

저항권을 기본권의 일종이라고 보는 경우에도 그 법적 성격에 대하여는 자연권설과 실정권설이 대립되고 있다.

저항권은 실정법규 또는 권력행사의 타당성을 부인하고 복종을 거부하고 그 폐지를 요구하는 것으로 실정법 초월적인 가치를 근거로 한다. 따라서 저항권은 자연법상의 권리로 이해되어야 하며, 고유의 저항권은 실정헌법의 규정의 유무에 상관없이 인정될 수 있다.

헌법이 저항권을 규정하고 있는 경우에도 그것은 자연법상의 권리를 단지 재확인한 것에 불과한 것으로 보아야 한다.

Ⅳ. 저항권의 행사

실력에 의한 저항을 법적으로 사전에 규정하는 것은 곤란하지만 저항권은 남용되기 쉬우므로 그 행사요건은 엄격하게 해석되어야 한다.

1. 저항권 행사의 주체와 객체

오늘날 민주국가에서 저항권 행사의 주체는 주권자인 국민으로 국민 개개인·단체·정당 등이 될 수 있다.

저항권 행사의 객체는 국가기관이나 공무원이 될 수 있지만, 그 주체는 공권력을 위헌적으로 행사하여 헌법질서 또는 기본권보장을 파괴하거나 위협하는 모든 자연인·법인·집단이 될 수 있다.

2. 저항권의 행사요건

독일연방헌법재판소는 독일공산당위헌판결에서 저항권의 행사요건을 제시하였다(BVerfGE 5, 85(95)).

1) 법질서의 유지 또는 회복 수단

저항권은 불법적인 공권력에 대항하여 법질서의 유지 또는 회복을 위한 헌법수호수단이라는 보수적인 의미로만 인정될 수 있다.

2) 명백성

저항권을 가지고 대항할 수 있는 불법은 객관적으로 명백한 것으로, 명백한 불법정부에 대한 저항이어야 한다.

3) 최후수단성·보충성

법질서에 따라 강구할 수 있는 모든 법적 수단이 유효한 구제방법이 될 수 있는 전망이 거의 없고, 저항권의 행사가 법의 유지 또는 회복을 위하여 남겨진 유일한 수단일 경우에 행사되어야 한다. 즉, 민주적 국가질서를 배제하려고 하는 자에 대하여 다른 구제수단이 불가능한 경우에 행사되어야 한다.

4) 비례성

저항권을 행사하는 경우에도 저항의 수단으로서 방법과 정도가 목적 달성에 필요한 최소한에 그쳐야 하며, 과도한 폭력적 방법으로 행사되어서는 안 되는 과잉금지원칙을 지켜야 한다.

> **판례** | 입법과정의 하자에 대한 저항권 행사 대상 여부 – 헌재 1997.9.25. 97헌가4(각하)
>
> 저항권은 국가권력에 의하여 헌법의 기본원리에 대한 중대한 침해가 행하여지고 그 침해가 헌법의 존재 자체를 부인하는 것으로서 다른 합법적인 구제수단으로는 목적을 달성할 수 없을 때에 국민이 자기의 권리·자유를 지키기 위하여 실력으로 저항하는 권리이므로, **국회법 소정의 협의 없는 개의시간의 변경과 회의일시를 통지하지 아니한 입법과정의 하자는 저항권 행사의 대상이 되지 아니한다.**

3. 저항권 행사의 목적

저항권은 인간의 존엄성을 수호하기 위한 자연적 권리로 저항권 행사의 궁극적 목적은 인간의 존엄성 존중을 이념으로 하는 민주주의 기본질서를 유지하기 위한 것이라야 한다.

따라서 저항권 행사는 민주주의헌법을 유지하고 수호하기 위해서만 인정되어야지 사회·경제적 체제개혁 등의 적극적 목적을 위해서는 행사될 수 없다.

4. 저항권 행사의 방법

저항권의 행사 방법을 미리 실정법으로 규정할 수 없지만 비폭력적인 방법을 택해야 한다.

그러나 비폭력적인 방법으로는 공권력의 위헌·불법을 시정할 수 없다고 판단될 때에 한하여 헌법질서 또는 기본권보장을 유지하기 위해 필요한 모든 실력행사를 할 수 있다. 이 경우에도 실력의 행사는 과잉금지의 원칙을 존중하여 목적달성에 필요한 최소한에 머물러야 한다.

V. 한국헌법과 저항권

1. 헌법상 저항권규정

현행헌법 본문에는 저항권에 관한 명문규정이 없다. 다만, 헌법전문의 "불의에 항거한 4·19민주이념을 계승하고"라는 문구를 저항권에 관한 규정으로 볼 것인가에 대해 논란이 있다.

저항권을 자연법상 권리로 이해한다면 저항권은 당연히 인정되는 권리이며 따라서 헌법상 명문규정의 유무에 관계없이 국민은 저항권을 행사할 수 있다고 본다.

2. 저항권과 사법부의 판단

1) 대법원

대법원은 일관되게 헌법상 저항권의 인정에 대해 부정하고 있다. 저항권에 관해서 1975년 4월 8일 민청학련사건에서 주장한 저항권은 초실정법적인 권리주장으로 인정할 수 없다고 판시하였고(대판 74도3323), 10·26사태(1980년)인 김재규 사건에서도 대법원은 "저항권이 실정법에 근거를 두지 못하고 오직 자연법에만 근거하고 있는 한 법관은 이를 재판규범으로 원용할 수 없다"라고 판시하여(대판 80도306) 저항권을 부인하였다(대판 80도1278).

> **⚠ 판례** | 저항권 부정 견해 – 대판 1975.4.8. 74도3323(기각)
>
> 소위 **저항권**에 의한 행위이므로 위법성이 조각된다고 하는 주장은 그 저항권 자체의 개념이 막연할 뿐 아니라 … 실정법질서를 무시한 초실정법적인 자연법질서에서의 권리주장이며 이러한 전제 하에서의 권리로써 실존적 법질서를 무시한 행위를 정당화하려는 것으로 해석되는 바, 실존하는 헌법적 질서를 전제로 한 실정법의 범주 내에서 국가의 법적 질서의 유지를 그 사명으로 하는 **사법기능을 담당하는 재판권 행사에 대하여 실존하는 헌법질서를 무시하고 초 법규적인 권리개념**으로써 현행 실정법에 위배된 행위의 정당화를 주장하는 것은 그 자체 만으로서도 이를 **받아들일 수 없다.**

> ⓘ **판례** | 저항권의 재판규범성 여부 – 대판 1980.5.20. 80도306(기각)
>
> 현대 입헌 자유민주주의 국가의 헌법이론상 자연법에서 우러나온 자연권으로서의 소위 저항권이 헌법 기타 실정법에 규정되어 있든 없든 간에 엄존하는 권리로 인정되어야 한다는 논지가 시인된다 하더라도 그 저항권이 실정법에 근거를 두지 못하고 오직 자연법에만 근거하고 있는 한 법관은 이를 재판규범으로 원용할 수 없다고 할 것인바, **헌법 및 법률에 저항권에 관하여 아무런 규정 없는 우리나라의 현 단계에서는 저항권이론을 재판의 근거규범으로 채용, 적용할 수 없다(다수의견).**
> (소수의견) : 형식적으로 보면 합법적으로 성립된 실정법이지만 실질적으로는 국민의 인권을 유린하고 민주적 기본질서를 문란케 하는 내용의, 실정법상의 의무이행이나 이에 대한 복종을 거부하는 등을 내용으로 하는 저항권은 헌법에 명문화되어 있지 않았더라도 일종의 자연법상의 권리로서 이를 인정하는 것이 타당하다 할 것이고 이러한 저항권이 인정된다면 재판규범으로서의 기능을 배제할 근거가 없다고 할 것이다.

2) 헌법재판소

헌법재판소는 동원대상지역 내의 토지 등 수용에 관한 결정에서 "국가긴급권의 과잉행사 때는 저항권을 인정하는 등 필요한 제동장치도 함께 마련해 두는 것이 현대의 민주적인 헌법국가의 일반적인 태도"라고 판시하여 저항권의 인정 견해를 제시하고 있다(헌재 92헌가18).

또한 1996년 소위 날치기 통과된 노동관계법들이 위헌이라는 이유로 쟁의행위를 하자 회사가 쟁의행위금지가처분신청을 내었고, 법원은 직권에 의한 결정으로 위헌법률심판을 제청하였다. 이에 대해 헌법재판소는 입법과정의 하자는 저항권 행사의 대상이 되지 않는다고 하면서도 저항권을 인정하는 견해를 피력한 바 있다(헌재 97헌가4).

> ⓘ **판례** | 저항권 인정 견해 – 헌재 1997.9.25. 97헌가4(각하)
>
> 심판대상개정법의 국회통과절차의 위헌 여부는 재판의 전제가 된다고 주장한다. 그러나 저항권이 헌법이나 실정법에 규정이 있는지 여부를 가려볼 필요도 없이 제청법원이 주장하는 국회법 소정의 협의없는 개의시간의 변경과 회의일시를 통지하지 아니한 입법과정의 하자는 저항권 행사의 대상이 되지 아니한다. 왜냐하면 저항권은 **국가권력에 의하여 헌법의 기본원리에 대한 중대한 침해가 행하여지고 그 침해가 헌법의 존재 자체를 부인하는 것으로서 다른 합법적인 구제수단으로는 목적을 달성할 수 없을 때에 국민이 자기의 권리·자유를 지키기 위하여 실력으로 저항하는 권리**이기 때문이다.

3. 검 토

현행헌법상 저항권은 최후의 헌법보장이자 주권자인 국민에게 자연법상의 권리로서 당연히 인정되는 권리이다.

또한 저항권의 실정법적 근거로는 헌법전문과 헌법 제10조, 제37조 제1항에 의해 간접적으로 인정되는 것이라 할 수 있으며, 저항권의 행사도 일정한 요건의 충족을 전제로 가능하다고 본다.

모든 국민이 정당한 저항권사상을 가질 때에 불법적 정부는 출현할 수 없다. 그러나 저항권의 발동은 위험성을 내포하고 있기 때문에 저항권 발동에의 빌미를 주지 않도록 국민은 항상 국가의 의사형성에 끊임없이 참여하여야 한다.

저항은 법 침범이 생긴 뒤에 행해질 것이 아니고, 부단히 정치적 의사형성과정 중에서 준비되어야 할 것이며, 저항권의 행사는 헌법수호를 위해 불가피한 경우 최후의 수단으로서 행해져야 한다.

제4절 방어적 민주주의

Ⅰ. 방어적 민주주의의 의의

방어적 민주주의(abwehrbereite Demokratie)란 민주주의의 적으로부터 민주주의를 효과적으로 방어하고 투쟁하기 위한 자기방어적·자기수호적 민주주의를 말한다.

민주주의는 국가공동체의 존속이나 개인의 자유와 평등, 정의의 가치를 추구하는 가치상대주의에 기초한다. 이러한 가치 자체를 부정하고 파괴하는 자기 부정의 민주주의는 허용될 수 없다.

방어적 민주주의는 민주주의 또는 기본권을 이러한 가치질서와 결부시키는 가치구속적·가치지향적 민주주의관에서 나온 것으로, 민주국가에서 헌법의 보장을 위해 헌법에 대한 적으로부터 헌법을 사전적으로 예방·수호하는 것이다.

Ⅱ. 방어적 민주주의의 전개

독일에서는 1930년대 이후 나치의 폭력적 지배로부터 가치중립적 관용이 민주주의의 말살을 가져왔다는 반성에서 상대주의적 민주주의의 한계이론이 등장하였다.

제2차 대전 이후 독일연방공화국은 나치에 의해 바이마르공화국이 붕괴된 역사적 경험과 반성적 성찰로 1949년 독일기본법에 기본권 상실제(제18조)와 위헌정당해산제(제21조 제2항)를 규정하였다.

방어적 민주주의는 그 후 독일연방헌법법원의 일련의 판례를 통해 확인되었다.

독일연방헌법재판소는 1952년 사회주의국가당(SRP)이 복수정당제를 부정하고 그 조직과 활동이 자유민주주의에 반하는 원리에 기초하고, 그 활동이 인간의 존엄과 가치, 기본권을 경시하는 위헌정당이라고 하여 강제해산을 선고하였고(BVerfGE 2, 1), 1956년 독일공산당(KPD)에 대해서 자유민주적 기본질서를 파괴하려는 위헌정당이라고 하여 해산결정을 내렸다(BVerfGE 5, 85).

그 후 1970년대에 와서 연방헌법재판소는 군인판결(BVerfGE 28, 36), 도청판결(BVerfGE 30, 1), 급진주의자판결(BVerfGE 39, 334) 등을 통하여 방어적 민주주의를 거듭 확인하였다.

Ⅲ. 방어적 민주주의의 구현

우리 헌법은 방어적 민주주의의 구현을 위한 구체적인 제도로서 반민주적 정당에 대한 강제 해산제를 규정하고 있으나 기본권상실제는 수용하지 않고 있다.

헌법 제8조 제4항은 "정당의 목적이나 활동이 민주적 기본질서에 위배될 때에는 정부는 헌법재판소에 그 해산을 제소할 수 있고, 정당은 헌법재판소의 심판에 의하여 심판한다"라고 규정하여 방어적 민주주의를 채택하고 있다.

또한 국가의 안전보장·민주적 질서유지를 위해 기본권을 제한할 수 있음을 규정한 헌법 제37조 제2항도 방어적 민주주의를 규정한 것으로 볼 수 있다.

헌법재판소(헌재 89헌가113; 92헌바6 등 병합; 2000헌마238; 2000헌바85등; 2013헌다1)와 대법원(대판 92도1244; 대판 92도1211; 98도1395; 2003도758)은 국가보안법위반사건과 위헌정당심판사건에서 방어적 민주주의를 수용한 바 있다.

판례 | 자유민주적 기본질서와 내용 – 헌재 2001.9.27. 2000헌마238 등(각하)

우리 헌법은 폭력적, 자의적인 지배 즉 **일인 내지 일당독재를 지지하거나, 국민들의 기본적 인권을 말살하는 어떠한 지배원리도 용인하지 않는다.** 형식석으로는 권력분립·의회제도·복수정당제도·선거제도를 유지하면서 실질적으로는 권력집중을 획책하여 비판과 견제기능을 무력화하고, 자유·비밀선거의 외형만을 갖춰 구성된 일당독재를 통하여 의회제도를 형해화하거나, 또는 헌법상 보장된 기본권을 인정하지 아니함으로써 사유재산 및 시장경제질서를 부정하는 **공산주의를 신봉하는 정당이나 집단은 우리 헌법의 이념과 배치되고, 이러한 이념을 추구한 정당 또는 단체와 그 구성원들의 활동도 헌법과 법률에 의하여 보호되지 아니한다**고 할 것이다. 결국 우리 국민들의 정치적 결단인 **자유민주적 기본질서 및 시장경제원리**에 대한 깊은 신념과 준엄한 원칙은 현재분 아니라 과거와 미래를 통틀어 일관되게 **우리 헌법을 관류하는 지배원리로서 모든 법령의 해석기준이 되므로 이 법의 해석 및 적용도 이러한 틀 안에서 이루어져야 할 것**이다.

 판례 | 목적이나 활동이 민주적 기본질서에 위배되는지 여부 – 헌재 2014.12.19. 2013헌다1 (인용(해산))

피청구인이 추구하는 **북한식 사회주의 체제**는 조선노동당이 제시하는 정치 노선을 절대적인 선으로 받아들이고 그 정당의 특정한 계급노선과 결부된 인민민주주의 독재방식과 수령론에 기초한 1인독재를 통치의 본질로 추구하는 점에서 **민주적 기본질서와 근본적으로 충돌**한다. 또한 피청구인은 **진보적 민주주의**를 실현하기 위해서는 전민항쟁 등 폭력을 행사하여 자유민주주의체제를 전복할 수 있다고 하는데 이 역시 **민주적 기본질서에 정면으로 저촉**된다. 한편 내란관련 사건, 비례대표 부정경선 사건, 중앙위원회 폭력 사건 및 관악을 지역구 여론조작 사건 등 피청구인의 활동들은 내용적 측면에서는 **국가의 존립, 의회제도, 법치주의 등을 부정하는 것**이고, 수단이나 성격의 측면에서는 자신의 의사를 관철하기 위해 폭력 등을 적극적으로 사용하여 **민주주의 이념에 반하는 것**이다.

내란관련 사건 등 앞서 본 피청구인의 여러 활동들은 그 경위, 양상, 피청구인 주도세력의 성향, 구성원의 활동에 대한 피청구인의 태도 등에 비추어 보면, 피청구인의 진정한 목적에 기초하여 일으킨 것으로서, 향후 유사상황에서 반복될 가능성이 크다. 더욱이 피청구인이 폭력에 의한 집권 가능성을 인정하고 있는 점에 비추어 피청구인의 여러 활동들은 민주적 기본질서에 대해 실질적인 해악을 끼칠 구체적 위험성이 발현된 것으로 보인다. 특히 내란관련 사건에서 피청구인 주도세력이 북한에 동조하여 대한민국의 존립에 위해를 가할 수 있는 방안을 구체적으로 논의한 것은 피청구인의 진정한 목적을 단적으로 드러낸 것으로서, 표현의 자유의 한계를 넘어 민주적 기본질서에 대한 구체적 위험성을 배가한 것이다.

결국 피청구인의 위와 같은 **진정한 목적이나 그에 기초한 활동은 우리 사회의 민주적 기본질서에 대해 실질적 해악을 끼칠 수 있는 구체적 위험성을 초래하였다고 판단되므로, 민주적 기본질서에 위배된다.**

> **판례** | 북한의 자유민주주의 체제 위협과 국가보안법의 자유 제한의 위헌성 - 대판 2008.4.17.
> 2003도758(파기환송)

　우리 헌법이 전문과 제4조, 제5조에서 천명한 **국제평화주의와 평화통일의 원칙은 자유민주주의적 기본질서라는 우리 헌법의 대전제를 해치지 않는 것을 전제로 하는 것**이다. 그런데 **북한은 현시점에서도 우리 헌법의 기본원리와 서로 조화될 수 없으며** 적대적이기도 한 그들의 사회주의 헌법과 그 헌법까지도 영도하는 조선로동당규약을 통하여 북한의 최종 목적이 주체사상화와 공산주의 사회를 건설하는 데에 있다는 것과 이러한 적화통일의 목표를 위하여 이른바 남한의 사회 민주화와 반외세 투쟁을 적극 지원하는 정책을 명문으로 선언하고 그에 따른 정책들을 수행하면서 이에 대하여 변경을 가할 징후를 보이고 있지 않다. 그러므로 북한이 남북관계의 발전에 따라 더 이상 우리의 **자유민주주의 체제에 위협**이 되지 않는다는 명백한 변화를 보이고 그에 따라 법률이 정비되지 않는 한, 국가의 안전을 위태롭게 하는 반국가활동을 규제함으로써 국가의 안전과 국민의 생존 및 자유를 확보함을 목적으로 하는 **국가보안법이 헌법에 위반되는 법률이라거나 그 규범력을 상실하였다고 볼 수는 없고**, 나아가 국가보안법의 규정을 그 법률의 목적에 비추어 합리적으로 해석하는 한 국가보안법이 정하는 각 범죄의 구성요건의 개념이 애매모호하고 광범위하여 **죄형법정주의의 본질적 내용을 침해하는 것이라고 볼 수도 없다**. 양심의 자유, 언론·출판의 자유 등은 우리 헌법이 보장하는 기본적인 권리이기는 하지만 아무런 제한이 없는 것은 아니며, 헌법 제37조 제2항에 의하여 국가의 안전보장, 질서유지 또는 공공복리를 위하여 필요한 경우에는 그 자유와 권리의 본질적인 내용을 침해하지 아니하는 범위 내에서 제한할 수 있는 것이므로, 국가보안법의 입법목적과 적용한계를 위와 같이 자유와 권리의 본질적인 내용을 침해하지 아니하는 한도 내에서 이를 제한하는 데에 있는 것으로 해석하는 한 헌법에 위반된다고 볼 수 없다. 따라서 종래 대법원이 국가보안법과 북한에 대하여 표명하여 온 견해 즉, **북한은 조국의 평화적 통일을 위한 대화와 협력의 동반자이나 동시에 남·북한 관계의 변화에도 불구하고, 적화통일노선을 고수하면서 우리의 자유민주주의 체제를 전복하고자 획책하는 반국가단체라는 성격도 아울러 가지고 있고, 반국가단체 등을 규율하는 국가보안법의 규범력이 상실되었다고 볼 수는 없다**고 하여 온 판시(대법원 1992.8.14. 선고 92도1211 판결, 대법원 1999.12.28. 선고 99도4027 판결, 대법원 2003.5.13. 선고 2003도604 판결, 대법원 2003.9.23. 2001도4328 판결 등)는 현시점에서도 그대로 유지되어야 할 것이다.

　　또한 경찰법 제11조 제4항 등 위헌확인사건(헌재 99헌마135)에서 현행 헌법이 방어적 민주주의를 채택하고 있다고 판시하였다.

판례 | 방어적 민주주의와 정당의 자유 보호 - 헌재 1999.12.23. 99헌마135(위헌, 각하)

헌법 제8조 제4항은 "정당의 목적이나 활동이 민주적 기본질서에 위배될 때에는 정부는 헌법재판소에 그 해산을 제소할 수 있고, 정당은 헌법재판소의 심판에 의하여 해산된다"고 규정하고 있다. **정당의 해산에 관한 위 헌법규정**은 민주주의를 파괴하려는 세력으로부터 민주주의를 보호하려는 소위 **'방어적 민주주의'의 한 요소**이고, 다른 한편으로는 헌법 스스로가 정당의 정치적 성격을 이유로 하는 정당금지의 요건을 엄격하게 정함으로써 **되도록 민주적 정치과정의 개방성을 최대한으로 보장하려는 것**이다. 즉, 헌법은 정당의 금지를 민주적 정치과정의 개방성에 대한 중대한 침해로서 이해하여 오로지 제8조 제4항의 엄격한 요건 하에서만 정당설립의 자유에 대한 예외를 허용하고 있다. 이에 따라 **자유민주적 기본질서를 부정하고 이를 적극적으로 제거하려는 조직**도, 국민의 정치적 의사형성에 참여하는 한, **'정당의 자유'의 보호를 받는 정당에 해당하며, 오로지 헌법재판소가 그의 위헌성을 확인한 경우에만 정당은 정치생활의 영역으로부터 축출될 수 있다.**

Ⅳ. 한 계

민주주의를 보장하기 위한 방어적 민주주의론을 지나치게 확대적용할 경우에 민주주의의 파괴 내지 자기 부정으로 진정한 민주주의나 정당국가원리를 저해할 위험성이 있다.

따라서 방어적 민주주의는 민주주의의 본질을 침해하거나 헌법원리의 본질을 침해하는 것이어서는 안 된다.

특히 민주주의의 구현을 위한 필수적 기본권인 정치적 기본권 등을 부당하게 제한하기 위한 수단으로 악용·남용되어서는 안 되며, 방어적 민주주의를 위한 국가적 개입과 제한도 과잉금지의 원칙에 따라 필요최소한으로 한정되어야 한다.

04 대한민국헌법의 역사

기본이해를 위한 질문
1. 대한민국헌법이 만들어지는 과정은 어떠한가
2. 헌법의 개정은 어떻게 이루어져 왔는가

제1절 대한민국헌법의 제정

제1항 대한민국 임시정부헌법

Ⅰ. 대한민국헌법 제정 전의 배경

일제의 한일합방으로 우리나라는 식민지로서 모든 권한을 빼앗기고 갖은 고난을 겪었고, 민족의 애국자들은 1919년 3·1운동의 독립운동을 비롯하여 국내외에서의 독립활동은 끊임이 없었다. 이러한 여러 독립운동 단체들 중 일부가 1919년 9월에 중국 상해의 임시정부로 통합되었다.

임시정부는 통일헌법을 제정하고 5차례의 개정을 하여 독립국가를 향한 틀을 다졌다. 당시 임시정부가 새 정부수립을 주관하지는 못했으나, 임시정부헌법은 1948년 헌법제정에 영향을 미쳤다.

Ⅱ. 대한민국 임시정부헌법

1919년 4월 13일 상해 임시정부는 대한민국임시헌장 10개 조항을 제정, 공포하였다.

국호는 대한민국으로 하고, 국가형태는 민주공화국으로, 국무총리가 임시정부의 수반이 되었다. 인민의 권리로 평등, 종교의 자유, 언론의 자유, 이전의 자유, 신체의 자유, 소유권, 선거권과 피선거권 그리고 기본의무 등을 규정하였다. 이 임시정부헌법은 한국 최초의 근대적 의미의 헌법이라 할 수 있다.

이후 임시정부헌법은 5차례의 개정절차를 거쳤다. 1919년 9월 11일 제1차 임시정부헌법(臨時憲法(임시헌법)) 개정이 이루어졌다. 정부형태는 대통령제를 채택하여 임시대통령, 임시의정원, 국무원을 두었고, 국무원은 국무총리와 각 부총장으로 구성되고, 주권재민,

영토조항, 권력분립, 신서의 비밀, 청원권 등 본문 58개 조로 구성되었다.

　　1925년 4월 7일 임시정부헌법은 제2차 개정이 이루어졌다. 제2차 개정헌법(臨時約憲(임시약헌))은 대통령제를 의원내각제로 변경하고 국무령과 국무원으로 조직된 국무회의가 최고권한을 갖도록 하였다. 이어 1927년 3월 5일 제3차 개정헌법(臨時約憲(임시약헌))은 국무위원으로 구성된 국무회의가 최고 권한을 갖도록 하였고, 1940년 10월 9일 제4차 개정헌법(臨時約憲(임시약헌))은 임시의정원에서 선출하는 주석제를 도입하고 주석의 권한을 강화하였다.

　　1944년 4월 22일 제5차 개정헌법(臨時憲章(임시헌장))은 전문에 3.1운동의 독립정신을 선언하고, 기본권 제한의 일반적 법률유보조항을 두고 주석의 권한 강화와 부주석제를 신설하였다. 지금의 법원인 심판원의 조직과 심판위원의 신분보장을 규정하는 등 본문 62개 조로 구성되었다.

제2항 대한민국헌법의 제정 과정

Ⅰ. 제헌헌법의 탄생 배경

　　1945년 일본의 항복으로 열망하던 독립을 되찾았지만, 38선을 기점으로 미국과 소련에 의한 한반도점령은 남북분단의 비극을 초래하였다.

　　1945년 12월 28일 미·영·소 3국 외상회담에서 한반도문제를 한반도가 독립하기까지 5년간 미, 소, 영, 중이 신탁통치를 하기로 결정하였다. 신탁통치에 대한 찬반 운동으로 미·소 간 이해관계가 대립되고, 미국은 한반도문제를 1947년 11월 14일 UN총회에 상정하여 결의안이 통과됨에 따라 UN감시 하에 총선거를 실시하려 하였다. 그러나 소련이 이에 반대하였고, 1948년 2월 26일 유엔소총회는 가능한 지역 내에서의 총선거를 실시하기로 결정하였다.

　　1948년 5월 10일 미군정이 스스로 공포한 「국회의원선거법」에 따라 UN임시한국위원단의 감시 하에 남한에서만 5·10 총선거가 실시되었다.

Ⅱ. 제헌헌법의 제정 과정

　　국회의원 총선거에서 선출된 2년 임기인 198명의 국회의원이 1948년 5월 31일 국회를 구성하였고, 이 제헌국회는 바로 헌법기초위원회를 구성하여 헌법제정 작업에 착수하였다.

　　이승만을 의장으로, 신익희와 김동원을 부의장으로 선출하고 동년 6월 3일 헌법개정 기초위원 30명과 전문위원 10명으로 헌법기초위원회를 구성하여 6월 22일까지 초안을 토의·결정하였다.

기초위원회는 유진오안을 원안으로 하고 권승렬안을 참고로 하여 초안을 작성하였다. 양초안의 정부형태는 의원내각제, 국회의 양원제, 법률의 위헌심사권을 대법원에 부여하는 것을 골자로 하였다.

그러나 토의를 마친 초안이 본회의에 상정될 즈음 이승만의 견해에 따라 정부형태를 대통령제로, 국회는 단원제로 구성하며, 위헌심사권을 헌법위원회에 부여하는 것으로 변경되었다.

동년 6월 23일 헌법초안이 제16차 국회 본회의에 상정되고, 7월 12일 3독회(6월 30일, 7월 11일, 7월 12일)를 마쳤다. 한국민주당이 주장한 의원내각제인 국무원제와 국무총리제가 가미된 절충안이 국회를 통과하였고, 7월 17일 국회의장 이승만이 서명하고 공포하였으며 부칙의 규정에 따라 공포일로부터 시행되었다.

7월 20일에는 헌법의 규정에 따라 국회에서 이승만을 대통령으로, 이시영을 부통령으로 선출하였고, 8월 15일에 대한민국정부수립 선포식이 거행되어 명실상부한 현대적 의미의 헌법이 제정되고 동시에 정부가 탄생되었다.

제3항 제헌헌법의 구성과 내용

1948년 제헌헌법은 전문·10장·총 103조로 구성되었다.

제1장 총강에서는 국가형태로 민주공화국, 국민주권의 원리, 국가의 영역, 국제평화주의 등을 규정하였다.

제2장 국민의 권리·의무에서는 평등권과 신체의 자유 등의 기본권보장, 법률유보에 의한 제한 규정, 노동3권과 사기업에 있어서 근로자의 이익분배균점권, 생활무능력자의 보호, 가족의 건강보호 등 사회적 기본권이 규정되었다.

제3장 국회는 4년 임기의 국회의원으로 구성되는 단원제로 하고, 입법권, 예산심의·결정권, 국정감사권, 탄핵소추권을 가지게 되었다.

제4장 정부에서는 4년 임기의 대통령과 부통령을 국회에서 간접 선출하도록 하고, 대통령은 4년 임기로 1차에 한해 중임하도록 하였다. 법률안거부권, 법률안제출권, 계엄선포권, 긴급명령권을 가지고, 국무총리는 국회의 승인을 얻어 대통령이 임명하도록 하고 대통령의 유고시를 대비해 부통령제를 두었다.

제5장 법원은 10년 임기의 법관들은 연임이 가능하고, 대법원장은 국회의 승인을 얻

어 대통령이 임명하게 하였으며, 대법원은 명령·규칙·처분의 위헌·위법심사권을 보유하였다.

　　제6장 경제질서에서는 자연자원의 원칙적인 국유화와 공공성을 띤 기업의 원칙적인 국·공영제, 공공필요에 의한 사기업의 국·공유화를 규정하는 등 통제경제·계획경제를 주축으로 하였다.

　　제7장 재정에서는 조세법률주의와 일년예산주의가 규정되었다.

　　제8장 지방자치에서는 지방자치단체의 사무범위 및 지방자치단체의 조직과 운영을 규정하였다.

　　제9장 헌법개정에서는 대통령 또는 국회 재적의원 1/3 이상의 찬성으로 헌법개정을 제안하고, 국회 재적의원 2/3 이상의 찬성으로 국민투표 없이 의결하도록 하였다.

　　제10장에서는 위헌법률심사권은 헌법위원회(부통령이 위원장, 대법관 5인, 국회의원 5인으로 구성)에 부여하고, 탄핵심판은 탄핵재판소가 담당하도록 하였다.

　　1948년 제헌헌법은 임시정부헌법에서 제정하였던 자유민주주의헌법이 갖춰야 할 헌법의 기본적인 사항을 반영하고, 입헌민주국가를 수립하려는 열망과 의지가 담긴 노력의 결과였다.

제2절　대한민국헌법의 개정

제1항　대한민국 헌법사에서 공화국

I. 국가형태로서 공화국의 의미

　　국가형태론에 있어서 주권의 소재가 누구에게 있느냐에 따라 군주국과 공화국으로 나뉜다.

　　국가형태로서 공화국의 의미는 원래 군주국에 대칭되는 개념이다. 현대 민주국가에 있어서는 일반적으로 군주가 존재하는 국가라 하더라도 군주에게 주권이 있는 군주주권국가가 아니라 국민에게 주권이 있는 국민주권국가인 것이다.

　　따라서 오늘날에 있어서 주권의 소재에 기초한 군주국과 공화국의 구별은 그 의미가 퇴색되었다고 할 수 있다. 다만, 헌법상 국가형태로서의 공화국의 의미가 종래의 군주국에 대칭되는 의미 개념에 머물러서는 안 되며 좀 더 시대적 변화를 수용할 수 있는 의미를 포괄해야 한다.

그동안 논의되어온 공화국의 순차 매김도 이러한 맥락에서 이해하는 것이 시대적 변화에 부응하는 것이라 할 수 있다.

Ⅱ. 공화국과 헌법사의 시대적 구분

한국에 있어서 공화국의 순차 사용은 프랑스 헌법사에 준거하고 있다는 것이 다수의 헌법학자들의 시각이다.

프랑스 헌법사에 있어서 공화정이 중단되었다가 부활할 때마다 공화정의 순차를 매겼다. 이러한 프랑스 헌법사에 준거한 공화국의 순차 사용에 대해서는 비판적 논의가 제기되어 왔다.

공화국의 숫자 사용에 대한 비판은 그동안 이러한 순차 사용이 일정한 기준에 의하지 않고 관용적으로 쓰여 왔으나, 이에서 탈피하여 그 기준에 있어 바람직한 방향을 제시하고자 한 점에 의미가 있다고 본다.

한편 헌법사의 시대구분에 있어서 헌법전을 중심으로 1948년 제헌헌법, 1960년 헌법, 1962년 헌법, 1972년 헌법, 1980년 헌법, 1987년 헌법으로 구분할 수 있고, 정권 또는 집권자 중심으로 이승만 정권시대, 장면 정권시대, 박정희 정권시대, 전두환 정권시대, 노태우 정권시대, 김영삼 정권시대, 김대중 정권시대, 노무현 정권시대, 이명박 정권시대, 박근혜 정권시대, 문재인 정권시대로 구분할 수 있다.

이러한 헌법전 중심과 정권 중심의 시대구분은 가장 평이하나 각 시대가 갖는 헌정사적 특징부각이 어렵다. 따라서 공화국의 순차 매김은 다수학자들이 따르는 헌법이 전면 개정된 시기를 기점으로 하고, 각 헌법사적 특징을 부각시킬 수 있는 공화국의 숫자를 부여하는 것은 의미가 있는 것으로 보인다.

공화국이라는 용어를 사용하자면 1948년 제헌헌법은 최초의 공화국의 탄생으로 제1공화국임에는 이론이 있을 수 없다.

다만 헌법사적 측면에서 이승만 정권의 장기집권, 3·15부정선거 등으로 부패된 기존 정부를 부정하고 국민의 주권적 의사에 의한 새로운 헌법을 탄생시킨 4·19혁명 후의 1960년의 헌법을 제2공화국으로, 5·16쿠데타 후의 1962년의 헌법을 제3공화국으로, 동일 집권자에 의해서였지만 초헌법적인 국가긴급권의 발동을 통해 국민의 주권적 의사와는 유리된 헌법의 탄생이었다는 섬에서 1972년 유신헌법을 제4공화국으로, 비슷한 유형이지만 12·12사태와 5·17군사반란으로 일시적 헌정중단사태를 초래하였다는 점에서 1980년 헌법을 제5공화국으로, 6·10항쟁 후 거부할 수 없는 국민적 의지를 수용한 1987년 헌법을 제6공화국으로 명명할 수 있다 하겠다.

공화국이라는 명칭과 함께 이러한 집권자를 중심으로 한 ○○○ 정부라는 용어도 많이 사용되고 있다.

제2항 제1공화국헌법과 개정

I. 제1차 헌법개정(1952.7.4. 발췌개헌)

1. 개정 경과

이승만 대통령의 독주에 대해 한국민주당은 1950년 1월 28일 의원내각제 개헌안을 제출하여 국회에 상정하였으나, 재적 179명 중 가 79, 부 33, 기권 66, 무효 1표로 헌법개정에 필요한 재적의원 2/3 이상의 찬성을 얻지 못해 부결되었다.

1950년 5월 30일 제2회 국회의원선거가 실시되었고, 총선거 결과 당선된 210명의 국회의원은 이승만 대통령과 대립하였다. 이승만 대통령은 간접선거로는 대통령으로 당선되지 못할 것을 알고 1951년 11월 30일에는 정·부통령을 직선제로 하고, 국회를 상·하 양원제로 하는 헌법개정안을 국회에 제출하였다. 이 직선제개헌안은 1952년 1월 18일 국회에서 표결에 부쳐 출석의원 163명 중 가 19, 부 143, 기권 1표로 부결되었다.

이 기세를 몰아 야당이 1952년 4월 17일 내각책임제개헌안을 제출하자, 이승만 대통령은 5월 14일 지난해 부결된 것과 같은 내용의 헌법개헌안을 제출하였다.

공포분위기를 조성하고 국회의원들을 의사당에 강제로 연행해 와 1952년 7월 4일 정부 측의 직선제개헌안과 야당 측의 국무원불신임개헌안이 절충된 발췌개헌안을 심야국회에서 기립투표로 통과시켰다.

2. 주요 개정 내용

발췌개헌의 골자는 (1) 대통령·부통령의 국민직선제, (2) 국회의 양원제(민의원, 참의원), (3) 국회의 국무총리인준과 국무원불신임권, (4) 국무위원임명에의 국무총리 제청권 등이었다.

3. 의 의

이 발췌개헌은 부결되었던 개헌안을 다시 제출하여 여·야당안을 각각 발췌하여 통과시킨 것으로 일사부재의의 원칙에 위배된다.

공고절차도 없이 국회에서 정식으로 독회도 거치지 않고 가결된 것으로 절차에 위반된 개헌이었다.

또한 비상계엄령이 선포된 가운데 국회의원의 토론의 자유 없이 강행된 투표로, 하자가 있는 위헌적인 것이었다.

Ⅱ. 제2차 헌법개정(1954.11.27. 사사오입개헌)

1. 개정 경과

1954년 5월 20일 선거에 의하여 자유당이 원내 절대다수를 차지하자 이승만대통령은 3선을 가능하게 하기 위해 1954년 9월 8일 개헌안을 제출하였다.

1954년 11월 27일 민의원에서 표결한 결과 재적 203명 중 가 135표로 헌법개정에 필요한 2/3에 1표 부족으로 부결되었다.

그러나 여당 측은 4사5입 이론을 적용하여 이틀 후에 자유당의원만이 참석한 가운데 개헌안의 부결선포를 취소하고 가결·선포하였다.

2. 주요 개정 내용

제2차 개헌의 골자는 (1) 주권의 제약이나 영토의 할양의 경우에 국민투표를 필수적으로 하고, (2) 국무총리와 국무원제도를 없애고 국무위원의 개별적 불심임제를 채택, (3) 경제조항은 통제경제에서 자유경제체제로 전환, (4) 초대대통령에 한하여 3선제한규정을 철폐, (5) 대통령 궐위 시 부통령승계제도, (6) 군법회의의 헌법적 근거 부여, (7) 참의원의 대법관 기타 고급공무원에 대한 인준권의 규정 등이었다.

3. 의 의

제2차 헌법개정은 4사5입이라는 수학이론을 도입하여 부결된 헌법개정안을 가결시킨 정족수에 미달한 위헌적인 개정이었다.

또한 초대대통령에 한하여 3선제한을 철폐함으로써 평등의 원칙에 위배되는 개정이라 할 것이다.

제3항 제2공화국헌법과 개정

Ⅰ. 제3차 헌법개정(1960.6.15. 의원내각제개헌)

1. 개정 경과

이승만 대통령의 자의적인 권력행사와 파행적 헌정운용에도 불구하고 대결후보(민주당, 신익희)의 급사로 이승만 대통령에게 유리하게 되어 1956년 5월 15일 제3대 대통령이 되었으나, 부통령에는 야당후보(민주당, 장면)가 여당후보(자유당, 이기붕)를 누르고 당선되었다.

대통령과 부통령 간 불화가 계속되고 자유당의 독재는 심화되어갔다. 제4대 대통령선거에서도 이승만 대통령은 제한 없이 출마하였고, 이번에도 상대후보(민주당, 조병옥)가 선거 1개월 전에 급사하였다. 부통령 선거에서는 여당후보(자유당, 이기붕)와 야당후보(민주당, 장면)의 대결 가운데 이기붕 후보를 당선시키기 위한 부정선거가 자행되었고, 자유당이 의도한 대로 1960년 3월 15일 선거에서 이승만·이기붕 후보가 각각 정·부통령에 당선되었다.

이승만의 4기 집권을 관철하기 위한 3·15 부정선거에 항의하는 데모가 전국적으로 확산되어 1960년 4월 19일 학생들이 마침내 총궐기하게 되었다.

정부는 비상계엄령을 선포하였으나 데모는 그치지 않았고 4월 24일에 이기붕 부통령의 사퇴와 4월 26일 이승만 대통령의 하야로 제1공화국은 종말을 고하고, 5월 2일에 허정이 이끄는 과도정부가 수립되었다.

국회는 1960년 4월 28일 개헌을 위한 헌법개정기초위원회를 구성하였다. 6월 7일 국회법을 개정하여 헌법개정안 표결은 기명투표로 하고, 기초위원회에서 기초한 개헌안은 6월 15일 가 208, 부 3표라는 여야의 절대적인 찬성으로 통과되고, 당일 공포되었다.

2. 주요 개정 내용

제3차 개헌의 골자는 (1) 표현의 자유에 대한 사전허가나 검열제를 금지하고, (2) 법률에 의한 기본권 제한에도 자유와 권리의 본질적 내용은 훼손하지 못하도록 하는 등 기본권을 확대·강화하였고, (3) 권력구조를 의원내각제로 변경하고, (4) 복수정당제의 보장과 정당의 헌법상 지위를 고양하였고, (5) 대법원장과 대법관의 선거제 채택, (6) 헌법재판소의 설치와 중앙선거위원회의 헌법기관화, (7) 경찰의 중립성 규정, (8) 지방자치단체장의 선거제 채택 등이었다.

3. 의 의

제3차 개헌은 본문 55개 조항과 부칙 15개 항목에 걸친 전면개정으로 헌법전반에 관한 대폭적 개정이었다.

이승만 자유당정부의 부패와 자의적 권력 행사에 대한 반성으로 의원내각제를 채택하고, 국민의 자유와 권리에 대한 강력한 확보를 보장하고자 하였다.

II. 제4차 헌법개정(1960.11.29. 부정선거관련자처벌개헌)

1. 개정 경과

1960년 7월 28일 국회가 자진 해산되고 7월 29일 민의원과 참의원선거가 실시되어 민의원의원 233명, 참의원의원 58명이 선출되었다. 8월 2일에는 국회 양원합동회의에서 윤보선을 대통령으로 선출하고, 8월 19일에는 장면을 국무총리로 인준하여 새로운 정부가 수립되었다.

학생들은 끊임없이 반민주행위자 처벌을 위한 특별법의 제정을 요구하였고, 급기야는 그들의 주장을 관철시키기 위해 10월 11일에 국회의사당을 점거하였다.

이에 민주당정부는 학생들의 요구를 수용하기 위하여 11월 29일 헌법 부칙에 반민주행위자 처벌을 위한 소급입법의 헌법적 근거를 마련하기 위한 헌법개정안을 국회에서 통과시켰다.

2. 주요 개정 내용

제4차 개헌의 골자는 (1) 3·15 부정선거 관련 부정행위자 및 항의 국민 살상 기타 불법행위자 처벌을 위한 특별법 제정 근거 마련, (2) 1960년 4월 26일 이전 특정지위이용 반민주행위자의 공민권 제한을 위한 특별법 제정 근거 마련, (3) 1960년 4월 26일 이전의 지위나 권력을 이용한 부정축재자의 행정상 또는 형사상 처리를 위한 특별법 제정 근거 마련, (4) 위 형사사건처리를 위한 특별재판소와 특별검사부 설치근거 마련을 위한 것 등이었다.

3. 의 의

이 개헌으로 「부정선거관련자처벌법」, 「반민주행위자공민권제한법」, 「부정축재특별처리법」, 「특별재판소 및 특별검찰부조직법」 등 특별소급법이 제정되었다.

제4차 헌법개정은 소급입법에 의하여 처벌을 하고 참정권과 재산권 등을 제한할 수 있게 하였다는 점에서 위헌의 논란이 제기되는 개헌이었다.

제4항 제3공화국헌법과 개정

I. 제5차 헌법개정(1962.12.26. 대통령제개헌)

1. 개정 경과

민주주의를 위해 출범한 제2공화국에서도 집권당인 민주당이 신·구파로 나뉘어 대결하고 시위가 계속되어 정치적·사회적 혼란이 계속되었다.

이 와중에 1961년 5월 16일 박정희 장군을 중심으로 군인들이 쿠데타를 감행하여 군사혁명위원회를 조직하고 비상계엄령을 선포하였다. 군사혁명위원회를 국가재건최고회의로 명칭을 변경하고 혁명내각을 조직하였고, 6월 6일에는 「국가재건비상조치법」을 제정·공포하였다. 6월 9일 대법관을 전원 해임하고, 7월 3일에는 박정희가 의장에 취임하였다.

비상조치법의 제정으로 정부는 총사퇴하고, 국회는 해산되었으며, 제2공화국헌법은 비상조치법에 위배되지 않는 범위 내에서만 효력을 인정하는 헌법파괴가 행해졌다.

군사정부는 민정이양을 위한 헌법의 개정작업에 착수해 비상조치법 개정의 방법으로 헌법을 개정하기로 하여 1962년 9월 8일에 「비상조치법」을 개정하고, 10월 12일에는 「국민투표법」을 제정·공포하였다. 1962년 12월 6일 최고회의의 의결을 거쳐 1962년 12월 17일에 국민투표로 헌법개정이 확정되고 그해 12월 26일 개정헌법이 공포되었다.

2. 주요 개정 내용

제5차 개헌의 골자는 (1) 인간의 존엄성 존중 조항이 신설되었고, (2) 현대적인 정당제도를 확립하기 위하여 정당 조항을 규정하고, (3) 국회를 단원제로 환원하고 국회의 권한을 상당히 약화시켰으며, (4) 정부형태로 대통령제를 채택하였지만 국무총리제도를 두고 국무총리·국무위원 해임건의제도를 두어 의원내각제적 요소를 내포하였고, (5) 위헌법률심사권을 대법원의 권한으로 하고, (6) 법관의 임명은 법관추천회의의 제청에 따르도록 하였으며, (7) 헌법개정에 국민투표를 필수적으로 하였고, (8) 경제과학심의회의와 국가안전보장회의의 설치를 규정하였다.

3. 의 의

제5차 헌법개정은 구헌법을 전면 개정한 것으로, 헌법상의 개정절차를 따르지 아니하고 국가비상조치법이 규정한 국민투표에 의하여 개정되었다는 점에서 법리상 문제가 있는 것이었다.

Ⅱ. 제6차 헌법개정(1969.10.21. 3선개헌)

1. 개정 경과

박정희 대통령의 계속집권을 위해 3선연임을 가능하게 할 4선금지의 개헌안을 1969년 8월 7일 공화당의원 122명이 국회에 제출하였다. 이 개헌안이 9월 14일 국회에서 통과되고 10월 17일 국민투표로 가결되었다.

2. 주요 개정 내용

제6차 개헌의 골자는 (1) 국회의원 정수의 상한을 250명으로 증원하였고, (2) 국회의원이 각료 겸직을 할 수 있도록 법률에 위임하게 하고, (3) 대통령의 탄핵소추의 의결정족수를 가중시켰고, (4) 대통령의 계속재임은 3기까지 허용하였다.

3. 의 의

제6차 개헌은 대통령에 3선을 허용하여 장기집권을 가능하게 한 것이었고, 국회 제3별관에서 기습적으로 통과시킨 것이었다.

제5항 제4공화국헌법과 개정
— 제7차 헌법개정(1972.12.27. 유신헌법개헌)

1. 개정 경과

1971년 4월 27일 박정희 후보가 제7대 대통령에 당선되었고, 5월 25일 실시된 제8대 국회의원선거에서도 민주공화당이 승리하였으나 국민의 지지도는 하락하였다.

정권유지를 위해 박정희 대통령은 1971년 12월 6일 비상사태를 선포하고, 법적 근거도 없이 12월 27일 국가의 위기극복이라는 명목으로 제정된 「국가보위에관한특별조치법」이 국회를 통과하였다. 이후 1972년 10월 17일 박정희 대통령은 비상계엄을 선포하고 10·17 비상조치를 단행하였다.

이 조치는 (1) 국회를 해산하고 정당 및 정치활동을 중지시켰으며, (2) 국회의 권한은 비상국무회의가 수행하도록 하였고, (3) 조국의 평화통일을 지향하는 헌법개정안을 공고하고, 1개월 이내에 국민투표를 실시하고, (4) 헌법개정안이 확정되면 개정된 헌법절차에 따라 1972년 말 이전의 헌정질서를 정상화시킨다는 것 등이었다. 이로써 헌정의 일시중단과 헌법의 일부효력정지와 폐지가 따랐다.

1972년 10월 26일 비상국무회의는 헌법안을 의결하고, 10월 27일 이를 공고하고, 11월 21일에 실시된 국민투표로 이를 확정(유권자 91.9% 투표, 투표자 91.5% 찬성)하여 12월 27일에 개정헌법이 공포되었다.

2. 주요 개정 내용

제7차 개정헌법은 전문, 본문 12장 126조, 부칙으로 구성되었고, 그 골자는 (1) 전문에 민족의 평화통일 이념을 규정하고, (2) 평화통일의 추진제로 통일주체국민회의를 설치하고 여기서 대통령을 선출하고 국회의원정수 1/3을 선출하도록 하였고, (3) 모든 기본권 조항에 법률유보조항을 두어 기본권의 제한을 보다 쉽도록 하였다. (4) 대통령은 국회의 동의나 승인 없이도 긴급조치를 할 수 있고, 대통령의 국회해산권, 국회의원정수의 1/3추천권 등 권위적인 절대권력제를 채택하였다. 대통령은 통일주체국민회의에서 간접선거로 선출하고, 대통령의 중임이나 연임제한 규정을 두지 않아 장기집권이 가능하게 하였다. (5) 국회의 회기단축과 국정감사제의 폐지, (6) 대법원장을 비롯한 모든 법관을 대통령이 임명·보직·파면할 수 있고, (7) 헌법위원회를 설치하여 위헌법률심판권·위헌정당해산결정권·탄핵심판권을 부여하였다.

3. 의 의

제7차 헌법개정은 국민의 자유와 권리는 축소하고 대통령이 행정부·입법부까지도 장악하고 사법부의 독립까지도 위협하는 권위주의적 신대통령제를 채택하였다는 점에서 헌법개정의 한계를 넘는 것이었다.

제6항 제5공화국헌법과 개정
- 제8차 헌법개정(1980.10.27. 국가보위입법회의에 의한 개헌)

1. 개정 경과

유신독재가 강화됨에 따라 국민의 저항도 커져 유신헌법 개정에 대한 요구가 끊이지 않았다.

이에 박정희 대통령은 1973년 4월 3일 긴급조치 제1호를 발표하고 1975년 1월 22일 특별담화를 발표하고, 2월 15일 국민투표를 실시하여 높은 지지(유권자 79.8%투표, 투표자 73.1%찬성)를 과시하였다. 그래도 헌법개정의 요구가 계속되자 1975년 5월 긴급조치 제9호를 선포하고 헌법폐지주장, 반대, 선동, 선전 등을 금지하였다. 1979년 제10대 국회의원선거에서 야당이 여당보다 1.1% 앞서는 득표율을 얻었고 독재정권에 대한 저항으로 1979년 10월 16일 부마항쟁이 일어났다.

이같이 헌정운영이 긴급조치로 물들고 박대통령의 장기집권과 권력의 파행적 운용은 국민적 저항을 받게 되고, 1979년 10월 26일에 박정희 대통령이 급서하게 된다. 당시 최규하 국무총리가 대통령으로 취임하고 전국에 비상계엄령이 선포되었다.

1979년 12월 12일 전두환 국군보안사령관을 중심으로 쿠데타를 일으키고, 1980년 5월 17일 광주에서의 무장진압을 단행하고, 1980년 10월 22일 헌법심의위원회는 심의위원회안을 확정하고, 이의 확정을 위한 국민투표가 실시되었다. 1980년 10월 27일 헌법을 공포하고 즉일 시행되었다.

국회를 해산하고 정당활동이 금지되고 국가보위입법회의가 국회를 대신하여 입법활동을 개시하였다.

2. 주요 개정 내용

제5공화국헌법은 전문·본문 10장 131조·부칙으로 구성되었다.

그 골자는 (1) 전문에서 제5공화국의 출범을 명시하고, (2) 총강에서 전통문화의 창달, 재외국민의 보호, 정당보조금지급, 국군의 사명을 신설하고, (3) 기본권조항에서 개별유보조항을 삭제하고, 행복추구권, 연좌제금지, 사생활의 비밀과 자유의 불가침, 환경권 등을 신설하였으며, (4) 7년 단임의 대통령은 선거인단에 의해 간접선거로 선출되고, (5) 국정조사권의 인정 등의 국회 권한을 강화, (6) 긴급조치를 폐지하고 대신 비상조치의 발동요건 및 통제를 강화, (7) 통일주체국민회의의 폐지, (8) 대법원장에게 일반법관의 임명권 부여로 사법부의 독립을 제고, (9) 헌법개정절차의 일원화 등이다.

3. 의 의

제8차 헌법개정은 유신헌법 전반에 걸친 개정으로 종전의 유신체제의 권위주의적 독재주의통치체제에서 벗어나고자 하였다. 그러나 이는 국가보위입법회의가 국회 대신 입법활동을 히는, 법리상 문제가 있는 것이었다.

제7항 제6공화국헌법과 헌법개정 논의
- 제9차 헌법개정(1987.10.27. 대통령 직선제개헌)

1. 개정 경과

1980년 10월 27일 제5공화국헌법이 탄생됨에 따라 국회의원 임기는 종료되고(부칙 제5조), 정당은 해산되고(부칙 제7조), 통일주체국민회의도 해산되었다(부칙 제4조). 국회가 구성될 때까지 국회의 권한을 대행할 '국가보위입법회의'(부칙 제6조)가 구성(대통령이 임명한 81명)되고 헌법 부속법령들을 제정하였다.

2월 11일 대통령선거인단을 선출하고 2월 25일에 간접선거로 민정당 전두환 후보가 대통령에 당선되었다. 3월 25일 국회의원선거가 실시되고 4월 11일에 국회가 집회하면서 제5공화국이 탄생하였다.

그러나 5.18광주민주화운동을 무력으로 진압하자 국민의 저항은 커져만 갔다. 또한 대통령선거인단에 의한 대통령간선제가 논란의 대상이 되는 가운데 1983년 이후 대통령직선제개헌이 요구되고, 마침내 1987년 6월 항쟁에 의해 직선제개헌은 피할 수 없게 되고 6월 29일 민정당 대통령후보 노태우는 6·29선언을 단행하여 직선제개헌을 하게 된다.

여야합의에 의해 대통령직선제를 중심으로 하는 헌법개정안이 마련되고 1987년 10월 27일 국민투표로 확정되었으며, 부칙 제1조에 따라 이 헌법은 1988년 2월 25일부터 시행되었다.

2. 주요 개정 내용

제9차 개헌의 골자는 (1) 임기 5년, 단임의 대통령직선제, (2) 국회해산권의 폐지와 국회의 국정감사권 부활, (3) 국무총리와 국무위원에 대한 국회의 해임의결권을 해임건의권으로 하고, (4) 대법원판사제의 폐지와 대법관제 부활, (5) 헌법재판소의 설치로 헌법재판제도 강화, (6) 지방자치제의 실시 등이었다.

제6공화국 현행헌법은 전문·본문 130조·부칙 6조로 구성되어 있다. 본문은 제1장 총강(제1조~제9조), 제2장 국민의 권리와 의무(제10조~제39조), 제3장 국회(제40조~제65조), 제4장 정부(제66조~제100조), 제5장 법원(제101조~제110조), 제6장 헌법재판소(제111조~제113조), 제7장 선거관리(제114조~제116조), 제8장 지방자치(제117조~제118조), 제9장 경제(제119조~제127조), 제10장 헌법개정(제128조~제130조)으로 구성되어 있다.

3. 9차 개정 이후

새 헌법에 따라 1987년 12월 16일에 노태우 후보가 대통령선거에서 당선되었다.

1988년 4월 26일 제13대 국회의원 총선거 결과 야당이 다수파를 확보함으로써 여소야대를 이끌어내었다. 1990년 1월 22일에 민정당·민주당·공화당의 3당 통합이 있었고, 1992년 3월 24일의 제14대 국회의원총선거에서 민정당의 의석 과반수 실패로 여소야대가 되었다. 1992년 집권여당인 민자당의 대통령후보인 김영삼이 대통령으로 당선되고 문민정부의 독자적인 정치로 국민적 호응을 얻었으나 IMF체제와 함께 임기를 만료하게 되었다.

1997년 12월 18일 새정치국민회의 대통령후보인 김대중이 신민주공화당의 김종필과 연대하여 대통령에 당선됨으로써 최초의 여·야 간 정권교체가 이루어지게 되었다.

그 이후 2002년 노무현 대통령, 2007년 이명박 대통령이 당선되었다. 2012년 박근혜 대통령이 당선되었으나, 2017년 임기를 마치지 못하고 탄핵으로 물러나고, 2017년 5월 문재인 대통령이 당선되어 개혁정책과 한반도 평화를 구축하고자 하였다.

05 대한민국의 국가형태와 구성요소

기본이해를 위한 질문
1. 국가형태란 무엇이며, 대한민국의 국가형태는 어떤 것인가
2. 대한민국(국가)의 구성요소란 무엇인가

제1절 대한민국의 국가형태

제1항 국가형태의 의의

국가형태라 함은 국가의 구조형태와 조직체계에 관한 국가의 유형을 말하며, 이는 국가의 전체적 성격을 선언한 것으로 국가의 동일성과도 밀접한 관계가 있다. 국가형태가 무엇인가에 대해서는 견해가 일정하지 않으며, 용어에 있어서도 국가형태·헌법형태·정부형태 등 다양하게 사용되고 있다.

제2항 국가형태의 분류

1. 고전적 분류론

고대 그리스의 플라톤(Platon)은 이상국가론의 입장에서 지배자의 수와 그 윤리적 특성에 따라 국가형태를 군주국과 민주국으로 분류하였다.

아리스토텔레스(Aristoteles)는 주권이 누구에게 있느냐에 따라 군주국(1인)·귀족국(소수)·민주국(다수)으로 분류하였는데, 그 통치권의 타락한 형태로 폭군정·과두정·폭민정으로의 가능성을 경고하였다.

중세 말의 마키아벨리는 「군주론」에서 권력보유자의 수에 따라 국가를 군주제와 공화제로 구분하였다.

2. 근대적 분류론

옐리네크는 국가형태의 분류를 국가의사가 헌법상 일 개인의 자연적 의사인가, 다수인의 기술적 방법에 의한 법적 의사인가에 따라 군주국과 공화국으로 나누고, 다시 통치형

태와 통치방식에 따라 군주국을 세습군주국·선거군주국·전제군주국·제한군주국으로 나누고, 공화국을 귀족공화국과 민주공화국으로 나누었다.

렘(Rehm)은 복수기준론의 대표자로 국가형태를 헌법형태와 정부형태로 나누고, 헌법형태는 국가권력의 최고담당자가 누구냐에 따른 것으로 군주국·귀족국·계급국·민주국으로 분류하였고, 정부형태는 국가권력의 최고행사자가 누구인가에 의한 것으로 민주정과 공화정, 간접민주정과 직접민주정, 연방제와 단일제, 입헌정과 비입헌정으로 분류하였다.

그러나 이들의 이론도 그 기본에 있어서 아리스토텔레스의 국가형태분류의 틀을 크게 벗어나지 않는다.

3. 현대적 분류론

종래의 일반적인 견해는 주권자가 누구냐(주권의 소재)에 따른 분류를 국체로, 주권을 어떻게 행사하느냐(국가권력의 행사방법)에 따른 분류를 정체라고 보았다.

그러나 이러한 분류에 의하면 주권이 군주에게 있으면 군주국이고 주권이 국민에게 있으면 공화국이라 할 것이다. 하지만 오늘날 군주제도를 두고 있는 영국·일본과 같은 나라도 주권은 국민에게 있으나 통상 군주국이라 부르고 있고, 또한 국가권력의 행사방법에 있어서도 전제정체를 표방하는 국가는 없고 입헌정체를 표방하고 있는 점에서 볼 때 종래의 국체와 정체의 구별론은 한계가 있다고 할 수 있다.

찌펠리우스(R. Zippelius, 1928~)는 국체와 정체의 분류를 무용한 것이라고 생각하고 국가형태를 국가권력의 행사방법을 기준으로 일원체제·과두체제·민주체제로 나누었다. 또한 일원체제를 군주제와 독재체제로 나누고 민주체제를 순수한 직접민주체제와 대의민주체제로 나누고 있다.

뷔르도(J. Burdeau, 1905~1988)는 국가권력이 단일적이냐 연방적이냐에 따라 단일국가와 연방국가로 나누었다. 또한 국가권력의 목적이 자유주의적이냐 권위주의적이냐에 따라 자유민주국가와 권위주의국가로 나누고, 국가권력의 행사방식에 따라 대통령제·의원내각제·반대통령제·회의체로 나누었다.

국가형태를 논함에 있어서는 전통적인 아리스토텔레스적 분류 이외에도 한 국가가 당면해 있는 법적인 제도적인 형태뿐 아니라 정치적 상황까지도 고려하는 포괄적 고찰이 필요하다고 할 것이다.

1) 군주국과 공화국

군주국이란 세습적이고 종신적인 군주가 지배하는 군주주권국가를 말한다. 이에도 군주의 권력행사에 제한이 없는 전제군주국과 그 제한을 받는 제한군주국이 있다.

오늘날 전제군주국은 찾아보기 힘들며, 제한군주국에 있어서의 군주는 명목상의 국가원수에 불과하고 국가의 실체는 국민주권이나 의회주권에 입각한 민주국가라고 할 수 있다.

반면에 공화국은 군주국에 대칭되는 국가형태로 군주제를 배척하는 비군주국이다. 공화국도 자유주의적·입헌주의적 민주공화국과 전제주의적·독재주의적 공화국으로 분류된다. 민주공화국도 통치권의 집중이냐 분산이냐에 따라 단일공화국과 연방공화국으로 나누고, 권력의 행사방식에 따라 대통령제·의원내각제·반 대통령제·의회정부제 등으로 구분된다.

이에 대해 전제공화국은 민주공화국과 대립되는 국가형태로 전체주의·군국주의 등을 정치적 이념으로 하는 국가를 말한다. 그 대표적인 예로 파시스트의 이탈리아, 나치스의 독일, 구 소비에트러시아의 인민민주주의 등을 들 수 있다.

2) 단일국가·연방국가·국가연합

(1) 단일국가

단일국가(unitary State)란 국가의 구성이 단일적이고 통일적인 국가를 말한다.

단일국가가 권력을 분산시키는 지방자치를 인정한다고 해도 자치단체에 주권을 인정한 것이 아니라 단지 자주권만을 부여하고 있다는 점에서 연방국가의 경우와 다르다.

(2) 연방국가

연방국가(federal State)란 각 지분국이 각각 국가적 성격을 보유하면서 서로 결합하여 국가결합체를 형성하는 것을 말하며, 미국·스위스·독일·구소련 등을 들 수 있다.

연방국가에서는 지분국이 국가의 성격을 띠며 지분국이 전체국가를 형성하는 까닭에 지분국에도 헌법이 있다. 지분국은 주권을 가지지 않고 외교권 등을 연방정부가 가지고 있는 점으로 보아 지분국은 대내적으로 주권을 가진 제한된 주권을 가지는 것으로 보아야 한다.

오늘날 주권을 가진 연방국가는 지분국의 권리와 관할권을 존중하고 연방에 대한 지분국의 독립을 보장하려고 한다. 그러나 오늘날 국가의 결속력과 통합력이 강화되면서 다양한 측면에서 연방국가는 단일국가화 현상이 나타나고 있다.

(3) 국가연합

국가연합이란 주권국가들이 연합조약을 체결하여 국제법적으로 성립한 국가 간의 연합을 말하며, 1787년 이전의 미국·1958년 아랍국가연합·영연방공동체·1992년 구소련의 해체에 따른 독립국가연합 등을 들 수 있다.

국가연합은 국제적으로는 단일체로 나타나지만 그 자체가 단일국가는 아니다. 구성개별국가의 국가성과 독자성, 통치권은 개별국가에 유보되며, 구성국가는 자유롭게 탈퇴할 수 있다.

연방국가는 진정한 의미의 주권국가로 연방헌법에 의거한 영구적 결합체로, 연방국가에서는 연방정부가 국제법상 주체가 되므로 국제법상의 책임을 부담한다. 또한 연방국가의 통치권은 연방과 지방에 분할되고, 병력은 연방에 속한다.

이에 대하여 국가연합은 구성국가간 조약에 기초한 잠정적·한시적 결합체로 진정한 의미의 주권국가가 아니다. 또한 조약에 규정된 특정사항에 관해서만 한정적인 국제법주체가 될 수 있을 뿐이고, 국가연합의 경우는 각 구성국만이 국제법상 책임을 부담한다. 그리고 국가연합에서는 그 구성국만이 통치권을 보유하므로 분할되지 않으며, 구성국만이 병력을 보유하고 국가연합은 병력을 보유하지 못하는 것으로 본다.

제3항 대한민국의 국가형태

Ⅰ. 국가형태에 관한 헌법규정

헌법 제1조 1항은 "대한민국은 민주공화국이다"라고 규정하여 국호가 대한민국이며 국가형태는 민주공화국임을 규정하고 있다.

민주공화국이 국체냐 정체냐에 관하여 학설의 대립이 있는데, 제1설은 민주는 정체를 공화국은 국체를 규정한 것이라고 하고, 제2설은 민주는 민주정체를 공화국은 공화정체로 보아 민주공화국을 정체에 관한 규정으로 본다. 제3설은 국체와 정체의 구별을 부인하고, 민주공화국이 우리나라의 국가형태를 공화국으로 규정한 것으로 본다.

생각건대 헌법이 민주공화국이라고 규정하고 있는 것은 우리나라는 공화국으로서 군주제를 도입해서는 안 된다는 것을 의미하면서 동시에 전체주의적 내지 독재주의적이 아닌 자유주의적 민주주의 공화국이어야 함을 표현한 것으로 이해하여야 한다.

Ⅱ. 민주공화국의 규범성

헌법 제1조 제1항의 민주공화국이라는 국가형태가 가지는 규범적 가치는 국민이 이룩한 국민적 합의의 결정이며, 그 내용은 헌법의 핵에 해당하는 것이다.

따라서 헌법개정절차에 따르더라도 개정할 수 없는 헌법개정의 한계에 해당된다.

Ⅲ. 헌법상 국가형태의 특색

"대한민국은 민주공화국이다"에서 대한민국의 국가형태인 공화국의 정치적 내용을 이루는 민주주의는 자유민주주의는 물론 이와 양립할 수 있는 그 밖의 민주주의도 그 내용으로 보아야 한다.

따라서 대한민국이 추구하는 민주주의는 전체주의와 독재주의를 배척하는 자유민주주의와 방어적 민주주의와 더불어 사회적 민주주의를 그 특징으로 한다고 할 수 있다.

또한 국가의 구성이 단일한 통일국가인 단일국가임을 특징으로 하고 있다.

제2절 대한민국의 구성요소

제1항 국 민

Ⅰ. 국민의 의의

국민(Nation)은 국가적 공동체를 전제로 한 개념으로 국가의 구성원으로서 국적을 가진 모든 사람을 말한다.

국민은 국내법에 따라 그 지위가 부여되는 법적인 개념으로 혈연을 기초로 하는 민족과 구별되며, 자연 내지 생물학적 개념인 종족과도 구별된다. 또한 국민은 국적을 가진 개개인의 집합을 의미한다는 점에서 사회학적 개념으로서 사회의 구성원인 인민과도 구별된다.

대한민국의 국적을 가진 자는 국내는 물론 외국에서도 대한민국헌법의 적용을 받는 대인고권이 있다.

또한 국적과 관련하여 대한민국 성립 이전 조선인의 국적에 관하여 헌법과 「국적법」(1948년 11월 제정)에 명시적인 규정이 없어 법 시행 전의 북한주민이 대한민국 국민인지가 문제가 되었다.

이를 위해 1948년 5월 「국적에 관한 임시조례」를 제정하여, 외국의 국적이나 일본의 호적을 취득하였다가 그 국적을 포기하거나 일본의 호적을 이탈한 자는 1945년 8월 9일 이전 조선의 국적을 회복한 것으로 간주한다는 규정(임시조례 제5조)을 두어 국적에 관한 문제가 정리되었다.

II. 국민의 요건(국적)

국적(Nationality)은 국민이 되는 자격을 말한다.

국적에 관한 사항을 헌법에 규정하는 헌법주의, 민법에 규정하는 민법주의, 단일의 독립된 법으로 규정하는 단행법주의 등이 있다. 우리 헌법은 "대한민국의 국민이 되는 요건은 법률로 정한다"(제2조 제1항)라고 규정하여 국적의 단행법주의를 취하고 있다. 이에 따른 법률이 「국적법」으로 국적의 취득·상실·회복 등을 규정하고 있다.

한국은 단일국적주의, 부모양계혈통주의를 원칙으로 하고 있다. 따라서 이중국적자는 대한민국의 국적을 취득한 날로부터 6월 내에 외국국적을 포기하여야 한다.

> **⚠ 판례 | 국민의 요건 – 헌재 2000.8.31. 97헌가12(헌법불합치, 각하)**
>
> 국민은 영토, 주권과 더불어 국가의 3대 구성요소 중의 하나다. **국적은 국민이 되는 자격·신분**을 의미하므로 국민이 아닌 자는 외국인(외국국적자, 이중국적자, 무국적자 포함)이라고 한다. 국민은 항구적 소속원이므로 어느 곳에 있던지 그가 속하는 국가의 통치권에 복종할 의무를 부담하고, 국외에 있을 때에는 예외적으로 거주국의 통치권에 복종하여야 한다. …… **국적은 국가의 생성과 더불어 발생하고 국가의 소멸은 바로 국적의 상실 사유인 것**이다. 국적은 성문의 법령을 통해서가 아니라 국가의 생성과 더불어 존재하는 것이므로, **헌법의 위임에 따라 국적법이 제정되나 그 내용은 국가의 구성요소인 국민의 범위를 구체화, 현실화하는 헌법사항을 규율하고 있는 것**이다.

1. 국적의 취득

1) 선천적 취득

국적의 선천적 취득이란 출생에 의해 자동적으로 국민이 되는 것을 말한다.

선천적 취득에도 부모의 국적에 따라 출생자의 국적을 결정하는 속인주의(혈통주의), 부모의 국적에 관계없이 출생한 지역에 따라 국적을 결정하는 속지주의(출생지주의)가 있다. 독일·스위스·일본 등은 속인주의를 채택하고 있고, 미국·영국·남미제국 등은 속지주의를 채택하고 있다.

한국은 부모양계혈통주의에 기초한(헌재 97헌가12) 속인주의를 원칙으로 하고, 부모가 불분명하거나 무국적일 때 한국에서 출생한 자 및 한국에서 발견된 기아에 한하여 예외적으로 속지주의를 인정하고 있다(국적법 제2조).

「국적법」은 출생에 의한 국적 취득으로,

① 출생당시 부 또는 모가 대한민국의 국민인 자,

② 출생하기 전에 부가 사망한 경우에는 그 사망 당시에 부가 대한민국의 국민이었던 자,

③ 부모가 모두 분명하지 아니한 경우나 국적이 없는 경우에는 대한민국에서 출생한 자는 출생과 동시에 대한민국의 국적을 취득하도록 규정하고 있다(법 동조 제1항). 또한 대한민국에서 발생된 기아는 대한민국에서 출생한 것으로 추정한다(법 동조 제2항).

> **판례** | 부계혈통주의의 위헌 – 헌재 2000.8.31. 97헌가12(헌법불합치, 각하)
>
> **부계혈통주의 원칙을 채택한 구법조항은** 출생한 당시의 자녀의 국적을 부의 국적에만 맞추고 모의 국적은 단지 보충적인 의미만을 부여하는 차별을 하고 있다. 이렇게 한국인 부와 외국인 모 사이의 자녀와 한국인 모와 외국인 부 사이의 자녀를 차별 취급하는 것은, 모가 한국인인 자녀와 그 모에게 불리한 영향을 끼치므로 헌법 제11조 제1항의 **남녀평등원칙에 어긋남이 분명하고 이러한 차별취급은 헌법상 허용되지 않는 것이다.**

2) 후천적 취득

국적의 후천적 취득이란 인지·귀화·수반 등 출생 이외의 일정한 사실에 의해 국적을 취득하는 것을 말한다.

(1) 인 지

인지란 혼인 외의 출생자를 자기의 자녀라고 인정하는 의사표시를 말한다.

대한민국의 국민이 아닌 자로서 출생 당시에 대한민국 국민인 부 또는 모가 미성년자를 인지하는 경우에는 한국 국적을 취득한다.

(2) 귀 화

귀화란 일정한 요건을 갖춘 자가 타국적을 가지려는 의사에 의하여 그 국가의 허가를 얻어 국적을 취득하는 경우를 말한다.

우리 「국적법」상 귀화에는 일반귀화, 간이귀화, 특별귀화가 있다.

ⅰ) 일반귀화는,

① 5년 이상 계속하여 대한민국에 주소가 있을 것,

② 대한민국에서 영주할 수 있는 체류자격을 가지고 있을 것,

③ 대한민국의 「민법」상 성년일 것,

④ 법령을 준수하는 등 법무부령으로 정하는 품행 단정의 요건을 갖출 것,

⑤ 자신의 자산이나 기능에 의하거나 생계를 같이하는 가족에 의존하여 생계를 유지할 능력이 있을 것,

⑥ 국어능력 및 대한민국의 풍습에 대한 이해 등 대한민국 국민으로서의 기본 소양을 갖추고 있을 것,

⑦ 귀화를 허가하는 것이 국가안전보장·질서유지 또는 공공복리를 해치지 아니한다고 법무부장관이 인정할 것의 요건을 갖추어야 한다(법 제5조).

ii) 간이귀화는,

① 외국인으로서 대한민국에 3년 이상 계속하여 주소가 있는 사람으로서,

㉮ 부 또는 모가 대한민국의 국민이었던 자,

㉯ 대한민국에서 출생한 자로서 부 또는 모가 대한민국에서 출생한 자,

㉰ 대한민국 국민의 양자로서 입양 당시 대한민국의 「민법」상 성년이었던 사람(법 제6조 제1항)

② 배우자가 대한민국의 국민인 외국인으로서,

㉮ 그 배우자와 혼인한 상태로 대한민국에 2년 이상 계속하여 주소가 있는 사람,

㉯ 그 배우자와 혼인한 후 3년이 지나고 혼인한 상태로 대한민국에 1년 이상 계속하여 주소가 있는 사람,

㉰ 위 ㉮, ㉯ 기간(혼인상태 주소 2년, 혼인 3년과 주소 1년 이상)을 채우지 못하였으나, 그 배우자와 혼인한 상태로 대한민국에 주소를 두고 있던 중 그 배우자의 사망이나 실종 또는 그 밖에 자신에게 책임이 없는 사유로 정상적인 혼인 생활을 할 수 없었던 사람으로서 위 잔여기간을 채웠고 법무부장관이 상당하다고 인정하는 사람,

㉱ ㉮, ㉯의 요건을 충족하지 못하였으나, 그 배우자와의 혼인에 따라 출생한 미성년의 자(子)를 양육하고 있거나 양육하여야 할 사람으로서 위 기간을 채웠고 법무부장관이 상당하다고 인정하는 사람은 귀화허가를 받을 수 있는 것이다(법 동조 제2항).

iii) 특별귀화는 외국인으로서 대한민국에 주소가 있는 사람으로,

① 부 또는 모가 대한민국의 국민인 사람, 다만 양자로서 대한민국의 「민법」상 성년이 된 후에 입양된 사람은 제외한다.

② 대한민국에 특별한 공로가 있는 사람,

③ 과학·경제·문화·체육 등 특정 분야에서 매우 우수한 능력을 보유한 사람으

로서 대한민국의 국익에 기여할 것으로 인정되는 사람은 귀화허가를 받을 수 있다(법 제7조).

(3) 수반취득

수반취득이란 타인의 국적취득에 수반하여 국적을 취득하는 것을 말한다.

외국인의 자로서 대한민국의 민법에 의하여 미성년인 자는 그 부 또는 모가 귀화허가를 신청할 때 함께 국적을 신청할 수 있고, 귀화의 허가를 받은 때에는 함께 국적을 취득한다(법 제8조).

2. 국적의 상실

1) 외국국적 취득에 따른 국적 상실

국적은 일정한 원인에 의하여 상실된다.

국적법이 규정하고 있는 외국국적 취득에 따라 국적이 상실되는 경우는 다음과 같다.

① 대한민국의 국민이 자진하여 외국국적을 취득하게 된 때,

② 외국인과 혼인으로 인하여 그 배우자의 국적을 취득하게 된 때,

③ 외국인에게 입양되어 그 양부 또는 양모의 국적을 취득하게 된 때,

④ 외국인인 부 또는 모에게 인지되어 그 부 또는 모의 국적을 취득하게 된 자,

⑤ 외국국적을 취득하여 대한민국의 국적을 상실하게 된 자의 배우자나 미성년의 자로서 그 외국의 법률에 따라 함께 그 외국국적을 취득하게 된 자(법 제15조).

2) 이중국적자의 국적 상실

이중국적자로서 외국국적을 선택하고자 하는 자가 법무부장관에게 대한민국의 국적을 이탈한다는 신고를 하면 그 신고한 때에 대한민국의 국적을 상실한다.

대한민국의 국적을 취득한 외국인으로서 외국국적을 가지고 있는 자는 대한민국의 국적을 취득한 날부터 1년 내에 그 외국국적을 포기하여야 한다(법 제10조 제1항).

또한 국적법은 대한민국 국적을 취득한 날부터 1년 내에 외국 국적을 포기하거나 대한민국에서 외국 국적을 행사하지 아니하겠다는 뜻을 법무부장관에게 서약하여야 하는 경우를 규정하고 있다.

① 귀화허가를 받은 때에 제6조 제2항 제1호·제2호(배우자가 대한민국의 국민인 외국인으로서 혼인상태로 2년 이상 계속 주소, 혼인 후 3년 경과 1년 이상 계속 주소) 또는 제7조 제1항 제2호·제3호의 어느 하나에 해당하는 사유가 있는 자

② 법무부장관의 국적회복허가에 따라 국적회복허가를 받은 자로서 제7조 제1항 제2호 또는 제3호(대한민국에 특별한 공로가 있는 사람과 과학·경제·문화·체육 등 특정 분야에서 매우 우수한 능력을 보유한 사람으로서 대한민국의 국익에 기여할 것으로 인정되는 사람)에 해당한다고 법무부장관이 인정하는 자,

③ 대한민국의 「민법」상 성년이 되기 전에 외국인에게 입양된 후 외국국적을 취득하고 외국에서 계속 거주하다가 제9조에 따라 국적회복허가를 받은 자,

④ 외국에서 거주하다가 영주할 목적으로 만 65세 이후에 입국하여 제9조에 따라 국적회복허가를 받은 자,

⑤ 본인의 뜻에도 불구하고 외국의 법률 및 제도로 인하여 제1항(1년 이내 국적 포기)을 이행하기 어려운 자로서 대통령령으로 정하는 자의 경우이다(법 동조 제2항).

위 규정(법 제10조 제1항, 제2항)을 이행하지 아니한 자는 그 기간이 경과한 때에 대한민국의 국적을 상실한다(법 동조 제3항).

3) 복수국적자의 국적 선택과 상실

만 20세가 되기 전에 복수국적자(출생이나 그 밖에 국적법에 따라 대한민국 국적과 외국 국적을 함께 가지게 된 사람으로서 대통령령으로 정하는 사람)가 된 자는 만 22세가 되기 전까지, 만 20세가 된 후에 복수국적자가 된 자는 그때부터 2년 내에 하나의 국적을 선택하여야 한다(법 제12조 제1항).

특히 「병역법」 제8조에 따라 병역준비역에 편입된 자는 편입된 때부터 3개월 이내에 하나의 국적을 선택하거나 제3항 각 호의 어느 하나에 해당하는 때(1. 현역·상근예비역·보충역 또는 대체역으로 복무를 마치거나 마친 것으로 보게 되는 경우, 2. 전시근로역에 편입된 경우, 3. 병역면제처분을 받은 경우)부터 2년 이내에 하나의 국적을 선택하여야 한다(법 동조 제2항).

복수국적자는 대한민국의 법령 적용에서 대한민국국민으로만 처우하며(법 제11조의2 제1항), 복수국적자가 관계 법령에 따라 외국국적을 보유한 상태에서 직무를 수행할 수 없는 분야에 종사하려는 경우에는 외국국적을 포기하여야 한다(법 동조 제2항).

3. 국적의 회복과 재취득

대한민국의 국민이었던 외국인은 법무부장관의 국적회복허가를 받아 대한민국국적을 취득할 수 있다(법 제9조 제1항).

예외적으로 국적회복이 허가되지 않는 경우는 다음과 같다.

① 국가나 사회에 위해를 끼친 사실이 있는 사람

② 품행이 단정하지 못한 사람

③ 병역을 기피할 목적으로 대한민국 국적을 상실하였거나 이탈하였던 사람

④ 국가안전보장·질서유지 또는 공공복리를 위하여 법무부장관이 국적회복을 허가하는 것이 적당하지 아니하다고 인정하는 사람(동조 제2항).

국적회복허가를 받은 사람은 법무부장관 앞에서 국민선서를 하고 국적회복증서를 수여받은 때에 대한민국 국적을 취득한다(법 동조 제3항).

대한민국의 국적을 상실한 자가 그 후 1년 이내에 그 외국국적을 포기하면 법무부장관에게 신고함으로써 국적을 재취득할 수 있고(법 제11조 제1항), 신고를 한 때에 대한민국 국적을 취득한다(법 동조 제2항).

4. 재외국민(교민)의 보호

(1) 헌법 제2조 제2항은 "국가는 법률이 정하는 바에 의하여 재외국민을 보호할 의무를 진다"라고 함으로써 재외국민에 대한 국가적 보호의무를 규정하고 있다. 이와 관련된 법으로 「재외동포의 출입국과 법적 지위에 관한 법률」(1999.9.2. 제정)이 있다.

재외동포는 재외국민과 외국국적동포를 포함한다. 재외국민이란 대한민국의 국민으로서 외국의 영주권을 취득한 자 또는 영주할 목적으로 외국에 거주하고 있는 자를 말하며(법 제2조 제1호), 외국국적동포란 대한민국의 국적을 보유하였던 자(대한민국정부 수립 전에 국외로 이주한 동포를 포함) 또는 그 직계비속으로서 외국국적을 취득한 자 중 대통령령으로 정하는 자를 말한다(법 동조 제2호).

(2) 재외동포 체류자격으로 입국한 외국국적동포는 국내거소신고를 할 수 있으며(법 제6조 제1항), 국내거소신고를 한 외국국적동포는 대한민국 안에서 부동산을 취득·보유·이용 및 처분할 때에 대한민국의 국민과 동등한 권리를 갖는다(법 제11조 제1항). 재외동포 체류자격에 따른 체류기간은 최장 3년까지로 하며, 연장할 수 있다(법 제10조 제1항, 제2항).

주민등록을 한 재외국민과 국내거소신고를 한 외국국적동포는 예금·적금의 가입, 이율의 적용, 입금과 출금 등 국내 금융기관을 이용할 때 「외국환거래법」상의 거주자인 대한민국 국민과 동등한 권리를 갖으며(법 제12조), 90일 이상 대한민국 안에 체류하는 경우에는 건강보험 관계법령으로 정하는 바에 따라 건강보험을 적용받을 수 있다(법 제14조).

(3) 재외국민의 보호의무는 재외국민이 거류국에 있는 동안 조약 기타 일반적으로 승인된 국제법규와 거류국의 법령에 의한다. 이에 따라 재외국민은 누릴 수 있는 모든 분야

에서 정당한 대우를 받도록 국가가 하는 외교적 보호와 특별한 법률로써 정하여 베푸는 제반영역의 지원을 받는다(헌재 89헌마189).

(4) 헌법재판소는 그동안 논란이 되어왔던 재외국민에 대한 선거권과 부재자투표를 허용하지 않는 것은 합헌(헌재 재외국민은 97헌마253)이라고 한 종래의 결정을 변경(헌재 2004헌마644)하여 재외국민에 대해 선거권을 인정하였다.

재외국민 및 해외에 거주하는 국민에 대하여서는 재외선거에 관한 특례를 규정하여 재외국민의 선거권을 보장하고 있다.

즉 주민등록이 되어 있는 사람으로서 재외국민으로 등록·관리되는 사람은 외국에 머물거나 거주하는 사람을 공관을 경유하여 국외부재자 신고를 하여야 하고(공직선거법 제218조의4 제1항), 선거일 전 14일부터 선거일 전 9일까지의 기간 중 6일 이내의 기간(재외투표기간)에 투표를 하도록 규정하고 있다(법 218조의17 제1항).

> **⚠ 판례** | 재외국민 선거권 부정 위헌 – 헌재 2007.6.28. 2004헌마644; 2005헌마360(병합)
> (헌법불합치)
>
> **선거권의 제한은 불가피하게 요청되는 개별적·구체적 사유가 존재함이 명백할 경우에만 정당화**될 수 있고, 막연하고 추상적인 위험이나 국가의 노력에 의해 극복될 수 있는 기술상의 어려움이나 장애 등을 사유로 그 제한이 정당화될 수 없다. 북한주민이나 조총련계 재일동포가 선거에 영향을 미칠 가능성, 선거의 공정성, 선거기술적 이유 등은 재외국민등록제도나 재외국민 거소신고제도, 해외에서의 선거운동방법에 대한 제한이나 투표자 신분확인제도, 정보기술의 활용 등을 통해 극복할 수 있으며, 나아가 납세나 국방의무와 선거권 간의 필연적 견련관계도 인정되지 않는다는 점 등에 비추어 볼 때, **단지 주민등록이 되어 있는지 여부에 따라** 선거인명부에 오를 자격을 결정하여 그에 따라 선거권 행사 여부가 결정되도록 함으로써 **엄연히 대한민국의 국민임에도 불구하고 주민등록법상 주민등록을 할 수 없는 재외국민의 선거권 행사를 전면적으로 부정하고 있는 법 제37조 제1항**은 어떠한 정당한 목적도 찾기 어려우므로 헌법 제37조 제2항에 위반하여 **재외국민의 선거권과 평등권을 침해하고 보통선거원칙에도 위반된다.**

5. 북한주민의 지위

「북한이탈주민의 보호 및 정착지원에 관한 법률」에서 북한이탈주민은 "군사분계선 이북지역에 주소·직계가족·배우자·직장 등을 두고 있는 사람으로서 북한을 벗어난 후 외국 국적을 취득하지 아니한 사람"(법 제2조 제1호)으로 정의하고 있다.

북한이탈주민을 외국인으로 보거나 국내법상 남한국민이면서 국제법상 북한국적을 가지는 이중적 지위를 부여하는 견해도 있지만 우리 정부와 판례는 북한주민을 대한민국 국민으로 보고 있다. 북한이탈주민은 국내로 입국하는 경우에 어떠한 법적 절차를 거치지 않고 있고, 일정기간 교육을 받은 후 대한민국국적을 취득하게 된다.

북한이탈주민의 법적 지위는 헌법 제3조의 "대한민국의 영토는 한반도와 그 부속도서로 한다"라고 규정하는 영토조항의 해석론과도 직결되는 문제이다.

⊙ 판례 | 북한주민의 법적 지위 – 대판 1996.11.12. 96누1221(기각)

조선인을 부친으로 하여 출생한 자는 남조선과도정부법률 제44호 국적에 관한 조례의 규정에 따라 조선국적을 취득하였다가 제헌헌법의 공포와 동시에 대한민국 국적을 취득하였다. …… 북한지역은 우리 대한민국의 영토에 속하므로 **북한국적의 주민은 대한민국의 국적을 취득·유지함에 아무런 영향이 없다.**

⊙ 판례 | 북한의 지위 – 대판 2004.8.30. 2004도3212(기각)

북한이 여전히 우리나라와 대치하면서 우리나라의 자유민주주의 체제를 전복하고자 하는 적화통일노선을 완전히 포기하였다는 명백한 징후를 보이지 않고 있고, 그들 내부에 뚜렷한 민주적 변화도 보이지 않고 있는 이상, **북한은 조국의 평화적 통일을 위한 대화와 협력의 동반자임과 동시에 적화통일노선을 고수하면서 우리의 자유민주주의 체제를 전복하고자 획책하는 반국가단체라는 성격도 아울러 가지고 있다고 보아야 하고**, 남북 사이에 정상회담이 개최되고 남·북한 사이의 교류와 협력이 이루어지고 있다고 하여 바로 **북한의 반국가단체성이 소멸하였다거나** 대한민국의 안전을 위태롭게 하는 반국가활동을 규제함으로써 국가의 안전과 국민의 생존 및 자유를 확보함을 목적으로 하는 **국가보안법의 규범력이 상실되었다고 볼 수는 없다.**

제2항 주 권

I. 주권의 개념

주권(Sovereignty)은 역사적으로 성립된 개념으로 다양하게 이해되고 있다.

일반적으로 주권은 국내적으로 최고의 권력이고 국외적으로는 독립된 권력을 의미한다. 주권은 국가권력의 최고독립성을 나타내고(=주권성), 국가의사를 결정하는 최고의 원동력으로 사용되고(=헌법제정권력), 국가권력 그 자체(=통치권)로서 사용된다.

주권은 본질적으로 최고성·독립성·시원성·자율성·단일불가분성·불가양성·항구성 등을 그 속성으로 한다.

Ⅱ. 주권이론의 성립

근대적 주권개념은 15, 16세기경 유럽의 절대군주국가의 성립과 함께 생성된 정치적·법적 개념이다.

1576년 보댕(J. Bodin, 1530~1596)이 "주권이라 함은 공화국의 절대적이고 항구적인 권력이다"라고 주장한 이후 근대국가의 성립과 함께 국가권력의 최고독립성을 의미하는 주권개념이 확립되었다.

Ⅲ. 주권이론의 발전

주권이 최종적으로 누구에게 있느냐 하는 주권의 주체에 관한 학설은 군주주권론, 국민주권론, 국가주권론 등이 있다.

1. 군주주권론

중세봉건질서가 무너지고 왕권을 절대화하려는 목적에서 군주주권론이 등장하였다. 그래서 처음에 주권은 교황과 황제의 권위로부터 독립되고, 봉건영주와 제후 등의 권위에 우선하는 권력으로 이해되었다.

군주주권론의 대표적 주창자는 보댕과 홉스(T. Hobbes, 1588~1679)를 들 수 있다.

보댕은 절대군주론에 입각하여 "주권은 신성불가침의 권력이므로 신의의 대행자인 군주에게 귀속되어야 한다"고 하였다. 홉스도 "자연상태는 만인의 만인에 대한 투쟁상태를 의미하며 인간은 자연권의 안전한 보장을 위하여 계약을 체결하고 이 계약의 준수를 위해서는 어떠한 권력이 존재하여야 하는데 이 권력의 현실적인 행사는 군주가 행사하는 것이 가장 자연스럽고 윤리적이다"라고 하였다.

2. 국민주권론(인민주권론)

근대에 들어와 국민주권론은 사회계약설과 결합되어 발전하게 된다. 알투지우스(J. Althusius, 1563~1638)는 통치권이 결합계약을 통해 이루어진다고 보았다. 즉, 국가성립을 위한 계약을 원시적인 시민사회를 구성하기 위한 결합계약과 인민이 통치자에게 통치권을 위임하는 인민과 통치자 간의 결합계약으로 구분하고 결합계약을 통하여 국가가 형성되고 통치계약에 따라 통치자가 인민 전체의 공공복리를 위하여 통치권을 행사하게 되었다고 주장하였다.

로크는 사회계약과 신탁이론에 의한 주권론을 주장하였다. 그는 "자연상태에서는 자유의 향유가 불확실하고 타인에 의해 침해될 위험에 있으므로 생명·자유·재산을 보장하기 위해 계약을 체결하고 사회계약에 따라 구성된 시민사회는 헌법을 제정하고 헌법에 따라 입법기관을 최고의 권력으로 규정하기에 이른다. 입법기관의 권력은 인민이 신탁한 것이므로 진정한 의미의 주권자는 입법기관에게 입법권을 신탁한 인민전체가 아니면 안 된다"고 하였다.

루소(J.J. Rousseau, 1712~1778)는 일반의사에 의한 주권을 주장하였다. 그는 "인민전체의 권력은 모든 권력의 원천이며 전체인민이 통치자라야 한다"고 하여 절대주권은 오로지 전체로서의 인민에게 있다고 하였다. 그리고 개인은 개별의사의 주체로서는 피치자의 지위에 있지만 일반의사의 구성부분으로서는 주권자의 지위에 있다고 하여 개인의 이중적 지위를 강조하였다. 또한 일반의사는 공공의 복리를 지향하는 의사로서 초개인적인 의사인데, 집합의사는 특수이익을 추구하는 개개인의 의사들이 우연히 합치된 개별의사의 단순한 총화에 지나지 않는다고 하였다.

3. 국가주권론

국가주권론은 19세기 독일에서 군주주권론과 국민주권론의 대립을 지양하기 위한 타협이론·중화이론·도피이론이다. 국가주권론에 의하면 국가권력의 주체는 군주도 국민도 아닌 독립된 단체인격을 가진 국가 그 자체라고 한다. 국가주권론은 그로티우스·헤겔·알브레히트·옐리네크에 의해 주장되었다.

4. 현대국가의 주권이론

국가주권론은 제1차 세계대전 후 슈미트(Schmitt)를 거쳐 헬러(H. Heller, 1891~1933)에 이르러 국민주권론으로 복귀하게 되었고, 제2차 세계대전 후에는 국민주권론이 전성기를 맞았다.

현대의 보편적 이데올로기는 민주주의이고 민주주의는 국민에 의한 통치를 내용으로 하기 때문에 현대 민주국가에서의 주권의 주체는 국민이어야 한다.

Ⅳ. 헌법상 주권과 통치권

1. 헌법상 주권

주권은 국가의사를 전반적·최종적으로 결정하는 최고의 권력으로 국내 최고, 국외 독립적 권리이다. 헌법은 제1조 제2항 전단에 "대한민국의 주권은 국민에게 있고"라고 하여 주권은 국민이 보유하고 있음을 규정하고 있다.

이 주권에 기초하여 국민의 기본권 보장과 국가권력구성에 관한 헌법을 제정하는 헌법제정권력이 이루어진다. 헌법제정 시에 주권과 헌법제정권력은 동일시된다.

2. 통치권과의 관계

통치권(공권력)이라 함은 국가목적을 달성하기 위하여 헌법에 근거하여 조직된 권력을 말한다.

헌법은 제1조 제2항 후단에 "모든 권력은 국민으로부터 나온다"라고 규정하고 있다. 여기서 모든 권력은 국가권력인 통치권을 말하며, 국가권력의 정당성은 국민에게 있음을 나타내고 있다. 최고의 권력인 주권은 모든 권력의 우위에 있는 근원적인 힘으로 단일불가분·불가양의 권리이다.

이에 대해 통치권은 주권에서 유래하고 주권에 의하여 국가권력이 조직되는 것으로 분할과 양도가 가능한 점에서 주권과 구별된다.

통치권은 그 발동형태에 따라 입법권·사법권·집행권으로 나누어지고, 실질적 내용에 따라 영역 내의 모든 인과 물에 대한 지배권으로서의 영토고권, 국가구성원에 대한 지배권인 대인고권, 국가의 조직을 스스로 결정하는 자주조직권으로 나뉜다.

제3항 영 역

Ⅰ. 영역의 의의

영역(Territory)은 국가법이 적용되는 공간적 범위를 말하며 좁은 의미의 영토·영해·영공으로 구분된다.

영역에 대한 국가권력을 영역권 또는 영토고권이라 하는데, 이는 영역을 자유로이 사용·수익·처분할 수 있고, 영역 내에서 인과 물을 독점적·배타적으로 지배할 수 있는 권력을 말한다.

Ⅱ. 영역의 범위

1. 영 토

영토라 함은 국가영역의 기초가 되는 일정한 범위의 육지를 말한다.

영토는 자연적 원인(영토형성·해중침몰 등)이나 국제조약(영토의 병합·매매·교환·할양 등)

에 따라 변경되는 경우가 있다. 영토가 변경되는 경우에도 국가의 지배권이 미치는 공간적 범위와 국민의 범위에 변동을 가져올 뿐 국가의 동일성에는 영향이 없다. 영토변경으로 영역주민의 국적과 영역에 적용되는 법체계의 효과가 수반된다.

자연적 조건에 의한 영토변경의 경우 통치권의 원시취득이 있게 된다. 영토를 할양받는 경우 통치권의 승계취득이 있게 되고, 할양조약에 따라 주민의 국적이 결정되게 된다. 이 경우에는 대체로 주민에게 일정한 기간 내에 국적을 자유롭게 선택하도록 한다. 국가의 통치조직에 관한 법은 할양과 더불어 국적이 변경되나, 할양지법은 신법의 제정에 의하여 변경될 때까지 그 효력을 지속한다. 국가를 병합하는 경우 피병합국의 권리·의무가 포괄적으로 이전하게 되고, 피병합국의 주민은 병합국의 국적을 갖게 된다.

헌법에 의한 대한민국의 영토는 한반도와 그 부속도서(제3조)로, 북한지역도 대한민국의 영토로 규정하고 있다.

그리고 헌법재판소는 영토에 관한 권리는 개인의 주관적 권리는 될 수 없지만 국민의 기본권 침해에 대한 권리구제를 전제조건으로서 영토권을 구성할 수 있고, 영토권을 헌법소원심판 대상이 되는 기본권으로 간주할 수 있다고 보고 있다(헌재 99헌마139).

> **⚠ 판례** | 영토조항, 영토권의 기본권성 – 헌재 2001.3.21. 99헌마139 등(기각, 각하)
>
> **헌법 제3조의 영토조항은 우리나라의 공간적인 존립기반을 선언하는 것**인바, **영토변경**은 우리나라의 공간적인 존립기반에 변동을 가져오고, 또한 국가의 법질서에도 변화를 가져옴으로써, 필연적으로 **국민의 주관적 기본권에도 영향을 미치지 않을 수 없는 것**이다. 이러한 관점에서 살펴본다면, 국민의 개별적 기본권이 아니라 할지라도 기본권보장의 실질화를 위하여서는, **영토조항만을 근거로 하여 독자적으로는 헌법소원을 청구할 수 없다 할지라도**, 모든 국가권능의 정당성의 근원인 국민의 기본권 침해에 대한 권리구제를 위하여 그 전제조건으로서 **영토에 관한 권리를**, 이를 테면 영토권이라 구성하여, 이를 **헌법소원의 대상인 기본권의 하나로 간주하는 것은 가능한 것으로 판단**된다.

2. 영 해

영해는 영토에 접속한 일정한 범위의 해역을 말한다. 영해의 범위는 3해리·6해리·12해리·200해리 등이 주장되고 있는데 우리나라는 「영해 및 접속수역법」에 따라 12해리까지를 영해로 하고 있다. 대한해협에 대하여는 잠정적으로 3해리를 인정하고 있고, 일정수역에서는 대통령령에 의하여 24해리까지 따로 정할 수 있다(1995.12.6.).

접속수역은 영해기선으로부터 그 외측 24해리에 이르는 수역으로 하고 관세출입국·

관리·위생에 관한 법규위반행위를 단속할 수 있다.

또한 연안국은 「대륙붕에 관한 제네바조약」에 의거하여 수산자원이나 지하자원의 관리를 위해 기선으로부터 200해리까지의 해저구역인 대륙붕에 대한 지배권을 행사할 수 있다(배타적 경제수역 및 대륙붕에 관한 법률 제1조, 제2조). 각국이 자국의 대륙붕을 주장하는 경계 문제 충돌 시 관련국 간 분쟁을 피하기 위해 공동개발로 이를 해결해가고 있다(예 「대한민국과 일본국 간의 양국에 인접한 대륙붕남부구역의 공동개발에 관한 협정」(1974.1.30. 협정, 1978.6.22. 발효, 2028년 종료예정)).

헌법재판소는 독도 등 중간수역이 독도의 영유권문제나 영해문제와는 직접적 관련을 가지지 않아 헌법상 영토조항에 위반되지 않는다고 보고 있다(헌재 99헌마139 등; 2007헌바35).

> **⚠ 판례 |** 독도 등 중간수역의 국민의 주권 및 영토권 침해 여부 – 헌재 2001.3.21. 99헌마139 등 (기각, 각하)
>
> 이 사건 협정(대한민국과일본국간의어업에관한협정(조약 제1477호))은 배타적경제수역을 직접 규정한 것이 아닐 뿐만 아니라 배타적경제수역이 설정된다 하더라도 영해를 제외한 수역을 의미하며, 이러한 점들은 이 사건 협정에서의 이른바 중간수역에 대해서도 동일하다고 할 것이므로 **독도가 중간수역에 속해 있다 할지라도 독도의 영유권문제나 영해문제와는 직접적인 관련을 가지지 아니한 것임은 명백하다 할 것이다**.

3. 영 공

영공은 영토와 영해의 수직상공을 말한다. 영공의 범위에 관해서는 영공무한설·영공위성설·부양력설·대기권설 등이 있으나, 그 범위는 지배가능한 상공에 한정되고 우주권에 대해서는 새로운 법적 규제가 필요하다.

영공에 있어서도 민간항공기는 일정한 경우 무해통항권이 인정되지만 국제법상의 상호주의원칙에 따라 결정된다.

대한민국헌법의 기본원리와 기본제도

01 헌법의 구조와 전문

기본이해를 위한 질문
1. 헌법의 구조는 어떻게 이루어져 있는가
2. 헌법전문이란 무엇이며, 그 내용은 무엇인가

제1절 헌법의 구조

헌법은 전문과 본문 130조, 그리고 부칙 6조로 구성되어 있다.

헌법의 본문은 총강, 국민의 권리와 의무, 국가권력 등으로 구성되어 있다. 본문은 제1장 총강, 제2장 국민의 권리와 의무, 제3장 국회, 제4장 정부, 제5장 법원, 제6장 헌법재판소, 제7장 선거관리, 제8장 지방자치, 제9장 경제, 제10장 헌법개정의 10개의 장으로 구성되어 있다.

헌법전문은 헌법의 성립유래와 헌법의 기본원리를 규정하고 있다.

제1장 총강은 대한민국의 국가형태와 헌법의 기본원리, 그리고 기본제도 등에 관해 규정하고 있다.

제2장은 국민의 권리와 의무로 국민의 기본권과 국민의 의무에 대해 규정하고 있다.

제3장에서 제6장까지는 국가권력에 대해 규정하고 있다. 즉 제3장 국회, 제4장에 대통령과 행정각부의 정부, 제5장 법원, 제6장 헌법재판소를 규정하고 있다.

제7장은 선거관리, 제8장 지방자치, 제9장 경제, 제10장 헌법개정을 별도의 장으로 규정하고 있다.

제2절 헌법전문

제1항 헌법전문의 의의

헌법전문(Preamble)은 헌법의 본문 앞에 있는 문장으로 헌법전의 일부를 구성하는 헌법서문을 말한다.

대부분의 국가는 헌법에 헌법전문을 두고 있지만 헌법전문의 규정이 모든 성문헌법의 필수적 요소는 아니다. 헌법전문이 없는 국가의 헌법으로는 스탈린헌법(1946), 노르웨이헌법, 네덜란드헌법, 덴마크헌법 등이 있고, 프랑스 제4공화국헌법과 같이 헌법전문에 권리장전을 규정한 헌법, 이탈리아헌법(1947)과 같이 단순한 공포문에 불과한 것도 있다.

그러나 오늘날 대부분의 성문헌법은 그 형식에는 다소 차이가 있을지라도 전문을 두어 헌법제정의 유래와 헌법의 근본이념 및 근본원리를 밝히고 있다.

우리 헌법전문에 헌법제정의 역사적 유래와 제정과정, 헌법제정의 목적과 제정권자, 헌법의 기본원리 등을 명시하고 있다.

제2항 헌법전문의 법적 성격

Ⅰ. 규범적 효력 인정 여부

헌법전문을 헌법의 본문과 같이 규범적 효력을 인정할 것이냐에 대해서는 학설이 대립되고 있다.

(1) 효력부정설은 헌법전문은 헌법의 유래·헌법제정의 목적·헌법제정에 있어서의 국민의 결의 등을 선언한 것에 불과한 것으로 법적 규범력을 갖는 것은 아니라고 하는 견해이다. 이 설은 안쉬츠(Anschütz), 마이어(Meyer) 등 19세기 독일공법학자들, 미국에 있어서 연방대법원판례의 견해이다.

(2) 효력인정설은 헌법전문은 헌법제정권력의 소재를 밝힌 것으로서, 국민의 전체적 결단으로서 헌법의 본질적 부분을 포함하고 있으므로 그 법적 성격을 인정해야 한다는 견해이다. 이 설은 슈미트(Schmitt)·캐기(Kägi)·헤세(Hesse)·라이프홀츠(Leibholz) 등 독일과 스위스 헌법학자와 독일연방헌법재판소·프랑스 헌법원 등의 입장이다. 또한 우리나라의 통설이며 헌법재판소의 견해이다.

Ⅱ. 재판규범성 인정 여부

헌법전문의 규범성을 인정하더라도 전문의 재판규범성까지 인정할 수 있는가에 대해서 학설이 대립되어 있다.

(1) 부정설은 헌법전문은 추상성과 이념성이 강하므로 구체적 사건에 적용하기에 부적합하다는 견해이다.

(2) 긍정설은 전문의 추상성은 본문의 추상성과 질적으로 다른 것이 아니며, 또한 열거되지 않은 기본권은 헌법전문에 근거하여 판단할 수밖에 없으므로 전문의 재판규범성을 인정해야 한다는 것으로, 이는 다수설의 견해이다.

(3) 절충설은 헌법전문은 그 추상성으로 말미암아 원칙적으로는 재판규범성이 부인되지만, 열거되지 아니한 권리의 침해나 기본원리위반의 국가작용에 대해서는 헌법전문의 재판규범성을 인정할 수 있다는 견해이다.

(4) 헌법재판소는 전문의 재판규범성을 인정하고 있으며(헌재 88헌가7; 88헌가6; 89헌가113; 92헌마37 등), 나아가 헌법은 전문과 각 개별조항이 서로 밀접한 관련을 맺으면서 하나의 통일된 가치체계를 이루고 있는 것으로 보고 있다. 그러나 헌법전문에서 국민의 개별적 기본권성을 도출해 낼 수는 없다고 보고 있다(헌재 99헌마139 등).

판례 | 헌법전문의 성격-헌재 1989.9.8. 88헌가6; 헌재 1992.3.13. 92헌마37 등; 헌재 1990.4.2. 89헌가113(한정합헌)

우리 헌법의 전문과 본문의 전체에 담겨있는 최고 이념은 국민주권주의와 자유민주주에 입각한 입헌민주헌법의 본질적 기본원리에 기초하고 있다. 기타 헌법상의 제원칙도 여기에서 연유되는 것이므로 이는 헌법전을 비롯한 모든 법령해석의 기준이 되고, 입법형성권 행사의 한계와 정책결정의 방향을 제시하며, 나아가 모든 국가기관과 국민이 존중하고 지켜가야 하는 최고의 가치규범이다.

판례 | 헌법전문과 헌법규범 상호 간 우열성-헌재 1995.12.28. 95헌바3(합헌, 각하)

헌법은 전문과 각 개별조항이 서로 밀접한 관련을 맺으면서 하나의 통일된 가치 체계를 이루고 있는 것으로서, 헌법의 제규정 가운데는 헌법의 근본가치를 보다 추상적으로 선언한 것도 있고, 이를 보다 구체적으로 표현한 것도 있으므로 이념적·논리적으로는 규범상호 간의 우열을 인정할 수 있는 것이 사실이다. 그러나, 이때 인정되는 규범상호 간의 우열은 추상적 가치규범의 구체화에 따른 것으로 헌법의 통일적 해석에 있어서는 유용할 것이지만, 그것이 헌법의 어느 특정규정이 다른 규정의 효력을 전면적으로 부인할 수 있을 정도의 개별적 헌법규정상호 간에 효력상의 차등을 의미하는 것이라고는 볼 수 없다.

판례 | 헌법전문의 기본권성-헌재 2001.3.21. 99헌마139 등(기각, 각하)

헌법에 기재된 3.1정신은 우리나라 헌법의 연혁적·이념적 기초로서 헌법이나 법률해석에서의 해석기준으로 작용한다고 할 수 있지만, 그에 기하여 곧바로 국민의 개별적 기본권을 도출해 낼 수는 없다 할 것이므로, 헌법소원의 대상인 '헌법상 보장된 기본권'에 해당하지 아니한다.

Ⅲ. 헌법전문의 성격

헌법전문의 내용은 국가적 존재형태와 기본적 가치질서에 관한 국민적 합의를 규범화한 것으로 국가적 질서형성과 과제에 관한 지도이념과 지도원리를 나타낸 것이다. 따라서 헌법전문은 헌법의 본문과 일체를 이루고 있으며, 다음의 성격을 가진다.

1. 최고규범성

헌법전문은 국내 모든 법질서에 있어서 최고규범이다. 헌법전문은 헌법본문을 비롯한 모든 법령에 상위하는 것으로, 헌법본문을 비롯한 모든 법령의 내용을 한정하고 그 타당성의 근거가 된다.

2. 해석의 기준과 지침

헌법전문은 헌법본문을 비롯한 모든 법령의 해석기준이 될 뿐 아니라 구체적인 입법의 지침이 된다.

3. 재판규범성

헌법전문이 구체적 사건에 직접 적용될 수 있는 재판규범으로서의 성격을 가지느냐에 대해서 학설이 대립되고 있으나, 헌법전문은 헌법해석의 기준이 되는 것으로 구체적인 사건에서 재판규범성을 가진다고 보아야 할 것이다.

4. 헌법개정의 한계

헌법전문은 국민적 합의인 헌법의 지도이념과 지도원리를 내용으로 하고 있으므로, 헌법전문 중의 국가적 이념과 기본적 가치질서는 헌법개정절차에 의해서도 배제될 수 없다. 따라서 헌법개정에 있어서도 헌법전문의 자구수정의 정도를 넘어선 그 지도이념 그 자체를 폐기하거나 이를 전면 개정하는 것은 헌법개정의 한계를 벗어나는 것이라 할 수 있다.

제3항 헌법전문의 내용

헌법전문에는 헌법의 제정과 개정에 관한 유래, 국가적 지도이념과 지도원리가 규정되어 있다.

I. 헌법의 성립유래와 국민주권주의

헌법전문은 "유구한 역사와 전통에 빛나는 우리 대한민국은 … 1948년 7월 12일에 제정되고 8차에 걸쳐 개정된 헌법을 이제 국회의 의결을 거쳐 국민투표에 의하여 개정한다"라고 하여 헌법의 제정·개정의 역사를 밝히고 있다. 이는 국민이 헌법제정·개정의 주체임을 명백히 하여 국민주권의 원리와 헌법제정권력이 국민에게 있음을 선언하는 것이다.

II. 건국이념과 대한민국의 정통성

"우리 대한국민은 3·1운동으로 건립된 대한민국임시정부의 법통과 불의에 항거한 4·19 민주이념을 계승하고"라고 하여 대한민국정부가 대한민국임시정부의 이념과 성격을 계승하였음을 분명히 하고 있다.

이는 대한민국의 정통성이 3·1운동과 대한민국임시정부에 있음을 뜻한다. 법통의 개념 내용에 관해서는 동일체성·적법성·권위·정통성·연속성 등으로 보는 견해 등이 있으나 법적 정통성의 계승을 의미한다고 보아야 한다.

III. 평화통일과 국제평화주의 지향

"조국의 … 평화적 통일의 사명에 입각하여"라고 하여 조국의 평화적 통일이 민족적 과제임을 명백히 하고, "밖으로는 항구적인 세계평화와 인류공영에 이바지함으로써"라고 하여 평화주의를 바탕으로 한 세계질서형성을 위한 노력에의 결의를 나타내고 있다.

IV. 민족단결과 정의사회 지향

"정의·인도와 동포애로써 민족의 단결을 공고히 하고, 모든 사회적 폐습과 불의를 타파하며"라고 하여 민족단결과 정의사회를 구현할 것을 다짐하고 있다.

V. 자유민주적 기본질서의 확립

"자율과 조화를 바탕으로 하여 자유민주적 기본질서를 더욱 확고히 하여"라고 하여 자유민주주의에 입각한 민주정치질서를 확립할 것을 강조하고 있다.

VI. 국민의 권리와 의무의 명시

"정치·경제·사회·문화의 모든 영역에 있어서 각인의 기회를 균등히 하고, 능력을 최고도로 발휘하게 하며, 자유와 권리에 따르는 책임과 의무를 완수하게 하여, 안으로는 국민생활의 균등한 향상을 기하고, … 우리들과 우리들의 자손의 안전과 자유와 행복을 영원히 확보할 것을 다짐하면서"라고 규정하여 국민의 자유와 실질적 평등을 확보하고 권리에 따르는 의무를 명시하여 안전과 자유와 행복을 추구할 것을 보장하고 있다.

02 헌법의 기본원리

기본이해를 위한 질문
1. 헌법의 기본원리란 무엇인가
2. 국민주권주의란 무엇이며, 어떻게 구현되는가
3. 자유민주주의란 무엇이며, 어떻게 구현되는가
4. 법치주의란 무엇이며, 어떻게 구현되는가
5. 사회복지국가원리란 무엇이며, 어떻게 구현되는가
6. 사회적 시장경제주의란 무엇이며, 어떻게 구현되는가
7. 문화국가원리란 무엇이며, 어떻게 구현되는가
8. 국제평화주의란 무엇이며, 국제법 존중주의란 무엇인가
9. 평화통일주의란 무엇이며 영토조항과의 관계는 어떠한가

제1절　헌법의 기본원리의 구성과 구조

현행헌법은 전문, 제1장 총강과 제7장 선거관리, 제8장 지방자치, 제9장 경제에 관해 규정하고 있다. 이 규정을 중심으로 헌법의 기본원리와 기본제도가 구성되고 있다. 그 외 헌법 제37조 제1항, 제2항 또한 헌법 구성원리를 포함하고 있으며, 헌법본문 규정 또한 직접 혹은 간접적으로 헌법의 기본원리를 포함하고 있다.

전문
제1장 총강(제1조~제9조)
　제1조 국호
　제2조 국민
　제3조 영토
　제4조 평화통일
　제5조 전쟁부인, 국군의 중립성
　제6조 조약, 국제법규
　제7조 공무원
　제8조 정당
　제9조 민족문화창달

제2절 헌법의 기본원리의 의의

헌법의 기본원리란 헌법질서 속에 집약되어 있는 헌법을 총체적으로 지배하는 원리를 말한다.

헌법은 한 국가의 생활영역 전반을 규범적으로 주도하고 규율하는 국가질서에 관한 기본적 사항을 규정하고, 이러한 헌법에 의거하여 형성되고 국가적 생활 전반의 준칙이 되는 질서를 헌법의 기본질서라 할 수 있다.

헌법의 기본원리는 이러한 헌법질서의 형성에 기초가 되는 원리로, 헌법의 각 조항을 비롯한 모든 법령의 해석기준이 되며, 국가정책의 방향을 제시한다. 헌법의 기본원리는 헌법에 명시적으로 표현되어 있지는 않지만 간접적 또는 직접적으로 선언되어 있다.

우리 헌법의 기본질서는 법적 기초로서 민주질서·정치적 원리인 민주·정치질서, 경제적으로 사회적 시장경제질서, 사회·문화적으로 사회국가주의·문화국가주의 그리고 국제적으로 평화적 국제질서를 지향하고 있다. 여기서 민주질서·정치질서에는 국민주권주의, 자유민주주의, 법치주의 원리가, 사회·경제·문화질서에는 사회복지국가원리, 사회적 시장경제주의, 문화국가주의 원리가, 평화적 국제질서에는 국제평화주의, 평화통일주의의 원리가 헌법의 기본원리로 지배되고 있다.

> **! 판례 |** 헌법의 기본원리 – 헌재 1996.4.25. 92헌바47(위헌)
>
> **헌법의 기본원리는 헌법의 이념적 기초인 동시에 헌법을 지배하는 지도원리**로서 **입법이나 정책 결정의 방향을 제시**하며 공무원을 비롯한 모든 국민·국가기관이 **헌법을 존중하고 수호하도록 하는 지침**이 되며, 구체적 기본권을 도출하는 근거로 될 수는 없으나 **기본권의 해석 및 기본권제한입법의 합헌성 심사에 있어 해석기준의 하나로서 작용**한다. 그러므로 이 사건 심판대상조항의 위헌 여부를 심사함에 있어서도 우리 헌법의 기본원리를 그 기준으로 삼아야 할 것이다.

제3절　헌법의 기본원리

제1항 국민주권주의

Ⅰ. 국민주권주의의 의의

1. 국민주권주의의 의의

국민주권주의라 함은 국가적 의사를 전반적·최종적으로 결정할 수 있는 최고의 권력인 주권을 국민이 보유한다는 것과 모든 국가권력의 정당성의 근거를 국민에게서 찾아야한다는 것을 내용으로 하는 원리를 말한다.

국민이 국가권력에 참여하는 법적 기초로서의 주권론에 관한 논의는 프랑스 정치헌법학이론서에서 가장 일반적으로 논의되는 이론이다.

2. 헌법규정의 의미

헌법 제1조 2항은 "대한민국의 주권은 국민에게 있고, 모든 권력은 국민으로부터 나온다"라고 규정하고 있다.

이는 국민주권을 선언한 규정으로 국가권력의 정당성이 국민에게 있고, 모든 국가권력의 행사는 최종적으로 국민의 의사에 귀착한다는 뜻이다. 국민이 국민투표를 통하여 직접주권을 행사하는 경우 이외에는 국민의 대표자가 국민 대신 의사결정을 하기 때문에 대표자의 권력의 행사도 궁극적으로 국민의 의사에 의해 정당화된다는 점을 규정하는 것이라 할 수 있다.

이 헌법규정은 국가권력이 헌법에 기속되어야 한다는 입헌주의의 핵심적 내용으로, 헌법에 위반되는 국가행위는 무효화시킬 수 있다는 것을 나타내는 것이다.

Ⅱ. 국민주권주의의 연혁과 입법례

고대나 중세에도 국민주권사상은 있었으나 군주주권에 대한 항의적 이데올로기인 근대국가적 이론으로 국민주권론이 제창된 것은 알투지우스(J. Althusius)가 그 효시라 할 수 있다. 역사적으로 볼 때 보댕(J. Bodin)·홉스(T. Hobbes)의 군주주권론이 크라베(H. Krabbe)의 법주권론과 옐리네크(G. Jellinek)의 국가주권론을 거쳐 로크(J. Locke)와 루소(J.J.Rousseau)의 사회계약론에 의한 국민주권론으로 발전하였다.

프랑스혁명 당시 국민주권론은 국민의 성격과 관련하여 Nation주권론과 Peuple주권론이 이론적으로 대립되었다.

국민주권론은 미국의 버지니아권리장전(1776), 미국독립선언(1776), 프랑스 인권선언(1789)에서 규정되고, 오늘날 현대 민주주의헌법들은 예외 없이 이를 선언하고 있다. 우리 헌법도 제헌헌법 이래 이러한 국민주권주의를 규정해왔다.

III. 국민주권주의의 본질

1. 주권의 의미

국민주권주의는 주권이 국민에게 있음을 선언한 것으로, 주권이란 국가의사를 최종적으로 결정하는 권위라고 할 수 있다.

여기서 그 구체적 의미가 무엇이냐에 관하여 학설이 대립되고 있다.

ⅰ) 주권개념실체 긍정설(다수설)은 주권을 하나의 실체적 개념으로 보는 입장으로 주권의 실체적 내용이 무엇인가에 대하여 헌법제정권력 혹은 일체의 국가행위를 정당화시키는 것이라고 한다.

ⅱ) 이에 대해 주권개념실체 부정설(소수설)은 국민에 선재하는 주권이라는 실체가 존재할 수 없으며, 주권은 기본권과 같은 구체적 내용을 지닌 권리가 아니라고 한다.

생각건대 국민주권주의에 있어서 주권이란 국가의사를 최종적으로 결정하는 권위를 말하는 것으로, 헌법제정권력과 일체의 국가권력을 가지는 것을 의미한다고 하겠다. 우리 헌법에서 "대한민국의 주권은 국민에게 있고, 모든 권력은 국민으로부터 나온다"는 규정이 이를 나타내고 있으며, 현실적으로 국가행위를 정당화시키는 역할을 하고 있다.

2. 국민의 의미

국민주권이 구체적으로 무엇을 뜻하는가에 대해서 국민의 개념을 Nation과 Peuple로 2분하여 Nation주권(국민주권)과 Peuple주권(인민주권)으로 국민주권의 본질을 설명하려는 입장인 전통적인 입장과 위와 같은 국민개념의 구분을 비판하는 현대적 입장이 있다.

1) 국민개념이분 긍정설

이는 프랑스혁명 과정에서 등장한 이론으로, 국민을 주권자로서의 국민과 주권행사기관으로서의 국민으로 구분하여 설명한다.

전체국민이 갖는 Nation주권론과 유권자 전체로서의 주권인 Peuple주권론이 대립되고, 양자는 서로 이론적 대립 관계에 있는 것으로 본다.

그래서 둘은 서로 지향할 원리, 선거제도, 주권의 주체와 행사, 대표자의 위임에 관한 본질 등에 있어서 서로 대비적인 관계에 있는 것으로 국민개념을 구분하여 보아야 한다는 것이다.

2) 국민개념이분 부정설

이는 국민은 다양한 개성·능력·이해관계를 가지는 인간의 집단을 상징적으로 표현하기 위한 관념적인 크기에 지나지 않는 것으로 통일된 형태로 존재할 수 없다고 본다. 그래서 국민이 최고의 독립성을 가지고 국가의사를 불가분적으로 결정한다는 논리는 하나의 의제이며 허구에 지나지 않는다고 보는 것이다.

국민이 직접 주권을 행사하는 예외적인 경우 외에는 통치권의 담당자는 국민의 의사에 의해서 결정되어야 하고 그를 통한 국가권력의 행사도 궁극적으로 국민의 의사에 의해 정당화될 것을 요구하는 국가권력의 정당화원리로 이해해야 한다고 한다.

Nation주권론과 Peuple주권론의 이원적 대립이 아닌 융합·통합되고 타협된 헌법체제 정착으로 이해한다. 이러한 견해에 의하면, 전체국민을 대표하는 대의민주주의의 정착과 기속위임금지의 법리는 Nation주권이론이 역할을 하고, 보통선거의 일반화와 더불어 대의제의 병폐를 보완하려는 직접민주제원리의 도입을 통한 소위 반대표원리는 Peuple주권론에 현실적인 공간을 확보해 주어야 한다는 것이다.

프랑스헌법 제3조 제1항에서 "국민주권은 인민에 속하며 그 인민은 대표자와 국민투표를 통하여 이를 행사한다"라는 표현이 국민주권과 인민주권의 원리를 동시에 표현한 것으로 평가될 수 있고, 이는 국민주권론과 인민주권론이 융합된 헌법체제를 의미한다고 이해한다.

생각건대 오늘날 현대 민주국가에 있어서 국민이 최고의 독립성을 가지고 국가의사를 결정하는 현실적 구현은 추상적·이념적 통일체로서의 전체국민을 의미하는 Nation주권론과 유권적 시민의 총체로 보는 Peuple주권론의 대립된 구도로 보기보다는 둘의 통합된 원리로 이해할 필요가 있다.

즉, 주권을 국민주권론에 기초한 대의제원리에 입각하여 대표자를 선출하여 국가정책 결정에 참여하게 하거나 혹은 인민주권론에 기초한 직접민주제에 입각하여 국민이 직접 국가의사나 국가정책을 결정하는 형태를 채택하기도 하고 이를 보완하기도 하는 것으로 이해하는 것이 국민주권의 이념 실현과 그 현대적 의의가 존중되는 것이라고 본다.

Ⅳ. 국민주권주의의 법적 성격

국민주권원리는 우리 헌법에 담겨있는 최고이념이며, 모든 국가기관과 국민이 존중하고 지켜가야 하는 최고의 가치규범원리이다.

따라서 이 원리는 헌법전을 비롯한 모든 법령해석의 기준이 되며, 입법형성권 행사의 한계와 정책결정의 방향을 제시한다.

또한 이는 헌법의 핵심조항으로 헌법개정의 한계사항이 된다.

V. 헌법상 국민주권주의의 구현

1. 기본권보호를 통한 국민주권의 실현

헌법은 국민의 기본권을 최대한 보호함으로써 국민주권의 이념을 실현시키기 위해서 국가권력의 행사를 기본권에 기속시키고 있다.

구체적으로 입법작용의 한계를 명시하고 있고, 법치행정의 원칙을 실현시키기 위해서 행정작용의 내용과 범위를 법률로 정하도록 하고, 기본권 침해 시 효과적인 권리구제를 위해 사법권의 독립을 보장하고 있다.

또한 통치권의 행사가 기본권의 실현에 역행하는 경우에는 효력이 없도록 하는 장치를 마련해놓고 있다.

2. 대의제도에 의한 구현

헌법은 기본적으로 대의제원리에 입각해 국민에 의해서 선출된 의원으로 구성되는 국회와 국민이 직접 선거한 대통령을 중심으로 한 국가의 입법권과 행정권을 통해 국가의 정책결정과 정책집행을 하도록 하고 있다.

3. 직접민주제에 의한 구현

현대적 직접민주제의 구체적 구현방법으로는 국정의 공개, 국민투표(국민의 국가의사결정), 국민발안(국민의 법률안 발의) 및 국민소환(국민투표로 해임) 등이 있다.

우리 헌법은 국민주권의 이념을 실현시키기 위한 원칙적인 방법으로는 대의제도를 통한 간접민주주의를 추구하면서도 예외적으로 국민투표를 통한 직접민주주의를 채택하고 있다.

외교·국방·통일 기타 국가안위에 관한 중요정책에 대한 임의적 국민투표와 헌법개정안에 대한 필수적 국민투표를 제도화하고 있다. 이외에도 직접민주제를 구현하기 위한 것으로 국회공개원칙과 재판공개의 원칙을 규정하고 있다.

4. 선거제도에 의한 구현

헌법은 대의제도를 통한 간접민주주의를 실현시키기 위한 불가피한 수단으로서 선거제도를 채택하고 있다.

국민주권의 이념을 구현하기 위하여 모든 국민에게 참정권을 보장하고, 대통령선거제도와 국회의원선거제도 및 지방자치를 위한 선거제도를 규정하고 있다.

5. 정당제도에 의한 구현

헌법은 정당설립 및 활동의 자유를 보장하고 있다. 헌법 제8조 제1항에서 "정당설립은 자유이며 복수정당제는 보장된다"라고 규정하고, 동 제2항에서 "정당은 그 목적·조직과 활동이 민주적이어야 하며 국민의 정치적 의사형성에 참여하는 데 필요한 조직을 가져야 한다"고 규정하고 있다.

정당은 국민의 정치적 의사형성에 참여하여 이를 촉진시키고 통합시킴으로써 국가의 사형성의 중개자로서 기능함과 동시에 국가권력행사의 정당성이 언제나 국민과 이어지도록 정당을 통한 입법과 국정수립과정에 참여하거나 그에 의하여 영향을 행사할 수 있는 교량적 역할을 담당하고 있다.

제2항 자유민주주의

Ⅰ. 자유민주주의의 의의

자유민주주의는 국가권력의 간섭을 배제하고 개인의 자유와 자율을 존중할 것을 요구하는 자유주의와 국민에 의한 지배 또는 국가권력이 국민에게 귀속되는 것을 내용으로 하는 민주주의의 양자가 결합된 정치원리이다.

현행헌법이 지향하는 자유민주주의는 인민민주주의와 사회민주주의 등과 구별되는 개념이지만 오늘날 현대적인 다원적 민주주의를 염두에 둔다면 우리 헌법이 지향하는 자유민주주의도 탄력적인 해석이 필요하다고 하겠다.

헌법전문은 "자유민주적 기본질서를 더욱 확고히 하여"라고 규정하고, 제4조는 "자유민주적 기본질서에 입각하여"라고 규정하고 있는 반면, 제8조 제4항은 "정당의 목적이나 활동이 민주적 기본질서에 위배되어서는 안 되며"라고 하여 자유민주적 기본질서와 민주적 기본질서를 구분하여 사용하고 있어 둘의 관계에 관하여 논란이 있다.

Ⅱ. 자유민주주의와 민주적 기본질서

독일기본법은 자유민주적 기본질서를 제21조의 정당 조항, 제18조의 기본권상실 조항 등에서 사용하고 있다. 독일기본법의 자유민주적 기본질서와 우리 헌법상 민주적 기본질서는 같은 것을 의미하는가에 대해서 논란이 있다.

이와 관련하여 헌법 제8조 제4항의 '민주적 기본질서'는 자유민주적 기본질서만을 의미한다고 보는 견해와 민주적 기본질서를 자유민주주의뿐 아니라 사회민주적 기본질서까지도 포함하는 개념으로 이해하는 견해로 나뉜다.

생각건대 제8조 제4항의 민주적 기본질서는 민주주의의 수호와 정당보호의 차원에서 볼 때 자유민주적 기본질서로 보는 것이 타당하다고 본다. 그리고 헌법 제1조 제1항의 해석으로 볼 때 우리 헌법의 민주적 기본질서는 자유민주적 기본질서와 사회민주적 기본질서를 포괄하는 상위개념으로 해석해야 할 것이다.

요컨대 우리 헌법은 자유민주주의를 그 기본적 이념으로 하고 있으나 제1조 제1항의 '민주'의 해석상, 그리고 헌법질서 전체의 이념차원에서 볼 때 자유민주주의를 부정하는 전체주의와 인민민주주의를 제외한 범위 내의 포괄적 개념으로 보아야 할 것이다.

Ⅲ. 자유민주주의의 헌법상 구현

1. 기본권의 존중

인간의 존엄성을 바탕으로 한 기본적 인권보장은 자유민주주의의 실질을 위한 필수적 전제조건이다.

헌법은 제2장에서 인간으로서의 존엄과 가치의 존중·행복추구권·법 앞의 평등 등의 국민의 자유와 권리를 보장하여 주권자로서의 역할과 기능을 수행하게 하고 있다.

2. 권력분립의 원리

권력분립은 국가권력의 남용을 방지하고, 폭력적·자의적인 지배로부터 국민의 자유와 권리를 보장하고, 국가기관 상호 간에 억제와 균형을 유지함으로써 국가권력을 제한하기 위한 자유주의의 중요한 요소이다.

3. 복수정당제도

둘 이상의 정당이 존립하고 자유로이 활동할 수 있는 복수정당제도는 자유민주주의를 위한 필수적인 정치제도라 할 수 있다.

우리 헌법은 헌법적 차원에서 복수정당제를 규정하고 일당독재제를 부정하고 있다.

4. 선거제도

국민의 대표기관을 선임하는 선거는 국가기관을 구성하는 기능뿐 아니라, 국민에 대한 정부의 책임을 구현할 수 있는 기능도 수행한다. 따라서 민주적 선거제도의 정립은 자유민주주의적 정치의 성패를 좌우한다 하겠다.

5. 사회적 시장경제질서

우리 헌법은 제23조 제1항에서 사유재산제를 기반으로 하고, 제119조 제1항에서 자유경쟁을 존중하는 자유시장경제질서를 규정하여 자유민주주의의 경제적 기반이 되는 질서를 기본으로 하고 있음을 선언하고 있다. 또한 소득의 적정한 배분·경제력남용의 방지·경제의 민주화·실업자구제 및 완전고용 등 사회정의의 실현을 위한 사회적 시장경제질서를 지향하고 있다.

6. 법치주의

법치주의 원리는 오늘날에도 권력분립주의와 더불어 자유민주주의의 구성요소로 인정되고 있다. 오늘날에는 종래의 형식적 법치주의를 탈피한 실질적 법치주의에 입각하여 사람에 의한 지배가 아닌 법에 의한 지배가 인정되고 있다.

7. 사법권의 독립

사법부가 조직과 운영 등에서 입법부와 행정부로부터 독립하고, 법관이 재판에 있어서 누구의 지시나 명령에도 구속되지 않는 사법권 독립의 확보는 자유민주주의의 존속을 위해 필수적인 것이다.

이러한 사법권의 독립을 통해 국가권력의 자의적 행사나 횡포로부터 국민의 자유와 권리를 보장할 수 있다.

8. 국제평화주의

헌법전문에서 "밖으로는 항구적인 세계평화와 인류공영에 이바지함으로써"라고 하고, 헌법 제5조 제1항에서 "국제평화의 유지에 노력하고 침략적 전쟁을 부인한다"고 하여 국제평화주의를 규정하고 있다.

이러한 국제평화주의의 선언은 오늘날 국제적 민주주의의 보장을 위해 불가결한 것이다.

제3항 법치주의

Ⅰ. 법치주의의 의의

법치주의는 법에 의한 통치, 법 우위의 원칙에 따라 모든 국가작용을 법규범에 따르게 함으로써 국민의 자유와 권리를 보장하려는 원리를 말한다.

법에 의한 통치에서의 법은 정당성을 지닌 실질적 정의를 갖춘 법을 의미한다.

우리 헌법은 국가권력을 기본권에 기속시킴으로써 국가권력이 악용 내지 남용되지 않도록 법치주의의 원리를 헌법상 기본원리로 삼고 있다.

현행헌법에는 법치주의에 관한 명문규정은 없지만, 여러 헌법조항이 법치주의의 요소와 구현방법을 보장하고 있으며, 궁극적으로는 국민의 권리와 의무를 법률에 의한다는 형식적 법치주의에 그치지 않고, 자유·평등·정의를 실현시키려는 법률의 목적과 내용까지도 헌법이념에 합치할 것을 요하는 실질적 법치주의를 지향한다.

> **⚠ 판례** | 실질적 법치주의 – 헌재 1994.6.30. 93헌바9(한정위헌)
>
> **오늘날의 법치주의**는 국민의 권리·의무에 관한 사항을 법률로써 정해야 한다는 **형식적 법치주의에 그치는 것이 아니라** 그 법률의 목적과 내용 또한 기본권 보장의 헌법이념에 부합되어야 한다는 **실질적 적법절차를 요구하는 법치주의를 의미**하며, 헌법 제38조, 제59조가 선언하는 조세법률주의도 이러한 실질적 적법절차가 지배하는 법치주의를 뜻하므로, 비록 과세요건이 법률로 명확히 정해진 것일지라도 그것만으로 충분한 것은 아니고 조세법의 목적이나 내용이 기본권 보장의 헌법이념과 이를 뒷받침하는 헌법상 요구되는 제 원칙에 합치되어야 한다.

Ⅱ. 법치주의의 법적 성격

법치주의의 성격에 대해서는 ⅰ) 선재하는 국가권력으로부터 국민의 자유와 권리를 보호하기 위한 방어적·투쟁적 원리로 이해하는 소극적·방어적 입장과 ⅱ) 사후통제가 아닌 처음부터 자유·평등·정의의 이념을 실현할 수 있도록 국가권력의 형태를 정하는 적극적·구성적 원리의 입장이 있다.

오늘날 법치주의는 형식적 법치주의뿐만 아니라 실질적 법치주의를 의미하는 것이다. 법치주의는 자유와 권리침해에 대해 사법적 권리구제를 요구하는 국가권력의 통제수단임은 물론이거니와 자유·평등·정의의 이념을 실현시키기 위한 국가의 전체적인 기능이나 조직형태에 관한 구조적 원리이다.

III. 법치주의의 역사적 전개

헌법상 법치주의의 원리는 권력국가와의 대립·투쟁을 통하여 형성된 원리로서, 각국 특유의 법문화와 전통에 따라 그 발전에서도 다른 양상을 보이고 있다.

1. 법의 지배(Rule of Law)

민주국가에서 법의 지배란 사람이나 폭력에 의한 지배가 아니라 국민의 대표기관인 국회에서 제정된 법에 의한 지배를 의미한다.

영국에서의 법의 지배는 '법 우위의 원칙'을 말하는 것으로, 코크(E. Coke, 1552~1634) 는 "국왕이라도 신과 법 아래에 존재한다"고 하여 군주대권의 절대성에 반대한 보통법 (Common law)의 우위를 주장하였다. 또한 다이시(A.V. Dicey, 1835~1922)는 법의 지배를 "영국 헌법 아래서 개인의 권리에 부여된 보장"이라고 하고, 일반법의 절대적 우월, 시민 의 소송은 일반법원의 심리를 받는다는 법 앞의 평등, 헌법적 규범은 일반법원의 판결의 결과로 형성된 영국헌법의 특수성을 주장하였다.

미국에서는 18세기 말 각 주에서 성문헌법을 제정함으로써 법의 지배가 나타났고, 엄격 한 권력분립과 적법절차를 두어 법치주의가 발전되었다. 미국에서의 법의 지배는 영국과는 달리 의회제정법도 헌법을 위반해서는 안 된다는 위헌법률심사제에 의해 보장되고 있다.

영미법계에서 법은 주로 판례법을 말하는 것으로 법이 내용적으로도 타당할 것을 요 구하는 실질적 법치주의 실현을 중요한 요소로 하고 있다.

2. 법률의 지배(Rule by Law)

독일에서의 법치국가원리 또는 법률의 지배는 19세기 후반에 확립된 형식적 법치국가 론이 나치와 같은 전체주의적 불법국가를 형성하는 배경이 되었다.

나치의 불법통치와 인권유린을 겪고 이에 대한 반성으로 독일기본법(1949)에서는 사회 적 법치국가의 실현과 법률의 목적·내용도 정의에 합치될 것을 요구하는 실질적 법치국 가론으로 발전되었다.

IV. 법치주의의 내용

1. 실질적 내용

법치주의는 인간 공동생활의 가장 기초가 되는 자유·평등·정의의 실현을 실질적 내 용으로 하는 점에서 자유민주주의와 공통된다.

반면 민주주의는 정치적인 국가생활 속에서 자유·평등·정의의 실현을 달성하려는 데 대해, 법치주의는 국가의 기능·조직형태를 통하여 국민생활의 자유·평등·정의를 실현시키려는 점에서 차이가 있다.

2. 제도적 내용

법치주의는 국가의 기능이나 조직형태를 통해서 자유·평등·정의의 이념을 실현시키려는 것이다. 즉 국민의 자유와 권리를 보장하는 것을 그 내용으로 할 뿐만 아니라, 국가권력이 남용되지 않도록 미리 제도적인 장치를 마련하고 이에 따라 행해질 것을 내용으로 한다.

3. 형식적·절차적 내용

법치주의는 법 우위의 원칙에 따른 자유·평등·정의를 실현시키려는 원리로, 국가작용은 법적 안정성을 위하여 명확성·특정성·예측가능성 등의 절차적·형식적 요건을 갖추어야 한다.

구체적으로 실정법이 규율하고자 하는 내용이 명확해야 하며, 입법작용이 헌법에 기속되어야 한다. 행정은 법률에 따라야 하고, 법률은 구체적 범위를 위임받은 사항과 법률을 집행한다. 또한 포괄적 위임입법은 금지되며, 신뢰보호 및 소급효금지, 과잉금지 등이 국가작용의 행동지침이 되어야 한다.

> **❗ 판례 | 명확성의 원칙 – 헌재 2008.1.10. 2007헌마1468(위헌, 기각)**
>
> **헌법상 법률의 명확성원칙**이란, 행정부가 법률에 근거하여 국민의 자유와 재산을 침해하는 경우 **법률이 수권의 범위를 명확하게 확정**해야 하고, 법원이 공권력행사의 적법성을 심사할 때에는 **법률이 그 심사의 기준으로서 충분히 명확해야 한다는 것을** 뜻한다(헌재 2003.11.27. 2001헌바35). 이는 수범자의 예측가능성을 확보하고 법집행 당국에 의한 자의적 집행을 방지해야 할 필요에서 도출된다.

> **판례 | 명확성의 원칙과 포괄적 위임금지 – 헌재 2007.4.26. 2004헌가29 등(합헌)**
>
> 헌법 제75조는 "대통령은 법률에서 구체적으로 범위를 정하여 위임받은 사항에 관하여 대통령령을 발할 수 있다."고 규정하여 위임입법의 헌법상 근거를 마련함과 동시에 위임은 구체적으로 범위를 정하여 하도록 하여 그 한계를 제시하고 있다. 이는 행정부에 입법을 위임하는 수권법률의 명확성원칙에 관한 것으로서 법률의 명확성원칙이 행정입법에 관하여 구체화된 특별규정이라고 할 수 있다(헌재 1999.4.29. 94헌바37). 따라서 이 사건 **법률조항의 명확성원칙 위배 여부는 헌법 제75조의 포괄위임금지의 원칙의 위반 여부에 대한 심사로써 충족**된다 할 것이므로 …… 법률이 어떤 사항에 관하여 대통령령에 위임할 경우에는 국민이 장래 대통령령으로 규정될 내용을 일일이 예견할 수는 없다고 할지라도 적어도 그 기본적 윤곽만은 예측할 수 있도록 **기본적인 사항들에 관하여 법률에서 구체적으로 규정하여야 한다**(헌재 2002.9.19. 2002헌바2). 위임의 **구체성·명확성의 요구 정도**는 그 규율대상의 종류와 성격에 따라 달라질 것이지만, 특히 **처벌법규나 조세법규 등 국민의 기본권을 직접적으로 제한하거나 침해할 소지가 있는 법규**에서는 **구체성·명확성의 요구가 강화**되어 그 **위임의 요건과 범위**가 일반적인 급부행정법규의 경우보다 더 **엄격하게 제한적으로 규정**되어야 하는 반면에, **규율대상이 지극히 다양하거나 수시로 변화하는 성질의 것일 때에는 위임의 구체성·명확성의 요건이 완화되어야 할 것**이다(헌재 1998.3.25. 96헌바57; 헌재 2002.6.27. 2000헌가10).

> **판례 | 신뢰보호의 원칙 – 헌재 2009.5.28. 2005헌바20 등(위헌)**
>
> **신뢰보호의 원칙은 헌법상 법치국가 원리로부터 파생되는 것으로, 법률이 개정되는 경우 기존의 법질서에 대한 당사자의 신뢰가 합리적이고 정당한 반면, 법률의 제정이나 개정으로 야기되는 당사자의 손해가 극심하여 **새로운 입법으로 달성코자 하는 공익적 목적이 그러한 당사자의 신뢰가 파괴되는 것을 정당화할 수 없는 경우, 그러한 새 입법은 허용될 수 없다는 것**이다. 이러한 신뢰보호원칙의 위반 여부는 한편으로는 침해되는 이익의 보호가치, 침해의 정도, 신뢰의 손상 정도, 신뢰침해의 방법 등과 또 다른 한편으로는 새로운 입법을 통하여 실현하고자 하는 공익적 목적 등을 **종합적으로 형량**하여야 한다.

V. 헌법상 법치주의의 구현

1. 성문헌법주의

성문헌법주의 하에서는 헌법의 개정곤란성과 형식적 의미의 헌법이 국가의 최고법규로서 국가기관의 조직과 국가권력발동의 근거를 마련하고, 이에 따라 국가권력을 제한하고 통제하는 기능을 갖게 한다.

즉, 형식적 헌법은 모든 법규와 행정행위를 제한하고 구속하고 있어 법률에 의한 지배를 확실하게 하고 있다.

2. 기본권보장

헌법은 국가의 안전과 양립될 수 있는 범위 내에서 개인의 기본권을 최대한 보장하고 있다.

헌법은 제10조에서 인간의 존엄과 가치 존중과 국가의 개인에 대한 기본적 인권보장 의무를, 제37조 제1항에서는 열거되지 아니한 국민의 자유와 권리의 보장, 그리고 제37조 제2항에서 국민의 자유와 권리의 제한은 필요한 경우 법률로써 하되 본질적 내용을 침해할 수 없다는 기본권 제한에 대해 규정하고 있다.

3. 권력분립제도

헌법은 국민의 자유와 권리를 보장하기 위해 권력분립의 원칙을 채택하고 권력상호 간의 억제와 균형을 유지하게 하고 있다.

즉 입법권은 국회에 속하게 하고, 법에 의한 집행, 법에 의한 재판을 통하여 국민의 자유와 권리를 보장하고 있다.

4. 권리구제제도

헌법은 위헌적·위법적인 국가작용에 의한 국민의 권리침해뿐만 아니라, 합법적인 공권력작용으로 국민의 권리침해가 발생한 경우에도 효과적인 구제를 받을 수 있는 권리구제제도를 마련하고 있다.

구체적 권리구제제도로 국가배상청구권(제29조), 손실보상청구권(제23조 제3항), 형사보상청구권(제28조), 범죄피해자구조청구권(제30조), 헌법소원심판청구권(제111조 제1항 제5호), 그 밖에 인신보호를 위한 사법절차적 규정 등이 있다.

5. 위헌법률심사제도

헌법은 입법권자의 입법형성권을 존중하면서도 입법권의 남용으로 인하여 법치주의의 실질적 내용이 침해되지 않도록 위헌법률심사제도를 마련하고 있다. 이를 통해 법률의 내용과 목적의 정당성을 담보하게 하고 있다.

6. 법치행정

헌법은 행정작용이 언제나 법률에 근거를 두고 공정하게 행해지도록 법치주의의 실질적 내용을 보장하고 있다.

행정입법의 증대현상에 따른 부작용을 예방하기 위하여 법치국가의 원리에 반하는 행정에의 포괄적 위임입법을 금지하고, 명령·규칙·처분의 위헌·위법심사제도(제107조 제2항)를 두고 있다.

또한 행정조직과 행정관청의 직무범위를 법률로 정하여 행정권과 사법권의 발동을 예측 가능하게 하고, 행정심판에도 사법절차가 준용되도록 하고 있다.

7. 신뢰의 보호

헌법은 법률의 소급효를 원칙적으로 금지하고 있고(제13조 제2항), 형벌불소급원칙, 일사부재리원칙(제13조 제1항) 등을 규정함으로써 국민의 신뢰를 보호하고 있다.

8. 과잉금지의 원칙

헌법은 기본권제한에 관한 일반적 법률유보를 긍정하나, 이때에도 기본권제한이 필요최소한으로 이루어져야 하는 과잉금지원칙을 준수하여야 한다.

나아가 기본권제한법률이 국민의 자유와 권리의 본질적 내용을 침해할 수 없게 하는 등 기본권제한의 목적·형식·방법·내용상의 한계를 정하여 법치주의의 실질적 내용이 침해되지 않도록 하고 있다.

Ⅵ. 법치주의의 예외적 제한

헌법은 법치주의의 원리를 다양한 형태로 규정하고 있으나 국가의 긴급 시에는 법적으로 그 예외를 인정하고 있다.

법치주의에 대한 예외로 대통령에게 긴급명령권, 긴급재정경제명령권, 계엄선포권을 인정하고 있다. 다만 이는 극히 제한된 예외적인 경우에 한정하고, 질서유지를 위한 필요최소한에 그쳐야 하는 한계가 있다.

또한 특수신분관계의 경우에도 원칙적으로 법치주의가 적용되어야 하나, 그 목적달성을 위하여 합리적인 범위 안에서 법치주의 적용의 예외가 인정된다 하겠다.

제4항 사회복지국가원리

I. 사회복지국가의 전개와 사회복지국가원리의 의의

1. 사회복지국가의 전개

19세기 산업혁명을 거쳐 20세기에 접어들면서 빈부 간의 격차가 커지고 사회적 분배를 둘러싼 노사 간의 갈등이 심화되었다.

이에 따라 경제적·사회적 약자인 무산계급의 빈곤에서의 구제와 부의 공정한 배분을 위하여 자본주의적 경제질서의 수정과 함께 국민의 생존 배려를 위한 부의 재분배정책과 국가에 의한 개입의 필요성이 증가하게 되었다.

이러한 상황에서 자본주의적 생산양식을 골간으로 하면서도 광범위한 사회보장과 완전고용의 실현, 사회권의 구체적 실현 등을 국가적 과제로 하는 사회복지국가가 등장하게 되었다.

사회복지국가는 산업사회에서 발생한 경제적·사회적 약자의 최저생활을 보장하는 임무를 수행하고 개인의 생활과 복지에 개입하여 적극적으로 급부행정을 확대하는 국가이다.

2. 사회복지국가원리의 의의

사회복지국가원리라 함은 실질적인 자유·평등·사회정의 구현과 다양한 생활형태를 보장함으로써 모든 국민의 복지적 생활환경을 조성하기 위한 국가적 원리를 말한다.

독일의 헬러(Heller)는 사회적 법치국가라는 용어를 최초로 사용하였고, 바이마르공화국에 와서 사회국가를 헌법적 차원에서 다루기 시작했다. 복지국가는 제2차 세계대전 중 영국이 당시 나치독일의 전쟁국가에 대하여 국민의 복지를 보장하는 복지국가라는 용어를 사용하였다. 영국과 스웨덴 등 유럽에서 제시된 사회보장제도를 내용으로 하는 현대 복지국가원리가 등장하였다.

사회국가와 복지국가를 합성한 사회복지국가원리는 자본주의가 발달하면서 발생된 사회적 모순의 해결을 위해 사회경제적 약자를 보호하고 국민의 사회복지를 보장하고자 하는 적극국가를 말한다. 이러한 사회복지국가는 생존보장·완전고용 등 사회적 정의를 위해 국가의 적극적 개입과 개인의 복지생활환경을 조성하고자 한다.

II. 사회복지국가원리의 법적 성격

헌법상의 사회복지국가조항이 법적으로 어떤 성격을 갖는가에 대해서는 규범적성격

부정설과 규범적성격 긍정설이 대립되고 있다. ⅰ) 규범적성격 부정설은 헌법이 사회복지국가원리를 규정하고 있다고 하더라도 주관적 공권이 아니며, 내용이 없는 백지개념 내지 정치적인 선언에 불과하다는 견해이다. ⅱ) 이에 대하여 규범적성격 긍정설은 헌법상의 사회복지국가조항은 당연히 헌법규범적 성격을 갖기 때문에 모든 법규범의 해석지침으로서의 헌법규범적 효력을 가진다는 견해이다.

생각건대 사회복지국가조항을 정치적 선언으로 보는 것은 사회복지국가의 실현을 헌법적 기속에서 해방시키려는 것으로, 이 조항은 사회국가실현을 위한 적극적인 법적 과제를 부과한 것으로 보아야 하고, 따라서 사회복지국가조항은 당연히 규범적 성격을 갖는다고 본다.

Ⅲ. 사회복지국가원리의 내용

1. 실질적 자유와 평등의 실현

사회복지국가의 원리는 형식적인 자유와 평등보다는 실질적인 자유와 평등을 중요시한다.

실질적인 자유와 평등을 실현시키기 위한 국가의 정책적인 활동은 자유주의 관점에서 계약의 자유와 개인의 자율적 활동에 상당한 제약을 하게 된다. 이는 개인적인 힘만으로는 관철시킬 수 없는 실질적인 자유와 평등의 실현을 국가가 적극적으로 뒷받침해줄 수 있는 생활환경을 조성해주는 것이다.

2. 적극국가로의 전환

산업사회로 진전됨에 따라 국가의 역할과 기능은 소극적인 치안유지에 한정하고 개인에 대한 국가의 간섭을 터부시하던 자유주의적 사고에 입각한 개인의 자율적 활동은 유산계급과 무산계급의 갈등, 자본의 집중으로 인한 빈부 간의 극심한 갈등 등의 사회문제를 해결하지 못하게 되었다. 사회적 갈등과 모순을 극복하기 위해 국가는 사회·경제정책을 통하여 사회적·경제적 영역에의 적극적인 개입으로 이러한 병폐를 해결하려 하였고, 이러한 국가의 활동은 정당성을 갖게 되었다.

경제에 대한 국가적 개입은 사유재산제를 보장하고 시장경제원리에 입각하되 사회정의의 실현을 위한 범위 내로 한정되는 것이며, 국가가 법체계의 테두리 안에서 새로운 질서를 형성하기 위하여 적극적으로 정책을 개발하고 개인적 생활영역에 개입하게 된다.

3. 사회적 정의와 사회복지 증진

사회복지국가원리는 개개인이 자율적으로 생활을 영위할 수 있는 복지생활환경이나 여건을 조성해주는 사회구조의 골격적인 틀을 형성하는 것을 의미한다.

이를 위해 사회구성원으로 하여금 실업, 질병, 빈곤, 재해 등 사회적 위험으로부터 보호받고 인간다운 삶을 누릴 수 있는 사회적 정의를 구현하며, 국가는 생활능력이 없는 경제적 약자를 보호하고 지원하는 사회복지 증진 노력을 기울여야 한다.

Ⅳ. 헌법상 사회복지국가원리의 구현

한국헌법은 명문으로 사회복지국가원리를 규정하고 있지는 않다.

그러나 헌법전문에서 국민생활의 균등한 향상을 지향하고 있고, 제10조에서 인간의 존엄과 가치·행복추구권을 규정하고, 제31조 이하에서 사회권을 규정하고 있다. 또한 제23조 제2항의 재산권의 공공복리 적합성과 제119조 제2항의 사회적 시장경제질서 등의 규정을 둠으로써 사회복지국가 실현의 의지를 밝히고 있다.

1. 사회권 보장

헌법은 제31조에서 제36조에 걸쳐 개별적 사회권을 보장하고 있다.

인간다운 생활을 할 권리(제34조 제1항)를 중심으로 사회보장·사회복지의 증진에 노력할 국가적 의무(동조 제2항), 생활무능력자의 국가적 보호(동조 제5항), 재해로부터의 국민의 보호(동조 제6항), 근로의 권리·근로자의 고용증진과 적정임금의 보장·최저임금제의 실시(제32조 제1항), 인간의 존엄성을 보장하는 근로조건기준의 법률제정(동조 제3항), 여자와 연소자의 근로의 특별보호(동조 제4항), 근로3권의 보장(제33조 제1항), 환경권(제35조), 교육을 받을 권리(제31조), 보건에 관한 국가적 보호(제36조 제3항) 등을 규정하고 있다.

2. 재산권의 공공복리 적합성

헌법 제23조는 재산권의 내용과 한계를 법률로 구체화하도록 하고 있을 뿐 아니라 재산권 행사의 공공복리적합 의무를 규정(제23조 제2항)하여 재산권의 사회적 구속성을 명시하고 있다.

또한 재산권의 제한 및 정당한 보상을 규정하고 있으며(제23조 제3항), 농지소작제의 금지(제121조 제1항), 사영기업의 국공유화가능성(제126조) 등을 규정하여 국민전체의 복리 실현을 위해 필요할 경우 사유재산제도에 대한 예외적 제한을 가하고 있다.

3. 경제적 민주화 실현

헌법은 경제질서에 있어서 사유재산제를 바탕으로 하는 자유시장경제질서를 기본으로 하고 있다.

그러나 이에 수반되는 갖가지 모순을 제거하고, 사회복지와 사회정의 등 경제적 민주화를 실현하기 위하여 국가적 규제와 조정을 할 수 있도록(제119조 제2항) 함으로써 부분적 사회화를 통한 사회적 시장경제질서를 지향하고 있다.

공정거래와 독과점의 배제, 재화의 공정배분을 위해 경제에 관한 규제와 조정을 하고, 경제집단의 자조조직의 육성, 시장지배와 경제력 남용의 방지(제119조 제2항), 소비자보호(제124조), 대외무역의 육성과 규제·조정(제125조)을 함으로써 사회정의를 지향하고 있다.

V. 사회복지국가원리의 한계

1. 이념적 한계

사회복지국가에서의 국가적 규제와 개입은 기본적으로 개인의 자율과 창의를 존중하는 것이어야 한다.

따라서 사회주의국가와 같은 사적 자율과 자유로운 경쟁을 배제하는 기업의 국·공유화는 허용될 수 없다. 또한 국가적 규제와 개입은 자유시장경제질서의 틀을 벗어나지 않는 한도 내에서의 사회정의의 이념을 구현하려는 것이어야 한다.

따라서 자유시장질서 자체를 부정하는 계획경제질서와 같은 것은 허용될 수 없다.

2. 실질적 한계

사회복지국가는 국민 각자가 자율적인 활동과 생활을 할 수 있도록 복지여건을 조성해주는 방향으로 이루어져야 한다.

따라서 모든 국민의 생활수준을 일괄적으로 평준화하고 생활관계의 변화에 따른 위험부담을 일원화시키려는 것은 사회국가실현의 이념적 한계를 일탈한 것이다. 그러므로 국민 개개인에게 자유로운 생활설계의 존중과 생활수준의 상향식조정을 지표로 하는 다양한 생활형태의 실현을 추구하는 것이 사회복지국가원리에도 부합하는 것이다.

사회복지국가 실현을 위한 재원의 확보는 국가재정과 국민의 경제적 능력에 의존하게 되므로 이에 장애요인이 될 정도의 과다한 조세제도나 지나친 경제정책은 사회복지국가 실현의 한계가 되며, 국가의 적극적 정책은 법치국가원리에 부합되어야 한다.

3. 검 토

사회복지국가원리는 정의로운 사회질서를 형성한다는 점에서 현대국가가 지향해야 할 목표이지만 여기에는 일정한 한계가 있고 이를 실현하기 위한 방법은 개방적이다.

사회복지국가원리가 실질적인 자유와 평등을 실현하기 위한 조건이라고 하더라도 그 실현방법에 관하여는 헌법에 특별한 방법적 제시가 없는 한 입법권자의 재량에 속하는 문제라 할 수 있다.

그러나 자유·평등 실현을 위한 입법수단이 이를 지나치게 제한하지 않는 법치국가원리와 일정한 한계 내에서 이루어져야 한다.

제5항 사회적 시장경제주의

I. 헌법과 경제질서

1. 헌법과 경제조항

18~19세기 개인주의·자유주의가 지배하던 시대에는 헌법에 경제조항을 따로 규정하지 않았고, 자유권의 하나로서 재산권을 보장하며 생존권(사회권)은 보장하지 않았다.

헌법에 경제질서를 규정하기 시작한 것은 자본주의 폐단이 나타나기 시작한 제1차 세계대전 이후로, 자본주의를 유지하면서 국민에게 기본적 수요를 충족시키기 위한 수정자본주의를 채택한 1919년 바이마르헌법에서 최초로 경제조항을 규정하였다.

바이마르헌법은 공공복리를 위한 경제적 자유를 제한할 수 있다는 원칙, 경제적 약자의 인간다운 생활을 보장하기 위한 생존권(사회권)을 규정하여 헌법에 경제에 관한 규정을 둔 경제헌법의 시초라 하겠다.

이는 그 후 각국 헌법에 영향을 주어, 20세기 헌법은 경제조항을 두는 것이 하나의 특징이 되었다.

II. 사회적 시장경제주의의 의의

1. 사회적 시장경제주의의 의의와 등장

사회적 시장경제주의는 자본주의적 자유시장경제를 근간으로 하되, 사회복지 및 사회정의를 실현하기 위한 범위 내에서 사회주의적 계획경제나 통제경제를 가미한 경제를 의미한다.

시민적 법치국가(근대입헌주의국가)의 자유방임주의는 자유시장경제주의를 원칙으로 하여 산업발달의 원동력이 되었으나, 빈부격차의 심화, 독과점의 폐해 등 자본주의의 모순과 위기를 초래하였다.

그리하여 자본주의적 시장경제질서의 내재적 모순을 해결하기 위하여 자본주의적 자유시장경제질서를 기본틀로 하면서 점진적 개량 정책을 통한 부분적 사회화를 도모하는 경제정책이 독일에서 등장한 사회적 시장경제질서이다.

III. 헌법상 사회적 시장경제주의의 구현

1. 헌법상의 경제조항

제헌헌법은 생존권(사회권)을 규정하고 국유화·사회화를 폭넓게 인정함으로써 통제경제질서의 형태를 띠었다.

그 후 제2차 헌법개정(1952)에서 자유시장경제체제로 경제질서를 대폭 전환하였고, 그 후 현재까지 그 기본형태를 유지하고 있다.

현행헌법은 제9장에서 경제에 관한 전반적인 규정을 두고 있다. 특히 제119조는 경제에 관한 기본조항으로 동조 제1항에서 원칙적으로 자유시장경제질서를 채택하고 있으며, 제2항에서 경제민주화를 위해서 그 규제와 조정을 할 수 있음을 규정하고 있다.

또한 제23조 제2항에서 재산권의 사회적 구속성을 규정하고 있다. 그리고 헌법전문에서 각인의 기회를 균등히 하고 균등한 국민생활의 향상을 기한다고 선언하고, 제10조에서 인간의 존엄과 가치·행복추구권을, 제34조에서 인간다운 생활을 규정하여 현대헌법의 경향을 반영하고 있다.

2. 경제질서의 기본적 내용

1) 사유재산제의 보장

헌법은 "모든 국민의 재산권은 보장된다. 그 내용과 한계는 법률로 정한다. 재산권의 행사는 공공복리에 적합하도록 하여야 한다"(제23조)라고 하여 사유재산제도의 원칙적 보장과 법치주의에 입각한 재산권의 사회적 구속성을 명시하고 있다.

2) 자유경쟁적 시장경제의 채택

자본주의경제질서 하에서 사유재산제에 입각하고 있는 경제구조는 필연적으로 자유시장경제에 입각하게 된다. 헌법도 개인과 기업의 경제상의 자유와 창의를 존중하는 자유경쟁적 시장경제를 기본으로 하고 있다.

3) 사회정의의 지향

헌법 제119조 제2항은 국가의 경제에 관한 규제와 조정을 규정하여 균형 있는 국민경제의 성장 및 안정과 소득의 분배를 유지하고자 하고 있다. 시장의 지배와 경제력의 남용을 방지하고(독과점규제), 공정하고 자유로운 경쟁을 추구하여(불공정거래행위 규제), 경제주체 간의 조화를 통한 경제의 민주화를 위한 범위 내에서 규제와 조정이 가능하도록 하고 있다.

헌법이 국민의 균등한 경제성장의 혜택을 누릴 수 있도록 국가적 규제와 조정을 가할 수 있게 하고 있는 것은 복지국가원리를 천명함으로써 국민의 실질적 자유와 평등을 보장하려는 것이다.

또한 경제적 약자를 경제적 강자로부터 보호하는 경제주체 간의 조화를 통한 경제의 민주화를 위하여 국가가 개입하는 것은 실질적인 경제주체 간의 민주화를 위한 것이다.

> **⚠ 판례** | 국가의 경쟁정책과 독과점 규제 – 헌재 1996.12.26. 96헌가18(위헌); 헌재 2004.6.24. 2002헌마496(인용(취소))
>
> **국가의 경쟁정책**은 시장지배적 지위의 남용방지, 기업결합의 제한, 부당한 공동행위의 제한 등을 통하여 시장경제가 제대로 기능하기 위한 전제조건으로서의 **가격과 경쟁의 기능을 유지하고 촉진하려고 하는 것**이다. 따라서 **독과점규제의 목적이 경쟁의 회복**에 있다면 이 **목적을 실현하는 수단 또한 자유롭고 공정한 경쟁을 가능하게 하는 방법**이어야 한다.

3. 헌법상 경제질서의 성격

헌법상의 경제질서의 성격을 이해하는 데에는 사회적 시장경제질서로 보는 견해, 혼합경제질서로 보는 견해, 사회조화적 시장경제질서로 보는 견해 등이 있다.

이들 견해 중 ⅰ) 헌법상 경제질서를 혼합경제질서로 보는 견해는 우리 헌법상 경제조항은 특정 분야에서 단순한 사회적 정의의 실현을 넘는 내용으로 사회조정적·계획적인 시장경제의 특징과 사회주의 경제질서에 가까운 요소까지도 포함되고 있어 혼합경제체제로 보아야 한다고 주장한다.

ⅱ) 또한 사회조화적 시장경제질서로 보는 견해는 헌법상 경제질서가 사유재산제의 보장과 시장경제의 원칙을 기본으로 하면서 사회정의의 실현과 균형있는 국민경제의 성

장과 발전, 경제민주화의 실현 등과 같은 사회조화적 요구를 실현하기 위하여 국가가 경제를 규제·조정할 수 있게 하는 사회조화적 시장경제질서로 보아야 한다고 한다.

생각건대 헌법이 추구하는 경제질서는 헌법 제119조 제2항이 질서정책을 넘어 총량적 조정정책까지를 포함하는 것으로 이해하는 시장경제와 계획경제가 혼합된 혼합경제질서로 보기는 어렵고, 또한 사회조화적 시장경제가 주장하는 논거도 사회적 시장경제질서로 보는 견해와 큰 차이가 없는 것으로 보인다.

따라서 사유재산제를 바탕으로 하고 자유경쟁을 존중하는 자유시장경제질서를 기본으로 하고, 이에 수반되는 모순들을 제거하고 사회복지와 사회정의를 실현하기 위하여 국가적 규제와 조정을 용인하는 사회적 시장경제질서로 보는 것이 타당하다. 헌법재판소도 헌법상 경제질서를 사회적 시장경제질서로 보고 있다(헌재 92헌바47).

> **⚠ 판례** | 헌법상 경제질서 – 헌재 1996.4.25. 92헌바47(위헌)
>
> 우리나라 헌법상의 경제질서는 사유재산제를 바탕으로 하고 자유경쟁을 존중하는 **자유시장경제질서를 기본**으로 하면서도 이에 수반되는 갖가지 모순을 제거하고 사회복지·사회정의를 실현하기 위하여 **국가적 규제와 조정을 용인하는 사회적 시장경제질서로서의 성격**을 띠고 있다.

4. 시장경제질서의 구체화

헌법은 제119조 이하의 경제에 관한 장에서 국가가 경제정책을 통하여 달성하여야 할 공익을 구체화하고 있다.

경제질서에 관한 개별적 규정에서는 천연자원 등의 국유화·사회화(제120조 제1항), 농지제도(제121조 제1항), 국토의 이용개발(제120조 제2항), 농·어민 및 중소기업의 보호육성(제123조 제3항, 제5항), 소비자보호운동의 보장(제124조), 대외무역 규제(제125조), 사영기업의 국·공유화(제126조), 과학기술의 혁신(제127조 제1항) 등을 규정하여 사회적 시장경제질서의 원리를 구현하고 있다.

1) 천연자원 등의 부분적 사회화

헌법 제120조 제1항은 천연자원 등의 일정기간 채취·개발 또는 이용의 특허를 규정하고, 제126조에서는 국방상 또는 국민경제상 긴절한 필요한 경우 사영기업의 국·공유화와 사기업의 경영에 대한 통제 또는 관리에 관한 규정을 두고 있다.

여기서 '국민경제의 긴절한 필요'라 함은 사영기업을 국·공유화하지 않고서는 국민경제의 정상적인 운용이 곤란한 경우를 말하며, '사기업의 경영에 대한 통제 또는 관리'라 함은 기업에 대한 소유권의 보유주체의 변경은 없으나, 사기업 경영에 대한 국가의 광범위하고 강력한 감독과 통제 또는 관리체계를 의미한다.

이러한 국민의 재산권에 대한 중대한 국가적 구속이 되는 경우는 보다 엄격한 해석이 필요하며, 그 허용의 필요성도 극히 한계적인 상황에서 예외적이며, 일시적인 경우에 한해야 한다.

2) 국토와 농지정책

헌법 제122조는 국가가 국토의 효율적이고 균형있는 이용·개발과 보전을 위하여 그에 관한 필요한 제한과 의무를 과할 수 있도록 하고 있고, 이에 관한 법률로는 「국토의 계획 및 이용에 관한 법률」이 있다.

또한 제121조는 경자유전원칙의 확립을 국가적 의무로 하고, 전근대적인 소작제도를 금지하되 다만 현대적 필요성에 따라 경자유전의 원칙에 대한 예외조항으로 농지의 위탁경영이나 임대차를 인정하고 있다.

3) 농어촌 종합개발계획의 수립과 지역경제의 균형발전

헌법 제123조에서는 열악한 지위에 있는 농업·어업의 보호·육성을 위한 계획의 수립·시행과 농수산물의 가격안정을 도모하고 중소기업을 보호·육성하여 그에 종사하는 국민을 보호와 자조조직 육성과 자율적 활동과 발전을 보장하도록 하고 있다.

또한 지역 간 경제의 불균형으로 야기되는 국민수혜의 불균형을 시정하기 위해 지역 간 균형발전을 위한 지역경제 육성의 국가적 의무를 규정하여, 헌법이 경제적 민주화를 지향하고 있음을 보여주고 있다.

4) 소비자보호운동의 보장

(1) 소비자보호운동 개념과 헌법규정

소비자란 소비생활을 위하여 상품 및 용역을 구입하여 사용하고 이용하는 자를 말하며, 소비자는 사업자에 대립하는 개념으로 최종소비자를 일컫는다.

소비자의 지위는 제조자나 판매자와의 관계에서 열등한 지위에 놓이고, 자본주의경제체제의 대량생산, 대량판매, 대량소비 구조는 불량·유해한 상품이나 용역으로부터 입는 피해가 생명과 신체의 안전을 위협할 경지에 이르렀다. 이러한 소비자들을 사업자들의 횡포로부터 보호하기 위하여 국가적 차원에서 소비자보호장치가 불가피하게 되었고, 오늘날 각 국가는 소비자의 권리를 헌법적 차원에서 규정하여 소비자권리보호를 도모하고 있다.

우리나라는 1980년 제5공화국헌법에 소비자보호를 처음으로 규정하였고, 1980년에는 「소비자보호법」이 제정되었다. 이 법에 따라 재정경제원에 소비자정책심의회가 설치되고 한국소비자보호원이 신설되어 많은 활동을 해오고 있다. 현행헌법 제124조에 "국가는 건전한 소비행위를 계도하고 생산품의 품질향상을 촉구하기 위한 소비자보호운동을 법률이 정하는 바에 의하여 보장한다"는 소비자보호운동을 규정하고 있다.

> **⚠ 판례** | 소비자보호운동 – 헌재 2011.12.19. 2010헌바54(합헌, 각하)
>
> 헌법 제124조는 "국가는 건전한 소비행위를 계도하고 생산품의 품질향상을 촉구하기 위한 소비자보호운동을 법률이 정하는 바에 의하여 보장한다."고 규정하고 있는 바, **헌법이 보장하는 소비자보호운동**이란 **'공정한 가격으로 양질의 상품 또는 용역을 적절한 유통구조를 통해 적절한 시기에 안전하게 구입하거나 사용할 소비자의 제반 권익을 증진할 목적으로 이루어지는 구체적 활동'을 의미**한다. 위 소비자보호운동의 일환으로서, 구매력을 무기로 소비자가 자신의 선호를 시장에 실질적으로 반영하려는 시도인 **소비자불매운동**은 모든 경우에 있어서 그 정당성이 인정될 수는 없고, **헌법이나 법률의 규정에 비추어 정당하다고 평가되는 범위에 해당하는 경우에만 형사책임이나 민사책임이 면제**된다고 할 수 있다. 우선, ⅰ) 객관적으로 진실한 사실을 기초로 행해져야 하고, ⅱ) 소비자불매운동에 참여하는 소비자의 의사결정의 자유가 보장되어야 하며, ⅲ) 불매운동을 하는 과정에서 폭행, 협박, 기물파손 등 위법한 수단이 동원되지 않아야 하고, ⅳ) 특히 물품 등의 공급자나 사업자 이외의 제3자를 상대로 불매운동을 벌일 경우 그 경위나 과정에서 제3자의 영업의 자유 등 권리를 부당하게 침해하지 않을 것이 요구된다. 이 경우 제3자의 정당한 영업의 자유 기타 권리를 부당하게 제한하거나 위축시키는지 여부는, 불매운동의 취지나 목적, 성격에 비추어 볼 때, 제3자를 불매운동 대상으로 선택해야 할 필요성이 있었는지, 또한 제3자를 대상으로 이루어진 불매운동의 내용과 그 경위 및 정도와 사이에 긴밀한 상관관계가 존재하는지를 기준으로 결정될 수 있을 것이다.

(2) 소비자보호의 성격

헌법상 소비자보호를 어떤 규정으로 이해할 것인가에 대해 소비자보호를 소비자의 권리로 보는 견해와 소비자의 권리라기보다는 객관적 법질서의 보장으로서 제도보장으로 파악하는 견해가 대립된다.

헌법이 소비자보호를 기본권조항에 규정하지 않고 경제의 장에 규정하고 있는 것으로 보아 권리적 측면보다 소비자보호적 측면을 강조하고 있는 것으로 볼 수 있다. 다만 오늘날 소비자보호는 소비자주권 내지 소비자권리로 논의되고 있는 소비자의 권리성이 강조되고 있다(헌재 96헌가18; 2003헌바92; 2010헌바54).

> **⚠ 판례** | 소비자보호와 경쟁 – 헌재 1996.12.26. 96헌가18(위헌)
>
> **소비자**는 물품 및 용역의 구입·사용에 있어서 **거래의 상대방, 구입장소, 가격, 거래조건 등을 자유로이 선택할 권리**를 가진다. 소비자가 시장기능을 통하여 생산의 종류, 양과 방향을 결정하는 소비자주권의 사고가 바탕을 이루는 자유시장경제에서는 경쟁이 강화되면 될수록 소비자는 그의 욕구를 보다 유리하게 시장에서 충족시킬 수 있고, 자신의 구매결정을 통하여 경쟁과정에 영향을 미칠 수 있기 때문에 **경쟁은 또한 소비자보호의 포기할 수 없는 중요 구성부분**이다.

5) 대외무역의 육성과 규제·조정

헌법 제125조는 국가의 대외무역 육성과 규제·조정을 규정하고 있다. 여기서 '규제와 조정'이라 함은 국가가 일정한 계획을 수립하고 그 계획의 범위 내에서 사인에게 무역활동을 허용하는 것을 말하는 것이다.

그러나 무역에 관한 국가의 직접적 개입은 국익의 차원에서 불가피한 경우에 한정하여야 할 것이다.

6) 과학기술혁신 등과 국가표준제도 확립

헌법 제127조는 국가의 과학기술 혁신과 정보 및 인력개발을 규정하고, 국가표준제도의 확립 및 과학기술 혁신 등의 목적 달성을 위해 필요한 자문기구 설치를 규정하고 있다.

현대 산업사회에서 과학기술의 혁신은 전체 국민경제의 발전과 직결되므로 과학기술의 혁신을 위하여 특히 국가가 정책적인 배려를 가할 것을 규정하고, 전 국가적인 관리 통일의 필요성에서 도량형·시간 등 각종 계측의 표준을 확립하고 이에 따라 국가공업발전을 위한 KS 표시제도 등 표준제도를 도입하고 있다.

그리고 과학기술의 발달에 적절히 대응하고, 경제과학의 진흥·창달을 위하여 경제과학심의회의를 헌법상 임의기관으로 설치하며 국가과학기술자문회의를 설치하고 있다.

Ⅳ. 국가의 경제질서 개입의 한계

사회적 시장경제질서 내에서의 경제계획은 사회정의의 구현과 국민경제의 균형적인 발전을 위하여 가능하고 바람직한 것이나, 전면적 계획경제는 헌법에 위반되는 것으로 헌법상 경제질서는 계획경제 내지 통제경제로 될 수 없는 헌법적 한계가 있다.

헌법은 사회적 시장경제질서를 기본으로 하면서 경제정의와 경제민주화를 위하여 국가의 시장경제에 대한 개입을 허용하고 있으나, 이러한 국가의 시장경제에 대한 간섭은 어디까지나 필요한 최소한에 그치는 예외적인 것이어야 한다.

또한 국가의 사유재산에 대한 국·공유화, 제한과 의무 부과 및 규제 등은 긴절한 필요에 의한 경우에 한하고, 반드시 법률이 정하는 바에 의하여 이루어져야 한다.

헌법이 개인과 기업의 경제상 자유와 창의를 존중하고, 사유재산제도를 보장하며 사영기업에 대하여 원칙적 국·공유화 또는 경영통제 및 관리를 금지하는 것은 시장경제를 포기하고 계획경제 내지 통제경제로 전환할 수 없음을 잘 나타내주는 것이다.

제6항 문화국가원리

I. 문화국가원리의 의의

1. 문화국가원리의 의의

문화국가(Kulturstaat)원리란 국가가 개인의 문화활동의 자유를 보장하고, 국가가 적극적으로 문화를 공급하는 국가를 지향하는 것을 말한다.

문화국가원리는 헌법전문의 문화적 모든 영역에서의 규정과 헌법 제9조 민족문화창달을 규정하고 있는 것으로 헌법적 원리의 하나로 제시되고 있다.

현대국가는 개인의 문화에 대한 자유를 최대한 존중해주어야 하고 건전한 문화육성과 평등한 문화를 공급해 주어야 한다.

2. 문화국가원리의 등장

근대 이전에는 국가가 문화를 포괄적으로 지배하는 국가종속적 문화로서 존재하였다. 초기 자유주의사상이 지배하는 시대에 와서야 문화활동의 자율성이 인정되어 국가의 문화불간섭을 가장 이상적 문화정책으로 여겼었다.

20세기에 이르러 선진국 중심의 문화가 세계를 지배하게 됨으로써 제3세계국가에는 선진국 문화종속 현상이 가속화되고, 문화가 경제에 종속되었으며 이로 인해 문화적 불평등이 야기되었다.

현대에 이르러 국가의 문화에 대한 새로운 시각이 강조되어, 국가는 문화의 자율성을 존중하면서도 적극적·능동적으로 문화를 형성하고 보호하는 정책을 수행하게 되었다.

Ⅱ. 문화국가원리의 내용

1. 문화의 자율성

문화국가에서는 문화활동의 자율성이 보장되어야 한다. 국가는 개인이 스스로 창조적 문화활동을 하도록 하여야 하고, 개인의 문화적 자율을 제3자로부터 침해받지 않도록 보호해야 한다. 국가는 문화영역에서 개인의 자율성 보장을 위해 국가적 활동이 제한되고, 나아가 사회적 집단이 개인의 문화적 자율성을 침해하는 문화의 강요는 금지된다.

문화적 영역에서 문화적 독점을 통하여 개인의 자율성을 침해해서는 안 되며 문화의 자율적 활동을 침해하는 경우에 사회적 책임 또한 강조되어야 한다.

2. 문화적 향유권·생존권과 문화의 평등성

모든 국민은 문화를 누릴 권리인 문화적 향유권을 가지며, 이러한 문화적 향유권은 평등권에 근거하는 것으로 헌법이 보장하는 권리이다. 따라서 누구든지 원하는 문화활동에 참여할 수 있고 참여에 있어 균등한 기회가 부여되어야 한다.

그런데 문화에 대한 향유는 국가가 적극적으로 모든 개인에게 동등에게 보장해주는 것이 아니라 현실적으로 각 개인의 경제적 능력에 따라 차이가 나게 된다.

문화향유권 보장은 국가의 급부능력에 의존하게 되는 문화적 생존의 권리로 보장받게 된다. 국가는 사회국가원리에 입각하여 문화정책을 추진하여야 하며 개인의 인간다운 생활을 할 최소한도의 문화적 생존권의 보장을 위한 의무를 진다.

3. 문화의 다원성

오늘날 국제교류가 활발하게 일어나고 외국인의 국내 유입이 많아지면서 다양한 문화들이 공존하게 되었다.

전통문화의 계승과 발전도 현대적 문화로 승화하고 다양한 문화의 수용이 가능해야 한다. 다문화시대에 다문화구성원이 자신의 정체성을 갖는 문화를 누릴 수 있고, 문화적인 삶의 질이 향상되도록 할 것이 요청된다.

> **판례** | 문화국가원리와 실현 – 헌재 2004.5.27. 2003헌가1 등(위헌, 헌법불합치)
>
> 헌법은 문화국가를 실현하기 위하여 보장되어야 할 정신적 기본권으로 **양심과 사상의 자유, 종교의 자유, 언론·출판의 자유, 학문과 예술의 자유 등**을 규정하고 있는바, 개별성·고유성·다양성으로 표현되는 문화는 사회의 자율영역을 바탕으로 한다고 할 것이고, 이들 기본권은 견해와 사상의 다양성을 그 본질로 하는 **문화국가원리의 불가결의 조건**이라고 할 것이다. …… 문화국가원리는 국가의 문화국가실현에 관한 과제 또는 책임을 통하여 실현되는바, **국가의 문화정책과 밀접 불가분의 관계**를 맺고 있다. 과거 국가절대주의사상의 국가관이 지배하던 시대에는 국가의 적극적인 문화간섭정책이 당연한 것으로 여겨졌다. 그러나 오늘날에 와서는 국가가 어떤 문화현상에 대하여도 이를 선호하거나, 우대하는 경향을 보이지 않는 **불편부당의 원칙이 가장 바람직한 정책으로 평가**받고 있다. 오늘날 문화국가에서의 문화정책은 그 초점이 문화 그 자체에 있는 것이 아니라 문화가 생겨날 수 있는 **문화풍토를 조성**하는 데 두어야 한다.
>
> 문화국가원리의 이러한 특성은 **문화의 개방성 내지 다원성의 표지와 연결**되는데, **국가의 문화육성의 대상**에는 원칙적으로 모든 사람에게 문화창조의 기회를 부여한다는 의미에서 **모든 문화가 포함**된다. 따라서 엘리트문화뿐만 아니라 서민문화, 대중문화도 그 가치를 인정하고 정책적인 배려의 대상으로 하여야 한다.

4. 문화의 육성과 장려

개인은 문화적인 향유를 통해 삶의 질을 향상시킬 수 있다. 국가는 지원의 방식을 통해 이러한 개인의 문화적 삶의 질을 향상시키도록 할 것이 요청된다. 국가는 문화의 창작과 문화보급을 위한 보조·문화활동을 돕기 위한 보조금 지급·문화시설확충을 위한 지원 등을 통해 적극적인 문화의 육성과 문화활동을 장려하여야 한다.

여기서도 합리적인 지원과 민주적 절차를 통한 문화활동에 대한 국가의 지원을 통해 일어나는 국가의 문화적 간섭과 조종에 유의하여야 한다.

Ⅲ. 헌법상 문화국가원리의 구현

1. 헌법상 문화국가조항

제헌헌법 이래 문화국가원리를 헌법 차원의 원리로 채택하였고, 1980년 개정된 헌법 제8조에 문화진흥의무를 규정하였다.

헌법은 제9조에 "국가의 전통문화의 계승·발전과 민족문화의 창달에 노력"을 규정하여 문화국가주의를 표방하고 있다.

2. 문화국가원리의 구현

헌법은 문화국가원리를 구현하기 위해서 제10조에 인간으로서의 존엄과 가치를 규정하고, 이를 위해 제34조 제1항에 인간다운 생활을 할 권리를 규정하여 물질의 궁핍으로부터 벗어나고 나아가 일정수준의 문화적 생활까지 보장할 것을 이념적으로 제시하고 있다.

헌법전문에 "정치·경제·사회·문화의 모든 영역에서 각인의 기회를 균등히 하고, 능력을 최고도로 발휘하게 하며, 자유와 권리에 따르는 책임과 의무를 완수하여 안으로는 국민생활의 균등한 향상을 기하고"라고 선언하고, 또한 제11조 제1항에서 "문화적 생활의 영역에 있어서 차별을 받지 아니한다"고 규정하여 문화의 평등주의를 지향하고 있다.

제9조에서는 "전통문화의 계승·발전과 민족문화의 창달에 노력하여야 한다"라고 규정하고, 민족문화창달에 노력할 대통령의 책무와 평생교육을 진흥할 의무를 규정하여 국가의 문화적 자율성 보장의무, 문화조성의무 등을 제시하고 있다.

문화국가 건설을 위해 국가가 존중하고 가치기준으로 삼아야 할 기본권으로서 학문과 예술의 자유와 저작자·발명가·과학기술자·예술가의 권리를 보장하고 있으며, 교육을 받을 권리와 교육제도에 관하여 규정하고 있다.

그 밖에 문화의 다양성 인정 및 사회통합을 위해 「다문화가족지원법」이 제정되어 있고, 문화적 기본권의 구체적 실현을 위해 「문화기본법」이 제정되어 시행 중이다.

Ⅳ. 문화국가원리의 제한과 한계

현대에 있어서 국가는 문화의 자율성을 최대한 존중하고 적극적인 문화의 조성을 하여야 한다.

그러나 모든 국민의 균등한 문화참여 기회를 보장해 주기 위하여 문화단체와 교육단체 등의 조직과 활동에 대해 최소한의 규제와 간섭이 불가결하게 이루어지게 된다. 문화활동이라는 명목 하에 타인의 문화활동을 침해해서는 안 되며, 사회적 책임을 벗어나는 정도의 문화활동도 제한될 수 있다. 국가는 문화의 사회적 책임을 벗어나는 문화활동의 경우에 이에 대한 적절한 조치를 취할 의무를 부담한다.

국가는 문화적 약자를 보호해야 할 의무가 있으며, 문화·교육단체의 조직과 활동이 민주적으로 이루어지도록 문화를 조성해주어야 하며, 이를 위하여 최소한의 규제와 간섭이 이루어지게 된다. 다만, 그 규제와 간섭이 문화에 대한 방향이나 문화가치를 정해주어서는 안 되는 문화정책상 한계가 있다고 하겠다.

제7항 국제평화주의

I. 국제평화주의의 의의 및 헌법적 보장

1. 국제평화주의의 전개

제1차 세계대전 이후 유럽에서는 반전과 평화에 관한 사상과 운동이 널리 전개되었고, 1919년 국제연맹의 창설, 1924년 제네바의정서, 1928년 '전쟁포기에 관한 조약(부전조약)'을 선포하여 전쟁금지를 실현하고자 하였다. 제2차 세계대전 이후에는 전쟁의 참화로부터 인류를 보호하려는 열망 속에 국제연합이 탄생되었다.

양차대전의 참혹성은 인류로 하여금 평화를 희구하게 하였다. 1945년 UN헌장에서는 무력행사 제한의 대상을 전쟁에 한정하지 않았으며, 안전보장이사회 등 무력행사의 위법성을 인정하는 체제도 정비되었다.

평화추구의 갈망은 국제적으로 국가 간 침략전쟁방지를 위한 조약의 체결을 가져오고, 국내적으로 평화정신을 헌법에 선언하게 되었다.

2. 국제평화주의의 헌법적 보장

제2차 세계대전 이후 각국의 헌법에서는 국제평화주의를 규정하였다.

① 침략적 전쟁을 부인함으로써 최초의 국제평화주의를 선언한 헌법(1791년 프랑스헌법), ② 전쟁포기·군비자체를 금지하는 가장 철저한 국제평화주의를 선언한 헌법(1947년 일본헌법), ③ 국제분쟁의 평화적 해결을 의무화한 헌법(네덜란드헌법, 포르투갈헌법, 1931년 스페인헌법), ④ 영구히 타국과의 전쟁에 관여하지 않는 영세중립을 선언한 헌법(스위스헌법, 오스트리아헌법), ⑤ 평화유지를 위하여 필요한 경우에는 통치권을 국제기구에 이양할 수 있음을 규정하거나 통치권의 조약에 동의하는 규정을 두고 있는 헌법(1953년 덴마크헌법, 1949년 독일기본법) 등에서 각국은 평화주의를 지향하고 이를 보장하였다.

II. 헌법상 국제평화주의의 보장

헌법전문은 "항구적인 세계평화와 인류공영에 이바지함으로써"라고 하고, 제5조 제1항은 "대한민국은 국제평화의 유지에 노력하고 침략적 전쟁을 부인한다"라고 하여 국제평화주의를 지향하고 있다.

이는 침략전쟁만을 부인하는 것으로, 방위전쟁, 자위전쟁은 인정하며, 더 나아가 평화적 생존권을 보호하는 것이다. 국군의 해외파병과 외국군대의 국내주류는 집단적 자위권에 의한 것이고, 이는 국회의 승인을 얻을 경우에 허용된다.

또한 제5조 제2항은 "국가의 안전보장과 국토방위의 신성한 의무를 수행"하는 것이 국군의 사명임을 규정하고 있다. 그리고 대통령의 국군통수권, 국군의 조직과 편성의 법정주의, 국민의 국방의무, 국가안전보장회의, 군사법원, 선전포고 등 군사 관련 규정은 모두 침략전쟁 시 이에 대응하기 위한 자위전쟁을 위한 것이다.

Ⅲ. 국제법규 존중주의

1. 국제법규 존중주의의 의의

헌법 제6조 제1항은 "헌법에 의하여 체결·공포된 조약과 일반적으로 승인된 국제법규는 국내법과 같은 효력을 가진다"라고, 제6조 제2항은 "외국인은 국제법과 조약이 정하는 바에 의하여 그 지위가 보장된다"라고 규정하여 국제법의 국내법에의 수용과 국제법의 국내적 준수 가능성을 나타내고 있다.

그러나 이러한 국제법 존중주의는 조약이나 국제법규가 국내법에 우선한다는 것을 의미하는 것은 아니다.

헌법재판소도 부정수표단속법 규정이 「시민적·정치적 권리에 관한 국제규약」에 위반되는지에 대해 "헌법 제6조 제1항의 국제법 존중주의는 우리나라가 가입한 조약과 일반적으로 승인된 국제법규가 국내법과 같은 효력을 가진다는 것으로서 조약이나 국제법규가 국내법에 우선한다는 것은 아니다"(헌재 99헌가13)라고 판시하였다.

❗ 판례 | 국제법과 국내법의 관계 – 헌재 2001.4.26. 99헌가13(합헌)

헌법 제6조 제1항의 **국제법 존중주의**는 우리나라가 가입한 **조약과 일반적으로 승인된 국제법규가 국내법과 같은 효력을 가진다는 것으로서 조약이나 국제법규가 국내법에 우선한다는 것은 아니다.** 이 **사건 법률조항에서 규정하고 있는 부정수표 발행행위**는 지급제시될 때에 지급거절될 것을 예견하면서도 수표를 발행하여 지급거절에 이르게 하는 것으로 그 보호법익은 수표거래의 공정성이며 결코 '계약상 의무의 이행불능만을 이유로 구금'되는 것이 아니므로 **국제법 존중주의에 입각한다 하더라도 국제연합 인권규약 제11조의 명문에 정면으로 배치되는 것이 아니다.**

---

2. 국제법과 국내법의 관계

국제법과 국내법은 서로가 별개의 법체계에 속한다고 보는 이원론과, 서로가 동일한 법체계에 속한다고 보는 일원론이 대립하고 있다.

이원론은 국제법은 국제관계에서만 효력이 미치고, 국내법은 국내에서만 효력을 미친 다고 보는 반면, 일원론은 국제법과 국내법 둘은 상호 간 타당한 위임관계에 있어 그 하나가 타에 타당성을 부여하는 관계에 있다고 본다.

ⅰ) 이원론에서는 국제법이 국내적으로 효력을 발생하기 위해서는 원칙적으로 변형, 편입, 순응, 계수 등 국내법으로의 전환이 필요하다. 국제법을 국내에 수용함에 있어서 반드시 국내법적 형식을 취해야 하는 경우는 수용형식이 정해지기 때문에 국제법과 국내법 간의 효력에 있어서 우열관계가 생길 여지가 없다.

ⅱ) 한편 일원론에 있어서와 같이 국제법이 국내법의 형식을 취하지 않고 그대로 국내법상 효력을 갖는다고 하면, 국제법과 헌법·법률·명령 등 국내법과의 사이에서 효력의 우열문제가 생긴다. 국제법과 국내법이 서로 충돌할 경우 국제법이 국내법에 우선하여 적용된다는 국제법우위론과 국내법이 국제법에 구속된다고 인정하는 경우에만 국제법은 효력을 갖고 국내법이 국제법에 우선하여 적용된다는 국내법우위론이 대립된다.

우리 헌법의 해석론으로 볼 때 이원론의 입장에서 헌법 제6조 제1항이 국제법을 국내법으로 편입했다고 볼 수도 있고, 일원론 중 국제법우위론의 입장이나 국내법우위론의 입장으로도 해석될 여지가 있다.

우리 헌법학계에서는 일원론과 헌법우위론(국내법우위론)이 다수설이다. 따라서 다수설의 견해인 일원론을 취하는 경우에는 국제법은 국내법으로의 일정한 전환 없이 효력이 발생하게 된다.

3. 조약의 국내법적 효력

헌법에 의하여 체결·공포된 조약은 국내법과 같은 효력을 가진다. 조약이란 국가 간에 서면의 형식으로 체결된 명시적 합의를 말하며, 협정, 규약, 의정서, 약정, 선언 등의 명칭으로도 일컬어진다.

조약이 국내법적 효력을 갖기 위해서는 조약의 체결·공포·절차가 합헌적이어야 하며, 조약의 내용이 헌법에 위배되지 않아야 한다.

1) 조약의 요건

(1) 조약의 절차적 요건

조약의 체결·비준권은 대통령의 권한이나 반드시 국무회의의 심의를 거쳐야 한다.

헌법에 열거되지 아니한 것으로 국가 간의 단순한 행정 협조적이고 기술적인 사항에 관한 조약의 체결·비준에 있어서는 국회의 동의를 요하지 않는다.

그러나 특히 중요한 사항에 관한 조약의 체결·비준에는 국회의 동의를 얻도록 하고 있다. 예컨대 상호원조 또는 안전보장에 관한 조약·중요한 국제조직에 관한 조약·우호통상항해조약·주권의 제약에 관한 조약·강화조약· 국가나 국민에게 중대한 재정적 부담을 지우는 조약 또는 입법사항에 관한 조약의 체결·비준에 대하여는 국회의 동의를 얻어야 한다(제60조 제1항).

국회의 동의를 요하는 조약의 경우 대통령이 국회의 동의 없이 비준한 경우에 그 조약의 효력이 문제가 될 수 있다.

헌법 제60조 제1항 국회의 동의는 대통령의 비준행위를 국내법상으로 합법화시키는 국내법적 효력발생요건이다. 대통령이 국회의 동의 없이 비준한 경우에도 비준서의 교환 등 조약에 규정된 일정한 절차를 거친 조약은 당연히 국제법상의 효력이 발생한다. 그러나 그 조약이 국내법적으로도 효력을 발생하려면 국회의 동의라는 헌법이 정한 절차적 요건을 갖추어야만 한다.

(2) 조약의 실질적 요건

조약이 국내법과 같은 효력을 갖기 위해서는 조약체결에 있어서 합헌적 절차를 거쳐야 하고 그 조약의 내용은 헌법(국내법)과 저촉되지 않아야 한다.

조약 체결절차가 위헌적이고 조약의 내용이 위헌인 경우에는 국제법상으로는 유효한 조약이라 할지라도 국내법적으로는 효력을 가지지 못한다.

2) 조약의 효력

조약은 다양한 명칭으로 체결되고 있고 국제적 조약과 국내법과의 효력관계에 있어서 우열에 대한 논란이 있다.

(1) 학 설

조약은 국회의 동의를 거쳐 비준한 경우 국내법과 같은 효력을 가지는데, 이 경우 조약과 헌법의 효력관계에 있어서 조약우위설과 헌법우위설이 대립되고 있다. ⅰ) 조약우위설은 국제주의 또는 국제협조주의상 조약이 헌법에 우선효를 갖는다고 보는 반면 ⅱ) 헌법우위설은 조약체결권은 헌법에 의하여 창설되고 인정된 권력이기 때문에 헌법이 조약에 우선효를 갖는다고 주장한다(다수설).

생각건대 헌법의 수권에 의하여 성립한 조약이 헌법에 우월하다는 것은 법이론적으로 타당하지 않으며 헌법의 최고법규성과도 모순되는 것으로, 헌법우위설이 타당하다고 본다.

조약이 헌법률(예컨대 국제인권규약이나 국제헌장)과 같은 효력을 갖는 경우에 조약은 국내에서 헌법보다 하위에 존재하고 법률이나 명령보다는 우선적으로 적용한다고 할 수 있다.

조약 중 국회의 동의를 얻은 조약은 법률과 같은 효력을 갖는다고 볼 수 있으나 행정협정과 같은 것은 명령·규칙의 효력을 가진다고 보는 것이 다수설이다.

그리고 조약이 법률과 동일한 효력을 갖는 경우에 조약이 국내 법률과 충돌하는 내용을 갖는 경우에 신법우선의 원칙이나 특별법우선의 원칙이 적용된다. 다만, 특별법우선의 원칙을 적용하는 경우에도 조약과 법률 중 특별법의 판단이 명확하지 않을 경우에는 우리 헌법이 규정한 국제법존중주의 측면에서 해석하여 조약을 법률에 우선 적용하는 것이 바람직하다고 본다. 그리고 조약이 국내명령이나 조례와 충돌하는 내용을 갖는 경우에 조약이 우선 적용된다고 본다.

(2) 판 례
가. 국제인권규약과 국내법적 효력

교원의 노조설립을 금지한 구 사립학교법 규정의 국제인권규약의 위배 여부에 대한 판단에서 헌법재판소는 당시 노동조합의 결성·가입의 권리가 국내법률로 제한할 수 있도록 하는 법률유보조항을 두었다는 이유로 위 법 규정이 「경제적·사회적 및 문화적 권리에 관한 국제규약」(사회권 규약: A규약) 제4조(공공복리증진의 목적으로 반드시 법률에 의하여 정하여지는 제한에 의해서만 그러한 권리를 제한), 제8조 제1항 A호(국가안보 또는 공공질서를 위하여 또는 타인의 권리와 자유를 보호하기 위하여 법률에 의하여 노동조합을 결성하고 그가 선택한 노동조합에 가입하는 권리의 행사를 제한) 규정에 위배되지 않는다고 보았고, 「시민적·정치적 권리에 관한 규약」(자유권 규약: B규약) 제22조(노동조합 결성 및 가입의 권리)에의 위배 여부에 대한 판단에서 위 규약 가입 당시에 유보되었기 때문에 국내법적 효력을 직접적으로 가지지 않는다고 보았다(헌재 89헌가106).

> **판례** | 유보된 규약 규정의 국내법적 효력 – 헌재 1991.7.22. 89헌가106(합헌)
>
> 위 **각 선언이나 규약 및 권고문**이 우리의 현실에 적합한 교육제도의 실시를 제약하면서까지 교원에게 근로3권이 제한없이 보장되어야 한다든가 교원단체를 전문직으로서의 특수성을 살리는 교직단체로서 구성하는 것을 제재하고 반드시 일반노동조합으로서만 구성하여야 한다는 **주장의 근거로 삼을 수는 없고**, 따라서 사립학교법 제55조, 제58조 제1항 제4호(**사립학교 교원의 노동운동 금지 및 위반 시 면직의 사유**)는 헌법전문이나 헌법 제6조 제1항에 나타나 있는 **국제법 존중의 정신에 어긋나는 것이라고 할 수 없다.**

폭행·협박 등의 위법행위를 수반하지 않는 단순한 집단적 노무제공의 거부행위(파업)를 구 형법 제314조(위력업무방해죄)가 규정하는 위력에 해당한다고 본 대법원 판례(대판 90도2771)에 대해 헌법재판소는 강제노동의 폐지에 관한 국제노동기구(ILO)의 제105호 조약이 위헌성심사의 척도가 되지 않는다고 하고,「시민적·정치적 권리에 관한 규약」제8조 제3항(법원의 재판에 의한 형의 선고 등의 경우를 제외하고 어느 누구도 강제노동을 하도록 요구되지 아니한다) 규약은 우리 헌법과 실질적으로 동일한 내용을 규정하고 있다고 하여 위 형법규정이 위 규약을 위반하지 않는다고 결정하였다(헌재 97헌바23).

> **❗ 판례** │ 국제규범(조약)의 국내법적 효력 – 헌재 1998.7.16. 97헌바23(합헌)
>
> **강제노동의 폐지에 관한 국제노동기구(ILO)의 제105호 조약**은 우리나라가 비준한 바가 없고, 헌법 제6조 제1항에서 말하는 **일반적으로 승인된 국제법규로서 헌법적 효력을 갖는 것이라고 볼 만한 근거도 없으므로** 이 사건 심판대상 규정의 위헌성 심사의 척도가 될 수 없다. 그리고 1966년 제21회 국제연합(UN) 총회에서 채택된 **"시민적및정치적권리에관한국제규약"(1990.6.13. 조약 1007호, 이른바 B규약) 제8조 제3항**은 법원의 재판에 의한 형의 선고 등의 경우를 제외하고 어느 누구도 강제노동을 하도록 요구되지 아니한다는 취지로 규정하고 있고, 여기서 강제노동이라 함은 본인의 의사에 반하여 과해지는 노동을 의미한다고 할 수 있는데, 이는 범죄에 대한 처벌로서 노역을 정당하게 부과하는 경우와 같이 법률과 적법한 절차에 의한 경우를 제외하고는 본인의 의사에 반하는 노역은 과할 수 없다는 의미라고 할 수 있는 **우리 헌법 제12조 제1항 후문과 같은 취지**라고 할 수 있다. 그렇다면 **강제노역금지에 관한 위 규약과 우리 헌법은 실질적으로 동일한 내용을 규정하고 있다 할 것이므로, 이 사건 심판대상 규정 또는 그에 관한 대법원의 해석이 우리 헌법에 위반되지 않는다고 판단하는 이상 위 규약 위반의 소지는 없다 할 것이다.**

그 이후 대법원은 "쟁의행위로서의 파업이 언제나 업무방해죄에 해당하는 것으로 볼 것은 아니고 전후 사정과 경위 등에 비추어 사용자가 예측할 수 없는 시기에 전격적으로 이루어져 사용자의 사업운영에 심대한 혼란 내지 막대한 손해를 초래하는 등으로 사용자의 사업계속에 관한 자유의사가 제압·혼란될 수 있다고 평가할 수 있는 경우에 비로소 그 집단적 노무제공의 거부가 위력에 해당하여 업무방해죄가 성립한다고 봄이 상당하다"고 하여 기존 판례를 변경(대판 2007도482)하였다.

이 판결에 대해 헌법재판소는 구체적인 사안에서 쟁의행위가 업무방해죄로 처벌될 수 있는지 여부는 법원이 판단할 사항이나, 헌법 제33조에 의하여 보장되는 근로자의 단체행동권의 보호영역을 지나치게 축소(헌법상 기본권의 보호영역을 하위 법률을 통해 지나치게 축소)시켜서는 아니될 것이라고 판시하였다(헌재 2009헌바168).

나. 법률적 효력의 조약과 국내법적 효력

법률적 효력을 갖는 조약은 헌법보다 하위의 효력을 가지지만 국내의 명령이나 규칙 및 조례 등 보다는 상위의 효력을 갖는다. 따라서 법률적 효력을 갖는 조약은 위헌법률심판이나 헌법소원심판에서 위헌판단 기준(헌법만이 가능)이 될 수 없다. 헌법재판소는 '아시아·태평양지역에서의 고등교육의 수학, 졸업증서 및 학위인정에 관한 지역협약'은 '그 법적지위가 헌법적인 것은 아니며 법률적 효력을 갖는 것이라 할 것이므로 예비시험 조항의 유무효에 대한 심사척도가 될 수 없다'고 보았다(헌재 2002헌마611). 또한 헌법재판소는 마라케쉬협정(조약)도 국내 법률과 같은 효력을 갖는다고 보았다(헌재 97헌바65).

> **❗ 판례** | 행정협정의 국내법적 효력 – 헌재 1998.11.26. 97헌바65(합헌)
>
> **마라케쉬협정도 적법하게 체결되어 공포된 조약이므로 국내법과 같은 효력**을 갖는 것이어서 그로 인하여 새로운 범죄를 구성하거나 범죄자에 대한 처벌이 가중된다고 하더라도 이것은 국내법에 의하여 형사처벌을 가중한 것과 같은 효력을 갖게 되는 것이다.

다. 조약과 조례와의 국내법적 효력

국회의 동의를 받은 조약은 법률과 같은 효력을 가지고 국회의 동의를 받지 않는 조약은 명령과 같은 효력을 갖는다. 따라서 명령보다 하위에 있는 조례보다는 조약이 우선 적용되는 것이다.

대법원은 초·중·고등학교 급식을 위해 그 지방자치단체에서 생산되는 우수농산물을 우선적으로 사용하도록 하고 우수농산물을 사용하는 자에 대한 지원을 내용으로 하는 지방자치단체 조례는 '1994년 관세 및 무역에 관한 일반협정'이 국회의 동의를 얻어 공포·시행된 조약으로 헌법 제6조 제1항에 의하여 국내법령과 동일한 효력을 가지므로 이 협정에 위반되어 그 효력이 없다고 판시하였다(대판 2004추10).

❗ 판례 | 국내법령과 동일한 효력의 조약과 조례 – 대판 2005.9.9. 2004추10(무효)

GATT는 1994.12.16. 국회의 동의를 얻어 같은 달 23. 대통령의 비준을 거쳐 같은 달 30. 공포되고 1995.1.1. 시행된 조약인 WTO협정(조약 1265호)의 부속 협정(다자 간 무역협정)이고, '정부조달에 관한 협정'(Agreement on Government Procurement, 이하 'AGP'라 한다)은 1994.12.16. 국회의 동의를 얻어 1997.1.3. 공포·시행된 조약(조약 1363호, 복수국가 간 무역협정)으로서 각 헌법 제6조 제1항에 의하여 **국내법령과 동일한 효력**을 가지므로 지방자치단체가 제정한 **조례가 GATT나 AGP에 위반되는 경우에는 그 효력이 없다**고 할 것이다.

3) 조약의 사법심사

조약이 국내헌법에 위반되는 경우에 조약의 위헌 여부를 심사할 수 있는가에 대해 견해가 대립된다.

ⅰ) 긍정설은 조약의 효력이 헌법 하위에 있고 또한 국내법과 같은 효력을 가지므로 사법심사의 대상이 되며 다만 조약의 성질에 따라 법률의 효력을 가지는 조약은 헌법재판소가 위헌여부를 심사하고, 명령·규칙의 효력을 가지는 조약은 대법원이 최종적 심사를 한다고 한다(다수설).

ⅱ) 이에 대해 부정설은 조약은 국가 간의 약속으로 국내법과는 달리 고도의 정치성을 띠는 통치행위적 성질을 가지는 것으로, 조약을 규범통제 대상으로 삼는 데는 보다 신중한 태도가 요청된다고 하여 조약은 사법심사의 대상이 될 수 없다고 한다.

생각건대 조약이 헌법에 위반될 경우 헌법우위설에 따라 조약의 위헌 여부를 심사할 수 있다고 본다. 이 경우도 법률과 동일한 효력을 가지는 조약의 경우에는 헌법재판소가 조약의 위헌 여부를 심사하며, 그 조약이 위헌으로 결정된 경우 그 결정이 있은 날로부터 국내적 효력을 상실한다고 보아야 한다.

그리고 명령·규칙과 동일한 효력을 가지는 조약의 경우는 대법원에서 사법적 심사를 하며, 위헌으로 결정된 조약은 당해 사건에 한하여 그 적용이 배제된다 하겠다.

그러나 조약의 효력을 상실시키는 결정을 할 경우 조약체결국과의 관계나 국제적 관계에서의 신용 등을 고려해볼 때 신중을 기해야 하는 문제라 할 것이다.

4. 일반적으로 승인된 국제법규의 국내법적 효력

1) 일반적으로 승인된 국제법규의 의의

일반적으로 승인된 국제법규라 함은 세계 대다수 국가가 승인하고 있는 국제법규를 말한다. 국제법규에는 성문의 국제법규, 불문의 국제관습법, 그리고 우리나라가 당사국이 아니지만 많은 나라들이 가입한 일반적으로 승인된 국제조약이 포함된다.

헌법은 일반적으로 승인된 국제법규에 대해서는 특별한 수용절차를 따로 거치지 않고 국내법으로 직접 편입되게 하고 있다. 이 점은 중요조약이 국회의 동의라는 수용절차를 거쳐서 국내법으로 편입하는 것과는 다르다.

일반적으로 승인된 국제관습법으로는 전시국제법상의 일반원칙(포로의 살해금지, 포로의 인도적 처우 등), 외교관의 대우에 관한 일반원칙, 국내문제 불간섭, 민족자결의 원칙, 조약 준수의 원칙 등이 있다. 그러나 국제연합인권선언이나 포츠담선언 등은 그 자체가 법적 구속력을 가진 것이 아니므로 이에 포함되지 않는다.

일반적으로 승인된 조약으로는 부전조약(1928), 집단학살(genocide)금지협정(1948), 포로에 관한 제네바협정(1949) 등이 있다.

2) 일반적으로 승인된 국제법규의 국내법적 효력

헌법의 해석상 일반적으로 승인된 국제법규는 국내법과 같은 효력을 가지는 경우에 일반적으로 승인된 국제법규도 단계가 있게 된다.

일반적으로 승인된 국제법규 중에는 헌법보다는 하위이나 국내 헌법률과 같은 효력을 가지며 일반적인 법률보다는 우위라고 볼 수 있는 것도 있고 법률·명령·규칙과 같은 효력을 가지는 것도 있을 수 있다.

일반적으로 승인된 국제법규를 국내법으로 편입시키는 특별한 수용절차를 갖지 않는 우리 헌법질서 내에서는 국제법규를 국내법으로 집행·적용하는 데에 있어서 그 효력의 단계를 구별해야하는 어려움이 따른다.

구체적인 경우에 어떤 국제법규가 일반적으로 승인된 것인지, 국제법규가 우리 헌법과 저촉되는 것인지의 여부가 문제가 된 경우에는 그 국제법규의 국내법적 효력을 부인하거나 헌법재판소가 위헌심판을 해서 판단을 하는 경우도 있다. 또한 헌법에는 저촉되지 않는다고 할지라도 국내의 다른 법령과 저촉 여부가 문제될 수도 있어 국제법규가 어떠한 효력을 가지는가를 판단하는 것은 어려운 문제이다.

5. 외국인의 법적 지위의 보장

헌법은 제6조 제2항에 "외국인은 국제법과 조약이 정하는 바에 의하여 그 지위가 보장된다"라고 하여 국제법을 존중하고 국제평화의 유지에 노력하기 위해서 외국인의 법적 지위를 보장하고 있다. 이 경우 국제법은 국제관습법을 의미하는 것이고 조약은 우리나라가 해당국과 체결한 조약을 의미한다.

외국인의 법적 지위에 관하여는 상호주의와 평등주의가 있는데, 각국의 헌법은 외국인의 법적 지위를 상호주의의 원칙에 따라 보장하는 것이 일반적 관례이다.

우리 헌법도 제6조 제2항에서 이러한 상호주의의 원칙을 기본으로 하고 있음을 밝히고 있다. 재한외국인의 지위를 보장하기 위하여 「재한외국인 처우 기본법」이 제정되어 있다.

제8항 평화통일주의

I. 평화통일주의의 지향

1948년 2월 27일 유엔총회의 결의에 따라 5월 10일 가능한 지역 내에서의 총선거를 실시하고, 7월 17일 제정된 헌법은 대한민국이 한반도의 유일한 합법정부임을 천명하였다. 따라서 헌법의 영토조항 "대한민국의 영토는 한반도와 그 부속도서로 한다"(제3조)는 규정은 당연한 논리의 결과였으며, 통일문제에 관해서는 특별한 조항을 두지 않았다.

1972년 7·4 남북공동성명 직후에 채택된 유신헌법이 평화통일조항을 신설한 이래 헌법은 상세한 평화통일의 원칙을 더욱 강조하고 있다. 그리고 1990년에는 「남북교류협력에관한법률」이 제정되고, 1991년에는 「남북사이의화해와불가침및교류협력에관한합의서」(약칭 남북합의서)까지 교환하였다.

남북한이 UN에 동시가입하고 남북합의서 교환으로 평화통일을 위한 정책과, 북한을 사실상의 정부로 인정하는 현실에 있어서 헌법의 영토조항은 유일한 합법정부론의 헌법적 근거조항이라기보다는 오히려 추진하려는 평화통일정책에 걸림돌이 되는 것이 아니냐는 문제가 제기되었다.

II. 헌법상 평화통일주의 헌법규정과 의의

헌법전문에는 평화적 통일의 사명을 규정하고, 제4조는 통일의 지향과 평화적 통일정책의 수립 및 추진을 규정하고 있다, 또한 제66조 제3항은 대통령의 평화적 통일을 위한 성실한 의무를, 제69조에 평화적 통일 노력에 대한 대통령취임에서의 선서, 제92조 제1항에 평화통일정책의 수립에 관한 민주평화통일자문회의 설치와 제72조에 대통령은 필요하다고 인정할 때 외교·국방·통일의 중요정책에 대한 국민투표부의권을 규정하여 통일정책에 대한 민주적 정당성을 확보하게 하고 있다.

이러한 평화통일에 관한 조항은 국민적 합의에 바탕 한 국민의 정치적 결정을 규범화한 것으로, 국가적 목표이며 과제로서 평화통일의 책무를 헌법상 의무화한 것이다.

Ⅲ. 평화통일조항과 영토조항과의 관계

1. 두 조항의 현실적 해석문제

(1) 헌법상 영토조항에 의할 경우 북한은 불법적인 지배를 하고 있는 반국가단체로 될 수밖에 없기 때문에 헌법상 평화적 통일조항과 양립할 수 없게 되어 이 둘 간의 해석문제가 제기된다.

(2) 헌법상 영토조항은 한국헌법의 이해와 적용에 있어서 문제가 없다는 정당화 이론이 주장되어 왔다. 그 논리적 기초로 타국에 대한 침략적 야욕이 없다는 국제평화주의론, 대한민국은 한반도의 유일한 합법정부라는 유일합법정부론, 북한지역은 불법적인 반국가단체가 점령하고 있는 미수복지역론, 대한민국의 정통성을 계승한 것이라는 구한말영토승계론 등에 의해서 북한은 대한민국 영토의 일부라고 본다.

북한은 대한민국의 영토로 대한민국의 헌법은 타당성이 있으나 실효성이 없는 것으로, 이 문제는 평화적 통일이 이루어지면 자연히 해결될 문제로 보는 것이다. 이러한 견해에 의하면 휴전선 이북의 북한은 불법적인 지배를 하고 있는 반국가단체로 이해되게 되고 이는 헌법상 평화적 통일의 원칙과 모순된다.

(3) 따라서 영토조항은 평화통일조항과의 규범적 조화를 위해서 영토조항의 재해석이 불가피하게 된다는 논의가 제시되는 것이다.

평화통일조항을 근거로 1990년에 제정된 「남북교류협력에 관한법률」과, 1991년의 「남북사이의화해와불가침및교류협력에관한합의서」가 교환된 현실로 볼 때 영토조항이 오히려 통일정책에 걸림돌이 된다는 견해도 제기된다. 여기서 영토조항을 현실적인 상황에 부응한 해석이 불가피하다는 견해들이 주장되는 것이다.

ⅰ) 헌법상 영토조항은 그대로 둔 채 다만 변화된 헌법현실에 부응하여 영토조항을 재해석해야 한다는 입장에서 영토조항을 통일한국의 영토조항으로 이해하려고 하는 견해, ⅱ) 평화적 통일을 지향하는 헌법질서에 비추어 경직되고 비현실적인 냉전시대 사고에서 탈피하여 북한을 실제적 통치집단으로 인정할 필요성을 지적하는 견해(독일의 1민족 2국가론), ⅲ) 신법(평화통일조항)이 구법(영토조항)에 우선한다는 견해 등이 그것이다.

2. 국가보안법과 남북교류협력에 관한 법률

영토조항에 근거하고 있는 「국가보안법」은 냉전체제의 법규범이라 하여 그간 폐지논란이 되어 왔으며, 특히 평화통일을 추구하는 현시점에서 「국가보안법」은 이에 역행하는 법이라 하여 위헌론이 제기되어 왔다.

이에 대해 대법원과 헌법재판소는 「국가보안법」에 대하여 합헌성을 인정하고 있다.

이와 같이 영토조항, 평화통일조항, 「국가보안법」이 병존한 가운데 제정된 「남북교류협력에 관한 법률」은 특히 「국가보안법」과 모순되므로 둘 관계의 설정에 대해 논란이 제기되어 왔다.

영토조항과 평화통일조항 간의 규범적 의미와 내용이 서로 양립할 수 없는 관계에 있고, 이에 근거한 「국가보안법」과 「남북교류협력에 관한 법률」이 서로 병존한다 할지라도 대법원은 여전히 「국가보안법」이 규범력을 상실하지 않았다고 보고, 일관되게 북한을 불법단체로 보고 있다,

한편 헌법재판소는 이중적 지위론에 의해 북한을 한편으로는 반국가단체로 규정하면서도 다른 한편으로는 대화와 협력의 동반자로 규정하여 조화적인 해석을 시도하고자 하였다. 이에 대해 상대방을 불법단체이면서 동시에 합법단체라는 모순에 대한 비판이 제기되기도 한다.

3. 영토조항과 평화통일조항의 해석

헌법상 영토조항은 변화된 국내외적 현실에 있어 새로운 시대상황에 적응하지 못하는 면을 담고 있어 보다 전진적인 해석이 불가피하다.

그러나 동일하게 규정되고 있는 헌법조항 간에 도입의 선후로 헌법해석상 우선권을 부여하는 기준이 될 수 없으며, 독일 기본법은 애초부터 서독지역에 한하여 효력을 갖고 있는 것으로 우리와는 다른 것이었고, 통일한국의 영토조항으로 이해하더라도 당면한 현실적인 문제를 해결하는 데는 난점이 있음을 부인할 수 없다. 현실적 해석론도 완전한 수용이 용이한 것은 아니다.

이러한 점에서 볼 때 북한정권을 영토조항을 근거로 반국가단체로 규정하면서도 평화통일조항을 근거로 북한을 대화와 협력의 동반자라는 이중적 성격론에 입각해 있는 헌법재판소의 판례는 이러한 헌법현실을 부분적으로 수용하고자 하는 것으로 평가될 수 있다.

이와 관련하여 분단국가였던 독일의 경우 동·서독 간의 관계를 '1민족 2국가'라는 이론에 기초하여 동·서독 간 기본조약을 체결하고 유엔 동시가입 등을 통해 동독을 국제법

상 외국으로 보지 않고 동독의 실체를 인정한 바 있다.

이는 우리의 헌법현실의 관점에서 볼 때 시사점을 주는 것이라 할 수 있다.

03 헌법의 기본제도

기본이해를 위한 질문
1. 헌법의 기본제도란 무엇인가
2. 정당이란 무엇이며, 정당의 자유와 보호는 어떠하며, 정당해산은 어떻게 이루어지는가
3. 선거제도란 무엇이며, 선거의 기본원칙과 헌법상 선거제도는 어떻게 이루어지는가
4. 공무원은 무엇이며, 직업공무원제도란 무엇인가
5. 교육이란 무엇이며 헌법상 교육제도는 어떻게 이루어지는가
6. 가족제도란 무엇인가

제1절 | 헌법과 기본제도

I. 기본제도의 의의

기본제도란 국민의 공동체 생활을 영위하고 국가의 존속·유지를 위하여 전통적으로 확립된 객관적 제도를 헌법의 수준에서 보장함으로써 당해 제도의 본질을 유지하려는 것을 말한다.

이는 국민의 생활과 국가의 존속에 있어서 중요하며 가치가 있다고 인정되어 헌법적으로 보장할 필요가 있다고 생각되는 국가제도를 헌법에 규정함으로써 장래의 법발전·법형성의 방침과 범주를 미리 규율하려는 데 있는 것이다.

II. 기본제도의 성격

1. 국가내적 권리

기본제도는 원래가 법에 의하여 내용이 형성되고 규율되는 국가내적인 것이다. 이는 제도로서 규정된 이상 법률로써 폐지할 수 없고, 제한을 하더라도 그 본질적 내용을 침해할 수 없다는 것이 헌법적으로 특별히 보장된다.

2. 최소한의 보장

기본제도는 전 국가적인 것이 아니므로 그 구체적인 내용은 법률에 의하여 규율된다. 또한 기본제도에서 헌법이 보장하려는 것은 특정한 제도의 본질적 내용으로 최소한 보장

의 원칙이 적용된다.

따라서 제도의 본질적 내용을 훼손하지 않는 범위 내에서 법률로써 그 제도의 내용을 자유로이 형성할 수 있는 것이다.

3. 재판규범성

기본제도는 단순한 프로그램적 규정이 아니고 객관적인 법규범으로서 사법권을 직접 구속하여 적용되는 재판규범으로서의 성격을 갖는다.

그러나 기본제도는 그 자체를 직접 근거로 하여 개인의 권리보호를 위한 소를 제기할 수 있는 권리보장규범은 아니다. 따라서 헌법재판소에 헌법소원을 제기하는 것은 주관적 권리의 침해가 있을 경우에 가능하다고 할 수 있다.

Ⅲ. 기본권과 기본제도

기본권은 본질적으로 전 국가적·자연권적이어서 최대한의 보장을 요하나, 기본제도는 당해 제도의 본질을 유지하기 위한 최소한의 보장이라는 점에서 기본적인 차이가 있다.

기본제도는 기본권과 관련이 있는 경우도 있지만 반드시 필수적 관련이 있는 것은 아니다. 다시 말하면 기본제도 보장이 기본권 보장과는 직접적 관련이 없이 제도 그 자체만이 독자적으로 보장되는 경우가 있는데(직업공무원제도), 기본권의 객관적 질서로서의 성격을 강조하는 입장에서도 기본제도 보장은 기본권과의 관련성을 부정한다.

또한 특정의 기본권을 확보하기 위한 수단으로서 특정한 제도의 보장이 필요한 경우(선거제도), 특정의 기본권 보장이 동시에 특정한 제도의 보장을 의미하는 경우(사유재산제도), 특정의 제도가 보장됨으로써 보완적 내지 간접적으로 특정의 기본권이 보장되는 경우(복수정당제, 대학자치제도) 등이 있다.

그 밖에 특정한 제도가 선거권·공무담임권·거주이전의 자유 등의 기본권과 일정한 관계가 있다고 할 수 있는 경우(지방자치제도)가 있다.

Ⅳ. 한국헌법과 기본제도

우리 헌법상 기본권과 기본제도를 구분하는 것이 다수설의 견해이나 구체적으로 기본제도로 들고 있는 것은 학자들에 따라 다소 차이가 있다.

헌법상 인정되는 기본제도로는 직업공무원제, 복수정당제, 선거제도, 지방자치제, 교육제도, 재산권의 보장 등을 들 수 있다. 그 밖에 근로자의 노동3권, 혼인제도, 가족제도, 농어민과 중소기업자의 자조조직의 존립보장, 언론·출판·집회·결사제도, 군사제도, 종교단체의 정교분리 등을 드는 견해도 있다.

헌법재판소는 의무교육제도, 대학의 자치권, 직업공무원제도, 지방자치제도 등을 제도 보장으로 보고 있다. 이하에서는 주요한 기본제도를 중심으로 살펴본다.

제2절 헌법의 기본제도

제1항 정당제도

I. 정당제도의 전개

1. 정당제도의 등장 배경

18~19세기의 대의제민주주의를 기반으로 하는 헌법은 국민주권원리, 의원의 국민대 표성과 독립성, 민주적 선거제도 등을 헌법의 기본원리로 규정하였다.

당시 권위적 국가관은 통일되고, 일원적인 국가의사를 전제로 하므로 다원적인 정견의 존재를 전제로 하는 정당과 이념적으로 쉽게 조화될 수 없었고, 획일적이고 순수한 총의 론에 바탕을 둔 루소의 치자와 피치자의 동일성 사상은 정당과 조화되기가 어려웠다. 또 한 무기속위임관계를 강조하는 초기 자유주의 사상은 내부적 규율과 집단의사에 의해 제 약을 받는 정당제도를 수용하기 어려웠다.

그러나 20세기에 들어 정당이 헌법상 중요한 기능을 담당하고 국정운영의 중심이 되어 있는 정당제 민주주의 하에서 과거의 대의제민주주의의 원리는 변질을 가져오게 되었다.

현대에 있어서는 모든 국민이 국가의 정치적 의사형성에 있어서 절대적으로 평등하게 취급되는 것이 요청된다. 이러한 현대적 민주정치에 있어서 실질적으로 정치를 결정하는 것은 공동이익과 공동적 권력추구에 의하여 연결되는 정당에 의해서이다.

라이프홀츠(Leibholz)는 이러한 둘 사이의 상이한 특징에 대해 다음과 같이 말하고 있 다. 대의제민주주의에서 주권적 국민은 이념적 통일체를 의미하고 유권자집단도 선거 때 만 투표에 참가할 뿐이며, 국가권력은 분할되는 것이 특징이다. 또한 선거의 기능은 국민 이 대표를 선출하고 국가기관을 구성하는 의미를 가지고 의원은 전 국민의 대표이므로 무기속위임의 원칙이 존중된다.

그러나 정당제민주주의에서는 주권적 국민이 정당이라는 매개체를 통해 실질적이고 현실적인 행동통일체가 되며, 국가권력은 통합적인 것이다. 또한 선거가 국가기관의 구성 이외에 어느 정당에 국가권력을 담당케 할 것이냐 하는 정부선택을 위한 국민투표제적 성격도 가지며, 의원이 정당에 예속되어 무기속위임원칙은 명목적인 것이 되고 있다고 보았다.

2. 정당제도의 헌법적 수용

트리펠(H. Triepel)은 정당에 대한 헌법의 태도를 다음의 4단계로 구분하였다.

(1) 제1단계는 적대시단계이다. 미국 헌법기초자들과 루소의 반정당 사상이 지배하던 시대의 태도이다. 정당은 국민주권사상에 반대되는 것이라 하여 헌법상 정당에 관한 규정을 두지 않은 것은 물론 정당의 활동에 대하여도 적대시하는 태도를 취하였다.

(2) 제2단계는 무시의 단계이다. 정당에 관한 정치적 현실을 헌법에 명백히 반영하지도 않고 적극적으로 이를 방해하지도 않는 태도로, 의회제도의 초기단계이다.

(3) 제3단계는 승인 및 합법화단계이다. 정치현실에 있어서 정당의 존재가 전제되고 다수결·대의제·자동성의 원리를 위해 정당의 존재가 인정되고 승인된 단계이다. 이는 보통선거·평등선거가 확립된 독일의 바이마르헌법 당시의 태도이며, 한국은 제헌헌법 당시 헌법상 정당조항이 없는 대신에 국회법상 정당조항을 두었던 경우가 이에 해당한다.

(4) 제4단계는 헌법에의 편입단계이다. 정당을 헌법에 적극적으로 규정하여 헌법에 정당의 지위가 보장되고 정당을 국가기관화한 것이다. 이탈리아(1947), 독일(1949), 프랑스(1958)의 헌법 등 각국의 헌법에 정당이 편입되기 시작한 현대정당제 국가를 의미한다.

우리의 경우는 제2공화국헌법에서 최초로 정당규정을 두었고, 제3공화국헌법에서는 초정당국가적 경향을 띠었다. 그러나 제4공화국헌법에서는 정당국가적 경향이 상당히 약화되었다가, 제5공화국헌법에서 정당조항을 추가하여 정당의 지위를 상당히 강화하였고, 제6공화국헌법은 정당의 조직과 활동 이외에 목적도 민주적이어야 함을 추가하였다.

Ⅱ. 정당의 의의

헌법은 제8조 제2항에서 "정당은 그 목적·조직과 활동이 민주적이어야 하며, 국민의 정치적 의사형성에 참여하는 데 필요한 조직을 가져야 한다"라고 정당에 대해 규정하고 있다.

「정당법」 제2조에서는 "정당이라 함은 국민의 이익을 위하여 책임 있는 정치적 주장이나 정책을 추진하고, 공직선거의 후보자를 추천 또는 지지함으로써 국민의 정치적 의사형성에 참여함을 목적으로 하는 국민의 자발적 조직을 말한다"라고 하여 정당의 개념을 규정하고 있다.

따라서 헌법이 인정하는 정당이 되기 위해서는 국가의 존립과 민주적 기본질서를 긍정하고, 국민의 이익을 실현하여야 하며, 정당정책을 보유하고 선거에 참여하며, 국민의 정치적 의사형성에 직접적으로 참여하고, 계속적인 자발적인 조직을 가질 것이 요구된다.

 판례 | 정당의 지위 – 헌재 1996.3.28. 96헌마18 등(기각)

  정치적 결사로서의 정당은 국민의 정치적 의사를 적극적으로 형성하고 각계각층의 이익을 대변하며, 정부를 비판하고 정책적 대안을 제시할 뿐만 아니라, 국민 일반이 정치나 국가작용에 영향력을 행사하는 매개체의 역할을 수행하는 등 현대의 대의제민주주의에 없어서는 안될 중요한 공적 기능을 수행하고 있으므로 그 설립과 활동의 자유가 보장되고(헌법 제8조 제1항) 국가의 보호를 받는다(같은 조 제3항).

Ⅲ. 정당의 법적 성격

1. 정당의 법적 성격

정당은 헌법상 제도로서 보장되어 있지만 그 지위에 관해서는 논란이 있다.

ⅰ) 정당은 단순한 정치적·사회적 결사에 그치는 것이 아니라 헌법이 부여한 일정한 중요 기능을 담당해야 하는 헌법상의 기관을 의미한다는 헌법기관설(국가기관설), ⅱ) 정당은 정치적 의사형성을 하는 헌법적 기능을 행사하나 그 본질은 자유로운 사회적 결사로 보아야 한다는 사법적 결사설, ⅲ) 그리고 정당은 헌법상의 기관은 아니나 국민과 국가 간의 정치적 의사형성에 중개적 역할을 하는 기관이라는 중개적 기관설(제도적 보장설)이 있다.

생각건대 국가기관은 설립에 있어서 엄격한 제한을 받고 공권력을 행사할 수 있으나, 정당은 설립이 자유롭고 단지 국민의 정치적 의사형성에 참여할 뿐이며, 국민과 국가기관 사이에서 중개적 역할을 하는 것에 불과하므로 국가기관이라 보기 어렵다.

또한 정당은 사법적 결사가 가진 이익단체적 성격을 그대로 보유한다고 보기 어려운 국민의 이익을 위해 헌법생활에 참여하고, 헌법에서 특별한 국가적 보호를 규정하고 있는 점 등으로 볼 때 사법적 결사체라 보기도 어렵다.

따라서 정당은 국민의 의사와 국가의사를 매개하는 중개적 기관설로 보는 것이 타당하며, 헌법재판소도 중개적 기관설의 입장을 취하고 있다.

2. 정당의 법적 형태

정당의 헌법상 지위를 중개적 기관설로 볼 경우에도 그 법적 형태를 어떻게 볼 것인가에 대해서도 견해가 갈린다.

즉 ⅰ) 정당의 지위는 정치적 의사형성에 참여하는 단순한 사법상 결사라는 사적·정치적 결사설, ⅱ) 정당은 특수한 지위와 기능이 부여되어 있지만 법적 형태는 민법상의 법인격없는 사단으로 보는 법인격없는 사단설, ⅲ) 정당은 결사로서의 본질을 가지나 사적 결사와는 달리 헌법이 보장하고 국가의 특별한 보호를 받는 헌법제도와 결사의 혼성체설, ⅳ) 헌법기관이 아니면서 일반결사와는 다른 독특한 성격과 기능에 입각하여 '사회영역에 속하는 유일한 예의 공적현상'으로 보는 견해 등이 있다.

이에 대해 헌법재판소는 정당의 법적 형태를 법인격없는 사단으로 보고 있다.

생각건대 정당의 법적 형태의 문제는 정당의 본질에 관련된 문제이기도 하지만 현실적으로 정당 간 또는 정당 내부에서 분쟁이 발생한 경우에 그 분쟁 해결을 공법적 절차가 아닌 사법상의 쟁송절차에 의할 수밖에 없다. 다만, 정당은 일반결사와의 관계에서 볼 때 특별법적 성격을 지니는 점을 고려하여 판단해야 한다고 본다.

! **판례** | 정당의 법적 지위 – 헌재 1993.7.29. 92헌마262(기각)

정당의 법적 지위는 적어도 그 소유재산의 귀속관계에 있어서는 **법인격 없는 사단**으로 보아야 하고, 중앙당과 지구당과의 복합적 구조에 비추어 **정당의 지구당**은 단순한 중앙당의 하부조직이 아니라 어느 정도의 독자성을 가진 단체로서 역시 **법인격 없는 사단**에 해당한다고 보아야 할 것이다.

! **판례** | 정당의 보호(일반결사와 차이) – 헌재 1995.5.25. 95헌마105(기각)

헌법이 **정당**에 대하여 **일반결사와는 다른 특별한 보호와 규제**를 하고 있는 이유는 정당이 "국민이 이익을 위하여 책임 있는 정치적 주장이나 정책을 추진하고 공직선거의 후보자를 추천 또는 지지함으로써 국민의 정치적 의사형성에 참여함을 목적으로" 하여 조직된 단체이고 또 그러한 목적수행에 필요한 조직을 갖추고 있기 때문인 것으로 이해되고(정당법 제1조, 제2조 참조) 반대로 **일반결사**에 대하여 정당의 경우와 같은 헌법상의 보호와 규제가 없는 것은 그러한 단체는 각기 **자기고유의 설립목적이 따로 있고** 국민의 정치적 의사형성에 참여함을 직접 목적으로 하여 조직된 것이 아니며 또 그러한 **의사형성에 참여하는 데 필요한 조직도 갖추고 있지 않기 때문**인 것으로 이해된다.

Ⅳ. 정당의 자유와 복수정당제의 보장

1. 정당설립의 자유

헌법은 제8조에서 정당설립의 자유를 규정하고 복수정당제를 보장하고 있다. 따라서 정당은 그 설립·활동·해산 등의 자유를 가지며, 정당조직의 자유를 포함한다.

정당설립의 허가제는 정당의 자유와 양립할 수 없으므로 허용되지 않는다. 다만, 올바

른 의회정치의 육성과 질서유지를 위하여 필요한 최소한의 일정한 요건을 요하는 등록제
는 허용된다고 본다.

국가의 간섭을 배제하기 위하여 당원명부의 영장 발부(정당법 제24조 제4항), 기부자명단의
비밀 등이 보장되며, 정당에 대한 입당·탈당·잔류·당내의사발표의 자유 등이 인정된다.

「정당법」은 정당발기인 및 당원자격에 관한 규정(법 제22조)을 두고 있는데, 국회의원
선거권자는 누구나 정당발기인 또는 당원이 될 수 있다.

공무원과 교원은 일정한 예외를 제외하고는 그 자격이 인정되지 않는다. 즉 공무원과
교원 가운데 당원자격이 있는 자는 대통령, 국무총리 국무위원, 국회의원, 지방의회의원,
선거에 의하여 취임하는 지방자치단체의 장, 행정보조요원, 국회 상임위원회·예산결산특
별위원회·윤리특별위원회 위원장의 행정보조요원, 국회의원의 보좌관, 비서관·비서, 국
회 교섭단체대표의원의 행정비서관, 국회 교섭단체의 정책연구위원·행정보조요원 및 총
장, 학장, 교수, 부교수, 조교수, 강사 등이다.

2. 정당활동의 자유

헌법은 정당설립의 자유를 규정하고(제8조 제1항), 정당의 목적·조직·활동이 민주적이
어야 한다(동조 제2항)고 명시하고 있다.

정당은 국민의 정치적 의사형성에 참여하는 것을 목적으로 하며, 국민의 정치적 의사
를 조직화하여 직접적인 정치참여를 목적으로 하고 있다.

또한 정당의 조직구성과 의사결정이 당원의 의사를 반영하는 당내 민주성이 요청된다. 「정
당법」에는 민주적인 내부질서를 유지하기 위하여 당원의 총의를 반영할 수 있는 당원협의회
등을 두도록 규정(법 제37조 제3항)하고 있고, 공직선거후보자를 추천하는 때에는 민주적인 절차
에 따라 경선을 실시할 수 있도록 하고 있다(공직선거법 제47조, 제6장의2, 정당법 제28조).

> **❗ 판례** | 정당의 자유 – 헌재 2003.10.30. 2002헌라1(기각)
>
> **정당**은 **국민과 국가의 중개자**로서 정치적 도관의 기능을 수행하여 주체적·능동적으로 국민의 다
> 원적 정치의사를 유도·통합함으로써 국가정책의 결정에 직접 영향을 미칠 수 있는 규모의 **정치적
> 의사를 형성**하고 있다. 구체적으로는 각종 선거에서의 입후보자 추천과 선거활동, 의회에서의 입법
> 활동, 정부의 정치적 중요결정에의 영향력 행사, 대중운동의 지도 등의 과정에 실질적 주도권을 행
> 사한다. 이와 같은 정당의 기능을 수행하기 위해서는 무엇보다도 먼저 정당의 자유로운 지위가 전
> 제되지 않으면 안 된다. 즉, **정당의 자유**는 민주정치의 전제인 자유롭고 공개적인 정치적 의사형성
> **을 가능**하게 하는 것이므로 그 자유는 **최대한 보장**되지 않으면 안 되는 것이다.

3. 복수정당제의 보장

헌법은 정당의 자유로운 설립과 복수정당제의 보장을 규정하고 있다. 자유민주국가에 있어서 일당제가 아닌 복수정당제의 보장은 자유민주적 기본질서의 구성요소이다.

따라서 전체주의국가와 같은 단일한 정당제도는 자유민주적 기본질서에 위배되는 것으로 허용되지 않는다.

V. 정당의 보호와 특권

1. 경제적 보호

정당은 법률이 정하는 바에 의하여 국가의 보호를 받으며, 국가는 법률이 정하는 바에 의하여 정당운영에 필요한 자금을 보조할 수 있다(적극적 보호).

선거에 관한 경비는 법률이 정하는 경우를 제외하고는 정당 또는 후보자에게 부담시킬 수 없다(선거공영제, 소극적 보호). 이와 관련한 법률로 「정치자금법」, 「정당법」, 「공직선거법」이 있다.

정당은 「정치자금법」에 의하여 정치자금을 기부받을 수 있다.

① 정치자금이라 함은 당비·후원금·기탁금·보조금·후원회의 모집금품·기타 부대수익금 등을 말한다(법 제3조).

② 당비는 '명목여하에 불구하고 정당의 당헌·당규 등에 의하여 정당의 당원이 부담하는 금전이나 유가증권 그 밖의 물건'을 말하며 정당은 당원의 정예화와 정당의 재정자립을 도모하기 위하여 당비납부제도를 설정·운영하여야 하며, 당원은 같은 정당의 타인의 당비를 부담할 수 없다.

③ 후원금은 '후원회에 기부하는 금전이나 유가증권 그 밖의 물건'을 말하며, 후원회를 지정할 수 있는 자는 한정되어 있다. 후원인의 연간기부금한도액(2천만원: 법 제11조), 연간모금한도액(법 제12조), 정치자금영수증(법 제17조) 등을 규정하고, 후원금모집방법(법 제14조) 등을 규제하고 집회에 의한 모금을 금지(법 제14조 단서)하고 있다.

그리고 외국인, 국내외 법인 또는 단체는 정치자금을 기부할 수 없도록 규정하고 있다(법 제31조).

> **판례** | 단체의 정치자금 기부 금지 – 헌재 2010.12.28. 2008헌바89; 2012.7.26. 2009헌바298(합헌)
>
> 자금의 모집에 단체가 주도적으로 관여하는 때에는 여러 가지 **직·간접적인 압력으로 개인의 진정한 의사형성을 방해하거나 왜곡할 우려**가 있고, 개인의 정치적 의사형성이 온전하게 이루어질 수 있는 범위에서의 단체의 관여를 일반적·추상적으로 규범화하여 허용하는 것은 입법기술상 곤란할 뿐만 아니라, 개인의 정치적 기본권 보호라는 입법목적 달성에 충분한 수단이라고 보기 어렵다는 점에서, **이 사건 기부금지 조항이 단체의 주도적 관여 아래에 조성된 "단체와 관련된 자금"의 정치자금 기부를 금지하는 것은 목적 달성을 위한 불가피한 조치로 볼 수 있다.**

④ 기탁금은 '정치자금을 정당에 기부하고자 하는 개인이 선거관리위원회에 기탁하는 금전이나 유가증권 그 밖의 물건'을 말하며(법 제3조), 중앙선거관리위원회는 기탁금 모금에 직접 소요된 경비를 공제하고 국고보조금 배분율에 따라 기탁금을 배분·지급한다(법 제23조 제1항).

⑤ 보조금은 '정당의 보호·육성을 위하여 국가가 정당에 지급하는 금전이나 유가증권'을 말하며, 정당보조금 배분에 있어 교섭단체구성 여부에 따라 차등을 두는 것은 합헌으로 보고 있으며(헌재 2004헌마655), 정당보조금지급채권은 양도가 금지된 것으로 강제집행의 대상이 될 수 없다고 보고 있다(대판 2008마1440).

⑥ 국고보조금은 정당에 대한 보조금으로 최근 실시한 임기만료에 의한 국회의원선거의 선거권자 총수에 보조금 계상단가를 곱한 금액을 매년 예산에 계상하여야 한다(정치자금법 제25조 제1항).

또한 임기만료에 의한 지역구국회의원선거, 지역구시·도의회의원선거 및 지역구자치구·시·군의회의원선거에서 여성후보자를 추천하는 정당에 지급하기 위한 보조금(여성추천보조금)으로 최근 실시한 임기만료에 의한 국회의원선거의 선거권자 총수에 100원을 곱한 금액을 임기만료에 의한 국회의원선거, 시·도의회의원선거 또는 자치구·시·군의회의원선거가 있는 연도의 예산에 계상하여야 한다(정당법 제26조 제1항).

국고보조금은 정당의 운영에 소요되는 경비로서 법이 규정한 경비 외에는 사용할 수 없으며, 국고보조금 배분대상정당은 정책의 개발·연구 활동을 촉진하기 위하여 중앙당에 별도 법인으로 정책연구소를 설치·운영하여야 한다(정당법 제38조). 경상보조금을 지급받은 정당은 그 경상보조금 총액의 100분의 30 이상은 정책연구소에, 100분의 10 이상은 시·도당에 배분·지급하여야 하며, 100분의 10 이상은 여성정치발전을 위하여 사용하여야 한다(정치자금법 제28조 제2항).

2. 정당의 특권

헌법 제8조 제4항에는 "정당의 목적이나 활동이 민주적 기본질서에 위배될 때에는 정부는 헌법재판소에 그 해산을 제소할 수 있고, 정당은 헌법재판소의 심판에 의하여 해산된다"라고 규정되어 있다.

정당해산 요건을 일반결사에 비하여 엄격하게 규정하고, 사법절차에 의한 해산제도를 채택하고 있다. 이는 헌법 제21조의 적용을 받는 일반결사가 행정처분에 의해 해산되는 데 반하여, 정당은 국민의 정치적 의사형성에 참여하는 특수한 성격상 이를 특히 보호하고자 하는 것이다.

Ⅵ. 정당의 조직과 의무

1. 정당의 조직

정당의 조직은 민주적이어야 한다. 정당의 조직이 민주적이어야 한다는 것은 정당의 내부에 있어서 그 의사형성, 당원의 권리의무, 당의 운영 등이 민주적이어야 함을 말한다.

또한 국민의 정치적 의사형성에 참여하는 데 필요한 전국적인 조직을 가져야 한다.

1) 실질적 요건

정당은 수도에 소재하는 중앙당과 특별시·광역시·도에 각각 소재하는 시·도당으로 구성된다. 정당은 5 이상의 시·도당을 가져야 하고(정당법 제17조), 시·도당은 1천인 이상의 당원을 가져야 하고, 당원은 시·도당의 관할구역 안에 주소를 두어야 한다(법 제18조).

헌법재판소는 「정당법」 제3조가 지구당·당 연락소를 폐지하고 장래 지구당과 당 연락소의 설치를 금지하는 것에 대해, 이는 정당 활동의 자유를 제한하는 것이기도 하나 위헌은 아니라고 보았다.

정당에 둘 수 있는 유급사무직원의 수는 중앙당은 100인을 초과할 수 없으며 시·도당에는 총 100인 이내에서 각 시·도당별로 중앙당이 정한다(법 제30조 제1항).

2) 절차적 요건

창당준비위원회는 중앙당의 경우에는 200인 이상, 시·도당의 경우에는 100인 이상의 발기인으로 구성된다(법 제6조). 창당준비위원회가 창당준비를 완결한 때에 그 대표자는 중앙선거관리위원회에 정당의 등록을 신청하고(법 제7조), 중앙당이 중앙선거관리위원회에 등록함으로써 정당이 성립된다(법 제4조). 이때 등록의 성격은 허가적 성격이 아닌 확인적 성격이다.

정당의 합당은 대표기관이나 위임기관의 합동회의의 합당결의에 의하여 이루어지며, 신설합당의 경우에는 중앙선거관리위원회에 등록을 해야 하고 흡수합당의 경우에는 신고를 해야 한다. 정당의 합당이 성립한 경우에는 그 시·도당도 합당한 것으로 간주되며, 합당으로 신설 또는 존속하는 정당은 합당 전의 정당의 권리·의무를 승계한다(법 제19조).

2. 정당의 의무

정당은 그 목적·조직과 활동이 민주적이어야 하며, 정치적 의사형성에 필요한 정당조직을 가져야 한다.

「정당법」은 정당의 조직기준을 정하고 정당의 창당준비와 당의 등록·성립 등을 규정하고 있다(법 제4조~제18조). 민주적 기본질서를 긍정하여야 하며, 국가와 헌법을 긍정할 의무가 있다. 정당은 당헌·강령을 공개하여야 하고, 민주적인 내부질서를 유지하기 위하여 당원의 총의를 반영할 수 있는 대의기관 및 집행기관과 소속 국회의원이 있는 경우에는 의원총회를 가져야 한다(법 제29조).

그리고 정당의 공직선거후보자 추천은 민주적이어야 하며, 지구당의 대의기관의 의견이 존중되어야 한다. 공직선거후보자 추천을 위한 당내경선을 실시하는 경우 경선후보자로서 당해 정당의 후보자로 선출되지 아니한 자는 당해 선거의 같은 선거구에서는 후보자로 등록될 수 없다(공직선거법 제57조의2)

또한 후보자추천에서 여성할당제를 두고 정당이 비례대표국회의원선거 및 비례대표지방의회의원선거에 후보자를 추천하는 때에는 그 후보자 중 100분의 50 이상을 여성으로 추천하되, 그 후보자명부의 순위의 매 홀수에는 여성을 추천하여야 하고(법 제47조 제3항, 필수적 추천), 정당이 임기만료에 따른 지역구국회의원선거 및 지역구지방의회의원선거에 후보자를 추천하는 때에는 각각 전국지역구총수의 100분의 30 이상을 여성으로 추천하도록 노력하여야 한다(법 동조 제4항, 임의적 추천).

또한 정당은 강령(또는 기본정책)과 당헌을 공개하여야 하며(정당법 제28조), 정당이 그 소속 국회의원을 제명하기 위해서는 당헌이 정하는 절차를 거치는 외에 그 소속 국회의원 전원의 2분의 1 이상의 찬성이 있어야 한다(법 제33조).

Ⅶ. 정당의 해산

1. 정당해산의 의의와 헌법규정

정당의 해산이란 정당이 일정한 사유로 인하여 그 존속근거를 상실하는 것을 말한다. 정당의 설립의 자유라는 것이 정당의 무한정한 행동의 자유를 인정한다는 것은 아니다. 민주주의를 부인하는 정당은 정당으로서 존재할 수 없으며, 정당은 민주적 기본질서를 존중하는 한에서 정치적으로 그 의의가 있는 것이다.

헌법 제8조 제4항은 "정당의 목적이나 활동이 민주적 기본질서에 위배된 때에는 정부는 헌법재판소에 그 해산을 제소할 수 있고, 정당은 헌법재판소의 심판에 의하여 해산된다"고 하여 강제해산에 관하여 규정하고 있다. 이 규정은 민주적 기본질서와 국가의 긍정과 같은 정당의 의무에 관한 규정인 동시에 또한 정당의 보호에 관한 규정이다.

그리고 제89조 제14호에서 정당해산의 제소에는 국무회의의 심의를 거쳐야 하고, 제111조 제1항 제3호, 제113조 제1항에 헌법재판소가 정당해산의 결의를 할 때에는 재판관 6인 이상의 찬성을 요한다고 규정하고 있다.

2. 정당해산의 종류

정당해산에는 정당이 그 대의기관의 결의로서 해산을 하는 자진해산과 헌법재판소의 심판에 의하여 해산되는 강제해산이 있다.

자진해산을 할 경우 그 대표자는 지체없이 그 뜻을 당해 관할선거관리위원회에 신고하여(정당법 제45조), 선거관리위원회는 등록을 말소하고 이를 공고한다(법 제47조). 또한 정당은 그 목적이나 활동이 민주적 기본질서에 위배된 경우, 정부의 제소와 헌법재판소의 심판결정에 의하여 강제해산된다.

다만 ① 정당의 조직기준 미달, ② 최근 4년간 임기만료에 의한 국회의원선거 또는 임기만료에 의한 지방자치단체장의 선거나 시·도의회의원선거에 참여하지 아니한 때, ③ 임기만료에 의한 국회의원선거에 참여하여 의석을 얻지 못하고 유효투표총수의 2/100 이상을 득표하지 못한 때 당해선거관리위원회가 직권으로 그 등록을 취소하는 경우가 있다(법 제44조). 이는 엄격한 의미의 정당해산이라고는 할 수 없고 정당소멸 사유로 보는 것이 타당하다.

3. 정당해산의 요건

1) 실질적 요건

정당의 목적이나 활동이 민주적 기본질서에 위배되어야 한다.

(1) 정 당

해산의 대상이 되는 정당은 원칙적으로 정당으로서의 등록을 필한 기성정당에 한한다. 정당의 방계조직, 위장정당 등은 일반결사에 불과하고 행정처분에 의해서도 해산될 수 있으므로 여기서의 정당의 범위에서 제외된다.

창당준비위원회가 결성되고 중앙선거관리위원회에 창당준비신고를 마친 결성단계에 있는 정당은 헌법재판의 심판에 의해 해산될 것인가 아니면 행정처분에 의해서도 해산이 가능한가가 문제가 될 수 있다.

이 경우는 창당의 과정에 있는 것으로 실질적으로 정당에 준하여 볼 수 있고, 반대당 결성에 대한 사전방해를 방지하고 정당설립의 자유가 실질적으로 보장될 수 있으므로 기성정당과 동일하게 취급되는 것이 타당하다고 본다.

(2) 목적과 활동

민주적 기본질서에의 위배는 목적과 활동에 의한 것이어야 한다. 목적과 활동의 민주적 기본질서 위배행위를 인식할 수 있는 자료 내지 수단은 정당의 강령과 당헌은 물론 당간부의 연설, 당기관지, 출판물, 선전자료 등이 있고, 정당의 활동에는 당수나 당간부의 행동은 물론 평당원의 행동도 포함된다.

다만, 정당 당원의 정당 정책노선과 다르게 개인적으로 행한 행위는 정당의 행위로 볼 수 없다.

🛈 판례 | 정당의 활동 – 헌재 2014.12.19. 2013헌다1(인용(해산))

정당의 활동이란, **정당 기관의 행위나 주요 정당관계자, 당원 등의 행위로서 그 정당에게 귀속시킬 수 있는 활동 일반을 의미**한다. 여기에서는 정당에게 귀속시킬 수 있는 활동의 범위, 즉 정당과 관련한 활동 중 **어느 범위까지를 그 정당의 활동으로 볼 수 있는지**가 문제된다. 구체적으로 살펴보면, 당대표의 활동, 대의기구인 당대회와 중앙위원회의 활동, 집행기구인 최고위원회의 활동, 원내기구인 원내의원총회와 원내대표의 활동 등 정당 기관의 활동은 정당 자신의 활동이므로 원칙적으로 정당의 활동으로 볼 수 있고, 정당의 최고위원 등 주요 당직자의 공개된 정치 활동은 일반적으로 그 지위에 기하여 한 것으로 볼 수 있으므로 원칙적으로 정당에 귀속시킬 수 있을 것으로 보인다. **정당 소속의 국회의원** 등은 비록 정당과 밀접한 관련성을 가지지만 헌법상으로는 정당의 대표자가 아닌 **국민 전체의 대표자이므로 그들의 행위를 곧바로 정당의 활동으로 귀속시킬 수는 없겠으나,** 가령 그들의 활동 중에서도 국민의 대표자의 지위가 아니라 그 **정당에 속한 유력한 정치인의 지위에서 행한 활동으로서 정당과 밀접하게 관련되어 있는 행위들은 정당의 활동이 될 수도 있을 것이다.**

(3) 민주적 기본질서

민주적 기본질서 규정은 독재주의 정당에 의한 민주주의적 정치질서의 파괴를 방지하기 위하여 반국가적·반민주주의적 정당의 결성과 활동을 막으려는 것이다. 물론 이러한 정당의 활동은 형법 또는 「국가보안법」에 의해서 처벌될 수 있으나, 이는 자연인에 대한 처벌이며 사후적 처벌이다. 이에 대해 헌법 제8조 제4항에 의한 정당의 해산은 정당 그 자체에 대한 처벌이고 또한 반 민주주의적 정당의 활동을 사전에 방지하고자 하는 사전적·예방적 헌법수호라 할 수 있다.

헌법재판소는 통합진보당 사건에서 민주적 기본질서는 "입헌적 민주주의 체제를 구성하고 운영하는 데에 필요한 가장 핵심적인 내용이나 요소를 의미하는 것으로서, 법치주의 원리에 입각한 요소들 중에서 필요불가결한 부분이 중심이 되어야 한다"고 하고 민주적 기본질서의 위배는 "정당의 목적이나 활동이 실질적 해악을 끼칠 수 있는 구체적 위험성을 초래하는 경우"라고 보았다(헌재 2013다1).

> ⚠️ **판례** | 민주적 기본질서 위배의 의미 – 헌재 2014.12.19. 2013헌다1(인용(해산))
>
> 헌법 제8조 제4항에서 말하는 **민주적 기본질서의 위배**란, 민주적 기본질서에 대한 단순한 위반이나 저촉을 의미하는 것이 아니라, 민주 사회의 불가결한 요소인 정당의 존립을 제약해야 할 만큼 그 **정당의 목적이나 활동이 우리 사회의 민주적 기본질서에 대하여 실질적인 해악을 끼칠 수 있는 구체적 위험성을 초래하는 경우**를 가리킨다.

2) 절차적 요건

민주적 기본질서에 위배되는 정당은 정부의 제소와 헌법재판소의 심판에 의해서 해산된다.

(1) 정당해산의 제소

정당해산의 실질적 요건이 구비되면 정부는 국무회의의 심의를 거쳐, 헌법재판소에 그 해산을 제소할 수 있다. 위헌정당의 해산제소권은 행정부 수반인 대통령의 권한에 속하는 것으로, 특정정당에 대한 위헌 여부의 1차적 판단은 정부의 권한이며, 제소 여부는 정부의 자유재량사항이라고 본다.

헌법재판소가 정당의 위헌 여부를 심리한 결과, 위헌결정을 한 경우는 동일한 정당에 대하여 동일한 사유로 다시 제소할 수 없다(일사부재리의 원칙).

(2) 헌법재판소의 해산심판과 결정

헌법재판소는 정당해산심판의 청구를 받은 때에는 청구인의 신청 또는 직권으로 종국결정의 선고 시까지 피청구인의 활동을 정지하는 가처분결정을 할 수 있다. 정당해산심판의 청구가 있는 때, 가처분결정을 한 때 및 그 심판이 종료된 때에는 헌법재판소장은 그 사실을 국회와 중앙선거관리위원회에 통지하여야 한다.

정당해산의 결정은 헌법재판소가 하며, 9인의 재판관 중 7인 이상이 출석·심리하여 6인 이상이 찬성하여야 한다.

정당해산심판은 정당의 위헌성을 인정하는 창설적 효력을 갖는다.

정당해산심판에는 헌법재판소법에 특별한 규정이 있는 경우를 제외하고는 민사소송에 관한 법령을 준용한다.

헌법재판소의 해산결정은 각급 법원은 물론 모든 국가기관을 구속한다.

(3) 해산결정의 집행

헌법재판소의 해산결정이 있으면 그 결정서를 피청구인과 국회·정부·중앙선거관리위원회에 송달하여야 한다. 헌법재판소의 해산결정은 중앙선거관리위원회가 「정당법」에 따라 집행한다. 해산결정의 통지를 받은 중앙선거관리위원회는 등록을 말소하고 그 뜻을 지체없이 공고한다.

이 해산공고는 선언적·확인적 효력에 불과하며, 해산결정의 선고를 받은 정당은 선고와 동시에 불법결사가 된다.

4. 정당해산의 효과

헌법재판소의 해산결정이 있으면 당해 정당은 모든 정당의 특권을 상실한다.

정당의 대표자와 간부는 해산된 정당의 강령과 동일하거나 유사한 대체정당을 창설하지 못하며(법 제40조), 해산된 정당의 명칭과 동일한 명칭을 정당의 명칭으로 다시 사용하지 못한다(법 제41조).

또한 등록취소나 자진해산의 경우에 잔여재산은 당헌이 정하는 바에 따라 처분하지만 (법 제48조 제1항), 헌법재판소의 결정에 의하여 해산된 정당의 잔여재산은 국고에 귀속한 다(법 동조 제2항).

위헌정당으로 해산된 정당소속의원이 자격을 상실하는가에 관해서는 명문규정이 없어 견해가 나눠진다.

이에 대해 「공직선거법」상 "비례대표국회의원 또는 비례대표지방의회의원이 소속정당 의 합당·해산 또는 제명 외의 사유로 당적을 이탈·변경하거나 2 이상의 당적을 가지고 있는 때에는 … 퇴직된다"는 규정을 들어 해산의 경우 의원직을 상실하지 않는다고 주장 하는 견해가 있다.

그러나 여기서의 해산은 정당의 자진해산만을 의미하는 것으로 보아야 한다. 위헌정당 임을 이유로 해산된 정당소속 의원들로 하여금 계속 의원직을 보유하게 하는 것은 정당 제 민주주의 원리에 모순되고, 강제해산 결정을 무의미하게 하기 때문에, 소속의원은 자 격을 상실한다고 보아야 한다.

헌법재판소도 통합진보당 해산결정에서 소속의원들의 의원직은 상실된다고 보았다(헌 재 2013헌다1).

> **⚠ 판례** | 정당의 강제해산과 소속의원직 상실 – 헌재 2014.12.19. 2013헌다1(인용(해산))
>
> 만일 해산되는 위헌정당 소속 국회의원들이 의원직을 유지한다면 그 정당의 위헌적인 정치이념 을 정치적 의사 형성과정에서 대변하고 또 이를 실현하려는 활동을 계속하는 것을 허용함으로써 실 질적으로는 그 정당이 계속 존속하여 활동하는 것과 마찬가지의 결과를 가져오게 될 것이다. 따라 서 해산정당 소속 국회의원의 의원직을 상실시키지 않는 것은 결국 위헌정당해산제도가 가지는 **헌 법수호의 기능이나 방어적 민주주의 이념과 원리에 어긋나는 것**이고, 나아가 **정당해산결정의 실효 성을 제대로 확보할 수 없게 된다.**

이와 같이 헌법재판소의 해산결정으로 해산되는 정당 소속 국회의원의 의원직 상실은 정 당해산심판제도의 본질로부터 인정되는 기본적 효력으로 봄이 상당하므로, 이에 관하여 명 문의 규정이 있는지 여부는 고려의 대상이 되지 아니한다. 즉 그 국회의원이 지역구에서 당 선되었는지, 비례대표로 당선되었는지에 따라 아무런 차이가 없이, 정당해산결정으로 인하 여 신분유지의 헌법적인 정당성을 잃게 되므로 그 의원직은 상실되어야 한다고 본다.

제2항 선거제도

Ⅰ. 선거의 의의와 기능

1. 선거의 의의

선거란 합의에 의한 정치를 구현하기 위해 국민의 대표자를 선출하는 것이다. 선거는 대표자로 하여금 민주적 정당성을 확보하게 함으로써 대의민주주의를 실현시키기 위한 불가결한 수단으로 민주정치의 성패를 결정한다.

또한 선거는 개개의 국민이 선거인단에 참여하는 집합적 합성행위를 말하며, 개개의 국민이 직접 투표에 참가하는 투표행위와는 구별된다. 또한 위에서부터의 국가권력의 선임행위인 임명과도 다르다.

2. 선거의 기능

헌법은 국민주권을 근본으로 하고 있으므로 국가작용은 국민의 의사에 따라 행해져야 한다. 선거는 이러한 국민주권원칙의 실현을 통하여 대표자를 결정하고, 대표자를 교체시킴으로써 정부와 의회의 쇄신을 가능하게 하며, 정권담당자를 교체함으로써 평화적인 민주질서와 정부구성을 가능하게 한다.

하지만 선거가 공정성이 상실될 경우에는 지배자의 지배를 정당화시켜주는 도구로 전락할 우려가 있다. 선거제도는 대의민주주의 이념의 실현을 위한 수단이 되어야지 기관구성의 단순한 기술이 되어서는 안 된다.

Ⅱ. 선거의 법적 성격

1. 선거권과 피선거권

선거권이란 개개의 국민이 선거인단에 참여하여 공무원을 선거하는 권리를 말한다. 선거권의 법적 성격은 개인의 공권인 동시에 공무이다.

선거권에서 문제가 된 것은 선거연령에 관한 것으로, 현행 「공직선거법」에는 만 18세를 기준으로 선거연령을 제한하고 있으며(법 제15조 제1항), 금치산자·수형자 및 선거범 등에 대해서도 선거권을 제한하고 있다(법 제18조).

피선거권이란 선거에 의하여 대통령·국회의원·지방의회의원 등 일정한 국가기관의 구성원이 되는 자격을 말한다. 성별·재산 등에 의해서 차별을 할 수 없으나 성질상 연령제한(대통령은 현재 5년 이상 국내거주, 40세 이상 국민, 국회의원은 25세 이상 국민: 법 제16조),

결격사유(법 제19조) 등에서 선거권의 경우보다 그 요건이 엄격하다. 선거범으로서 형벌을 받은 자에게 일정기간 피선거권을 정지하는 규정, 피선거권 제한과 관련한 겸직금지, 과도한 선거기탁금 등이 피선거권에서 문제가 되었다.

2. 선거인과 당선인과의 관계

선거의 법적 성격과 관련하여서는 선거인과 당선인 간의 법적 유대관계를 인정할 수 있을 것인가의 문제와 이를 인정하는 경우에도 그 구체적인 대표관계가 법적 대표인지 여부에 대해 부정설과 긍정설이 대립된다.

ⅰ) 부정설은 의회의사와 국민의 의사가 항상 일치되는 것은 아니며, 의회의 의사결정은 선거인의 의사와 법적으로 아무 상관없이 이루어지므로 법적 유대관계를 인정할 수 없다는 견해이다, ⅱ) 이에 대해 선거인과 당선인 간의 법적 유대관계를 인정하는 긍정설의 견해에도 ㉮ 선임된 자는 헌법에 규정된 국가권력의 위임을 받아 헌법규정에 따라 국민을 대표하는 관계로 보는 헌법적 대표설과, ㉯ 일정한 법적 유대관계를 인정하더라도 다만 무기속위임 원칙상 법적 대표관계가 아니라 대표자에게 선거인의 의사를 존중해야 할 정치적 책임을 지우는 정치적 대표설이 있다.

헌법 제7조 제1항에서 "공무원은 국민전체의 봉사자이며"라고 하고, 제46조 제2항에서 "국회의원은 국가이익을 우선하여 양심에 따라 직무를 행한다"라고 규정하여 무기속위임을 원칙으로 하고 있는 것으로 보아 정치적 대표설이 타당하다고 본다.

Ⅲ. 선거의 기본원칙

국민주권에 입각한 대의민주주의를 실현시키기 위해 현대 자유민주국가의 대다수는 선거의 기본원칙을 헌법 또는 각종 선거법에 명문으로 규정하여 원칙의 합리적인 운용을 위한 제도적 장치를 마련해 놓고 있다.

선거제도의 기본원칙으로 보통 평등·직접·비밀·자유선거의 원칙을 들고 있는데 이를 선거의 5원칙이라고 한다. 우리 헌법 제41조 제1항과 제67조 제1항에서 선거제도의 기본원칙을 규정하고 있다.

1. 보통선거의 원칙

보통선거는 사회적 신분, 재산적 지위, 신앙, 성별 등에 관계없이 모든 사람에게 선거권 및 피선거권을 인정하는 제도로 제한선거에 대응하는 선거원칙이다.

불평등선거는 선거권은 부여되나 선거권의 내용에 있어서 차등을 두는 것으로 선거권을 부여하지 않은 제한선거와 구별된다. 그러나 보통선거원칙은 합리적 이유가 있는 제한의 경우에는 허용된다.

> **❗ 판례 | 보통선거의 원칙 – 헌재 1999.5.27. 98헌마214(위헌, 기각)**
>
> 민주주의는 참정권의 주체와 국가권력의 지배를 받는 국민이 되도록 일치할 것을 요청한다. 국민의 참정권에 대한 이러한 민주주의적 요청의 결과가 바로 보통선거의 원칙이다. 즉, **원칙적으로 모든 국민이 균등하게 선거에 참여할 것을 요청하는 보통·평등선거원칙은 국민의 자기지배를 의미하는 국민주권의 원리에 입각한 민주국가를 실현하기 위한 필수적 요건이다.** 원칙적으로 모든 국민이 선거권과 피선거권을 가진다는 것은 바로 국민의 자기지배를 의미하는 민주국가에의 최대한의 접근을 의미하기 때문이다.

2. 평등선거의 원칙

평등선거는 모든 선거인의 투표가치가 평등하게 취급되는 선거를 말하며, 차등선거에 대응하는 선거원칙이다.

투표자격의 평등(1인1표제 원칙)은 투표의 수적 평등을 의미하며(one person, one vote), 투표가치의 평등(1인1가제 원칙)은 투표계산에 있어서의 평등을 의미한다(one vote, one value). 또한 기회균등의 보장은 모든 선거참여자나 정당에게 균등한 기회가 보장되어야 함을 의미한다.

그러나 선거에서도 합리적인 이유가 있는 제한은 허용된다. 평등선거원칙의 위반유형으로는 •과도한 기탁금을 요구하는 것(헌재 2000헌마91등), •정당소속의 여부에 따라 기탁금 등의 차등을 두는 경우(헌재 88헌가6), •선거구 간의 인구편차가 2 : 1을 넘는 경우(헌재 2012헌마190 등; 2001년에는 인구편차 3:1 이상(헌재 2000헌마92 등), 1995년에는 인구편차 4:1 이상을 위헌(헌재 95헌마224 등)) 등을 들 수 있으며, 특히 불합리한 선거구획정 등으로 선거구 간에 인구비례나 의원정수배분에 불균형을 초래하는 경우(헌재 95헌마224)에 제한된다.

3. 직접선거의 원칙

선거인이 직접 후보자를 선출하는 원칙으로 간접선거에 대응하는 것이다.

선거권자의 투표를 대신하는 등의 방법에 의해 제3자가 선거에 개입하는 것은 허용되지 않는다. 직접선거의 위반 유형으로는 투표가 끝난 후 전국구후보의 순위나 후보자를 바꾸는 경우에는 직접선거에 위반될 수 있다. 유권자가 선거인단을 선출하고 선출된 선거인단이 최종 선거를 하는 경우 선거인단이 유권자의 의사를 선거에 반영하게 되어 사실상 직접선거에 유사한 결과를 가져오게 되는 경우가 행해지고 있다.

헌법재판소는 과거 전국구 비례대표국회의원선거제도가 비례대표의원선거를 결정하는 투표를 하지 않는 것에 대해 위헌으로 판단한 바 있고(헌재 2000헌마91 등), 이후 유권자는 전국구 비례대표의원선거를 위한 정당에 투표하게 되었다.

> **판례 | 정당의 비례의석확보와 선거권자 결정 – 헌재 2001.7.19. 2000헌마91 등(한정위헌)**
>
> 직접선거의 원칙은 선거결과가 선거권자의 투표에 의하여 직접 결정될 것을 요구하는 원칙이다. 국회의원선거와 관련하여 보면, 국회의원의 선출이나 정당의 의석획득이 중간선거인이나 정당 등에 의하여 이루어지지 않고 선거권자의 의사에 따라 직접 이루어져야 함을 의미한다. 역사적으로 직접선거의 원칙은 중간선거인의 부정을 의미하였고, 다수대표제하에서는 이러한 의미만으로도 충분하다고 할 수 있다. 그러나 비례대표제하에서 선거결과의 결정에는 정당의 의석배분이 필수적인 요소를 이룬다. 그러므로 **비례대표제를 채택하는 한 직접선거의 원칙은 의원의 선출뿐만 아니라 정당의 비례적인 의석확보도 선거권자의 투표에 의하여 직접 결정될 것을 요구하는 것이다.**

4. 비밀선거의 원칙

선거인이 누구에게 투표하였는가를 제3자가 알지 못하게 하는 선거원칙으로 공개선거에 대응하는 것이다. 비밀선거의 보장 방법으로는 무기명투표, 투표용지 관급제, 투표의 비밀, 투표내용에 관한 진술거부제 등이 있다.

타인에게 투표의 공개를 요구하는 행위나 선거인 스스로가 투표를 공개하는 행위는 금지된다. 그러한 공개투표에 의할 경우 매수 위협 등으로 자유롭고 공정한 선거가 기대되기 어렵기 때문이다.

5. 자유선거

직접·간접적인 압력 없이 자유로운 투표가 행해지는 선거원칙이다.

선거의 내용, 선거의 가부까지도 선거인의 임의로운 결정에 맡겨져야 하므로 선거의무를 법률로 규정할 수 없다. 특히 이러한 자유선거의 원칙은 헌법에 명시되지는 않았지만 선거권을 법적 공의무로 보지 않는 것을 전제로 하는 것이다.

이 원칙은 정당한 이유 없이 기권하는 자에게 과태료나 벌금 부과 등 일정한 제재를 가함으로써 선거권의 행사를 공적 의무가 되게 하는 강제선거에 대응하는 것이다.

또한 일반국민에게 일체의 선거운동을 금지하는 것은 자유선거의 원칙에 위반된다.

> **⚠ 판례** | 자유선거의 원칙 – 헌재 1994.7.29. 93헌가4(위헌)
>
> **자유선거의 원칙**은 비록 우리 헌법에 명시되지는 않았지만 민주국가의 선거제도에 내재하는 법 원리인 것으로서 **국민주권의 원리, 의회민주주의의 원리 및 참정권에 관한 규정에서 그 근거**를 찾을 수 있다. 이러한 자유선거의 원칙은 선거의 전 과정에 요구되는 **선거권자의 의사형성의 자유와 의사실현의 자유**를 말하고, 구체적으로는 **투표의 자유, 입후보의 자유, 나아가 선거운동의 자유**를 뜻한다.

Ⅳ. 선거구제와 대표제

현대 자유민주국가에 있어서 대의민주주의의 실천을 위한 선거제도는 한 나라의 정치적 환경에 따라 다양한 양상을 보이고 있다.

그러나 대체로 오늘날 선거제도에 관해서는 선거구획정과 분할을 어떻게 할 것인가, 선거대표제 중 어느 것을 택할 것인가와 관련하여 논의되고 있는데, 이는 한 나라의 정치질서와 정당제도에 큰 영향을 미치게 된다.

1. 선거구제

선거구란 국회의원을 선출하는 단위인 지구를 말한다.

전국을 한 선거구로 하는 기술적인 난점으로 전국을 여러 개의 선거구로 구분할 수밖에 없게 된다. 일반적으로 선거구는 대선거구, 중선거구, 소선거구로 나뉜다.

1) 대선거구

대선거구제란 1선거구에서 5인 이상의 의원을 선출하는 선거구제도를 말한다.

① 장점으로는 사표를 적게 하여 소수대표를 가능하게 하며, 정실투표, 매수 기타 부정투표의 위험성이 적으며, 인물선택의 범위가 넓기 때문에 전국적 인물을 선정할 수 있다. ② 반면에 단점으로는 군소정당의 난립으로 정국이 불안정을 초래할 가능성이 많고, 선거비용지출이 과도하게 되며, 유권자가 후보자의 인격이나 식견을 자세히 알기 어렵고, 보궐선거, 재선거의 실시가 어렵다는 점 등을 들 수 있다.

2) 중선거구

중선구제는 1선거구에서 2인 내지 4인의 대표자를 선출하는 제도이다. 이는 지역구의 과대와 과소에 따르는 결함을 완화할 수 있는 장점이 있으나, 선거인들이 후보자를 선정하는 데 어려움이 있고 선거비용지출이 과다하다는 단점이 있다.

3) 소선거구

소선거구제는 1선거구에 1명의 대표자를 선출하는 제도이다. ① 장점으로는 양대정당제를 확립할 수 있고, 안정다수세력의 형성에 유리한 효과를 확보할 수 있다. 또한 선거인과 의원 간의 거리감을 줄일 수 있으며, 선거인의 대표선택을 용이하게 하는 것을 들 수 있다. ② 반면에 단점으로는 당선인 이외의 자의 획득표는 사표가 되어 사표가 많아지며, 정당의 득표율과 의석의 배분이 불균형하게 된다. 또 지방적 인물이 당선될 가능성이 크며, 매수 기타 등으로 부패가능성이 크다는 점 등을 들 수 있다. 특히 소선거구제에서는 선거구획정에 있어 다수당에 의한 정략적 선거구획정(Gerrymandering)이 문제될 수 있다.

2. 대표제

대표제라 함은 의원정수의 당선결정방법을 말하는데, 일반적으로 대표제의 종류로는 다수대표제·소수대표제·비례대표제·직능대표제·혼합대표제를 들고 있다.

오늘날 각국은 대체로 다수대표제냐, 비례대표제냐 혹은 둘을 절충할 것이냐 그리고 다수대표제를 택한다면 절대다수대표제로 하느냐, 상대다수대표제로 하느냐, 만약 비례대표제를 택한다면 의석배분방법은 어떻게 정할 것인가, 다수대표제와 비례대표제를 절충한다면 그 비율관계는 어떻게 할 것인가 등 처한 특수한 사정에 적절한 선택을 하게 되고 이는 정당제도 및 헌정체제에 큰 영향을 미치게 된다.

1) 다수대표제

다수대표제는 총 유효투표의 다수표를 얻은 자를 당선자로 결정하는 선거제도이다.

이 제도는 시행 결과 나타나는 의회의 안정적 다수파의 확보나 정부의 안정 등의 이점으로 영국·프랑스·미국·캐나다 등에서 가장 성공적으로 채택되고 있다.

다수대표제는 유효투표의 과반수 이상의 득표자만을 당선자로 하는 절대다수대표제와 상대적으로 가장 많은 득표를 한 후보자가 당선자로 결정되는 상대다수대표제가 있다. 절대다수대표제의 경우는 1차 투표에서 투표자 과반수 이상의 지지를 받은 당선자가 나오지 않는 경우 2차 투표로 당선자를 결정하는 것이 보통이다. 프랑스에서는 대통령선거와 하원의원선거에서 절대다수대표제를 채택하고 있으며, 영국과 미국에서는 상대다수대표제를 채택하고 있다.

다수대표제는 특히 소선거구제를 택할 경우 비례대표제에 비해서 선거인 간·선거인과 대표자 간의 유대관계가 보다 용이하고, 양당제도의 확립과 정부의 안정과 정부를 뒷받침해줄 수 있는 다수세력의 형성의 면에서 볼 때, 상대적으로 유리한 제도라 할 수 있다.

그러나 다수대표제는 낙선 후보자에 대한 선거인의 투표는 대의기관의 구성에서 도외시되기 때문에 의사결정과정에서 소수세력의 의사를 충분히 반영할 수 없다는 단점이 있다.

또한 상대다수대표제에서는 정당의 득표율과 의석확보수 사이에 정비례관계가 성립되지 않는 '득표와 의석의 역전현상'이 나타나는 불합리한 결과를 초래할 수도 있는 약점이 있다.

2) 소수대표제

소수대표제란 소수의 득표를 하더라도 당선될 수 있는 제도로 대선거제도에서 나타날 수 있는 제도이다. 여기서 어느 정도의 대표를 소수당에 보장하는가라는 일정한 기준은 없으며 다양한 방법에 의해 소수자에게 대표자로 선택될 수 있는 기회를 제공하고 있다.

3) 비례대표제

(1) 의의 및 장·단점

둘 이상의 정당이 분립되어 있는 경우에 그들 정당의 유효득표수에 비례하여 의원수를 공평하게 배정하려는 제도이다. 이는 각 정당의 득표율에 비례하는 정치적 대의기능을 각 정당에 부여함으로써 대의정의의 이상을 추구하고, 사회의 다양한 이해관계가 그대로 대의기관 구성에 반영되도록 하려는 것이다.

비례대표제는 다수대표제나 소수대표제가 다수나 소수에게 부당하게 유리한 결과를 가져오는 것을 시정하기 위해 고안된 제도로, 다수대표제하에서 선거구 분할의 불균형을 시정할 수 있는 기능을 갖고, 소수정치세력의 의회진출을 용이하게 함으로써 소수의 보호에 이점이 있다고 하겠다.

그러나 비례대표제는 선거과정과 절차가 정당의 일방적인 주도와 영향 하에서 행해지기 때문에 일반대중이 정치에서 소외되기 쉽고, 후보자의 선정과 그 순위결정을 정당의 간부들이 독점하여 금권 등의 부조리가 행해지고, 군소정당의 난립으로 정국의 안정이 어렵게 된다는 문제점을 내포하고 있다.

비례대표제는 소선거구제 하에서 사표로 머물게 되는 군소정당의 의사가 의회의 의석확보로까지 연계시킬 수 있는 장점이 있지만, 역으로 보면 의회 내에 안정적이고 동질적인 다수파의 확보가 어렵다고 볼 수 있다.

그러나 선거제도는 극히 상대적인 성질의 것으로 그 우열을 논하는 것은 그리 간단한 것이 아니다. 선거제도를 논함에 있어서는 무엇보다도 각국의 정치여건 또는 처한 특수사정 등이 우선적으로 고려되어야 할 것이다.

(2) 비례대표제의 구현형태

비례대표제는 비례의 원리에 따른 대의의 실현을 추구하기 때문에 그 구체적인 제도의 구현도 이러한 제도에 맞게 이루어져야 한다.

비례대표제는 다수대표제와는 상이한 점이 많으며, 이는 특히 입후보방식, 의석배분방법 등에서 잘 나타난다.

가. 입후보방식

비례대표제의 전형적인 방식은 정당명부식 입후보방식이다. 이는 선거권자가 정당명부 또는 정당명부상의 후보자에게 투표하도록 하고 각 정당명부의 득표율에 따라 의석을 비례적으로 배분해 주는 것이다.

정당명부식에는 고정명부식·가변명부식·자유명부식 등이 있는데, ① 고정명부식은 명부상의 후보자와 그 순위가 정당에 의해 미리 고정적으로 결정되어 있는 방식, ② 가변명부식은 선거권자가 명부상의 후보자에 대해 그 순위를 변경할 수 있는 방식, ③ 자유명부식은 선거권자가 여러 명부 중에서 후보자를 선택하여 독자적인 명부를 작성할 수 있는 방식이다.

고정명부식 비례대표제에서는 선거인은 하나의 투표권만을 갖고 각 정당이 제시하고 있는 명부 중 한 정당의 명부만을 선택하게 되는데 반하여, 가변명부식의 경우에는 선거인에게 적어도 두 개의 투표권이 주어져서 하나의 투표에는 정당선택을, 또 하나의 투표는 명부 내의 후보자의 선택에 사용하도록 한다.

정당명부식 비례대표제는 사회세력에 상응한 대표관계를 형성할 수 있고, 정당 간 경쟁의 촉진으로 정당정치가 활성화되고, 선거의 정치적 통제기능을 강화시킨다.

반면 안정다수세력의 형성을 어렵게 하고, 정치과정에서 정당이 차지하는 비중이 과도하게 되는 문제점이 있다.

나. 의석배분방법

(가) 비례대표제에서 문제가 되는 것은 의석배분방법이다. 의석배분방법에는 대정당에 유리한 동트(d'Hont)식과 군소정당에 유리한 해어/니마이어(Hare/Niemeyer)식이 있다.

현대적인 비례대표제는 일반적으로 정당명부식 비례대표제를 채택하고 있으며, 국민은 정당이 제시한 합동명부에 투표하고 투표되어진 표수를 당선기수방식이나 제수방식에 의해 당선자를 결정하여 의석을 배분한다.

또한 비례대표제에서 의석배분방법과 관련해서 문제되는 것이 선거에서 일정수 이상의 득표를 했거나 당선자를 낸 정당에게만 의석배분을 하는 이른바 '봉쇄조항'(저지조항)의 문제이다.

이는 군소정당의 난립을 막고 다수세력의 형성을 촉진시키려는 제도로, 군소정당의 난립을 막기 위해서 봉쇄조항을 둘 것인지, 만일 둔다면 비율을 어느 정도로 정하는 것이 투표한 유권자의 평등권을 침해하지 않을 것인지가 문제가 된다.

이와 관련해 헌법재판소는 다음과 같이 판시하고 있다.

> ⚠ **판례** | 봉쇄조항(저지조항)의 평등원칙 위반 여부 – 헌재 2001.7.19. 2000헌마91 등(한정위헌)
>
> 공선법 제189조 제1항은 **지역구국회의원선거에서 5석 이상의 의석을 차지하였거나 유효투표총수의 100분의 5 이상을 득표한 정당에 한하여 지역구선거에서 얻은 득표비율에 따라 비례대표의석을 배분**하고, **지역구선거에서 유효투표총수의 100분의 3 이상 100분의 5 미만을 득표한 정당에 대하여는 비례대표의석 1석을 배분**하도록 하고 있다. 이와 같이 득표율이나 직선의석수 등을 기준으로 비례대표의석배분에 일정한 제한을 가하는 조항을 **저지조항(沮止條項)**이라 한다. 일반적으로 저지조항에 관하여는 비례대표의석배분에서 정당을 차별하고, 저지선을 넘지 못한 정당에 대한 투표의 성과가치를 차별하게 되므로 평등선거의 원칙에 대한 위반여부가 문제된다. 저지조항의 인정여부, 그 정당성여부는 각 나라의 전체 헌정상황에 비추어 의석배분에서의 정당간 차별이 불가피한가에 따라 판단되어야 하는바, 현행 저지조항에서 설정하고 있는 기준이 지나치게 과도한 것인지의 판단은 별론으로 하더라도, 현행 저지조항은 지역구의원선거의 유효투표총수를 기준으로 한다는 점에서 현행 의석배분방식이 지닌 문제점을 공유하고 있다. 일정한 저지선을 두고 이를 하회하는 정당에게 의회참여의 기회를 제한하겠다는 제도는 본질적으로 정당에 대한 국민의 지지도를 정확하게 반영할 것을 전제로 한다. 그런데 **현행 1인 1표제 하에서의 비례대표제 의석배분방식은 위에서 본 바와 같이 국민의 정당에 대한 지지도를 정확하게 반영하지 못하며 오히려 적극적으로 이를 왜곡하고 있다.** 지역구후보자에 대한 지지는 정당에 대한 지지로 의제할 수 없는데도 이를 의제하는 것이기 때문이다. 지역구선거의 유효투표총수의 100분의 5 이상을 득표한 정당이 그만큼의 국민의 지지를 받는 정당이라는 등식은 도저히 성립하지 않는다. 그리하여 실제로는 5% 이상의 지지를 받는

정당이 비례대표의석을 배분받지 못하는 수도 있고, 그 역의 현상도 얼마든지 가능한 것이다. 이와 같이 **국민의 정당지지의 정도를 계산함에 있어 불합리한 잣대를 사용하는 한 현행의 저지조항은 그 저지선을 어느 선에서 설정하건 간에 평등원칙에 위반될 수밖에 없다.**

이 결정 이후 100분의 5 저지요건을 100분의 3으로 낮춰 저지비율 요건을 완화하였다.

(나) 현행 「공직선거법」은 임기만료에 따른 국회의원선거에서 전국 유효투표총수의 100분의 3 이상을 득표한 정당이나 임기만료에 따른 국회의원선거에서 5석 이상의 의석을 차지한 정당에 비례대표국회의원의식을 배분하도록(법 제189조 제1항) 저지조항을 두고 있다.

비례대표국회의원선거에서 각 의석할당정당배분의석수(연동배분의석수)는 비례의석할당정당들 각각 비례대표국회의원선거에서 얻은 득표율에 따라 배분된다(법 동조 제2항). 비례대표국회의원선거의 득표비율은 각 의석할당정당의 득표수를 모든 의석할당정당의 득표수의 합계로 나누어 산출한다(법 동조 제3항).

「공직선거법」에서는 비례대표국회의원선거 의석배분에 있어서 비례대표제의 단점을 보완하기 위해 각 정당할당비례대표의석을 정당투표득표율과 지역구당선인을 연관지어 산정하는 연동제(독일의 연동제에 못 미친다 하여 준연동제라 부름)를 도입하였다.

(다) 현행 비례대표 지방의회의원선거에서도 비례대표제를 채택하고 있다. 이에 따라 비례대표지방의회의원선거에서 일정 수 이상(유효투표총수의 100분의 5)을 득표한 정당에 대하여 당해 선거에서 얻은 득표율에 비례하여 의석을 배분한다(법 제90조의2 제1항).

비례대표시·도의원선거에 있어서는 하나의 정당에 의석정수의 3분의 2 이상의 의석이 배분되지 않도록 하는 배분상한제를 두고 있다. 한 정당의 의석정수가 3분의 2 이상의 의석이 배분될 경우 그 정당에 3분의 2에 해당하는 수의 정수의 의석을 먼저 배분하고 잔여의석은 나머지 의석할당정당에 배분한다(법 동조 제2항).

3) 혼합대표제

오늘날 선거제도 중 다수대표제와 비례대표제를 혼합하여 선거제도를 채택하는 혼합대표제 방법을 채택하고 있다. 독일은 비례대표제를 기본으로 하고 지역구에서 상대적다수대표제를 추가하는 혼합대표제를 채택하고 있고, 일본은 지역구에서 상대적다수대표제로 의원을 선출하고 비례대표의원은 명부식비례대표제에 의해 선출하는 혼합대표제(병렬식)를 채택하고 있다.

우리나라도 지역구 국회의원선거에서 상대적다수대표제와 전국선거구의 비례대표제로 선출하는 혼합대표제를 실시하고 있다. 그리고 광역지방의회의원선거에서 다수대표제와 비례대표제, 기초지방자치의회의원선거의 경우 소수대표제와 비례대표제를 채택하고 있다.

4) 직능대표제

직능대표제란 선거인단을 각 직능별로 분할하여 그 직능을 단위로 지역을 대표를 선출하는 제도로 지역대표제에 대응하는 것이다. 지역대표제가 지역을 대표하는 의원을 선거하는 것을 목적으로 하는데 비해 직능대표제는 그 직역을 대표하는 의원을 선발하는 제도이다.

V. 헌법상 선거제도

1. 선거제도의 원칙

우리 헌법은 제1조 제2항에서 국민주권의 원리를 선언하고, 제24조, 제25조에서는 국민에게 국정참여의 대전제로서 선거권과 피선거권 등의 참정권을 부여하고 있다. 그리고 그 기초 위에서 제41조 제1항, 제67조 제1항에 선거의 기본원칙으로 보통·평등·직접·비밀선거의 원칙을 규정하고 있다.

2. 국회의원 선거제도

국회의원은 국민의 보통·평등·직접·비밀선거에 의해 선출되며, 의원정수는 법률로 정하되 200인 이상이어야 한다.

국회의원은 선거구와 비례대표제에 의해 선출되는데, 지역구에서는 1선거구에서 1인의 국회의원을 선출하는 소선거구제와 다수대표제를 채택하고 있다.

전국구의 의석배정은 중앙선거관리위원회가 비례대표국회의원선거에서 유효투표총수의 100분의 3 이상을 득표하였거나 지역구국회의원총선거에서 5석이상의 의석을 차지한 정당에 대하여 당해 의석할당정당이 비례대표국회의원선거에서 얻은 득표비율에 따라 비례대표국회의원의석을 배분한다.

3. 대통령 선거제도

현행헌법은 대통령을 국민의 보통·평등·직접·비밀선거에 의해 선출하도록 하고 있다. 대통령후보자가 1인일 때에는 그 득표수가 선거권총수의 3분의 1 이상이 아니면 당선될 수 없으며, 최고득표자가 2인 이상인 때에는 국회의 재적의원 과반수가 출석한 공개 회의에서 다수표를 얻은 자를 당선자로 한다.

4. 지방의회의원 및 지방자치단체장 선거제도

지방의원선거는 시·군·구의 기초의회의원과 시·도의 광역의회의원 선거가 있으며, 지방의회의원 뿐만 아니라 지방자치단체장도 주민이 직접 선출한다.

지방의회의원과 지방자치단체장의 선거는 상대다수대표제(당해 선거구에서 유효투표의 다수를 얻은 자 순으로 의원정수에 이르는 자가 당선인으로 결정, 최고득표자가 2인 이상일 때 연장자를 당선인으로 결정: 법 제190조)에 따른다.

비례대표지방의회의원선거에 있어서는 당해 선거구선거관리위원회가 유효투표총수의 100분의 5 이상을 득표한 각 정당(의석할당정당)에 대하여 당해 선거에서 얻은 득표비율에 비례대표지방의회의원정수를 곱하여 산출된 수의 정수의 의석을 그 정당에 먼저 배분하고, 잔여의석은 단수가 큰 순으로 각 의석할당정당에 1석씩 배분하되, 같은 단수가 있는 때에는 그 득표수가 많은 정당에 배분하고 그 득표수가 같은 때에는 당해 정당 사이의 추첨에 의한다(법 제190조의2 제1항).

5. 한국의 선거관리제도

1) 선거관리위원회

헌법은 선거운동의 공정한 관리를 위하여 선거관리위원회를 두고 있다. 헌법 제114조는 선거의 공정한 관리가 민주정치의 가장 중요한 요소임을 감안하여 중앙선거관리위원회를 헌법기관으로 규정하고, 각급선거관리위원회의 조직과 직무범위 등에 관한 규정을 법률에 위임하고 있다.

중앙선거관리위원회는 법령의 범위 안에서 선거관리·국민투표관리 또는 정당사무에 관한 자치입법인 규칙을 제정할 수 있고, 선거사무와 정당에 관한 사무를 통할·관리하며 각급선거관리위원회를 지휘·감독한다. 각급선거관리위원회는 법령이 정하는 바에 따라 그 권한에 속하는 사무를 관리하며 하급선거관리위원회를 지휘·감독한다.

2) 선거에 관한 소송

선거가 선거법에 위반하여 불공정하게 행해진 경우에는 이를 시정하기 위하여 선거관계자가 소송을 제기할 수 있다. 이는 일종의 민중소송으로 특수한 행정소송의 범주에 속한다.

선거에 관한 소송으로는 선거자체의 효력을 다투는 선거소송과 당선의 효력을 다투는 당선소송이 있다. 특히 지방의회의원 및 지방자치단체장의 선거의 선거에 관한 소송에 있어서는 사전에 소청을 할 수 있다.

(1) 선거·당선소청

지방의회의원 및 지방자치단체의 장의 선거에 있어서 ⅰ) 선거의 효력에 관하여 이의가 있는 선거인·정당 또는 후보자는 선거일부터 14일 이내에 당해 선거구선거관리위원회위원장을 피소청인으로 하여 ① 지역구시·도의원선거(지역구세종특별자치시의회의원선거 제외), 자치구·시·군의원선거 및 자치구·시·군의 장 선거에 있어서는 시·도선거관리위원회에, ② 비례대표시·도의원선거, 지역구세종특별자치시의회의원선거 및 시·도지사선거에 있어서는 중앙선거관리위원회에 소청할 수 있다(법 제219조 제1항).

지방의회의원 및 지방자치단체의 장의 선거에 있어서 ⅱ) 당선의 효력에 관하여 이의가 있는 정당 또는 후보자는 당선인 결정일부터 14일 이내에 제52조 제1항부터 제3항까지(등록무효) 또는 제192조 제1항부터 제3항까지의 사유(피선거권 상실로 인한 당선무효)에 해당함을 이유로 하는 때에는 당선인을, 제190조(지역구지방의회의원당선인의 결정·공고·통지) 내지 제191조(지방자치단체의 장의 당선인의 결정·공고·통지)의 규정에 의한 결정의 위법을 이유로 하는 때에는 당해 선거구선거관리위원회위원장을 각각 피소청인으로 하여 ① 지역구시·도의원선거(지역구세종특별자치시의회의원선거 제외), 자치구·시·군의원선거 및 자치구·시·군의 장 선거에 있어서는 시·도선거관리위원회에, ② 비례대표시·도의원선거, 지역구세종특별자치시의회의원선거 및 시·도지사선거에 있어서는 중앙선거관리위원회에 소청할 수 있다(법 동조 제2항).

(2) 선거소송

선거인·정당·후보자·소청인(지방의회의원 및 지방자치단체장의 선거)은 원고의 자격으로 선거소송을 제기할 수 있으며, 당해 선거구선거관리위원장(대통령의 경우에는 중앙선거관리위원장)을 피고로 하고, 대통령·국회의원·비례대표시·도의원, 시·도지사의 선거소송은 대법원에 선거소송을 제기한다. 그리고 기타(지역구시·도의원, 자치구·시·군의원, 자치구·시·군의 장선거)의 선거소송은 고등법원에 선거소송을 제기한다.

(3) 당선소송

피선거권상실, 개표의 부정·착오 등을 이유로 당선의 효력을 다투는 경우에 정당·후보자·소청인(지방의회의원 및 지방자치단체장의 선거)은 당선소송을 제기할 수 있다.

① 대통령선거의 경우에는 당선인(등록무효, 피선거권상실로 인한 당선무효를 사유로 하는 경우)을 결정한 중앙선거관리위원회위원장 또는 국회의장(비례대표의석 배분, 재배분, 당선인 의결정·공고·통지 등의 위법을 사유로 하는 경우) 중 1인을 피고로 하여, ② 국회의원선거의 경우에는 당선인(등록무효, 피선거권상실로 인한 당선무효 등을 사유로 하는 경우)이 당해 선거 구선거관리위원장(당선인의 결정·공고·통지 등의 위법을 사유로 하는 경우)을 피고로, ③ 지방 의회의원 및 자치단체장 선거의 경우는 당선인(기각, 각하결정 시), 선거구선거관리위원장 (인용결정 시)(비례대표지방의회의원의석의 재배분, 당선인의 결정·공고·통지 등의 위법을 사유로 하 는 경우) 중 1인을 피고로 하여 소송을 제기할 수 있다.

이때 당선인이 사퇴·사망·당선효력상실·당선무효로 된 경우에는 대통령선거의 경우 는 법무부장관을 피고로, 국회의원·지방의회의원·지방자치단체장의 선거의 경우는 관할 고등검찰청검사장을 피고로 하여, 대통령·국회의원·비례대표시·도의회의원, 시·도지사 의 당선소송은 대법원에, 기타 당선소송은 고등법원에 당선소송을 제기할 수 있다(법 제 223조 제1항, 제2항).

6. 선거운동과 선거비용

1) 선거운동과 그 제한

선거의 민주성은 자유로운 선거운동을 통하여 실현될 수 있다. 자유로운 선거운동은 자유로운 선거로 연결된다. 선거에 출마한 자나 선거운동을 하는 자 모두가 자유로운 선 거운동을 실천할 때 유권자들이 바른 판단을 내리는 것을 가능하게 해준다.

자유로운 선거 못지않게 중요한 것은 공정한 선거이다. 선거가 공정하게 이루어질 때 선거의 정당성이 확보될 수 있다. 공정한 선거운동을 통해서만이 유권자는 공정한 판단을 할 수 있고 올바른 후보자를 선택할 수 있다.

선거법은 자유선거운동을 보장하되 선거의 공정성을 확보하기 위해서 일정한 경우 선 거운동을 제한하고 있다.

선거운동의 경우 「공직선거법」 제58조에 선거운동이라 함은 당선되거나 되게 하거나 되지 못하게 하기 위한 행위로 규정하고, 제59조에 "선거운동은 후보자등록 마감일의 다 음날부터 선거일 전일까지에 한하여 이를 할 수 있다"라고 선거운동기간을 명시적으로 규정하여 제한을 하고 있다.

선거운동을 하는 인적 범위에 있어서도 과거에 비해 확대되었다. 「공직선거법」 제60조에 는 일정한 신분에 있는 자(각급선거관리위원회위원 또는 교육위원회의 교육위원, 다른 법령의 규정에 의하여 공무원의 신분을 가진 자, 「공공기관의 운영에 관한 법률」 제4조 제1항 제3호에 해당하는 기관 중 정부가 100분의 50 이상의 지분을 가지고 있는 기관(한국은행을 포함한다)의 상근 임원, 「농업협동조합법」·「수산업협동조합법」·「산림조합법」·「엽연초생산협동조합법」에 의하여 설립된 조합의 상근 임원과 이들 조합의 중앙회장, 「지방공기업법」 제2조(적용범위)에 규정된 지방공사와 지방공단의 상근 임원, 「정당법」 제22조 제1항 제2호의 규정에 의하여 정당의 당원이 될 수 없는 사립학교교원, 예비군 중대장급 이상의 간부, 통·리·반의 장 및 읍·면·동주민자치센터에 설치된 주민자치위원회위원, 특별법에 의하여 설립된 국민운동단체로서 국가 또는 지방자치단체의 출연 또는 보조를 받는 단체(바르게살기운동협의회·새마을운동협의회·한국자유총연맹)의 상근 임·직원 및 이들 단체 등(시·도조직 및 구·시·군조직 포함)의 대표자, 선상투표신고를 한 선원이 승선하고 있는 선박의 선장: 제53조 제1항 제2호~제7호))를 제외한 모든 사람에게 선거운동을 할 수 있게 하고 있다.

그 외에도 「공직선거법」은 선전벽보의 개수, 선거공약서 면수 제한 등, 어깨띠 등 소품, 신문·방송광고, 후보자 등의 방송연설 등, 연설·대담·토론회 개최, 선거운동정보의 전송제한, 인터넷언론사 게시판·대화방 등 실명확인, 공무원 등의 선거관여 등 금지, 확성장치와 자동차 등 사용제한, 영화 등을 이용한 선거운동 금지, 녹음기 등 사용금지, 야간연설 등의 제한, 각종 집회 등 제한, 호별방문제한, 단체의 선거운동 금지, 서명·날인운동의 금지, 여론조사의 결과공표 금지, 정책·공약에 관한 비교평가결과 공표 제한, 서신·전보 등에 의한 선거운동 금지, 후보자 등 비방금지, 의정활동 보고, 기부행위 제한 등을 규정하여 선거운동에 대해 제한을 두고 있다.

2) 선거비용과 그 규제

선거를 잘 운영하기 위해서는 선거비용의 합리적인 조달과 지출이 요청된다.

헌법 제116조 제2항에 "선거에 관한 경비는 법률이 정하는 경우를 제외하고는 정당 또는 후보자에게 부담시킬 수 없다"라고 선거공영제를 규정하고, 이를 「공직선거법」과 「정치자금법」 등에서 구체화하고 있다.

선거공영제원칙에 의해 선거비용의 국고부담을 헌법이 규정하고 있지만 「공직선거법」 제120조 등에서 선거운동비용을 후보자 및 정당의 부담으로 돌리고 있는 실정이다.

「공직선거법」 제122조에 공고된 선거비용제한액의 200분의 1 이상을 초과 지출한 정당·후보자·선거사무장·선거연락소장·회계책임자 또는 회계사무보조자는 5년 이하의 징역 또는 2천만원 이하의 벌금에 처하도록 하고 있고(법 제258조), 「공직선거법」 제122조에 공고된 선거비용제한액의 200분의 1 이상을 초과지출한 이유로 선거사무장, 선거사무소의 회계책임자가 징역형 또는 300만원 이상의 벌금형의 선고를 받은 때에는 그 후보자의 당선은 무효로 한다(법 제263조 제1항).

당선인이 「정치자금법」 제49조(선거비용관련 위반행위에 관한 벌칙)의 죄를 범하여 징역 또는 100만원이상의 벌금형의 선고를 받은 때 또는 선거사무장·선거사무소의 회계책임자·후보자의 직계존비속 및 배우자 「공직선거법」 및 「정치자금법」 위반으로 징역형 또는 300만원 이상의 벌금형을 선고받은 때 그 후보자의 당선은 무효로 한다(법 제264조, 제265조).

「정치자금법」은 제34조에 선거비용에 대한 출납책임을 규정하고, 제36조 및 제40조는 수입·지출의 보고의무, 제37조와 제44조는 회계장부 등의 비치와 인계·보존을 규정함으로써 선거비용의 사용을 통제하도록 하고 있다.

제3항 공무원제도

I. 공무원의 의의와 범위

1. 공무원의 의의

공무원이라 함은 직접·간접으로 국민에 의하여 선출 또는 임용되어 국가·공공단체와 공법상 근무관계를 맺고 공공적 업무를 담당하고 있는 자를 말한다.

공무원은 최광의·광의·협의·최협의의 공직자로 분류할 수 있다. ① 최광의로는 국가·공공단체 등 모든 공법상의 단체·영조물·재단 등에서 공무를 수행하는 모든 인적 요원을 총칭하는 개념이며, ② 광의로는 공무원을 비롯해서 근무계약관계에 있는 공직자·법관·직업군인과 병역복무 중의 군인 등이 포함된다. ③ 그리고 협의로는 공무원 및 근무계약에 의한 공직자만을 의미하고, ④ 최협의로는 공무원만을 지칭하는 개념으로 이해할 수 있다.

그러나 일반적으로 공무원제도에서 말하는 공무원은 협의의 공무원을 지칭하는 것이고, 직업공무원제도는 최협의의 공직자를 전제로 하고 있다.

그리고 헌법 제7조 제1항에서의 공무원은 최광의의 공무원을, 제2항에서의 공무원은 최협의의 공무원을 뜻한다.

2. 공무원의 범위

공무원에 관한 일반법인 「국가공무원법」과 「지방공무원법」은 공무원을 국가공무원과 지방공무원, 경력직공무원과 특수경력직공무원 등으로 대별하고 있다.

① 경력직공무원이란 실적과 자격에 의하여 임용되고 신분이 보장되는 공무원으로 직업공무원제도의 공무원이 이에 해당한다. 이에는 일반 행정직·기술직공무원 등의 일반직공무원과 법관·검사·경찰·의무·교육·군인·소방관 등의 특정직공무원 및 철도공무원 등의 기능직공무원 등이 있다.

② 한편 특수경력직공무원이라 함은 경력직공무원 이외의 공무원을 말한다. 이에는 대법원장·국무총리·국무위원·장·차관·헌법재판소장과 헌법재판관·감사원장·감사위원 등의 정무직공무원·전문위원·비서관·국가정보원의 기획실장 등 별정직공무원·계약직공무원·노동위원회위원 등 전문직공무원·단순노무직 종사자 등의 고용직공무원 등이 있다.

II. 공무원의 헌법상 지위

1. 국민전체에 대한 봉사자

국민 전체의 이익을 위한 봉사자로서의 공무원은 최광의의 공무원을 의미한다. 따라서 모든 공무원이 이에 해당하며 특히 선거직 공직자와 일시적으로 공무를 위탁받아 종사하는 자도 포함한다. 이때 공무원과 국민과의 관계에 대해서는 헌법적 대표설과 이념적 대표설이 주장되고 있으나, 무기속위임의 원칙, 국민소환제도의 불인정 등으로 미루어 볼 때 헌법적 대표관계가 아니라, 윤리적·정치적 의미에서의 이념적 대표관계로 보는 것이 타당하다.

지방공무원의 경우에도 지방 지역사회의 독자적인 이익을 위하여만 활동하여서는 안 되며 국민전체의 이익을 위하여 봉사하여야 한다.

> **판례** | 공무원의 국민에 대한 봉사자 – 헌재 1993.9.27. 92헌바21(합헌)
>
> 국민주권주의와 국민의 기본권 보장을 양대 지주로 하고 있는 우리나라의 **헌법이념상 공무원**은 과거와 같이 집권자에의 충성관계나 관료적인 공리(公吏)로서가 아니라 국민의 수임자로서 **국민에게 봉사하는 것을 본래의 사명**으로 하고 **전문적 기술적 행정을 담당함을 그 목적으로 하는 기관**이라는 의미에서 **공무원 제도**는 민주성과 중립성, 전문성, 능률성을 가진 **직업공무원**임을 **특질**로 하는 것이다.

2. 공무원의 책임

헌법 제7조 제1항 후문은 "공무원은 국민에 대하여 책임을 진다"고 하여 공무원책임에 관해 규정하고 있다.

이 책임의 성질에 관하여는 ⅰ) 헌법적 책임(법적 책임)으로 보아야 한다는 헌법적 책임설(법적 책임설), ⅱ) 법적 위임관계를 인정할 수 없고 공무원에 대한 국민소환제가 인정되지 않으므로 정치적·윤리적 책임으로 보아야 한다는 정치적·윤리적 책임설, ⅲ) 공무원의 책임범위는 공직자의 유형에 따라 개별적으로 달리 판단하여야 한다는 개별적 검토설 등이 주장되고 있다.

생각건대 공무원에 대한 국민의 파면권이 인정되지 않는 현행헌법의 해석상 공무원의 국민에 대한 책임은 윤리적·정치적 책임으로 보아야 한다.

헌법은 직접적 책임제도인 국민소환제는 인정하지 않으며, 간접적 책임제도만 인정하고 있다. 이러한 간접적 책임제도는 성격에 따라 정치적 책임과 법적 책임으로 분류된다. 정치적 책임은 선거를 통한 책임, 해임건의, 공무원의 처벌에 대한 청원 등이 있으며, 법적 책임은 고위공무원에 대한 탄핵심판, 손해배상책임, 공무원의 직무상 행위에 대한 징계·변상·형사책임제도 등이 있다.

Ⅲ. 직업공무원제의 보장

1. 직업공무원제의 의의

직업공무원제라 함은 정당국가에 있어서 정권교체에 관계없이 행정의 독자성을 유지하기 위한 것으로 헌법 또는 법률에 의하여 공무원의 신분이 보장된 공무원제도를 말한다.

헌법 제7조 제2항의 "공무원의 신분과 정치적 중립성은 법률이 정하는 바에 의하여 보장된다"는 조항은 국민주권주의를 바탕으로 한 직업공무원제도를 보장하는 규정이다. 관계인사제도가 아닌 성적주의에 입각한 것으로 공직제도의 핵심적 내용이 되고, 국가권력기구의 불가결한 조직원리가 된다.

여기서 신분의 보장을 받고 정치적 중립성이 요구되는 직업공무원은 국가 또는 공공단체와 근로계약을 맺고, 공무를 담당하는 것을 직업으로 하는 협의의 공무원인 일반직·특정직·기능직 공무원과 같은 경력직공무원만을 지칭한다.

직업공무원제도의 확립을 위해서는 공무원의 과학적 직위분류제, 성적주의의 확립, 인사의 공정성 확보 등이 필요하며, 특히 헌법상 규정하고 있는 공무원의 신분보장과 정치적 중립성의 확보가 중요하다.

2. 직업공무원제도의 헌법적 기초

직업공무원제도는 안정적·능률적인 정책집행을 보장하려는 공직구조에 관한 제도적 보장의 성격을 갖는다. 따라서 입법권자는 직업공무원제도의 구체적 내용을 형성할 수는 있으나 제도 그 자체를 폐지할 수 없다.

헌법재판소는 직업공무원제를 제도보장의 하나로 보고 '최소한의 보장'의 원칙의 한계 안에서 폭넓은 형성의 자유를 가진다고 보고 있다(헌재 95헌바48).

직업공무원제도는 민주주의와 법치주의의 실현에 기여하는 자유민주주의 실현기능을 하며, 정치적 중립성을 준수하게 하여 국가의 통치권 행사의 절차적 정당성 확보의 기능을 담당한다.

또한 능력주의의 보장으로 공직취임의 균등한 기회를 보장받는 공무원의 지위와 권리보호 기능을 하며, 직업공무원들에게 국가의 정책집행이 실현될 수 있는 바탕을 마련함으로써 사회공동체의 동화적 통합을 촉진하는 기능 등을 담당한다.

3. 현행헌법상의 직업공무원제도

1) 직업공무원제도와 헌법규정

직업공무원제도에 관한 헌법의 규정으로는 공무원의 지위 책임과 정치적 중립성을 규정한 제7조를 비롯하여 제29조 제1항의 국가배상책임규정, 제33조 제2항의 노동3권의 제한규정, 제78조의 대통령의 공무원 임면권규정 등이 있다.

특수기능공직자에 관한 선거권과 공무담임권을 바탕으로 하는 각종 선거직공직자와 정무직공직자, 직업군인과 일반군인에 관한 규정, 사법기능을 담당하는 법관에 관한 규정 등은 직업공무원제도에 포함되지 않는다. 이러한 특수기능의 공직자들은 그 성격과 기능이 일반공무원과 다를 뿐 아니라 그들이 수행하는 공직의 기능과 성격이 특수해서 직업공무원제도에 포함시킬 수 없다.

선거직공직자와 정무직공직자는 민주주의·대의주의·권력분립 등의 원리에 의해 규율되는 통치기관을 의미하므로 직업공무원에서 제외된다.

또한 군인은 국가의 안전보장과 국방이라는 특수한 사명을 지니고, 상명하복의 엄격한 규율에 의해 통치되기 때문에 직업공무원제도에서 제외된다.

그리고 법관은 그들이 수행하는 사법기능의 성격상 강한 전문성과 독립성 및 특별한 신분보장이 요청되기 때문에 직업공무원제도의 많은 부분이 수정·제한·적용된다.

2) 직업공무원제의 구체적 내용

(1) 공무원의 신분보장

공무원은 국민에 대한 봉사자로서 정권교체에 관계없이 국민 전체에 대한 봉사자로서 의무를 다할 수 있게 하려면 공무원의 신분이 보장되어야 한다.

「국가공무원법」에 의하면 공무원은 형의 선고, 징계처분 또는 동법에 정하는 사유에 의하지 아니하고는 그 의사에 반하여 휴직·강임·면직을 당하지 않고, 권고사직을 당하지 않으며, 또한 일정한 사유에 해당하는 경우가 아니면 징계처분을 당하지 않는다고 규정하여 신분을 보장하고 있다.

① 헌법재판소는 •「국가공무원법」 제69조 등에서 금고 이상의 형의 집행유예판결을 받은 것을 공무원 임용결격 및 당연퇴직사유로 규정한 것(헌재 95헌바14 등), •6급 이하 지방공무원의 정년을 57세, 5급 이상의 지방공무원의 정년을 60세로 한 것(헌재 2005헌마553), •임용 당시는 연령정년 규정만 있었으나 사후에 계급정년 규정을 신설하여 정년이 단축되도록 규정한 구 국가안전기획부직원법 규정(헌재 91헌바15 등), •법원의 판결에 의하여 자격이 정지된 자를 공무원직으로부터 당연퇴직하도록 하는 지방공무원법 규정(헌재 2003헌마127), •공무원의 시간외·야간·휴일근무수당 산정방법을 규정하고 있는 공무원수당 등에 관한 규정(헌재 2016헌마404)에 대해서는 **합헌**이라고 보았다. ② 반면 •금고 이상의 형의 선고유예를 받은 경우에 공무원직에서 당연퇴직하도록 하는 규정(헌재 2002헌마684 등), •향토예비군 지휘관이 금고 이상의 형의 선고유예를 받은 경우 당연해임되도록 한 규정(헌재 2004헌마947) 등에 대해서는 **위헌**으로 판단하였다.

(2) 정치적 중립성의 보장

정치적 중립성이란 어떤 정당에 가입하거나 어떤 정당을 위한 활동을 하는 것을 금하는 공무원의 정치적 활동금지를 말한다.

공무원은 국민전체에 대한 봉사자이므로 중립적 위치에서 공익을 추구하고, 행정의 전문성과 민주성을 제고한다.

또한 정권의 변동에 관계없이 정책의 계속성과 안정성을 유지하기 위하여 공무원 인사에 있어서 정당이나 인사권자의 관여가 금지되며, 정당 기타 정치단체에의 가입과 기타 정치활동이 제한·금지된다.

특히 우리 헌법사의 특수성에 기인하여 군대의 정치개입을 금지하기 위해 헌법은 특별히 그 정치적 중립성에 관하여 규정하고 있다.

일반직공무원은 상사의 직무명령에 따라야 할 의무가 있으며, 그 직무의 성질에서 오는 제약이 어느 정도 인정된다.

그러나 공무원이 국민의 한 사람으로서 누려야 할 정치적 기본권을 전면적으로 제한해서는 안되며, 정치행위의 제한에도 필요한 범위 내에 그쳐야 하는 합리적인 것이어야 한다.

> **⚠ 판례** | 공무원의 신분과 정치적 중립성 보장 - 헌재 1989.12.18. 89헌마32 등(위헌, 각하)
>
> 헌법이 "공무원은 국민전체에 대한 봉사자이며, 국민에 대하여 책임을 진다. **공무원의 신분과 정치적 중립성은 법률이 정하는 바에 의하여 보장**된다."(헌법 제7조, 구 헌법 제6조)라고 명문으로 규정하고 있는 것은 바로 직업공무원제도가 국민주권원리에 바탕을 둔 민주적이고 법치주의적인 공직제도임을 천명하고 정권담당자에 따라 영향 받지 않는 것은 물론 같은 정권하에서도 정당한 이유 없이 해임당하지 않는 것을 불가결의 요건으로 하는 **직업공무원제도의 확립을 내용으로 하는 입법의 원리를 지시하고 있는 것**으로서 법률로서 관계규정을 마련함에 있어서도 헌법의 위와 같은 기속적 방향 제시에 따라 **공무원의 신분보장이라는 본질적 내용이 침해되지 않는 범위내라는 입법의 한계가 확정되어진 것**이라 할 것이다. 그렇기 때문에 공무원에 대한 기본법인 국가공무원법이나 지방공무원법에서도 이 원리를 받들어 공무원은 형의 선고, 징계 또는 위 공무원법이 정하는 사유에 의하지 아니하고는 그 의사에 반하여 휴직, 강임 또는 면직당하지 아니하도록 하고, 직권에 의한 면직사유를 제한적으로 열거하여 직제와 정원의 개폐 또는 예산의 감소 등에 의하여 폐직 또는 과원이 되었을 때를 제외하고는 공무원의 귀책사유 없이 인사상 불이익을 받는 일이 없도록 규정하고 있는 것이다. 이는 **조직의 운영 및 개편상 불가피한 경우 외에는 임명권자의 자의적 판단에 의하여 직업공무원에게 면직 등 불리한 인사 조치를 함부로 할 수 없음을 의미**하는 것으로서 이에 어긋나는 것일 때에는 직업공무원제도의 본질적 내용을 침해하는 것이 되기 때문이다.

IV. 공무원의 임면과 권리·의무

1. 공무원의 임면

임면은 임명권과 면직권을 내용으로 하며, 임명에는 보직·전직·휴직·징계처분 등이 포함된다.

"대통령은 헌법과 법률이 정하는 바에 의하여 공무원을 임면한다"(제78조). 대통령의 공무원에 대한 임면에는 국회의 동의와 해당기관의 제청, 국무회의 심의, 해임건의 등을 거쳐 이루어진다.

2. 공무원의 권리·의무

공무원은 국민전체에 대한 봉사자로서의 직무를 성실히 수행할 권리와 의무가 있다.

공무원은 봉급·연금 기타 재산상 권리를 가질 뿐 아니라 직무상 각종의 권한을 가진다. 위법·부당하게 불이익을 입은 경우에 소청·행정소송 등을 통하여 시정을 구할 수 있는 행정쟁송권이 있다.

공무원은 성실의무 이외에 직무상 의무로는 직장이탈금지·영리행위금지·겸직금지 등의 직무전념의무, 법령준수의무, 합법적인 직무상 명령복종의무, 비밀엄수의무, 품위유지의무 등이 있다.

공무원이 공무원으로서 지는 의무를 위반한 경우에는 공무원법상 책임을 지며, 그 행위가 일반법익의 침해가 되는 경우에는 형사책임을 지게 된다.

V. 공무원의 기본권 제한과 한계

1. 공무원의 정리 활동 제한

공무원은 국민전체에 대한 봉사자로서의 지위를 확보하고, 공정한 직무수행과 정치적 중립성을 보장하기 위하여 일반국민과는 다른 특별한 기본권의 제한이 허용된다.

공무원은 정치적 중립성으로 인해 일정한 정치활동이 금지됨을 규정하고 있다(국가공무원법 제65조, 지방공무원법 제57조).

① 공무원은 정당이나 그 밖의 정치단체의 결성에 관여하거나 이에 가입할 수 없고, ② 선거에서 특정 정당 또는 특정인을 지지 또는 반대하기 위한 투표나 불투표 권유운동, 서명운동의 기도·주재·권유, 문서나 도서의 공공시설 게시, 기부금 모집이나 공공자금 이용, 타인에게 정당이나 그 밖의 정치단체 가입이나 불가입 권유 운동을 해서는 안되며, ③ 위 사항의 위배행위 요구나 정치적 행위에 대한 보상 또는 보복으로서 이익 또는 불이익 약속 금지를 규정하고 있다(국가공무원법 제65조).

또한 정무직공무원을 제외한 공무원은 정당발기나 당원이 될 수 없고(정당법 제22조 제1항 단서), 공무원은 선거에 영향을 미치는 행위를 금지하도록 규정하고 있다(공직선거법 제85조, 제86조).

그러나 이와 관련하여 헌법재판소는 공무원지위를 이용하지 아니한 행위까지 금지하는 것은 아니라고 하여(헌재 2006헌마1096), 기존의 판례(헌재 2004헌바33)를 변경하였다.

> **⚠ 판례** | 지방자치단체장의 선거운동 기획행위 금지 위헌 - 헌재 2008.5.29. 2006헌마1096
> (한정위헌)
>
> 공무원이 그 지위를 이용하여 한 선거운동의 기획행위를 금지하는 것은 선거의 공정성을 보장하기 위한 것인바, 이로써 공무원인 입후보자와 공무원이 아닌 다른 입후보자, 지방자치단체장과 국회의원과 그 보좌관, 비서관, 비서 및 지방의회의원을 차별하는 것은 합리적 이유가 있다고 볼 것이다. 그러나 위에서 본 바와 같이 이 사건 법률조항이 **공무원이라 하더라도 그 지위를 이용하지 않고 사적인 지위에서 선거운동의 기획행위를 하는 것까지 금지하는 것은** 선거의 공정성을 보장하려는 입법목적을 달성하기 위한 합리적인 차별취급이라고 볼 수 없으므로 **평등권을 침해한다**고 볼 것이다.

2. 노동기본권의 제한

헌법은 공무원의 국민전체에 대한 봉사자로서의 지위와 직무의 적정한 수행을 보장하기 위하여 노동3권을 제한할 수 있게 하고 있다.

헌법 제33조 제2항은 "법률이 정하는 자"에 한하여 노동3권을 인정하고 있으며, 제37조 제2항은 일반적 법률유보규정을 두고 있으므로 이에 의해서도 그 권리가 제한될 수 있다.

「국가공무원법」은 공무원의 노동운동과 기타 공무 이외의 일을 위한 집단적 행위를 금지하고, 국회규칙·대법원규칙·대통령령으로 범위를 정하는 사실상 노무에 종사하는 공무원에게만 노동3권을 인정하고 있다.

한편 「사립학교법」은 사립학교교원의 복무에 관하여 국·공립교원에 관한 규정을 준용하도록 규정함으로써 사립학교교원의 노동3권을 제한한 바 있다. 그러나 「교원의 노동조합 설립 및 운영에 관한 법률」(1998.12.30. 제정)에 의해 교장·교감을 제외한 교원들은 단체행동권을 제외한 노동조합 결성권과 단체교섭권 등 노동2권을 보장받게 되었다.

3. 특수신분관계의 목적달성을 위한 제한

경력직공무원은 국가와의 사이에 있어서 공법상 특수신분관계에 있으므로 특수신분관계의 질서를 유지하고 설정목적을 달성하기 위하여 필요하다고 인정될 경우에는 합리적인 범위 내에서 일반국민보다는 더 많은 기본권의 제한을 받는다.

예컨대 공무원에 대하여 통근가능지역에 거주, 전투경찰관·군인 등의 영내거주 등을 명할 수 있으며, 경찰관의 제복착용, 공무원의 복무규정을 준수하도록 할 수 있다.

이밖에 군인·군무원은 군사재판을 받으며, 비상계엄 하의 군인·군무원의 군사재판은 사형선고를 제외하고는 단심으로 할 수 있다.

또한 군인·군무원·경찰공무원 기타 법률이 정하는 자에 대하여는 국가배상청구에 있어서 배상금지에 관한 규정을 두고 있다.

4. 제한의 한계

공무원도 국민이란 신분을 가지므로 공무원의 기본권 제한이 인정된다고 하더라도 헌법 제37조 제2항의 기본권제한에 관한 일반원칙이 준수되어야 한다.

따라서 공무원에 대한 기본권제한은 헌법 또는 법률에 근거가 있어야 하며 합리성이 있는 필요최소한의 제한과 국민생활에 중대한 장해를 끼치는 부득이한 경우에 한정되어야 한다.

Ⅵ. 검 토

우리 헌법상 직업공무원제도에 의해 공무원은 국민전체에 대한 봉사자로서, 민주적이고 합리적인 공무수행을 확립하도록 공무원의 신분과 정치적 중립성이 보장되어야 한다.

또한 공무원이 공직자로서의 기능과 기본권주체로서의 지위실현이 최대한 보장되는 방향으로 제도화되어야 한다.

또한 직업공무원제도는 현대 민주국가에 있어서 기본권실현과 기능적 권력통제를 위해 필수불가결한 제도로서 어떠한 경우에도 직업공무원제도 그 자체를 폐지할 수 없는 것이다.

여기에 직업공무원제도의 입법형성권의 한계가 있으며, 제도보장으로서의 헌법적 의의를 지닌다고 하겠다.

제4항 교육제도

Ⅰ. 교육의 의의

교육이라 함은 그 인간의 인격과 능력을 바람직한 방향으로 가르치고 현실화시키며, 가정·학교·사회에서의 인간가치의 육성을 위해 인간의 발달과정을 돕는 모든 활동을 말한다. 모든 국민에게는 기본적 인권으로서의 교육을 받을 권리가 있고, 이 권리의 보장을 위하여 교육의 기본을 법률로 정하고, 교육을 받을 기회의 균등을 지향하고 있다.

교육은 모든 국민 개개인이 타고난 소질을 계발하여, 인격을 완성하고 교양과 지식을 갖추게 함으로써 사회에서 능력을 발휘하게 하는 데 그 목적이 있다.

II. 교육제도의 연혁과 입법례

근대 자유방임주의시대에 권리로서의 교육은 경제의 독점과 함께 특수계급에게만 부여되었고, 대다수의 국민에게는 평등하게 교육을 받을 기회가 인정되지 않았다.

교육을 받을 권리가 본격적으로 헌법적인 보장을 받게 된 것은 19세기 말에서 20세기 사이이다. 산업자본주의에서 독점자본주의단계로 이행함에 따라 근대국가의 자유방임교육에 국가가 개입하는 현상이 전면에 나타나게 되었다.

이러한 경향이 현대국가에서는 국가의 교육에 대한 관심의 증대와 국가의 개입에 의한 공교육 사상이 성립되게 되었다. 이는 교육에 있어서 자녀의 권리실현이라기보다 학부모의 국가에 대한 의무로서의 취학제도가 성립된 것으로 볼 수 있다.

근대헌법에서 교육의 권리가 처음으로 선언된 것은 1815년에서 1830년 사이의 독일제국헌법이었다. 그 후 1830년 벨기에헌법, 1919년 바이마르헌법, 프랑스 제4공화국헌법, 중국헌법, 일본헌법 등에서 이를 규정하였다.

우리 헌법도 제헌헌법에서 균등하게 교육을 받을 권리, 무상의 초등의무교육제 등 교육을 받을 권리를 규정한 이래 이를 헌법상 권리로서 보장하고 있다.

III. 헌법상 교육제도

1. 헌법상 교육제도조항

헌법은 교육제도에 관한 기본조항인 제31조에서 교육을 받을 권리를 규정하고 있다. 그리고 제31조 제4항에서 교육의 자주성·전문성·정치적 중립성 등을 교육의 기본원칙으로 명시하고 대학의 자치를 규정하고 있고, 동조 제6항에서 국가에 의한 교육의 자의적인 규제를 배제하기 위하여 교육제도를 비롯한 그 운영·교육재정·교원의 법적 지위 등의 법정주의를 규정하고 있다.

2. 교육의 기본원칙

국가의 교육정책 내지 교육활동의 기본원칙으로는 교육의 자주성·전문성·정치적 중립성 등을 들 수 있다.

교육의 자주성은 교육내용과 교육기구가 교육자에 의하여 자주적으로 결정되고 행정권력에 의한 교육에 대한 통제가 배제되어야 한다는 것이다. 오늘날 교육은 공교육을 중심으로 하여 국가적 감독을 받지 않을 수 없으나, 국가적 감독이 과도하게 필요 이상의 그리고 합리적인 범위를 넘어 교육의 자주성을 해하는 것이어서는 안 된다.

　교육의 전문성은 교육정책의 수립이나 그 집행은 가급적 교육전문가가 담당하거나 적어도 그들의 참여하에 이루어져야 한다는 것이다.

　교육의 정치적 중립성은 교육이 국가권력이나 정치적 세력으로부터 부당한 간섭을 받지 않으며, 교육도 정치적 영역에 개입하지 않아야 하는 것을 말한다. 따라서 국가는 교육의 정치적 중립성을 침해하는 법률을 제정할 수 없고, 교원과 학생도 학내에서 정치적 활동을 해서는 안 된다. 「교육기본법」과 「교육공무원법」은 교육의 정치적 중립성을 위해 교육공무원의 정치적 활동의 금지를 규정하고 있다.

3. 대학의 자치

　대학의 자치는 연구와 교육을 위해 필요한 사항은 가능한 한 대학의 자율에 맡겨야 하는 것을 말한다.

　헌법 제31조 제4항은 "대학의 자율성은 법률이 정하는 바에 의하여 보장된다"라고 규정하여 대학의 자치성을 보장하고 있다. 대학의 자치는 학문의 자유와 밀접한 연관성이 있는 것으로, 학문의 자유를 규정한 제22조 제1항에 근거하여 대학의 학문 활동을 보장받는 것이다.

　대학의 자치는 구체적으로 대학이 교수의 임용과 보직 등 인사에 있어 자주결정권을 가지는 것이다. 그리고 연구와 교육의 내용·방법·대상·교과과정의 편성·연구와 교육의 시설관리 및 재정에 관한 자주결정권을 가지고, 학생의 선발·성적 평가·학점의 인정·학위 수여·학생에 대한 포상과 징계를 자주적으로 결정할 수 있어야 한다.

　대학자치의 주체가 누구냐에 관해서는 교수와 연구자의 조직이 주체라는 교수주체설과 학생 및 모든 구성원이 주체라는 대학구성원주체설이 대립하고 있다. 대학자치는 학문의 연구와 대학의 교육달성을 위해 필요한 사항을 자주적·실질적으로 결정하는 것을 의미하므로 교수주체설이 타당하다고 본다.

　대학의 자치와 관련하여 대학의 문제에 대한 경찰권의 개입정도가 문제된다.

　자유롭고 창조적인 학문연구와 교육활동을 위해서는 대학이 자주적인 가택권·질서유지권·징계권 등을 가져야 한다. 학내사태가 발생한 경우 대학이 1차적으로 연구와 교육의 차원에서 대처하여야 하며, 대처능력의 한계를 벗어나는 경우 경찰권의 개입을 요청할 수 있다고 보아야 한다.

4. 교육제도 등의 법정주의

헌법 제31조 제6항은 일시적인 정치세력에 좌우되거나 집권자 등 국가의 교육에 대한 자의적인 규제를 배제하기 위하여 교육제도·교육재정·교원의 법적 지위 등을 법률로 정하도록 규정하고 있다.

헌법은 교육에 있어서 물적 기반이 되는 교육제도를 법률로 정하도록 하고 있고, 교육제도에 관한 기본법으로 「교육기본법」·「고등교육법」·「사립학교법」·「교육공무원법」 등을 두고 있다.

또한 교육활동에는 막대한 재화와 용역이 필요하므로 재원을 확보하고 배분·평가하는 교육재정을 법률로 정하도록 하고 있다. 교육재정에 관한 법률로는 「교육세법」·「지방교육양여금법」·「지방교육재정교무금법」 등이 있다.

그리고 공교육의 주도적 담당자로서의 교원의 지위를 규정하고 있다. 이에는 교원의 신분보장, 경제적·사회적 지위의 보장 등 교원의 권리에 관한 사항뿐만 아니라, 국민의 교육을 받을 권리를 해하지 않을 교원의 의무에 관한 사항도 포함된다.

5. 지방교육자치제

지방자치단체가 교육의 자주성 및 전문성과 지방교육의 특수성을 살리기 위해 지역의 교육·과학·기술·체육 기타 학예에 관한 사무를 관장하는 행정기관을 설치·조직하여 운영하는 지방교육자치를 실시하고 있다.

지방교육자치기구로는 교육·학예에 관한 중요한 사항을 심의·의결하는 시·도교육위원회와 교육·학예에 관한 사무를 집행하는 시·도 교육감이 있다.

6. 평생교육진흥의무

헌법 제31조 제5항에 특히 국가의 평생교육의무를 규정하고 있는 것은 오늘날 세계적 경향으로 정규의 학교교육과 병행하여 또는 그 전후에 걸쳐 사회교육, 직업교육 등 다양한 형태의 교육을 평생 동안 실시하고 있는 추세에 따른 것이다. 이를 위하여 방송통신교육, 공민교육, 개방대학 등이 개설되고 있다.

제5항 가족제도

I. 가족제도의 의의

헌법은 제36조 제1항에서 인간의 존엄과 양성의 평등을 기초로 하는 혼인·가족제도를 규정하고 있다.

가족은 혼인·혈연 또는 입양에 의해 이루어져 동거하며 협조하는 생활공동체이다. 혼인은 가족형성의 주된 계기가 되고 대부분의 가족은 혼인을 출발점으로 성립된다는 점에서 혼인은 가족과 밀접한 관계에 있다. 따라서 가족관계에는 혼인관계까지 내포되어 있는 것으로 볼 수 있다.

모든 민족은 고유의 가족제도를 가지고 있고, 그것이 사적인 영역에 속하는 것이라 하더라도 사회공동체적 인간생활의 기본적인 틀을 제시해주는 것이므로, 이는 헌법에 의해서도 보호되어야 하는 것이다.

II. 가족제도의 법적 성격

1. 헌법규정

헌법 제36조는 "혼인과 가족생활은 개인의 존엄과 양성의 평등을 기초로 성립되고 유지되어야 하며, 국가는 이를 보장한다. 국가는 모성의 보호를 위하여 노력하여야 한다"라고 규정하고 있다. 이 규정은 가족생활의 기본이 혼인과 개인이 존엄 및 양성의 본질적인 평등에 있다는 점에 기초하고 있는 것이다.

2. 법적 성격

헌법 제36조 제1항의 법적 성격에 관하여는 혼인제도와 가족제도의 제도적 보장일 뿐만 아니라 국민의 혼인의 자유, 가족제도의 보호를 규정한 생존권이라는 견해, 혼인과 가족생활에 관한 민주적인 헌법원칙을 선언한 원칙규범이면서 민주적인 혼인제도와 가족제도라고 하는 제도의 보장을 규정한 것이므로 생존권적 기본권은 아니라는 견해 등이 있다.

생각건대 자유로운 혼인과 가족생활을 국가가 침해하여 개인의 존엄을 해치는 경우 이를 배제할 수 있고 국가적으로도 민주적 가족제도를 보장하고 있는 것이다. 특히 국가는 모성의 보호를 위하여 노력하여야 한다고 하는 국가의 적극적 배려의무를 규정하고 있는 것으로 보아, 제도적 보장과 생존권 보장이라는 이 두 가지 성격을 함께 갖는다고 본다.

III. 가족제도의 내용

1. 자유의사에 의한 일부일처제

오늘날 개인의 존엄과 양성의 평등에 기초한 혼인제도는 가부장제도 모계중심제도 아닌 양성의 혼인제도여야 하므로 일부일처제를 의미한다. 또한 개인의 존엄이 존중되는 혼인제도는 결혼 당사자의 자율적인 의사결정에 의한 것이어야 하며, 강제결혼은 어떠한 경우에도 금지된다.

2. 양성평등과 부부협조

헌법은 제10조의 인간의 존엄과 가치 및 행복추구권, 제11조의 평등권과 함께 제36조에서 양성평등의 원칙과 모성보호를 규정하여 실질적인 양성평등을 기하고자 하고 있다. 이와 같이 양성평등은 남녀결합을 기초로 하는 부부를 중심으로 한 가족의 공동생활에서 실현되고, 공동생활에는 상호협력의 의무와 공동생활유지의 의무가 존재한다.

제 3부
기본권론(기본권 총론)

01 기본권 일반론

제1절 기본권(인권) 보장의 역사

제1항 기본권(인권)보장의 유래

Ⅰ. 영국의 인권보장

영국에서는 1215년 대헌장(Magna Carta)이 제정되었으나 이는 왕이 귀족들의 요구를 받아들인 것에 지나지 않았고, 근대적 인권보장은 17세기에 와서야 이루어졌다.

1628년의 권리청원(Petition of Right)은 의회의 승인 없는 과세를 금하고, 인신의 자유에 대한 보장을 규정하였고, 1647년의 인민협정(Agreements of People)은 종교와 양심의 자유, 평등권, 신체의 자유, 재산권 등을 규정하였다. 1679년 인신보호법(Habeas Corpus Act)은 인신의 자유를 위한 절차적 보장과 구속적부심사제도를 보장하였다. 1689년의 권리장전(Bill of Rights)은 의회의 동의 없이 법률의 효력을 정지하거나 상비군 설치나 조세를 부과할 수 없게 하였고, 청원권과 언론의 자유 그리고 일정한 신체의 자유의 보장 등을 규정하였다.

영국의 인권사에서 인권은 기존의 자유와 권리를 재확인한 실정권으로 인정되었고, 천부적 인권의 불가침을 선언한 것은 아니었다.

Ⅱ. 미국의 인권선언

미국에서는 1776년 6월 버지니아권리장전에서 불가침의 자연권으로 행복추구권, 생명·자유·재산의 소유권, 저항권, 전통적인 신체의 자유, 종교·신앙의 자유, 언론·출판의 자유, 참정권 등을 규정하였다. 1776년 7월 독립선언에서 평등권, 천부인권, 생명·자유·행복추구권·저항권 등을 선언하였다.

그러나 1787년에 제정된 미국헌법은 권리장전을 두고 있지 않았고, 1791년에 가서야 수정 10개의 권리장전(증보 10개 조항: 종교·언론·출판·집회의 자유 및 청원권(제1조), 무장의 권리(제2조), 군대의 사영제한(제3조), 부당한 수색·체포·압수의 금지(제4조), 적법절차·사유재산의 보장(제5조), 재판에 관한 권리(제6조), 배심재판권(제7조), 가혹한 형벌의 금지(제8조), 기본적 인권의 보장(제9조), 주 또는 국민에게 유보되는 권리(제10조))이 추가되었다. 1798년 1월에 11조가 증보된 이후 1971년까지 26조가 증보되었다. 특히 노예제와 강제노역의 폐지, 제5조의 적법절차조항의 주에의 적용, 인종에 따른 참정권의 차별금지, 여성참정권의 인정이 추가되었다.

Ⅲ. 프랑스의 인권선언

프랑스에서 몽테스키외와 루소 등의 인권사상은 시민혁명을 가져왔다. 1789년 「인간과 시민의 권리선언」은 불가침·불가양의 자연권으로서의 평등권, 신체의 자유, 종교의 자유, 사상표현의 자유, 소유권의 보장 등을 규정하였다. 이 인권선언은 1791년 헌법에 수용되었고, 1793년 제1공화국헌법 및 「인간과 시민의 권리선언」에서 저항권은 저항의 신성한 권리이며 불가결의 의무이고, 소유권·공적 구조·교육·사회적 보장 등이 선언되었다.

그러나 1795년 8월의 프랑스헌법에서는 기본권의 수가 감소되는 등 인권사상이 퇴조하였다. 그 후 1946년 제4공화국헌법은 전문에 인권선언의 정신을 재확인하고 개별적 기본권을 두었으나, 1958년의 제5공화국헌법은 전문에 인권선언을 전체적으로 수용한다는 규정을 두고 있을 뿐 개별적 기본권은 따로 두지 않았다.

Ⅳ. 독일의 인권보장

독일에서는 1807년 베스트팔렌왕국헌법과 1808년의 바이에른헌법에 신체·재산·신앙·출판 등의 자유권이 규정되었고, 1816년의 독일동맹규약에 종교·신문·거주이전의 자유 등이 규정되었다.

1849년 프랑크푸르트 헌법초안은 상세한 기본권을 규정하였으나 제정에 이르지는 못했고, 1850년 1월 프로이센헌법에서는 인권 규정을 두었으나, 이는 국가내적인 권리였다.

1919년 독일의 바이마르헌법은 최초로 생존권을 규정하였고, 1949년 독일기본법은 인간의 존엄성과 기본권의 직접구속력을 규정하였다.

제2항 한국의 기본권보장 역사

Ⅰ. 한국의 인권선언

우리나라에서 천부인권사상이 최초로 소개된 것은 1884년 2월 11일 한성순보 제14호에서 미국독립선언문에 실린 「미국지략속고」란 논설에서 비롯되었다. 1881년 1월 13일 박영효가 고종에게 올린 상소문 제8조에서는 "모든 사람은 天(천)에 의하여 평등하게 만들어지고 생명·자유·행복추구의 빼앗길 수 없는 천부의 권리를 갖는다"고 주장하였다.

1895년 유길준은 「서유견문」 제4편 인민의 권리에서 "자유와 通義(통의)의 권리는 普天率上億兆人民(보천솔상억조인민)의 同生共享(동생공향)하는 것이니 각인의 其 인신의 권리는 其 생과 俱生(구생)하여 … 자유와 통의는 인생의 不可奪不可撓不可屈(불가탈불가요불가굴)하는 권리"라고 하였다.

서재필 박사는 독립신문 사설에서 "천부불가양의 평등하게 향유하는 생명·자유·행복추구의 권리"를 받아들여 "하느님이 주신 권리"로 표현하였고 "이에는 목숨과 재산과 자유권이 있다"고 토로하였으며, 이를 여론화하고자 논설에 게재하곤 하였다.

1919년 4월 11일 대한민국은 임시헌장을 선포하고 제3조에서 "대한민국의 인민은 남녀귀천 및 빈부의 계급이 無(무)하고 일체 평등하다"고 규정하고, 제4조에서 "종교·언론·저작·출판·결사·집회·신서·주거·이전·신체 및 소유의 자유를 향유한다"고 규정하고 제7조에서 "대한민국은 神(신)의 의사에 의하야 건국한 정신을 세계에 발휘하며 進(진)하야 인류의 문화 및 평화에 공헌하기 위하야 국제연맹에 가입한다"고 규정하였다. 제9조에서는 "생명형·신체형 및 공창제를 완폐한다"고 규정하여 기독교적 자연권사상의 천부인권과 인도주의를 천명하였다.

Ⅱ. 한국헌법상 기본권보장의 역사

1. 제1공화국헌법(제헌헌법, 1948년)의 기본권보장

제헌헌법은 기본권규정을 천부인권으로 보지 않고 실정헌법상의 권리로 보았다. 그리고 각 기본권에는 "법률에 의하지 아니하고는 제한할 수 없는 권리"라는 법률유보조항을 두어, 법률에 의하여 기본권을 제약할 수 있는 기본적 인권에 대하여 충분한 보장이 되지 못하는 것이었다.

제헌헌법의 기본권 규정의 내용은 다음과 같다.

법 앞의 평등(제8조), 신체의 자유(제9조), 거주이전의 자유(제10조), 통신의 비밀(제11조), 신앙과 양심의 자유(제12조), 언론·출판·집회·결사의 자유(제13조), 학문과 예술의 자유(제14조), 재산권의 보장(제15조), 교육을 받을 권리(제16조), 노동의 권리·의무(제17조), 노동자의 단결권, 이익분배균점권(제18조), 생활무능력자에 대한 보호(제19조), 혼인의 남녀동권(제20조), 청원권(제21조), 재판을 받을 권리(제22조), 형벌불소급, 일사부재리(제23조), 형사피고인의 권리(제24조), 공무원선거권(제25조), 공무담임권(제26조), 공무원파면청원권(제27조), 납세의 의무(제29조), 국토방위의 의무(제30조), 재산권 행사에 있어서 공공복리에 적합하도록 할 의무(제15조 제2항) 등이다.

2. 제2공화국헌법(1960년)의 기본권보장

1960년 4·19의거 이후 제3차 헌법개정으로 기본권의 본질적 내용의 훼손을 금지하는 등 헌법에 기본권을 보다 강하게 보장하였다.

기본권규정의 내용 자체에는 커다란 변화가 없었다. 다만 기본권의 개별적 법률유보조항을 삭제하고, 기본권을 천부인권적 자연권으로 보았다.

또한 "정당은 법률이 정하는 바에 의하여 국가의 보호를 받는다. 단 정당의 목적이나 활동이 헌법의 민주적 기본질서에 위배될 때에는 정부가 대통령의 승인을 얻어 소추하고 헌법재판소가 판결로써 그 정당의 해산을 명한다(제13조 제2항)"라고 하여 정당규정을 명문화하였고, "국민의 자유와 권리는 질서유지와 공공복리를 위하여 필요한 경우에 한하여 법률로써 제한할 수 있다. 단 그 제한은 자유와 권리의 본질적인 내용을 훼손하여서는 아니 되며, 언론·출판에 대한 허가나 검열과 집회·결사에 대한 허가를 규정할 수 없다"(제28조 제2항)라고 규정하여 언론에 대한 사전허가나 검열제를 명문으로 금지하여 기본권의 보장을 강화하였다.

3. 제3공화국헌법(1962년)의 기본권보장

5·16군사정변 이후의 1962년 제5차 헌법개정으로 생존권(사회권)의 보장(제30조), 직업선택의 자유(제13조)를 명문화하였다. 제8조에서 "모든 국민은 인간으로서의 가치를 가지며, 이를 위하여 국가는 국민의 기본적 인권을 최대한으로 보장할 의무를 진다"라는 규정을 신설하고, 언론·출판·집회·결사에 대하여 상세히 규정하였다(제18조). 고문의 금지

를 규정하고(제9조 제2항), 자백의 증거능력을 제한하고(제9조 제6항), 국민의 재판을 받을 권리(제24조)를 규정하였다. 근로의 의무를 더욱 보완하고(제28조 제2항), 교육의 자주성과 정치적 중립성 보장을 규정하였다(제27조 제4항). 그리고 공무원파면청원권과 이익분배균점권은 삭제하였다.

4. 제4공화국헌법(1972년)의 기본권보장

1972년 10월 17일 비상조치를 선포하고 비상국무회의에서의 헌법안 공고와 공고 후 1개월 이내에 국민투표로 확정된 유신헌법은 기본권보장이 심히 후퇴되었다.

기본권조항에 개별적 법률유보조항을 새로이 두어 기본권이 자연권에서 실정권적으로 규정되게 되었다. 신체의 자유에 관한 규정을 개정하여 긴급구속의 범위를 확대하였으며, 구속적부심사청구권과 자백의 증거능력제한규정을 삭제하였다. 언론·출판의 유보내용을 없애고, 검열제·허가제가 가능하게 하고, 재산권의 공용수용·사용·제한에는 법률에 의한 보상으로 변경하고, 대통령의 긴급조치로 기본권을 제한할 수 있게 하였다. 국가배상 청구에 있어서 군인·군속·경찰공무원 기타의 자에게는 이중배상을 금지하고, 중등교육을 의무화하고, 근로3권에 법률유보를 규정하였다. 또한 기본권제한에 있어서 본질적 내용의 훼손금지조항을 삭제하고 국가안전보장을 위하여 필요한 경우에도 기본권제한이 법률로써 가능하도록 하였다.

5. 제5공화국헌법(1980년)의 기본권보장

제5공화국헌법은 개별적 법률유보조항을 없애 기본권을 자연권으로 인정하였고, 그 본질적 내용의 침해금지규정을 두었으며, 자유권적 기본권을 대폭 신장시켰다.

인권을 보장하는 조항으로 연좌제폐지(제12조 제3항)을 신설하고, 구속적부심제도의 부활(제11조 제5항), 자백능력의 제한(제11조 제6항), 형사피고인의 무죄추정(제26조 제4항)을 신설하였고, 사생활의 비밀보장(제16조)을 신설하였으며, 국민의 자유와 권리의 존중(제35조 제1항), 죄형법정주의(제12조)를 보다 명확하게 규정하였다.

생존권(사회권)으로 평생교육의 진흥을 신설하고(제29조 제6항), 환경권을 신설하였다(제33조). 그밖에 재산권수용의 보상에 대해 정당한 보상을 법률로 정하도록 하고, 근로자의 적정임금의 보장, 정당한 형사보상청구권, 병역의무이행으로 인한 불이익처우금지 등을 규정하였다.

6. 제6공화국헌법(1987년)의 기본권보장

1987년의 제6공화국헌법은 제5공화국헌법에 기본권조항을 새로이 추가하고, 개별적 법률유보를 줄임으로써 기본권을 보다 더 강화하고자 하였다.

신체의 자유를 강화하여, 처벌·보안처분·강제노역·체포·구속·압수·수색에 있어서 적법절차조항을 신설하고(제12조 제1항), 체포·구속시 이유와 변호인의 조력을 받을 권리를 고지받을 권리(동조 제4항), 구속적부심사청구범위의 확대(동조 제6항), 표현의 자유를 강화하여 언론·출판에 대한 허가나 검열의 금지, 집회·결사에 대한 허가를 금지(제21조 제2항)하고, 형사피의자의 형사보상청구권(제28조), 범죄피해자에 대한 국가구조제도(제30조), 대학의 자율성보장(제31조 제4항)을 신설하고, 근로자의 최저임금제(제32조 제1항), 여성근로자의 특별보호규정(동조 제4항), 노인·여자·청소년의 복지권(제34조 제3항, 제4항), 쾌적한 주거생활보장권(제35조 제3항) 등을 규정하여 생존권(사회권)을 강화하였고, 헌법소원제도를 신설하여(제111조 제1항 제5호) 기본권보장을 확실히 하고자 하였다.

제3항 기본권(인권)보장의 현대적 경향

I. 현대 기본권보장의 특색

1. 실질적 평등의 강조

근대입헌주의 헌법의 형식적 법치주의에서 강조되어온 자유권 중심의 생활질서가 초래한 모순과 불평등에 대한 반성으로 실질적 평등과 자유를 실현하려는 실질적 법치주의 사상이 중요시되었다. 아울러 이러한 실질적 평등을 실현하기 위한 사회복지정책 내지 사회국가정책이 국가정책의 가치지표로 등장하였다.

2. 생존권(사회권) 규정

실질적 평등을 강조하면서 기본권보장의 중점이 자유권에서 생존권으로 이행되게 되었다.

예컨대 1919년 독일 바이마르헌법을 효시로 각국 헌법에 생존권과 사회국가적 원리가 수용됨으로써 자유권의 사회권화 현상이 확산되었다. 1946년 프랑스 제4공화국헌법 전문에 생존권 규정을 두고, 1949년 독일기본법은 사회국가원리를 선언하였다. 또한 1946년 일본헌법, 1976년 포르투갈헌법, 1978년 스페인헌법 등에서 생존권을 규정하였다.

3. 기본권의 자연권성 강조

양차대전으로 인권규정에 있어서도 인권억압에 대해 저항하는 과정을 거쳐 개인의 존엄이라는 이념이 고양되었다. 전후의 세계 각국 헌법들은 기본권이 전 국가적인 자연권임을 강조하고 기본권의 불가침, 불가양성을 강조하였다.

1946년 프랑스헌법 전문, 1946년 일본헌법, 1948년 이탈리아헌법은 기본권의 자연권성을 규정하였다. 특히 1949년 독일기본법 등은 인간의 존엄을 선언하고, 인권의 불가침성을 규정하여 전국가적인 자연권성을 강조하였다.

II. 기본권의 국제적 보장

1. 인권보장의 보편화 현상

양차대전 후 인권보장이 국가적 보장에서 국제적 보장 수준으로 보편화되었다. 1945년 유엔헌장, 1948년 「세계인권선언」, 1966년 국제연합인권규약 등에서 인권보장을 선언하였다. 또한 1967년 「여성차별철폐에 관한 선언」, 1972년 「인간환경선언」, 1973년 「고문폐지를위한 국제엠네스티선언」, 1987년 「고문등의금지에관한 협약」에서 특정한 영역의 인권보장을 규정하였다.

2. 국제연합헌장 · 국제인권규약의 내용

국제연합헌장은 국제연합의 조직원리로서 기본적 인권을 선언하고, 전문, 제1조, 제13조에서 경제적 · 사회적(생존권적)기본권에 관한 규정을 두었다. 1948년 「세계인권선언」은 인간의 존엄, 평등권, 자유권, 생존권(사회권), 청구권, 참정권 등을 규정하고, 망명자비호청구권, 국제적 평등보장청구권, 표현의 자유와 정보입수의 자유, 추방을 받지 아니할 권리 등 새로운 유형의 기본권을 보장하였다.

국제연합은 1966년 국제인권규약을 채택하고 파업권, 법적 구제청구권, 형사보상청구권, 민사적 구금금지, 소수민족의 보호 등을 새로이 규정하였다.

III. 기본권보장의 현대적 경향

1. 기본권효력의 확장과 제한

양차대전 후 인권규정의 직접적 효력과 국가권력을 기속하는 힘에 대한 새로운 인식이 강조되면서 기본권에 대한 시각의 변화가 일어났다.

근대시민국가의 헌법체계에서는 기본권이 대국가적 효력만을 가지며 사인 상호 간의 관계는 원칙적으로 사적 자치에 맡겨졌었다. 그러나 사인 상호 간의 관계를 사적 자치에 의해서만 규율하는 것은 사회적 약자의 현실적인 부자유·불평등을 국가가 방임하거나 더욱 심화시키는 결과를 초래하였다.

이러한 사회적 모순을 해결하기 위한 방안으로 기본권 규정의 효력확장이론이 모색되었으며, 각국의 학설·판례는 기본권의 제3자적 효력을 보편적으로 긍정하게 되었다. 이에 대해 개인이나 집단의 위협에 대응하기 위해 기본권 제한을 시도하려는 논의도 전개되고 있다.

미국에서는 9·11테러 후 테러에 대응하고자 하는 관점에서 사전적 보호(proactive Protection) 차원에서 기본권을 제한하는 것에 대해 논의되었다.

2. 정보화 사회·과학의 발달과 기본권

정보화 사회로의 발전과 함께 정보화 사회의 고도화에 따라 기술이 인간사회에 미치는 영향이 증대되고 있다.

반면에 정보화 사회는 개인의 사생활 침해 등의 기본권이 침해될 가능성이 높아지고 있다. 즉 정보가 양적으로 거대화되고 정보의 유통이 불균형적으로 이루어짐으로써 이에 수반되는 인권침해가 행해지고, 사생활이 쉽게 정보에 노출될 수 있게 되었다. 또한 정보의 독점화로 데이터가 비공개됨으로써 국민의 알권리 침해가 문제가 되었다.

또한 첨단과학기술의 발달은 인간의 생명연장과 함께 배아나 줄기세포 등에 대한 실험을 통해 인간의 존엄을 침해하게 되고, 인간의 생명권을 위협하는 새로운 문제를 발생시키고 있다.

Ⅳ. 새로운 기본권의 조망

1. 총합적 기본권

이는 종래의 기본권 분류의 대표적 형태가 자유권과 생존권(사회권)이라는 기본권 이분론에 대한 비판에서 주장되는 것이다. 현대에 있어서 중요한 인권으로 등장한 현대적 인권을 헌법상으로 승인하기 위해서는 종래의 기본권 분류론으로는 부적합하다. 따라서 현대 인권이 가지는 소극적 성격과 적극적인 권리형성 및 청구적 성격 등을 함께 가지는 총합적 권리를 헌법상의 기본권으로 이론을 구성하는 것이 주장된다.

예를 들면 총합적 기본권으로 헌법상의 사생활의 비밀과 자유, 쾌적한 환경권 등을 들 수 있으며, 헌법상 규정되지 않은 권리로 평화적 생존권, 휴식권, 수면권, 알권리, 학습권, 건강권 등을 들 수 있다.

2. 제3세대인권론

유네스코에서는 제3세대인권이라고 하는 새로운 인권으로서 연대권을 강조하고 있다. 박애정신에 기초하는 새로운 인권으로 연대권(solidarity Right)을 제3세대인권이라고 하며, 이는 국제공동체가 당면한 다양한 요구에 대처하고 상호협력의 필요성에서 새로이 형성되는 인권개념이다. 이에 대해 제1세대인권은 개인적 차원인 시민적·정치적 권리를, 제2세대인권은 국가적 차원인 경제적·사회적·문화적 권리를 말한다.

연대권은 국제인권협약 준비초안(1991)에서 제시한 평화·개발·환경에 대한 권리, 인류 공동체 유산의 보존에 관한 권리 등이다. 구체적으로 개발에 대한 권리, 평화에 대한 권리, 서로 다를 수 있는 권리, 의사소통의 권리, 건강하고 조화된 환경에서 살 권리, 인류공동유산으로부터 이익을 받을 권리, 인도적 구조를 받을 권리 등을 말한다.

제2절 기본권의 의의와 보장 범위

제1항 기본권의 의의

Ⅰ. 인권·자연권

인권 혹은 인간의 권리(human Rights)란 인간이 인간이기 때문에 당연히 갖는 것으로 보는 생래적이며 기본적인 권리를 말한다.

이러한 인권개념의 기초는 계몽주의적 자연법론과 사회계약론에서 찾을 수 있다. 근대 자연법론자들은 대부분 천부인권론을 주장하였고, 인간은 고유한 천부인권을 가지고 있으며, 이를 보장하기 위하여 사회계약을 체결하였다고 주장하였다.

천부인권론은 1776년 미국 버지니아권리장전 제3조에서 '천부적 권리 또는 생래적 권리', 1789년 프랑스 「인간과 시민의 권리선언」 제1조에서 '인간의 권리', 제2조에서 '자연권'으로 제시되었다. 독일의 Menschenrechte(인간의 권리)라는 용어도 전 국가적인 권리, 모든 사람에게 인정되는 권리를 말하는 것이다.

이러한 인권사상은 근대 이후 민주적 정치발전과 밀접한 결합을 하고, 국가권력을 제한하고자 하였다.

II. 기본권·시민권

기본권(fundamental Rights)은 독일기본법에 와서 국가 이전의 권리로서 누구에게나 보장되는 권리라는 인간의 권리(Menschenrechte)와 독일국민에게만 보장되는 권리라는 시민권(Bürgerrechte)을 합친 의미로 사용되고 있다. 여기서 기본권은 인간의 자연권 내지 천부인권사상에 기초하여 한 국가의 실정법체계에 편입된 헌법이 보장하는 국민의 기본적 권리를 의미한다.

프랑스는 「인간과 시민의 권리선언」에서 시민의 권리는 인간의 생래적 자연권과 동시에 시민의 권리임을 선언하고 있다. 시민의 권리는 한 국가의 국민 내지 시민으로서의 권리를 의미한다는 점에서 실정법상의 권리라고 할 수 있다. 프랑스에서는 기본권 내지 기본적 권리 또는 기본적 자유라는 용어가 공적 자유와 더불어 일반적으로 사용되고 있다.

이러한 점에서 독일 헌법에서의 기본권이나 프랑스의 공적 자유와 기본권 등은 한국 헌법에서 통용되는 기본권과 동일한 맥락에서 이해될 수 있다.

III. 인권과 기본권

인권은 인간의 본성에서 나오는 생래적인 권리로, 국가이전의 자연권을 말한다. 이에 대하여 기본권 내지 시민의 권리는 국가의 구성원으로서의 국민 내지 시민의 권리로 자연권을 확보하기 위하여 국가가 인정하는 권리인 점에서 생래적 인권과 구별된다.

헌법이 보장하는 국민의 기본적 권리인 기본권은 생래적인 권리도 있지만 국가내적인 권리도 있어 인권과 기본권은 반드시 일치하는 것은 아니다. 타 국가 헌법이나 국제규범상 인정되는 인권이 헌법상 기본권에 속하지 않은 경우가 있는 것이다.

그러나 헌법에서 보장하고 있는 기본권은 인권사상에 기초한 인간의 권리실현에 있는 것이므로 기본권은 인권을 의미한다고 볼 수 있다.

제2항 기본권의 보장 범위

I. 열거된 기본권

헌법상 열거된 기본권은 헌법 제2장에서 규정하는 국민의 권리와 의무 규정에서 열거하고 있는 기본권을 말한다. 즉, 제10조 인간의 존엄과 가치·행복추구권 규정~제38조 혼인과 가족 및 보건에 관한 권리에 이르는 기본권을 말한다.

> ■ 헌법상 열거된 기본권
> 인간의 존엄과 가치·행복추구권(제10조), 평등권(제11조), 신체의 자유(제12조), 거주이전의 자유(제14조), 직업의 자유(제15조), 주거의 자유(제16조), 사생활의 비밀과 자유(제17조), 통신의 자유(제18조), 양심의 자유(제19조), 종교의 자유(제20조), 언론·출판·집회·결사의 자유(제21조), 학문과 예술의 자유(제22조), 재산권(제23조), 선거권(제24조), 공무담임권(제25조), 청원권(제28조), 재판청구권(제27조), 형사보상청구권(제28조), 국가배상청구권(제29조), 범죄피해자구조청구권(제30조), 교육을 받을 권리(제31조), 근로의 권리(제32조), 근로자의 단결권·단체교섭권·단체행동권(노동3권)(제33조), 인간다운 생활을 할 권리(제34조), 환경권(제35조), 혼인과 가족 및 보건에 관한 권리(제36조)

II. 열거되지 아니한 기본권

헌법 제10조는 "모든 국민은 인간으로서의 존엄과 가치를 가지며, 행복을 추구할 권리를 가진다. 국가는 개인이 가지는 불가침의 기본적 인권을 확인하고 이를 보장할 의무를 진다"라고 규정하고 있다. 그리고 제37조 제1항은 "국민의 자유와 권리는 헌법에 열거되지 아니한 이유로 경시되지 아니한다"라고 규정하고 있어 둘 규정의 관계에 대한 견해가 다양하다.

제10조에 대하여 제37조 제1항을 주의적·확인규정으로 보는 견해, 상호보완 또는 목적과 수단관계라는 견해, 권리창설 규정으로 보는 견해 등이 제시되고 있다.

헌법 제10조는 인간의 존엄과 가치·행복추구권을 보장하고, 개별적 기본권을 보장할 의무를 규정하고 있다. 국가가 보장하여야 할 기본권에 제37조 제1항이 규정한 열거되지 아니한 기본권도 포함된다는 데는 견해가 다르지 않다. 따라서 헌법에 열거되지 아니한 기본권이라 하더라도 인정될 수 있으며, 기존 헌법규정에서 혹은 인간의 생래적 자유와 권리에서 제시되거나 도출될 수 있다.

헌법재판소는 헌법에 열거되지 아니한 기본권으로 •인격권(헌재 89헌마165; 2000헌마546), •자기결정권(헌재 2009헌바17등), •일반적 행동자유권(헌재 89헌마204; 90헌바23; 92헌마80), •소비자의 자기결정권(헌재 96헌가18), •개성의 자유로운 발현권(헌재 91헌마80), •일반적 인격권으로서 성명권(헌재 2003헌가5), •초상권(헌재 2012헌마652) 그리고 •알권리(헌재 88헌마22), •생명권(헌재 95헌바1) 등을 인정하고 있다. 그 밖에 헌법에 열거되지 아니한 기본권으로 평화적 생존권, 휴식권, 일조권, 수면권, 스포츠권, 명예권 등이 제시되고 있다.

제3절 기본권의 법적 성격

Ⅰ. 주관적 공권성

기본권의 성격에 있어서 주관적 공권은 개인이 국가에 대하여 작위 또는 부작위를 요청할 수 있는 권리를 의미한다. 여기서 주관적은 개인의, 공권은 국가에 대한 권리를 말한다.

주관적 권리(기본권)는 국가의 침해로부터의 자유를 보장하는 소극적 권리(자유권), 국가에 대해 급부를 청구하는 적극적 권리(사회권), 국가에 대해 일정한 행위를 요구하는 적극적 권리(청구권), 국가의 정치활동에 참여할 수 있는 능동적 권리(참정권)으로 분류되어진다.

켈젠은 자유를 법률이 강제하지 않은 반사적 이익으로 보고 있어 기본권 권리성을 인정하지 않는다.

그러나 기본권은 천부인권으로 국가에 대해 의무를 부과하는 주관적 공권이다. 다만 사회권의 구체적 권리성의 인정에 대해서는 견해가 대립되어 있으며, 헌법재판소는 사회권은 구체적 입법에 의해 권리로서 구체화되는 추상적 권리로 보고 있다.

Ⅱ. 자연권성

기본권의 성격에 대한 논의는 기본권은 국가이전의 권리인 자연권인가 아니면 국가가 부여한 실정권인가 하는 문제에 대한 것이다.

기본권은 국가와 법 이전의 자연적 권리라는 것이 자연권설이다. 근대 프랑스 인권선언이나 미국의 독립선언에서와 같이 인간의 권리는 생래적 권리, 천부적 권리로 보는 것이다. 이는 슈미트가 기본권은 초국가적, 전국가적 권리이며 이는 국가 이전에 존재하는 권리라고 주장한 견해이다.

반면 19세기 이후 법실증주의자들에 의해 기본권은 국가와 법에 의하여 부여된 권리인 실정권으로 이해하게 되었다. 그들은 국가권력은 제한할 수 없지만 개인의 기본권은 국가를 떠나서는 존재할 수 없는 것으로 보았다.

그러나 2차 세계대전 이후 독일은 나찌시대에 인권유린의 역사를 경험하면서 기본권은 국가가 부여하는 권리가 아닌 인간이 태어나면서부터 갖는 고유의 생래적, 천부적인 권리임을 다시금 강조하게 되고 이에 대한 내용을 규정하게 되었다.

우리 헌법상 기본권을 자연권으로 볼 것인가 아니면 실정권으로 볼 것인가에 대해 논란이 있다.

우리 헌법에는 기본권의 성격에 대한 명시적인 규정은 없지만 기본적으로 자연권설에 입각해서 이를 파악할 수 있다고 본다. 그 대표적인 것으로 헌법 제10조의 "모든 국민은 인간으로서의 존엄과 가치를 가지며 국가는 개인이 가지는 불가침의 기본적 인권을 확인하고 이를 보장할 의무를 진다"라는 규정과 헌법 제37조의 "국민의 자유와 권리는 헌법에 열거되지 아니한 이유로 경시되지 아니한다"라는 것과 "제한하는 경우에도 자유와 권리의 본질적인 내용을 침해할 수 없다"라는 규정을 들 수 있다.

이와 같이 우리 헌법은 국가가 개인이 가지는 불가침의 기본권을 보장할 것과 헌법에 열거되지 않은 권리까지도 인정한다는 것을 명시하고 있어 자연권설에 입각한 것으로 볼 수 있다.

Ⅲ. 이중적 성격
- 기본권의 이중성

기본권은 국가로부터의 침해를 방어할 수 있는 주관적 공권성만을 지닌 것인가 아니면 객관적 가치질서성도 갖는 것인가가 문제가 된다.

개인은 국가에 대하여 작위나 부작위를 요청할 수 있는 주관적 공권성을 가지며 법치질서와 같은 객관적 가치질서성을 갖는다고 보는 것이 기본권의 이중성에 관한 것이다.

ⅰ) 기본권은 국가의 침해를 방어 또는 배제할 수 있는 개인이 누리는 주관적 공권성을 갖는다. 헌법 제10조 후문에 "국가는 개인이 가지는 불가침의 기본적 인권을 확인하고 이를 보장할 의무를 진다"라는 것에서 기본권은 모든 국가권력을 구속하는 것으로 국가가 개인의 권리를 침해하는 경우에 이에 대해 방어할 수 있는 권리를 갖는 것이다. ⅱ) 그리고 기본권은 국가의 법질서를 구성하는 객관적 질서성을 갖는다는 견해와 기본권의 주관적 공권성을 인정하면서도 이보다도 객관적 가치질서성을 더 강조하는 견해가 있다.

여기서 주관적 공권성보다 객관적 가치질서를 중시하는 견해는 개인적 권리로서의 기본권보장을 약화시키는 기능을 할 수 있고, 국가는 개인의 기본권을 보호할 의무를 지니므로 공동체질서를 위한 객관적 가치질서성 또한 강조되어야 한다고 본다.

Ⅳ. 구체적 권리성

기본권이 근대 자유권에서 시작된 후 현대 사회권이 등장함에 따라 사회권을 헌법이 보장하는 구체적 권리로 볼 것인가의 여부가 문제된다.

기본권이 개인을 위한 구체적인 권리성을 갖는가에 대해서는 견해가 나뉜다.

자유권과 참정권 및 청구권 등은 구체적 권리로서 모든 국가권력을 직접 구속하는 기본권이라고 할 수 있다. 그러나 사회권을 구체적인 권리로 보는 데는 현실적으로 한계가 있을 수밖에 없다. 사회권이 침해되는 경우에 일정한 입법을 통해서만 권리가 보장된다는 추상적인 권리성을 주장하는 것이 보통이지만, 헌법조항을 근거로 직접 권리를 주장할 수 있는 구체적 권리성 또한 논의된다.

그러나 구체적 권리성을 주장하는 경우에도 입법형성의 재량이 작동되어야 하는 일정한 제한이 존재하게 된다고 보아야 한다. 또한 국가가 개인이 요구하는 기본권을 구체적 권리로서 보장하는 보장능력이 있는 경우에는 문제가 되지 않으나 그렇지 않은 경우에는 현실적으로 권리의 보장이 어렵다. 따라서 사회권의 경우에는 기본권의 구체적 권리성을 제한적으로 보장받을 수 있는 권리라고 보아야 한다.

📑 참조

기본권의 법적 성격과 헌법관

(1) 켈젠(Kelsen), 옐리네크(Jellinek)의 기본권관

법실증주의자인 켈젠은 국가란 법질서 그 자체라고 보고 국가권력에는 어떠한 제약이 있을 수 없다고 하면서, 자유란 단지 반사적 이익에 지나지 않는 것으로 국가의 자제에 의한 은혜적인 자유라고 하고, 기본권의 주관적 공권성도 인정하지 않고 있다.

옐리네크는 기본권을 국가에 대한 방어권으로 보고 주관적 공권을 인정한다. 하지만 그것은 국가의 은총에 기초한 또는 국가에 의해 언제든지 회수될 수 있는 것으로 이해한다. 이러한 옐리네크나 켈젠의 법실증주의적 기본권론은 국가의 법적 제한 안에서의 자유와 권리라는 실정권설에 입각한다. 그러나 이들의 견해는 군주국가적 상황에서나 가능할 수 있으며 오늘날 민주주의국가인 우리 헌법상 기본권에는 적용될 여지가 없다.

(2) 슈미트(Schmitt)의 기본권관

결단주의적 헌법관에 입각한 슈미트도 기본권을 개인의 국가에 대한 방어권인 주관적 공권으로 본다. 그는 자유권을 전국가적·천부적·무제한의 자연권이라는 자연권설을 주장한다. 자유주의, 자연법론이 지배하는 상황을 배경으로 하여 전개된 슈미트의 자연권설도 오늘날 우리의 기본권에 전적으로 적용될 수 없다. 개인의 자유를 국가에 대한 방어권으로 보

는 경우에 오늘날 빈번하게 발생하고 있는 기본권의 대사인적 효력 문제를 해결할 수 없어 개인의 자유가 충분히 보장되는 것은 아니다. 또한 자유권만이 순수한 기본권이라고 하기 때문에, 개인의 자유에 대한 발현이 국가의 적극적 활동과 급부에 크게 의존하고 있는 오늘날 사회국가 또는 복지국가를 지향하는 우리 헌법에 있어서의 사회권 등을 포괄하기 어려운 점이 있다.

(3) 스멘트(Smend)의 기본권관

통합론적 헌법관에서 기본권은 인간생활의 바탕이 되는 사생활영역에 대한 국가의 불필요한 생활간섭을 배제하고 헌법질서 내에서 적극적·소극적인 정치적 일원체적 생활을 함께 형성해 나갈 수 있다고 본다. 기본권은 국민 개개의 주관적 권리인 동시에 동화적 통합의 생활형식인 헌법질서의 기본이 되는 객관적 질서라고 하는 성격의 양면성을 지니고 있다고 보는 이 이론은 우리 헌법의 기본권 시각을 가장 잘 설명해주는 것이라 할 수 있다. 다만, 통합주의자 중 스멘트는 민주적 기본권이론을 체계화하였지만 그의 기본권이론은 기본권의 주관적 권리의 성격을 경시하고 있다는 문제점이 있고, 또한 해벌레(Häberle)의 제도적 기본권이론은 제도가 자유의 실현을 위한 하나의 수단일 수는 있어도 제도가 곧 자유일 수는 없다고 할 것이므로 기본권을 제도와 동일시하는 그의 이론은 이론적 완벽성에도 불구하고 현실적으로 적용하기에 문제가 있다.

(4) 바람직한 기본권관

결국 현시점에서 스멘트처럼 기본권의 객관적 질서에 치중하지도 않고 헤벌레처럼 기본권을 제도와 동일시하는 시각도 아닌, 기본권을 개인의 주관적 권리의 성격과 객관적 질서의 요소로서의 성격이 서로 기능적으로 상호보완하고 강화하는 관계에 있다고 보는 헤세(Hesse)의 기본권의 양면성설이 현재로서 우리 헌법상 기본권에 무리 없이 적용될 수 있는 이론이라고 본다.

제4절 기본권의 주체

제1항 기본권 주체의 의의

헌법이 보장하는 기본권의 향유자가 누구인가를 판단하는 것이 기본권 주체의 문제이다. 현대 입헌주의적헌법은 국민의 기본권을 보장하고 있으며 우리 헌법도 제2장 국민의 권리와 의무에서 모든 국민에 대한 기본권 주체성을 확인하고 있다.

그러나 기본권의 주체를 국민이라고 하는 경우에도 국민은 현실적으로 신분이나 대국가적 관계에서 여러 가지로 상이하기 때문에 기본권이 어떠한 근거에 의하여 또한 어느 범위 내에서 보장되며 제한되는가를 살펴볼 필요가 있다.

기본권보장의 대상 내지 기본권의 주체인 국민의 법적 성격 내지 그 범위에 관하여 학설대립이 있고, 특히 법인과 외국인의 기본권 주체성 여부에 대하여는 견해가 나뉘고 있다.

제2항 국 민

I. 일반국민

헌법이 규정하는 기본권은 원칙적으로 모든 국민에게 보장되는 것으로 헌법상 기본권의 주체 내지 향유자는 국민이다. 자연인으로서의 국민은 국가의 구성원으로서 "대한민국의 국민이 되는 요건은 법률로 정한다"는 헌법 제2조에 의해 대한민국의 국적을 가진 모든 자를 말한다.

1. 기본권(보유·향유) 능력

기본권을 향유할 수 있는 능력을 기본권 능력 또는 기본권 보유능력이라고 하며, 이는 모든 국민에게 보장된다. 자연인으로서의 국민은 국민의 권리 및 인간의 권리와 관련하여서 기본권 능력을 가지나, 외국인은 원칙적으로 인간의 권리와 관련하여서만 기본권 능력을 갖는다.

헌법상 기본권 능력과 민법상 권리능력은 반드시 일치하는 것은 아니다. 가령 태아는 헌법상 생명권의 주체가 되나 민법상 권리능력은 예외적으로 인정되며, 사자(死者)는 예외적으로 기본권 능력을 갖는 경우가 있으나 권리능력을 갖는 경우는 없다(민법 제3조).

그러나 외국인은 헌법상 기본권능력이 제한되는 경우가 많고, 민법상 권리능력이 인정되는 범위는 넓다.

2. 기본권 행사능력

기본권 보유자가 기본권을 유효하게 행사할 수 있는 능력을 기본권 행사능력이라 하는데, 헌법상 기본권 행사능력과 민법상 법률행위능력은 반드시 일치하는 것이 아니다.

가령 18세인 미성년자와 제한능력자 등은 민법상 법률행위능력이 제한되나 헌법상 기본권 행사능력을 가진다.

행위능력 있는 성년자는 민법상 완전한 법률행위능력이 있으나 공무담임권과 각종 피선거권 등 기본권의 현실적인 행사에 있어서는 헌법상 기본권 행사능력이 제약되는 경우가 있다(예 대통령의 피선거권을 40세로 정한 것, 국회의원의 선거권과 피선거권을 각각 18세와 25세로 정한 것). 예컨대 민법상 성년인 19세는 민법상 완전한 법률행위능력을 행사할 수 있고, 선거권을 행사할 수 있으나, 국회의원 피선거권과 대통령 피선거권을 갖지 못해 기본권 행사능력이 제약되는 것이다.

인간의 존엄, 생명권, 신체의 자유 등 기본권 능력과 기본권 행사능력이 일치하는 기본권의 경우는 문제가 없다. 그러나 위와 같이 기본권 행사능력이 제한되는 경우가 있어 기본권 행사능력은 일률적으로 정하기 어려우며, 각기 기본권에 따라 다르게 고찰되어져야 한다.

현실적으로 문제가 되는 것이 미성년자의 경우인데, 미성년자의 기본권 행사능력은 부모의 친권과의 관계에서 문제가 일어날 수 있다.

미성년자의 기본권 행사와 부모의 교육권이 충돌할 경우 어느 쪽을 우선시킬 것인가가 문제가 되는데, 이는 자녀의 교육과 안녕을 위해 조화되는 방향으로 해결되어야 할 것이다.

Ⅱ. 특수신분관계의 국민

공무원·군인·군무원·경찰관·학생·수형자 등 특수신분관계에 있는 국민도 기본권의 주체가 되지만, 그 신분의 특수성으로 인해 헌법과 법률로써 일정한 경우에 특별히 기본권이 제한될 수 있다.

예를 들면 공무원은 법률이 정하는 자에 한하여 근로3권을 갖고, 법률이 정하는 주요방위산업체 종사근로자의 단체행동권은 법률로써 제한할 수 있다(제33조).

군인·군무원은 군사재판을 받아야 하고 이중으로 국가배상을 받을 수 없으며(제29조 제2항), 수형자의 경우에는 통신의 자유, 거주의 자유, 집회결사의 자유 등의 제한이 인정된다.

Ⅲ. 재외동포(재외국민과 외국국적동포)

재외동포는 재외국민과 외국국적동포를 말한다.

1. 재외국민

재외국민은 대한민국국민으로서 외국의 영주권을 취득한 자 또는 영주할 목적으로 외국에 거주하고 있는 자를 말한다(재외동포의 출입국과 지위에 관한 법률 제2조 제1호).

재외국민은 국민에 준하여 입국하고, 국내금융기관의 이용, 부동산 매각대금의 송금, 의료보험의 혜택, 연금 등을 받을 수 있다.

2. 외국국적동포

외국국적동포는 대한민국국적을 보유하였던 자 또는 그 직계비속으로서 외국국적을 취득한 자 중 대통령령이 정한 자를 말한다(법 동조 제2호).

이들의 경우는 국민에 준하여 또는 일정한 조건 하에 국민으로서의 혜택을 받을 수 있다. 외국국적의 동포는 재외동포체류자격으로 2년간 체류할 수 있고, 기간의 연장, 재입국 허가 없이 자유롭게 입출국이 가능하다.

제3항 외국인

I. 외국인의 기본권 주체성 여부

외국인이란 대한민국의 국적을 가지고 있지 않은 자로서 다국적자나 무국적자도 포함한다. 외국인이 기본권의 주체가 될 수 있는가에 대해서는 견해가 나뉘고 있다.

II. 학 설

1. 부정설

외국인의 기본권 주체성을 부인하는 견해는 독일기본법 제19조와 같이 헌법에 명문의 규정을 두고 있는 경우에는 외국인의 기본권 주체성에 대한 논란이 없으나, 우리 헌법 제2장이 국민의 권리와 의무를 규정하고 있기 때문에 헌법은 국민의 권리만을 보장하는 것이지 외국인의 권리까지 보장하는 것은 아니라고 한다.

이 견해는 외국인에게 기본권을 인정할 것인가라는 것은 입법정책의 문제이지 헌법상 보장문제는 아니라고 한다.

2. 긍정설

외국인의 기본권 주체성을 긍정하는 견해는 기본권의 성질에 따라 외국인도 일정한 범위 내에서는 기본권의 주체가 된다고 한다. 이 견해는 헌법이 직접 외국인의 기본권 주체성을 인정하는 경우는 물론, 그러한 명문규정이 없는 경우에도 성질상 인간의 권리인 경우 외국인도 그 주체가 될 수 있다고 한다.

헌법재판소는 국회노동위원회의 헌법소원 청구인능력을 부인한 사건에서 「기본권보장 규정인 헌법 제2장의 제목이 "국민의 권리와 의무"이고 그 제10조 내지 제39조에서 "모든 국민은 … 권리를 가진다"고 규정하고 있으므로 국민 또는 국민과 유사한 지위에 있는 외국인과 사법인만을 기본권의 주체라 할 것이다」라고 판시하여 외국인의 기본권 주체성을 긍정하고 있다.

Ⅲ. 외국인의 기본권 주체성 인정범위

1. 외국인에게 인정되는 기본권

외국인의 기본권 주체성은 그 적용되는 기본권의 성질에 따라 적용 또는 부인된다고 하겠다. 즉 인간의 권리에 해당하는 기본권은 외국인에게도 적용된다고 할 수 있다.

인간으로서의 존엄과 가치 및 행복추구권은 인간의 권리로서 외국인에게도 인정된다고 보며, 외국인이라도 기본권의 본질적 내용은 침해할 수 없다.

평등권은 외국인에게도 적용된다고 하겠으나 국제법상 호혜평등의 원칙에 의하여 제한될 수 있을 것이다.

자유권에 대해서도 초국가적인 인간의 권리에 해당하는 권리는 당연히 외국인에게도 인정된다고 본다. 예컨대 신체의 자유, 주거의 자유, 사생활의 비밀과 자유, 통신의 자유, 양심의 자유, 종교의 자유, 학문과 예술의 자유, 재판을 받을 권리 등은 외국인도 기본권의 주체가 된다. 다만 거주이전의 자유 중 입국의 자유는 원칙적으로 인정되지 않으나, 일단 입국이 허용된 외국인에게 출국의 자유는 인정된다고 본다. 망명권은 본질적으로 외국인에게 적용되는 권리지만 그 권리성 인정에 소극적 입장을 취하고 있다.

청구권은 대부분이 기본권을 보장하기 위한 기본권이므로 신체의 자유, 재판청구권과 같은 일정한 기본권과 결부된 청구권은 외국인에게도 인정된다고 본다.

2. 외국인에게 부인되는 기본권

국민의 권리에 해당하는 기본권은 원칙적으로 외국인에게 인정되지 않는 기본권이다. 다만 국민의 권리에 해당하는 기본권도 외국인에 대하여 이를 법률로써 제한할 수 있다고 하겠다.

사회권은 자국민의 인간다운 생활을 보장하기 위한 기본권이므로 외국인에게는 원칙적으로 인정되지 않으나, 환경권, 건강권 등은 인간의 권리로서의 성격도 가지고 있으므로 제한된 범위 내에서 외국인에게도 인정된다고 하겠다.

참정권은 국민의 권리이므로 원칙적으로 외국인에게는 인정되지 않으나, 입법에 의하여 인정될 수도 있다. 즉 「주민투표법」 및 「공직선거법」에서는 일정한 거주요건을 갖춘 외국인에게 투표권을 인정하고 있다(例 주민투표법 제5조 제1항 제2호, 공직선거법 제15조 제2항 제3호).

또한 외국인은 원칙적으로 공무원이 될 수 없다(국가공무원법 제35조, 지방공무원법 제33조).

제4항 법 인

I. 법인의 기본권 주체성 여부

기본권의 논의는 전통적으로 국가와 국민과의 관계를 중심으로 하여 전개되어 왔으나, 오늘날에는 조직·단체·법인 등의 사회적 중요성이 증대됨에 따라 법인도 기본권의 주체가 될 수 있는가에 대한 논란이 있다. 독일과 같이 법인의 기본권 주체성을 명문으로 규정하고 있지 않는 우리나라와 같은 헌법의 경우에는 더욱 그러하다.

기본권의 주체에 법인도 포함되는가에 관하여 학설이 대립되고 있다.

ⅰ) 부정설은 기본권은 인간의 권리로서 인정되는 것으로 기본권의 주체는 원칙적으로 자연인인 국민에 한하고 법인이 당연히 포함되는 것은 아니라는 것이다. 또한 법인의 주체성 인정여부는 헌법정책의 문제이고, 우리 헌법에 명문규정이 없기 때문에 법인은 기본권의 주체가 될 수 없다고 한다.

ⅱ) 이에 대해 긍정설은 오늘날 법인은 자연인 못지않은 활동을 하고 있고 법인의 활동은 그 효과가 자연인에게 귀속되므로 성질상 법인에게 가능한 것은 법인에게도 기본권 주체성을 인정하여야 한다고 한다. 헌법재판소도 법인의 기본권 주체성을 긍정하고 있다.

법인이 아닌 단체도 독립된 사회적 조직체로서 활동할 때에는 기본권 주체로 인정된다. 그리고 정당은 법인격 없는 사단으로 재산권이나 평등권 등의 기본권 주체가 된다.

생각건대 법인의 활동은 궁극적으로는 자연인의 이익을 목적으로 하는 것이므로 법인도 일정한 범위 내에서는 기본권의 주체성을 인정하여야 할 것이다. 즉 원칙적으로는 자연인에게 적용되어야 하는 기본권이 성질상 법인에게도 인정 가능한 경우에는 법인에게도 그 주체성을 인정하는 것이 타당하다고 본다.

II. 법인의 기본권 주체성 인정범위

1. 법인의 유형에 따른 기본권 주체성

1) 사법상의 법인

법인에게 기본권 주체성을 인정하는 근거가 자연인의 이익을 목적으로 하는 것이라는 측면에서 그 주체성을 인정한다. 여기서 법인에는 법인격을 갖는 사법상의 법인(주식회사, 유한회사, 재단 등)뿐만 아니라, 법인격을 갖지 않는 사단(경제적 결사, 정치적 결사 등), 기타 인적 결사도 포함된다 하겠다.

헌법재판소도 사법상 법인이 누릴 수 있는 기본권의 범위를 넓게 인정하는 입장이다.

2) 공법상의 법인

공법상의 법인에 대해 기본권의 주체성을 인정할 것인가에 대해서 부정설은 공법인에게 기본권을 인정한다면 기본권사상의 반전을 가져오는 것으로 그 주체성은 부인된다고 한다.

생각건대 공법인은 공적 과업을 가질 뿐이며 원칙적으로 그 주체성은 부인된다고 할 수 있다. 따라서 국가, 지방자치단체, 국가기관인 공법인, 지방자치단체장, 지방의회 등에 대하여는 기본권 주체성이 부인된다 하겠다.

그러나 공법인에 따라서는 국가가 일정한 기본권의 실현에 이바지하기 위해 설치한 경우에 일정 범위 안에서 제한적으로 기본권 주체성을 인정할 수 있다 하겠다. 예를 들면 대학의 학문의 자유나 언론기관의 언론의 자유의 기본권 주체성 인정과 같은 경우이다.

3) 외국법인

성질상 외국법인에 있어서 기본권 주체성은 성질상 법인에게 인정될 수 있는 기본권은 외국인에 준하여 외국법인에도 일정한 제한 하에 기본권 주체성은 인정된다고 할 것이다.

그러나 기본권이 내심의 자유 등과 같이 그 성질상 인간의 권리인 경우에는 외국인에게는 인정되나 외국법인에게는 인정되지 않는다고 보아야 한다.

성질상 외국법인에 인정될 수 있는 기본권으로는 재산권, 재판청구권, 영업활동의 자유 등이 있다.

4) 법인격 없는 사단

법인격 없는 사단에 대해서는 기본권 주체성을 인정하기 어렵다는 견해가 있지만 사법상 권리능력의 유무는 헌법의 영역에서 법인의 기본권 주체성을 결정하는 표준으로는 문제가 되지 않는다고 보아야 한다.

헌법재판소는 법인 아닌 사단 또는 재단도 대표자의 정함이 있고 독립된 사회적 조직체로서 활동할 때에는 성질상 법인이 누리는 기본권을 가질 수 있다고 보고 있다.

2. 기본권의 성질에 따른 기본권 주체성

기본권의 주체성은 개별기본권의 성질에 따라 법인에게 그 인정 여부가 결정된다고 할 수 있다. 인간의 존엄과 가치 및 행복추구권, 혼인의 순결, 보건권, 생존권, 인신의 자유, 형사보상청구권, 범죄피해자구조청구권, 참정권, 종교의 자유, 양심의 자유 등은 법인에게는 원칙적으로 인정되지 않는다.

그리고 성질상 법인에게 인정되는 기본권으로는 평등권, 법인격의 자유로운 발표권, 언론·출판·집회·결사의 자유, 직업선택의 자유, 재산권, 재판청구권, 국가배상청구권, 손실보상청구권, 종교단체의 포교·예배·종교행사의 자유, 방송국의 방송의 자유, 통신의 자유, 학교재단의 교육의 자유 등을 들 수 있겠다.

3. 법인의 제한적 기본권 주체성

오늘날 법인이 수행하는 활동과 역할에 비추어 볼 때 그 기본권 주체성을 완전히 부인하는 것은 비현실적이다. 법인의 기본권 주체성은 인정하되 다만 제한된 범위 내에서 인정하는 것이 타당하다 할 것이다.

따라서 법인은 그 기능과 활동목적 등이 자연인에 비해서 제한을 받으며, 성질상 인정이 가능한, 제한적인 범위에서 기본권 주체가 된다고 본다.

제5절 기본권의 효력

제1항 기본권 효력의 의의

기본권의 효력은 기본권이 그 의미와 내용대로 실현될 수 있는 힘을 말한다. 기본권은 원래 국가에 대해서만 구속력이 있었다. 즉 기본권은 국가권력을 구속하는 국가권력에 대한 방어권으로서, 개인의 주관적 공권이다. 이러한 기본권의 대국가적 효력은 오늘날 민주주의국가에서도 여전히 문제가 되는 것이다.

더 나아가 오늘날에 기본권은 거대한 사회적·경제적·단체·조직·사인에 의해서도 침해되는 경우가 점점 증가하고 있다. 여기서 국가가 아닌 사회적 세력이나 사인도 기본권에 구속되어야 한다는 것이 기본권의 대사인적 효력(기본권의 제3자적 효력)이다.

제2항 기본권의 대국가적 효력

I. 국가권력일반에 대한 구속력

기본권은 우선적으로 국가권력일반에 대하여 구속력이 있는 대국가적 효력을 갖는다. 즉 모든 국가권력은 기본권보장의무를 지며, 기본권은 입법권·행정권·사법권·통치권·헌법개정권 등을 구속한다. 그리고 국가권력은 특수신분관계의 영역에서의 기본권에도 구속된다.

II. 기본권의 대국가적 효력의 범위

(1) 입법권도 기본권에 구속된다. 기본권은 법치주의에 따라 법률에 의해서만 제한될 수 있고 그 내용도 기본권의 구속을 받아 기본권보장의 이념과 합치되어야 한다. 입법에 의해 제한이 가능한 경우라고 하더라도 기본권의 본질적 내용을 침해하는 법률을 제정할 수 없고, 과잉금지의 원칙에 위배되어서도 안 된다(제37조 제2항).

(2) 행정권의 행사도 기본권규정에 구속되며 법률에 의하지 않고는 행정권에 의하여 국민의 기본권을 제한할 수 없다.

행정권에 대한 기본권의 효력은 법원의 명령·규칙·처분에 대한 위헌·위법의 심사에 의해서 뒷받침되고 있다(제107조 제2항). 그러나 모든 집행작용에 대하여 모두 기본권 효력이 미치느냐에 관해서는 논란이 되어왔다. 권력적 작용에 대해서는 기본권의 효력이 미친다는 데에 이론이 없지만, 관리행위와 국고행위에 대하여도 기본권의 효력이 미칠 것인가에 대해서는 견해가 갈린다. 사법적 행위라도 국가의 행위인 이상 기본권에 구속되며, 오늘날 기본권의 대사인적 효력을 인정하고 있는 것으로 보아 행정유형에 관계없이 행정작용일반에 대하여 기본권의 효력이 미친다고 보아야 할 것이다.

특수신분관계에 있는 군인·군무원·재소자의 경우도 원칙적으로 기본권이 보장되어야 하며, 다만 그 목적 달성을 위한 합리적인 범위 안에서 기본권이 제한될 수 있을 뿐이다. 통치행위도 원칙적으로 기본권보장의무에 위반되어서는 안 된다.

(3) 사법권도 기본권을 최대한 보장하여 재판하여야 한다. 사법권은 독립되어야 하며, 법과 모든 기본권에 구속된다. 따라서 사법권에 의한 기본권침해에는 그 구제수단이 마련되어야 한다.

(4) 헌법개정권력도 기본권에 구속되며(긍정설 입장), 따라서 헌법개정도 기본권을 보장하는 방향으로 이루어져야 한다.

Ⅲ. 개별기본권의 대국가적 효력

기본권은 원칙적으로 모든 국가권력을 구속하지만, 개별적 기본권에 따라서는 그 본질상 국가권력을 구속하지 않는 경우가 있다.

(1) 인간의 존엄권과 행복추구권은 입법권·행정권·사법권 등 모든 국가권력을 직접적으로 구속한다. 이는 헌법 제10조가 인간의 존엄과 가치 및 행복추구권을 보장하는 것을 국가의 의무로 규정하고 있으므로 국가는 국민의 인간의 존엄과 가치·행복추구권을 침해해서는 안 된다.

(2) 평등권은 초국가적인 천부인권으로 사법권과 행정권을 구속한다는 데는 이설이 없다. 그러나 입법권도 구속하는가에 대해서는 견해 대립이 있지만, 평등권은 입법권도 구속한다는 입법구속설이 우리의 통설, 판례입장이다.

(3) 자유권에 있어서 일정한 경우 법률로써 제한할 수 있는 것은 상대적인 자유권에 한하며, 자유권도 행정권·사법권 기타 공권력을 구속한다. 입법권에 의한 자유권의 제약은 헌법 제37조 제2항에 의해서만 원칙적으로 가능하다고 하겠다.

(4) 사회권에 대해서는 그 법적 성격을 보는 학설에 따라 입법권만을 구속한다고 하거나(프로그램 규정설) 혹은 모든 국가권력을 구속한다고 한다(법적 권리설). 하지만 사회권은 원칙적으로 입법이 행해지지 않는 경우 법원에 직접 소구할 수 없으며, 다만 소극적 침해배제청구권은 인정된다고 할 것이다.

(5) 청구권에 대해서도 학설 대립이 있으나, 이는 기본권을 실질적으로 보장하기 위한 직접적인 효력규정으로 모든 국가권력을 구속한다고 본다.

(6) 참정권은 그 법적 성격이 자연권이냐 국가내적 권리이냐에 따라 견해가 다르다. 그러나 참정권을 국가내적 권리라고 하여도 법률에 의한 불합리한 참정권 제한은 위헌이므로, 모든 국가권력을 구속한다고 본다.

제3항 기본권의 대사인적 효력

Ⅰ. 기본권의 대사인적 효력의 의의

기본권은 전통적으로 국가권력에 대해 개인의 자유와 권리를 방어하기 위한 대국가적 방어권이었다. 그러나 오늘날에 와서 개인의 자유와 권리는 국가에 의해서만 침해되는 것이 아니라 사회적 제(諸)세력이나 조직·개인에 의해서도 침해되는 사례가 점차 증가하고 있다. 여기서 기본권의 대사인적 효력(Drittwirkung)이 문제가 되게 되었다.

우리 헌법은 기본권이 사인간에도 효력을 가질 것인가에 대한 명문규정이 없다. 개별 기본권의 성질상 대사인적 효력의 문제가 제기될 수 없는 기본권들(형사보상청구권, 국가배상청구권 등)이나 처음부터 대사인적 효력을 전제로 한 기본권의 경우(근로3권)에는 별 문제가 없으나, 그 이외의 기본권들에 있어서 대사인적 효력을 인정할 것인가에 대해 논란이 될 수 있다. 이들 기본권에 대해서는 헌법적 질서 내에서 상황에 맞는 해결을 하여야 할 것이다.

기본권의 대사인적 효력에 관한 이론으로는 독일의 직접효력설과 간접효력설 등이 전개되고 있고, 미국에서는 기본권의 대사인적 효력을 국가행위(State Action)로 의제할 수 있는 경우에 한해 인정하고 있다.

우리 학계에서는 독일과 유사한 이론을 기본권의 대사인적 효력에 관해 적용하고 있고, 헌법재판소도 헌법 제10조 제2문을 근거로 사인 간의 관계에서도 기본권 침해를 금지한다고 보고 있다.

Ⅱ. 외국에서의 기본권의 대사인적 효력

1. 미 국

1) 미국에서의 기본권 효력의 확장

미연방헌법은 원칙적으로 기본권은 오로지 연방과 주의 행위에 대하여 제한되고, 사인에 대해 효력을 미칠 수 없다고 보았다. 그러나 사인에 의한 인종차별의 문제를 중심으로 판례와 이론이 변천하기 시작하였다.

비록 사인에 의해 기본권이 침해되거나 사인이 인종차별을 하는 것이라 할지라도 국가가 그 사인과 관련되어 있다면 그 사인의 행위를 국가행위와 동일시하거나 국가행위로 의제하여 사인 상호 간의 행위에도 기본권을 적용한다는 것이다. 미연방대법원은 이러한 국가행위설(State Action Doctrine) 또는 국가유사설(looks like Government Theory)이라는 이론을 통해 기본적 인권이 사인상호 간에도 적용되도록 하고 있다.

2) 미국의 판례이론

미연방대법원의 판례이론으로 대사인적 효력의 확장이론은 다음과 같다.

(1) 국유재산이론(State Property Theory)

국가재산을 임차한 사인이 그 시설에서 행한 사적인 기본권침해를 국가행위와 동일시하여 이에 대한 헌법상 기본권규정의 적용을 인정하는 이론이다.

이 이론에서 사적행위가 국가행위와 동일시되기 위해서는 시설의 운영에 공급이 투입되고, 국가의 실질적 통제가 그 시설에 미칠 것, 국가가 위헌적 행위를 간접적으로 행하려는 의도나 동기를 가지고 임대할 것, 시설이 공중에 사용되어질 것을 목적으로 할 것 등의 요건을 충족해야 한다(적용한 예: Turner v. City of Memphis, 369 U.S. 350, 1962.).

(2) 국가원조이론(State Assistance Theory)

국가에서 재정적 원조나 토지수용권, 조세면제 등의 원조를 받는 사인이 행한 사적 행위를 국가행위와 동일시하여 이에 대해 헌법상 기본권 규정의 적용을 인정하는 이론이다.

예를 들어 시로부터 재정적 원조를 받는 사립학교가 흑인에 대해 차별행위를 한 경우에 위헌이라고 본다(적용한 예: Steele v. Louisville and Nashville Railroad Co., 323 U.S. 192, 1944.).

(3) 통치기능이론(governmental Function Theory)

성질상 통치기능을 행하는 경우 사인의 기본권 침해행위를 국가적 행위와 동일시하여 헌법상 기본권 규정의 적용을 인정하는 이론이다.

주헌법이 예비선거에서 흑인의 선거권을 부인하는 것에 대해 연방대법원이 위헌판결을 하자 각 주는 헌법을 개정하여 예비선거는 정당내규로 정하도록 하고 정당내규에서 흑인을 예비선거에서 제외하였다. 이에 대해 연방대법원은 예비선거도 정식선거의 일부이며 주정부가 인정하는 것이므로, 정당이 주의 통치행위를 대리하는 것으로 보아 위헌이라 판결하였다(적용한 예: Smith v. Allwright, 321 U.S. 649, 1944.).

(4) 사법적 집행이론(judicial Enforcement Theory)

사인의 기본권침해가 재판상 문제가 되어 법원이 재판을 통해 사법적 집행을 하게 된 경우에 그 집행은 위헌적인 국가행위가 된다는 이론이다.

예컨대 주민계약으로 흑인에게 부동산매매를 금지한다는 사인 간 협정을 법원이 합법적으로 인정한 것은 사법적 집행에 의하여 인종차별을 강제하는 힘을 사인에게 부여하는 것이 되므로 위헌이라는 것이다(적용한 예: Shelly v. Kraemer, 334 U.S. 1, 1948.).

(5) 특권부여이론(governmental Regulation Theory)

국가로부터 특정의 특권 내지 특별한 권한을 부여받아 그 한도 내에서 국가의 광범위한 규제를 받으면서 국가와 밀접한 관계가 있는 사적 단체의 행위를 국가행위와 동일시한다는 이론이다.

예컨대 시에서 특정한 특권을 인정받은 전차나 버스회사의 인종차별을 국가행위로 보아 위헌이라는 것이다(적용한 예: Public Utilities Commission v. Pollak, 343 U.S. 451, 1952.).

2. 독 일

1) 독일의 판례

일찍이 독일의 연방노동법원이나 연방법원은 기본권의 대사인적 효력을 인정해 왔다. 그리고 연방헌법재판소는 기본법은 가치중립적 질서가 아닌 것으로 기본법은 기본권 규정부분에서 하나의 객관적 가치질서를 설정하고 있으므로, 이 가치체계는 입법·사법·행정의 모든 법영역에서 효력을 가져야 한다고 하였다. 또한 이 가치체계는 사법에도 영향을 미치며 어떤 사법규정도 이 가치체계를 위반해서 안된다고 보았다. 연방헌법재판소는 기본권을 국가에 대한 방어권뿐만 아니라 법질서 전체에 미치는 객관적 원리로 이해하는 것이다.

2) 독일의 이론

독일에서는 기본권이 원칙적으로 전체 법질서 내에서 존중되어야 한다는 것과 사법영역에서 인정되어온 사적자치의 원칙 사이에서의 조화 문제로 이론이 전개되어 왔다. 독일 기본법은 근로자의 단결권의 직접적 효력을 인정하고 있는데, 이외의 기본권에 대해서도 사인 간에 효력이 있는가에 관하여서는 논란이 있다.

(1) 효력부인설

기본권은 국가권력에 대한 방어권으로 사인상호 간에는 직접 적용되지 않고, 사법 등의 법률이 규율한다고 보는 학설이다.

그 논거로는 기본권 보장은 국가의 침해로부터 개인의 자유를 보장하는 것이고, 사인 간의 합의에 의하여 자신들의 기본권을 제한하는 것은 부당한 것이 아니며, 사인 상호 간의 관계에 관한 질서는 헌법의 영역에 속하지 아니하므로 제3자적 효력이 인정되면 사법이 파괴된다는 것 등이다.

그러나 오늘날 기본권은 국가에 대한 소극적 방어권만이 아니라 전체 법질서의 객관적 원리라는 것을 부인할 수 없다. 또한 사인상호 간의 관계에서 발생하는 기본권 침해가 날로 증가하고 있는 점에서 사인 간에 기본권의 효력이 전혀 미치지 않는다고 하는 것은 타당하지 않다.

(2) 직접적 효력설

이 설은 기본권은 사인상호간에 있어서 절대적 또는 직접적 효력을 가지며, 기본권이 사법질서에서 효력을 갖기 위해서 일반조항과 같은 매개수단이 필요하지 않다고 본다. 따라서 개인은 사법관계에 있어서도 직접 기본권을 주장하여 관철시킬 수 있는 것으로 기본권은 국가만이 아니라 개인도 직접 구속하게 된다고 한다.

니퍼다이(H.C. Nipperdey), 라이즈너(W. Leisner), 후버(H. Huber) 등과 연방노동법원이 취하는 견해로, 서독 연방노동법원의 책임자였던 니퍼다이가 남녀의 임금평등의 문제를 놓고 기본권의 직접적 효력을 주장한데서 시작되어, 연방노동법원의 판례를 통하여 확립되었다.

여기서도 직접적인 대사인적 효력을 인정한다고 모든 기본권이 사법질서에서 직접 효력을 발생한다(절대적 직접효력설)는 것은 아니며, 헌법의 명문규정상 혹은 성질상 사인상호간의 관계에 직접 적용될 수 있는 기본권만이 직접 효력을 갖는다는 것이다(한정적 직접효력설).

따라서 어떤 기본권이 사인상호 간에 효력을 갖는가는 개별적으로 검토되어야 한다고 본다. 그 논거로는 기본권의 역사적 성격이 사인 간에 있어서도 중요한 것으로 변화되었으며, 독일기본법이 사회국가의 원리를 수용하고 있다. 그리고 사법에 의하여 기본권이 보장되는 이상 사법도 헌법의 기본권규정에 반하는 계약을 위법으로 제재할 의무가 있다는 것 등을 들고 있다. 독일의 연방노동법원은 이러한 기본권으로 언론의 자유, 평등권, 부부와 가정의 보호, 인간의 존엄성과 인격의 자유 발현권 등을 들고 있다.

이에 대해서는 기본권에 명문의 규정이 없는데도 사인 간에 직접 적용하는 것은 사법의 체계를 동요시켜 결국은 공법과 사법의 구분이 없어져 법질서체계의 혼란을 가져올 수 있다는 비판이 있다.

(3) 간접적용설

이 설은 사인간의 법률관계는 사법이 규율하기 때문에 헌법상 기본권규정이 사법관계에 직접 적용될 수는 없고 다만 기본권은 사법의 일반조항이라는 매개수단을 통하여 간접적으로 적용될 수 있다는 것이다.

사법의 일반조항으로 독일민법의 반도덕적 행위의 무효(제138조), 신의성실에 의한 의무의 이행(제242조), 고의·과실에 의한 자유침해의 경우의 손해배상의무(제823조 제1항), 고의의 반도덕적 행위로 손해를 야기한 경우의 배상의무(제826조) 등을 든다.

이 학설은 전체 법질서의 통일성을 강조하여 헌법에 규정된 기본권적 가치체계는 사법의 해석의 측면에서도 고려되어야 한다고 한다. 기본권은 국가에 대한 개인의 주관적 공권이지만 또한 객관적 질서이기 때문에 모든 생활, 즉 사인 간의 사적법률관계에도 미치는 방사효과를 가지며, 이 효과가 사법상의 일반조항을 통하여 사법질서 속으로 침투된다는 것이다.

간접적용설은 기본권 보장에 관한 헌법조항을 직접 사법관계에 적용하지 아니하고 사법의 각 조항을 통하여 간접적으로 적용하여 헌법의 취지를 사법관계에도 확장하려는 것으로, 당사자의 기본권을 침해하는 계약이나 법률행위는 민법의 공서양속조항의 위반 등으로 무효로 본다(공서양속설).

이 설은 뒤릭(Dürig), 바호프(Bachof), 숄츠(Scholz) 등에 의해 주장되는 독일의 다수설이다.

이에 대해서는 모든 기본권을 사법의 일반원칙에 따라 해석된다고 하는 경우에도 소극설과 적극설이 대립되어 법적 안정성을 기하기 어렵고, 근로자의 3권과 같은 대국가적 권리이면서 대사인간의 권리로 사인 간에 직접 적용되어야 할 것임에도 불구하고 간접적용된다고 보아야 하는 문제점이 있다는 비판이 있다.

Ⅲ. 한국에서의 기본권의 대사인적 효력

현행헌법은 기본권의 대사인적 효력에 관해 규정하고 있지 않기 때문에 기본권의 대사인적 효력의 문제는 학설과 판례에 의해 해결하고 있다.

기본권의 대사인적 효력에 대해서도 독일의 이론적 영향을 받아 효력부인설, 직접적용설, 간접적용설 등이 대립되고 있다. 즉 헌법규정이나 헌법해석상 기본권의 대사인적 효력이 부인되는 기본권과 대사인적 효력이 직접 적용되는 기본권이 있고 그 외의 기본권에는 간접적용설에 입각하여 해결하고 있다.

(1) 기본권의 성질상 대사인적 효력이 문제가 되지 않아 대사인적 효력이 부인되는 기본권으로는 개인과 국가 간에서만 적용되는 기본권으로 청구권, 사법절차적 기본권, 참정권 등이 있다.

(2) 대사인적 효력이 직접 적용되는 기본권은 근로3권, 언론·출판의 자유, 인간의 존엄과 가치 및 행복추구권 등을 들 수 있다.

(3) 그리고 이들 이외의 기본권은 원칙적으로 간접 적용된다고 본다.

성질상 사법관계에 적용될 수 있는 기본권은 사법상의 일반원칙을 규정한 조항들을 간접적으로 적용한다고 본다. 이는 공사법의 이원적 법체계의 혼란을 야기하지 않으면서도 공법의 존중사상을 사법에 도입하여 법체계질서 전체를 아우를 수 있는 것이다.

기본권이 사법질서에 적용되는 경우 특히 문제가 되는 것은 개인과 국가와의 관계에 있어서와는 달리 사인 상호 간의 관계에 있어서 쌍방은 모두 기본권의 보호를 받는 기본권 주체가 되어 상호충돌이 불가피하다는 점이다. 이러한 경우 한 사람의 기본권만 존중하고 상대방의 기본권을 고려하지 않는다면 기본권 침해가 될 수 있으므로, 쌍방은 기본권에 한정적으로만 구속되게 된다. 이렇게 되면 사적 자치가 현저하게 제한되는 결과를 초래하게 될 것이다.

따라서 이 기본권의 사인 간의 효력에 있어서 상호주의적 입장에서 당사자 쌍방의 이해대립을 조정하는 역할이 중요하다고 하겠다.

제6절 기본권의 경합과 충돌

제1항 서 설

기본권의 주체가 국가권력에 대해서 기본권을 주장하거나 사인 상호 간에 있어서 기본권이 대립되는 기본권 상호 간의 대립과 마찰현상이 기본권의 갈등문제이다.

기본권이 상호 경합하거나 충돌하는 경우 어떤 기본권을 우선시킬 것인가가 문제가 된다. 이는 어느 기본권을 어느 정도로 제한할 것인가, 어느 기본권을 우선시킬 것인가 그리고 이 기본권들의 효력을 어느 정도 인정할 것인가 하는 것으로, 해석을 통해 해결해야 하는 문제이다.

제2항 기본권의 경합

Ⅰ. 기본권경합의 의의

기본권의 경합은 동일한 기본권의 주체를 전제로 한 것으로, 단일의 기본권의 주체가 국가에 대해 동시에 둘 또는 그 이상의 기본권의 적용을 주장하는 것을 말한다.

예컨대 ① 종교집회에 참가한 사람을 체포·구속한 경우 신체의 자유(제12조), 종교의 자유(제20조), 집회의 자유(제21조)를 동시에 주장할 수 있는 경우, ② 종교단체가 발행하는 잡지에 대해 국가가 간섭하는 경우 발행인이 종교의 자유(제20조)와 동시에 언론의 자유(제21조)를 주장하는 경우 등을 들 수 있다.

일반적으로 기본권이 경합적으로 적용되는 경우에는 기본권이 상호보완적으로 적용될 수 있기 때문에 기본권 보호가 보다 강화된다고 할 수 있다.

Ⅱ. 유사경합

기본권의 경합(진정경합)과 유사한 경우(부진정경합)가 있다. 어떠한 행위가 여러 기본권의 구성요건에 해당되는 경우라 하더라도 실제로는 각기 독자적으로 침해된 경우에는 각기 하나의 기본권 침해만이 해당되며 기본권의 경합이 성립되지 않는 경우가 유사경합이다.

예컨대 학문적 표현을 이용한 광고행위를 하는 경우에 영업의 자유 외에 학문의 자유를 경합적으로 주장할 수 있는가이다. 이 경우 상업적 목적의 광고행위는 영업의 자유이고, 학문적 지식을 전파하는 전형적인 경우가 아니므로 학문의 자유는 보호받을 수 없다. 이 경우 기본권 경합의 문제는 발생하지 않는다고 할 수 있다.

Ⅲ. 기본권경합의 해결

기본권경합에 있어서 문제가 되는 것은 경합하는 기본권들의 제한의 정도가 상이한 경우이다. 이러한 경우 어느 기본권을 더 보호할 것인가가 문제된다.

이에 대해서는 제한의 정도가 가장 커 효력이 가장 약한 기본권이 우선되어야 한다는 최약효력설, 제한의 정도가 가장 적어 효력이 가장 강한 기본권이 우선되어야 한다는 최강효력설이 주장된다.

우리 헌법상의 기본권은 그 보호가치에 있어서 차별이 없다고 보는 견해에 의하면, 우리 헌법상 기본권은 동등한 가치를 가지고 서열을 정하는 것은 불가능하다고 할 수 있다. 그러나 우리 헌법에 있어서도 인간의 존엄처럼 어떤 방식으로도 제한할 수 없는 기본권이 있고 일반적 법률유보에도 불구하고 신앙의 자유, 내심의 자유로서의 양심의 자유 등 성질상 제한이 불가능한 기본권이 있다. 이러한 경우도 기본권의 경합문제가 제기될 수 있다.

따라서 기본권의 보호나 제한이 당해 사안과 가장 직접적으로 관계가 있고 기본권들이 상호 보완적인 관계에 있는 경우는 모두를 적용해야 하며, 선택적 적용을 해야 할 경우 일반성을 갖는 기본권보다 특별성을 갖는, 기본권의 제한 정도가 가장 적은, 가장 효력이 강한 기본권을 우선적으로 적용해야 할 것이다.

헌법재판소도 "기본권 침해를 주장하는 의도 및 기본권을 제한하는 입법자의 객관적 동기 등을 참작하여 사안과 가장 밀접한 관계가 있고 또 침해의 정도가 큰 주된 기본권을 중심으로 파악해야 한다"고 판시하고 있다(헌재 95헌가16; 2007헌마991).

> **⚠ 판례** | 기본권경합의 해결방법 – 헌재 1998.4.30. 95헌가16(음란간행물 규제 합헌, 저속간행물 규제(위헌))
>
> 이 사건 법률조항은 언론·출판의 자유, 직업선택의 자유 및 재산권을 경합적으로 제약하고 있다. 이처럼 **하나의 규제로 인해 여러 기본권이 동시에 제약을 받는 기본권경합의 경우**에는 기본권 침해를 주장하는 제청신청인과 제청법원의 의도 및 기본권을 제한하는 입법자의 객관적 동기 등을 참작하여 **사안과 가장 밀접한 관계에 있고 또 침해의 정도가 큰 주된 기본권을 중심으로 해서 그 제한의 한계를 따져 보아야 할 것이다.**

제3항 기본권의 충돌

I. 기본권충돌의 의의

기본권의 충돌은 하나의 동일한 사건에서 상이한 기본권 주체가 서로 각기 충돌하는 권익을 실현하기 위해 국가에 대하여 서로 대립되는 기본권 적용을 주장하는 것을 말한다. 즉 기본권의 충돌은 복수의 기본권 주체가 국가에 대하여 각자의 기본권을 주장하는 경우이다.

기본권충돌문제는 사인 상호 간의 이해관계가 충돌되는 경우라 할지라도 그 적용에 있어서는 국가와 사인 간의 문제이다. 이점에서 어느 일방의 사인이 사실적 힘에 의하여 다른 일방 사인의 기본권을 침해하는 경우에 문제가 되는 기본권의 대사인적 효력과 다르다.

기본권의 충돌문제는 국가권력이 일방 사인의 기본권을 보호하려고 이와 대립하는 타방 사인의 기본권을 제한하는 경우에 제기되는 것으로 국가가 대립의 해소를 위해 개입하는 것이다.

II. 유사충돌

외견으로는 기본권이 상호 충돌하는 것으로 보이나 실제로는 기본권을 주장하는 자의 행위가 기본권의 범위를 벗어나 기본권충돌이 아닌 경우를 기본권의 유사충돌이라고 한다.

예컨대 출판업자가 출판을 위해 종이를 절취하고 출판의 자유를 주장하는 경우에 종이 소유자의 재산권과 충돌하는 것처럼 보이나 종이의 절취행위는 출판의 자유의 보호영역에 포함되지 않으므로 기본권의 충돌이 아니다. 또한 살인을 하고서 살인자가 행복추구권을 주장하여 희생자의 생명권과 충돌한 것처럼 보이는 경우에도 살인행위는 행복추구권의 보호영역에 포함되지 않으므로 기본권충돌이 성립하지 않는다.

하지만 어떤 행위가 기본권의 보호영역에 포함되느냐의 여부를 정하는 것이 확연히 구분되는 것이 아니기 때문에 기본권충돌과 기본권의 유사충돌을 구별하는 데 어려움이 있다. 구체적인 상황에 따라 기본권침해의 정도에 따라 이를 달리 결정할 수밖에 없다고 본다.

III. 기본권충돌의 해결

1. 기본권충돌 해결이론

기본권이 충돌하는 경우에 이를 해결하기 위한 방법으로 독일에서는 여러 가지 이론이 주장되었다.

① 기본권충돌의 문제에 대한 해결은 입법형성의 자유가 있는 입법자의 임무이며, 법원이나 헌법재판소가 헌법해석을 통해 해결하는 것은 적당하지 않다고 하는 입법의 자유영역이론, ② 기본권간에 서열을 정한 다음 그 기본권의 보호가치가 큰 기본권을 우선시킨다는 기본권 서열이론, ③ 기본권이 서로 충돌하는 경우 이들을 비교 형량함으로써 보다 큰 법익을 우선시키는 법익형량이론, ④ 기본권이 충돌하는 경우 법익형량과 같이 양자택일적 방법이 아니라 헌법의 통일성의 관점에서 기본권의 양 법익을 모두 최대한 실현시킬 수 있도록 기본권을 조화시켜야 한다는 규범조화적 해석, ⑤ 기본권이 충돌하는 경우에 그 궁극적 판단 기준을 헌법 자체에서 구할 뿐만 아니라, 기본권의 해석을 통하여 규범영역을 분석하여 비전형적인 기본권행사방식은 배제함으로써 기본권의 충돌을 해결하려는 핵심규범영역존중이론 등이 그것이다.

이에 대해서는 기본권충돌 문제를 해결하기 위해 그때마다 입법을 통해서 해결하는 것은 지극히 비현실적이라는 것, 우리 헌법은 이러한 서열규정이 없기 때문에 기본권의 서열을 정하는 것이 부분적으로는 가능할 수 있으나 모든 경우에는 서열을 정하는 것은 어렵다는 것, 형량을 통해서 보다 큰 법익을 위해 다른 법익을 버려야 한다는 것이 문제가 된다는 것, 규범조화적 해석의 원리는 기본권충돌의 문제를 해결하는 데 아주 적합한 원리임에 틀림없으나, 사건의 성질상 양자택일적 방법에 의해서 해결할 수밖에 없는 경우에는 이 원리도 한계가 있다는 것, 기본권의 충돌문제를 기본권 해석문제로만 파악하는 것은 입법자의 역할을 전적으로 무시하는 것이고 기본권의 규범영역을 일의적으로 확정할 수 있는 것이냐는 등의 비판이 제기된다.

2. 기본권충돌의 해결

1) 해석에 의한 해결

기본권충돌이 문제되는 경우는 기본적으로 기본권해석의 문제라는 관점에서 일단 위에 든 기본권의 규범내용의 해석론을 통하여 해결할 수 있다. 이를 통해 기본권충돌을 해결할 수 없을 경우 다음으로 법익형량의 방법을 통해 해결한다. 그러나 법익형량의 방법은 법익이 작다는 이유로 전혀 보호받지 못하는 불공평한 면이 있으므로 비례의 원칙, 대안제시의 원칙, 과잉금지의 원칙 등 헌법원칙에 입각하여 상충하는 기본권 모두가 최대한으로 그 기능과 효력을 나타낼 수 있는 규범 간 조화로운 해석방법을 모두 동원하여 그 해결을 모색해야 할 것이다.

즉 기본권주체 간의 충돌이 있는 경우 그 효력 우열을 정하기 위한 기준으로는 생명권과 인격적 가치를 보장하기 위한 기본권은 정치적·경제적·사회적 기본권보다 우선효를 가지며, 인간다운 생존을 보장하기 위한 기본권은 경제적·정치적 기본권보다 우선효를 가진다고 할 것이다. 그리고 자유를 실현시키기 위한 기본권과 평등을 실현시키기 위한 기본권이 충돌하는 경우 평등보다 자유의 가치가 우선효를 가진다.

그러나 이러한 충돌하는 기본권이 그 우열을 가리기가 어려운 경우에는 모든 기본권에 비례적으로 제약을 가함으로써 충돌하는 기본권의 효력을 양립시키되, 이 방법으로도 해결되지 않은 경우는 각 기본권의 핵심을 유지하면서 기본권 모두의 효력을 양립시키는 대안을 발굴한다. 그래서 상충하는 기본권 모두가 그 기능과 효력을 최대한으로 발휘될 수 있도록 하는 규범 간 조화로운 해석 방법을 총동원하여 해결해야 할 것이다.

헌법재판소는 기본권충돌의 경우 해결 방법으로 대체로 규범 간 조화로운 방법 모색과 과잉금지원칙(비례의 원칙)의 적용을 제시하고 있고, 법익형량과 서열이론을 적용하기도 하였다. 예컨대 반론권과 보도기관의 언론의 자유의 충돌에서 반론권의 합헌성(헌재 89

헌마165), 공개되지 아니한 타인 간의 대화에 있어서 대화자의 통신의 비밀과 공개자의 표현의 자유의 충돌에서 공개자의 처벌의 합헌성 판단(헌재 2009헌바42)으로 과잉금지원칙을 적용하였다, 그리고 흡연권과 혐연권의 충돌에서는 흡연권은 상위기본권인 혐연권을 침해하지 않는 한에서 인정된다고 하여(헌재 2003헌마457) 서열이론을 적용한 바 있다.

> **판례** | 흡연권과 혐연권의 충돌 – 헌재 2004.8.26. 2003헌마457(기각)
>
> 흡연권은 사생활의 자유를 실질적 핵으로 하는 것이고 혐연권은 사생활의 자유뿐만 아니라 생명권에까지 연결되는 것이므로 **혐연권이 흡연권보다 상위의 기본권**이다. 상하의 위계질서가 있는 기본권끼리 충돌하는 경우에는 **상위기본권우선의 원칙**에 따라 하위기본권이 제한될 수 있으므로, **흡연권은 혐연권을 침해하지 않는 한에서 인정**되어야 한다. 흡연은 국민의 건강을 해치고 공기를 오염시켜 환경을 해친다는 점에서 국민 공동의 공공복리에 관계되므로, 공공복리를 위하여 개인의 자유와 권리를 제한할 수 있도록 한 헌법 제37조 제2항에 따라 흡연행위를 법률로써 제한할 수 있다. **금연구역의 지정에 관하여 규정하고 있는 국민건강증진법시행규칙 제7조**는 국민의 건강을 보호하기 위한 것으로서 목적의 정당성을 인정할 수 있고, 일정한 내용의 금연구역을 설정하는 방법의 적정성도 인정할 수 있으며, 달성하려는 공익이 제한되는 사익보다 커 법익균형성도 인정되고, 금연구역 지정의 대상과 요건을 고려할 때 최소침해성도 인정되므로, **과잉금지원칙에 위반되지 아니한다**.

2) 입법에 의한 해결

기본권의 충돌이 입법에 의해 구체적으로 규율되어 그 입법 자체가 문제되는 경우는 그 입법의 합법성 문제로 해결될 수 있고, 이를 규율하는 입법이 없거나 그 입법만으로는 규율이 불충분하여 입법이 아닌 국가의 다른 작용이 문제된 경우에도 비례의 원칙으로 해결할 수 있다.

다만 기본권충돌의 문제가 해석에 의해 합리적으로 해결될 수 없는 경우에 예외적으로 입법에 의해 해결하는 최후적 방법이 될 수 있을 것이다.

제7절   기본권의 제한

제1항 기본권 제한의 의의

국가존립이나 헌법적 가치질서의 보호를 위하여 필요한 경우에 기본권을 제한할 수 있는 방법을 헌법에 마련해놓고 있는데 이를 기본권의 제한이라 한다.

헌법은 제10조 제2문에 "국가는 개인이 가지는 불가침의 기본적 인권을 확인하고 보장할 의무"라고 규정하고 있으므로 국가는 국민의 기본권을 최대한 보장할 의무가 있다. 이를 이유로 기본권은 어떠한 제약도 받지 않는 절대적 무제한적인 것은 아니다. 제37조 제2항에 "국민의 모든 자유와 권리는 국가안전보장·질서유지 또는 공공복리를 위하여 필요한 경우에 한하여 법률로써 제한할 수 있으며, 그 본질적 내용은 침해할 수 없다"라고 기본권 제한에 대해 규정하고 있다.

기본적 자유가 현실적으로 보장되는 자유가 되게 하려면 전체적 법질서 내에서의 법적 자유이어야 하며 기본권은 이 한계 내에서 보호될 수 있다. 국가는 개인의 기본권을 제한하려는 경우에 개인이 지닌 기본권을 최소한으로 제한하면서 국가의 목적을 달성하여야 하며, 이때 비로소 국가가 개인의 기본권을 제한하는 정당성이 확보된다고 할 수 있다.

현대 민주국가헌법은 이러한 기본권의 한계와 제한을 명시하는 기본권의 명시적 제약을 하는 것이 일반적이다. 하지만 기본권은 그 제약에 관한 명문규정이 없는 경우에도 무제한적인 것은 아니며 일정한 제약을 받는다고 보아야 한다.

제2항 기본권 제한의 유형

Ⅰ. 헌법유보(헌법 직접적 제한)

헌법유보에 의한 제한은 헌법에서 직접 기본권을 제한하는 명시적인 규정을 두는 것을 말한다.

헌법유보에 의한 제한에는 그 제한의 대상이 모든 기본권이냐 개별기본권이냐에 따라 각각 일반적 헌법유보에 의한 제한과 개별적 헌법유보에 의한 제한으로 나뉜다.

1. 일반적 헌법유보

일반적 헌법유보에 의한 제한은 기본권 일반이 헌법적 질서 또는 특정의 헌법원리에 의하여 제약된다고 헌법에 직접 명시하는 것이다.

국민의 자유와 권리보장은 공공의 복지의 책임을 규정한 일본헌법 제12조와 생명·자유·행복추구권에 대한 최대존중이 공공복지에 반하지 않도록 규정한 동법 제13조는 일반적 헌법유보조항이다.

2. 개별적 헌법유보

개별적 헌법유보에 의한 제한은 특정의 개별적 기본권이 헌법적 질서나 특정의 헌법원리에 의하여 제약된다는 명문규정을 헌법에 두는 것이다.

구체적으로 ① 인격권을 보장하면서 타인의 권리, 헌법적 질서, 도덕적 질서에 반하지 않도록 한 독일기본법 제2조 제1항, ② 우리 헌법에서 언론·출판의 자유를 보장하면서도 타인의 명예, 권리, 공중도덕, 사회윤리를 침해하지 못하도록 한 제21조 제4항, ③ 사유재산권을 보장하면서도 공공복리에 적합한 행사를 규정한 제23조 제2항, ④ 국가배상청구권을 보장하면서도 군인·군무원·경찰공무원 등에 대한 이중배상 제한을 규정한 제29조 제2항, ⑤ 공무원인 근로자의 노동3권 제한을 규정한 제33조 제2항, ⑥ 정당설립의 자유를 보장하고 정당의 목적이나 활동이 민주적 기본질서에 위배되지 못하도록 규정한 제8조 제4항 등이다.

Ⅱ. 법률유보(헌법 간접적 제한)

법률유보에 의한 제한이란 기본권을 법률에 의하여 제한할 수 있도록 헌법에 명시적으로 규정하는 것을 말한다.

이는 그 제한의 대상이 모든 기본권이냐 또는 개별 기본권이냐에 따라 각각 일반적 법률유보와 개별적 법률유보로 나뉜다.

1. 일반적 법률유보와 개별적 법률유보

일반적 법률유보란 기본권 제한의 목적·방법을 모든 기본권에 적용되도록 일괄해서 규정하는 것을 말한다. 개별적 법률유보란 개별적인 기본권 조항에 법률이 정하는 바에 따라 특정한 기본권을 제한할 수 있음을 명시한 경우이다.

법률유보에 의한 제한 가능성이 개별적으로 모든 기본권에 관해 규정되어 있지 못한다. 그러나 이러한 개별적 기본권에 대해 제한가능성이 규정되어 있지 않다고 하여 모든 기본권이 제한없이 보장되는 것은 아니다.

이렇게 기본권 제한이 개별적으로 명시되지 않은 기본권에 대해 그 제한이 가능하도록 규정한 것이 우리 헌법 제37조 제2항의 일반적 법률유보에 의한 기본권 제한이다.

그리고 개별적 법률유보에 의한 제한은 구체적으로 헌법 제23조 제1항의 재산권 규정, 제12조의 신체의 자유에 관한 규정, 제13조의 죄형법정주의 규정 등을 들 수 있다.

2. 기본권 제한적 법률유보와 기본권 구체화적 법률유보

법률유보의 본래적 의미는 자유권에 대한 제한을 의미하는 기본권 제한적 법률유보였다. 그러나 현대사회국가에 있어서 사회권·정치적 기본권(참정권)·청구권 등이 중시되었고 이를 구체화하는 기본권 구체화적 법률유보 또한 중요하게 되었다.

기본권 제한적 법률유보는 평등권·자유권 등의 구체적인 입법을 필요로 하지 않고 직접 실현될 수 있으며, 법률에 의하여 기본권이 제한되는 것이다.

이에 대해 기본권 구체화적 법률유보는 기본권을 구체화하는 법률에 의해서 비로소 기본권의 내용과 행사절차가 구체화되는 것이다. 이는 국민의 기본권을 제한하기 위한 법률유보가 아닌 기본권을 실현시키고 보장하기 위한 법률유보이다.

제3항 기본권 제한의 일반원칙

I. 의의와 법적 성격

현대사회국가에 있어서 헌법적 가치질서의 실현을 위해 합리적인 기본권의 제한이 불가피하지만, 입법자의 권한 남용을 방지하고 기본권을 보다 효과적으로 보장하기 위해서 기본권 제한의 일반원칙을 두고 있다.

우리 헌법 제37조 제2항에서도 "국민의 모든 자유와 권리는 국가안전보장·질서유지 또는 공공복리를 위하여 필요한 경우에 한하여 법률로써 제한할 수 있으며, 제한하는 경우에도 자유와 권리의 본질적인 내용을 침해할 수 없다"라고 하여 기본권 제한의 일반원칙을 규정하고 있다. 이는 규정의 형식면으로 볼 때에 일반적 법률유보조항이나 내용면에서는 기본권 제한입법의 한계조항으로 보아야 한다.

또한 헌법은 특정의 기본권에 대하여 법률에 의한 제한만을 규정하고 있고 그 제한의 목적과 제한의 방법은 헌법 제37조 제2항 전문에서 일괄적으로 규정하고 있어, 개별적 법률유보조항과는 일반법과 특별법의 관계에 있다 할 수 있다.

II. 기본권 제한의 형식

독일기본법은 기본권 제한의 형식상의 한계를 명시적으로 규정하고 있으나(제19조 제1항) 우리 헌법은 '법률'로써 제한할 수 있음을 규정하고 있으므로(제37조 제2항) 이에 대한 구체적인 해석이 요구된다.

기본권을 제한하는 법률은 원칙적으로 국회에서 제정한 형식적 의미의 법률에 의하여야 한다. 따라서 기본권의 제한은 직접 법률에 의하거나 법률에 근거한 법규명령이나 행정행위 등에 의해서만 가능하며, 형식적 법률 이외의 법률의 근거나 위임이 없는 명령·조례·관습법 등에 의해서는 기본권을 제한할 수 없다. 위임의 경우도 개별적·구체적 위임만 인정되고(헌재 99헌바90), 긴급명령·긴급재정경제명령인 경우는 예외적으로 기본권을 제한할 수 있다.

> **판례** | 위임입법의 허용성 및 그 한계 – 헌재 2001.8.30. 99헌바90(합헌)
>
> 헌법 제75조는 "대통령은 법률에서 구체적으로 범위를 정하여 위임받은 사항과 법률을 집행하기 위하여 필요한 사항에 관하여 대통령령을 발할 수 있다"라고 규정함으로써 조세행정분야 뿐만 아니라 국정전반에 걸쳐 위임입법의 필요성이 있음을 확인하고 입법권을 대통령령에 위임할 수 있는 근거를 마련하고 있다. 그런데 위임입법에 있어서 일반적, 포괄적 위임은 사실상 입법권의 백지위임과 다를 바 없다. 따라서 이를 허용하면 의회입법의 원칙이나 법치주의를 부인하는 셈이 되고, 또 행정권의 자의로 말미암아 기본권이 침해될 위험이 있다. 그러므로 **헌법 제75조는 위임입법에 있어서는** 반드시 "구체적으로 범위를 정하여" 위임하도록 규정함으로써 **개별적, 구체적 위임만이 허용되고, 일반적, 포괄적 위임은 허용될 수 없음을 밝히고 있다**(헌재 1995. 11. 30. 91헌바1 등; 1995. 11. 30. 94헌바40 등; 1998.3.26. 96헌바57 등 참조).

법률에 의하여 기본권을 제한하는 경우에도 법률은 일반적이어야 하고, 명확하여야 하며, 제한하는 헌법상의 기본권이 구체적으로 적시되어야 한다. 즉 법률의 규율대상은 일반국민이어야 하고 구체적인 사건을 규율하는 처분적 법률이나, 특정인에게만 적용되는 개별 법률은 금지된다.

또한 법률은 그 규범의 구조와 내용이 상호 배치되거나 모순되어서는 안 되는 체계정당성을 지녀야 한다. 기본권을 제한하는 법률의 내용이 불명확한 경우는 미국의 판례상 형성된 「불명확하기 때문에 무효」라는 이론이 적용된다.

> **판례** | 죄형법정주의(명확성원칙) 내지 포괄위임입법금지원칙 – 헌재 2000.7.20. 99헌가15(위헌)
>
> **죄형법정주의(명확성원칙) 내지 포괄위임입법금지원칙**은 국민의 자유의 제한에 대한 한계를 설정하는 법원리로서, 하위법령에 규정될 내용은 가능한 한 구체적으로 그 대강을 예측할 수 있게 모법에서 정하라는 취지이며, 이는 적어도 국민의 자유와 권리를 제한하는 **입법은 되도록 국회 스스로가 행해야 하며 행정부에 포괄적으로 위임해서는 안 된다는 것을 요청하고 있는 것**이다. 따라서 현실적인 규제의 필요성이 아무리 크다고 하더라도 그것은 헌법이 정하는 기본원칙의 범위 내에서 이루어지지 않으면 안되는 것이다. 역으로 헌법적인 범위 내에서라면 국민보건상 반드시 필요한 규제는 오히려 적극적으로 행하여져야 하는 것이다.

III. 기본권 제한의 목적

기본권을 제한하는 목적은 국가안전보장·질서유지·공공복리를 위하여 필요한 경우에 한하여 가능하다.

1. 국가안전보장

국가안전보장이 무엇을 말하는가에 대하여 국가안전보장은 국가질서의 유지에 포함된다고 보는 견해, 국가의 존립과 안전에 관계되는 모든 경우에 해당된다는 견해, 오로지 국가존립의 보장에 국한된다는 견해, 국가의 독립, 영토의 보전, 헌법과 법률의 규범력과 헌법기관의 유지라는 견해 등이 있다.

현행헌법이 국가의 안전보장을 질서유지의 개념과 별도로 규정하고 있는 것으로 보아 국가안전보장은 국가의 존립과 안전으로 보는 것이 타당하다고 본다.

국가안전보장을 위한 기본권 제한은 소극적 목적으로만 인정되며, 필요최소한의 제한에 그친다는 점에서 적극적 목적을 위한 기본권 제한은 허용되지 않는다.

국가안전보장을 위하여 기본권을 제한하는 개별 법률은 형법, 「국가보안법」, 「국가안전보장회의법」 등이 있다.

2. 질서유지

질서유지의 개념을 어떻게 이해할 것인가에 대해서는 견해가 대립되고 있다.

즉 공공의 안녕질서와 같은 개념으로 사회의 평온을 유지하고 그 평온에 대한 위해를 사전에 방지함을 의미한다는 견해, 질서를 국가질서와 일반사회질서로 나누고, 국가질서는 민주적 기본질서를 의미하는 것과 국가의 존립과 기능을 보장하는 것으로 나누며, 일반사회질서는 사회의 안녕질서와 선량한 풍속 등이 포함된다는 견해, 헌법적 질서를 비롯한 그 밖의 사회적 안녕질서, 경찰상의 평온질서를 의미한다는 견해, 헌법의 기본질서유지 이외의 타인의 권리유지, 도덕질서유지, 사회의 공공질서유지 등이 포함된다고 보는 견해, 내부의 국가의 존립과 안전의 보장을 의미하며, 경찰법적 의미의 공공질서를 포함한다는 견해, 널리 공공의 안녕질서의 유지라는 견해 등이 있다.

질서유지의 개념을 넓은 의미로 이해할 때에는 국가안전보장의 개념을 포함한다. 그런데 질서유지의 개념을 협의의 개념으로 이해하는 경우에는 사회적 안녕질서의 유지를 의미한다고 본다.

질서유지를 위하여 기본권을 제한하는 법률로는 형법, 「집회 및 시위에 관한 법률」, 「성매매방지 및 피해자보호 등에 관한 법률」, 「도로교통법」, 「민방위기본법」, 「아동·청소년의 성보호에 관한 법률」, 「소방기본법」, 「경범죄 처벌법」, 「경찰관 직무집행법」 등이 있다.

3. 공공복리

공공복리의 개념에 대해서도 공공의 복리는 일반적 복리 또는 공공의 이익을 의미한다는 견해, 공공복리 중에는 전염병예방과 같은 소극적 목적을 위한 것도 포함되지만, 현대복지국가에서는 적극적인 개념에 중점이 있다는 견해, 국민의 기본권을 제한함으로써 얻는 국가사회의 이익이 기본권을 제한하지 않고 그것을 방치해 둠으로써 얻는 불이익보다 월등하게 클 때에 한해서 공공복리의 개념이 동원될 수 있다는 견해, 국민공동의 이익으로 이해하는 견해, 공공복리는 현대적 복지국가의 이념을 구현하는 적극적인 의미를 갖는 것으로 인권 상호 간의 충돌을 조정하고 각인의 인권의 최대한의 보장을 꾀하는 사회정의의 원리라는 견해, 공동체구성원 전체를 위한 공존공영의 이익이라는 견해, 현대복지국가의 헌법이념을 적극적으로 구현하기 위하여 사회구성원 전체를 위한 공공의 이익이라는 견해 등이 제시되고 있다.

공공복리란 소극적인 질서유지를 넘어서 국가구성원의 공공의 행복과 이익을 의미한다고 보며, 공공복리는 자유권에 대해서는 제한의 사유가 되지만 사회에 대해서는 실천의 목표가 된다.

공공복리를 위하여 기본권을 제한하는 법률로는 「도시 및 주거환경정비법」, 「도시공원 및 녹지 등에 관한 법률」, 「국토의 계획 및 이용에 관한 법률」, 「하천법」, 「도로법」, 「토지수용법」, 「산림보호법」, 「자연재해대책법」, 「전기통신사업법」, 「사방사업법」 등이 있다.

Ⅳ. 기본권 제한의 대상

법률에 의하여 제한할 수 있는 기본권 제한의 대상은 자유권에 국한된다는 견해와 모든 기본권이라는 견해가 있다. ⅰ) 기본권 제한의 대상이 자유권에만 국한된다는 견해는 자유권 이외의 사회권 등에 대한 법률유보는 권리형성을 의미하는 절차의 유보를 의미하므로 법률에 의하여 제한할 수 있는 헌법 제37조 제2항의 기본권은 자유권에만 해당된다고 한다.

ⅱ) 이에 대하여 기본권 제한의 대상은 모든 기본권이라는 견해는 기본권 제한의 대상을 자유권에만 국한한다면 자유권 이외의 기본권은 법률 이외의 명령에 의하여도 제한되거나, 국가안전보장·질서유지·공공복리에 의해서도 제한할 수 없게 된다는 부당한 결론에 이르게 되므로 모든 기본권이 제한의 대상이 된다고 한다.

생각건대 자유권만을 기본권 제한의 대상으로 보는 견해는 모든 자유와 권리라고 규정한 헌법과도 맞지 않고, 자칫하면 자유권 이외의 기본권에 대한 제한의 한계가 설정되지 않게 될 우려가 있다. 따라서 기본권 제한의 대상이 되는 기본권은 모든 기본권으로 보아야 한다. 다만, 법률에 의한 제한대상으로 부적합한 양심의 자유 중 내심의 의사와 같은 기본권은 본질적 내용만으로 구성되므로 어떠한 경우에도 제한할 수 없다고 본다.

Ⅴ. 기본권 제한의 정도

국민의 기본권은 국가안전보장·질서유지와 공공복리를 위하여 필요한 경우에 한하여 법률로 제한될 수 있는데, 여기서 필요한 경우란 다른 방법으로는 도달할 수 없는 불가결하고도 불가피한 경우를 말한다.

이때에만 법률로써 기본권을 제한할 수 있으며, 제한하는 경우에도 그 제한은 최소한에 그쳐야 한다. 이러한 과잉금지의 원칙은 이익형량의 원리와도 결부된다.

1. 과잉금지원칙

1) 과잉금지원칙의 개념과 이론적 근거

과잉금지의 원칙은 일반적으로 국가의 권력은 무제한으로 행사되어서는 안 되고, 이는 반드시 달성하려는 목적을 위해, 필요한 범위 내에서만 행사되어야 한다는 원칙이다. 보통 과잉금지원칙은 헌법적으로 보호되고 있는 두 개의 법익이 서로 충돌하는 경우에, 한 법익이 다른 법익을 위해 완전히 무시되어서는 안 된다는 것을 의미한다. 이 경우에는 두 법익 간 교량이 이루어지는데, 두 법익이 모두 '최적의 작용'에 이를 수 있도록 조정되어야 한다. 이는 두 법익 간에 실질적 조화를 이루어야 한다는 것을 말한다.

과잉금지원칙은 그 용어 사용에 있어서 여러 가지 견해를 보인다. 과잉금지원칙을 비례의 원칙의 상위개념으로 사용하여 그 부분원칙으로 필요성원칙과 협의의 비례성원칙을 드는 견해, 비례성의 원칙을 상위개념으로 두고 그 아래 부분원칙을 두는 견해 등의 학설, 판례 등이 있다.

헌법재판소는 기본권 제한의 원칙으로 과잉금지원칙과 함께 비례의 원칙을 들고 있고, 그 부분개념으로 목적의 정당성, 방법의 적정성, 피해의 최소성, 법익의 균형성을 들고 있다.

> **⚠ 판례 | 과잉입법금지의 원칙 – 헌재 1992.12.24. 92헌가8(위헌)**
>
> 국가작용 중 특히 입법작용에 있어서의 **과잉입법금지의 원칙**이라 함은 **국가가 국민의 기본권을 제한하는 내용의 입법활동을 함에 있어서 준수하여야 할 기본원칙 내지 입법활동의 한계를 의미하는 것**으로서, 국민의 기본권을 제한하려는 **입법의 목적이 헌법 및 법률의 체제상 그 정당성이 인정되어야 하고(목적의 정당성),** 그 목적의 달성을 위하여 **그 방법이 효과적이고 적절**하여야 하며**(방법의 적정성),** 입법권자가 선택한 기본권 제한의 조치가 입법목적달성을 위하여 설사 적절하다 할지라도 보다 완화된 형태나 방법을 모색함으로써 기본권의 **제한은 필요한 최소한도에 그치도록** 하여야 하며**(피해의 최소성),** 그 입법에 의하여 **보호하려는 공익과 침해되는 사익을 비교형량할 때 보호되는 공익이 더 커야**한다**(법익의 균형성)**는 법치국가의 원리에서 당연히 파생되는 헌법상의 기본원리의 하나인 비례의 원칙을 말하는 것이다.

2) 과잉금지원칙의 내용상 논리구조

(1) 방법상 한계

헌법재판소는 "과잉금지원칙이라는 것은 국가가 국민의 기본권을 제한하는 내용의 입법 활동을 함에 있어서 준수되어야 할 기본원칙 내지 입법활동의 한계를 의미하는 것으로서 국민의 기본권을 제한하려는 입법목적이 헌법 및 법률의 체제상 그 정당성이 인정되어야 하고(목적의 정당성), 그 목적의 달성을 위하여 그 방법이 효과적이고 적절하여야 하며(방법의 적절성), 입법권자가 선택한 기본권 제한의 조치가 입법목적달성을 위하여 설사 적절하다 하더라도 보다 완화된 형태나 방법을 모색함으로써 기본권의 제한은 필요한 최소한도에 그치도록 하며(피해의 최소성), 그 입법에 의하여 보호하려는 공익과 침해되는 사익을 비교형량할 때 보호되는 공익이 커야 한다(법익의 균형성)는 헌법상의 원칙이다"(헌재 92헌가8)라고 하여, 과잉금지원칙에 대해 설명하고 있다.

그러나 헌법재판소의 견해에 대해서는 과잉금지원칙은 모든 국가작용을 통제하는 원칙이지만 그 주안점은 목적의 통제가 아니라 수단의 통제라는 비판이 제기된다.

기본권 제한에 있어서 과잉금지원칙은 기본권을 제한하는 법률의 방법상 한계를 심사하는 기준으로 목적의 정당성을 다루는 것은 적절하지 않다고 본다.

우리 헌법은 제37조 제2항의 규정에 따라 기본권 제한 입법의 한계로 국가안전보장·질서유지·공공복리를 들고 있고, 입법부는 입법을 할 때 목적상 한계인 이 원칙을 준수하여야만 한다. 그래서 기본권 제한의 한계로서 입법의 목적이 이 원칙 내에서 정당성을 지니는지를 살펴야 한다. 그러나 과잉금지원칙은 이러한 목적상 한계가 아니라 기본권 제한의 방법상 한계를 말하는 것으로서 목적에 대한 수단이 적합한가를 살피는 것이 타당하다고 본다. 따라서 과잉금지원칙에 대해서는 내용적으로 적합성의 원칙, 필요성의 원칙, 비례성의 원칙을 요구하는 것으로 살펴보아야 한다.

(2) 내부구조
가. 적합성의 원칙

적합성의 원칙이란 어떤 목적을 실현하기 위해 채택된 수단은 그 목적 실현에 적합하여야 한다는 원칙을 말한다. 이때 채택된 수단이 어떤 목적을 달성하는 데 적합하거나 또는 적어도 위 수단의 도움으로 원하는 결과의 발생이 촉진될 수 있는 것을 말한다.

적합성을 판단하는데 실제로 가장 중요하고 어려운 문제가 어떠한 기준에서 적합성의 여부를 판단하느냐는 것이다. 이 점에 대해서 독일에서 형성된 기준으로는 입법자의 '사전판단영역'이라는 것과 입법자의 '형성의 자유'의 영역을 들고 있다.

적합성 여부를 판단할 때 입법자가 그의 목적을 달성하기 위하여 가능한 여러 방법 중 어떤 방법을 선택할 것이냐는 입법자의 재량의 문제이고 입법자의 형성의 자유영역으로 본다. 그래서 독일 연방헌법재판소는 입법자가 목적을 설정하고 적합한 수단을 확정하는 결단을 한 경우에 그 심사를 존중하여야 하고, 입법자의 재량권을 심사하는 경우는 아주 예외적인 경우로 그 선택된 수단이 목적달성을 위하여 원천적으로 부적합하다거나 또는 완전히 부적합한 경우만이어야 한다는 것이다.

나. 필요성의 원칙

필요성의 원칙이란 목적 실현을 위해 필요한 한도를 넘는 침해수단을 사용해서는 안 된다는 원칙을 말한다. 이 원칙은 '가장 부드러운 수단의 원칙', '최소침해의 원칙', '과잉금지' 등으로 달리 표현하기도 한다.

필요성의 원칙에 적합한 것인지를 판단하기 위해서는 동일한 효과를 거둘 수 있는 여러 수단이 있고 이 중 기본권을 가장 적게 침해하는 수단을 택했는지를 살펴보아야 한다. 피해의 최소성의 판단의 경우에 있어서 입법의 목표가 그 자체로 헌법에 반하지 않는 경우는 입법자의 형성의 자유는 존중되어져야만 한다. 다만 입법자가 그와 같은 판단에 따른 선택을 함에 있어서 명백히 잘못이 확인될 수 있는 경우에만, 그러한 법적인 규율은 헌법에 반하는 것이라 할 수 있다. 이때에도 사법부의 통제는 입법자가 취한 수단의 선택이 분명히 잘못된 것인지에 그쳤어야 할 것이고 사후적으로 생각해낸 다른 수단이 명백히 동일한 효과를 올릴 수 있었는지에 까지는 이르지 않는 것으로 보아야 할 것이다.

한편 헌법재판소는 "필요성의 원칙에 관하여 선택된 수단이 목적을 달성함에 있어서 필요하고 효과적이며 상대방에게는 최소한의 피해를 줄 때에 한하여 국가작용이 정당화된다"(헌재 88헌가13)고 보고 있다. 이러한 기준은 필요성의 원칙이 입법자가 그 목적달성을 위해서 가장 적은 침해의 방법을 선택하여야 한다는 원칙임에도 당사자 개인을 기준으로 수단을 선택해야 하는 것으로 인식할 가능성이 있는 것이다.

다. 협의의 비례성원칙

(협의의) 비례성의 원칙이란 일정한 목적실현을 위해 어떤 수단을 행사하는 경우에 이 목적과 수단사이의 관계가 명백히 비례관계를 벗어나서는 안된다는 원칙으로 목적과 수단사이의 이익형량을 구체화하는 것이다.

비례성원칙은 침해의 정도, 침해를 정당화시키는 근거의 중요성 및 급박성 등을 비교형량해야 한다는 것이다. 헌법재판소에서 채택하고 있는 법익의 균형성은 위와 같은 비례성의 원칙의 한 내용에 해당하는 것이라고 할 수 있다.

(3) 과잉금지원칙과 기본권 제한

과잉금지의 원칙은 국민의 기본권을 제한함에 있어서 국가작용의 한계를 의미하며, 모든 기본권을 제한하는 입법은 이 원칙을 존중하여야 한다. 국가안전보장 등 기본권 제한의 사유가 존재하더라도 제한의 사유보다 기본권을 존중할 필요성이 크다고 판단될 경우에는 기본권 제한을 위한 입법을 자제할 것이 요청된다. 헌법재판소는 과잉금지원칙의 구체적인 요소로서 목적의 정당성, 방법의 적정성, 피해의 최소성, 법익의 균형성을 위헌심사의 기준으로 제시하고 있음을 확인한 바 있다.

기본권을 제한함에 있어서는 과잉금지의 원칙의 구체적 요소가 준수되어야 한다. 기본권을 제한하지 않고서도 공익목적을 달성할 수 있거나 가벼운 제한만으로도 공익을 보호

할 수 있음에도 무거운 제한을 선택하거나 제한을 정당화시킬 공익이 없음에도 기본권을
제한하는 경우에는 모두 기본권 제한의 방법상의 한계를 일탈한 것이 될 수 있다.

2. 이중기준의 원칙

이중기준(double Standard) 원칙이란 미국 판례를 통해 형성된 이론으로, 기본권 제한
을 심사하는데 심사기준을 둘로 나누어서 적용하여야 한다는 원칙이다.

정신적 자유권은 원칙적으로 제한되지 아니하는데, 예외적으로 제한되는 경우에도 그
제한은 경제적 기본권에 대한 것보다 엄격하게 기준을 적용해야 한다는 것이다. 예컨대
표현의 자유와 직업의 자유가 충돌하는 경우에, 표현의 자유의 제한요건은 사전억제금지,
제한사유와 제한정도에 관한 명확성, 명백하고 현존하는 위험성, 합리성 등의 엄격한 요
건이 충족되어야 한다. 이에 비하여 경제적 기본권의 제한 요건은 합리적 사유만으로 충
족된다.

즉 표현의 자유와 같은 정신적 기본권에 대한 제한에 대해서는 '엄격심사'가 그 기준
으로 적용된다. 이는 제한의 목적이 긴절하고 그 수단과 정도가 반드시 필요한 것이어야
한다는 것이다. 이에 대해 경제적 자유권은 단순한 '합리성 심사', 즉 보다 더 완화된 심
사가 그 기준으로 적용된다. 여기서는 제한의 목적이 정당하고 그 수단과 정도가 목적과
합리적 관련성이 있으면 된다.

3. 과소보호금지의 원칙

과잉금지원칙은 국가가 개인의 기본권을 제한하는 데 있어서 과도한 제한을 하여 비
례의 원칙을 벗어나는 것인가라면, 과소보호금지원칙은 국가가 개인의 기본권을 보호하
는 데 있어서 비례의 원칙에 미치지 못하는 보호를 하였느냐 하는 것이다.

과잉금지원칙은 헌법상의 모든 기본권에 적용될 수 있는 원칙인 반면, 과소보호금지의
원칙은 소위 '기본권 형성적 법률'에 적용되는 것이다. 예컨대 급부청구권과 같이 적극적
기본권은 국가가 기본권을 형성해주어야 보장되는 기본권으로, 입법자가 기본권을 형성
하기 위해 최소한의 내용을 규정하여야 하고 이에 미달하는 보호는 과소보호금지원칙을
벗어난다고 할 수 있다.

여기서 입법자가 기본권 형성적 법률에 과소보호금지원칙을 벗어나지 않는 한 그 형
성 내용은 입법자의 입법재량사항이라고 할 것이다.

제4항 기본권 제한의 한계 – 본질적 내용 침해금지

I. 기본권의 본질적 내용의 의의

기본권을 법률로써 제한하는 경우에도 그 한계가 있게 되며, 기본권의 본질적 내용과 인간의 존엄과 가치를 침해할 수 있느냐가 문제가 된다.

헌법은 제37조 제2항에서 기본권은 국가안전보장·질서유지·공공복리를 위하여 필요한 경우에는 법률로써 제한할 수 있으나, 그 본질적 내용은 침해할 수 없다고 규정하고 있다. 기본권의 본질적 내용은 모든 기본권을 절대적으로 침해할 수 없는 어떤 가치인가(절대설) 아니면 기본권에 따라 그 내용이 상이한 상대적인 가치인가(상대설)로 구별하기도 한다.

> **! 판례** | 재산권의 본질적인 내용의 침해 여부(절대설) – 헌재 1990.9.3. 89헌가95(위헌)
>
> 재산권의 본질적인 내용이라는 것은 재산권의 핵이 되는 실질적 요소 내지 근본적 요소를 뜻하며, **재산권의 본질적인 내용을 침해하는 경우**라고 하는 것은 그 **침해로 인하여 사유재산권이 유명무실해지거나 형해화(形骸化)되어 헌법이 재산권을 보장하는 궁극적인 목적을 달성할 수 없게 되는 지경에 이르는 경우**라고 할 것이다(헌재 1989.12.23. 88헌가13 결정 참조).

> **! 판례** | 생명권 제한의 비례의 원칙 위배 여부(상대설) – 헌재 1996.11.28. 95헌바1(합헌, 각하)
>
> 생명권 역시 헌법 제37조 제2항에 의한 일반적 법률유보의 대상이 될 수밖에 없는 것이나, 생명권에 대한 제한은 곧 생명권의 완전한 박탈을 의미한다 할 것이므로, 사형이 비례의 원칙에 따라서 최소한 동등한 가치가 있는 다른 생명 또는 그에 못지아니한 공공의 이익을 보호하기 위한 불가피성이 충족되는 예외적인 경우에만 적용되는 한, 그것이 비록 생명을 빼앗는 형벌이라 하더라도 헌법 제37조 제2항 단서에 위반되는 것으로 볼 수는 없다. 모든 인간의 생명은 자연적 존재로서 동등한 가치를 갖는다고 할 것이나 그 동등한 가치가 서로 충돌하게 되거나 생명의 침해에 못지아니한 중대한 공익을 침해하는 등의 경우에는 국민의 생명·재산 등을 보호할 책임이 있는 국가는 어떠한 생명 또는 법익이 보호되어야 할 것인지 그 규준을 제시할 수 있는 것이다. **인간의 생명을 부정하는 등의 범죄행위에 대한 불법적 효과로서 지극히 한정적인 경우에만 부과되는 사형은 죽음에 대한 인간의 본능적 공포심과 범죄에 대한 응보욕구가 서로 맞물려 고안된 "필요악"으로서 불가피하게 선택된 것이며 지금도 여전히 제 기능을 하고 있다는 점에서 정당화될 수 있다.** 따라서 **사형은 이러한 측면에서 헌법상의 비례의 원칙에 반하지 아니한다 할 것이고**, 적어도 우리의 현행 헌법이 스스로 예상하고 있는 형벌의 한 종류이기도 하므로 **아직은 우리의 헌법질서에 반하는 것으로 판단되지 아니한다.**

여기서 말하는 '본질적 내용'이란 기본권의 핵이 되는 실질적 요소 내지 근본적 요소를 의미하며, '본질적 내용의 침해'라 함은 기본권이 유명무실해지거나 형해화되어 헌법이 기본권을 보장하는 궁극적 목적을 달성할 수 없게 되는 경우를 말한다.

예컨대 언론·출판의 허가를 요하는 것, 사유재산제의 폐지, 내심의 작용을 권리의 내용으로 하는 경우에 내심의 작용을 침해하는 것 등은 본질적 내용에 대한 침해라고 할 수 있다. 이러한 본질적 내용은 개별적 기본권에 따라 구체적으로 달라질 것이다.

II. 기본권의 내재적 한계와의 관계

1. 기본권 내재적 한계의 의의

기본권 내재적 한계란 기본권 그 자체에 일정한 한계가 있는 것을 말한다.

기본권의 내재적 한계는 절대적 기본권을 규정하고 있는 독일기본법에서 그 절대적 기본권을 현실적으로 제한을 할 수밖에 없는 불가피한 경우에 이에 대한 합리적 해결을 위해 고안해낸 논리형식이다.

헌법이 기본권의 제한에 관하여 명문의 규정을 두고 있는 경우에 기본권 제한의 문제는 그 헌법규정을 해석하고 적용하는 문제로 귀결된다. 그렇지만 헌법에 이러한 기본권 제한에 관하여 명시적 규정이 없는 경우에도 기본권을 제한할 수 있는 것인지, 그리고 제한가능하다면 그 이론적 근거는 무엇이며 제한하는 경우에도 그 한계는 어디까지인지의 문제가 대두된다. 이 경우에 등장하는 이론이 기본권의 내재적 한계이론인 것이다.

2. 논리형식

기본권 내재적 한계이론은 헌법이나 법률 등 외부로부터 기본권에 제약을 가하는 것이 아니라 기본권 그 자체 내에 일정한 한계가 있다고 보고, 기본권 자체에 있는 일정한 한계를 찾아냄으로써 기본권에 대한 제한을 정당화시키려는 논리형식이다.

내재적 한계론은 헌법이 법률에 의해서도 제한할 수 없는 소위 '절대적 기본권'을 규정하고 있는 헌법질서에서 유용한 이론이다. 독일의 기본법과 같이 헌법이 절대적 기본권으로 규정하고 있는 경우 현실적으로 이를 제한할 필요성이 생기는 경우를 해결하는데 활용되고 있다.

국가공동체생활에서 개인은 타인의 생활을 존중해야 하며, 기본권의 불가침도 타인에게 해악을 끼치지 않는 범위 내에서 존재하는 것이다. 따라서 개인의 자유는 순수한 내심의 작용을 제외하고는 헌법유보나 법률유보가 없다고 하여 무제한적으로 행사될 수 있는

것이 아니라 그 자유와 권리는 일정한 내재적 한계 내에서만 행사될 수 있고 보장된다고
할 수 있다.

3. 헌법과 기본권 내재적 한계

독일의 학설과 판례는 일반적으로 기본권의 내재적 한계를 인정하고 있다. 그 대표적
인 것이 독일기본법에 개성신장의 한계로 제시되고 있는 타인의 권리, 헌법질서, 도덕률
의 세 가지는 다른 모든 기본권의 내재적 한계로도 적용되어야 한다는 것이다.

독일기본법은 기본권 일반에 대해 제한의 근거조항을 두고 있지 않고 개별적 기본권
에 법률에 의한 제한의 규정을 두고 있다. 이 경우 개별 기본권에 제한을 규정하고 있지
않음에도 불구하고 불가피하게 개별적 기본권을 제한해야 하는 경우에 이를 해결하기 위
해 내재적 한계이론을 발굴하여 적용해왔다.

우리 헌법은 독일기본법과 같이 법률에 의해서도 제한할 수 없는 절대적 기본권을 인
정하고 있지 않아, 위와 같은 독일에서의 논증형식이 필요하지 않다고 볼 수 있다. 다만,
우리 헌법상 기본권의 내재적 한계가 문제가 된다면 신앙과 양심의 자유처럼 법률의 규
제권 밖에 있는 기본권이 다른 기본권 또는 헌법적 가치와 충돌 시 구체적인 문제를 해
결하기 위한 수단으로 원용되는 때에 국한된다고 할 수 있다. 그리고 기본권의 본질적 내
용을 침해할 수 없는 헌법적 가치를 보장하고 있는 우리 헌법질서 내에서 기본권의 내재
적 한계를 일반화시켜 모든 기본권에 확대·적용하는 것은 자칫하면 기본권에 대한 본질
적 내용의 보장을 유명무실하게 할 위험성도 있다. 그러므로 모든 기본권 제한이 기본권
의 내재적 한계에 의해서 정당화된다고 할 수 없다 할 것이다.

제5항 기본권 제한의 예외

Ⅰ. 서 설

국가긴급사태나 국가비상사태가 발생하는 경우에도 이를 극복하기 위하여 기본권은
제한될 수 있다. 우리 헌법도 국가긴급사태가 발생하는 경우 또는 비상계엄이 선포되는
경우에 기본권을 제한할 수 있도록 규정하고 있다.

이러한 국가긴급권에 의한 기본권의 제한은 국가긴급권이 정당하게 발동된 경우에는
단순한 기본권 제한의 차원이 아닌 거시적인 헌법질서 존립의 차원에서 기본권보호수단
일 수 있다는 점에서 기본권 제한의 일반적인 유형과 본질적으로 다르다.

II. 긴급명령·긴급재정경제명령

헌법은 대통령이 긴급명령·긴급재정경제명령을 발동하여 기본권을 제한할 수 있도록 하되, 그 요건과 내용 및 효과면에서 엄격한 제약을 받게 하고 있다.

헌법은 내우·외환·천재·지변 또는 중대한 재정·경제상의 위기상황이 발생하고, 국가 안전보장 또는 공공의 안녕질서를 유지하기 위하여 긴급조치가 필요하고, 국회의 집회를 기다릴 여유가 없을 때 한하여, 최소한으로 필요한 재정·경제상의 처분이나 이에 관한 명령을 발할 수 있다고 규정하고 있다(제76조 제1항).

또한 대통령의 긴급명령으로 기본권을 제한하도록 규정하고 있다(제76조 제2항). 즉 국가의 안위에 관계되는 중대한 교전사태가 발생하여, 국가를 보위하기 위한 긴급조치가 필요하고, 국회의 집회가 불가능한 경우 사후적으로 국민의 기본권을 제한할 수 있게 하고 있다.

긴급명령, 긴급재정·경제명령으로 기존의 법률을 개정 또는 폐지할 수 있으며(제76조 제4항), 법률에 의해서 국민의 재정·경제생활영역을 제한하는 조치를 할 수 있다. 즉 재정·경제상의 처분이나 명령에 의하여 재산권, 근로3권, 직업의 자유 등과 같은 국민의 기본권이 제한될 수 있다.

긴급명령에 의한 기본권 제한의 대상이 될 수 있는 기본권은 모든 기본권으로 긴급재정·경제명령의 경우보다 제한 대상이 포괄적이다.

III. 비상계엄

헌법은 전시·사변 또는 이에 준하는 국가비상사태가 발생하고, 병력으로써 군사상의 필요에 응하거나 공공의 안녕질서를 유지할 필요가 있어(제77조 제1항) 법률이 정하는 절차와 방법에 따라, 영장제도·언론·출판·집회·결사의 자유를 특별히 제한할 수 있다(제77조 제3항).

다만, 이 제한은 「계엄법」에 따른 법률에 의한 제한인 점에서 법률의 효력을 가진 명령에 의한 제한과는 다르다.

또한 헌법은 비상계엄이 선포되면 민간인도 군사법원의 재판을 받을 수 있으며(제27조 제2항, 제110조), 일정한 범죄에 대하여 사형선고를 제외하고는 예외적으로 군사법원에 의한 단심재판이 허용되고 있다(제110조 제4항).

Ⅳ. 특수신분관계

1. 특수신분관계이론과 변천

특수신분관계라 함은 공법상의 특정한 목적달성을 위하여 특별한 법적 원인에 의거해 (법률의 규정이나 당사자의 동의) 일방의 포괄적인 지배와 다른 일방이 그에 복종하는 공법 상 특수한 법률관계를 말한다.

특별권력관계는 종래 법으로부터 자유로운 영역으로(O. Mayer, 1846~1924), 기본권이 적용되지 않는 것으로 보았다. 그러나 1956년 울레(C.H. Ule, 1907~1999)가 특별권력관계를 기본관계와 내부관계로 구별하여 기본관계에서는 기본권의 효력을 인정하고 그 침해에 대해서는 사법적 권리구제가 허용된다고 주장한 이래, 1972년 연방대법원의 수형자판결에서 특별권력관계에서도 기본권의 효력이 있음을 인정하였다.

헤세(K. Hesse, 1919~2005)에 이르러 일반권력관계에 대응하는 특별권력관계는 그 존재이유를 상실하였으며, 이는 일종의 특수한 신분관계에 지나지 않는 것으로 보았다. 이러한 특수한 신분관계라고 해서 그 기본권 제한에 있어서 완전한 새로운 기준과 한계가 적용되는 것은 아니고 기본권 제한에 관한 일반적 이론이 특수한 신분관계에서도 그대로 적용되는 것이라고 강조한다. 즉, 특수한 신분관계라고 해서 법률에 의한 기본권 제한의 한계가 무시되어야 할 아무런 이유가 없으며 특수한 신분관계를 원활하게 유지하기 위해 불가피한 기본권의 제한은 규범조화적 해석의 방법에 따라 그 정당성 여부가 평가되어야 한다고 하였다.

이같이 특수신분관계에서 허용되는 기본권 제한과 그 근거 및 한계에 대해서는 헤세의 이론에 따라 이해하는 것이 적절하다고 본다.

2. 헌법과 특수신분관계

현행헌법은 특수신분관계에 해당하는 것으로 공무원근무관계, 병역복무관계, 학생교육관계, 수형자복역관계 등을 설정하고 있다.

이러한 특수신분관계는 사회공동체생활에 있어서 없어서는 안 되는 기능을 담당하는 것으로 각각의 관계는 설정된 목적의 달성을 위하여 기본권의 제한을 포함하는 특별한 질서가 요구되는 것으로 보아야 한다. 따라서 기본권 침해에 대한 사법적 권리구제수단은 여기서도 적용된다고 보아야 한다.

헌법은 특수한 신분관계를 유지하기 위한 기본권의 헌법적 한계를 정하고 있다. 공무원의 정상적인 근무관계를 위해 원칙적으로 공무원은 노동3권을 가질 수 없다고 명시하고 있고, 공무원의 정상적인 근무관계와 조화될 수 있는 범위 내에서 법률로써 예외를 인정할 수 있다고 하고 있다.

또한 군인·군무원이 가지는 재판청구권을 일반법원이 아닌 군사법원에서 하도록 제한하고 있고(제110조), 군인·군무원·경찰공무원 등이 갖는 국가배상청구권을 제한하고 있다(제29 제2항).

다만 공무원, 군무원, 수형자, 학생 등은 그 기본권의 제한에 있어서 성질이 전혀 다른 것으로 각각의 법률관계에서 기본권을 제한하는 근거나 정도 등을 개별적으로 판단하여야 할 것이다.

제8절   기본권의 보호

제1항 기본권보호의무

Ⅰ. 기본권보호의무의 의의

기본권보호의무란 국가가 개인의 기본권을 보호하고 실현해야할 의무를 말한다. 헌법 제10조 제1항은 "국가는 개인이 가지는 불가침의 기본적 인권을 확인하고 이를 보장할 의무를 진다"라고 국가의 기본권보호의무를 규정하고 있다.

국가는 국민의 기본권을 침해하거나 제한하는 존재로서가 아닌 국민의 기본권을 적극적으로 보호하고 실현할 지위에 있음을 천명하고 있는 것이다.

따라서 국가는 국민의 기본권을 과도하게 침해해서도 안 되지만, 국민이 지닌 기본권을 과소하게 보호해서도 안 된다는 국가의 적극적인 기본권보호 의무성을 규정한 것이라 할 수 있다.

Ⅱ. 기본권보호의무의 내용

국가는 개인이 지닌 기본권을 보호해야 할 제1차적 의무를 지고 있다. 따라서 국가는 공동체 구성원인 국민의 안전과 기본권을 실현할 의무를 지고 이러한 기본권의 성격이 개인의 권리에 대응하지 않는 경우에도 구체적인 입법에 의해 기본권 보장을 실현해주어야 하는 의무를 진다.

국가의 기본권 보호의무는 국가영역에 한정되지 않으며, 사인의 영역에서 기본권이 침해되는 경우에도 발생한다. 사인의 행위에 의해 기본권의 침해나 위험이 발생한 경우에 국가는 이러한 침해를 적극적으로 방지하거나 구제할 의무를 진다.

헌법재판소도 사적인 영역에서 국가에 대한 기본권보호의무를 인정한다(헌재 90헌마10 등; 2004헌바81; 2008헌마419; 2005헌마764).

Ⅲ. 기본권보호의무와 한계

국가는 국민의 기본권보호의무를 이행하는 데 있어서 과소보호금지원칙을 위반해서는 안 된다. 사인에 대한 국가의 기본권보호의무는 기본권이 사인 간에는 직접 적용되지 않는 것으로 사적 자치를 침해하지 않는 한도 내에서 간접적으로 적용되는 것이다.

국가가 개인의 사적 영역에 적극 개입하는 것은 지양해야 하지만 기본권 보호도 과소보호금지 원칙을 위반해서는 안되므로 국가는 반사회성을 갖는 행위(예 노예계약, 생명의 종료를 돕는 행위 등)를 금지하여야 한다. 여기서 최소보호기준에 대한 문제에 있어서는 개별적 사안에 관련된 법익이나 침해 양태와 정도 등을 종합적으로 고려하여야 할 것이다.

헌법재판소도 이러한 과소보호금지원칙 위반 여부를 기준으로 국가의 보호의무 위반 여부를 확인하는 심사기준으로 삼고 있다(헌재 2005헌마764).

제2항 기본권의 침해와 구제

Ⅰ. 기본권의 침해 유형과 헌법상 구제제도

기본권은 헌법에 규정된 것 자체로는 큰 의의가 없으며 현실적으로 보장되어야 한다. 기본권은 본래 국가로부터의 침해만이 문제되었으나 오늘날에 와서는 사인에 의한 기본권 침해도 중시되고 있다. 따라서 기본권의 침해는 입법부·사법부·행정부의 국가기관에 의하는 경우와 사인에 의한 경우로 대별할 수 있다.

기본권이 침해된 경우에 그에 대한 사전적인 예방조치와 행해지는 침해의 배제 및 사후의 구제절차가 충분히 보장되지 않으면 안 된다.

헌법이 규정하는 기본권의 구제수단으로는 청원권, 재판청구권, 행정쟁송제도, 국가배상청구권, 형사보상청구권, 위헌법률심사제, 명령·규칙처분심사제, 헌법소원 등이 있다.

기본권을 구제하기 위한 제도로는 사법기관에 의한 구제가 가장 효과적인 것이며, 헌법재판소의 헌법소원은 최종적인 구제수단이라고 할 수 있다.

Ⅱ. 입법기관에 의한 기본권 침해와 구제

1. 적극적 입법에 의한 침해와 구제

1) 적극적 입법에 의한 침해

기본권은 모든 국가권력을 구속하므로 입법권도 기본권에 구속된다. 따라서 입법기관이 기본권 규정에 반하는 위헌적인 법률을 제정해서는 안 되며, 그러한 입법은 위헌무효가 된다. 그리고 입법기관이 제정한 위헌적인 법률이 시행됨으로써 직접 국민의 기본권이 침해될 수 있다.

2) 적극적 입법에 의한 침해에 대한 구제

(1) 사전적 예방제도

기본권을 침해하는 법률이 제정된 경우에 구체적인 사건에 적용되기 이전에 그 위헌적인 법률 그 자체의 배제를 구하는 것이 사전적 예방제도이다.

독일이나 오스트리아 등의 헌법재판제도는 사전적 구제제도를 채택하고, 프랑스 헌법평의회의는 사전 예방적 위헌심사제도를 채택하고 있다.

현행법상에는 위헌법률이 구체적으로 적용되기 이전의 사법적 구제절차는 존재하지 않다. 단지 대통령의 법률안거부권의 행사, 법률의 폐지나 개정의 청원, 여론에 의한 압력 등의 간접적인 구제방법을 모색할 수 있다.

(2) 사후적 구제제도

입법기관에 의한 적극적 입법이 있고 그 법률이 시행되어 구체적인 사건에 적용된 이후에 기본권이 침해된 경우에 그 구제제도로 구체적 규범통제제도와 헌법소원 등이 있다.

즉, 입법에 의해 기본권이 구체적으로 침해되면 법원을 거쳐 헌법재판소에 법률의 위헌심사를 청구할 수 있고, 위헌결정이 있는 경우 당해 법률은 효력을 상실한다. 원칙적으로 위헌적인 법률은 폐지무효이고 예외적으로 형벌법규는 소급무효이다(헌법재판소법 제47조 제3항).

또한 집행행위 없이 입법규정 자체에 의하여 기본권이 직접 침해되는 경우에는 헌법재판소에 헌법소원을 제기할 수 있고, 인용결정이 있으면 침해된 기본권의 구제를 받을 수 있다(제111조 제1항 제5호, 헌재법 제68조 제1항).

그밖에 청원권의 행사나 선거권의 행사에 의해 구제받을 수 있다. 그러나 현행법상 국회의원소환제도나 국민발안 등에 의한 구제는 인정되지 않는다.

2. 입법부작위에 의한 기본권 침해와 구제

1) 입법부작위에 의한 기본권 침해

입법부작위에 의한 기본권 침해는 입법자가 헌법상의 수권위임 하였음에도 이를 무시한 채 입법을 전혀 하지 않은 진정입법부작위의 경우, 입법을 하였지만 불완전·불충분한 입법을 한 부진정입법부작위의 경우, 헌법상 입법개선의무가 있음에도 불구하고 이를 개선하지 않은 입법개선의무위반의 경우가 있다.

입법부작위로 인한 기본권 침해는 특히 국가의 개입을 요하는 생존권(사회권)이나 청구권에서 문제가 된다. 생존권(사회권)의 법적 성격에 대해서는 ⅰ) 입법의 방침을 제시하는 강령 목표의 선언에 불과하다는 프로그램규정설과 ⅱ) 생존권 규정의 내용은 추상적이어서 국가의 의무이행이 강제될 수 없을지라도 법적 권리이나 입법조치가 있어야 권리가 구체화되는 것으로 보는 추상적 권리설, ⅲ) 생존권 규정은 구체적·현실적 효력을 지니는 것으로 국가에 대해 헌법상 생존권규정의 실현을 직접 청구할 수 있고 그에 대한 국가의 부작위는 현실적·구체적 권리 침해가 되어 사법적 구제의 대상이 된다는 구체적 권리설이 있다.

생존권(사회권)의 법적 성격을 프로그램규정이나 추상적 권리로 이해하는 경우 국가의 부작위에 대해서 실효성 있는 구제방안을 모색할 수 없다는 점에서 구제의 한계가 있다.

2) 입법부작위에 의한 기본권침해의 구제

(1) 쟁점사항

적극적 입법이 요구되는 기본권 분야 중 청구권·정치권적 기본권(참정권)은 헌법규정만으로 직접 효력이 발생하고 그에 관한 법률유보는 단지 기본권을 구체화하기 위한 절차를 법률로써 규정하여야 한다는 의미를 갖는 것이다. 따라서 구체화를 위한 입법의 지연이나 태만은 곧 위헌이 되어 입법부작위에 의한 기본권 침해와 그 구제는 긍정된다.

그러나 생존권이나 보상규정을 두지 않은 재산권의 수용·사용·제한에 있어서는 그 법적 성격과 관련하여 구제방법에 대한 학설·판례가 다양하게 논의된다.

세부사항은 각각 개별적 기본권에서 검토하도록 하고 여기서는 핵심사항과 입법부작위에 대한 일반적인 구제방안에 대해 살펴본다.

(2) 헌법재판소에 의한 구제

공권력의 불행사로 인하여 헌법상 보장된 기본권을 침해당한 자는 헌법소원을 제기할 수 있으므로 입법자의 입법부작위에 의해 기본권이 침해된 경우에 헌법소원을 제기할 수 있다.

그러나 입법부작위에 대하여는 그 헌법소원 대상성을 일정한 제한된 요건 하에서만 인정하고 있다(헌재법 제68조 제1항).

사회권에 있어서 입법기관의 입법부작위에 대해 사법적 구제가 인정될 것인가에 대하여 ⅰ) 소극설은 헌법재판소가 입법부작위에 대해 법률제정이나 법률개정을 명하는 결정을 한다면 권력분립의 원리에 위배되고 사법권의 한계를 벗어나는 것이므로 불가능하다고 본다. ⅱ) 이에 반하여 적극설은 입법형성권을 침해하지 않는 일정한 범위 내에서 구제가 가능하다고 본다. 따라서 입법부작위에 대하여 헌법소원을 제기할 수 있고, 공권력의 불행사(입법부작위)가 위헌임을 확인할 수 있으며(부작위위헌확인결정), 헌법불합치결정이나 헌법촉구결정도 할 수 있다. 현실적으로 적극설이 권리구제의 실효성을 지니고 있다고 본다.

헌법재판소는 입법부작위에 대한 헌법소원은 원칙적으로 인정될 수 없으므로 단순입법부작위를 제외한 위헌적 입법부작위 중 진정입법부작위의 경우에만 예외적, 제한적으로 헌법소원이 인정된다고 하고 있다.

그리고 부진정입법부작위의 경우에는 입법부작위를 이유로 한 헌법소원은 인정할 수 없다고 하고, 결함이 있는 당해 입법규정 그 자체를 헌법위반이라고 하는 적극적 헌법소원을 제기하여야 한다고 보고 있다.

따라서 이 경우 입법이 존재하므로 직접성, 청구기간 등의 요건을 갖추면 헌법소원을 제기할 수 있다.

(3) 법원에 의한 구제

입법부작위로 기본권이 침해된 경우에 법원이 입법을 강제하거나 부작위에 대한 위법을 선언할 수 있는가 즉 의무이행소송이나 부작위위헌확인소송을 인정할 수 있느냐가 문제된다. 사회권의 성격을 추상적 권리로 이해하는 소극설은 이를 인정하는 것은 권력분립의 원칙과 사법권의 한계에 위배되므로 법원의 재판에 의한 구제는 인정할 수 없다고 한다.

반면 적극설은 사회권을 구체적 권리로 이해하면서 별도의 법제정 없이도 법원의 재판에 의하여 구제가 가능하다고 본다.

현실적으로 사회권의 실효성을 위하여 구체적 권리로 이해할 필요성은 있으나 현행입법체계상 입법의 의무이행을 강제할 수는 없지만 부작위위헌확인소송은 인정된다고 보는 것이 타당하다. 다만 현행법은 헌법재판소의 헌법소송제도를 두고 있으므로 현실적으로 법원(대법원은 입법부작위에 대한 의무이행소송이나 부작위위헌확인소송을 부정)에서 이를 인용할 가능성이 거의 없다고 본다.

(4) 기 타

외국에 있는 국민 해산제도나 국민의 법률발안권 등을 주장하는 경우나 입법의 부작위를 위법행위로 보아 국가배상청구를 할 수 있게 하자는 이론 등이 제시된다.

그러나 현실적으로 생각할 수 있는 구제방법은 입법에 대한 청원권을 행사할 수 있고 선거를 통해 입법을 촉구할 수 있다.

Ⅲ. 행정기관에 의한 기본권 침해와 구제

1. 행정기관에 의한 침해

기본권의 침해는 주로 집행기관이 법을 집행하는 과정에서 발생하며, 특히 많은 경우가 수사기관에 의한 기본권 침해이다.

법의 집행에 의하여 기본권이 침해되는 것은 기본권의 침해를 내용으로 하는 위헌적인 법률을 적용하여 구체적인 기본권 침해가 발생하는 경우, 위헌적인 법률의 해석적용을 잘못하여 기본권을 침해하는 경우, 그리고 합헌적인 법률을 적극적으로 위반하여 기본권을 침해하는 경우, 소극적으로 헌법이나 법률을 집행하지 않음으로써 기본권을 침해하는 경우 등이 있다.

2. 행정기관에 의한 침해에 대한 구제

1) 사전적 권리구제

행정행위를 절차적으로 규제하여 적법성과 타당성을 확보함으로써 행정행위로 인한 권익침해를 미연에 방지하는 것을 사전적 권리구제라고 한다.

이는 미국헌법상의 적법절차조항(Due Process Clauses)과 일본헌법상의 법정절차조항에서 규정하고 있으나, 헌법은 이러한 행정절차에 관한 규정이 없다. 그러나 민주적인 행정운영을 기하고 국민의 행정참여를 도모함으로써 국민의 권익을 보호하고 행정의 신뢰성을 확보하기 위하여 「행정절차법」을 제정하여 사전적 권리구제를 도모하고 있다.

2) 사후적 구제

(1) 행정기관에 의한 구제

행정기관의 집행에 의해 기본권이 침해된 경우 행정처분의 취소·무효확인 또는 관계 공무원의 해임 등을 청원할 수 있다.

행정기관의 불법행위(위법·부당한 처분)나 공권력의 행사·불행사 등으로 기본권이 침해된 경우에 행정기관에 대하여 그 시정을 구하는 행정심판을 청구할 수 있으며, 헌법 제107조 제3항("행정심판의 절차는 법률로 정하되, 사법절차가 준용되어야 한다")에서 이에 관한 헌법적 근거를 두고 있다.

그리고 불법으로 체포·구속을 당한 형사피의자가 불기소처분을 받은 때는 법률이 정하는 바에 의하여 국가에 정당한 형사보상을 청구할 수 있다(제27조, 제28조).

또한 공무원의 직무상 불법행위로 손해를 입은 국민은 법률이 정하는 바에 따라 국가·공공단체에 손해배상을 청구할 수 있다(제29조 제1항).

그리고 행정기관이 헌법과 법률을 집행하지 않음으로써 국민의 기본권이 침해되는 경우 청원권을 행사함으로써 구제를 청구할 수 있고, 「행정심판법」에 따라 무효 등 확인심판 내지 의무이행심판을 청구할 수 있다.

(2) 법원에 의한 구제

행정기관에 의해 기본권이 침해된 경우 법원이 재판절차에 따라 분쟁을 해결하는 행정소송을 통해 기본권 구제를 받을 수 있으며(제107조 제2항), 이는 가장 효과적이고 최종적인 구제수단이다.

행정청의 부작위로 기본권이 침해된 경우에 소송을 제기할 수 있는가에 대해서 「행정소송법」은 의무이행소송까지는 인정하지 않으나 부작위위법확인소송은 인정하고 있다.

따라서 행정청의 부작위로 기본권이 침해된 경우 부작위위법확인소송을 제기할 수 있고, 여기서 인용판결이 확정되면 부작위청이 당초의 신청에 대한 처분을 해야 할 의무가 생기므로 결과적으로는 의무이행소송의 효과를 기대할 수 있게 된다.

또한 헌법은 기본권이 행정부의 명령·규칙에 의하여 침해되지 않도록 하기 위하여 법원의 명령·규칙심사제를 규정하고 있다(제107조 제2항). 이는 구체적 규범통제에 의하는 동시에 위헌·위법의 결정을 받은 명령·규칙은 개별적 효력만이 부인된다.

(3) 헌법재판소에 의한 구제

위헌적인 행정처분으로 기본권이 침해된 경우에는 최종적으로 헌법재판소에 의한 헌법소원심판(제111조 제1항)을 통해 구제받을 수 있다. 또한 작위의무 있는 행정입법부작위에 대해서는 헌법소원에 의한 구제가 가능하다.

Ⅳ. 사법기관에 의한 기본권 침해와 구제

1. 사법기관에 의한 기본권 침해

사법기관에 의한 기본권침해는 위헌적인 법률을 적용한다든가 법률의 해석적용을 잘못한 경우, 사실판단에 있어서 오인한 경우, 피고인의 권리를 침해하거나 국민의 재판을 받을 권리를 침해하는 경우 등을 들 수 있다.

2. 사법기관에 의한 침해의 구제

재판에 의하여 기본권이 침해된 경우는 상소·재심·비상상고 등을 통하여 상급법원에 재심사를 청구할 수 있다. 형사피고인은 유죄판결이 확정되기 이전에 유죄인처럼 다루는 경우에 무죄추정의 항변을 할 수 있으며, 형사피의자는 재판절차에서 진술의 기회를 요구할 수 있다(제27조 제5항). 형사피고인으로 구금되었던 자가 무죄판결을 받은 때에는 형사보상청구를 할 수 있고(제28조), 형사보상결정의 요지를 일간신문에 공시를 신청할 수 있다(형사보상 및 명예회복에 관한 법률 제25조 제1항).

그리고 재판을 제외한 법원의 기본권 침해에 대해서는 헌법소원을 청구할 수 있다. 기본권 침해 시 헌법재판소는 헌법재판소의 결정에 따르지 않는 법원의 재판에 대해서는 예외적으로 헌법재판소가 구제할 수 있다고 보고 있다.

또한 명령·규칙에 의한 직접적 기본권 침해에 대해서는 헌법소원이 가능하다고 보고 있다.

Ⅴ. 사인에 의한 기본권 침해와 구제

1. 사인에 의한 침해

현대사회의 다원화현상에 따라 사인 상호 간이나 단체에 의한 불법행위에 의하여 기본권이 침해되거나, 합의·협정·자율적 규제의 형식으로 당사자 또는 제3자의 기본권이 침해되는 일이 빈번해졌다.

2. 사인에 의한 침해의 구제

사인의 불법행위에 의해 기본권이 침해된 경우는 형사상 제재를 가하거나, 민사상의 손해배상·위자료 등을 청구할 수 있다(제21조 제4항).

사인에 의한 범죄행위로 인하여 생명·신체에 대한 피해를 입은 국민은 국가로부터 구조를 받을 수 있다(제30조).

합의·협정·자율적 규제의 형식에 의한 기본권 침해의 경우에는 기본권의 제3자적 효력의 이론에 따라 구제받을 수 있다고 보아야 한다.

VI. 인권옹호기구에 의한 구제

1. 국가인권위원회

1) 국가인권위원회의 업무

국가인권위원회는 인권에 관한 법령·제도·정책·관행의 조사와 연구 및 그 개선이 필요한 사항에 관한 권고 또는 의견의 표명, 인권침해행위와 차별행위에 대한 조사와 구제, 인권상황에 대한 실태조사, 인권에 관한 교육 및 홍보, 국제인권조약에의 가입 및 그 조약의 이행에 관한 연구와 권고 또는 의견의 표명 등의 업무를 수행한다.

2) 조사의 개시와 대상

국가인권위원회에서는 인권침해 및 차별행위의 조사와 구제조치를 한다. 위원회의 조사는 ① 인권침해나 차별행위를 당한 피해자 또는 그 사실을 알고 있는 사람이나 단체의 진정, ② 진정이 없더라도 믿을 만한 상당한 근거가 있고 그 내용이 중대하다고 인정할 때에는 위원회의 직권으로 이를 조사할 수 있다.

조사대상은 ① 국가기관, 지방자치단체 또는 구금보호시설의 업무수행과 관련하여 헌법 제10조 내지 제22조에 보장된 인격을 침해당한 경우, ② 법인 또는 사인에 의하여 차별행위를 당한 경우에 이루어진다. 단, 국회의 입법 및 법원과 헌법재판소의 재판은 그 대상에서 제외한다.

3) 조사방법과 구제조치

위원회의 조사방법은 진정인·피해자·피진정인인 당사자 또는 관계인에 대한 출석 요구, 진술청취 또는 진술서 제출요구, 당사자·관계인·관계기관에 대한 관련자료 제출요구나 관련사실 조회, 실지조사나 감정 등에 의한다. 이러한 요구 등에 불응하는 자에게는 과태료가 부과된다.

위원회가 할 수 있는 조치로는 접수한 진정을 각하하거나 조사결과 기각할 수 있고, 다른 기관에 사안을 이송할 수 있다.

진정을 인용하는 경우에는 ① 수사기관에 대한 수사개시와 필요한 조치의 의뢰, ② 당사자에 대한 합의 권고, ③ 당사자의 신청이나 위원회의 직권에 의한 조정을 할 수 있다. ④ 피진정인이나 그 소속기관 등의 장에 대한 구제조치 또는 징계 등의 권고, ⑤ 검찰총장 등에 대한 고발, ⑥ 피해자를 위한 법률구조요청, ⑦ 일정한 경우에 진정에 대한 결정 이전에 피진정인이나 그 소속기관 등의 장에 대한 긴급구제조치의 권고를 할 수 있다.

2. 국민권익위원회

국무총리소속하에 국민고충처리위원회를 두어 고충민원에 관한 상담·조사·처리, 위법·부당한 처분 등의 시정권고를 할 수 있게 하고 있다.

3. 법률구조제도

사법적인 구제절차 이외에 인권상담제도와 빈곤·무지한 자에게 법률적으로 지원하는 법률구조제도를 통한 권리구제가 인정된다.

Ⅶ. 예외적 구제방법 – 자력구제

형법 제23조는 정당방위, 긴급피난, 청구권의 보전에 관하여 엄격한 요건 하에 자구행위를 인정하고 있다. 또한 민법 제209조도 점유권 보호를 위해서 자력구제가 인정된다. 헌법상에는 자력구제의 인정에 관한 명문규정이 없지만 법질서의 통일된 해석적용을 위해 불가피한 경우에 이를 인정할 수 있는 것이다.

02 기본권의 분류와 체계

기본이해를 위한 질문
1. 기본권의 분류는 어떻게 이루어지는가
2. 기본권의 체계는 어떠하며, 기본권의 구조는 어떻게 이루어지는가
3. 포괄적 기본권이란 무엇이며, 어떻게 이해할 수 있는가
4. 자유권이란 무엇이며, 어떻게 이루어져 있는가
5. 참정권이란 무엇이며, 어떻게 이루어져 있는가
6. 청구권이란 무엇이며, 그 법적 성격은 무엇인가
7. 사회권이란 무엇이며, 그 법적 성격은 무엇인가

제1절 의 의

기본권의 분류와 체계는 기본권의 이해와 논의의 편의를 위해 유사한 특성을 가진 기본권별로 분류하여 개별적 기본권을 체계화하는 것을 의미한다.

기본권은 각기 개별적으로 특성을 가지고 있으면서도 어느 한 영역의 기본권으로 확정하기 어려운 기본권도 있기 때문에 기본권을 체계적으로 분류하는 것은 그리 쉬운 일이 아니다. 특히 현대로 들어오면서 전통적 기본권 외에 새로운 형태의 기본권의 등장과 복합적 성격을 띠는 기본권의 등장으로 기본권의 분류와 체계화에 어려움을 더하고 있다.

다양한 특성을 가지는 개별적 기본권을 완벽한 체계로 분류한다는 것은 사실상 불가능하고 학자들도 기본권을 분류하는 기준들이 서로 다르다. 하지만 기본권의 이해와 논의의 편의를 위해서는 최소한의 분류가 불가피하며 이는 개별적 기본권의 특성을 이해하는 데도 용이하다.

제2절 기본권의 분류

I. 기본권 분류의 의의

종래 기본권의 분류는 옐리네크가 국민의 공의무(수동적), 자유권(소극적), 수익권(적극

적), 참정권(능동적)으로 분류한 기본권 분류론의 영향을 받아 국민의 자유와 권리를 자유권, 수익권, 참정권으로 분류하였다.

현재에 와서 기본권 분류론에 있어서 기본권을 나누는 기준도 다양해지고 그 분류에 있어서도 종래에 비해 많이 세분화되었다. 여기서는 이해의 편의상 전통적인 분류기준을 중심으로 다루고자 한다.

Ⅱ. 주체를 기준으로 한 분류

기본권은 자연인의 권리보장에 있으므로 원칙적으로 자연인을 그 주체로 한다. 자연인 중 외국인의 경우는 기본권 주체성이 제한될 수 있다.

오늘날에 와서 사회적으로 법인의 활동이 증가되고 그 활동 영역이 확대됨으로써 법인의 기본권 주체성을 인정하게 되었다. 그러나 법인은 자연인과 다르므로 법인에게 그 주체성을 인정할 수 있는 기본권에 한해서 그 주체가 될 수 있다. 법인이 누릴 수 있는 권리로는 평등권, 재산권, 직업선택의 자유, 거주이전의 자유, 통신의 자유, 결사의 자유, 재판을 받을 권리 등이 있다.

Ⅲ. 성질을 기준으로 한 분류

1. 인간의 권리와 국민의 권리

인간의 권리는 초국가적 기본권으로 자연법사상의 천부인권을 말한다. 인간의 권리는 국가에 의해 창조된 것이 아닌 것으로 국가에 의해서도 불가침의 권리로서 인정되는 것이다. 인간의 권리로는 인간의 존엄과 가치, 행복추구권, 평등권, 자유권 등을 들 수 있다.

이에 대해 국민의 권리는 실정법에 의해서 비로소 보장되는 권리인 국가내적인 권리이다. 이는 그 나라의 국적을 가진 자만이 누릴 수 있는 권리로 외국인에게는 원칙적으로 인정되지 않는다. 국민의 권리로는 참정권, 선거권과 투표권, 공무담임권, 청원권, 국가배상청구권, 교육을 받을 권리, 근로권 등이다.

2. 절대적 기본권과 상대적 기본권

절대적 기본권은 어떠한 경우에도 제한되거나 침해될 수 없는 기본권을 말한다. 절대적 기본권은 기본권의 내재적 제약에도 따르지 않으나 자연법상의 권리는 내재적 제약에 따른다는 점에서 둘의 내용이 반드시 일치하는 것이 아니다. 절대적 기본권으로는 내심의 작용으로서의 신앙의 자유, 양심형성과 침묵의 자유, 연구와 창작의 자유 등이 있다.

이에 대해 상대적 기본권은 국가적 질서나 국가적 목적을 위하여 제한이 가능한 기본권을 말한다. 헌법 제37조 제2항에서 제시하는 법률로써 제한할 수 있는 기본권으로 내심의 작용을 내용으로 하지 않는 모든 자유와 권리가 이에 해당한다.

3. 진정한 기본권과 부진정한 기본권

진정한 기본권은 개인이 자신을 위하거나 타인과 결부되어 개인이나 국가에 대해서 작위나 부작위를 청구할 수 있는 진정한 공권을 말한다. 이에는 개인의 권리로서 인신의 자유, 신앙과 양심의 자유, 주거의 불가침이 있고, 타인과 결부된 기본권으로 집회와 결사의 자유, 표현의 자유, 출판의 자유, 노조결성의 자유 등이 있고, 개인이 국가에 대해 작위를 청구할 수 있는 권리로 국가배상청구권, 사회보장권 등이 있다.

이에 대하여 부진정한 기본권은 헌법이 일정한 사회질서, 경제질서, 문화질서 등을 규정한 결과 반사적으로 또는 그에 수반하여 누릴 수 있는 권리이다. 이에는 문화시설이용권, 자유경쟁권, 독과점거부권, 교육시설이용권 등이 있다.

Ⅳ. 효력을 기준으로 한 분류

1. 프로그램적 기본권·추상적 기본권·구체적 기본권

프로그램적 기본권은 직접 행정권과 사법권을 구속하지 않으며 단지 입법의 방향만을 지시하고 입법에 의하여 비로소 공권이 발생하는 기본권이다. 조문상 명백히 국정의 목표 방침을 지정하여 그 이념을 실현하도록 국가에 의무를 부과하는 규정들로, 독일에서는 국가목표규정에서의 권리는 직접 소구할 수 없다고 본다.

추상적 기본권이라 함은 입법에 의하여 비로소 구체적·현실적 권리가 되는 기본권으로 집행권과 사법권에 대해서는 직접적 구속력이 없고, 입법자에 대해 입법의 의무만을 부과하는 기본권을 말한다.

구체적 기본권이라 함은 입법권·행정권·사법권의 모든 국가권력을 직접 구속하는 효력을 가진 기본권을 말한다.

사회권의 구속력과 관련해서 논의되는 것으로 사회권의 현실적·직접적 효력을 부인하는 추상적 권리설이 다수설이다.

2. 대국가적 기본권과 대사인적인 기본권

대국가적 기본권은 국가에 대해서만 구속력을 가지는 기본권을 말하며, 대사인적 효력의 기본권은 대국가적 효력은 물론이고 제3자인 사인에 대해서도 구속력을 가지는 기본권을 말한다. 기본권의 효력은 원래 대국가적 효력이 원칙적이었으나 오늘날 기본권의 대사인적 효력도 인정되고 있다. 대사인적 효력을 가지는 기본권으로는 평등권, 근로3권, 표현의 자유, 환경권 등을 든다.

제3절 기본권 체계(범위)와 구조

제1항 기본권의 체계

기본권의 체계(범위)는 일반적으로 내용을 기준으로 하여 분류되어진다.

기본권의 내용에 따라 분류하는 경우에도 하나의 기본권이 다양한 내용을 가진 권리가 있기 때문에 엄격하게 분류하는 것은 그리 쉬운 일이 아니다. 기본권의 내용에 따라서 학자들도 분류가 다소 다르지만 여기서는 인간의 존엄과 가치·평등권·자유권·청구권(기본권보장을 위한 기본권)·참정권(정치적 기본권)·사회권(생존권)의 순으로 서술하고자 한다.

Ⅰ. 인간의 존엄과 가치·행복추구권

인간의 존엄과 가치· 행복추구권은 인간의 생명권, 일반적 인격권, 일반적 행동자유권, 인격의 형성·유지·자기결정권 등을 내포한다.

Ⅱ. 평등권

평등권은 모든 기본권에 공통적으로 인정되는 것으로 정치적인 면에서는 참정권의 절대적인 평등을 보장받을 권리이고, 경제적인 면에서는 실질적인 평등을 보장받을 권리이다.

Ⅲ. 자유권

자유권은 국가권력으로부터 자유로울 수 있는 국민의 권리이다. 자유권은 그 내용에 따라 인신의 자유, 정신적 자유, 사생활 자유, 사회적·경제적 자유로 나눌 수 있다.

구체적으로 인신의 자유는 생명권, 신체의 자유로, 정신적 자유는 양심의 자유, 종교의 자유, 언론·출판·집회·결사의 자유, 학문과 예술의 자유, 사생활 자유는 사생활의 비밀과 자유, 주거의 자유, 통신의 자유, 사회적·경제적 자유는 거주·이전의 자유, 직업선택의 자유, 재산권 등으로 나눌 수 있다.

Ⅳ. 참정권

국민이 국정에 참여할 수 있는 권리이다. 이에는 선거권, 공무담임권, 국민표결권 등이 있다.

Ⅴ. 청구권

청구권이란 국가에 대하여 특정의 행위를 요구하거나 국가의 보호를 요청하는 적극적 공권으로 국가내적인 권리이다. 이는 권리보장청구권, 권리보장을 위한 청구권, 권리를 확보하기 위한 기본권 등으로 불린다.

청구권에는 청원권, 재판청구권, 국가배상청구권, 손실보상청구권, 형사보상청구권, 범죄피해자구조청구권 등이 있다.

Ⅵ. 사회권

사회권은 생존권이라고도 하며, 이는 국민의 생활을 위하여 필요한 조건이 국가권력의 적극적인 관여에 의하여 확보될 것을 요청할 수 있는 권리이다. 사회권은 인간다운 생활을 할 권리, 교육의 권리, 근로의 권리, 사회보장을 받을 권리, 가족·혼인과 보건 등에 관한 권리, 깨끗한 환경에서 생활할 권리 등이 있다.

제2항 헌법상 기본권의 구조

헌법상 기본권은 다음과 같이 구성되어 있다.

ⅰ) 포괄적 기본권으로서 인간의 존엄과 가치·행복추구권, 평등권, ⅱ) 자유권으로서 신체의 자유, 거주이전의 자유, 직업의 자유, 주거의 자유, 사생활의 비밀과 자유, 통신의 자유, 양심의 자유, 종교의 자유, 언론·출판·집회·결사의 자유, 학문과 예술의 자유, 재산권이 규정되어 있다. ⅲ) 참정권으로서 선거권, 공무담임권, 국민투표권, ⅳ) 청구권으로서 청원권, 재판청구권, 형사보상청구권, 국가배상청구권, 범죄피해자구조청구권이 규정되어 있다. ⅴ) 그리고 사회권으로서 교육을 받을 권리, 근로의 권리, 노동3권, 인간다운 생활을 할 권리, 환경권, 혼인과 가족생활이 규정되어 있다.

헌법상 기본권 구성

유 형	기본권과 헌법규정
포괄적 기본권	인간의 존엄과 가치 및 행복추구권(제10조) 평등권(제11조), 열거되지 아니한 기본권(제37조 제1항)
자유권	신체의 자유(제12조) 이중처벌금지, 형법불소급, 연좌제(제13조) 거주 이전의 자유(제14조) 직업의 자유(제15조) 주거의 자유(제16조) 사생활의 비밀과 자유(제17조) 통신의 자유(제18조) 양심의 자유(제19조) 종교의 자유(제20조) 언론·출판·집회·결사의 자유(제21조) 학문과 예술의 자유(제22조) 재산권 보장(제23조)
참정권	선거권(제24조) 공무담임권(제25조) 국민투표권(제130조 제2항)
청구권	청원권(제26조) 재판청구권(제27조) 형사보상청구권(제28조) 국가배상청구권(제29조) 범죄피해자구조 청구권(제30조)
사회권	교육을 받을 권리(제31조) 근로의 권리(제32조) 노동3권(제33조) 인간다운 생활을 할 권리(제34조) 환경권(제35조) 혼인과 가족생활(제36조)
기본권 제한	일반적 법률유보(제37조 제2항)

제4절　포괄적 기본권

제1항 포괄적 기본권의 의의

　　포괄적 기본권은 헌법상 개별적 기본권 조항에 모두 적용될 수 있는 기본권을 말하며, 또한 헌법에 열거되지 아니한 기본권까지도 모두 포괄하는 의미에서의 기본권을 의미한다.

　　우선 헌법상 개별 기본권 조항은 하나의 기본권을 보장하는 것을 기본으로 하고 있는 반면 포괄적 기본권은 개별 기본권들에도 포괄적으로 적용되는 기본권이다. 예컨대 인간의 존엄과 가치는 헌법 제11조의 신체의 자유 기본권에도 적용되고, 제17조의 사생활의 비밀과 자유 등의 기본권에도 적용되는 것이다.

　　그리고 포괄적 기본권은 헌법 제2장의 국민의 자유와 권리에서 열거한 개별적 기본권 이외의 헌법에 열거되지 아니한 기본권도 포괄하는 기본권을 말한다.

　　여기서 포괄적 기본권은 헌법 제10조 인간의 존엄과 가치 및 행복추구권 그리고 헌법 제37조 제1항의 열거되지 아니한 기본권으로서 이에 근거하여 기본권이 도출될 수 있다고 본다. 또한 국제법적으로 인류에게 보편타당하게 적용되는 국제적 인권 또한 열거되지 아니한 기본권으로 포괄적 권리에 포함될 수 있다.

제2항 포괄적 기본권의 법적 성격

　　기본권의 법적 성격에 관한 논의 중 자연권설에 의하면 개별적으로 열거된 자유권은 예시적인 것으로 보아 헌법 제37조 제1항의 열거되지 아니한 기본권도 헌법상 기본권의 범주에서 논의될 수 있는 것으로 보고 있다. 모든 기본권(자유권)을 포괄하는 권리는 헌법 제10조에서 보장하는 기본적 인권으로서의 자유권에서 도출되는 것으로, 헌법 제37조 제1항은 헌법 제10조에서 보장하는 자유권의 포괄적 권리성을 재확인한 것으로 보고 있다.

　　헌법재판소는 포괄적 기본권을 헌법이 규정하는 기본권 이외에 헌법에 열거되지 아니한 자유와 권리까지 포괄하는 것으로 보기도 하고, 국가권력의 간섭 없이 자유롭게 할 수 있는 포괄적 의미의 자유권의 성격 혹은 헌법에 열거된 개별적 기본권들을 제외한 헌법에 열거되지 아니한 권리들에 대해 포괄적 기본권의 성격으로 본다.

> ⚠️ **판례** | 포괄적 기본권의 성격 – 헌재 1997.7.16. 95헌가6 등의 반대의견
>
> **헌법 제10조의 행복추구권**은 국민이 행복을 추구하기 위하여 필요한 급부를 국가에게 적극적으로 요구할 수 있는 것을 내용으로 하는 것이라기보다는 국민이 행복을 추구하기 위한 활동을 국가권력의 간섭 없이 자유롭게 할 수 있다는 **포괄적인 의미의 자유권적 성격**을 가진다(헌재 2003.9. 25. 2001헌마814 등; 헌재 1995.7.21. 93헌가14); 이 행복추구권의 법적 성격에 관하여 **자연권적 권리**이고 인간으로서의 존엄과 가치의 존중 규정과 밀접 불가분의 관계가 있고, **헌법에 규정하고 있는 모든 개별적, 구체적 기본권은 물론** 그 이외에 **헌법에 열거되지 아니하는 모든 자유와 권리까지도** 그 내용으로 하는 포괄적 기본권으로 해석되고 있다.

제5절   자유권

제1항 자유권의 의의

자유권은 국가가 개인의 권리에 대한 침해 시 방어할 수 있는 주관적 공권성을 가진다. 즉 국민이 그의 생활영역에 있어서 국가권력으로부터 침해받지 않을 권리를 말한다.

따라서 자유권은 국민이 국가에 대하여 자유로운 생활영역을 보장해 줄 것을 적극적으로 청구할 수 있는 권리가 아닌 침해에 대해 방어하는 소극적 성격을 가진다.

다만 국가가 개인의 자유권을 침해하였을 때에는 국가에 대하여 그 침해를 배제하여 줄 것을 청구할 수 있는 권리를 가지며, 이는 반사적 이익과는 다르다.

제2항 자유권의 형성과 전개

기본권보장의 역사는 자유권보장의 역사라고 할 만큼 자유의 확보를 위한 인간의 노력과 투쟁은 끊임없이 전개되어 왔다.

자유권은 영국의 대헌장(Magna Charta, 1215), 권리청원(Petition of Rights, 1628), 권리장전(Bill of Rights, 1689)에도 반영되었으나 이들 자유권의 성격은 순수한 자연법적 천부인권사상에 유래를 둔 것은 아니었다.

천부불가양의 자연권은 미국독립선언과 프랑스 인권선언에서 볼 수 있다. 이들 선언에서 자유권은 생래적인 것으로 불가침이고 불가양의 권리라는 자연법사상의 자연권에 기

초를 두고 있으며, 개인주의와 자유주의를 그 이념으로 하고 있다.

그러나 현대에 이르러 사회적·경제적 불평등이 심화되자 자유주의에 대한 비판이 생겨났고, 사회정의와 실질적 평등을 실현하기 위해 경제적 자유권에 대한 사회적 제약성이 강조되었다.

제3항 자유권의 법적 성격

1. 자연권성

자유권은 국가와의 관계에서 볼 때, 국가로부터의 자유인 초국가적 자연권이라고 하는 자연권설과 자유권을 단지 국가 안에서만 가능한 것이라고 하여 국가의 우월성을 강조하는 실정권설이 있다.

자연권설은 헌법에 규정된 자유권은 개인의 자유를 법적으로 확인하고 선언하는 권리라고 보는 반면, 실정권설은 국가에 의해 보장되지 아니하는 자유는 진정한 자유가 아니라고 보아, 헌법에 규정된 자유권만을 인정하는 견해이다.

생각건대 헌법에 있어서 자유권 규정은 천부적·초국가적·자연법상 인간의 권리로 헌법은 다만 이를 재확인한 것으로 본다.

2. 소극적·방어권적 성격

자유권은 국가에 대해 작위를 청구하는 적극적 권리가 아니라 권리 침해 시 그 침해의 배제를 요청하는 소극적 권리이다. 자유권은 반사적 이익이 아닌 권리이며, 국가로부터의 자유인, 침해에 대해 방어하는 방어권적 성격을 지닌다.

3. 포괄적 권리성

자유권을 실정권으로 보는 실정권설은 법적으로 보장되는 자유는 헌법에 열거된 자유권들에 한정된다고 보는 반면, 자연권설의 입장에서는 헌법에 규정하고 있는 개별적 자유권은 구체적인 예시에 불과하고 헌법에 규정되지 않은 자유들도 포괄적으로 보장된다고 본다.

헌법 제37조 제1항은 "국민의 자유와 권리는 헌법에 열거되지 아니한 이유로 경시되지 아니한다"라고 규정하고 있으며, 또한 제10조의 인간의 존엄과 가치·행복추구권 등에서 파생되는 권리도 자유권의 범주에 포함될 수 있다고 본다.

제4항 자유권의 체계와 분류

Ⅰ. 자유권의 체계

헌법상 자유권은 포괄적 자유권과 구체적으로 열거된 개별적 자유권으로 구성되어 있다. 포괄적 자유권은 헌법 제10조의 인간의 존엄성 규정과 행복추구권 규정에서, 그리고 제37조 제1항에서의 열거되지 않은 자유권에서 보장된다고 본다.

Ⅱ. 자유권의 분류

종래의 자유권의 분류는 대체로 자유권의 내용이나 성질에 따른 분류가 일반적이었다. 그러나 하나의 자유권은 여러 가지 내용과 성질을 함께 가지고 있을 수 있기 때문에 엄격한 기준에 의한 분류가 어려운 것이 사실이다.

따라서 여기서는 편의상 인신의 자유, 정신적 자유, 사생활 자유, 사회적·경제적 자유로 분류하고자 한다.

① 인신의 자유에는 생명권과 신체의 자유를, ② 정신적 자유에는 양심의 자유, 종교의 자유, 언론·출판·결사·집회의 자유, 학문의 자유, 예술의 자유를, ③ 사생활 자유에는 사생활의 비밀과 자유, 주거의 자유, 통신의 자유를, ④ 사회적·경제적 자유는 거주·이전의 자유, 직업의 자유, 재산권 등으로 분류할 수 있다.

제6절 참정권

제1항 참정권의 의의·기능·헌법규정

참정권이란 국민이 국가의 정치적 의사형성이나 정책결정에 참여하거나 선거 또는 투표에 참가하여 공무원을 선출하거나 공무원으로 선임될 수 있는 권리를 말한다.

참정권 규정은 국민주권주의의 표현으로서 민주국가를 구성하고 민주주의의 실현을 위한 전제조건이다. 참정권의 인정은 각 국가마다 상이하지만 국민이 국가에 대해 참여권을 행사하고 권리보장을 받기 위해 오랜 기간에 걸쳐 쟁취되어온 기본권으로, 입헌주의국가에서 참정권은 국민주권의사의 표명이다.

국민의 참정권 행사를 통하여 국가와 국가권력은 정당화될 수 있으므로 참정권은 국가와 국가권력을 정당화하는 기능을 한다.

또한 국민은 참정권을 행사함으로써 구 집권세력에게 책임을 묻는 국가권력을 통제하는 역할을 한다. 국민은 참정권 행사를 통하여 구 집권세력을 교체시킬 수 있는 것이다.

헌법은 참정권으로 제24조에 선거권과 제25조에 공무담임권을 규정하고 있으며, 제72조와 제130조 제2항에서 국민투표권을 규정하고 있다.

제2항 참정권의 법적 성격

참정권은 국민 각자가 자유선거나 비밀선거 등을 통해서 행사되는 주관적 권리이며 대리행사를 할 수 없는 일신전속적 권리이다.

또한 참정권을 통하여 민주국가와 민주적 정치질서를 형성하는 객관적 법질서의 구성요소이다.

제3항 참정권의 주체

참정권의 주체는 국민이며, 외국인은 원칙적으로 그 주체가 될 수 없다. 다만 외국인은 법률에 의하여 제한적으로 참정권이 인정될 수 있다.

「공직선거법」에서는 일정한 요건을 구비한 외국인에게 지방선거에 있어서 선거권을 인정하고 있다. 지방의회의원 및 지방자치단체장 선거에서 외국인에 대하여도 영주체류 자격 취득 후 3년이 지나면 선거권을 인정하고 있다. 또한 일정한 자격을 갖춘 외국인에게 「주민투표법」상 투표권을 인정하고, 「주민소환에 관한 법률」에서 주민소환투표권을 인정한다.

그리고 참정권은 자연인의 권리로 법인은 그 주체가 될 수 없다.

또한 참정권의 행사능력에 대해서는 제한규정을 둘 수 있다. 예컨대 선거권의 행사능력은 18세로 규정하고 있고(공직선거법 제15조), 피선거권의 행사능력은 대통령이 40세 이상(5년 이상 국내 거주), 국회의원과 지방의회의원 그리고 지방자치단체장(60일 이상 관할구역에 주민등록)은 25세 이상으로 규정하고 있다(법 제16조).

제4항 참정권의 제한

참정권은 민주정치에 있어서 국민이 국정에 참여하는 필수적인 기본권이지만, 여러 가지 방식으로 제한될 수 있다.

　다만 법률로써 참정권을 제한하는 경우에도 필요최소한에 그쳐야 하며, 참정권을 무의미하게 만드는 정도의 제한과 같은 본질적 내용을 침해하는 제한은 할 수 없다.

Ⅰ. 헌법에 의한 제한

　참정권은 헌법에 의해 직접 제한된다. 헌법은 대통령의 피선거권을 40세 이상으로 규정하고 있다.

　헌법 제13조 제2항에서 모든 국민은 소급입법에 의하여 참정권을 제한받지 않는다고 규정하고 있어, 소급입법에 의한 참정권의 제한은 금지된다. 민주국가에서 소급입법에 의한 참정권제한의 금지는 당연한 원칙이나, 우리 헌정사상 소급입법에 의해 참정권이 제한된 전례(**예**「반민족행위자처벌법」(제헌국회), 「반민주행위자공민권제한법」(4·19 당시), 「정치활동정화법」(5·16 당시), 「정치풍토쇄신을위한특별조치법」(1980) 등) 때문에 이를 방지하고자 규정한 것이다.

Ⅱ. 법률에 의한 제한

　참정권은 법률로써 제한될 수 있다. 「공직선거법」에 의해 참정권이 제한되는 경우는 선거권과 피선거권의 연령, 거주요건이 제한되는 경우와 일정한 자의 선거자격과 피선자격의 결격사유를 규정하고 있다. 「지방자치법」에서는 단체장의 계속 재임을 3기로 제한하고 있다.

> **!** **판례** | 피선거권제한조항 – 헌재 2011.12.29. 2009헌마476(각하, 기각)
>
> **피선거권제한조항은 선거의 공정성을 확보하기 위한 것으로서**, 선거의 공정성을 해친 바 있는 선거범으로부터 부정선거의 소지를 차단하여 공정한 선거가 이루어지도록 하기 위하여는 피선거권을 제한하는 것이 효과적인 방법인 점, 법원이 선거범에 대한 형량을 결정함에 있어서는 양형의 조건뿐만 아니라 피선거권의 제한 여부에 대하여도 합리적 평가를 하게 되는 점, 피선거권의 제한기간이 공직선거의 참여를 1회 정도 제한하는 것에 불과한 점 등을 종합하면, **이 사건 피선거권제한조항은 청구인의 피선거권을 침해한다고 볼 수 없다**.

> ⓘ **판례** | 지방자치단체장 3기 계속재임기간 위헌성 – 헌재 2006.2.23. 2005헌마403(기각)
>
> 지방자치단체 장의 계속 재임을 3기로 제한한 규정의 입법취지는 장기집권으로 인한 지역발전저해 방지와 유능한 인사의 자치단체 장 진출확대로 대별할 수 있는바, 그 목적의 정당성, 방법의 적절성, 피해의 최소성, 법익의 균형성이 충족되므로 헌법에 위반되지 아니한다.

> ⓘ **판례** | 금고 이상의 형의 선고유예 받은 경우 당연퇴직의 위헌성 – 헌재 2003.10.30.
> 2002헌마684(위헌)
>
> 헌법 제25조는 "모든 국민은 법률이 정하는 바에 의하여 공무담임권을 가진다."고 하여 공무담임권을 보장하고 있다. **공무담임권의 보호영역**에는 **공직취임의 기회의 자의적인 배제뿐 아니라, 공무원 신분의 부당한 박탈도 포함되는 것**이다. 국가공무원법 제69조 중 제33조 제1항 제5호 부분은 **공무원이 금고 이상의 형의 선고유예를 받은 경우에는 공무원직에서 당연히 퇴직하는 것으로 규정**하고 있다. 그런데 같은 금고 이상의 형의 선고유예를 받은 경우라고 하여도 범죄의 종류, 내용이 지극히 다양한 것이므로 그에 따라 국민의 공직에 대한 신뢰 등에 미치는 영향도 큰 차이가 있는 것이다. 따라서 입법자로서는 국민의 공직에 대한 신뢰보호를 위하여 해당 공무원이 반드시 퇴직하여야 할 범죄의 유형, 내용 등으로 그 당연퇴직의 사유 및 범위를 가급적 한정하여 규정하였어야 할 것이다. 그런데 위 규정은 **금고 이상의 선고유예의 판결을 받은 모든 범죄를 포괄하여 규정하고** 있을 뿐 아니라, 심지어 오늘날 누구에게나 위험이 상존하는 교통사고 관련 범죄 등 **과실범의 경우마저 당연퇴직의 사유에서 제외하지 않고 있으므로 최소침해성의 원칙에 반한다.**

Ⅲ. 긴급명령에 의한 제한

대통령은 긴급명령에 의해 참정권 그 자체를 제한할 수는 없다. 그러나 긴급명령으로 인하여 선거시기가 연기될 경우에는 일시적으로 불가피하게 참정권의 제한을 받게 된다.

제7절 청구권

제1항 청구권의 의의·종류

청구권이란 국민이 국가에 대하여 일정한 행위를 적극적으로 청구할 수 있는 권리로 기본권을 절차적으로 보장하기 위한 권리를 말한다.

청구권은 일정한 작위나 부작위를 청구할 수 있으며, 권리나 이익이 침해되거나 그 침해가 우려되는 경우에 권리보호를 요청할 수 있는 권리이다.

청구권은 국가로 하여금 권리를 실현시킬 것을 청구할 수 있는 점에서 대국가적 효력을 가지며, 대사인적 효력은 예정되어 있지 않다.

헌법상 청구권으로는 청원권, 재판청구권, 형사보상청구권, 국가배상청구권, 범죄피해자구조청구권 등이 규정되어 있다.

제2항 청구권의 법적 성격

청구권은 국가에 대하여 일정한 행위를 요구하거나 국가의 보호를 요청하는 적극적 행위로서 적극적·주관적 공권이며, 원칙적으로 국민에게 인정되는 국가내적인 권리이다.

다른 기본권은 실체법적인 권리인데 비해서 청구권을 구체적으로 실현하기 위한 절차적인 기본권의 성격을 가진다.

제8절   사회권

제1항 사회권의 의의·종류

사회권은 국민 개개인이 국가에 대해 일정한 물질적 급부와 적절한 배려를 청구할 수 있는 권리이다.

근대 산업사회와 더불어 등장한 노동자들은 사회적·경제적으로 열악한 여건 하에 생계를 유지하게 되고 이들의 경제적 빈곤은 사회문제가 되었다. 이러한 사회적 약자를 보호하고 개인이나 집단이기주의에 대하여 공공복리를 확보하고, 정의를 실현하기 위하여 국가의 적극적 활동이 요청되게 되었다.

인간의 실질적 자유는 생존에 필요한 최소한도의 물질적 보장 없이는 불가능하다. 사회적·경제적 약자가 인간으로서 인간답게 살아갈 수 있도록 함으로써 정의로운 사회질서를 형성하려는 데 사회권의 의의가 있다.

헌법상 사회권에는 인간다운 생활을 할 권리, 근로의 권리와 근로3권, 혼인과 가족제도, 모성보호와 보건권, 환경권 등이 규정되어 있다.

제2항 사회권의 연혁

종래에도 근로의 권리나 교육을 받을 권리 등 사회권 규정과 국가의 배려 의무를 규정하고 있었으나 사회권을 본격적으로 헌법에 수용한 것은 1919년 바이마르헌법에서이다. 즉, 바이마르헌법에는 인간다운 생활의 보장, 근로조건과 경제조건을 향상시키기 위한 단결의 자유, 근로보호와 피보험자 참여 하의 사회보장의 구성에 대한 강령, 근로자에 의한 경제조건과 근로조건의 공동형성 등 다양한 사회권을 규정하였다.

사회권은 형식적 평등이 아니라 실질적 평등을 실현함으로써 사회적·경제적 약자를 보호하기 위해 규정된 기본권으로 그 중요성은 오늘날에 와서 더욱 증대되고 있으며, 각국은 이러한 사회권을 헌법에 규정하고 있다.

제3항 사회권의 법적 성격

사회권의 법적 성격에 관하여는 전통적으로 프로그램규정설과 법적 권리설로 나뉘어 왔으나 오늘날에는 더 세분된 학설들이 주장되고 있다. 주관적 권리성을 인정하지 않고 국가에게 의무만을 부여하는 객관적 헌법규정으로 프로그램적 규정설, 주관적 권리성을 인정하는 법적 권리설이 있고 법적 권리설은 또다시 추상적 권리설, 불완전한 구체적 권리설, 구체적 권리설 등으로 나뉜다.

I. 프로그램적 규정설

프로그램적 규정설은 사회권은 강령규정으로서 입법자에게 입법의 방침을 지시하는 방침규정일 뿐 그 자체로는 법적 구속력을 가지지 못한다고 본다. 따라서 구체적 입법에 의하여 비로소 법적 구속력을 갖는 것으로, 이에 대응하는 국가의 의무도 법적 의무가 아니라 정치적·도의적 의무에 지나지 않는다는 것이다.

이러한 프로그램적 권리설의 이론적 근거는 사회권은 국가의 재정적 능력에 크게 좌우되므로 국가의 경제력이 이에 미치지 못하면 사회권의 규정도 단지 사회정책의 기본방침을 선언한 것에 지나지 않고, 사회권에 관한 헌법규정은 구체적 입법에 대한 명문규정이 없어 이는 단지 프로그램규정에 지나지 않는다고 한다.

II. 법적 권리설

1) 추상적 권리설

추상적 권리설은 헌법이 사회권을 권리로 규정하고 있기 때문에 사회권은 법적 권리의 성격을 갖는다는 것이다. 사회권은 비록 추상적인 것일지라도 법적 권리로 국가의 의무이행을 강제할 수 없다고 할지라도 사회권 보장을 위한 국가적 의무는 헌법에 의거한 법적 의무라고 한다.

따라서 국민은 사회권에 적합한 입법을 요구할 권리를 가지며, 국가는 그에 대한 조치를 취할 의무가 있다는 것이다. 그러나 입법을 통해 법적 권리가 될 때까지는 추상적 권리에 불과하다는 것이다.

2) 불완전한 구체적 권리설

사회권은 자유권처럼 직접 효력을 가지는 완전한 의미의 구체적 권리일 수는 없으나 적어도 일부 청구권이나 정치적 기본권(참정권)과 동일한 수준의 불완전하나마 구체적 권리로서의 성격을 갖는다는 것이다.

그 논거로서 드는 것은 모든 헌법규정은 재판규범이며, 어떤 헌법규정을 재판규정이니, 프로그램규정이니 하는 해석은 독단적·자의적 해석일 수밖에 없고, 사회적·경제적 빈곤층에게는 자유권이나 정치적 기본권보다 사회권의 실질적 보장이 더욱 절실한 의미를 갖는다는 것이다.

사회국가원리를 지향하면서 사회권을 프로그램적 규정이나 추상적 권리로 이해하는 것은 논리적 모순이며, 헌법재판을 통하여 헌법불합치·입법촉구결정을 하는 것이 헌법구조상 반드시 불가능하지 않다는 것이다.

3) 구체적 권리설

구체적 권리설은 국민은 국가에 대하여 생존에 관한 조치 등을 해줄 것을 적극적으로 요구할 수 있고, 국가는 사회권을 실현시켜야 할 헌법적 의무가 생기기 때문에 국가는 국민의 이러한 의무에 대하여 적극적으로 응할 의무가 있다고 한다. 즉, 국가는 적절한 입법을 할 의무가 있으며 입법부작위나 불충분한 입법은 헌법에 위반되는 것으로 사법적 구제의 대상이 된다는 것이다.

현행헌법은 헌법소원제도를 인정하고 있고, 「헌법재판소법」은 공권력의 행사 또는 불행사에 의한 국민의 기본권 침해에 대한 헌법소원을 인정하고 있으므로 사회권(생존권)에 관한 입법부작위에 의하여 국민의 생존권이 침해된 경우에는 헌법소원, 입법부작위위헌 확인과 권리구제를 받을 수 있다고 한다.

따라서 헌법재판소가 공권력의 불행사에 대한 헌법소원을 인용한 경우 생존권 침해의 인용결정이 있는 때에는 입법을 해야 할 의무를 진다고 본다.

4) 검 토

사회권의 권리성을 부인하는 프로그램적 규정설은 우리 헌법이 사회권을 권리형태로 규정하고 있는 점을 무시한 것으로 사회권의 실현을 전적으로 입법자에게 맡겨버리게 되는 것으로 국민의 권리보호차원에서도 타당하지 않다.

추상적 권리설은 법률의 제정이 있어야 비로소 구체적 권리가 된다는 것은 입법이 없는 경우에는 권리성을 인정하지 않는 보장의 한계가 있다. 불완전한 구체적 권리설이 주장하는 청구권이나 정치적 기본권과 동일한 수준의 구체적 권리가 무엇을 의미하는지에 대한 비판이 있다.

사회권은 구체적 권리로서 인정되어야 한다. 다만, 사회권을 보장하기 위한 구체적 보호정도는 입법자의 입법형성영역이다. 사회권은 입법자에게 헌법상 의무로서 부과되는 정도와 폭이 자유권보다 넓다. 법률의 제정이 입법부의 입법정책에 맡겨져 있다고 하더라도 입법부에게 사회권을 구체적으로 보호하는 법률을 제정할 헌법상 책무가 부과되어 있는 것이라 할 수 있다.

따라서 입법부가 제정한 사회권을 구체적으로 보호하는 법률의 내용이 불충분하다든가(부진정입법부작위), 법률을 제정하지 않는 경우(진정입법부작위)에는 헌법상 보장된 사회권의 침해를 요건으로 헌법소원을 제기할 수 있다고 보아야 한다.

그렇다 하더라도 사회권은 현실적으로 국가의 재정상황에 따라 영향을 받을 수밖에 없는 것임은 부인할 수 없게 된다. 수많은 사회권에 규정된 국가의 의무를 이행하는 과정에서는 우선적 예산배정이나 우선적 고려가 요청되는 것이고, 헌법재판소도 국가가 최소한의 물질적 생활보장을 하지 못하더라도 인간다운 생활을 할 권리를 침해한 것으로 볼 수 없다고 보고 있다.

제4항 사회권의 주체

사회권의 주체는 국민이다. 사회권은 개인의 생존에 필요한 급부를 국가에 대하여 청구할 수 있는 권리를 그 내용으로 하기 때문에 자연인이 아닌 법인은 그 주체가 될 수 없다. 사회권은 인간다운 생활을 할 권리 등 국법상의 권리라는 점에서 원칙적으로 외국인은 그 주체가 될 수 없다.

제5항 사회권의 효력

사회권은 그 연혁상 국가에 대한 개인의 급부를 요구하는 권리이므로 대국가적 효력을 가지며 대사인간 효력을 인정할 여지는 적다. 다만 근로3권과 같이 예외적으로 대사인적 효력이 인정되는 경우가 있다.

제6항 사회권의 제한과 한계

사회권이 헌법에 의해 직접 제한되는 경우로 헌법이 근로3권을 보장하면서 일부 공무원인 근로자에게만 노동3권을 인정하거나 주요방위산업체에 종사하는 근로자의 단체행동권을 제한하고 있다(제33조 제2항). 또한 사회권은 일반적 법률유보에 의해 제한될 수 있으며, 대통령의 긴급명령에 의해 제한될 수 있다. 다만, 그 본질적 내용은 침해할 수 없다.

03 국민의 기본적 의무

> **기본이해를 위한 질문**
> 1. 국민의 기본적 의무란 무엇인가
> 2. 국민의 기본적 의무에는 어떤 것이 있는가

제1절 서 설

Ⅰ. 국민의 기본적 의무의 의의와 헌법규정

국민의 기본적 의무란 국민이 국가의 존속·유지를 위하여 부담하는 헌법상의 의무를 말한다. 근대시민국가에 있어서의 국민의 의무는 영국에서는 국왕의 자의적인 조세징수나 강제적인 징병을 억제하기 위해 의회의 승인에 의한 과세와 징병의 원칙을 시행하는 과정에서 형성되었다. 그 후 프랑스 인권선언에서는 납세의무, 독일의 바이마르헌법에서는 근로의무, 일반적 역무제공의무, 교육의 의무 등을 규정하기에 이르렀다.

우리 헌법도 제헌헌법 이래 납세, 국방, 근로의 기본적 의무를 규정하였고, 교육의무는 1962년의 헌법에서 규정되었고, 환경보전의무는 1980년의 헌법에서 처음으로 규정되었다.

Ⅱ. 구별개념

기본권은 국가권력을 형성하게 하며, 국가를 성립하게 하는 원천적 의미를 갖는 반면 국민의 기본적 의무는 국민의 권력행사에 의해 성립된 국가를 전제로 한다.

따라서 기본권은 국가권력의 한계를 정하는 규범이라고 한다면 기본적 의무는 국가권력인 입법권을 강화하는 기능을 지닌다는 점에서 차이가 있다.

그러나 국민의 권리와 의무는 국가공동체를 존속하고 유지하기 위해 동등한 지위와 효력을 갖는 것으로 국민의 의무에 대해 기본권으로 대항하지 못한다. 예컨대 국방의 의무나 납세의 의무에 대해 신체의 자유나 종교의 자유, 양심의 자유, 재산권 등 기본권 효력을 주장하여 대항하지 못한다.

또한 기본권의 제한은 국가가 국민의 기본권을 제한하는 경우 법률에 의해야 한다는 국민의 기본권을 보호하는 것인 반면 기본적 의무는 공동체의 존속·유지를 위하여 의무를 부과한다는 점에서 다르다.

Ⅲ. 국민의 기본적 의무의 법적 성격

국민의 기본적 의무는 헌법에 규정되어 있지만 법률에 의해 구체화하는 때에 비로소 구체적인 의무로 국민에게 부과되어진다.

국민의 기본적 의무는 국가공동체를 형성·유지하기 위한 헌법적 의무이고, 이러한 기본적 의무를 현실화하는 것은 입법자의 몫으로 항상 국민의 기본권을 제한하는 경우에 법률에 의한다는 법률유보를 포함하고 있다.

Ⅳ. 국민의 기본적 의무의 주체

국민의 기본적 의무는 국가를 전제로 헌법이 인정하는 의무이므로 헌법의 효력이 미치는 국가 내에 살고 있는 자가 지는 의무이다. 가령 납세의 의무, 교육의 의무, 국방의 의무는 기본적으로 국민이 부담하는 의무이나, 외국인의 경우도 예외적, 제한적으로 의무부담을 진다. 그러나 이는 국민의 의무와 다른 측면에서 부과되는 의무이다.

Ⅴ. 국민의 기본적 의무의 종류

국민의 기본적 의무에는 특정 기본권을 전제로 하지 않는 기본적 의무와 특정 기본권을 전제로 하는 기본적 의무로 나눌 수 있다.

특정 기본권을 전제로 하지 아니한 기본권은 국방의 의무(제39조)와 납세의 의무(제38조)인데, 국방의 의무는 신체의 자유(제12조 제1항)에 합치되는 범위 내에서 그 내용이 법률로 정해지며, 납세의 의무는 재산권의 보장규정(제23조)에 따라 구체적으로 형성되는 의무이다.

이에 대해 특정 기본권을 전제로 하는 기본권으로, 교육을 받게 할 의무는 교육권(제31조)을, 근로의 의무는 근로권(제32조)을, 재산권의 공공복리적합의무(제23조 제2항)는 재산권(제23조)을, 환경보전의무는 환경권(제35조)을 전제로 하는 의무이다.

제2절 국민의 기본적 의무의 내용

I. 납세의무

1. 납세의 의무의 의의

납세란 조세의 납부를 말한다. 조세는 국가나 지방자치단체가 재정조달을 목적으로 반대급부 없이 국민으로부터 강제적으로 부과·징수하는 과징금을 말한다.

납세의 의무는 국가가 조세법률주의에 근거한 과세권을 행사하여 국민에게 세금을 납부하도록 하는 의무이다.

2. 납세의 의무의 주체

납세의무는 원칙적으로 국민이나 외국인도 국내에 재산을 가지고 있거나 과세대상의 행위를 하는 경우에는 그 주체가 될 수 있다. 또한 법인도 그 주체가 될 수 있다.

3. 납세의 의무의 내용

납세의 의무는 조세평등주의(제11조)와 조세법률주의(제38조, 제59조)의 원칙에 따라 개인의 재력에 상응하는 공정하고 평등한 과세라야 하고 법률에 의한 과세라야 한다.

조세평등주의는 조세입법뿐 아니라 조세법의 해석·적용에 있어서도 모든 국민에게 평등하게 되도록 하여야 한다는 원칙으로 과세는 응능부담의 원칙에 따라야 한다.

조세법률주의는 의회가 제정한 법률에 의해서만 조세를 부과할 수 있다는 원칙으로, 국민의 재산권 보호와 법적 생활안정을 도모하는 것을 목적으로 하는 것이다. 이는 과세요건법정주의, 과세요건명확주의, 소급과세금지의 원칙 등을 주요내용으로 하며, 조세법의 목적이나 내용이 헌법과 합치할 것이 요구된다.

II. 국방의무

1. 국방의 의무의 의의

국방의 의무는 외부의 적대세력의 침략행위로부터 국가의 독립을 유지하고 영토를 보전하기 위하여 부담하는 국가방위의무이다.

국방의 의무는 적극적으로 현역군인, 예비군, 민방위, 전시근로동원에 참여할 의무를 지며, 소극적으로는 국가의 자의적이고 강제적인 징집으로부터 신체의 자유를 보호하고, 방공, 방첩 및 군작전협력 등의 의무를 진다. 국방의 의무는 타인에 의한 대체적 이행이 불가능하다.

2. 국방의 의무의 주체

헌법 제39조는 "모든 국민은 법률이 정하는 바에 의하여 국방의 의무를 진다"고 국방의 의무를 규정하고 있다. 「병역법」에서 대한민국 국민 중 남성만을 징집 대상으로 하고 있어, 국방의 의무는 대한민국 국민인 남성이 원칙적으로 주체가 된다.

구체적으로 징집대상자의 범위를 결정하는 것은 입법자가 결정할 사항이다. 상황에 따라 방공, 재해예방, 복구 등을 위한 국방의 의무에 협력하고 동참해야 할 경우에는 직접적 병력동원자 이외에도 그 주체가 될 수 있다. 병력의무 형성과 관련해서는 입법자에게 광범위한 입법형성권이 부여되어 있다(헌재 2002헌바45).

> ⚠ **판례** | 징집대상자 범위결정에 입법자의 광범위한 입법형성권 인정 여부 – 헌재 2002.11.28.
> 2002헌바45(합헌)
>
> 국방의 의무는 외부 적대세력의 직·간접적인 침략행위로부터 국가의 독립을 유지하고 영토를 보전하기 위한 의무로서, 현대전이 고도의 과학기술과 정보를 요구하고 국민전체의 협력을 필요로 하는 이른바 총력전인 점에 비추어 ① 단지 병역법에 의하여 군복무에 임하는 등의 직접적인 병력형성의무만을 가리키는 것이 아니라, ② 병역법, 향토예비군설치법, 민방위기본법, 비상대비자원관리법 등에 의한 간접적인 병력형성의무 및 ③ 병력형성 이후 군작전명령에 복종하고 협력하여야 할 의무도 포함하는 개념이다. 일반적으로 국방의무를 부담하는 국민들 중에서 구체적으로 어떤 사람을 국군의 구성원으로 할 것인지 여부를 결정하는 문제는 이른바 '직접적인 병력형성의무'에 관련된 것으로서, ① 원칙적으로 국방의무의 내용을 법률로써 구체적으로 형성할 수 있는 입법자가 국가의 안보상황, 재정능력 등의 여러가지 사정을 고려하여 국가의 독립을 유지하고 영토를 보전함에 필요한 범위내에서 결정할 사항이고, ② 예외적으로 국가의 안위에 관계되는 중대한 교전상태 등의 경우에는 대통령이 헌법 제76조 제2항에 근거하여 법률의 효력을 가지는 긴급명령을 통하여 결정할 수도 있는 사항이라고 보아야 한다.
> 한편, **징집대상자의 범위를 결정하는 문제**는 그 목적이 국가안보와 직결되어 있고, 그 성질상 급변하는 국내외 정세 등에 탄력적으로 대응하면서 '최적의 전투력'을 유지할 수 있도록 합목적적으로 정해야 하는 사항이기 때문에, **본질적으로 입법자 등의 입법형성권이 매우 광범위하게 인정되어야 하는 영역**이다.

3. 국방의 의무의 내용

국방의 의무는 우선 국방에 필요한 병력을 제공하여야 할 의무를 내용으로 한다. 직접적인 병력제공의무는「병역법」에 따른 징집에 응할 의무를 말하며, 징집연령에 달한 자는 누구나 국민개병의 원칙에 의해 병역을 이행해야 한다.

간접적인 병력제공의무는 예비군복무의무, 민방위대소집 응소의무, 전시군수품지원을 위한 노력동원의무 등 기타 국방상 필요한 군사적 조치에 협력할 의무를 의미한다.

국방의 의무는 반드시 법률로써 부과하여야 한다. 즉「병역법」에 의한 병역의무,「전투경찰대설치법」에 의한 대간첩작전 수행 및 시위진압,「예비군법」에 의한 예비군복무의무,「민방위기본법」에 의한 민방위의무 등을 부과하고 있다.

군사적 역무 이외에 재난 대응, 테러 등 안보위기 대응이나 재난 복구 활동, 그리고 재난사태 예방 활동 등 비군사적 활동, 사회복무요원, 예술·체육요원, 공익법무관 등 또한 국방의 의무나 병역의무의 내용에 포함된다.

또한 헌법 제39조 제2항은 "누구든지 병역의무의 이행으로 인하여 불이익한 처우를 받지 아니한다"라고 하여 국방의 의무는 병역의무이행으로 불이익한 처우를 금지하는 것을 내용으로 한다는 것을 규정하고 있다. 여기서의 '불이익한 처우'는 병역의무의 이행 중에 받는 불이익이 아니라 병역의무의 이행으로 입게 되는 불이익을 의미한다(헌재 97헌바3).

> **(!) 판례** | 예비역등에게 현역군인에 준하여 군형법 적용의 헌법 위반 여부 – 헌재 1999.2.25. 97헌바3(합헌)
>
> **병역의무 그 자체를 이행하느라 받는 불이익은 병역의무의 이행으로 인한 불이익한 처우의 금지**(헌법 제39조 제2항)**와는 무관**한 바, **예비역이 병역법에 의하여 병력동원훈련 등을 위하여 소집을 받는 것**은 헌법과 법률에 따른 국방의 의무를 이행하는 것이고, 그 동안 **군형법의 적용을 받는 것 또한** 국방의 의무를 이행하는 중에 범한 군사상의 범죄에 대하여 형벌이라는 제재를 받는 것이므로, 어느 것이나 **헌법 제39조 제1항에 규정된 국방의 의무를 이행하느라 입는 불이익**이라고 할 수는 있을지언정, **병역의무의 이행으로 불이익한 처우를 받는 것이라고는 할 수 없다.**

헌법재판소는 구 변호사법이 군법무관으로 복무한 후 개업하는 경우 병역의무이행으로 불이익처우를 받게 되어 위헌(헌재 89헌가102)으로 보았고, 공무원채용시에 제대군인에게 가산점(각 과목별 득점에 각 과목별 만점의 5% 내지 3% 가산)을 규정한 제대군인가산점제도를 위헌(헌재 98헌마363)으로 보았다. 그러나 예비역의 동원훈련을 위해 소집받는 것이 국방의 의무를 이행하는 것이지 병역의무 이행으로 받는 불이익한 처우를 받는 것은 아니라고 보았다(헌재 2002헌마484).

Ⅲ. 교육을 받게 할 의무

교육을 받게 할 의무란 친권자 또는 그 자녀로 하여금 초등교육과 기타 법률이 정하는 교육을 받게 취학시킬 의무를 말한다. 따라서 국민은 헌법상 초등교육에 대한 의무교육을 받을 권리와 의무를 지니며, 중등교육단계에서는 국회가 판단하여 법률로 구체적으로 규정할 때에 비로소 구체화하는 헌법상 권리를 지닌다고 보고 있다.

국가는 국민이 교육에 필요한 인적·물적 설비를 마련하고 이를 무상으로 제공하며, 필요한 경비를 지원할 의무를 진다. 헌법 제31조 제3항은 초등교육은 의무교육을 받을 헌법상 권리와 의무 그리고 중등교육 이상의 교육은 법률이 정하는 바에 의하여 무상으로 교육을 받을 법률상 권리와 의무를 부여하도록 하고 있다.

Ⅳ. 근로의무

근로의 의무는 노동할 의무를 말하며, 다른 기본적 의무들과 마찬가지로 헌법에 의하여 직접 효력을 갖는 것은 아니며, 그 조건과 내용이 법률로 확정되어야 한다.

근로의 의무에는 대체이행이 허용되어야 하고, 의무불이행에 대한 제재도 간접강제나 금전벌에 그쳐야 하며, 자유형을 부과해서는 안 된다.

Ⅴ. 재산권 행사의 공공복리적합성

헌법 제23조 제2항의 재산권행사의 공공복리적합의무는 재산권을 행사함에 있어서 요구되는 사회적 구속성의 성격에서 나오는 것이다.

재산의 보유자에게는 그 재산권을 공공복리와 조화될 수 있도록 행사하여야 할 기본적 의무를 부과한다. 한편 재산권의 내용과 한계를 규정하는 입법자에게는 재산권에 대한 사회적 요청의 반영을 명한다.

Ⅵ. 환경보전의무

헌법은 제35조에서 국민의 기본권으로서 환경권을 보장하고 동시에 국민에게 환경보전의무를 부과하고 있다.

자연의 개발, 국민 경제적 성장, 인간다운 생활보장을 위한 분배조치 등은 환경보전의 이익과 충돌하는 면이 있다.

따라서 입법자는 환경보전의무의 구체적인 내용과 환경보전의 필요성을 법률로써 확정하여야 한다.

제 4 부
국가권력구조론

01 국가권력구조 서론

기본이해를 위한 질문
1. 국가권력구조의 근본이념이란 무엇인가
2. 국가권력구조의 구성원리란 무엇인가
3. 국민주권주의 원리란 무엇인가
4. 대의제원리란 무엇이며, 현대적 대의제는 어떻게 이루어지는가
5. 권력분립이란 무엇이며, 고전적 권력분립과 현대적 권력분립은 어떻게 이루어지는가
6. 국가권력구조의 제도적 장치란 무엇인가

제1절　국가권력구조의 근본이념

Ⅰ. 국가권력구조 근본이념의 의의

국가권력구조의 근본이념이란 국가권력구조가 지켜야 할 근본이념을 말하며 이는 국민의 기본권을 실현하기 위한 수단적·제도적 장치라고 할 수 있다.

현대 자유민주국가의 권력질서를 단순히 자기목적적 국가관 또는 법치국가와 민주주의원리의 이원적 질서로 이해하는 것은 국민주권주의에 기초한 민주적 정당성을 획득하지 못하고, 기본권과 권력구조를 이념적으로 단절시키게 된다.

또한 입법기능·행정기능·사법기능 상호 간의 이념적·기능적 연관성을 인정하지만, 그 중 어느 기능에 약한 비중을 두는 것은 사회적 공동체 통합의 견지에서는 바람직하지 못하게 된다.

이와 같은 문제를 해결하기 위해서 권력구조에서 지켜야 할 근본이념이 있고, 이러한 근본이념을 실현하기 위한 제도적 장치를 마련하는 것이 중요하다.

Ⅱ. 기본권의 실현

국가권력구조는 기본권의 목적을 실현하기 위해서 존재하는 것이어야 하므로 모든 권력의 행사는 기본권과 필수적인 관련성이 있고, 국가권력구조는 기본권에 기속될 수 있는 제도적 장치가 마련되어야 한다. 한 국가의 권력질서의 가치목표인 국민의 기본권과 유

리된 권력구조수단만을 바라보는 시각은 국민의 기본권 실현의 목적을 상실시키게 될 것이다.

따라서 국가권력구조의 주요 내용인 권력기관의 조직과 권한 분배, 권능행사의 방법과 절차, 권력기관 상호 간의 관계 규율에 있어서 국가권력구조는 기본권이 실현될 수 있도록 하여야 한다.

Ⅲ. 민주적 정당성

현대 민주국가에 있어서 권력구조는 국가권력의 민주적 정당성의 요청을 충족시키는 것으로, 국민적 합의에 그 바탕을 두어야 한다. 권력구조의 창설은 물론 국가권력의 행사 기능도 이러한 국민적 합의에 근거해야 한다.

따라서 이러한 민주적 정당성을 확보하기 위해서 권력기구의 창설과 권력구조 행사의 확보를 뒷받침해 줄 수 있는 제도적 장치가 마련되어야 한다.

Ⅳ. 절차적 정당성

현대 민주국가의 권력구조는 마땅히 법치주의적 요청을 충족시키고, 법치주의적 요청과 조화를 이루어야 한다. 또한 권력이 남용되거나 악용되지 않도록 국가권력에 대한 합리적이고 효율적인 통제수단을 마련함으로써 민주적인 절차적 정당성을 갖도록 하여야 한다.

국가권력은 현실적으로 남용되거나 악용될 가능성이 항상 존재하므로 이를 막기 위한 제도적인 장치가 마련되어야 한다.

즉, 국가기관의 권력을 분산하고 권력간 견제장치를 마련함으로써 권력 상호 간에 균형과 견제를 통한 권력통제로 절차적 정당성이 보장되도록 하여야 한다.

제2절 국가권력구조의 구성원리

제1항 국민주권주의

Ⅰ. 국민주권주의의 의의

현대 민주국가의 헌법은 민주주의의 바탕을 이루는 국민주권주의를 헌법의 기본원리로 채택하고 있다. 주권이 국민에게 있다는 국민주권주의는 모든 국가권력은 국민으로부터 나온다는 것을 선언하는 것으로 이는 국가권력이 국민을 통해서만이 민주적 정당성을 가질 수 있다는 것을 의미하는 것이다.

따라서 국민주권주의는 국가권력을 형성하고 국가의 권력질서를 지배하는 기반이 되는 권력구조의 구성원리라 할 수 있다.

II. 국민주권과 인민주권

고전적 헌법학에서 주권이론은 국민(Nation)주권론과 인민(Peuple)주권론의 대립의 역사라고 할 만큼 두 이론은 주권이론의 중요한 부분을 차지해왔다. 두 주권론의 이론적 대립을 살펴보면 다음과 같다.

ⅰ) 국민주권론에 있어서 ① 주권의 주체는 하나의 통일체로서의 전체국민이며, ② 이 전체로서의 국민이 선출한 대표자에 의한 통치를 의미하는 대의제의 원리를 이상으로 한다. ③ 대표자의 선출에는 최량의 대표를 선출하기 위해 선거권을 교양과 재산을 가진 자에게만 허용하는 제한선거제를 채택할 수 있다. ④ 대의제원리의 필연적 결과로 주권의 주체와 주권의 행사자가 분리되며, ⑤ 당선된 대표자는 단순히 선거구민의 대표가 아니라 전체국민을 대표하므로 선출한 국민의 지시나 명령에 구속되지 않는 무기속위임을 그 본질로 한다.

ⅱ) 이에 대하여 Peuple주권론에 있어서 ① 주권의 주체는 현실적이며 구체적인 개개의 집단인 유권적 시민의 총체를 의미하며, ② 이는 인민 자신이 직접 통치하는 직접민주제를 이상으로 하며, ③ 직접민주제의 결과로 주권의 주체와 주권의 행사자가 대체로 일치하게 된다. ④ 여기서 제한선거는 주권적 인민의 주권을 제한하는 것으로 용납될 수 없으며 보통선거를 채택하며, ⑤ 인민의 대표는 그를 대표로 선출한 주권자의 지시와 통제에 따르는 기속위임을 그 본질로 한다.

III. 국민주권의 실질적 요청

주권자인 국민이 직접 모든 국가권력을 행사하는 것이 가장 이상적인 것이나 오늘날의 현실적인 상황에서 이는 불가능한 일이다. 이러한 현실에 의해 국민이 직접 선출한 대표로 하여금 국정을 담당하게 하는 대의민주주의가 정착되었다.

제한선거가 아닌 보통선거가 자리잡게 되고 대의제의 문제점을 보완하고자 직접민주제의 원리를 도입하는 소위 반대표의 원리가 헌법에 채택되고 있다.

제2항 대의제원리

I. 대의제의 의의

대의제(Representative System)란 주권자인 국민이 직접 국가의사를 결정하는 것이 아니라 대표자를 선출하여 그 대표가 국가의사를 결정하게 하는 국가권력구조의 구성원리이다.

이는 대표의 의사를 국민의 의사로 간주하여 대표의 의사 또는 행위의 효과를 국민에게 귀속시키는 것으로 대표민주제, 대의민주제, 간접민주제, 국민대표제, 의회민주제라고도 불린다.

II. 대의제의 연혁과 전개

12, 13세기경 유럽에서는 상업자본을 바탕으로 성장한 시민계급이 재정적으로 국왕에게 협조하여 발언권이 강화되면서 귀족·승려와 함께 국왕의 과세권 동의 등에 참여함으로써 신분제의회가 성립되었다.

1. 영 국

15, 16세기경 절대왕정이 수립되면서 신분제의회는 유명무실해졌으나 영국만은 시민의 대표가 참여한 의회가 왕과의 지속적인 권력투쟁에서 승리함으로써 의원내각제의 기틀을 마련하게 되었다. 그러나 영국에서 근대적 의미의 대표개념의 정립은 18세기에 와서라고 할 수 있다. 18세기에 영국에서 의원은 선거구민이 아닌 전체국민의 이익을 대표한다는 대의제의 원리가 버크(E. Burke, 1727~1797)와 블랙스톤(W. Blackston, 1723~1780)의 시대에 확립되었다.

2. 프랑스

프랑스에서의 대표개념은 프랑스대혁명과 함께 확립되었다. 1789년 혁명 이전에 루소(J. J. Rousseau)는 '총의론'에서 경험적 국민의사와 잠재적(추정적)의사의 일치를 주장하면서 민주주의는 직접민주정치에 의하여 구현된다고 강조하였다.

이에 대하여 몽테스키외(C. Montesquieu, 1689~1755)는 대표민주제의 장점을 열거하면서 대의제를 강조하였고 혁명의 지도자들은 루소의 견해를 배척하고 몽테스키외의 이론을 받아들여 대표민주제를 택하였다.

또한 강제위임의 폐지와 관련하여 시에예스(E.J. Siéyès)는 근대적 의미에 있어서의 국민대표 개념을 확립시켰다. 그는 "경험적인 국민의사로부터 완전히 독립된 대의기관의 의

사만이 진정한 국민의 이익을 대변할 수 있다"라고 하여 대의제(국민대표)의 사상적 기초를 확립하였다.

3. 독 일

독일은 대의제사상보다는 군주에 의한 직접적 통치를 이상으로 여겼으며, 오히려 대의제 사상은 극히 낯선 제도였다. 1919년 바이마르헌법이 제정된 이후에도 직접민주제가 강조되어 국민의사와 의회결정이 불일치하는 경우 의회는 해산되어야 하며 진정한 국민의 대표기관은 대통령이라고 보았다.

그러나 바이마르헌법시대의 왜곡된 역사를 경험한 후 1949년 본(Bonn)기본법은 철저한 대의제를 강조하고, 이를 채택하였다.

Ⅲ. 대의제의 본질과 기능

1. 대의제의 본질

대의제는 통치자와 주권자를 구별하여 대표자의 정책결정권과 국민의 국가기관 구성권의 분리를 전제로 한다.

이는 로크(J. Locke)에 의하여 정립된 신임사상에 근거한 자유위임관계를 바탕으로 국가의사와 국민의사가 일치하지 않을 수 있음을 전제로 출발하였다. 따라서 대의관계의 본질은 대의기관의 의사결정이 국민의 의사로 추정되는 것일 뿐이며 대의기관의 의사결정과 국민의 의사와의 완전한 일치를 추구하는 것은 아니다.

2. 대의제의 기능

대의제는 국민에 의하여 선출된 대표자가 국민을 대신하여 국가의사를 결정한다는 대의기능과 대표자는 합의의 과정을 거쳐 국가의사를 결정한다는 합의기능이 있다.

또한 대의제는 대표선출을 위한 선거가 필수적인 제도이므로 민주적인 선거제도를 발전시키고, 통치기관의 민주적 구성과 책임정치를 구현하는 데 기여한다.

그리고 대의제의 합의기능은 민주화를 필요로 하므로 공개정치를 실현할 수 있으며 사회통합을 촉진시키는 기능을 한다.

Ⅳ. 대의제의 법적 성격

대의제에 있어서 '국민과 대표기관의 관계는 어떠한 성질을 갖는가'라는 것에 대하여는 견해가 나뉜다.

1. 법적 위임관계설(위임대표설)

이는 주권 내지 입법권은 국민에게만 있고 일반국민이 그 권한을 의회에 위임하여 의회로 하여금 간접적으로 입법권을 행사하게 되므로 의회는 국민의 위임에 의한 국민의 법적 대표기관이라고 한다.

여기서 위임이란 강제위임이 아니라 대표위임이고, 국민의 일반의사를 표명하는 일반위임이며, 개별적 위임이 아니라 집단적 위임이라고 한다. 이 견해는 국민주권을 기초로 한 영국·프랑스의 자연법론자들이 주장하였다.

2. 법정대표관계설(법적효과설)

이는 법적으로 의회의 의사가 국민의 의사로 간주되므로 국민과 의회 간에는 법정대표관계가 존재한다는 견해이다.

이를 주장하는 옐리네크(G. Jellinek)에 의하면 국민은 선거를 통해 의회를 조직하는 제1차적 국가기관이고, 의회는 국민의 의사를 대표하는 제2차적 국가기관이므로 국민과 의회는 법적으로 하나의 통일체를 형성하게 되어 대표기관의 의사가 국민의 의사로 간주된다고 한다. 그리고 국민이 의원을 선거하는 것은 국민과 의회 간에 기관관계라고 하는 계속적인 법률관계가 존재하며, 이것은 성질상 오직 법률관계로서만 성립할 수 있다고 한다.

3. 헌법적 대표설

헌법 제1조 제2항에서 "모든 권력은 국민으로부터 나온다"라고 규정하고 있으므로 국민대표기관의 권리는 국민의 위임행위에서가 아니라 헌법에서 직접 나오는 것이라고 하는 견해이다.

국민대표의 성립에는 법적 개념으로서의 국민의 존재를 전제로 하고 있으며, 대표하는 국민대표기관과 대표되는 국민과의 사이에는 어떠한 위임관계도 존재하지 않는다고 한다.

4. 정치적 대표설

국민과 의원 또는 그 밖의 공무원 간에는 명령적 위임관계도, 사법적 대리관계도 존재하지 않으므로, 의원은 국민전체의 이익을 위해 활동해야 하고 다만 정치적·도의적 책임을 질 뿐이라는 견해이다. 라반트(Laband), 켈젠(Kelsen) 등이 이를 주장하였다.

5. 기 타

그밖에도 의원은 선거구·정당·이익단체 등의 대변자로서 사회적 대표에 불과하다는 사회적 대표설, 의회는 국민의 대의적 대표로서 대의적인 대표기관에 불과하다는 대의적 대표설, 국민의 보편적 의사는 정당에 의하여 형성되며 의원은 정당에 소속되어 그 의사에 기속받는 정당의 대표라는 정당대표설, 국회는 법률상 국가기관 중의 하나로서 국민은 의원을 선거하는 것 이외에는 의회와 무관하며 의회는 전국민을 대표하지도 않는다는 무관계설 등이 있다.

6. 검 토

헌법 제1조 제2항은 국민주권원리와 대의제의 원리를 선언하고 있으므로 국회의원, 대통령 등이 국민의 대의기관임은 사실이다.

그러나 국민과 대표자간에는 명령적 위임관계가 존재하지 않으며 어떠한 법적 대표관계도 존재하지 않는다. 국민은 자신이 선출한 대표가 국민의 의사에 반하는 정책을 결정하더라도 의원은 국민에 대하여 법적 책임을 지지 않으며 다만 차기 선거에서 판단을 받는 정치적 책임을 질 뿐이다.

다수설과 판례도 국민과 대표관계는 정치적 대표관계에 있다는 입장이다.

V. 현대적 대의제

1. 대의제의 위기상황

1) 국민의 정치에 대한 무관심

오늘날 이익단체와 압력단체의 영향력이 증대되고 압력단체나 로비스트의 역할이 강화됨에 따라 엘리트에 의한 전문정치는 타락현상이 심화되었다. 또한 대중사회화는 국민의 정치에 대한 무관심과 판단력이 부재하는 현상을 가져왔다.

2) 정당국가화 경향

오늘날 정당정치의 발달로 인해 의원이 정당에 예속되는 경향이 커졌다. 따라서 의원은 국민의 대표라기보다는 소속당의 의사에 따르는 정당의 예속인에 불과하게 되었다.

3) 의회의 전문성 한계

오늘날 행정국가화 경향은 국가의 임무를 증대시키고 확대된 국가임무를 능률적으로 수행하기 위하여 전문화에 따른 위임입법이 증대된 반면 상대적으로 의회의 역할이 축소되었다. 또한 입법보조자의 부족과 의원의 전문지식의 부족은 의회의 전문성의 한계요인으로 작용되었다.

4) 대의기관의 관료화

관료조직이 비대화되는 대의기관의 관료화 경향으로 의회의 운영방식과 의사절차에 있어서의 비효율성을 가져오고 토론의 정치가 부재하는 대의제도의 전제화가 행해지게 되었다.

2. 대의제 위기의 극복

ⅰ) 대의제 자체의 한계를 극복하기 위해서는 ① 순수한 대의제의 원리에 직접민주제적 요소를 보완하여 대의제 본래 기능을 활성화시켜야 한다. ② 주권자인 국민의 의사를 국정에 반영하고, ③ 의회운영을 공개하며 언론·보도의 자유를 확충하여 국민의 감시와 비판이 가능하도록 하여야 한다.

ⅱ) 대의기관의 문제점을 극복하기 위해서는 ① 국회를 구성할 때에 전문성을 제고하고, ② 유능한 인재의 선발을 위하여 선거공영제를 채택하고, ③ 국민이 지지한 당의원이 의석을 차지하는 비례대표의석을 확대한다. ④ 그리고 의회에서 의사운영을 합리화하고 공개토론을 활성화하는 등 의정활동에 있어서 효율성을 제고하여야 한다.

ⅲ) 정당의 문제점을 극복하기 위하여 ① 의원이 정당 예속인이 아닌 전체국민의 이익을 강조하고 ② 정당의 당내 민주화를 실현하고, ③ 정당이 국민의 의사를 국정에 정확하게 반영하도록 한다. ④ 또한 정당 간의 합의제기능을 강화시켜 정당에 의한 독재를 방지한다.

ⅳ) 국민에 대한 문제점을 극복하기 위해 ① 국민의 정치의식을 함양하고 국민의 알권리를 충족시켜 국민으로 하여금 정치에 관심을 갖게 하고, ② 국민이 지속적인 대의기관의 감시자·비판자로서 역할을 하게 한다.

3. 현대형 대의제

국민이 직접 국가의사나 정책결정에 참여하는 직접민주제 방식이 가장 이상적이고 바람직하다. 그러나 현대국가에서 여러 가지 현실적 이유는 대의제 방식을 채택하지 않을 수 없다.

현대의 대의제는 국민주권의 이념을 존중하고 현대 대중사회가 안고 있는 민주정치의 장애요인들을 극복하기 위한 것으로서 대표자의 의사와 국민의 의사 간에 합치를 요구하고 있다.

현대국가에서의 선거제도는 대표자 개인에 대한 투표보다는 정당에 대한 신임투표적 성격이 강한 것으로 정당도 국민의 경험적 의사에 합치되지 않으면 국민의 지지를 얻을 수 없다. 국민의 경험적 의사를 최대한도로 국정에 반영하려는 것이 현대적 대의제이다. 이를 준대의제 또는 반대표제라 한다.

현대의 대부분의 국가는 대의제를 원칙으로 하면서도 직접민주제를 보완적으로 도입하고 있고, 이러한 국민의 의사를 국정에 반영하는 것은 고전적 대의제도를 보완 또는 개선하는 수단이 된다.

VI. 한국헌법과 대의제

1. 대의제의 원칙

헌법은 국민이 대표자로 선출한 국회·대통령 등을 통하여 주권자로서의 의사를 간접적으로 실현하는 간접민주적 대의제를 원칙으로 하고 있다.

이러한 대의제를 위해서 국민에게는 선거권(제24조)과 공무담임권(제25조)이 보장되어 있다.

2. 헌법의 직접민주제

현행헌법은 대의제를 중심으로 하고 예외적으로 직접민주제를 채택하고 있다.

헌법개정안에 대한 국민투표제와 대통령이 부의한 국가안위에 관한 중요정책에 대해 국민투표제를 채택하여 대의제 원리를 보완하고 있다.

그밖에도 국회의원의 자유위임원칙에 입각한 국가이익우선, 현대적인 국민정당의 정립을 위한 정당조항을 두고 있다.

또한 「지방자치법」은 주민에게 과도한 부담을 주거나 중대한 영향을 미치는 지방자치단체의 주요 결정사항 등에 대해 주민이 직접 참여하는 주민투표제 등을 규정하고(법 제14조), 지방선거에서 지방의회의원과 지방자치단체장을 직접 선출할 수 있다(법 제13조 제2항).

제3항 권력분립원리

I. 권력분립원리의 의의와 본질

1. 권력분립원리의 의의

권력분립(Separation of Powers)이란 국민의 자유와 권리를 보장하기 위하여 국가권력을 분할하고 이들 권력을 각각 분할된 국가기관에 분산시킴으로써 권력상호 간에 억제와 균형(Checks and Balances)을 유지되도록 하는 국가권력기관의 구성원리이다.

이는 군주의 절대권력을 해체하는 과정에서 유용한 원리였으며, 그 후 의회 등 대의기관의 독재를 방지할 수 있는 원리로 인식되었다.

> **판례** | 권력분립의 원칙 - 헌재 2005.12.22. 2005헌바50(합헌)
>
> **우리 헌법은 국가의 기능을 입법·사법·행정으로 분립하여 상호간의 견제와 균형을 이루게 하는 권력분립제도를 채택**하여 입법권은 국회에(헌법 제40조), 사법권은 법관으로 구성된 법원(헌법 제101조)에 속하도록 하고 있는바, 입법부와 사법부의 관계에 있어서는 권력 상호간의 견제와 균형을 위하여 헌법이 명시적으로 규정한 예외를 제외하고는 원칙적으로 입법부에게 사법작용을 수행할 권한을 부여하지 않고 있고 사법작용의 영역을 침범하지 못하게 하고 있으나, **입법부와 행정부의 관계에서는 기본적으로 입법부가 제정한 법률에 따라 행정부가 그 집행을 하도록 함으로써 입법부에 의한 행정권력의 통제가 이루어지도록 하는 것이 권력분립의 원리에 오히려 부합하는 것**이다.

2. 권력분립원리의 본질

권력분립원리는 권력의 합리적 배분을 통한 기관 상호 간의 권력억제를 통한 국민의 자유를 보장하기 위한 자유주의적 원리이다.

또한 권력기관의 견제와 균형을 확보하여 권력의 집중과 남용 및 전제성을 방지하기 위한 소극적 권리이자 자유보장을 위한 수단적 원리이다.

따라서 권력분립의 원리는 국가 각 기관의 분리 외에 겸직의 금지, 장기집권의 배제 또한 그 내용으로 한다.

> **판례** | 권력분립과 공직자의 정치적 중립성 보장 – 헌재 1995.5.25. 91헌마67(한정위헌, 기각)
>
> **겸직금지의 입법취지는 법률의 집행이나 적용을 담당하는 공직자가 동시에 법률의 제정에 관여하는 현상**, 즉 집행공직자가 의원겸직을 통하여 행정의 통제자가 되어 자신을 스스로 통제하는 것을 허용하지 않고 이로써 이해충돌의 위험성**을 방지하자는 것**으로서, **입법과 행정간의 권력분립이라는 헌법상의 원칙을 유지하고 실현**시키는데 있고, **공직자의 정치적 중립성을 그 전제조건으로** 하고 있는바, 이러한 **겸직금지의 필요성은 지방의회의원의 경우에도 마찬가지로 인정**된다. 즉, 지방행정기관 소속의 공무원 또는 정부투자기관의 경영에 관한 결정이나 그 집행에 상당한 영향력을 행사할 수 있는 자가 동시에 지방의회의원이라면, 지방의회의원직에 터잡아 지방행정기관이나 정부투자기관을 통제하는 입법기관의 구성과 의사형성에 결정적인 영향을 미치고 지방의회에서 그들의 의결권을 지방행정기관이나 정부투자기관의 부당한 이익을 위하여 행사할 가능성이 있으며, 의원직을 위와 같이 수행하는 것은 결국 지방자치단체와 그 주민들의 이익에 반하고 권력분립의 원칙에도 배치된다. 그러므로, **이러한 위험성을 배제하기 위해서 입법권자는 입후보 제한 및 겸직금지의 규정을 마련하여 이러한 지위에 있는 자들의 공무담임권을 사실상 배제할 수 있는 것**이다.

II. 고전적 권력분립론

1. 고전적 권력분립론의 전개

근대적 의미의 권력분립론은 로크(Locke)와 몽테스키외(Montesquieu)에 의해 이론적으로 체계화되었다.

권력분립론의 유형으로는 로크의 입법·행정의 2권분립론과 몽테스키외의 입법·사법·행정의 3권분립론, 입법·통치·행정·사법의 4권분립론, 입법·행정·사법·고시·감찰의 5권분립론 등이 있지만, 로크의 2권분립론과 몽테스키외의 3권분립론이 대표적이다.

1) 로크의 2권분립론

로크는 위임계약사상에 바탕을 둔 국민주권의 원리에 따라 「시민정부론」(Two Treatises on Civil Government, 1690)에서 권력분립론을 주장하였다.

그는 국가의 최고권력은 국민에게 있다는 것을 전제로, 그 최고권력 아래에 입법권(legistlative Power)이 있고, 입법권 아래에 집행권(executive Power)과 연합권(동맹권, federative Power)이 있어야 한다고 주장하였다. 입법권은 국민의 생명·자유·재산보호를 위한 법률제정권을 말하고, 집행권은 법률집행권을 말하며, 연합권(동맹권)은 전쟁·강화·동맹·외국과의 교섭 등 외교권으로 집행권과 동일한 위치에 있는 것으로 보고 있다.

또한 입법권의 집행권에 대한 우월성을 강조하면서 입법권과 집행권을 한 사람이 장악하는 것은 자신이 제정한 법률을 자의적으로 집행할 우려가 있으므로 입법부와 집행부는 분리되어야 한다고 하고, 집행권과 연합권은 동일인의 수중에 두는 것을 강조하였다.

로크는 입법권 우위적 권력분립론으로서 권력의 분리는 인식하였으나 권력의 균형에 의한 권력통제라는 권력분립의 본질에는 미흡하고 사법권에 관한 언급도 없다.

이러한 의회우위적 원리는 의회주권사상을 바탕으로 한 영국의 의원내각제 성립에 이론적 기초를 제공하였다.

2) 몽테스키외의 3권분립론

몽테스키외는 「법의 정신」(1748)에서 개인적 자유를 보장하고 정부의 횡포를 억제하기 위한 수단적 원리로서 권력분립론을 전개하였다.

몽테스키외는 모든 국가에는 입법권, 국제법에 속하는 사항의 집행권, 시민법에 속하는 사항의 집행권의 3가지 권력이 있다고 보았다. 군주나 집정관은 법률을 제정·개정·개폐하고(입법권), 국제사항집행권에 의거해 전쟁을 개시·강화하고 대사를 파견·접수하며 치안을 확보하고 침략에 대비하며(국제법적 집행권), 시민사항집행권에 의거하여 범죄를 처벌하고, 개인 간의 쟁송을 재판한다(시민법적 집행권)고 하였다.

자유국가에서 입법권은 국민을 대표하는 의회가 행사하고, 집행은 신속한 처리를 요하므로 집행권은 한사람에게 부여하는 것이 합리적이며, 사법권은 비상설 법정에서 국민에 의하여 선발된 자가 행사하는 것이 바람직하다고 하였다.

몽테스키외는 3권의 분리에 관하여 동일한 사람이나 집단이 두 권력 또는 세 권력을 장악하게 되면 압제자가 될 것이므로, 시민의 생명과 자유를 확보하기 위해서는 이들 권력이 서로 분리되지 않으면 안 된다고 하면서 권력 상호 간의 억제와 균형이 이상적이라고 하여 고전적 권력분립이론을 완성하였다.

이러한 억제와 균형적 원리는 미국의 헌법제정에 영향을 미쳐 엄격한 3권분립에 의한 미국식 대통령제 발전에 초석이 되었다.

2. 고전적 권력분립론의 위기

1) 고전적 권력분립론에 대한 기대와 회의

입헌주의시대인 19세기 당시 자유주의적 권력구조의 구성원리인 권력분립제가 권력의 집중과 권력의 남용에 대한 충분한 억제를 가능하게 할 것으로 기대하였다.

그러나 20세기가 되면서 권력분립제의 배경이 된 개인주의와 자유주의는 점차 퇴조하기 시작하였고, 이와 함께 입헌주의와 의회제민주주의도 위기를 맞게 되었다. 이러한 위기는 권력분립론의 동요를 가져왔고 고전적 권력분립론은 변질되지 않을 수 없게 되었다.

2) 고전적 권력분립론의 위기

20세기에 들어 개인주의와 자유주의의 모순과 결함이 노정되고, 현대국가가 당면한 위기상황의 극복을 위해 강력한 집행부가 요구되었고, 이와 함께 고전적 엄격분립론은 위기를 맞게 되었다.

그 주요한 원인으로 ① 자유주의와 개인주의의 퇴조와 사회국가의 요청에 의한 국가의 급부국가적 기능의 확대, ② 국가적 과제와 기능의 확대 및 그에 따르는 행정입법의 증대와 처분적 법률의 출현, ③ 군사독재·개발독재 등 현대적 독재제로부터의 도전, ④ 정당정치의 확립으로 말미암은 권력의 통합, ⑤ 헌법재판제도의 강화로 인한 사법국가화 경향, ⑥ 비상사태의 항상화와 그에 따르는 방위기구의 확대·강화, ⑦ 사회구조와 사회기능의 변화로 인한 각종 사회적 이익단체의 출현과 그 정치적 영향 증가 등을 들 수 있다.

Ⅲ. 현대적 권력분립론

1. 권력분립론의 변용

고전적 권력분립론은 오늘날에 와서 입법부우위의 입법국가, 사법부우위의 사법국가, 집행부우위의 행정국가로 변질되고 있다.

변화된 현대적 상황에 대응하기 위해서는 권력의 집중과 통합이 어느 정도 불가피하나 권력분립제는 여전히 중요한 역할을 하게 되고 다만 권력분립의 장치를 합리적으로 재구성하는 것이 필요하게 되었다.

따라서 고전적 권력분립을 전제로 하여 국가기능의 상호 공화와 협력을 도모하는 것이 필요하다. 또한 권력간의 대립적인 권력제한을 유동적이고 목적지향적 기능의 기관간 협동적인 통제관계로 이해하는 기능적 권력분립론으로 재구성하는 것이 필요하다.

2. 기능적 권력분립론

1) 뢰벤슈타인의 동태적 권력분립론

뢰벤슈타인(K. Löwenstein)은 헌법을 국가권력과정을 통제하는 기본도구라고 하고 국가권력의 분립은 국가기능의 분배를 의미하므로 국가권력의 분립이라는 개념 대신 국가기능의 분할이라는 개념을 사용해야 한다고 한다.

그는 국가기능의 동태적인 측면을 중시하여 ⅰ) 정책결정(policy determination: 국가적 공동체가 당면하고 있는 기본적인 정치적 선택인 정치체제나 정부형태의 결정, 다양한 이해관계와 이데올로기의 조정, 대외관계에 관한 기본적 사항의 결정 기능), ⅱ) 정책집행(policy execution: 결정된 정치적 기본사항을 구체적으로 집행하는 기능), ⅲ) 정책통제(policy control: 집행부를 포함한 모든 권력담당자의 공권력을 억제하고 한정하는 기능)로 3분하여 이중 정책통제기능을 핵심적 국가기능으로 이해한다. 정책통제는 수직적 통제와 수평적 통제로 구분하며 이는 각각 기관 간 통제와 기관 내부의 통제로 구별한다.

① 수직적 통제에는 연방제(중앙정부와 지방정부 간 통제), 지방자치제(중앙정부와 지방자치단체 간 통제), 직업공무원제(상급기관과 하급기관 간의 기관 내부의 통제), 복수정당제(여당과 야당 간의 통제), 국가와 사회의 이원론(이익집단이나 여론에 의한 정부통제) 등이 해당된다.

② 수평적 통제에는 기관 간 통제로서 정부와 의회 간의 통제(의회의 내각불신임권, 내각의 의회해산권, 대통령의 법률안거부권 등), 정부와 의회에 대한 사법부의 통제(규범통제 등), 정부와 의회에 대한 선거민(국가기관으로서 국민)의 통제 등이 있으며, 기관 내부의 통제로서 의회의 양원제(상원과 하원 간의 통제), 집행부 내의 부서제도, 국무회의의 심의 등이 있다.

이 견해는 권력통제를 국가기능에 대한 통제로 파악하고 헌법 전체를 권력통제의 관점에서 보았다는 긍정적인 점이 있지만, 여전히 형식적 권력분립이 적합성을 갖고 있다는 점에서 비판이 제기되기도 한다.

2) 캐기의 포괄적 권력분립론

캐기(W. Kägi)는 국가기능을 중시하는 다원주의적 입장에서 자유질서의 실현을 위해서 단순한 권력의 분립보다는 권력의 분립과 통합을 주장하였다.

권력분립유형으로서는 헌법제정·개정권과 일반입법권의 이원화, 입법부의 양원제, 집행부 내부에서의 권력분립, 공권력담당자의 임기의 한정, 복수정당제의 확립과 여야 간의 견제, 연방제와 지방자치제에 의한 수직적 권력분립, 국가와 교회의 이원화, 민간세력과 군사권력의 분리 등 이른바 포괄적 권력분립론을 제창하였다.

3) 오리우의 권력분립론

오리우(M. Hauriou)는 고전적 권력분립을 기초로 권력상호 간의 균형을 통한 협동을 강조하고 권력상호 간의 균형을 위해서는 권력 간의 위계질서가 인정되어야 한다고 보았다.

집행권을 최고권력으로 하고 심의권(입법권)과 투표권의 순으로 그 지위가 계층적으로 인정되며, 다만 사법권은 정치기능이 없으므로 권력분립요소에서 배제하고 국민의 투표권을 그 요소로서의 계층적 권력분립이론으로서 이해한다.

4) 헤세의 권력분립론

헤세(K. Hesse)는 권력분립원칙을 국가권력의 '창설의 원리', '협동의 원리', '균형의 원리'로 이해하였다.

연방제와 관련하여 수직적 권력통제뿐만 아니라 연방정부·연방의회와 연방참사원(주 대표로 구성되는 상원) 간의 수평적 권력통제를 중요시한다.

Ⅳ. 권력분립제의 유형

1. 입법부와 행정부의 관계를 기준으로 한 분류

① 이에는 입법부와 행정부의 분립이 비교적 엄격한 분립형(미연방헌법, 1791년의 프랑스 헌법)과 ② 입법부와 행정부간에 일정한 한도 내에서 상호 협조하고 공화관계를 유지하는 권력융화의 원리가 적용되는 균형형(의원내각제)이 있다. ③ 또한 입법부와 행정부 간의 실질적 권력분립이 이루어지지 않은 형태로서 행정권이 입법부에 종속하는 의회우위형(프랑스 국민공회제, 스위스 의회정부제)과 ④ 국가원수가 입법부와 행정부를 장악하여 입법부는 단순한 협찬기관적 지위를 갖는 행정부우위형이 있다.

2. 입법부와 사법부의 관계를 기준으로 한 분류

① 이에는 사법부의 위헌법률심사가 인정되지 않는 입법부우위형(영국)과 ② 사법부가 법률의 위헌 여부를 심사하고 위헌으로 판단되면 그 법률 자체를 무효화하는, 추상적 규범통제가 가능한 사법부우위형(독일, 이탈리아, 오스트리아 등), ③ 그리고 사법부가 법률의 위헌 여부를 심사할 수는 있으나, 이것이 구체적인 사건에 적용되는 데 그치는, 구체적 규범통제만 가능한 균형형(미국, 한국)이 있다.

Ⅴ. 한국헌법과 권력분립의 원리

1. 역대 헌법사상 권력분립제

역대헌법은 예외 없이 권력분립제를 규정하였으나 권력분립의 정도와 내용은 상이하다.

제헌헌법은 비교적 행정부우위의 권력분립제를, 1960년의 제2공화국헌법은 비교적 균형형의 권력분립제를, 1962년의 제3공화국헌법은 집행부우위의 권력분립제를, 1972년 헌법과 1980년 헌법은 행정부의 절대적 우위를 내용으로 하는 권력분립제를 채택하였다.

2. 현행헌법상 권력분립제

1) 권력의 분할

(1) 수평적 권력분할

수평적 권력분할은 입법권은 국회(제40조)에, 집행권은 대통령을 수반으로 하는 정부에 (제66조 제4항), 사법권은 법관으로 구성된 법원에 속한다(제101조)는 규정과 국회의원과 대통령의 겸직금지규정(제42조, 제83조) 등에 의해 실현되고 있다.

(2) 수직적 권력분할

수직적 권력분할은 ① 구조적 측면에서는 지방자치제의 채택과 기관 내부에서의 관할권 배분이 보장되고, ② 시간적 측면에서는 국회의원의 임기는 4년으로, 대통령의 임기는 5년으로, 대법원장·헌법재판소장·대법관·헌법재판소 재판관·중앙선거관리위원회위원의 임기는 6년으로 하고 있다.

2) 견제와 균형

(1) 기구 구성면에서 대법원장·헌법재판소장·대법관·국무총리·감사원장의 임명 시 국회의 동의를 얻게 하고, 헌법재판소와 중앙선거관리위원회의 구성을 국회·대통령·대법원장이 합동으로 하게 하며, 정부조직법, 헌법재판소 및 법원의 설치 조직에 관한 법률을 국회로 하여금 제정하도록 함으로써 권력상호 간의 억제와 균형을 실현하려고 하고 있다.

(2) 기능면에서 국회의 국무총리 등에 대한 국회에의 출석·답변요구 및 질문권, 국회에 의한 정부 및 법원의 예산심의제, 정부의 재정행위에 대한 의결권 행사, 그리고 대통령(정부)의 임시국회 소집요구권, 법률공포권, 국회예산안의 편성제출권, 대통령·국무총리 등의 국회에서의 의견표시권, 정부의 행정입법권, 대통령의 사면·감형·복권에 관한 권한 등을 통해서 권력상호간의 억제와 균형을 실현하려고 하고 있다.

(3) 제도면에서 헌법개정 시의 국민투표제, 복수정당제, 직업공무원제, 국군의 정치적 중립성, 헌법재판제도, 선거공영제, 지방자치제 등을 통하여 권력상호 간의 억제와 균형을 실현하려고 하고 있다.

3) 공화와 협조

(1) 행정부와 입법부

헌법은 대법원장·헌법재판소장·국무총리·감사원장은 국회의 사전동의를 얻어 대통령이 임명하도록 하고, 대통령이 선전포고나 조약의 체결 등 외교행위 시 국회의 동의를 얻도록 하고 있다. 대통령의 사면·감형·복권 등 사면권행사에 있어서 국회의 동의를 얻도록 하고, 예산안이나 그 밖의 재정행위를 할 경우에도 정부가 편성하고 국회가 심의·확정하거나 또는 동의하게 한다.

그리고 국회가 법률제정 시 심의의결은 국회가 하고 공포는 대통령이 하도록 하여 행정부와 입법부간의 공화와 협조를 꾀하고 있다.

(2) 행정부와 헌법재판소

위헌정당을 해산할 경우에 정부가 제소하고 헌법재판소가 이를 심판하도록 규정하고 있다.

(3) 입법부·행정부·사법부

헌법재판소와 중앙선거관리위원회를 구성할 경우, 대통령이 3인 임명, 국회가 3인 선출, 대법원장이 3인 지명하게 하고, 대법관을 임명하는 경우에 대법원장의 제청으로 국회의 동의를 얻어 대통령이 임명하도록 하고 있다.

(4) 법원과 헌법재판소

법률의 위헌 여부가 문제가 되는 경우에 법원이 제청하고 헌법재판소가 그 위헌 여부를 판단하도록 하고 있다.

4) 권력의 통제

① 국회는 대통령과 정부를 국무총리·국무위원의 해임건의, 대통령 기타 고위직 공무원에 대한 탄핵소추, 국정감사·조사, 선전포고 등 외교행위에 대한 동의, 긴급명령·긴급재정경제처분·명령에 대한 승인, 계엄해제요구, 대통령이 제안한 헌법개정안의 의결, 대통령의 일반사면에 대한 동의 등에 의해 통제할 수 있다.

② 또한 국회는 법원을 법관에 대한 탄핵소추, 국정감사·조사 등을 통하여 통제할 수 있다. 그리고 대통령은 국회를 법률안의 거부, 국가안위에 관한 중요정책의 국민투표회부 등을 통하여 통제할 수 있다.

③ 법원은 국회·정부·헌법재판소를 명령·규칙 처분의 위헌·위법심사를 통해 통제할

수 있다.

④ 헌법재판소는 국회·대통령·정부·법원을 위헌법률심판, 권한쟁의심판, 탄핵심판, 정당해산심판, 헌법소원심판 등을 통하여 통제할 수 있다.

> ⚠ **판례** | 특별검사 임명절차의 권력분립 위반 여부 – 헌재 2008.1.10. 2007헌마1468(위헌, 기각)
>
> 가. 대법원장은 법관의 임명권자이지만(헌법 제104조 제3항) **대법원장이 각급 법원의 직원에 대하여 지휘·감독할 수 있는 사항은 사법행정에 관한 사무에 한정**되므로(법원조직법 제13조 제2항) 구체적 사건의 재판에 대하여는 어떠한 영향도 미칠 수 없고, 나아가 이 사건 법률 제3조에 의하면 대법원장은 변호사 중에서 2인의 특별검사후보자를 대통령에게 추천하는 것에 불과하고 특별검사의 임명은 대통령이 하도록 되어 있으므로 소추기관과 심판기관이 분리되지 않았다거나, 자기 자신의 사건을 스스로 심판하는 구조라고 볼 수는 없다. 결국 **이 사건 법률 제3조에 의한 특별검사의 임명절차가 소추기관과 심판기관의 분리라는 근대 형사법의 대원칙이나 적법절차원칙 등을 위반하였다고 볼 수 없다.**
>
> 나. 본질적으로 권력통제의 기능을 가진 특별검사제도의 취지와 기능에 비추어 볼 때, 특별검사제도의 도입 여부를 입법부가 독자적으로 결정하고 특별검사 임명에 관한 권한을 헌법기관 간에 분산시키는 것이 권력분립원칙에 반한다고 볼 수 없다. 한편 정치적 중립성을 엄격하게 지켜야 할 대법원장의 지위에 비추어 볼 때 **정치적 사건을 담당하게 될 특별검사의 임명에 대법원장을 관여시키는 것**이 과연 바람직한 것인지에 대하여 논란이 있을 수 있으나, 그렇다고 **국회의 이러한 정치적·정책적 판단이 헌법상 권력분립원칙에 어긋난다거나 입법재량의 범위에 속하지 않는다고는 할 수 없다.**

제3절 국가권력구조의 제도적 장치

I. 기본권 실현을 위한 제도적 장치

국가권력구조가 국민의 기본권을 보호하고 실현하기 위해서 모든 국가권력의 작용의 한계를 명시하고, 권리구제에 있어서 실효를 기하도록 하는 제도적 장치가 마련되어야 한다.

즉 입법작용의 한계를 명시하고, 행정작용의 내용과 범위를 법률로 정하도록 하고, 사법권의 독립을 보장하도록 한다.

또한 법률에 대한 위헌심사제도와 명령·규칙·처분에 대한 위헌·위법심사제도를 두고, 헌법재판소에 헌법소원제도를 둠으로써 기본권 보호를 위한 장치를 마련해 두고 있다.

Ⅱ. 민주적 정당성을 위한 제도적 장치

국가권력의 민주적 정당성을 확보하기 위해서 국민의 기본권 행사를 통한 정치적 합의 형성의 통로를 마련하고 이를 통한 민주적 정당성을 갖게 하는 제도적 장치를 마련하고 있다.

국민투표와 선거제도를 통해 국민적 합의의 의사가 반영되고 이를 통하여 국가권력기관이 형성됨으로써 민주적 정당성을 확보하도록 하고 있다.

이를 위한 제도적 장치로는 외교·국방·통일 기타 국가안위에 관한 중요정책에 대한 임의적 국민투표제도와 헌법개정안에 있어서 필수적 국민투표제도, 국회의원선거제도, 대통령선거제도, 지방자치선거제도 등이 있다.

또한 헌법기관의 구성에 있어서 헌법재판소장, 대법원장, 국무총리, 감사원장, 대법관 임명에 대한 국회동의권과 헌법재판소 재판관 3인과 중앙선거관리위원회위원 3인의 선출권 등을 국민이 선출하여 구성한 국회가 관여하도록 하고 있다.

Ⅲ. 절차적 정당성을 위한 제도적 장치

헌법은 국가권력을 입법·행정·사법으로 분리하여 각각에 권리능력을 분담시키고 권력상호간 견제와 균형을 통해 국민의 자유와 권리를 보호하도록 하고 있다.

국가권력 상호 간의 권력통제를 통해 국가권력의 행사에 있어서 민주적인 절차적 정당성을 보장하려고 하고 있다.

또한 헌법재판이나 행정기관과 독립한 선거관리조직 등을 통한 권력통제장치를 마련하여 절차적 정당성을 확보하려고 있다.

(1) ① 행정부의 입법부 견제수단으로는 대통령의 임시국회소집요구권, 정부의 법률안 제출권, 대통령의 법률안거부권, 대통령과 국무총리 등의 국회출석·발언권이 있고, ② 입법부의 행정부 견제수단으로는 대통령·국무총리 등의 국회의 탄핵소추의결권, 국무총리·국무위원에 대한 해임건의권, 국무총리·감사원장임명과, 특정한 조약의 체결·비준 그리고 일반사면에 대한 국회동의권, 국정감사 및 조사권, 국무총리, 국무위원 등에 대한 국회출석요구권, 예산안 및 국가재정작용에 관한 심의·확정권, 계엄해제권 등이 있다.

(2) ① 행정부의 사법부 견제수단으로는 대통령의 대법원장·대법관임명권, 대통령의 사면·감형·복권이 있고, ② 사법부의 행정부 견제수단으로는 법원의 위헌·위법의 명령·

규칙처분심사권이 있다.

(3) ① 입법부의 사법부 견제수단으로는 국회의 대법원장·대법관임명동의권, 사법부 예산심의·확정권, 법관에 대한 탄핵소추의결권 등이 있고, ② 사법부의 입법부 견제수단 으로는 법원의 법률에 대한 위헌심사제청권을 두고 있다.

(4) 헌법재판을 통해 권력통제를 하고 있는 것으로 위헌법률심사제도, 탄핵심판제도, 위헌정당해산제도, 권한쟁의심판제도, 헌법소원제도 등이 있다.

(5) 또한 각종 선거관리와 정당에 관한 사무를 독립한 중앙선거관리위원회에 부여함 으로써 일반행정기관이 선거에 부당하게 간섭하는 것을 견제할 수 있게 하고 있다.

(6) 그 밖에 중앙정부가 지방자치의 제도적 보장을 침해하거나 제약하는 것을 견제하 기 위해 제도적 장치를 두고 있다.

02 의회주의와 의회의 구성원리

기본이해를 위한 질문
1. 의회주의란 무엇이며, 의회주의의 위기와 극복방안은 무엇인가
2. 의회의 구성원리란 무엇이고, 단원제와 양원제의 장점과 단점은 무엇인가

제1절   의회주의[의회제도]

Ⅰ. 의회주의의 의의

의회주의란 국민에 의해 선출된 의원들로 구성된 합의기관인 의회가 국가의 정책결정과 의사결정에 참여하는 정치원리를 말한다. 이러한 의회주의는 국민주권주의에 기초하는 대의정치를 직접적 이념으로 하여 입법 등의 방식을 통하여 정치세력사이의 다른 견해를 토론을 통하여 타협하여 국가의 중요정책을 실현하는 정치원리이다.

국회는 의회주의를 실현하기 위하여 국회를 구성하는 의원의 선출방식과 선출된 의원들의 활동기준과 평가형식 등을 국회규칙에 규정하고 있다.

Ⅱ. 의회주의의 기원과 발전

고대에도 합의제기관인 민회가 있었으나 의회주의의 기원은 영국의 모범의회로 보기도 하고 등족회의로 보기도 한다.

12세기 이후 유럽에서는 귀족·승려·시민대표로 구성되는 회의가 행해졌고 이들은 각 신분계급의 대표자였기 때문에 등족회의 또는 3부회라고 불렀다. 당시 등족회의의 청원서 제출권과 조세승인권은 근대의회의 법률안발안권과 예산의결권으로 이어졌다는 점에서 의회제도의 기원으로 보는 것이다.

근대 의회주의의 산실이라 할 수 있는 영국의 의회의 발전과정은 왕과의 투쟁과정에서 발전해왔다. 모범의회를 거쳐 14세기에는 양원제가 확립되고 1688년 명예혁명을 계기로 왕에 대한 의회우위가 확보된 후 의회주의의 확립을 이룩하였다.

한편 프랑스에서는 대혁명 시에 신분제의회는 부정되고 국민의회가 성립하여 국민주권주의에 기반한 근대적 의회제가 확립되었다. 19세기에 와서는 보통선거제가 확립되면

서 의회는 민의를 대변하게 되고 의회주의는 민주주의에 있어서 필수적인 요소가 되었다.

그러나 20세기에 들어와 의회주의 병폐가 드러남에 따라 의회주의에 대한 회의론이 대두되기 시작하였다. 하지만 파시즘의 독재를 경험한 후 의회제의 중요성이 다시 부각되기도 하였다.

오늘날에 와서 행정국가화 경향에 따른 의회에 대한 행정권의 우월화 경향이 의회주의의 변질과 위기를 가져오고 있다.

Ⅲ. 의회주의의 기본원리

의회주의의 본질은 국민에 의해 선출된 국민을 대표하는 의원들이 국정에 관하여 자유로운 의견을 개진하고 서로 토론과 타협을 통하여 국정의 정책을 결정하는 데에 있다.

따라서 이러한 의회주의는 국민을 대표하는 국민대표의 원리, 공개와 토론을 통한 타협, 다수결주의 등을 그 기본원리로 한다.

1. 국민대표의 원리

의회민주주의는 주권자인 국민이 선거를 통하여 대표를 선출하고, 또한 국민의 의사가 의회에 전달되고, 의회는 국민의 의사에 따라 국가정책을 결정하므로 의회주의는 국민대표주의를 그 기본원리로 한다.

의원은 국민에 의해 선출됨으로써 민주적 정당성을 가진 국민의 대표로 자유로운 의정활동이 보장되고 불체포특권과 면책특권이 보장되고 있다.

그러나 오늘날에 와서 의회민주주의는 선거권의 확대에 따라 대중민주주의로 이행되고 정당정치가 발달함에 따라 정당제민주주의로 이행됨에 따라 국민대표의 원리는 변질되었다.

2. 공개와 토론을 통한 타협의 원리

국민의 대표인 의회가 국민의 의사를 공정하고 정확하게 반영하려면 의사결정이 공개와 충분한 토론을 통하여 이루어져야 한다.

의회에서의 토의와 심의를 공개함으로써 정치적 야합과 부패를 방지할 수 있으며 이러한 공개는 의사결정의 공정성과 신중을 가져오게 한다.

3. 다수결주의

의회주의를 현실적으로 실현하는 수단이 다수결주의이다. 의원을 선출하고 의회 내 구성에 있어서의 교체를 실현할 수 있는 것은 국민의 의사를 의회 내에서 통합하여 결정하는 다수결주의에 의한다.

의회의 다수결원리는 의회가 합의체기관이라는 데에서 당연히 도출되는 원리로 다수의사에 따르는 것이 독단이나 전제를 배제할 수 있다는 가치상대주의에 기초한 것이다.

하지만 다수결주의에서도 인간의 존엄이나 소수파의 존중과 같이 다수결로써도 침해할 수 없는 가치의 존중이 전제되어야 한다.

Ⅳ. 의회주의의 위기와 극복방안

1. 의회주의의 위기

국민의 대표인 의회는 의회의사의 결정 구조에 있어서 대의제의 원리를 제대로 준수하지 않아 의회의 위기를 야기시켰고, 이로 인해 의회는 국정운영의 중심기관이 아닌 정치투쟁의 장으로 되고 있다. 의원선출과정이나 의회구성이 부적절하고, 선거가 국민의 대표를 선출하는 것이 아닌 지역 간·계층 간의 권력쟁탈의 과정으로 변질되어 대립과 갈등이 심화되었다.

또한 현대국가의 구조나 기능이 변화됨에 따라 의회의 조직과 기능은 비능률적이고 전문성이 부족한 반면 행정국가화 경향으로 비상적 상황과 당면한 과제를 신속하게 처리하기 위해 전문성과 능률성에 적절한 대응을 하는 집행권의 비대화현상이 일어나고 있다.

그리고 정당국가화 경향에 따라 의원들의 자유로운 토론보다는 정당에의 기속강화로 의원이 정당의 예속인의 지위로 전락되었다.

또한 의회운영방식과 의사절차에 있어서의 비효율성과 충분한 토론과 타협을 통한 의견수렴이 아니라 다수파의 숫자적 독주와 날치기통과식의 해결방식은 국민의 신뢰를 실추시키고 있다.

2. 의회주의의 위기 극복방안

① 의회주의의 위기를 극복하고 대의제를 잘 실현시키기 위해서 ⓘ 우선적으로 선거에서의 민주화와 의회의 중심적 기능을 담당하고 있는 정당에서의 민주화가 이루어져야 한다. 공정한 선거법 제정과 선거 과정에서의 민주화, 민주적인 정당과 정치자금이 투명해야 한다.

② 국민의 국정 참여가 활성화되어야 한다. 국민이 공청회에서 발언하거나 청원인의 자격으로 국정에 참여하고 비판에의 길을 확대함으로써 국민의 의사가 국정에 반영될 수

있게 하여야 한다.

③ 의회에서의 토론과 합의과정이 투명하게 공개되어야 한다. 의회에서 토론과 심의가 공개적으로 이루어지고 위원회·정당·교섭단체 중심의 밀실정치가 배제됨으로써 계층 간의 갈등이 해소되고 효율성 있는 토론과 합의문화가 이룩되어야 한다.

④ 의회의 전문성을 재고하여야 한다. 의원 각자 개인의 능력보다는 소속정당에의 기속이 선택기준이 되는 결과 의원의 전문성과 자질이 저하되는 것에 대한 후보자들의 능력과 자질을 검증하는 절차가 마련되어야 한다.

⑤ 의회운영 방식과 의사절차의 비효율성을 극복하기 위하여 의회의 운영을 본회의 중심에서 상임위원회중심으로 개편하고 상임위원회의 상시운영이 이루어지도록 하여야 한다.

제2절 의회의 구성원리

제1항 의회 구성원리의 의의

의회의 구성원리란 의회에서 의사를 합의하는 방식을 말하며, 의사의 합의체가 몇이냐에 따라 단원제, 양원제, 3원제 등으로 일컫는다.

역사적으로 의사의 합의체가 하나인 단원제와 합의체가 2개인 양원제를 채택해왔으나 이는 각 국가의 역사적 정치발전 과정에서의 산물이라 할 수 있다.

제2항 단원제

I. 단원제의 의의

단원제는 의회가 민선의원으로 조직되는 단일의 합의체로 구성되는 의회제도이다.

이는 동일 사항에 대해서 국민의 총의가 둘이 있을 수 없으므로 국민의 대의기관은 하나여야 한다는 데서 기인한다. 이는 만일 '상원과 하원이 일치하면 무용한 것이고 상원과 하원이 대립하면 유해한 것'이라는 데에서 단원제의 이론적 근거를 찾을 수 있다.

Ⅱ. 단원제의 역사

단원제는 루소, 시에예스 등에 의해 주장되었고, 역사적으로 단원제를 채택한 헌법으로는 프랑스의 1791년 헌법, 1793년 헌법, 1848년 헌법, 스웨덴의 1970년 헌법 그리고 덴마크, 룩셈부르크, 파나마, 뉴질랜드, 케냐, 자이레, 스리랑카헌법 등을 들 수 있다.

Ⅲ. 단원제의 장·단점

1. 단원제의 장점

단원제의 장점으로는 하나의 원으로 구성되어 있으므로 의안심의가 신속하고 능률적이며, 의회의 책임소재를 분명히 할 수 있다.

또한 단일한 절차로 비용을 절감할 수 있고 국민의사를 직접적으로 반영할 수 있다.

2. 단원제의 단점

단원제의 단점으로는 국정심의가 경솔하고 졸속으로 행해질 수 있다.

국회의 정부에 대한 횡포가 있을 수 있고, 국회가 정부와 대립할 경우 그 대립이 장기화될 수 있다.

제3항 양원제

Ⅰ. 양원제의 의의와 종류

양원제란 의회가 두 개의 합의체로 구성되고 두 합의체가 각기 독립하여 결정한 의사가 일치하는 경우에 이를 의회의 의사로 간주하는 제도를 말한다.

양원제의 종류로는 귀족원형 양원제(영국), 연방제형 양원제(미국, 독일, 스위스), 단일국형 양원제(일본)가 있다.

① 귀족원형 양원제는 그 구조가 귀족(상원)과 평민(하원)의 2원으로 구성되어 있는데, 두 원은 서로 권력적 균형을 유지하려 한다. ② 연방제형 양원제는 상원은 연방을 구성하는 각 주를 대표하고, 하원은 국민전체를 대표한다. ③ 단일국형 양원제는 단원제의회의 단점을 방지하기 위한 것으로 이질적인 특권계급이 존재하지 않는다.

Ⅱ. 주요 국가의 양원제

1. 영 국

양원제는 역사적으로 영국에서 채택된 것으로 귀족원(House of Lords)과 평민원(House of Commons)의 2원제에서 출발하였다.

현재 영국인으로서 21세 이상의 남녀가 하원의 피선자격이 있고, 하원은 국민에 의해 직선되는 의원들로 구성되며, 의원의 임기는 5년이다. 하원은 국가최고기관으로서 입법·행정·사법의 모든 분야에의 광대한 권한을 가진다. 국왕을 폐위시킬 수도 있고, 내각을 자유로이 경질할 수도 있으며 전쟁을 선언하거나 강화조약을 체결할 수 있다.

이에 대해 상원은 귀족의원(성직·세습·선거·법률)들로 구성되며, 투표권한 있는 의원수는 120인 정도이다. 상원은 금전지출법안 이외의 법안은 모두 심의하나 실질적 권한은 없다.

2. 미 국

미국의 의회(Congress)는 상원(Senate)과 하원(House of Representative)으로 구성되어 있다.

상원은 만 30세 이상으로 9년 이상 시민권을 가져야 피선자격이 있으며, 상원의원은 임기 6년으로 2년마다 1/3씩 개선하며, 각 주에서 2명씩 선출된 100명으로 구성된다. 상원만이 갖는 권한으로는 공무원임명동의권, 조약비준동의권, 탄핵심판권 등을 갖는다.

이에 대해 하원은 만 25세 이상으로 7년 이상 미국시민권을 가져야 피선자격이 주어지며, 하원의원은 임기 2년으로 435명이다. 하원의 권한으로는 세입법안 우선심의권, 탄핵소추권, 대통령선출권 등이 있다.

3. 프랑스

프랑스의회는 국민의회와 원로원의 양원으로 구성된다. 프랑스는 입법부에 대한 집행부의 우월이 특징이며, 법률사항은 헌법에 제한적으로 열거되어 있고 그 외는 모두 행정부의 명령사항으로 되어 있어 의회의 권한은 많이 제한되어 있다.

대통령은 비상조치권·국회해산권을 가지며, 정부는 의회에 대하여 책임을 지며 의회가 불신임할 경우에는 총사직하여야 한다.

국민의회는 국민의 직접선거에 의해 선출되며, 원로원은 간접선거로 선출되며 지방공공단체를 대표한다.

4. 독 일

독일의 의회는 연방의회와 연방참사원으로 구성된다.

연방의회의원은 국민의 직선으로 선출되며 임기는 4년이다. 연방의회는 입법의 중심기관으로 법률안의결권이 있고 선거쟁송심판권, 대통령탄핵권, 연방재상(수상)에 대한 불신임투표권이 있다.

연방참사원은 각 주의 정부각료 또는 그들이 파견한 행정공무원으로 구성된다. 또한 연방의 입법 및 행정권에 관하여 각 지방을 대표하여 입법에 참여할 권리가 있고, 정부로부터 보고받을 권리 등이 있다.

5. 일 본

일본의 의회는 중의원과 참의원으로 구성된다.

중의원의 의원은 만 25세 이상이어야 피선자격이 있고, 각 지역구에서 1인씩 선출되고 임기는 4년이다.

이에 대해 참의원의 의원은 만 30세 이상이어야 피선자격이 있고, 임기 6년으로, 3년마다 1/2씩 개선된다.

의회는 수상을 선출하고 내각은 의회에 대하여 책임을 진다. 예산안에 대해 양원의 의결이 일치되지 아니할 경우에는 중의원의 의결 후 30일이 지난 다음 효력을 발생하는데, 이때는 중의원 2/3의 찬성이 있어야 의안이 채택된다.

Ⅲ. 양원제의 장·단점

1. 양원제의 장점

양원제의 장점으로는 ① 의안을 심의하는 데 있어 신중하게 함으로써 경솔과 졸속을 피할 수 있다. ② 그리고 의회구성에 있어서 권력을 분립시킴으로써 의회나 다수파의 전제와 횡포를 막을 수 있다. ③ 또한 한 원이 정부와 충돌할 경우에 타 원이 이를 조정할 수 있어 충돌을 완화시킬 수 있다.

2. 양원제의 단점

양원제의 단점으로는 ① 절차의 중복으로 의안의 심의가 지연되고 비용을 낭비한다. ② 그리고 양원이 서로 책임을 전가함으로써 의회의 책임소재가 불분명하게 한다. ③ 또한 상원과 하원이 동일한 기반에 입각해 구성될 경우 상원은 무용의 존재가 되고, 상이한 기반에 입각해 구성될 경우에는 상원이 보수화될 위험이 있다.

제3절 역대 국회의 구성

I. 제1공화국

제헌헌법(1948년)은 의안을 신속하게 처리하기 위하여 제헌국회에서 단원제를 채택하였다. 국회는 입법기관으로 의원은 4년의 임기로 국민의 직선으로 선출되었다. 국회의 권한으로는 대통령선거권, 입법권, 예산심의·확정권, 조약비준동의권, 국무총리 임명승인권, 공무원 탄핵소추권, 국정조사권 등을 부여했다.

제1차 헌법개정(1952년)으로 민의원과 참의원의 양원제를 구성하였다. 양원의원은 국민이 직접 선출하고, 민의원 의원의 임기는 4년으로 하고 참의원 의원의 임기는 6년으로 하며 매 2년마다 1/3씩 개선하도록 하였다. 법률안 기타 의안에 대해 양원의 의결이 일치되지 않을 경우 양원합동회의를 두어 의결하도록 하였다. 그러나 참의원은 실제로 구성되지 않아 단원제로만 운영되었다.

제2차 헌법개정에서도 국회는 양원제를 그대로 유지하였다. 민의원의원의 임기는 4년으로 하고, 참의원의 임기는 6년으로 하여 매 3년마다 1/2씩 개선하도록 하였다.

II. 제2공화국

제2공화국헌법(1960년)은 국회를 양원제로 하고 참의원이 처음으로 실제로 구성되었다. 양원의원은 국민이 직접 선출하도록 하고, 민의원의원의 임기는 4년으로 하였다. 참의원의원의 임기는 6년으로 하고 매 3년마다 1/2씩 개선하도록 하고, 민의원의원정수의 1/4를 초과할 수 없도록 하였다. 양원의 의결이 일치하지 않을 경우에는 민의원의 재의결을 국회의 의결로 하고, 민의원은 국무원선출권, 내각에 대한 불신임의결권, 법률안·예산안에 대한 우선심의권이 있었다.

III. 제3공화국

제3공화국(1962년)헌법은 단원제를 채택하여 국회의원은 국민이 직접 선출한 지역구출신 153명과 전국구출신 51명으로, 합계 204명의 의원으로 구성되었다. 국회는 입법권을 가지고 재정에 관한 권한, 국정감사권, 탄핵소추권, 정부각료의 국회출석요구권 및 질문권, 국무총리 국무위원에 대한 해임의결권, 대법원장 임명동의권 등을 가지고 있었다.

IV. 제4공화국

제4공화국(1972년)헌법도 단원제국회를 채택하였는데 국회는 국민이 직접 선거하는 지역구출신의원과 통일주체국민회의가 간접 선출하는 의원으로 구성되었다. 국회의원 임기는 6년이며, 대통령의 추천에 따라 통일주체국민회의에서 선출된 의원의 임기는 3년으로 하고 국회의원 정수의 1/3에 달하도록 하였다. 대통령은 국회해산권이 있었고, 국회의 상위기관으로 통일주체국민회의가 있었으며, 국회가 의결한 헌법개정안을 확정할 수 있는 권한이 있었다.

V. 제5공화국

제5공화국(1980년)헌법도 국회의 구성을 단원제로 하였다. 국회의원은 국민이 직접 선출한 지역구출신의원들로 구성되었고 비례대표제가 가미될 수 있음이 규정되었다. 국회는 국정조사권, 국무총리 임명동의권, 국무총리·국무위원의 해임의결권, 입법권, 예산심의권 등을 가지고 있었다.

VI. 제6공화국

제6공화국(1987년)헌법은 국회의 구성을 단원제로 하고 있다. 국회는 국민이 직접 선출한 200인 이상의 의원으로 구성하되, 비례대표제가 가미될 수 있도록 하고 있다. 지역구출신의원은 253개 선거구에서 1명씩 선출하고 비례대표국회의원은 47명으로 정당추천명부에 따라 비례대표제에 의해 선출되며(공직선거법 제21조), 국회의원의 임기는 4년이다. 국회는 국정조사권·국정감사권, 국무총리·국무위원의 해임건의권, 대법원장·대법관 임명동의권, 국무총리 임명동의권, 감사원장 임명동의권, 입법권, 예산심의·확정권을 가지고 있다.

03 정부형태론

제1절 정부형태론의 의의

국가권력구조의 형태는 현실적으로 정부형태로 나타나는데, 정부형태란 국가권력구조의 구성원리인 권력분립의 원리가 국가권력구조에 있어서 어떻게 반영되고 있느냐 하는 것을 말한다. 이러한 정부형태를 파악하는 데 있어서도 국가권력구조 전반을 총괄적으로 파악하는 광의의 개념, 입법부와 행정부 관계를 중심으로 파악하는 협의의 개념, 그리고 행정부의 조직과 구성을 중심으로 파악하는 최협의의 개념으로 나뉜다. 일반적으로 입법부와 집행부와의 관계를 중심으로 하는 협의의 개념으로 정부형태를 파악한다.

제2절 정부형태의 분류

I. 전통적 분류

권력분립의 원리가 입법부·행정부·사법부의 헌법의 권력구조에 어떻게 적용되느냐에 따라 정부형태를 구별할 수 있다.

이러한 정부형태의 분류에 있어서 입법부와 행정부간의 상호관계를 중심으로 파악하여, 입법부와 행정부가 상호 공화관계에 있느냐 혹은 독립적인 관계에 있느냐를 기준으로 의원내각제·대통령제 그리고 이에 속하지 않는 제3유형으로 분류하고 있다.

Ⅱ. 현대적 분류

1. 뢰벤슈타인의 정부형태분류

뢰벤슈타인(Löwenstein)은 권력의 통제 내지 정치권력의 현실적 행사과정의 민주성 여부를 기준으로 전제주의적 정부형태와 입헌주의적 정부형태로 나누고 있다.

(1) 전제주의는 국가권력이 일인·일계급·일정당에 집중되고 집권자는 아무런 구속·제한없이 자의적으로 권력을 행사하는 통치방식을 말하는 것으로, 전제주의적 정부형태는 다시 전체주의적 정부형태와 권위주의적 정부형태로 구분한다. ① 전체주의는 부분·개인보다는 전체를 강조하는 국가권력원리로 전체주의적 정부형태는 다시 인민회의제와 개인적 독재(파시즘, 나치즘)로 구분한다. ② 이에 대해 권위주의는 아무런 정통성의 근거를 제시하지 않고서 국민에 대해 군림하고 국민대중의 복종이 사회적으로 승인되는 것을 말한다. 이는 또 절대군주제, 국민투표적 황제제, 신대통령제 등으로 구분한다.

(2) 입헌주의적 정부형태는 국민의 자유와 권리 보장을 위해 국가권력이 분립되고 권력상호 간에 억제와 균형이 유지되는 정부형태를 말한다. 입헌주의적 정부형태는 국가의 사결정에 있어 국가기관 간의 협조방식에 따라 직접민주제(스위스), 의회정부제(구소련), 의원내각제(영국), 대통령제(미국), 집정부제(스위스)로 분류하고, 의원내각제는 다시 고전적 의원내각제(프랑스 3·4공화국), 혼성의원내각제(바이마르체제), 제한적 의원내각제(독일), 이원집행부제(프랑스 제5공화국, 핀란드) 등으로 나뉜다.

2. 파이너의 정부형태 분류

파이너(Finer)는 정부형태의 기본유형을 자유민주주의국가의 정부형태, 전체주의국가의 정부형태, 제3세계국가의 정부형태로 구분한다.

(1) 자유민주주의국가의 정부형태는 선거에 의하여 구성된 대의기관과 그 결정을 집행하는 집행부가 존재하며 둘 간의 정치적 견제와 균형이 유지되고 있는 정부체제로 영국·미국·프랑스 등이 이에 속한다고 한다.

(2) 전체주의국가의 정부는 사회전체가 정치화되어 있고 정치화의 관점이 일 개인에게 환원되는 정부를 말하는 것으로 구소련연방의 정부형태를 든다.

(3) 제3세계국가의 정부형태는 다양하기 때문에 사이비민주주의정부형태, 준민주주의 정부형태, 군사정부형태 등으로 세분한다.

3. 크릭(Crick)의 정부형태 분류

크릭은 정부형태가 출현한 역사적 단계를 기준으로 하여 원시적정부형태, 고대제국정부형태, 그리스도시국가정부형태, 로마공화주의정부형태, 동양적 전제주의정부형태, 봉건적정부형태, 초기근대국가정부형태, 근대민주국가정부형태, 근대적 전제주의정부형태, 근대적 공화주의정부형태, 전체주의정부형태, 미래형정부형태의 12가지 유형으로 정리한 후 정부형태의 기본적인 모델로서 전제주의정부형태, 공화주의정부형태, 전체주의정부형태의 3가지 유형을 제시한다.

4. 기 타

그 밖에 뒤베르제(M. Duverger, 1917~2014)는 정치형태를 국회·대통령·수상 등의 정치적 기구의 결합형태로 파악하여 의원제·대통령제 등을 제시하고, 슈타멘(T. Stammen, 1933~2018)은 현대국가에 있어서 정치체제의 유형을 현대 입헌주의형 정부형태, 현대 전제주의형 정부형태, 제3세계의 정부형태로 나눈다.

제3절   정부형태의 유형

제1항 의원내각제

Ⅰ. 의원내각제의 의의와 기원

의원내각제는 행정부가 대통령(또는 군주)과 내각의 이원적으로 구성되어 입법부와 공존하는 제도를 말한다.

이러한 의원내각제는 영국에서 군주와 의회가 서로 투쟁과정에서 성립된 제도이다. 영국은 1688년 명예혁명을 계기로 의회가 국왕에 대해 우위를 확보하면서 의회우위원칙이 확립되었다. 그러나 의회가 전 영국의 통치를 맡기에는 역부족이었으므로, 의회를 대신해서 집행권을 행사하면서도 의회의 통제를 따르는 기관으로 국왕의 자문기관인 추밀원을 두었다. 이 추밀원자문관들 중에서 선발하여 내각을 구성하게 한 것이 내각제의 기원이었다.

초기에는 내각의 각료가 추밀원자문관으로 내각은 국왕의 내각이었으나 18세기 이후 의회의 내각으로 변모되었다.

이와 같이 역사적으로 의원내각제는 권력분립에 의해 입법부와 행정부를 서로 독립시키면서 행정권을 통제할 수 있도록 구성된 제도이다.

Ⅱ. 의원내각제의 특성

1. 행정부의 이원적 구조

의원내각제의 행정부는 대통령(군주)과 내각의 두 기구로 구성되는 이원적 구조이다.

의원내각제에 있어서 대통령은 명목상 국가원수로서 권한을 가지며, 행정부는 의회의 다수당에 의해서 구성되는 내각에 속하므로 집행에 관한 실질적 권한은 내각에 속하는 행정권의 이원적 구조를 특색으로 한다.

2. 입법부와 행정부의 권력적 균형

의원내각제에 있어서는 입법부와 행정부의 두 기관이 권력적으로 균형을 이루고 있는 것을 그 특색으로 한다. 즉 국가의 기본정책의 수립 및 집행에 공동으로 참여하고 상호간의 정치적 통제를 균등하게 한다.

이러한 권력 간의 균형은 특히 의회의 내각불신임제와 내각의 의회해산제를 통하여 유지된다. 내각이 의회의 해산권을 가지는 경우를 진정한 의원내각제라고 한다.

3. 입법부와 행정부의 공화와 협조

의원내각제는 입법부와 행정부가 서로 밀접한 공조관계를 유지하는 것이 특징이다.

내각은 의회의 다수당의 의원들로 구성되기 때문에 각료와 의원의 겸직이 가능하다. 행정부도 법률안제출권을 가지며, 행정부의 각료는 의회에 출석하여 발언할 수 있다.

Ⅲ. 의원내각제의 유형

1. 영국의 의원내각제

영국에서 수상은 평민원(하원)을 지배하는 다수당의 당수로 정책의 결정권과 집행권을 동시에 장악하고 있다. 이러한 수상의 우월적 지위로 영국의 의원내각제를 수상정부제 내지 수상내각제라고도 한다.

이에 입헌적인 수상독재로 흐를 가능성이 있지만 수상과 내각이 권력을 자제하고 야당(소수파)의 권리와 여론중시 등의 정치관행과 관용 및 타협의 정치문화가 독재제 출현을 방지하고 있다.

2. 프랑스의 의원내각제

프랑스 제3공화국과 제4공화국의 의원내각제는 고전적 의원내각제로 집행권은 대통령과 내각으로 구성되고 수상이 행정의 실권자이고 대통령은 의례적 권한만을 가졌다. 의회는 정부에 불신임권을 행사하나 정부는 의회를 해산하지 않아 강한 의회, 약한 정부가 되었다.

드골(De Gaulle)이 집권한 제5공화국은 대통령을 중심으로 한 강력한 집행권의 강화를 기조로 의원내각제를 가미한 혼합형정부형태를 채택하였다. 내각은 의회에 의하여 구성되고 행정권만을 담당하고 대통령은 국가정책을 실질적으로 결정하는 내각은 물론 의회에 대해서도 우월한 지위에 있다.

3. 독일의 의원내각제

독일의 의원내각제는 연방수상을 중심으로 하는 집행부우위인 수상제민주주의가 그 특색이다. 연방수상은 연방대통령의 제청으로 연방의회에서 토론없이 선출되는데, 수상은 행정의 통치전반을 결정하며 각료임명에 있어서도 제청권을 가진다.

또한 수상에 대한 의회의 불신임권 행사는 연방의회가 재적의원 과반수로 후임자를 선출하고 연방대통령에게 현직 수상의 해임을 건의함으로써만 가능하도록 하는 건설적 불신임제를 채택하여 수상의 지위를 강화하고 정국의 안정을 도모하고 있다.

4. 일본의 의원내각제

일본은 집행권은 내각에 속하고 내각은 국회에 대해 연대책임을 지도록 하고 있다. 여당의 당수인 동시에 내각의 수상인 내각총리대신은 국회의원 중에서 국회가 선출한다. 내각을 구성하는 국무대신들은 내각총리대신에 의하여 임면되고, 그 과반수는 국회의원이어야 한다.

또한 중의원의 내각불신임권과 내각의 중의원해산권이 인정되고 있는 영국형의 전통적 의원내각제를 채택하고 있다.

Ⅳ. 의원내각제의 장·단점

1. 의원내각제의 장점

① 입법부와 행정부의 협조에 의해 신속한 국정처리를 할 수 있고, ② 입법부와 행정부가 일체적이어서 능률적이고도 적극적인 국정수행을 할 수 있다. ③ 행정부가 입법부

에 대하여 책임을 지기 때문에 책임정치가 실현될 수 있으며, ④ 입법부로부터의 신임을 유지하기 위해서 유능한 인재가 기용될 수 있다.

2. 의원내각제의 단점

① 입법부와 행정부를 한 정당이 독점할 경우에 정당정치에 치우칠 우려가 있고, ② 이에 대한 견제장치가 없고, ③ 입법부가 정권획득을 위한 정쟁의 장소가 될 우려가 있다. ④ 다수당이 난립된 경우에는 정국의 불안정을 가져올 우려가 있다.

제2항 대통령제

Ⅰ. 대통령제의 의의

대통령제는 입법부·행정부·사법부 간 권력분립이 엄격히 행해지고 권력기관 상호간의 권력적 균형이 유지되고, 대통령이 독립하여 집행권을 행사하는 정부형태를 말한다.

몽테스키외의 권력분립론에 근거한 미국의 대통령제는 엄격한 3권이 분립된 것이었으나 오늘날에 와서는 이 원리가 그대로 고수되지 않고, 미국의 대통령제도 법률안거부권을 갖는 등 집행권이 입법권에 우월한 경향까지 나타나고 있다.

Ⅱ. 대통령제의 특성

1. 행정부의 일원적 구조

대통령제에 있어서는 행정부가 일원화되어 있으며 대통령은 국가원수와 행정부수반의 지위를 겸한다.

부통령은 대통령 궐위시에 대통령의 지위를 승계하는 지위에 있을 뿐이고, 행정부의 각료회의도 대통령의 보좌기관 내지 자문기관에 불과하다.

2. 입법부와 행정부는 상호독립

행정부에 대한 입법부의 간섭이 금지된다. 입법부는 행정부의 정치책임을 추궁할 수는 없으며, 행정부는 입법부의 신임을 요건으로 하지 않고 독립하여 성립·존속한다.

또한 입법부에 대한 행정부의 간섭이 원칙적으로 금지된다. 의회의원과 행정부구성원의 겸직이 금지되며, 행정부는 입법부의 해산권, 법률발안권, 의회출석발언권 등을 갖지 않는다.

3. 입법부와 행정부의 상호 억제와 균형

입법부와 행정부가 상호 견제함으로써 권력적 균형을 유지한다.

대통령은 법률안거부권, 법률안공포권을 통해 입법에 참여하며, 의회는 입법권을 독점하고, 행정부 고위공무원임명에 대한 동의권, 국정감사·조사권, 행정부구성원에 대한 탄핵소추권 등을 갖는다.

Ⅲ. 대통령제의 유형

1. 미국형 대통령제

미국의 대통령제는 집행부는 의회로부터 완전히 독립되어 있으며, 대통령이나 각부 장관은 의원을 겸할 수 없다. 대통령은 의회에 대하여 책임을 지지 아니하고 의회를 해산시킬 수 없다. 대통령은 교서의 형식으로 입법을 요청하고 법률거부권을 행사할 수 있다.

이에 대하여 의회는 조약의 비준과 집행부 고위공무원의 임명에 대한 동의, 입법, 예산심의, 하원에 의한 탄핵소추, 상원에 의한 탄핵심판을 통해 대통령과 집행부공무원을 파면시킴으로써 대통령의 집행부를 견제할 수 있다.

또한 사법부의 우위가 유지되고 있으며, 법원은 헌법해석에 있어서 최종해석권을 가지고 있다.

2. 신대통령제

신대통령제는 헌법상 국가원수인 동시에 집행부수반인 대통령이 의회나 사법부에 대하여 절대적 우월한 지위에 있는 권위주의적 정부형태이다.

어떠한 국가기관도 대통령의 권력독점에 대항하거나 그 권력행사를 견제할 수 없다. 의회와 내각은 물론 사법부도 대통령에 대하여 종속적 지위에 있다. 예컨데 이집트의 낫세르(1956년), 월남의 고딘디엠(1956년), 아르헨티나의 페론(1949년), 한국의 박정희 대통령(1972년) 등을 들 수 있다.

Ⅳ. 대통령제의 장·단점

1. 대통령제의 장점

① 대통령이 의회의 신임 여부와 관계없이 재직하므로 집행부의 안정과 권위가 유지되어 강력한 행정을 수행할 수 있다. ② 의회다수파의 횡포를 대통령이 법률안거부권을

행사하여 견제할 수 있다.

2. 대통령제의 단점

① 강력한 권력을 가진 대통령이 국회에 대하여 책임을 지지 않을 경우 정부가 독재화로 흐르기 쉽다. ② 집행부와 의회가 대립하여 의회가 입법이나 예산을 의결하지 아니하면 집행부의 기능이 정지되거나 쿠데타를 유발할 가능성이 있으므로 정국의 불안이 조성될 수 있다.

제3항 이원정부제

Ⅰ. 이원정부제의 의의

이원정부제란 의원내각제의 요소와 대통령제의 요소를 가지고 있는 제도를 말한다. 이원정부제는 원칙적으로 위기시에는 대통령이 행정권을 전적으로 행사하는 대통령제 형태로, 평상시에는 내각수상이 행정권을 행사하며 하원에 대하여 책임을 지는 의원내각제 형태로 운영되는 제도를 말한다. 이 제도를 뒤베르제는 반대통령제라 하고 바이메(K. v. Beyme, 1934~)는 준대통령제라고 부른다.

Ⅱ. 이원정부제의 특성

1. 행정부의 이원적 구조

이원정부제는 행정부가 대통령과 내각의 두 기구로 구성된 이원적 구조를 특색으로 한다.

대통령은 국민이 직접 선출하고 내각의 수상은 원내다수당의 지도자가 선출된다. 대통령도 수상도 각기 집행에 관한 실질적인 고유권한을 보유하고 행사한다. 대통령은 국가안보에 관한 사항과 국가긴급권이 있고, 수상은 법률집행권과 일반행정에 관한 사항을 관장한다.

2. 대통령의 의회에서의 독립

대통령은 집행권 행사에 있어서 의회에 대하여 책임을 지지 않는다. 대통령은 전시, 기타 비상시에는 긴급권을 가지고 직접 행정권을 행사할 수 있어 대통령의 권한은 확대되고 수상의 권한은 약화된다.

3. 내각의 의회에 대한 책임

대통령은 수상을 의회의 동의를 얻어 임명하고, 의회는 내각불신임권이 있어 의회가 내각을 불신임결의할 경우 대통령은 의회를 해산할 수 있으며 내각은 연대책임을 진다.

Ⅲ. 이원정부제의 장·단점

1. 이원정부제의 장점

① 이원정부제는 평상시에는 의원내각제형태로 운영되기 때문에 입법부와 행정부의 대립에서 오는 마찰을 피할 수 있고, ② 국가 위기 시에는 대통령이 비상대권을 행사하여 직접 통치함으로써 신속·안정된 국정처리를 가능하게 한다.

2. 이원정부제의 단점

이원정부제는 성공적으로 운영되기보다는 오히려 실패할 가능성이 큰 정부형태이다.
① 대통령과 수상이 소속정당을 달리할 경우에는 대통령과 내각 간의 불화와 갈등이 있을 경우 정쟁이 잦고 정국의 불안정을 초래할 수 있다. ② 또한 대통령과 수상이 동일한 정당소속일 경우에는 오히려 권력의 집중으로 독재화할 위험성이 있다. ③ 또한 대통령이 위기를 빙자하여 국가긴급권을 행사하는 경우 의회의 권한이 제한·축소되어 독재화할 위험성이 있다.

제4절 대한민국의 정부형태

Ⅰ. 역대헌법상 정부형태

1. 제헌헌법의 정부형태(1948~1960)

1948년 제헌헌법의 정부형태는 기본적으로는 대통령제이지만 의원내각제적 요소가 가미된 대통령제였다.

대통령이 정부의 수반이지만 의원내각제요소인 국무총리를 두었다. 국무총리는 국회의 인준을 받아 대통령이 임명하였다. 국무회의는 의결기관이고 대통령은 국회에서 선출되고 국회는 정부불신임권이 없는 행정권이 우월한 대통령제 정부형태였다.

2. 제2공화국의 정부형태(1960~1961)

1960년 헌법의 정부형태는 전형적인 의원내각제로 국회에 대한 내각의 연대책임과 내각의 국회해산권으로 입법부와 행정부 간에 권력적 균형이 유지되었다.

대통령은 간선되며 형식적·의례적 권한만을 가지고 있었다. 국무원의 수반인 국무총리는 민의원의 동의를 얻어 임명되고, 국무원은 민의원에 대해 연대책임을 지고 민의원해산권을 가졌다.

3. 제3공화국의 정부형태(1961~1972)

1962년 헌법에서 정부형태는 기본적으로는 대통령제에 해당하나 의원내각제 요소가 가미된 정부형태였다.

대통령은 4년의 임기로 국민에 의해 직선되며, 국회에 대하여 책임을 지지 않았다. 의원내각제요소인 국회의 인준 없이 임명되는 국무총리를 두고 국무위원 임명제청권과 행정각부에 대한 약한 통할권을 부여하였다. 국회는 국무총리와 국무위원의 해임을 대통령에게 건의할 수 있었고, 정부는 법률안제출권이 있었고, 국무총리·국무위원·정부위원은 국회에 출석하여 발언할 수 있었다.

4. 제4공화국의 정부형태(1972~1979)

1972년 헌법의 정부형태는 형식적으로는 권력이 분산된 것처럼 보이나 대통령에게 권력이 집중된 넓은 의미의 대통령제였다.

대통령은 국회를 해산할 수 있었고 국가 중요정책에 대한 국민투표발의권, 헌법개정안 발안권, 통일주체국민회의 의장이며 통일정책심의회부권, 긴급조치권을 가지고 있는 강력한 대통령제였다.

5. 제5공화국의 정부형태(1980~1987)

1980년 헌법의 정부형태는 대통령제를 기본으로 하고 의원내각제 요소가 가미된 정부형태였다.

집행권은 대통령과 행정부에, 입법권은 국회에, 사법권은 법원에 부여하고 헌법위원회를 두었다. 그러나 국무총리제를 두고 국회의 국무총리·국무위원 해임의결권, 대통령의 국회해산권을 인정하여 의원내각제적 요소를 가미하고 있었다. 대통령에게는 비상조치권과 계엄선포권을 부여하는 강력한 대통령제였다.

Ⅱ. 현행헌법상 정부형태 - 6공화국의 정부형태(1987~)

현행헌법은 대통령의 비상대권을 삭제하고 국회와 사법권의 강화는 물론 헌법재판소를 설치하는 등 권력을 분산화하는 정부형태이다. 대통령제를 기본으로 하면서도 의원내각제적 요소가 가미된 형태이다.

대통령은 국가원수인 동시에 행정부 수반으로 국민에 의해 직선된다. 대통령은 국회해산권을 가지고 있지 않지만 법률안거부권을 가지고 있어 국회의 경솔과 전횡을 방지하고자 하고 있다. 국회는 대통령에 대한 불신임결의를 할 수 없는 대통령제이다.

의원내각제요소로 국무회의를 설치하여 집행부 권한에 속하는 중요정책을 심의하게 하고, 국무총리를 임명함에 국회의 동의를 얻도록 하고, 국무총리는 대통령의 명을 받아 행정각부를 통할하고, 국무위원 임명제청, 해임건의를 할 수 있다.

대통령의 국법상 행위는 국무총리와 관계국무위원의 부서가 있어야 하고, 정부도 법률안을 제출할 수 있다. 국무총리·국무위원·정부위원은 국회나 위원회에 출석하여 발언할 수 있고 국회와 위원회도 이들을 출석시켜 답변을 요구할 수 있다.

04 사법권과 헌법재판의 일반론

기본이해를 위한 질문
1. 사법권이란 무엇이며 각국의 사법제도 유형에는 어떤 것이 있는가
2. 헌법재판이란 무엇이며, 어떤 유형이 있는가

제1절 사법권의 일반론

제1항 사법권의 의의

헌법 제101조 제1항은 "사법권은 법관으로 구성된 법원에 속한다"라고 하여 법원사법의 원칙을 규정하고 있다. 사법은 법 자체를 해석·적용하는 기능을 말하며, 사법권은 재판을 통하여 법을 해석하고 적용함으로써 법을 확인하고 법을 유지하는 권한이다. 이러한 사법권은 당사자 간의 구체적 쟁송사건이 제기된 경우에만 발동되는 수동적 국가작용이다.

① 실질적 의미의 사법권은 공개된 법정에서 수행되는 일련의 재판과정을 통해 법을 확인하는 국가기능을 의미한다. ② 이에 대하여 형식적 의미의 사법권은 사법기관인 법원이 관장하는 사항인 모든 것을 말하는 국가권력을 의미한다. 이에는 실질적 성질이나 내용 여하를 불문하고 재판작용·사법행정·사법입법·비송사건 등을 포함한다.

제2항 사법권의 범위

사법권은 본질적으로 실질적 의미의 사법권인 재판권을 그 내용으로 하므로 법률상 쟁송을 심판하는 권한으로서의 민사재판·형사재판·행정재판·헌법재판 그리고 기타 법률에 의하여 법원에 속한 권한을 포함한다.

(1) 민사재판권은 사인 간 쟁송을 당사자가 신청한 범위 내에서 당사자의 책임과 권능 하에 수집·제출한 증거에 의거해 판단하는 사법적 절차이다. 일반적으로 판결절차(협의의 민사소송)와 이로부터 파생되는 부수소송 혹은 법률관계에 영향을 미치는 사실존부의 확정을 목적으로 하는 소송이나 강제집행절차도 포함된다.

(2) 형사재판권은 범죄에 대한 검사의 기소와 입증책임, 그리고 당사자주의적 소송을

통해 판단하는 형벌권수행절차이다. 일반적으로 수사절차와 공판절차(협의의 형사소송) 및 집행절차도 포함한다.

(3) 행정재판권은 행정처분이나 행정상 법률관계 등의 행정작용에 관련된 쟁송절차이다. 이에는 정식의 소송절차인 행정소송만을 의미하고 행정심판은 제외된다.

(4) 헌법재판권은 헌법에 관한 쟁송을 사법절차에 따라 해석·적용·판단하는 사법작용으로 이는 대체로 헌법재판소가 담당한다. 그리고 현행헌법상 법원은 헌법재판 중 명령·규칙의 위헌·위법심사권(제107조 제2항)과 위헌법률심판제청권(제107조 제1항) 및 선거소송재판권을 가진다.

제3항 각국의 사법제도의 유형

현대 민주국가는 권력분립의 원리에 의해 사법을 전담하는 기구를 설치하고 있으나 각국의 실정법에 따라 그 성격과 기능이 다르게 정해진다.

Ⅰ. 사법집중형

사법집중형은 사법권을 민·형사재판뿐만 아니라 행정재판에도 미치게 하는 유형을 말한다. 즉 사법권은 시민상호 간 법률관계뿐만 아니라 시민과 국가 간 권력관계도 포함하는 것으로 이러한 유형은 미국·영국·일본 등에서 채택하고 있다.

이 유형에 있어서 법원의 재판은 모든 국가권력에 대한 법의 지배(Rule of Law)의 이념을 실현하는 데에 의미가 있는 것으로 보아 행정재판도 일반법원이 담당하는 일원적 사법부구조형을 취하고 있다.

Ⅱ. 사법분산형

사법분산형은 사법권을 민·형사재판에 한정하고 행정재판을 배제하는 유형을 말한다. 일반사법권은 시민상호 간 법률관계에 한정하고 시민과 국가 간 권력관계에 미치지 않는다.

따라서 행정소송 등의 재판권은 일반사법법원으로부터 그 관할을 달리하는 독립한 행정재판소(행정법원)가 담당한다. 이러한 이원적 사법부구조형은 독일·프랑스 등에서 채택하고 있다.

Ⅲ. 헌법과 사법집중형

헌법은 일반법원에서 민·형사소송뿐만 아니라 행정재판권도 지니는 사법집중형을 규정하고 있다.

「법원조직법」상 행정법원을 규정하고(법 제3조 제1항 제6호), 「행정소송법」에서 행정소송에 적용하는 소송의 절차를 민사소송절차와는 다른 특칙을 인정하고 있다. 그러나 행정법원 역시 대법원을 상급법원으로 하는 각급법원에 속하고 있고, 「행정소송법」에서 정한 행정사건과 다른 법률에 의하여 행정법원에 속하는 사건을 1심으로 하고 있어(법 제40조의4), 소송의 주체는 일반법원이라고 할 수 있다.

제4항 사법권의 한계

Ⅰ. 실정법상 한계

국민은 헌법과 법률이 정한 법관에 의하여 법률에 의한 재판을 받을 권리를 가지며(제27조 제1항), 이 권리는 일반적 법률유보의 대상이 되어 국가안전보장·질서유지 또는 공공복리를 위하여 법률로써 제한될 수 있다.

헌법 제101조 제1항의 "사법권은 법관으로 구성된 법원에 의한다"는 헌법에 별도의 규정이 없는 한 고유한 사법기능은 법원이 담당한다는 의미이다. 헌법이 명문의 규정으로 다른 기관의 권한이나 사법심사대상에서 제외하고 있으면 법률에 의해 사법권의 한계를 정할 수 있다.

1. 헌법재판소의 권한사항

헌법 제111조 제1항에서 위헌법률심판, 탄핵심판, 위헌정당해산심판, 권한쟁의심판, 헌법소원심판사건은 헌법재판소의 관할로 하고 있다. 따라서 이러한 권한에는 법원의 권한이 미치지 못한다.

2. 국회의원의 자격심사와 징계

헌법 제64조 제4항(의원의 자격심사, 징계, 제명 처분의 법원 제소 부인)은 국회의 자율성 내지 독자성을 존중하는 의미에서 의원의 자격심사와 징계·제명에 대하여 법원에의 제소를 금지하고 있다. 다만 국회의 자율권도 헌법과 법률을 벗어나지 않은 한에서 사법심사 대상이 되지 않는다고 본다(헌재 96헌라2).

> **⚠ 판례** | 국회의 자율권의 사법심사 대상 여부 – 헌재 1997.7.16. 96헌라2(기각)
>
> 국회는 국민의 대표기관, 입법기관으로서 폭넓은 자율권을 가지고 있고, 그 자율권은 권력분립의 원칙이나 국회의 지위, 기능에 비추어 존중되어야 하는 것이지만, 한편 법치주의의 원리상 모든 국가기관은 헌법과 법률에 의하여 기속을 받는 것이므로 **국회의 자율권도 헌법이나 법률을 위반하지 않는 범위내에서 허용되어야 하고 따라서 국회의 의사절차나 입법절차에 헌법이나 법률의 규정을 명백히 위반한 흠이 있는 경우에도 국회가 자율권을 가진다고는 할 수 없다.**

3. 군사재판

군사법원의 상고심은 대법원에서 관할한다고 하여(제110조 제2항) 법원의 재판을 받을 권리를 유지하고 있다.

하지만 군사재판은 평상시 일정범죄에 대한 군사재판(제27조 제2항)과 비상계엄 하의 단심제(제110조 제4항)가 적용되는 범죄는 군사법원에서 관할하며, 일반법원의 권한이 미치지 못한다. 다만, 사형을 선고하는 경우에는 예외적으로 대법원의 상고심이 허용된다.

Ⅱ. 사법본질상 한계

1. 구체적 사건성

법률상 쟁송은 법령 등의 규범을 적용함으로써 해결할 수 있는 구체적인 권리·의무에 관련된 분쟁이다. 사법권을 발동케 할 수 있느냐는 구체적 사건성의 존부 여부에 의해 판단된다. 구체적 사건을 전제로 하지 않고 단지 법적 의문이나 추상적인 법적 논쟁은 사법심사 대상이 될 수 없다.

2. 사건의 성숙성

사법권의 대상이 되려면 법률상 쟁송이 있는 구체적 사건이 성숙성을 지녀야 한다.

법률상 쟁송으로서의 성격이 있더라도 그 판단시점은 장래의 문제로, 아직은 재판권이 발동될 수 없는 경우나 현재의 판단시점을 가지는 경우라도 아직 소송의 판단을 받을 수 있을 만큼 내용적 성숙성이 없는 경우에는 발동될 수 없는 사법권의 한계가 있다.

3. 당사자적격과 소의 이익

성숙된 구체적 사건성이 있는 법률상 쟁송이라도 정당한 당사자의 권리나 법률관계

등의 법적 이해관계에 있는 당사자가 재판의 대상이 될 수 있는 소의 이익이 있어야 한다. 따라서 이러한 당사자적격과 소의 이익이 있는 사건을 법원에 제기하여야 한다.

Ⅲ. 권력분립상 한계

1. 국회의 자율권에 대한 한계

국회의 자율권에 속하는 사항은 헌법이나 법률에서 사법권의 제한을 두지 않더라도 원칙적으로 사법심사의 대상이 되지 않는다.

따라서 의원의 발언·표결 등 의사운영에 관한 사항이나 의결종족수와 투표계산 등에 관한 사항에 대하여는 권력분립의 원리에 기하여 사법권이 제한될 수 있다.

2. 행정청의 자유재량행위

종래의 전통적 이론은 행정행위를 기속행위와 재량행위로 나누고, 재량행위를 다시 기속재량행위와 자유재량행위로 나누어 기속재량행위는 사법적 심사대상이 되지만 자유재량행위는 사법적 심사가 배제된다고 하였다.

그러나 현행 「행정소송법」 제27조에서 "행정청의 재량에 속하는 처분이라도 재량권의 한계를 넘거나 그 남용이 있는 때에는 법원은 이를 취소할 수 있다"라고 규정하여 비록 자유재량행위를 인정한다 하더라도 그 재량권의 일탈이나 남용은 위법으로 사법적 심사의 대상으로 삼고 있다.

3. 특수신분관계

특수신분관계에 있어 특정인이 국가의 명령·강제 또는 징계 등을 받는 경우 이러한 강제 등은 특수신분관계에 있어서의 내부관계적 영역에 그칠 때에는 이를 자유재량행위로 보아 사법권이 미치지 않는 것으로 본다.

그러나 명령·강제 등이 특수신분관계의 설정·변경·존속 등에 직접적으로 영향을 미쳐 개인의 권리와 자유의 영역까지 연결되는 경우에는 사법권을 행사할 수 있는 것으로 본다.

제2절   헌법재판의 일반론

제1항 헌법재판의 의의와 기능

Ⅰ. 헌법재판의 의의

① 협의의 헌법재판은 사법적 기관(헌법재판소)이 법원의 제청에 의한 법률의 위헌여부를 판단하는 것(위헌법률심사)을 말한다. 이는 의회 제정법률의 헌법위반 여부를 추상적 또는 구체적 쟁송사건에서 그 효력을 상실하거나 재판의 전제가 되는 구체적 사건에의 적용을 거부하는 사법기능적 성격이 강한 재판을 의미한다. ② 이에 대해 광의의 헌법재판은 이러한 법률의 위헌 여부의 심판 외에도 헌법소원, 탄핵심판, 기관쟁의심판, 정당해산심판, 국민투표소송, 선거소송까지도 포함하는 것을 말한다.

Ⅱ. 헌법재판의 기능

(1) 헌법재판은 헌법의 최고규범성과 그 실효성을 담보하기 위한 제도적 장치로서 국민이 제정한 최고규범인 헌법을 위반하는 국가활동을 통제함으로써 국가권력의 국민적 정당성을 실현하려는 기능을 갖는다. 국민의 대표자인 의회가 제정한 법률을 민주적 정당성을 부여받지도 않은 법원이나 헌법재판소가 규범적 통제를 하는 것이 국민주권주의 등에 반한다고 하지 않는 것은 헌법이 법원이나 헌법재판소에 의회가 제정하는 법률에 대한 합헌성 통제권을 부여하고 있기 때문이다.

(2) 또한 헌법재판은 의회에서 의원의 다수가 제정한 법률을 합헌성 보장의 기준에서 판단함으로써 의회 다수의 전제와 횡포로부터 소수파를 보호하는 기능을 수행한다.

(3) 그리고 헌법재판은 연방국가에서 연방과 지방 간의 권한쟁의를 심판함으로써 연방제를 유지하는 기능을 수행한다.

제2항 헌법재판의 성격

(1) 헌법재판의 법적 성격에 관해서는 ⅰ) 헌법재판은 헌법규범에 대한 해석을 그 본질로 하는 사법적 법인식 작용이라는 사법작용설, ⅱ) 헌법재판의 대상이 되는 분쟁은 법적 분쟁이 아닌 정치적 분쟁이므로 그 해결작용은 사법작용이 아니라 정치적 작용이라는 정치작용설, ⅲ) 헌법재판에 있어서 헌법해석은 일반법률의 해석과는 달리 헌법을 보충

하고 그 내용을 형성하는 기능을 가지므로 헌법재판은 일종의 입법작용이라는 입법작용설, iv) 헌법재판은 입법·행정·사법 등 모든 국가작용을 통제하는 기능을 가지므로 제4의 국가작용으로 보아야 한다는 제4국가작용설 등의 견해가 대립된다.

(2) 헌법 제111조 제1항 제1호에서 "법원의 제청에 의한 법률의 위헌여부의 심판"절차는 법률로 정하는데 이를 정한 「헌법재판소법」에서 "이 법에 특별한 규정이 있는 경우를 제외하고는 헌법재판의 성질에 반하지 아니하는 한도에서 민사소송에 관한 법령을 준용한다"(법 제40조 제1항)라고 하여 재결행위가 사법적 절차에 따라 행해지므로 헌법재판은 일종의 사법적 작용이다.

(3) 헌법재판은 헌법이라는 규범을 기준으로 규범을 판단하는 것으로 절차과정적 측면에서는 일종의 사법작용적 성격이 강하지만 헌법규범적 측면에서는 그 해결작용이 규범을 판단·선언하는 정치형성적 기능을 지닌다고 할 수 있다.

(4) 「헌법재판소법」이 "위헌으로 결정된 법률 또는 법률의 조항은 그 결정이 있는 날부터 효력을 상실한다"하여(법 제47조 제2항), 헌법재판이 규범 자체를 제정하는 입법작용은 아니며 단지 위헌결정법률을 폐지하는 효과를 가져오는 소극적 의미를 갖는 것이다.

(5) 따라서 헌법재판은 그 절차 과정적 측면에서는 사법작용이라고 보아야 하지만 헌법재판이라는 점에서 헌법규범을 기준으로 규범을 판단하는 정치 형성적 기능을 가지며, 소극적 의미의 입법작용을 갖는 포괄적 작용을 지닌다고 보아야 한다.

제3항 헌법재판의 유형

Ⅰ. 헌법재판의 양태에 따른 분류

1. 법률공포 전후에 따른 위헌심사

헌법재판의 대상으로는 일반적으로 위헌법률심판을 들고 있다. 위헌법률심사에는 위헌법률심사의 시점이나 내용을 기준으로 ① 법률이 국회에서 통과된 후 공포 이전에 위헌법률심사를 행하는 사전적·예방적 위헌법률심사제도가 있다. 프랑스의 헌법평의회는 사전적 위헌법률심사제도를 채택하고 있다. ② 이에 대해 법률의 공포·시행 이후에 위헌법률심사를 행하는 사후적·교정적 위헌법률심사제도가 있다.

2. 구체적 규범통제와 추상적 규범통제

규범통제를 중심으로 ① 법률의 위헌 여부가 재판의 전제가 된 경우에 한하여 소송당

348 제 4 부 국가권력구조론

사자의 신청 또는 법원의 직권에 의하여 위헌심사를 행하는 구체적 규범통제가 있다. 이러한 구체적 규범통제는 당해 법률이 위헌이라고 판단될 경우 그 법률을 적용하지 아니하는 위헌판단의 효과는 당해 사건에 한한다. 따라서 이 경우 심판청구의 주체는 당해 법률로 인해 자신의 권리를 침해당한 자에 한정되며 당사자 이외의 자에 대하여는 여전히 구속력을 가진다.

② 이에 대해 법률의 위헌여부에 관한 다툼이 있는 경우에 재판의 전제와는 관계없이 일정한 국가기관의 신청에 의하여 헌법재판기관이 위헌심사를 담당하는 추상적 규범통제가 있다. 이러한 추상적 규범통제에서는 구체적 소송사건과는 관계없이 법률 그 자체의 위헌 여부를 심사하고 당해 법률이 위헌으로 판단될 경우 그 법률은 효력을 상실한다. 따라서 이 경우 심판청구의 주체는 위헌법률에 의하여 자신의 권리가 침해당한 자에 한정되지 않고 기본권의 침해가 없는 자도 위헌심판의 청구가 가능하다.

3. 공권력에 의한 기본권 침해에 대한 심판

헌법재판에는 위와 같은 규범통제 이외에도 기본권을 침해하는 공권력의 위헌, 무효를 통한 개인적 규범통제제도로서 헌법소원제도가 있다.

4. 국가권력에 대한 통제로서 헌법재판

그밖에 ① 국가권력에 대한 통제적 헌법재판으로서 통상의 절차에 의해 법적 책임을 추궁하기 곤란한 고위공직자가 헌법 또는 법률에 위반되는 행위를 하는 경우 법적 책임을 추궁하는 탄핵심판제도, ② 정당의 목적이나 활동이 민주적 기본질서에 위배될 때 헌법재판을 통해 해산하는 정당해산심판제도, ③ 국가기관 상호 간, 국가기관과 지방자치단체 간 및 지방자치단체 상호 간의 권한의 유무나 범위에 대하여 다툼이 있을 때 이를 확정하는 권한쟁의심판제도 등이 있다.

II. 헌법재판의 담당기관에 따른 분류

헌법재판은 헌법재판을 담당하는 헌법법원을 별도로 설치하여 헌법재판을 담당하게 하는 헌법법원형, 일반법원으로 하여금 헌법재판을 담당하게 하는 일반법원형과 헌법법원도 일반법원도 아닌 특수한 성격을 가진 기관으로 하여금 헌법재판을 담당하게 하는 특수기관형이 있다.

(1) 헌법법원형에서는 일반적으로 헌법법원이 위헌심사뿐만 아니라 탄핵심판·권한쟁

의심판·정당해산심판·헌법소원·선거소송심판까지 담당한다. 여기서는 법률의 위헌여부 심사는 구체적 규범통제뿐 아니라 추상적 규범통제까지도 인정하는 것이 보통으로, 법률의 위헌성 판단시 그 법률의 효력은 전면적으로 상실된다. 이 유형은 독일·오스트리아·이탈리아·프랑스·포르투갈 등이 채택하고 있다.

(2) 일반법원형에서는 헌법재판은 위헌법률심사에 국한되고 위헌심사도 구체적 규범통제에 한정되어 있다. 법률의 위헌성 판단 시에도 당해 사건에 그 법률의 적용을 거부할 수 있을 뿐 그 효력이 전면적으로 상실되지 않는다. 이 유형은 미국·중남미제국·호주·캐나다·일본 등이 채택하고 있다.

(3) 특수기관형은 그리스 특별최고법원·이란의 헌법수호위원회 등이 채택하고 있다.

제4항 한국헌법과 헌법재판제도

Ⅰ. 역대헌법의 헌법재판기관

(1) 제헌헌법은 헌법위원회가 구체적 규범통제를 통한 위헌법률심사를 담당하였다. 대통령과 고위공직자들에 대한 탄핵심판은 탄핵재판소가 담당하였다.

(2) 1960년 제2공화국헌법에서는 추상적 규범통제를 행하는 헌법재판소가 설치되었다. 헌법재판소는 법률의 위헌심사를 비롯하여 헌법에 관한 최종해석·국가기관 간 권한쟁의·정당의 해산심판·탄핵재판·선거소송 등을 관할하였다.

(3) 1962년 제3공화국헌법에서는 대법원이 위헌정당해산심판과 위헌법률심판을 담당하여 헌법재판기관으로서의 역할을 하였고, 탄핵심판은 탄핵심판위원회에서 담당하였다.

(4) 1972년 제4공화국헌법에서는 헌법위원회를 설치하여 위헌법률심사·탄핵심판·위헌정당해산결정의 권한을 부여하였다. 법원은 헌법위원회에 위헌법률심사를 제청할 수 있었다.

(5) 1980년 제5공화국헌법에서도 헌법위원회에 위헌법률심사·탄핵심판·위헌정당해산심판 등 헌법재판에 관한 권한을 부여하였고, 법원에는 명령·규칙심사권과 선거소송에 관한 심판권만을 부여하였다.

Ⅱ. 현행헌법상 헌법재판기관

1987년 현행헌법에서는 헌법재판소가 위헌법률심판·탄핵심판·정당해산심판·권한쟁의심판·헌법소원심판 등 헌법재판을 담당하고 있다. 헌법소송 중 선거소송과 명령·규칙의 위헌 여부는 대법원의 관할로 하고 있다.

제2편
헌법각론

제1부 기본권(기본권 각론)

제2부 국가권력구조론

제 **1** 부
기본권(기본권 각론)

01 서 설

헌법은 포괄적 기본권으로서 인간의 존엄과 가치·행복추구권(제10조), 평등권(제11조)을 규정하고 있다. 헌법상 인간의 존엄과 가치, 행복추구권, 그리고 평등권 등의 규정은 개별적 기본권이 하나의 조항에서 하나의 권리보장만을 규정하는 것과는 달리 하나의 조항에 규정되어 있지만 다른 기본권에도 그 권리보장이 적용되는 포괄성을 지닌다. 이러한 의미에서 인간의 존엄과 가치, 행복추구권, 평등권 규정은 강학상 포괄적 기본권으로 통칭한다.

한편 개별적 기본권으로서 자유권, 참정권, 청구권, 사회권을 규정하고 있다.

① 자유권으로서 신체의 자유(제12조), 거주이전의 자유(제14조), 직업의 자유(제15조), 주거의 자유(제16조), 사생활의 비밀과 자유(제17조), 통신의 자유(제18조), 양심의 자유(제18조), 종교의 자유(제20조), 언론·출판·집회·결사의 자유(제21조), 학문과 예술의 자유(제22조), 재산권(제23조)을 규정하고, ② 참정권으로서 선거권(제24조), 공무담임권(제25조), 국민투표권(제72조, 제130조 제2항), ③ 청구권으로서 청원권(제25조), 재판청구권(제26조), 형사보상청구권(제28조), 국가배상청구권(제29조), 재산권에서 도출되는 손실보상청구권, 범죄피해자구조청구권(제30조)을 규정하고 있다. ④ 또한 사회권으로서 교육을 받을 권리(제31조), 근로의 권리(제32조), 노동3권(제33조), 인간다운 생활을 할 권리(제34조), 환경권(제35조), 혼인과 가족생활(제36조)을 규정하고 있다.

02 인간의 존엄과 가치·행복추구권

> **기본이해를 위한 질문**
> 1. 인간의 존엄이란 무엇이며, 그 법적 성격과 주체는 어떻게 이해하여야 하는가
> 2. 행복추구권이란 무엇이며, 그 내용은 무엇인가

제1절　인간의 존엄과 가치

Ⅰ. 인간의 존엄과 가치의 역사적 변천과 의의

1. 인간의 존엄과 가치의 역사적 변천

인간의 존엄과 가치의 변천은 시대에 따라 동일하지 않고 사회적 조건과의 관계에서 결정되는 수가 많다.

인간의 존엄과 가치는 인간은 생래적·천부적 인권을 지닌 존재임을 선언한 데서 찾아볼 수 있다. 인간의 생명·자유의 보장은 로크(J. Locke)의 영향을 받은 것으로, 1776년 미국 버지니아(Virginia)인권선언이 그 효시이다. 즉 버지니아인권선언은 "사람은 나면서부터 자유이며 독립이고 일정한 생래의 권리를 가진다. 이들의 권리는 인민이 사회상태에 들어감에 있어서 어떠한 계약에 의해서도, 인민의 자손에게서 이를 빼앗을 수 없는 것이다. 이러한 권리란 재산을 취득, 소유하고 행복과 안전을 추구하는 수단을 수반하여 생명과 자유를 누리는 권리이다"(제1조)라고 하고 있다. 또 미연방헌법 수정 제5조는 "… 법의 적정한 절차에 의하지 아니하고는 생명·자유 또는 재산을 박탈당하지 아니하며 …"라고 규정하고 있다.

제2차 세계대전 후에 인간은 전쟁기간 중에 전체주의나 군국주의 하에서 이루어진 대량학살, 강제노동, 고문, 테러, 국외추방, 인간실험 등의 비인간적인 만행을 반성하고자 하였다. 「세계인권선언」, 유럽인권규약, 국제인권규약 등 여러 국제규약에서 인간의 존엄을 선언하고, 일본, 독일, 그리스, 스페인, 터키 등 세계 각국은 헌법에 인간의 존엄에 관한 규정을 선언하게 된다.

2. 인간의 존엄과 가치의 헌법규정과 의의

우리 헌법은 제5차 헌법개정에서 인간의 존엄과 가치를 최초로 도입하였다. 현행헌법은 제10조에서 "모든 국민은 인간으로서의 존엄과 가치를 가지며, 행복을 추구할 권리를 가진다. 국가는 개인이 가지는 불가침의 기본적 인권을 확인하고 이를 보장할 의무를 진다"라고 인간의 존엄과 가치를 규정하고 있다.

헌법 제10조 제1문 "모든 국민은 인간으로서의 존엄과 가치를 가지며"라는 규정에서 '인간'의 '존엄과 가치'가 무엇을 의미하는가에 관해서는 여러 가지 견해가 있다. 인간의 존엄과 가치를 인격성으로 보는 견해, 인격의 내용을 이루는 윤리적 가치로 보는 견해, 인간의 존엄은 인간을 인간으로 만드는 인격 그 자체이며, 인간의 가치란 인간의 독자적 평가로 보는 견해 등이 있다.

인간의 존엄과 가치에서의 '인간'은 인간의 고유한 가치의 주체로서 사회공동체 생활을 자율적으로 형성해 나갈 수 있는 자주적 인간임을 말한다. 인간은 인격을 가진 존재로 대우받을 것이 요청되는 인격체로서의 인간을 의미한다. 이는 개인의 이기적, 독립적인 개인주의도, 개인보다 전체의 중요성을 강조하는 전체주의에서의 인간상도 아니다.

요컨데 인간의 존엄과 가치는 자주적인 인간의 인격체로 대할 것을 요구하는 것으로 이러한 인간의 존엄과 가치는 어떠한 경우에도 양도하거나 포기할 수 없는 인간 고유의 인격을 의미한다.

II. 인간의 존엄과 가치의 법적 성격

헌법 제10조는 국민의 주관적 권리를 확인하는 주관적 공권인 동시에 헌법의 객관적 질서로서 국가의 기본적 인권보장의무를 규정한 근본규범이라는 이중적 성격을 띠고 있다.

1. 전국가적 자연권

인간의 존엄과 가치에 대해서 개별적 기본권성을 긍정할 때, 권리의 본질은 천부적인 전국가적 자연권이라는 자연권 긍정설과 인간의 존엄과 가치는 객관적 헌법원리로서 우리 사회의 동화, 통합을 이룩하는 가치적인 공감대에 해당하는 것이며, 단순히 자연법적 가치만을 갖는 것은 아니라는 부정설이 있다. 우리 헌법 제10조는 인간의 존엄과 가치를 통하여 국민의 자유와 권리보장을 선언한 것으로, 권리의 본질은 천부인권의 전국가적 자연권으로 보는 것이 타당하다.

2. 기본권

인간의 존엄과 가치는 독립된 기본권인가, 아니면 단순한 기본원리를 선언한 것이냐에 관하여 학설들이 대립되고 있다. ⅰ) 인간의 존엄과 가치는 다른 개별적 기본권과 같이 독자적인 내용을 가진 주관적 공권인 동시에 모든 기본권조항에 적용될 수 있는 일반원칙의 선언이라는 견해, ⅱ) 그리고 인간의 존엄과 가치는 다른 모든 기본권의 이념적 출발점이자 동시에 기본권보장의 목표임을 부정할 수는 없지만, 인간의 존엄과 가치는 그 자체로서 기본권으로서의 성격도 아울러 가진다는 견해, ⅲ) 헌법 제10조의 인간의 존엄과 가치는 인간의 인격성 등 인간의 정체성을 보호하는 권리로서 구체적으로는 개인의 일반적 인격권과 생명권을 보장하는 주관적 공권이라는 기본권성을 긍정하는 견해, ⅳ) 인간의 존엄과 가치는 개별적 구체적 권리가 아니고 모든 기본권의 전제가 되는 기본원리의 선언으로서 기본권의 이념적 출발점 내지 구성원리에 불과한 것이라는 견해, ⅴ) 그리고 헌법 제10조 제1문 전단은 구체적 기본권을 보장한 조항이 아니라 모든 기본권의 이념적 전제가 되고 모든 기본권보장의 목적이 되는 객관적 헌법원리를 규범화한 것이라는 기본권성을 부정하는 견해 등이 있다.

헌법재판소는 "인간으로서의 존엄과 가치를 핵으로 하는 헌법상의 기본권보장이 다른 헌법규정을 기속하는 최고의 헌법원리"라고 하고 헌법 제10조가 "모든 기본권보장의 종국적 목적이라고 할 수 있는 인간의 본질이며 고유한 가치인 개인의 인격권"을 보장하는 것이라고 한다.

생각건대 인간의 존엄과 가치는 다른 모든 기본권의 이념적 지표이고 다른 헌법규정을 기속하는 최고의 헌법원리이다. 인간의 존엄과 가치는 인간 존재의 근본이 되는 원리로서 다른 기본권을 보장하는 근간규정이 되고 기본권 실현의 목표규정이라고 본다.

 판례 | 인간의 존엄과 가치와 일반적 인격권, 자기결정권 – 헌재 2019.4.11. 2017헌바127 (헌법불합치)

헌법 제10조 제1문은 "모든 국민은 인간으로서의 존엄과 가치를 가지며, 행복을 추구할 권리를 가진다."라고 규정하고 있는데, 이 조항이 보호하는 **인간의 존엄성으로부터 개인의 일반적 인격권이 보장**된다(헌재 1991.4.1. 89헌마160; 헌재 2003.6.26. 2002헌가14 참조). **일반적 인격권은 인간의 존엄성과 밀접한 연관관계를 보이는 자유로운 인격발현의 기본조건을 포괄적으로 보호**하는데, **개인의 자기결정권은 일반적 인격권에서 파생**된다(헌재 2015.2.26. 2009헌바17 등; 헌재 2012. 8.23. 2010헌바402; 헌재 2015.11.26. 2012헌마940 참조).

3. 근본적 규범

인간의 존엄과 가치는 우리 헌법의 기본원리를 나타내는 헌법의 근본적 규범이다. 이는 모든 국가작용의 목적이 되며 국가활동에 대한 가치판단의 기준 및 모든 법의 해석기준이 된다. 특히 인간의 존엄과 가치는 우리 헌법상 기본권실현의 이념적 기초가 된다.

또한 인간의 존엄과 가치는 법의 보완원리가 되며 헌법개정의 한계와 기본권 제한 입법의 한계가 된다.

Ⅲ. 인간의 존엄과 가치의 주체

인간으로서 존엄과 가치는 내국인과 외국인 구별 없이 모든 인간이 그 주체가 된다. 이때의 인간은 자연인을 말하므로, 법인이나 법인격 없는 단체에게는 적용되지 않는다.

인간으로서 형성단계에 있는 태아도 생명권의 주체가 되므로, 인간의 존엄과 가치의 주체성을 인정하는 것이 타당하다. 그리고 수정란이나 유전자 자체에 대한 조작은 헌법상 인간의 존엄과 가치를 침해한다고 본다.

사자(死者)인 경우에는 인격주체성이 결여되어 있으므로 원칙적으로 인간으로서의 존엄과 가치의 주체성이 부정되지만 다만 사체의 산업용 이용과 관련하여 제한적으로 이를 인정하는 경우가 있을 수 있다.

Ⅳ. 인간의 존엄과 가치의 내용

인간의 존엄과 가치의 존중은 모든 기본권의 이념적 전제가치이며 모든 기본권보장의 목적이 되므로 이러한 목적을 달성하기 위해 필요한 자유와 권리는 어느 것이나 그 보장내용이 된다.

따라서 인간의 존엄과 가치는 헌법 제10조 제1문 후단에서 제36조까지의 개별적 기본권보장을 통해 실현되며, 그 외에도 헌법에 열거되지 아니한 권리(예컨대 일반적 인격권, 자기운명결정권, 생명권, 평화적 생존권, 정보청구권 등)를 보장한다.

또한 인간의 존엄과 가치를 부정하거나 그 실현의 방해를 이유로 금지되어서는 안 되며, 인간을 어떤 목적을 위한 수단으로 격하시켜서도 안 된다.

V. 인간의 존엄과 가치의 효력

1. 대국가적 효력

인간의 존엄과 가치는 국가에 대해서는 국가권력에 대한 직접적인 구속규범으로서 국가의 공권력 행사의 한계이자 대국가적 방어권이다. 따라서 입법·행정·사법 등 모든 국가활동에 대한 가치판단의 기준이 된다.

헌법 제10조 제2문은 국가권력이 국민의 기본권을 침해하는 것을 금지하고 나아가 국민의 기본권을 타인의 침해로부터 보호할 의무를 부과하고 있다.

2. 대사인적 효력

인간의 존엄과 가치는 공권력에 의해 침해가 있는 경우에 이의 배제를 요구할 수 있는 대국가적 공권이다.

또한 인간의 존엄과 가치는 객관적 법규범으로서 사인 상호 간에도 적용된다. 다만, 공권으로서의 인간의 존엄과 가치는 직접 적용되나 사권으로서의 인격권은 사법의 일반원칙을 통하여 사인 간에 적용된다고 본다.

VI. 인간의 존엄과 가치의 제한

인간의 존엄과 가치는 국가권력에 의해 제한될 수 없는 최고의 이념이다. 그러나 인간의 존엄과 가치에 의하여 비롯되는 구체적 권리는 제한될 수 있다. 즉, 헌법 제37조 제2항의 규정에 따라 인간의 존엄과 가치도 법률로써 제한할 수 있다. 그러나 인간의 존엄과 가치의 본질적 내용은 법률로써도 제한할 수 없다. 이와 관련하여 사형이나 낙태, 안락사의 위헌성 문제가 제기되고 있다.

헌법재판소도 "인간의 존엄성을 실현하는 데 있어서 불가결하고 근본적인 자유는 더욱 강하게 보호되어야 하고 이에 대한 제한은 더욱 엄격히 심사되어야"한다고 하여 예외적 제한가능성을 인정하되 다만 제한입법의 합헌성을 판단하는 기준에 대한 엄격성을 요하고 있다.

제2절   행복추구권

Ⅰ. 행복추구권의 의의

행복추구권이란 소극적으로는 고통과 불쾌감이 없는 상태를 추구할 권리를, 적극적으로는 만족감을 느끼는 상태를 추구할 수 있는 권리이다. 즉, 행복추구권은 고통과 불쾌감 없이 안락하고 만족감을 느낄 수 있는 삶을 추구할 권리라고 할 수 있다.

어떤 사람은 물질적 충족을 행복이라 생각하고 어떤 사람은 정신적 만족을 행복으로 생각할 수 있다. 혹은 둘을 동시에 충족하는 것을 행복이라 생각할 수도 있다. 이같이 행복이란 다의적이고 다분히 주관적인 개념으로 생활환경, 생활여건, 인생관, 가치관에 따라 상이하게 이해될 수 있다.

이러한 불확실하고 불명확한 개념을 헌법에 규정한 것에 대한 비판적 논의가 있고, 법해석의 혼란만 초래할 우려가 있다는 비판도 있으며, 나아가 헌법상 행복추구권의 존재 자체를 부정적으로 보는 견해도 있다.

행복이라는 것이 명확하게 정하기 어려운 점이 있는 것은 사실이나 행복추구권을 기본권의 전 체계와 조화될 수 있는 방향으로 해석할 필요가 있다고 본다. 따라서 행복추구권은 포괄적 성격을 지니면서 다른 기본권에 대한 보충적 성격을 가지는 것으로 보는 것이 바람직하다고 하겠다.

행복추구권은 최초로 미국버지니아권리장전에 '행복과 안전의 추구'를 규정하였고, 미국독립선언서에서는 개인의 '생명·자유 및 행복을 추구할 권리'를 규정하였다.

우리나라는 1980년 제5공화국헌법에서 행복추구권을 규정한 이래 현행헌법 제10조 제1문 후단에 이를 규정하고 있다.

Ⅱ. 행복추구권의 법적 성격

1. 주관적 공권성

행복추구권은 소극적, 방어적 권리인가 아니면 국가에 대해 적극적 요구를 할 수 있는 적극적 권리인가가 문제이다.

행복추구권은 자연법사상에 근원을 두고 인간의 존엄과 가치의 원리와 결합하여 기본권 보장의 가치체계 내에서 기초를 이루는 것이나 헌법상 명문으로 행복을 추구할 권리를 규정하고 있으므로 추상적 법원리라고만 할 수 없다. 헌법재판소도 행복추구권을 독자적·주관적 기본권(구체적 권리)의 하나로 해석하고 있다.

따라서 행복추구권은 국민이 행복을 추구하는 활동을 국가권력의 간섭 없이 자유롭게 할 수 있다는 자유권적 성격을 가지며, 행복을 향유하는 데 대한 방해를 방어하는 소극적·방어적 성격의 주관적 공권이라 하겠다.

그러나 국민이 행복을 추구하기 위하여 필요한 급부를 국가에게 적극적으로 요구할 수 있는 것을 내용으로 하는 것은 아니라고 본다.

2. 포괄적 권리성

행복추구권은 헌법에 규정된 기본권 중에서 행복추구의 수단이 될 수 있는 기본권에 보충적으로 적용됨은 물론 그 밖에 행복추구를 위해 필요한 것이면 열거되지 아니한 권리의 내용도 포함하는 포괄성을 지닌다고 하겠다.

> **⚠ 판례** | 행복추구권의 성격 – 헌재 1995.7.21. 93헌가14(합헌)
>
> 헌법 제10조의 **행복추구권**은 국민이 행복을 추구하기 위하여 필요한 **급부를 국가에게 적극적으로 요구할 수 있는 것을 내용으로 하는 것이 아니라**, 국민이 행복을 추구하기 위한 활동을 국가권력의 간섭 없이 자유롭게 할 수 있다는 **포괄적인 의미의 자유권으로서의 성격**을 가지므로 국민에 대한 일정한 보상금의 수급기준을 정하고 있는 이 사건 규정(「국가유공자 예우 등에 관한 법률」 제9조)이 행복추구권을 침해한다고 할 수 없다.

3. 자연권성

행복추구권을 주관적 권리로 해석할 경우에도 그것을 자연권으로 볼 것인가 아니면 실정권으로 볼 것인가가 문제이다. 행복추구권은 헌법 제10조에서 기본권의 천부인권성을 강조한 선언적 규정으로 자연권성을 주장하는 견해와 헌법 제37조 제1항의 헌법에 열거되지 아니한 권리를 규정한 실정권이라는 견해가 있다.

요컨대 행복추구권은 성질상 천부인권적 자연법상 권리로 각 기본권의 기초가 되며 그 포괄적 권리성은 헌법 제37조 제1항을 확인하는 규정으로서 전국가적 자연권성을 지니는 것으로 파악하여야 할 것이다.

III. 행복추구권의 주체

행복추구권은 자연법사상을 그 바탕원리로 하고 있는 것으로 자연인만이 누릴 수 있는 권리이다. 따라서 자연인인 이상 내국인은 물론 무국적자를 포함한 외국인도 그 주체가 된다.

행복추구권은 인간의 권리이므로 법인 또는 단체는 원칙적으로 성질상 행복추구권의 주체가 되지 못한다. 예외적으로 법인은 행복추구권으로부터 도출되는 계약의 자유의 주체가 될 수 있다(헌재 2001헌바71).

Ⅳ. 행복추구권의 내용

1. 보충적인 권리

행복추구권은 포괄적 기본권성을 지니고 있으며 그 내용도 다양하다고 할 수 있다. 헌법상 열거된 기본권으로서 행복추구의 수단이 될 수 있는 개별적 기본권으로서는 보충적인 권리이며, 또한 헌법상 열거되지 아니한 것으로 행복추구의 수단이 될 수 있는 권리로서의 근거규정이 된다. 즉 일반적 행동자유권, 자기결정권, 휴식권, 수면권, 일조권, 평화적 생존권 등을 포함한다.

2. 일반적 행동자유권

행복추구권에서 파생되는 권리인 일반적 행동자유권은 인격을 실현하는 자유권으로 행복추구권의 주된 내용을 이룬다. 일반적 행동자유권은 적극적으로 자유롭게 행동하는 것은 물론 소극적으로 행동을 하지 않을, 즉 부작위의 자유도 포함된다.

헌법재판소는 구체적으로 •계약의 자유(헌재 89헌마204), •「국가보안법」상 규제대상이 되는 편의제공의 자유(헌재 90헌바23), •당구를 통하여 자신의 소질과 취미를 살리고자 하는 자유(헌재 92헌마80), •음주측정에 불응하는 자유(헌재 96헌가11), •18세 미만의 노래연습장 출입의 자유(헌재 94헌마13), •기부금품모집행위(헌재 96헌가5), •결혼식하객에게 주류와 음식물을 대접하는 행위(헌재 98헌마168), •미결수용자가 재소자용 복장을 법정에서 입지 않을 자유(헌재 98헌마137), •학생이 과외교습을 받을 권리(헌재 98헌가11·98헌마429 병합), •취미·일시적 활동 또는 무상의 봉사활동으로 하는 의료행위(헌재 2001헌마370), •공법상의 단체에 강제로 가입하지 않을 자유(헌재 2000헌마801), •좌석안전띠를 매지 않을 자유(헌재 2002헌마518), •음주운전 금지규정의 3회 이상 위반자의 필요적 면허취소규정(헌재 2005헌바91), •기간임용제에 탈락한 행정직원대표의 입후보 배제(헌재 2005헌마1133), •학교폭력예방법의 가해학생과 보호자의 특별교육 의무화(헌재 2012헌마832), •전용차로 통행차는 대통령령으로 정하는 예외적 경우만 허용(헌재 2017헌바465) 등을 **일반적**

행동의 자유에 속하는 것으로 보고 있다.

일반적 행동자유권이란 자유로운 인격 발현을 위하여 자유롭게 행동할 수 있는 자유를 말한다. 이는 인간의 모든 생활영역을 그 대상으로 하는 일반조항적 성격을 지니고 있어 개별기본권과의 관계에서 보충적 성격을 지니며, 양자 관계는 일반법과 특별법의 관계에 있다고 할 수 있다. 즉, 일반적 행동자유권은 개별적 기본권에 해당하지 않는 자유를 보호하게 되는 것이다.

3. 일반적 인격권·자기결정권

행복추구권에서 파생되는 자유로서 사적 자치의 원칙, 자신이 마실 물을 선택할 자유, 소유권이전등기를 할지 여부, 대마초 흡연행위의 자유 등을 들고 있다. 또한 인간의 존엄과 가치 및 행복추구권에서 파생되는 것으로 일반적 인격권으로서 자기운명결정권과 성적 자기결정권이 있고, 성적 자기결정권의 내용으로서 혼인의 자유를 인정한다.

일반적 인격권이란 개인의 고유한 인격적 가치를 실현할 수 있고 인격적 가치의 침해를 받지 않을 권리를 말한다. 개인의 자유로운 인격 실현을 위해 스스로의 삶을 결정하고 방해받아서는 안 된다. 이러한 일반적 인격권의 근거가 되는 것이 행복추구권이라 하겠다.

일반적 인격권은 주체의 존재 상태를 보호하는 것에 중점을 두는 것이라고 한다면, 일반적 행동자유권은 주체의 행동을 보호하는 것에 중점을 두는 것이다.

판례 | 일반적 행동자유권 1 – 헌재 1998.5.28. 96헌바83(합헌)

부동산을 양수한 자는 특별한 사정이 없는 이상 소유권이전등기를 할 것인지 여부를 스스로 결정할 자유가 있다 할 것이고, 이러한 자유는 헌법 제10조에 규정된 **행복추구권에 함축되어 있는 일반적 행동의 자유권**의 한 내용을 이루고 있는 것이다 … **소유권이전등기신청을 의무화하고 그 위반에 대하여 과태료를 부과**하도록 한 부동산등기특별조치법 제11조 제1항이 **과잉금지의 원칙에 어긋나게 일반적 행동자유권을 제한한 것이라 할 수 없다.**

판례 | 일반적 행동자유권 2 – 헌재 1998.10.15. 98헌마168(위헌, 각하)

결혼식 등의 당사자가 자신을 축하하러 온 하객들에게 주류와 음식물을 접대하는 행위는 인류의 오래된 보편적인 사회생활의 한 모습으로서 개인의 **일반적인 행동의 자유 영역에 속하는 행위**라 할 것이다. 그렇다면 이는 **헌법 제37조 제1항에 의하여 경시되지 아니하는 기본권**이며 헌법 제10조가 정하고 있는 **행복추구권에 포함되는 일반적 행동자유권으로서 보호되어야 할 기본권**이라 할 것이다.

판례 | 일반적 인격권 – 헌재 2005.10.27. 2002헌마425(각하)

헌법 **제10조로부터 도출되는 일반적 인격권**에는 **개인의 명예에 관한 권리도 포함**될 수 있으나 (헌재 1999.6.24 97헌마265, 불기소처분, 기각), 여기서 말하는 **'명예'**는 사람**이나 그 인격에 대한 '사회적 평가'**, 즉 **객관적·외부적 가치평가**를 말하는 것이지 단순히 주관적·내면적인 명예감정은 포함하지 않는다고 보아야 한다. 그와 같은 주관적·내면적·정신적 명예감정은 포함하지 않는다고 보아야 한다. 그와 같은 주관적·내면적·정신적 사항은 객관성과 구체성이 미약한 것이므로 법적인 개념이나 이익으로 파악하는 데는 대단히 신중을 기하지 않을 수 없기 때문이다.

V. 행복추구권의 효력

국가권력은 개인의 행복추구권을 침해해서는 안 된다. 국가는 행복추구권을 침해하는 법률을 원칙상 제정할 수 없고, 이를 침해하는 행정처분이나 재판 또한 부인된다.

행복추구권이 사인 간에도 효력을 갖는가에 대해서는 학설이 대립되고 있다. 사인의 인격권을 침해하는 행위는 무효이며, 사권으로서의 인격권은 사법의 일반조항을 통하여 사인 간에도 적용된다고 보아야 한다.

사법의 일반조항이란 사법상 공서양속, 신의성실, 권리남용금지 등의 조항을 말한다. 이는 공권인 기본권이 사인 간에도 효력이 미치는 것(방사효과)을 적용하기 위해 기본권 (공권)이 사인 간(사권)에도 이러한 사법의 일반조항을 통해 간접적용되는 것으로 이해하는 것이다.

VI. 행복추구권의 제한과 한계

행복추구권은 타인의 행복추구권을 방해하지 아니하는 한도 내에서만 보장되므로 헌법 제37조 제2항의 법률유보에 의해 국가안전보장·질서유지 또는 공공복리에 의하여 제한된다. 그러나 제한하는 경우에도 행복추구권의 본질적 내용은 침해할 수 없다.

VII. 행복추구권의 침해와 구제

국가는 개인이 가지는 불가침의 기본적 인권인 행복추구권을 확인하고 이를 보장할 의무를 진다(제10조 후문).

따라서 행복추구권의 침해에 대해서는 국가의 작위의무의 위배에 대한 국가배상청구 또는 이를 침해한 자에 대한 형사처벌권, 손해배상청구권 등을 통해서 구제받을 수 있다.

03 평등권

제1절 헌법상 평등

I. 평등의 개념

평등사상은 이미 고대 그리스의 정의 관념과 결부되어 왔었다. 아리스토텔레스(Aristoteles)는 평등을 정의의 요소로 파악하고 정의를 다시 평균적 정의와 배분적 정의로 구분하였다.

중세에 평등사상은 신 앞의 평등으로서 당시 중요한 역할을 하였다. 근대에 와서 이러한 신 앞의 평등은 자연법론자들이 주장한 모든 인간의 생래적 평등에 기초한 법 앞의 평등으로 발전하게 되었다. 이에 따라 국가권력은 모든 인간을 차별하지 말고 평등하게 대할 것을 요구하게 되고 특히 국가권력의 구성에 평등하게 참가하는 평등한 정치적 참여의 요구로 발전하게 되었다.

근대의 사상은 만인의 평등이라는 추상적 이념이었으나, 현대에 들어와서 사회생활의 구체적인 불평등은 경제적·사회적·실질적 평등을 요구하게 되었다. 특히 실질적 평등사상은 바이마르헌법에 의해 확립되었다.

평등의 개념은 둘 또는 그 이상의 비교대상을 전제로 한다. 평등은 이 대상들을 상호 비교하고 판단하는 것으로, 서로 다른 대상들 간의 상호관계를 의미하는 관계개념이다. 따라서 평등은 단 하나의 대상을 전제로 판단하는 동일성과 다르다.

이러한 평등개념도 평등이 헌법규범의 구성요소이므로, 헌법상의 평등개념은 비교 대상들을 서로 비교하고 그에 대한 법적 효과로서의 평등 또는 불평등이 각각 헌법적으로 허용되는 것인가의 여부를 판단하는 헌법과의 연관 속에서의 개념이어야 한다.

그리고 평등의 실현을 위해 개별적 평등권을 먼저 적용하고 보충적으로 일반적 평등권을 적용하여야 한다.

II. 평등의 유형

1. 형식적 평등과 실질적 평등

형식적 평등은 법 앞의 평등을 말한다. 형식적 평등은 모든 사람은 그 지위나 신분 등에 상관없이 평등하게 법을 적용한다는 법 적용의 평등이다. 법을 적용하는 기관은 행정권과 사법권으로 평등원칙에 구속된다. 평등원칙은 법 적용의 준칙이며 입법의 준칙은 아니라는 데에서 주장하는 견해가 입법자비구속설이다.

실질적 평등은 법 내용의 평등을 말한다. 법을 평등하게 적용하는 것도 중요하지만 법의 내용 자체가 불평등하다면 아무리 법을 평등하게 적용하더라도 평등은 실현될 수 없다. 즉 평등의 실현은 법의 내용이 평등하여야 하며, 이는 법을 평등하게 제정하여야 가능하다. 평등원칙은 입법의 준칙이 된다는 데에서 주장하는 견해가 입법자구속설이다.

2. 절대적 평등과 상대적 평등

절대적 평등에는 모든 사람을 모든 면에서 항상 평등하게 취급하는 것을 말하는 무제한적 절대평등설과 신분을 이유로 한 차별만은 절대적으로 금지한다는 제한적 절대평등설이 있다. 그러나 이러한 절대적 평등은 실질적인 평등을 가져올 수 없다.

상대적 평등은 모든 사람을 모든 면에서 항상 평등하게 취급하는 것이 아닌 합리적인 근거나 정당한 이유가 있으면 그에 따른 차별을 인정하는 것이다. 평등은 이미 그 개념상 상이성과 상대성을 내포하고 있기 때문에 합리적이고 정당한 근거에 따라 차별을 하는 것은 인정된다.

> **판례** | 상대적 평등 – 헌재 2007.5.31. 2006헌바49(합헌)
>
> 평등의 원칙은 본질적으로 같은 것은 같게, 본질적으로 다른 것은 다르게 취급할 것을 요구한다. 그렇지만 이러한 평등은 일체의 차별적 대우를 부정하는 절대적 평등을 의미하는 것이 아니라 입법과 법의 적용에 있어서 합리적인 근거가 없는 차별을 배제하는 상대적 평등을 뜻하고 따라서 합리적 근거가 있는 차별은 평등의 원칙에 반하는 것이 아니다(헌재 2001.6.28. 99헌마516).

Ⅲ. 헌법상 평등의 개념

헌법 제11조 제1항 제1문에서 "모든 국민은 법 앞에 평등하다"라는 것은 형식적인 법적 평등을 규정한 것이다. 즉, 여기서의 법은 국회가 제정하는 형식적 의미의 법률은 물론 그 밖의 모든 법규범을 말한다.

형식적 평등은 법 적용의 평등을 의미하고 사법권과 행정권이 이에 구속된다. 그러나 법적용의 평등은 법 제정의 평등을 통해서 실질적으로 평등이 실현된다고 볼 때, 헌법의 '법 앞의 평등'은 법 내용의 평등도 의미하는 것으로 입법권도 이에 구속된다고 할 수 있다.

따라서 헌법상 '법 앞의 평등'은 법 내용의 평등을 의미하는 것으로 이해하여야 한다.

헌법재판소도 '법 앞의 평등'은 입법자까지 구속하는 법 내용의 평등으로 보고 있다.

> **판례** | 법 앞의 평등의 의미 – 헌재 1992.4.28. 90헌바24(위헌)
>
> **"법앞에 평등"**은 행정부나 사법부에 의한 **법적용상의 평등**만을 의미하는 것이 아니고, 입법권자에게 정의와 형평의 원칙에 합당하게 합헌적으로 법률을 제정하도록 하는 것을 명하는 **법 내용상의 평등을 의미**하고 있기 때문에 그 입법내용이 정의와 형평에 반하거나 자의적으로 이루어진 경우에는 평등권 등의 기본권을 본질적으로 침해한 입법권의 행사로서 위헌성을 면하기 어렵다.

제2절   평등권

Ⅰ. 평등권의 의의와 헌법규정

1. 평등권의 의의

평등권은 국가로부터 불평등한 대우를 받지 아니하고 국가에 대하여 평등한 처우를 요구할 수 있는 개인의 주관적 공권을 말한다.

평등권은 정치적인 면에서는 참정권의 절대적인 평등을 보장받을 권리로 파악될 것이지만, 경제적인 면에서는 실질적인 평등을 보장받을 권리인 점에서 적극적인 권리로서의 측면도 가지고 있다. 이 점은 자유권이 개인의 국가로부터의 방어권인 소극적인 권리인 점과 다르다.

2. 헌법규정

우리 헌법은 전문에서 "정치·경제·사회·문화의 모든 영역에 있어서 각인의 기회를 균등히 하고 국민생활의 균등한 향상을 기하고"라고 선언하고 있다.

그리고 제11조에서 "① 모든 국민은 법 앞에 평등하다. 누구든지 성별·종교 또는 사회적 신분에 의하여 정치적·경제적·사회적·문화적 생활의 모든 영역에 있어서 차별을 받지 아니한다. ② 사회적 특수계급의 제도는 인정되지 아니하며, 어떠한 형태로도 이를 창설할 수 없다. ③ 훈장 등의 영전은 이를 받은 자에게만 효력이 있고, 어떠한 특권도 이에 따르지 아니한다"라고, 법 앞의 평등과 차별금지(동조 제1항), 사회적 특수계급의 부인(동조 제2항), 영전일대의 원칙(동조 제3항)을 각각 규정하고 있다.

그 밖에 제31조 제1항은 교육의 기회균등을, 제32조 제4항은 여성근로자의 차별금지를, 제36조 제1항은 혼인과 가족생활에 있어서 양성의 평등을, 제41조 제1항 및 제67조 제1항은 선거에 있어서의 평등을, 제119조 제2항은 균형 있는 국민경제의 발전을, 그리고 제123조 제2항에서는 지역 간의 균형 있는 발전을 규정하고 있다.

Ⅱ. 평등권의 법적 성격

1. 주관적 공권성

평등권은 국가로부터 불평등 대우를 받지 아니하고 평등한 처우를 요구할 수 있는 개인의 주관적 공권이다.

2. 객관적 법질서원리

평등권은 민주주의와 법치국가 및 문화국가질서를 실현하기 위한 헌법의 객관적 원리이다. 평등권은 모든 개별적 기본권의 보장과 실현을 통해 국가의 모든 객관적 질서를 구성하는 객관적 의미의 법질서원리이다.

3. 최고의 헌법원리

평등권은 국민의 기본권보장에 관한 최고원리로, 기본권중의 기본권이다. 따라서 입법과 법의 해석 및 집행의 기준이 되고, 헌법개정에 의해서도 폐지할 수 없는 헌법개정의 한계사유가 된다.

Ⅲ. 평등권의 주체

　평등권의 주체에는 국민, 외국인을 포함한(통설) 모든 자연인뿐만 아니라, 법인, 법인격없는 단체 등도 포함된다.

　다만, 외국인(다국적자 포함)의 경우 참정권이나 토지소유권 등은 국민에 비해서 일정한 제한이 따른다. 외국인의 법적 지위는 국제법과 조약이 정하는 바에 의해 그 지위가 보장되므로(제6조 제2항), 외국인에 적용되는 평등조항의 범위는 국제법과 상호주의원칙에 의해 결정된다.

> **⚠ 판례** | 정당의 평등권 주체성 – 헌재 1991.3.11. 91헌마21(헌법불합치, 각하)
>
> 　시·도의회의원선거에서 정당이 후보자의 추천과 후보자를 지원하는 선거운동을 통하여 소기의 목적을 추구하는 경우, 평등권 및 평등선거원칙으로부터 나오는 (선거에 있어서의) **기회균등의 원칙은 후보자는 물론 정당에 대해서도 보장**되는 것이므로 **정당추천의 후보자가 선거에서 차등대우를 받는 것은 정당이 선거에서 차등대우를 받는 것과 같은 결과**가 된다.

Ⅳ. 평등권의 내용

1. 일반적 평등원칙과 개별적 평등원칙

　헌법 제11조 제1항 제1문의 "모든 국민은 법 앞에 평등하다"는 것은 그 보호영역을 한정할 수 없는 일반적 평등원칙을 규정한 것이다. 구체적으로 평등원칙이 적용될 경우 일정한 사항을 직접 규정하는 개별적 평등원칙이 우선 적용되며, 이러한 개별적 평등원칙이 존재하지 않을 경우에 일반적 평등원칙이 적용된다.

　헌법상 법 앞의 평등은 법 적용의 평등뿐만 아니라 입법에 있어서 법 내용의 평등까지 요구된다. 따라서 평등원칙은 집행권과 사법권 및 입법자 모두를 구속하는 것이다.

2. 평등심사기준

1) 평등심사 문제

　평등원칙은 모든 국가권력을 구속하는 원칙이지만 입법자의 평등에 대한 판단을 헌법재판소가 심판하는 경우 그 심사기준과 심사한계가 문제된다.

　평등에 있어서는 둘 이상의 대상을 전제하므로 우선 비교의 관점에 따른 비교대상을 정하고 나서, 본질적으로 동일한 것을 다르게 취급하고 있는지의 여부를 정한 다음, 그 차별이 헌법상 정당한지의 여부를 결정할 것이다. 여기서 적용하는 심사기준으로 대표적인 것이 독일의 자의금지원칙과 미국의 합리성심사원칙이다.

2) 독일의 평등심사기준

독일의 학설과 판례는 일반적 평등원칙을 자의금지원칙을 통해 설명하고자 했고, 특히 독일 연방헌법재판소는 초기부터 계속되는 판결에서 평등을 자의금지원칙에 의해 판결하였다. 여기서 자의란 입법자에 의하여 의도적으로 불합리하게 행해진 차별이라는 의미의 주관적 자의가 아니라, 차별을 통하여 규율하려는 사실상황과의 관계에 있어서 차별이 명백한 불합리한 객관적 자의를 말한다.

그러나 자의금지원칙에 따른 평등심사를 통해서는 실효성 있는 입법자의 구속이 이루어질 수 없다고 보아 그 후에는 좀 더 구체적으로 법률이 의도하는 차별이 인적 차별인가 아니면 사항적 차별인가로 구분한다. 인적 차별의 경우에는 보다 엄격한 차별과 차별목적간의 상호관계를 비례의 원칙을 기준으로 하는 비례성심사기준을 적용하고, 그 밖의 사항적 차별의 경우에는 여전히 자의금지의 원칙을 적용하여 구별하고 있다.

그러나 법적으로 규율되는 모든 것에는 항상 인간이 관계되어 있는 것으로 법적 효과에 있어서 사항적 차별은 동시에 인적 차별을 의미하게 되고, 인적 차별과 사항적 차별을 명확하게 구별하는 것은 불가능하다. 여기서 일반적 평등원칙은 규율대상과 차별기준에 따라 각각 단순한 자의금지로부터 비례성의 요청에 이르기까지 입법자를 구속하는 다양한 한계가 도출된다고 하여 단계화된 평등심사방식을 적용하고 있다.

3) 미국의 평등심사기준

미국 연방대법원은 평등원칙을 비합리적인 차별금지의 원칙으로 이해하여, 차별목적이 정당한 경우 그 목적 달성을 위한 수단으로서의 차별이 합리성이 있는지를 심사하는 기준으로 차별영역에 따라 3가지 기준을 적용해왔다.

(1) 합리성심사기준으로 '차별이 합리적인 이유에서 정당화될 수 있는가'라는 단순한 합리성을 심사하는 것이다. 이는 1950년대 워런(Warren) 대법원장 이전의 미연방대법원이 채택한 모든 차별영역에서 채택한 완화된 심사기준으로 주로 경제·사회영역의 입법에 적용된 기준이다.

(2) 엄격심사기준으로 1950년대 후반 워런 대법원장 시대에 합리성심사와 함께 구별되는 엄격한 심사기준을 채택하였다. 이 기준은 차별이 긴급한 정부의 목적(compelling)을

추진하는 데 필요한 경우(necessary)에 한하여 허용된다는 것으로, 입법이 인종이나 국적에 편견을 가지고 소수에 대해 불이익을 주는 '의심스러운 차별'의 경우에 적용하였다. 이 외에도 종교·언론·출판·집회·청원의 자유와 선거권·피선거권·주간이동권·재판청구권 등 국민의 기본적 권리의 차별에도 엄격한 심사를 적용하였다.

(3) 중간심사기준으로 워런대법원 이후 버거(Burger)대법원과 렌퀴스트(Rehnquist)대법원에서 채택한 기준이다. 이는 차별입법이 중요한 입법목적(important)과 그 차별이 목적과 수단사이에 실질적 관련성이 있을 것(substantially related)을 요구하는 것이다. 성별이나 적서차별 등에는 엄격심사보다 완화된 중간심사기준을 적용하였다.

(4) 그 밖에 미연방대법원은 전통적으로 차별 받아온 소수집단에 대해 일정한 영역에서 보다 많은 혜택을 주도록 하는 적극적 평등실현조치(Affirmative Action)를 채택하기도 하였으나, 이는 오히려 상대 백인에 대해 불리한 취급을 하게 한다 하여 역차별론을 가져오기도 하였다.

4) 한국의 평등심사기준

(1) 평등심사기준

가. 자의성심사[자의금지원칙]

헌법재판소는 그동안 평등심사기준으로 자의성금지원칙을 중심으로 적용해왔다. 나아가 엄격심사기준을 적용하고 그 심사기준을 좀 더 세분화하고 있다.

자의금지원칙이란 본질적으로 서로 같은 것을 자의적으로 다르게 취급하거나 본질적으로 서로 다른 것을 자의적으로 동일하게 취급하는 것은 금지된다는 것이다(헌재 96헌가18; 99헌마494; 2006헌바71; 2004헌마643; 2008헌바128). 여기서 자의는 주관적인 책임비난이 아닌 객관적으로 명백하게 근거가 없는 것을 말한다. 자의금지원칙에 의해 헌법재판소는 차별이 명백히 자의적인 경우에만 위헌 선언을 하게 되어 입법자에게 폭넓은 입법형성이 허용되는 것이다. 자의금지원칙은 헌법재판소가 입법자가 명백하게 자의적인 것인가만을 판단하게 되어 평등에 대한 최소한의 보장만으로 심사하게 된다는 점이다.

> **⚠ 판례** │ 평등원칙의 의의 – 헌재 2007.4.26. 2006헌바71(합헌)
>
> **평등의 원칙은 입법자에게 본질적으로 같은 것을 자의적으로 다르게, 본질적으로 다른 것을 자의적으로 같게 취급하는 것을 금하고 있다.** 그러므로 비교의 대상을 이루는 두 개의 사실관계 사이에 서로 상이한 취급을 정당화할 수 있을 정도의 차이가 없음에도 불구하고 두 사실관계를 서로 다르게 취급한다면, 입법자는 이로써 평등권을 침해하게 된다(헌재 1996.12.26. 96헌가18; 헌재 2001. 11.29. 99헌마494).

자의성심사는 권력분립원리 아래에서 헌법재판의 심사기준이 되는 통제규범으로서의 평등원칙은 단지 자의적인 입법의 금지기준만을 의미하게 된다. 따라서 헌법재판소는 입법자의 결정에서 차별을 정당화할 수 있는 합리적인 이유를 찾아볼 수 없는 경우에만 평등원칙의 위반을 선언할 수 있다.

따라서 이 심사는 어떤 입법수단이 가장 합리적이고 타당한 수단인가를 판단하지 않고 단지 입법자의 입법형성이 헌법적 한계 내에 머물고 있는가에 국한하게 된다.

헌법재판소는 • 국·공립대학교 사범대학 출신자를 교사에 우선 임용하도록 하는 것(헌재 89헌마89), • 중학교 의무교육의 단계적 실시(헌재 90헌가27), • 소주도매업자의 영업장소재지 생산 자도소주를 총구입액의 50/100 이상을 의무구입하도록 한 자도소주명령제도(헌재 96헌가18) 등에서 자의금지원칙을 평등심사기준으로 적용하였다.

그리고 헌법재판소는 자의성심사를 적용함에 있어서 시혜적인 법률에 대하여는 광범위한 입법형성의 자유가 인정되는 것으로 보고 있다. 헌법재판소는 • 국민연금가입대상자를 만 60세 미만으로 한정한 것(헌재 2000헌마390), • 재해근로자의 산재보험급여를 제한하기 위해 최고보상기준금액을 법정한 것(헌재 2002헌바52), • 공무상 질병 또는 부상으로 퇴직 이후 폐질상태가 확정된 군인에 대해 상이연금 지급 규정을 두지 않은 것(헌재 2008헌바128) 등 수혜영역에서 자의금지원칙을 적용하였다.

나. 비례성심사원칙

헌법재판소는 자의성심사 이외에도 차별을 정당화하는 이유만을 심사하지 않고 차별을 정당화하는 이유와 차별사이의 비례성을 심사하는 보다 엄격한 기준을 적용하기도 한다.

비례성심사는 차별을 정당화하는 이유와 차별 간에 상관관계를 심사하는 것으로 실제상의 차이와 차별대우 간의 비례관계를 판단한다.

비례성심사원칙의 적용은 ① 헌법이 스스로 차별의 근거로 삼아서는 안 되는 기준을 제시하거나 차별을 특히 금지하고 있는, 즉 헌법에서 특별히 평등을 요구하는 영역을 제시하는 경우, 예컨대 헌법 제32조 제4항의 고용, 근로영역에 있어서의 남녀평등의 요구, 헌법 제36조 제1항의 양성평등을 규정한 조항이 있는 경우이다.

② 차별적 취급으로 인하여 관련 기본권에 대한 중대한 제한을 초래하는 경우이다. 관련 기본권에 중대한 제한을 초래하는 경우 엄격심사가 적용되고, 기본권에 중대한 제한을 할수록 보다 더 엄격한 심사척도가 적용된다는 것이다.

헌법재판소는 •제대군인에게 공무원채용시험에서 가산점을 부여하도록 하는 것(헌재 98헌마363), •지방교육위원선거에서 교육경력자를 비경력자에 비해 우선 선출하도록 한 것(헌재 2002헌마573), •7급 국가공무원 시험에서 기능사자격증은 가산점을 주지 않고 기사등급 이상 자격증은 가산점을 주도록 한 것(헌재 2003헌마30), •업무상과실 또는 중대한 과실로 인한 교통사고로 피해자가 상해에 이르게 한 경우 공소를 제기할 수 없도록 한 교통사고처리특례법 규정(헌재 2008헌마118) 등에 대해서는 엄격한 비례성심사척도를 적용하였다.

> **판례** | 평등심사척도 – 헌재 2007.5.31. 2006헌바49(합헌)
>
> 평등원칙 심사는 차별근거와 규율영역의 특성 등에 따라 그 심사의 강도를 달리한다. 즉, 입법자의 형성의 자유와 민주국가의 권력분립적 기능질서를 보장하는 차원에서, 일반적으로 헌법재판소의 심사기준이 되는 **통제규범으로서의 평등원칙은 단지 자의적인 입법의 금지만을 의미**한다. 그러므로 헌법재판소는 입법자의 결정에서 차별을 정당화할 수 있는 합리적인 이유를 찾아볼 수 없는 때에만 평등원칙의 위반을 선언하게 된다(헌재 1997. 1. 16. 90헌마110 등 참조). 그러나 **헌법에서 특별히 평등을 요구하고 있는 경우**, 다시 말하여 헌법이 직접 차별의 근거로 삼아서는 안 되는 기준이나 차별을 특히 금지하는 영역을 제시하는 경우에는 그러한 기준을 근거로 한 차별이나 그러한 영역에서의 차별에 대하여 **엄격히 심사**하여야 하며, **차별적 취급으로 인하여 관련 기본권에 대한 중대한 제한이 초래되는 경우에도 엄격한 심사척도를 적용**하여야 한다(헌재 1999. 12. 23. 98헌마363 참조). 여기서 엄격히 심사를 한다는 것은 단지 차별의 합리적 이유의 유무만을 확인하는 정도를 넘어, **차별의 이유와 차별 간의 상관관계**에 대해서, 즉 비교대상 간의 사실상의 차이의 성질 및 비중 또는 입법목적(차별목적)의 비중과 차별의 정도에 **적정한 균형관계가 이루어져 있는지에 대해서도 심사함을 의미**한다(헌재 2001. 2. 22. 2000헌마25; 헌재 2003. 6. 26. 2002헌가14 등 참조).

판례 | 제대군인에 대한 가산점의 평등심사척도 - 헌재 1999.12.23. 98헌마363(위헌)

　　평등위반 여부를 심사함에 있어 엄격한 심사척도에 의할 것인지, 완화된 심사척도에 의할 것인지는 입법자에게 인정되는 입법형성권의 정도에 따라 달라지게 될 것이나, **헌법에서 특별히 평등을 요구하고 있는 경우**와 **차별적 취급으로 인하여 관련 기본권에 대한 중대한 제한**을 초래하게 된다면 입법형성권은 축소되어 보다 **엄격한 심사척도가 적용**되어야 할 것인바, **가산점제도**는 헌법 제32조 제4항이 특별히 남녀평등을 요구하고 있는 "근로" 내지 "고용"의 영역에서 남성과 여성을 달리 취급하는 제도이고, 또한 헌법 제25조에 의하여 보장된 공무담임권이라는 기본권의 행사에 중대한 제약을 초래하는 것이기 때문에 **엄격한 심사척도가 적용**된다.

　　반면 헌법 제32조 제6항의 국가유공자 등의 근로기회우선부여 규정은 근로기회에 있어서 평등을 요구하고 있지 않고 오히려 차별적 취급을 명령하고 있으나, 이 차별적 취급으로 인해 관련 기본권에 중대한 제한을 초래하게 되는 경우이다. 이 경우에 구체적인 비례심사의 과정에서는 헌법이 차별적 명령규정을 두고 있는 점을 고려하여 보다 완화된 심사기준을 적용하였다.

판례 | 국가유공자와 그 가족 등의 국가채용시험 시 부여하는 가산점제도 적용심사기준 - 헌재 2001.2.22. 2000헌마25(기각)

　　평등권의 침해 여부에 대한 심사는 그 심사기준에 따라 자의금지원칙에 의한 심사와 비례의 원칙에 의한 심사로 크게 나누어 볼 수 있는데, 국가유공자등예우및지원에관한법률 제34조 제1항 중 같은 법률 제30조 제1항 소정의 "국가기관"에 관한 부분의 규정에 따라 국가유공자와 그 유족 등 취업보호대상자가 국가기관이 실시하는 채용시험에 응시하는 경우에 10%의 가점을 주도록 하고 있는 이 사건의 경우는 비교집단이 일정한 생활영역에서 경쟁관계에 있는 경우로서 국가유공자와 그 유족 등에게 가산점의 혜택을 부여하는 것은 그 이외의 자들에게는 공무담임권 또는 직업선택의 자유에 대한 중대한 침해를 의미하게 되므로, 헌법재판소가 1999.12.23. 선고한 98헌마363 사건의 결정에서 비례의 원칙에 따른 심사를 하여야 할 경우의 하나로 들고 있는 차별적 취급으로 인하여 관련 **기본권에 대한 중대한 제한을 초래하게 되는 경우에 해당하여 원칙적으로 비례심사**를 하여야 할 것이나, 구체적인 비례심사의 과정에서는 헌법 제32조 제6항이 근로의 기회에 있어서 **국가유공자 등을 우대할 것을 명령하고 있는 점을 고려**하여 보다 **완화된 기준을 적용**하여야 할 것이다.

　　헌법재판소는 국가유공자 유족들에 대한 10%의 가산점은 비례성을 현저히 초과한 것으로 보고 종전의 판결을 변경해 헌법불합치판결을 내렸다. 즉 「국가유공자 등 예우 및 지원에 관한 법률」 제34조 제1항 위헌확인에서 국가유공자와 가족 등에 대하여 우선적으로 근로의 기회를 부여하기 위한 동법 규정(가산점 부여)은 헌법 제32조 제6항에서 차별명령규정을 두고 있는 헌법에 근거를 둔 것이므로 평등침해가 아니라고 결정했으나(헌재 2000헌마25), 2006년 이는 비례성을 현저히 초과하는 것이라고(헌재 2004헌마675·981·1022) 판례를 변경하였다.

> **판례** | 국가유공자와 그 가족에 대한 가산점제도 – 헌재 2006.2.23. 2004헌마675(헌법불합치)
>
> **일반적인 평등원칙 내지 평등권의 침해 여부에 대한 위헌심사기준은 합리적인 근거가 없는 자의적 차별인지 여부**이지만, 만일 **입법자가 설정한 차별**이 기본권의 행사에 있어서의 차별을 가져온다면 그러한 **차별은 목적과 수단 간의 엄격한 비례성이 준수되었는지가 심사**되어야 하며, 그 경우 불평등대우가 기본권으로 보호된 자유의 행사에 불리한 영향을 미칠수록, 입법자의 형성의 여지에 대해서는 그만큼 더 좁은 한계가 설정되어 보다 **엄격한 심사척도가 적용**된다(헌재 2003.9.25. 2003헌마30).
>
> 이 사건 조항은 일반 응시자들의 공직취임의 기회를 차별하는 것이며, 이러한 기본권 행사에 있어서의 차별은 차별목적과 수단 간에 비례성을 갖추어야만 헌법적으로 정당화될 수 있다. 종전 결정은 국가유공자와 그 가족에 대한 가산점제도는 모두 헌법 제32조 제6항에 근거를 두고 있으므로 평등권 침해 여부에 관하여 보다 완화된 기준을 적용한 비례심사를 하였으나, **국가유공자 본인의 경우는 별론으로 하고, 그 가족의 경우는 위에서 본 바와 같이 헌법 제32조 제6항이 가산점제도의 근거라고 볼 수 없으므로 그러한 완화된 심사는 부적절한 것**이다. …… 이 사건 조항의 경우 역시 명시적인 헌법적 근거 없이 국가유공자의 가족들에게 만점의 10%라는 높은 가산점을 부여하고 있는바, 그러한 가산점 부여 대상자의 광범위성과 가산점 10%의 심각한 영향력과 차별효과를 고려할 때, 그러한 입법정책만으로 헌법상의 공정경쟁의 원리와 기회균등의 원칙을 훼손하는 것은 부적절하며, 국가유공자의 가족의 공직 취업기회를 위하여 매년 수많은 젊은이들에게 불합격이라는 심각한 불이익을 받게 하는 것은 정당화될 수 없다. 이 **사건 조항의 차별로 인한 불평등 효과는 입법목적과 달성수단 간의 비례성을 현저히 초과하는 것**이다.

3. 차별금지사유

헌법 제11조 제1항 제2문은 "누구든지 성별·종교 또는 사회적 신분에 의하여 … 차별을 받지 아니한다"라고 하여 법 앞의 평등원칙에 의하여 차별금지사유를 규정하고 있다.

이 차별금지사유인 성별·종교 또는 사회적 신분 등이 예시적인 것이라는 예시규정설과 이를 한정적 열거사유라는 열거규정설이 있다. ⅰ) 예시규정설에 의하면 제1문과 제2문 사이에 아무런 법적 효력상의 차이가 없어 성별·종교 또는 사회적 신분에 의한 차별의 경우에도 다른 사유에 의한 차별의 경우와 같은 심사기준이 적용된다고 할 수 있다. ⅱ) 이에 반해 열거규정설에 의하면 성별·종교 또는 사회적 신분이 아닌 그 밖의 사유는 제1문의 일반적 평등원칙이 적용되게 된다.

생각건대 제1문의 평등원칙이 적용되는 경우에도 규범영역의 특성에 따라 때로는 자의금지 뿐만 아니라 비례의 원칙이 헌법재판소의 통제기준이 적용될 수 있다는 점, 그리고 평등심사에 있어서 비례성심사를 하는 경우에도 엄격한 기준을 적용하여 입법자의 평등구속에의 통제를 강하게 하는 것을 설명할 수 있다는 점에서 열거규정설이 타당하다고 본다.

1) 성 별

남녀는 법적으로 평등하며 남녀의 성에 따른 차별을 하여서는 안 된다. 헌법 제36조 제1항에 혼인과 가족생활에 있어서의 양성평등과 국가의 보장의무를 규정하여 국가생활에 있어서 실질적인 남녀평등을 구현하고자 하고 있다. 이를 위해「여성차별 금지 및 구제 등에 관한 법률」·「여성발전기본법」·「남녀고용평등법」 등이 제정되었고, 현재는「남녀고용평등 및 일·가정양립지원에 관한 법률」,「양성평등기본법」을 제정하여 시행하고 있다.

그러나 남녀의 신체구조와 생리상 차이에 근거한 차별이나 그 밖의 합리적 근거에 의한 차별은 인정된다. 따라서 헌법 제32조 제4항 전단의 여성근로자의 특별보호, 제32조 제4항 후단의 고용·임금·근로조건에 있어서 여성의 부당차별금지, 제36조 제2항의 국가의 모성보호, 제34조 제3항의 국가의 여자의 복지와 권익향상을 위한 노력 등은 인정된다.

또한「근로기준법」제73조의 여성근로자에게만 생리휴가를 주는 것, 헌법 제39조 제1항과「병역법」제3조 제1항에 의해 남성에게만 병역의무를 지게 하는 것 등은 부당한 차별로 보지 않는다.

대법원은 • 강간죄에 있어서 부녀를 객체로 한 것은 평등위반이 아니라고 하고(대판 67도1 → 이후 강간죄 객체를 사람으로 형법 개정), • 부부 사이에도 강간죄 성립을 인정(대판 2012도14788), • 성년 남자에게만 종원의 자격을 부여하고 성년 여성에게는 그 자격을 부여하지 않는 것(대판 2002다1178 → 이후 성별 구별없이 성년은 누구나 종중회원이 될 수 있게 됨)이 우리 법질서가 지향하는 남녀평등의 이념에 부합하지 않는다고 판시하였다.

남녀평등과 관련된 헌법재판소 판례로는 • 민법 제809조 제1항의 동성동본금혼규정의 위헌제청에서 동성동본금혼규정이 평등원칙에 위반된다 하여 불합치결정을 내린 것(헌재

96헌가6), •「제대군인 지원에 관한 법률」 제8조 제1항 등 위헌확인에서 동 법률에 규정된 가산점제도는 헌법 제11조에 위배되어 위헌결정을 내린 것(헌재 98헌바33), •「국적법」 제2조 제1항 제1호의 위헌제청에서 출생에 의한 국적취득에 있어 부계혈통주의를 규정한 것으로 헌법 제11조 제1항, 헌법 제36조 제1항에 위배되어 위헌이라고 결정한 것(헌재 97헌가12), •호주제는 혼인·가족생활을 어떻게 꾸려나갈 것인지에 관한 개인과 가족의 자율적 결정권을 존중하라는 헌법 제36조 제1항에 부합하지 않는다는 것(헌재 2001헌가9), •자는 부의 성과 본을 따르는 부성주의의 헌법불합치 결정(헌재 2003헌가5 등), •남자에 한하여 병역의무를 부과한 구 병역법(제3조 제1항 전문) 규정 합헌(헌재 2006헌마328) 등이 있다.

> **판례** | 동성동본금혼규정의 위헌성 – 헌재 1997.7.16. 96헌가6(합헌, 각하)
>
> **동성동본금혼을 규정한 민법 제809조 제1항**은 이제 사회적 타당성 내지 합리성을 상실하고 있음과 아울러 "인간으로서의 존엄과 가치 및 행복추구권"을 규정한 헌법이념 및 "개인의 존엄과 양성의 평등"에 기초한 **혼인과 가족생활의 성립·유지라는 헌법규정에 정면으로 배치**될 뿐 아니라 남계혈족에만 한정하여 성별에 의한 차별을 함으로써 **헌법상의 평등의 원칙에도 위반**되며, 또한 그 입법목적이 이제는 혼인에 관한 국민의 자유와 권리를 제한할 "사회질서"나 "공공복리"에 해당될 수 없다는 점에서 **헌법 제37조 제2항에도 위반된다 할 것**이다.

> **판례** | 제대군인에 대한 가산점제도의 위헌성 – 헌재 1999.12.23. 98헌바33(위헌)
>
> **가산점제도**는 상당수의 장애인들이 공직에 진출하는 데에 걸림돌로 작용하고 있으며, 공무원채용시험에서 각 과목별 만점의 5퍼센트 또는 3퍼센트를 가산함으로써 당락에 결정적 영향을 미치게 되고, 제대군인에 대한 이러한 혜택을 몇 번이고 아무런 제한 없이 부여함으로써 한 사람의 제대군인을 위하여 몇 사람의 비(非)제대군인의 기회가 박탈당할 수 있게 하는 등 차별취급을 통하여 달성하려는 입법목적의 비중에 비하여 차별로 인한 불평등의 효과가 극심하므로 가산점제도는 **차별취급의 비례성을 상실**하고 있다. 그렇다면 **가산점제도는 제대군인에 비하여 제대군인이 아닌 자를 비례의 원칙에 반하여 차별하는 것**으로서 헌법 제11조에 위배되며, 이로 인하여 **청구인의 평등권이 침해**된다.

! 판례 | 자의 국적의 부계혈통주의 – 헌재 2000.8.31. 97헌가12(헌법불합치, 각하)

부계혈통주의 원칙을 채택한 구법조항은 출생한 당시의 자녀의 국적을 부의 국적에만 맞추고 모의 국적은 단지 보충적인 의미만을 부여하는 차별을 하고 있다. 이렇게 한국인 부와 외국인 모 사이의 자녀와 한국인 모와 외국인 부 사이의 자녀를 차별취급하는 것은, 모가 한국인인 자녀와 그 모에게 불리한 영향을 끼치므로 **헌법 제11조 제1항의 남녀평등원칙에 어긋난다.**

! 판례 | 호주제의 위헌성 – 헌재 2005.2.3. 2001헌가9(헌법불합치)

호주제는 성역할에 관한 고정관념에 기초한 차별로서, 호주승계 순위, 혼인 시 신분관계 형성, 자녀의 신분관계 형성에 있어서 **정당한 이유없이 남녀를 차별하는 제도**이고, 이로 인하여 많은 가족들이 현실적 가족생활과 가족의 복리에 맞는 법률적 가족관계를 형성하지 못하여 여러모로 불편과 고통을 겪고 있다. 숭조(崇祖)사상, 경로효친, 가족화합과 같은 전통사상이나 미풍양속은 문화와 윤리의 측면에서 얼마든지 계승, 발전시킬 수 있으므로 이를 근거로 호주제의 명백한 남녀차별성을 정당화하기 어렵다.

---

2) 종 교

종교를 사유로 하는 차별은 금지된다. 헌법은 종교의 자유를 보장함으로써(제20조) 모든 종교에 대한 균등한 기회를 부여한다. 또한 국교는 부인되며 정교분리의 원칙을 규정하여 국가와 종교를 분리한다(동조 제2항).

3) 사회적 신분 및 기타사유

사회적 신분이 무엇을 의미하는가에 대하여는 출생과 함께 형성되는 사회적 지위라는 선천적 신분설과, 선천적 신분은 물론 후천적으로 취득한 신분도 포함된다는 후천적 신분설이라는 견해로 나뉜다. 구체적으로 선천적 신분설에서 사회적 신분은 인종, 존·비속, 가문, 문벌 등을 말하고, 후천적 신분설에서 사회적 신분은 귀화인, 전과자, 교원, 부자, 빈자, 상인, 근로자, 사용자, 농민 등을 말한다.

선천적 신분설은 사회적 신분의 범위를 너무 좁게 해석하는 것으로, 평등이념실현을 위해서는 선천적 신분뿐 아니라 후천적으로 취득한 신분에 의한 차별도 금지된다고 보아야 한다.

사회적 신분에 관한 판례로 • 증여당사자가 특수한 신분관계에 있다는 이유만으로 증여이익이 없음에도 불구하고 증여세를 물리면서 재판청구권을 인정하지 않는 것은 평등에 반한다고 하고(헌재 90헌가69; 91헌가5; 90헌바3), •구「국가배상법」(제2조 제1항 단서)의 군인·군속에 대한 이중배상 금지규정을 위헌이라고 하고(대판 70다1010), •부부자산소득의 합산과세는 위헌이라고 하고(헌재 2001헌바82), •「국적법」부칙상 연령에 의한 차별은 위헌이라 하고(헌재 97헌가12), •국·공립사범대학 등 출신자를 교육공무원인 국·공립학교 교사로 우선 채용하는 것(헌재 89헌마89)은 합리적 차별로 인정할 수 없다고 보았다.

그러나 •누범(헌재 93헌바43)이나 •상습범(헌재 89헌마53)이 사회적 신분에 해당한다고 보면서 이들에 대한 가중처벌은 합리적 차별이라고 보았다. •공무원정년의 차등(헌재 96헌바86), •선거권연령의 차등(헌재 96헌마89)은 평등원칙에 위반되지 않고, •존속살해죄에 있어서 존속·비속의 지위를 사회적 신분으로 인정하지 않는 입장에서 합리적인 차별로 본다(헌재 2000헌바53). 그러나 일본에서는 존속살해죄의 가중처벌규정을 위헌이라고 판시함으로써 존속을 사회적 신분으로 본다. 또한 •흡연자에 대한 차별(헌재 2003헌마475), •공무원시험 연령제한의 차이(헌재 2005헌마11)는 평등원칙에 위배되지 않는 것으로 보고 있다.

4) 적극적 평등실현조치

(1) 적극적 평등실현조치(Affirmative Action) 또는 적극적 우대조치란 과거의 차별로 발생한 불평등한 결과를 시정하여 실질적 평등을 실현하기 위한 조치를 말한다. 과거에 차별을 받아온 집단에 대해 입학이나 고용 등에 있어서 우대조치를 함으로써 과거의 차별로 발생한 불평등한 결과를 시정하여 실질적 평등을 실현하기 위한 조치이다.

(2) 이는 미국 판례를 통해 이루어진 것으로 1978년의 베키(Bakke)사건(438 U.S. 265 (1978))에서는 소수인종에 대한 우대조치가 문제가 되었다. 주립 의과대학 입학에 있어서 소수인종을 위한 특별입학전형절차제도가 평등보호조항에 위반되는가에 대해 연방대법원은 입학절차에서 인종을 고려할 수는 있다고 판단하였으나 동대학의 엄격한 특별입학전형절차는 위헌이라고 판단하여 베키의 입학을 인정하였다. 또한 2003년 그루터(Grutter)사건(539 U.S. 306(2003))에서 대법원은 학생구성의 다양성을 위해 입학생선발에서 인종을 고려하는 것은 합헌이라고 보았다.

또한 사기업이 고용에 있어 그 공장이 있는 노동시장 내 흑인의 비율과 동등한 숙련공을 양성하기 위해 일시적으로 행한 고용할당제를 합헌으로 판단한 웨버(Weber)사건(433 U.S. 193(1979))과 소수인종 소방관에 대한 배려로 소수인종의 소방관이 선임자인 백인보다 승진에 우선하는 결과를 가져오는 승진규정을 합헌 판단한 클리브랜드(Cleveland)사건

(478 U.S. 421(1986)) 등에서 연방대법원은 인종을 고려한 적극적 평등실현조치에 대해 합헌판단을 내렸다.

그러나 경제사정으로 인하여 일시적 해고를 할 경우 선임권제에 따라 가장 최근에 고용된 자가 먼저 해고되어야 하는데 선임자인 백인을 해고시키고 흑인을 유임시켜 문제가 된 스토츠(Stotts)사건(467 U.S. 561(1984))과 선임권제에 의한 일시해고에 있어서 인종적 비율을 유지하기 위해 선임권자인 해고된 백인이 이는 평등보호조항에 반한다고 제소한 위건트(Wygant)사건(467 U.S. 267(1986))에서 법원은 이러한 보호규정이 백인에게 불이익을 주고 특정소수집단을 우대하는 인종분류로 보아 위헌으로 판단하는 등 일시해고에 있어서는 적극적 평등실현조치를 인정하지 않았다.

또한 연방대법원은 주민투표로 공립대학들의 소수계 우대정책을 금지하도록 하는 미시간주헌법의 개정에 대한 사건(572 U.S. 291(2014))에서 이를 합헌으로 판단하여 적극적 평등실현조치를 인정하지 않는 입장을 지지하였다.

(3) 현행 「양성평등기본법」에는 "국가와 지방자치단체는 차별로 인하여 특정 성별의 참여가 현저히 부진한 분야에 대하여 합리적인 범위에서 해당 성별의 참여를 촉진하기 위하여 관계 법령에서 정하는 바에 따라 적극적 조치를 취하도록 노력하여야 한다"고 적극적 조치에 대해 규정하고 있다(법 제20조 제1항).

또한 「남녀고용평등과 일·가정 양립 지원에 관한 법률」(약칭: 남녀고용평등법)은 "고용노동부장관은 다음 각 호의 어느 하나에 해당하는 사업주로서 고용하고 있는 직종별 여성 근로자의 비율이 산업별·규모별로 고용노동부령으로 정하는 고용 기준에 미달하는 사업주에 대하여는 차별적 고용관행 및 제도 개선을 위한 적극적 고용개선조치 시행계획을 수립하여 제출할 것을 요구할 수 있다"고 적극적 고용개선조치를 규정하고 있다(법 제17조의3). 여기서 "적극적 고용개선조치"란 현존하는 남녀 간의 고용차별을 없애거나 고용평등을 촉진하기 위하여 잠정적으로 특정 성을 우대하는 조치를 말한다(법 제2조 제3호).

그리고 공직선거후보자 추천에서 여성할당제를 규정하고 비례대표국회의원 및 지방의회의원선거 후보자 추천시 후보자 50/100 이상을 여성으로 추천하되 후보자명부 매 홀수에는 여성을 추천하도록 하고, 지역구국회의원 및 지방의회의원 후보자 추천은 전국 지역구총수의 30/100 이상의 여성추천 노력을 규정하고 있다(공직선거법 제47조 제3항, 제4항).

한편 공무원시험령에서는 "시험실시기관의 장은 여성과 남성의 평등한 공무원 임용기회를 확대하기 위하여 필요하다고 인정하는 경우에는 한시적으로 여성 또는 남성이 시험실시 단계별로 선발예정인원의 일정 비율 이상이 될 수 있도록 선발예정인원을 초과하여 여성 또는 남성을 합격시킬 수 있다"라고 하여 공무원시험에서 양성평등채용목표제를 두고 양성의 평등한 공무원 임용 기회 확대를 위해 선발예정인원 외의 인원을 합격시킬 수 있도록 규정하고 있다(공무원시험령 제20조 제1항).

이와 관련하여 헌법재판소는 공립중등학교 교사임용후보자 선정 경쟁시험에서 양성평등채용목표제 실시절차를 두고 있지 않은 것에 대한 헌법소원 사건(헌재 2005헌마362)에서 각하결정을 내린 바 있다.

> **판례 | 양성평등채용목표제를 실시의 진정입법부작위 여부 – 헌재 2006.5.25. 2005헌마362 (각하)**
>
> 능력주의원칙의 예외로서 교육공무원의 임용시에 여성과 남성의 평등한 임용기회를 보장하기 위하여 여성 또는 남성이 선발예정인원의 일정비율 이상이 될 수 있도록 하는 **양성평등채용목표제를 실시하는 법률을 제정할 것을 입법자에게 입법위임을 하는 그러한 규정은 우리 헌법 어디에도 없다.** 또한 헌법해석상 그러한 법령을 제정하여 교육공무원 내 남녀의 성비가 균형을 이루도록 함으로써 양성의 평등을 제고하여야 하여야 할 **입법자의 행위의무 내지 보호의무가 발생하였다고 볼 여지 또한 없다.** 따라서 이 **사건은 진정입법부작위에 대하여 헌법소원을 제기할 수 있는 경우에 해당하지 아니한다고 할 것**이다.

5) 간접차별

차별에 의한 평등권 침해는 직접차별에 의한 것이 문제로 되었으나, 법적인 차별이 아닌 사실상의 차별도 사회적으로는 문제가 되었다. 법적으로는 차별이 아니나 사실상의 차이 때문에 결과적으로 불평등한 경우에 발생하는 간접차별은 주로 고용과 관련하여 일어난다.

남녀고용평등법에서는 "'차별'이란 사업주가 근로자에게 성별, 혼인, 가족 안에서의 지위, 임신 또는 출산 등의 사유로 합리적인 이유 없이 채용 또는 근로의 조건을 다르게 하거나 그 밖의 불리한 조치를 하는 경우[사업주가 채용조건이나 근로조건은 동일하게 적용하더라도 그 조건을 충족할 수 있는 남성 또는 여성이 다른 한 성에 비하여 현저히 적고 그에 따라 특정 성에게 불리한 결과를 초래하며 그 조건이 정당한 것임을 증명할 수 없는 경우를 포함한다]를 말한다"(법 제2조 제1호)고 하여 사실상의 차별도 간접차별로 차별로 인정하고 있다.

「장애인차별금지 및 권리구제 등에 관한 법률」(약칭: 장애인차별금지법)은 "장애인에 대하여 형식상으로는 제한·배제·분리·거부 등에 의하여 불리하게 대하지 아니하지만 정당한 사유 없이 장애를 고려하지 아니하는 기준을 적용함으로써 장애인에게 불리한 결과를 초래하는 경우"는 장애인에 대한 간접차별이라는 명시적인 규정을 두고 있다(법 제4조 제1항 제2호).

　이러한 간접차별은 한 성을 다른 성에 비해 현저히 적게 배치하거나, 고용주가 같은 직종의 다른 사업장에 배치함으로써 보이지 않는 차별을 하는 경우에 발생할 수 있다.

　헌법에는 간접차별을 명시적으로 인정하고 있지 않다. 현실적으로 불평등한 결과가 있는 경우로 볼 수 있는 일정범위를 벗어나는 간접차별을 판단하는 기준을 정하는 문제가 남는다.

4. 차별금지영역

　헌법 제11조 제1항 제2문 후단은 "누구든지…정치적·경제적·사회적·문화적 생활의 모든 영역에 있어서 차별을 받지 아니 한다"고 규정하고 있다.

1) 정치적 영역

　정치적 영역에서의 차별금지는 선거권, 국민투표권, 공무담임권 등에서 차별이 금지되는 것을 말한다.

　선거권의 연령에 있어서, 헌법재판소는 선거권연령을 20세로 규정한 「공직선거 및 선거부정방지법」 제15조를 합헌으로 보았으나(헌재 96헌마89), 이 조항은 개정되어 현재는 선거권 연령을 18세로 인하하였다.

　선거의 평등과 관련하여 선거구의 인구불균형에 따른 투표가치의 편차와 선거운동에서의 평등이 문제이다. 투표가치 편차는 선거구 간 인구 편차가 종래 1:4 정도를 위헌(헌재 95헌마224 등)으로 보았고, 2001년에는 1:3를 기준(헌재 2000헌마92 등)으로 하였으며, 2014년 1:2를 기준(헌재 2012헌마190등)으로 판시한 바 있다.

　미국 연방대법원은 선거구획정문제를 처음에는 정치문제로 사법심사 대상에서 제외하였으나, 베이커(Baker v. Carr 389 U.S. 186(1962))사건 이후 이를 사법심사의 대상으로 보아 부당하게 불평등한 선거구획정은 평등원칙에 위배된다고 보았다. 독일의 입법과 판례는 선거구인구의 최대편차가 33.3% 이상이면 위헌으로 보고 있다.

> ⚠️ **판례** | 선거구 인구의 편차와 투표가치의 평등- 헌재 2014.10.30. 2012헌마190등(헌법불합치, 각하)
>
> 인구편차 상하 33⅓%를 넘어 인구편차를 완화하는 것은 지나친 투표가치의 불평등을 야기하는 것으로, 이는 대의민주주의의 관점에서 바람직하지 아니하고, 국회를 구성함에 있어 국회의원의 지역대표성이 고려되어야 한다고 할지라도 이것이 국민주권주의의 출발점인 투표가치의 평등보다 우선시될 수는 없다. …… 따라서 **심판대상 선거구구역표 중 인구편차 상하 33⅓%의 기준을 넘어서는 선거구에 관한 부분은 위 선거구가 속한 지역에 주민등록을 마친 청구인들의 선거권 및 평등권을 침해한다.**

선거에 있어서 입후보제한이 평등권을 침해하며, • 국회의원입후보 시 정당공천후보자와 무소속후보자 간의 기탁금 차이(헌재 88헌가6)와 • 구 지방의회의원선거법 제36조 제1항 기탁금 규정(헌재 91헌마21)에 대해서도 **위헌**으로 보았다.

그러나 • 정당 국회의원후보자에게 단순한 입후보예정자보다 우대하는 것(헌재 92헌마37등－정당추천후보자와 무소속후보자 간 선거운동에서의 차별/헌재 96헌마9 등－정당의석우선제도/헌재 96헌마85－정당 등에 정치자금모금의 특혜를 주는 것)은 **평등원칙에 합치**하고, • 선거사범에 대한 피선거권의 제한(헌재 93헌마23－선거범으로서 형벌을 받은 자의 일정기간 피선거권 정지 규정)도 **합헌**으로 본다. 또한 • 1인 1표제에 의한 비례대표제 의석배분방식(헌재 2000헌마91등), 지방자치단체장선거에서는 정당을 표방할 수 있게 하고 기초의회의원선거에서는 정당표방을 금지하는 것(헌재 2001헌가4), • 인권위원회위원의 퇴직 후 2년간 공직취임을 금지한 「국가인권위원회법」 제11조(헌재 2002헌마788) 등은 **위헌**으로 보았다.

그리고 • 대학교원의 교육위원직의 겸직이 허용되는 반면 초·중등학교교원의 교육위원직의 겸직금지(헌재 91헌마69), • 법관의 정년연령에 차이를 둔 것(헌재 2001헌마557), • 국민건강보험공단 직원의 선거운동을 금지하는 것(헌재 2002헌마467), • 음성적 정치자금의 수수를 금지한 「정치자금에 관한 법률」 제30조 제1항(헌재 2004헌바16) 등은 **합헌**으로 보았다.

2) 경제·사회·문화적 영역

경제·사회·문화적 활동영역에 있어서 차별을 두어서는 안 된다. 헌법재판소가 **평등권을 위반**한 것으로 본 것은 다음과 같다. 즉 • 변호사개업지 제한(헌재 89헌가102), • 금융기관의 연체대출금채권에 대하여 예외적으로 개별적 담보권 행사 허용(헌재 89헌가98 등),

• 담보물권보다 조세채권을 우선하는 것(헌재 89헌가95), • 국유잡종재산에 대해 시효취득을 배제하는 것(헌재 89헌가97), • 토지초과이득세(헌재 92헌바49 등), • 개발제한구역 내 보상 없는 재산권 제한(헌재 89헌마214), • 당구장에만 18세 미만자 출입금지표시를 하게 한 것(헌재 92헌마80), • 법무사자격취득의 기회를 하급법인 시행규칙으로 박탈하는 것(헌재 89헌마178), • 교사채용 시 국·공립교육대학 등 졸업자를 우선하는 것(헌재 89헌마89), • 상속회복청구권의 행사기간을 상속개시일로부터 10년으로 제한한 민법 제999조 제2항(헌재 99헌바9등), • 부부의 자산소득을 합산하여 과세하도록 규정하고 있는「소득세법」제6조 제1항(헌재 2001헌바82), •「향정신성의약품관리법」위반사범과 달리 마약사범에 대하여만 가중처벌(헌재 2002헌바24), • 군행형법시행령 적용 미결수용자를 행형법시행령 적용 미결수용자에 비해 다르게 취급(헌재 2002헌마193), • 일반공무원과 달리 공무상 질병 또는 부상으로 퇴직 이후 폐질상태가 확정된 군인에 대해 상이연금지급 배제(헌재 2002헌마193), • 의사전문의·한의사전문의와 달리 치과전문의의 경우만 전문과목 표시를 이유로 진료범위 제한(헌재 2013헌마799), • 6.25전몰군경자녀 수당 지급대상을 전투기간 중 전사한 전몰군경의 자녀로 제한(헌재 2017헌바252) 등이다.

평등권에 합치되는 합헌으로 결정한 것은 다음과 같다. 즉 • 한약업사의 영업을 일정지역에 한정하여 허가하는 것(헌재 89헌마231), • 사립학교교원의 노동3권 제한(헌재 89헌가106), • 소액사건상고제한제도(헌재 90헌바25), • 국산영화의무상영제(헌재 94헌마125), • 먹는 샘물 제조업에 대하여만 수질개선부담금을 부과하는 것(헌재 98헌가1), • 국가에는 인지첩부를 하지 않게 한 것(헌재 91헌가3), • 무주택자에 대한 우대(헌재 94헌바5), • 탁주의 공급구역제한제도(헌재 98헌가5), • 중학의무교육의 순차적 실시를 대통령령에 위임한 것(헌재 90헌가27), • 초등교육의 취학연령을 만 6세로 한정한 것(헌재 93헌마192), • 국민연금제도의 가입대상을 18세 이상 60세 미만으로 한 것(헌재 2000헌마390), • 종합유선방송의 기능을 중계유선방송보다 넓게 규정하고, 편성의 자유를 특별히 명시한 반면, 중계유선방송의 경우를 허가조건 등에서 더 엄격히 규정한 구「유선방송관리법」제22조 제2항 제6호(헌재 2000헌마43), • 형의 집행유예를 받고 그 기간이 종료한 후 1년이 경과하지 아니한 자에게 세무사자격시험 응시자격을 박탈한 것(헌재 2002헌마160), • 약국의 셔틀버스운행을 금지한 구「자동차운전사업법」제73조의2 제1항 제1호(헌재 2001헌마596), •「국가보안법」위반 및「집회 및 시위에 관한 법률」위반 수형자에게만 가석방결정 시 준법서약서를 제출하게 한 것(헌재 98헌마425), • 독거수용 중 TV시청 불가(헌재 2004헌마571), • 세무사자격시험 일부 시험면제에서 지방행정사무에 종사한 경력자들을 국세행정사무 종사 경력자들에 비해 불리하게 취급(헌재 2006헌마646), •중등교사 임용시험에서 동일지역 사범대학 졸업자에게 가산점 부여(헌재 2005헌가11), •유족연금지급에 있어 남성배우자와 여성배우자의 차등 지급(헌재 2006헌가1), •군인의 자비 해외유학위해 휴직시 다른 국가공무원과 달리 봉급을 미지급(헌재 2007헌마290), •일반연금·퇴직연금수급권자는 1/2범위에서 압류허용과 달리 퇴역군인의 경우 퇴직연금수급권 전액 압류 금지(헌재 2007헌마290), •민사 일반채권자나 회사채 채권자와 달리 국채소멸시효를 5년 단기로 하여 국채채권자를 차별(헌재 2009헌바120등), •국가유공자와 달리 독립유공자 등록을 위해 독립운동 사실 이외 상훈수여 요건(헌재 2009헌바111), •양친자관계와 달리 계모자관계를 법정혈족관계에서 제외한 개정 민법(헌재 2009헌바69등), •독립유공자 유족 보상금지급을 손자녀의 경우는 1945년 8월 14일 이전 사망한 독립유공자인 경우에만 지급(헌재 2009헌마610), •3년 이상 혼인 중인 부부만 친양자 입양을 할 수 있게 규정하여 독신자의 친양자 입양 불가(헌재 2011헌가42), •「산재보험법」이나 「국민연금법」은 연금수급권 범위를 형제자매에게 인정하는 것과 달리 「공무원연금법」에서 공무원의 연금수급자 범위를 직계비속으로만 한정(헌재 2012헌마555), •국·공립대학과 달리 사립대학 예·결산절차에 등록금심의 위원회의 심사·의결 요구(헌재 2013헌마692), •공공성이 큰 다른 민간분야 종사자와 달리 사립학교 관계자와 언론인에게만 부정청탁금지법 적용(헌재 2015헌마236 등), •변호사시험 응시기간 및 응시횟수를 5년 내 5회로 제한(헌재 2016헌마47등), •대학·산업대학·전문대학 의무기록사 관련 학문전공자와 달리 사이버대학과 같은 학문전공자에게 의무기록사 국가자격시험을 응시할 수 없게 하는 것(헌재 2014헌마1037) 등이다.

5. 특권제도의 금지

헌법 제11조 제2항은 "사회적 특권계급의 제도는 인정되지 아니하며, 어떠한 형태로도 이를 창설할 수 없다"라고 규정하여 사회적 특수계급제도를 부인한다. 또한 제11조 제3항에서 "훈장 등의 영전은 이를 받은 자에게만 효력이 있고, 어떠한 특권도 이에 따르지 아니한다"라고 하여 영전일대의 원칙을 규정하고 있다. 그러나 훈장에 수반되는 연금의 지급이나 국가유공자, 군경유가족에 대한 구호는 위헌이 아니다. 다만, 헌법재판소는 국가유공자 자녀에 대한 일정한 우대에 대해 헌법불합치결정을 내린 바 있다.

V. 평등권의 효력

평등권은 대국가적 효력을 갖는다. 따라서 평등권은 법적용기관인 행정권과 사법권을 구속한다. 입법권도 구속한다는 입법자구속설이 통설이다. 그리고 국가나 지방자치단체가 사법상 행위를 하는 경우 사인과 대등한 관계에 있으므로 이를 우대함은 평등권의 침해로 본다.

평등권은 국가 법질서의 객관적 원리로서 대사인적 효력을 갖는다. 오늘날 평등원리는 국가와 개인뿐 아니라, 개인과 개인관계에도 적용되는 것으로 보아야 한다.

미국은 국가행위론을 도입하여 평등원리를 사인 간에도 적용하고 있다. 독일은 기본권의 대사인적 효력을 인정할 것인가에 대해 부정설과 긍정설, 긍정의 경우도 직접 혹은 간접적용하는 견해가 제시되고 있다.

우리 법체계상 평등권을 직접 적용하는 경우 공·사법 이원체계에 혼란을 예상할 우려가 있다는 점에서 평등원리는 사법상의 일반원리를 통하여 간접적으로 적용된다고 본다.

VI. 평등권의 제한

1. 헌법에 의한 제한

1) 평등권의 예외적인 특권인정

헌법상 평등권의 예외적인 특권으로 헌법 제8조의 정당은 일반결사에 비하여 특권을 부여하고 있고, 대통령은 재직 중 형사상 특권(제84조)과 국회의원은 면책특권, 불체포특권(제44조, 제45조)의 직무와 관련한 특권을 갖는다.

국가유공자·상이군경 및 전몰군경의 유가족은 우선적으로 취업의 기회를 갖는다(제32조 제6항).

2) 공무원에 대한 제한

공무원은 직무의 특수성으로 평등권이 상당히 제한된다. 공무원인 근로자는 법률이 정하는 자에 한하여 단결권·단체교섭권·단체행동권의 근로3권을 갖는다(제33조 제2항). 또한 주요방위산업체 종사근로자의 단체행동권은 제한하거나 인정하지 아니할 수 있다(제33조 제3항).

군인·군무원 경찰공무원 기타 법률이 정하는 자가 전투·훈련 등 직무집행과 관련하여 받은 손해에 대하여는 법률이 정하는 보상 외에 국가 또는 공공단체에 공무원의 직무상 불법행위로 인한 배상은 청구할 수 없다(제29조 제2항).

군인 또는 군무원 등은 군사법원의 재판을 받는다(제27조 제2항, 제110조 제4항). 군인은 현역을 면한 후가 아니면 국무총리나 국무위원으로 임명될 수 없다(제86조 제3항, 제87조 제4항).

2. 법률에 의한 제한

평등권의 경우에도 국가안전보장·질서유지 또는 공공복리를 위하여 필요한 경우에 법률로써 제한할 수 있다. 공무원 등 특수신분관계에 있는 자에 대해서 평등권을 제한하는 법률들이 있다.

「국가공무원법」에서 공무원의 겸직금지, 정당가입금지와 정치활동제한, 복종의무, 직장이탈금지 등을 규정하고 있다. 군사관계법에서 군인·군무원의 영내거주, 특별한 복무의무, 정치활동이 제한된다. 「형의 집행 및 수용자처우에 관한 법률」에서 수형자의 서신검열·전화녹음 등 신체의 자유가 제한된다. 「국가공무원법」, 「공직선거법」 등에서 전과자 등에 대해 공무담임권이 제한된다. 「출입국관리법」에서 외국인의 체류와 출국, 「외국인투자촉진법」에 의해 토지나 주식 등 취득신고(임의규정)를 취득 후 60일 이내에 하도록 하고 있다. 이러한 제한은 법률에 의해서 합리성이 인정된다.

입법부가 제정한 법률이 평등원칙을 존중하였는가에 대해 헌법재판소는 위헌 혹은 합헌판결을 하고 있다.

VII. 평등권의 침해와 구제

평등권이 침해된 경우에는 헌법상 절차에 의해 구제받을 수 있다. 즉 평등권 침해 시 청원권(제26조), 재판청구권(제27조), 불평등한 행정처분에 대한 행정쟁송권(제107조 제2항, 제27조), 불평등한 입법·명령 등에 대한 위헌법률심사권, 명령·규칙처분심사권(제107조, 제111조), 헌법소원(제111조 제1항 제5호) 등을 통해 구제받을 수 있다.

04 자유권

기본이해를 위한 질문

1. 생명권의 주체에 대한 논의점은 무엇이며, 생명권의 제한에는 어떤 것이 있는가
2. 1) 신체의 자유에 대해 헌법은 어떤 내용을 규정하고 있는가
   2) 신체의 자유의 실체적 보장과 절차적 보장에는 어떤 것이 있는가
   3) 형사피의자와 형사피고인의 권리에는 어떤 것이 있는가
3. 양심의 자유란 무엇이며, 양심의 자유의 내용에는 어떤 것이 있고 그 제한은 어떠한가
4. 종교의 자유란 무엇이며, 정교분리원칙이란 무엇인가
5. 1) 언론출판의 자유란 무엇이며, 그 내용에는 어떤 것이 있는가
   2) 언론출판의 자유의 제한과 기준은 무엇이며, 그 침해에 대한 구제는 어떻게 이루어지는가
   3) 알권리란 무엇인가
6. 집회의 자유란 무엇이며, 어떤 종류가 있는지 그리고 집회의 자유의 제한은 어떠한가
7. 학문과 예술의 자유란 무엇이며, 대학의 자치란 무엇인가
8. 사생활의 비밀과 자유란 무엇이며, 그 내용은 무엇인가
9. 주거의 자유란 무엇이며, 주거의 자유의 내용은 무엇인가
10. 통신의 자유란 무엇이며, 통신의 자유의 제한과 한계는 어떠한가
11. 거주이전의 자유의 내용은 무엇이며, 그 제한은 어떠한가
12. 1) 직업의 자유란 무엇이며, 그 내용은 무엇인가
    2) 직업의 자유의 단계적 제한이란 무엇인가
13. 1) 재산권이란 무엇이며, 그 주체와 객체는 무엇인가
    2) 재산권에 대한 공용침해(수용, 사용, 제한)의 경우 보상은 어떠한가
    3) 재산권의 제한과 사회적 구속성은 어떠한가

제1절 　서 설

헌법은 자유권으로 인신의 자유로서 생명권과 신체의 자유(제12조), 정신적 자유로서 양심의 자유(제19조), 종교의 자유(제20조), 언론·출판·결사·집회의 자유(제21조), 학문과 예술의 자유(제22조)를, 사생활 자유로서 사생활의 비밀과 자유(제17조), 주거의 자유(제16조), 통신의 자유(제18조)를, 사회적·경제적 자유로서 거주·이전의 자유(제14조), 직업의 자유(제15조), 재산권(제23조) 등을 규정하고 있다.

제2절 인신의 자유

제1항 생명권

I. 생명권의 의의

생명권은 사(死)에 반대되는 인간의 육체적·인격적 존재로서 생명을 유지하고 보호받을 생존에의 권리를 의미하는 것이다. 생존은 모든 사람에게 똑같이 인정되는 등가성을 지닌 생리학적 개념이므로 생명의 보호가치를 기준으로 생명을 구별할 수 없다.

또한 생명은 생명 이외의 다른 가치와도 비교대상이 될 수 없는 것이다. 따라서 극히 예외적인 경우를 제외하고는 법적인 평가가 행해져서는 안 된다.

인간 존재의 생명에 대한 권리인 이러한 생명권은 인간의 생존본능과 존재목적에 바탕을 둔 자연법적인 권리로, 헌법에 규정된 모든 기본권의 전제가 되는 기본권 중의 기본이라 할 수 있다.

II. 생명권의 연혁과 입법례

생명에 관한 권리 개념은 연혁적으로 미국독립선언에 명시되었지만 보다 적극적으로 이에 대해 논의된 것은 제2차 세계대전 이후이다. 국가적으로 독일기본법, 일본헌법이 생명권을 명문으로 규정하고 있고, 국제적으로 「세계인권선언」이나 국제인권규약 등에서 이를 선언하고 있다.

현행 헌법상 생명권에 관한 명문의 규정은 두고 있지 않지만, 헌법 해석상 당연히 인정된다고 보는 것이 지배적 견해이다. 그 헌법적 근거에 대해서는 견해 대립이 있으나, 생명권의 헌법적 근거는 인간의 존엄과 가치를 규정한 헌법 제10조에서 구하는 것이 타당하다고 본다.

III. 생명권의 법적 성격

생명권은 생명에 대한 국가로부터의 침해에 대한 소극적 방어권인 동시에 제3자의 침해로부터 국가에 대해 그 보호를 청구할 수 있는 적극적 보호청구권이다. 생명권은 국가나 사회로부터의 생명 침해에 대하여 침해배제 및 그 보호청구권을 행사할 수 있다.

다만, 국가에 대하여 죽어가는 생명의 연장을 요구할 수 있는 생명연장조성청구권은 인정되지 않는다고 본다.

Ⅳ. 생명권의 주체

생명권은 인간의 권리이므로 내국인, 외국인을 불문하고 자연인은 그 주체가 될 수 있지만 법인에게는 적용되지 않는다.

아직 생리학적 생존으로서의 생명체는 아니지만 생명은 모체에 착상으로 시작되므로 태아도 생명을 가진 존재이다. 아직 착상되지 않은 실험관 속의 수정란이나 수정 후 착상까지의 기간에의 배아단계는 태아가 아니다.

태아에 대해 언제부터를 생명권의 주체로 볼 것인가에 대해서는 견해가 일치하지 않는다. 독일연방헌법재판소는 생명의 시기를 수정 후 14일부터라고 하지만, 미국연방대법원은 임신 6개월 이후부터 태아의 생존능력이 인정된다고 보고 있다.

독립한 생존능력은 모체 밖에서의 생존능력을 의미한다고 보아야 한다. 따라서 자연적인 분만 전에 인위적으로 태아를 모체 밖으로 배출하는 행위는 생명권을 침해하는 행위로서 처벌된다(형법 제269조, 제270조)고 보고 있다.

우리 헌법재판소는 태아를 모체 밖으로 배출하게 하는 행위는 생명권을 침해하는 행위로 보고 있지만 그 생명을 인정하는 시기는 수정 후 7일 후부터이고, 모체 밖에서 독자적 생존능력은 임신 22주를 기준으로 갖는다고 보았지만 시기나 요건 등은 헌법재판소가 설시한 한계 내에서 입법재량을 가진다고 판단하였다(헌재 2017헌바127).

> **판례** | 태아의 생명의 시기 - 헌재 2019.4.11. 2017헌바127(헌법불합치)
>
> 국가에게 태아의 생명을 보호할 의무가 있다고 하더라도 생명의 연속적 발전과정에 대하여 생명이라는 공통요소만을 이유로 하여 언제나 동일한 법적 효과를 부여하여야 하는 것은 아니다. 동일한 생명이라 할지라도 법질서가 생명의 발전과정을 일정한 단계들로 구분하고 그 각 단계에 상이한 법적 효과를 부여하는 것이 불가능하지 않다. 예컨대 **형법은 태아를 통상 낙태죄의 객체로 취급**하지만, 진통 시로부터 태아는 사람으로 취급되어 살인죄의 객체로 됨으로써 **생명의 단계에 따라 생명침해행위에 대한 처벌의 정도가 달라진다**. 나아가 태아는 **수정란이 자궁에 착상한 때로부터 낙태죄의 객체로 되는데 착상은 통상 수정 후 7일경**에 이루어지므로, 그 이전의 생명에 대해서는 형법상 어떠한 보호도 행하고 있지 않다 …… **태아가 모체를 떠난 상태에서 독자적으로 생존할 수 있는 시점인 임신 22주 내외에 도달하기 전이면서 동시에 임신 유지와 출산 여부에 관한 자기결정권을 행사하기에 충분한 시간이 보장되는 시기**(착상 시부터 이 시기까지를 '결정가능기간')**까지의 낙태**에 대해서는 **국가가 생명보호의 수단 및 정도를 달리 정할 수 있다고 봄이 타당**하다.

생명의 종기에 대해서도 견해가 대립된다. 사망의 대부분은 뇌사와 심장사의 시기가 일치하나 사고나 질병 등으로 뇌의 기능은 정지하더라도 심장이나 폐 등은 일정기간 그 기능을 유지하는 경우에 그 사망시점이 문제된다. 사망시점을 맥박이 정지된 때나 심장이 정지된 때를 들기도 하지만 뇌사 후에 자발적인 생명유지가 어렵다는 사실과 장기이식의 현실적 필요성 등을 고려할 때 뇌사설이 타당하다고 본다.

V. 생명권의 내용

생명권은 소극적으로 국가권력의 생명을 침해하는 것으로부터의 방어에 그치지 않고 나아가 적극적으로 그 보호를 국가에 대하여 청구할 수 있는 권리이다.

따라서 생명권은 국가권력이나 사회세력의 개인에 대한 생명에의 처분이나 단축금지 청구권이며 신체의 완전성에의 권리로 국가의 생명보호의무 등을 그 내용으로 한다.

VI. 생명권의 제한과 한계

생명권은 생명처분이나 박탈 및 단축의 금지를 핵심적 내용으로 하므로 생명에의 제한은 생명권을 침해한다. 다만, 그 본질적 내용을 침해하지 않으면서 필요한 최소한의 범위 내에서는 그 제한이 예외적으로 허용될 수 있다. 생명권의 제한과 관련하여 구체적으로 문제가 되는 것이 사형제도와 낙태, 그리고 안락사 등이다.

1. 사형제도

1) 경 향

사형에 대해서는 각 나라마다 전개 상황이 다르다. 독일기본법에서는 사형이 명문으로 금지되어 있고, 선진국에서는 사형제도를 폐지하는 경향으로 전개되고 있다. 미국의 경우에는 1972년에 사형제도(Furman v. Georgia, 408 U.S. 238(1972))를 위헌으로 보았으나, 1976년에는 사형제도 자체는 위헌으로 보고 있지 않았다(Gregg v. Georgia, 408 U.S.153(1976)). 그리고 톰슨(Thompson v. Oklahoma, 487 U.S. 815(1988))사건에서 15세 소년에 대한 사형을 위헌이라 판결하였다.

우리나라에서 법률로써 생명권을 제한할 수 있느냐에 대해 대법원(대판 87도1458; 90도2906)과 헌법재판소(헌재 95헌바1; 2008헌가23)는 사형제도의 합헌성을 인정하고 있다. 생명이 이념적으로 절대적 가치를 지닌 것이라 하더라도 생명에 대한 법적 평가가 예외적으로 허용될 수 있다고 보고 있다(헌재 2008헌가23).

> **판례** | 사형제도의 합헌성 – 헌재 2010.2.25. 2008헌가23(합헌, 각하)
>
> 비록 생명이 이념적으로 절대적 가치를 지닌 것이라 하더라도 생명에 대한 법적 평가가 예외적으로 허용될 수 있다고 할 것이므로, 생명권 역시 헌법 제37조 제2항에 의한 일반적 법률유보의 대상이 될 수밖에 없다. 나아가 생명권의 경우, 다른 일반적인 기본권 제한의 구조와는 달리, 생명의 일부 박탈이라는 것을 상정할 수 없기 때문에 생명권에 대한 제한은 필연적으로 생명권의 완전한 박탈을 의미하게 되는바, 위와 같이 **생명권의 제한이 정당화될 수 있는 예외적인 경우에는 생명권의 박탈이 초래된다 하더라도 곧바로 기본권의 본질적인 내용을 침해하는 것이라 볼 수는 없다.**

2) 논 의

사형제도에 관한 논의는 헌법 제10조의 인간의 존엄과 가치나 헌법 제37조 제2항의 본질적 부분의 침해금지원칙의 위배 여부와 과잉금지원칙의 위배 여부가 문제된다.

(1) 사형제도의 합헌론을 주장하는 논거로는 ① 형벌의 목적 중의 하나가 응보라는 점, ② 사형제도의 존치 여부는 형사정책적 문제로서 입법형성의 몫이라는 점, ③ 헌법 제110조 제4항의 단서가 간접적으로 사형제도를 허용하고 있다는 점 등을 든다.

(2) 반면에 위헌론의 논거로는 ① 생명권은 생명유지 그 자체가 본질적 내용이므로 사형은 본질적 부분의 침해라는 점, ② 사형이 아닌 종신형으로도 그 목적을 달성할 수 있으므로 피해의 최소성원칙에도 위배된다는 점, ③ 사형에 관여하는 검사, 판사 등 공무원의 인간의 존엄성을 침해한다는 점, ④ 헌법 제110조 제4항의 단서는 사형제도를 헌법상 인정하고 있는 것이 아니라 사형을 수용하고 있는 입법적 현실을 고려한 조항에 불과하다는 점 등을 그 논거로 든다.

(3) 우리 헌법 제110조 제4항은 사형제도를 간접적으로 인정하고 있기 때문에 헌법해석상으로는 사형제도의 합헌성을 인정할 수 있고, 현시점에서 사형을 법률로 채택할 것인지의 여부는 입법자의 재량영역이라고 보아야 한다.

사형제도는 살인의 제지효과가 있다는 것에 대해서는 입증된 바 없고, 사형은 오판의 가능성이 있고, 생명은 한번 침해하면 회복이 불가능하다. 따라서 사형제도는 죄수의 생명권을 침해할 뿐만 아니라 사형집행 관련인 등의 인간의 존엄을 침해하는 위헌적인 것으로 개헌을 통한 법적 해결이 가장 효과적일 것이다. 그러나 그렇지 못할 경우에라도 우리 헌법이 추구하고 있는 인간의 존엄성보장과 전체적인 통일을 위해서는 법률에 규정하고 있는 사형규정을 축소하는 방향에서 점진적인 법률개정에서 헌법개정에 이르기까지 해결해야 할 과제라 할 것이다.

2. 낙태(인공임신중절)

1) 낙태허용 여부

낙태는 인위적으로 모체 안의 생명을 제거하는 행위이다. 낙태의 허용 여부가 문제되고 있는데, 태아의 생명권이 인정된다면 낙태는 허용될 수 없을 것이다. 현실적으로 낙태는 태아의 생명권우월론과 임부의 출산선택권 충돌 시 그 허용 여부가 문제될 수 있다. 태아의 생명권과 임부의 생명·신체·인격권 등이 충돌할 경우 일정요건의 충족을 전제로 부분적인 허용의 필요성이 있다.

낙태를 허용하는 경우에도 일정기간별 낙태허용방식(기한방식)과 낙태허용사유를 규정하는 방식(적응규정)이 있다.

2) 경 향

(1) 독일연방헌법재판소는 1975년 제1차 낙태판결(BVerfGE 39.1)에서 임신 후 12주 이내의 의사에 의한 동의낙태를 무조건 불가벌로 규정한 형법개정안 128a를 위헌이라 판시함으로써 태아의 생명권은 임부의 자기결정권보다 우월하므로 일정한 사유가 있는 경우에 한하여 낙태가 허용될 수 있다고 보았다.

또한 1993년 5월 28일 「임산부 및 가족부조법」 관련 제2차 낙태판결(BVerfGE 88.203)에서 국가의 태아보호의무와 낙태의 위법성에 관해 기본적으로 제1차 낙태판결을 유지하였고, 국가에 대해 태아의 생명보전의무를 부과하였다. 또한 낙태는 원칙적으로 전 임신기간을 통해 위법으로 법적으로 금지된다고 하였다.

(2) 미국의 경우는 1973년 연방대법원이 로(Roe v. Wade 410 U.S. 113(1973))사건에서 낙태를 금지한 텍사스(Texas)주법을 위헌으로 판결함으로써 낙태의 전면 금지에서 제한적으로 자유화되었다. 이 사건에서는 임신기간을 3분기로 나누어 임신초기 3개월은 전적으로 임산부의 사생활영역에 속한다고 보아 낙태 여부는 의사와 상의하여 자유롭게 결정할 수 있고, 3개월에서 6개월 사이에는 임부의 건강을 보호하기 위하여 합리적인 범위 내에서 낙태 규제를 할 수 있고, 마지막 6개월 이후에는 태아의 생명보호를 위해 임부의 생명·건강보호를 위해 필요한 경우를 제외하고는 낙태를 규제하거나 금지할 수 있다고 하였다.

그 후 1989년 웹스터(Webster v. Reproductive Health Services, 492 U.S. 490(1989))판결에서는 의사가 임신 20주 이상의 태아를 낙태시술하기 전에 태아의 생존능력 여부를 판단함에 있어서 태아의 임신기간, 몸무게, 폐의 성숙도 등을 확인하는 데 필요한 의학적 검사와 시험의 실시 규정에 대해 다수의견은 낙태에 대한 규제가 임산부의 건강에 대한 국가이익과 마찬가지로 임신 전 기간 동안 태아의 잠재적 생명에 대한 국가의 이익을 증진시키도록 되어 있다면 그 낙태규제는 정당화된다고 함으로써 기존의 로사건 판결내용과 상충되는 여지를 남겼다.

1992년 케이시(Casey v. Planned Parenthood, 505 U.S. 833(1992))판결에서는 로사건에서와 같은 3분기 구분방식은 취하지 않았고 생존능력이 없는 시기에는 임산부가 '부당한 부담(undue Burden)' 없이 낙태할 기본적 권리(fundamental Right)를 갖으며, 생존능력이 있는 이후 시기에는 모친의 생명이나 건강을 위협하는 경우를 제외하고는 낙태를 금지하고, 펜실바니아주법 중 위급한 경우를 제외하고는 낙태시술에 있어서 기혼여성의 배우자의 동의를 필요로 한다는 규정은 위헌이라고 판단하였다.

3) 우리나라

그동안 형법 제269조 등 낙태죄 규정으로 정당화사유가 없는 낙태를 형사처벌하고, 「모자보건법」에서는 낙태정당화사유를 규정하여(대통령령이 정하는 우생학적 또는 유전학적 정신장애, 신체질환과 전염성 질환, 강간 또는 준강간 임신, 법률상 혼인할 수 없는 혈족 또는 인척 간 임신, 임신지속이 보건의학적 이유로 모체의 건상을 심히 해하거나 해할 우려 시) 원칙적으로 낙태를 금지해오고, 낙태요건으로서 본인의 동의뿐만 아니라 배우자 또는 친권자 등의 동의까지 요하고 있어(법 제14조 제1항), 낙태에 있어서 임부의 자기결정권 침해 문제가 제기되어 왔다.

그러나 헌법재판소는 2019년 판결을 통해 형법상 낙태죄 규정에 대해 위헌으로 판단하였다(헌재 2017헌바127). 그리고 「모자보건법」에서 낙태수술을 허용하는 정당화사유로 제시하고 있는 사유는 다양하고 광범위한 사회적·경제적 사유에 의한 낙태갈등 상황이 전혀 포섭되지 않는다고 보아 그 이전의 판단(헌재 2010헌바402: 합헌)을 변경하였다.

!　**판례** | 형법상 의사낙태죄 조항(형법 제270조 제1항)의 위헌성 – 헌재 2012.8.23. 2010헌바402 (합헌)

인간의 생명은 고귀하고, 이 세상에서 무엇과도 바꿀 수 없는 존엄한 인간 존재의 근원이며, 이러한 **생명에 대한 권리는 기본권 중의 기본권**이다. 태아가 비록 그 생명의 유지를 위하여 모(母)에게 의존해야 하지만, 그 자체로 모(母)와 별개의 생명체이고 특별한 사정이 없는 한 인간으로 성장할 가능성이 크므로 **태아에게도 생명권이 인정**되어야 하며, 태아가 독자적 생존능력을 갖추었는지 여부를 그에 대한 낙태 허용의 판단 기준으로 삼을 수는 없다. 한편, 낙태를 처벌하지 않거나 형벌보다 가벼운 제재를 가하게 된다면 현재보다도 훨씬 더 낙태가 만연하게 되어 자기낙태죄 조항의

입법목적을 달성할 수 없게 될 것이고, 성교육과 피임법의 보편적 상용, 임부에 대한 지원 등은 불법적인 낙태를 방지할 효과적인 수단이 되기에는 부족하다. 나아가 입법자는 일정한 우생학적 또는 유전학적 정신장애나 신체질환이 있는 경우와 같은 예외적인 경우에는 임신 24주 이내의 낙태를 허용하여(모자보건법 제14조, 동법 시행령 제15조), 불가피한 사정이 있는 경우에는 태아의 생명권을 제한할 수 있도록 하고 있다. 나아가 자기낙태죄 조항으로 제한되는 사익인 임부의 자기결정권이 위 조항을 통하여 달성하려는 태아의 생명권 보호라는 공익에 비하여 결코 중하다고 볼 수 없다. 따라서 **자기낙태죄 조항이 임신 초기의 낙태나 사회적·경제적 사유에 의한 낙태를 허용하고 있지 아니한 것이 임부의 자기결정권에 대한 과도한 제한이라고 보기 어려우므로, 자기낙태죄 조항은 헌법에 위반되지 아니한다.**

> **판례** | 형법상 자기낙태죄 조항 등의 위헌성(형법 제269조 제1항, 제270조 제1항) - 헌재 2019. 4.11. 2017헌바127(헌법불합치)

가. 재판관 4인의 헌법불합치의견

자기낙태죄 조항은 입법목적을 달성하기 위하여 필요한 최소한의 정도를 넘어 임신한 여성의 자기결정권을 제한하고 있어 **침해의 최소성을 갖추지 못하였고**, 태아의 생명 보호라는 공익에 대하여만 일방적이고 절대적인 우위를 부여함으로써 **법익균형성의 원칙도 위반**하였으므로, **과잉금지원칙을 위반하여 임신한 여성의 자기결정권을 침해**한다. 자기낙태죄 조항과 동일한 목표를 실현하기 위하여 임신한 여성의 촉탁 또는 승낙을 받아 낙태하게 한 의사를 처벌하는 **의사낙태죄 조항**도 같은 이유에서 **위헌이라고 보아야 한다.** 자기낙태죄 조항과 의사낙태죄 조항에 대하여 각각 단순위헌결정을 할 경우, 임신 기간 전체에 걸쳐 행해진 모든 낙태를 처벌할 수 없게 됨으로써 용인하기 어려운 법적 공백이 생기게 된다. 더욱이 입법자는 결정가능기간을 어떻게 정하고 결정가능기간의 종기를 언제까지로 할 것인지, 결정가능기간 중 일정한 시기까지는 사회적·경제적 사유에 대한 확인을 요구하지 않을 것인지 여부까지를 포함하여 결정가능기간과 사회적·경제적 사유를 구체적으로 어떻게 조합할 것인지, 상담요건이나 숙려기간 등과 같은 일정한 절차적 요건을 추가할 것인지 여부 등에 관하여 앞서 헌법재판소가 설시한 한계 내에서 입법재량을 가진다. 따라서 자기낙태죄 조항과 의사낙태죄 조항에 대하여 단순위헌 결정을 하는 대신 각각 헌법불합치 결정을 선고하되, 다만 입법자의 개선입법이 이루어질 때까지 계속적용을 명함이 타당하다.

나. 재판관 3인의 단순위헌의견

임신한 여성의 안전성이 보장되는 기간 내의 낙태를 허용할지 여부와 특정한 사유에 따른 낙태를 허용할지 여부의 문제가 결합한다면, 결과적으로 국가가 낙태를 불가피한 경우에만 예외적으로 허용하여 주는 것이 되어 임신한 여성의 자기결정권을 사실상 박탈하게 될 수 있다. 그러므로 태아가 덜 발달하고, 안전한 낙태 수술이 가능하며, 여성이 낙태 여부를 숙고하여 결정하기에 필요한 기간인 임신 제1삼분기에는 임신한 여성의 자기결정권을 최대한 존중하여 그가 자신의 존엄성과 자율성에 터 잡아 형성한 인생관·사회관을 바탕으로 자신이 처한 상황에 대하여 숙고한 뒤 낙태 여부를 스스로 결정할 수 있도록 하여야 한다. 심판**대상조항들은 임신 제1삼분기에 이루어지는 안 전한 낙태조차 일률적·전면적으로 금지함으로써, 과잉금지원칙을 위반하여 임신한 여성의 자기결정 권을 침해한다.** 자유권을 제한하는 법률에 대하여, 기본권의 제한 그 자체는 합헌이나 그 제한의 정 도가 지나치기 때문에 위헌인 경우에도 헌법불합치결정을 해야 한다면, 법률이 위헌인 경우에는 무 효로 선언되어야 한다는 원칙과 그에 기초한 결정형식으로서 위헌결정의 존재 이유가 사라진다. 심 판대상조항들이 예방하는 효과가 제한적이고, 형벌조항으로서의 기능을 제대로 하지 못하고 있으므 로, 이들 조항이 폐기된다고 하더라도 극심한 법적 혼란이나 사회적 비용이 발생한다고 보기 어렵 다. 반면, 헌법불합치결정을 선언하고 사후입법으로 이를 해결하는 것은 형벌규정에 대한 위헌결정 의 효력이 소급하도록 한 입법자의 취지에도 반할 뿐만 아니라, 그 규율의 공백을 개인에게 부담시 키는 것으로서 가혹하다. 또한 앞서 본 바와 같이 심판대상조항들 중 적어도 임신 제1삼분기에 이 루어진 낙태에 대하여 처벌하는 부분은 그 위헌성이 명확하여 처벌의 범위가 불확실하다고 볼 수 없다. 심판대상조항들에 대하여 단순위헌결정을 하여야 한다.

다. 결정

자기낙태죄 조항과 의사낙태죄 조항이 헌법에 위반된다는 단순위헌의견이 3인이고, 헌법에 합치 되지 아니한다는 헌법불합치의견이 4인이므로, 단순위헌의견에 헌법불합치의견을 합산하면 법률의 위헌결정을 함에 필요한 심판정족수에 이르게 된다. 따라서 위 조항들에 대하여 헌법에 합치되지 아니한다고 선언하되, 2020.12.31.을 시한으로 입법자가 개선입법을 할 때까지 계속적용을 명한 다. 아울러 종전에 헌법재판소가 이와 견해를 달리하여 자기낙태죄 조항과 형법(1995.12.29. 법률 제5057호로 개정된 것) 제270조 제1항 중 '조산사'에 관한 부분이 헌법에 위반되지 아니한다고 판시 한 헌재 2012.8.23. 2010헌바402 결정은 이 결정과 저촉되는 범위 내에서 변경하기로 한다.

3. 안락사

1) 의의 및 유형

안락사란 회생의 가능성이 없거나 희박하고 말기 암환자와 같이 고통이 극심한 환자 에 대해 그 고통을 제거하기 위해 환자의 생명을 단절시키는 행위를 말한다. 의사의 조력 에 의한 자살을 허용을 인정하는 경우 이를 존엄사라고도 부른다.

안락사의 유형으로는 광의의 안락사, 협의의 안락사, 도태적 안락사, 존엄사 등으로 구분하기도 하고, 간접적 안락사, 소극적 안락사, 적극적 안락사 등으로 구분하기도 한다. ① 협의의 안락사는 회생의 가능성이 없는 환자의 생명을 의료인이 고통없는 방법으 로 단절하는 것을 말한다. ② 도태적 안락사는 사회적으로 생존가치가 없다고 인정되는 자에 대해 인위적으로 생명을 단절하는 것을 말하는 것으로 나찌정권이 행한 우생학적 단종시술이 그 예라 할 수 있다. ③ 존엄사는 회생의 가망이 없는 불치의 병으로 빈사상태의 환자에 대해 환자 또는 그 보호자의 뜻에 따라 인간다운 생을 마감할 수 있도록 생명을 단축시키는 것을 말한다. ④ 간접적 안락사는 환자의 고통을 완화시키는 약물투여로 생명단축을 초래하는 것을 말한다. ⑤ 소극적 안락사는 환자의 고통을 제거하기 위하여 생명연장수단을 사용하지 않아 생명이 단축되게 하는 것이다. ⑥ 적극적 안락사는 회생가능성이 없는 환자에 대하여 환자 본인이나 또는 그 보호자의 의사에 따라 고통을 제거할 목적으로 적극적인 생명단절조치를 취하는 것을 말한다.

2) 허용 여부

안락사의 허용여부에 대해서 긍정설은 고통 속에서 비인간적으로 죽음을 맞도록 하는 것은 오히려 인간의 존엄과 가치에 부합되지 않는다고 하고, 부정설은 주로 안락사를 허용했을 경우에의 폐해를 들어 안락사를 반대한다. 현행헌법은 안락사를 직접 규정하고 있지는 않고, 다만 형법상 촉탁·승낙에 의한 살인죄와 자살방조죄로 처벌해 왔다.

3) 외국의 경향

(1) 미 국

미국의 안락사에 대한 법적 규정들의 대부분은 환자를 자연적으로 사망에 이르게 놓아둔다는 소극적 안락사에 관한 규정이다. 그래서 보통 안락사라 할 때는 소극적 안락사를 말하고, 여기서 환자의 동의의 존재 유무에 따라 자발적 안락사와 비자발적 안락사로 구별한다. "living Will Statutes"라는 문서제정에 대해 상세하게 규정하고 있는 "자연사법"도 이러한 자발적 안락사와 관계되는 법률이다.

그러나 미국에서의 법규정은 안락사에 대해 포괄적이고 상세한 것이 아니었기 때문에 현실적으로 일어나는 안락사에 대한 수많은 문제를 해결하는 데 한계를 지녔고, 이러한 문제를 해결하기 위한 법원의 판결이 행해져왔다.

미국에서는 의사나 제3자에 의하여 적극적 안락사가 행하여진 경우에는 법적으로는 가벌적인 것이지만 현실적으로는 소극적인 판결이 대부분이었다. 1960년대까지 법원은 생명유지조치의 계속에 대한 국가나 법원의 이익을 더 우선적으로 인정하여 이에 대응하는 환자나 친족의 요구는 고려될 수 없는 것으로 보았다.

그러나 1976년 퀸란(Karen Ann Quinlan 355 A. 2d 647(1976))사건에서 뉴저지법원은 이러한 종전의 입장에서 선회하여 헌법상 보장되어 있는 프라이버시권리로부터 의료적 치료행위에 있어 시작과 계속에 대한 환자의 자기결정권을 이끌어내게 되었다.

이 사건에서는 구체적 상황 하에 아버지가 대리하여 생명유지조치의 중단을 하게 되는 혼수상태에 빠진 환자의 이익이 생명보호요구라는 국가적 이익에 우선한다는 것을 인정하였다. 이 판결은 그 이후의 대부분의 안락사사건에 대한 판단에 기초를 제공하게 되었고, 환자 자신이 실제로 표시한 명시적 의사나 환자의 추정적 의사, 나아가 법적으로 권한 있는 대리인의 의사에 반하여 환자의 생명유지를 강요할 수 없다는 원리가 인정되었다. 이 원리는 그 후 많은 판례의 지지를 받았으나 이 원리가 모든 안락사 사건에 절대적으로 타당한 것은 아니었다. 법원의 결정후 퀸란은 인공호흡기 등 생명연장장치를 모두 제거했으나 제거 후 9년간 스스로 호흡하며 생존하다 폐렴으로 사망하였다. 여기서 생명의 종기를 단축하는 적극적 안락사를 허용하는 것에 대해 신중해야 하는 문제를 던져주었던 것이다.

법원은 각각의 개별적인 사건들에서 환자의 치료가능성, 환자의 나이, 환자가 시달리고 있는 고통의 정도, 문제되는 치료의 종류, 결혼하지 않은 아이들의 잔존 여부와 같은 환자의 사회적 의무 등 상황에 대한 신중한 형량을 내리려고 노력하였다.

미국에서 오리건주법은 의사의 처방에 의한 안락사를 인정하고 있다. 그러나 여전히 미연방대법원은 안락사를 적극적으로 헌법상 권리로 인정하지 않고 있다.

(2) 독 일

독일에서 안락사에 대한 특별한 규정은 없고 그 허용과 한계는 일반적인 법원칙에 근거하고 있다. 일부 학설은 독일형법 제34조의 정당화적 긴급피난의 규정을 적용하여 적극적 안락사가 위법성이 조각된다고 하기도 하고, 제216조의 촉탁에 의한 살인죄의 처벌규정의 삭제를 주장하기도 한다. 그러나 통설과 판례는 독일형법 제216조의 촉탁살인죄에 대해 적극적 안락사는 금지되는 것으로 이해하고 있다. 촉탁 없이 적극적 안락사를 행할 경우에는 원칙적으로 살인죄가 성립되며, 다만 행위자의 동정이나 이익의 의도에서 행하는 적극적 안락사의 경우에는 형법 제213조에 의해 형이 감경될 수 있다.

진통을 치료하다 생명단축의 결과를 초래하는 간접적 안락사는 처벌되지 않는다고 보는데, 통설적 견해는 그 근거로 형법 제34조에 따라 위법성이 조각되는 것으로 인정한다. 즉 고통제거에 동의한 임종환자의 이익은 생명단축의 위험보다 우월할 수 있다는 것이다.

소극적 안락사에 대해서 통설은 환자의 자기결정권에 근거해 처벌되지 않는다고 본다. 의사의 치료의무는 환자의 자율에 의해 결정되며, 환자가 치료중단을 결정한 경우 자기귀책성의 의심이 없는 한 의사는 환자의 자기결정권을 존중하여야 한다는 것이다. 환자의 의사표명이 불분명하거나 의사표명을 할 수 없는 경우에는 환자의 사전의사표시나 문서로 작성된 사전의사를 통한 환자의 추정적 의사에 의해 판단한다. 환자의 의사를 추정할 만한 정황이 전혀 없는 경우에는 의사의 일반적인 생명유지의무가 존재하는가를 검토하여야 한다. 독일에서 통설적 입장은 환자의 의식이 불가역적으로 상실할 때에 의사의 생명유지의무의 한계가 존재하는 것으로 본다.

(3) 일 본

일본은 1950년부터 안락사 문제가 사회의 논쟁이 되어 왔고 안락사 관련법은 없지만 엄격한 요건 하에 안락사를 인정해오고 있다. 1995년 안락사와 관련하여 요코하마 법원이 제시한 안락사를 허용하기 위한 4가지 조건을 명시하여 적용해오고 있다. 즉 ① 환자의 참을 수 없는 고통이 있을 것, ② 죽음 시기가 임박해 있을 것, ③ 본인의 의사표시가 있을 것, ④ 고통제거의 수단은 없으며, 안락사는 반드시 의사에 의해 실행되어야 한다는 것이다.

일본에서는 생명연장 치료를 거부해 자연사를 선택하는 존엄사를 인정해오고 있지만 적극적 안락사와 관련해 스스로 죽음을 선택할 권리문제, 살인을 허용하는 면책문제 등에 대해 계속되는 논란 선상에 있다.

(4) 우리나라

우리나라는 안락사의 허용 여부에 대해 많은 논의와 판결 등을 통해 의견이 대립되어 왔다. 과연 개인의 생명을 '스스로 처분할 수 있는 권리가 있는 것을 인정할 것인가'라는 난해한 문제는 안락사가 인간의 생명권과 관련한 문제이기 때문이다. 헌법은 국가는 인간의 생명권을 보장해주어야 하는데, 인간의 생명에의 단절을 허락하는 안락사를 허용할 수 있을 것인가라는 것이다. 그러나 이 안락사는 인간의 존엄과 관련해 더 이상 참을 수 없는 고통에서 벗어나고자 하는, 인간다운 죽음을 맞을 권리를 인정하는 죽음에 대한 자기결정권을 인정할 이익도 있다는 것이다.

대법원은 적극적 안락사와 관련하여 이는 촉탁·승낙에 의한 살인죄 또는 단순살인죄가 된다고 하여 부정설의 입장이고(대판 4290형상126), 안락사를 행할 경우 형법상 자살의 교사, 방조나 촉탁에 의한 살인죄로 처벌해왔다(형법 제252조). 다만, 생명유지조치를 취하지 않거나 이를 제거하는 소극적 안락사는 엄격한 요건 하에 인정되는 것으로 보았다(대판 2009다17417).

대법원은 회복불가능한 사망의 단계에 진입한 경우를 진료중단의 허용 판단기준으로 보고, ① 연명치료 거부 내지 중단에 관한 의사를 밝힌 사전의료지시의 경우 환자의 자기결정권을 인정할 수 있는 것으로 보았고, ② 환자의 사전의료지시가 없는 상태에서 회복불가능한 사망의 단계에 진입한 경우에 환자의 평소 가치관이나 신념 등에 비추어 연명치료중단에 관한 환자의 의사를 추정할 수 있다고 판단하였다(대판 2009다17417).

> **판례** | 환자의 연명치료중단의 허용 – 대판 2009.5.21. 2009다17417(기각)
>
> (나) 환자가 회복불가능한 사망의 단계에 이르렀을 경우에 대비하여 **미리 의료인에게 자신의 연명치료 거부 내지 중단에 관한 의사를 밝힌 경우**(이하 '사전의료지시'라 한다)에는, 비록 진료 중단 시점에서 자기결정권을 행사한 것은 아니지만 **사전의료지시를 한 후 환자의 의사가 바뀌었다고 볼 만한 특별한 사정이 없는 한 사전의료지시에 의하여 자기결정권을 행사한 것으로 인정할 수 있다.** 다만, 이러한 사전의료지시는 진정한 자기결정권 행사로 볼 수 있을 정도의 요건을 갖추어야 하므로 의사결정능력이 있는 환자가 의료인으로부터 직접 충분한 의학적 정보를 제공받은 후 그 의학적 정보를 바탕으로 자신의 고유한 가치관에 따라 진지하게 구체적인 진료행위에 관한 의사를 결정하여야 하며, 이와 같은 의사결정 과정이 환자 자신이 직접 의료인을 상대방으로 하여 작성한 서면이나 의료인이 환자를 진료하는 과정에서 위와 같은 의사결정 내용을 기재한 진료기록 등에 의하여 진료 중단 시점에서 명확하게 입증될 수 있어야 비로소 사전의료지시로서의 효력을 인정할 수 있다.
>
> (다) 한편, **환자의 사전의료지시가 없는 상태에서 회복불가능한 사망의 단계에 진입한 경우**에는 환자에게 의식의 회복가능성이 없으므로 더 이상 환자 자신이 자기결정권을 행사하여 진료행위의 내용 변경이나 중단을 요구하는 의사를 표시할 것을 기대할 수 없다. 그러나 **환자의 평소 가치관이나 신념 등에 비추어 연명치료를 중단하는 것이 객관적으로 환자의 최선의 이익에 부합한다고 인정**되어 환자에게 자기결정권을 행사할 수 있는 기회가 주어지더라도 연명치료의 중단을 선택하였을 것이라고 볼 수 있는 경우에는, 그 **연명치료 중단에 관한 환자의 의사를 추정할 수 있다고 인정**하는 것이 합리적이고 사회상규에 부합된다. 이러한 **환자의 의사 추정은 객관적으로 이루어져야 한다.** 따라서 환자의 의사를 확인할 수 있는 객관적인 자료가 있는 경우에는 반드시 이를 참고하여야 하고, 환자가 평소 일상생활을 통하여 가족, 친구 등에 대하여 한 의사표현, 타인에 대한 치료를 보고 환자가 보인 반응, 환자의 종교, 평소의 생활 태도 등을 환자의 나이, 치료의 부작용, 환자가 고통을 겪을 가능성, 회복불가능한 사망의 단계에 이르기까지의 치료 과정, 질병의 정도, 현재의 환자 상태 등 객관적인 사정과 종합하여, 환자가 현재의 신체상태에서 의학적으로 충분한 정보를 제공받는 경우 연명치료 중단을 선택하였을 것이라고 인정되는 경우라야 그 의사를 추정할 수 있다.
>
> (라) 환자 측이 직접 법원에 소를 제기한 경우가 아니라면, 환자가 회복불가능한 사망의 단계에 이르렀는지 여부에 관하여는 전문의사 등으로 구성된 위원회 등의 판단을 거치는 것이 바람직하다.

한편 헌법재판소는 죽음에 임박한 환자에게 '연명치료 중단에 관한 자기결정권'이 헌법상 보장된 기본권인지 여부에 대해 환자가 ① 죽음에 임박한 상태에서 인간으로서의 존엄과 가치를 지키기 위하여 연명치료의 거부 또는 중단을 결정할 수 있다고 하고, 헌법상 기본권인 자기결정권의 한 내용으로서 보장된다고 보았고, ② '연명치료 중단에 관한 자기결정권'을 보장하는 방법으로서 '법원의 재판을 통한 규범의 제시'와 '입법' 중 어느 것이 바람직한가는 입법정책의 문제라고 판시하였다(헌재 2008헌마385).

> **판례** | 연명치료 중단의 헌법상 자기결정권과 자기결정권 보장 방법은 입법정책문제
> － 헌재 2009.11.26. 2008헌마385(각하)
>
> 가. '연명치료 중단, 즉 생명단축에 관한 자기결정'은 '생명권 보호'의 헌법적 가치와 충돌하므로 **연명치료 중단에 관한 자기결정권**의 인정 여부가 문제되는 **'죽음에 임박한 환자'**란 '의학적으로 환자가 의식의 회복가능성이 없고 생명과 관련된 중요한 생체기능의 상실을 회복할 수 없으며 환자의 신체상태에 비추어 짧은 시간 내에 사망에 이를 수 있음이 명백한 경우', 즉 **'회복 불가능한 사망의 단계'에 이른 경우**를 의미한다 할 것이다. 이와 같이 '죽음에 임박한 환자'는 전적으로 기계적인 장치에 의존하여 연명할 수밖에 없고, 전혀 회복가능성이 없는 상태에서 결국 신체의 다른 기능까지 상실되어 기계적인 장치에 의하여서도 연명할 수 없는 상태에 이르기를 기다리고 있을 뿐이므로, '죽음에 임박한 환자'에 대한 연명치료는 의학적인 의미에서 치료의 목적을 상실한 신체침해 행위가 계속적으로 이루어지는 것이라 할 수 있고, 죽음의 과정이 시작되는 것을 막는 것이 아니라 자연적으로는 이미 시작된 죽음의 과정에서의 종기를 인위적으로 연장시키는 것으로 볼 수 있어, 비록 **연명치료 중단에 관한 결정 및 그 실행**이 환자의 생명단축을 초래한다 하더라도 이를 생명에 대한 임의적 처분으로서 자살이라고 평가할 수 없고, 오히려 **인위적인 신체침해 행위에서 벗어나서 자신의 생명을 자연적인 상태에 맡기고자 하는 것**으로서 인간의 존엄과 가치에 부합한다 할 것이다. 그렇다면 환자가 장차 죽음에 임박한 상태에 이를 경우에 대비하여 미리 의료인 등에게 연명치료 거부 또는 중단에 관한 의사를 밝히는 등의 방법으로 **죽음에 임박한 상태에서 인간으로서의 존엄과 가치를 지키기 위하여 연명치료의 거부 또는 중단을 결정할 수 있다** 할 것이고, 위 결정은 **헌법상 기본권인 자기결정권의 한 내용으로서 보장된다** 할 것이다.
>
> 나. 죽음에 임박한 환자에 대한 연명치료 중단에 관한 다툼은 법원의 재판을 통하여 해결될 수 있고, 법원의 재판에서 나타난 연명치료 중단의 허용요건이나 절차 등에 관한 기준에 의하여 연명치료 중단에 관한 자기결정권은 충분하지 않을지는 모르나 효율적으로 보호될 수 있으며, **자기결정권을 행사하여 연명치료를 중단하고 자연스런 죽음을 맞이하는 문제**는 생명권 보호라는 헌법적 가치질서와 관련된 것으로 법학과 의학만의 문제가 아니라 종교, 윤리, 나아가 인간의 실존에 관한 철학적 문제까지도 연결되는 중대한 문제이므로 **충분한 사회적 합의가 필요한 사항**이다. 따라서 이에 관한 입법은 사회적 논의가 성숙되고 공론화 과정을 거친 후 비로소 국회가 그 필요성을 인정하여 이를 추진할 사항이다. 또한 **'연명치료 중단에 관한 자기결정권'을 보장하는 방법**으로서 '법원의 재판을 통한 규범의 제시'와 '입법' 중 어느 것이 바람직한가는 **입법정책의 문제로서 국회의 재량**에 속한다 할 것이다. 그렇다면 헌법해석상 '연명치료 중단 등에 관한 법률'을 제정할 국가의 입법의무가 명백하다고 볼 수 없다.

헌법재판소의 이 결정 이후 안락사의 허용문제에 대한 사회적 관심이 고조되었고, 안락사 관련 입법을 하기에 이르렀다. 즉 회생의 가능성이 없고, 치료에도 불구하고 회복되지 아니하며, 급속도로 증상이 악화되어 사망에 임박한 임종과정에 있는 환자에 대한 완화의료, 연명의료 및 연명의료중단 등 결정과 이행을 위해 「호스피스·완화의료 및 임종과정에 있는 환자의 연명의료결정에 관한 법률」(약칭: 연명의료결정법)이 제정되어([시행 2017. 8. 4.] [법률 제14013호, 2016. 2. 3., 제정]) 시행되고 있다.

4. 뇌 사

1) 사망 시기

일반적으로 생명의 종기에는 심장사, 폐사, 뇌사, 세포사 등의 유형들이 있다. 형법상에서는 심장사를 사망으로 보고 있으나 의학계에서는 대체로 뇌사를 사망시기로 보는 데 의견일치를 보이고 있다. 사망은 생물학적 혹은 생리학적인 생명현상의 종식으로 심장의 정지, 호흡의 정지, 동공의 확대라는 3징후가 나타나면 사망으로 보는 것이 관습적으로 정착되어 왔다.

그러나 오늘날에는 인공호흡기의 발달, 인공장기와 이식의료의 발달로 심장과 호흡기능이 기계나 타인의 장기에 의해 생명현상의 유지가 가능하게 되었다.

이러한 현상은 사망의 시기에 대한 정의를 더욱 어렵게 만들어왔다. 사망을 통해 장기를 이식한다고 하더라도 그 후에 남는 문제는 의학적인 문제만이 아니라 사회적·윤리적·법률적 문제가 남아있기 때문이다. 예컨대 사망이 되는 시점에서 상속이 이루어지고 상속인의 상속순위와 상속분은 커다란 현실적인 법률적 문제가 될 수 있다.

2) 뇌사와 장기 등 이식

그동안 뇌사를 인정할 것인가의 견해 대립은 「장기등 이식에 관한 법률」(약칭: 장기이식법)을 제정하기까지 지속되어 왔다. 이는 뇌사판정에 관한 과학적·윤리적인 문제보다는 전뇌기능이 상실하여 다시 회복할 가능성이 없는 의사의 치료행위가 한계에 이르러 더 이상 효과 없는 치료를 계속할 것인가의 문제와, 뇌사자의 장기이식을 통해 타인의 생명을 연장시킬 수 있다는 현실적 필요성을 그 배경으로 한 것이다.

현실적으로 뇌사판정을 받더라도 장기이식을 할 것인가의 현실적 문제는 본인이나 가족 등의 승낙이 큰 의미를 가진다. 본인이 건강한 때 장기제공의 의사를 표시하였다거나 환자 본인이 뇌사상태를 이해하고 있는 경우는 물론이고, 혹은 뇌사 상태 후 가족의 동의가 있는 경우에 장기를 이식을 하는 경우에는 개별적으로 개인의 자기결정권이 있는 것으로 인정하는 것이다.

장기이식법에 의하면 "뇌사자가 이 법에 의한 장기 등의 적출로 사망한 때에는 뇌사의 원인이 된 질병 또는 행위로 인하여 사망한 것으로 본다"라고 하여(법 제21조 제1항) 장기 등의 적출시기를 사망으로 보고 있다. 이는 사망시기의 불확정으로 인해 현실적인 법률문제가 발생할 소지를 안고 있으므로, '뇌사로 판정한 시점을 사망으로 본다'라고 하여 사망의 시점을 확실하게 할 필요가 있다고 하고 있다.

그리고 의사의 뇌사판정에만 의존하여 사망(dead)을 인정하는 것에서 더 나아가 죽음으로 가는(dying) 환자가 자기 생명에 대해 결정할 수 있는 권리를 보호하는 측면을 강화하는 방향으로의 합의를 통한 결정이 이루어져야 할 것으로 본다.

Ⅶ. 생명권의 침해와 구제

생명권에 대한 침해행위로는 사형·낙태·안락사·살인 등이 있다. 이와 관련한 행위로 생명권을 침해받은 경우에는 형사처벌, 국가에의 형사보상청구권, 민사상의 손해배상청구권을 통해 구제받을 수 있다.

제2항 신체의 자유

Ⅰ. 신체의 자유의 의의

신체의 자유란 신체안전의 자유, 신체자율의 자유를 포함한 신체활동의 자유를 말한다. 신체의 자유는 자유민주주의 헌법질서의 기초가 되는 가장 기본적인 자유이다. 따라서 헌법은 신체의 자유에 관하여 상세한 규정을 둠으로써 기본적 인권을 보호하고자 하며 이는 인간 존엄의 보장을 위한 기초가 된다.

Ⅱ. 신체의 자유와 헌법규정

(1) 헌법은 제12조에서 ① 모든 국민은 신체의 자유를 가진다. 누구든지 법률에 의하지 아니하고는 체포·구속·압수·수색 또는 심문을 받지 아니하며, 법률과 적법한 절차에 의하지 아니하고는 처벌·보안처분 또는 강제노역을 받지 아니한다. ② 모든 국민은 고문을 받지 아니하며, 형사상 자기에게 불리한 진술을 강요당하지 아니한다. ③ 체포·구속·압수 또는 수색을 할 때에는 적법한 절차에 따라 검사의 신청에 의하여 법관이 발부한

영장을 제시하여야 한다. 다만, 현행범인인 경우와 장기 3년 이상의 형에 해당하는 죄를 범하고 도피 또는 증거인멸의 염려가 있을 때에는 사후에 영장을 청구할 수 있다. ④ 누구든지 체포 또는 구속을 당한 때에는 즉시 변호인의 조력을 받을 권리를 가진다. 다만, 형사피고인이 스스로 변호인을 구할 수 없을 때에는 법률이 정하는 바에 의하여 국가가 변호인을 붙인다. ⑤ 누구든지 체포 또는 구속의 이유와 변호인의 조력을 받을 권리가 있음을 고지받지 아니하고는 체포 또는 구속을 당하지 아니한다. 체포 또는 구속을 당한 자의 가족등 법률이 정하는 자에게는 그 이유와 일시·장소가 지체없이 통지되어야 한다. ⑥ 누구든지 체포 또는 구속을 당한 때에는 적부의 심사를 법원에 청구할 권리를 가진다. ⑦ 피고인의 자백이 고문·폭행·협박·구속의 부당한 장기화 또는 기망 기타의 방법에 의하여 자의로 진술된 것이 아니라고 인정될 때 또는 정식재판에 있어서 피고인의 자백이 그에게 불리한 유일한 증거일 때에는 이를 유죄의 증거로 삼거나 이를 이유로 처벌할 수 없다"라고, 죄형법정주의와 체포·구속 등의 적법절차보장(제12조 제1항), 고문금지와 묵비권(동조 제2항), 영장제도(동조 제3항), 변호인의 조력을 받을 권리와 국선변호인제도(동조 제4항), 체포·구속시 그 이유와 변호인의 조력을 받을 권리를 고지할 의무 및 가족 등에게 그 이유·일시·장소를 통지할 의무규정을 신설(동조 제5항), 구속적부심사청구권(동조 제6항), 임의성 없는 자백의 증거능력제한(동조 제7항)을 규정하고 있다.

(2) 또한 제13조에 "① 모든 국민은 행위시의 법률에 의하여 범죄를 구성하지 아니하는 행위로 소추되지 아니하며, 동일한 범죄에 대하여 거듭 처벌받지 아니한다. ② 모든 국민은 소급입법에 의하여 참정권의 제한을 받거나 재산권을 박탈당하지 아니한다. ③ 모든 국민은 자기의 행위가 아닌 친족의 행위로 인하여 불이익한 처우를 받지 아니한다"라고 형벌법규불소급의 원칙과 일사부재리의 원칙(제13조 제1항), 연좌제 금지(동조 제3항)를 규정하고 있다.

(3) 그리고 제27조에 "③ 모든 국민은 신속한 재판을 받을 권리를 가진다. 형사피고인은 상당한 이유가 없는 한 지체없이 공개재판을 받을 권리를 가진다. ④ 형사피고인은 유죄의 판결이 확정될 때까지는 무죄로 추정된다. ⑤ 형사피해자는 법률이 정하는 바에 의하여 당해 사건의 재판절차에서 진술할 수 있다", 제28조에 "형사피의자 또는 형사피고인으로서 구금되었던 자가 법률이 정하는 불기소처분을 받거나 무죄판결을 받은 때에는 법률이 정하는 바에 의하여 국가에 정당한 보상을 청구할 수 있다"라고 신속한 공개재판청구권(제27조 제3항), 형사피고인을 위한 무죄추정의 원칙(동조 제4항), 형사피해자의 재판절차진술권(동조 제5항), 형사피의자 또는 형사피고인의 형사보상청구권(제28조) 등을 규정하여 국가권력의 남용에 의하여 신체의 자유가 침해되지 않도록 하고 있다.

Ⅲ. 신체의 자유의 법적 성격

신체의 자유는 인간이 인간으로서 누리는 천부적·전국가적 자연권이다.

다만 국가의 안전보장이나 질서유지를 위하여 법률에 의해 제한할 수 있는 상대적 기본권이다.

또한 신체의 자유는 소극적이기는 하나 침해배제를 청구할 수 있는 방어적 공권이다.

Ⅳ. 신체의 자유의 보장영역

신체의 자유의 보장영역은 헌법 제12조 제1항 제2문에 "누구든지 법률에 의하지 아니하고는 체포·구속·압수·수색 또는 심문을 받지 아니하며, 법률과 적법한 절차에 의하지 아니하고는 처벌·보안처분 또는 강제노역을 받지 아니한다"라고 구체적으로 규정하고 있다.

(1) '체포'란 수사기관이 실력으로 피의자의 신체활동의 자유를 빼앗아 일정기간동안 유치하는 것을 말한다. 이러한 행위는 형법상 체포죄(제276조)를 구성하고, 또한 극히 단시간의 체포는 폭행에 해당한다.

(2) '구속'이란 수사기관이 피의자의 신체의 자유를 박탈하여 일정한 장소에 일시적 또는 계속적으로 유치하는 것으로 「형사소송법」상 구인과 구금을 포함한다. 여기서 '구인'은 소환에 응하지 아니하는 피고인 또는 증인을 일정 장소에 인치하는 강제처분의 재판 및 집행을 말하며, '구금'은 피고인 또는 피의자를 억류하는 형사절차상의 강제처분으로서 재판 및 그 집행을 말한다.

(3) '압수'란 법원이 직권으로 또는 검찰이나 사법경찰관이 법원의 허가아래 증거물 또는 몰수할 것으로 사료하는 물건을 압수하는 행위를 말한다(형사소송법 제106조 제1항). 압수에는 원칙적으로 영장이 필요하나(법 제113조), 소유자·소지자 또는 보관자가 임의로 제출한 물건 또는 유류한 물건은 영장없이 압수할 수 있다(법 제108조).

(4) '수색'이란 압수하여야 할 물건이나 피의자 또는 피고인의 소재를 발견하기 위하여 사람의 신체, 물건 또는 주거, 그 밖의 장소에 대해 행하는 검색을 말한다(법 제109조 제1항). 가택의 수사는 우선적으로 헌법 제16조 주거의 불가침의 대상이 된다.

(5) '심문'(審問)이란 사실의 진술을 강요하는 것을 말한다. 이에 대해 '신문'(訊問)은 법원이 증인으로서 질문을 하는 재판을 말하며, '불심검문'(不審檢問)은 경찰관이 수상한 거동 기타 주위의 사정을 합리적으로 판단하여 어떠한 죄를 범하였거나 범하려 하고 있다고 의심할 만한 상당한 이유가 있는 자 또는 이미 행하여졌거나 행하여지려는 범죄에 대한 사실을 안다고 인정되는 자를 정지시켜 질문할 수 있는 것을 말한다(경찰관 직무집행법 제3조).

(6) '처벌'이란 형사상의 처벌만이 아니라 본인에게 불이익 또는 고통이 되는 일체의 제재를 말한다.

(7) '보안처분'이란 범죄자 또는 사회적으로 위험한 행위를 할 우려가 있는 자들을 사회로부터 격리하여 그 위험성을 교정하는 것을 목적으로 하는 범죄예방행위를 말한다. 이는 형벌만으로는 사회를 방위하는 데 불충분하므로 형벌을 보충하고 그를 대처하기 위한 제도이다. 이러한 보안처분에는 위법한 범죄를 전제로 하여 법원의 판결로써 결정되는 것으로 「소년법」상의 보호처분, 「마약류 관리에 관한 법률」・「성매매 알선 등 행위의 처벌에 관한 법률」 등에서의 보호처분이 있고, 범죄행위를 요건으로 하지 않고 행정기관이 행정처분의 형식으로 결정하는 「보안관찰법상」의 보안관찰처분이 있다.

(8) '강제노역'이란 공권력이 본인의 의사에 반하여 노역을 강요하는 것을 말한다. 헌법은 불법한 강제노역을 금하고 있으므로 법률과 적법한 절차에 의한 경우를 제외하고는 본인의 의사에 반하는 노역을 과할 수 없다.

V. 신체의 자유의 실체적 보장

1. 죄형법정주의

1) 죄형법정주의의 의의

헌법 제12조 제1항 제2문 후단은 "법률과 적법한 절차에 의하지 아니하고는 … 처벌・보안처분 또는 강제노역을 받지 아니한다"라고 하고, 또한 제13조 제1항 전단에서 "모든 국민은 행위시의 법률에 의하여 범죄를 구성하지 아니하는 행위로 소추되지 아니하며" 라고 하여 죄형법정주의를 규정하고 있다.

죄형법정주의란 이미 제정된 정당한 법률에 의하지 아니하고는 처벌받지 아니한다는 원칙을 말한다. 이는 국가형벌권의 발동을 제한하여 국민의 기본적 인권을 보호하는 동시에 입법권에 의하여 사법권을 규제하는 기능을 가진다.

죄형법정주의는 「법률 없으면 범죄 없다, 법률 없으면 형벌 없다」(nullum crimen sine lege, nulla poena sine lege)로 표현되고 있는데, 이는 범죄의 구성요건을 명확하게 법률로 정하여야 하며, 그 범죄에 대한 형벌의 양과 종류가 법률이 정한 절차에 의하여야 한다는 것이다. 이외에도 죄형법정주의는 구성요건의 명확성을 요하며, 범죄와 형벌이 균형을 이루어야 한다는 것이다.

> **판례** | 형법정주의원칙의 의의 – 헌재 1991.7.8. 91헌가4(위헌)
>
>   **죄형법정주의**는 이미 제정된 정의로운 법률에 의하지 아니하고는 처벌되지 아니한다는 원칙으로서 이는 무엇이 처벌될 행위인가를 국민이 예측가능한 형식으로 정하도록 하여 개인의 **법적 안정성을 보호**하고 성문의 형벌법규에 의한 실정법질서를 확립하여 **국가형벌권의 자의적 행사로부터 개인의 자유와 권리를 보장하려는 법치국가 형법의 기본원리**이다.

2) 죄형법정주의의 파생원칙

   죄형법정주의에서 나오는 파생원칙으로 관습형법금지의 원칙, 형벌불소급의 원칙, 절대적 부정기형금지의 원칙, 법규내용명확성의 원칙, 유추해석금지의 원칙 등이 있다.

   (1) 관습형법금지의 원칙이란 관습법으로 새로운 구성요건을 추가하거나 가중 처벌하는 것은 금지되며 범죄와 형벌은 반드시 성문의 법률로써 규정되어야 한다는 원칙이다. 여기서 법률은 형식적 의미의 법률을 말하며, 명령이나 규칙으로는 원칙적으로 범죄와 형벌을 규정할 수 없다.

   (2) 헌법 제13조 제1항 전단은 "모든 국민은 행위시의 법률에 의하여 범죄를 구성하지 아니하는 행위로 소추되지 아니하며"라고 하여 형벌불소급의 원칙을 규정하고 있다. 형벌불소급의 원칙은 범죄의 성립과 처벌을 행위시의 법률에 의하게 함으로써 사후입법에 의한 처벌을 금지하여 국민의 법적 안정성을 도모하려는 것이 그 목적이다.

> **판례** | 공소시효와 형벌불소급 원칙 – 헌재 1996.2.16. 96헌가2 등(합헌)
>
> 3. 형벌불소급의 원칙은 "행위의 가벌성" 즉 형사소추가 "언제부터 어떠한 조건하에서" 가능한가의 문제에 관한 것이고, "얼마동안" 가능한가의 문제에 관한 것은 아니므로, **과거에 이미 행한 범죄에 대하여 공소시효를 정지시키는 법률**이라 하더라도 그 사유만으로 헌법 제12조 제1항 및 제13조 제1항에 규정한 **죄형법정주의의 파생원칙인 형벌불소급의 원칙에 언제나 위배되는 것으로 단정할 수는 없다.**
> 4. 공소시효가 아직 완성되지 않은 경우 위 법률조항은 단지 **진행 중인 공소시효를 연장하는 법률**로서 이른바 부진정소급효를 갖게 되나, **공소시효제도에 근거한 개인의 신뢰와 공시시효의 연장을 통하여 달성하려는 공익을 비교형량하여 공익이 개인의 신뢰보호이익에 우선하는 경우에는 소급효를 갖는 법률도 헌법상 정당화될 수 있다.**

(3) 법규명확성의 원칙은 법률에서 범죄와 형벌을 가능한 한 명확하게 규정하여, 형법에서 금지되는 행위와 과해지는 형벌을 예측할 수 있게 하고, 법관의 자의적인 법적용을 배제하고자 하는 원칙이다. 법규의 내용이 애매하거나 그 적용범위가 지나치게 광범위하면 범죄를 법 운영 당국이 재량으로 정할 소지가 크며 이는 죄형법정주의에 위배될 수 있다.

> **판례** | 처벌법규의 명확성의 의미 – 헌재 1990.1.15. 89헌가103(합헌)
>
> 헌법 제12조 제1항은 누구든지 법률과 적법한 절차에 의하지 아니하고는 처벌·보안처분 또는 강제노역을 받지 아니한다고 규정하고 있다. 이러한 죄형법정주의의 원칙은 법률이 처벌하고자 하는 행위가 무엇이며 그에 대한 형벌이 어떠한 것인지를 누구나 예견할 수 있고, 그에 따라 자신의 행위를 결정할 수 있게끔 구성요건이 명확히 규정될 것을 요구한다.
>
> 그러나 처벌법규의 구성요건이 명확하여야 한다고 하여 입법권자가 모든 구성요건을 단순한 의미의 서술적인 개념에 의하여 규정하여야 한다는 것은 아니다. 처벌법규의 구성요건이 다소 광범위하여 어떤 범위에서는 법관의 보충적인 해석을 필요로 하는 개념을 사용하였다고 하더라도, 그 점만으로는 헌법이 요구하는 처벌법규의 명확성에 반드시 배치되는 것이라고는 볼 수 없다. 그렇지 않으면, 처벌법규의 구성요건이 지나치게 구체적이고 정형적이 되어 부단히 변화하는 다양한 생활관계를 제대로 규율할 수 없게 될 것이기 때문이다. 다만, 자의를 허용하지 않는 통상의 해석방법에 의하더라도 당해 처벌법규의 보호법익과 그에 의하여 금지된 행위 및 처벌의 종류와 정도를 누구나 알 수 있도록 규정되어 있어야 하는 것이다. 따라서 **처벌법규의 구성요건이 어느 정도 명확하여야 하는가는 일률적으로 정할 수 없고, 각 구성요건의 특수성과 그러한 법적 규제의 원인이 된 여건이나 처벌의 정도 등을 고려하여 종합적으로 판단**하여야 한다(헌법재판소 1989.12.22. 선고 89헌가13 결정 참조).

(4) 부정기형은 징역이나 금고 등의 자유형을 선고하면서 형기를 확정하지 않고 행형의 경과에 따라 형기를 결정하는 것이다. 형의 장기와 단기를 정하는 상대적 부정기형은 인정되나(예컨대 소년법 제60조 등), 형의 장기, 단기를 정하지 않는 절대적 부정기형은 금지된다.

(5) 유추해석은 어떤 사항에 대하여 법령에 규정이 없는 경우에 이와 유사한 사항에 관한 법령을 유추하여 적용하는 것이다. 범죄와 형벌에 관한 유추해석은 금지된다.

3) 벌칙규정의 위임

구체적이고 개별적인 사항을 모두 법률로 규정할 수 없기 때문에 생기는 위임에 있어서 일반적·포괄적인 위임은 금지된다. 다만 구체적으로 범위를 정하여 위임하는 것은 가능하다고 본다.

> **⚠ 판례** | 처벌법규의 위임 – 헌재 1991.7.8. 91헌가4(위헌)
>
> 처벌법규의 위임은 특히 **긴급한 필요가 있거나 미리 법률로써 자세히 정할 수 없는 부득이한 사정이 있는 경우에 한정**되어야 하고 이 경우에도 법률에서 범죄의 구성요건은 처벌대상인 행위가 어떠한 것일 것이라고 이를 **예측할 수 있을 정도로 구체적으로 정하고 형벌의 종류 및 그 상한과 폭을 명백히 규정**하여야 한다.

2. 일사부재리의 원칙(이중처벌금지의 원칙)

헌법 제13조 제1항 후단에서는 "동일한 범죄에 대하여 거듭 처벌받지 아니한다"라고 하여 일사부재리의 원칙을 규정하고 있다. 일사부재리의 원칙이란 형사판결이 확정되어 기판력이 생기면 동일한 사건에 대하여 거듭 심판할 수 없다는 것을 말한다. 따라서 무죄판결이 났거나 이미 처벌이 끝난 행위에 대해서는 다시 형사책임을 물을 수 없으나, 처벌에 모든 불이익처분이 포함되는 것은 아니다.

이중처벌금지는 실체판결을 통한 일사부재리원칙이라는 점에서 동일범죄에 대해서 생명이나 신체에 두 번의 위험절차에 처하게 할 수 없다는 절차적 관점인 미국연방수정헌법 제5조의 이중위험금지와 구별된다.

보안처분은 그 본질과 목적 및 기능에 있어 형벌과는 다른 독자적 의의를 가지므로 형벌과 보안처분은 서로 병과하여 선고하더라도 이중처벌금지원칙에 해당되지 않는다고 본다(헌재 92헌바28). 또한 형벌과 징계벌의 병과, 직위해제 외 감봉처분의 병과, 검사의 무혐의결정 후의 재차 공소제기 역시 이중처벌이 아니다.

범죄에 대한 실체판결이 있은 후에는 재판에 의해 동일범죄를 처벌하지 못하나, 외국에서 받은 실체판결, 범죄처벌의 과정, 절차에 관한 형식재판 등은 다시 실체판결로서 처벌할 수 있다. 또한 누범을 가중하여 처벌하는 것은 이중처벌이 아니다.

> **판례** | 이중처벌금지원칙의 의미 – 헌재 1994.6.30. 92헌바38(합헌)

동일한 범죄에 대하여 거듭 처벌받지 아니한다"고 하여 이른바 "이중처벌금지의 원칙"을 규정하고 있는바, 이 원칙은 한번 판결이 확정되면 동일한 사건에 대해서는 다시 심판할 수 없다는 "일사부재리의 원칙"이 국가형벌권의 기속원리로 헌법상 선언된 것으로서, 동일한 범죄행위에 대하여 국가가 형벌권을 거듭 행사할 수 없도록 함으로써 국민의 기본권 특히 신체의 자유를 보장하기 위한 것이라고 할 수 있다. 이러한 점에서 헌법 제13조 제1항에서 말하는 "처벌"은 원칙으로 범죄에 대한 국가의 형벌권 실행으로서의 과벌을 의미하는 것이고, 국가가 행하는 일체의 제재나 불이익처분을 모두 그 "처벌"에 포함시킬 수는 없다 할 것이다.

다만, 행정질서벌로서의 과태료는 행정상 의무의 위반에 대하여 국가가 일반통치권에 기하여 과하는 제재로서 형벌(특히 행정형벌)과 목적·기능이 중복되는 면이 없지 않으므로, 동일한 행위를 대상으로 하여 형벌을 부과하면서 아울러 행정질서벌로서의 과태료까지 부과한다면 그것은 이중처벌금지의 기본정신에 배치되어 국가 입법권의 남용으로 인정될 여지가 있음을 부정할 수 없다.

이중처벌금지의 원칙은 처벌 또는 제재가 "동일한 행위"를 대상으로 행해질 때에 적용될 수 있는 것이고, 그 대상이 동일한 행위인지의 여부는 기본적 사실관계가 동일한지 여부에 의하여 가려야 할 것이다.

3. 친족의 행위로 인한 불이익처우금지

헌법 제13조 제3항은 "모든 국민은 자기의 행위가 아닌 친족의 행위로 인하여 불이익한 처우를 받지 아니한다"라고 규정하여 자기책임주의에 반하는 연좌제를 금지하고 있다. '불이익한 처우'란 모든 영역에 있어서 국가기관에 의한 모든 불이익한 대우를 말하며, 형벌 이외에 공무담임권 제한 등 국가기관에 의한 일체의 불이익을 포함한다. 그러나 헌법재판소는 위험책임의 원리에 근거한 무과실책임의 인정이나, 선거범죄로 인한 당선무효는 연좌제금지 위반이 아니라고 보고 있다.

> **판례** | 회계책임자의 선거범죄로 후보자 당선무효 – 헌재 2010.3.25. 2009헌마170; 2004.6.24. 2002헌가27(위헌)

선거운동과정에 있어서 회계책임자의 선거범죄는 후보자의 당선을 위하여 후보자의 의사지배 하에서 이루어지는 행위로서 선거에 영향을 미치게 되고 그로 인한 효과는 후보자에게 귀속되므로, 후보자에게 그러한 선거운동에 대한 책임을 부담시키는 것이 공평의 관념에 맞는다. 또한 **회계책임자가 매수·향응 및 기부와 같은 금품수수와 관련이 있는 중한 죄질의 범죄로 징역형 또는 300만 원 이상의 벌금형의 선고를 받는 경우**라면, 선거운동은 전반적으로 불법행위에 의해 실시되어 당선의 정당

성에 의심을 갖게 하므로, 그러한 불법행위로 인한 선거결과를 교정하는 것은 유권자 의사의 왜곡
을 방지하기 위하여 불가피한 것이라 할 것이다.

결국 후보자는 공직선거법을 준수하면서 공정한 경쟁이 되도록 할 의무가 있는 자로서 후보자
자신분만 아니라 최소한 회계책임자 등에 대하여는 선거범죄를 범하지 않도록 지휘·감독할 책임을
지는 것이므로, 이 사건 법률조항에 해당할 경우 **당선을 무효로 하는 것은 후보자 '자신의 행위'에
대하여 책임을 지우고 있는 것에 불과하다 할 것이다. 따라서 이 사건 법률조항은 헌법상 자기책임
의 원칙에 위반되지 아니한다고 할 것이다.**

Ⅵ. 신체의 자유의 절차적 보장

1. 법률주의

헌법 제12조 제1항 후문은 "누구든지 법률에 의하지 아니하고는… 법률과 적법한 절
차에 의하지 아니하고는…"라고 하여 법률주의를 규정하고 있다.

'법률에 의하지 아니하고는'의 '법률'은 원칙적으로 형식적 의미의 법률을 말하지만 예
외적으로 긴급명령도 포함된다.

2. 적법절차의 원칙

1) 적법절차의 의의

적법절차원칙이란 입법·행정·사법 등 모든 국가작용은 정당한 법률을 근거로 정당한
절차에 따라 발동되어야 한다는 것을 말한다. 적법절차는 법률에 의하는 절차적 공정성뿐
만 아니라 법률의 실체적 내용까지도 정당해야 된다는 원리이다.

헌법 제12조 제1항 제2문은 "누구든지 … 법률과 적법한 절차에 의하지 아니하고는
처벌·보안처분 또는 강제노역을 받지 아니한다"라고 하고, 제3항에서 "체포·구속·압수
또는 수색을 할 때에는 적법한 절차에 따라 검사의 신청에 의하여 법관이 발부한 영장을
제시하여야 한다"라고 하여 적법절차의 원칙을 규정하고 있다.

2) 적법절차의 연혁

적법절차(due Process of Law)의 기원은 영국의 1215년 대헌장(Magna Charta) 제39조에
서 "자유인은 '국법에 의하지' 아니하고는 체포·구금·추방 … 되지 아니한다"는 말에서
비롯된다. 미국에서 적법절차원칙은 1791년 미국 수정헌법에서 "누구도 … 적법절차에

의하지 아니하고는 생명·자유·재산을 박탈당하지 아니한다"라고 규정하여(제5조) 연방차
원에서 채택되었고, 1868년 수정헌법에서 "어떠한 주도 적법절차에 의하지 아니하고는
어떠한 사람으로부터도 생명·자유 또는 재산을 박탈할 수 없으며"라고 규정하여(제14조)
모든 주에 적용되게 되었다.

영미를 중심으로 발전한 적법절차원칙은 제2차 세계대전 이후 각국헌법에 영향을 미
쳤다. 1947년 일본헌법이 이를 규정하고(제31조), 우리 헌법은 1987년 헌법에서 이를 채
택하였고, '처벌, 보안처분, 강제노역과 영장발부에 관해 규정하고 있다(제12조).

3) 적법절차의 내용

적법절차의 내용은 미국연방대법원의 일련의 판례를 통해 형성되었다. 적법절차는 원
래 절차의 적정성을 보장하는 것이었으나, 오늘날에는 절차의 적정성 내지 정당성까지 요
구하는 것으로 본다.

적법절차에서 '적(due)'은 '적정한'이라는 의미로 적정하다 함은 공정하고 합리적이며
상당성이 있어 정의 관념에 합치하는 것을 말한다. '법(Law)'은 형식적 의미의 법률은 물
론 명령·조례·규칙 그 밖에 정의·사회상규 등도 포함하는 광의의 법규범을 의미한다.
또한 '절차(Process)'는 권리의 실질적 내용을 실현하기 위한 고지·청문·변명 등 방어기회
의 제공절차를 말한다.

4) 적법절차의 적용대상과 범위

(1) 적용대상

헌법에 "적법한 절차에 의하지 아니하고는 처벌·보안처분 또는 강제노역을 받지 아니
한다"(제12조 제1항 제2문)에서 ⅰ) '처벌·보안처분 또는 강제노역'은 적법절차의 적용대상
을 한정적으로 열거한 것이라는 제한적 열거설과 ⅱ) 처벌·보안처분·강제노역은 예시적
인 것에 불과하고 이외에도 본인에게 불이익이 되는 모든 제재를 당하지 아니한다는 것
이라는 예시설이 있다. 적법절차 적용의 대상에 관하여는 인권보장의 차원에서 예시설로
보는 것이 타당하다고 본다.

> **판례** | 적법절차원칙의 해석과 적용 – 헌재 1992.12.24. 92헌가8(위헌)
>
> 우리 현행 헌법에서는 제12조 제1항의 처벌, 보안처분, 강제노역 등 및 제12조 제3항의 영장주의와 관련하여 각각 적법절차의 원칙을 규정하고 있지만 이는 그 대상을 한정적으로 열거하고 있는 것이 아니라 그 적용대상을 예시한 것에 불과하다고 해석하는 것이 우리의 통설적 견해이다. 다만 현행 헌법상 규정된 적법절차의 원칙을 어떻게 해석할 것인가에 대하여 표현의 차이는 있지만 대체적으로 적법절차의 원칙이 독자적인 헌법원리의 하나로 수용되고 있으며 이는 형식적인 절차뿐만 아니라 실체적 법률내용이 합리성과 정당성을 갖춘 것이어야 한다는 실질적 의미로 확대 해석하고 있으며, 우리 헌법재판소의 판례에서도 이 적법절차의 원칙은 법률의 위헌여부에 관한 심사기준으로서 **그 적용대상을 형사소송절차에 국한하지 않고 모든 국가작용 특히 입법작용 전반에 대하여 문제된 법률의 실체적 내용이 합리성과 정당성을 갖추고 있는지 여부를 판단하는 기준으로 적용**되고 있음을 보여주고 있다

(2) 적용범위

인권침해는 형사절차에서 가장 많이 발생하므로 적법절차는 형사절차에서 특히 존중되어야 한다. 헌법상 형사절차에는 영장발부의 적법절차와 체포·구속의 영장주의(제12조 제3항), 주거의 압수·수색에 있어서의 영장주의(제16조), 구속이유 등 고지제도(제12조 제5항) 등이 있다.

적법절차가 행정절차에도 적용되는가에 대하여 적용설과 비적용설이 대립되어 있다. 처벌이 형사상 처벌만이 아니라 본인에게 불이익이 되는 일체의 제재를 의미하고, 오늘날 행정권도 국민의 자유와 권리를 침해할 위험성이 증대되고 있음을 감안할 때, 행정절차에 의해서 개인의 자유와 권리가 제한되는 경우에도 적법절차원리가 적용되어야 한다고 본다.

> **판례** | 적법절차의 원칙의 범위 – 헌재 2007.4.26. 2006헌바10(합헌)
>
> 헌법 제12조 제1항 및 제3항에 규정된 적법절차의 원칙은 일반적 헌법원리로서 모든 공권력의 행사에 적용되는바, 이는 절차의 적법성뿐만 아니라 절차의 적정성까지 보장되어야 한다는 뜻으로 이해된다. 즉 형식적인 절차뿐만 아니라 실체적 법률내용이 합리성과 정당성을 갖춘 것이어야 한다는 실질적인 의미로 확대 해석되고 있다. 나아가 우리 헌법재판소는 이 **적법절차의 원칙의 적용범위**를 형사소송절차에 국한하지 않고 모든 국가작용에 대하여 문제된 법률의 실체적 내용이 합리성과 정당성을 갖추고 있는지 여부를 판단하는 기준으로 적용된다고 판시함으로써, **행정절차에도 적법절차의 원칙이 적용됨을 명백히 하고 있다.**

3. 영장주의(영장제도)

1) 영장주의의 의의

헌법은 "체포·구속·압수 또는 수색을 할 때에는 적법한 절차에 따라 검사의 신청에 의하여 법관이 발부한 영장을 제시하여야 한다"(제12조 제3항)라고 하여 영장주의를 규정하고 있다.

영장주의란 수사기관이 형사절차에 있어서 체포·구속·수색 등 강제처분을 하는 경우에 검사의 신청에 따라 법관이 발부한 영장에 의하도록 하는 것을 말한다. 영장주의는 신체의 자유를 침해하는 체포·구속·압수 또는 수색은 공정하고 독립된 지위에 있는 법관의 판단에 따라 발부한 사전 영장에 의해서만 행하게 함으로써 수사기관의 강제처분의 남용을 방지하려는 제도이다.

적법절차와 영장주의에 관한 규정을 따르지 아니한 수사기관의 행위는 위법하고 이를 통해 수집한 증거는 유죄인정의 증거로 사용할 수 없다(형사소송법 제308조의2).

「형사소송법」은 체포영장제도(법 제200조의2)와 긴급체포제도(법 제200조의3)를 도입하고 체포된 자에 대하여 체포·구속적부심사제도를 규정하고 있다(제12조 제6항). 또한 피의자에게 기소 전 보석제도를 적용하고, 구속영장을 청구받은 판사는 지체없이 피의자를 심문하는 구속전 피의자심문제도인 영장실질심사제를 필수적으로 규정하고 있다(법 제201조의2).

2) 영장주의의 내용

(1) 영장주의의 원칙

가. 체포·구속영장

① 신체의 자유를 침해하는 체포시에는 법관이 발부한 영장에 의해서 행해져야 하는 체포영장제도와 체포영장에 의하여 체포한 경우에도 구속이 필요하고 도주 또는 증거인멸의 우려가 있는 경우에 구속영장을 청구할 수 있는 구속영장제도가 있다. 체포·구속영장은 중립적인 법관에 의하여 발급되므로 체포·구속에 있어 사법적 억제가 가능하게 된다.

체포·구속영장에는 구체적으로 "피의자·피고인의 성명, 주거, 죄명, 공소사실의 요지, 인치·구금할 장소, 발부연월일, 유효기간과 그 기간을 경과하면 집행에 착수하지 못하며 영장을 반환하여야 할 취지를 게재"(법 제75조)해야 하며, 이러한 구체적 사항이 명시되지 않은 일반영장(general warrant)은 금지된다.

② 피의자가 죄를 범하였다고 의심할 만한 상당한 이유가 있고, 정당한 이유 없이 수사에 필요 시 출석요구에 응하지 아니하거나 응하지 아니할 우려가 있는 때에는 검사는

416 제 1 부 기본권(기본권 각론)

관할 지방법원판사에게 청구하여 체포영장을 발부받아 피의자를 체포할 수 있고, 사법경찰관은 검사에게 신청하여 검사의 청구로 관할지방법원판사의 체포영장을 발부받아 피의자를 체포할 수 있다(법 제200조의2 제1항). 검사가 체포영장 청구를 함에 있어서 동일한 범죄사실에 관하여 그 피의자에 대하여 전에 체포영장을 청구하였거나 발부받은 사실이 있는 때에는 다시 체포영장을 청구하는 취지 및 이유를 기재하여야 한다(법 동조 제4항). 체포한 피의자를 구속하고자 할 때에는 체포한 때부터 48시간 이내에 구속영장을 청구하여야 하고, 그 기간 내에 구속영장을 청구하지 아니하는 때에는 피의자를 즉시 석방하여야 한다(법 동조 제5항). 검사 또는 사법경찰관은 피의자를 체포하는 경우에는 피의사실의 요지, 체포의 이유와 변호인을 선임할 수 있음을 말하고 변명할 기회를 주어야 한다(법 제200조의5).

③ 피의자가 죄를 범하였다고 의심할 만한 상당한 이유가 있고 일정한 사유가 있을 때(1. 피고인이 일정한 주거가 없는 때, 2. 피고인이 증거를 인멸할 염려가 있는 때, 3. 피고인이 도망하거나 도망할 염려가 있는 때) 검사는 관할지방법원판사에게 청구하여 구속영장을 받아 피의자를 구속할 수 있고 사법경찰관은 검사에게 신청하여 검사의 청구로 관할지방법원판사의 구속영장을 받아 피의자를 구속할 수 있다(법 제201조 제1항).

④ 체포나 긴급체포 또는 현행범인임을 이유로 체포된 피의자에 대하여 구속영장을 청구받은 판사는 지체없이 피의자를 심문하여야 한다. 이 경우 특별한 사정이 없는 한 구속영장이 청구된 날의 다음날까지 심문하여야 한다(법 제201조의2 제1항). 이 외에 피의자에 대하여 구속영장을 청구받은 판사는 피의자가 죄를 범하였다고 의심할 만한 이유가 있는 경우에 구인을 위한 구속영장을 발부하여 피의자를 구인한 후 심문하여야 한다(법 동조 제2항). 이 경우 판사는 즉시 혹은 피의자를 인치한 후 즉시 검사, 피의자 및 변호인에게 심문기일과 장소를 통지하여야 하며(법 동조 제3항), 검사와 변호인은 심문기일에 출석하여 의견을 진술할 수 있다(법 동조 제4항).

나. 압수·수색·검증영장

범죄수사에 필요한 때에는 피의자가 죄를 범하였다고 의심할 만한 정황이 있고 해당 사건과 관계가 있다고 인정할 수 있는 것에 한정하여 검사는 지방법원판사에게 청구하여, 그리고 사법경찰관은 검사에게 신청하여 검사가 지방법원판사에게 청구하여 발부받은 영장에 의하여 압수, 수색 또는 검증을 할 수 있다(법 제215조 제1항, 제2항).

(2) 영장주의의 예외

가. 현행범인과 준현행범인

준현행범인을 포함한 현행범인은 누구든지 영장 없이 체포할 수 있다(법 제212조). 다액 50만원이하의 벌금·구류 또는 과료에 해당하는 경미한 죄의 현행범인에 대하여는 범인의 주거가 분명하지 아니한 경우에 한하여 영장 없이 체포할 수 있다(법 제214조).

여기서 현행범인이란 범죄를 실행하고 있거나 실행하고 난 직후의 사람을 말하며(법 제211조 제1항), 준현행범인은 일정한 요건에 해당되어(1. 범인으로 불리며 추적되고 있을 때, 2. 장물이나 범죄에 사용되었다고 인정하기에 충분한 흉기나 그 밖의 물건을 소지하고 있을 때, 3. 신체나 의복류에 증거가 될 만한 뚜렷한 흔적이 있을 때, 4. 누구냐고 묻자 도망하려고 할 때) 현행범인으로 간주되는 사람을 말한다(법 동조 제2항).

검사 또는 사법경찰관리 아닌 자가 현행범인을 체포한 때에는 즉시 검사 또는 사법경찰관리에게 인도하여야 하며(법 제213조 제1항), 사법경찰관리가 현행범인의 인도를 받은 때에는 체포자의 성명, 주거, 체포의 사유를 물어야 하고 필요한 때에는 체포자에 대하여 경찰관서에 동행함을 요구할 수 있다(법 동조 제2항).

나. 긴급체포·구속

헌법은 "장기 3년 이상의 형에 해당하는 죄를 범하고 도피 또는 증거인멸의 염려가 있을 때에는 사후에 영장을 청구할 수 있다"(제12조 제3항 단서)고 하여 긴급체포·구속과 사후영장제를 규정하고 있다.

검사 또는 사법경찰관이 긴급체포에 의해 피의자를 체포한 경우 피의자를 구속하고자 할 때에는 지체없이 검사는 관할지방법원판사에게 구속영장을 청구하여야 하고, 사법경찰관은 검사에게 신청하여 검사의 청구로 관할지방법원판사에게 구속영장을 청구하여야 한다. 이 경우 구속영장은 피의자를 체포한 때부터 48시간 이내에 청구하여야 하며, 긴급체포서를 첨부하여야 한다(법 제200조의4 제1항).

구속영장을 청구하지 아니하거나 발부받지 못한 때에는 피의자를 즉시 석방하여야 하며(법 동조 제2항), 석방된 자는 영장없이는 동일한 범죄사실에 관하여 체포하지 못한다(법 동조 제3항).

긴급체포 후 석방된 자 또는 그 변호인·법정대리인·배우자·직계친족·형제자매는 통지서 및 관련 서류를 열람하거나 등사할 수 있다(법 동조 제5항).

다. 별건체포·구속

별건체포·구속이란 중대한 사건(본건)에 관하여 구속영장을 청구할 정도의 증거수집을 할 수 없거나 이미 증거가 수집된 별도의 경미한 사건으로 체포 또는 구속영장을 발부받아 체포나 구속을 하는 수사방법을 말한다.

별건체포·구속은 수사의 실효를 위해서나 별건을 기준으로 보면 합법적이라는 합헌설이 있다. 그러나 별건체포·구속은 중대한 사건에 관하여 법관의 사전심사가 회피되어 영장제도의 존재의의를 상실하게 되므로 영장주의(제12조 제3항)에 위반되고, 체포·구속의 이유가 본건에 관하여 고지되지 아니한 것으로 구속이유 등 고지제도(제12조 제5항)에 위반되며, 전체적으로 절차가 적정하지 못하므로 적법절차(동조 제1항 제2문)에 위반된다고 본다(위헌설).

라. 비상계엄하에서의 영장주의의 제한

헌법 제77조 제3항은 "비상계엄이 선포된 때에는 법률이 정하는 바에 의하여 영장제도에 관하여 특별한 조치를 할 수 있다"고 규정하여 영장제도에 제한을 두고 있다.

그러나 비상계엄 하에서도 영장제도 자체를 전면적으로 배제할 수는 없다.

마. 행정상 즉시강제와 영장주의

행정상 즉시강제와 같은 행정절차에도 영장이 필요한가에 대해서는 불요설과 필요설이 대립되고 있다.

불요설은 영장제도가 국가형벌로부터 신체의 자유를 보장하기 위한 것이고, 행정상 즉시강제에 영장을 필요로 하는 것은 권력분립의 원칙에 반하므로 영장은 불필요하다고 한다. 행정목적의 달성을 위하여 불가피한 최소한도 내에서 예외적으로 영장주의가 배제된다고 본다.

> **판례** | 행정상 즉시강제의 영장주의 배제 – 대판 2008.11.13. 2007도9794(파기환송)
>
> 경찰 행정상 즉시강제 즉, 눈앞의 급박한 경찰상 장해를 제거하여야 할 필요가 있고 의무를 명할 시간적 여유가 없거나 의무를 명하는 방법으로는 그 목적을 달성하기 어려운 상황에서 의무불이행을 전제로 하지 아니하고 경찰이 직접 실력을 행사하여 경찰상 필요한 상태를 실현하는 권력적 사실행위에 관한 근거조항이다. **행정상 즉시강제는 그 본질상 행정 목적 달성을 위하여 불가피한 한도 내에서 예외적으로 허용되는 것**이므로, 위 조항에 의한 경찰관의 제지 조치 역시 그러한 조치가 불가피한 최소한도 내에서만 행사되도록 그 발동·행사 요건을 신중하고 엄격하게 해석하여야 하고, 그러한 해석·적용의 범위 내에서만 우리 헌법상 신체의 자유 등 기본권 보장 조항과 그 정신 및 해석 원칙에 합치될 수 있다.

바. 기 타

그 밖에 •「도로교통법」상 음주측정에 있어서는 영장을 요하지 않으며(헌재 95헌가14·97헌가7(병합)), •마약류 관련 수형자에 대한 반응검사를 위해 하는 소변강제체취(헌재 2005헌마277)와 •마약류사범의 구치소 수용과정에서의 정밀신체검사인 항문 내 검사(헌재 2004헌마826)가 위헌적 침해가 아니라고 하며, •구「사회안전법」상의 동행보호규정(대판 96다56115)은 사전영장주의에 위배되지 않는다는 것이 판례의 태도이다.

4. 체포·구속이유 등 고지제도

헌법은 "누구든지 체포 또는 구속의 이유와 변호인의 조력을 받을 권리가 있음을 고지받지 아니하고는 체포 또는 구속을 당하지 아니한다[(미란다 원칙 – 피의자에게 진술거부권과 변호인의 출석을 요구할 권리를 고지하지 않은 절차로써 획득한 자백은 유죄의 증거능력을 인정되지 않는다는 미연방대법원이 채택한 원칙(Miranda v. Arizona(384 U.S. 436, 1966))]. 체포 또는 구속을 당한 자의 가족 등 법률이 정한 자에게는 그 이유와 일시·장소가 지체없이 통지되어야 한다"(제12조 제5항)고 하여 체포·구속이유 등의 고지제도를 규정하고 있다.

1) 체포·구속이유 등 고지제도의 의의

체포 또는 구속을 당한 경우에 그 이유를 알지 못하거나 변호인의 조력을 받을 권리가 있음을 알지 못하면 변명의 기회나 방어수단을 가질 수도 없고, 피의자 가족은 체포 또는 구속의 이유·장소·일시 등을 알지 못하면 극히 불안하고 피의자를 도울 수도 없다. 따라서 피의자와 피의자가족에게 체포 또는 구속의 이유·일시·장소·변호인의 조력을 받을 권리가 있음을 고지함으로써 이들의 인권을 보호하려는 데 고지제도의 의의가 있다.

이 제도는 영국에서는 구속적부심사과정에서의 구속이유 표시제도로, 미국에서는 영장주의와 적법절차의 일환으로 발전하여온 것이다.

2) 체포·구속이유 등 고지제도의 내용

체포·구속이유 등 고지제도는 형사피의자에 대하여 체포 또는 구속의 이유와 변호인의 조력을 받을 수 있는 권리가 있음을 고지하여야 하고(법 제200조의5), 형사피의자의 가족과 변호인 등에 대하여 피고사건명, 구속일시·장소, 범죄사실의 요지, 구속이유와 변호인을 선임할 수 있는 취지를 알려야 한다(법 제87조 제1항).

'고지받을 자'는 체포 또는 구속을 당하는 형사피의자이고, '통지받을 자'는 변호인이 있는 경우에는 변호인, 변호인이 없는 경우에는 피의사의 법정대리인, 배우자, 직계친족,

형제자매 중 피의자가 지정하는 자이다.

3) 수사기관의 고지 또는 통지의무

형사피의자와 그 가족 등에게 고지 또는 통지를 하는 것은 수사기관의 의무이다. 수사기관이 이 의무를 이행하지 않을 경우 이후 수집된 증거는 위법수집으로 증거능력이 부인되어야 하며, 수사기관은 불법행위로 인한 배상책임을 질 수 있다.

5. 체포·구속적부심사제도

헌법 제12조 제6항은 "누구든지 체포 또는 구속을 당한 때에는 적부의 심사를 법원에 청구할 권리를 가진다"라고 하여 체포·구속적부심사제도를 규정하고 있다.

1) 체포·구속적부심사제도의 의의

체포·구속적부심사제도란 피의자 또는 그 변호인, 가족 등의 청구가 있으면 법관이 즉시 본인과 변호인이 출석한 공개법정에서 구속의 이유를 밝히도록 하고 구속의 이유가 부당하거나 적법한 것이 아닐 때에는 법관이 직권으로 피의자를 석방하는 제도를 말한다.

체포·구속영장제도가 수사권의 남용으로 인한 신체의 자유를 보호하기 위한 사전예방책인데 반해, 체포·구속적부심사제도는 보석제도, 불법체포 감금자의 형사처벌, 형사보상 등과 더불어 사후구제책의 대표적인 것이다.

체포·구속적부심사제도는 원래 영국의 인신보호영장제도에서 유래한 것으로 1679년의 인신보호법에서 규정되었고, 미국헌법 등 여러 나라 헌법에 채택되었다. 우리나라는 1948년 3월 20일 군사법령 제176호(특별형사소송법)에 구속적부심사제도가 도입되었고 제헌헌법에 이를 규정하였다.

2) 체포·구속적부심사제도의 내용

(1) 심사청구인과 심사청구사유

체포·구속적부심사를 신청할 수 있는 사람은 피의자, 그 변호인, 법정대리인, 배우자, 직계친족, 형제자매나 가족, 동거인, 고용주 중에 피의자가 지정하는 자이다(법 제214조의2 제1항, 제2항). 형사피고인은 청구권자가 될 수 없고, 다만 심사청구 후 피의자에 대하여 공소제기가 있는 전격기소의 경우, 피고인의 지위를 갖게 된 심사청구인에 대하여 적부심사관할법원은 심사를 계속할 수 있다. 체포·구속적부심사청구에는 제한이 없으며 모든 범죄에 대하여 청구가 가능하다.

(2) 심사기관과 심사절차

① 체포·구속영장을 발부한 법관은 구속적부심사의 심문·조사·결정에 관여할 수 없다. 다만 영장을 발부한 법관 외에 판사가 없는 1인의 지방법원지원의 경우는 그러하지 아니하다(법 제214조의2 제12항).

② 법원은 구속적부심사청구 청구권자 아닌 사람이 청구하거나 동일한 체포영장 또는 구속영장의 발부에 대하여 재청구한 때 또는 공범이나 공동피의자의 순차(順次)청구가 수사 방해를 목적으로 하고 있음이 명백한 때에는 심문 없이 결정으로 청구를 기각할 수 있다(법 동조 제3항).

③ 구속적부심사청구를 받은 법원은 청구서가 접수된 때부터 48시간 이내에 체포되거나 구속된 피의자를 심문하고 수사 관계 서류와 증거물을 조사하여 그 청구가 이유 없다고 인정한 경우에는 결정으로 기각하고, 이유 있다고 인정한 경우에는 결정으로 체포되거나 구속된 피의자의 석방을 명하여야 한다(법 동조 제4항).

또한 법원은 구속된 피의자(심사청구 후 공소제기된 사람 포함)에 대하여 피의자의 출석을 보증할 만한 보증금의 납입을 조건으로 하여 일정한 경우(1. 범죄의 증거를 인멸할 염려가 있다고 믿을 만한 충분한 이유가 있는 때, 2. 피해자, 당해 사건의 재판에 필요한 사실을 알고 있다고 인정되는 사람 또는 그 친족의 생명·신체나 재산에 해를 가하거나 가할 염려가 있다고 믿을 만한 충분한 이유가 있는 때) 외에는 결정으로 석방을 명할 수 있다(법 동조 제5항).

(3) 심사대상과 체포·구속적부 여부 판단시기

체포·구속적부의 심사는 영장발부의 요식과 절차에 관한 형식적 사항뿐만 아니라, 체포·구속이유의 타당성과 적법성에 관한 실질사항도 그 대상으로 한다.

체포·구속적부 여부의 판단시기에 관하여는 체포·구속영장집행시를 기준으로 할 것이 아니라, 체포·구속 후의 사정변경을 고려할 수 있는 적부심사시를 기준으로 하는 것이 타당하다.

(4) 보석제도와 법원의 결정에 대한 불복제도

① 피고인, 피고인의 변호인·법정대리인·배우자·직계친족·형제자매·가족·동기인 또는 고용주는 법원에 구속된 피고인의 보석을 청구할 수 있다(법 제94조). 보석제도의 취지를 기소 전 단계에까지 확대하기 위하여 구속적부심사청구시 보증금납입을 조건으로 하는 피의자석방제도를 두고 있다.

② 체포 또는 구속 적부심사결정에 의하여 석방된 피의자가 도망하거나 범죄의 증거를 인멸하는 경우를 제외하고는 동일한 범죄사실로 재차 체포하거나 구속할 수 없으며(법

제214조의3 제1항), 보증금 납입으로 석방된 피의지에게 일정한 사유(1. 도망한 때, 2. 도망하거나 범죄의 증거를 인멸할 염려가 있다고 믿을 만한 충분한 이유가 있는 때, 3. 출석요구를 받고 정당한 이유없이 출석하지 아니한 때, 4. 주거의 제한이나 그 밖에 법원이 정한 조건을 위반한 때)를 제외하고는 동일한 범죄사실로 재차 체포하거나 구속할 수 없다(법 동조 제2항).

③ 법원의 구속적부심사결정에 대하여는 검사나 피의자 모두가 항고하지 못한다(법 제214조의2 제8항).

6. 무죄추정의 원칙

1) 무죄추정원칙의 의의

헌법 제27조 제4항은 "형사피고인은 유죄의 판결이 확정될 때까지는 무죄로 추정된다"라고 하여 무죄추정의 원칙을 규정하고 있다.

무죄추정의 원칙이란 형사절차와 관련하여 아직 공소제기가 없는 피의자는 물론 공소가 제기된 피고인까지도 유죄의 판결이 확정될 때까지는 원칙적으로 무죄인으로 다루어져야 하고 그 불이익은 필요최소한에 그쳐야 한다는 것을 말한다. 여기서의 유죄의 판결은 형의 선고, 형의 면제, 집행유예, 선고유예 판결을 포함하는 실체적 판결을 말한다.

따라서 형식적 재판인 면소, 공소기각, 관할법원 위반의 판결에 있어서는 무죄추정원칙이 그대로 적용된다. 이 원칙은 불리한 처지에 놓여 인권과 명예를 침해당하기 쉬운 피의자와 피고인의 지위를 보호하여 형사절차에서 그들의 불이익을 필요최소한에 그치게 하자는 것이다.

2) 무죄추정원칙의 내용

무죄추정의 원칙으로 유죄판결이 있기 전에 피의자 또는 피고인을 범죄인과 동일한 처우를 하는 것은 허용되지 않는다. 그리고 유죄의 심증만으로 확증도 없이 피의자 또는 피고인에게 불리한 처분을 하는 것은 허용되지 않으며「의심스러운 경우에는 피고인에게 유리하게」라는 원칙에 따라 판결하여야 한다. 도피의 우려가 있거나 증거를 인멸할 우려가 있는 경우를 제외하고는 무죄추정의 원칙에 따라 불구속수사또는 불구속재판을 해야 한다.

이에 대해 수사나 재판은 재범가능성, 위험성, 도주우려, 증거인멸 등 실체법 혹은 절차법적인 것으로 무죄추정의 원칙의 내용이 아니라는 견해도 있다.

헌법재판소는 거증책임을 기소자인 검사에게 부담시키는 제도, 보석제도와 구속적부심사제도, 피의자와 피고인에 대한 부당한 대우 금지 등은 무죄추정원칙의 제도적 표현으로 보고 있다.

> **판례 | 무죄추정원칙과 불구속수사 – 헌재 2009.6.25. 2007헌바25(위헌)**
>
> 신체의 자유를 최대한으로 보장하려는 헌법정신 특히 무죄추정의 원칙으로 인하여 수사와 재판은 원칙적으로 불구속상태에서 이루어져야 한다. 그러므로 구속은 구속 이외의 방법에 의하여서는 범죄에 대한 효과적인 투쟁이 불가능하여 형사소송의 목적을 달성할 수 없다고 인정되는 예외적인 경우에 한하여 최후의 수단으로만 사용되어야 하며 구속수사 또는 구속재판이 허용될 경우라도 그 구속기간은 가능한 한 최소한에 그쳐야 한다(헌재 2003.11.27. 2002헌마193). 이처럼 신체의 자유를 규정한 헌법 제12조와 무죄추정의 원칙을 규정한 헌법 제27조 제4항의 정신에 비추어 당연하게 해석되어 온 일반원칙은, 2007.6.1. 법률 제8435호로 개정된 형사소송법 제198조 제1항이 "피의자에 대한 수사는 불구속 상태에서 함을 원칙으로 한다."라고 불구속수사의 원칙을 천명함으로써 입법화되었다.

헌법재판소는 • 공소제기된 변호사에 대하여 확정판결 시까지 변호사업무정지를 규정한 변호사법 규정(헌재 90헌가48), • 공소제기되면 확정판결 전이라도 사립학교교원에 대해 직위해제하도록 한 사립학교법 규정(헌재 93헌가3 등), • 몰수인정 물품 압수 시 범인의 관서에 불출두, 도주하여 물품 압수 날로부터 4월 경과 시 국고에 귀속한다는 「관세법」 규정(헌재 96헌가17), • 형사사건으로 기소되면 일률적으로 공무원에 대해 직위해제하도록 하는 「국가공무원법」 규정(헌재 96헌가12), • 미결수용자에게 수용시설 안에서 재소자용 의류를 입게 하는 것(헌재 97헌마137), • 계호교도관이 포승과 수갑을 채운 상태에서 피의자 조사를 받도록 한 것(헌재 2001헌마728), • 상소제기 후 상소취하 시까지의 미결구금을 형기에 산입하지 아니하는 것(헌재 2008헌가13), • 금고 이상의 형 선고 후 형 확정되지 않은 지방자치단체장의 직무정지 및 부단체장 권한 대행의 「지방자치법」규정(제111조 제1항 제3호)(헌재 2010헌마418) 등에 대해서 무죄추정원칙을 위반한다(**위헌**)고 보았다.

반면 • 마약류사범인 수용자에 대해 다른 수용자와 달리 관리를 규정하고 있는 법무부령은 마약류사범인 미결수용자에 대하여 범죄사실의 인정 또는 유죄판결을 전제로 불이익을 가하는 것이 아니라고 하고(헌재 2012헌바63), • 형사재판 계속 중인 국민에 대해 6개월 이내 기간을 정하여 출국금지를 시킬 수 있는 것(헌재 2012헌바302) 등은 무죄추정의 원칙을 위반하지 않는다(**합헌**)고 보았다.

3) 무죄추정원칙의 적용범위

무죄추정의 원칙은 형사피고인은 물론 형사피의자에게도 적용된다.

그리고 수사절차 및 공판절차의 형사절차 전과정에 적용되고(헌재 2002헌마193), 불이익처분에도 적용이 된다(헌재 90헌가48). 다만 행정청의 제재처분에 대한 공정력과 집행력 인정은 무죄추정원칙에 위배되지 않는다고 본다(헌재 2001헌가25).

> **⚠ 판례** | 행정청 처분의 공정력 및 집행력과 무죄추정의 원칙 – 헌재 2003.7.24. 2001헌가25(합헌)
>
> 이 사건 법률조항에 의한 과징금은 형사처벌이 아닌 행정상의 제재이고, 행정소송에 관한 판결이 확정되기 전에 **행정청의 처분에 대하여 공정력과 집행력을 인정하는 것**은 이 사건 과징금에 국한되는 것이 아니라 우리 행정법체계에서 일반적으로 채택되고 있는 것이므로, 과징금 부과처분에 대하여 공정력과 집행력을 인정한다고 하여 이를 확정판결 전의 형벌집행과 같은 것으로 보아 **무죄추정의 원칙에 위반된다고 할 수 없다.**

무죄추정의 원칙은 유죄판결의 확정시까지 적용된다. 따라서 검사의 불기소처분은 물론 제1심이나 2심에서 유죄가 선고된 경우에도 무죄로 추정되며, 상소기간의 도과, 상소권의 포기, 상소취하, 대법원의 판결이 확정될 때까지 무죄로 추정된다.

> **⚠ 판례** | 상소취하 시까지 미결구금 형기 미산입의 무죄추정원칙 위배 – 헌재 2009.12.29. 2008헌가13(헌법불합치)
>
> 헌법상 무죄추정의 원칙에 따라, 유죄판결이 확정되기 전의 피의자 또는 피고인은 아직 죄 있는 자가 아니므로 그들을 죄 있는 자에 준하여 취급함으로써 법률적·사실적 측면에서 유형·무형의 불이익을 주어서는 아니되고, 특히 미결구금은 신체의 자유를 침해받는 피의자 또는 피고인의 입장에서 보면 실질적으로 자유형의 집행과 다를 바 없으므로 인권보호 및 공평의 원칙상 형기에 전부 산입되어야 한다. 따라서 **상소제기 후 상소취하 시까지의 구금 역시 미결구금에 해당하는 이상 그 구금일수도 형기에 전부 산입되어야 한다.** 그런데 이 사건 법률조항들은 구속 피고인의 상소제기 후 상소취하시까지의 구금일수를 본형 형기 산입에서 제외함으로써 기본권 중에서도 가장 본질적 자유인 신체의 자유를 침해하고 있다.

7. 자백의 증거능력 및 증명력 제한

1) 자백의 증거능력 및 증명력 제한의 의의

헌법은 "피고인의 자백이 고문·폭행·협박·구속의 부당한 장기화 또는 기망 기타의 방법에 의하여 자의로 진술된 것이 아니라고 인정될 때, 또는 정식재판에 있어서 피고인의 자백이 그에게 불리한 유일한 증거일 때에는 이를 유죄의 증거로 삼거나 이를 이유로 처벌할 수 없다"(제12조 제7항)고 규정하여 자백의 증거능력과 증명력을 제한하고 있다. 임의성 없는 자백의 증거능력 자체를 부정하고, 보강증거가 있어야 유죄의 근거로 삼을 수 있다.

따라서 보강증거가 없는 불리한 유일한 자백에 대하여는 증명력을 제한하여 유죄의 증거로 하지 못하고, 보강증거는 간접증거나 정황증거도 가능한 것으로 본다(대판 95도1148). 이는 자백의 독립증거성을 부인하여 피고인의 인권을 보장하려는 데에 목적이 있다.

> **⚠ 판례 | 자백에 대한 보강증거 – 대판 1995.7.25. 95도1148(기각)**
>
> 자백에 대한 보강증거는 범죄사실의 전부 또는 중요부분을 인정할 수 있는 정도가 되지 아니하더라도 자백이 가공적인 것이 아닌 진실한 것임을 인정할 수 있는 정도만 되면 족하고, 직접증거가 아닌 간접증거나 정황증거도 보강증거가 될 수 있다.

2) 자백의 증거능력 및 증명력 제한의 내용

임의로 진술된 것이거나 보강증거가 있는 자백만이 증거능력과 증명력을 가질 뿐 임의성 없는 자백과 보강증거 없는 불리한 유일한 자백은 정식재판에서 증거능력 또는 증명력을 갖지 못한다.

여기서 자백이란 자기의 범죄사실을 시인하는 것을 말하고, 임의성 없는 자백의 경우 증거능력을 갖지 못한다. 진술의 임의성이란 고문·폭행·협박·신체구속의 부당한 장기화 등 증거의 수집과정에 위법성이 없는 것을 말한다. 예컨대 밤샘수사로 얻어진 자백의 증거능력은 부인되고(대판 95도1964), 경찰 수사단계에서 이루어진 고문에 의한 자백이 검사의 피의자신문 단계까지 계속 인정되는 경우 검찰에서 자백의 임의성이 부정된다(대판 92도2409). 자백의 임의성 유무는 구체적 사건에 따라 자백이 개재된 조서의 형식과 내용, 진술자의 학력 등 제반 사정을 종합하여 이를 판정해야 한다.

자백의 증명력 제한은 정식재판에서 인정되는 것으로 약식재판에서는 자백이 유일한 증거인 경우도 처벌할 수 있다(즉결심판에 관한 절차법 제10조).

증거능력은 증명의 자료 사용 자격으로서 형식적으로 법정된 것으로 법관의 자유판단이 허용되지 않으나, 증명력은 법관의 자유심증주의가 적용된다.

Ⅶ. 형사피의자와 형사피고인의 권리

형사피의자란 수사개시 이후 공소제기 이전에 범죄의 혐의가 있어 수사기관에 의하여 수사의 대상이 되어 있는 자를 말하고, 형사피고인은 공소제기 이후 판결확정 이전에 검사에 의하여 공소제기를 당한 자를 말한다.

헌법은 이러한 형사피의자와 형사피고인의 인권보장을 위한 법원칙과 형사절차상의 권리들을 규정하고 있다.

1. 진술거부권(묵비권)

1) 진술거부권의 의의

헌법은 "모든 국민은 형사상 자기에게 불리한 진술을 강요당하지 아니한다"(제12조 제2항 후단)라고 하여 진술거부권을 규정하고 있다.

진술거부권이란 피고인 또는 피의자가 수사절차나 공판절차에서 수사기관 또는 법원의 심문에 대하여 진술을 거부할 수 있는 권리를 말하며, 묵비권이라고도 한다. 이는 피고인 또는 피의자의 인권을 보장하고 당사자주의의 전제가 되는 피의자(피고인)와 검사 사이에 무기대등의 원칙을 실현하기 위해 인정된 것이다.

> **판례** | 진술거부권의 의의 - 헌재 1990.8.27. 89헌가118(한정합헌)
>
> 헌법 제12조 제2항은 "모든 국민은 고문을 받지 아니하며, 형사상 자기에게 불리한 진술을 강요당하지 아니한다."고 규정하여 형사책임에 관하여 자기에게 불이익한 진술을 강요당하지 않을 것을 국민의 기본권으로 보장하고 있다. **헌법이 진술거부권을 기본적 권리로 보장하는 것은** 형사피의자나 피고인의 인권을 형사소송의 목적인 실체적 진실발견이나 구체적 사회정의의 실현이라는 국가적 이익보다 우선적으로 보호함으로써 **인간의 존엄성과 생존가치를 보장하고 나아가 비인간적인 자백의 강요와 고문을 근절하려는** 데 있다.

이 권리는 16세기 후반 영국에서 보통법상의 권리로 확립되었고, 그 후 미연방헌법 수정 제5조에 자기부죄거부특권(Privilege against Self-Incrimination)으로 인정되었다.

2) 진술거부권의 내용

진술거부권은 형사상 불리한 사실 등의 진술을 거부할 수 있다는 것으로, 단순히 자기의 명예나 성실성이 훼손될 염려가 있거나 행정상의 처분을 받을 우려가 있는 사실에 대해서는 진술을 거부할 수 없다고 본다. 피고인이 범죄사실에 대하여 진술을 거부하고 거짓진술을 하는 경우 가중적 양형의 조건 참작 사유가 될 수 있다고 보고 있다(대판 2001도192).

> **판례** | 진술거부권의 보장 한계 – 대판 2001.3.9. 2001도192(기각)
>
> 모든 국민은 형사상 자기에게 불리한 진술을 강요당하지 아니할 권리가 보장되어 있으므로(헌법 제12조 제2항), 형사소송절차에서 피고인은 방어권에 기하여 범죄사실에 대하여 진술을 거부하거나 거짓 진술을 할 수 있고, 이 경우 범죄사실을 단순히 부인하고 있는 것이 죄를 반성하거나 후회하고 있지 않다는 인격적 비난요소로 보아 가중적 양형의 조건으로 삼는 것은 결과적으로 피고인에게 자백을 강요하는 것이 되어 허용될 수 없다고 할 것이나, 그러한 **태도나 행위가 피고인에게 보장된 방어권 행사의 범위를 넘어 객관적이고 명백한 증거가 있음에도 진실의 발견을 적극적으로 숨기거나 법원을 오도하려는 시도에 기인한 경우에는 가중적 양형의 조건으로 참작될 수 있다.**

이 권리는 형사상 불리한 진술로 피의자 또는 피고인이 될 가능성이 있는 자에게도 보장된다(헌재 89헌가118). 또한 국회에서의 심문절차, 증인이나 감정인, 그리고 외국인에게도 보장되는 권리이다.

> **판례** | 진술거부권의 보장 범위 – 헌재 1990.8.27. 89헌가118(한정합헌)
>
> 진술거부권은 형사절차에서만 보장되는 것은 아니고 행정절차이거나 국회에서의 질문 등 어디에서나 그 진술이 자기에게 형사상 불리한 경우에는 묵비권을 가지고 이를 강요받지 아니할 국민의 기본권으로 보장된다. 따라서 현재 형사피의자나 피고인으로서 수사 및 공판절차에 계속중인 자뿐만 아니라 교통사고를 일으킨 차량의 운전자 등과 같이 장차 형사피의자나 피고인이 될 가능성이 있는 자에게도 그 진술내용이 자기의 형사책임에 관련되는 것일 때에는 그 진술을 강요받지 않을 자기부죄(自己負罪) 거절의 권리가 보장되는 것이다. 또한 진술거부권은 형사상 자기에게 불리한 내용의 진술을 강요당하지 아니하는 것이므로 고문 등 폭행에 의한 강요는 물론 법률로서도 진술을 강제할수 없음을 의미한다. 그러므로 **만일 법률이 범법자에게 자기의 범죄사실을 반드시 신고하도록 명시하고 그 미신고를 이유로 처벌하는 벌칙을 규정하는 것은 헌법상 보장된 국민의 기본권인 진술거부권을 침해하는 것이 된다.**

수사기관인 검사 또는 사법경찰관이 피의자로부터 진술을 듣는 경우에는 미리 피의자에게 불리한 진술거부권이 있음을 알리도록 의무화하고 있다(형사소송법 제244조의3). 이를 고지하지 않은 상태에서 한 피의자의 진술은 위헌으로 무효이며 그것을 유죄의 증거로 삼을 수 없다.

또한 공판절차에서 재판장도 피고인에게 심문에 대한 진술을 거부할 수 있다는 취지를 고지하여야 한다(법 제283조의2 제2항).

2. 변호인의 조력을 받을 권리(변호인 의뢰권)

1) 변호인의 조력을 받을 권리의 의의

헌법은 "누구든지 체포 또는 구속을 당한 때에는 즉시 변호인의 조력을 받을 권리를 가진다"(제12조 제4항)라고 하여 변호인의 조력을 받을 권리를 규정하고 있다.

변호인의 조력을 받을 권리란 변호인을 선임하고 변호인으로부터 조력을 받을 수 있는 권리를 말한다. 여기서의 조력은 변호인이나 변호인의 조력을 받는 자에게 있어서 충분한 조력을 의미하며, 실질적인 조력을 받을 수 있도록 하는 것까지 포함한다(헌재 91헌마111; 대판 2009모1044), 이는 변호인의 조력을 받을 권리뿐만 아니라 변호인의 조력할 권리도 헌법상 보호되는 기본권이라고 본다(헌재 2000헌마474).

⚠ 판례 | 국선변호인의 조력을 받을 권리를 보장하여야 할 국가의 의무 – 대판 2012.2.16. 2009모1044(파기환송)

헌법상 보장되는 '변호인의 조력을 받을 권리'는 변호인의 '충분한 조력'을 받을 권리를 의미하므로, 일정한 경우 피고인에게 국선변호인의 조력을 받을 권리를 보장하여야 할 국가의 의무에는 형사소송절차에서 단순히 국선변호인을 선정하여 주는 데 그치지 않고 한 걸음 더 나아가 피고인이 국선변호인의 실질적인 조력을 받을 수 있도록 필요한 업무 감독과 절차적 조치를 취할 책무까지 포함된다고 할 것이다.

> ⓘ **판례** | 피구속자를 조력할 변호인의 권리 – 헌재 2003.3.27. 2000헌마474(인용(위헌확인))
>
> 　헌법 제12조 제4항은 "누구든지 체포 또는 구속을 당한 때에는 즉시 변호인의 조력을 받을 권리를 가진다"라고 규정함으로써 변호인의 조력을 받을 권리를 헌법상의 기본권으로 격상하여 이를 특별히 보호하고 있거니와 **변호인의 "조력을 받을" 피구속자의 권리는 피구속자를 "조력할" 변호인의 권리가 보장되지 않으면 유명무실하게 된다.** 그러므로 피구속자를 조력할 변호인의 권리 중 그것이 보장되지 않으면 피구속자가 변호인으로부터 조력을 받는다는 것이 유명무실하게 되는 핵심적인 부분은, "조력을 받을 피구속자의 기본권"과 표리의 관계에 있기 때문에 이러한 핵심부분에 관한 변호인의 조력할 권리 역시 헌법상의 기본권으로서 보호되어야 한다.

　변호인의 조력을 받을 권리는 수사 개시 때부터 판결 확정 시까지만 인정되고, 유죄판결이 확정된 교정시설에 수용 중인 수형자에게는 원칙적으로 인정되지 않는다. 그리고 민사나 행정사건, 헌법소원사건 등 형사사건이 아닌 사건에 대해 변호사와 접견 시에는 원칙적으로 변호인의 조력을 받을 권리가 인정되지 않는다(헌재 2011헌마398).

> ⓘ **판례** | 수형자 및 형사사건 이외의 사건에서 변호인의 조력을 받을 권리 – 헌재 2013.9.26. 2011헌마398(인용(위헌확인), 각하)
>
> 　헌법재판소는 변호인의 조력을 받을 권리가 수형자의 경우에도 그대로 보장되는지에 대하여, 변호인의 조력을 받을 권리에 대한 헌법과 법률의 규정 및 취지에 비추어 보면 형사절차가 종료되어 교정시설에 수용중인 **수형자는 원칙적으로 변호인의 조력을 받을 권리의 주체가 될 수 없다**고 선언한 바 있다(헌재 1998.8.27. 96헌마398; 헌재 2004.12.16. 2002헌마478). 즉, 변호인의 조력을 받을 권리는 '형사사건'에서의 변호인의 조력을 받을 권리를 의미한다. 따라서 수형자가 **형사사건의 변호인이 아닌 민사사건, 행정사건, 헌법소원사건 등에서 변호사와 접견할 경우**에는 원칙적으로 헌법상 **변호인의 조력을 받을 권리의 주체가 될 수 없다** 할 것이므로, 이 사건 녹취행위에 의하여 청구인의 변호인의 조력을 받을 권리가 침해되었다고 할 수는 없다.

2) 변호인의 조력을 받을 권리의 내용

(1) 변호인을 선임할 권리

　변호인의 조력을 받을 권리에는 변호인을 선임할 권리가 그 내용을 이룬다. 변호인의 선임은 피고인 또는 피의자, 피고인 또는 피의자의 법정대리인, 배우자, 직계친족, 형제자매가 할 수 있다.

헌법은 "형사피고인이 스스로 변호인을 구할 수 없을 때에는 법률이 정하는 바에 의하여 국가가 변호인을 붙인다"(제12조 제4항 단서)라고 하여 국선변호인제도를 규정하고 있다.

국선변호인이란 피고인의 이익을 위하여 법원이 직권으로 선임하는 변호인을 말하며, 형사피고인은 일정한 요건 하에 국선변호를 받을 권리를 기본권으로 보장받고 있다. 「형사소송법」상 체포 또는 구속된 피의자(형사소송법 제201조의2 제8항, 제214조의2 제10항)와 피고인(법 제33조, 제282조, 제283조)은 국선변호를 선임하게 하고 있어, 형사피의자에 대한 국선변호는 「형사소송법」상 권리이다.

「형사소송법」상 법원이 직권으로 변호인을 선임하여야 하는 경우는 다음과 같다.

ⅰ) 다음의 경우 변호인이 없는 때 ① 피고인이 구속된 때 ② 피고인이 미성년자인 때 ③ 피고인이 70세 이상인 때 ④ 피고인이 듣거나 말하는 데 모두 장애가 있는 사람인 때 ⑤ 피고인이 심신장애의 의심이 있는 때 ⑥ 피고인이 사형, 무기 또는 단기 3년 이상의 징역이나 금고에 해당하는 사건으로 기소된 때,

ⅱ) 피고인이 빈곤 그 밖의 사유로 변호인을 선임할 수 없는 경우 피고인의 청구가 있을 때,

ⅲ) 피고인의 연령·지능 및 교육정도 등을 참작하여 권리보호를 위하여 필요하다고 인정하는 때에는 피고인의 명시적 의사에 반하지 아니하는 범위 안에서 변호인을 선임하고(법 제33조), 구속영장 발부에 관한 심의할 피의자에게 변호인이 없는 때(법 제201조의2), 국선변호인을 선임하여야 한다.

(2) 변호인과의 접견교통권

변호인의 조력을 받을 권리를 실질적으로 보장하기 위해서는 변호인 선임권과 변호인의 접견교통권이 인정되어야 하고, 변호인이 소송기록을 자유롭게 열람할 수 있어야 하는 것 등 자유로운 변호활동이 보장되어야 한다.

접견교통권은 신체구속을 당한 피의자·피고인의 변호인뿐만이 아니라 변호인이 아닌 자도 갖는 권리이다. 변호인접견교통권은 신체의 구속을 당한 피의자나 피고인의 인권보장과 방어준비를 위하여 필요불가결한 권리로서, 수사기관의 처분이나 법원의 결정으로도 이를 제한할 수 없으며, 국가안전보장·질서유지·공공복리 등 어떠한 명분으로도 제한될 수 없는 것이다(헌재 91헌마111).

> **판례** | 변호인과의 접견교통권과 기본권제한 – 헌재 1992.1.28. 91헌마111(인용(위헌확인))

변호인의 조력을 받을 권리의 필수적 내용은 신체구속을 당한 사람과 변호인과의 접견교통권이며 이러한 접견교통권의 충분한 보장은 구속된 자와 변호인의 대화내용에 대하여 비밀이 완전히 보장되고 어떠한 제한·영향·압력 또는 부당한 간섭없이 자유롭게 대화할 수 있는 접견을 통하여서만 가능하고 이러한 자유로운 접견은 구속된 자와 변호인의 접견에 교도관이나 수사관 등 관계공무원의 참여가 없어야 가능하다. **변호인과의 자유로운 접견은 신체구속을 당한 사람에게 보장된 변호인의 조력을 받을 권리의 가장 중요한 내용이어서 국가안전보장, 질서유지, 공공복리 등 어떠한 명분으로도 제한될 수 있는 성질의 것이 아니다.**

(3) 변호인의 활동

변호인의 충분한 조력을 받기 위하여 피고인이 변호인을 통하여 수사기록 및 소송기록의 열람·등사하고 공격과 방어의 준비행위를 할 수 있는 권리도 변호인의 조력을 받을 권리에 포함된다고 본다(헌재 94헌마60; 2009헌마257).

> **판례** | 열람·등사 제한과 변호인의 조력을 받을 권리 – 헌재 1997.11.27. 94헌마60(인용(위헌확인))

변호인의 조력을 받을 권리는 변호인과의 자유로운 접견교통권에 그치지 아니하고 더 나아가 변호인을 통하여 수사서류를 포함한 소송관계 서류를 열람·등사하고 이에 대한 검토결과를 토대로 공격과 방어의 준비를 할 수 있는 권리도 포함된다고 보아야 할 것이므로 **변호인의 수사기록 열람·등사에 대한 지나친 제한은 결국 피고인에게 보장된 변호인의 조력을 받을 권리를 침해하는 것이다.**

> **판례** | 변호인의 수사서류 열람·등사권과 피고인의 변호인의 조력을 받을 권리 – 헌재 2010.6.24. 2009헌마257(인용(위헌확인))

피고인의 신속·공정한 재판을 받을 권리 및 변호인의 조력을 받을 권리는 헌법이 보장하고 있는 기본권이고, 변호인의 수사서류 열람·등사권은 피고인의 신속·공정한 재판을 받을 권리 및 변호인의 조력을 받을 권리라는 헌법상 기본권의 중요한 내용이자 구성요소이며 이를 실현하는 구체적인 수단이 된다. 따라서 **변호인의 수사서류 열람·등사를 제한함으로 인하여 결과적으로 피고인의 신속·공정한 재판을 받을 권리 또는 변호인의 충분한 조력을 받을 권리가 침해된다면 이는 헌법에 위반되는 것이다.**

(4) 변호인 참여요구권 및 변호권

검사 또는 사법경찰관은 피의자 또는 그 변호인·법정대리인·배우자·직계친족·형제자매의 신청에 따라 변호인을 피의자와 접견하게 하거나 정당한 사유가 없는 한 피의자에 대한 신문에 참여하게 하여야 한다. 신문에 참여한 변호인은 신문 후 의견을 진술할 수 있다(형사소송법 제243조의2 제1항, 제3항).

변호인 참여요구권은 피의자에게도 인정되며, 변호인이 피의자신문에 자유롭게 참여할 수 있는 변호인의 변호권의 보호를 위해 정당한 사유가 없는 한 수사기관은 신문절차에 변호인의 참여를 제한할 수 없다(헌재 2016헌마503; 대판 2003모402; 2004모24).

> **판례** | 구금된 피의자에 대한 피의자신문시 변호인의 참여를 요구할 권리 – 대판 2003.11.11. 2003모402(기각)
>
> 형사소송법이 아직은 구금된 피의자의 피의자신문에 변호인이 참여할 수 있다는 명문규정을 두고 있지는 아니하지만, 신체를 구속당한 사람의 변호인과의 접견교통권이 헌법과 법률에 의하여 보장되고 있을 뿐 아니라 누구든지 체포 또는 구속을 당한 때에는 즉시 변호인의 조력을 받을 권리를 가진다고 선언한 헌법규정에 비추어, 구금된 피의자는 형사소송법의 위 규정을 유추·적용하여 피의자신문을 받음에 있어 변호인의 참여를 요구할 수 있고 그러한 경우 수사기관은 이를 거절할 수 없는 것으로 해석하여야 하고, 이렇게 해석하는 것은 인신구속과 처벌에 관하여 "적법절차주의"를 선언한 헌법의 정신에도 부합한다 할 것이나, **구금된 피의자가 피의자신문 시 변호인의 참여를 요구할 수 있는 권리**가 형사소송법 제209조, 제89조 등의 유추적용에 의하여 보호되는 권리라 하더라도 헌법상 보장된 다른 기본권과 사이에 조화를 이루어야 하며, 구금된 피의자에 대한 신문시 무제한적으로 변호인의 참여를 허용하는 것 또한 헌법이 선언한 적법절차의 정신에 맞지 아니하므로 신문을 방해하거나 수사기밀을 누설하는 등의 염려가 있다고 의심할 만한 상당한 이유가 있는 **특별한 사정이 있음이 객관적으로 명백하여 변호인의 참여를 제한하여야 할 필요가 있다고 인정되는 경우에는 변호인의 참여를 제한할 수 있음은 당연하다.**

> **판례** | 변호인의 변호권 – 헌재 2017.11.30. 2016헌마503(인용(위헌확인), 각하)
>
> 변호인이 피의자신문에 자유롭게 참여할 수 있는 권리는 피의자가 가지는 변호인의 조력을 받을 권리를 실현하는 수단이므로 헌법상 기본권인 변호인의 변호권으로서 보호되어야 한다.
>
> 피의자신문에 참여한 변호인이 피의자 옆에 앉는다고 하여 피의자 뒤에 앉는 경우보다 수사를 방해할 가능성이 높아진다거나 수사기밀을 유출할 가능성이 높아진다고 볼 수 없으므로, 이 사건 후방착석요구행위의 목적의 정당성과 수단의 적절성을 인정할 수 없다. 이 사건 후방착석요구행위

로 인하여 위축된 피의자가 변호인에게 적극적으로 조언과 상담을 요청할 것을 기대하기 어렵고, 변호인이 피의자의 뒤에 앉게 되면 피의자의 상태를 즉각적으로 파악하거나 수사기관이 피의자에게 제시한 서류 등의 내용을 정확하게 파악하기 어려우므로, 이 사건 **후방착석요구행위는 변호인인 청구인의 피의자신문참여권을 과도하게 제한**한다. 그런데 이 사건에서 변호인의 수사방해나 수사기밀의 유출에 대한 우려가 없고, 조사실의 장소적 제약 등과 같이 이 사건 후방착석요구행위를 정당화할 그 외의 특별한 사정도 없으므로, 이 사건 후방착석요구행위는 침해의 최소성 요건을 충족하지 못한다. 이 사건 후방착석요구행위로 얻어질 공익보다는 변호인의 피의자신문참여권 제한에 따른 불이익의 정도가 크므로, 법익의 균형성 요건도 충족하지 못한다. 따라서 이 사건 **후방착석요구행위는 변호인인 청구인의 변호권을 침해**한다.

3. 구속이유 등을 고지받을 권리

형사피의자는 인권을 심각하게 침해하는 체포 또는 구속의 경우 그 이유 등을 고지받을 권리를 가지며, 그 가족 등 법률이 정하는 자에게는 체포 또는 구속의 이유와 일시·장소의 통지를 받을 권리가 있다.

4. 구속적부심사청구권

이미 체포 또는 구속된 형사피의자나 형사피고인은 체포 또는 구속의 적부에 대한 심사를 법원에 청구할 권리를 가진다.

5. 고문을 받지 아니할 권리

헌법은 "모든 국민은 고문을 받지 아니하며"(제12조 제2항)라고 하여 고문의 금지를 규정하고 있다. 형법에서도 고문을 범죄로 보고 형벌적 제재를 가하고 있고(형법 제125조), 「특정범죄 가중처벌 등에 관한 법률」(제4조의2)은 고문을 범죄행위로 보고 고문을 행한 공무원을 처벌하도록 규정하고 있다.

고문이란 자백을 얻기 위하여 가하는 폭력을 말한다. 자백은 유죄를 인정하는 중요한 증거이기 때문에 자백을 얻기 위해 많은 폭력이 행해져 왔다. 오늘날 각국의 헌법은 고문의 금지를 규정하고 국제적 차원에서도 고문금지 선언을 하고 있다.

고문을 하지 않고 자백을 얻기 위해서는 과학적 수사와 신문이 필요하다. 마취분석이라든가 거짓말탐지기 등에 의한 진술채취가 위헌인지의 여부가 문제된다. 마취분석은 위헌적 진술의 강요로 보나, 거짓말탐지기의 사용은 피의자의 승낙이 있는 엄격한 요건 하에서는 합헌성이 인정될 수 있을 것이다(대판 87도968; 85도2208).

판례 | 거짓말탐지기의 검사가 증거능력을 갖기 위한 요건 및 증거력 – 대판 1987.7.21. 87도 968(기각)

거짓말탐지기의 검사는 그 기구의 성능, 조작기술 등에 있어 신뢰도가 극히 높다고 인정되고 그 검사자가 적격자이며, 검사를 받는 사람이 검사를 받음에 동의하였으며 검사서가 검사자 자신이 실시한 검사의 방법, 경과 및 그 결과를 충실하게 기재하였다는 등의 전제조건이 증거에 의하여 확인되었을 경우에만 형사소송법 제313조 제2항에 의하여 이를 증거로 할 수 있는 것이고 위와 같은 조건이 모두 충족되어 증거능력이 있는 경우에도 그 **검사결과는 검사를 받는 사람의 진술의 신빙성을 가늠하는 정황증거로서의 기능을 하는데 그치는 것이다.**

6. 신속한 공개재판을 받을 권리

헌법은 "모든 국민은 신속한 재판을 받을 권리를 가진다. 형사피고인은 상당한 이유가 없는 한 지체없이 공개재판을 받을 권리를 가진다"(제27조 제3항)라고 하여 신속한 공개재판을 받을 권리를 규정하고 있다.

이는 재판의 지연이나 비공개로 인하여 신체의 자유가 침해되는 것을 막기 위하여 규정된 권리이다. '신속한 재판'이란 상당한 이유가 없는 재판의 장기화나 심리의 지연을 금지한다는 것이고, '공개재판'이란 피고인과 관계없는 제3자에게도 공판과정의 방청을 허용하는 것을 말한다. 다만 심리는 국가의 안전보장 또는 안녕질서를 방해하거나 선량한 풍속을 해할 염려가 있을 때에는 법원의 결정으로 공개하지 아니할 수 있다(제109조 단서).

헌법재판소는 • 신속한 공개재판을 받을 권리와 관련하여, 국가보안법상 수사기관에 의한 피의자 구속기간을 50일까지 인정한 것은 피의자의 신속한 재판을 받을 권리를 침해하고(헌재 90헌마82), • 구 「형사소송법」상 항소법원에의 기록송부시 검사를 거치도록 한 것이 피고인의 신속·공정한 재판을 받을 기본권을 침해한다고 하고(헌재 92헌마44), • 변호인의 수사기록 열람·등사신청에 대하여 국가기밀의 누설이나 증거인멸, 증인협박, 사생활침해의 우려 등 정당한 사유를 밝히지 아니한 채 전부 거부한 것은 청구인의 신속하고 공정한 재판을 받을 권리를 침해한다(헌재 94헌마60)고 보았다.

7. 형사기록의 열람·복사요구권

형사피고인은 자신의 피의사실과 관련한 조사절차나 공판절차 등 형사절차에 관하여 알권리를 가지므로 자신에 관한 형사소송기록과 소송계속 중인 증거서류를 열람하고 복사하여 주도록 요구할 권리를 가진다.

「형사소송법」상 피고인 또는 변호인이 검사에게 공소제기된 사건에 관한 서류 또는 물건의 목록과 공소사실의 인정 또는 양형에 영향을 미칠 수 있는 서류 등의 열람·등사 또는 서면의 교부를 신청할 수 있다(법 제266조의3 제1항). 검사는 열람·등사 또는 서면의 교부를 허용하지 아니할 상당한 이유가 있다고 인정하는 때에 이를 거부하거나 그 범위를 제한할 수 있으며(동조 제2항), 서류 등의 목록에 대하여는 열람 또는 등사를 거부할 수 없다(동조 제5항). 검사의 거부나 범위 제한시 법원에 서류 등의 열람·등사 또는 서면의 교부의 허용을 신청할 수 있다(법 제266조의4 제1항).

> **판례** | 검사의 열람·등사 거부와 기본권 침해 – 헌재 2010.6.24. 2009헌마257(인용(위헌확인)); 2017.12.28. 2015헌마632(인용(위헌확인))
>
> 법원의 열람·등사 허용 결정에도 불구하고 검사가 이를 신속하게 이행하지 아니하는 경우에는 해당 증인 및 서류 등을 증거로 신청할 수 없는 불이익을 받는 것에 그치는 것이 아니라, 그러한 검사의 거부행위는 피고인의 열람·등사권을 침해하고, 나아가 피고인의 신속·공정한 재판을 받을 권리 및 변호인의 조력을 받을 권리까지 침해하게 되는 것이다.

8. 형사보상청구권

헌법은 "형사피의자 또는 형사피고인으로서 구금되었던 자가 법률이 정하는 불기소처분을 받거나 무죄판결을 받은 때에는 법률이 정하는 바에 의하여 국가에 정당한 보상을 청구할 수 있다"(제28조)라고 하여 형사보상청구권을 규정하여 형사보상의 적정화를 기하고 있다.

Ⅷ. 신체의 자유의 제한과 한계

신체의 자유는 모든 자유의 기초가 되는 중요한 기본권이지만 절대적이고 무제한인 것은 아니다.

신체의 자유는 헌법 제37조 제2항에 따라 국가안전보장·질서유지 또는 공공복리를 위하여 필요한 경우 법률(형법, 형사소송법, 국가보안법 등)에 의하여 제한될 수 있다. 그리고 대통령의 긴급명령 또는 비상계엄이 선포된 경우 제한될 수 있다. 또한 특수신분관계에 있는 사람은 해당 법률에 의해 신체의 자유가 제한된다.

다만 신체의 자유를 제한하는 경우에도 그 본질적 내용은 침해할 수 없다. 신체의 자유의 보호법익과 제한법익이 동시에 최대한 실현될 수 있도록 하고 과잉금지원칙과 비례의 원칙이 존중되어야 한다.

제3절 정신적 자유

제1항 양심의 자유

Ⅰ. 양심의 자유의 연혁과 헌법규정

1. 양심의 자유의 연혁

1850년 프로이센헌법 이래 양심의 자유는 1919년 독일 바이마르헌법에서 새로이 헌법상에 등장하게 되었다. 독일에서의 양심의 자유는 베스트팔렌조약에서의 관용의 조건으로 가정예배가 보장된 데에서 시작되었고, 프로이센헌법에서 종교적 자유와 신앙고백의 자유로 되었다가, 최종적으로 바이마르헌법에서 종교적·세속적 양심에 따른 행위의 자유로까지 변천되었다.

양심의 자유개념의 내용이 종교적 의미에 한정되었던 그 이전 시대와는 달리 양심의 자유는 세속화하게 된다. 세속화되기 이전에는 개인의 행위규범에 대한 작용은 종교가 담당하고 있었고 양심의 자유도 특정종파의 종교적 행위규범을 자기의 양심에서 받아들이는 자유의 성격을 가지고 있었다. 세속화 이후 신앙과 양심의 자유(Glaubens und Gewissensfreiheit)는 내용적으로 분리되고, 신앙의 자유(Glaubensfreiheit)에는 신앙에 바탕한 종교적 자유라는 내용이, 양심의 자유(Gewissensfreiheit)에는 새로운 행위규범으로서의 윤리적 양심에 따라 행동하는 양심적 자유라는 내용을 갖게 되었다.

세속화를 계기로 양심의 자유는 종교의 자유와 완전히 분리되고 자율적 개인의 최종적이고 최고의 결정기관인 양심에서의 자유를 의미하게 되었다. 내심의 최종적인 규범설정기관의 자유로서의 양심의 자유는 개인에게만 머무르지 않고 궁극적으로는 개인적 양심과 공동체적 규범과의 대립의 문제로 되었고, 그 과정에서 이러한 문제에 대한 법적 해결을 가능하게 했다.

이와 같이 바이마르헌법에서의 양심의 자유가 종교적 자유와 완전한 분리, 그리고 새로운 발전은 역사적으로 커다란 의미를 지닌다고 할 수 있다.

바이마르시대에 시작된 양심의 자유의 세속화과정은 독일기본법(제4조: ① 신앙, 양심의 자유(Glaubens und Gewissensfreiheit) 및 종교적 및 세계관적인 신앙고백의 자유는 불가침이다. ② 종교적 활동을 방해받지 않을 자유는 보장된다. ③ 누구도 그 양심에 반하여 무기를 수반한 병역이 강제되어서는 안 된다. 상세한 것은 연방법률에서 그것을 정한다)에서도 계속 이어지고, 양심의 자유와 종교의 자유가 동일한 조항에 다른 의미를 지닌 권리로 규정되었다.

독일에서의 이러한 양심의 자유의 역사적 형성과정을 고찰하는 것은 헌법상 양심의 자유가 종교의 자유와 밀접한 관계를 가지고 있는 것에 대한 설명을 할 수 있게 하고, 헌법상 양심의 자유를 이해하는 데에 있어서도 하나의 배경이 될 수 있을 것이다.

2. 양심의 자유의 헌법규정

제헌헌법에서는 양심의 자유와 종교의 자유를 하나로 규정하였으나, 제3공화국헌법에서 이를 분리, 규정하여 오늘에 이르고 있다.

헌법 제19조에서 "모든 국민은 양심의 자유를 가진다"라고 규정하고 제20조에 종교의 자유를 규정하고 있다. 그 밖에 제46조 제2항은 국회의원의 양심에 따른 직무수행을 규정하고 있고, 제103조는 법관의 양심에 따른 심판을 규정하는 직업적 양심을 규정하고 있다.

Ⅱ. 양심의 자유의 의의

1. 양심의 개념

양심(Conscience, Gewissen)이라는 말은 원래 헬라어 $\sigma \upsilon \nu \varepsilon \iota \delta \eta \sigma \iota \sigma$(쉬네이데시스)와 라틴어 Conscientia(콘스키엔티아)에서 유래되었다. 이는 어원상으로 '함께 안다'는 의미로 공통의 지식을 뜻하는 것으로 어떤 사실에 대해 누군가와 함께 알고 있다는 의미로 사용되었다. 쉬네이데시스란 말은 처음에는 자기의식이란 의미로 사용되었고 도덕적인 색채는 지니지 않았으나, 스토아철학에 이르러서는 의식된 양심을 인간 속에 있는 신의 소리로 보고, 선악의 감시자, 혹은 그것을 판정하는 법정과 같은 윤리적·종교적 해석을 내리게 되었다. 이는 자기 행위를 스스로 평가하는 의식이 인간 속에 내적인 심급을 통해 도덕적, 윤리적인 평가를 내리는 것으로 이행되었음을 의미한다.

양심은 개인이 특정한 상황에서 선악을 판단하는데 무조건적으로 의무지어지는 진지한 심적 갈등을 동반하는 마음의 소리이다. 양심(확신)은 종교적 동기에서 비롯될 수 있기 때문에 양심과 신앙을 엄밀히 구별하기 어려운 점이 있다. 그러나 양심은 윤리적 확신을 나타내는데 반해 신앙은 종교적 확신을 나타낸다는 점에서 다르다.

또한 사상은 논리적 차원의 사고라는 점에서 양심보다 넓은 영역에 속하는 개념이나 사상도 어떠한 가치관을 기초로 하는 체계적인 사고 내지 신념을 지칭한다는 점에서 사상은 양심과 밀접한 관계에 있다. 양심의 자유와 사상의 자유는 내심에 있어서의 자유로운 정신작용의 보장을 목적으로 하는 것으로, 현행헌법에서도 사상의 자유가 보장되는 것으로 해석하기 위해서는 제19조의 양심의 개념에 윤리적 판단뿐만 아니라 일련의 가치관도 포함되는 것으로 보아야 한다.

2. 양심의 자유의 의의

헌법이 보장하고자 하는 양심이란 어떤 일의 옳고 그름을 판단함에 있어서 그렇게 행동하지 않고는 스스로의 인격적 가치가 파멸(동일성의 상실)되고 말 것이라는 진지한 마음의 소리로서의 절박하고 구체적 양심을 말하는 것으로서(헌재 2002헌가1) 인간의 윤리적·도덕적 판단뿐 아니라 세계관, 인생관, 신조 등도 포함하는 것이라 할 수 있다(헌재 2001헌바43).

> **판례** | 헌법상 보호되는 양심 개념1 – 헌재 2004.8.26. 2002헌가1(합헌)
>
> **헌법상 보호되는 양심**은 어떤 일의 옳고 그름을 판단함에 있어서 그렇게 행동하지 아니하고는 자신의 인격적인 존재가치가 허물어지고 말 것이라는 **강력하고 진지한 마음의 소리로서 절박하고 구체적인 양심**을 말한다(헌재 1997.3.27. 96헌가11; 2001.8.30. 99헌바92 등; 2002.4.25. 98헌마425등). 즉, ‘양심상의 결정’이란 선과 악의 기준에 따른 모든 진지한 윤리적 결정으로서 구체적인 상황에서 개인이 이러한 결정을 자신을 구속하고 무조건적으로 따라야 하는 것으로 받아들이기 때문에 **양심상의 심각한 갈등이 없이는 그에 반하여 행동할 수 없는 것**을 말한다. 인간의 존엄성 유지와 개인의 자유로운 인격발현을 최고의 가치로 삼는 우리 헌법상의 기본권체계 내에서 양심의 자유의 기능은 개인적 인격의 정체성과 동질성을 유지하는 데 있다.

> **판례** | 헌법상 보호되는 양심 개념2 – 헌재 2002.1.31. 2001헌바43(위헌)
>
> 양심은 옳고 그른 것에 대한 판단을 추구하는 가치적·도덕적 마음가짐으로, 개인의 소신에 따른 다양성이 보장되어야 하고 그 형성과 변경에 외부적 개입과 억압에 의한 강요가 있어서는 아니되는 인간의 윤리적 내심영역이다. **보호되어야 할 양심에는 세계관·인생관·주의·신조 등은 물론**, 이에 이르지 아니하여도 보다 널리 개인의 **인격형성에 관계되는 내심에 있어서의 가치적·윤리적 판단도 포함**될 수 있다. 그러나 단순한 사실관계의 확인과 같이 가치적·윤리적 판단이 개입될 여지가 없는 경우는 물론, 법률해석에 관하여 여러 견해가 갈리는 경우처럼 다소의 가치관련성을 가진다고 하더라도 개인의 인격형성과는 관계가 없는 사사로운 사유나 의견 등은 그 보호대상이 아니라고 할 것이다.

이러한 양심은 내면적 영역을 거쳐 외부로 표출되는 영역을 포함하는 것까지를 의미하는 것이다. 그래서 양심의 자유는 인간내면의 윤리의식과 사상을 형성하고 특정의 행위를 하도록 강제하거나 내심적 판단에 반하는 행위를 강요당하지 아니하고, 형성된 양심에 따라 행동할 자유를 말한다.

양심의 자유를 포괄적 내심의 자유로 볼 때 양심의 자유는 모든 정신활동의 전제가 된다고 할 수 있다. 학문이나 예술에 대한 사유, 종교적 신앙 등은 개인의 내면화과정을 거쳐서 양심으로 형성되고 또한 형성된 양심은 이들에게 영향을 미치게 된다.

따라서 양심의 자유(내심의 자유)가 인정되지 않는다면 모든 정신적 자유는 공허한 것이 되고 인간의 존엄과 가치도 있을 수 없게 된다. 이러한 양심의 자유(내심의 자유)가 신앙적인 면으로 발현되면 종교적 양심의 자유문제가 되고, 지식으로 발현되면 학문적 양심실현의 자유문제로 되며, 사상표현의 형식으로 발현될 때에는 사상표현의 자유의 문제가 된다고 할 수 있다.

양심의 자유가 다른 정신적 자유권과 중첩되어 주장될 수 있는 것은 이렇게 양심의 자유가 자유권 중 정신적 자유의 근원을 이루는 기본권이기 때문이다. 옳고 그른 것에 대한 양심상 결정이 외부로부터 영향을 받을 수 있고 나아가 양심이 그 사람의 사상, 의견, 신조 등에 의해 영향을 받을 수 있기 때문에 양심의 자유가 갖는 의의는 더욱 중요하다. 양심의 자유가 보호되지 않는 곳에서는 그 밖의 정신적 자유권인 종교의 자유는 물론 학문과 예술의 자유 등도 실질적으로 보장되기 어렵다 할 것이다.

3. 다른 기본권과의 관계

1) 종교의 자유와의 관계

우리 헌법은 제19조에서 "모든 국민은 양심의 자유를 가진다"라고 규정하고, 제20조에서 "모든 국민은 종교의 자유를 가진다"라고 하여 종교의 자유를 양심의 자유와 따로 규정하고 있다. 그러나 두 자유권의 내용에 있어서 헌법상 밀접하게 관련되어 있다.

연혁적으로 양심의 자유는 종교의 자유 내에서 발전되어왔지만 양심의 자유가 윤리적이고 도덕적인 자각으로서의 자기실현을 의미한다면 종교의 자유는 초월적 존재에 대한 내적 확신으로서의 신앙의 세계를 추구한다는 점에서 둘은 다르다. 그러나 한편으로는 둘은 밀접한 관련이 있어 종교의 자유에서 포함되는 부분이 양심의 자유에서도 다뤄질 가능성을 배제하지 못한다. 예를 들면 종교의 자유에는 종교를 선택하거나 변경할 자유는 물론 무신앙의 자유, 신앙을 고백하거나 신앙고백을 강요당하지 않을 자유, 신앙이나 불신앙으로 인하여 어떠한 불이익을 받지 않을 자유 등을 포함한다. 여기서 신앙고백을 강요 당하지 않을 자유나 신앙이나 불신앙으로 인하여 어떠한 불이익을 받지 않을 자유는 신앙 에 근거하지만 양심상 갈등을 동반할 수 있다는 점에서 양심의 자유와 무관하지 않다.

그리고 학교기도 문제의 경우에 이를 종교적 양심의 문제로 볼 수도 있지만 종교적 이유에서 주장하는 자의 입장에서 보면 이는 종교의 자유가 문제될 수 있다. 또한 수혈, 병역거부의 경우에 자기의 (종교적) 신념에 반한 행위의 강제로 양심에 갈등을 느끼고 전 인격의 동일성을 상실할 정도가 되는 경우에는 양심의 자유의 문제가 될 수 있다.

이렇게 둘 간 경계구분이 어려운 즉, 종교의 자유와 양심의 자유가 동시에 주장될 수 있는 경우, 비록 그 연원이 종교적 이유에 근거할지라도 이들이 외부적으로 마음에 강제 를 느끼고 심각한 갈등을 동반한 경우에는 양심의 자유에서 포괄해서 다뤄질 수 있다고 본다.

이러한 것은 학문적 신념에 의한 경우나 예술적 신념에 의한 경우도 마찬가지로 설명 되어질 수 있다. 이 경우에 종교의 자유나 학문의 자유, 예술의 자유 등은 양심의 자유와 의 관계에 있어서 특별한 관계에 있다고 볼 수 있다.

2) 표현의 자유와의 관계

양심의 자유에는 양심형성(결정)의 자유와 양심실현의 자유가 포함된다. 양심형성의 자유는 양심의 자유의 고유한 영역에 속하는 부분이지만 양심실현의 자유의 경우는 양심 의 자유에서만이 아니라 표현의 자유에서도 주장될 가능성이 있다. 그러나 표현의 자유는 의견표현의 범위에 제한이 없는데 반해, 양심의 자유는 자신의 윤리적 확신에 기초한 양 심표현이어야 한다는 점에서 다르다. 이러한 외부적으로 양심을 표명하는 자유는 표현의 자유에 대해 특별법적 성격을 가진다고 할 수 있다.

양심의 자유에 양심실현의 자유를 포함한다고 볼 경우에 양심선언, 양심적 집회, 결사 등 양심실현의 자유는 표현의 자유 형태로 나타나게 된다. 여기서 표현의 자유 형태로 나 타난 양심실현을 표현의 자유의 하나로 해결하려 한다면 다른 기본권과의 체계상으로도 적절하지 않다. 학문을 연구, 발표하는 자유나 예술을 표현하는 자유 그리고 신앙을 실현 하는 자유는 각각 학문·예술의 자유, 종교적 행위의 자유에서 다루고 있는 것처럼 양심 표현(실현)의 자유도 양심의 자유에서 다루는 것이 논리적 체계상으로 모순되지 않는다.

여기서 양심실현을 위해 양심을 외부로 표현하는 경우 법질서, 타법익과 충돌하게 되 므로 다른 기본권과 마찬가지로 기본권의 일반유보조항인 헌법 제37조 제2항에 의해 제한되는 것으로 보면 된다.

그리고 양심의 자유는 다수와 다른 자의 양심도 보호해주어야 하는 것으로 관용의 원칙이 적용되는 데에서도 표현의 자유와는 다르다. 즉, 양심실현의 결과가 법질서에서 허용되지 않는 경우라 할지라도 다른 기본권(특히 표현의 자유)의 처리와 달리 관용의 원칙이 적용될 수 있다는 점에서의 그 차이가 인정되어야 한다고 본다.

Ⅲ. 양심의 자유의 법적 성격

1. 최상의 근원적 기본권

인간은 본능에 의해 살아가는 동물과 달리 이성을 지니고 사고하고 판단하는 이성적 존재이다. 인간은 자유롭게 사고함으로써 자율적 인격체로서 성장할 수 있다.

따라서 양심의 자유가 보장되는 곳에서만이 인격의 자유로운 발전의 가능성도 기대할 수 있고 인간으로서의 존엄과 가치를 누릴 수 있게 된다. 우리 헌법 제10조가 보장하는 인간의 존엄과 가치를 누리는 것도 이러한 인간의 근원적 기본권인 양심의 자유가 보장될 때 비로소 가능하게 된다고 할 수 있다.

이러한 의미에서 양심의 자유는 다른 정신적 기본권의 근원이 되는 인간의 존엄과 가치의 전제인 최상의 근원적 기본권이라 할 수 있다.

2. 이중적 성격

양심의 자유는 주관적 공권성과 객관적 법질서로서의 이중적 성격을 가진다.

우선 양심의 자유는 국가가 개인의 양심의 형성과 활동을 침해하는 것에 대한 방어권적 성격을 가진다. 현대 자유민주국가는 국민의 자유로운 선택과 판단을 통해 국민의 의사가 자유롭게 반영되는 것을 기본으로 한다. 따라서 국가가 정신일치를 요구하는 모든 강요에 대해, 그리고 양심에 대한 강제적인 개입행위에 대해 개인의 양심의 자유는 이를 방어하고 배제할 수 있는 주관적 공권으로서 행사되는 것이다.

또한 양심의 자유는 국민의 의사형성과 관련한 정치적 신조나 그 신조에 따른 자유로운 활동의 전제가 되는 민주국가에서의 중요한 초석으로서 작용한다. 양심의 자유는 공동체의 민주적 질서를 형성하는 데 있어서 그 기초를 형성하는 법치국가질서의 공동체질서형성을 위한 객관적 법질서성을 갖는다.

Ⅳ. 양심의 자유의 주체

양심의 자유는 인간의 권리로 그 주체는 내국인뿐만이 아니라 외국인도 포함된다. 양심의 자유는 자연인만이 그 주체가 되며, 법인에게는 원칙적으로 주체성이 인정될 수 없다. 다만 법인의 이름으로 양심표명을 하는 경우에는 그 주체성이 인정될 수 있다.

Ⅴ. 양심의 자유의 내용

헌법 제19조의 양심의 자유는 양심형성(결정)의 자유인 내심적 자유[절대적 자유]와 양심표명을 강요당하지 않을 자유, 양심에 반하는 행동을 강요당하지 않는 소극적 양심실현의 자유, 그리고 적극적 양심실현의 자유인 외적인 자유[상대적 자유]로 나뉜다.

> **판례** | 양심의 자유의 내용 1 - 헌재 2004.8.26. 2002헌가1(합헌)
>
> 헌법 제19조의 양심의 자유는 크게 양심형성의 내부영역과 형성된 양심을 실현하는 외부영역으로 나누어 볼 수 있으므로, 그 구체적인 보장내용에 있어서도 내심의 자유인 '양심형성의 자유'와 양심적 결정을 외부로 표현하고 실현하는 '양심실현의 자유'로 구분된다. 양심형성의 자유란 외부로부터의 부당한 간섭이나 강제를 받지 않고 개인의 내심영역에서 양심을 형성하고 양심상의 결정을 내리는 자유를 말하고, 양심실현의 자유란 형성된 양심을 외부로 표명하고 양심에 따라 삶을 형성할 자유, 구체적으로는 양심을 표명하거나 또는 양심을 표명하도록 강요받지 아니할 자유(양심표명의 자유), 양심에 반하는 행동을 강요받지 아니할 자유(부작위에 의한 양심실현의 자유), 양심에 따른 행동을 할 자유(작위에 의한 양심실현의 자유)를 모두 포함한다. 양심의 자유 중 **양심형성의 자유**는 내심에 머무르는 한, **절대적으로 보호되는 기본권**이라 할 수 있는 반면, 양심적 결정을 외부로 표현하고 실현할 수 있는 권리인 **양심실현의 자유**는 법질서에 위배되거나 타인의 권리를 침해할 수 있기 때문에 법률에 의하여 제한될 수 있는 **상대적 자유**라 할 것이다(헌재 1998.7.16. 96헌바35 참조).

> **판례** | 양심의 자유의 내용 2 - 헌재 1998.7.16. 96헌바35(합헌)
>
> 헌법 제19조가 보호하고 있는 양심의 자유는 **양심형성의 자유와 양심적 결정의 자유**를 포함하는 **내심적 자유(forum internum)**뿐만 아니라, 양심적 결정을 외부로 표현하고 실현할 수 있는 **양심실현의 자유(forum externum)를 포함**한다고 할 수 있다. **내심적 자유, 즉 양심형성의 자유와 양심적 결정의 자유**는 내심에 머무르는 한 **절대적 자유**라고 할 수 있지만, **양심실현의 자유**는 타인의 기본권이나 다른 헌법적 질서와 저촉되는 경우 헌법 제37조 제2항에 따라 국가안전보장·질서유지 또는 공공복리를 위하여 법률에 의하여 제한될 수 있는 **상대적 자유**라고 할 수 있다. 그리고 양심실현은 적극적인 작위의 방법으로도 실현될 수 있지만 소극적으로 부작위에 의해서도 그 실현이 가능하다 할 것이다.

1. 양심의 형성(결정)의 자유

양심의 형성의 자유란 외부의 어떠한 간섭이나 강제를 받지 않고 스스로 무엇이 옳고 그른가를 판단하는 내면적 확신에 도달하는 것을 말한다. 하지만 이는 개인적 양심의 형성에 있어서 외부로부터의 일체의 영향을 배제되어야 한다는 것을 의미하지는 않으며, 내면적 형성의 과정에서 선전, 세뇌, 약물, 최면술, 마취분석 등의 외부적 영향에 의한 내면적 확신의 형성도 법적 보호대상이 된다고 본다.

그리고 민주적 기본질서를 부정하는 양심은 규제대상이 되는가에 대해서는 민주적 기본질서에 대한 부정이 내심에 머물러 있는 한 그것은 규제대상이 되지 않는 절대적 자유라고 본다.

2. 양심실현의 자유

양심실현의 자유란 내면에 결정되거나 형성된 양심을 외부에 표명하도록 강요당하지 않거나 양심에 반하는 행동을 강요당하지 않을 자유, 그리고 양심에 따른 행동을 할 자유를 말한다. 여기서 양심에 반하는 행동을 강요당하지 않을 자유는 소극적(부작위) 양심실현의 자유를 말하며, 양심에 따른 행동을 할 자유는 적극적(작위) 양심실현의 자유를 말한다.

1) 양심표명을 강요당하지 않을 자유

(1) 침묵의 자유

침묵의 자유란 양심을 언어 등으로 외부에 표명하도록 강제당하지 않을 자유를 말한다. 침묵의 자유는 형성된 양심상의 결정을 침묵할 수 있다는 것이며 알고 있는 객관적 사실에 대해 침묵할 수 있다는 것을 의미하는 것은 아니다. 즉 형사절차에서 증인이 피의자 또는 피고인인 경우에 형사상 불리한 진술의 거부는 물론 증언거부권도 인정하나(형사소송법 제147조~제149조, 국회에서의 증언·감정 등에 관한 법률 제3조), 기자가 취재원에 관하여 증언을 거부하는 묵비권은 양심의 자유에 포함되지 않는다고 본다.

(2) 충성선서

충성선서란 공직자의 재직 또는 임용시 헌법이나 국가에 대한 충성을 선서하게 하거나 반국가성을 심사하여 공직을 박탈하거나 임용을 거부하는 것을 말한다. 이러한 공직자의 재직 또는 임용요건으로 충성선서를 요구하는 것은 양심의 자유와 공무원의 정치적 중립성을 침해하는 것으로 금지된다.

(3) 양심추지의 금지

양심추지란 일정한 행동을 강제하여 내심의 양심을 간접적으로 표명하게 하고 그 행동을 통해 내면의 양심을 추정하는 것을 말한다. 예를 들면 기독교인을 가려내기 위해 십자가 밟기를 강요하는 것과 같은 양심추지는 금지된다.

(4) 준법서약서

「국가보안법」및 「집회 및 시위에 관한 법률」등을 위반한 수형자에 대한 가석방 조건으로 준법의지를 확인하기 위한 준법서약서를 제출하도록 하였다. 헌법재판소는 이러한 준법서약서를 제출하도록 한 규정(가석방자관리규정 제14조 제2항 → 이후 동조항 폐지)에 대해 합헌판단을 하였으나(헌재 98헌마425 등) 양심의 자유를 침해한다는 비판이 있어오다 마침내 폐지되었다.

> **판례** | 준법서약서 제출 – 헌재 2002.4.25. 98헌마425 등(기각, 각하)
>
> 위 규칙조항(「가석방심사 등에 관한 규칙」 제14조 제2항)은 내용상 당해 수형자에게 하등의 법적 의무를 부과하는 것이 아니며 이행강제나 처벌 또는 법적 불이익의 부과 등 방법에 의하여 준법서약을 강제하고 있는 것이 아니므로 당해 수형자의 양심의 자유를 침해하는 것이 아니다.

2) 소극적(부작위) 양심실현의 자유

소극적(부작위) 양심실현의 자유는 양심에 반하는 행위를 강제당하지 않을 자유를 말한다.

(1) 사죄광고

사죄광고를 명하는 판결의 위헌 여부에 대하여 위헌설은 단순한 사죄광고를 명하는 판결은 합헌이지만 양심상 승복할 수 없다고 하는 경우에 판결을 강제집행하는 것은 양심의 자유를 침해하는 것이라고 한다. 이에 대하여 합헌설은 불법행위의 원상회복처분으로서 사죄광고의 게재를 요구하는 것은 공표사실이 허위이고 부당함을 발표할 것을 명하는 것이지 윤리적 의사를 침해하는 것은 아니라고 한다.

헌법재판소는 사죄광고는 양심에 반하는 행위의 강제금지에 저촉되는 것이며 헌법상 양심의 자유의 제약이라고 판시하였으나(헌재 89헌마160), 사업자단체의 「독점규제 및 공정거래에 관한 법률」 위반행위가 있을 때 공정거래위원회가 당해 사업자단체에 대하여 "법위반사실의 공표"를 명할 수 있도록 한 동법 제27조 부분은 양심의 자유를 침해하지 않는다고 보았다(헌재 2001헌바43).

> ⚠️ **판례** | 사죄광고제도의 양심의 자유 침해 – 헌재 1991.4.1. 89헌마160(한정위헌)
>
> 사죄광고제도란 타인의 명예를 훼손하여 비행을 저질렀다고 믿지 않는 자에게 본심에 반하여 깊이 "사과한다."하면서 죄악을 자인하는 의미의 사죄의 의사표시를 강요하는 것이므로, 국가가 재판이라는 권력작용을 통해 자기의 신념에 반하여 자기의 행위가 비행이며 죄가 된다는 윤리적 판단을 형성강요하여 외부에 표시하기를 명하는 한편 의사·감정과 맞지 않는 사과라는 도의적 의사까지 광포시키는 것이다. 따라서 **사죄광고의 강제**는 양심도 아닌 것이 양심인 것처럼 표현할 것의 강제로 인간양심의 왜곡·굴절이고 겉과 속이 다른 이중인격형성의 강요인 것으로서 침묵의 자유의 파생인 양심에 반하는 행위의 강제금지에 저촉되는 것이며 따라서 **우리 헌법이 보호하고자 하는 정신적 기본권의 하나인 양심의 자유의 제약**(법인의 경우라면 그 대표자에게 양심표명의 강제를 요구하는 결과가 된다)이라고 보지 않을 수 없다.

(2) 양심적 병역거부

양심에 반하는 집총병역을 도저히 수행할 수 없음에도 불구하고 이를 강제한다면 이는 양심에 반하는 행위를 강제당하지 않을 자유의 침해가 되는가가 문제이다. 미국(징병법)과 독일(기본법 제4조 제3항) 등에서는 양심상의 이유로 집총병역을 거부하는 경우 헌법이나 법률로써 병역을 면제해 왔다. 즉 각국은 특정 전쟁만을 반대하는 것(Gellette v. U.S. 401 U.S. S.437(1971)) 혹은 상황조건부 병역거부(BVerfGE 12. 45(52))가 아닌 전쟁 일반을 반대하는 경우에 대체복무를 인정하고 있다.

헌법상 국방의 의무를 규정하고(제39조 제1항) 있는 우리 헌법체계에서 양심적 집총병역거부를 인정할 수 있을 것인가에 대해 문제가 되어왔다. 헌법재판소와 대법원은 양심적 병역거부자들에 대해 처벌하는 「병역법」 조항을 합헌이라 하였으나(헌재 2002헌가1; 대판 2004도2965; 헌재 2004헌바61 등; 2008헌가22 등), 병역의 종류에 양심적 병역거부자에 대하여 대체복무제를 규정하지 아니한 「병역법」 제5조 제1항(병역종류 조항)에 대해 헌법불합치결정(헌법불합치 재판관 6인, 각하 재판관 2인, 합헌 1인)으로 종래 판례를 변경하였다(헌재 2011헌바379 등).

또한 양심적 병역거부로 유죄판결을 받은 청구인들의 구제조치 이행을 위한 입법부작위 위헌확인사건에서 입법자가 자유권규약위원회의 견해의 구체적인 내용에 구속되어 그 모든 내용을 그대로 따라야만 하는 의무를 부담한다고 볼 수는 없다고 보았고(헌재 2011헌마306 등), 구「향토예비군설치법」중 '정당한 사유 없이 훈련을 받지 아니한 자' 규정이 양심적 예비군 훈련 거부자의 양심의 자유를 침해하지 않는다고 보았으나(헌재 2007헌가12 등), 2018년 양심적 병역거부자 위헌판단 사건 이후 제기된 양심적 예비군 훈련 거부사건에서는 대법원은 진정한 양심에 따른 예비군 훈련 거부는 심판대상조항의 '정당한 사유'에 해당한다고 판단하였다(헌재 2013헌가13 등).

판례 | 양심적 병역거부자 구제조치 입법부작위 – 헌재 2018.7.26. 2011헌마306 등(각하)

우리나라가 자유권규약('시민적 및 정치적 권리에 관한 국제규약')의 당사국으로서 자유권규약위원회의 견해를 존중하고 고려하여야 한다는 점을 감안하더라도, 피청구인에게 이 사건 견해에 언급된 구제조치를 그대로 이행하는 법률을 제정할 구체적인 입법의무가 발생하였다고 보기는 어려우므로, 이 사건 심판청구는 헌법소원심판의 대상이 될 수 없는 입법부작위를 대상으로 한 것으로서 부적법하다.

판례 | 헌법상 보장되는 양심과 대체복무 요구 권리 도출 여부 – 헌재 2004.8.26. 2002헌가1

이 사건의 경우 헌법 제19조의 양심의 자유는 개인에게 병역의무의 이행을 거부할 권리를 부여하지 않는다. 양심의 자유는 단지 국가에 대하여 가능하면 개인의 양심을 고려하고 보호할 것을 요구하는 권리일 뿐, 양심상의 이유로 법적 의무의 이행을 거부하거나 법적 의무를 대신하는 대체의무의 제공을 요구할 수 있는 권리가 아니다. 따라서 **양심의 자유로부터 대체복무를 요구할 권리도 도출되지 않는다**. 우리 헌법은 병역의무와 관련하여 양심의 자유의 일방적인 우위를 인정하는 어떠한 규범적 표현도 하고 있지 않다. **양심상의 이유로 병역의무의 이행을 거부할 권리는 단지 헌법 스스로 이에 관하여 명문으로 규정하는 경우에 한하여 인정될 수 있다.**

판례 | 대체복무제를 규정하지 아니한 병역종류조항 양심의 자유를 침해 – 헌재 2018.6.28. 2011헌바379 등(헌법불합치)

이 사건 청구인 등이 자신의 종교관·가치관·세계관 등에 따라 일체의 전쟁과 그에 따른 인간의 살상에 반대하는 진지한 내적 확신을 형성하였다면, 그들이 집총 등 군사훈련을 수반하는 병역의무의 이행을 거부하는 결정은 양심에 반하여 행동할 수 없다는 강력하고 진지한 윤리적 결정이며, 병역의무를 이행해야 하는 상황은 개인의 윤리적 정체성에 대한 중대한 위기상황에 해당한다. 이와 같이 **병역종류조항에 대체복무제가 마련되지 아니한 상황**에서, 양심상의 결정에 따라 입영을 거부하거나 소집에 불응하는 이 사건 청구인 등이 현재의 대법원 판례에 따라 처벌조항에 의하여 형벌을 부과받음으로써 양심에 반하는 행동을 강요받고 있으므로, 이 사건 법률조항은 **'양심에 반하는 행동을 강요당하지 아니할 자유', 즉, '부작위에 의한 양심실현의 자유'를 제한**하고 있다(헌재 2011.8.30. 2008헌가22등 참조).

> **판례** | 양심적 예비군 훈련거부자의 양심의 자유 침해 여부 – 헌재 2011.8.30. 2007헌가12 등(합헌)
>
> 양심적 예비군 훈련거부자는 이 사건 법률조항에 따라 형사처벌을 받게 되나, 이 사건 법률조항이 추구하는 공익은 국가의 존립과 모든 자유의 전제조건인 '국가안보' 및 '병역의무의 공평한 부담'이라는 대단히 중요한 공익이고, 예비군 훈련의무의 이행을 거부함으로써 양심을 실현하고자 하는 경우는 누구에게나 부과되는 예비군 훈련의무에 대한 예외를 요구하는 것이므로 병역의무의 공평한 부담의 관점에서 볼 때 타인과 사회공동체 전반에 미치는 파급효과가 대단히 큰 점 등을 고려해 볼 때 이 사건 법률조항이 법익균형성을 상실하였다고 볼 수는 없다. 따라서 이 사건 법률조항은 양심의 자유를 침해하지 아니한다.

(3) 불고지

반국가단체행위 지원 등의 죄를 범한 자라는 것을 알면서 수사기관 또는 정보기관에 고지하지 아니한 자를 처벌하도록 하는 「국가보안법」(제10조)상 불고지가 양심의 자유를 침해하는가가 문제이다.

이는 법이 고지할 것을 명령하는 것과 고지할 수 없다는 양심 사이의 충돌하게 되는 것으로, 헌법재판소는 불고지가 내심의 의사를 외부에 표현하거나 실현하는 행위로 법률의 제한이 가능하다고 보고, 이를 제한한다고 하더라도 양심의 자유를 침해한다고 볼 수 없다고 보았다(헌재 96헌바35).

> **판례** | 불고지죄의 양심의 자유 침해 – 헌재 1998.7.16. 96헌바35(합헌)
>
> **불고지죄**는 국가의 존립과 안전에 저해가 되는 타인의 범행에 관한 객관적 사실을 고지할 의무를 부과할 뿐이고 개인의 세계관·인생관·주의·신조 등이나 내심에 있어서의 윤리적 판단을 그 고지의 대상으로 하는 것은 아니므로 양심의 자유 특히 침묵의 자유를 직접적으로 침해하는 것이라고 볼 수 없을 뿐만 아니라 국가의 존립·안전에 저해가 되는 죄를 범한 자라는 사실을 알고서도 그것이 본인의 양심이나 사상에 비추어 범죄가 되지 아니한다거나 이를 수사기관 또는 정보기관에 고지하는 것이 양심이나 사상에 어긋난다는 등의 이유로 **고지하지 아니하는 것은 결국 부작위에 의한 양심실현 즉 내심의 의사를 외부에 표현하거나 실현하는 행위가 되는 것**이고 이는 이미 순수한 내심의 영역을 벗어난 것이므로 이에 대하여는 필요한 경우 법률에 의한 제한이 가능하다 할 것이다. 그리고 여러 가지 국내외 정세의 변화에도 불구하고 남·북한의 정치·군사적 대결이나 긴장관계가 여전히 존재하고 있는 우리의 현실, 불고지죄가 보호하고자 하는 국가의 존립·안전이라는 법익의 중요성, 범인의 친족에 대한 형사처벌에 있어서의 특례설정 등 제반사정에 비추어 볼 때 이 사건

심판대상 법률조항이 양심의 자유를 제한하고 있다 하더라도 그것이 헌법 제37조 제2항이 정한 과잉금지의 원칙이나 기본권의 본질적 내용에 대한 침해금지의 원칙에 위반된 것이라고 볼 수 없다. 그러므로 이 사건 심판대상 법률조항은 **양심의 자유를 침해한 것이라고 할 수 없다.**

3) 적극적 양심실현의 자유

적극적 양심실현의 자유는 양심에 따라 행동할 자유를 말한다.

개인이 상이한 양심을 실현하는 경우에 타인의 권리를 침해할 수도 있고, 다른 법익과 충돌할 수도 있어, 이러한 양심실현의 자유를 헌법상 보장할 수 있는가에 대해 견해가 나뉜다.

ⅰ) 부정설은 양심의 자유의 보호대상은 양심의 형성의 자유만이고 양심실현의 자유는 제외되는 것으로 보아 이를 부인한다. ⅱ) 반면 긍정설은 양심의 자유의 보호영역을 양심형성의 자유에만 국한한다면 양심의 자유를 법적으로 보장하는 의미가 없으므로 양심의 자유의 보호대상은 양심실현의 자유까지 포함해야 한다고 한다.

생각건대 부정설의 견해가 양심 실현의 자유에서 발생하는 다른 법익과의 충돌이나 타인의 권리를 침해하는 것을 막을 수 있는 이점이 있다고 하지만, 양심의 자유가 내심의 영역만을 보장한다면 다른 법익이나 타인의 권리 침해에 영향을 미치지 않을 것이므로 양심의 자유를 보장하는 범위가 축소될 수밖에 없다. 따라서 양심의 자유를 최대한 보장해주기 위해서는 양심을 실현할 자유까지도 보장되어야 한다. 다만, 양심실현의 자유가 법질서 또는 타인의 권리를 침해하는 경우까지 허용되는 것은 아니며 양심실현을 위한 행위가 국가의 법질서나 타인의 권리와 충돌을 일으키는 때에는 그 제한이 불가피하다 하겠다.

Ⅵ. 양심의 자유의 효력

양심의 자유는 입법권·행정권·사법권 등 모든 공권력을 구속하는 대국가적 효력을 갖는다. 즉 국가가 법률에 의해서도 양심의 자유를 침해할 수 없으며, 양심의 표현을 강제할 수 없다. 또한 사법도 재판에 의하여 양심의 표현을 강요해서는 안 되며, 행정도 양심의 자유를 침해하거나 특정 양심만을 강요해서는 안 된다.

양심의 자유는 객관적 법질서로서 사인에 대하여도 효력을 갖는다. 즉 양심의 자유는 양심을 이유로 하는 계약불이행의 경우와 같이 사인 상호 간의 관계에서도 직접적 또는 간접적으로 적용되어 사인을 구속한다.

Ⅶ. 양심의 자유의 제한과 한계

1. 양심의 자유의 제한과 한계

양심의 자유 중 양심형성 및 결정의 자유는 법률로서도 제한할 수 없는 절대적 기본권이다. 반면 양심을 외부로 표출하는 양심실현의 자유는 법률로서 제한한 수 있는 상대적 기본권이다. 여기서 양심의 자유가 어떤 경우에 어느 정도로 보장되는가에 대하여 견해가 나뉜다.

ⅰ) 절대적 보장설은 양심이 내심의 작용으로 머물러 있는 경우는 물론 외부에 표명되는 경우에도 제한을 받지 않는다고 하고,

ⅱ) 내심적 무한계설은 양심이 외부에 표명되는 경우에는 일정한 제한이 따르지만, 내심의 작용으로 머물러 있는 한 제한을 받지 않는다고 한다.

ⅲ) 그리고 내재적 한계설은 양심이 외부에 표명되지 아니하고 내심의 작용으로 머물러 있는 경우에도 일정한 한계가 따른다고 한다.

여기서 타 법익이나 법질서와의 충돌을 예상할 때 절대적 보장설이나 내재적 한계설은 한계가 있을 수밖에 없다. 따라서 양심의 자유는 내심에 머무르는 경우에는 이를 제한할 수 없으나 내심을 벗어나 외부로 표출되는 경우에는 제한을 받는다고 보아야 한다. 대법원과 헌법재판소도 내심적 무한계설을 따르고 있다.

양심의 자유의 보호대상이 내심의 영역에만 한정된다고 보는 경우에 양심의 자유는 그 제한이 불가능한 절대적 기본권이다. 그러나 양심의 자유의 보호대상이 양심의 실현의 자유까지 포함된다고 할 때 양심의 자유는 일정한 제한이 따른다. 즉 양심실현의 자유가 법질서 또는 타인의 권리를 침해하게 될 때 국가안전보장·질서유지 또는 공공복리를 위하여 필요한 경우에 법률로써 제한할 수 있다. 그러나 제한하는 경우에도 그 본질적 내용은 침해(제한)할 수 없는 한계가 있다.

2. 양심의 자유와 법기속의 한계

(1) 양심행위가 단지 헌법상 양심의 자유의 보호영역에 들어간다는 것과 양심의 자유를 기본권으로서 주장할 수 있는 것과는 구별되어야 한다. 즉, 기본권으로 주장할 수 있는 양심행위는 그것이 기본권의 한계를 벗어나지 않은 경우에 한해서 보호된다. 주장하는 양심행위가 다른 헌법적 법익과 충돌할 경우에 그 행위는 제한을 받는다.

두 가지 헌법적 법익이 서로 충돌할 경우에는 어느 하나의 일방적인 희생과 다른 일

방의 보호가 아니라 상호제한을 통한 헌법규범의 조화적 해결방법이 필요하다. 다시 말하면 두 가지 기본권 내지 헌법적 이익이 충돌할 때 상호 간에 있어서 최소한의 제한을 가하고 동시에 상충하는 기본권 모두가 최대한으로 그 기능과 효력을 나타낼 수 있도록 하여 헌법규범의 조화를 도모하는 소위 '규범 조화적 해석방법'이 요청된다. 이때 두 법익의 제한을 가능한 한 최소로 하고 그 보호를 가능한 한 최대로 하는 것이 가장 바람직하다.

이를 위해 독일에서는 '대안식 해결방법'이 제시되고 있다. 예를 들면 독일 기본법상 양심적 집총거부권(제4조 3항)과 병역의무 간 상충관계를 어느 쪽도 희생되지 않게 대체적 민간복무(제12a조)를 부과함으로써 조화로운 해결을 하는 경우이다. 이같이 법률과 양심의 충돌에 대해 입법자가 미리 법적으로 대안을 마련함으로써 국가가 수행해야 할 공적 과제를 이행하면서도 양심의 자유를 보장하게 할 수 있는 것이다. 또 자녀의 생명을 구하는 방법은 수혈뿐인데도 종교적 양심상 자녀에 대한 수혈동의를 할 수 없는 부모에게 후견법원이나 친족회의 동의를 얻어 두 기본권을 모두 보호하는 것은 대안식 해결방법이라고 할 수 있다.

이러한 해결방식은 현행 법률과 개인의 기본권 주장이 충돌할 경우에 우리 헌법상에서도 활용할 수 있는 유용한 방법이 될 수 있는 것이다.

(2) 그러나 이러한 해결방법도 양심의 자유와 관련한 충돌문제를 모두 해결해주지는 않는다. 소위 양심범문제는 양심의 자유를 주장하는 자에게 할 수 있는 방법은 대안식 방법이 아닌 법익형량에 의해서 해결될 수밖에 없다. 즉, 양심범에 있어서 그들이 주장하는 양심이 국가 법질서 내에서 허용할 수 없는 경우에는 이보다 더 큰 법익인 공익을 위하여 개인의 양심이 제한을 받을 수가 있게 된다. 국가는 이들에게 관용을 베풀어 양심의 자유를 인정해주든지 아니면 양심범이 주장하는 양심의 자유를 인정해주지 않는 방식으로의 해결인 법익형량방법이 가능하다 하겠다.

(3) 자신의 양심에 비추어 부정의한 법이나 정책에 대한 불복종행위인 시민불복종은 헌법상 기본권의 하나인 양심의 자유와 연결될 여지가 있다. 양심상 부정의하다고 확신하는 법이나 정책에 대해서 이를 개선할 목적으로 기존의 법을 위반하여 행하는 비폭력적이며 정치적인 항의행위인 시민불복종은 정의감에서 호소하는 양심적 행위라고 할 수 있다.

이처럼 법의 정당성을 추구한다는 점에서 양심의 자유와 시민불복종은 일치하며, 다만 양심의 자유는 개인의 주관적인 권리인 반면 시민불복종은 공동체의 정의관에 합치되어야 하는 공공성, 공익을 추구한다는 면에서 차이가 있다.

또한 양심의 자유는 법적 의무와 실정법내부에 있어서 그 효력이 문제되는 법질서 내의 권리이나 시민불복종은 실정법 내의 법적 의무와 실정법 밖에 있는 양심의 충돌인 법외적인 주장이라는 점에서 차이가 있다.

시민불복종은 그것이 위법임에도 불구하고 불복종자가 자신의 행위가 옳다는 확신을 가지고 말이나 행동이 진지하고 성실하여 거짓됨이 없는 양심적으로 하는 행동이다. 양심은 개인의 고도의 도덕적 가치의 문제로 개인이 양심적으로 행한 행위가 반드시 객관적으로 정당하다거나 어떠한 승인이 반드시 필요한 것은 아니다. 자신의 양심의 법정에 비추어 부정의한 법이나 정책은 자신이 희생을 치르더라도 저항하려는 확신을 가진다. 불복종자는 공동체의 구성원으로서 건전한 사회발전을 위해 항의해야 할 도덕적 의무 수행을 확신하는 것이다. 그런데 불복종자는 그의 양심에 비추어 위법임을 알면서도 의도적으로 법을 위반하는 것이므로 양심적 확신으로 정의를 주장하는 자의 법질서 내에서의 수용에는 한계를 지닐 수밖에 없다.

법치국가에 있어서 국민은 권리를 지님과 동시에 타인과의 공존을 위해 법준수 의무를 지닌다. 정의의 원칙에 현저하게 위배되는 법을 강요하거나 국민의 참가가 원천적으로 봉쇄된 절차 하에서, 불복종자는 양심이 부당하다고 명하는 법규를 위반하고 의도적으로 이에 대한 처벌을 감수함으로써 그 모순을 해결하고자 한다. 이같이 시민불복종은 위법임을 알면서 의도적으로 법위반을 하는 것이므로 이를 법적 논의 안으로 끌어들이는 것은 법치주의를 손상시킬 수 있다. 따라서 시민불복종은 그 행위가 헌법상의 기본권 보호영역에 속하고 기본권 제한규정에 저촉되지 않는 경우에 정당화될 수 있는 가능성이 있다고 보아야 한다.

제2항 종교의 자유

I. 종교의 자유의 연혁과 헌법규정

1. 종교의 자유의 연혁

인간의 유한한 생, 능력의 한계에서 오는 비애와 공포 등으로부터 벗어나기 위해 인간은 절대자인 신에 의지하려고 한다. 그런데 신에 대한 신봉은 항상 자유로운 것이 아니라, 갖가지 탄압이 있고, 특히 정치권력과 결탁된 종교의 타락과 부패는 정치적·사회적으로 많은 문제를 일으켜왔다.

1517년 루터의 종교개혁을 시작으로 1555년 아우그스부르크 종교평화협정, 1948년 베스트팔렌평화협정 등 종교의 자유를 확립하려는 노력이 있었으나 개인의 권리로서의 종교의 자유는 보장되지 못하였다.

종교의 자유가 법적으로 인정된 것은 식민지시대 미국법에서였다. 18세기 말에 와서야 종교의 자유가 헌법에 채택되었고, 오늘날 각국은 헌법에 종교의 자유를 규정하고 있다.

2. 종교의 자유의 헌법규정

제헌헌법 이래 종교의 자유는 양심의 자유와 함께 규정되었다. 그러다가 1962년 제3 공화국헌법에서부터는 종교의 자유를 양심의 자유와 분리하여 규정하고 있다.

헌법 제20조에서는 종교의 자유를 규정하여 종교적 가치판단과 이의 확신을 보장하고, 제19조에서는 신앙의 자유를 제외한 윤리적 가치판단과 이의 확신을 보장하는 양심의 자유를 규정하고 있다. 현행헌법은 제20조에 "① 모든 국민은 종교의 자유를 가진다. ② 국교는 인정되지 아니하며, 종교와 정치는 분리된다"라고 규정하고 있다.

Ⅱ. 종교의 자유의 의의

종교의 자유란 자신이 자유로이 선택한 종교를 자신이 원하는 방법대로 믿을 자유를 말한다.

종교의 자유는 신앙의 자유를 핵심으로 하고 동일한 신앙을 가진 사람들이 공동으로 종교행사를 거행하고, 종교적 단체를 결성하여 선교활동과 교육활동 등을 행할 수 있는 적극적인 자유를 갖는다.

또한 소극적으로 신앙을 갖지 않고 종교적 행사, 선교, 교육활동, 집회, 결사 등에의 참여를 강제당하지 않을 자유를 갖는다.

Ⅲ. 종교의 자유의 법적 성격

종교의 자유는 개인이 신앙의 자유나 종교적 행위의 자유를 국가가 침해하는 경우 이에 대해 방어하는 주관적 공권성을 갖는다.

또한 종교의 자유는 객관적인 민주주의와 법치국가질서의 기본요소로서 작용하여 국가의 종교적 중립성 및 다원적 세계관에 대한 중립성을 가져오게 하는 객관적 가치질서성을 갖는다.

Ⅳ. 종교의 자유의 주체

종교의 자유는 인간의 권리로 그 주체는 모든 자연인이다. 따라서 내국인은 물론 외국인이나 무국적자도 그 주체가 된다.

법인은 원칙적으로 종교의 자유의 주체성은 부인되나 다만 종교적 집회·결사·교육 등 종교적 수단과 관련한 사항의 범위 내에서는 그 주체성이 인정될 수 있다.

V. 종교의 자유의 내용

1. 신앙의 자유

신앙의 자유(Glaubensfreiheit)란 신과 피안의 세계에 대한 내면적 확신을 의미하는 신앙을 갖거나 갖지 않을 자유를 말하며, 이는 종교의 자유의 핵심을 이루는 것이다. 신앙의 자유에는 신앙선택의 자유와 신앙유지의 자유 그리고 신앙을 포기할 자유도 포함된다.

따라서 공무원 등이 공직에 취임할 때에 특정 신앙을 취임조건으로 하거나 특정종교에 대한 선서를 강요해서는 안 된다. 신앙의 자유는 내심의 자유로 어떠한 이유로도 제한할 수 없는 절대적 자유이다.

2. 종교적 행위의 자유

1) 신앙고백의 자유

신앙고백의 자유란 신앙의 자유라는 내심의 영역을 넘어 신앙적 확신을 외부로 표명하거나 신앙에 대해 침묵할 자유를 말한다. 종교의 자유에는 이러한 신앙고백의 자유를 포함한다.

또한 국가나 행정단체가 행정상 필요에 의해서 국민의 종교 실태를 파악하기 위한 조사를 실시하는 경우에 어떠한 강요를 해서는 안 된다.

따라서 개인은 신앙을 고백하거나 신앙고백을 강요당하지 않을 자유를 갖는다.

2) 종교의식의 자유

신앙은 내심의 영역에만 머무는 것이 아니라 내심의 신앙을 기도, 예배, 독경, 예불 등 여러 가지 형태로 외부로 표현하는 종교의식의 자유를 갖는다.

동일한 신앙을 가진 사람들은 공동의 종교의식을 거행하고 이를 통해 신앙을 증진시킨다. 이러한 종교의식의 자유는 종교적 의식을 행하는 것뿐만 아니라, 이를 강요당하지 않을 자유 그리고 방해받지 않을 자유를 포함한다.

3) 선교와 종교교육의 자유

선교의 자유는 자신의 종교적 신앙을 선전하고 전파하는 자유를 말한다. 이에 따라 다른 신앙을 가진 사람에게 개종을 권유하거나 타 종교를 비판할 수 있으며, 또한 종교의 선전에 대하여 국가의 간섭을 받지 않는다.

종교교육의 자유란 가정이나 학교에서 종교적 교리에 기초하여 교육을 할 수 있는 자유를 말한다. 종교교육을 목적으로 설립한 학교에서 특정종교교육을 실시하는 것은 허용되나(대판 87도519; 96다37268), 국·공립학교에서 특종 종교교육은 금지된다. 사립학교라 하더라도 학교선택권이 허용되지 않고 주거지를 요건으로 강제로 배정되어 입학한 경우에 특정종교교육을 강제할 수 없다(대판 2008다38288).

> **❗ 판례** | 종교재단설립 사립대학의 대학예배참석 졸업요건 학칙과 종교의 자유 – 대판 1998.11.10. 96다37268(기각)
>
> 기독교 재단이 설립한 사립대학이 학칙으로 대학예배의 6학기 참석을 졸업요건으로 정한 경우, 위 대학교의 대학예배는 목사에 의한 예배뿐만 아니라 강연이나 드라마 등 다양한 형식을 취하고 있고 학생들에 대하여도 예배시간의 참석만을 졸업의 요건으로 할 뿐 그 태도나 성과 등을 평가하지는 않는 사실 등에 비추어 볼 때, 위 대학교의 예배는 복음 전도나 종교인 양성에 직접적인 목표가 있는 것이 아니고 신앙을 가지지 않을 자유를 침해하지 않는 범위 내에서 학생들에게 종교교육을 함으로써 진리·사랑에 기초한 보편적 교양인을 양성하는 데 목표를 두고 있다고 할 것이므로, **대학예배에의 6학기 참석을 졸업요건으로 정한 위 대학교의 학칙은 헌법상 종교의 자유에 반하는 위헌무효의 학칙이 아니라**고 본 사례

> **❗ 판례** | 종립 사립고교 종교교육의 허용 한계 – 대판 2010.4.22. 2008다38288(기각)
>
> 종립학교가 고등학교 평준화정책에 따라 학생 **자신의 신앙과 무관하게 입학하게 된 학생들을 상대**로 종교적 중립성이 유지된 보편적인 교양으로서의 종교교육의 범위를 넘어서서 학교의 설립이념이 된 특정의 종교교리를 전파하는 종파교육 형태의 종교교육을 실시하는 경우에는 그 종교교육의 구체적인 내용과 정도, 종교교육이 일시적인 것인지 아니면 계속적인 것인지 여부, 학생들에게 그러한 종교교육에 관하여 사전에 충분한 설명을 하고 동의를 구하였는지 여부, 종교교육에 대한 학생들의 태도나 학생들이 불이익이 있을 것을 염려하지 아니하고 자유롭게 대체과목을 선택하거나 종교교육에 참여를 거부할 수 있었는지 여부 등의 구체적인 사정을 종합적으로 고려하여 사회공동체의 건전한 상식과 법감정에 비추어 볼 때 **용인될 수 있는 한계를 초과한 종교교육이라고 보이는 경우에는 위법성을 인정**할 수 있다.

종교학교를 설립하여 종교교육을 하거나 종교지도자를 양성하는 것은 허용되나 종교학교는 교육법 등의 적용을 받는다(헌재 99헌바14; 대판 92도1742; 87도519).

> **판례** | 종교단체 운영 교육기관의 교육법 등 적용과 종교의 자유 – 헌재 2000.3.30. 99헌바14 (합헌, 각하)
>
> 교육법 제85조 제1항 및 학원의설립·운영에관한법률 제6조가 **종교교육을 담당하는 기관들에 대하여 예외적으로 인가 혹은 등록의무를 면제하여 주지 않았다**고 하더라도, 헌법 제31조 제6항이 교육제도에 관한 기본사항을 법률로 입법자가 정하도록 한 취지, 종교교육기관이 자체 내부의 순수한 성직자 양성기관이 아니라 학교 혹은 학원의 형태로 운영될 경우 일반국민들이 받을 수 있는 부실한 교육의 피해의 방지, 현행 법률상 학교 내지 학원의 설립절차가 지나치게 엄격하다고 볼 수 없는 점 등을 고려할 때, 위 조항들이 청구인의 **종교의 자유 등을 침해하였다고 볼 수 없고**, 또한 위 조항들로 인하여 종교교단의 재정적 능력에 따라 학교 내지 학원의 설립상 차별을 초래한다고 해도 거기에는 위와 같은 합리적 이유가 있으므로 평등원칙에 위배된다고 할 수 없다.

4) 종교적 집회·결사의 자유

종교적 집회의 자유란 종교적 목적으로 동일한 신앙을 가진 사람들이 자유롭게 회합할 수 있는 자유를 말하며, 종교적 결사의 자유란 종교적 목적으로 신자들이 결합하여 종교단체를 결성할 수 있는 자유를 말한다. 이에 따라 집회 및 단체의 자유로운 형성, 그리고 이 단체에 참가하고 가입하며 탈퇴하는 자유를 갖는다.

이러한 헌법 제20조가 보장하는 종교적 집회·결사의 자유는 헌법 제21조가 보장하는 일반집회와 결사보다 특별한 보호를 받는 특별법적 지위를 갖는다. 예컨대「집회 및 시위에 관한 법률」은 종교집회에 대해서는 옥외집회 및 시위의 신고제 등의 규정을 적용하지 않는다고 명시하고 있다(법 제15조).

VI. 종교의 자유의 효력

종교의 자유는 신앙적 확신을 형성하거나 종교적 행위를 하는 데 있어서 국가의 간섭이나 침해에 대한 방어권인 대국가적 효력을 갖는다.

또한 종교의 자유는 객관적 법질서로서 사인에 대해서도 효력을 갖는다. 따라서 사인 상호 간의 관계에 있어서도 종교의 자유는 보장된다.

Ⅶ. 종교의 자유의 제한과 한계

종교의 자유 중 신앙의 자유는 내심의 자유로 어떠한 경우에도 제한할 수 없는 절대적 자유권이다.

그러나 종교적 행위의 자유는 그 행위가 외부로 표현되기 때문에 다른 법익과의 충돌을 일으킬 수 있으므로 그 제한이 따르는 상대적 자유권이다. 따라서 국가안전보장·질서유지 등을 침해하는 종교단체나 종교적 행위 등은 법률로써 제한하거나 금지할 수 있다. 즉 사이비종교의 종교적 행사나 비과학적인 방법에 의한 질병치료 등은 금지되며, 종교적 행위가 「집회 및 시위에 관한 법률」이나 「도로교통법」 등에 위배될 경우에는 제한을 받는다. 예컨대 법원은 종교적 신념 때문에 수혈을 거부한 생모에게 유기치사죄를 인정하고(대판 79도1387), 헌법재판소는 사법시험 1차 시험일을 일요일로 정한 것은 종교의 자유를 침해하지 않는다고 보았다(헌재 2000헌마159).

> **⚠ 판례** | 종교적 신념과 수혈거부 – 대판 1980.9.24. 79도1387(기각)
>
> 의사가 권하는 최선의 치료방법인 수혈이라도 하지 않으면 그 환자가 사망할 것이라는 위험이 예견가능한 경우에 아무리 생모라고 할지라도 **자신의 종교적 신념**이나 후유증 발생의 염려만을 이유로 환자에 대하여 의사가 하고자 하는 위의 **수혈을 거부하여 결과적으로 그 환자로 하여금 의학상 필요한 치료도 제대로 받지 못한 채 사망에 이르게 할 수 있는 정당한 권리가 있다고는 할 수 없는 것**이며 그때에 사리를 변식할 지능이 없다고 보아야 마땅할 11세 남짓의 환자 본인이 가사 그 생모와 마찬가지로 위의 수혈을 거부한 일이 있다고 하여도 이것이 피고인의 위와 같은 수혈거부 행위가 위법한 것이라고 판단하는데 어떠한 영향을 미칠만한 사유가 된다고 볼 수는 없으므로 같은 취지에서 피고인의 판시 소위가 유기치사죄에 해당한다고 판단한 원심의 조치에 논지가 지적한 바와 같은 심리 미진, 판단유탈 및 유기치사죄에 대한 법리오해, 치료방법을 선택할 수 있는 자유권의 행사인 정당행위에 관한 법리오해와 종교의 자유를 보장한 헌법위반 등의 위법사유가 있다고 할 수 없다고 판시하였다.

> **⚠ 판례** | 사법시험 응시일과 종교의 자유 – 헌재 2001.9.27. 2000헌마159(기각)
>
> 종교적 행위의 자유는 신앙의 자유와는 달리 절대적 자유가 아니라 질서유지, 공공복리 등을 위하여 제한할 수 있는 것으로서 사법시험 제1차시험과 같은 대규모 응시생들이 응시하는 시험의 경우 그 시험장소는 중·고등학교 건물을 임차하는 것 이외에 특별한 방법이 없고 또한 시험관리를 위한 2,000여 명의 공무원이 동원되어야 하며 일요일 아닌 평일에 시험이 있을 경우 직장인 또는

학생 신분인 사람들은 결근, 결석을 하여야 하고 그밖에 시험당일의 원활한 시험관리에도 상당한 지장이 있는 사정이 있는바, 이러한 사정을 참작한다면 피청구인이 **사법시험 제1차 시험 시행일을 일요일로 정하여 공고한 것**은 국가공무원법 제35조에 의하여 다수 국민의 편의를 위한 것이므로 이로 인하여 청구인의 **종교의 자유가 어느 정도 제한된다 하더라도 이는 공공복리를 위한 부득이한 제한**으로 보아야 할 것이고 그 정도를 보더라도 **비례의 원칙에 벗어난 것으로 볼 수 없고 청구인의 종교의 자유의 본질적 내용을 침해한 것으로 볼 수도 없다.** 또한 기독교 문화를 사회적 배경으로 하고 있는 구미 제국과 달리 우리나라에서는 일요일은 특별한 종교의 종교의식일이 아니라 일반적인 공휴일로 보아야 할 것이고 앞서 본 여러 사정을 참작한다면 사법시험 제1차 시험 시행일을 일요일로 정한 피청구인의 이 사건 공고가 **청구인이 신봉하는 종교를 다른 종교에 비하여 불합리하게 차별대우하는 것으로 볼 수도 없다.**

또한 헌법재판소는 • 미결수용자의 종교행사 참석을 전면 금지하는 행위(헌재 2009헌마527)나 • 미결수용자 및 미지정 수형자의 종교집회 참석을 월 1회(실제 연1회) 보장하는 행위(헌재 2012헌마782)는 위헌으로 보았으나, • 구치소 내 미결수용자 대상 종교행사를 4주 1회, 일요일 아닌 요일 실시 행위(헌재 2013헌마190)는 합헌으로 보았다.

다만, 종교의 자유를 제한하는 경우에도 그 본질적 내용은 침해할 수 없다.

판례 | 미결수용자의 종교행사 등 참석불허 처우 – 헌재 2011.12.29. 2009헌마527(인용(위헌확인)

'형의 집행 및 수용자의 처우에 관한 법률' 제45조는 종교행사 등에의 참석 대상을 "수용자"로 규정하고 있어 수형자와 미결수용자를 구분하고 있지도 아니하고, 무죄추정의 원칙이 적용되는 미결수용자들에 대한 기본권 제한은 징역형 등의 선고를 받아 그 형이 확정된 수형자의 경우보다는 더 완화되어야 할 것임에도, 피청구인이 **수용자 중 미결수용자에 대하여만 일률적으로 종교행사 등에의 참석을 불허한 것**은 미결수용자의 종교의 자유를 나머지 수용자의 종교의 자유보다 더욱 엄격하게 제한한 것이다. 나아가 공범 등이 없는 경우 내지 공범 등이 있는 경우라도 공범이나 동일사건 관련자를 분리하여 종교행사 등에의 참석을 허용하는 등의 방법으로 미결수용자의 기본권을 덜 침해하는 수단이 존재함에도 불구하고 이를 전혀 고려하지 아니하였으므로 이 사건 종교행사 등 참석불허 처우는 침해의 최소성 요건을 충족하였다고 보기 어렵다. 그리고 이 사건 종교행사 등 참석불허 처우로 얻어질 공익의 정도가 무죄추정의 원칙이 적용되는 미결수용자들이 종교행사 등에 참석을 하지 못함으로써 입게 되는 종교의 자유의 제한이라는 불이익에 비하여 결코 크다고 단정하기 어려우므로 법익의 균형성 요건 또한 충족하였다고 할 수 없다. 따라서, 이 사건 종교행사 등 참석불허 처우는 과잉금지원칙을 위반하여 청구인의 **종교의 자유를 침해**하였다.

Ⅷ. 국교금지와 정교분리의 원칙

1. 국교금지와 정교분리의 의의

헌법 제20조 제2항은 "국교는 인정되지 아니하며, 종교와 정치는 분리된다"라고 하여 국교금지와 정교분리의 원칙을 규정하고 있다.

국교금지의 원칙이란 국가가 특정한 종교를 국교로 지정하는 것을 금지한다는 것을 말하며, 정교분리의 원칙이란 국가는 국민의 세속적 생활에 관해 활동하고 종교는 신앙적 생활에 관해 활동하도록 자율에 맡기고 이에 개입하지 않는다는 것이다. 이는 국가나 정치에 대한 종교의 중립과 국가의 모든 종교에 대한 동등한 처우를 위한 원칙으로 종교의 자유에서 파생된 원칙이다.

국가의 조치가 정교분리 위반인지의 여부에 대한 판단은 용이하지가 않는 것으로 미국의 연방대법원은 소위 '레몬 테스트'(목적이 세속적인가, 일차적 효과가 세속적인가, 국가의 종교에 대한 과도한 개입을 초래하는 것인가의 3가지 기준으로 정교분리위반 여부를 판단(Lemon v. Kurtzman, 1971))에 의해 이를 심사해왔다.

2. 국교금지와 정교분리의 내용

1) 국교의 부인

헌법 제20조 제2항에 따라 국교는 인정되지 않는다. 따라서 국가는 특정 종교를 특별히 보호하거나 각종 특권과 특혜를 부여할 수 없다(헌재 2007헌바131 등).

> **❗ 판례** | 종교시설 건축 기반시설부담금 미부과 및 미감경 – 헌재 2010.2.25. 2007헌바131 등 (합헌, 각하)
>
> 종교의 자유에서 종교에 대한 적극적인 우대조치를 요구할 권리가 직접 도출되거나 우대할 국가의 의무가 발생하지 아니한다. 종교시설의 건축행위에만 기반시설부담금을 면제한다면 국가가 종교를 지원하여 종교를 승인하거나 우대하는 것으로 비칠 소지가 있어 헌법 제20조 제2항의 국교금지·정교분리에 위배될 수도 있다고 할 것이므로 **종교시설의 건축행위에 대하여 기반시설부담금 부과를 제외하거나 감경하지 아니하였더라도, 종교의 자유를 침해하는 것이 아니다.**

2) 정교의 상호중립

(1) 종교의 정치간섭금지

정교분리의 원칙에 따라 종교가 정치에 간섭하는 것은 금지된다. 그러나 소속종교단체의 통제나 지시를 받음이 없이 개인적 차원에서 정치활동을 하는 것은 금지되지 않으며, 종교단체가 모든 이익단체나 사회단체와 같이 국민의 정치적 의사형성과정에 참여하는 것 자체를 금지하는 것은 아니다.

(2) 국가의 종교에 대한 간섭금지

국가의 종교에 대한 간섭금지란 국가는 종교에 대하여 중립을 지켜야 한다는 것을 말한다.

가. 국가의 종교교육·종교활동금지

국·공립학교에서 특정한 종교교육을 실시하는 것은 금지된다(교육기본법 제6조 제2항). 그러나 종교학의 강의와 같이 일반적 종교교육은 금지되지 않으며 사립학교에서의 종교교육도 보장된다. 국가나 지방자치단체는 그 소속공무원에 대하여 종교적 행위를 강요할 수 없으며, 국가나 지방자치단체가 행하는 행사를 특정 종교의 의식에 의할 수 없다.

나. 국가의 특정종교우대 또는 차별금지와 종교내부간섭금지

정교분리의 원칙에 의해 국가는 특정종교를 보호하거나 종교에 대한 부당한 대우를 하는 것은 금지된다. 계몽적 차원에서 군종장교에게 특정 종교에 대한 비판적 정보책자를 발행·배포한 행위나(대판 2006다87903), 종교적 건물을 문화재보호 차원에서 지원하고 보호하는 정책은 정교분리원칙 위반이 아니라고 본다.

❗ 판례 | 군종장교의 특정종교 비판적 정보책자 발행·배포 행위와 정교분리원칙 – 대판 2007.4.26. 2006다87903(기각)

공군참모총장이 전 공군을 지휘·감독할 지위에서 수하의 장병들을 상대로 단결심의 함양과 조직의 유지·관리를 위하여 계몽적인 차원에서 군종장교로 하여금 교계에 널리 알려진 **특정 종교에 대한 비판적 정보를 담은 책자를 발행·배포**하게 하였더라도, 특별한 사정이 없는 한 이러한 행위가 **정교분리의 원칙에 반하는 위법한 직무집행에 해당된다고 보기 어렵다**고 할 것이다.

종교법인이 일정한 면세를 받는 것은 내국 공익법인이나 기타 법인에 대한 면세조치의 일환으로 허용되는 것이다(민법 제32조). 또한 국가는 종교단체의 교리나 구성원의 선정, 징계 등 내부문제에 관여할 수 없다.

제3항 언론·출판의 자유

Ⅰ. 언론·출판의 자유의 의의

언론·출판의 자유라 함은 사상이나 의견을 표명하고 전달하는(연설, 담화, 토론, 방송, 음악, 연극, 도서, 문서, 서화, 사진, 조각 등의 방법으로) 자유를 말하며, 오늘날에 와서는 이외에도 알권리·액세스권·언론기관 설립의 자유 등도 포함하는 개념이다. 언론·출판의 자유는 정신적 자유의 핵심이며 모든 민주주의 내용은 언론·출판의 자유 없이는 실현될 수 없다고 할 정도로 중요하다 할 수 있다.

표현의 자유는 언론·출판·집회·결사의 자유를 총칭한다. 여기서 언론·출판의 자유는 개인적 표현의 자유를 칭하는 것으로 집단적 표현의 자유인 집회·결사의 자유와 구별된다.

사상이나 의견을 자유로이 발표하는 것은 인간존엄과 자유로운 인격발현의 요체이며, 민주주의의 필수불가결한 요소이다. 이러한 사상이나 의견의 형성이 가능하려면 국가나 사회로부터 광범위한 정보에 접근할 수 있는 기회가 마련되어야 한다.

Ⅱ. 언론·출판의 자유의 연혁과 헌법규정

1. 연 혁

언론·출판의 자유가 영국에서는 1649년에 인민협정(The Agreement of the People)에서 선언되었고, 1695년 검열법(The Licensing Act)이 폐지되면서 언론·출판의 자유가 확립되었다. 그 후 1776년에 미버지니아권리장전, 1791년의 미연방헌법, 그리고 1789년의 프랑스 인권선언 등에서 언론의 자유가 규정되었고, 그 이후 각국은 헌법에 이를 규정하고 있다. 오늘날에는 1948년의 「세계인권선언」, 1950년의 유럽인권규약, 1966년의 국제인권규약(B규약) 등에서도 언론의 자유를 규정하고 있다.

2. 헌법규정

우리 헌법은 1948년 제헌헌법에 언론·출판의 자유를 최초로 규정하였고, 1960년(제2공화국)헌법에서 "언론·출판에 대한 허가나 검열을 규정할 수 없다"라고 하여 언론·출판의 자유를 절대적으로 보장하고자 하였다. 1962년(제3공화국) 헌법은 언론·출판에 대한 허가나 검열을 금지하면서도 그 한계를 명시하였고, 신문이나 통신의 발행시설기준을 법률로 정하도록 하였다. 1972년의(제4공화국) 헌법에서는 언론·출판에 대한 허가나 검열을 금지하는 조항 등을 모두 삭제함으로써 언론·출판의 자유를 말살하였다. 1980년(제5공화국)헌법은 언론·출판의 자유와 그 내재적 한계를 규정하고, 언론·출판의 공적책임을 규정하였다. 언론기관들을 통·폐합하고 이 헌법규정에 의거하여 1980년 「언론기본법」을 제정·실시하면서 언론을 탄압하였다. 이 법은 반민주적 악법으로 지탄을 받아오다가 1987년 11월 28일에 폐지되었고, 그 후속법이었던 「정기간행물의 등록 등에 관한 법률」도 2005년에 폐지, 2005년 「신문 등의 자유와 기능보장에 관한 법률」로 개정되었다가 2010년 「신문 등의 진흥에 관한 법률」(이하 신문법)로 개정되어 시행되고 있다.

헌법 제21조는 "① 모든 국민은 언론·출판의 자유를 가진다. ② 언론·출판에 대한 허가나 검열제는 인정되지 아니한다. ③ 통신·방송의 시설 기준과 신문의 기능을 보장하기 위하여 필요한 사항은 법률로 정한다. ④ 언론·출판은 타인의 명예나 권리 또는 공중도덕이나 사회윤리를 침해하여서는 아니된다. 언론·출판이 타인의 명예나 권리를 침해한 때에는 피해자는 이에 대한 피해의 배상을 청구할 수 있다"라고 하여 언론·출판의 자유, 언론·출판에 대한 허가·검열제의 금지, 통신·방송의 시설기준 등의 법정주의, 그리고 언론·출판의 한계를 규정하고 있다.

Ⅲ. 언론·출판의 자유의 법적 성격

언론·출판의 자유는 국가의 간섭이나 방해를 받지 않고 자유로이 사상이나 의견을 발표할 수 있는 대국가적 방어권으로 주관적 공권성을 갖는다.

또한 언론·출판의 자유는 민주적 법치국가적 질서의 객관적 법질서성을 갖는다.

언론·출판의 자유는 의사표현의 자유와 알권리 등에서는 주관적 권리의 요소가 보다 강하게 나타나고, 방송·방영의 자유에서는 주관적 요소보다 객관적 요소가 강하게 나타나는 등 그 개별내용에 따라 그 성격이 다르게 나타나기도 한다.

또한 오늘날에는 개인의 인격발현과 정치적 의사형성을 위해서는 널리 정보를 수집하고 청구할 수 있어야 하므로 언론·출판의 자유는 이러한 청구권적 성격을 갖는다.

Ⅳ. 언론·출판의 자유의 주체

언론·출판의 자유는 인간의 권리이기 때문에 내국인은 물론 외국인에게도 보장된다. 단 외국인에게 있어서 정치적 표현의 자유는 일정 범위 내에서 제한될 수 있다.

그리고 법인만이 아니라 권리능력 없는 단체와 정당도 그 주체가 되며, 특히 공법인인 언론매체도 그 주체가 된다.

V. 언론·출판의 자유의 내용

1. 사상·의견을 표명하고 전달할 자유

언론·출판의 자유에는 사상 내지 의견을 표명하고 전달할 자유가 포함된다. 이에는 자기의 사상이나 의견을 적극적으로 표현하는 것뿐만 아니라, 소극적으로 침묵하거나 익명으로 표현하는 자유도 포함된다(헌재 2010헌마47 등).

사상이나 의견의 표현은 언어, 문자, 상형에 의한 방법, 음반, 비디오물, 현수막, 텔레비전, 녹음테이프, 인터넷 그리고 상징적 표현(예 징집카드를 불태우는 행위) 등에 의해서도 가능하다(헌재 91헌바17). 그 밖에 헌법재판소는 광고물(헌재 2000헌마764)이나 상업광고(헌재 2016헌가8 등)도 표현의 자유의 대상으로 보고 있다

따라서 국가는 개인의 의견표명과 전달을 침해할 수 없으며, 국민은 언어·문자·상형 등에 의하여 사상이나 의견을 자유로이 표명할 권리를 가지며, 이는 헌법이나 법률에 의하지 아니하고는 제한될 수 없는 것이다.

---

① 판례 | 언론·출판의 자유의 보호 범위 – 헌재 1993.5.13. 91헌바17(한정위헌)

일반적으로 헌법상의 이 언론·출판의 자유의 내용으로서는, 의사표현·전파의 자유, 정보의 자유, 신문의 자유 및 방송·방영의 자유 등을 들고 있다. 이러한 언론·출판의 자유의 내용 중 의사표현·전파의 자유에 있어서 의사표현 또는 전파의 매개체는 어떠한 형태이건 가능하며 그 제한이 없다. 즉 담화·연설·토론·연극·방송·음악·영화·가요 등과 문서·소설·시가·도화·사진·조각·서화 등 모든 형상의 의사표현 또는 의사전파의 매개체를 포함한다. 그러므로 **음반 및 비디오물**도 의사형성적 작용을 하는 한 의사의 표현·전파의 형식의 하나로 인정되며, 이러한 작용을 하는 음반 및 비디오물의 제작은 **언론·출판의 자유에 의해서도 보호**된다고 할 것이다.

---

① 판례 | 광고물과 표현의 자유 – 헌재 2002.12.18. 2000헌마764(기각)

광고가 단순히 상업적인 상품이나 서비스에 관한 사실을 알리는 경우에도 그 내용이 공익을 포함하는 때에는 헌법 제21조의 표현의 자유에 의하여 보호된다. 헌법은 제21조 제1항에서 "모든 국민은 언론·출판의 자유 ...... 를 가진다"라고 규정하여 현대 자유민주주의의 존립과 발전에 필수불가결한 기본권으로 언론·출판의 자유를 강력하게 보장하고 있는바, **광고물도** 사상·지식·정보 등을 불특정다수인에게 전파하는 것으로서 **언론·출판의 자유에 의한 보호를 받는 대상**이 됨은 물론이다(헌재 1998.2.27. 96헌바2). 뿐만 아니라 국민의 알권리는 국민 누구나가 일반적으로 접근할 수

있는 모든 정보원(情報源)으로부터 정보를 수집할 수 있는 권리로서 정보수집의 수단에는 제한이 없는 권리인 바, 알권리의 정보원으로서 광고를 배제시킬 합리적인 이유가 없음을 고려할 때, 광고는 이러한 관점에서도 표현의 자유에 속한다고 할 것이다.

판례 | 건강기능식품의 기능성광고와 표현의 자유 대상 – 헌재 2018.6.28. 2016헌가8 등(위헌)

현행 헌법상 사전검열은 표현의 자유 보호대상이면 예외 없이 금지된다. 건강기능식품의 기능성광고는 인체의 구조 및 기능에 대하여 보건용도에 유용한 효과를 준다는 기능성 등에 관한 정보를 널리 알려 해당 건강기능식품의 소비를 촉진시키기 위한 상업광고이지만, 헌법 제21조 제1항의 **표현의 자유의 보호 대상**이 됨과 동시에 같은 조 제2항의 사전검열 금지 대상도 된다. 광고의 심의기관이 행정기관인지 여부는 기관의 형식에 의하기보다는 그 실질에 따라 판단되어야 하고, 행정기관의 자의로 개입할 가능성이 열려 있다면 개입 가능성의 존재 자체로 헌법이 금지하는 사전검열이라고 보아야 한다. …… 따라서 **이 사건 건강기능식품 기능성광고 사전심의는 그 검열이 행정권에 의하여 행하여진다 볼 수 있고, 헌법이 금지하는 사전검열에 해당하므로 헌법에 위반된다.**

2. 알권리(정보의 권리)

알권리에 대해서는 항을 달리하여 서술하고자 한다.

3. 액세스권(정보매체접근이용권)

1) 액세스권의 의의 및 성격

액세스권(Right of Access)이란 일반국민이 언론매체에 접근하여 언론매체를 이용할 수 있는 권리를 말한다.

광의의 액세스권은 누구나 자신의 의사를 표현하기 위해 언론매체에 접근하여 이를 이용할 수 있는 권리를 말한다. 이러한 광의의 액세스권은 오늘날 언론기업의 집중화 내지 독점화로 다수 국민의 접근을 배제한 채 일방적으로 정보를 제공하는 데 대하여 국민이 언론기관에 접근, 이용을 통해 여론형성에 참여할 기회를 제공하게 하는 적극적 의의를 갖는 청구권적 성격의 권리이다.

한편 협의의 액세스권은 구체적으로 자기 자신과 관계되는 보도에 대하여 해명 내지 반론의 기회를 요구할 수 있는 권리를 말한다. 이러한 협의의 액세스권은 구체적으로 국민의 침해된 권리를 구제하는 소극적 의의를 갖는 소극적 자유권이다.

2) 액세스권의 근거와 기능

액세스권은 헌법 제21조 제1항 표현의 자유, 제10조 인간의 존엄과 가치, 제17조의 사생활의 비밀과 자유, 제34조 제1항 인간다운 생활을 할 권리 등을 근거로 보장된다고 할 수 있다. 헌법재판소는 반론권으로서 정정보도청구권은 헌법상 인격권에 바탕을 둔다고 보고 있다(헌재 89헌마165).

액세스권은 다수의 국민이 언론매체에 접근하여 민주적 여론형성을 하게 하는 기능을 한다. 또한 액세스권은 해명 내지 반론을 통하여 언론매체를 통제하며 나아가 공정한 보도를 가능하게 하는 기능을 한다.

3) 액세스권의 내용

(1) 광의의 액세스권(광의의 반론권)

광의의 액세스권의 인정범위와 내용은 명확하게 구체화되어 있지는 않다. 언론매체에 대한 액세스권의 제도화가 지나치면 언론의 편집권 침해나 언론보도내용에 대한 독자성을 해칠 여지가 있다. 광고주가 언론기관에 대하여 광고를 게재하고 방영을 요구하는 문제나 광고게재를 거부하는 경우에 대한 기준이 문제가 된다.

방송매체에 대하여 「방송법」은 방송편성을 하는 방송업자에게 시청자의 권리보호를 강화하기 위해 액세스권을 규정하고 있다. 즉, 시청자위원회를 두고 시청자위원회가 방송편성 및 내용에 대한 의견제시나 시정요구를 할 수 있도록 하고 있다(법 제87조~제90조).

(2) 협의의 액세스권(반론권과 해명권)

언론중재법은 협의의 액세스권으로서 정정보도청구권과 반론보도청구권, 그리고 추후보도청구권을 규정하여 언론매체에 의한 권리구제제도를 두고 있다(언론중재 및 피해구제 등에 관한 법률: 약칭: 언론중재법). 언론매체에 의한 명예훼손이나 인권의 침해는 그 피해가 심대하여 이러한 침해에 대해서는 언론매체 스스로가 구제하는 것이 효과적이고, 이는 또한 언론의 책임이라는 견지에서 마련된 것이다.

언론중재법에 의한 정정보도청구권과 반론보도청구권은 오직 사실적 주장에 관한 언론보도에만 적용되고 의견표명에 대해서는 적용되지 않는다.

가. 정정보도청구권

정정보도청구권이란 사실적 주장에 관한 언론보도가 진실하지 아니함으로 인하여 피해를 입은 자가 그 보도내용에 관한 정정보도를 청구할 수 있는 권리를 말한다.

피해자는 당해 언론보도가 있음을 안 날로부터 3월 이내에 언론사에 청구할 수 있으며, 이 청구에는 언론사의 고의·과실이나 위법성을 요하지 않는다.

정정보도청구는 언론사의 대표자에게 서면으로 하여야 하며, 청구서에는 피해자의 성명·주소·전화번호 등의 연락처를 기재하고 정정의 대상인 보도내용 및 정정을 구하는 이유와 청구하는 정정보도문을 명시하여야 한다. 청구서를 받은 언론사의 대표자는 3일 이내에 그 수용여부에 대한 통지를 청구인에게 발송하여야 하고, 언론사에게 그 입증책임이 있다. 그러나 일정한 사유가 있는 경우(피해자가 정정보도청구권을 행사할 정당한 이익이 없는 때, 청구된 정정보도의 내용이 명백히 사실에 반하는 때, 청구된 정정보도의 내용이 명백히 위법한 내용인 때, 상업적인 광고만을 목적으로 하는 때, 청구된 정정보도의 내용이 국가·지방자치단체 또는 공공단체의 공개회의와 법원의 공개재판절차의 사실보도에 관한 것인 때(언론중재법 제15조 제4항))에 언론사는 정정보도청구를 거부할 수 있다.

헌법재판소는 정정보도청구권을 언론보도의 객관성을 향상시켜 제도로서의 언론보장을 충실하게 하는 반론권으로서 해석하고 있다(헌재 89헌마165).

판례 | '사실적 주장에 관한 언론보도가 진실하지 아니함으로 인하여 피해를 입은 자'의 의미 – 대판 2011.9.2. 2009다52649(파기환송)

'사실적 주장에 관한 언론보도가 진실하지 아니함으로 인하여 피해를 입은 자'라고 함은 그 보도 내용에서 지명되거나 그 보도내용과 개별적인 연관성이 있음이 명백히 인정되는 자로서 보도내용이 진실하지 아니함으로 인하여 자기의 인격적 법익이 침해되었음을 이유로 그 보도내용에 대한 정정 보도를 제기할 이익이 있는 자를 가리킨다.

판례 | 정정청구권의 법적 성질 – 헌재 1991.9.16. 89헌마165(합헌)

정기간행물의 등록 등에 관한 법률상의 **정정보도청구권**은 정기간행물의 보도에 의하여 인격권 등의 침해를 받은 피해자가 반론의 게재를 요구할 수 있는 권리, 즉 이른바 "반론권"을 뜻하는 것으로서 헌법상 **보장된 인격권, 사생활의 비밀과 자유에 그 바탕을 둔 것**이며, 나아가 피해자에게 반박의 기회를 허용함으로써 언론보도의 공정성과 객관성을 향상시켜 **제도로서의 언론보장을 더욱 충실하게 할 수도 있다는 뜻도 함께 지닌다.**

나. 반론보도청구권

반론보도청구권이란 정기간행물이나 방송 등 공표된 사실적 주장에 의하여 피해를 입은 자가 발행인이나 방송사업자에게 서면으로 반론보도문을 게재하거나 반론보도를 방송해 줄 것을 청구할 수 있는 권리를 말한다.

반론보도청구권의 헌법상 근거로는 언론·출판이 명예나 권리를 침해한 때 피해배상을 청구할 수 있음을 규정한 제21조 제4항을 들 수 있으며, 언론매체에 의한 인격적 가치에 대한 침해를 받은 자가 기왕의 사실보도에 대한 반박을 하는 권리라는 점에서 인간의 존엄과 가치가 내포된 인격권 또는 사생활의 비밀과 자유를 그 근거로 들 수 있다.

헌법상의 이러한 규정에 따라 언론중재법과 「신문 등의 진흥에 관한 법률」(약칭: 신문법)에 반론보도청구권을 규정하고 있다. 이 청구에는 언론사의 고의·과실이나 위법함을 요하지 아니하며, 보도내용의 진실 여부를 불문한다.

> **판례** | 반론보도청구인이 반론보도청구의 내용이 허위임을 알면서도 하는 반론보도청구 – 대판 2006.11.23. 2004다50747
>
> 반론보도청구인이 스스로 **반론보도청구의 내용이 허위임을 알면서도 청구하는 경우**는 반론보도청구권을 남용하는 것으로 **헌법적 보호 밖에 있는 것이어서 반론보도청구권을 행사할 정당한 이익이 없다**. 반론제도가 본래 반론보도내용의 진실 여부를 요건으로 하지 않는 것이어서 허위반론의 위험을 감수하는 것은 불가피하다 하더라도 반론보도청구인에게 거짓말할 권리까지 부여하는 것은 아니며, 반론보도청구인 스스로 허위임을 인식한 반론보도내용을 게재하는 것은 반론보도청구권이 가지는 피해자의 권리구제라는 주관적 의미나 올바른 여론의 형성이라는 객관적 제도로서의 의미 어느 것에도 기여하지 못하여 반론보도청구권을 인정한 헌법적 취지에도 부합되지 않는 것으로서 이를 정당화할 아무런 이익이 존재하지 아니하는 반면, 이러한 반론으로부터 자유로울 언론기관의 이익은 그만큼 크다고 할 수 있기 때문에 상충하는 이익 사이의 조화로운 해결책을 찾는다면 위와 같이 허위임을 인식한 반론보도청구는 마땅히 배제되어야 한다.

다. 추후보도청구권

추후보도청구권은 방송 또는 정기간행물에 의해 범죄혐의가 있다거나 형사상의 조치를 받았다고 보도 받은 자가 그에 대한 형사절차가 무죄판결 또는 이와 동등한 형태로 종결될 때 그 사실을 안 날로부터 3월 이내 서면으로 그 사실에 관한 추후보도의 방송 또는 추후게재청구를 할 수 있는 권리이다.

이 추후보도에는 청구인의 명예나 권리회복에 필요한 설명 또는 해명이 포함되어야 하며, 특별한 사정이 있는 경우를 제외하고는 정정보도청구권 또는 반론보도청구권의 행사에 영향을 미치지 않는다.

4) 언론기관의 자유

(1) 언론기관 설립의 법정주의

헌법 제21조 제3항은 "통신·방송의 시설기준과 신문의 기능을 보장하기 위하여 필요한 사항은 법률로 정한다"라고 하여 언론기관의 시설기준의 법정주의를 규정하고 있다. 즉 신문법의 등록제, 「방송법」의 허가제, 「잡지 및 정기간행물의 진흥에 관한 법률(약칭: 정기간행물법)」의 등록제, 「뉴스통신 진흥에 관한 법률」(약칭: 뉴스통신법)의 허가제 등이다.

신문을 발행하거나 인터넷신문 또는 인터넷뉴스서비스를 전자적으로 발행하려는 자는 일정사항을 등록관청에 등록하여야 하고(신문법 제9조), 특정인에 대해서는 신문 및 인터넷신문의 대표이사 또는 편집인이 되거나 인터넷뉴스서비스의 책임자가 될 수 없도록 하고 있다(동법 제13조).

지상파방송사업을 하고자 하는 자는 방송통신위원회의 허가를 받아야 하고(방송법 제9조 제1항), 위성방송사업을 하고자 하는 자는 「전파법」으로 정하는 바에 따라 과학기술정보통신부장관의 방송국 허가를 받아야 하고, 종합유선방송사업 또는 중계유선방송사업을 하고자 하는 자는 대통령령으로 정하는 기준에 적합하게 시설과 기술을 갖추어 과학기술정보통신부장관의 허가를 받아야 한다(동법 동조 제2항).

잡지를 발행하고자 하는 자는 대통령령으로 정하는 바에 따라 관할청에 등록하여야 하며(정기간행물법 제15조 제1항), 정보간행물·전자간행물 또는 기타간행물을 발행하려는 자는 대통령령으로 정하는 바에 따라 해당 잡지외 간행물을 발행하는 소재지를 관할하는 시장·군수·구청장에게 필요사항을 신고하여야 한다(동법 제16조 제1항),

뉴스통신사업을 하려는 자는 「전파법」에 따라 무선국의 허가를 받거나 그 밖의 정보통신기술을 이용하여 대통령령으로 정하는 정보통신체제를 갖춘 후 외국의 뉴스통신사와 뉴스통신계약을 체결하고 대통령령으로 정하는 바에 따라 일정 사항을 문화체육관광부장관에게 등록하여야 하며(뉴스통신법 제8조 제1항), 대한민국국민이 아닌 자, 정당당원 등 법에 규정한 일정한 결격사유가 있는 사람은 뉴스통신사업자의 대표이사 또는 편집인이 될 수 없도록 하고 있다(동법 제9조 제1항).

(2) 언론기관의 대외적 자유

언론기관의 대외적 자유로는 신문 등 보도의 자유, 방송·방영의 자유, 취재의 자유 등이 있다. 언론기관의 자유는 국민의 알권리를 충족시키고 여론형성의 기능을 담당하므로 최대한 보장되어야 한다.

가. 보도의 자유(신문의 자유)

신문 등의 보도의 자유에는 신문 등의 배포의 자유도 포함되며, 이에는 사실보도·오락보도·사진보도·광고논평 등 모든 보도에 미친다. 신문 등의 보도의 자유는 비진실 또는 허위를 보도할 자유는 포함되지 않으며, 고의나 중대한 과실로 허위보도를 한 경우에는 보호되지 않는다고 보아야 한다.

헌법재판소는 신문의 자유와 더불어 신문의 공적 기능을 중시하고 있다(헌재 2001헌마605). 불법감청으로 얻은 정보의 보도도 가능한지 문제가 되고 있다(서울고법 2006노1725).

신문의 자유와 산업발전 법적 기반 확충을 위해 일간신문과 뉴스통신의 상호 겸영금지를 폐지하고(일간신문이 뉴스통신, 방송사업 같은 이종 미디어 겸영 헌법불합치결정(헌재 2005헌마165등)), 신문법이 제정되어 대기업의 일반일간신문 소유 등(일반일간신문 경영법인 발행주식 또는 지분의 2분의 1을 초과하여 취득 또는 소유 금지 등)에 대하여 제한규정을 두고 있다.

나. 방송·방영·인터넷의 자유

방송·방영의 자유는 개인의 방송·방영의 자유뿐만 아니라 방송국의 자유이기도 하다. 전파매체나 방송매체의 역할이 증대해가는 오늘날 이러한 방송·방영의 자유는 민주주의 국가에 있어서 사상표현의 자유와 여론형성을 하는데 중요한 역할을 하고 있다. 「방송법」에서도 방송의 자유와 독립을 규정하고 있다(법 제1조).

따라서 언론·출판의 자유의 한 내용을 이루는 방송·방영은 자유이며, 다만 이에 대한 간섭은 방송의 자유나 공정한 대표적 의견형성일 때에만 인정된다 할 것이다.

헌법재판소는 방송의 자유의 제도적 보장으로서의 성격을 강조하고 있다(헌재 2002헌바49). 인터넷은 통신·방송의 속성과 출판매체의 속성을 겸하는 것으로 표현의 자유가 보장되어야 하고(헌재 99헌마480), 그 규제 또한 강조되고 있다.

「정보통신망 이용촉진 및 정보보호 등에 관한 법률」(약칭: 정보통신망법)은 정보통신서비스제공자가 해당서비스 제공시 필요한 접근권한 정보·기능항목·이유 등 고지·동의(동법 제22조의2), 정보통신망을 통해 공개된 정보로 권리침해 받은 자의 정보 삭제 또는 반박내용 게재요청 시 지체 없는 삭제 등의 필요조치(법 제44조의2) 등을 규정하고 있다.

다. 취재의 자유

언론은 정보원에 대하여 자유로이 접근할 권리와 그 취재한 정보를 자유로이 공표할 자유를 갖는다(언론중재법 제3조 제3항).

그러나 취재한 취재원을 공개당하지 않을 권리인 취재원비닉권(취재원진술거부권)의 자유는 법적으로 인정되지 않는다. 하지만 취재원의 비밀이 인정되지 않는다면 자유로운 취재활동이 불가능해질 수 있다. 따라서 취재의 방법이 형법상 저촉(범죄행위 자료 및 정보)되지 않는 이상 취재원비닉권은 인정될 필요가 있다고 본다. 다만, 공공이 이익을 위해 형사재판과 관련하여 제한된 범위 내에서 제한을 받는다고 보아야 한다.

(3) 언론기관의 내부적 자유

언론기관의 내부적 자유로서 편집·편성의 자유가 문제가 된다. 신문법은 신문 및 인터넷신문의 편집의 자유와 독립의 보장을 규정하고 있고(신문법 제4조 제1항), 「방송법」은 방송편성의 자유와 독립의 보장을 규정하고 있다(방송법 제4조 제1항).

신문사업자 및 인터넷신문사업자는 편집인의 자율적인 편집을 보장하여야 하며(신문법 제4조 제2항), 방송사업자는 방송편성책임자를 선임하고, 그 성명을 방송시간 내에 매일 1회 이상 공표하여야 하며, 방송편성책임자의 자율적인 방송편성을 보장하여야 한다(방송법 제4조 제3항). 또한 종합편성 또는 보도에 관한 전문편성을 행하는 방송사업자는 방송프로그램제작의 자율성을 보장하기 위하여 취재 및 제작 종사자의 의견을 들어 방송편성규약을 제정하고 이를 공표하여야 한다(법 동조 제4항).

Ⅵ. 언론·출판의 자유의 효력

언론·출판의 자유는 국가가 언론·출판의 자유를 억제하거나 침해하는 것에 대한 방어권으로서 대국가적 효력을 갖는다.

또한 언론·출판의 자유는 객관적 법질서 요소로서 사인에 대하여도 효력을 갖는다. 언론·출판의 자유는 사인 상호 간의 관계에 있어서도 직접 또는 간접적으로 사인에게 적용된다.

Ⅶ. 언론·출판의 자유의 제한과 한계

언론·출판의 자유는 민주주의의 불가결한 요소이며 그 존립요건이다. 또한 정신적 자유권으로서 고도의 가치를 가지므로 최대한 보장되어야 한다.

그러나 언론·출판의 자유도 무제한의 자유일 수만은 없으며, 이에도 제한이 가해질 수 있다. 하지만 언론·출판의 자유도 그 본질적인 내용은 법률로써 제한할 수 없다.

1. 사전적 제한

언론·출판의 자유를 제한하는 경우에 사전제한이 가능한가가 문제이다. 사전통제는 상대방에게 표현이 도달하기 전에 억제하는 것이므로 사후통제보다 한층 더 유해하다고 할 수 있다. 사전통제로는 허가제와 검열제가 있다.

1) 등록제·신고제

언론·출판의 사전통제와 관련하여 등록이나 신고가 문제가 될 수 있지만 등록이나 신고는 사전검열과 사전허가와는 다른 것으로 허용된다. 그러나 등록요건이 너무 엄격하여 사전허가제와 같은 효과를 가져오는 경우에는 위헌의 문제가 제기될 수 있다(헌재 94헌바15).

헌법재판소는 등록을 요하는 외국비디오물 수입추천제가 사전허가에 해당되는 것으로 보았다(헌재 2004헌가8: 음반·비디오물 및 게임물에 관한 법률 전문개정 시에 완전히 폐지되고 2006년 12월 31일까지만 적용됨).

ⓘ 판례 | 등록제 한계 – 헌재 1996.8.29. 94헌바15(합헌)

영화법은 영화제작업자로 등록하고자 하는 자는 원칙적으로 "법인"이어야 하며 다만 극영화가 아닌 영화를 제작하고자 하는 자는 법인이 아니어도 되도록 규정하고 …… 위 법령조항 등에 정한 예탁금액이 지나치게 많은 경우에는 사실상 영화제작업자의 자유로운 등록을 제한하여 실질적으로 표현의 자유를 직접 또는 간접적으로 침해할 수가 있고, 나아가 헌법에서 금지하는 언론·출판의 허가제에 유사한 제한을 하는 것에 해당하게 된다. 그러나 …… 종합적으로 고려해 볼 때 **영화법상의 등록제도**는 이러한 규제목적을 달성하기 위한 것으로서 **예탁금을 포함한 그 규제의 정도가 표현의 자유를 본질적으로 침해할 정도에 이르렀다고 보기는 어렵다.**

---

2) 허가제와 검열제의 금지

헌법 제21조 제2항은 "언론·출판에 대한 허가나 검열과 집회·결사의 자유에 대한 허가는 인정되지 아니한다"라고 허가제와 검열제를 금지하고 있다.

허가는 일반적으로 금지된 것을 특정한 경우에 한하여 그 금지를 해제하여 주는 행정처분이다. 따라서 언론에 대한 허가제는 언론의 자유를 일단 일반적으로 금지한 후에 특정한 경우에 한하여 그 금지를 해제해주는 것이다. 이는 언론의 자유를 우선 전면적으로 금지하는 것으로 부당하며, 또한 선별적으로 특정한 경우에 한하여 금지를 해제하여 주는 것으로 언론의 자유의 본질적 내용을 침해하는 것으로 금지된다.

검열은 사상이나 의견이 발표되기 이전에 국가기관이 내용을 심사하고 선별하여 이를 사전에 억제하는 제도를 말한다. 검열은 그 명칭이나 형식에 구애됨 없이 실질적 요건을 충족하여야 하며(헌재 2004헌가8), 사전검열금지 원칙은 적용 범위나 대상 및 목적에 맞게 한정하여 적용하여야 한다(헌재 2006헌바75). 국가기관이 자신에게 불리한 내용의 표현을 사전에 억제하는 이러한 검열제는 민주주의국가에서는 어떠한 이유로도 허용될 수 없다.

3) 영화·비디오물에 대한 사전검열

헌법은 영화나 연예에 대한 별도의 규정을 두고 있지 않다. 그래서 헌법 제21조 제2항("언론·출판에 대한 허가나 검열은 인정되지 아니한다")을 근거로 하여 영화와 비디오물에 대해서도 검열제는 금지된다는 해석과 헌법 제21조 제4항("언론·출판은 타인의 명예나 권리 또는 공중도덕이나 사회윤리를 침해해서는 아니 된다")을 근거로 영화와 비디오물에 대하여는 공중도덕과 사회윤리차원에서 사전검열이 가능하다는 해석이 대립될 수 있다.

헌법재판소는 사전검열에 해당하려면 ① 일반적으로 허가를 받기 위한 표현물의 제출의무가 있을 것, ② 행정권이 주체가 된 사전심사절차일 것, ③ 허가를 받지 아니한 의사표현의 금지, ④ 심사절차를 관철할 수 있는 강제수단일 것의 4가지 요건을 들고 있다. 이러한 요건을 갖춘 영상물등급위원회에 의한 비디오물 등급분류보류제도(헌재 2004헌가18)와 외국비디오물 수입추천제도(헌재 2004헌가8)는 사전검열에 해당한다고 판시하고 있다.

> **판례** | 영상물등급위원회에 의한 등급분류보류제의 사전검열 – 헌재 2008.10.30. 2004헌가18 (위헌)
>
> 영상물등급위원회에 의한 등급분류보류는 비디오물 등급분류의 일환으로 유통 전에 비디오물을 제출받아 그 내용을 심사하여 이루어질 뿐 아니라, 영상물등급위원회는 그 위원을 대통령이 위촉하고, 위원회의 운영에 필요한 경비를 국고에서 보조할 수 있으며, 국고 예산 등이 수반되는 사업계획 등은 미리 문화관광부장관과 협의하도록 규정하고 있고, 등급을 분류받지 아니한 비디오물은 유통이 금지되어 등급분류가 보류된 비디오물이나 등급분류를 받지 아니한 비디오물에 대하여 문화관광부장관 등은 관계공무원으로 하여금 이를 수거하여 폐기하게 할 수도 있고 이를 유통 또는 시청에 제공한 자에게는 형벌까지 부과될 수 있으며, 등급분류보류의 횟수제한이 설정되어 있지 않아 무한정 등급분류가 보류될 수 있다. 따라서, **영상물등급위원회는 실질적으로 행정기관인 검열기관에 해당하고, 이에 의한 등급분류보류는 비디오물 유통 이전에 그 내용을 심사하여 허가받지 아니한 것의 발표를 금지하는 제도, 즉 검열에 해당되므로 헌법에 위반된다.**

판례 | 외국비디오물 수입추천제도는 사전허가 – 헌재 2005.2.3. 2004헌가8(위헌)

외국비디오물의 내용이 법 및 영상물등급위원회가 정하는 일정한 기준에 해당하는 경우에는 외국비디오물 수입업자가 자진해서 문제되는 내용을 삭제하거나 수정하지 않는 한 당해 외국비디오물은 원천적으로 국내에서의 유통이 금지될 수 있다. 비록 그 외형적인 형태가 '수입추천'이라고는 하지만, 이는 영상물등급위원회의 추천을 받지 아니하는 한 외국비디오물을 통한 의사표현이 금지되는 것을 의미하므로, 이 사건 법률조항들이 규정하고 있는 **수입추천제도는 실질적으로 허가를 받지 아니한 의사표현의 금지에 해당하는 것으로 평가**할 수 있다.

영화에 대한 사전검열제는 연예활동의 독창성과 창의성을 침해하는 것으로 허용될 수 없다고 할 수 있다. 다만 영화인들이 자율적으로 하는 사전심의는 가능하다고 본다.

4) 납본제도

신문법은 등록한 정기간행물사업자가 정기간행물을 발행하였을 때에는 그 정기간행물 2부를 즉시 등록관청에 납본하도록 규정하고 있다.

정기간행물에 대한 공보처장관에게 하는 납본제도는 등록자가 정기간행물을 자유로이 발행하고 발행 시에 즉시 2부를 납본하도록 하고 있음에 불과한 것으로서 사전검열이 아니라고 보았다. 등록된 정간물의 자유로운 발행과 국가가 정당한 보상을 하고, 발행 후에 정간물의 효율적인 관리와 질서유지의 목적상 필요한 것으로, 과잉금지에 어긋나는 것이라 할 수 없어 사전검열이 아니라고 본다. 다만 정기간행물의 납본을 한 자에게 지체없이 납본필증을 교부하여야 하고, 이를 지연시키거나 납본필증 없이 배포하였다는 이유로 그에 대한 제재를 가한다면 이는 사전검열에 해당되는 조치로서 위헌적인 공권력 행사가 된다(헌재 90헌바26).

 판례 | 납본제도와 사전검열 – 헌재 1992.6.26. 90헌바26(합헌)

헌법재판소는 정간법 제10조 제1항은 "제7조 제1항의 규정에 의하여 등록한 자가 정기간행물을 발행하였을 때에는 대통령령이 정하는 바에 따라 그 정기간행물 2부를 즉시 공보처장관에게 납본하여야 한다."라고 규정하고 있다. 따라서 등록한 정간물은 자유로이 발행할 수 있으며 다만 발행한 후에 그 정간물 2부를 납본하도록 하고 있음에 불과하다. 즉 정간물이 외부에 공개 내지 배포되기 이전에 그 표현내용을 심사하여 그 발행금지 내지 어떤 제한이나 제재가 가해지는 것은 아니다. 결국 **발행된 정간물을 공보처에 납본하는 것은 그 정간물의 내용을 심사하여 이를 공개 내지 배포하는데 대한 허가나 금지와는 전혀 관계없는 것으로서 사전검열이라고 볼 수 없다.**

2. 사후적 제한과 제한기준

1) 사후적 제한

(1) 개별적 헌법유보에 의한 제한

헌법 제21조 제4항은 "언론·출판은 타인의 명예나 권리 또는 공중도덕이나 사회윤리를 침해하여서는 아니된다. 언론·출판이 타인의 명예나 권리를 침해한 때에는 피해자는 이에 대한 피해의 배상을 청구할 수 있다"라고 하여 헌법적 한계를 규정하고 있다.

이에 따라 타인의 명예나 권리 또는 공중도덕이나 사회윤리는 언론·출판의 자유에 대한 헌법상 제한요건이며, 언론·출판의 자유가 인격권 등 다른 기본권과 충돌할 경우 해결을 위한 판단기준이 된다.

(2) 일반적 법률유보에 의한 제한

언론·출판의 자유는 헌법 제37조 제2항의 기본권제한의 일반원칙에 따라 법률로써 제한할 수 있다. 즉 언론·출판의 자유는 국가안전보장·질서유지 또는 공공복리를 위하여 필요한 경우에 한하여 법률로써 제한할 수 있다.

주로 국가안전보장을 위해서 언론·출판의 자유를 제한하는 경우는 국가안전보장의 법익과 언론·출판의 자유가 어느 정도까지 조화를 이룰 수 있느냐의 문제가 될 것이며, 질서유지나 공공복리를 위해 언론·출판의 자유를 제한하는 경우에는 주로 공익과의 조화가 문제된다.

그밖에 언론·출판의 자유를 제한하는 법률로는 형법, 「국가보안법」, 「군사기밀보호법」, 「계엄법」, 「옥외광고물 등의 관리와 옥외광고산업 진흥에 관한 법률」, 「관세법」 등이 있다.

(3) 긴급명령과 비상계엄에 의한 제한

헌법 제76조에 따라 대통령은 긴급명령을 발할 수 있고 이 긴급명령에 의해 언론의 자유는 제한될 수 있다.

또한 헌법 제77조 제3항에 따라 비상계엄이 선포되면 법률이 정하는 바에 의하여 언론·출판의 자유에 대한 특별한 조치를 할 수 있다.

(4) 특수신분관계에 의한 제한

특수신분관계에 있는 경우에 있어서도 법적 근거가 없는 한 언론의 자유는 제한될 수 없다. 그러나 특수신분관계에 있는 자는 일반국민과 달리 언론의 자유에 많은 제한을 받을 수 있다.

예컨대 공무원의 직무상 지득한 비밀누설금지(형법), 그 외 의사표현의 자유가 「국가

공무원법」, 「지방공무원법」, 「국가정보원직원법」 등에서 제한되고 있다.

2) 사후적 제한기준

(1) 이중기준의 원칙

언론·출판의 자유 등 정신적 자유권은 경제적 자유권보다 우월성을 지닌 자유로 보는 원칙이다. 즉, 정신적 자유권은 인격적 가치와 직결되는 것으로 그 제한에는 경제적 기본권의 제한기준인 합리성기준보다 더 엄격한 기준을 적용해야 한다는 것이다.

상업적 광고가 영업의 자유에 속하는 것인가 혹은 표현의 자유에 속하는 것인가에 대한 논란이 있는데, 헌법재판소는 이를 표현의 자유의 대상으로 보고 있다. 이중기준의 원칙에 의할 때 상업적 광고는 정치적 표현의 자유보다는 약한 보호를 받는다고 보아야 하며 규제의 심사기준도 완화된 심사기준을 적용하여야 할 것이다.

(2) 명확성의 원칙(막연무효의 원칙)

언론·출판의 자유를 제한하는 법률규정은 명확해야 한다. 언론·출판의 자유를 제한하는 법률의 규정이나 용어가 불명확할 경우에는 '막연하기 때문에 무효'이다. 법률규정이나 용어가 불확정개념으로 그 의미를 추정할 수밖에 없는 경우에는 제한대상에 대한 사전고지가 없는 것으로 위헌무효이다.

(3) 명백·현존하는 위험의 원칙

언론·출판이 국가기밀의 누설이나 타인의 명예 등을 침해하려고 하는 경우에 이를 제한할 수 있는가에 대하여 위험이 명백하고 현존(clear and present Danger)하는 때에 그 제한이 가능하다는 원칙이다.

언론·출판의 자유를 제한하려고 할 때에 언론이 공공의 이익에 중대한 해악을 발생시킬 개연성이 있고, 언론과 해악발생 사이에 밀접한 인과관계가 있고, 위험발생이 절박한 경우에 다른 수단에 의해서는 이를 방지할 수 없는 경우 언론을 제한하는 것이 정당화된다는 이론으로 미국판례를 통해 정립된 원칙이다(Schenck v. U.S. 249 U.S. 47(1919); Thornhill v. Alabama, 310 U.S. 88(1940)).

(4) 기 타

그밖에 언론·출판의 자유를 제한함에도 법익을 형량하여 언론·출판의 자유라는 법익보다 더 큰 공익을 위하여 필요한 경우에 한하여 허용되는 법익형량이론 기준이 있다.

3) 제한의 한계

언론·출판의 자유의 제한이 필요한 경우에도 덜 제한적인 방법에 의해야 한다는 과잉금지원칙이 지켜져야 한다. 즉 언론·출판의 자유를 제한하는 경우에도 과잉금지의 원칙에 따라 최소한의 제한만이 행해져야 하며, 이러한 제한도 궁극적으로는 언론·출판의 자유와 제한법익 사이에 양 법익을 최대한으로 실현시킬 수 있는 방향으로 결정되어야 하는 것이다.

그러나 언론·출판의 자유를 제한하는 경우에도 그 본질적 내용은 침해할 수 없다.

Ⅷ. 언론·출판의 자유의 침해와 구제

(1) 국가 권력이 사인 또는 언론기관의 언론·출판의 자유를 침해한 경우에는 청원권, 손실보상청구권, 국가배상청구권 그리고 재판의 청구 등을 통해 구제받을 수 있다.

(2) 언론기관이나 사인에 의하여 개인의 언론·출판의 자유가 침해된 경우에는 헌법상 규정을 근거로 직접 구제받을 수 있다. 헌법 제21조 제4항은 "언론·출판은 타인의 명예나 권리 또는 공중도덕이나 사회윤리를 침해해서는 아니된다. 언론·출판이 타인의 명예나 권리를 침해한 때에는 피해자는 이에 대한 피해의 배상을 청구할 수 있다"라고 규정하여 언론·출판의 사후책임을 명시하고 있다.

우선 언론·출판이 명예훼손이나 사생활의 자유와 비밀 등을 침해할 경우 해결문제가 논의된다. 사실 또는 허위의 사실을 적시하여 공연히 명예를 훼손하거나 비방할 목적으로 출판물 등에 의하여 명예를 훼손할 경우 처벌되며(형법 제307조, 제309조, 제312조 제2항), 고의 또는 과실로 타인의 명예를 훼손할 경우에 불법행위로 손해배상책임을 진다(민법 제750조, 제751조).

그러나 타인의 명예를 훼손한 언론·출판이라 하더라도 "진실한 사실로서 오로지 공공의 이익에 관한 것인 때에는 처벌하지 아니한다"(형법 제310조)고 하여 위법성이 없다고 본다(대판 85다카29). 정보통신망법은 사이버명예훼손을 처벌한다(동법 제70조).

! 판례 | 표현의 자유와 명예훼손 - 대판 1988.10.11. 85다카29(기각)

　표현의 자유는 민주정치에 있어 최대한의 보장을 받아야 하지만 그에 못지않게 개인의 명예나 사생활의 자유와 비밀 등 사적 법익도 보호되어야 할 것이므로, 인격권으로서의 개인의 명예의 보호와 표현의 자유의 보장이라는 두 법익이 충돌하였을 때 그 조정을 어떻게 할 것인지는 구체적인 경우에 사회적인 여러 가지 이익을 비교하여 표현의 자유로 얻어지는 이익, 가치와 인격권의 보호에 의하여 달성되는 가치를 형량하여 그 규제의 폭과 방법을 정하여야 한다.
　나. 형사상이나 민사상으로 타인의 명예를 훼손하는 행위를 한 경우에도 그것이 **공공의 이해에 관한 사항으로서 그 목적이 오로지 공공의 이익을 위한 것일 때에는 진실한 사실이라는 증명이 있으면 위 행위에 위법성이 없으며 또한 그 증명이 없더라도 행위자가 그것을 진실이라고 믿을 상당한 이유가 있는 경우에는 위법성이 없다.**

　　언론·출판의 자유와 명예훼손 사이의 한계 설정 기준은 그 표현 내용이 공적인 영역인지 사적인 영역인지, 공직자인지, 사인인지에 따라 달라질 수 있다(헌재 2009헌마747). 그 표현이 공적인 의미를 갖는 경우나 국가기관 관련 업무수행을 하는 공직자의 공무집행과 관련한 경우에 언론·출판의 자유에 대한 제한이 완화되어야 한다(대판 2010도17237).

! 판례 | 공적 인물의 공적 관심 사안에 대한 표현의 자유와 명예의 보호의 헌법적 평가기준 - 헌재 2013.12.26. 2009헌마747(인용(취소))

　표현의 자유와 명예의 보호는 인간의 존엄과 가치, 행복을 추구하는 기초가 되고 민주주의의 근간이 되는 기본권이므로, 이 두 기본권을 비교형량하여 어느 쪽이 우위에 서는지를 가리는 것은 헌법적 평가 문제에 속한다. 명예훼손적 표현의 피해자가 공적 인물인지 아니면 사인인지, 그 표현이 공적인 관심 사안에 관한 것인지 순수한 사적인 영역에 속하는 사안인지의 여부에 따라 헌법적 심사기준에는 차이가 있어야 하고, **공적 인물의 공적 활동에 대한 명예훼손적 표현은 그 제한이 더 완화되어야 한다.** 다만, 공인 내지 공적인 관심 사안에 관한 표현이라 할지라도 일상적인 수준으로 허용되는 과장의 범위를 넘어서는 명백한 허위사실로서 개인에 대한 악의적이거나 현저히 상당성을 잃은 공격은 제한될 수 있어야 한다.
　2.공직자의 공무집행과 직접적인 관련이 없는 개인적인 사생활에 관한 사실이라도 일정한 경우 공적인 관심 사안에 해당할 수 있다. 공직자의 자질·도덕성·청렴성에 관한 사실은 그 내용이 개인적인 사생활에 관한 것이라 할지라도 순수한 사생활의 영역에 있다고 보기 어렵다. 이러한 사실은 공직자 등의 사회적 활동에 대한 비판 내지 평가의 한 자료가 될 수 있고, 업무집행의 내용에 따라서는 업무와 관련이 있을 수도 있으므로, 이에 대한 문제제기 내지 비판은 허용되어야 한다.

> **! 판례** | 공적사안, 공적 업무수행에 관여한 공직자와 언론보도의 명예훼손죄 – 대판 2011.9.2. 2010도17237(기각)
>
> 언론보도로 인한 명예훼손이 문제되는 경우에는 그 보도로 인한 피해자가 공적인 존재인지 사적인 존재인지, 그 보도가 공적인 관심사안에 관한 것인지 순수한 사적인 영역에 속하는 사안에 관한 것인지, 그 보도가 객관적으로 국민이 알아야 할 공공성, 사회성을 갖춘 사안에 관한 것으로 여론형성이나 공개토론에 기여하는 것인지 아닌지 등을 따져보아 공적 존재에 대한 공적 관심사안과 사적인 영역에 속하는 사안 간 심사기준에 차이를 두어야 하는데, 당해 표현이 사적인 영역에 속하는 사안에 관한 것인 경우에는 언론의 자유보다 명예의 보호라는 인격권이 우선할 수 있으나, **공공적·사회적인 의미를 가진 사안에 관한 것인 경우에는 그 평가를 달리하여야 하고 언론의 자유에 대한 제한이 완화**되어야 한다. 특히 정부 또는 국가기관의 정책결정이나 업무수행과 관련된 사항은 항상 국민의 감시와 비판의 대상이 되어야 하고, 이러한 감시와 비판은 이를 주요 임무로 하는 언론보도의 자유가 충분히 보장될 때 비로소 정상적으로 수행될 수 있으며, 정부 또는 국가기관은 형법상 명예훼손죄의 피해자가 될 수 없으므로, 정부 또는 국가기관의 정책결정 또는 업무수행과 관련된 사항을 주된 내용으로 하는 언론보도로 인하여 그 **정책결정이나 업무수행에 관여한 공직자**에 대한 사회적 평가가 다소 저하될 수 있더라도, 그 **보도의 내용이 공직자 개인에 대한 악의적이거나 심히 경솔한 공격으로서 현저히 상당성을 잃은 것으로 평가되지 않는 한, 그 보도로 인하여 곧바로 공직자 개인에 대한 명예훼손이 된다고 할 수 없다.**

(3) 다음으로, 타인의 권리, 공중도덕이나 사회윤리를 제한의 근거로 규정하는 것은 헌법상 법률유보조항이 존재하므로 이를 규정할 필요가 없다는 비판이 제기되고 있다.

또한 개념들에 대한 불명확성으로 인해 논란이 되고 있다.

특히 언론출판이 허용하는 음란표현 개념에 대한 문제이다. 음란표현도 헌법 제21조 언론·출판의 자유 내용에 포함되며 헌법 제37조 제2항에 의하여 제한될 수 있는 것이다 (헌재 2006헌바109). 형법은 음란한 문서, 도화, 필름 기타 물건을 반포, 판매 또는 임대하거나 공연히 전시 또는 상영한 자(법 제243조), 위 목적으로 음란한 물건을 제조, 소지, 수입 또는 수출한 자(법 제244조) 또는 공연히 음란한 행위를 한 자(법 제245조)를 규정하여 처벌하고 있고, 정기간행물법은 '음란한 내용의 정기간행물을 발행하여 공중도덕이나 사회 윤리를 현저하게 침해한 때'에 등록·신고관청은 해당 정기간행물의 발행정지나 정기간행물의 등록 및 신고의 취소심판을 법원에 청구할 수 있도록 규정하고 있다(법 제24조 제2항 제3호).

음란이란 보통인의 정상적인 성적 수치심을 해하고 선량한 성적 도의관념에 반하는 것을 말한다. 이러한 음란성 판단은 성에 대한 묘사서술의 정도와 그 수법, 묘사서술과의 관련성, 예술성, 사상성 등에 의한 성적 자극의 완화 정도 등 여러 점을 검토하여 이들 사정을 종합적으로 고려하여야 한다(대판 94도2413).

⚠ 판례 | 음란한 문서의 개념과 음란성의 판단기준 – 대판 1995.6.16. 94도2413(기각)

형법 제243조의 음화 등의 반포 등죄 및 형법 제244조의 음화 등의 제조 등 죄에 규정한 음란한 문서라 함은 일반 보통인의 성욕을 자극하여 성적 흥분을 유발하고 정상적인 성적 수치심을 해하여 성적 도의관념에 반하는 것을 가리키고, 문서의 음란성의 판단에 있어서는 당해 문서의 성에 관한 노골적이고 상세한 묘사 서술의 정도와 그 수법, 묘사 서술이 문서 전체에서 차지하는 비중, 문서에 표현된 사상 등과 묘사 서술과의 관련성, 문서의 구성이나 전개 또는 예술성 사상성 등에 의한 성적 자극의 완화의 정도, 이들의 관점으로부터 당해 문서를 전체로서 보았을 때 주로 독자의 호색적 흥미를 돋우는 것으로 인정되느냐의 여부 등의 여러 점을 검토하는 것이 필요하고, 이들의 사정을 종합하여 **그 시대의 건전한 사회통념에 비추어 그것이 공연히 성욕을 흥분 또는 자극시키고 또한 보통인의 정상적인 성적 수치심을 해하고, 선량한 성적 도의관념에 반하는 것이라고 할 수 있는가의 여부에 따라 결정**되어야 한다.

⚠ 판례 | '음란' 개념 – 헌재 2009.5.28. 2006헌바109 등(합헌, 각하)

(1) '음란'의 사전적 의미는 '사람 또는 그 행동이 성(性)에 대해 삼가지 않고 난잡한 경우나 책·그림·사진·영화 등이 그 내용에 있어서 성(性)을 노골적으로 다루고 있어 난잡한 것'으로서, 음란물은 선량한 풍속을 해한다거나 그 사회의 도덕성을 훼손한다는 것을 주된 이유로 하여 오래 전부터 규제의 대상이 되어 왔다. 그런데 **'음란'이란 개념 자체가 사회와 시대적 변화에 따라 변동하는 상대적, 유동적인 것이고 그 시대에 있어서 사회의 풍속, 윤리, 종교 등과도 밀접한 관계를 가지는 것**이며(대법원 1997.12.26. 선고 97누11287 판결), 인터넷은 진입장벽이 낮고 표현의 쌍방향성이 보장되는 등의 장점으로 오늘날 가장 거대하고 주요한 표현매체의 하나로 자리를 굳혔고, 이와 같은 표현매체에 관한 기술의 발달은 표현의 자유의 장을 넓히고 질적 변화를 야기하고 있으므로, **계속 변화하는 이 분야에서의 규제 수단 또한, 헌법의 틀 내에서 다채롭고 새롭게 강구되어야 할 것이다**(헌재 2002.6.27. 99헌마480 참조).

(2) 그리하여 우리 재판소는 '출판사 및 인쇄소의 등록에 관한 법률' 제5조의2 제5호 등에 대한 위헌제청 사건에서 위 법률조항의 '음란' 개념에 대하여 "**음란이란 인간존엄 내지 인간성을 왜곡하는 노골적이고 적나라한 성표현으로서 오로지 성적 흥미에만 호소할 뿐 전체적으로 보아 하등의 문학적, 예술적, 과학적 또는 정치적 가치를 지니지 않은 것**"이라고 규정한 바 있다(헌재 1998.4.30. 95헌가16).

---

(4) 신문법에는 언론에 의한 침해로 인한 피해에 대한 구제제도로 반론보도청구권을

규정하고 있고, 언론중재법에는 이외에도 추후보도청구권과 민법 제764조에 의해 인정되는 정정보도청구권을 규정하고 있다.

신문법은 정기간행물과 인터넷신문의 사회적 책임에 관해 규정하고 있다. 즉 정기간행물과 인터넷신문은 인간의 존엄과 가치 및 민주적 기본질서의 존중, 국민의 화합과 조화로운 국가의 발전 및 민주적 여론형성과 다양한 의견의 균형 있는 수렴, 지역 간·세대 간·계층 간·성별 간 갈등 조장 금지와 국민의 알권리와 표현의 자유의 신장, 타인의 명예훼손과 권리침해금지, 범죄 및 부도덕한 행위나 사행심 조장 금지, 음란·퇴폐 또는 폭력조장 금지 등을 규정하고 있다.

또한 정기간행물 보도는 공정하고 객관적이어야 하고, 성별·연령 등의 이유로 편집에 불합리한 차별의 금지, 상대적 소수, 이익추구의 실현에 불리한 집단이나 계층이익의 충실한 반영노력, 지역사회의 균형있는 발전과 민족문화의 창달, 의견의 균등한 기회제공노력, 정치적 이해당사자 보도의 균형성 유지의 의무를 규정하고 있다.

정정보도청구권은 보도가 있음을 안 날로부터 3월 이내, 보도가 있은 후 6월 이내에 언론사에 정정보도를 청구할 수 있다. 추후보도청구권은 형사절차가 무죄판결 또는 이와 동등한 형태로 종결된 때에 그 사실을 안 날로부터 3월 이내에 언론사에 이 사실에 관한 추후보도를 청구할 수 있다. 정정보도청구권과 반론보도청구권은 언론기관의 고의·과실이나 위법성을 요하지 않는다.

(5) 언론중재위원회는 정정보도청구 등 또는 손해배상에 관한 분쟁이 있는 경우에 당사자(피해자 또는 언론사)는 중재위원회에 조정을 신청할 수 있고(언론중재법 제18조), 중재부의 종국적 결정에 따르기로 합의하고 중재를 신청할 수 있다(법 제24조)

(6) 또한 언론·출판이 개인의 권익을 침해한 경우에는 당연히 민법상 불법행위의 법리에 의해 구제받을 수 있다. 명예훼손의 경우에 민법 제764조에서는 "명예회복에 적당한 처분을 명할 수 있다"라는 규정을 두고 있다. 그러나 이러한 방법으로 행해온 사죄광고의 강제가 위헌이라는 헌법재판소의 결정에 따라 판결문을 공시하는 것으로 대치되었다.

제3-2항 알권리

I. 알권리의 의의

알권리란 모든 정보원으로부터 일반적으로 정보를 받아들이고, 취사·선택하고, 수집할 수 있는 권리를 말한다.

이는 개인에게는 공공기관이나 사회단체 등에 대하여 정보공개를 요구할 수 있는 권리를 의미하고, 언론기관에게는 정보공개 외에 그에 관한 취재의 자유를 의미한다. 알권리는 정보사회의 진전에 따른 정보체계의 발달, 변화와 맥락을 같이하며 이와 직접적 관련성을 가지므로 흔히 정보의 자유와 동일한 의미로 이해되고 있다.

알권리는 사상 또는 자유로운 의사표명의 전제인 자유로운 의사형성을 위해서는 정보에의 접근이 보장됨으로써 가능하다. 특히 국가나 거대 언론기관에 의해 정보가 집중되고 독점관리되고 있는 상황에서 알권리는 국민이 일방적으로 정보를 수령하는 수동적 주체로 전락하는 위험을 극복하고, 정보수집의 능동적 주체가 가능하게 한다.

또한 민주국가에서는 자유로운 정보수집을 바탕으로 하지 않고는 진정한 여론의 기능을 발휘할 수 없다는 점에서 알권리는 민주주의와 불가분의 관계에 있다.

II. 알권리의 헌법적 근거

독일기본법과 「세계인권선언」은 알권리를 명문으로 규정하고 있지만 우리 헌법에는 명문규정이 없다. 그러나 알권리는 헌법적 가치를 가지는 것으로 이해하여야 하며, 알권리의 헌법적 근거는 헌법 제21조 제1항 표현의 자유와 제1조의 국민주권주의, 제10조의 인간의 존엄성 존중과 행복추구권, 제34조 제1항의 인간다운 생활을 할 권리 등에서 찾을 수 있다.

또한 이러한 헌법규정을 근거로 도출되는 알권리로부터 개인은 공공기관이 보유하는 자신의 정보를 수집하기 위해 정보공개를 청구할 수 있다.

국민의 알권리를 보장하고 국정운영의 투명성을 확보하기 위해 「공공기관의 정보공개에 관한 법률」(1996.12.31. 제정)이 제정·시행되고 있다.

> ⓘ **판례** | 알권리로부터 파생되는 정보공개청구권 – 헌재 2004.12.16. 2002헌마579(각하)
>
> **알 권리에서 파생되는 정부의 공개의무**는 특별한 사정이 없는 한 국민의 적극적인 정보수집행위, 특히 특정의 정보에 대한 공개청구가 있는 경우에야 비로소 존재하므로, **정보공개청구가 없었던 경우** 대한민국과 중화인민공화국이 2000.7.31. 체결한 양국 간 마늘교역에 관한 합의서 및 그 부속서 중 '2003.1.1.부터 한국의 민간기업이 자유롭게 마늘을 수입할 수 있다'는 부분을 **사전에 마늘 재배농가들에게 공개할 정부의 의무는 인정되지 아니한다.**

Ⅲ. 알권리의 법적 성격

알권리는 국민이 정보에 접근·수집·처리하고 언론기관이 취재활동을 하는 경우 국가권력의 억제와 방해를 받지 않을 자유권적 성격과 의사형성이나 여론형성을 위해 필요한 정보를 적극적으로 청구할 수 있는 청구권적 성격을 지닌다.

또한 나아가서 알권리는 고도의 정보사회로의 이행으로 생활권적 성질도 갖는다(헌재 90헌마133).

따라서 알권리는 여러 가지 권리를 공유하는 복합적 성격을 지닌 권리라 하겠다.

> **⚠ 판례** | 알권리의 법적 성격 – 헌재 1991.5.13. 90헌마133(인용(취소))
>
> **"알권리"**는 표현의 자유와 표리일체의 관계에 있으며 자유권적 성질과 청구권적 성질을 공유하는 것이다. **자유권적 성질**은 일반적으로 정보에 접근하고 수집·처리함에 있어서 국가권력의 방해를 받지 아니한다는 것을 말하며, **청구권적 성질**을 의사형성이나 여론 형성에 필요한 정보를 적극적으로 수집하고 수집을 방해하는 방해제거를 청구할 수 있다는 것을 의미하는 바 이는 정보수집권 또는 정보공개청구권으로 나타난다. 나아가 현대 사회가 고도의 정보화사회로 이행해감에 따라 "알 권리"는 한편으로 **생활권적 성질**까지도 획득해 나가고 있다. 이러한 "알권리"는 표현의 자유에 당연히 포함되는 것으로 보아야 하며 인권에 관한 세계선언 제19조도 "알권리"를 명시적으로 보장하고 있다.

Ⅳ. 알권리의 내용

언론·출판의 자유는 알권리(정보의 자유)를 그 내용으로 한다. 알권리는 의사표현에 대하여 받아들이는 쪽의 자유이다. 내어보내는 쪽의 자유인 의견 또는 사상표현과 전달의 자유 및 이러한 받아들이는 쪽의 자유인 알권리가 모두 보장될 때 의사형성과 상호적인 관계가 형성될 수 있다.

알권리는 정보를 수집할 수 있는 권리로 정보의 수집수단은 보고, 듣고, 읽는 것 이외 그 밖의 모든 방법을 포함하는 것으로 해석되지만 볼 권리, 들을 권리, 읽을 권리 등을 그 주된 내용으로 한다.

알권리는 제공되는 정보를 수령하고 수집하는 데서 나아가 자신의 정보를 적극적으로 수집하는 권리를 가진다. 개인은 적극적으로 자신의 정보를 청구할 수 있고 이를 통하여 개인의 알권리가 구현되게 된다.

더 나아가 알권리는 공공기관이 보유하고 있는 자신의 정보에의 접근과 이용을 통한 자기정보통제권까지 연계되는 권리라 하겠다.

V. 알권리의 제한과 한계

민주국가는 자유로운 정보를 바탕으로 의사형성이 가능하므로, 민주주의국가에서 정보는 특단의 사정이 없는 한 최대한 공개되어야 한다. 따라서 국민에게 전혀 정보를 공개하지 않는 것은 정보의 자유를 침해하는 위헌적인 것이다.

그러나 국가가 모든 정보를 공개해야 되는 것은 물론 아니며, 알권리도 국가의 안전이나 국방 또는 외교관계에 중대한 이익을 해할 우려가 있는 경우라든가 국민의 생명, 신체 등에 중대한 지장을 초래하는 경우에는 제한될 수 있고, 이러한 경우에 정보는 공개되지 않는다.

그런데 국민의 알권리는 국가이익이나 국가기밀 등과의 관계에서 어떤 경우에 어느 정도로 제한할 수 있는가가 문제가 된다. 국가이익이나 국가기밀이라는 개념이 추상적이고 이에 대한 판단은 정부의 재량사항이라 할 수 있으므로 알권리에 큰 제약요인으로 작용할 수 있다.

요컨대 민주주의국가에서 정보의 공개는 당연한 원칙이지만 그 공개의 개관, 대상, 범위, 절차 등과 알권리에 대한 제한은 비례의 원칙이나 이익형량의 원칙이 충분히 고려되어야 할 것이다.

> **(!) 판례** | 알권리의 보장 범위와 한계 – 헌재 1991.5.13. 90헌마133(인용(취소))
>
> **"알권리"의 보장의 범위와 한계**는 헌법 제21조 제4항, 제37조 제2항에 의해 제한이 가능하고 장차는 법률에 의하여 그 구체적인 내용이 규정되겠지만, "알권리"에 대한 제한의 정도는 청구인에게 이해관계가 있고 타인의 기본권을 침해하지 않으면서 동시에 공익실현에 장애가 되지 않는다면 가급적 널리 인정하여야 할 것이고 적어도 **직접의 이해관계가 있는 자에 대하여는 특단의 사정이 없는 한 의무적으로 공개하여야 한다고 할 것이다.** 위와 같이 해석하는 것이 헌법 제21조에 규정된 표현의 자유의 한 내용인 국민의 "알 권리"를 충실히 보호하는 것이라고 할 것이며 이는 국민주권주의(헌법 제1조), 인간의 존엄과 가치(제10조), 인간다운 생활을 할 권리(제34조 제1항)도 아울러 신장시키는 결과가 된다고 할 것이다.

제4항 집회의 자유

I. 집회의 자유의 의의와 종류

1. 집회의 자유의 의의

집회는 공동의 목적을 가진 다수인이 일시적으로 일정장소에서 회합하는 행위를 말한다. 공동의 목적이라 함은 광범위하게 공동체의 공적인 목적을 추구하는 것을 말하며, 다수인은 2인 이상을 말한다.

집회는 일정한 공간을 기초로 하는 회합이라는 점에서 공간성과 장소성을 요하지 않는 결사와는 구분된다. 시위는 이동하는 집회로 「집회 및 시위에 관한 법률」(약칭: 집시법)은 시위와 옥외집회에 관한 특별한 제한규정을 두고 있다. 1인 시위는 집시법상 다수인에 해당되지 않으므로 집시법의 적용을 받지 않으며, 다만 사회상규를 벗어난 시위는 업무방해죄에 해당된다.

헌법 제21조 제1항은 "모든 국민은 집회·결사의 자유를 가진다"라고 집회와 결사의 자유를 규정하고 있고, 제2항에서는 "집회·결사에 대한 허가는 인정되지 아니한다"고 규정하여 집회·결사의 허가제를 금지하고 있다.

집단적 성격의 표현형태인 집회·결사의 자유는 상호 밀접한 관계를 가지고 있지만 집회의 자유가 일시적 목표를 추구하는 반면 결사의 자유는 계속적인 목표를 추구한다는 점 등 성격과 내용에 차이가 있다.

집회의 자유는 평화적·비폭력적 집회여야 하고, 폭력적 집회는 적극적이고 공격적인 폭력을 말하는 것으로, 참가자 소수의 폭력에도 전체가 비폭력적이라면 평화적 시위로 보아야 한다. 일정한 장소의 출입을 봉쇄하는 연좌시위는 형법상에는 폭력의 개념에 포함되지만 이는 수동적 저항으로 평화적 시위로 보아야 한다. 그리고 내적 유대감이 없는 구경꾼이나 다수의 행인과 같은 군집은 집회가 아니다.

2. 집회의 자유의 종류

(1) 집회는 장소에 따라 옥내집회와 옥외집회로 구분된다. 옥외집회는 천장이 없거나 사방이 폐쇄되지 않은 장소에서의 집회(집시법 제2조 제1호)를 말하며, 옥외집회는 일정한 요건 하의 신고제에 따르며, 이는 다른 기본권이나 공익과의 충돌 가능성이 크기 때문이다.

시위는 여러 사람이 공동의 목적을 가지고 도로·광장·공원 등 일반인이 자유로이 통행할 수 있는 장소를 행진하거나 위력 또는 기세를 보여, 불특정한 여러 사람의 의견에 영향을 주거나 제압을 하는 행위로 장소 이전적 집회에 국한하지는 않는다(헌재 91헌바14).

(2) 공개 여부를 기준으로 공개집회와 비공개집회로 구분된다. 공개성 여부는 집회장소에 원칙적으로 누구나 허용되어 있는 것이냐는 것이다.

(3) 시간에 따라 주간집회와 야간집회로 구분된다. 일출시간 전, 일몰시간 후의 옥외집회 또는 시위는 원칙적으로 금지된다.

(4) 정치적 성격의 유무에 따라 정치적 집회와 비정치적 집회로 구분된다. 학문, 예술, 종교, 의식, 친목, 오락, 관혼상제, 국경행사와 같은 비정치적 집회는 신고, 시간, 장소 등의 제한규정을 배제하고 있다.

(5) 그밖에 집회의 성질을 기준으로 평화적 집회, 비평화적 집회로, 무장여부에 따라 무장집회와 비무장집회로, 계획성 여부에 따라 계획된 집회, 우발적 집회 등으로 나뉜다. 신고기간의무(48시간)를 이행할 수 없는 계획되지 않은 우발적 집회나 사전신고가 불가능한 긴급집회의 경우도 집회의 자유의 범위에 포함되어야 한다. 이들 집회를 신고의무불이행을 이유로 집회의 보호대상에서 제외하는 것은 집회의 자유보장 취지에 어긋난다.

> **❗ 판례** | 옥내집회와 옥외집회 – 헌재 2003.10.30. 2000헌바67 등(위헌)
>
> 집시법이 옥내집회와 옥외집회를 구분하는 이유는, **옥외집회**의 경우 외부세계, 즉 다른 기본권의 주체와 직접적으로 접촉할 가능성으로 인하여 옥내집회와 비교할 때 **법익충돌의 위험성이 크다는 점**에서 집회의 자유의 행사방법과 절차에 관하여 보다 자세하게 규율할 필요가 있기 때문이다. 이는 한편으로는 집회의 자유의 행사를 실질적으로 가능하게 하기 위한 것이고, 다른 한편으로는 집회의 자유와 충돌하는 제3자의 법익을 충분히 보호하기 위한 것이다.

> **❗ 판례** | 장소적 제한개념과 시위 – 헌재 1994.4.28. 91헌바14(합헌, 각하)
>
> 집시법 제2조 제2호의 "시위(示威)"는, 그 문리와 위 개정연혁에 비추어, 다수인이 공동목적을 가지고 (1) 도로·광장·공원 등 공중이 자유로이 통행할 수 있는 장소를 진행함으로써 불특정다수인의 의견에 영향을 주거나 제압을 가하는 행위와 (2) 위력 또는 기세를 보여 불특정다수인의 의견에 영향을 주거나 제압을 가하는 행위를 말한다고 풀이해야 할 것이다. 따라서 위 (2)의 경우에는 **위력 또는 기세를 보인 장소가 공중이 자유로이 통행할 수 있는 장소이든 아니든 상관없이 그러한 행위가 있고 그로 인하여 불특정다수인의 의견에 영향을 주거나 제압을 가할 개연성이 있으면 집시법상의 "시위"에 해당하는 것이고**, 이 경우에는 **"공중이 자유로이 통행할 수 있는 장소"라는 장소적 제한개념은 "시위"라는 개념의 요소라고 볼 수 없다.** 즉 위의 장소적 제한개념은 모든 시위에 적용되는 "시위"개념의 필요불가결한 요소는 아님을 알 수 있다. …… **그러므로 공중이 자유로이 통행할**

수 없는 장소인 대학구내에서의 시위도 그것이 위 (2)의 요건에 해당하면 바로 집시법상의 시위로서 집시법의 규제대상이 되는 것이다.

II. 집회의 자유의 법적 성격

집회의 자유는 국가의 공권력으로부터 집회의 개최나 참가를 방해받지 않을 방어권적 성격을 갖는다. 집회의 자유는 집회의 주최, 진행, 참가 등에 대해 국가의 방해를 배제하고, 타인과의 교섭을 통해 의사를 형성하고 표현하는 주관적 권리이다.

또한 집회의 자유는 집단적으로 의사를 형성하고 교환하며 시위를 보호하는 민주적 가치질서를 실현하는 객관적 권리성을 갖는다.

그러나 다수인이 갖는 일시적 모임은 제도적으로 보장될 수 있는 성격을 갖는다고 할 수 없으므로 집회의 자유는 제도보장이라고 할 수 없다.

그리고 집회의 자유는 본질상 다수인의 집단적 표현행위라는 점에서 언론의 자유의 보충적 성격을 갖는다.

III. 집회의 자유의 주체

집회의 자유는 집단적으로 의사형성과 표현을 하는 것으로 내국인이 원칙적으로 그 주체가 된다. 외국인도 집회의 자유가 인정될 수 있으나 다만 내국인보다 그 제한이 가중될 수 있다. 그리고 법인은 집회의 주최나 참가 등의 형태와 같은 제한된 범위 내에서 집회의 자유가 인정된다고 본다.

IV. 집회의 자유의 내용

집회의 자유에는 적극적으로 집회를 주최하는 자유, 집회를 주관하고 진행하는 자유, 집회에 참가하는 자유, 집회를 준비할 자유 등이 포함된다.

또한 집회를 주최하지 않고 참가하지 않을 수 있는 소극적 자유도 포함된다.

집회의 주최자는 집회를 개최하는 사람 또는 단체를 말하며, 주최자는 집회의 신고의무, 질서유지 의무, 질서유지를 할 수 없을 때에 집회 또는 시위의 종결을 선언할 의무 등이 있다. 주최자는 집회 또는 시위의 질서 유지에 관하여 자신을 보좌하도록 18세 이상의 사람을 질서유지인으로 임명할 수 있다.

집회의 주관자는 집회의 실행을 맡아 관리하도록 주최자가 임명한 자를 말하며, 참가

자는 토론에 참가하거나 방청하기 위하여 출석한 자를 말한다. 참가자는 주최자 또는 질서유지인의 지시에 따라야 하며 질서를 문란하게 하는 행위는 금지된다.

집회의 개최와 진행에 있어서 집회의 목적, 시간, 장소, 방법 등을 스스로 결정할 수 있어야 비로소 효과적인 집회의 보장이 될 수 있다. 특히 집회의 자유는 집회의 장소를 항의의 대상으로부터 분리하는 것을 금지한다(헌재 2000헌바67).

> **⚠ 판례** | 집회의 자유와 집회 장소의 관계 – 헌재 2000.2.2. 2000헌바67(위헌)
>
> 집회의 목적·내용과 집회의 장소는 일반적으로 밀접한 내적인 연관관계에 있기 때문에, 집회의 장소에 대한 선택이 집회의 성과를 결정짓는 경우가 적지 않다. **집회장소가 바로 집회의 목적과 효과에 대하여 중요한 의미를 가지기 때문에,** 누구나 '어떤 장소에서' 자신이 계획한 집회를 할 것인가를 원칙적으로 자유롭게 결정할 수 있어야만 집회의 자유가 비로소 효과적으로 보장되는 것이다. 따라서 **집회의 자유는 다른 법익의 보호를 위하여 정당화되지 않는 한, 집회의 장소를 항의의 대상으로부터 분리시키는 것을 금지한다.**

V. 집회의 자유의 절차

옥외집회 및 시위의 경우에 일정한 사전신고의무(집회개최 720시간 전~48시간 전)를 규정하고 있다. 이는 기본권 행사과정에서 제3자의 기본권이나 공익과의 법익충돌을 방지하고 예방하고자 하는 행정절차적 협력절차 규정이다. 여기서 신고는 수리를 요하지 않는 자기완결적 신고로 보아야 한다(헌재 2007헌마712).

학문, 예술, 체육, 종교, 의식, 친목, 오락, 관혼상제 및 국경행사에 관한 집회에는 옥외집회 및 시위 금지 규정 등의 적용에서 배제된다(법 제15조).

> **⚠ 판례** | 미신고 옥외집회 처벌과 집회의 자유 – 헌재 2009.5.28. 2007헌바22(합헌, 각하)
>
> **미신고 옥외집회의 주최**는 직접적으로 행정목적을 침해하고 나아가 공익을 침해할 고도의 개연성을 띤 행위라고 볼 수 있으므로 이에 대하여 **행정형벌을 과하도록 한 구 집시법 제19조 제2항이 집회의 자유를 침해한다고 할 수 없고,** 그 법정형이 입법재량의 한계를 벗어난 과중한 처벌이라고 볼 수 없으며, 이로 인하여 신고제가 사실상 허가제화한다고도 볼 수 없다

Ⅵ. 집회의 자유의 효력

집회의 자유는 모든 국가기관을 구속한다. 집회의 자유는 집회의 주최, 진행, 참가 등에 있어서 국가권력의 간섭이나 침해를 방어할 대국가적 효력을 갖는다.

또한 집회의 자유는 공동체의 민주적 질서를 이루는 불가결한 요소로서 모든 사람에 대해 효력을 갖는다. 집시법 제3조 제1항에서 "누구든지 폭행·협박 기타의 방법으로 평화적인 집회 또는 시위를 방해하거나 질서를 문란케 하여서는 아니 된다"고 하여 집회의 자유가 대사인적 효력을 갖는 것을 규정하고 있다.

Ⅶ. 집회의 자유의 제한과 한계

1. 헌법 제21조에 의한 제한

헌법 제21조 제2항은 집회에 대한 허가를 금지하고 있다. 집회의 자유는 집단적 표현행위의 자유로 민주적 공동체의 필수적 요소로 집회의 자유의 본질적인 침해가 되는 허가제는 금지된다. 신고의무는 헌법 제21조가 금지하는 허가에 해당되지 않고, 신고제는 사실상 허가제의 성질을 띠는 것이 아닌 한 질서유지와 공물의 관리상 필요하며 무방하다고 본다.

그러면 집회의 자유에 있어서 헌법이 금하는 허가제의 대상은 집회의 내용··시간·장소를 포함하는가가 문제이나 헌법재판소는 이를 모두 포함하는 것으로 보고 있다(헌재 2008헌가25).

2. 법률유보에 의한 제한

집회의 자유는 헌법 제37조 제2항의 법률에 의해 제한된다. 집회의 자유의 금지는 공공의 안녕질서에 현존 명백한 직접적 위협이 존재하는 경우에 한한다. 집회에 수반되는 불가피한 소음, 교통방해 등은 수인하여야 한다. 현행 집시법에서는 금지되는 집회의 대상을 한정하여 "① 헌법재판소 결정에 의하여 해산된 정당의 목적을 달성하기 위한 집회 또는 시위, ② 집단적인 폭행, 협박, 손괴, 방화 등으로 공공의 안녕 질서에 직접적인 위협을 끼칠 것이 명백한 집회 또는 시위"는 금지된다고 규정하고 있다(법 제5조 제1항).

> ❗ **판례** | 집회 및 시위 금지와 과잉금지원칙 위반 여부 – 헌재 1992.1.28. 88헌가8
>
> '현저히 사회적 불안을 야기할 우려가 있는 집회 또는 시위'를 금지하고 주최자에 대하여 7년 이하의 징역을 처하는 규정에 대하여 "위 조문은 각 그 소정행위가 공공의 안녕과 질서에 직접적인 위협을 가할 것이 명백한 경우에 적용된다고 할 것이므로 이러한 해석하에 헌법에 위반되지 아니한다.

판례 | 장소적 제한과 과잉금지원칙 – 2003.10.30. 2000헌바67(위헌)

　고도의 법익충돌을 사전에 효과적으로 방지하기 위하여 외교기관 인근에서의 집회를 전면적으로 금지한 것이나, 고도의 법익충돌위험이 있다는 일반적이고 추상적 이유만으로 구체적 위험상황이 없는 경우에도 예외조항을 두지 않고 **특정장소에서 행해지는 모든 집회를 일률적으로 금지하고 있는 것은 최소침해의 원칙에 위반된다.**

 판례 | 시간 기준과 집회 및 시위 금지 – 헌재 2014.3.27. 2010헌가2 등(한정위헌)

　집시법상 시간을 기준으로 한 규율의 측면에서 볼 때 **규제가 불가피하다고 보기 어려움에도 옥외집회 또는 시위를 원칙적으로 금지한 부분의 경우에는 위헌성이 명백하다**고 할 수 있으므로 이에 한하여 위헌결정을 하기로 한다. 우리 국민의 일반적인 생활형태 및 보통의 집회·시위의 소요시간이나 행위태양, 대중교통의 운행시간, 도심지의 점포·상가 등의 운영시간 등에 비추어 보면, 적어도 해가 진후부터 같은 날 24시까지의 시위의 경우, 이미 보편화된 야간의 일상적인 생활의 범주에 속하는 것이어서 특별히 공공의 질서 내지 법적 평화를 침해할 위험성이 크다고 할 수 없으므로 그와 같은 시위를 일률적으로 금지하는 것은 과잉금지원칙에 위반됨이 명백하다.

　집회나 시위는 일정한 장소나 도로의 사용을 전제로 하기 때문에 공익이나 타인의 권리와 충돌할 가능성이 많다. 따라서 집회의 자유는 보다 많은 제한을 받게 된다.

　집회의 자유는 비상계엄이 선포된 경우에는 제한될 수 있으며, 국가안전보장·질서유지 또는 공공복리를 위하여 필요한 경우에 법률로써 제한될 수 있다.

　집회의 자유를 제한하는 법률로는 형법·「국가보안법」·「집회 및 시위에 관한 법률」, 「화염병사용 등의 처벌에 관한 법률」 등이 있다.

　구 집시법상 옥외집회 시간에 대해 "해가 뜨기 전이나 해가 진 후"를 정하고 있는 시간대 규정(법 제10조)은 광범위하고 가변적인 것으로 과잉금지원칙에 위반된다고 볼 수 있다.

　장소적 제한으로 구 집시법은 국회의사당, 각급법원, 대통령관저, 외교기관 등의 경계지점으로부터 100미터 이내 장소에서의 옥외집회 또는 시위를 전면적으로 금지하였다.

　이에 대해 헌법재판소는 외교기관(헌재 2000헌바67 등(위헌)), 국회의사당·국무총리 공관(헌재 2013헌바322 등(헌법불합치)), 각급법원(헌재 2018헌바137(헌법불합치))의 경우 전면적 옥외집회 및 시위 금지에 대해 위헌 또는 헌법불합치 결정을 내렸고, 집시법은 다음의 내용으로 개정되었다(법 제11조).

　누구든지 일정한 장소 [1. 국회의사당 가. 국회의 활동을 방해할 우려가 없는 경우 나. 대규모 집회 또는 시위로 확산될 우려가 없는 경우, 2. 각급 법원, 헌법재판소 가. 법관이나 재판관의 직무상 독립이나 구체적 사건의 재판에 영향을 미칠 우려가 없는 경우 나. 대규모 집회 또는 시위로 확산될 우려가 없는 경우, 3. 대통령 관저(官邸), 국회의장 공관, 대법원장 공관, 헌법재판소장 공관(안녕침해 단서 조항 없음), 4. 국무총리 공관 가. 국무총리를 대상으로 하지 아니하는 경우 나. 대규모 집회 또는 시위로 확산될 우려가 없는 경우, 5. 국내 주재 외국의 외교기관이나 외교사절의 숙소 가. 해당 외교기관 또는 외교사절의 숙소를 대상으로 하지 아니하는 경우, 나. 대규모 집회 또는 시위로 확산될 우려가 없는 경우, 다. 외교기관의 업무가 없는 휴일에 개최하는 경우]에 해당하는 청사 또는 저택의 경계 지점으로부터 100미터 이내의 장소에서는 옥외집회 또는 시위를 하여서는 아니 된다. 다만, 기관이 기능이나 안녕을 침해할 우려가 없다고 인정되는 때에는 그러하지 아니하다(법 제11조)고 하여 구체적 위험성이 결여된 위 장소에서의 집회 및 시위를 허락하고 있다(법 제11조 제4호).

또한 주요 도시 주요도로에서의 집회 또는 시위는 교통소통을 위해 필요하다고 인정하면 이를 금지하거나 교통질서 유지를 위한 조건을 붙여 제한할 수 있다(법 제12조 제1항).

> **판례 | 집회의 자유와 장소적 제한 – 헌재 2003.10.30. 2000헌바67(위헌)**
>
> **"국내주재 외국의 외교기관"** 부분은 "입법자가 '외교기관 인근에서의 집회의 경우에는 일반적으로 고도의 법익충돌위험이 있다'는 예측판단을 전제로 하여 **이 장소에서의 집회**를 원칙적으로 금지할 수는 있으나, 일반·추상적인 법규정으로부터 발생하는 과도한 기본권제한의 가능성이 완화될 수 있도록 **일반적 금지에 대한 예외조항을 두어야 할 것이다.** ······ 그러므로 이 사건 법률조항은 **최소침해의 원칙에 위반되어 집회의 자유를 과도하게 침해하는 위헌적인 규정이다.**
>
> → 외교기관 인근의 옥외집회나 시위를 원칙적으로 금지하면서도 외교기관의 기능이나 안녕을 침해할 우려가 없다고 인정되는 **구체적인 경우에는 예외적으로 옥외집회나 시위를 허용하고** 있는 '집회 및 시위에 관한 법률' 제11조 제4호 중 '국내 주재 외국의 외교기관'부분이 청구인의 **집회의 자유를 침해한다고 할 수 없다**(헌재 2020.10.28. 2010헌마111).

경계지점으로부터 100미터 내의 장소에서 옥외집회 또는 시위 금지에 대해 2회 합헌결정(헌재 2004헌가17; 2006헌바13)과 국회의사당(헌재 2013헌바322), 국무총리공관(헌재 2018헌바137), 각급 법원에 대한 헌법불합치결정(헌재 2018헌바137)이 있었다. 그 외 대통령 관저(官邸), 국회의장 공관, 대법원장 공관, 헌법재판소장 공관 등도 다른 청사나 자택들처럼 옥외집회나 시위로부터 보호 필요성이 없어 이의 전면 금지보다는 예외적인 허용규정을 두어야 한다는 비판이 제기된다.

이후 집단적인 폭행·협박·손괴·방화 등으로 공공의 안녕질서에 직접적인 위협을 가할 것이 명백한 집회 또는 시위의 주최를 금지하고, 이에 위반한 집회 또는 시위에 대해 그 정을 알면서 참가한 자를 형사처벌하는 구 「집회 및 시위에 관한 법률」 제5조 제1항 제2호 및 제19조 제4항 부분이 과잉금지원칙에 위반하여 집회의 자유를 침해하지 아니한다(헌재 2008헌바118)고 보았다.

3. 집회의 자유의 제한의 한계

집회의 자유를 제한하더라도 그 본질적 내용을 침해하는 제한을 해서는 안 된다. 즉 집회의 자유를 제한하는 경우에도 과잉금지원칙 등이 준수되어야 하며, 그 본질적 내용이 침해하지 않도록 하여야 한다. 집회의 자유의 허가제는 이러한 본질적 내용을 침해하는 것이다.

헌법재판소는 • 미신고 옥외집회 주최자를 형사처벌하도록 한 규정(헌재 2007헌바22), • 미신고 시위에 대한 해산명령에 불응하는 자를 처벌하도록 한 규정(헌재 2014헌바492), • 집회에 참가한 청구인들을 촬영한 행위는 일반적 인격권, 개인정보자기결정권, 집회의 자유의 침해(헌재 2014헌마843) 부분은 합헌으로 보았고, • 최루액을 물에 혼합한 용액을 살수차를 이용한 행위(헌재 2015헌마476), • 집시법상 야외옥외금지 규정(헌재 2008헌가25)은 위헌으로 보았다.

> **⚠ 판례** | 야간옥외집회 금지와 허가 – 헌재 2009.9.24. 2008헌가25(헌법불합치)
>
> 집시법 제10조 본문은 "누구든지 해가 뜨기 전이나 해가 진 후에는 옥외집회 또는 시위를 하여서는 아니 된다."고 규정하여 '야간옥외집회'를 일반적으로 금지하면서 그 단서에서는, "다만 집회의 성격상 부득이하여 주최자가 질서유지인을 두고 미리 신고한 경우에는 관할경찰서장은 질서 유지를 위한 조건을 붙여 해가 뜨기 전이나 해가 진 후에도 옥외집회를 허용할 수 있다."고 규정하고 있는 바, 위 조항 본문에 의하면 **야간옥외집회는 일반적으로 금지하되, 그 단서에서는 행정권인 관할경찰서장이 집회의 성격 등을 포함하여 야간옥외집회의 허용 여부를 사전에 심사하여 결정한다는 것이므로**, 결국 야간옥외집회에 관한 일반적 금지를 규정한 집시법 제10조 본문과 관할 경찰서장에 의한 예외적 허용을 규정한 단서는 그 전체로서 야간옥외집회에 대한 '허가'를 규정한 것이라고 보지 않을 수 없고, 이는 이 사건 **헌법규정에 정면으로 위반되는 것이다.**

제5항 결사의 자유

Ⅰ. 결사의 자유의 의의

결사의 자유(Freedom of Association)란 다수의 자연인 또는 법인이 공동의 목적을 위하여 단체를 결성할 수 있는 자유를 말한다.

단체의 결성은 자발적이어야 하며 결사는 상당한 기간 계속성을 가져야 한다.

결사에는 일반적 결사와 특수적 결사로 구분된다. 제21조의 결사는 일반적 결사를 의미하고, 정치적 목적의 결사인 정당, 예술적 목적의 결사인 학회나 예술단체, 근로조건의 향상을 위한 노동조합 등은 특수적 결사를 의미한다. 따라서 이들 간에는 일반법과 특별법관계가 있다.

> **판례** | 결사의 개념 – 대판 1982.9.28. 82도2016(파기환송)
>
> **결사**라 함은 **공동의 목적을 가진 특정다수인의 임의적인 계속적 결합체**라 할 것이며, (1) 결사에는 구성원이 2인 이상임을 필요로 하고, (2) 결사에는 공동목적이 있어야 하고 그 공동목적이 있는 이상 그것이 결사조직의 유일한 목적임을 요하지 않고 다른 목적이 있어도 결사임에도 무방하고, (3) 결사는 다수인의 임의적 결합이어야 하고, (4) 결사는 계속성이 있어야 한다. 그러나 이 계속은 사실상 계속하여 존재함을 요하지 않고 계속시킬 의도하에서 결합된 이상 결사임에는 틀림없다. 이상의 4요건을 구비한 결합은 결사인 것으로 구성원이 회합을 한 사실이 없거나, 사칙이 정하여 있지 않거나, 간부가 없어도 결사의 성립에는 영향이 없고, 결단식 또는 결당식, 창립의 모임 같은 형식을 거치지 아니하였어도 결사의 성립에는 지장이 없으며, 또 결사의 명칭이나 대표자가 정하여 있지 아니하여도 무방한 것이라고 풀이된다.

Ⅱ. 결사의 자유의 법적 성격

결사의 자유는 국가권력의 간섭이나 침해에 대한 방어권적 성격을 지닌 개인의 주관적 권리성을 갖으며, 나아가 단체적 활동에 참가할 수 있는 성격의 권리이다.

또한 결사의 자유는 타인과의 자유로운 교통과 사회적 집단을 형성하는 민주적 공동체적 질서를 구성하는 요소로서의 성격을 갖는다.

결사의 자유는 계속성을 가지는 것으로 결사의 성립과 존속에 대한 제도보장적 성격을 가진다고 본다.

그리고 집회의 자유와 함께 언론의 자유를 보충하는 성격을 갖는다.

Ⅲ. 결사의 자유의 주체

결사의 자유는 인간이면 누구나 그 주체가 될 수 있다. 다만, 외국인은 국민에 비하여 보다 많은 제한을 받는다. 법인도 결사체의 조직과 업무수행에 있어서 결정권을 가지므로 결사의 자유의 주체가 되며, 권리능력 없는 사단도 그 주체가 될 수 있다.

> **판례** | 비영리단체의 결사의 자유 주체성 – 헌재 2002.9.19. 2000헌바84(헌법불합치)
>
> 결사의 자유에서 말하는 '결사'란 자연인 또는 법인의 다수가 상당한 기간 동안 공동목적을 위하여 자유의사에 기하여 결합하고 조직화된 의사형성이 가능한 단체를 말하는 것(헌재 1996.4.2. 92헌바47)이라고 정의하여 공동목적의 범위를 비영리적인 것으로 제한하지는 않았고, 다만, 결사 개념에 공법상의 결사나 법이 특별한 공공목적에 의하여 구성원의 자격을 정하고 있는 특수단체의 조직활동(헌재 1994.2.24. 92헌바43)은 해당되지 않는다고 판시한 바 있을 뿐이며, 연혁적 이유 이외에는 달리 영리단체를 결사에서 제외하여야 할 뚜렷한 근거가 없는 터이므로, **영리단체도 헌법상 결사의 자유에 의하여 보호된다고 보아야 할 것이다.** 그렇다면, 앞에서 살펴본 바와 같이 이 사건 법률조항은 합리적 이유없이 **모든 법인에 의한 약국의 개설을 금지**함으로써 법인을 설립하여 약국을 경영하려는 약사 개인들과 이러한 법인의 단체결성 및 단체활동의 자유를 제한하고 있으므로, 결국 이들의 **결사의 자유를 침해**하고 있다고 하겠다.

Ⅳ. 결사의 자유의 내용

결사의 자유에는 적극적으로 단체결성의 자유, 단체존속의 자유, 단체활동의 자유, 단체에의 가입·탈퇴·해산의 자유를 포함한다.

또한 소극적으로 결사에 가입하지 않을 자유를 갖는다. 사법상 결사에는 소극적 결사의 자유가 당연히 인정된다는 데에는 이의가 없다. 그러나 공법상 결사에 대해서는 견해가 나뉘는데 공법상 결사에는 소극적 결사의 자유가 보장되지 않으며, 이에는 가입의 강제가 인정된다는 것이 다수설의 견해이다.

Ⅴ. 결사의 자유의 효력

결사의 자유는 단체를 결성·가입·탈퇴·해산에 있어서 국가권력의 간섭이나 침해로부터 방어할 권리인 대국가적 효력을 갖는다.

또한 결사의 자유는 공동체의 질서를 구성하는 객관적 법질서성을 가지며 따라서 모든 사인에 대해 효력을 갖는다.

Ⅵ. 결사의 자유의 제한과 한계

결사의 자유는 헌법 제37조 제2항에 따라 국가안전보장·질서유지 또는 공공복리를 위하여 필요한 경우에 법률에 의하여 제한될 수 있다. 따라서 국가의 존립을 위태롭게 하거나 헌법 적대적 또는 자유민주적 기본질서에 위반하는 결사의 자유는 허용되지 않는다. 변호사회에 등록을 의무화하는 「변호사법」 규정과 같이 공법상의 단체에 가입하는 강제결사는 공공의 목적을 달성하기 위해 필요한 경우이므로 인정된다고 본다.

또한 결사의 자유는 대통령의 긴급명령에 의해서 또는 비상계엄이 선포된 경우에는 제한될 수 있다. 결사의 자유를 제한하는 법률로는 형법, 「국가보안법」 등이 있다.

그러나 결사의 자유를 제한하는 경우에도 그 본질적 내용은 침해할 수 없다. 따라서 단체결성 자체를 전면적으로 금지하는 허가제나 사법적 결사에의 가입에 강제를 허용하는 입법은 결사의 자유의 본질적 내용을 침해하는 것으로 금지된다.

제6항 학문의 자유

Ⅰ. 학문의 자유 의의와 헌법규정

1. 학문의 자유의 의의

학문이란 진리를 탐구하고 인식하는 행위를 말한다. 학문의 자유라 함은 이러한 학문적 활동을 가능하게 하는 자유를 말하는 것으로, 이는 인간이 문화를 창조하고 문화적 생활을 가능하게 함으로써 자신의 인격을 자유롭게 발전시킬 수 있게 하는 권리이다.

학문은 인간의 정신적 활동의 성과이며 학문의 진보는 인류문화의 발전에 기여하는 역할을 담당하므로, 학문에 대해서는 특별한 배려가 있어야 하며 학문의 독자성이 존중되어야 한다.

2. 학문의 자유의 헌법규정

학문의 자유는 1949년 프랑크푸르트헌법에서 처음으로 명시하였다. 독일에서 학문의 자유는 대학의 자유를 중심으로 형성되었고, 1919년 바이마르헌법에서 학문의 자유를 명시하였다.

우리나라에서는 제헌헌법에 학문의 자유를 규정한 이래 현행헌법에도 제22조에 "① 모든 국민은 학문과 예술의 자유를 가진다. ② 저작자·발명가·과학기술자와 예술가의 권리는 법률로써 보호한다"라고 학문의 자유를 규정하고 있다. 그리고 제31조에 "④ 교육의 자주성·전문성·정치적 중립성 및 대학의 자율성은 법률이 정하는 바에 의하여 보장된다"라고 하여 교육의 자주성·전문성·정치적 중립성·대학의 자율성이 법률에 의해 보장됨을 규정하고 있다.

Ⅱ. 학문의 자유의 법적 성격

학문의 자유는 연구와 교수, 연구결과의 발표, 학문적 집회·결사에 있어서 국가의 간섭이나 침해를 방어할 주관적 권리이다.

또한 학문의 자유는 개인의 진리탐구의 욕구를 충족시켜 줄 뿐만 아니라, 문화국가질서를 형성하는 데 중요한 객관적 가치질서성을 갖는다.

특히 학문의 자유의 본질이 대학자치를 기반으로 하는 대학의 자유에 있다는 점에서 제도보장의 성격을 갖는다고 할 수 있다.

Ⅲ. 학문의 자유의 주체

학문의 자유는 대학교수, 대학의 구성원뿐만 아니라 학문적으로 활동하는 모든 사람이 주체가 될 수 있다. 학문의 자유는 인간의 권리로 내국인뿐만 아니라 외국인도 학문의 자유를 누린다.

그러나 기술이나 교양을 위한 교육기관이나 중·고등학교의 학생과 교사는 그 주체가 되지 못한다. 그리고 법인도 공법인이든 사법인이든 관계없이 학문의 자유의 주체가 된다.

Ⅳ. 학문의 자유의 내용

1. 연구의 자유

연구의 자유란 연구대상의 자유로운 선택, 연구방법, 연구내용, 시기, 장소 등을 자유롭게 선택하고 결정할 수 있는 자유를 말한다. 연구의 자유는 어떠한 이유로도 제한할 수 없는 절대적 자유이다. 따라서 학문연구과정에 있어서 국가권력이나 그 밖의 사회세력이 간섭하거나 방해할 수 없다. 그런데 오늘날 과학기술의 발전과 더불어 연구의 자유에도 새로운 형태의 규제가 나타나고 있다.

2. 교수의 자유(강학의 자유)

교수란 연구를 통해 얻은 결과를 전달하는 행위의 과정활동을 말하며, 단순한 지식의 전달을 내용으로 하는 교육과는 구별된다.

교수의 자유는 대학이나 고등교육기관에 종사하는 자가 자유롭게 연구결과를 전달하는 자유를 말하는 것으로 교수의 자유는 연구의 자유와 불가분의 밀접한 관계를 갖는다.

따라서 교수의 자유는 교수의 대상, 방법, 내용, 시간, 장소를 자유롭게 선택하여 다른 어떠한 방해나 간섭을 받지 않고 학문적 지식을 전달할 수 있는 것이다. 그리고 대학생도 학문적 교수에 참여할 의사가 있으면 교수의 자유에 의해 보호된다.

그러나 교수의 자유는 무제한적일 수 있는 것은 아니며 자유민주적 기본질서를 부인하거나 파괴하는 내용의 교수는 허용되지 않는다.

> **판례 | 교수의 자유 – 대판 2018.7.12. 2014도3923(파기환송)**
>
> 대학의 교수나 연구자가 특정한 역사적 사건과 인물, 사회적 현안이나 문화현상 등에 관하여 **탐구하고 비판하며 교수하는 활동은 교수의 자유로서 널리 보장**되어야 한다. 이러한 경우 특정인이 **특정한 선거에 출마하였거나 출마할 예정이라고 하여** 그와 관련한 역사적 사건과 인물 등에 대한 평가나 비판 등의 **연구결과를 발표하거나 교수하는 행위를 모두 선거운동으로 보게 되면** 선거운동 금지기간에는 그러한 역사적 사건과 인물 등에 관한 학문연구와 교수행위를 사실상 금지하는 결과가 되어 **학문적 연구와 교수의 자유를 중대하게 침해할 수 있다.**

3. 연구결과발표의 자유

연구결과발표의 자유는 연구를 통해 얻은 성과를 외부에 공표하는 자유를 말한다. 연구결과발표는 대학강의실 이외에 저서출판, 논문발표, 학술강연 등을 하는 것이다.

연구결과발표의 자유는 학문적인 내용의 발표인 한 학문적 자유로서 특별한 보호를 받아야 한다. 그러나 사회적으로 전파되는 것이므로 일정범위 내에서 제한을 받을 수 있다.

> **⚠ 판례** | 학문의 자유 범위 – 대판 2010.12.9. 2007도10121(기각)
>
> 대학교수인 피고인이 제작·반포한 **'한국전쟁과 민족통일'이라는 제목의 논문 및 피고인이 작성한 강연 자료, 기고문** 등의 이적표현물에 대하여, 그 반포·게재된 경위 및 피고인의 사회단체 활동 내용 등에 비추어 피고인이 절대적으로 누릴 수 있는 연구의 자유의 영역을 벗어나 헌법 제37조 제2항과 국가보안법 제7조 제1항, 제5항에 따른 제한의 대상이 되었고, 또한 피고인이 북한문제와 통일문제를 연구하는 학자로서 순수한 학문적인 동기와 목적 아래 위 논문 등을 제작·반포하거나 발표하였다고 볼 수 없을 뿐만 아니라, 피고인이 반국가단체로서의 북한의 활동을 찬양·고무·선전 또는 이에 동조할 목적 아래 위 논문 등을 제작·반포하거나 발표한 것이어서 그것이 헌법이 보장하는 **학문의 자유의 범위 내에 있지 않다.**

4. 학문적 활동을 위한 집회·결사의 자유

학문적 활동을 위한 집회·결사의 자유란 학문을 공동으로 연구하거나 연구결과를 발표하기 위하여 집회를 개최하거나 단체를 결성하는 자유를 말한다.

이러한 학문적 활동을 위한 집회·결사의 자유는 일반적 집회·결사의 자유와는 다르게 특별한 보호를 받는다. 즉, 학문적 활동을 위한 집회·결사의 자유는 일반적 집회·결사와의 관계에서 특별법적 지위를 갖는다.

5. 대학의 자유(대학의 자치)

대학의 자유란 대학의 운영에 관한 모든 사항을 자율적으로 결정할 수 있는 자유를 말한다. 대학의 자유는 대학의 자치 없이는 대학의 임무실현이 어렵다는 점에서 대학운영의 자율적 결정권이 제도적으로 보장되는 대학자치를 본질적 수단으로 하며, 대학의 자치는 학문의 자유를 근거로 한다.

전통적으로 대학의 자유의 주체는 교수인 것으로 이해되어 왔지만 학생 등 다른 대학구성원에게도 대학운영에 대한 의견을 제시 등의 주체가 될 수 있다 할 것이다.

대학의 자유는 대학의 인사, 학사, 시설, 재정 등 대학과 관련된 모든 사항에 대해 대학이 자주적으로 결정하고 운영하는 것이다. 구체적으로 대학교수의 임용과 보직 등을 자주적으로 결정하며, 학생의 선발, 성적평가, 학점의 인정, 학위의 수위, 학생의 징계와 포상, 교과과정의 편성 등을 자주적으로 결정하고, 연구와 교수를 위한 시설과 관리, 학교예산관리를 자주적으로 결정할 수 있어야 한다.

헌법재판소는 대학총장의 선출에 있어서 교수나 교수회의 참여권은 대학자치의 본질적 내용에 속한다고 보고 그 신출방식에는 합의된 방식에 의하는 것으로 족하다고 보고 있다.

대학자율의 핵심은 법률에 의해서도 제한될 수 없으며, 대학의 자율을 제한하는 경우에도 교육의 본질적 내용을 침해해서는 안 된다.

대학은 대학 내에서 발생하는 모든 사태에 대처하기 위한 가택권과 질서유지권을 갖는다. 대학 내에서의 질서유지에 대한 책임과 권한은 일차적으로 대학이 가지며, 경찰권의 개입에 대한 결정권은 대학 측에 있다. 다만 명백히 긴급한 사태의 경우에는 경찰권이 직접 개입하는 것이 불가피하다. 대학 내에서의 경찰권의 행사는 연구와 교수의 자유를 간섭하거나 침해해서는 안 된다.

> **(!) 판례** | 대학의 자치의 주체와 본질적 내용 – 헌재 2006.4.27. 2005헌마1047 등(기각)
>
> 1. 헌법재판소는 대학의 자율성은 헌법 제22조 제1항이 보장하고 있는 학문의 자유의 확실한 보장 수단으로 꼭 필요한 것으로서 대학에게 부여된 헌법상의 기본권으로 보고 있다(1992.10.1. 92헌마68등). 그러나 **대학의 자치의 주체**를 기본적으로 대학으로 본다고 하더라도 교수나 교수회의 주체성이 부정된다고 볼 수는 없고, 가령 학문의 자유를 침해하는 대학의 장에 대한 관계에서는 교수나 교수회가 주체가 될 수 있고, 또한 국가에 의한 침해에 있어서는 대학 자체 외에도 대학 전구성원이 자율성을 갖는 경우도 있을 것이므로 문제되는 경우에 따라서 **대학, 교수, 교수회 모두가 단독, 혹은 중첩적으로 주체**가 될 수 있다고 보아야 할 것이다.
> 2. 나아가 전통적으로 대학자치는 학문활동을 수행하는 교수들로 구성된 교수회가 누려오는 것이었고, 현행법상 국립대학의 장 임명권은 대통령에게 있으나, 1990년대 이후 국립대학에서 총장 후보자에 대한 직접선거방식이 도입된 이래 거의 대부분 대학 구성원들이 추천하는 후보자 중에서 대학의 장을 임명하여 옴으로써 대통령이 대학총장을 임명함에 있어 대학교원들의 의사를 존중하여 온 점을 고려하면, 청구인들에게 **대학총장 후보자 선출에 참여할 권리가 있고 이 권리는 대학의 자치의 본질적인 내용**에 포함된다고 할 것이므로 결국 헌법상의 기본권으로 인정할 수 있다.

V. 학문의 자유의 효력

학문의 자유는 학문의 연구나 교수에 있어서 국가의 간섭이나 침해를 방어할 대국가적 효력을 갖는다.

또한 학문의 자유는 대학설립자나 재단 등 국가권력 이외의 자에 의해서도 침해될 수 있으므로 사인에 의해서도 간섭이나 침해를 받지 않을 대사인적 효력을 갖는다.

VI. 학문의 자유의 제한과 한계

학문의 자유 중 연구의 자유는 성질상 그 제한이 불가능한 절대적 자유권이다. 그러나 연구의 자유 이외의 내용들은 법률로써 제한할 수 있다. 즉, 연구결과발표의 자유나 교수의 자유 그리고 학문적 활동을 위한 집회·결사의 자유 등은 사회적 전파성으로 인해 헌법 제37조 제2항에 따라 법률에 의해 제한될 수 있다. 다만 학문의 자유는 성질상 그 특성을 고려한 제한이어야 하며, 제한하는 경우에도 그 본질적 내용은 침해할 수 없다.

제7항 예술의 자유

I. 예술의 자유의 의의

예술의 개념은 사람에 따라, 보는 관점에 따라, 예술의 분야에 따라, 시대에 따라 변할 수 있기 때문에 예술의 개념을 일의적으로 정의한다는 것은 거의 불가능에 가깝다. 그렇지만 예술의 자유를 기본권으로 보호하기 위해서는 예술의 개념정의가 필요한 것이다.

예술의 본질은 자유로운 예술적 창조에 있고, 예술적 창조는 논리적으로 해명할 수 없는 의식적·무의식적 과정의 혼합으로 직관·상상·예술적 이해가 공동으로 작용한다는 실질적 개념과 하나의 작품이 특정한 작품유형에 속하는지에 따라 그것이 예술작품인지의 여부를 결정할 수 있다는 형식적 개념을 활용하기도 한다.

하지만 이러한 형식적 예술개념은 새로운 형식의 예술을 포괄하지 못하므로 복잡다양한 새로운 예술의 형식을 수용하기 위해서도 예술의 개념은 실질적·형식적 개념을 포함한 폭넓고 개방적인 개념이어야 한다.

II. 예술의 자유의 법적 성격

예술의 자유는 예술작품의 창작, 예술의 표현, 예술적 집회·결사에 있어서 국가권력의 간섭이나 침해에 대한 방어권이며, 모든 예술적 활동인의 주관적 권리이다.

그리고 예술의 자유는 이에 머무르지 아니하고 예술의 진흥을 위해 세제상의 혜택이나 지원 등 국가의 적극적 지원까지도 요구할 수 있는 적극적 권리이다.

또한 예술의 자유는 문화를 창조하고 문화적 수준을 향상시키는 문화국가질서를 형성하는 객관적 가치질서성을 갖는다.

Ⅲ. 예술의 자유의 주체

예술의 자유는 전문예술인에게만 주어지는 자유가 아니라 모든 인간의 자유이다. 따라서 내국인뿐만 아니라 외국인도 그 주체가 된다.

법인이나 단체에 대해 예술의 자유의 주체성을 인정할 것인가의 여부에 대해서는 견해가 나뉜다. 주체성을 긍정하는 견해는 법인이나 단체가 그 자체로서 예술의 자유의 주체가 된다고 한다. 반면에 그 주체성을 부정하는 견해는 극장·미술관·예술학교·교향악단 등은 구성원이 예술의 자유의 주체이고, 이들은 다만 예술의 자유를 집단적으로 함께 행사하고 있다고 한다. 또한 긍정하는 견해 중 법인인 예술단체만이 예술의 자유의 주체가 된다는 견해도 있다.

예술의 자유의 주체성은 법인성이 있느냐에 따라 결정되는 것이 아니라 법인이나 단체를 통하여 하나의 예술이 창작되는 특수성에 기인한다는 데에서, 예술창작에 봉사하는 매개체도 예술의 자유의 주체성이 된다. 예컨대 교향악단의 연주는 구성원 개인의 예술의 자유라기보다는 예술창작의 전달 매개체인 악단의 자유라고 보는 것이 타당하다.

Ⅳ. 예술의 자유의 내용

1. 예술창작의 자유

예술창작의 자유는 예술작품의 창작에 이르는 전 과정이 자유로워야 한다는 것을 말한다. 예술창작의 자유는 전문예술인에게만 부여되는 자유가 아니라 모든 사람에게 부여되는 자유이다.

예술창작의 자유에는 예술의 창작을 위한 준비나 연습, 작품소재의 선택이나 작품형태의 선택, 창작과정의 진행의 자유 등이 포함된다.

2. 예술표현의 자유

예술표현의 자유는 창작한 예술작품을 외부에 표현하고 전파하는 자유이다. 예술품을 보급하는 출판사나 음반제작사 등도 예술의 자유에 의해 보호된다.

그러나 예술품의 경제적 활용이라든가 예술작품에 대한 비평은 각각 재산권과 표현의 자유에서 보장되는 것이다.

> **판례** | 예술의 자유의 내용 – 헌재 1993.5.13. 91헌바17(한정위헌)
>
> 　헌법 제22조는 모든 국민은 학문과 예술의 자유를 가진다고 규정하고 있다. 예술의 자유의 내용으로서는 일반적으로 예술창작의 자유, 예술표현의 자유, 예술적 집회 및 결사의 자유 등을 들고 있다. 그 중 예술창작의 자유는 예술창작활동을 할 수 있는 자유로서 창작소재, 창작형태 및 창작과정 등에 대한 임의로운 결정권을 포함한 모든 예술창작활동의 자유를 그 내용으로 한다. 따라서 **음반 및 비디오물로써 예술창작활동을 하는 자유도 이 예술의 자유에 포함된다.** 예술표현의 자유는 창작한 예술품을 일반대중에게 전시·공연·보급할 수 있는 자유이다. 예술품보급의 자유와 관련해서 예술품보급을 목적으로 하는 예술출판자등도 이러한 의미에서의 예술의 자유의 보호를 받는다고 하겠다. 따라서 **비디오물을 포함하는 음반제작자도 이러한 의미에서의 예술표현의 자유를 향유한다**고 할 것이다.

3. 예술적 집회·결사의 자유

　예술적 집회·결사의 자유는 예술활동(창작, 발표)을 위해 집회를 개최하고 결사를 조직할 수 있는 자유를 말한다.

　예술적 활동에는 고도의 자율성이 요청되는 것으로 예술적 집회·결사의 자유는 일반적 집회나 결사의 자유와의 관계에서 특별법적 지위에 있다. 집시법에서도 예술적 집회에 대해서는 각종 규제를 완화하여 특별한 보호를 하고 있다.

V. 예술의 자유의 효력

　예술의 자유는 예술창작, 예술표현, 예술적 집회·결사에 있어서 국가의 간섭이나 침해에 대한 방어권으로서 대국가적 효력을 갖는다.

　또한 예술의 자유는 문화국가를 형성하는 객관적 법질서요소로서 대사인적 효력을 갖는다. 따라서 예술의 자유는 사회세력이나 사인에 의한 간섭이나 침해로부터 보장된다.

VI. 예술의 자유의 제한과 한계

　예술의 자유가 다른 기본권에 비해 특별한 보장을 받는다고 하더라도 무제한적인 것은 아니다. 즉 예술의 자유도 다른 법익과 충돌하는 경우에 헌법 제37조 제2항에 따라 국가안전보장·질서유지 또는 공공복리를 위하여 법률로써 제한될 수 있다.

　다만 영화나 연극 등은 질서유지를 위해서 보다 많은 규제를 받을 수 있으나 이 경우의 제한은 반드시 사후적 제한이어야 하며, 그 본질적 내용은 침해할 수 없다.

> **⚠ 판례** | 예술의 자유의 제한 – 헌재 1993.5.13. 91헌바17(한정위헌)
>
> 이러한 예술표현의 자유는 무제한한 기본권은 아니다. **예술표현의 자유는 타인의 권리와 명예 또는 공중도덕이나 사회윤리를 침해하여서는 아니된다.** 그리고 국가안전보장, 질서유지 또는 공공복리를 위하여 필요한 경우에는 헌법 제37조 제2항에 의하여 법률로써 제한할 수 있으나, 이러한 필요에서 하는 법률에 의한 제한도 그 목적이 헌법 및 법률의 체계상 그 정당성이 인정되어야 하고(목적의 정당성), 그 목적달성을 위하여 그 방법이 효과적이고 적절하여야 하며(방법의 적절성), 그로 인한 피해가 최소한도에 그쳐야 하며(피해의 최소성), 보호하려는 공익과 침해하는 사익을 비교형량할 때 보호되는 공익이 더 커야 한다는(법익의 균형성) **과잉금지의 원칙에 반하지 않는 한도 내에서 할 수 있는 것이다.**

Ⅶ. 저작자·발명가·과학기술자·예술가의 보호

헌법 제22조 제2항은 "저작자·발명가·과학기술자와 예술가의 권리는 법률로써 보호한다"라고 하여 지적재산권의 보호를 규정하고 있다.

지적재산권은 인간의 정신활동의 결과 산출되는 무형의 산물에 대한 배타적 권리를 말한다. 이를 보호하기 위해 규정된 법률은 「저작권법」, 「과학기술기본법」, 「발명진흥법」, 「특허법」, 「국가기술자격법」, 「숙련기능장려법」 등이 있다.

고도의 정보사회의 도래와 더불어 이들에 대한 특별한 보호의 중요성이 증대되고 있는 실정을 헌법에 명시하여 규정하고 있는 것이다.

제4절 사생활의 자유

제1항 사생활 자유의 의의

인간의 생활에 있어서 사생활이 보호되지 않고는 인격의 자유로운 발현을 기대할 수 없다. 헌법은 개개인이 사적 생활의 평온을 교란받지 않고, 사적 사항을 함부로 공표당하지 않으며, 자신에 관한 사적 정보를 직접 관리하고 통제할 수 있는 자기정보통제권을 포함하는 권리이다. 이에 따라 헌법은 사생활 비밀과 자유, 자유로이 타인과 대화할 수 있는 통신의 자유, 자신이 원하는 공간에서 자유롭게 거주하고 이동할 수 있는 거주이전의 자유, 개인의 사적 생활공간에 대한 부당한 간섭을 받지 않을 주거의 자유를 규정하고 있다.

제2항 사생활의 비밀과 자유

Ⅰ. 사생활의 비밀과 자유의 연혁과 입법례

사생활의 비밀과 자유는 초기에는 명예훼손이나 신뢰보호위반 등의 불법행위이론에 의해 보호되었으나, 미국의 Warren과 Brandeis의 논문("The Right to Privacy")이 나온 것을 계기로 프라이버시(Privacy)가 하나의 독립된 권리로 인정되기 시작했다. 미연방대법원은 1965년에 Griswold v. Connecticut(381 U.S. 479(1965))사건에서 비로소 프라이버시가 헌법상의 권리임을 인정하게 되었다.

독일은 프라이버시의 권리를 헌법상에 명시하고 있지는 않지만, 판례나 학설은 주로 인간의 존엄성과 관련한 인격의 자유로운 발현권에서 그 근거를 찾고 있다.

헌법은 제17조에서 "모든 국민은 사생활의 비밀과 자유를 침해받지 아니한다"라고 하여 사생활의 비밀과 자유를 규정하고, 제16조에서 주거의 자유, 제18조에서 통신의 비밀의 자유를 규정하여 보호하고 있다.

각국은 프라이버시 보호를 위해 개인정보보호 관련 법률을 제정하고 있으며, 우리나라에서도 공공부문에서는 「공공기관의 개인정보보호에 관한 법률」이 제정·시행되고(1994. 1.9. 제정, 1995.1. 시행), 민간부문에서는 「정보통신망 이용촉진 및 정보보호 등에 관한 법률」이 제정되었다. 그 후 2011년 공공부문과 민간부분을 포괄하는 「개인정보 보호법」이 제정되어 시행되고 있다.

Ⅱ. 사생활의 비밀과 자유의 의의

사생활의 비밀과 자유는 원래 '홀로 있을 권리' 즉 소극적으로 사생활의 내용을 공개당하지 않을 권리, 사생활의 자유로운 형성과 전개를 방해받지 아니할 권리를 말한다.

또한 사생활의 비밀과 자유는 오늘날 자신에 관한 정보를 자기책임 하에 스스로 관리·통제할 수 있는 적극적인 권리도 포함한다.

헌법 제17조 사생활의 자유에는 초상권, 명예권, 성명권 등 일반적 인격권 이외의 사생활 비밀과 자유를 그 내용으로 한다.

Ⅲ. 사생활의 비밀과 자유의 법적 성격

사생활의 비밀과 자유는 사생활의 비밀을 국가가 공표하거나 사생활의 자유로운 형성이나 전개, 자신에 관한 정보의 통제를 방해하거나 간섭하는 데에 대한 방어권이다.

또한 개인은 자신의 또한 사생활의 비밀과 자유의 보장을 통하여 인간의 존엄성이 보호되며, 이는 자유민주주의질서의 객관적 법질서를 기본요소로서의 성격을 갖는다.

그리고 사생활의 비밀과 자유는 개인의 정보의 보호를 요구할 수 있는 적극적 성격을 갖는다.

Ⅳ. 사생활의 비밀과 자유의 주체

사생활의 비밀과 자유의 주체는 모든 자연인으로 내국인·외국인을 불문한다.

사생활의 비밀과 자유는 인간의 존엄성 존중과 인간의 자율적 사생활 형성을 보호하려는 것으로 법인이나 단체 등은 원칙적으로 그 주체가 될 수 없다. 다만, 법인이나 단체라 하더라도 법인이나 단체의 정보를 통해 법인이나 단체 고유의 정보의 자율적 통제영역을 침해당한 경우와 같이 고유한 정보의 통제에 있어서는 그 주체성이 인정된다고 볼 수 있다.

Ⅴ. 사생활의 비밀과 자유의 내용

1. 사생활의 비밀의 불가침

1) 사적 사항 공개 금지

개인의 신체상의 특징, 성, 질병기록, 전과사실, 명예나 신용 등과 같이 개인이 비밀로 하고자 하는 사적 사항을 본인의 의사에 반하여, 신문, 잡지, T.V., 영화 등 매스미디어, 그리고 컴퓨터망에 무단으로 공개하는 것은 금지된다.

헌법재판소는 •질병기록 공개(헌재 2005헌마1139), •전과사실 공개(헌재 2006헌마402; 2013헌마385), •당사자 간 대화의 비밀 녹취(헌재 91헌마114) 등에 대해 사생활의 비밀침해로 보았다.

반면 수용자의 거실 CCTV 설치 계호(헌재 2010헌마413)가 사생활의 비밀을 침해하지 않는다고 보았다.

사생활의 비밀 공개가 불법행위가 되려면 ① 사생활의 공개가 사실을 공공연하게 공표하여야 하고, ② 공개된 사실이 사적 사항이어야 하며, ③ 통상인의 수인한도를 넘는 것이어야 하며, ④ 공개된 사적 사항이 자신에 관한 것이라는 동일성이 입증되어야 한다.

2) 오해를 낳게 하는 공표 금지

사생활의 비밀의 불가침은 허위의 사실을 공표하거나 사실을 과장 또는 왜곡하여 공표함으로써 특정인에 대한 오해를 낳게 하는 공표는 금지한다. 그 오해의 정도는 통상인이 수인할 수 없을 정도의 것이어야 한다.

3) 인격적 징표의 영리적 이용금지

성명·초상·경력·이미지 등 본인에게 고유한 인격적 징표를 영리의 목적으로 이용함으로써 사생활을 침해해서는 안 된다. 이는 사회적으로 저명한 사람의 이름, 사진 등을 상업적으로 부당하게 이용하는 것으로부터 보호되는 권리로 퍼블리시티권(Right of Publicity)이라고 부른다. 이러한 사항의 영리적 이용이 사생활을 침해하려면 사용된 명의, 사진 등이 본인의 것과 일치하고, 이를 영리목적에 이용하여야 한다.

2. 사생활의 자유의 불가침

1) 사생활 평온의 불가침

본인의 의사에 반하여 감시·도청·도촬 등으로 사생활의 비밀을 탐지하거나 사생활의 평온을 방해하거나 침해하는 것은 금지된다.

사생활의 자유는 사적 공간의 평온유지를 보호하는 것으로 평균인이 감내하기 어려운 주거공간에 대한 소음, 진동, 빛 등으로 사생활 침해가 발생한 경우에도 사생활 침해로 보아야 한다. 그리고 주거를 출입하는 자의 신상을 파악한다든가 주거 밖에서 도청기를 설치하여 도청하는 경우에는 주거의 자유가 아닌 사생활 비밀의 침해로 보아야 한다.

또한 사생활의 침해와 명예훼손에 있어서 사생활의 자유는 개인의 내면적 감정에 중점을 두는 것으로, 주장 내용이 진실하더라도 사생활 침해가 될 수 있으며 주장 내용이 제3자에게 전달될 필요는 없다(예 도청). 반면에 명예훼손은 명예에 대한 사회적 평가에 대한 것으로, 주장한 내용에 대한 진실이 증명이 있는 경우에 위법하지 않게 되고 제3자에게 전달되어야 한다는 점에서 둘은 구별된다.

2) 사생활의 형성·유지의 불가침

사생활의 자유의 불가침이란 사생활의 자유로운 형성과 전개를 방해받지 아니할 권리로, 개인의 인격발현을 위해 자율적으로 선택하고 결정할 자기결정의 권리이다. 즉 결혼, 이혼, 임신, 피임, 낙태, 성생활, 장발, 취미생활 등의 자유를 간섭받거나 방해받지 않고 자신이 원하는 방식의 사생활을 적극적으로 형성하고 전개하는 것을 그 내용으로 한다.

헌법재판소는 종래 임부의 자기결정권과 관련해 형법 제269조 제1항 자기낙태를 처벌하는 것은 합헌이라고 판단해 왔으나(헌재 2010헌바402), 이를 변경결정(4인 헌법불합치, 3인 단순위헌)하여 형법상 낙태처벌 조항은 임신한 여성의 자기결정권을 침해하는 것이라 하여 헌법불합치결정을 내렸다(헌재 2017헌바127).

> **판례** | 낙태죄와 여성의 자기결정권 – 헌재 2019.4.11. 2017헌바127(헌법불합치)
>
> **자기낙태죄 조항**은 입법목적을 달성하기 위하여 필요한 최소한의 정도를 넘어 임신한 여성의 자기결정권을 제한하고 있어 침해의 최소성을 갖추지 못하였고, 태아의 생명 보호라는 공익에 대하여만 일방적이고 절대적인 우위를 부여함으로써 법익균형성의 원칙도 위반하였으므로, 과잉금지원칙을 위반하여 **임신한 여성의 자기결정권을 침해한다**.

3. 자기정보결정통제권

1) 자기정보결정통제권의 의의

자기정보결정통제권이란 자신에 관한 정보의 공개와 유통을 스스로 결정하고 통제할 수 있는 권리를 말한다. 정보화사회에 있어서, 개인의 많은 정보들은 본인이 알지 못하는 사이에 유통되고 공개당할 수 있다. 개인의 정보공개로 사생활이 크게 침해될 수 있고, 잘못 입력된 개인정보가 공개 유통되고 이용될 경우 사생활과 인격권이 침해될 수 있다. 특히 국가주요업무에 대한 전산화의 확대와 전국적 행정전산망의 구축 등으로 개인정보의 무단사용 또는 무단유출 등은 사생활에 대한 중대한 위협이 되고 있다.

여기서 개인정보보호의 필요성이 강조되며, 이와 더불어 공공기관이 보유한 개인정보는 일반국민에게 공개되어야 하는 정보공개(알권리 근거) 간의 조화가 요청된다.

헌법재판소는 •자기정보자기결정권과 관련하여 수급자 등의 금융자산 또는 부채를 확인할 수 있는 자료의 제출요구(헌재 2005헌마112), •의료기관에게 환자들의 의료비내역정보 국세청 제출의무부과(헌재 2006헌마1401 등), •채무불이행자명부나 그 부본을 보거나 복사신청 무제한 규정(헌재 2008헌마663), •검사장에게 배우자의 접견녹음파일 제공행위(헌재 2010헌마153), •청소년유해매체물을 제공하는 자에게 이용자의 본인확인 의무부과(헌재 2013헌마354), •주거침입 강간상해, 강간 유죄판결 확정자의 신상정보등록(헌재 2016헌마964), •아동청소년이용음란물 배포 및 소지행위로 징역이 확정된 자의 신상정보등록(헌재 2016헌마656), •김포시장이 김포경찰서장에게 청구인들의 이름, 생년월일, 전화번호, 주소 제공행위(헌재 2016헌마483)는 **합헌**으로 판단하였다.

이에 대해 •성폭력특별법 위반죄로 유죄확정자의 신상정보들을 20년간 보관·관리(헌재 2014헌마340 등)규정은 **헌법불합치결정**, •국민건강공단이 경찰서장에게 요양급여내역제공행위(헌재 2014헌마368), •주민등록번호 변경규정 미비 주민등록법 규정(헌재 2013헌바68), •통신매체이용음란죄(벌금형)로 유죄판결 확정된 자의 신상등록(헌재 2015헌마688), •형제

자매에게 가족관계등록부 등의 기록사항에 관한 증명서 교부청구권 부여 규정(헌재 2015헌
마924), •4급 이상 공무원들에게 모든 질병명의 예외없이 공개 규정한 「공직자 등의 병역
사항 신고 및 공개에 관한 법률」(헌재 2005헌마1139) 등에 대해서는 **위헌**결정을 내렸다.

2) 자기정보결정통제권의 법적 성격

자기정보결정통제권은 개인에 관한 정보를 보호하고 사생활 침해를 막기 위해 동의
없이 개인에 관한 정보의 자의적 수집을 배제하는 방어적 권리로서 요구된다. 또한 자신
에 관한 정보가 잘못되었는지에 대해 자유로이 열람확인을 요구할 수 있고, 이용중지 및
정보의 오류가 있는 경우에는 이를 정정이나 삭제 등을 요구할 수 있는 적극적 권리이다.

3) 자기정보결정통제권의 내용

(1) 자기정보자기결정권

자기정보자기결정권이란 개인정보 주체가 개인정보의 사용과 공개에 관하여 스스로
결정할 수 있는 권리를 말한다. 여기서 개인정보란 살아있는 개인에 관한 정보로서 성명,
주민등록번호 및 영상 등을 통하여 개인을 알아볼 수 있는 정보, 해당 정보만으로는 특정
개인을 알아볼 수 없더라도 다른 정보와 쉽게 결합하여 알아볼 수 있는 정보, 가명처리함
으로써 원래의 상태로 복원하기 위한 추가 정보의 사용·결합 없이는 특정 개인을 알아볼
수 없는 정보를 말한다(개인정보 보호법 제2조 제1호~제1의2호).

개인정보 주체는 개인정보의 처리에 관한 동의 여부 및 동의 범위를 선택하고 결정할
권리를 갖는다. 따라서 동의없는 개인정보에 대한 조사·수집·보관·처리·이용 등의 행위
는 개인의 자기정보자기결정권을 침해하는 것이다. 개인정보보호 대상이 되는 개인정보
는 사적 영역이나 정보뿐 아니라 공적 생활에서 형성되거나 공개된 개인정보도 포함한다.

그러나 자기정보자기결정권은 사생활의 비밀과 자유와 별개의 독자적 기본권으로 보
는 견해도 있다(헌재 99헌마513·2004헌마190 병합).

판례 | 개인정보 – 헌재 2005.7.25. 2003헌마282(기각, 각하)

개인정보자기결정권의 보호대상이 되는 개인정보는 개인의 신체, 신념, 사회적 지위, 신분 등과
같이 개인의 인격주체성을 특징짓는 사항으로서 그 **개인의 동일성을 식별할 수 있게 하는 일체의
정보**라고 할 수 있고, 반드시 개인의 내밀한 영역이나 사사의 영역에 속하는 정보에 국한되지 않고
공적 **생활에서 형성되었거나 이미 공개된 개인정보까지 포함한다.**

> **판례** | 개인정보자기결정권 – 2005.5.26. 99헌마513·2004헌마190(병합)(기각, 각하)
>
> 개인정보자기결정권의 헌법상 근거로는 헌법 제17조의 **사생활의 비밀과 자유**, 헌법 제10조 제1
> 문의 인간의 존엄과 가치 및 행복추구권에 근거를 둔 **일반적 인격권** 또는 위 조문들과 동시에 우리
> **헌법의 자유민주적 기본질서 규정 또는 국민주권원리와 민주주의원리 등**을 고려할 수 있으나, 개인
> 정보자기결정권으로 보호하려는 내용을 위 각 기본권들 및 헌법원리들 중 일부에 완전히 포섭시키
> 는 것은 불가능하다고 할 것이므로, 그 헌법적 근거를 굳이 어느 한두 개에 국한시키는 것은 바람
> 직하지 않은 것으로 보이고, 오히려 개인정보자기결정권은 이들을 **이념적 기초로 하는 독자적 기본
> 권으로서 헌법에 명시되지 아니한 기본권이라고 보아야 할 것이다.**

(2) 자기정보자기통제권

자기정보자기통제권이란 정보주체가 자기정보에 대한 열람을 요구할 수 있는 통제권
을 말한다. 이 권리에 의해 정보주체는 개인정보의 처리에 관한 정보를 제공받을 수 있으
며, 개인정보의 처리 여부를 확인하고 개인정보에 대하여 열람(사본 발급 포함)을 요구하고
개인정보의 처리 정지, 정정·삭제 및 파기를 요구할 권리를 갖는다.

그리고 개인정보의 처리로 인하여 발생한 피해를 신속하고 공정한 절차에 따라 구제
받을 수 있다(개인정보 보호법 제4조).

VI. 사생활의 비밀과 자유의 효력

사생활의 비밀과 자유는 국가가 사생활의 비밀을 공표하거나 사생활의 자유로운 형성
이나 전개 그리고 자신에 관한 정보통제를 방해 또는 간섭하는 것에 대한 방어권으로서
대국가적 효력을 갖는다.

또한 사생활의 비밀과 자유는 자유민주주의의 객관적 가치질서요소로서 사인에 대하
여 효력을 갖는다. 따라서 사생활의 비밀과 자유가 사인에 의해 침해되는 경우 사인 상호
간에도 적용된다.

VII. 사생활의 비밀과 자유의 제한과 한계

1. 사생활의 비밀과 자유의 제한

(1) 사생활의 비밀과 자유는 자유민주주의에 있어서 매우 중요한 것이지만 무제한의
자유일 수 없으며, 사생활에 관한 정보를 비밀리에 수집하거나 관리하는 경우에 제한된
다. 행정기관이 행정자료를 수집하고 유통하는 과정에서 그리고 수사기관이 수사하는 과

정에서 사생활의 비밀과 자유가 침해될 수 있다.

　사생활의 비밀과 자유도 국가안전보장·질서유지·공공복리를 위하여 필요한 경우에 법률에 의해 제한되며, 제한하는 경우도 과잉금지의 원칙이나 비례의 원칙을 존중하여야 한다. 이를 제한하는 경우에 개인정보의 수집이나 보관, 이용 등에 관하여 주체나 목적 및 대상, 범위가 구체적이고 명확하여야 하고, 개인정보가 인격과 밀접하게 연관될수록 명확성이 요청된다(헌재 2003헌마282).

　(2) 또한 사생활의 비밀과 자유는 다른 기본권규정에 의해서도 제한을 받을 수 있다. 즉, 언론매체가 사생활의 내용을 공개하거나 오해를 낳게 하는 표현을 하거나 인격적 징표를 영리목적으로 이용하는 경우 등에서 사생활이 침해될 수 있다.

　이러한 사생활의 비밀과 자유가 언론의 자유와 충돌하는 경우에 어느 법익을 어느 정도 보호해야 하느냐가 문제된다. 이에 대해 사생활 침해가 정당화될 수 있는 정당화기준으로 ① 사생활의 비밀과 자유를 포기한 경우에 권리가 소멸하므로 공개할 수 있다는 권리포기, ② 사생활 비밀의 침해가 공공의 이익인 국민의 알권리 실현을 위한 침해인 경우에 정당화된다는 공공의 이익(public Interest), ③ 정치인, 운동선수, 배우, 범죄인 등 그의 지위, 재능, 인기, 그 밖의 사유 등에 의해 유명해진 인물은 사생활의 공개에도 수인해야 한다는 공적 인물(public Figure), ④ 출생, 결혼, 주민등록, 군복무기록 등 공적기록에서 얻은 자료의 공표는 원칙적으로 사생활의 비밀을 침해하는 것이 아니라는 공적 사항(public Record)을 들고 있다.

　그러나 이 경우도 일의적으로 확정할 수는 없으며 사안마다 구체적 상황에 따라 사생활의 침해여부가 결정될 수밖에 없다.

❗ 판례 | 개인정보자기결정권의 제한 – 헌재 2005.7.25. 2003헌마282(기각, 각하)

　정보화 사회로의 이러한 급속한 진전에 직면하여 개인정보 보호의 필요성은 날로 증대하고 있다고 볼 때, **국가권력에 의하여 개인정보자기결정권을 제한함**에 있어서는 개인정보의 수집·보관·이용 등의 주체, 목적, 대상 및 범위 등을 법률에 구체적으로 규정함으로써 그 **법률적 근거를 보다 명확히 하는 것이 바람직하다.** 그러나 개인정보의 종류와 성격, 정보처리의 방식과 내용 등에 따라 수권 법률의 명확성 요구의 정도는 달라진다 할 것이고, 일반적으로 볼 때 **개인의 인격에 밀접히 연관된 민감한 정보일수록 규범명확성의 요청은 더 강해진다고 할 수 있다.**

2. 사생활의 비밀과 자유의 제한의 한계

사생활의 비밀과 자유는 법률로써 제한할 수 있지만 그 본질적 내용은 침해할 수 없다. 사생활 비밀의 영역 중 사상, 신조, 성향 등 내밀영역의 침해는 사생활비밀의 본질적 내용을 침해하는 것으로 제한할 수 없다.

다만 전과사실, DNA정보, 질병기록 등 사적 영역이나 결혼, 이혼, 출산, 가족형성 등 사회적 영역은 제한될 수 있으며, 제한하는 경우에도 과잉금지원칙이 준수되어야 한다. 범죄수사 및 범죄예방으로부터 국민권익을 보호하기 위해 「디엔에이신원확인정보의 이용 및 보호에 관한 법률」을 제정하여 범죄현장에서 활용하고 있어 사생활침해가 되지 않도록 관리와 이용 시책마련이 요구된다.

국정조사나 국정감사에 의해 개인의 사생활이 침해되지 않도록 규정하고 있고, 논란이 되어온 「아동·청소년 성보호에 관한 법률」상 아동청소년대상 성범죄자와 「성폭력범죄 처벌 등에 관한 특례법」상 성범죄자 및 재범위험성이 있는 자에 대한 신상정보공개(개인 정보 보호법 제47조)에 대해 규정하고 등록정보를 알리는 고지제도(법 제49조)를 시행하고 있다.

> **⚠ 판례** | NEIS 보유정보와 개인정보자기결정권 제한 – 헌재 2005.7.21. 2003헌마282·425 (병합)(기각, 각하)
>
> 개인정보의 종류 및 성격, 수집목적, 이용형태, 정보처리방식 등에 따라 개인정보자기결정권의 제한이 인격권 또는 사생활의 자유에 미치는 영향이나 침해의 정도는 달라지므로 개인정보자기결정권의 제한이 정당한지 여부를 판단함에 있어서는 위와 같은 요소들과 추구하는 공익의 중요성을 헤아려야 하는 바, 피청구인들이 졸업증명서 발급업무에 관한 민원인의 편의 도모, 행정효율성의 제고를 위하여 **개인의 존엄과 인격권에 심대한 영향을 미칠 수 있는 민감한 정보라고 보기 어려운 성명, 생년월일, 졸업일자 정보만을 NEIS에 보유하고 있는 것은 목적의 달성에 필요한 최소한의 정보만을 보유하는 것이라 할 수 있고,** 「공공기관의 개인정보보호에 관한 법률」에 규정된 개인정보 보호를 위한 법규정들의 적용을 받을 뿐만 아니라 피청구인들이 보유목적을 벗어나 개인정보를 무단 사용하였다는 점을 인정할 만한 자료가 없는 한 NEIS라는 자동화된 전산시스템으로 그 정보를 보유하고 있다는 점만으로 **피청구인들의 적법한 보유행위 자체의 정당성마저 부인하기는 어렵다.**

제3항 주거의 자유

Ⅰ. 주거의 자유의 의의

주거의 자유란 자신의 주거의 평온과 안전을 보장받을 권리를 말한다. 주거는 인간이 거주와 활동을 하기 위한 장소로 된 모든 타인에게 개방되지 않은 사적 공간이다.

주거의 자유는 개인에게 있어서 자유로운 인격의 발현을 위한 공간적 생활영역의 기초를 보장해 주는 것으로, 사생활 그 자체를 보호하는 사생활의 비밀과 자유와 구별된다.

> **⚠ 판례** | 주거의 자유 침해 – 헌재 2004.6.24. 2003헌바53(합헌)
>
> 주거침입죄는 주거의 평온과 안전을 침해하는 범죄인 바, 주거는 사생활의 중심이 되는 장소이기 때문에 그 불가침이 보장되지 않고서는 개인의 생명·신체·재산의 안전은 물론, 나아가 인간행복의 최소한의 조건인 개인의 사적 영역이 지켜질 수 없다는 점에서 주거침입죄가 강간죄와 결합될 경우에는 그 불법의 정도가 높아진다 할 것이다.

Ⅱ. 주거의 자유의 연혁과 헌법규정

주거의 불가침이 처음 기본권으로 인정된 것은 1776년 미국의 버지니아권리장전에서이고, 그 후 1791년 미연방수정헌법은 제4조에 주거의 자유를 보장하였다.

오늘날 거의 모든 헌법은 주거의 자유를 규정하고 있고, 국제적 차원에서도 주거의 불가침을 보장하고 있다.

제헌헌법에 주거의 자유를 거주이전의 자유와 함께 규정하였으나, 제5차 개헌이래 둘은 별개의 조항으로 규정되어 있다.

현행헌법은 거주이전의 자유는 제14조에 규정하고, 주거의 자유는 제16조에 "모든 국민은 주거의 자유를 침해받지 아니한다. 주거에 대한 압수나 수색을 할 때에는 검사의 신청에 의하여 법관이 발부한 영장을 제시하여야 한다"고 규정하고 있다.

Ⅲ. 주거의 자유의 법적 성격

주거의 자유는 개인의 주거의 불가침을 보호하는 것으로 국가권력의 주거에 대한 침해를 방어하는 주관적 공권이다. 따라서 주거에 대한 압수나 수색을 할 때에는 영장을 제시하여야 한다.

또한 주거의 자유는 인간생활의 모든 질서를 형성하는 객관적 가치질서성을 갖는다.

IV. 주거의 자유의 주체

내국인·외국인을 불문하고 모든 자연인은 주거의 자유의 주체가 된다.

또한 법인이나 단체도 주거의 자유의 주체가 되며(이견 있음), 공법인도 경우에 따라 그 주체가 될 수 있다.

주체와 관련하여 구체적인 경우 주거의 자유를 주장할 수 있는 권한을 가지는 자는 직접적인 소유자 그리고 현실적인 점유자이다. 가령 주거의 소유자, 주거의 현실적 점유자인 세입자, 가족 구성원, 주거의 관리자, 사업주, 작업장의 장, 호텔의 투숙객 등이 그 주체가 된다.

> **판례 | 주거의 자유의 주체와 주거침입죄 – 대판 1987.11.10., 87도1760(기각)**
>
> 점유할 권리없는 자가 점유한 경우, 예를 들면 임대차기간종류 후 임차인이 점유하고 있다 하더라도 그 주거의 평온은 보호되어야 하므로, 권리자(임대인)가 자력구제수단으로 건조물에 침입한 경우에는 주거침입죄가 성립한다.

V. 주거의 자유의 내용

1. 주거의 불가침

주거의 자유는 사생활이 전개되는 공간영역으로서 주거의 불가침을 그 내용으로 한다.

주거에는 개인의 주택에 한정하지 않고 그에 부수하는 경계 내의 장소(예 지하실, 차고, 계단, 다락방, 난간, 울타리나 담장안 정원 등)도 포함된다. 사업장이나 영업장도 일정한 경계에 의하여 구분되는 사적 공간과 생활공간(예 캠핑용 자동차, 텐트), 개인의 직업적 활동 공간(예 교수 연구실, 화실 등) 등도 주거의 자유의 대상이 된다. 누구에게나 개방이 허용된 사업장도 주거의 자유 대상이 되며, 영업시간 중에는 출입에 추정적 동의가 있는 것으로 본다. 거주관계를 분명히 할 수 없고, 사적 영역과 관련성이 적은 논, 밭이나 목장 등은 주거의 자유가 아닌 재산권의 보호대상으로 본다.

주거의 불가침은 주거의 자유의 주체에 의한 동의나 승낙이 없이는 누구든지 주거에 들어가는 것이 금지되는 것이다. 비록 거주자의 동의가 있었다고 하더라도 불법행위를 목적으로 들어간 경우에는 진정한 동의는 없다고 보아 주거침입죄가 성립한다.

그리고 주거 내에 도청기를 설치하거나 음향이나 적외선 카메라를 통해 듣고 보는 감시행위 등도 주거의 자유를 침해한다고 본다. 그러나 국가기관이 주거에 들어가지 않고 개인의 정보를 수집하는 것은 주거의 자유 침해가 되지 않는다고 본다.

> **판례** | 주거의 자유의 내용과 주거침입죄
>
> 타인의 처와 간통할 목적으로 그 처의 동의하에 주거에 들어간 경우 남편에 대한 주거침입죄를 인정(대판 1958.5.23., 4291형상117); 대리시험자의 시험장 입장에 대해 주거침입죄를 인정(대판 67도1281); 피고인이 갑의 부재중에 갑의 처(妻) 을과 혼외 성관계를 가질 목적으로 을이 열어 준 현관 출입문을 통하여 갑과 을이 공동으로 거주하는 아파트에 3회에 걸쳐 들어간 사안에서, 피고인이 을로부터 현실적인 승낙을 받아 통상적인 출입방법에 따라 주거에 들어갔으므로 주거의 사실상 평온상태를 해치는 행위태양으로 주거에 들어간 것이 아니어서 주거에 침입한 것으로 볼 수 없고, 설령 피고인의 주거 출입이 부재중인 갑의 의사에 반하는 것으로 추정되더라도 그것이 사실상 주거의 평온을 보호법익으로 하는 주거침입죄의 성립 여부에 영향을 미치지 않는다는 이유로, 같은 취지에서 피고인에게 무죄를 선고한 원심의 판단이 정당하다고 한 사례(대판 2021. 9. 9. 2020도12630).

2. 주거에 대한 압수·수색과 행정절차 및 영장주의

1) 주거에 대한 압수·수색과 영장주의

주거에 대한 압수란 주거에 들어가 점유자의 소지품 등을 강제 취득하는 것을 말하고, 수색이란 사람이나 물건을 발견하기 위해 물건·장소에 강제검색을 하는 것을 말한다.

주거에 대한 압수·수색에는 영장이 제시되어야 하며, 영장에는 압수할 물건과 수색할 장소가 명시되어야 한다. 현행범의 체포, 긴급체포를 하는 경우와 같이 긴급을 요하여 법원판사의 영장을 발부할 수 없는 경우에 범행 중 또는 범행 직후 범죄 장소에서 영장 없이 압수·수색 또는 검증을 할 수 있다. 이 경우 지체없이 사후영장을 받아야 한다(형소법 제216조 제3항).

> **판례** | 압수·수색과 영장주의 – 대판 2009.3.12. 2008도763(기각)
>
> 수사기관이 압수·수색에 착수하면서 그 장소의 관리책임자에게 영장을 제시하였다고 하더라도, 물건을 소지하고 있는 다른 사람으로부터 이를 압수하고자 하는 때에는 그 사람에게 따로 영장을 제시하여야 한다.

2) 행정절차와 영장주의

행정상 즉시강제와 같은 행정절차에도 영장주의가 적용되는가에 대해 필요설, 불필요설, 절충설(원칙적 영장주의 적용, 소방, 위생점검 등 순수한 행정절차에 영장 불요)이 대립된다. 행정기관이 위생상태를 점검하거나 전염병을 예방하기 위해 주거에 들어가는 순수한 행정절차는 범죄와 관련하여 이루어지는 압수·수색에 해당하지 않는 것으로 보아 영장주의가 적용되지 않는다고 본다. 그리고 「민사집행법」의 강제집행을 위한 주거수색은 법원의 집행판결에 의한 것으로 영장주의 위반이 아니라고 본다.

VI. 주거의 자유의 효력

주거의 자유는 국가권력에 의해 주거에 대한 간섭이나 침해를 받지 않을 방어권으로서 대국가적 효력을 가진다.

또한 주거의 자유는 사인 상호 간에도 직접 또는 간접적으로 적용되는 대사인적 효력을 가진다.

VII. 주거의 자유의 제한과 한계

주거의 자유는 국가안전보장·질서유지 또는 공공복리를 위하여 필요한 경우에 법률에 의하여 제한된다. 예컨대 대물적 강제처분이나 대인적 강제처분을 하는 경우(형소법 제106조 이하), 감염병예방을 위한 경우(감염병예방 및 관리에 관한 법률 제49조), 현장검증이 있는 경우 등에는 주거의 자유가 제한될 수 있다(형소법 제119조).

주거의 자유를 제한하는 법률로는 「형사소송법」, 「경찰관직무집행법」, 「출입국관리법」, 「소방법」, 「우편법」, 「감염병예방 및 관리에 관한 법률」, 「마약법」, 「조세범처벌절차법」 등이 있다.

주거의 자유를 제한하는 경우에도 법률이 규정한 목적의 달성을 위해 필요한 최소한에 그쳐야 하고, 그 본질적 내용은 침해할 수 없다.

제4항 통신의 자유

I. 통신의 자유의 의의

통신의 자유란 우편물이나 전기통신 등의 수단을 이용하여 개인의 의사나 정보를 전달하거나 교환하는 경우에 그 내용 등이 본인의 의사에 반하여 공개되지 아니할 자유를 말한다.

헌법은 제18조에 "모든 국민은 통신의 비밀을 침해받지 아니한다"고 규정하여 통신의 자유를 규정하고 있다. 여기서 '통신의 비밀의 불가침'이란 의사나 정보의 전달 또는 교환이 본인들의 의사에 반하여 제3자에 의해 인지되어서는 안 된다는 것을 말한다.

오늘날 통신의 발달은 인간에게 편리함을 제공하고 있지만 그러한 편리함과 함께 통신의 내용이 제3자에 의해 열람, 누설되는 등 부당하게 침해될 가능성도 높아졌다. 전기통신을 이용한 당사자 간 사적 통신이 도청 등에 의해 침해되는 등 통신비밀의 심각한 침해문제에 대응하고자 「통신비밀보호법」(약칭: 통비법)이 제정되었다.

통신의 자유는 개인의 자유로운 의사교환에 있어서의 비밀을 보장하고 통신을 통해 사생활이 침해되는 것을 보호하고자 하는 데에 의의가 있다.

표현의 자유는 자신의 의사나 정보를 외부에 적극적으로 알리는 것으로 상대방이 특정되지 않는 반면, 통신의 자유는 특정한 상대방에게 의사나 정보를 전달한다는 점에서 구별된다.

II. 통신의 자유의 법적 성격

통신의 자유는 국가권력이 개인의 통신의 내용 등을 침해하는 것에 대한 방어권이다. 즉 개인에 대한 통신의 내용의 열람이나 누설, 정보제공 등을 금지하는 주관적 공권이다.

또한 통신의 자유는 공동체의 의사나 정보의 자유로운 교환을 보호하는 객관적 가치질서의 구성요소이다.

또한 통신의 비밀을 보장하는 것은 사생활의 내용과 비밀을 보장하는 것이므로 통신의 자유는 사생활 보호를 위한 기초가 된다.

III. 통신의 자유의 주체

통신의 자유는 자연인뿐만 아니라 법인이나 권리능력 없는 사단도 그 주체가 될 수 있다. 자연인에는 내국인뿐만 아니라 외국인도 포함된다. 수형자도 통신의 자유의 주체가 되나 일반인의 경우보다 제한될 수 있다.

> **판례** | 수형자의 통신의 자유 주체성 – 헌재 1998.8.27. 96헌마398(기각, 각하)
>
> 징역형 등이 확정되어 교정시설에서 **수용중인 수형자도 통신의 자유의 주체가 됨은 물론**이다. 그러나 행형법은 교정시설의 질서를 유지하고 수형자의 교정·교화를 도모하기 위하여 **수형자가 서신을 수발할 경우에는 교도소장의 허가와 교도관의 검열을 요하도록 규정**하고 있다(제18조 제1항·제3항).
>
> 이 사건의 쟁점은 피청구인이 이 법률조항에 따라 시행한 서신검열행위가 국가안전보장·질서유지 또는 공공복리를 위하여 "필요한 경우"에 해당하는지 여부와 그 검열이 통신의 자유의 본질적인 내용을 침해하는 것인지 여부이다.

IV. 통신의 자유의 내용

1. 통신의 비밀

통신의 자유에서 통신은 격지자 간 의사나 정보의 전달을 말하는 것으로 우편물이나 전화, 전자우편, 전신, 팩스 등의 전기통신을 말한다. 우편물은 통상우편물과 소포우편물을 말하고(우편법 제14조), 전기통신은 유선, 무선, 광선 기타 전자식 방식에 의해 음향, 부호, 영상 등을 송신하거나 수신하는 것이다(통비법 제2조). 통신에는 저장되어 있는 정보도 포함되며, 대화는 통신개념에 포함되지 않는 것으로 본다. 즉 녹음, 감청 등에 의한 대화에 대한 침해는 사생활 침해가 되며 통신의 비밀의 침해는 아니다.

2. 통신의 불가침

통신의 불가침이란 통신에 대한 열람, 누설, 정보제공을 금지하는 것을 말한다. 열람의 금지는 통신의 내용을 알고자 통신물을 개봉하거나 읽거나 도청하는 것을 금하는 것을 말한다. 누설금지는 통신업무로 알게 된 사실을 남에게 알리는 것을 금지하는 것이며, 정보제공금지는 통신의 내용을 정보활동의 목적을 위해 제공하거나 또는 제공받는 것을 금지하는 것이다.

우편물에 대한 검열, 전기통신의 감청, 통신사실 확인자료의 제공, 타인간의 대화 녹음이나 청취는 허용하지 않고(통비법 제3조), 불법검열, 불법감청, 불법녹음·불법청취로 지득 또는 채록된 내용은 재판 또는 징계절차에서 증거로 사용될 수 없다(법 제4조, 제14조).

(!) 판례 | 비공개, 불법취득 대화내용 공개 처벌규정과 공개자의 표현의 자유 침해 여부 – 헌재 2011.8.30. 2009헌바42(합헌)

공개되지 아니한 타인 간의 대화를 녹음 또는 청취하여 지득한 대화의 내용을 공개하거나 누설한 자를 처벌하는 통신비밀보호법(제16조 제1항 제2호)은 불법 취득한 타인 간의 대화내용을 공개한 자를 처벌함에 있어 형법 제20조(정당행위)의 일반적 위법성 조각사유에 관한 규정을 적정하게 해석 적용함으로써 공개자의 표현의 자유도 적절히 보장될 수 있는 이상, 이 사건 법률조항에 형법상의 명예훼손죄와 같은 위법성조각사유에 관한 특별규정을 두지 아니하였다는 점만으로 기본권 제한의 비례성을 상실하였다고 볼 수 없어, 대화의 내용을 공개한 자의 표현의 자유를 침해한다고 볼 수 없다.

V. 통신의 자유의 효력

통신의 자유는 국민의 통신의 자유를 국가기관(정보기관, 수사기관)이 침해하는 것에 대한 방어권으로서 대국가적 효력을 가진다.

통신의 자유는 사인간에 통신의 비밀을 침해하는 경우에도 적용되는 대사인적 효력을 갖는다. 따라서 부당하고 위법하게 다른 사람의 통신의 비밀을 침해한 때에는 비밀침해죄(형법)로 처벌받거나 불법행위 책임을 진다.

VI. 통신의 자유의 제한과 한계

1. 통신의 자유의 제한

1) 일반적 법률유보에 따른 제한

통신의 자유도 헌법 제37조 제2항에 따라 국가안전보장·질서유지 또는 공공복리를 위하여 필요한 경우에는 법률로써 제한할 수 있다. 따라서 통신의 비밀을 악용하여 국가안전보장이나 공동체의 안전과 질서를 침해하고 범죄의 수단으로 이용하는 것은 허용될 수 없다.

통신의 자유를 제한하는 법률인 「통신비밀보호법」에 의하면 범죄수사를 위하여 불가피한 경우와 국가안전보장에 대한 위해를 방지할 필요가 있는 경우에는 법원의 허가를 얻어 우편물의 검열과 전기통신의 감청이 허용될 수 있다.

그리고 「국가보안법」은 반국가단체의 구성원 또는 그 지령을 받은 자와의 통신을 금지하고 있고(법 제8조), 「형사소송법」은 피고인이 발송하거나 피고인에 대해 발송된 우편물의 제출을 명하거나 압수할 수 있고(법 제107조), 「형의 집행 및 수용자의 처우에 관한 법률」은 수용자의 서신검열과 교도관의 참여하에 서신을 수발하게 하고 있다(법 제43조). 또한 「전파법」은 헌법 또는 국가기관을 폭력으로 파괴할 것을 주장하는 통신을 금지하고(법 제80조), 「관세법」은 통관우체국이 수출입 또는 반송하고자 하는 우편을 접수한 때에는 세관장에게 우편물목록을 제출하고 검사를 받도록 규정하고 있으며(법 제257조), 「채무자 회생 및 파산에 관한 법률」은 파산관재인이 파산자의 우편물을 개피(개봉)하는 것(법 제484조 제2항)을 허용하고 있다.

2) 통신의 자유와 영장주의

통신의 자유를 제한하는 우편물의 검열·압수 또는 전기통신의 감청의 경우에도 영장주의가 적용되는가가 문제된다. 형사소추를 위해서 통신의 자유를 제한하는 우편물의 검열과 전기통신의 감청의 경우에는 영장주의가 적용되어야 한다.

통비법은 내란죄·외환죄 등 해당 법조항(법 제5조 제1항 각 호)에 규정된 범죄를 계획 또는 실행하고 있거나 실행하였다고 의심할 만한 충분한 이유가 있는 경우에 범죄수사를 위한 우편물이나 전기통신의 제한조치를 하려면 검사의 청구와 법원의 허가(영장)를 받아야 한다. 또한 국가안보를 위한 정보수사기관의 통신제한조치에도 내국인의 경우에는 고등법원 수석부장판사의 허가를 받아야 한다는 것을 규정하고 있다(법 제7조).

2. 통신의 자유의 한계

통신의 자유를 제한하는 경우에도 법률이 규정한 목적의 달성을 위해 필요한 최소한에 그치는 과잉금지의 원칙이 준수되어야 한다. 따라서 헌법질서를 침해하거나 범죄를 위해 통신을 이용하거나 타인의 권리행사를 방해하는 것까지 허용되는 것은 아니며, 통신의 자유를 제한하는 경우도 그 본질적 내용은 침해할 수 없다.

통신의 자유의 한계와 관련하여 특히 감청과 도청의 경우가 문제된다.

1) 감 청

국가의 안전보장, 범죄수사 등을 이유로 감청이 행해질 수 있는데 이러한 과정에서 통신의 비밀이 침해될 수 있다. 감청이란 전기통신에 대하여 당사자의 동의 없이 전자장치·기계장치 등을 사용하여 통신의 음향·문언·부호·영상을 청취·공독하여 그 내용을 지득 또는 채록하거나 전기통신의 송·수신을 방해하는 것을 말한다(통비법 제2조 제7호).

통비법은 "누구든지 공개되지 아니한 타인 간의 대화를 녹음하거나 전자장치 또는 기계적 수단을 이용하여 청취할 수 없다(법 제14조 제1항)"고 하여 원칙적으로 감청은 금지하고 있다. 다만, 불가피한 경우와 국가안전보장에 대한 위해를 방지할 필요가 있는 경우에 범죄수사를 위하여 전기통신의 감청을 허용하고 있다.

한편 전화교환수가 업무수행과정에서 범죄행위를 청취한 경우 또는 수사기관 또는 피해자의 의뢰에 의하여 통신의 발신장소·발신인 탐지의 경우는 허용된다고 본다.

통신의 비밀에 중대한 제한을 가하는 감청은 사생활의 비밀을 침해하기 때문에 법률의 근거가 있는 경우에 한에서 예외적인 경우에만 허용된다고 할 것이다. 따라서 상기한 감청의 허용요건을 구비하지 못한 감청은 위법한 도청이 되고 위법한 도청에 의해서 얻어진 자료는 증거능력이 부인된다고 보아야 한다.

판례 | 통신의 자유의 제한 - 헌재 2010.12.28. 2009헌가30(헌법불합치)

통신제한조치기간의 연장을 허가함에 있어 총 기간 내지 총연장횟수의 제한을 두지 아니하고 **무제한 연장을 허가할 수 있도록 규정**한 통신비밀보호법 제6조 제7항 단서 중 전기통신에 관한 '통신제한조치기간의 연장'에 관한 부분은 **과잉금지원칙을 위반하여 통신의 비밀을 침해하는 법률로서 헌법에 합치하지 아니한다.**

2) 수용자의 서신검열 등

수용자에 대한 서신검열은 행형목적 달성을 위하여 일정한 경우에 예외적으로 인정하되(형의 집행 및 수용자의 처우에 관한 법률 제43조 제1항, 제4항), 미결수용자와 변호인 사이의 서신은 교정시설에서 상대방이 변호인임을 확인할 수 없는 경우를 제외하고는 검열할 수 없다(법 제84조 제3항). 이같이 수용자에 대한 서신검열은 변호인의 조력을 받기 위한 경우에 한하여 예외적으로 허용하지 않고 있다.

그러나 불순한 목적으로 하는 서신발송의 경우에는 변호인의 조력을 받을 권리가 보장되지 않고, 수용자에 대한 서신검열은 통신의 자유의 본질적 내용을 침해하지 않는다고 본다.

 판례 | 수용자의 서신검열과 통신비밀의 자유 - 헌재 2001.11.29. 99헌마713(기각, 각하)

교도소수용자로 하여금 제한 없이 서신을 발송할 수 있게 한다면, 서신교환의 방법으로 마약이나 범죄에 이용될 물건을 반입할 수 있고, 외부범죄세력과 연결하여 탈주를 기도하거나 수용자끼리 연락하여 범죄행위를 준비하는 등 수용질서를 어지럽힐 우려가 많으므로, 이들의 도주를 예방하고 교도소 내의 규율과 질서를 유지하여 구금의 목적을 달성하기 위해서는 서신에 대한 검열이 불가피하며, 만약 국가기관과 사인에 대한 서신을 따로 분리하여 사인에 대한 서신의 경우에만 검열을 실시하고, 국가기관의 명의를 빌려 검열 없이 보낼 수 있게 됨으로써 검열을 거치지 않고 사인에게 서신을 발송하는 탈법수단으로 이용될 수 있게 되므로 **수용자의 서신에 대한 검열은 정당한 목적을 위하여 부득이 할 뿐만 아니라, 유효적절한 방법에 의한 최소한의 제한이며, 통신비밀의 자유의 본질적 내용을 침해하는 것은 아니다.**

제5절 **사회적·경제적 자유**

제1항 거주·이전의 자유

Ⅰ. 거주·이전의 자유의 의의와 연혁

거주·이전의 자유란 국가권력의 간섭을 받지 않고 자신이 원하는 곳에 거주지나 체류지를 정하거나, 그곳에서 자유로이 이전·체류·변경하거나 변경하지 않을 자유를 말한다.

거주·이전의 자유는 다른 장소를 자유롭게 방문할 자유로 국민의 자유로운 생활형성을 보장하는 반면, 신체의 자유인 신체이동의 자유는 현재 장소에 머무르거나 벗어날 자유로 국가로부터의(예 수사권) 신체활동의 자유를 보장하는 점에서 다르다.

거주·이전의 자유가 기본권으로 규정된 것은 1791년의 프랑스헌법이다. 독일에서는 1919년의 바이마르헌법과 1949년 기본법에 규정되고, 일본에서는 1946년 일본헌법에 규정되었다. 국제적으로는 시민적·정치적 권리에 관한 국제인권규약(제12조)에 거주·이전의 자유를 규정하고 있다.

우리나라는 제헌헌법 이래 거주·이전의 자유를 규정해왔으며, 현행헌법은 제14조에서 "모든 국민은 거주·이전의 자유를 가진다"고 규정하고 있다.

Ⅱ. 거주·이전의 자유의 법적 성격

거주·이전의 자유는 국가가 거주지변경을 금지하거나 강제이주하게 하는 것과 같은 간섭이나 금지에 대한 방어권성을 갖는다.

또한 거주·이전의 자유는 공동체의 자유로운 질서를 구성하는 요소로서 객관적 법질서성을 갖는다.

거주·이전의 자유는 자신의 생활영역을 스스로 결정함으로써 개인의 인격의 자유로운 형성과 발현을 위한 전제가 되는 것이라는 의미에서 인간의 존엄과 가치를 유지하기 위한 성격을 갖는다.

그리고 거주·이전의 자유는 인간의 노동력과 개인의 자산의 자유로운 이동 없이는 자유로운 경제질서 형성이 어렵다는 의미에서 사회적·경제적 기본권성을 갖는다.

이와 같이 거주·이전의 자유는 다양하고 복합적인 성격을 갖는다는 것을 알 수 있다.

Ⅲ. 거주·이전의 자유의 주체

거주·이전의 자유는 국민뿐 아니라 공법인을 제외한 내국법인도 그 주체가 될 수 있다. 북한주민은 입국의 자유가 보장된다.

거주·이전의 자유는 국민의 권리로 외국인은 그 주체가 되지 못하며(다수설), 외국법인도 그 주체가 될 수 없다.

Ⅳ. 거주·이전의 자유의 내용

1. 국내에서의 거주·이전의 자유

거주·이전의 자유는 국내에서의 거주지와 체류지를 자유롭게 정할 수 있는 자유를 보장한다. 따라서 강제 퇴거나 강제 주거지정은 거주·이전의 자유를 침해한다.

헌법상 대한민국의 영토는 북한지역을 포함하지만 현실적으로 통치권이 남한지역에만 미치므로 국내에서의 거주·이전의 자유는 북한지역으로의 거주·이전의 자유를 포함하지 않는다. 북한지역으로의 여행 등 방문의 경우는 「남북교류협력에 관한 법률」에 의해 통일부장관의 방문승인을 받아야 하며, 통일부장관이 발급한 증명서를 소지하여야 한다(법 제9조).

> **⚠ 판례** | 거주이전의 자유의 내용 – 헌재 2011.6.30. 2009헌마406(인용(위헌확인))
>
> **거주이전의 자유**는 생활형성의 중심지 즉, 거주지나 체류지라고 볼 만한 정도로 생활과 밀접한 연관을 가지는 장소를 선택하고 변경하는 행위를 보호하는 기본권으로서, 생활의 근거지에 이르지 못하는 **일시적인 이동을 위한 장소의 선택과 변경까지 그 보호영역에 포함되는 것은 아니다.**

2. 국외에서의 거주·이전의 자유

거주·이전의 자유는 국외로의 이주의 자유, 출국과 입국의 자유, 해외여행의 자유를 포함한다.

국외로의 이주의 자유는 대한민국의 통치권이 미치지 않는 곳으로 자유롭게 이주하는 것을 말한다. 대한민국의 국민은 결격사유가 없는 한 누구든지 영구 또는 장기간 국외에 거주하거나 체류할 수 있다. 이를 위해 「재외동포의 출입국과 법적 지위에 관한 법률」, 「해외이주법」이 있다. 「해외이주법」상 해외이주 신고사항(제6조)은 거주·이전의 자유의 침해라 할 수 없다.

거주·이전의 자유는 국외로 출국할 수 있는 자유를 보장한다. 따라서 출국의 목적과 상관없이 출국할 수 있다.

다만, 출국의 자유와 관련하여 병역의무자의 출국을 제한하는 것은 종래 거주·이전의
자유를 침해하는 것이 아니라고 본다(헌재 2004헌바15). 그러나 병역의무자에 대한 출국허
가제와 귀국보증제는 거주·이전의 자유를 침해하는 것으로 보아 2005년도 '출국허가 및
귀국보증제도'는 폐지되었다.

또한 「출입국관리법」(제4조)에서는 범죄수사, 형사재판 중, 징역형이나 금고형 집행 미
완료, 일정 금액 이상 벌금이나 추징금 미납, 대한민국 이익이나 공공의 안전 또는 경제
질서 침해 우려자에 대해 출국 금지를 규정하고 있다.

거주·이전의 자유는 대한민국의 영역 내로 들어오는 입국의 자유를 보장한다. 북한주
민의 귀순은 보호되며(다수설), 해외로부터 귀국하는 자유가 보장된다.

또한 거주·이전의 자유는 해외여행의 자유를 보장한다. 대한민국의 통치권이 미치지
않는 곳으로 여행할 수 있는 해외여행의 자유는 출국을 전제로 한다. 해외여행의 자유에
대한 제한입법으로는 「여권법」과 「출입국관리법」이 있다.

3. 국적변경(이탈)의 자유

거주·이전의 자유는 대한민국의 국적을 가진 사람이 한국국적을 포기하고 외국국적을 취
득할 수 있는 국적변경 내지 국적이탈의 자유를 보장한다(다수설). 그러나 국가 간의 관계에
있어서나 개인의 이익보호의 차원에서 무국적의 자유까지 보장한다고 볼 수는 없다. 탈세나
병역기피 등의 목적으로 국적을 변경하는 것은 거주이전의 자유에서 보호되지 않는다. 또한
박해를 받아 다른 나라에서 피난처를 구하는 망명자비호권의 인정은 소극적으로 본다.

> **판례** | 망명비호권과 국적이탈의 자유 – 대판 1984.5.22. 84도39(기각)
>
> 중공의 정치·사회현실에 불만을 품고 자유중국으로 탈출하고자, 민간항공기를 납치하여 입국한
> 피고인들의 경우 정치적 박해를 받거나 정치적 신조를 달리함으로써 타국에 피난한 정치적 피난민
> 이라고 할 수 있겠으나 정치적 피난민에 대한 보호는 소수의 국가가 국내법상으로 보장하고 있을
> 뿐 우리나라는 이를 보장하는 국내법규가 없으며 개개의 조약을 떠나서 일반국제법상 보장이 확립
> 된 것도 아니며 더구나 헤이그협약 제8조는 항공기납치 범죄를 체약국 간의 현행 또는 장래 체결될
> 범죄인 인도조약상의 인도범죄로 보며 인도조약이 없는 경우에도 범죄인의 인도를 용이하게 할 수
> 있는 규정을 마련하고 있는 점 등에 비추어 볼 때 **민항기납치 행위가 순수한 정치적 동기에서 일어
> 난 정치적 망명을 위한 상당한 수단으로 행하여진 것으로 세계 각국이 비호권을 인정하고 있다는
> 이유로 위법성이 조각된다고 볼 수 없다.**

V. 거주·이전의 자유의 효력

거주·이전의 자유는 국가가 개인의 거주·이전의 자유를 방해하거나 침해해서는 안 되는 대국가적 효력을 갖는다.

또한 사인도 타인의 거주·이전의 자유를 침해할 수 없는 대사인적 효력을 갖는다.

Ⅵ. 거주·이전의 자유의 제한과 한계

거주·이전의 자유는 국가안전보장·질서유지 또는 공공복리를 위하여 필요한 경우 법률로써 제한할 수 있다(제37조 제2항).

(1) 국가안전보장을 위한 거주·이전의 자유에 대한 제한과 관련하여 군사분계선 이북 지역으로의 왕래는 「남북교류협력에 관한 법률」에 따라 통일부장관의 허가를 받지 않으면 위법한 행위로 「국가보안법」상 잠입탈출죄로 처벌된다.

(2) 질서유지를 위한 거주·이전의 자유에 대한 제한으로는 형사피고인의 주거제한(형사소송법), 보호감호처분, 보안관찰처분에 의한 거주지제한(소년법, 보안관찰법), 공무원이나 군인 등의 거주지제한(국가공무원법, 지방공무원법), 출국과 해외여행 또는 해외이주의 자유제한(출입국관리법, 여권법, 해외이주법) 등이 있다.

(3) 공공복리를 위한 거주·이전의 자유에 대한 제한으로는 감염병 환자 및 의심자의 격리 및 치료(감염병예방법 제42조), 검역감염병 환자 등의 격리(검역법 제16조), 결핵환자나 결핵보균자의 입원명령(결핵예방법 제15조), 긴급한 소방활동을 위한 강제처분(소방기본법 제25조), 마약중독자의 치료보호(마약관리법 제40조) 등이 있다.

(4) 또한 거주·이전의 자유는 대통령의 긴급명령(헌법)이나 비상계엄이 선포된 경우에 제한될 수 있다(헌법, 계엄법). 그 밖에 자녀에 대한 부모의 거소지정권, 부부의 동거의무(민법) 등은 거주·이전의 자유에 대한 합리적 제한이다.

거주·이전의 자유는 직접적인 제한이어야 하며, 간접적 제약이나 부수적 효과에 불과한 경우는 거주·이전의 자유의 제한으로 볼 수 없다.

(5) 거주·이전의 자유와 관련하여 판례는 • 인구집중억제를 위한 거주·이전의 자유제한(헌재 94헌바42), • 한약업사의 허가 및 영업행위에 대한 지역적 제한(헌재 89헌마231), • 지방자치단체장의 피선거권 자격요건 제한(헌재 96헌마20), • 법인의 대도시의 부동산 등기에 대한 중과세(헌재 94헌바42), • 거주지를 기준으로 중·고등학교 입학의 제한(헌재 91헌마204), • 법인의 과밀억제권역 내 부동산 건축 신축의 취득세 중과세(헌재 2012헌바408)

등은 합헌으로 본다.

다만, 거주·이전의 자유를 제한하는 경우에도 거주·이전의 자유의 영구적 박탈과 같은 그 본질적 내용을 침해하는 것은 인정될 수 없다. 대법원은 특정 성폭력범죄자 위치추적 전자장치 부착법상 전자감시제도가 거주·이전의 자유의 본질적 침해로 볼 수 없다고 보았다(대판 2009도6061·2009전도13).

> **⚠ 판례** | 거주이전의 자유의 제한 – 헌재1996.6.26. 96헌마200(기각)
>
> 직업이나 공직취임자격에 거주요건을 둠으로써 직업이나 공직을 선택하려는 자의 거주이전의 자유를 간접적으로 어렵게 하거나 불가능하게 하거나 원하지 않는 지역으로 이주할 것을 강요하게 될 수 있다 하더라도 직업의 자유나 공무담임권의 침해문제가 발생할 수는 있어도 이를 가지고 거주이전의 자유가 제한되었다고 볼 수 없다. ……
> **선거일 현재 계속하여 90일 이상 당해 지방자치단체의 관할구역 안에 주민등록이 되어 있을 것을 요건으로 하는 공직선거법 제16조 제3항으로 인하여 거주이전의 자유가 침해되었다고 할 수는 없다.**

> **⚠ 판례** | 거주이전자유의 본질적 침해 여부 – 대판 2009.9.10. 2009도6061·2009전도13(기각)
>
> 특정 성폭력범죄자에 대한 위치추적 전자장치 부착에 관한 법률에 의한 전자감시제도에 헌법이 보장한 거주이전의 자유를 본질적으로 침해하는 측면이 있다고 볼 수는 없다.

제2항 직업의 자유

Ⅰ. 직업의 자유의 의의

직업의 자유란 직업을 자유로이 선택하고 선택한 직업에 종사하는 직업 활동의 자유를 말한다. 여기서 직업이란 사회적·경제적 생활수단을 얻고(**생활수단성**) 유지하기 위하여 행하는 계속적인 경제적 활동(**계속성**)을 말한다. 휴가기간 중 일하는 것, 수습직과 겸업이나 부업 등도 직업에 해당한다(헌재 2002헌마519). 직업의 개념에 공공무해성(**법적 허용성**)을 드는 견해가 있지만 그 판단 기준을 정하기 어려운 점이 있다. 직업에 공공의 무가치한 활동도 포함되는 것으로 직업의 보호영역을 가능한 한 넓게 보는 것이 기본권보장에 더 효과적이라 할 수 있다(헌재 92헌마80; 2009헌바38).

직업의 자유는 인간이 생활하는 데 필요한 생활의 수요를 충족시킬 수 있는 생활수단을 보호해주는 것으로 개인이 직업에 종사함으로써 직업을 통해 사회에 기여하게 되고, 개인에게는 자신의 능력을 발휘함으로써 인격형성을 이룩하게 하는 데 중요한 의의가 있다고 할 수 있다.

우리 헌법은 1962년 제3공화국헌법에서 비로소 직업의 자유를 규정한 이래 현행헌법 제15조에 "모든 국민은 직업선택의 자유를 가진다"라고 직업의 자유를 규정하고 있다.

> **판례** | 직업의 개념 – 헌재 2003.9.25. 2002헌마519(기각); 1993.5.13. 92헌마80(위헌); 2010.2.25. 2009헌바38(합헌)
>
> 비록 학업수행이 대학생의 본업이라 하더라도 **방학기간을 이용하여** 또는 휴학 중에 학비 등을 벌기 위하여 **학원강사로서 일하는 행위**는 어느 정도 계속성을 띤 소득활동으로서 **직업의 자유의 보호영역**에 속한다(헌재 2003.9.25. 2002헌마519); 직업이란 생활의 기본적 수요를 충족시키기 위한 계속적인 소득활동을 의미하며 그러한 내용의 활동인 한 그 종류나 성질을 불문한다(헌재 1993.5.13. 92헌마80); 이 사건에서 문제되는 게임 결과물의 환전은 게임이용자로부터 게임 결과물을 매수하여 다른 게임이용자에게 이윤을 붙여 되파는 것으로, 이러한 행위를 영업으로 하는 것은 생활의 기본적 수요를 충족시키는 계속적인 소득활동이 될 수 있다. 따라서 **게임 결과물의 환전업은 헌법 제15조가 보장하고 있는 직업에 해당한다**고 할 것이다(헌재 2010.2.25. 2009헌바38).

Ⅱ. 직업의 자유의 법적 성격

직업의 자유는 누구나가 직업을 자유롭게 선택하고 행사할 수 있는 주관적 공권성을 갖는다. 이는 직업의 선택과 행사에 대한 국가권력의 간섭이나 침해에 대한 방어권적 성격을 지닌다.

또한 국가의 사회질서와 경제질서는 국민 개개인이 선택한 직업의 행사와 수행을 통해서 형성되는 것이므로 직업의 자유는 자유시장경제질서인 객관적 법질서의 구성요소이다.

Ⅲ. 직업의 자유의 주체

직업의 자유는 인간의 권리가 아니라 국민의 권리로 외국인은 원칙적으로 그 주체가 될 수 없다. 다만, 외국인은 관련 당사국 간의 상호주의에 입각해서 정해진다.

법인(사법인)의 경우도 직업의 자유의 주체가 될 수 있으나 외국법인은 외국인에게 인정하는 상호주의에 입각해서 보호를 받는다고 할 수 있다. 그리고 사법인이 아닌 공법인(국가, 지방자치단체)은 원칙적으로 그 주체가 될 수 없다.

Ⅳ. 직업의 자유의 내용

직업의 자유는 직업선택의 자유와 직업행사의 자유로 구분되며, 무직업의 자유를 포함한다. 헌법 제15조의 직업선택의 자유 규정은 이러한 직업선택의 자유와 직업행사의 자유를 포함하는 것으로 보아야 한다.

1. 직업선택의 자유

직업선택의 자유란 개인이 외적 영향을 받지 않고 자유로이 원하는 직업을 결정하고 선택할 수 있는 자유를 말한다. 즉 직업선택의 자유는 직업결정, 직업의 개시, 계속, 변경, 포기를 포함하여, 직업을 선택할 자유와 직업을 갖지 않을 자유, 겸직의 자유(헌재 95헌마90), 직장선택의 자유(헌재 89헌가102)를 포함한다.

직장선택의 자유는 직장의 존속보호를 청구할 권리를 보장하지는 않는다(헌재 2001헌바50). 나아가서 직업의 자유는 직업교육을 담당하는 교육기관을 자유로 선택할 직업교육장선택의 자유를 내용으로 한다(헌재 2007헌마1262). 법인의 설립은 그 자체가 간접적인 직업선택의 한 방법이며(헌재 92헌바47), 공직은 공무담임으로 직업의 자유에 우선하여 적용된다(헌재 2007헌마1024).

> **⚠ 판례** | 직업선택의 자유와 겸직금지 – 헌재 1997.4.24. 95헌마90(위헌, 기각)
>
> 일반적으로 겸직금지규정은 당해 업종의 성격상 다른 업무와의 겸직이 업무의 공정성을 해칠 우려가 있을 경우에 제한적으로 둘 수 있다 할 것이므로 겸직금지규정을 둔 그 자체만으로는 위헌적이라 할 수 없으나, 위 법률 제35조 제1항 제1호는 **행정사의 모든 겸직을 금지하고, 그 위반행위에 대하여 모두 징역형을 포함한 형사처벌을 하도록 하는 내용으로 규정**하고 있으므로 **공익의 실현을 위하여 필요한 정도를 넘어 직업선택의 자유를 지나치게 침해하는 위헌적 규정**이다.

> **⚠ 판례** | 직업선택의 자유와 법인 설립 – 헌재 1996.4.25. 92헌바47(위헌)
>
> 직업선택의 자유라 함은 자신이 원하는 직업을 자유로이 선택하고 이에 종사하는 등 직업에 관한 종합적이고 포괄적인 자유를 말하고, 직업결정의 자유, 직업종사(직업수행)의 자유, 전직의 자유 등을 포함하는 바, **법인의 설립은 그 자체가 간접적인 직업선택의 한 방법**이다.

> **판례** | 직업선택의 자유의 범위 – 헌재 1989.11.20. 89헌가102(위헌)

헌법 제15조가 보장하는 직업선택의 자유는 직업"선택"의 자유만이 아니라 직업과 관련된 종합적이고 포괄적인 직업의 자유를 보장하는 것이다. 또한 직업의 자유는 독립적 형태의 직업활동뿐만 아니라 고용된 형태의 종속적인 직업활동도 보장한다. 따라서 **직업선택의 자유는 직장선택의 자유를 포함**한다.

> **판례** | 공무담임권과 직업선택의 자유 – 헌재 2008.11.27. 2007헌마1024(합헌)

청구인은 이 사건 법률조항이 청구인의 직업선택의 자유도 침해한다고 주장하나, **공무원직에 관한 한 공무담임권은 직업의 자유에 우선하여 적용되는 특별법적 규정**이어서 후자의 적용을 배제하므로(헌재 99헌마135), 앞서 이 사건 법률조항이 공무담임권을 침해하는지 여부를 심사한 이상 이와 별도로 직업선택의 자유 침해 여부를 심사할 필요가 없다.

> **판례** | 직장선택의 자유의 보장 범위 – 헌재 2002.11.28. 2001헌바50(합헌)

직장선택의 자유는 개인이 그 선택한 직업분야에서 구체적인 취업의 기회를 가지거나, 이미 형성된 근로관계를 계속 유지하거나 포기하는 데에 있어 국가의 방해를 받지 않는 자유로운 선택·결정을 보호하는 것을 내용으로 한다. 그러나 이 기본권은 **원하는 직장을 제공하여 줄 것을 청구**하거나 한번 **선택한 직장의 존속보호를 청구할 권리를 보장**하지 않으며, 또한 사용자의 처분에 따른 **직장상실로부터 직접 보호하여 줄 것을 청구할 수도 없다.** 다만 **국가는 이 기본권에서 나오는 객관적 보호의무**, 즉 사용자에 의한 해고로부터 근로자를 보호할 의무를 질 뿐이다.

2. 직업행사의 자유

직업행사의 자유란 자신이 결정한 직업의 종사나 영업활동의 모든 자유를 말한다. 직업행사의 자유는 비교적 넓은 법률상 규제가 가능한 것(헌재 2000헌마563)으로 영업의 자유, 기업의 자유, 경쟁의 자유를 포함한다.

> **판례** | 직업행사의 자유의 제한 – 헌재 2003.10.30. 2000헌마563(기각, 각하)

직업행사의 자유는 직업결정의 자유에 비하여 상대적으로 그 침해의 정도가 적다고 할 것이어서, 이에 대하여는 공공복리 등 **공익상의 이유로 비교적 넓은 법률상의 규제가 가능**하다. 그러나 직업수행의 자유를 제한할 때도 헌법 제37조 제2항에 의거한 **비례의 원칙에 위배되어서는 안 된다.**

1) 영업의 자유

직업수행의 자유는 주체가 법인이나 단체인 경우에는 영업의 자유로 나타난다. 영업의 자유란 독립된 형태의 직업을 선택하고 이를 행사할 자유를 말한다. 직업행사의 자유(영업의 자유)는 직업선택의 자유에 비해 상대적으로 폭넓은 법률상의 규제가 가능하다.

가령 백화점 등의 셔틀버스운행은 백화점업체의 영업의 자유에 제약을 가하는 점이 있더라도 그 제약은 헌법상 정당한 범위 내의 제한이라고 할 수 있다.

> **판례** | 셔틀버스운행의 영업의 자유 제한 – 헌재 2001.6.28. 2001헌마132(기각, 각하)
>
> 법(여객자동차운수사업법) 제73조의 규정에 의하면 자가용자동차의 유상운송은 금지되는 것이 원칙이다. 백화점 등의 셔틀버스운행은 형식상 고객에 대한 무상운행서비스의 제공이지만 이는 결국 모든 상품가격에 전가되게 되어 있으므로, 백화점 등의 **셔틀버스운행**은 형식상 무상운송이나 실질상은 유상운송으로 보아야 한다. …… 이 사건 법률조항은 그 목적의 정당성과 방법의 적합성을 인정할 수 있고, 나아가 피해의 최소성과 법익의 균형성을 갖춘 것이므로, 비록 이로 말미암아 청구인들이 **영업의 자유에 제약을 가한 점이 있다 하더라도 그 제약은 헌법상 정당한 범위 내의 제한**이라고 할 수 있다.

2) 경쟁의 자유

직업의 자유는 영업의 자유와 기업의 자유를 포함한다. 이러한 영업 및 기업의 자유를 근거로 누구나 자유롭게 경쟁에 참여할 수 있다. 국가는 공정하고 자유로운 경쟁을 촉진하기 위해 독과점규제를 위한 경쟁정책을 목적으로 한다. 국가의 경쟁정책은 시장 지배적 지위의 남용방지, 기업결합의 제한, 부당한 공동행위의 제한 등을 통하여 시장경제가 제대로 기능하기 위한 가격과 경쟁의 기능을 유지하고 촉진한다.

경쟁의 자유는 기본권의 주체가 직업의 자유를 실제로 행사하는 데에서 나오는 것으로, 다른 기업과의 경쟁에서 국가의 간섭이나 방해를 받지 않고 기업활동을 할 수 있는 자유를 의미한다. 경쟁의 자유는 소비자의 선택에 대한 자기결정권을 보호해야 하는 자본주의적 시장경쟁질서의 중요한 부분이다(헌재 96헌가18). 직업의 자유는 이러한 경쟁의 자유를 보장하지만 경쟁으로부터 보호를 보장하지는 않는다(예컨대 A의 허가가 과거 허가를 받은 B의 직업을 포기하게 하는 결과가 나온다고 하여 B의 직업의 자유가 침해되었다고 할 수 없다).

국가가 공익의 추구(예 중소기업 육성)가 아닌 자의적 차별이나 보조행위로써 경쟁의 우월성을 확보해주는 경우에 경쟁의 자유를 침해하게 된다.

> **판례** | 자도소주 구입명령제도의 직업행사의 자유 등 제한 - 헌재 1996.12.26. 96헌가18(위헌)
>
> 이 사건 법률조항이 규정한 **구입명령제도**는 소주판매업자에게 자도소주의 구입의무를 부과함으로써, 어떤 소주제조업자로부터 얼마만큼의 소주를 구입하는가를 결정하는 직업활동의 방법에 관한 자유를 제한하는 것이므로 소주판매업자의 "직업행사의 자유"를 제한하는 규정이나. 또한 구입명령제도는 비록 직접적으로는 소주판매업자에게만 구입의무를 부과하고 있으나 실질적으로는 구입명령제도가 능력경쟁을 통한 시장의 점유를 억제함으로써 **소주제조업자의 "기업의 자유" 및 "경쟁의 자유"**를 제한하고, 소비자가 자신의 의사에 따라 자유롭게 상품을 선택하는 것을 제약함으로써 소비자의 행복추구권에서 파생되는 "자기결정권"도 제한하고 있다.

V. 직업의 자유의 효력

직업의 자유는 직업의 선택이나 직업의 행사에 있어서 국가가 개인에게 특정직업 선택의 강요나 종사를 방해할 수 없는 것으로, 모든 국가권력을 구속하는 대국가적 효력을 갖는다.

또한 직업의 자유는 사인과의 관계에서도 예외적으로 제한된 범위에서 간접적으로 적용되는 대사인적 효력을 갖는다.

> **판례** | 퇴직사원의 영업비밀 행위 - 대판 1997.6.13. 97다8229(기각)
>
> **퇴직사원의 영업비밀 행위**에 대하여 회사와의 사이에 침해행위 중지 및 위반시 손해배상약정금을 정한 합의가 이루어진 경우, 그 합의서의 내용을 회사의 영업비밀을 지득하는 입장에 있었던 사원들에게 퇴직 후 비밀유지의무 내지 겸업금지의무를 인정하는 것으로 해석하는 것이 **직업선택의 자유에 관한 헌법규정에 반하지 않는다**.

VI. 직업의 자유의 제한과 한계

1. 일반적 법률유보에 의한 제한

직업의 자유는 국가안전보장·질서유지 또는 공공복리를 위하여 필요한 경우에 법률로 제한할 수 있다.

(1) **국가안전보장**을 목적으로 하는 제한은 무기의 제조·판매금지 등의 허가제가 있다.

(2) **질서유지**를 위한 제한은 통화 등의 위조·변조행위금지, 성매매행위금지, 공중위생업 관련 제한, 미성년자 보호를 위한 제한, 백화점이나 대형할인점, 약국 등 셔틀버스 운행금

지, 등록의 무효 또는 효력 상실 등이며, 이 경우에도 사안에 따라 제한의 허용이 다르다.

　예컨대 헌법재판소는 질서유지와 관련해 •한약업사의 허가 및 지역적 제한(헌재 89헌마231), •국산영화의 연간 일정 일수 이상(연간상영일수의 2/5 이상)의 상영의무(헌재 94헌마125), •초·중·고등학교의 학교정화위생정화구역 안에서 당구시설 금지(헌재 96헌마196), •약사의 한약조제 제한(헌재 97헌바10), •공중위생법시행규칙상 터키탕업소 안 이성의 입욕보조자 고용 금지(헌재 97헌마64), •학교보건법시행령상 학교환경위생정화구역 안에서 노래연습장 설치 금지(헌재 98헌마480 등), •유흥주점 영업행위 중 무도장을 갖추고 춤추게 하는 행위의 영업시간 제한 고시(헌재 99헌마455), •청소년보호법상 19세 미만자에 대한 주류 판매금지(헌재 99헌마555), •부동산중개업자의 수수료 법정화(헌재 2000헌마642), •백화점 등의 무상셔틀버스운행 금지(헌재 2001헌마132), •등기신청대리 등을 법무사에게만 허용(헌재 2001헌마156), •일반학원 강사의 대학졸업 이상의 학력소지 자격조건 요구(헌재 2002헌마519), •음주측정거부자에 대한 필요적 면허취소(헌재 2003헌바87), •18세 이용가 게임물 비치장소에 청소년 출입금지 표시 강제(헌재 2003헌마930), •노래방에서 주류판매 금지(헌재 2004헌마431), •주취음주운전금지 3회 위반한 자의 운전면허 필요적 취소(헌재 2005헌바91), •군법무관들의 10년간 근무 후 변호사자격 유지(헌재 2006헌마767) 등에 대해서는 **합헌**으로 판단하였다.

　반면 •18세 미만자 당구장출입금지표시 부착 강요(헌재 92헌마80), •대학이나 초·중·고등학교 학생들의 학교환경위생정화구역 내에서 극장금지(헌재 2003헌가1), •시각장애인에 한하여 안마사 자격인정(헌재 2003헌마715 등 → 이후 의료법 개정으로 비시각장애인의 안마사자격취득제한 유지), •운전전문학원 수료생이 일정비율 이상의 교통사고를 일으킨 경우 해당 학원의 운영정지나 등록취소(헌재 2004헌가30), •원 출원상표등록 무효확정 후 동일 또는 유사상표 등록 금지나 후 출원등록상표의 무효화(헌재 2006헌바113 등), •법인의 학원 설립·운영 등록 효력 상실(헌재 2012헌마653), •법인의 임원이 금고 이상 형을 선고받은 경우 법인의 건설업 등록의 필요적 말소(헌재 2013헌바25) 등은 **위헌**으로 보았다.

　(3) **공공복리를 위한 제한**으로는 의사나 변호사 등의 자격 관련 제한, 변호사 개업지 제한, 환경보호를 위한 규제, 불공정거래방지, 성범죄자의 일정기간 취업금지 등이다. 예컨대 헌법재판소는 공공복리와 관련하여 •군법무관 복무자의 전역 후 변호사 개업지 제한(헌재 89헌가102), •한약업사의 허가 및 영업행위에 대한 지역적 제한(헌재 89헌마231), •부천시 의회가 조례로 자동판매기를 통한 담배판매금지(헌재 92헌마264), •법무사법 규정에서 법무사의 보수 제한(헌재 2002헌바3), •외국에서 치·의과대학 졸업자에게 3년 후부터 예비시험

실시(헌재 2002헌마611), •정부투자기관의 부정당업자에 대한 입찰참가자격 제한제도(헌재 2003헌바40), •특허·실용신안·디자인 또는 상표의 침해 소송에서 변리사에게 소송대리 불허(헌재 2010헌마740), •변호사시험 응시기간과 응시횟수를 석사학위 취득한 달의 말일 또는 취득 예정기간 내 시험일로부터 5년 내 5회 제한(헌재 2016헌마47등) 등은 **합헌**으로 보았다.

반면 •약사들만으로 구성된 법인의 약국설립 및 운영 금지(헌재 2000헌마84), •의료기관의 시설 안 또는 구내에 약국개설등록 금지(헌재 2000헌마563), •의사면허와 한의사면허를 복수 취득한 복수면허 의료인에게 하나의 의료기관만 개설 허용(헌재 2004헌마1021), •치과전문의자격 인정요건으로 외국의 치과전문의 과정을 이수한 사람도 다시 국내 치과 전문의 수련과정 이수 요구(헌재 2013헌마197) 등은 **위헌**으로 보았다.

이러한 법률에 의해 직업의 자유를 제한하더라도 그 제한은 정당한 목적을 위해 행하되 그 수단은 목적의 달성을 위해 적합한 것이어야 하고 그 제한은 또한 최소한에 그쳐야 한다.

> **판례** | 한약업사의 허가 및 영업행위에 대하여 지역적 제한의 위헌성 – 헌재 1991.9.16. 89헌마231(합헌)
>
> 한약업사의 허가 및 영업행위에 대하여 지역적 제한을 가한 내용의 약사법 제37조 제2항은 오로지 국민건강의 유지·향상이라는 공공의 복리를 위하여 마련된 것이고, 그 제한의 정도 또한 목적을 달성하기 위하여 적정한 것이라 할 것이므로 헌법 제11조의 평등의 원칙에 위배된다거나 헌법 제14조의 거주이전의 자유 및 헌법 제15조의 직업선택의 자유 등 기본권을 침해하는 것으로 볼 수 없어 헌법에 위반되지 아니한다.

2. 직업의 자유의 단계적 제한

독일연방헌법재판소는 이른바 '약국판결'(BVerfGE 7, 377: 약국개설업 허가요건으로 약사면허 외에 인근 약국의 경제적 기초를 침해하지 않을 것을 규정한 약사법조항을 이유로 영업허가가 불허되자 이 조항을 다툰 사건판결)에서 3단계이론을 개발하여 직업의 자유를 제한하는 이론으로 적용해왔다.

단계이론이란 직업의 자유를 제한하는 경우 가장 약한 제한으로 목적달성이 어려운 경우 다음 단계의 보다 강한 제한을 하고, 그것으로도 목적달성이 안 되면 마지막 가장 강한 제한을 하는 단계적으로 강도를 높게 제한한다는 것이다.

제한의 강도가 높아질수록 그 제한의 정당화요건은 엄격해져 입법자의 입법형성의 자유는 줄어들게 된다.

1) 직업행사의 자유의 제한(제1단계)

제1단계 제한은 그 침해가 가장 경미한 직업행사의 자유를 제한함으로써 그 제한의 목적(공익)을 달성하는 것이다. 직업의 자유를 제한하는 법률제정에 있어서 입법자의 입법형성의 자유는 가장 넓다.

예컨대 ⅰ) **직업의 자유의 주체**와 관련한 제한으로는 ㆍ안경사에게 허용된 한정된 범위의 시력검사허용에 대한 안과의사의 불이익(헌재 92헌마87), ㆍ의사의 지도하에서만 업무할 수 있는 임상병리사와 물리치료사의 업무(헌재 94헌마129ㆍ95헌마121 병합), ㆍ행정기관 발급서류의 외국어번역 허용으로 받게 되는 외국어번역행정사의 불이익(헌재 95헌마273), ㆍ자동차매매업자 등의 자동차등록신청대행으로 받게 되는 행정사의 업무잠식(헌재 96헌마109), ㆍ약사의 기존의 한약제조권의 제한(헌재 97헌바10), ㆍ법무사의 법이 정한 보수 외 금품수수 금지(헌재2006헌마1264) 등과 ⅱ) **직업의 행사**와 관련해서 ㆍ공중파방송의 동시재송신의무화(헌재 92헌마200), ㆍ담배자판기설치금지(헌재 92헌마264ㆍ279 병합), ㆍ18세 미만자의 노래연습장출입금지 및 영업시간제한(헌재 94헌마13), ㆍ국산영화 의무상영제(헌재 94헌마125), ㆍ터키탕 안에 이성입욕자의 입장금지(헌재 97헌마64), ㆍ법인 아닌 개인사업자에게 1가구당 1대 초과차량에 대한 취득세, 등록세의 2배 중과(헌재 95헌바18), ㆍ다단계판매규제(헌재 96헌바12), ㆍ중계유선방송사업자의 방송중계 송신업무 이외 보도ㆍ논평ㆍ광고제한(헌재 2000헌바43ㆍ52 병합), ㆍ교통수단을 이용하여 타인의 광고를 할 수 없게 한 것(헌재 2000헌마764), ㆍ백화점 등의 셔틀버스운행 금지(헌재 2001헌마132), ㆍ약국의 셔틀버스운행 금지(헌재 2001헌마596), ㆍ인터넷컴퓨터게임시설 제공법에 대하여 등록제 도입(헌재 2009헌바28) 등은 직업의 자유의 침해가 아니(**합헌**)라고 보았다.

그러나 ㆍ변호사 개업지 제한(헌재 89헌가102), ㆍ18세 미만자의 영업장출입 금지표시 게시의무(헌재 92헌마80), ㆍ요양기관개설자에 대한 요양기관지정의 취소(헌재 96헌가1), ㆍ주류판매업자에 대한 자도소주의 50% 이상 구입명령제도(헌재 96헌가18), ㆍ법인을 구성하여 약국을 개설하려는 약사들의 개업을 금지한 것(헌재 2000헌바84), ㆍ한국방송광고공사와 출자자 이외 지상파방송사업자에 대한 방송광고 판매대행 금지(헌재 2006헌마352) 등은 직업의 자유의 침해가 된다(**위헌**)고 보았다.

2) 주관적 사유에 의한 직업선택의 자유의 제한(제2단계)

제2단계 제한은 직업선택의 자유를 제한하는 경우 일정한 주관적 허가조건을 근거로 이를 제한하여 목적을 달성해야 한다는 것이다. 이는 직업의 성질상 전문적 자격, 기능요건, 교육과정의 이수, 시험의 합격 등을 갖춘 자에게만 직업을 선택할 수 있게 제한하는 것이다.

예컨대 •사법서사자격 부여에 서기직 종사기간의 환산이 안된 경우(헌재 88헌마1), •법무사자격 요건의 설정(헌재 94헌바32), •귀순한약업자에 권리부여의 특별조치법 시행기간의 한시적 규정(헌재 96헌바5), •집행유예 선고기간 종료 후 1년이 경과하지 아니한 자의 세무사자격시험 응시자격 박탈(헌재 2000헌마160), •일반학원의 강사는 직업의 개시를 위한 주관적 전제조건으로서 '대학졸업 이상의 학력소지'라는 자격기준을 갖추게 한 것(헌재 2000헌마519), •건설업등록의 필요적 말소(헌재 2003헌바35), •군법무관의 10년간 근무 후 변호사자격 유지(헌재 2006헌마767), •사법시험합격자의 정원제선발(헌재 2008헌바110) 등은 직업선택의 자유의 침해가 아니다(**합헌**).

반면 •기존 국세 관련 경력공무원 중 일부에만 구법 규정을 적용하여 세무사자격 부여규정(헌재 2000헌마152), •특허청 경력공무원에게 변리사자격 부여 불허(헌재 2000헌마208등)은 **위헌**으로 본다.

3) 객관적 사유에 의한 직업선택의 자유의 제한(제3단계)

제3단계 제한은 개인의 자격이나 능력 등에 관계없이 제한의 목적달성을 위해 객관적 사유에 따라 직업선택의 자유를 제한하는 것이다. 이 제한은 국가안전보장·질서유지 또는 공공복리 등의 제한목적과 그 목적을 위한 명백한 필요성 등 일정직업에의 금지이유가 객관적 허가조건을 가져야 한다. 이는 개인의 능력이나 자격이 직업선택에 영향을 미칠 수 없는 제한이어서 가장 심각한 제한이다.

예컨대 •국·공립사범대학졸업자의 교육공무원 우선임용(헌재 89헌마89), •법무사자격 취득기회의 시행규칙에 의한 박탈(헌재 89헌마178), •생수판매제한(대판 92누1278), •검찰총장 퇴임 후 2년 이내의 모든 공직에의 임용제한과 국·공립대 총장·학장·교수 등에의 임명 금지(헌재 97헌마26), •등기신청대리를 법무사에게만 인정하는 것(헌재 2001헌마156), •경비업 경영자나 신(새로) 진출하려는 자들에게 경비업전문 별개의 법인을 설립하지 않는 한 경비업과 그 밖의 업종경영을 금지하는 것(헌재 2001헌마614) 등은 직업의 자유를 침해하는 것이라(**위헌**)고 보았다.

3. 직업의 자유의 제한의 한계

직업의 자유를 제한하는 경우에도 그 본질적 내용은 제한할 수 없다. 따라서 위의 단계이론을 무시한 제한이나, 직업의 선택이나 직업의 행사를 원천적으로 막는 것은 개인의 개성신장이나 생계유지를 불가능하게 하는 것으로서 직업의 자유의 본질적 내용을 침해하는 것이다. 예컨대 건축사의 업무위반행위를 필요적 등록사유로 규정한 것은 직업의 자유의 본질적 내용을 침해하는 것이다.

! **판례** | 약사의 기존 한약조제권 제한 – 헌재 1997.11.27. 97헌바10(합헌)

약사법을 개정하여 한약사제도를 신설하면서 그 개정 이전부터 **한약을 조제하여 온 약사들에게 향후 2년간만 한약을 조제할 수 있도록 하고 있는 약사법 부칙 제4조 제2항**은 직업수행의 자유를 제한하고 있기는 하나, 약사라는 직업에 있어서 한약의 조제라는 활동은 약사직의 본질적인 구성부분으로서의 의미를 갖기보다는 예외적이고 부수적인 의미를 갖고 있었음에 불과하여 약사가 한약의 조제권을 상실한다고 하더라도 어느 정도 소득의 감소만을 초래할 뿐 약사라는 본래적인 직업의 주된 활동을 위축시키거나 그에 현저한 장애를 가하여 사실상 약사라는 직업을 포기하게 하는 결과를 초래하는 것은 아니며, 또한 양약은 취급하지 않고 전적으로 한약의 조제만을 하여 온 약사의 경우에도 그러한 활동은 약사의 통상적인 직업활동으로부터 벗어나는 예외적인 것에 지나지 아니하여 그들은 어느 때라도 아무런 제약없이 약사들의 본래의 주된 활동인 이른바 "양"약사라는 직업을 재개할 수 있으므로, 위 법률조항은 **직업의 자유의 본질적 내용을 침해한다고 할 수 없다.**

! **판례** | 약사구성 법인의 약국개설 금지의 직업선택의 자유 등 침해 – 헌재 2002.9.19. 2000헌바84(헌법불합치)

정당한 이유 없이 본래 약국개설권이 있는 **약사들만으로 구성된 법인에게도 약국개설을 금지하는 것**은 입법목적을 달성하기 위하여 필요하고 적정한 방법이 아니고, 입법형성권의 범위를 넘어 과도한 제한을 가하는 것으로서 법인을 구성하여 약국을 개설·운영하려고 하는 약사들 및 이들로 구성된 **법인의 직업선택(직업수행)의 자유의 본질적 내용을 침해하는 것**이고, 동시에 약사들이 약국경영을 위한 법인을 설립하고 운영하는 것에 관한 **결사의 자유를 침해하는 것이다.**

! **판례** | 유료직업소개사업의 직업선택의 자유 본질적 내용 침해 여부 – 헌재 1996.10.31. 93헌가13(위헌)

직업소개업은 그 성질상 사인이 영리목적으로 운영할 경우 근로자의 안전 및 보건상의 위험, 근로조건의 저하, 공중도덕상 해로운 직종에의 유입, 미성년자에 대한 착취, 근로자의 피해, 인권침해 등의 부작용이 초래될 수 있는 가능성이 매우 크므로 **유료직업소개사업은 노동부장관의 허가를 받아야만 할 수 있도록 제한하는 것은 그 목적의 정당성, 방법의 적절성, 피해의 최소성, 법익의 균형성 등에 비추어 볼 때 합리적인 제한이라고 할 것이고 그것이 **직업선택자유의 본질적 내용을 침해하는 것으로 볼 수 없다.**

제3항 재산권

Ⅰ. 재산권의 의의와 연혁

1. 재산권의 의의

헌법상 재산권이란 재산적 가치가 있는 모든 공법상 및 사법상의 권리를 말하는 것으로, 민법상의 소유권보다 넓은 개념이다. 헌법 제23조에 의해 보호되는 재산권은 민법상의 소유권, 물권, 채권 및 특별법상의 제(모든) 권리인 광업권·어업권·특허권·저작권·수리권·하천점유권 등을 모두 포함하는 사법상·공법상의 경제가 가치가 있는 제 권리를 말한다.

그리고 상속권·채권·상품·사업연락망·사업장통행권 등도 재산권의 범위에 포함시키기도 한다.

헌법재판소는 재산권은 재산가치가 있는 구체적 권리를 가리키는 것이라고 보고, 구체적 권리가 아닌 단순한 이익이나 재화의 획득에 관한 기회 등은 헌법상 재산권보장의 대상이 되지 않는다고 본다.

재산권은 개인의 재산에 대한 권리를 보장해줌으로써 개인의 개성신장을 돕고 인간으로서의 존엄과 가치를 실현하게 한다.

2. 재산권보장의 연혁

근대 초기 재산권은 천부인권의 무제한적 지배권으로 보았다. 1789년 프랑스 인권선언에서의 소유권의 불가침성을, 그리고 1791년 미연방수정헌법은 정당한 절차에 의하지 않은 재산권박탈 금지를 천명하였다. 이후 근대 시민사회에서 절대적 권리로서 재산권과 계약자유의 원칙은 자본주의 발전과 폐해의 노정으로 재산권의 상대성과 사회적 의무성이 강조되었다. 이를 반영하여 1919년 바이마르헌법에 재산권의 사회적 기속성을 규정하였다.

국내에서 재산권 보장의 규정은 제헌헌법과 제2공화국헌법 제15조에서 "재산권은 보장된다. 그 내용과 한계는 법률로 정한다. 재산권의 행사는 공공복리에 적합하도록 하여야 한다. 공공필요에 의하여 국민의 재산권을 수용·사용 또는 제한함은 법률의 정하는 바에 의하여 상당한 보상을 지급함으로 행한다"라고 하나의 항에 재산권을 규정하였다.

제3공화국헌법에서는 제20조에서 "① 모든 국민의 재산권은 보장된다. 그 내용과 한계는 법률로 정한다. ② 재산권의 행사는 공공복리에 적합하도록 하여야 한다. ③ 공공필요에 의한 재산권의 수용·사용 또는 제한은 법률로써 하되 정당한 보상을 지급하여야 한다"라고 하여 항을 나누어 규정하였다.

제4공화국헌법에서 제20조에서는 "① 모든 국민의 재산권은 보장된다. 그 내용과 한계는 법률로 정한다. ② 재산권의 행사는 공공복리에 적합하도록 하여야 한다. ③ 공공필요에 의한 재산권의 수용·사용 또는 제한 및 그 보상의 기준과 방법은 법률로 정한다"라고 하고, 제5공화국헌법에서는 제22조에 "① 모든 국민의 재산권은 보장된다. 그 내용과 한계는 법률로 정한다. ② 재산권의 행사는 공공복리에 적합하도록 하여야 한다. ③ 공공필요에 의한 재산권의 수용·사용 또는 제한은 법률로써 하되, 보상을 지급하여야 한다. 보상은 공익 및 관계자의 이익을 정당하게 형량하여 법률로 정한다"라고 하였다.

현행헌법 제23조에서는 "① 모든 국민의 재산권은 보장된다. 그 내용과 한계는 법률로 정한다. ② 재산권의 행사는 공공복리에 적합하도록 하여야 한다. ③ 공공필요에 의한 재산권의 수용·사용 또는 제한 및 그에 대한 보상은 법률로써 하되, 정당한 보상을 지급하여야 한다"라고 하여 제5공화국헌법과는 공용침해와 보상에 대해서만 달리 규정하고 있다.

그동안 보상규정에 관해서는 몇 차례 변화가 있었으나 재산권 보장은 유지되어 왔다. 현행헌법도 제23조에서 재산권의 보장을 규정하고, 이와 관련하여 재산권의 소급입법에 의한 박탈금지, 지적소유권의 보장, 경제질서에 대한 원칙 규정과 함께 경제에 관한 규제와 조정, 특허권의 보장, 국토개발상 필요한 국토·자원 등에 대한 제한, 소비자보호를 위한 생산품규제, 대외무역의 규제·조정, 예외적인 사기업의 국·공유화 내지 그 경영의 통제·관리 등을 규정하고 있다.

Ⅱ. 재산권의 법적 성격

재산권은 개인의 재산을 국가권력으로부터 침해받는 것을 방어하는 방어권으로서의 주관적 권리이다.

또한 재산권은 사유재산제라는 사회질서·경제질서를 구성하는 요소로서 공동체의 객관적 법질서로서의 성격을 갖는다.

> **❗ 판례** | 헌법상 재산권 규정의 성격 – 헌재 1993.7.29. 92헌바20(합헌)
>
> **우리 헌법상의 재산권에 관한 규정**은 다른 기본권규정과는 달리 그 **내용과 한계가 법률에 의해 구체적으로 형성되는 기본권형성적 법률유보의 형태**를 띠고 있으므로, 재산권의 구체적 모습은 재산권의 내용과 한계를 정하는 법률에 의하여 형성되고, 그 법률은 재산권을 제한한다는 의미가 아니라 재산권을 형성한다는 의미를 갖는다.

> **⚠ 판례 | 택지소유상한제의 법적 성격 – 헌재 1999.4.29. 94헌바37(위헌)**
>
> 재산권이 헌법 제23조에 의하여 보장된다고 하더라도, 입법자에 의하여 일단 형성된 구체적 권리가 그 형태로 정할 입법자의 권한은, 장래에 발생할 사실관계에 적용될 새로운 권리를 형성하고 그 내용을 규정할 권한뿐만 아니라, 더 나아가 과거의 법에 의하여 취득한 구체적인 법적 지위에 대하여 까지도 그 내용을 새로이 형성할 수 있는 권한을 포함하고 있는 것이다. 그러나 이러한 입법자의 권한이 무제한적인 것은 아니다. 이 경우 입법자는 재산권을 새로이 형성하는 것이 구법에 의하여 부여된 구체적인 법적 지위에 대한 침해를 의미한다는 것을 고려하여야 한다. 따라서 **재산권의 내용을 새로이 형성하는 규정은 비례의 원칙을 기준으로 판단하였을 때 공익에 의하여 정당화되는 경우에만 합헌적이다.** 즉, 재산권의 내용을 새로이 형성하는 법률이 합헌적이기 위하여서는 장래에 적용될 법률이 헌법에 합치하여야 할 뿐만 아니라, 또한 과거의 법적 상태에 의하여 부여된 구체적 권리에 대한 침해를 정당화하는 이유가 존재하여야 하는 것이다.

III. 재산권의 주체와 객체

1. 재산권의 주체

재산권은 자연인은 물론 법인도 그 주체가 된다. 자연인 중에 외국인도 재산권의 주체가 될 수 있지만, 토지소유권 등은 국제법과 조약이 정하는 바에 따라 상호주의원칙에 의해 그 보장이 내국인보다 제한될 수 있다(외국인투자 촉진법 제4조).

법인의 경우에 사법인은 재산권의 주체가 될 수 있으며, 공법인(국가나 지방자치단체)은 공공성의 목적과 기능수행에 필요한 한도에서만 공법적 규율의 대상이 된다. 그리고 국가라도 사법인과 대등한 권리주체인 경우에는 원칙적으로 사법이 적용된다. 외국법인은 각 국가 간 상호주의에 의해 재산권을 보호받을 수 있다.

2. 재산권의 객체

헌법상의 재산권에는 재산가치가 있는 공·사법상의 모든 권리가 포함된다. 구체적으로 살펴보면 재산권에는 우선 민법상의 부동산 및 동산의 소유권을 비롯하여 각종 물권과 채권이 포함되며, 주식도 재산권에 포함된다. 그리고 특별법상의 권리(예 광업권, 어업권, 수렵권 등)뿐 아니라 각종 지적재산권(예 저작권, 공업소유권, 출판권, 공연권 등)과 재산가치 있는 공법상의 권리(예 봉급청구권, 퇴직연금수급권, 연금청구권, 보상금수급권 등)도 포함된다.

헌법재판소는 국유재산 중 잡종재산도 사인의 재산으로 취득시효의 대상이 된다고 본다(헌재 89헌가97; 92헌가6 등: 비판 견해).

다만 공법상 권리가 재산권보장의 보호를 받기 위해서는 공법상 권리가 자신의 노동과 투자, 희생에 의해 획득되고(**상당한 자기기여**), 공법상 권리의 사적 이용이 가능해야 하고(**사적 이용성**), 국가의 일방적 급부에 의한 것이 아닌 것으로, 수급자의 생존확보에 기여하는 경우에 재산권에 포함된다고 보아야 한다(헌재 99헌마289).

그리고 구체적 권리가 아닌 우연적인 법적 지위나 단순한 경제적 기회, 반사적 이익, 사실적·법적 여건 등은 재산권 중에 포함되지 않는다.

헌법 제23조에서 보호되는 것은 재산권이지만 재산 그 자체도 재산권과 무관한 것은 아니어서 재산에 대해 과도한 제한은 재산권의 침해가 될 수 있다. 조세나 공과금의 부담이 커 개개 대상을 포기해야 하는 정도의 재산권 자체의 강제인 경우에 재산권 침해가 될 수 있다. 재산도 재산권의 보호 영역으로 보아 모든 세법 규정(상속세, 재산세, 소득세, 증여세 등)은 재산권에 대한 제한으로 인정될 수 있다(헌재 2000헌가5).

헌법재판소는 •관제공무원의 국유재산취득의 기회(헌재 96헌바55), •약사의 한약조제권(헌재 97헌바10), •재정적립금(헌재 99헌마289), •한약학과 외의 학과 출신자에 대한 한약사시험응시자격 부여로 기대 미실현(헌재 99헌마660), •약사의 약국경영으로 얻을 수 있는 영업이익(헌재 2001헌마700), •시혜적 입법 시혜대상이 될 경우 얻을 수 있는 재산상 이익의 기대(헌재 2008헌마13), •공무원의 보수청구권(헌재 2011헌마307) 등은 재산권보장 대상이 아니라고 보았다.

판례 | 예외없는 금고채무 연대책임의 재산권 등 침해 – 헌재 2002.8.29. 2000헌가5 등(한정위헌)

이 사건 법률조항은 실현하고자 하는 입법목적에 비추어 그 적용범위를 '부실경영의 책임이 있는 임원 및 '금고경영에 영향력을 행사한 과점주주'로 제한해야 함에도 불구하고, **임원과 과점주주 전원에 대하여 예외없이 금고의 채무에 대하여 연대책임을 부담**케 하고 있으므로, 그러한 점에서 국민의 기본권인 결사의 자유, **재산권을 과도하게 침해하고 평등원칙에도 위반된다.**

판례 | 공법상 권리의 헌법상 재산권보장 보호 요건 – 헌재 2000.6.29. 99헌마289(기각)

청구인들이 현재의 장소에서 영업함으로써 얻고 있는 영업이익 내지 영업권은 헌법 제23조 제1항 제1문에서 보호되는 재산권의 범위에 속하지 아니한다. 설령 청구인들의 영업이익 내지 영업권이 재산권에 해당된다고 인정하더라도, 재산권의 보장은 절대적인 것이 아니므로 입법자에 의한 보다 광범위한 제한이 허용된다. 이 경우에는 이 사건 법률조항들에 의한 **청구인들이 기존 약국 폐쇄가 청구인들의 재산권도 침해하지 아니한다고 할 것이다**(헌재 2001헌마700). **공법상의 권리가 헌법**

상의 재산권보장의 보호를 받기 위해서는 다음과 같은 요건을 갖추어야 한다. 첫째, 공법상의 권리가 권리주체에게 귀속되어 **개인의 이익을 위하여 이용가능**해야 하며, 둘째, 국가의 일방적인 급부에 의한 것이 아니라 권리주체의 노동이나 투자, 특별한 희생에 의하여 획득되어 **자신이 행한 급부의 등가물에 해당하는 것**이어야 하며, 셋째, **수급자의 생존의 확보에 기여**해야 한다. 이러한 요건을 통하여 사회부조와 같이 국가의 일방적인 급부에 대한 권리는 재산권의 보호대상에서 제외되고, 단지 사회법상의 지위가 자신의 급부에 대한 등가물에 해당하는 경우에 한하여 사법상의 재산권과 유사한 정도로 보호받아야 할 공법상의 권리가 인정된다. 즉 공법상의 법적 지위가 사법상의 재산권과 비교될 정도로 강력하여 그에 대한 박탈이 법치국가원리에 반하는 경우에 한하여 그러한 성격의 공법상의 권리가 재산권의 보호대상에 포함되는 것이다.

판례 | 공단의 적립금 승계가 재산권을 침해하는지의 여부 – 헌재 2000.6.29. 99헌마289(기각)

적립금의 경우, 법률이 조합의 해산이나 합병시 적립금을 청구할 수 있는 조합원의 권리를 규정하고 있지 않을 뿐만 아니라, 공법상의 권리인 사회보험법상의 권리가 재산권보장의 보호를 받기 위해서는 법적 지위가 사적 이익을 위하여 유용한 것으로서 권리주체에게 귀속될 수 있는 성질의 것이어야 하는데, 적립금에는 사법상의 재산권과 비교될 만한 최소한의 재산권적 특성이 결여되어 있다. 따라서 **의료보험조합의 적립금**은 헌법 제23조에 의하여 보장되는 **재산권의 보호대상이라고 볼 수 없다**. 그리고 **의료보험수급권**은 의료보험법상 재산권의 보장을 받는 공법상의 권리이다. 그러나 적립금의 통합이 의료보험 수급권의 존속을 위태롭게 하거나 의료보험법 제29조 내지 제46조에 규정된 구체적인 급여의 내용을 직장가입자에게 불리하게 변경하는 것이 아니므로, **적립금의 통합에 의하여 재산권인 의료보험 수급권이 제한되는 것은 아니다.**

Ⅳ. 재산권의 내용

1. 사유재산제도의 보장

사유재산제도의 보장은 국민의 구체적인 사유재산권을 향유하는 민주법치국가의 객관적 법질서의 형성을 인정하고 보장하는 것이며, 입법자의 사유재산권의 보장을 규율하는 것이다. 즉 사유재산제도의 보장은 국민의 구체적 재산권의 이용·수익·처분을 가능하게 하는 법제도의 보장을 의미하며, 입법자는 사유재산제도를 부인하거나 그 핵심적 내용을 부인하는 입법을 할 수 없다는 것을 의미한다.

사유재산제도는 재산권의 내용과 한계를 규율하는 입법의 한계가 된다.

2. 재산권의 내용과 한계의 법정주의

헌법 제23조 제1항 제2문은 "그(재산권) 내용과 한계는 법률로 정한다"라고 하여, 재산권 내용과 한계에 대해 개별적 법률유보를 규정하고 있다. 재산권의 구체적인 내용과 한계는 법률로 정하는 재산권의 내용과 한계의 법정주의를 규정하고 있다. 여기서 법률은 국회제정 법률뿐 아니라 긴급명령이나 긴급재정경제명령도 포함한다.

재산권의 내용과 한계를 정함에 있어서 재산권의 구체적 내용을 형성하는 입법자의 입법형성에 위임하고 있다. 입법자는 재산권에 대한 입법형성의 경우도 입법자에게 전적으로 일임되는 것이 아닌 일정한 한계가 주어지게 된다. 입법자는 입법형성에 있어서 ① 재산권의 사적 유용가능성을 보장하도록 재산권에 부여된 목적, 기능, 특성이 존중되어야 하고, ② 재산권 보장과 사회적 기속성과의 조화를 고려하고, ③ 형성은 장래 발생할 새로운 권리 형성은 물론 과거의 법에 의해 취득한 구체적 법적 지위 내용의 새로운 권리 형성도 포함하고, ④ 비례의 원칙, 평등원칙, 신뢰보호원칙 등에 부합하도록 하여야 한다.

헌법재판소는 재산권의 내용과 한계에 관하여 •임차인의 보증금에 대한 우선변제권(헌재 97헌바20), •협의취득 내지 수용 후 당해 사업의 폐지나 변경이 있는 경우 환매권 인정의 대상으로 토지만을 규정한 것(헌재 2004헌가10), •조세채권과 담보권과의 우선순위를 국세신고일 기준으로 정한 「국세기본법」 규정(헌재 2005헌바60), •학교환경위생정화구역 안에서 여관시설 및 영업행위 금지(헌재 2005헌바110), •역사문화미관지구 지정 시 보상조치 미규정(헌재 2009헌바328), •국세의 납세고지서 발송일 후에 설정된 담보권의 피담보채권에 우선하여 국세 징수의 구 「국세기본법」(헌재 2011헌바97)에 대해 재산권을 침해하지 않는다(**합헌**)고 보았다.

반면 •퇴직금의 질권이나 저당권에 우선변제 규정(헌재 94헌바19 등), •상속회복청구권을 상속개시일로부터 10년으로 제한(헌재 99헌바9 등 → 상속권의 침해행위가 있은 날부터 10년으로 개정(2002.1.)), •급여제한사유의 퇴직 후에 범한 죄에도 적용(헌재 2000헌바57), •명의신탁관계가 이미 종료한 경우 과징금 부과시점의 부동산가액을 과징금 산정기준으로 한 것(헌재 2005헌가17 등), •재직 중의 사유로 금고 이상의 형을 받은 공무원의 일률적 퇴직급여 및 퇴직수당의 일부를 감액지급 규정(헌재 2005헌바33), •복무 중 사유로 금고 이상 형을 받은 군인의 퇴직급여 및 퇴직수당의 일부 감액 지급(헌재 2008헌가1 등) 등에 대해서는 재산권을 침해하는 것(**위헌**)으로 보았다.

3. 소급입법에 의한 재산권 박탈금지

헌법 제13조 제2항은 모든 국민은 소급입법에 의하여 재산권을 박탈당하지 아니한다고 소급입법에 의한 재산권박탈 금지를 규정하고 있다. 소급입법은 새로운 입법으로 이미 종료된 사실관계 또는 법률관계에 작용하게 하는 진정소급입법과 현재 진행 중인 사실관계 또는 법률관계에 작용하게 하는 부진정소급입법이 있는 바, 부진정소급입법은 원칙적으로 허용되지만 진정소급입법은 개인의 신뢰보호와 법적 안정성을 내용으로 하는 법치국가원리에 의하여 특단의 사정이 없는 한 헌법적으로 허용되지 아니하는 것이 원칙이다(헌재 97헌바76등).

헌법재판소는 친일행위의 대가로 취득한 친일재산을 소급적으로 박탈하는 국고귀속조항이 진정소급입법에 해당하나 헌법상 소급입법에 의한 재산권박탈에 반하지 않는다(헌재 2008헌바141등)고 보았고, 장기간 미등기 방치한 경우에 한하여 물권변동 효력 상실, 채권적 효력으로서의 등기청구권만 존속시키는 정도의 제한은 재산권 침해가 아니라(헌재 93헌바67)고 보았다.

반면 단기간 단순노무직 근무 공무원이었다는 사유만으로도 평생에 걸친 급여의 환수라는 불이익 부과, 퇴직 후 사유로 급여청구권 제한은 소급제한으로 보았다(헌재 2000헌바57).

> **(!) 판례** | 진정소급입법의 예외 – 헌재 1999.7.22. 97헌바76등(합헌, 각하)
>
> 기존의 법에 의하여 형성되어 이미 굳어진 개인의 법적 지위를 사후입법을 통하여 박탈하는 것 등을 내용으로 하는 진정소급입법은 개인의 신뢰보호와 법적 안정성을 내용으로 하는 법치국가원리에 의하여 특단의 사정이 없는 한 헌법적으로 허용되지 아니하는 것이 원칙이고, 다만 일반적으로 국민이 **소급입법을 예상할 수 있었거나 법적 상태가 불확실하고 혼란스러워 보호할 만한 신뢰이익이 적은 경우**와 소급입법에 의한 당사자의 손실이 없거나 아주 경미한 경우 그리고 **신뢰보호의 요청에 우선하는 심히 중대한 공익상의 사유가 소급입법을 정당화하는 경우** 등에는 **예외적으로 진정소급입법이 허용된다**.

V. 재산권의 효력

재산권은 재산에 대한 권리의 보유자는 재산권에 대한 권리를 국가권력의 간섭이나 침해로부터 방어할 권리인 대국가적 효력을 가진다.

또한 재산권은 사회질서·경제질서의 공동체의 객관적 법질서의 구성요소로서 대사인적 효력을 갖는다.

VI. 재산권의 제한과 한계

1. 재산권의 제한

재산권은 국가안전보장·질서유지 또는 공공복리를 위해 필요한 경우에 법률로써 제한할 수 있다. 특히 헌법 제23조는 재산권을 보장함과 동시에 여러 가지 제한을 규정하고 있다. 제23조 제1항 제2문은 재산권의 내용과 한계를 법률로 정하도록 하고 있고, 제23조 제2항은 재산권의 사회적 구속성을, 제23조 제3항은 재산권의 수용·사용·제한의 공용침해를 규정하고 있다.

그 밖에 법률 이외의 형식으로 재산권을 제한하는 것으로 헌법 제76조 제1항의 대통령의 긴급재정경제처분·명령에 의한 제한이 있다.

1) 재산권의 법적 규정에 의한 제한

재산권 제한은 국가안전보장·질서유지 또는 공공복리를 위해서, 그리고 공공필요에 의해서 제한할 수 있다. 공공필요란 일정한 공익사업을 시행하는 것으로 공익이 개인의 재산권 존립에 대한 이익보다 우위의 가치가 있을 때를 말하며, 공공필요의 유무는 공익과 사익의 비교형량을 통해 결정되어야 한다. 한편 공공복리는 국민공동의 이익을 의미하는 것인데, 재산권의 강제적 박탈로부터 재산권침해의 양태를 명확히 하기 위해서도 공공필요는 공공복리보다 좁은 개념으로 보는 것이 타당하다.

그리고 헌법 제23조 제1항 제2문의 "내용과 한계는 법률로 정한다"는 규정이 형성적 법률유보인가 아니면 제한적 법률유보인가에 대한 논란이 있다.

재산권의 내용의 확정과 구체적 재산권형성의 권한은 입법자에게 위임하고 있다. 이에 의해 입법자가 재산권의 내용과 한계를 어떻게 확정하느냐에 따라서 재산권 제한의 범위가 정해진다. 재산권은 기본적으로 다른 자유권과 마찬가지로 제한적 법률유보로 보아야 하나, 다른 자유권보다는 재산권의 사회구속성이라는 면에서 보면 형성적 법률유보도 부인하지 못한다.

따라서 제23조 제1항 제2문의 규정은 재산권에 대한 제한의 범위를 입법자가 제한하는 입법자의 재산권에 대한 형성적 법률유보를 의미한다고 본다.

헌법재판소도 재산권에 대해 형성적 법률유보에 해당한다고 보면서도 과잉금지원칙(비례원칙)을 적용하고 있다.

판례 | 재산권 보장과 토지재산권의 사회적 의무성 – 헌재 1999.4.29. 94헌바37 등(위헌)

헌법 제23조 제1항 제2문은 재산권은 보장하되 "그 내용과 한계는 법률로 정한다."고 규정하고, 동조 제2항은 "재산권의 행사는 공공복리에 적합하도록 하여야 한다."고 규정하여 재산권 행사의 사회적 의무성을 강조하고 있다. 이러한 재산권 행사의 사회적 의무성은 헌법 또는 법률에 의하여 일정한 행위를 제한하거나 금지하는 형태로 구체화될 것이지만, 그 정도는 재산의 종류, 성질, 형태, 조건 등에 따라 달라질 수 있다. 따라서 **재산권 행사의 대상이 되는 객체가 지닌 사회적인 연관성과 사회적 기능이 크면 클수록 입법자에 의한 보다 더 광범위한 제한이 허용된다**고 할 것이다. 즉, 특정 재산권의 이용이나 처분이 그 소유자 개인의 생활영역에 머무르지 아니하고 일반 국민 다수의 일상생활에 큰 영향을 미치는 경우에는 입법자가 공동체의 이익을 위하여 개인의 재산권을 규제하는 권한을 더욱 폭넓게 가진다. 그런데 토지는 원칙적으로 생산이나 대체가 불가능하여 공급이 제한되어 있고, 우리나라의 가용토지 면적은 인구에 비하여 절대적으로 부족한 반면에, 모든 국민이 생산 및 생활의 기반으로서 토지의 합리적인 이용에 의존하고 있으므로, **그 사회적 기능에 있어서나 국민경제의 측면에서 다른 재산권과 같게 다룰 수 있는 성질의 것이 아니므로 공동체의 이익이 보다 더 강하게 관철될 것이 요구된다**고 할 것이다(헌재 1989.12.22. 88헌가13, 헌재 1998.12.24. 89헌마214 등 참조).

판례 | 비례원칙 위반 여부 – 헌재 2003.4.24. 99헌바110·2000헌바46(병합)(합헌)

자연공원지역으로 지정된 토지에 대하여 원칙적으로 지정 당시에 행사된 용도대로 사용할 수 있는 한 이른바 재산권에 내재하는 사회적 제약을 비례의 원칙에 합치하게 합헌적으로 구체화한 규정이라고 할 것이다. 그러나 예외적으로 **종래의 용도대로 토지를 사용할 수 없거나 사적 효용의 가능성이 완전히 배제되는 경우에도 아무런 보상없이 이를 감수하도록 규정하고 있는 한 이러한 부담은 법이 실현하려는 중대한 공익으로도 정당화될 수 없는 과도한 부담**이므로, 이러한 한도 내에서 이 사건 법률조항(국립공원지정에 따른 토지재산권의 제한에 대하여 손실보상규정을 두지 않은 구 자연공원법 제4조)은 **비례의 원칙에 위배하며 당해 토지소유자의 재산권을 과도하게 침해하는 위헌적인 규정**이다.

2) 재산권의 수용·사용 또는 제한과 보상

(1) 재산권의 수용·사용·제한

재산권의 공공필요에 의해 적법한 재산의 제한(공용침해)과 그 손실보상에 대해 규정하고 있다.

재산권제한의 일반적 형태로는 수용·사용·제한이 있다. 수용은 개인의 특정 재산권을 종국적·강제적으로 취득하는 것을 말하며, 사용은 개인의 토지 기타 재산권을 일시적·강제적으로 사용하는 것을 말한다. 제한은 개인의 특정 재산권에 대하여 과하는 공법상의 제한을 말한다. 이러한 재산권의 수용·사용·제한은 공권력에 의한 행위이므로 공용수용, 공용사용, 공용제한(공용침해)이라 할 수 있다.

(2) 불가분조항(결부조항)

불가분조항이란 재산권의 제한에 관한 규정과 그에 대한 보상규정은 서로 분리할 수 없다는 것을 말한다.

헌법 제23조 제3항이 공공필요에 의한 재산권의 "수용·사용 또는 제한 및 그에 대한 보상은 법률로써 하되 정당한 보상을 지급하여야 한다"고 규정한 것은 공용수용 등(재산권 제한)과 그 보상 간에는 불가분의 밀접한 관계를 갖는다는 것이다. 공용수용 등은 재산권주체의 의사에 반하여 강제적으로 취득하는 것을 가능하게 하는 것으로 공익적 필요성, 법률의 근거, 그리고 정당한 보상지급 규정이 당해 재산권 제한의 조항에 반드시 포함되어 있어야 하는 것이다.

따라서 공용수용 등은 보상을 법률에서 함께 규정하여야 하며, 보상규정 없는 공용수용 등은 위헌이 되는 것이다.

(3) 경계이론과 분리이론

가. 경계이론

경계이론이란 재산권의 내용과 한계규정(제23조 제1항)을 공용침해 규정(제23조 제3항)과 동일선상에 있는 것으로 보는 견해이다. 재산권에 대한 내용이나 한계가 사회적 제약을 넘는 경우에 특별희생으로 보상규정이 없더라도 손실보상이 가능하다는 견해이다.

이 이론의 구별기준으로 특별한 희생을 들고 있는데, 이를 법원이 결정하므로 권력분립원칙에 위배된다는 비판이 제기되기도 한다. 이는 독일 연방헌법재판소가 소위 '자갈채취판결'을 통해 확립한 이론이다. 연방헌법재판소는 기본법 제14조 제3항에 의한 행정수용은 법률상 근거가 있는 경우에 보상이 주어진다고 권리구제를 부정하면서 이루어진 이론이다. 이 이론은 법률상 보상규정을 두지 않은 것은 위헌적인 것이고 그에 기해 이루어진 수용관련 처분도 위법한 것이 된다는 것이다. 이 이론에 의해 재산권 주체의 권리구제를 위해 특별한 희생이 주어지는 경우에 보상규정이 없더라도 손실보상을 해야 한다는 것이다.

나. 분리이론

분리이론이란 재산권의 내용과 한계규정(제23조 제1항)을 공용침해(제23조 제3항)와 독립된 별개의 제도로 다른 체계를 구성한다고 파악하는 견해이다. 이 이론은 재산권의 사회적 제약은 재산권의 내용부분이고 공용침해는 수용부분의 서로 다른 체계를 구성한다는 것이다.

즉 재산권의 내용과 한계규정이 사회적 제약을 벗어나는 경우에 바로 수용문제로 되는 것은 아니며, 위헌인지의 문제가 되어 구제수단을 찾아야 한다는 것이다. 보상규정이 없으면 위헌적인 것으로 위헌성 방지를 위해 보상규정을 두어야 하며 이는 의무 있는 규정으로 이를 통하여 재산권 주체의 존속보장을 강화할 수 있다는 것이다.

다. 검 토

경계이론에서 재산권에 대한 사회적 제약을 넘는 경우 보상규정이 없더라도 특별희생으로 보아 손실보상을 해주어야 주는 결정을 법원이 한다고 하더라도 그것이 바로 위헌 법률 판단은 아닌 것으로 권력분립원칙에 위배된다고 할 수 없다.

분리이론에 의하면 재산권의 내용규정이 사회적 제약을 넘는 경우 보상규정이 있는 경우 보상이 주어지지만 보상규정이 없는 경우에는 권리구제(보상)를 받지 못하게 되는 위헌적인 것으로 이를 위한 규정은 보상의무 규정으로 보고 있다. 이 분리이론이 주장하는 보상의무 규정을 두는 것은 입법자의 입법정책적 사항으로 헌법 제23조 제1항과 동 제3항과 분리하여 판단하는 것이 재산권 주체의 권리구제에 충실하다고 판단하기도 어려운 부분이 있다.

따라서 분리이론보다는 위 두 조항간 연관성이 있는 것으로 보고 재산권 보장내용을 해석하는 것이 적합하다고 보여진다. 헌법재판소는 이 문제에 대해 명확한 태도를 보이고 있지는 않고 부분적으로 분리이론의 견해를 보이고 있다(헌재 89헌마214 등; 94헌바37; 2003헌가16).

> **❗ 판례 | 재산권의 내용과 보상규정의 의무성 – 헌재 1998.12.24. 89헌마214 등(헌법불합치)**
>
> 도시계획법 제21조에 규정된 개발제한구역제도 그 자체는 원칙적으로 합헌적인 규정인데, 다만 개발제한구역의 지정으로 말미암아 일부 토지소유자에게 **사회적 제약의 범위를 넘는 가혹한 부담이 발생하는 예외적인 경우에 대하여 보상규정을 두지 않은 것에 위헌성이 있는 것**이고, 보상의 구체적 기준과 방법은 헌법재판소가 결정할 성질의 것이 아니라 광범위한 입법형성권을 가진 입법자가 입법정책적으로 정할 사항이므로, 입법자가 보상입법을 마련함으로써 위헌적인 상태를 제거할 때까지 위 조항을 형식적으로 존속케 하기 위하여 헌법불합치결정을 하는 것인바, 입법자는 되도록 빠른 시일 내에 보상입법을 하여 위헌적 상태를 제거할 의무가 있고, 행정청은 보상입법이 마련되기 전에는 새로 개발제한구역을 지정하여서는 아니되며, 토지소유자는 보상입법을 기다려 그에 따른 권리행사를 할 수 있을 뿐 개발제한구역의 지정이나 그에 따른 토지재산권의 제한 그 자체의 효력을 다투거나 위 조항에 위반하여 행한 자신들의 행위의 정당성을 주장할 수는 없다.

(4) 보 상

재산권에 대한 사회적 의무성에 대한 제한의 경우에는 보상이 필요없으나, 공용침해에 해당하는 제한의 경우에는 보상이 필요하다. 이 보상여부에 대한 기준은 소위 특별희생이 론에서 찾는 것이 통설적 견해이다. 즉, 특정인에게 공공의 이익을 위해 재산에 특별한 희생이 가해진 경우에 국가가 보상해주어야 한다는 것이다.

헌법 제23조 제3항에 따라 공용수용 등으로 인한 재산권침해에 대해서는 정당한 보상 을 하여야 한다. 정당한 보상의 의미에 대해 완전보상설(재산권의 객관적 가치의 완전보상), 상당보상설(사회통념상 합리적 이유나 타당한 보상), 절충설(기존 재산권질서 범위내 침해는 완전 보상, 기존 재산권 질서변혁목적 침해는 상당보상)이 제시되고 있다.

정당보상은 수용대상 재산이 갖는 객관적 재산가치를 충분하고 완전하게 보상하는 것 을 의미한다고 본다. 대법원과 헌법재판소는 정당보상의 의미를 침해되는 재산의 객관적 가치는 물론 보상의 시기나 방법 등까지 제한을 두어서는 안된다고 하고 있어 객관적 가 치에 한정하지 않고 부대적 손실까지도 포함하고 있는 것으로 해석된다.

그리고 보상은 반드시 금전으로 할 필요는 없으며, 현물보상도 가능하다(공익사업을 위 한 토지 등의 취득 및 보상에 관한 법률(약칭: 토지보상법) 제61조).

(!) 판례 | 재산권 제한과 보상규정 미비의 위헌성 – 헌재 1998.12.24. 89헌마214 등(헌법불합치)

구 도시계획법 제21조가 정한 개발제한구역의 지정은 토지소유자에 대하여 특별한 희생을 강요 하는 경우로서 헌법 제23조 제3항 소정의 재산권의 제한과 정당한 보상에 관한 두 가지 입법사항 에 속하는 문제라 할 것이나, 구 도시계획법 제21조의 규정은 **재산권의 제한에 관한 입법사항만을** 규정하고 **있을 뿐 그 제한으로 인한 정당한 보상에 관한 입법사항에 관하여서는 전혀 규정하고 있 지 아니하며** 구 도시계획법의 어느 조항에서도 위 입법사항을 규정한 바 없다.

(!) 판례 | 정당한 보상의 의미 – 헌재 1990.6.25. 89헌마107(합헌)

헌법이 규정한 '정당한 보상'이란 이 사건 소원의 발단이 된 소송사건에서와 같이 손실보상의 원 인이 되는 재산권의 침해가 기존의 법질서 안에서 개인의 재산권에 대한 개별적인 침해인 경우에는 그 손실 보상은 원칙적으로 피수용재산의 객관적인 재산가치를 완전하게 보상하는 것이어야 한다는 **완전보상을 뜻하는 것**으로서 보상금액 뿐만 아니라 보상의 시기나 방법 등에 있어서도 어떠한 제한 을 두어서는 아니된다는 것을 의미한다고 할 것이다. **재산권의 객체가 갖는 객관적 가치**란 그 물건 의 성질에 정통한 사람들의 자유로운 거래에 의하여 도달할 수 있는 합리적인 매매가능가격, 즉 **시 가에 의하여 산정되는 것이 보통이다.**

2. 재산권의 한계

1) 재산권의 제한과 사회구속성

헌법 제23조 제2항은 "재산권의 행사는 공공복리에 적합하도록 하여야 한다"라고 하여 재산권 행사에 헌법적 한계를 설정하고 있다.

이러한 사회구속성은 입법자가 재산권을 형성하는 데 있어서 재산권을 보호하고, 재산권의 사회적 의무를 존중하여 재산권의 내용과 한계를 확정하는 입법을 할 법적 구속력을 갖게 한다. 재산권의 사회구속성이 클수록 입법자에 의한 제한은 보다 광범위하게 정당화된다. 그리고 이 조항은 구체적으로 입법자의 입법형성의 기준이 될 뿐 아니라 행정작용이나 재판에 있어서의 해석지침으로서의 의미도 갖는다.

재산권의 사회구속성으로 재산권 주체에 대한 보상의무는 원칙적으로 발생하지 않지만 재산권 확정을 통해 달성하려는 공공의 이익과 재산권 주체에게 부과되는 부담 사이에 적절한 균형이 확보되는 비례의 원칙(과잉금지원칙)이 준수되어야 한다. 즉, 제23조 제1항 제1문의 사유재산제도와 제23조 제2항의 사회적 구속성이 모두 존중되도록 하여야 한다.

재산권의 제한의 경우 사회적 구속성으로 보상이 필요하지 않은 경우와 보상이 필요한 경우인 특별희생에 해당하는 구별기준이 무엇인가가 문제가 된다.

이에 대해 사적 이용설, 보호가치설, 수인가능성설, 사회기속성설, 목적위배설, 상황기속설 등이 주장되고 있지만 어느 하나의 기준만으로 정하기보다는 제반사정을 구체적·객관적으로 살피고 여러 기준을 종합적으로 고려하여 판단할 필요가 있다.

재산권의 제약이 비례의 원칙을 넘는 경우 보상을 하여야 하며 사회적 구속성을 벗어나는 수인의 한도를 넘는 가혹한 부담이 발생한 경우 이를 완화하는 보상규정을 두어야 한다(헌재 89헌마214).

재산권의 사회적 구속성을 벗어남에도 그 보상규정이 없는 경우 헌법 제23조 제3항의 성질과 관련한 학설로는 방침규정설(프로그램적 규정으로 보상입법 없이 손실보상 청구 불가−실질적 법치국가 수용 어려움), 직접효력설(헌법 제23조 제3항을 근거로 직접 손실보상청구−보상규정 미비 시 국가배상청구 어려움), 위헌무효설(보상규정 없음은 결부조항에 위배로 재산권제한 자체 위헌 무효, 피해자 국가배상청구−위헌선언으로 법적 공백 우려), 유추적용설(관계조항인 제23조 제1항에 근거하고 제23조 제3항 및 관계조항을 유추적용하여 손실보상청구 인정, 수용유사침해의 법리 이론 적용−헌법관습적 근거 부재) 등이 주장되지만 비판이 제기되고 있다. 대법원은 유추적용설의 입장(대판 93다6409)을 보이고, 헌법재판소는 새로운 법률제정으로 보상을 받을 수 있고 보상청구 외에 토지재산권 제한 그 자체의 효력을 다툴 수 없다고 보고 있어 직접효력설과 위헌무효설과는 다른 입장을 제시하고 있다(헌재 89헌마214 등).

 판례 | 재산권 제한과 한계 – 헌재 1992.6.26. 90헌바26(합헌, 각하)

　　재산권의 성질상 부과되는 사회기속은 물론 질서유지 또는 공공복리라는 공익적 필요가 있으면 일정한 한도 내에서 법률로써 제한할 수 있는 것이다. 그러나 그러한 제한의 경우에도 과잉금지원칙이 지켜져야 한다. 즉 공익적 목적달성을 위하여 선택된 수단인 제한은 그 공익적 목적달성에 효과적이고 적절하여야 하고(방법의 적절성), 제한으로써 선택된 수단이 동일한 효과를 가진 수단중에서 기본권을 가장 덜 제한하는 최소한의 것이어야 하고(피해의 최소성) 그 공익적 목적과 그 제한으로 선택된 수단을 교량할 때 그 수단 즉 그 제한으로 인하여 받는 기본권자의 불이익보다 그 수단으로 달성하려는 공익적 목적의 이익이 커야 한다(법익의 비례성 또는 균형성)는 이른바 **과잉금지의 원칙에 반하거나 재산권의 본질적인 내용을 침해하여서는 안 된다는 한계성이 있다.**

 판례 | 재산권 제한과 보상 – 헌재 1998.12.24. 89헌마214 등

　　도시계획법 제21조에 규정된 개발제한구역제도 그 자체는 원칙적으로 합헌적인 규정인데, 다만 개발제한구역의 지정으로 말미암아 일부 **토지소유자에게 사회적 제약의 범위를 넘는 가혹한 부담이 발생하는 예외적인 경우에 대하여 보상규정을 두지 않은 것에 위헌성이 있는 것**이고, 보상의 구체적 기준과 방법은 헌법재판소가 결정할 성질의 것이 아니라 광범위한 입법형성권을 가진 입법자가 입법정책적으로 정할 사항이므로, 입법자가 보상입법을 마련함으로써 위헌적인 상태를 제거할 때까지 위 조항을 형식적으로 존속케 하기 위하여 헌법불합치결정을 하는 것인바, 입법자는 되도록 빠른 시일내에 보상입법을 하여 위헌적 상태를 제거할 의무가 있고, 행정청은 보상입법이 마련되기 전에는 새로 개발제한구역을 지정하여서는 아니되며, **토지소유자는 보상입법을 기다려 그에 따른 권리행사를 할 수 있을 뿐 개발제한구역의 지정이나 그에 따른 토지재산권의 제한 그 자체의 효력을 다투거나 위 조항에 위반하여 행한 자신들의 행위의 정당성을 주장할 수는 없다.**

　특히 토지재산권은 다른 재산권에 비해 더욱 강한 전체의 이익을 요구하게 되어(헌재 97헌바26), 토지공개념과 관련한 법률이 제정되어 왔다. 즉 토지거래허가제(헌재 88헌가13: 합헌 및 위헌불선언)를 규정한 「국토이용관리법」, 「개발이익 환수에 관한 법률」(헌재 99헌바104:합헌), 개발제한구역(헌재 89헌마214 등: 헌법불합치)을 규정한 「도시계획법」(→ 이후 「국토이용관리법」과 함께 「개발제한구역의 지정 및 관리에 관한 특별조치법」으로 제정, 통합), 「택지소유상한제에 관한 법률」(헌재 94헌바37 등: 위헌 → 1998년 폐지), 「토지초과이득세법」(헌재 92헌바49 등: 헌법불합치 → 1998년 폐지), 종합부동산세(헌재 2006헌바112: 세대별 합산규정 위헌, 한 주택 소유자에게 보유기간이나 조세지불능력을 고려하지 않고 일률적 부과 헌법불합치, 그 외 이중과

세, 재산권 침해, 지방재정권 침해 등 합헌)를 규정한 「종합부동산세법」 등이 제정되어 재산권 제한과 보상 문제가 논의되어 왔다.

⚠ 판례 | 토지거래허가제 위헌성 – 헌재 1989.12.22. 88헌가13(합헌)

국토이용관리법 제21조의3 제1항의 **토지거래허가제**는 사유재산제도의 부정이 아니라 그 제한의 한 형태이고 토지의 투기적 거래의 억제를 위하여 그 처분을 제한함은 부득이한 것이므로 재산권의 본질적인 침해가 아니며, 헌법상의 경제조항에도 위배되지 아니하고 현재의 상황에서 이러한 제한 수단의 선택이 **헌법상의 비례의 원칙이나 과잉금지의 원칙에 위배된다고 할 수도 없다**(헌재 5인 의견). 같은 법률 제31조의2가 **벌금형과 선택적으로 징역형을 정함은 부득이 한 것으로서** 입법재량의 문제이고 과잉금지의 원칙에 반하지 않으며, 그 구성요건은 건전한 법관의 양식이나 조리에 따른 보충적인 해석으로 법문의 의미가 구체화될 수 있으므로 죄형법정주의의 명확성의 원칙에도 위배되지 **아니한다**(헌재 4인 의견).

⚠ 판례 | 택지소유상한제 위헌성 – 헌재 1999.4.29. 94헌바37 등(위헌)

소유목적이나 택지의 기능에 따른 예외를 전혀 인정하지 아니한 채 일률적으로 200평으로 소유 상한을 제한함으로써, 어떠한 경우에도, 어느 누구라도, 200평을 초과하는 택지를 취득할 수 없게 한 것은, 적정한 택지공급이라고 하는 입법목적을 달성하기 위하여 필요한 정도를 넘는 과도한 제한으로서, 헌법상의 재산권을 과도하게 침해하는 위헌적인 규정이다. …… 택지를 소유하게 된 경위나 그 목적 여하에 관계없이 법 시행 이전부터 택지를 소유하고 있는 **개인에 대하여 일률적으로 소유상한을 적용하도록 한 것은, 입법목적을 달성하기 위하여 필요한 정도를 넘는 과도한 침해이자 신뢰보호의 원칙 및 평등원칙에 위반된다.**

⚠ 판례 | 세대별 합산규정의 위헌성 – 헌재 2008.11.13. 2006헌바112 등

이 사건 **세대별 합산규정**은 혼인한 자 또는 가족과 함께 세대를 구성한 자를 비례의 원칙에 반하여 개인별로 과세되는 독신자, 사실혼 관계의 부부, 세대원이 아닌 주택 등의 소유자 등에 비하여 불리하게 차별하여 취급하고 있으므로, **헌법 제36조 제1항에 위반된다.**

---

2) 재산권 제한의 한계

재산권을 제한하더라도 재산권 주체에 대한 재산권 제한이 재산권의 본질을 침해하지 않도록 하여야 한다(제37조 제2항 단서).

재산권의 본질적 내용이란 재산권의 핵이 되는 실질적 요소 내지 근본적 요소를 뜻하

며 헌법이 재산권을 보장하는 궁극적인 목적을 달성할 수 없게 되는 경우라고 할 수 있다. 사유재산제도를 전면 부정하는 것, 재산권을 무상몰수하는 것, 재산권의 지나친 제한으로 유명무실해지는 것, 그리고 소급입법에 의해 재산권을 박탈하는 것은 재산권에 대한 본질적 내용의 침해가 된다.

또한 재산권에 대한 법률의 개정이 있을 때, 개인이 가지고 있는 구법질서에 대한 합리적이고 정당한 신뢰가 보호되지 않는 경우에는 위헌이 될 수 있다.

> **판례** | 토지재산권의 본질적 내용 – 헌재 2002.7.18. 2000헌바57(한정위헌)
>
> **토지재산권의 본질적인 내용이라는 것은 토지재산권의 핵이 되는 실질적 요소 내지 근본요소를 뜻하며**, 따라서 재산권의 본질적인 내용을 침해하는 경우라고 하는 것은 그 침해로 사유재산권이 유명무실해지고 사유재산제도가 형해화되어 헌법이 재산권을 보장하는 궁극적인 목적을 달성할 수 없게 되는 지경에 이르는 경우라고 할 것이다. **사유재산제도의 전면적인 부정**, 재산권의 무상몰수, **소급입법에 의한 재산권박탈 등이 본질적인 침해가 된다**는 데 대하여서는 이론의 여지가 없다(헌재 1989.12.22., 88헌가13); **공무원이 퇴직 후에 국가안보 등에 관한 법을 위반한 경우 연금급여를 제한**한 공무원연금법 제64조 제3항은 **재산권의 본질적 내용침해이다.**

VII. 재산권의 침해와 구제

헌법이 규정하는 요건을 구비하지 못한 재산권 제한은 재산권의 위법한 침해가 된다. 재산권에 대한 침해의 구제는 공공필요에 의하지 아니한 재산권 침해, 법률의 형식에 의하지 않은 재산권 침해, 소급입법에 의한 재산권 침해, 보상규정이 없는 법률에 의한 재산권침해 등에 대한 구제, 재산권의 사회적 구속성의 한계를 넘은 재산권 침해에 대한 구제 그리고 공공필요에 의한 특별희생에 대한 구제 등이 있다.

재산권이 국가권력에 의한 고의·과실의 위법행위에 의하여 불법적으로 침해된 경우 침해행위의 배제나 원상회복을 구할 수 있고, 헌법 제29조 제1항에 의한 손해배상을 청구할 수 있다. 또한 위헌·위법적인 재산권 침해 시 침해받은 자는 헌법소송을 통한 헌법소원(보상규정 미비의 입법부작위), 위헌법률심판(재산권 제한입법 자체)을 청구할 수 있고, 명령규칙심사를 청구할 수 있다.

05 참정권

기본이해를 위한 질문
1. 선거권이란 무엇이며, 선거권과 관련한 논의는 무엇인가
2. 공무담임권이란 무엇이며, 공무담임권과 관련한 논의는 무엇인가
3. 국민투표권이란 무엇이며, 어떤 유형이 있으며, 헌법상 국민투표권은 어떠한가

제1절 서 설

헌법은 참정권으로 선거권(제24조)과 공무담임권(제25조), 그리고 국가중요정책에 대한 국민투표권(제72조)과 헌법개정안에 대한 국민투표권(제130조 제2항)을 규정하고 있다.

제2절 참정권

제1항 선거권

I. 선거권의 의의와 헌법규정

선거권이란 선거에 참여하여 투표를 행할 수 있는 지위 또는 자격으로 선거권자는 선거권이 있는 사람으로서 선거인명부 또는 재외선거인명부에 등재되어 있는 사람을 말한다.

국민은 선거권을 행사함으로써 국가권력을 형성하고, 정치적 의사형성에 참여하여 선거권을 행사함으로써 국가권력 창설에 정당성을 부여할 수 있다.

헌법 제24조는 "모든 국민은 법률이 정하는 바에 의하여 선거권을 가진다"라고 하여 선거권을 규정하고 있다. 그리고 구체적으로 대통령선거권과 국회의원선거권을 규정하고 있다. 또한 지방의회의원선거권을 규정하고, 지방자치단체장의 선임방법은 법률로 정하도록 규정하고 있다.

II. 선거권의 법적 성격

선거권은 국민이 직접 국가의 정치적 의사형성에 참여하여 통치권이나 국정의 담당자를 결정하는 국민 개개인의 주관적 권리이며 동시에 객관적 법질서이다.

III. 선거권의 내용

일반적으로 선거권을 행사하려면 국적·연령·주소 등에 관하여 일정한 요건충족을 필요로 하고, 일정한 결격사유(금치산자, 금고 이상 형 선고 후 집행 미종료자나 미집행 미확정자, 선거범죄자, 선거권 정지 또는 상실자)가 있으면 선거권이 제한된다. 헌법재판소는 수형자의 선거권 제한에 대해 합헌으로 보았던(헌재 2002헌마411; 2007헌마1462) 그동안의 의견을 변경하여 '집행유예기간 중인 자' 부분에 대해서는 위헌결정을, '수형자' 부분에 대해서는 위헌성을 지적하면서도 입법자의 형성재량에 속한다고 헌법불합치결정을 하였다(헌재 2012헌마409 등).

> **⚠ 판례** | 집행유예자 수형자 선거권제한 사건 – 헌재 2014.1.28. 2012헌마409 등(위헌, 헌법불합치)
>
> 심판대상조항(공직선거법(2005.8.4. 법률 제7681호로 개정된 것)) 제18조 제1항 제2호: 금고 이상의 형의 선고를 받고 그 집행이 종료되지 아니하거나 그 집행을 받지 아니하기로 확정되지 아니한 자)은 **집행유예자와 수형자에 대하여 전면적·획일적으로 선거권을 제한**하고 있다. 심판대상조항의 입법목적에 비추어 보더라도, 구체적인 범죄의 종류나 내용 및 불법성의 정도 등과 관계없이 일률적으로 선거권을 제한하여야 할 필요성이 있다고 보기는 어렵다. **범죄자가 저지른 범죄의 경중을 전혀 고려하지 않고 수형자와 집행유예자 모두의 선거권을 제한하는 것은 침해의 최소성원칙에 어긋난다.** 특히 집행유예자는 집행유예 선고가 실효되거나 취소되지 않는 한 교정시설에 구금되지 않고 일반인과 동일한 사회생활을 하고 있으므로, 그들의 선거권을 제한해야 할 필요성이 크지 않다. 따라서 심판대상조항은 청구인들의 선거권을 침해하고, 보통선거원칙에 위반하여 집행유예자와 수형자를 차별취급하는 것이므로 평등원칙에도 어긋난다. 심판대상조항 중 수형자에 관한 부분의 위헌성은 지나치게 전면적·획일적으로 수형자의 선거권을 제한한다는 데 있다. 그런데 그 위헌성을 제거하고 **수형자에게 헌법합치적으로 선거권을 부여하는 것은 입법자의 형성재량**에 속하므로 심판대상조항 중 수형자에 관한 부분에 대하여 헌법불합치결정을 선고한다.

각국의 선거연령 인하 추세와 같이 선거연령을 낮춤으로써 국민의 정치참여의 폭을 넓히자는 취지에서 「공직선거법」은 선거연령을 만 18세로 하고 있다. 그리고 재외국민에게는 선거권을 인정하지 않는 것, 해외거주자에게는 부재자투표를 인정하지 않고 있는 것에 대해 논란이 있었다. 즉 헌법재판소는 2007년 재외국민에 대해 주민투표권 미부여(헌재 2004헌마644 등), 선거권 미부여(헌재 2004헌마644 등), 부재자투표권 미부여(헌재 2005헌마772)는 기본권을 침해한다고 보았다. 이후 「공직선거법」은 대통령 및 비례대표국회의원 선거권자 그리고 지역구국회의원 선거권자로 주민등록표에 3개월 이상 올라있고 국회의 원지역구선거구 안에 주민등록되어 있는 재외국민에게 선거권을 부여하고 있다(법 제15조 제1항 제3호). 또한 문제가 되었던 「재외동포의 출입국과 법적 지위에 관한 법률」에 따른 재외국민의 국내거소신고 요건을 규정한 「국민투표법」 규정(제14조 제1항)에 대해 재외선거 인의 투표권을 침해한다고 헌법불합치결정(헌재 2009헌마256)을 하였고, 동법은 2009년 개정되었다(2009.2.12. 법률 제9467호).

 판례 | 주민투표권 행사 요건의 주민등록 요구의 국내거주 재외국민의 평등권 침해 여부 – 헌재 2007.6.28. 2004헌마643(헌법불합치, 각하)

가. 주민에게 과도한 부담을 주거나 중대한 영향을 미치는 당해 지방자치단체의 주요결정사항에 대한 주민투표의 결과는 주민등록이 가능한 국민인 주민은 물론 주민등록을 할 수 없는 국내 거주 재외국민에게도 그 미치는 영향에 있어 다르다고 보기 어렵다. 지방자치단체의 폐치·분 합 또는 구역변경, 주요시설의 설치 등 국가정책의 수립에 관한 주민투표의 경우에도 마찬가 지이다. 지방자치단체의 폐치·분합 또는 구역변경은 단순히 행정단위나 행정구역의 개편 차 원을 넘어 폐치·분합 또는 구역변경의 대상이 되는 지방자치단체의 주민의 이익과 직접적으 로 관련되어 있으며, 국내거주 재외국민의 경우에도 예외는 아니다. 주요시설의 설치와 관련 하여 주민투표가 실시되는 경우에도 마찬가지이다.

나. 법 제5조 제2항은 출입국관리 관계 법령의 규정에 의하여 대한민국에 계속 거주할 수 있는 자 격을 갖춘 자로서 지방자치단체의 조례가 정하는 '외국인'에게 주민투표권을 부여하고 있는바, 주민투표의 결과가 그 법적 및 사실적 효과라는 측면에서 국내거주 재외국민과 외국인 간에 본 질적으로 달리 나타난다고 보기는 어렵다. 주민투표의 대상이 되는 사항과의 관련성 내지 이해 관계의 밀접성이라는 점에서 양자 간에 본질적 차이가 존재하지 아니한다.

다. 이 사건 법률조항 부분은 **주민등록만을 요건으로 주민투표권의 행사 여부가 결정되도록 함으로 써 '주민등록을 할 수 없는 국내거주 재외국민'을 '주민등록이 된 국민인 주민'에 비해 차별하고** 있고, 나아가 '주민투표권이 인정되는 외국인'과의 관계에서도 차별을 행하고 있는바, 그와 같은 차별에 아무런 합리적 근거도 인정될 수 없으므로 **국내거주 재외국민의 헌법상 기본권인 평등 권을 침해하는 것으로 위헌이다.**

> **❗ 판례** | 국내거주재외국민의 주민등록 요건 지방선거선거권 제한의 국내거주재외국민의 평등권과 지방의회의원선거권 침해 여부 – 헌재 2007.6.28. 2004헌마644 등(헌법불합치)
>
> 국내거주 재외국민은 주민등록을 할 수 없을 뿐이지 '국민인 주민'이라는 점에서는 '주민등록이 되어 있는 국민인 주민'과 실질적으로 동일하므로 지방선거 선거권 부여에 있어 양자에 대한 차별을 정당화할 어떠한 사유도 존재하지 않으며, 또한 헌법상의 권리인 국내거주 재외국민의 선거권이 법률상의 권리에 불과한 '영주의 체류자격 취득일로부터 3년이 경과한 19세 이상의 외국인'의 지방선거 선거권에 못 미치는 부당한 결과가 초래되고 있다는 점에서, **국내거주 재외국민에 대해 그 체류기간을 불문하고 지방선거 선거권을 전면적·획일적으로 박탈하는 법 제15조 제2항 제1호, 제37조 제1항은 국내거주 재외국민의 평등권과 지방의회 의원선거권을 침해한다**(헌재 2007.6.28. 2004헌마644 등, 공직선거및선거부정방지법 제15조 제2항 등 위헌 확인(제16조 제3항, 제37조 제1항)).

> **❗ 판례** | 해상 장기기거 선원들에 대한 부재자투표 대상자 미규정 등의 선거권 침해 여부 – 헌재 2007.6.28. 2005헌마772(헌법불합치)
>
> 이 사건 법률조항이 **대한민국 국외의 구역을 항해하는 선박에서 장기 기거하는 선원들이** 선거권을 행사할 수 있도록 하는 효과적이고 기술적인 방법이 존재함에도 불구하고, 선거의 공정성이나 선거기술상의 이유만을 들어 선거권 행사를 위한 아무런 법적 장치도 마련하지 않고 있는 것은, 그 입법목적이 국민들의 선거권 행사를 부인할만한 '불가피한 예외적인 사유'에 해당하는 것이라 볼 수 없고, 나아가 기술적인 대체수단이 있음에도 불구하고 선거권을 과도하게 제한하고 있어 **'피해의 최소성'** 원칙에 위배되며, 원양의 해상업무에 종사하는 선원들은 아무런 귀책사유도 없이 헌법상의 선거권을 행사할 수 없게 되는 반면, 이와 관련하여 추구되는 공익은 불분명한 것이어서 **'법익의 균형성'** 원칙에도 위배된다.

제2항 공무담임권

I. 공무담임권의 의의와 헌법규정

공무담임권은 입법부·집행부·사법부 및 지방자치단체 등 모든 국가공무원으로 선임되어 공무를 담당할 권리를 말하는 것으로 선출직공무원과 임명직공무원이 되는 권리를 포함하는 포괄적인 권리이다.

헌법 제25조는 "모든 국민은 법률이 정하는 바에 의하여 공무담임권을 가진다"라고 하여 국민의 공무담임권을 규정하고 있다. 공무담임권은 공무원으로서 직무를 담당할 권리 이외에 공직을 부당하게 박탈당하지 않을 권리도 포함한다.

따라서 공직취임 후 공무원의 직위유지권도 보장되도록 하는 것이 헌법상 직업공무원제도의 보장 취지에도 맞는 것이다.

 판례 | '승진시험의 응시제한'이나 이를 통한 승진기회 제한이 공무담임권 제한하는지 여부 – 헌재 2007.6.28. 2005헌마1179(기각)

공무담임권의 보호영역에는 일반적으로 공직취임의 기회보장, 신분박탈, 직무의 정지가 포함될 뿐이고 청구인이 주장하는 **'승진시험의 응시제한'이나 이를 통한 승진기회의 보장 문제는** 공직신분의 유지나 업무수행에는 영향을 주지 않는 단순한 내부 승진인사에 관한 문제에 불과하여 공무담임권의 보호영역에 포함된다고 보기는 어려우므로 결국 이 사건 심판대상 규정은 **청구인의 공무담임권을 침해한다고 볼 수 없다**(공무원임용시험령 제42조 제1항 중 '시험요구일 현재'와 '승진임용이 제한되거나' 부분 위헌확인)

 판례 | 군무원을 제외하고 현역군인만을 특정 보직을 정한 것이 군무원의 공무담임권을 제한하는지 여부 – 헌재 2008.6.26. 2005헌마1275(기각)

공무담임권의 보호영역에는 일반적으로 공직취임의 기회보장, 신분박탈, 직무의 정지가 포함되는 것일 뿐, 여기서 더 나아가 **공무원이 특정의 장소에서 근무하는 것 또는 특정의 보직을 받아 근무하는 것을 포함하는 일종의 '공무수행의 자유'까지 그 보호영역에 포함된다고 보기는 어렵다.** 따라서 이 사건 법률조항(현역군인만을 국방부의 보조기관 및 차관보·보좌기관과 병무청 및 방위사업청의 보조기관 및 보좌기관에 보할 수 있도록 정하여 군무원을 제외)이 특정직공무원으로서 군무원인 청구인들의 공무담임권을 제한하는 것은 아니다.

II. 공무담임권의 내용

헌법 제25조가 공무담임권을 보장하고 있기는 하지만 공무를 담당하려면 일정요건과 결격사유가 없는 등의 요건이 필요하다.

즉 공무를 담당할 피선자격의 경우 대통령은 만 40세 이상이어야 하며(헌법, 공직선거법 제16조 제1항), 통산하여 5년 이상 국내에 거주하여야 한다. 국회의원은 피선자격이 25세 이상이여야 하고, 거주기간은 그 요건이 아니나 거주사실은 있어야 한다(공직선거법 동조 제2항). 지방의회의원 및 지방자치단체의 장의 피선자격도 25세 이상이며, 지방의회의원과 지방자치단체장에 입후보한 자는 선거일 현재 계속하여 60일 이상 당해 지방자치단체의 관할구역 안에 주민등록이 있어야 한다. 이러한 피선자격 결격사유자의 입후보등록은 무효이다.

지방자치단체장의 선거권과 피선거권의 법적 성격에 대해 헌법적 권리라는 견해와 법률적 권리라는 견해가 대립된다.

법률적 권리라는 견해는 헌법이 "지방자치단체장의 선임방법에 관한 사항은 법률로 정한다"라고 규정(제118조 제2항)한 것을 근거로 주장한다. 그러나 헌법이 지방자치제도를 규정하고 있고 지방의회의원선거권을 규정하고 있는 것에 비추어 지방자치단체장의 선거를 이와 달리 볼 합리적 이유가 없으므로 헌법상 권리로 보아야 한다. 다만, 지방자치단체장 선거는 반드시 직선제일 필요는 없다고 보아야 한다.

선출직이 아닌 공직취임에 있어서는 그 자격이나 임용요건 등이 「국가공무원법」, 「교육공무원법」, 「국회법」 등 각 해당 법률에 규정되어 있다.

제3항 국민투표권

Ⅰ. 국민투표권의 의의

국민투표권이란 특정의 국정사안에 관하여 국민이 직접 국가의사결정에 참여하는 권한을 말한다. 국민투표제도는 우리나라가 채택하고 있지 않은 국민발안, 국민소환 등과 더불어 직접민주주의를 대표하는 제도이다.

헌법은 대의제를 기초로 하는 간접민주주의를 원칙으로 하면서도 예외적으로 국민투표제를 인정하여 대의제에 민주주의적 정당성을 부여하는 기능을 하고 있다.

Ⅱ. 국민투표권의 내용

민주주의적 정당성을 부여하는 국민표결에는 레퍼렌덤(Referendum)과 플레비지트(Plébiscite)가 있다.

① 레퍼렌덤은 국민이 일정한 중요사항을 투표로 확정하기 위해 국민의 의사를 묻는 협의의 국민표결을 말한다.

② 반면 플레비지트는 영토의 귀속이나 집권자에 대한 신임과 같이 집권자가 특정 사안에 대해서 국민에게 신임 여부를 묻는 신임투표를 말한다(예 1802년의 Napoléon의 국민투표, 1933년의 Hitler의 국민투표, 1958년의 이집트대통령 Nasser를 아랍연합공화국 원수로 지명하는 국민투표, 우리나라의 1969년과 1975년의 헌법개정안에 대한 국민표결 등).

현행헌법은 헌법개정안에 대한 국민투표(제130조 제2항)와 대통령이 부의한 국가안위에 관한 중요정책에 관한 국민투표(제72조)인 레퍼렌덤만을 규정하고 있다. 즉 헌법개정안은 국회의 의결을 거친 후 국민투표로 확정되며, 국민투표에 붙여진 헌법개정안은 국회의원선거권자 과반수의 투표와 투표자 과반수의 찬성을 얻음으로써 확정된다고 규정하고 있는데, 이 헌법개정 국민투표는 필수적 절차이다. 또한 대통령은 필요하다고 인정할 때에는 외교·국방·통일 기타 국가안위에 관한 중요정책을 국민투표에 부칠 수 있다고 규정하고 있는데, 이는 대통령의 임의적 재량에 달린 것이다.

그 밖에 「지방자치법」에는 주민에게 과도한 부담을 주거나 중대한 영향을 미치는 지방자치단체의 주요 결정사항 등에 대하여는 주민의 의사를 물을 수 있도록 하는 주민투표제도를 규정하여 직접민주제도를 채택하고 있다(지방자치법 제14조, 주민투표법 제5조).

06 청구권

기본이해를 위한 질문
1. 청원권이란 무엇이며, 청원의 허용과 금지사항은 무엇이며 그 절차는 어떻게 이루어지는가
2. 재판청구권이란 무엇이며, 그 내용은 무엇인가
3. 국가배상청구권이란 무엇이며, 국가배상청구권의 성립에 필요한 요건과 국가배상책임의 성질은 무엇인가
4. 손실보상청구권이란 무엇이며, 손실보상청구권의 성립 요건과 본질은 무엇인가
5. 형사보상청구권이란 무엇이며, 형사보상청구권의 내용과 절차는 무엇인가
6. 범죄피해자구조청구권이란 무엇이며, 범죄피해자구조 청구의 주체는 누구이며, 그 내용은 무엇인가

제1절 서 설

우리 헌법은 청구권으로 청원권(제26조), 재판청구권(제27조), 형사보상청구권(제28조), 국가배상청구권(제29조), 손실보상청구권(제23조 제3항), 범죄피해자구조청구권(제30조) 등을 규정하고 있다.

제2절 청구권

제1항 청원권

Ⅰ. 청원권의 의의·기능·헌법규정

청원권은 국민이 국가기관에 대해 일정한 사항에 관한 의견이나 희망을 호소하여 청원을 심사하고 통지할 것을 요청하는 권리를 말한다. 청원권은 국민이면 누구나 제기할수 있다는 점에서 청구적격성을 요하는 재판청구권과는 그 성질을 달리한다.

청원권에 있어서 청원은 국가기관의 권한에 속하는 거의 모든 사항을 포함하므로, 국가의사의 의사형성에 있어 국민에게 참여기회를 부여한다는 점에서 대의정치를 보완하는 기능을 지닌다.

그러나 정당제도와 사법제도의 확립, 선거권의 확대, 표현의 자유의 보장 등으로 정치과정의 참여와 권리구제적 청원권의 기능은 점차 감소되고 있다.

현행헌법은 제26조에 "① 모든 국민은 법률이 정하는 바에 의하여 국가기관에 문서로 청원할 권리를 가진다. ② 국가는 청원에 대하여 심사할 의무를 진다"라고 청원권에 관하여 규정하고 있다.

Ⅱ. 청원권의 법적 성격

청원권의 법적 성격에 대해서는 다양한 견해가 있지만, 청원권은 국민의 청원에 대해 국가가 심사·통지할 의무를 부여하는 청구권적 기본권일 뿐만 아니라, 국가기관의 방해를 받지 않고 자유롭게 자기의 의견이나 희망을 진술할 수 있는 소극적이고 방어적인 자유권적 성격을 갖는 복합적 성격을 갖는다고 본다.

또한 청원권은 주관적 공권으로서의 성격을 가지며, 민주질서, 법치질서를 위한 중요한 객관적 법질서의 구성요소이다.

Ⅲ. 청원권의 주체

청원권의 주체는 국민을 포함한 모든 자연인으로 외국인도 그 주체가 된다.

내국 사법인이든 외국 사법인이든 관계없이 법인도 그 주체가 된다. 그리고 공법인은 원칙적으로 청원권의 주체가 될 수 없으나, 예외적인 경우에 한하여 청원권의 주체가 될 수 있다.

Ⅳ. 청원권의 내용

헌법 제26조 제1항은 청원과 관련된 사항을 법률로 정하도록 하고 있어 입법자는 청원권의 내용을 정하는데 광범한 입법재량권을 갖는다. 청원권의 내용은 「청원법」과 기타 법률에 규정되어 있다.

1. 청원사항

청원이 허용되는 사항으로는 ① 피해의 구제, ② 공무원의 위법·부당한 행위에 대한 시정이나 징계의 요구, ③ 법률·명령·조례·규칙 등의 제정·개정 또는 폐지, ④ 공공의 제도 또는 시설의 운영, ⑤ 그 밖에 국가기관 등의 권한에 속하는 사항이다(법 제4조). 위 사항들은 예시적인 것으로서 공공기관의 권한에 속하는 것이면 널리 청원사항이 될 수 있다고 보아야 한다.

2. 청원금지사항

누구든지 타인을 모해(謀害)할 목적으로 허위의 사실을 적시한 청원을 해서는 안 되며(법 제25조), 이를 위반한 자는 5년 이하의 징역 또는 5천만원 이하의 벌금에 처한다(법 제27조).

또한 청원을 처리하지 않을 수 있는 사항으로는 ① 국가기밀 또는 공무상 비밀에 관한 사항, ② 감사·수사·재판·행정심판·조정·중재 등 다른 법령에 의한 조사·불복 또는 구제절차가 진행 중인 사항, ③ 허위의 사실로 타인으로 하여금 형사처분 또는 징계처분을 받게 하는 사항, ④ 허위의 사실로 국가기관 등의 명예를 실추시키는 사항, ⑤ 사인 간의 권리관계 또는 개인의 사생활에 관한 사항, ⑥ 청원인의 성명, 주소 등이 불분명하거나 청원내용이 불명확한 사항의 경우이다. 이 경우 사유를 청원인(공동청원의 경우 대표자)에게 알려야 한다(법 제6조).

동일인이 같은 내용의 청원서를 같은 청원기관에 2건 이상 제출한 반복청원이나 동일인이 같은 내용의 청원서를 2개 이상의 청원기관에 제출하는 이중청원의 경우 청원서를 반려하거나 종결처리할 수 있고, 종결처리하는 경우 이를 청원인에게 알려야 한다(법 제16조 제1항, 제2항).

3. 청원의 방법과 절차

청원은 청원서에 청원인의 성명과 주소 또는 거소를 적고 서명한 문서(전자문서 및 전자거래 기본법에 따른 전자문서 포함-온라인청원)로 하여야 한다(법 제9조 제1항, 제2항).

청원인은 청원서를 해당 청원사항을 담당하는 청원기관에 제출하여야 하고(법 제11조 제1항), 일정한 청원사항(법률·명령·조례·규칙 등의 제정·개정 또는 폐지, 공공의 제도 또는 시설의 운영)에 해당하는 경우 청원의 내용, 접수, 및 처리 상황과 결과를 온라인청원시스템에 공개하도록 공개청원할 수 있다(법 동조 제2항). 청원인은 청원서에 이유와 취지를 밝히고, 필요한 때에는 참고자료를 붙일 수 있다(법 동조 제4항).

국회에 청원을 하려는 자는 의원의 소개를 받거나 국회규칙으로 정하는 기간 동안 국회규칙으로 정하는 일정한 수 이상의 국민의 동의를 받아 청원서를 제출하여야 한다(국회법 제123조 제1항).

청원기관의 장은 청원심의회의 심의를 거칠 필요가 있는 경우 청원심의회의 심의를 거쳐 청원을 처리하여야 한다(법 제21조 제1항).

청원을 접수한 때에는 특별한 사유가 없으면 90일 이내에 처리결과를 청원인에게 알려야 하며, 공개청원의 처리결과는 온라인청원시스템에 공개하여야 한다(법 동조 제2항). 부득이한 사유로 처리기간에 청원을 처리하기 곤란한 경우에는 60일의 범위에서 한 차례만 처리기간을 연장할 수 있다(법 동조 제3항).

청원이 ① 재판에 간섭하는 내용의 청원, ② 국가기관을 모독하는 내용의 청원, ③ 국가기밀에 관한 내용의 청원에 대해서는 접수하지 않는다(국회법 제123조 제3항).

4. 처리 및 이의신청

국회가 채택한 청원으로서 정부에서 처리하는 것이 타당하다고 인정되는 청원은 의견서를 첨부하여 정부에 이송한다(국회법 제126조 제1항). 정부는 제1항의 청원을 처리하고 그 처리 결과를 지체없이 국회에 보고하여야 한다(법 동조 제2항).

청원인은 청원기관의 장의 공개 부적합 결정에 대하여 불복하는 경우 또는 청원기관의 장이 90일의 처리기간 내에 청원을 처리하지 못한 경우에 해당하는 경우로서 공개 부적합 결정 통지를 받은 날 또는 90일의 처리기간이 경과한 날부터 30일 이내에 청원기관의 장에게 문서로 이의신청을 할 수 있다(법 제22조).

V. 청원권의 효력

1. 청원의 효과

헌법 제26조 제2항은 "국가는 청원에 대하여 심사할 의무를 진다"라고 하여 국가기관에게 청원서를 접수하고 심사할 의무만 부과하고 있으나, 「청원법」은 청원을 공정·신속히 심사·처리하고 그 결과를 청원인에게 통지할 의무까지 규정하고 있다(법 제13조). 청원인에게 통지할 내용의 범위에 대하여는 견해가 갈리나, 그에 대한 재결이나 결정을 할 의무는 없다고 본다.

청원은 청원심사소위원회에 회부하여 심사보고(국회법 제125조 제2항)하도록 하고, 위원회가 그 처리결과를 의장에게 보고하면 의장은 청원인에게 통지하여야 한다(법 동조 제7항, 제8항).

국회가 채택한 청원으로서 정부에서 처리함이 적당하다고 인정되는 청원은 의견서를 첨부하여 정부에 이송하고, 정부는 이 청원을 처리하고 그 처리결과를 지체없이 국회에 보고하여야 한다(법 제126조).

누구든지 청원을 하였다는 이유로 청원인을 차별대우하거나 불이익을 강요해서는 안 된다(청원법 제26조).

2. 청원권의 효력

청원권은 국민이 국가에 대해서만 청구할 수 있다는 점에서 대국가적 효력을 지닐 뿐이다. 따라서 청원권은 사인 상호 간에는 적용될 수 없다.

Ⅵ. 청원권의 제한과 한계

청원권은 국가안전보장·질서유지 또는 공공복리를 위하여 필요한 경우 법률로써 제한할 수 있다.

또한 청원권은 대통령의 긴급명령 또는 비상계엄이 선포된 경우에 제한될 수 있다.

청원권을 제한하는 경우에도 청원권 자체를 무의미하게 하는 것과 같은 본질적 내용의 침해는 금지된다.

제2항 재판청구권

Ⅰ. 재판청구권의 의의와 헌법규정

재판청구권이란 누구든지 권리가 침해되거나 분쟁이 발생한 경우 국가에 대하여 재판을 청구할 수 있는 권리를 말한다. 재판을 받을 권리는 헌법과 법률이 정한 자격과 절차에 따라 법관에 의한 재판을 받을 권리를 보장하는 것을 말한다.

헌법재판소는 헌법 제27조 제1항의 재판을 받을 권리란 "헌법과 법률이 정한 자격과 절차에 의하여 임명되고, 물적 독립과 인적독립이 보장된 법관에 의한 재판을 받을 권리와 법률에 의한 재판을 받을 권리, 즉 절차법이 정한 절차에 따라 실체법이 정한 내용대로 재판을 받을 권리"(헌재 92헌가11·93헌가8·9·10 병합)라고 설시하고 있다.

우리 헌법은 제헌헌법 이래 재판청구권을 보장해왔다. 현행헌법에는 제27조에서 "① 모든 국민은 헌법과 법률이 정한 법관에 의하여 법률에 의한 재판을 받을 권리를 가진다. ② 군인 또는 군무원이 아닌 국민은 대한민국의 영역 안에서는 중대한 군사상 기밀·초병·초소·유독음식물공급·포로·군용물에 관한 죄 중 법률이 정한 경우와 비상계엄이 선포된 경우를 제외하고는 군사법원의 재판을 받지 아니한다. ③ 모든 국민은 신속한 재판을 받을 권리를 가진다. 형사피고인은 상당한 이유가 없는 한 지체없이 공개재판을 받을 권리를 가진다. ④ 형사피고인은 유죄의 판결이 확정될 때까지는 무죄로 추정된다. ⑤ 형사피해자는 법률이 정하는 바에 의하여 당해 사건의 재판절차에서 진술할 수 있다"라고 재판청구권을 규정하고 있다.

Ⅱ. 재판청구권의 법적 성격

재판청구권의 법적 성격에 대해서는 여러 가지 견해가 있으나, 재판청구권은 국가에 대하여 재판을 청구할 수 있는 주관적 공권성을 가진다.

그리고 재판청구권은 재판을 청구할 수 있는 적극적 측면과 법관이 아닌 자의 재판을 받지 않는다는 소극적 측면을 가지고 있다(헌재 96헌바4).

또한 재판청구권은 법치질서·사법질서를 형성하는 객관적 법질서의 구성요소이다.

Ⅲ. 재판청구권의 주체

재판청구권의 주체는 국민뿐만 아니라 외국인도 될 수 있다. 법인도 내국법인인지 외국법인인지에 관계없이 모두 그 주체가 될 수 있다.

Ⅳ. 재판청구권의 내용

1. 재판을 받을 권리

1) 재판의 개념과 재판청구의 요건

재판이란 권리가 침해되거나 분쟁이 발생한 경우 당사자의 청구에 의하여 독립적 법관이 사실을 확인하고 법률해석·적용을 통해 당사자가 주장하는 권리·의무의 존부를 종국적으로 확정하는 작용을 말한다.

재판을 청구하려면 구체적이고 현실적인 권리에 대한 침해나 권리에 관한 분쟁이 있어야 하며(사건성), 재판을 청구하려면 자기의 권리나 이익이 현재 직접적으로 침해되거나 관련되어 있어야 하며(당사자적격), 재판을 통하여 당사자의 권리가 보호되는 이익이 있어야 한다(소의 이익).

2) 재판을 받을 권리의 유형

재판에는 민사재판, 형사재판, 행정재판 및 헌법재판 등이 있으며, 재판을 받을 권리에는 이들 재판을 받을 권리를 모두 포함한다.

(1) 민사재판은 국민의 사법상의 권리를 보호하기 위한 것으로, 국민은 사권의 보호를 위해 소를 제기할 수 있는 소권을 갖는다. 소송요건을 구비한 적법한 민사재판청구에 대해 법원은 재판을 거절하지 못하며 법률로도 이 청구권을 제한할 수 없다.

(2) 형사재판은 기소독점주의의 원칙상 검사의 공소제기가 있어야 한다. 형사사건에 있어서 피고인은 상당한 이유가 없는 한 지체없이 공개재판을 받을 권리가 있고(제27조 제3항), 즉결심판이나 약식재판을 받은 경우에는 정식재판을 청구할 권리가 있다(법원조직법 제35조). 검사의 불기소처분에 대하여서는 고소인 또는 고발인이 관할 고등법원에 그 당부의 재정(재결정)을 신청할 수 있으므로 이러한 재판상 준기소절차의 범위에서 고소인

또는 고발인은 형사재판청구권이 인정된다고 할 수 있다.

(3) 행정재판은 행정법규의 적용에 대한 분쟁 기타 공법상의 권리관계에 대한 분쟁이 있는 경우에 이를 법원이 판단하는 것으로, 행정사건에 있어서도 국민은 행정소송을 청구할 수 있는 소권을 가진다.

(4) 국민은 위헌법률심판과 헌법소원심판의 헌법재판을 받을 권리가 있다. 위헌법률심판은 법률의 위헌 여부가 재판의 전제가 된 경우 헌법재판소에 위헌법률심판을 제청해줄 것을 당해 재판이 계류 중인 법원에 신청할 수 있는 것이다(제107조 제1항, 제111조 제1항 제1호, 헌법재판소법 제41조 제1항). 그리고 헌법소원심판은 국민이 공권력의 행사 또는 불행사로 인하여 헌법상 보장된 기본권을 침해받은 경우 헌법재판소에 제기할 수 있다(제111조 제1항 제1호, 법 제68조).

3) 대법원의 재판을 받을 권리

재판을 받을 권리에는 최고법원인 대법원의 재판을 받을 권리가 포함되는지가 문제된다. 헌법은 비상계엄 하의 군사재판에서 일정한 범죄에 한하여 예외적으로 단심을 인정하고 있는 것으로 보아 재판을 받을 권리에는 모든 사건의 재판을 상고심에서 받을 권리가 포함된다고 보기 어렵다고 할 수 있다. 그러나 상소권을 완전히 봉쇄하는 개별입법은 상소권을 본질적으로 박탈하는 것이어서 위헌이다.

헌법재판소는 재판청구권이 대법원의 재판을 받을 권리를 포함하지 않는 것으로 보고 있다(헌재 90헌마25 등).

4) 군사재판을 받지 아니할 권리

일반국민은 원칙적으로 군사법원의 재판을 받지 아니할 권리를 가진다. 그러나 대한민국의 영역 안에서 중대한 군사상 기밀·초병·초소·유독음식물공급·포로·군용물에 관한 죄 중 법률이 정한 경우와 비상계엄이 선포된 경우에는 예외적으로 군사재판을 받게 할 수 있다(제27조 제2항).

2. '헌법과 법률이 정한 법관에 의한 재판'을 받을 권리

1) 헌법과 법률이 정한 법관

'헌법과 법률이 정한 법관'이란 헌법과 법률이 정한 법관의 자격을 구비하고(제101조 제3항, 법원조직법 제41조, 제42조), 적법한 절차에 따라 적법하게 임명되고(제104조, 법 제41조),

임기·정년 및 신분보장, 직무상 독립이 보장되고, 제척 기타의 사유로 법률상 그 재판에 관여하는 것이 금지되지 아니한 법관을 말한다.

헌법과 법률에 의하여 재판을 받을 권리는 대법원에서 재판을 받을 권리를 포함하는 것으로, 정당한 이유가 없는 상고권을 제한하는 재판은 위헌이다.

2) 군사재판

군인 또는 군무원에 대한 군사법원의 군사재판은 현역군인 또는 군재판관에 의한 재판이라는 점에서 '헌법과 법률이 정한 법관에 의한 재판'에 위배되는 것이 아닌지가 문제이다. 헌법은 특별법원으로서 군사법원을 인정하고 있고, 군사법원의 조직·권한 및 재판관의 자격을 법률로써 규정하도록 하고 있다(제110조). 또한 군사법원에서의 예외적 재판을 허용하고 있고, 군사법원에 의한 재판의 상고심도 원칙적으로 대법원의 관할로 되어 있기 때문에 '헌법과 법률이 정한 법관'에 위배된다고 할 수 없다.

3) 배심재판

배심제는 법률가가 아닌 시민이 재판의 사실심에 관여하는 제도이고, 참심제는 법률가인 법관과 비법률가인 참심원이 함께 재판부를 구성하여 사실심과 법률심에 참여하는 제도이다.

배심재판은 법관자격이 없는 배심원에 의한 재판이므로 '헌법과 법률이 정한 법관'에 의한 재판에 위배된다. 다만, 배심원이 사실심에만 관여하고 법률심에는 관여하지 않으면 헌법 제27조 제1항에 위배된다고 할 수 없다. 그러나 참심원이 사실심 이외에 법률심까지 참여하는 참심재판제도의 채택은 위헌이다(다수설).

일반국민의 사법참여를 위해 도입된 국민참여재판제도의 시행에 참여 권한과 책임 및 필요 사항을 정하기 위해 「국민의 형사참여에 관한 법률」이 제정되었다. 국민참여재판제도는 헌법 제27조 제1항의 재판을 받을 권리의 보호범위에 속하지 않지만(헌재 2014헌바447), 배심원에게 권고적 효력만을 인정하는 것으로서 헌법에 위반되지 않는다.

> **❗ 판례** | 국민참여재판을 받을 권리의 헌법상 재판을 받을 권리로서 보장 여부 – 헌재 2015.7.30. 2014헌바447(합헌)
>
> 헌법과 법률이 정한 법관에 의한 재판을 받을 권리는 직업법관에 의한 재판을 주된 내용으로 하는 것이므로, 국민참여재판을 받을 권리가 헌법 제27조 제1항에서 규정한 재판을 받을 권리의 보호범위에 속한다고 볼 수 없다.

4) 즉결심판·가사심판·보호처분

「즉결심판에 관한 절차법」에 의하여 지방법원, 지원, 시·군법원의 판사는 20만원 이하의 벌금, 구류 또는 과료에 처하는(제2조) 즉결심판은 '헌법과 법률이 정한 법관'에 의한 재판이며, 즉결심판에 대해서는 7일 이내에 정식재판을 청구할 수 있으므로 위헌이 아니다.

가정법원의 가사심판, 가정법원소년부 또는 지방법원소년부의 보호처분 등은 헌법과 법률이 정한 법관에 의한 재판이다.

5) 약식절차·통고처분

지방법원의 관할에 속하는 사건으로 벌금, 과료 또는 몰수를 하는 경우에 한하여 서면심리로서 재판하여 형을 과하는(형사소송법 제448조 이하) 약식절차는 공판전의 간이소송절차로 검사의 청구에 의해 이루어지며, 불복하는 검사 또는 피고인은 7일 이내에 정식재판을 청구할 수 있으므로, 재판을 받을 권리를 침해하는 것이 아니다.

재정범과 교통범칙자에 대한 경찰서장의 통고처분은 법관이 아닌 행정직공무원에 의한 것이나 이 처분을 받은 당사자가 이에 불응하는 경우에는 정식재판의 절차가 보장되어 있으므로 재판을 받을 권리를 침해하는 것이 아니다.

6) 행정기관에 의한 심판

행정쟁송에 있어서 행정심판의 재결, 결정전치주의에 의한 국가배상청구의 사전결정 내지 재정은 사법적 처분임에도 불구하고 행정직공무원에 의한 처분이라는 점에서 위헌이라는 견해가 있다. 그러나 헌법에 재판의 전심절차로서 행정심판을 할 수 있도록 헌법적 근거를 두고 있고, 행정심판은 임의적 전치주의로, 법원에 의한 정식재판의 길이 열려 있으므로 위헌이 아니다. 다만 행정심판의 절차는 법률로 정하되 사법절차가 준용되어야 한다(제107조 제3항).

행정심판의 일종인 특허심판원에 의한 특허심판이 있다. 특허심판원은 특허에 관한 심판을 하며, 특허청장 소속 하에 설치되어 있다. 특허심판원의 심결에 불복하는 경우에는 특허법원에 제소할 수 있고, 특허법원을 거쳐 대법원에 상고할 수 있다(특허법 제186조).

3. '법률에 의한 재판'을 받을 권리

국민은 '법률에 의한 재판'을 받을 권리를 가지며, 법률에 의하지 아니한 재판을 거부할 권리를 가진다. 법률에 의한 재판이란 합헌적인 실체법과 절차법에 의한 재판을 말한다.

형사재판에서는 죄형법정주의 원칙상 그 실체법은 형식적 의미의 법률을 의미한다.

한편 민사재판이나 행정재판에서 실체법은 형식적 의미의 법률에 한정되지 않고 일체의 성문법과 이에 저촉되지 않는 관습법이나 조리와 같은 불문법도 포함된다.

그러나 절차법에 관한 한 모든 유형의 재판은 형식적 의미의 법률에 따라야 한다.

4. '공정하고 신속한 공개재판'을 받을 권리

1) 공정한 재판을 받을 권리

공정한 재판을 받을 권리는 국민의 효율적 권리 보장을 위해 재판이 공정해야 하는 것을 말한다. 공정한 심리를 위하여 관할권을 가진 법원은 당사자주의와 구두변론주의에 입각하여 공개법정에서 당사자의 토론과 공격·방어를 충분히 전개할 수 있는 권리를 보장해야 한다.

> **판례** | 형사소송법 제221조의2 제5항 중 제2항(검사의 증인신문 청구)에 관한 부분이 헌법에 위반되는지 여부 – 헌재 1996.12.26. 94헌바1(위헌)
>
> 헌법 제27조가 보장하고 있는 공정한 재판을 받을 권리 속에는 신속하고 공개된 법정의 법관의 면전에서 모든 증거자료가 조사·진술되고 이에 대하여 피고인이 공격·방어할 수 있는 기회가 보장되는 재판, 즉 원칙적으로 당사자주의와 구두변론주의가 보장되어 당사자가 공소사실에 대한 답변과 입증 및 반증하는 등 공격·방어권이 충분히 보장되는 재판을 받을 권리가 포함되어 있다. **피고인 등의 반대신문권을 제한하고 있는 법 제221조의2 제5항은 피고인들의 공격·방어권을 과다히 제한하는 것**으로써 그 자체의 내용이나 대법원의 제한적 해석에 의하더라도 그 입법목적을 달성하기에 필요한 입법수단으로서의 합리성 내지 정당성이 인정될 수는 없다고 할 것이므로, **헌법상의 적법절차의 원칙 및 청구인의 공정한 재판을 받을 권리를 침해**하고 있다.
>
> [제221조의2(증인신문의 청구) ② 전조의 규정에 의하여 검사 또는 사법경찰관에게 임의의 진술을 한 자가 공판기일에 전의 진술과 다른 진술을 할 염려가 있고 그의 진술이 범죄의 증명에 없어서는 아니될 것으로 인정될 경우에는 검사는 제1회 공판기일 전에 한하여 판사에게 그에 대한 증인신문을 청구할 수 있다. ⑤ 판사는 수사에 지장이 없다고 인정할 때에는 피고인·피의자 또는 변호인을 제1항 또는 제2항의 청구에 의한 증인신문에 참여하게 할 수 있다.]

이와 관련하여 헌법재판소는 •미결수용자의 수사 또는 재판시 재소자용 의류착용 강제(헌재 98헌마5 등), •검사의 증인으로 수감된 자의 매일 소환(헌재 99헌마496), •형사피고인으로 출석하는 수형자의 사복착용 불허(헌재 99헌가14) 등은 공정한 재판을 받을 권리를 침해한다고 본다.

2) 신속한 재판을 받을 권리

모든 국민은 신속한 재판을 받을 권리를 가진다(제27조 제3항 제1문). 정당한 이유없이 재판을 지연하는 것은 피고인에게 고통을 주는 것으로 신속한 재판을 받을 권리를 보장하고 있다.

신속한 재판을 받을 권리는 판결절차와 집행절차 모두에 적용되며, 신속은 시간뿐 아니라 효율적인 절차적 운영을 포함한다.

⚠ 판례 | 국민의 재판청구에 대하여 법원의 신속한 재판을 해야 할 작위의무 존재 여부 – 헌재 1999.9.16. 98헌마75(각하)

법원은 민사소송법 제184조에서 정하는 기간 내에 판결을 선고하도록 노력해야 하겠지만, 이 기간 내에 반드시 판결을 선고해야 할 법률상의 의무가 발생한다고 볼 수 없으며, 헌법 제27조 제3항 제1문에 의거한 신속한 재판을 받을 권리의 실현을 위해서는 구체적인 입법형성이 필요하고, 신속한 재판을 위한 어떤 직접적이고 구체적인 청구권이 이 헌법규정으로부터 직접 발생하지 아니하므로, **보안관찰처분들의 취소청구에 대해서 법원이 그 처분들의 효력이 만료되기 전까지 신속하게 판결을 선고해야 할 헌법이나 법률상의 작위의무가 존재하지 아니한다.**

⚠ 판례 | 변론기일에 불출석시 소취하 의제의 재판청구권 침해 여부 – 헌재 2005.3.31. 2003헌바92(합헌)

이 사건 조항(배당기일에 이의한 사람이 배당이의의 소의 첫 변론기일에 출석하지 아니한 때에는 소를 취하한 것으로 보도록 한 민사집행법 제158조)은 배당이의의 소에 있어서 원고로 인한 불필요한 지연을 방지하고 최초 변론기일부터 원고의 적극적 소송참여를 유도함으로써 **강제집행절차를 신속하고 효율적으로 진행시키기 위한 것**인데, 권리 또는 법률관계의 존부의 확정을 목적으로 하는 판결절차에 비하여 권리의 강제적 실현을 목적으로 하는 강제집행절차에서는 신속성의 요청이 더 강하게 요구되므로 그 입법목적의 정당성이 인정된다. **최초변론기일 불출석 시 소취하 의제**라는 수단은 원고의 적극적 소송수행을 유도하므로 입법목적의 달성에 효과적이고 적절한 것이고, 원고가 최초의 변론기일에만 출석한다면 그 이후의 불출석으로 인하여 다른 사건에 비하여 특별히 불리한 처우를 받게 되지 않으므로 **재판청구권에 대한 과도한 제한이라고 할 수 없다.**

합리적 근거없이 자의적으로 신속한 재판을 받을 권리를 침해해서는 안되며, 구속기간의 지나친 연장(헌재 90헌마82)이나 수사기록에 대한 변호인의 열람·등사에 지나친 제한(헌재 92헌마44)은 신속한 재판을 받을 권리를 침해하는 것이다.

3) 공개재판을 받을 권리

공개재판은 재판의 공정성을 확보하기 위하여 재판의 심리와 판결을 제3자에게 공개하는 것으로, 형사피고인은 상당한 이유가 없는 한 지체없이 공개재판을 받을 권리를 가진다(제27조 제3항 제2문). 공개재판을 받을 권리는 형사피고인뿐만 아니라 모든 국민에게 인정되는 권리이다(제109조).

다만 심리는 국가의 안전보장 또는 안녕질서를 방해하거나 선량한 풍속을 해할 염려가 있을 때에는 법원의 결정으로 공개하지 아니할 수 있다(동조 단서). 그러나 판결은 반드시 공개하여야 한다.

판례 | 법원의 방청인 수 제한의 공개재판주의 위배 여부 – 대판 1990.6.8. 90도646(기각)

법원이 법정의 규모·질서의 유지·심리의 원활한 진행 등을 고려하여 방청을 희망하는 피고인들의 가족·친지 기타 일반 국민에게 미리 방청권을 발행하게 하고 그 소지자에 한하여 방청을 허용하는 등의 방법으로 **방청인의 수를 제한하는 조치를 취하는 것이 공개재판주의의 취지에 반하는 것은 아니다.**

5. 형사피해자의 재판절차진술권

형사피해자의 재판진술권은 범죄로 인한 피해자가 당해사건의 재판절차에 증인으로 출석하여, 자신이 입은 피해의 상황, 내용, 사건에 관하여 의견을 진술할 수 있는 권리를 말한다.

형사피해자는 법률이 정하는 바에 의하여 당해 사건의 재판절차에서 진술할 수 있다(제27조 제5항). 이 규정은 자신의 사건과 관련하여 수사담당자와 상담하거나 재판에 참여하여 진술하는 등 자신의 권리를 적극적으로 주장하고 방어하기 위한 것이다(범죄피해자보호법 제8조 제1항). 이는 피해자가 자신의 증언청취를 통하여 진실을 밝히고 피해상황 등을 확인함으로써 유·무죄와 양형을 객관적으로 판단받고자 하는 것이다.

> **⚠ 판례** | 재판절차진술권의 침해 여부 – 헌재 2003.9.25. 2002헌마533(기각)
>
> 헌법 제27조 제5항에서는 "형사피해자는 법률이 정하는 바에 의하여 당해 사건의 재판절차에서 진술할 수 있다"라고 규정하여 **형사피해자의 재판절차진술권**을 보장하고 있다. 이러한 형사피해자의 재판절차진술권은 범죄로 인한 피해자가 당해 사건의 재판절차에 증인으로 출석하여 자신이 입은 피해의 내용과 사건에 관하여 의견을 진술할 수 있는 권리를 말하는데, 이는 피해자 등에 의한 사인소추를 전면 배제하고 형사소추권을 검사에게 독점시키고 있는 현행 기소독점주의의 형사소송체계 아래에서 형사피해자로 하여금 당해 사건의 형사재판절차에 참여하여 증언하는 이외에 형사사건에 관한 의견진술을 할 수 있는 청문의 기회를 부여함으로써 **형사사법의 절차적 적정성을 확보하기 위하여 이를 기본권으로 보장하는 것이다**(헌재 1989.4.17. 88헌마3). **헌법 제27조 제5항이 정한 법률유보**는 법률에 의한 기본권의 제한을 목적으로 하는 자유권적 기본권에 대한 법률유보의 경우와는 달리 기본권으로서의 재판절차진술권을 보장하고 있는 헌법규범의 의미와 내용을 법률로써 구체화하기 위한 이른바 **기본권형성적 법률유보에 해당한다**(헌재 1993.3.11. 92헌마48). 따라서 헌법이 보장하는 형사피해자의 재판절차진술권을 어떠한 내용으로 구체화할 것인가에 관하여는 입법자에게 입법형성의 자유가 부여되고 있으며, 다만 그것이 재량의 범위를 넘어 명백히 불합리한 경우에 비로소 위헌의 문제가 생길 수 있다.

V. 재판청구권의 효력

재판청구권은 모든 국가작용을 구속하는 주관적 공권으로서 대국가적 효력을 갖는다.

재판청구권은 국가에 대한 공권이므로 당사자의 합의로 이를 포기할 수 없다(대판 94누4455).

VI. 재판청구권의 제한과 한계

1. 헌법에 의한 제한

헌법과 법률이 정하는 법관에 의하여 법률에 의한 재판을 받을 권리(제27조 제1항)인 재판청구권은 헌법에 의해 직접 제한된다.

군인 또는 군무원은 군사법원에 의한 재판을 받도록 하고 있고(제110조 제1항), 일반국민도 비상계엄이 선포된 경우에 예외적으로 군사재판을 받도록 하고 있다(제27조 제2항).

그리고 비상계엄 하의 군사재판은 군인·군무원의 범죄나 군사에 관한 간첩죄의 경우와 초병·초소·유독음식물공급·포로에 관한 죄 중 법률이 정한 경우는 단심으로 할 수 있도록 재판청구권을 제한하고 있다.

또한 국회에서 행한 의원에 대한 자격심사, 징계, 제명의 처분에 대해서는 국회의 자율성을 존중하는 취지에서 법원에 제소할 수 없도록 하여 재판청구권을 제한하고 있다(제 64조 제4항).

2. 법률에 의한 제한

재판청구권은 국가안전보장·질서유지 또는 공공복리를 위하여 필요한 경우 법률로써 제한할 수 있다. 재판청구권을 제한하는 법률로는 「법원조직법」, 「민사소송법」, 「형사소송법」, 「행정소송법」, 「헌법재판소법」, 「군사법원법」, 「소액사건 심판법」, 「상고심 절차에 관한 특례법」 등이 있다.

특히 문제가 되는 것이 상고의 제한과 제소기간의 제한이다.

우리 헌법은 상고심에서 재판을 받을 권리에 대하여 규정하고 있지 않으므로 모든 사건을 대법원에 상고하여야 하는 것은 아니며, 최종심을 2심에 의하더라도 헌법위반은 아니다. 사실심의 상고제한은 상고의 폭주와 남용을 막고 대법원의 법률심으로서의 기능을 확보해주는 것으로서 제한할 수 있으나, 법률해석의 상고심제한은 재판을 받을 권리 침해가 될 수 있다. 다만, 대법원 상고를 명문으로 규정하고 있지 않은 입법정책의 문제로 보아야 한다.

제소기간의 제한은 공법관계의 안정을 신속히 보장하기 위한 것으로 공공복리를 위한 제한으로서 일반적으로 인정되고 있다. 그러나 제소기간이 불명확한 경우나 그 기간이 지나치게 단기간인 경우 재판청구권의 침해가 된다(헌재 92헌바11).

3. 대통령의 긴급권에 의한 제한

재판청구권은 국가긴급사태가 발생한 경우에도 대통령의 긴급명령에 의하여 제한될 수 있다.

또한 비상계엄이 선포된 경우 법원이 권한에 대한 특별한 조치를 하는 경우 국민의 재판청구권은 제한받을 수 있다.

4. 제한의 한계

재판청구권을 법률로써 제한하는 경우에도 그 본질적 내용은 침해할 수 없다. 재판청구권을 제한하는 경우에도 과잉금지원칙이 지켜져야 하며, 헌법이 보장하는 재판청구권 자체를 무의미하게 하는 제한은 금지된다.

법관에 의한 재판을 받을 권리를 보장한다고 함은 결국 법관이 사실을 확정하고 법률을 해석·적용하는 재판을 받을 권리를 보장한다는 뜻이고, 만일 그러한 보장이 제대로 이루어지지 아니한다면, 헌법상 보장된 재판을 받을 권리의 본질적 내용을 침해하는 것으로서 우리 헌법상 허용되지 아니한다. 그런데 이 사건 법률조항은 변호사에 대한 징계결정에 대하여 불복이 있는 경우에도 법관에 의한 사실확정 및 법률적용의 기회를 주지 아니하고, 단지 그 결정이 법령에 위반된 것을 이유로 하는 경우에 한하여 법률심인 대법원에 즉시항고할 수 있도록 하고 있는 바, **대한변호사협회변호사징계위원회나 법무부변호사징계위원회의 징계에 관한 결정은** 비록 그 징계위원중 일부로 법관이 참여한다고 하더라도(변호사법 제74조 제1항, 제75조 제2항 참조) 이를 헌법과 법률이 정한 법관에 의한 재판이라고 볼 수 없다. 그렇다면 결국 이 사건 법률조항은 **법관에 의한 사실확정 및 법률적용의 기회를 박탈한 것**으로서 헌법상 국민에게 보장된 **"법관에 의한" 재판을 받을 권리의 본질적 내용을 침해하는 위헌규정**이다.

제3항 국가배상청구권

I. 국가배상청구권의 의의와 헌법규정

국가배상청구권이란 국민이 공무원의 직무상 불법행위로 손해를 입은 경우에 국가 또는 공공단체에 대하여 배상을 청구할 수 있는 권리를 말한다. 국가배상청구권은 위법한 국가작용으로 인한 국민의 권리침해에 대해 재판에 의해 보호받는 권리보호수단으로, 국민의 손해를 사후적으로 보장하는 것이다.

우리 헌법은 제헌헌법 이래 국가배상청구권을 보장하고 있다.

현행헌법 제29조 제1항에서 국가배상청구권을 보장하고 있고, 이 규정에 따라 「국가배상법」이 제정되었다. 또한 동조 제2항에서는 특수지위관계에 있는 자에 대한 이중배상청구권이 부정됨을 규정하고 있다.

헌법은 공무원의 불법행위로 인한 국가배상청구권만을 규정하고 있는데 대하여, 「국가배상법」은 공무원의 직무상 불법행위로 인한 국가배상(법 제2조), 그리고 영조물의 설치나 관리상의 하자로 인한 손해에 대한 국가배상(법 제5조)을 규정하고 있다.

II. 국가배상청구권의 법적 성격

국가배상청구권은 국민이 공무원의 직무상 불법행위로 손해를 입은 경우에 국가가 그 손해를 배상해 주도록 청구할 수 있는 권리이므로 개인의 주관적 공권이다. 또한 공무원

572 제1부 기본권(기본권 각론)

의 불법행위로 입은 손해를 재판을 통해 배상받을 수 있게 함으로써 개인의 권리를 보호하고 정의로운 민주국가·법치국가질서를 형성하게 하는 객관적 법질서의 구성요소이다.

헌법 제29조 제1항 전단의 '법률이 정하는 바에 의하여'는 그 배상의 액수와 절차에 관한 사항이 법률로 정하여진다는 의미로 보아야 하며 따라서 배상청구권 자체는 헌법에 의해서 실정적으로 보장되는 권리이다(대판 70다1010).

국가배상청구권의 법적 성격에 대하여는 입법방침규정설과 직접효력규정설, 재산권설과 청구권설, 공권설과 사권설 등이 대립되고 있다.

헌법이 제23조에서 재산권을 규정하고 있음에도 불구하고 제29조에서 별도로 국가배상책임을 규정한 것과 국가배상청구권이 위법한 국가의 공무집행에 대한 권리구제수단의 절차적 성질을 갖는 점에 비추어 청구권으로 보는 것이 타당하다고 본다.

Ⅲ. 국가배상청구권의 주체

국가배상청구권의 주체는 자연인이나 법인을 구별하지 않고 공무원의 불법행위로 손해를 입은 국민이나 법인은 그 주체가 된다. 다만, 특수지위관계에 있는 군인·군무원·경찰공무원 등에 대해서는 국가배상청구권이 부인되고 있다. 외국인에 대해서는 상호보증주의에 따라 적용된다(국가배상법 제7조).

Ⅳ. 국가배상청구권의 내용

1. 국가배상청구권의 성립요건

국가배상청구권이 성립하기 위해서는 '공무원'의 '직무상'의 '불법행위'로 '타인에게 손해를 발생'시켜야 한다.

1) 공무원

공무원은 「국가공무원법」과 「지방공무원법」상의 공무원뿐만 아니라 사실상 공무를 위탁받아 실질적으로 공무를 수행하는 모든 자를 말한다. 여기서 공무원은 일반적으로 기관구성원인 자연인을 의미하나 기관 그 자체가 포함되는 경우도 있다(대판 70다2253).

대법원은 •전입신고서의 확인도장을 찍는 통장(대판 91다5570), •파출소에 근무하는 방범원(대판 90도2930), •시청소차의 운전수(대판 70다2955), •소집중인 예비군(대판 70다471), •철도건널목의 간수(대판 66다1456), •미군부대의 카투사(대판 4294민상218) 등은 공무원에 포함되고, •시영버스운전사(대판 68다2225), •의용소방대원(대판 66다808), •대집행권한을 위탁받은 한국토지공사(대판 2007다82950, 82967) 등은 공무원이 아니라고 보았다.

2) 직무상 행위

직무상 행위의 범위에 대하여는 행정작용 중 권력작용만을 포함한다는 협의설, 권력작용과 관리작용만을 포함한다는 광의설, 권력작용·관리작용·사법상의 행위를 포함한다는 최광의설이 대립되어 있다. 국가배상청구권의 성질을 공권으로 이해하는 경우에 사법상의 작용으로 인한 손해는 민법규정에 의하여 배상하도록 하여야 하고, 국가배상청구권에 있어서 직무상의 행위는 권력작용과 관리작용이 포함된다(대판 2002다10692).

그리고 「국가배상법」이 '직무를 집행하면서'에서(법 제2조 제1항) 직무행위 판단은 직무의 집행 그 자체는 물론 객관적으로 직무집행으로서의 외형을 갖추고 있는 것을 포함한다(대판 68다850).

대법원은 군의 후생사업, 감방 내에서의 사형, 상관의 명에 의한 상관의 이삿짐운반, 훈계권 행사로서의 기합, ROTC 소속차량의 학교 교수장례식 귀로 중의 사고 등은 외형상 직무행위와 관련이 있는 행위라고 보았으나, 군인의 휴식 중의 비둘기사냥 사고, 가솔린 불법처분 중의 방화사고, 상사의 기합에 격한 총기난사, 권총으로 장난중의 오발사고, 결혼식 참석을 위한 군용차량운행 등은 외형상 직무행위 관련행위가 아니라고 본다.

3) 불법행위

불법행위란 고의나 과실로 법령에 위반한 행위를 말한다. 불법행위는 작위 또는 부작위에 의하여 발생할 수 있고, 법령에 위반한 행위의 내용은 넓게 해석된다.

국가배상청구권은 고의나 과실을 요한다는 점에서 고의나 과실을 요건으로 하지 않는 형사보상청구권이나 무과실책임을 지는 영조물의 설치나 관리상의 하자로 인한 손해에 대한 배상청구권과 구별된다.

> **(!) 판례 | 공무원의 부작위로 인한 국가배상책임 인정한 요건 및 그 판단 기준 - 대판 2012.7.26. 2010다95666(파기환송)**
>
> 공무원의 부작위로 인한 국가배상책임을 인정할 것인지 여부가 문제되는 경우에 관련 공무원에 대하여 작위의무를 명하는 법령의 규정이 없는 때라면 공무원의 부작위로 인하여 침해되는 국민의 법익 또는 국민에게 발생하는 손해가 어느 정도 심각하고 절박한 것인지, 관련 공무원이 그와 같은 결과를 예견하여 그 결과를 회피하기 위한 조치를 취할 수 있는 가능성이 있는지 등을 종합적으로 고려하여 판단하여야 한다.

4) 손해의 발생

손해란 법적 침해로 인해 야기되는 모든 불이익을 말한다. 재산적, 비재산적 손해, 적극적, 소극적 손해를 불문하나, 가해행위와 손해발생 사이에는 상당인과관계가 있어야 한다.

> **판례** | 상당인과관계 유무의 판단 기준 – 대법원 2006.4.14. 2003다41746(기각)
>
> 공무원의 직무상 의무 위반행위와 국민의 손해 사이의 상당인과관계의 유무를 판단함에 있어서는 일반적인 결과 발생의 개연성은 물론이고, 더 나아가 직무상 의무를 부과하는 법령 기타 행동규범의 목적이나 가해행위의 태양 및 피해의 정도 등 구체적인 사정을 종합적으로 고려하여야 한다.

2. 국가배상책임의 법적 성질

1) 배상책임자

헌법상 배상책임자는 국가 또는 공공단체이고(제29조), 「국가배상법」상 배상책임자는 국가 또는 지방자치단체이다(법 제2조).

따라서 각종 공공기관, 영조물법인 등 공공단체로서 지방자치단체가 아닌 공공기관은 민법에 따라 배상책임을 진다(법 제8조).

공무원의 선임·감독자와 비용부담자가 다른 경우에는 비용부담자도 그 책임이 있다(법 제6조 제1항).

2) 배상책임의 성질

국가배상책임의 성질에 관하여는 대위책임설, 자기책임설, 절충설 등이 있다. ⅰ) 대위책임설은 국가 등의 배상책임은 국가가 피해자구제를 위하여 직무상 불법행위를 한 공무원을 대신하여 책임을 지는 일종의 대위책임이라고 한다. ⅱ) 자기책임설은 국가가 공무원의 직무상 불법행위에 대하여 책임을 지는 것은 공무원을 자신의 기관으로 사용한 데 대한 자기책임으로, 자기의 행위에 대해 스스로 책임을 부담하는 것이라고 한다. ⅲ) 절충설은 공무원의 위법행위가 고의나 중과실에 기인한 것인 때에는 국가의 구상권이 인정되므로 대위책임이나, 경과실로 인한 것인 때에는 구상권이 인정되지 않으므로 국가 스스로의 책임인 자기책임이라고 한다.

3) 공무원의 배상책임

국가배상책임의 성질을 대위책임으로 이해할 경우에는 국가와 공무원 양자는 모두 배상책임을 지므로 피해자는 양자에 대하여 선택적으로 배상청구를 할 수 있다.

이에 대해 자기책임으로 이해할 경우에는 국가만이 배상책임자가 되고 공무원은 책임을 지지 않는다.

다만 「국가배상법」에 따르면 국가가 피해자에 대한 배상책임을 이행한 경우에 공무원이 고의나 중과실로 인해 손해를 야기한 때에는 내부적 관계에서 공무원에게 구상권을 행사할 수 있으나(법 제2조 제2항), 경과실로 인한 경우에 공무원은 구상책임을 지지 않는다.

이는 공무원의 직무집행에 있어서 사기를 고려한 정책적 배려에서 기인한 것이다.

3. 국가배상청구의 절차와 범위

1) 배상청구의 절차

배상청구절차는 행정상의 절차인 배상심의회의 결정절차를 거칠 수 있다(법 제9조, 임의적 전치주의). 이는 소송을 제기하기 위한 전치절차로서 분쟁을 신속히 해결하여 당사자의 비용과 시간을 절약하고자 존재하는 것이다.

그리고 배상심의회의 결정에 불복하는 경우에도 소송을 제기할 수 있다.

이에는 국가배상청구 자체를 소송대상으로 하는 일반절차와 배상청구소송을 다른 소송제기에 병합하는 특별절차가 있다. 일반절차에 의하는 경우, 국가배상청구권을 공권으로 보면 행정소송으로서 당사자소송에 의하게 되나, 사권으로 보면 민사소송에 의하게 된다. 특별절차에 의하는 경우는 취소소송과 병합하여 처리한다(행정소송법 제10조 제1항).

2) 배상의 범위

손해배상은 정당한 배상으로서(제29조 제1항), 배상의 범위는 원칙적으로 가해행위와 상당인과관계에 있는 모든 손해가 배상되어야 한다.

그러나 타인의 생명·신체에 대한 손해와 타인의 물건에 대한 멸실·훼손으로 인한 손해에 대해서의 배상기준은 법률로 규정하고 있다(국가배상법 제3조).

V. 국가배상청구권의 효력

국가배상청구권은 공무원의 위법한 행위로 손해를 입은 국민이 국가에 대하여 배상을

제1부 기본권(기본권 각론)

청구하는 주관적 공권으로서 대국가적 효력을 가진다. 개인이 가진 국가배상청구권을 다른 사인이 방해할 수 없고, 이를 방해한 경우에는 이에 따른 법적 책임을 지게 된다.

Ⅵ. 국가배상청구권의 제한과 한계

1. 헌법에 의한 제한

헌법은 군인·군무원·경찰공무원 기타 법률이 정하는 자(예컨대 향토예비군대원)에 대해서는 다른 법령에 보상이 인정되고 있는 경우 국가배상청구는 할 수 없다.

즉 군인·군무원 등이 직무집행과 관련하여 받은 손해에 대해 사회보장적 성격을 지닌 「국가유공자 예우 등에 관한 법률」에 의한 재해보상금, 군인연금, 유족연금, 상이연금 등과 유사한 보상을 받는 경우 이외에 공무원의 직무상 불법행위로 인한 국가배상청구는 할 수 없다. 이는 동일한 원인행위에 기한 이중배상을 금지하려는 취지에서 인정된 것이나 양자는 성질상 서로 구별되는 것이라고 하여 위헌논의가 되어온 규정(국가배상법 제2조 제1항 단서)이다.

헌법재판소는 국가배상청구권을 제한하는 국가배상법 제2조 제1항 단서가 위헌이라는 주장에 대해 이를 합헌이라고 보고, 일반국민이 공동불법행위자인 군인의 부담부분에 대한 국가의 구상권 행사를 할 수 없다고 해석하는 한 「국가배상법」 제2조 제1항 단서는 위헌이라는 결정(헌재 93헌바21)을 내린 바 있다.

2. 법률에 의한 제한

국가배상청구권은 국가안전보장·질서유지 또는 공공복리를 위하여 필요한 경우에 법률로써 제한할 수 있다.

헌법재판소는 「국가배상법」 제8조에 "국가 또는 지방자치단체의 손해배상책임에 관하여는 이 법의 규정에 의한 것을 제외하고는 민법의 규정에 의한다"라고 한 규정을 적용하여 민법상 소멸시효 규정의 적용을 합헌으로 보았다(헌재 96헌바24; 2010헌바116).

> **⚠ 판례** | 국가배상청구권 소멸시효에 민법 또는 그 외의 법률상 규정 적용의 위헌성 여부 - 헌재 2011.9.29. 2010헌바116(합헌)
>
> 이 사건 법률조항(2008.3.14. 법률 제8897호로 개정된 국가배상법 제8조)에 대하여 이미 헌법재판소는 1997.2.20. 선고한 96헌바24 결정(판례집 9-1, 168)에서 「…… 이 사건 법률조항은 헌법 제29조 제1항이 규정하는 국가배상청구권을 일부 제한하고 있다 하더라도 일정한 요건하에 그 행사를 제한하고 있는 점에서 그 본질적인 내용에 대한 침해라고는 볼 수 없을 뿐더러, 그 제한의 목적과 수단 및 방법에 있어서 정당하고 상당한 것이며 그로 인하여 침해되는 법익과의 사이에 입법자의 자의라고 볼 정도의 불균형이 있다고 볼 수도 없어서 기본권 제한의 한계를 규정한 헌법 제37조 제2항에 위반된다고 볼 수도 없다.」라고 합헌 판단을 하였다. 헌법재판소의 위와 같은 견해는 타당하고, 그와 달리 판단해야 할 아무런 사정변경이 없다고 판단되므로, 이 사건에서도 위 견해를 그대로 유지한다. 따라서 **국가배상법 제8조는 헌법 제37조 제2항을 위반하여 청구인의 국가배상청구권을 침해한다고 할 수 없으므로, 헌법에 위반되지 아니한다.**

3. 제한의 한계

국가배상청구권이 법률로 제한되는 경우 제한하는 경우에도 과잉금지원칙이 지켜져야 한다. 제한하는 경우에도 그 제한이 국가배상 자체를 부인하거나 국가배상을 사실상 무의미하게 하는 것과 같은 국가배상청구권의 본질적 내용을 침해해서는 아니 된다.

제4항 손실보상청구권

Ⅰ. 손실보상청구권의 의의·구별개념·헌법규정

손실보상청구권이란 행정기관(공무원)의 적법한 공권력의 행사로 인하여 개인에게 발생하는 특별한 희생에 대하여 정당한 보상을 청구할 수 있는 권리를 말한다.

이러한 손실보상청구권은 특별한 희생에 대하여 정당한 보상을 하도록 하는 것이 개인의 사유재산권의 보장과 전체적인 공평부담의 원칙에 합치되는 것이라는 데 기인한다.

이러한 손실보상청구권은 국가배상청구권과 더불어 행정상 손해전보제도로서 개인의 권리침해에 대한 사후적 구제수단이다. 손실보상청구권은 적법한 공권력의 행사로 인한 손해에 대한 보상을 하는 제도이지만 국가배상청구권은 위법한 공권력의 행사로 인한 손해에 대한 배상을 구제하는 제도라는 점에서 구별된다.

우리 헌법은 제23조 제3항에 "공공필요에 의한 재산권의 수용·사용 또는 제한 및 그에 대한 보상은 법률로써 하되, 정당한 보상을 지급하여야 한다"고 규정하고 있다.

Ⅱ. 손실보상청구권의 법적 성격

헌법상 손실보상청구권의 법적 성격에 대하여는 방침규정설과 직접적 효력규정설, 유추적용설, 위헌무효설 등이 대립된다.

ⅰ) 방침규정설은 손실보상의 지침과 방향만을 정한다는 견해로, 사유재산의 보장에 한계가 있는 것이다.

ⅱ) 직접적 효력규정설은 헌법규정을 직접적 근거로 손실보상을 청구할 수 있다는 견해이다. 개인의 재산권 침해에 대한 보상을 헌법규정을 직접적 근거로 손실보상을 청구할 수 있다면 손실보상 여부를 입법자가 아닌 법원이 결정하게 되어 권력분립원리상 문제점이 지적된다.

ⅲ) 유추적용설은 법률에 보상규정이 없는 경우에 헌법 제23조 제1항과 제11조를 직접적 근거로 하고, 제23조 제3항 및 관계규정을 유추적용하여 손실보상을 청구할 수 있다는 견해이다(대판 87누126). 이는 헌법체계상 헌법 제23조 제1항은 존속보장에 관한 규정이고 손실보상의 인정 여부는 헌법 제23조 제3항에만 관련한 것으로, 헌법 제11조 평등원칙을 근거로 하는 소극적 요구 주장을 근거로 적극적 손실보상청구를 도출하기 어렵다는 점이 지적된다.

ⅳ) 위헌무효설은 손실보상 여부를 포함하지 않고 재산권 제약을 허용하는 법률은 헌법 제23조 제3항에 반하여 위헌무효한 법률이라는 견해이다. 이에 근거한 행정작용은 위법하게 되므로 행정소송의 제기와 위법한 행정작용을 이유로 손해배상을 제기할 수 있다고 한다. 하지만 결국 행정작용이 위법하기는 하나 무과실인 행위가 되어 국가배상책임이 인정되지 못한다는 비판이 제기된다.

> **⚠ 판례** | 국유로 된 제외지 소유자의 손실보상 여부 – 대판 1987.7.21. 87누126(파기환송)
>
> 하천법 제2조 제1항 2호, 제3조에 의하면 제외지는 하천구역에 속하는 토지로서 법률의 규정에 의하여 당연히 그 소유권이 국가에 귀속된다고 할 것인 바, 한편 동법에서는 이 법의 시행으로 인하여 국유화된 제외지의 소유자에 대하여 그 손실을 보상한다는 직접적인 보상규정을 둔 바 없으나, 동법 제74조의 손실보상요건에 관한 규정은 보상사유를 제한적으로 열거한 것이라기보다는 예시적으로 열거하고 있으므로 국유로 된 **제외지의 소유자에 대하여는 위 법의를 유추적용하여 관리청은 그 손실을 보상하여야 한다.**

Ⅲ. 손실보상청구권의 주체

손실보상청구권의 주체는 적법한 행정기관의 공권력 발동으로 재산상 손해가 발생한 국민이다. 또한 외국이나 법인도 그 주체가 된다.

Ⅳ. 손실보상청구권의 내용

1. 손실보상의 요건

공공필요에 의한 재산권의 수용, 사용, 제한(공용침해)로 특별한 희생이 발생하여야 한다.

(1) 공공필요란 토지 등의 취득 또는 공익사업의 시행으로 공공복리를 달성하기 위하여 개인의 재산권 제한이 불가피한 경우를 말한다. 공공필요의 존재성 검토는 공익과 사익을 비교형량하여 결정하여야 한다.

(2) 재산권은 공법상·사법상 재산적 가치가 있는 모든 권리를 말하나 기대이익은 포함되지 않는다.

(3) 공용침해란 공권력에 의해 가해진 개인의 재산권에 대한 일체의 침해를 말한다. 공권력에 의한 침해의 유형으로는 국가나 공공단체 및 사업주체가 사인의 재산권을 강제적으로 취득하는 수용, 국가나 공공단체 등이 개인의 재산권을 일시적·강제적으로 사용하는 사용, 국가나 공공단체 등이 개인의 특정재산의 사용이나 수익을 제한하는 제한 등이 있다.

(4) 특별한 희생이란 일반적 수인의무를 넘는 특정인에게 과하여진 재산권의 제약(희생)을 말한다. 손실보상은 이러한 개인에게 발생한 재산권행사의 제약이 특별한 희생에 해당하는 경우에만 인정되며, 재산권 제약의 정도가 사회적 구속성에 해당하지 않아야 한다.

여기서 특별한 희생의 기준을 어떻게 정할 것인가에 대해 논란이 있다.

ⅰ) 행정기관의 개별적 행위에 의해 특정인의 재산권이 제약되었는가를 논하는 개별행위설과 ⅱ) 특정개인이나 집단만이 특별한 희생을 강요하는 재산권 제약행위가 행해지는 경우 특별희생이 존재한다는 특별희생설이 주장된다. 특별희생설도 다양한 기준이 제시되지만 어느 한 입장보다는 가능한 한 모든 입장을 고려하는 것이 강조되고 있다.

2. 손실보상의 기준과 방법

손실보상의 경우 주어지는 정당한 보상이란 침해된 재산권의 완전한 보상을 말한다. 즉 객관적 재산가치를 완전하게 보상하는 것을 의미하며 보상금액뿐 아니라 보상의 시기나 방법 등에 있어서도 어떠한 제한을 두어서는 안 된다는 것을 의미한다.

> **(!) 판례** | 정당보상 제한 기준 – 헌재 1990.6.25. 89헌마107(합헌)
>
> 구 토지수용법 제46조 2항이 보상액을 산정함에 있어 개발이익을 배제하고, 기준지가의 고시일 이후 시점보정을 인근토지의 가격변동률과 도매물가상승률 등에 의하여 행하도록 규정한 것은 헌법 제23조 3항에 규정한 정당보상의 원리에 어긋나지 않는다.

따라서 입법자는 이러한 완전보상의 의미에 따라서 손실보상의 내용을 구체화하여야 한다. 현재 손실보상에 관한 일반법으로「공익사업을 위한 토지 등의 취득 및 보상에 관한 법률」은 공시지가에 의한 손실보상을 원칙으로 하고 있다.

완전보상이 원칙이지만 ⅰ) 사회국가원리에 따르는 적정한 보상도 허용된다는 상당보상설이 주장되기도 하고, ⅱ) 대규모 공공사업의 시행이나 완성후 간접적으로 사업지 범위 밖 위치 토지 등에 재산적 손실을 가하는 경우의 보상인 간접손실보상 혹은 ⅲ) 개인의 생활기반의 침해에 대해 종전의 생활상태의 보상을 해주는 생활보상이 재산권 보상의 유형으로 그 보상대책이 논의되고 있다.

손실보상의 방법으로는 금전보상, 현물보상의 방법과 선급, 분할급, 일시금 지급방법 등이 있으며, 구체적인 방법은 개별 법률에서 정한다. 그 외 채권보상과 대토보상으로 보상할 수 있다.

3. 손실보상에 대한 불복

손실보상의 결정유형으로는 당사자 협의에 의하는 경우와 행정청의 재결 또는 결정에 의한 경우, 소송에 의한 경우가 있다.

손실보상금 결정에 대한 불복절차는 행정청의 일방적인 보상금 결정형태인 재결이나 결정에 의한 경우에 논의될 수 있다.

재결의 내용이 보상금 결정만을 내용으로 하는 경우에는 처분이 아니므로 취소소송을 제기할 수 없고 보상금지급청구소송을 공법상 당사자소송으로 제기하되 실무상으로는 민사소송으로 제기하게 된다.

재결의 내용이 보상금결정과 재산권의 수용 등을 포함하는 경우에 토지수용위원회의 재결은 처분성이 인정되므로 행정심판인 이의신청과 행정소송을 제기하는 불복절차가 행해진다.

V. 손실보상청구권의 제한과 보호

손실보상청구권도 헌법 제37조 제2항의 일반적 법률유보에 의해 제한될 수 있다.

헌법상 재산권은 다른 기본권에 비해 비교적 폭넓은 제한이 주어질 수 있기 때문에 사회적 구속성이 있는 경우에 개인의 재산권에 대한 손실보상이 제한되거나 부인될 수 있다.

그러나 공공복리와 같은 사회적 구속성을 넘는 재산권의 제한은 부인되며, 재산권이 제한의 경우에도 특별한 희생이 발생한 경우에는 재산의 가치가 보호되어야 한다.

제5항 형사보상청구권

I. 형사보상청구권의 의의와 헌법규정

형사보상청구권이란 형사피의자 또는 형사피고인으로 구금되었던 자가 불기소처분을 받거나 무죄를 선고받은 경우에 물질적·정신적 손실을 보상해줄 것을 국가에 대하여 청구할 수 있는 권리를 말한다(제28조). 형사보상청구권은 국가가 형사사법의 과오로 비범죄자를 범죄인 또는 범죄혐의자로 다룸으로써 그로 인해 입은 손실을 국가가 사후적으로나마 보상한다는 것으로 인권보장의 차원에서 이루어지는 것이다.

우리 헌법은 제헌헌법 이래 형사보상청구권을 보장하고 있다. 현행헌법도 제28조에서 "형사피의자 또는 형사피고인으로서 구금되었던 자가 법률이 정하는 불기소 처분을 받거나 무죄판결을 받은 때에는 법률이 정하는 바에 의하여 국가에 대하여 정당한 보상을 청구할 수 있다"라고 형사보상청구권보장을 규정하고 있다. 이를 구체화한 법률로 「형사보상 및 명예회복에 관한 법률」(약칭: 형사보상법)이 있다.

II. 형사보상청구권의 본질

형사보상의 본질에 관해서는 손해배상설, 손실보상설, 이분설 등의 견해로 나뉜다.

ⅰ) 손해배상설은 형사보상이 비록 공무원의 고의나 과실이 없을지라도 부당한 구속영장이나 하급심판결 등은 객관적으로 위법한 행위로 이에 대해 국가가 지는 배상책임은 공무원의 불법행위에 대한 국가의 손해배상책임이라고 한다.

ⅱ) 손실보상설은 형사보상은 정당하고 적법한 행위로 구속된 경우에도 불기소처분을 받거나 무죄판결을 받았을 경우에는 공법상의 공평보상의 견지에서 손실을 보상해 주는 무과실손실보상책임이라고 한다.

iii) 이분설은 형사보상을 오판에 대한 보상과 구금에 대한 보상으로 나누어 오판에 대한 보상은 손해배상이지만 피의자의 구금에 대한 보상은 손실보상이라고 한다.

우리 헌법이 형사보상제도를 국가배상제도와 별도로 규정하고 있고, 국가배상은 고의·과실을 요건으로 하는데 대해 형사보상은 고의·과실을 요건으로 하지 않는 점에서 형사보상은 인신의 구속으로 인한 손실의 발생에 대하여 결과책임인 무과실손실보상책임이라 할 것이다.

Ⅲ. 형사보상청구권의 법적 성격

형사보상청구권은 형사피의자 또는 형사피고인으로서 구금되었던 자가 국가에 대하여 적극적으로 손실에 대한 보상을 청구할 수 있는 개인의 주관적 공권이다.

또한 구금으로 인해 입은 손실보상을 통해 형사피의자 또는 형사피고인의 인권을 보호하는 법치주의 실현의 객관적 법질서의 구성요소이다.

Ⅳ. 형사보상청구권의 주체

형사보상청구권의 주체는 구금되었던 형사피고인과 형사피의자이다. 본인이 사망한 경우에는 상속인이 청구할 수 있다(형사보상법 제3조). 외국인도 내국인과 같이 그 주체가 된다.

Ⅴ. 형사보상청구권의 내용

1. 형사보상청구권의 성립요건

형사보상청구권은 형사피의자로 구금되었던 자가 법률이 정하는 불기소처분을 받거나 형사피고인으로서 구금되었던 자가 무죄판결을 받은 경우에 성립한다.

(1) 형사피의자로 구금된 자가 불기소 처분을 받을 것

'형사피의자'란 범죄의 혐의를 받아 수사기관에 의하여 수사의 대상이 된 자로서 아직 공소 제기되지 않은 자를 말한다.

'구금'이란 「형사소송법」상의 구금으로서 미결구금과 형집행을 말하며, 형집행을 위한 구치나 노역장 유치의 집행을 포함한다.

'법률이 정하는 불기소처분'이란 구금되었던 피의자가 기소유예처분이나 기소중지처분이 아닌 불기소처분을 받은 경우로서, 범인이 아니거나 구금한 당시부터 불기소처분의 사유가 존재하여 공소를 제기하지 아니한 처분을 말한다.

불기소처분을 받은 경우에도 ① 본인이 수사 또는 재판을 그르칠 목적으로 거짓자백을 하거나 다른 유죄의 증거를 만듦으로써 구금된 경우, ② 구금기간 중에 다른 사실에 대하여 수사가 행하여지고 그 사실에 관하여 범죄가 성립한 경우, ③ 보상하는 것이 선량한 풍속 기타 사회질서에 반한다고 인정할 특별한 사정이 있는 경우 등에는 보상의 전부 또는 일부를 하지 아니할 수 있다(법 제27조 제2항).

(2) 형사피고인으로 구금되었던 자가 무죄판결을 받을 것

'형사피고인'이란 검사에 의하여 공소가 제기된 자를 말한다. 형사피고인이 구금된 경우에 형사보상을 청구할 수 있다.

여기서 '구금'이란 「형사소송법」에 의한 일반절차 또는 재심이나 비상상고절차에서 무죄판결을 받은 자가 당한 미결구금과, 상소권회복에 의한 상소, 재심 또는 비상상고의 절차에서 무죄판결을 받은 자가 원판결에 의하여 받은 구금을 말한다(법 제2조).

'무죄판결'이란 당해 절차에 의한 무죄판결만이 아니라 상소권회복에 의한 상소, 재심 또는 비상상고에 의한 무죄판결도 포함된다. 또한 면소나 공소기각의 재판을 받은 경우에도 무죄판결의 경우에 해당하기 때문에 형사보상을 청구할 수 있다(법 제26조).

무죄판결의 경우에도 그 무죄판결이 ① 형사미성년자 또는 심신장애자의 행위임을 이유로 한 경우, ② 본인이 수사 또는 심판을 그르칠 목적으로 거짓 자백 등을 한 경우, ③ 경합범의 경우에 그 일부에 대해서만 무죄판결을 받은 경우 등에 해당하는 경우 법원은 재량으로 보상청구의 전부 또는 일부를 기각할 수 있다(법 제4조).

2. 형사보상청구의 절차와 보상내용

(1) 보상청구의 절차

형사보상청구는 형사피의자의 경우 불기소처분 또는 불송치결정의 고지 또는 통지를 받은 날로부터 3년 이내에(법 제28조 제3항), 또한 형사피고인의 경우 무죄재판이 확정된 사실을 안 날로부터 3년, 무죄재판이 확정된 때로부터 5년 이내에 하여야 한다(법 제8조).

형사피의자는 불기소처분을 한 검사가 소속하는 지방검찰청 또는 불송치결정을 한 사법경찰관이 소속된 경찰관서에 대응하는 지방경찰청의 피의자보상심의회에 보상을 청구하여야 하고(법 제28조 제1항), 형사피고인은 무죄판결을 한 법원에 보상을 청구하여야 한다.

형사피의자는 보상청구서에 불기소처분 또는 불송치결정을 받은 사실을 증명하는 서류를 첨부하여(법 동조 제2항), 그리고 형사피고인은 보상청구서에 재판서의 등본과 재판확정증명서를 첨부하여 법원에 제출하여야 한다(법 제9조).

(2) 보상내용

헌법은 정당한 보상을 규정하고 있는데, '정당한 보상'이란 형사보상청구권자가 입은 손실액의 완전한 보상을 의미하는 것이다.

「형사보상법」은 구금의 보상액수에 대하여 1일당 최저임금법에 따른 일급 최저임금액 이상 보상금을 지급하도록 규정하고 있다(법 제5조 제1항).

법원이 보상금액을 정할 경우 구금의 종류 및 기간의 장단, 구금기간 중에 입은 재산상의 손실과 얻을 수 있었던 이익의 상실 또는 정신상의 고통과 신체손상, 경찰·검찰·법원의 각 기관의 고의 또는 과실의 유무, 무죄재판의 실질적 이유가 된 사정, 그 밖에 보상금액 산정과 관련되는 모든 사정을 고려하여야 한다(법 동조 제2항).

사형집행, 벌금 또는 과료의 집행, 노역장유치의 집행, 몰수집행, 추징금 등의 보상에 관하여는 각기 별도로 규정하고 있다(법 동조 제3항~제7항).

또한 「형사보상법」상 보상을 받을 자는 다른 법률에 따라 손해배상도 청구할 수 있다(법 제6조 제1항).

3. 보상청구에 대한 결정과 재판

형사보상에 대한 청구가 있으면 형사피의자의 경우 지방검찰청의 보상심의회가 심사·결정하며 이 심의회는 법무부장관의 지휘·감독을 받는다(법 제27조 제3항, 제4항).

형사피고인의 경우에 있어서 배상청구는 법원합의부에서 재판한다(법 제14조 제1항). 보상의 청구에 대하여 법원은 검사와 청구인의 의견을 들은 후 결정한다(법 동조 제2항).

보상결정에 대하여 이의가 있는 경우에 피의자보상의 청구에 대한 보상심의회의 결정에 대하여는 법무부장관의 재결을 거쳐 행정소송을 제기할 수 있다(법 제28조 제4항).

4. 형사보상결정의 공시

보상의 결정이 확정된 경우 법원은 2주일 내에 보상결정의 요지를 관보에 게재하여 공시하여야 한다.

VI. 형사보상청구권의 효력

형사보상청구권은 주관적 공권으로서 대국가적 효력을 갖는다. 그러나 대사인적 효력은 그 성질상 처음부터 인정되지 않는다.

Ⅶ. 형사보상청구권의 제한과 한계

형사피고인의 경우 보상의 결정에 대하여는 1주일 이내에 즉시항고할 수 있다(법 제20조 제1항). 다만, 청구를 기각한 결정에 대하여는 즉시 항고를 할 수 있다(법 동조 제2항).

제6항 범죄피해자구조청구권

Ⅰ. 범죄피해자구조청구권의 의의와 헌법규정

범죄피해자구조청구권이란 본인에게 귀책사유가 없는 타인의 범죄행위로 인하여 생명을 잃거나 신체상의 피해를 입은 국민이나 그 유족이 가해자로부터 충분한 피해배상을 받지 못한 경우에 국가에 대하여 일정한 보상을 청구할 수 있는 권리를 말한다(제30조).

범죄피해자는 가해자에 대하여 민법상 불법행위로 인한 손해배상제도(민법 제750조 이하),「국가배상법」,「소송촉진 등에 관한 특례법」상의 형사배상명령제도(형사사건 피해자가 형사피고인 유죄판결 선고 시 피해를 신청하여 법원이 배상을 명하는 제도)를 통해 손해배상을 청구할 수 있다.

그러나 가해자가 불명이거나 도주한 경우 또는 충분한 배상능력이 없는 경우에 배상을 받을 수 없다. 이런 경우 국가에 대하여 일정한 보상을 청구함으로써 피해자와 가족 또는 유족을 보호하고 사회안정에 기여하고자 범죄피해자구조제도를 둔 것이다.

현행헌법은 범죄피해자구조제도를 처음으로 신설하였고 이 규정에 따라「범죄피해자 보호법」이 제정·시행되고 있다.

Ⅱ. 범죄피해자구조의 본질

범죄피해자구조의 본질에 관하여는 국가책임설, 사회보장설, 사회분담설 등의 견해로 나뉜다.

ⅰ) 국가책임설은 국가는 범죄의 발생을 예방하고 진압할 책임이 있으므로 범죄로 인해 피해를 입은 국민에게 배상책임을 져야 한다는 것이며, 그 배상책임은 무과실배상책임이라고 한다.

ⅱ) 사회보장설은 범죄로 인한 피해를 피해자에게만 전담시키는 것은 사회국가의 이념에 배치되므로 국가가 사회보장적 차원에서 범죄피해자를 구조해야 한다고 한다.

ⅲ) 사회분담설은 범죄피해자구조는 세금에 의한 보험의 형태를 통하여 범죄로 인한 피해를 국가가 사회구성원에게 분담시키는 것이라고 한다.

생각건대 범죄피해자구조제도는 국가는 범죄의 발생을 예방하고 진압할 책임이 있으므로 범죄로 인한 피해자가 발생한 경우 그 책임의 일부를 국가가 부담하여야 한다는 측면과 범죄피해자에 대한 국가구조는 사회보장적 측면도 가지고 있다고 할 수 있다.

Ⅲ. 범죄피해자구조청구권의 법적 성격

범죄피해자구조청구권은 범죄피해자인 국민이 국가에 대하여 피해에 대한 일정한 보상 등의 구제를 청구할 수 있는 주관적 공권이다.

그리고 피해에 대하여 국가에 대하여 일정한 보상을 청구할 수 있는 국가배상청구권적 성격을 갖는 청구권적 기본권이다.

또한 범죄피해자구조청구권은 일정한 보상을 통하여 사회국가적 질서를 형성하는 객관적 법질서의 구성요소이다.

Ⅳ. 범죄피해자구조청구의 주체

범죄피해자구조청구의 주체는 타인의 범죄행위로 인하여 생명이나 신체에 피해를 받은 자나 그 유족이다.

피해자가 사망한 경우에는 그 유족이 구조금을 청구하고, 중장해를 당한 경우에는 본인이 청구한다. 유족구조금을 받을 수 있는 유족은 피해자의 사망 당시 피해자의 수입에 의하여 생계를 유지하고 있던 자로서 배우자와 자녀, 부모, 손자·손녀, 조부모, 형제자매이다(법 제18조). 외국인은 상호주의가 있는 때에 한하여 그 주체가 된다.

Ⅴ. 범죄피해자구조청구권의 내용

1. 범죄피해자구조청구권의 성립요건

범죄피해자구조청구권은 타인의 범죄행위로 인하여 생명·신체에 대해 사망 또는 중장해를 당한 자(유족)가 ① 피해의 전부 또는 일부를 배상받지 못하는 경우, ② 자기 또는 타인의 형사사건의 수사 또는 재판에서 고소·고발 등 수사단서를 제공하거나 진술, 증언 또는 자료제출을 하다가 구조피해자가 된 경우에 구조금을 지급한다(법 제16조).

'범죄피해자'란 타인의 범죄행위로 피해를 당한 사람과 그 배우자(사실혼관계 포함), 직계친족 및 형제자매를 말한다(법 제3조 제1항 제1호).

'구조대상 범죄피해'란 대한민국 영역 안에서 또는 영역 밖에 있는 대한민국의 선박이나 항공기 안에서 행하여진 사람의 생명 또는 신체를 해하는 죄에 해당하는 행위로 인하여 사망하거나 장해 또는 중상해를 입은 것을 말한다(동조 동항 제4호).

'장해'란 범죄행위로 입은 부상이나 질병이 치료된 후에 남은 신체의 장애로 대통령령이 정하는 경우이고(동조 동항 제5호), '중장해'란 범죄행위로 인하여 신체나 그 생리적 기능에 손상을 입은 것으로 대통령령이 정하는 경우를 말한다(동조 동항 제6호).

그러나 범죄피해자구조청구권의 성립요건이 충족되더라도 피해자와 가해자간에 친족관계가 있는 경우, 피해자에게 귀책사유가 있는 경우, 기타 사회통념상 구조금의 전부 또는 일부를 지급하지 아니함이 상당하다고 인정되는 경우에는 구조금의 전부 또는 일부를 지급하지 아니할 수 있다(법 제19조).

유족구조금은 구조피해자의 사망 당시 월급액이나 월실수입액 또는 평균임금에 24개월 이상 48개월 이하의 범위에서(법 제22조 제1항), 장해구조금과 중상해구조금은 구조피해자가 신체에 손상을 입은 당시의 월급액이나 월실수입액 또는 평균임금에 2개월 이상 48개월 이하의 범위에서 대통령령으로 정한 개월수를 곱한 금액으로 한다(법 동조 제2항).

2. 범죄피해자구조금의 청구절차와 지급

1) 청구절차

구조금의 지급에 관한 사항을 심의·결정하기 위하여 지방검찰청에 범죄피해구조심의회와 법무부에 범죄피해구조본부심의회를 두고, 심의회는 법무부장관의 지휘·감독을 받는다(법 제24조).

구조금을 지급받고자 하는 자는 당해 범죄피해의 발생을 안 날로부터 3년 이내 또는 당해 범죄피해가 발생한 날로부터 10년 이내에 신청하여야 한다(법 제25조).

2) 지 급

심의회가 구조를 결정하면 범죄피해자는 구조금의 지급을 받을 권리를 취득하고, 이 권리는 양도 또는 담보로 제공하거나 압류할 수 없다(법 제32조).

이 구조청구의 권리는 그 구조결정이 당해 신청인에게 송달된 날로부터 2년간 행사하지 아니하면 시효로 소멸된다(법 제31조).

구조금은 유족구조금, 장해구조금 및 중상해구조금으로 구분되며, 일시금으로 지급한다(법 제17조).

사기 기타 부당한 방법으로 구조금을 받은 경우에 심의회 결정을 거쳐 받은 구조금의 전부 또는 일부를 환수할 수 있고(법 제30조 제1항), 징수의 우선순위는 국세 및 지방세의 다음으로 한다(법 동조 제2항).

VI. 범죄피해자구조청구권의 제한

범죄피해자구조청구권은 헌법 제37조 제2항 국가안전보장·질서유지 또는 공공복리를 위하여 제한될 수 있다. 또한 「범죄피해자보호법」상 외국인의 경우는 상호주의에 의한다 (법 제23조).

07 사회권

기본이해를 위한 질문
1. 1) 인간다운 생활을 할 권리란 무엇이며, 헌법에는 어떤 규정이 있는가
   2) 인간다운 생활의 내용은 무엇인가
2. 1) 교육을 받을 권리란 무엇이며, 그 주체는 누구인가
   2) 교육을 받을 권리 내용은 무엇이며 교육의 법정주의란 무엇인가
3. 1) 근로의 권리란 무엇이며, 헌법에는 어떤 규정이 있는가
   2) 근로의 권리의 내용은 무엇인가
4. 근로3권이란 무엇이며, 근로3권의 주체는 누구이며, 그 내용은 무엇인가
5. 환경권이란 무엇이며, 환경권이 침해되는 경우에 구제는 어떻게 이루어지는가
6. 혼인과 가족생활이란 무엇이며, 그 내용은 무엇인가
7. 모성보호를 받을 권리란 무엇이며, 그 내용은 무엇인가
8. 보건권이란 무엇이며, 그 내용은 무엇인가

제1절 서 설

우리 헌법은 사회권을 다양하게 규정하고 있다. 인간다운 생활을 할 권리(제31조) 및 근로의 권리(제32조), 근로자의 생존과 지위보호를 위해 근로자의 단결권, 단체교섭권, 단체행동권(제33조)을 규정하고 있다. 그리고 근로자의 고용의 증진과 적정임금의 보장을 위해 노력해야 할 국가의 의무(제32조 제1항), 최저임금제의 시행(동조 동항), 근로조건(동조 동항, 제4항), 연소근로자의 특별한 보호(동조 제5항), 국가유공자·상이군경 및 전몰군경유가족의 우선적 취업(동조 제6항), 노인과 청소년의 복지향상(제34조 제4항), 신체장애자 및 질병·노령 기타의 사유로 생활능력이 없는 국민의 보호(동조 제5항), 국가의 재해예방 및 보호의무(동조 제6항)를 규정하고 있다. 또한 혼인과 가족제도의 보호(제36조 제1항), 모성의 보호(동조 제2항)와 보건에 관한 국가적 보호(동조 제3항), 환경권(제35조), 쾌적한 주거생활에 대한 국가의 의무(동조 제3항) 등을 규정하고 있다.

제2절 사회권

제1항 인간다운 생활을 할 권리

I. 인간다운 생활을 할 권리의 의의와 헌법규정

인간다운 생활을 할 권리란 인간적 생존에 필요한 최소한의 물질적 생활을 국가에게 요구할 수 있는 권리를 말한다. 인간은 생존에 필요한 최소한의 물질적 확보를 통해서 인격의 자유로운 발현을 가능하게 하고, 자율적인 사회생활기반을 형성하는 바탕을 마련해 주는 것이 바로 사회권이다.

인간다운 생활의 청구에 대한 구체적 보호내용은 법률에 의해서 형성된다. 그 권리로서의 구체적 내용은 입법을 통하여 실현된다는 점에서 국회의 입법형성의 재량이 자유권보다는 넓다고 할 수 있다.

인간다운 생활을 할 권리가 최초로 헌법에 규정된 것은 1919년 바이마르헌법이라고 할 수 있다. 그 이후 각국은 이와 유사한 규정들을 헌법에 규정하게 되었다.

우리 헌법은 1962년(제3공화국)의 헌법에서 인간다운 생활을 할 권리를 규정한 이래 약간의 수정을 거쳐 현행헌법 제34조에 이를 규정하고 있다. 즉 "① 모든 국민은 인간다운 생활을 할 권리를 가진다. ② 국가는 사회보장·사회복지의 증진에 노력할 의무를 진다. ③ 국가는 여자의 복지와 권익의 향상을 위하여 노력하여야 한다. ④ 국가는 노인과 청소년의 복지향상을 위한 정책을 실시할 의무를 진다. ⑤ 신체장애자 및 질병·노령 기타의 사유로 생활능력이 없는 국민은 법률이 정하는 바에 의하여 국가의 보호를 받는다. ⑥ 국가는 재해를 예방하고 그 위험으로부터 국민을 보호하기 위하여 노력하여야 한다"라고 규정하고 있다.

II. 인간다운 생활을 할 권리의 법적 성격

생존권을 중심으로 논의되는 사회권 규정인 인간다운 생활을 할 권리는 개인의 인간다운 생존을 국가에 대하여 청구할 수 있는 주관적 권리이다.

또한 인간다운 생활을 할 권리는 정의로운 사회질서·경제질서를 형성하는 객관적 법질서의 구성요소이다.

헌법에 규정하고 있는 인간다운 생활을 할 권리는 국민이 인간적 생존의 최소한을 청구할 수 있는 권리성을 지닌다고 본다.

모든 국민은 인간다운 생활을 할 권리를 가지며 국가는 생활능력 없는 국민을 보호할 의무가 있다는 헌법의 규정은 모든 국가기관을 구속하지만, 그 기속의 의미는 적극적·형성적 활동을 하는 입법부 또는 행정부의 경우와 헌법재판에 의한 사법적 통제기능을 하는 헌법재판소에 있어서 동일하지 아니하다(헌재 93헌가14)고 본다.

> **⚠ 판례 | 인간다운 생활을 할 권리의 헌법적 의무 여부 기준 – 헌재 1997.5.29. 94헌마33(기각)**
>
> 모든 국민은 인간다운 생활을 할 권리를 가지며 국가는 생활능력없는 국민을 보호할 의무가 있다는 헌법의 규정은 입법부와 행정부에 대하여는 국민소득, 국가의 재정능력과 정책 등을 고려하여 가능한 범위 안에서 최대한으로 모든 국민이 물질적인 최저생활을 넘어서 인간의 존엄성에 맞는 건강하고 문화적인 생활을 누릴 수 있도록 하여야 한다는 행위의 지침 즉 행위규범으로서 작용하지만, 헌법재판에 있어서는 다른 국가기관 즉 입법부나 행정부가 국민으로 하여금 인간다운 생활을 영위하도록 하기 위하여 객관적으로 필요한 최소한의 조치를 취할 의무를 다하였는지의 여부를 기준으로 국가기관의 행위의 합헌성을 심사하여야 한다는 통제규범으로 작용하는 것이다. 그러므로 **국가가 인간다운 생활을 보장하기 위한 헌법적인 의무를 다하였는지의 여부**가 사법적 심사의 대상이 된 경우에는, **국가가 생계보호에 관한 입법을 전혀 하지 아니하였다든가 그 내용이 현저히 불합리하여 헌법상 용인될 수 있는 재량의 범위를 명백히 일탈한 경우에 한하여 헌법에 위반된다**고 할 수 있다.

Ⅲ. 인간다운 생활을 할 권리의 주체

인간다운 생활을 할 권리의 주체는 국민이다. 외국인은 원칙적으로 그 주체가 될 수 없으나 예외적으로 인정될 수 있다.

그리고 이는 인간의 권리이므로 법인은 그 주체가 될 수 없다.

Ⅳ. 인간다운 생활을 할 권리의 내용

1. 헌법규정과 사회보장제도

헌법은 모든 국민의 인간다운 생활을 보장하기 위하여 국가에게 사회보장과 사회복지의 증진에 노력할 의무(제34조 제2항), 여자의 권익과 복지의 향상(동조 제3항), 노인과 청소년의 복지향상(동조 제4항), 신체장애자 및 질병·노령 기타의 사유로 생활능력이 없는 국민의 보호(동조 제5항), 재해의 예방과 그 위험으로부터 국민을 보호하기 위하여 노력할 의무(동조 제6항)가 있음을 규정하고 있다. 따라서 국가는 국민의 인간다운 생활을 할 권리를 위하여 사회보장제도를 확립하여 실시할 의무를 진다. 즉, 국가는 사회보험·공공부조·사회복지 등의 사회보장제도를 통하여 국민의 인간다운 생활을 보장할 의무를 수행하여야 한다.

사회보험은 질병·상해·사망·재해·실업 등과 같은 일정한 사고가 발생한 경우에 그 위험부담을 국가 또는 공공단체가 보험을 통하여 다수인에게 분산시킴으로써 경제적 약자의 인간다운 생활을 보장하는 공공적 보험제도를 말한다. 인간다운 생활을 보장하기 위한 사회보험법으로는 「산업재해보상보험법」, 「연금보험법」, 「고용보험법」, 「군인보험법」, 「국민연금법」 등이 있다.

공공부조는 신체장애 및 질병·노령 기타의 사유로 생활능력을 상실한 상태에 있거나 생계유지가 곤란한 자에게 국가가 최저생활에 필요한 급여를 하는 제도를 말한다. 공공부조에 관한 법률로는 「생활보호법」, 「의료급여법」, 「재해구호법」, 「의사상자보호법」 등이 있다.

사회복지는 아동, 노인, 심신장애자 등 특별한 보호를 필요로 하는 자를 위하여 국가 또는 공공단체가 그 보호, 갱생 및 생활자립기반의 조성을 위하여 수용보호, 갱생보도, 원호지원 등을 하는 것을 말한다. 사회복지에 관한 법률로는 「아동복지법」, 「모자복지법」, 「노인복지법」, 「장애인복지법」, 「사회복지사업법」 등이 있다.

2. 사회보장기본법

「사회보장기본법」은 "사회보장은 모든 국민이 인간다운 생활을 할 수 있도록 최저생활을 보장하고, 국민 개개인이 생활의 수준을 향상시킬 수 있도록 제도와 여건을 조성하여 그 시행에 있어 형평과 효율의 조화를 기함으로써 복지사회를 실현하는 것을 기본이념으로"하여 제정되었다. 이러한 보장을 위해 제공되는 제도가 사회보험·공공부조·사회복지서비스 및 관련 복지제도이다(법 제3조 제1호~제5호).

국가는 모든 국민이 건강하고 문화적인 생활을 유지할 수 있도록 사회보장급여수준의 향상에 노력하여야 한다(법 제10조 제1항). 국가는 사회보장수급권의 보호를 위하여 관계법령이 정하는 바에 의하여 최저생계비를 매년 공표하여야 하며(법 동조 제2항), 국가나 지방자치단체는 최저생계비와 「최저임금법」에 의한 최저임금을 참작하여 사회보장급여의 수준을 결정한다(법 동조 제3항). 그리고 사회국가원리에 비추어 사회보장을 위한 국가의 비용부담, 국민의 참여, 정보의 공개, 비밀의 보호 등을 통한 개인의 권익보호를 위한 제도를 확립하여야 한다.

3. 국민기초생활보장법

「국민기초생활보장법」은 생활이 어려운 자에게 필요한 급여를 행하여 이들의 최저생활을 보장하고 자활을 돕는 것을 목적으로 제정되었다(법 제1조).

이 법이 정하는 급여를 청구할 수 있는 수급자는 최저생계비 이하의 소득이 있는 자로 이에 대한 급여는 수급자가 자신의 생활의 유지·향상을 위하여 소득·재산·근로능력 등을 활용하여 최대한 노력하는 것을 전제로 이를 보충·발전시키는 것을 기본원칙으로 한다. 이때 최저생계비는 국민이 건강하고 문화적인 생활을 유지하기 위하여 소요되는 최소한의 비용으로서 국민의 소득·지출수준과 수급권자의 생활실태·물가상승률 등을 고려하여 보건복지부장관이 공표하는 금액이다.

4. 의료급여법

「의료급여법」은 생활이 어려운 자에게 의료급여를 실시함으로써 국민보건의 향상과 사회복지의 증진에 이바지함을 목적으로(법 제1조), 수급권자의 급여비용의 전부 또는 일부를 대통령령이 정하는 바에 따라 제25조의 규정(의료급여기금의 설치 및 조성)에 의한 의료급여기금에서 부담하게 하는 법이다(법 제10조).

의료수급권자의 소득·재산상황·근로능력 등에 변동이 있는 경우에는 시장·군수·구청장은 직권 또는 수급권자나 그 친족 그 밖의 관계인의 신청에 따라 급여의 내용 등을 변경할 수 있다. 수급권자가 다른 법령에 따라 의료급여를 받고 있는 경우에는 이 법에 의한 의료급여를 행하지 아니한다.

그리고 의료급여를 받을 권리는 양도 또는 압류할 수 없다.

V. 인간다운 생활을 할 권리의 효력

인간다운 생활을 할 권리는 국민이 국가에 대해 국민에게 주어지는 사회보장에 따른 수급권을 적극적으로 요구할 수 있는 대국가적 효력을 가진다. 그러나 이 권리는 사인에 대하여는 효력을 갖지 못한다.

VI. 인간다운 생활을 할 권리의 제한과 한계

인간다운 생활을 할 권리의 구체적인 내용은 법률에 의해서 비로소 현실적·구체적 권리가 되는 것이 대부분이다. 법률에 의해 직접 성립된 권리가 축소되거나 폐지되는 경우에 그것은 제한의 문제가 된다. 따라서 헌법 제37조 제2항에 따라 법률에 의해 제한될 수 있다.

제한하는 경우에도 필요한 경우에만 가능하며 그 본질적 내용은 침해할 수 없다.

제2항 교육을 받을 권리

I. 교육을 받을 권리의 의의·기능·헌법규정

헌법 모든 국민의 교육을 받을 권리를 규정하고 있다. 교육을 받을 권리는 ① 좁은 의미로서의 개개인이 능력과 적성에 따라 교육을 받을 권리인 학습권과 국민이 국가에 대하여 교육조건의 개선·교육제도의 정비와 교육기회의 균등보장을 적극적으로 국가에 요구하는 권리인 수학권을 포함하는 것이다. 또한 ② 넓은 의미로서는 이러한 좁은 의미의 학습권 및 수학권 뿐만 아니라 학부모의 자녀에 대한 교육 기회 제공의 교육권까지를 포괄하는 개념이다.

교육을 받을 권리는 교육을 통해 국민을 민주시민으로서 필요로 하는 자질을 갖추게 하여 민주주의를 발전시키는 기능을 하며, 교육을 통하여 문화생활을 할 수 있도록 하여 문화국가를 촉진하는 기능을 하며, 모든 국민이 교육을 통해 인격을 발현할 수 있도록 하는 기능을 한다.

교육을 받을 권리는 제헌헌법 이래 규정되어 왔다. 현행헌법은 헌법 제31조에 "① 모든 국민은 능력에 따라 균등하게 교육을 받을 권리를 가진다. ② 모든 국민은 그 보호하는 자녀에게 적어도 초등교육과 법률이 정하는 교육을 받게 할 의무를 진다. ③ 의무교육은 무상으로 한다. ④ 교육의 자주성·전문성·정치적 중립성 및 대학의 자율성은 법률이 정하는 바에 의하여 보장된다. ⑤ 국가는 평생교육을 진흥하여야 한다. ⑥ 학교교육 및 평생교육을 포함한 교육제도와 그 운영, 교육재정 및 교원의 지위에 관한 기본적인 사항은 법률로 정한다"라고 균등한 교육을 받을 권리(제31조 제1항), 무상으로 의무교육을 받을 권리(동조 제2항, 제3항), 교육의 자주성·전문성·정치적 중립성 및 대학의 자율성 보장(동조 제4항), 평생교육진흥(동조 제5항), 국민의 교육권을 실현하기 위하여 교육제도, 교육제정 및 교원의 지위에 관한 기본적 사항의 법정주의를 규정하고 있다.

> **⚠️ 판례 |** 교육을 받을 권리의 의의와 기능 – 헌재 1994.2.24. 93헌마192(기각)
>
> 교육을 받을 권리는, 첫째 교육을 통해 개인의 잠재적인 능력을 계발시켜 줌으로써 인간다운 문화생활과 직업생활을 할 수 있는 기초를 마련해 주고, 둘째 문화적이고 지적인 사회풍토를 조성하고 문화창조의 바탕을 마련함으로써 헌법이 추구하는 문화국가를 촉진시키고, 셋째 합리적이고 계속적인 교육을 통해서 민주주의가 필요로 하는 민주시민의 윤리적 생활철학을 어렸을 때부터 습성

화시킴으로써 헌법이 추구하는 민주주의의 토착화에 이바지하고, 넷째 능력에 따른 균등한 교육을 통해서 직업생활과 경제생활의 영역에서 실질적인 평등을 실현시킴으로써 헌법이 추구하는 사회국가, 복지국가의 이념을 실현한다는 의의와 기능을 가지고 있다.

II. 교육을 받을 권리의 법적 성격

능력에 따라 균등하게 교육을 받을 권리는 국가로부터 그러한 교육을 방해받지 아니할 방어권으로서의 성격을 지니는 자유권적 성격을 가지며, 또한 초등교육과 무상으로 의무교육을 받게 할 의무와 더불어 사회권으로서의 성격을 갖는다.

따라서 국민은 교육을 받을 권리를 갖고 국가는 교육제도를 제공할 의무를 갖는다.

또한 교육을 받을 권리는 민주주의 질서, 문화국가질서, 사회국가질서를 형성하는 객관적 법질서의 구성요소이다.

III. 교육을 받을 권리의 주체

교육을 받을 권리는 모든 국민의 권리로 외국인은 그 주체가 되지 않는다. 교육을 받을 권리와 대응해서 교육을 시킬 권리(교육)의 주체는 학부모를 중심으로 한 국민 전체라고 할 수 있으며, 국가가 공교육의 책임을 지고 있기 때문에 국가도 그 주체가 될 수 있다.

국가는 교육내용에 대하여 필요하고도 상당하다고 인정되는 범위 내에서 결정권을 가지며, 부모의 교육의 자유, 사학교육에 있어서의 자유 등도 인정되며, 학교법인 등도 그 실질적 주체가 된다.

교육에 관한 주체로는 부모, 교원, 국가 등이 있으며 이들 사이의 권리 또는 권한 사이에 충돌문제가 발생한다. 이에 대해 그동안 헌법재판소의 견해는 우선 학교 밖의 교육에 있어서는 교육주체와의 사이에서는 기본적으로 부모의 교육권이 우월적 지위에 있으나, 이때에도 부모에게 자녀에 대한 교육이 독점적인 것은 아니며, 비례의 원칙이 요청된다. 학교교육에 있어서는 국가와 교원의 관계에서는 교원의 교육권은 국가의 위임에 의한 것이므로 국가의 교육권이 교원보다 우선하고, 부모와 교원 또는 국가와의 관계에서는 양자가 대등한 관계로 충돌의 경우에 개별적인 경우마다 법익형량에 의해 해결하는 것으로 본다.

> **⚠ 판례** | 부모의 교육권 – 헌재 2000.4.27. 98헌가16 등(위헌)
>
> 자녀의 양육과 교육에 있어서 부모의 교육권은 교육의 모든 영역에서 존중되어야 하며, 다만, 학교교육에 관한 한, 국가는 헌법 제31조에 의하여 부모의 교육권으로부터 원칙적으로 독립된 독자적인 교육권한을 부여받음으로써 부모의 교육권과 함께 자녀의 교육을 담당하지만, **학교 밖의 교육영역에서는 원칙적으로 부모의 교육권이 우위**를 차지한다.

교사의 수업권에 대하여 기본권성을 인정할 것인가에 대해 논란이 있다. 교사의 수업권의 기본권성을 인정한다고 하더라도 이는 학생의 교육을 받을 권리인 수학권을 침해할 수 없다고 본다.

> **⚠ 판례** | 국민의 수학권 – 헌재 1992.11.12. 89헌마88; 2009.3.26. 2007헌마359(각하)
>
> 국민의 수학권(헌법 제31조 제1항의 교육을 받을 권리)과 교사의 수업의 자유는 다같이 보호되어야 하겠지만 그 중에서도 국민의 수학권이 더 우선적으로 보호되어야 한다.

> **⚠ 판례** | 학생의 학습권의 우월 – 대판 2007.9.20. 2005다25298(기각)
>
> 학생의 학습권이 교원의 수업권보다 우월한 지위에 있고 학생의 학습권은 개개 교원들의 정상을 벗어난 행동으로부터 보호되어야 하므로, 학원비리척결을 이유로 한 전국교직원노동조합 소속 교사의 수업거부 및 수업방해 행위로 인하여 학생들의 학습권과 학부모의 교육권이 침해되었다면 이에 대하여 당해 교사들은 손해배상의 책임을 진다.

Ⅳ. 교육을 받을 권리의 내용

교육을 받을 권리는 능력에 따라 균등하게 교육을 받을 권리를 내용으로 하고 이를 실현하기 위하여 교육을 받게 할 의무, 무상교육의무제, 교육의 자주성·전문성·정치적 중립성 및 대학의 자율성, 국가의 평생교육진흥의무, 교육제도의 법정주의 등을 그 내용으로 하고 있다.

1. 능력에 따라 교육을 받을 권리

여기서 '능력'이란 일신전속적인 능력을 말하며, '능력에 따르는 교육'이란 정신적·육체적 능력에 상응하는 교육을 말한다. 이런 의미에서 입학에 있어서의 공개경쟁시험제는 위헌이 아니다. 그러나 정신박약아 등 능력이 부족한 자의 교육을 경시하거나 무시해서는 안 되며 국가는 이러한 장애인의 교육을 위한 교육조건을 확보하는데 태만히 해서는 안 된다.

! **판례** | 수학능력이 없는 자에 대하여 불합격처분 – 대판 1983.6.28. 83누193

대학입학지원자가 모집정원에 미달한 경우라도 대학이 정한 수학능력이 없는 자에 대하여 불합 격처분을 한 것은 교육법 제111조 제1항에 위반되지 아니하여 무효라 할 수 없고 또 위 학교에서 정한 수학능력에 미달하는 지원자를 불합격으로 한 처분이 재량권의 남용이라 볼 수 없다.

---

2. 균등하게 교육을 받을 권리

'균등'이란 능력에 따른 차별 이외에 성별·종교·사회적 신분 등에 의하여 교육을 받을 기회를 차별받지 않는다는 것이다. '균등하게 교육을 받을 권리'란 구체적으로 취학의 평등과 국가 또는 지방자치단체가 교육의 기회균등을 보장하도록 적극적 정책을 시행할 의무를 부과하는 것이다. 따라서 성별·종교·신념·사회적 신분·경제적 지위 또는 신체적 조건 등을 이유로 교육에 있어서의 차별을 금지하고(교육기본법 제4조), 국가 및 지방자치 단체는 교육재정을 안정적으로 확보하기 위하여 필요한 시책을 수립·실시해야 하며, 장 학제도, 학비보조 등의 각종 조치를 취할 의무가 있다.

! **판례** | 수시모집에서의 검정고시 출신자 지원의 일률적 제한은 차별 – 헌재 2017.12.28. 2016 헌마649(인용(위헌확인))

이 사건 수시모집요강은 기초생활수급자·차상위계층, 장애인 등을 대상으로 하는 일부 특별전형 에만 검정고시 출신자의 지원을 허용하고 있을 뿐 수시모집에서의 검정고시 출신자의 지원을 일률 적으로 제한함으로써 실질적으로 검정고시 출신자의 대학입학 기회의 박탈이라는 결과를 초래하고 있다. 수시모집의 학생선발방법이 정시모집과 동일할 수는 없으나, 이는 수시모집에서 응시자의 수 학능력이나 그 정도를 평가하는 방법이 정시모집과 다른 것을 의미할 뿐, 수학능력이 있는 자들에 게 동등한 기회를 주고 합리적인 선발 기준에 따라 학생을 선발하여야 한다는 점은 정시모집과 다 르지 않다. 따라서 **수시모집에서 검정고시 출신자에게 수학능력이 있는지 여부를 평가받을 기회를 부여하지 아니하고 이를 박탈한다는 것은 수학능력에 따른 합리적인 차별이라고 보기 어렵다.** 피청 구인들은 정규 고등학교 학교생활기록부가 있는지 여부, 공교육 정상화, 비교내신 문제 등을 차별의 이유로 제시하고 있으나 이러한 사유가 차별취급에 대한 합리적인 이유가 된다고 보기 어렵다.

3. 교육을 받을 권리

1) 의무교육을 받을 권리

법은 제31조 제2항에서 의무교육을 규정하고, 제3항에서 의무교육의 무상제를 규정하고 있다.

의무교육이란 모든 국민의 자녀들로 하여금 국가에서 일정한 기간의 교육을 받을 수 있도록 하고, 이에 필요한 시설을 설치·운영하도록 하는 교육을 말한다.

의무교육을 받을 권리의 주체는 취학연령에 있는 미성년자이며, 교육의 의무의 주체는 교육을 받아야 할 자녀를 가진 학령아동의 친권자 또는 후견인이다. 모든 국민은 6년의 초등교육과 3년의 중등교육을 받을 권리를 갖는 동시에 의무를 진다(교육기본법 제8조 제1항).

의무교육은 무상으로 하며, 국가나 지방자치단체는 의무교육의 실시를 위하여 필요한 학교의 설립과 운영 및 필요한 경비를 부담할 의무를 진다(초·중등교육법 제12조). 다만, 공립학교의 수용능력이 있음에도 불구하고 사립학교에 자원해 취학하는 경우에는 무상의 혜택을 받을 수 없다.

> **판례** | 학교운영지원비의 의무교육 무상원칙 위배 – 헌재 2012.8.23. 2010헌바220(위헌, 각하)
>
> 헌법 제31조 제3항에 규정된 **의무교육 무상의 원칙에 있어서 무상의 범위**는 헌법상 교육의 기회균등을 실현하기 위해 필수불가결한 비용, 즉 모든 학생이 의무교육을 받음에 있어서 경제적인 차별 없이 수학하는 데 반드시 필요한 비용에 한한다고 할 것이며, 수업료나 입학금의 면제, 학교와 교사 등 인적·물적 기반 및 그 기반을 유지하기 위한 인건비와 시설유지비, 신규시설투자비 등의 **재원마련 및 의무교육의 실질적인 균등보장을 위해 필수불가결한 비용은 무상의 범위에 포함된다.** …… **학교운영지원비**는 기본적으로 학부모의 자율적 협찬금의 외양을 갖고 있음에도 그 조성이나 징수의 자율성이 완전히 보장되지 않아 기본적이고 필수적인 학교 교육에 필요한 비용에 가깝게 운영되고 있다는 점 등을 고려해보면 이 사건 세입조항은 헌법 제31조 제3항에 규정되어 있는 **의무교육의 무상원칙에 위배되어 헌법에 위반된다.**

2) 평생교육을 받을 권리

오늘날과 같이 모든 것이 급속하게 전문화되고 변화하는 사회에서는 정규의 학교교육 이외에 사회교육, 성인교육, 직업교육 등 평생에 걸친 교육이 요구된다. 헌법은 국가에게 평생교육 진흥의무를 부과하고 있고(제31조 제5항), 「교육기본법」은 "국민의 평생교육을 위한 모든 형태의 사회교육은 장려되어야 한다"고 규정하고 있다(법 제10조 제1항). 이에 따라 「사회교육법」, 「특수교육진흥법」, 「산업교육진흥법」 등이 제정되고, 방송통신교육, 개방대학, 특수대학원, 사회교육원 등을 통한 교육이 이루어지고 있다.

4. 교육의 자주성·전문성·정치적 중립성 및 대학의 자율성 보장

1) 교육의 자주성

교육의 자주성이란 교육이 국가로부터 방해받지 아니하고 교육내용이나 교육기구가 교육자에 의해서 자주적으로 결정되어야 하는 것을 말한다. 오늘날 교육은 공교육을 중심으로 하므로 교육의 자주성이 국가의 감독을 배제하는 것을 의미하는 것은 아니며, 국가와 사회공동체의 이념과 윤리에 의해 제약된다(헌재 95헌바29 등). 다만, 국가의 감독이 교육의 자주성을 침해해서는 안 된다.

> **판례** | 교육[교원]의 자주성 – 헌재 1997.12.24. 95헌바29 등(합헌)
>
> 교원의 직무는 피교육자인 학생들의 기본적 권리인 "교육을 받을 권리"와 서로 앞뒷면을 이루고 있다는 특징이 있다. 따라서 교원의 직무에는 교육제도의 구조적 특성과 교육의 자주성 등에 내재하는 두가지 한계가 있는바, 하나는 교원직무의 자주성이 교육을 받을 기본권을 가진 피교육자인 학생들의 권익과 복리증진에 저해가 되어서는 아니된다는 것이고, 다른 하나는 국가와 사회공동체의 이념과 윤리의 테두리안에서 직무의 자주성은 제약을 받게 된다는 것이다. 즉, **교원의 자주성은 그 자체가 책임을 수반하는 것으로서 그것이 피교육자인 학생의 권익과 복지증진에 공헌할 것인가와 국가와 사회공동체의 공동이념 및 윤리와 조화될 수 있는가라는 상대적 관계에서 그 범위가 정해지는 것이다**(헌법재판소 1991.7.22. 선고, 89헌가106 결정 참조).

2) 교육의 전문성

교육의 전문성이란 교육정책의 수립이나 집행은 교육전문가에 의해 이루어져야 함을 의미한다. 즉 교육은 특수한 자격을 갖춘 전문가에 의해 운영되고 교육정책을 수립하고 집행하는 데 있어서 이러한 교육전문가를 참여시킬 때 교육의 전문성은 보장될 수 있다.

> **판례** | 교육위원과 교원의 겸직 금지와 교육의 전문성 – 헌재 1993.7.29. 91헌마69(기각)
>
> 　지방교육자치에 관한 법률은 별도로 교육위원 정수의 2분의 1 이상과 집행기관인 교육감의 자격을 일정기간 이상 교육 관련 경력이 있는 자로 제한하여(동법 제8조, 제32조 제2항) 교육의 자주성, 전문성이 충분히 보장되도록 규정하고 있으므로 동법 제9조 제1항 제2호가 교육위원과 초·중등학교 교원의 겸직을 금지하였다고 하여도 그것만으로 교육의 전문성을 보장한 헌법 제31조 제4항에 위반된다고 할 수 없다.

3) 교육의 정치적 중립성

　교육의 정치적 중립성이란 교육은 국가권력이나 정치적 당파로부터 부당한 간섭을 받지 않고, 교육도 정치적 영역에 개입하지 않는 것을 말한다. 즉, 교육의 정치적 중립성은 교육이 정치적 압력을 받지 않고 또한 교육도 정치에 대해 중립적이어야 한다는 것이다.

　교육의 정치적 중립성을 확보하기 위해서 교원의 정치적 활동을 금하고 있다(교육기본법 제6조 제1항, 제14조 제4항, 국가공무원법 제65조). 그러나 대학교원의 정치활동은 예외적으로 인정하고 있다(정당법 제22조).

> **판례** | 교원노조법 제3조중 '일체의 정치활동' 부분의 위헌성 – 헌재 2014.8.28. 2011헌바32 등(합헌)
>
> 　이 사건 교원노조법 규정이 비록 '일체의' 정치활동을 금지하는 형태로 규정되어 있지만, 교육의 정치적 중립성을 선언한 헌법과 교육기본법의 규정 및 교원노조법의 입법목적, 교원노조의 인정취지, 그리고 관련 규범들과의 관계 등을 종합적으로 고려할 때, 이 규정에 의하더라도 교원의 경제적·사회적 지위 향상을 위한 활동은 노조활동의 일환으로서 당연히 허용되고, **교원노조**는 교육 전문가 집단이라는 점에서 초·중등교육 교육정책과 관련된 정치적 의견표명 역시 그것이 **정치적 중립성을 훼손하지 않고 학생들의 학습권을 침해하지 않을 정도의 범위 내라면 허용**된다고 보아야 한다. 이와 같이 이 사건 교원노조법 규정의 의미 내용을 한정하여 해석하는 것이 가능한 이상, 명확성원칙에 위반된다고 볼 수는 없다. …… 교원노조는 교육의 정치적 중립성 요청으로 인해 그 업무와 활동에 있어서 강하게 정치적 중립을 요구받을 수밖에 없다는 점, 교원노조법은 공무원노조법과 달리 '일체의' 정치활동을 금지하는 것으로 되어 있지만, 교원노조에게도 교원의 근로조건 향상을 위한 활동 등은 허용된다는 점, 정치활동이 자유로운 대학교원단체의 경우 그 교육대상이 교원의 정치적 경향성에 별다른 영향을 받지 아니하는 대학생이라는 점에서 **교원노조를 일반노조나 공무원노조, 대학교원단체와 달리 취급하는 것이 평등원칙 위반이라고 볼 수 없다**.

4) 대학의 자율성

대학의 자율성이란 대학의 인사, 학사, 시설, 재정 등 운영에 관한 모든 사항을 외부의 간섭없이 자율적으로 결정하고 운영할 수 있는 자유를 말한다. 대학의 자율성은 대학의 자치를 말하며, 대학의 자율성에는 대학 구성원에 대한 대학의 자주적 운영, 대학시설의 운영, 학사관리 학생선발, 전형 등에 있어서의 자율성을 포함한다.

대학의 자율성보장은 학문의 자유와 밀접한 관계가 있지만, 그 보호영역이 당해 대학 자체의 계속적 존립에까지 미치는 것은 아니다(헌재 99헌마613).

> **⚠ 판례** | 대학의 자율권과 교수의 자유 – 헌재 2001.2.22. 99헌마613(기각, 각하)
>
> 세무**대학의 자율성**은 법률의 목적에 의해서 세무**대학이 수행해야 할 과제의 범위 내에서만 인정**되는 것으로서, 세무대학의 설립과 폐교가 국가의 합리적인 고도의 정책적 결단 그 자체에 의존하고 있는 이상 세무**대학의 계속적 존립과 과제수행을 자율성의 한 내용으로 요구할 수는 없다.** 또한 이 사건 폐지법 (부칙 제4조 제3항) 은 세무대학소속 교수·부교수·조교수 및 전임강사의 신분보장에 관하여 교육공무원법의 해당 조항을 준용함으로써 세무대학을 폐지하더라도 교수들의 지속적인 학문활동을 보장하는 등 기존의 권리를 최대한 보장하고 있다. 따라서 **이 사건 폐지법에 의해서 세무대학이 폐교된다고 해서 세무대학의 자율성이 침해되거나 곧바로 세무대학 교수의 진리탐구와 연구발표 및 교수의 자유가 침해되는 것은 아니다.**

5. 교육(교육제도·교육재정·교원지위) 법정주의

교육법정주의는 교육제도와 교원의 지위를 행정권력에 의한 부당한 침해로부터 보호하고, 국민의 균등한 교육을 받을 기본권을 실효성 있게 보장하기 위하여 교육제도 및 교원지위에 관한 기본적인 사항을 법률로 정하도록 한 것이다.

입법자가 교육제도와 교원의 지위를 정하는 법률을 제정함에 있어서는 국민의 균등한 교육을 받을 권리를 효율적으로 보장하기 위한 규정과 함께 교원의 신분보장 등 교원의 권리에 관한 사항이 반드시 규정되어야 한다.

교육의 기본방침과 내용, 교육행정의 조직, 교육과 감독 등의 교육제도에 관한 기본적인 사항은 법률로 정하도록 하고 있어, 교육이 정치권력이나 행정권력으로부터 침해되는 것을 막고, 일관성 있는 교육을 실시하고 있다.

교육제도 법정주의에 따라 제정된 법률로는 「교육기본법」, 「초·중등교육법」, 「지방교육자치에 관한 법률」, 「교육공무원법」, 「사립학교법」 등이 있다.

교육에는 막대한 재정이 필요하므로 교육재정의 안정적 확보를 위하여 법률이 정하는 바에 따라 교육세를 징수할 수 있도록 하고 있다. 교육재정의 법정주의에 의해 제정된 법률로는 「교육세법」, 「지방교육재정교부금법」 등이 있다.

교원의 자격과 신분보장 등 교원의 지위에 관한 기본적인 사항은 법률로 정하도록 하는 교원지위의 법정주의를 취하고 있다. 「교육공무원법」과 「사립학교법」이 교원의 권리·의무에 관해 규정하고 있고, 이에 의해 교원의 신분은 보장된다.

과거 판례는 교원의 노동운동에 대해 법률이 제한하고 있는 것은 합헌이라고 판시하였고, 그 후 「교원의 노동조합설립 및 운영 등에 관한 법률」(1999.1. 제정)은 초·중등교원의 단체행동권을 제외한 단결권·단체교섭권을 보장하고 있다.

> **판례** | 대학교원 부당한 신분 박탈과 교원지위법정주의 – 헌재 2003.2.27. 2000헌바26(헌법불합치); 헌재 2003.12.18. 2002헌바14 등(헌법불합치)
>
> 객관적인 기준의 재임용 거부사유와 재임용에서 탈락하게 되는 교원이 자신의 입장을 진술할 수 있는 기회 그리고 재임용거부를 사전에 통지하는 규정 등이 없으며, 나아가 재임용이 거부되었을 경우 사후에 그에 대해 다툴 수 있는 제도적 장치를 전혀 마련하지 않고 있는 위 조항은, 현대사회에서 대학교육이 갖는 중요한 기능과 그 교육을 담당하고 있는 대학교원의 신분의 부당한 박탈에 대한 최소한의 보호요청에 비추어 볼 때 헌법 제31조 제6항에서 정하고 있는 교원지위법정주의에 위반된다고 볼 수밖에 없다.

V. 교육을 받을 권리의 효력

능력에 따른 균등한 교육을 받을 권리는 그 자유권적 성격으로 사인 간에도 적용될 수 있다. 하지만 국가에 대하여 교육을 받을 수 있도록 적극적 배려를 요구할 수 있는 사회권으로서의 교육을 받을 권리는 대국가적 효력을 가질 뿐이며 사인 간의 효력은 주장할 수 없다.

제3항 근로의 권리

I. 근로의 권리의 의의와 헌법규정

근로란 근로자가 육체적·정신적 활동을 대가로 사용자로부터 이에 상응하는 임금을 받는 것을 말한다. 근로의 권리는 타인의 방해를 받지 않고 자유롭게 자신이 원하는 노동

을 하는 권리이며 동시에 국가에 대하여 근로 기회의 제공을 적극적으로 청구할 수 있는
권리이다.

> **판례** | 근로기본권의 개념 – 헌재 1991.7.22. 89헌가106(합헌)
>
> 헌법 제32조 및 제33조에 각 규정된 **근로기본권**은 근로자의 근로조건을 개선함으로써 그들의
> 경제적·사회적 지위의 향상을 기하기 위한 것으로서 **자유권적 기본권으로서의 성격보다는 생존권
> 내지 사회권적 기본권으로서의 측면이 보다 강한 것으로서 그 권리의 실질적 보장을 위해서는 국가
> 의 적극적인 개입과 뒷받침이 요구되는 기본권이다.** 헌법의 근로기본권에 관한 규정은 근로자의 근
> 로조건을 기본적으로 근로자와 사용자 사이의 자유로운 계약에 의하여 결정하도록 한다는 계약자유
> 의 원칙을 그 바탕으로 하되, **근로자의 인간다운 존엄성을 보장할 수 있도록 계약기준의 최저선을
> 법정하여 이를 지키도록 강제하는** 한편, 사용자에 비하여 경제적으로 약한 지위에 있는 근로자로
> 하여금 사용자와 대등한 지위를 갖추도록 하기 위하여 단결권·단체교섭권 및 단체행동권 등 이른
> 바 **근로3권을 부여하고, 근로자가 이를 무기로 하여 사용자에 맞서서 그들의 생존권을 보장하고 근
> 로조건을 개선하도록 하는 제도를 보장함으로써 사적자치의 원칙을 보완하고자 하는 것이다.**

근로의 권리의 보장은 생활의 기본적인 수요를 충족시킬 수 있는 생활수단을 확보해
주며, 나아가 인격의 자유로운 발현과 인간의 존엄성을 보장해 주는 데 의의를 지닌다.
근로의 권리는 1919년 바이마르헌법에서 최초로 규정되었고, 제2차 세계대전 이후에
는 각국의 헌법들은 근로의 권리를 규정하고 이를 보장하고자 하였다. 우리 헌법도 제헌
헌법 이래로 근로의 권리를 규정하여 왔다. 현행헌법은 제32조에 "① 모든 국민은 근로
의 권리를 가진다. 국가는 사회적·경제적 방법으로 근로자의 고용의 증진과 적정임금의
보장에 노력하여야 하며, 법률이 정하는 바에 의하여 최저임금제를 시행하여야 한다. ② 모든
국민은 근로의 의무를 진다. 국가는 근로의 의무의 내용과 조건을 민주주의원칙에 따라
법률로 정한다. ③ 근로조건의 기준은 인간의 존엄성을 보장하도록 법률로 정한다. ④ 여
자의 근로는 특별한 보호를 받으며, 고용·임금 및 근로조건에 있어서 부당한 차별을 받
지 아니한다. ⑤ 연소자의 근로는 특별한 보호를 받는다. ⑥ 국가유공자·상이군경 및 전
몰군경의 유가족은 법률이 정하는 바에 의하여 우선적으로 근로의 기회를 부여받는다"라
고 근로의 권리를 규정하고 있다.

II. 근로의 권리의 법적 성격

근로의 권리는 개인이 자유롭게 일할 기회를 갖는 것을 국가가 방해하지 못한다는 측면에서는 자유권적 성격을 갖는 방어적 권리이다. 또한 국가에 대해 근로의 기회를 제공해줄 것을 청구할 수 있으며, 입법부작위로 인하여 근로의 권리를 제공받지 못한 경우에 헌법소원을 제기할 수 있는 사회권적 성격을 갖는 권리이다. 근로의 권리의 성격에 관하여 헌법재판소는 구체적 권리로 보고 있지는 않다(헌재 2001헌바50; 2011헌마307).

> **⚠ 판례** | 국가에 대한 직접적인 직장존속보장청구권이 근로자에게 인정되는지 여부 – 헌재 2002. 11.28. 2001헌바50(합헌)
>
> 헌법 제15조의 직업의 자유 또는 헌법 제32조의 근로의 권리, 사회국가원리 등에 근거하여 실업방지 및 부당한 해고로부터 근로자를 보호하여야 할 국가의 의무를 도출할 수는 있을 것이나, 국가에 대한 직접적인 직장존속보장청구권을 근로자에게 인정할 헌법상의 근거는 없다.

그리고 근로의 권리는 정의로운 사회질서·경제질서를 형성하는 객관적 법질서의 구성요소이기도 하다.

III. 근로의 권리의 주체

근로의 권리는 근로의 능력과 의사를 가진 국민의 권리이므로 원칙적으로 주체는 모든 국민이다. 근로의 권리는 국민인 근로자 개인이 그 주체가 되며, 외국인의 경우에도 자유권적 측면의 성격에서의 근로의 기본권 주체성은 인정되지만(헌재 2004헌마670; 2014헌마367), 노동조합의 근로의 권리 주체성은 인정되지 않는다(헌재 2007헌바27).

> **⚠ 판례** | 근로의 권리에 관한 외국인의 기본권 주체성 – 헌재 2007.8.30. 2004헌마670(위헌, 각하)
>
> 근로의 권리가 "일할 자리에 관한 권리"만이 아니라 "일할 환경에 관한 권리"도 함께 내포하고 있는바, 후자는 인간의 존엄성에 대한 침해를 방어하기 위한 자유권적 기본권의 성격도 갖고 있어 건강한 작업환경, 일에 대한 정당한 보수, 합리적인 근로조건의 보장 등을 요구할 수 있는 권리 등을 포함한다고 할 것이므로 외국인 근로자라고 하여 이 부분에까지 기본권 주체성을 부인할 수는 없다. 즉 근로의 권리의 구체적인 내용에 따라, 국가에 대하여 고용증진을 위한 사회적·경제적 정

책을 요구할 수 있는 권리는 **사회권적 기본권으로서 국민에 대하여만 인정해야 하지만**, 자본주의 경제질서하에서 근로자가 기본적 생활수단을 확보하고 인간의 존엄성을 보장받기 위하여 **최소한의 근로조건을 요구할 수 있는 권리는 자유권적 기본권의 성격도 아울러 가지므로 이러한 경우 외국인 근로자에게도 그 기본권 주체성을 인정함이 타당하다.**

Ⅳ. 근로의 권리의 내용

헌법은 근로의 권리를 보장하기 위하여 국가의 고용증진의무, 적정임금의 보장의무, 최저임금제 시행(제32조 제1항), 근로의무의 내용과 기준의 법정주의(동조 제2항), 근로조건의 법정주의(동조 제3항), 여자의 근로에 대한 특별한 보호와 근로관계에 있어서의 여성의 차별금지(동조 제4항), 연소근로자의 특별보호, 국가유공자·상이군경 및 전몰군경의 유가족에 대한 우선적 근로의 기회부여(동조 제5항) 등에 관해 규정하고 있다.

1. 고용증진노력

헌법은 국가의 고용증진노력을 규정하고 있다(제32조 제1항). 따라서 국가는 사회적·경제적 방법으로 근로자의 고용증진에 노력하여야 한다. 경제정책, 고용정책 등의 정책적 방식에 의하여 고용의 기회를 확대하도록 하여야 한다. 고용의 안정을 위해 「근로기준법」 상 부당해고 예고제도 조항이 있다. 헌법재판소는 일용근로자로서 3개월 근속 아닌 자의 적용 예외규정에 대해 합헌(헌재 2016헌마640)이라고 보았으나, 월급근로자로서 6개월이 되지 못한 자의 해고예고제도 적용 예외사유 규정에 대해 위헌(헌재 2014헌바3)으로 판단하였다.

 판례 | 해고예고제도의 적용예외사유규정의 근로권 침해 여부 - 헌재 2015.12.23. 2014헌바 3(위헌)

해고예고제도는 근로조건의 핵심적 부분인 해고와 관련된 사항일 뿐만 아니라, 근로자가 갑자기 직장을 잃어 생활이 곤란해지는 것을 막는 데 목적이 있으므로 근로자의 인간 존엄성을 보장하기 위한 **최소한의 근로조건으로서 근로의 권리의 내용에 포함**된다. 해고예고제도의 입법 취지와 근로기준법 제26조 단서에서 규정하고 있는 해고예고 적용배제사유를 종합하여 보면, **원칙적으로 해고예고 적용배제사유로 허용될 수 있는 경우는** 근로계약의 성질상 **근로관계 계속에 대한 근로자의 기대가능성이 적은 경우로 한정**되어야 한다. "월급근로자로서 6월이 되지 못한 자"는 대체로 기간의 정함이 없는 근로계약을 한 자들로서 근로관계의 계속성에 대한 기대가 크다고 할 것이므로, 이들에 대한 해고 역시 예기치 못한 돌발적 해고에 해당한다. 따라서 6개월 미만 근무한 월급근로자 또한 전직을 위한 시간적 여유를 갖거나 실직으로 인한 경제적 곤란으로부터 보호받아야 할 필요성이 있다. 그럼에도 불구하고 **합리적 이유 없이 "월급근로자로서 6개월이 되지 못한자"를 해고예고제도의 적용대상에서 제외한 이 사건 법률조항은 근무기간이 6개월 미만인 월급근로자의 근로의 권리를 침해하고, 평등원칙에도 위배된다.**

고용의 증진을 위한 법률로는 「고용정책기본법」, 「직업안정법」, 「장애인 고용촉진 등에 관한 법률」, 「근로자의 생활향상과 고용안정 지원에 관한 법률」, 「청년고용촉진 특별법」 등이 있다.

2. 적정임금의 보장과 최저임금제의 실시

적정임금이란 근로자와 그 가족이 건강하고 문화적인 생활을 영위하는 데 필요한 정도의 임금수준을 말한다. 국가는 적정수준의 임금결정에 있어서 근로자와 그 가족의 생계비, 근로자의 생산성, 기업의 지불능력 등 여러 가지 경제적 여건을 고려하여야 한다.

최저임금제란 국가가 근로임금의 최저한도를 정하여 그 이하의 수준으로는 사용자가 근로자를 고용하지 못하도록 하는 것을 말한다. "최저임금은 근로자의 생계비·유사근로자의 임금 및 노동생산성 및 소득분배율을 고려하여 사업의 종류별로 구분하여 정한다"(최저임금법 제4조 제1항)라고 규정하여 「최저임금법」에서는 이러한 최저임금의 결정기준을 정하여 근로자를 보호하고자 하고 있다.

3. 근로조건의 기준에 대한 법정주의

근로조건이란 인간의 존엄성이 보장되도록 하기 위해 근로계약에 의하여 근로자가 근로를 제공하고 임금을 수령하는 데에 관한 조건을 말하는데, 이러한 근로조건의 기준을 정한 법이 「근로기준법」이다. 이 법이 적용되는 사업장에서는 근로자와 사용자가 이 법에 위반하는 근로계약을 체결했더라도 이 법에 기준미달의 계약부분은 무효이다.

근로조건기준과 관련해서 후불임금적 성격을 지닌 퇴직금의 지급이 문제될 수 있다. 「근로자퇴직급여보장법」은 "최종 3년간의 퇴직급여 등은 사용자의 총재산에 대하여 질권 또는 저당권에 의하여 담보된 채권, 조세·공과금 및 다른 채권에 우선하여 변제되어야 한다"(법 제12조 제2항)고 하고, 「근로기준법」은 최종 3월분의 퇴직금, 재해보상금만 우선변제하도록 하고 있다(법 제38조 제2항).

헌법재판소는 퇴직금에 대하여 다른 채권에 비한 우선변제권 규정에 대해 헌법불합치 결정(헌재 94헌바19 등)을 내렸고, 이후 퇴직금의 우선변제권조항에 대해 합헌(헌재 2007헌바36)으로 보았다.

> **! 판례** | 퇴직금에 대하여 우선변제권의 기본권 침해 여부 – 헌재 2008.11.27. 2007헌바36(합헌, 각하)
>
> 구 근로기준법 제37조 제1항 및 제2호(**사용자의 파산 시 최종 3개월분의 임금과 최종 3년간 퇴직금에 대하여 최우선변제권을 인정**)는 근로자의 임금채권 확보를 위하여 담보물권자의 우선변제적 효력을 제한한 것으로서 **재산권에 대한 제한에 해당하나,** 임금채권에 대한 보호를 통한 근로자의 기본적 생활의 보장이라고 하는 **입법목적은 정당하고, 그 수단이 적정하며, 사회보험제도를 통한 임금채권** 및 근로자의 보호가 미흡한 현실에서 **덜 제한적인 수단을 찾기 어렵다.** 또한 직장을 잃게 되는 근로자들에게 일정한 범위의 임금, 퇴직금 채권을 확보해 주는 것은 근로자의 기본적 생활의 보장, 나아가 사회 안정의 측면에서 그 공익적 필요성이 큰 반면, 금융기관 등 일반채권자는 채무불이행으로 인하여 파생할 수 있는 경제적 위험을 다른 다수의 채무자에게 분산시키거나 대출 시 임금채권으로 인한 손실을 최소화할 수 있는 방안을 강구할 수 있는 지위에 있다고 할 것이므로, **법익의 균형성에 반한다고 보기도 어렵다.** 그 외에 실질적 사용자에 대한 담보물권자를 보호하기 위한 적정한 제한을 가할 것인지 여부는 입법자의 사회정책적 판단영역이라고 할 것이므로 **실질적 사용자에 대한 담보물권자를 보호하기 위한 제한을 마련하지 않은 입법이 재산권의 본질적 내용을 침해한다고 보기 어렵다.**

4. 여성근로자와 연소자의 근로에 대한 특별보호

여자의 근로는 신체조건의 차이, 모성보호의 필요성의 견지에서 특별한 보호가 필요하다. 여성에게는 산전산후휴가와 생리휴가가 인정되며, 일정규모 이상의 사업장에 보육시설 설치의 의무화 등을 통해 여성근로자를 보호하고 있다.

여성이라는 이유로 고용·임금 및 근로조건에 있어서 부당한 차별을 받지 않아야 하며, 이러한 차별을 없애기 위하여 남녀고용평등법은 모집과 채용에 있어서 남녀의 평등한 기회를 부여하고 있고, 동일한 사업 내의 동일가치의 노동에 대해서는 동일임금을 지급하도록 규정하고 있다(법 제8조 제1항). 근로자의 정년 및 해고에 관하여 여성인 것을 이유로 남성과 차별하지 못하며, 여성의 혼인·임신 또는 출산을 퇴직사유로 하는 근로계약을 체결할 수 없도록 규정하고 있다(법 제11조 제2항).

또한 연소자는 국가가 보호하여야 할 대상으로 이들에 대한 비인간적인 착취를 하지 못하도록 헌법은 연소자의 근로에 대한 특별보호를 규정하고 있다. 이 규정에 따라 「근로

기준법」은 15세 미만의 연소자에 대하여는 고용노동부장관의 취직인허증 없이는 근로자를 사용할 수 없도록 하고(법 제64조), 여성과 18세 미만의 사람을 갱내에서 근로시킬 수 없도록 하고(법 제72조), 15세 이상 18세 미만인 사람의 근로시간을 제한(1일 7시간, 1주일 35시간 초과금지)하고 있으며(법 제69조), 명시적 청구와 동의가 없는 임산부와 18세 미만의 사람에게 야간작업과 휴일근무를 금지하고 있다(법 제70조).

5. 국가유공자 등 유가족의 우선적 근로기회보장

국가유공자·상이군경 및 전몰군경의 유가족은 법률이 정하는 바에 의하여 우선적으로 근로의 기회를 부여받는다(제32조 제6항). 이들에 대한 근로기회의 우선적 부여는 국가와 민족을 위해 헌신한 공로에 대한 보상이라 할 것이다. 국가유공자 등을 위한 법률로는 「국가유공자예우 및 지원에 관한 법률」이 있다.

V. 근로의 권리의 효력

근로의 권리는 국민은 국가로부터 자유로운 노동을 방해받지 않는다는 방어적 권리로서 자유권적 측면에서는 대국가적 효력을 가지며 근로조건의 설정 등과 같이 사인간의 관계에서도 적용되는 대사인적 효력을 갖는다. 그러나 노동의 여건을 국가에 대하여 적극적으로 요구할 수 있는 사회권의 측면에서는 국가에 대한 효력만을 가진다고 할 수 있다.

VI. 근로의 권리의 제한과 한계

근로의 권리의 자유권적 측면에서는 국가안전보장·질서유지 또는 공공복리를 위하여 필요한 경우 법률로써 제한될 수 있다. 그러나 근로의 권리의 실질적 보장을 위해서 국가의 적극적인 개입이 요구되는 사회적 측면에서는 국가안전보장과 질서유지를 위하여 제한할 수 있고, 공공복리에 의한 제한은 그 성격상 가능하지 않다고 할 수 있다.

근로의 권리를 제한하는 경우에도 그 본질적 내용은 침해할 수 없다.

제4항 근로3권

I. 근로3권의 의의와 헌법규정

근로3권이란 근로자가 근로조건의 향상을 위하여 자주적으로 조직체를 결성하고(단결권), 그 조직체를 통하여 사용자와 교섭하고(단체교섭권), 교섭이 원만하게 이루어지지 않을 경우에 단체행동을 할 수 있는(단체행동권) 권리를 말한다. 근로자가 갖는 근로3권은 경제적 약자인 근로자에게 경제적으로 우월한 지위에 있는 사용자와 대등한 입장에서 임금 등 근로조건을 교섭하게 함으로써 근로자의 이익과 지위를 향상시켜준다는 데 그 의의가 있다고 할 수 있다.

근로자의 근로3권이 헌법에 최초로 규정된 것은 독일의 바이마르헌법이며, 제2차 세계대전 이후에 세계 각국은 헌법에 근로3권을 규정하였다.

우리 헌법은 제헌헌법 이래 근로3권을 규정하여 왔다. 현행헌법 제33조에서 "① 근로자는 근로조건의 향상을 위하여 자주적인 단결권·단체교섭권 및 단체행동권을 가진다. ② 공무원인 근로자는 법률이 정하는 자에 한하여 단결권·단체교섭권 및 단체행동권을 가진다. ③ 법률이 정하는 주요방위산업체에 종사하는 근로자의 단체행동권은 법률이 정하는 바에 의하여 이를 제한하거나 인정하지 아니할 수 있다"라고 근로3권을 규정하고 있다.

단결권·단체교섭권·단체행동권의 근로3권을 실현하기 위한 법률로 「근로기준법」, 「노동조합 및 노동관계조정법」(약칭: 노정법), 「근로자참여 및 협력증진에 관한 법률」(약칭: 근로자참여법) 등이 있다.

II. 근로3권의 법적 성격

근로3권은 근로자가 단결·단체교섭·단체행동을 함에 있어 국가로부터 방해받지 않는 방어적 성격의 자유권적 측면을 갖는다.

또한 근로3권은 경제적으로 열등한 지위에 있는 근로자로 하여금 사용자와 대등한 지위에서 교섭할 수 있도록 하기 위해 국가의 적극적 활동을 요하는 사회적 성격을 갖는다.

근로3권의 사회적 성격은 입법조치를 통하여 근로자의 헌법적 권리를 보장하여야 할 국가의 의무에 있다.

> **⚠ 판례** | 근로3권의 사회권적 성격의 의미 – 헌재 1998.2.27. 94헌바13 등(합헌)
>
> 근로3권은 국가공권력에 대하여 근로자의 단결권의 방어를 일차적인 목표로 하지만, 근로3권의 보다 큰 헌법적 의미는 근로자단체라는 사회적 반대세력의 창출을 가능하게 함으로써 노사관계의 형성에 있어서 사회적 균형을 이루어 근로조건에 관한 노사간의 실질적인 자치를 보장하려는 데 있다. 근로자는 노동조합과 같은 근로자단체의 결성을 통하여 집단으로 사용자에 대항함으로써 사용자와 대등한 세력을 이루어 근로조건의 형성에 영향을 미칠 수 있는 기회를 가지게 되므로 이러한 의미에서 **근로3권은 '사회적 보호기능을 담당하는 자유권' 또는 '사회권적 성격을 띤 자유권'이라고 말할 수 있다.**

Ⅲ. 근로3권의 주체

근로3권의 주체는 직업의 종류를 불문하고 임금·급료 기타 이에 준하는 수입에 의하여 생활하는 자인 근로자이다(노정법 제2조 제1호). 근로3권의 주체인 근로자는 국민이며, 실업자도 근로3권의 주체로 보고 있다(대판 2001두8568). 무국적자를 포함한 외국인의 경우도 근로자에 포함된다.

자영농민, 어민, 개인택시운전자, 일용노동자 등 자영영업자는 근로자가 아니며, 사업주를 위하여 행동하는 자(사용자) 등은 근로3권의 주체가 될 수 없다.

근로자인 공무원도 법률에 위임된 범위 내에서는 원칙적으로 근로3권의 주체가 될 수 있다(국가공무원법 제66조 제1항).

Ⅳ. 근로3권의 내용

1. 단결권

단결권이란 근로자들이 근로조건의 유지 또는 향상을 위하여 자주적 단체를 결성하고 이에 가입하여 활동할 수 있는 권리를 말한다. 단결권에는 근로자 개개인의 노동자단체의 결성·가입·탈퇴의 자유가 있어 국가나 사용자의 부당한 간섭을 받지 않을 개인적 단결권과 근로자집단이 그 조직을 유지하고 활동하기 위해 단체를 구성할 집단적 단결권도 포함된다. 개개 근로자의 단결을 금지하거나 제한하는 입법은 위헌이며 단체에의 불가입이나 단체로부터의 탈퇴를 조건으로 고용하는 횡견계약과 단체결성·가입을 이유로 하는 해고 등은 부당노동행위로서 금지된다(노정법 제81조).

근로자의 단결권은 적극적 단결권이 중심이 되지만 단결하지 않을 자유, 단체의 불가입의 자유 등 소극적 단결권도 헌법 제33조 제1항에 의해서 보장되는가의 문제가 제기된다.

소극적 단결권을 인정하는 경우 단결체의 단결과 힘이 약화되어 단결체의 존립과 그 활동을 저해하는 점이 있겠으나 소극적 단결권을 인정하지 않는 경우는 기본권을 침해할 수 있다. 따라서 적극적 단결권이 실효를 거두기 위해서는 소극적 단결권도 인정되어야 한다고 본다. 다만 소극적 단결권이 인정된다고 하더라도 어느 정도의 단결강제는 허용된다고 보아야 한다.

헌법재판소는 소극적 단결권은 헌법 제33조 제1항에서가 아니라 헌법 제10조의 행복추구권에서 파생되는 일반적 행동의 자유권 또는 제21조 제1항의 결사의 자유에서 그 근거를 찾고, 생존권적 성격을 가지는 노동조합의 단결권은 근로자의 소극적 단결권보다 더 중시되어야 한다고 보고 있다(헌재 2003헌바9·2002헌바95·2002헌바96).

> ❗ **판례** | 노동조합 조직강제권의 헌법상 근로자 단결권 보장 규정 위반 여부 – 헌재 2005.11.24.
> 2002헌바95 등(합헌)

헌법 제33조 제1항은 "근로자는 근로조건의 향상을 위하여 자주적인 단결권·단체교섭권 및 단체행동권을 가진다."고 규정하고 있다. 여기서 헌법상 보장된 근로자의 **단결권**은 단결할 자유만을 가리킬 뿐이고, 단결하지 아니할 자유 이른바 **소극적 단결권은 이에 포함되지 않는다**고 보는 것이 우리 재판소의 선례라고 할 것이다(헌재 1999.11.25. 98헌마141). 그렇다면 **근로자가 노동조합을 결성하지 아니할 자유나 노동조합에 가입을 강제당하지 아니할 자유, 그리고 가입한 노동조합을 탈퇴할 자유**는 근로자에게 보장된 단결권의 내용에 포섭되는 권리로서가 아니라 **헌법 제10조의 행복추구권에서 파생되는 일반적 행동의 자유 또는 제21조 제1항의 결사의 자유에서** 그 근거를 찾을 수 있다. …… 단결하지 아니할 자유와 적극적 단결권이 충돌하게 되더라도, 근로자에게 보장되는 적극적 단결권이 단결하지 아니할 자유보다 특별한 의미를 갖고 있다고 볼 수 있고, **노동조합의 조직강제권[노동조합및노동관계조정법 제81조 제2호 단서**(당해 사업장에 종사하는 근로자의 3분의 2 이상을 대표하는 노동조합의 경우 단체협약을 매개로 한 조직강제[이른바 유니언 숍(Union Shop) 협정의 체결]를 용인 – 필자 추가)]도 이른바 자유권을 수정하는 의미의 생존권(사회권)적 성격을 함께 가지는 만큼 근로자 개인의 자유권에 비하여 보다 특별한 가치로 보장되는 점 등을 고려하면, **노동조합의 적극적 단결권은 근로자 개인의 단결하지 않을 자유보다 중시된다고 할 것이어서 노동조합에 적극적 단결권(조직강제권)을 부여한다고 하여 이를 두고 곧바로 근로자의 단결하지 아니할 자유의 본질적인 내용을 침해하는 것으로 단정할 수는 없다.**

2. 단체교섭권

단체교섭권은 근로자가 단결체의 이름으로 근로조건의 유지·개선 및 경제적·사회적 지위향상을 위하여 사용자나 사용자단체와 자주적으로 교섭할 수 있는 권리를 말한다. 따라서 근로조건의 유지·개선과 무관한 경영권 내지 인사권에 속하는 사항은 단체교섭대상에 포함되지 않는 것이 원칙이나 근로조건에 영향을 미치는 경영권 등은 단체교섭의 대상이 될 수 있다. 단체교섭권에 대한 국가나 정당 등의 간섭은 배제되며, 제3자의 개입도 금지된다.

노동조합은 단체교섭을 요구할 수 있는 권리를 가지며, 사용자는 이에 응할 의무가 있다. 사용자가 정당한 이유 없이 단체교섭을 거부하거나 해태(게을리)하는 경우 이는 부당노동행위로 불법행위책임을 지게 된다(노정법 제81조 제3호).

단체교섭의 권한이 있는 자는 사용자와 단체교섭을 하는 경우 단체교섭행위 외에 단체교섭의 결과를 단체협약으로 체결할 수 있는 권한을 갖는다(법 제29조). 이에 대해 노동조합의 대표자에게 단체교섭 이외 단체협약체결권까지 부여하는 것이 헌법에 위반되는지에 대해 헌법재판소는 합헌으로 판단하였다(헌재 94헌바13).

> ⓘ **판례** | 헌법 제33조 제1항 '단체교섭권'에 '단체협약체결권' 포함 여부 – 헌재 1998.2.27. 94헌바13 등(합헌)
>
> 헌법 제33조 제1항이 "근로자는 근로조건의 향상을 위하여 자주적인 단결권, 단체교섭권, 단체행동권을 가진다"고 규정하여 근로자에게 "단결권, 단체교섭권, 단체행동권"을 기본권으로 보장하는 뜻은 근로자가 사용자와 대등한 지위에서 단체교섭을 통하여 자율적으로 임금 등 근로조건에 관한 단체협약을 체결할 수 있도록 하기 위한 것이다. 비록 헌법이 위 조항에서 '단체협약체결권'을 명시하여 규정하고 있지 않다고 하더라도 근로조건의 향상을 위한 근로자 및 그 단체의 본질적인 활동의 자유인 **'단체교섭권'에는 단체협약체결권이 포함되어 있다고 보아야 한다**.

단체교섭의 결과 노·사 간에 단체협약이 체결되면 이는 노·사 간 분쟁을 해결하는 자치규범으로서의 효력을 가진다(법 제33조). 근로조건의 유지 또는 향상을 위한 단체교섭은 노사 간의 협력을 도모하기 위해 만들어지는 노사협의와 다르다.

단체교섭 과정에서의 행위가 형사상·민사상 책임이 있는 행위일지라도 근로조건의 향상을 위한 단체교섭권의 정당한 행사에 대하여는 형사상·민사상 책임이 면제된다(법 제3조, 제4조).

3. 단체행동권

단체행동권이란 노동쟁의가 발생한 경우 쟁의행위를 할 수 있는 쟁의권을 말하며, 업무의 정상적인 운영을 저해하는 쟁의행위(법 제2조 제5호, 제6호)를 하게 된다. 노동쟁의는 노동조합과 사용자 또는 사용자단체 간에 임금·근로시간·복지·해고 기타 대우 등 근로조건의 결정에 관한 불일치로 발생하며, 노동조합이 그 주장을 관철시킬 목적으로 하는 행위이다.

ⅰ) 근로자 측에서의 쟁의행위는 ① 동맹파업(strike: 근로자들의 집단적인 노동력제공 거부행위), ② 태업(sabotage: 근로자들의 의도적인 노동능률저하행위), ③ 불매운동(boycott: 사용자 또는 그와 거래관계에 있는 제3자의 상품구입, 시설이용 등의 거부나 근로계약 체결거부), ④ 감시행위(picketting: 근로행위를 하기 위하여 작업장에 들어오는 근로자들의 출입저지 및 협력을 구하는 시위), ⑤ 생산관리(근로자들이 사업장 또는 공장을 검거하고 사용자의 의사에 반하여 생산수단을 자기지배 하에 두고 경영까지 장악하는 실력행사) 등을 들 수 있다.

ⅱ) 반면 사용자 측에서의 쟁의행위는 ① 직장폐쇄(lockout: 근로자들의 취업을 사실상 종료시키기 위한 사업장 폐쇄행위), ② 근로자들의 위법한 쟁의행위에 대해 책임을 추궁하는 행위 등을 들 수 있다. 특히 생산관리는 사용자의 재산권에 대한 심각한 침해행위가 될 수 있으므로 헌법규정과의 조화를 이루는 한도 내에서 허용될 수 있다.

근로자의 쟁의행위는 근로조건의 향상을 목적으로, 수단과 방법이 비폭력적·비파괴적인 것으로, 절차를 준수한 정당한 경우에는 책임을 발생시키지 않는다(대판 95도1959).

> **판례** | 근로자의 쟁의행위가 형법상 정당행위가 되기 위한 요건 – 대판 1996.1.26. 95도1959 (기각)
>
> 근로자의 쟁의행위 정당성은 첫째 그 주체가 단체교섭의 주체로 될 수 있는 자이어야 하고, 둘째 그 목적이 근로조건의 향상을 위한 노사 간의 자치적 교섭을 조성하는 데에 있어야 하며, 셋째 사용자가 근로자의 근로조건 개선에 관한 구체적인 요구에 대하여 단체교섭을 거부하였을 때 개시하되 특별한 사정이 없는 한 조합원의 찬성결정 및 노동쟁의 발생신고 등 절차를 거쳐야 하는 한편, 넷째 그 수단과 방법이 사용자의 재산권과 조화를 이루어야 할 것은 물론 폭력의 행사에 해당되지 아니하여야 한다는 여러 조건을 모두 구비하여야 비로소 인정될 수 있다.

근로자의 근로조건을 유지·개선하고, 근로자의 경제적·사회적 지위의 향상을 위한 정당한 쟁의행위에 대하여는 형법 제20조(정당행위)를 적용하여 형사상의 처벌을 받지 않도록 규정하고 있다(법 제4조).

또한 사용자는 단체교섭 또는 쟁의행위로 인하여 손해를 입은 경우에 노동조합 또는 근로자에 대하여 그 배상을 청구할 수 없고, 사용자는 정당한 단체행위에 참가한 것을 이유로 근로자를 해고하거나 근로자에게 불이익을 주는 행위를 하지 못한다(법 제81조 제5호).

V. 근로3권의 제한과 한계

1. 헌법에 의한 제한

헌법은 공무원인 근로자는 법률이 정하는 자에 한하여 단결권·단체교섭권 및 단체행동권을 가진다고 하여 공무원의 근로3권을 제한하고 있다.

공무원의 노동운동 및 공무 이외의 일을 위한 집단적 행위는 금지되나, 사실상 노무에 종사하는 공무원은 제외한다(국가공무원법 제66조 제1항). 사실상 노무에 종사하는 공무원의 범위는 「국회규칙」·「대법원규칙」·「헌법재판소규칙」·「중앙선거관리위원회규칙」 또는 대통령령(법 동조 제2항) 기타 조례로(지방공무원법 제58조 제2항) 정하도록 하고 있다.

 판례 | 공무원인 교원의 집단적 의사표현행위의 '공무 외의 일을 위한 집단행위' 해당 여부 – 대판 2012.4.19. 2010도6388(기각)

　　공무원인 교원이 집단적으로 행한 의사표현행위가 국가공무원법이나 공직선거법 등 개별 법률에서 공무원에 대하여 금지하는 특정의 정치적 활동에 해당하는 경우나, 특정 정당이나 정치세력에 대한 지지 또는 반대의사를 직접적으로 표현하는 등 정치적 편향성 또는 당파성을 명백히 드러내는 행위 등과 같이 **공무원인 교원의 정치적 중립성을 침해할 만한 직접적인 위험을 초래할 정도에 이르렀다고 볼 수 있는 경우에**, 그 행위는 공무원인 교원의 본분을 벗어나 공익에 반하는 행위로서 **공무원의 직무에 관한 기강을 저해하거나 공무의 본질을 해치는 것이어서 직무전념의무를 해태한 것**이라 할 것이므로, 국가공무원법 제66조 제1항에서 금지하는 **'공무 외의 일을 위한 집단행위'에 해당한다고 보아야 한다.** 여기서 어떠한 행위가 정치적 중립성을 침해할 만한 직접적인 위험을 초래할 정도에 이르렀다고 볼 것인지는 일률적으로 정할 수 없고, 헌법에 의하여 정치적 중립성이 요구되는 공무원 및 교원 지위의 특수성과 아울러, 구체적인 사안에서 당해 행위의 동기 또는 목적, 시기와 경위, 당시의 정치적·사회적 배경, 행위 내용과 방식, 특정 정치세력과의 연계 여부 등 당해 행위와 관련된 여러 사정을 종합적으로 고려하여 판단하여야 한다.

 판례 | 지방공무원법상 '노동운동' 등 개념의 명확성원칙 위반 여부 – 헌재 2005.10.27. 2003 헌바50 등(합헌)

　　지방공무원법 제58조 제1항에서 규정하고 있는 **'노동운동'**의 개념은 그 근거가 되는 헌법 제33조 제2항의 취지에 비추어 근로자의 근로조건의 향상을 위한 단결권·단체교섭권·단체행동권 등 **근로3권을 기초로 하여 이에 직접 관련된 행위**를 의미하는 것으로 좁게 해석하여야 하고, "**공무 이외의 일을 위한 집단행위**"의 개념도 헌법상의 집회·결사의 자유와 관련시켜 살펴보면 모든 집단행위를 의미하는 것이 아니라 공무 이외의 일을 위한 집단행위 중 공익에 반하는 행위로 축소하여 해석하여야 하며, 법원도 위 개념들을 해석·적용함에 있어서 위와 유사한 뜻으로 명백히 한정해석하고 있다. 아울러 **'사실상 노무에 종사하는 공무원'**의 개념은 공무원의 주된 직무를 정신활동으로 보고 이에 대비되는 **신체활동에 종사하는 공무원**으로 명확하게 해석된다.

　　또한 주요방위산업체에 종사하는 근로자의 단체행동권도 제한된다(제33조 제3항). 노정법에서는 그 범위를 축소하여 이 근로자 중 전력, 용수 및 주로 방산물자를 생산하는 업무에 종사하는 자는 쟁의행위를 할 수 없으며, 그 범위는 대통령령으로 정한다(법 제41조 제2항).

2. 대통령의 긴급명령 등에 의한 제한

근로자의 근로3권은 대통령의 긴급명령·긴급재정명령에 의해 제한될 수 있으며, 비상계엄이 선포된 경우에도 제한될 수 있다.

3. 법률에 의한 제한

근로3권은 국가안전보장·질서유지 또는 공공복리를 위하여 필요한 경우에 법률로써 제한될 수 있다. 그 제한은 근로3권의 보장과 국민생활 전체의 이익을 비교형량하여 양자가 적정한 균형을 유지하는 선에서 결정하여야 한다. 교원의 노동조합결성은 허용되었지만 쟁의행위는 금지된다(교원의 노동조합 설립 및 운영 등에 관한 법률 제8조: 대판 2004다62597).

> **판례** | 교원의 근로기본권의 특별한 규율 허용 여부 – 대판 2006.5.26. 2004다62597(기각)
>
> 교원의 지위에 관련된 사항에 관한 한 헌법 제31조 제6항이 근로기본권에 관한 헌법 제33조 제1항에 우선하여 적용되기 때문에, 입법자가 **교원에 대하여** 일반노동조합과 유사한 형태의 조합을 결성할 수 있음을 규정하되 그 규율방식을 달리하여 근로조건의 향상 등을 목적으로 하는 **단결권 및 단체교섭권은 허용하면서도 단체행동권의 행사는 전면적으로 금지거나, 혹은 개별 직장이 아닌 광역단위에 한하여 노동조합을 설립할 수 있도록 하는 등 이에 대하여 특별한 규율을 하는 것도 허용된다.**

4. 제한의 한계

근로자의 근로3권을 제한하는 경우에도 그 본질적 내용은 침해할 수 없다.

기본권 제한은 과잉금지의 원칙이 지켜져야 하며 노동조합의 금지, 단체교섭의 자율성을 침해하는 것, 단체교섭권·단체행동권을 사실상 전면 부정하는 것, 쟁의 행위를 극심하게 제한하는 것, 제3자의 조정·선동 등의 단체행위 등은 기본권이 지니는 한계를 넘은 것으로 금지된다.

> **판례** | 국가비상사태하 근로3권 제한의 본질적 내용 침해 여부 – 헌재 2015.3.26. 2014헌가5 (위헌)
>
> 헌법 제33조는 제1항에서 근로3권을 규정하되, 제2항 및 제3항에서 '공무원인 근로자' 및 '법률이 정하는 주요방위산업체 근로자'에 한하여 근로3권의 예외를 규정한다. 그러므로 헌법 제37조 제2항 전단에 의하여 근로자의 근로3권에 대해 일부 제한이 가능하다 하더라도, '공무원 또는 주요방

위사업체 근로자'가 아닌 근로자의 근로3권을 전면적으로 부정하는 것은 헌법 제37조 제2항 후단의 본질적 내용 침해금지에 위반된다. 그런데 심판대상조항(국가비상사태 하에서 근로자의 단체교섭권 및 단체행동권을 제한한 구 '국가보위에 관한 특별조치법'(1971.12.27. 법률 제2312호로 제정되고, 1981.12.17. 법률 제3470호로 폐지되기 전의 것, 이하 '특별조치법'이라 한다) 제11조 제2항 중 제9조 제1항에 관한 부분)은 **단체교섭권·단체행동권이 제한되는 근로자의 범위를 구체적으로 제한함이 없이**, 단체교섭권·단체행동권의 행사요건 및 한계 등에 관한 기본적 사항조차 법률에서 정하지 아니한 채, 그 **허용 여부를 주무관청의 조정결정에 포괄적으로 위임**하고 이에 위반할 경우 형사처벌하도록 하고 있는바, 이는 모든 **근로자의 단체교섭권·단체행동권을 사실상 전면적으로 부정하는 것으로서 헌법에 규정된 근로3권의 본질적 내용을 침해**하는 것이다.

제5항 환경권

I. 환경권의 의의·연혁·헌법 등 규정

1. 환경권의 의의

환경이란 인간을 둘러싸고 있는 주변의 모든 것을 말한다. 환경은 크게 자연환경, 인공환경, 사회적 환경으로 나눌 수 있다. 「환경정책기본법」에서는 환경을 자연환경(지하·지표(해양 포함) 및 지상의 모든 생물과 이들을 둘러싸고 있는 비생물적인 것을 포함한 자연의 상태)과 생활환경(대기, 물, 폐기물, 소음, 진동, 악취 등 사람의 일상생활과 관계되는 환경)으로 나눈다(법 제3조 제2호, 제3호).

헌법 제35조가 규정하고 있는 "건강하고 쾌적한 환경"에 대해서는 자연환경만을 의미하는 것이라는 견해, 자연환경과 생활환경을 포함하는 것이라는 견해, 자연환경과 인공환경을 의미하는 것이라는 견해, 자연환경과 생활환경 그리고 사회적 환경도 포함한다는 견해 등이 있다.

⚠ 판례 | 환경권의 의의 및 범위 – 부산고법 1995.5.18. 95카합5(가처분인가)

헌법상 규정된 '환경권'은 사람이 인간다운 생활을 영위함으로써 인간으로서의 존엄을 유지하기 위하여 필요적으로 요구되는 인간의 생래적인 기본권의 하나로서, 이러한 환경권의 내용인 환경에는 자연적 환경은 물론이고, 역사적, 문화적 유산인 문화적 환경, 사람이 사회적 활동을 하는 데 필요한 사회적 시설 등 사회적 환경 등도 이에 포함된다.

요컨대 오늘날에 와서는 자연환경뿐 아니라 문화적·사회적 환경도 인간에게 있어서 인간다운 생활을 하는데 빼놓을 수 없을 만큼 밀접한 관계에 있다는 점을 감안할 때, 제35조의 건강하고 쾌적한 환경에서 살 권리인 환경권에는 자연환경은 물론 보다 좋은 사회적 환경, 문화적 환경(교육권, 의료권, 도로·공원이용권 등)인 교육환경, 종교환경, 주거환경까지 포함하는 광의의 환경으로 이해하는 것이 타당하다고 본다.

2. 환경권의 연혁

환경권의 개념이 등장한 것은 1960년대 이후이다. 1960년대 이후 환경문제가 급격히 심각화, 다양화되자 이의 해결을 위해 각국은 환경권에 대한 관심과 주장을 하게 되었다.

1) 미 국

미국에서는 1960년대 말부터 대중이나 민간단체가 주도되어 환경운동을 전개하였는데 특히 자연보호운동단체 중 씨에라 클럽(Sierra Club)은 소송을 통하여 환경권 관념의 제기와 성립에 크게 공헌하였다. 연방헌법에는 환경권 규정을 두는 데 실패하였으나 각 주헌법들은 환경권 규정을 두고 있다. 1969년에 국가환경정책법(National Environmental Policy Act)이 제정되었고 이 법 시행 후 구체적 입법이 수립되었다.

2) 일 본

일본에서의 환경입법은 1896년에 「하천법」이 제정되어 하천공사로 인하여 공안을 해할 우려가 있는 행위를 제한하고, 손해에 대한 배상책임을 규정하였으며, 1905년에는 「광업법」이, 1919년에는 「도시계획법」이 제정되었다. 1929년 동경시에는 「공장취체규칙」을, 1937년에는 「고음취체규칙」을 제정하였고, 1943년에는 「전기공장 취체규약」을 개정하여 공장설립을 허가제로 변경하고 유해가스, 폐액, 소음, 진동을 규정하였으나 피해 발생 시 대처하는 대중요법적 영역을 벗어나지 못하고 자연환경보전 그 자체에는 큰 관심을 쏟지 못했다.

일본에서는 1960년대 중반부터 4대 공해사건판결을 계기로 환경문제에 대한 법적 대응을 하고자 하였고, 1970년 말에는 환경보전선언을 하게 되었다. 그 전후에도 수많은 법이 제정되었다. 1988년 이후 일본의 환경문제에 대한 관심은 지구환경에 관한 것으로 발전하였고, 1990년에는 지구온난화방지 행동계획을 발표하였고, 마침내 1994년에는 「환경기본법」이 제정되게 되었다.

3) 국 제

국제적으로는 1972년 6월 스웨덴의 스톡홀름에서 유엔 인간환경회의에서 인간환경선언문을 채택하고, 1992년에 리우데자네이로에서 리우선언을 하였고, 1994년에는 카이로에서 유엔 인구 및 개발회의가 열려 환경과 개발에 관해 논의하였다.

또한 세계 각국은 환경권을 헌법상의 권리로 규정하였다.

3. 헌법 등 규정

우리나라에서는 1972년 유엔환경회의를 전후하여 환경문제의 논의가 본격화되었다. 1980년 헌법에서 환경권을 명문화하였고, 현행헌법은 제35조에 "① 모든 국민은 건강하고 쾌적한 환경에서 생활할 권리를 가지며, 국가와 국민은 환경보전을 위하여 노력하여야 한다. ② 환경권의 내용과 행사에 관하여는 법률로 정한다. ③ 국가는 주택개발정책등을 통하여 모든 국민이 쾌적한 주거생활을 할 수 있도록 노력하여야 한다"라고 환경권을 규정하고 있다.

환경에 관한 입법은 1963년 「공해방지법」을 시작으로, 1977년에는 「환경보전법」과 「해양오염방지법」, 1986년 「폐기물관리법」이 제정되고, 1990년 「환경보전법」이 폐지되고 「환경정책기본법」이 제정(1990.8.)되었다. 그 밖에 「환경분쟁조정법」(1990.8. 제정된 「환경오염피해분쟁조정법」 전문개정(1997.8.)), 「자연환경보전법」(1991. 제정), 「대기환경보전법」(1990.8. 제정), 「오존층보호를 위한 특정물질의 제조규제 등에 관한 법률」(1991.1. 제정), 「소음진동규제법」(1990.1. 제정), 「수질환경보전법」(1990.8. 제정), 「해양오염방지법」(1977.12. 제정, 1991.3. 전문개정), 「유해화학물질관리법」(1990.8. 제정, 1996.12. 전문개정), 「오수·분뇨 및 축산폐수의 처리에 관한 법률」(1991.3. 제정), 「자원의 절약과 재활용 촉진에 관한 법률」(1992.12. 제정) 등이 제정되어 시행되고 있다.

Ⅱ. 환경권의 법적 성격

1. 법적 성격에 관한 견해

환경권의 법적 성격에 관하여는 인간의 존엄으로 보는 견해, 행복추구권으로 보는 견해, 사회권으로 보는 견해, 위 세 가지를 다 가지고 있다고 보는 견해, 생존권과 인격권의 성질을 가진다고 보는 견해 등이 있다.

환경권을 사회권으로 보는 경우에도 그 구체적 법적 성격에 대하여는 견해가 나뉜다.

2. 환경권의 구체적 법적 성격

1) 프로그램적 규정설

환경권의 보장은 입법자에 대하여 환경보전·개선을 하도록 하는 정치적·도의적 의무를 지운 것일 뿐 법적 의무는 아니라고 하는 견해이다. 따라서 국가의 의무수행에 대하여 정치적 책임은 물을 수 있어도 법적 책임을 물을 수는 없다고 한다.

2) 법적 권리설

(1) 추상적 권리설

환경권은 추상적인 권리에 불과한 것으로 환경권이 침해된 경우에도 재판을 통한 구제를 구할 수는 없고 이 권리를 구체화하는 입법이 있어야 비로소 구체적·현실적 권리가 된다고 보는 견해이다.

(2) 불완전한 구체적 권리설

환경권은 총합적 기본권으로 그 주된 성격은 사회적 기본권성에 있고 사회권으로서의 환경권은 불완전하나마 구체적 권리라고 하는 견해이다.

(3) 구체적 권리설

환경권은 법적 권리로서 환경권을 실현하는 입법이 없거나 입법이 불충분한 경우에는 법원에 그 부작위위헌확인소송을 제기할 수 있는 구체적 권리이며 환경침해행위의 중지청구나 방해배제, 예방청구를 기초짓는 구체적 권리라고 하는 견해이다.

3. 검 토

무엇보다도 환경권은 국가가 환경권을 침해하는 것을 배제하는 자유권성을 갖는 동시에 그러한 환경의 보전을 적극적으로 청구할 수 있는 사회권성을 기본적으로 갖는다고 할 수 있다. 다만 명문의 규정으로 구체적으로 정립되었을 경우에 인정되는 권리라 할 수 있다(대판 96다56153).

> **(!) 판례** | 환경권의 법적 성질 – 대판 1997.7.22. 96다56153(기각)
>
> 　환경권은 명문의 법률규정이나 관계 법령의 규정 취지 및 조리에 비추어 권리의 주체, 대상, 내용, 행사 방법 등이 구체적으로 정립될 수 있어야만 인정되는 것이므로, 사법상의 권리로서의 환경권을 인정하는 명문의 규정이 없는데도 환경권에 기하여 직접 방해배제청구권을 인정할 수 없다.

Ⅲ. 환경권의 주체

　환경권의 주체는 모든 자연인이다. 따라서 법인에게는 그 주체성이 인정되지 않는다.

　환경권의 자유권으로서의 성격에 대해서는 외국인도 그 주체성이 인정된다고 보나, 사회적 성격에 대해서는 주체성이 인정되지 않는다고 보아야 한다.

Ⅳ. 환경권의 내용

1. 건강하고 쾌적한 환경에서 생활할 권리

1) 환경보전청구권(공해예방청구권)

　건강하고 쾌적한 환경에서 생활할 수 있으려면 공해가 발생하지 않도록 사전에 예방하여 건강을 해하지 않는 깨끗하고 좋은 환경을 유지·보전해야 한다. 환경권은 이를 위해 국가에 대해 청구할 수 있는 환경보전청구권을 내용으로 한다.

2) 환경회복청구권(공해배제청구권)

　건강하고 쾌적한 환경에서 생활한 권리는 발생한 공해를 배제하여 환경의 회복을 청구할 수 있는 환경회복청구권을 내용으로 한다.

　개인은 국가에 대해 환경침해행위에 대한 침해배제청구권 및 손해배상청구권을 갖으며, 사인의 환경침해행위를 규제하여 줄 것을 국가에 대하여 요구할 수 있다.

2. 쾌적한 주거생활권

　모든 국민은 쾌적한 주거환경에서 생활할 수 있도록 국가가 이를 조성해주어야 하는 의무를 부여하고 있다(제35조 제3항).

따라서 국민은 국가에 대하여 쾌적한 주거환경을 조성해줄 것을 요구할 수 있는 권리를 가진다.

V. 환경권의 효력

환경권은 국가의 환경침해행위에 대하여 이를 배제해줄 것을 요구할 수 있는 동시에 국가에 대하여 환경의 개선과 보호를 요구할 수 있는 주관적 권리로서 대국가적 효력을 갖는다.

또한 환경권은 모든 법질서에 효력을 미치는 것으로서 객관적 법질서 요소로서 대사인적 효력을 갖는다. 대법원은 환경권에 대한 사법상 권리로 인정하는 데 소극적이다(대판 94마2218).

> **⚠ 판례 | 헌법상의 환경권 규정의 사법상 권리로서 인정 여부 – 대판 1995.5.23. 94마2218(기각)**
>
> 헌법 제35조 제1항은 환경권을 기본권의 하나로 승인하고 있으므로, 사법의 해석과 적용에 있어서도 이러한 기본권이 충분히 보장되도록 배려하여야 하나, 헌법상의 기본권으로서의 환경권에 관한 위 규정만으로서는 그 보호대상인 환경의 내용과 범위, 권리의 주체가 되는 권리자의 범위 등이 명확하지 못하여 이 규정이 개개의 국민에게 직접으로 구체적인 사법상의 권리를 부여한 것이라고 보기는 어렵고, 사법적 권리인 환경권을 인정하면 그 상대방의 활동의 자유와 권리를 불가피하게 제약할 수밖에 없으므로, **사법상의 권리로서의 환경권이 인정되려면 그에 관한 명문의 법률규정이 있거나 관계 법령의 규정취지나 조리에 비추어 권리의 주체, 대상, 내용, 행사방법 등이 구체적으로 정립될 수 있어야 한다.**

VI. 환경권의 제한과 한계

환경권은 국가안전보장·질서유지 또는 공공복리를 위하여 필요한 경우 법률로써 제한될 수 있다. 또한 환경권은 대통령의 긴급명령 또는 비상계엄이 선포된 경우 제한될 수 있다(제77조 제3항). 다만, 환경은 일단 파괴되면 회복이 불가능하거나 많은 시간과 비용이 소요되기 때문에 이 점을 고려하여 그 제한이 이루어져야 할 것이다.

여기서 환경권이 재산권이나 영업의 자유와 충돌하는 경우에 환경권을 우선시하여 하되 개별적인 경우마다 상호 이익형량에 의해 해결하여야 할 것이다. 환경권을 제한하는 경우에도 그 본질적 내용은 침해할 수 없다.

Ⅶ. 환경권의 침해와 구제

1. 국가권력에 의한 침해와 구제

국가나 지방자치단체는 각종 개발·건설·사업 등을 시행하면서 환경권을 적극적으로 침해할 수 있고, 제3자의 환경침해행위를 묵인·방관함으로써 환경권을 침해할 수 있다.

이러한 국가권력에 의한 환경권 침해에 대해서는 청원권, 행정소송, 국가배상청구, 헌법소원을 통하여 구제받을 수 있다.

2. 사인에 의한 침해와 구제

사인에 의한 환경권의 침해에 대해서는 유지청구권(중지청구권)과 손해배상청구권을 행사할 수 있다. 즉 환경피해가 현실로 발생하거나 발생이 예견되는 경우에 피해자가 환경피해의 배제 또는 예방을 구하는 유지청구나 환경권의 침해에 대하여 사후적으로 손해배상을 통하여 침해에 대한 구제를 받을 수 있고, 환경침해로 피해가 발생하더라도 이를 수인하고 받아들일 수 있는 한계를 넘는 경우에 한하여(수인한도론) 구제받을 수가 있다.

민법상 불법행위책임은 과실책임이 원칙이고, 환경분쟁의 경우에도 수인한도론을 중심으로 위법성 판단을 해왔다.

> **⚠ 판례** | 조망이익의 침해행위의 사법상 위법한 행위 평가 요건 및 그 판단 기준 – 대판 2007.6.28. 2004다54282(기각)
>
> 조망이익이 법적인 보호의 대상이 되는 경우에 이를 침해하는 행위가 사법상 위법한 가해행위로 평가되기 위해서는 **조망이익의 침해 정도가 사회통념상 일반적으로 인용되는 수인한도를 넘어야 하고**, 그 수인한도를 넘었는지 여부는 조망의 대상이 되는 경관의 내용과 피해건물이 입지하고 있는 지역에 있어서 건조물의 전체적 상황 등의 사정을 포함한 넓은 의미에서의 지역성, 피해건물의 위치 및 구조와 조망상황, 특히 조망과의 관계에서의 건물의 건축·사용목적 등 피해건물의 상황, 주관적 성격이 강한 것인지 여부와 여관·식당 등의 영업과 같이 경제적 이익과 밀접하게 결부되어 있는지 여부 등 당해 조망이익의 내용, 가해건물의 위치 및 구조와 조망방해의 상황 및 건축·사용목적 등 가해건물의 상황, 가해건물 건축의 경위, 조망방해를 회피할 수 있는 가능성의 유무, 조망방해에 관하여 가해자측이 해의를 가졌는지의 유무, 조망이익이 피해이익으로서 보호가 필요한 정도 등 **모든 사정을 종합적으로 고려하여 판단**하여야 한다.

그러나 환경침해에 대한 불법행위책임은 피해자가 과실을 입증한다는 것이 현실적으로 어렵고, 환경의 피해는 광범위하여 그 영향력 또한 심대하다. 따라서 손해와 발생 사

이의 입증책임이 어려워 입증책임의 전환이론으로 침해행위와 손해발생 사이의 개연성만
으로 충분하다는 개연성이론이 제기되어 왔다.

또한 무과실책임을 인정하여야 할 필요성이 제기되고, 환경소송에 있어서 원고적격의
확대를 통하여 환경침해로 인한 피해구제가 요청된다.

「환경정책기본법」은 사업장 등에서 발생되는 환경오염에 대하여 무과실책임을 인정하
고 있다(법 제44조).

❗ 판례 | 공해소송에서 인과관계의 증명책임의 분배 – 대판 2009.10.29. 2009다42666(기각)

일반적으로 불법행위로 인한 손해배상청구사건에 있어서 가해행위와 손해발생 간의 인과관계의
입증책임은 청구자인 피해자가 부담하나, 대기오염이나 수질오염에 의한 공해로 인한 손해배상을
청구하는 소송에 있어서는 기업이 배출한 원인물질이 대기나 물을 매체로 하여 간접적으로 손해를
끼치는 수가 많고 공해문제에 관하여는 현재의 과학수준으로도 해명할 수 없는 분야가 있기 때문에
가해행위와 손해의 발생 사이의 인과관계를 구성하는 하나하나의 고리를 자연과학적으로 증명한다
는 것이 매우 곤란하거나 불가능한 경우가 많으므로, 이러한 **공해소송**에 있어서 피해자에게 사실적
인 인과관계의 존재에 관하여 과학적으로 엄밀한 증명을 요구한다는 것은 공해로 인한 사법적 구제
를 사실상 거부하는 결과가 될 우려가 있는 반면에, 가해기업은 기술적·경제적으로 피해자보다 훨
씬 원인조사가 용이한 경우가 많을 뿐만 아니라, 그 원인을 은폐할 염려가 있기 때문에, 가해기업이
어떠한 유해한 원인물질을 배출하고 그것이 피해물건에 도달하여 손해가 발생하였다면 **가해자측에
서 그것이 무해하다는 것을 입증하지 못하는 한 책임을 면할 수 없다고 보는 것이 사회형평의 관념
에 적합하다.**

제6항 혼인과 가족생활에 관한 권리

Ⅰ. 혼인과 가족생활에 관한 권리의 의의

혼인제도와 가족제도는 사회생활의 기본이 되는 것으로 인간의 존엄을 기초로 하고
있다. 우리 헌법은 제헌헌법 이래 혼인에 관한 규정을 두고 있다.

현행헌법은 제36조에 "① 혼인과 가족생활은 개인의 존엄과 양성의 평등을 기초로 성
립되고 유지되어야 하며, 국가는 이를 보장한다"라고 혼인과 가족생활에 관해 규정하고
있다. 이에 따라 혼인에 있어서 개인의 존엄을 추구하고 가족생활에 있어서 자율적이고
평등한 생활을 추구해 왔다. 특별히 가족생활에 있어서 양성평등을 강조함으로써 그동안
에 불평등한 법제도를 개선하고자 하는 의미가 부여된 것이다.

II. 혼인과 가족생활에 관한 권리의 법적 성격

혼인과 가족생활에 관한 규정에 대한 법적 성격에 관해서는 제도적 보장설, 사회적 기본권설, 양자의 측면인 혼합설 등이 주장되고 있다.

국가가 개인의 존엄을 유지하고 보장하기 위해서는 혼인과 가족생활에 있어서 자율을 주어야 하고 이에 대한 간섭에 대해서 거부하고, 국가에게 가족생활에 있어서의 양성평등 보호를 적극적으로 요청할 수 있는 사회권적 성격을 지닌다고 본다. 그러나 오랜 역사 동안 유지해온 혼인과 가족생활은 사회생활의 기초가 되는 사회제도로서의 성격도 지닌다고 본다.

> **판례** | 헌법 제36조 제1항의 규범내용 – 헌재 2002.8.29. 2001헌바82(각하)
>
> 헌법 제36조 제1항은 "혼인과 가족생활은 개인의 존엄과 양성의 평등을 기초로 성립되고 유지되어야 하며, 국가는 이를 보장한다."라고 규정하고 있는데, 헌법 제36조 제1항은 **혼인과 가족생활을 스스로 결정하고 형성할 수 있는 자유를 기본권으로서 보장**하고, **혼인과 가족에 대한 제도를 보장**한다. 그리고 헌법 제36조 제1항은 **혼인과 가족에 관련되는 공법 및 사법의 모든 영역에 영향을 미치는 헌법원리 내지 원칙규범으로서의 성격**도 가지는데, 이는 적극적으로는 적절한 조치를 통해서 혼인과 가족을 지원하고 제삼자에 의한 침해 앞에서 혼인과 가족을 보호해야 할 국가의 과제를 포함하며, 소극적으로는 불이익을 야기하는 제한조치를 통해서 혼인과 가족을 차별하는 것을 금지해야 할 국가의 의무를 포함한다.

III. 혼인과 가족생활에 관한 권리의 주체

혼인과 가족 생활권은 모든 인간이면 누릴 수 있는 권리로 국민이면 당연히 누릴 수 있는 권리이다. 외국인의 경우에도 기본적으로 인정되는 권리이나 국민보다는 제한될 수 있다.

이 권리는 자연인의 권리로 법인에게는 인정될 수 없다.

IV. 혼인과 가족생활에 관한 권리의 내용

1. 혼인의 자유 보장

개인은 혼인을 할 것인지 여부, 배우자를 선택하는 것 등 혼인에 있어서 모든 사항을 결정하는 것이 자율적으로 행해져야 한다. 따라서 혼인의 자유를 누리는 데 영향력을 행사하는 불리한 어떠한 조치도 허용되지 않는다.

예컨대 결혼퇴직제나 혼인한 자에게 하는 불리한 과세조치 등은 위헌적인 것이다. 또한 혼인과 가족생활의 자유를 침해해서도 안 된다.

2. 부부의 양성평등 보장

헌법은 제11조에 평등권을 보장하고 있지만 제36조 제1항에서 특히 가족생활에 있어서 부부간의 양성평등을 규정함으로써 그동안에 부부 간 불평등한 봉건적인 법제도를 개선해 오고자 하였다. 헌법재판소는 그간 민법상 양성평등의 문제가 된 동성동본불혼규정 결정(헌재 95헌가6 등), 부성주의에 대한 양성평등에 관한 결정(헌재 2003헌가5 등)을 하였고, 부부 간의 양성의 불평등을 가져오고 개인의 존엄을 침해하는 사회적인 문제를 낳게 한 호주제도(헌재 2001헌가9 등), 간통죄(헌재 2009헌바17 등)를 위헌으로 판시하고, 부만이 제기할 수 있었던 친생부인의 소를 처도 제기할 수 있도록 하고, 소의 제소기간도 친생부인사유가 있음을 안 날로부터 2년 내로 연장하였다(민법 제847조).

> ⚠ **판례** | 호주제가 헌법에 위반되는지 여부 – 헌재 2005.2.3. 2001헌가9 등(헌법불합치)
>
> **호주제**는 당사자의 의사나 복리와 무관하게 **남계혈통 중심의 가의 유지와 계승이라는 관념에 뿌리박은 특정한 가족관계의 형태**를 일방적으로 규정·강요함으로써 개인을 가족 내에서 존엄한 인격체로 존중하는 것이 아니라 가의 유지와 계승을 위한 도구적 존재로 취급하고 있는데, **이는 혼인· 가족생활을 어떻게 꾸려나갈 것인지에 관한 개인과 가족의 자율적 결정권을 존중하라는 헌법 제36조 제1항에 부합하지 않는다.**

> ⚠ **판례** | 배우자 있는 자의 간통행위의 위헌성 – 헌재 2015.2.26. 2009헌바17 등(위헌)
>
> 사회 구조 및 결혼과 성에 관한 국민의 의식이 변화되고, 성적 자기결정권을 보다 중요시하는 인식이 확산됨에 따라 간통행위를 국가가 형벌로 다스리는 것이 적정한지에 대해서는 이제 더 이상 국민의 인식이 일치한다고 보기 어렵고, 비록 비도덕적인 행위라 할지라도 본질적으로 개인의 사생활에 속하고 사회에 끼치는 해악이 그다지 크지 않거나 구체적 법익에 대한 명백한 침해가 없는 경우에는 국가권력이 개입해서는 안 된다는 것이 현대 형법의 추세여서 전세계적으로 간통죄는 폐지되고 있다. 또한 **간통죄의 보호법익인 혼인과 가정의 유지는 당사자의 자유로운 의지와 애정에 맡겨져야,** 형벌을 통하여 타율적으로 강제될 수 없는 것이며, 현재 간통으로 처벌되는 비율이 매우 낮고, 간통행위에 대한 사회적 비난 역시 상당한 수준으로 낮아져 간통죄는 행위규제규범으로서 기능을 잃어가고, 형사정책상 일반예방 및 특별예방의 효과를 거두기도 어렵게 되었다. 부부 간 정조의무 및 여성 배우자의 보호는 간통한 배우자를 상대로 한 재판상 이혼 청구, 손해배상청구 등 민사

상의 제도에 의해 보다 효과적으로 달성될 수 있고, 오히려 간통죄가 유책의 정도가 훨씬 큰 배우자의 이혼수단으로 이용되거나 일시 탈선한 가정주부 등을 공갈하는 수단으로 악용되고 있기도 하다. 결국 심판대상조항은 **과잉금지원칙에 위배하여 국민의 성적 자기결정권 및 사생활의 비밀과 자유를 침해하는 것으로서 헌법에 위반된다.**

V. 혼인과 가족생활에 관한 권리의 효력

국가가 개인의 자율적인 혼인과 가족생활을 침해하려는 경우 이에 대해 방어할 수 있는 대국가적 효력을 가질 뿐 아니라, 사인도 개인의 혼인과 가족생활을 침해해서 안 되는 대사인적 효력을 갖는다.

제7항 모성보호를 받을 권리

I. 모성보호를 받을 권리의 의의

모성보호를 받을 권리란 국가에 대하여 모성의 보호를 요구할 수 있는 권리를 말한다. 현행헌법 제36조는 "② 국가는 모성의 보호를 위하여 노력하여야 한다"라고 모성을 보호받을 권리를 보장하고 있다. 임산부와 가임기 여성(모자보건법 제2조 제2호)인 모성은 가족의 핵심구성요소이며 국가의 생산적 원천이 되며, 국가는 모성의 보호를 위하여 노력할 의무를 진다. 이러한 모성의 보호는 가족과 국가사회의 존속과 발전을 위한 필수적 조건이라 할 수 있다.

II. 모성보호를 받을 권리의 법적 성격

모성의 보호는 국가에 의한 모성의 침해를 방어할 수 있는 소극적 권리인 동시에 국가에 대하여 모성보호를 적극적으로 요구할 수 있는 사회권성을 가진다. 또한 모성의 보호는 국가공동체를 형성하는 가장 기본적 요소이다.

III. 모성보호를 받을 권리의 내용

모성보호를 받을 권리는 모성의 건강을 특별히 보호하는 것이다.

남녀고용평등법, 「모자보건법」, 「모·부자복지법」 등에서 모성의 건강보호 등을 규정하고 있다. 또한 모성을 경제적·사회적으로 보호하는 것을 내용으로 한다. 따라서 모성을 이유로 근로조건에 있어서 부당한 차별과 같이 사회적·경제적 불이익이 주어져서는 안된다.

그리고 또한 모성은 적극적으로 특별히 보호되어야 한다. 따라서 근로여성의 임신·출산 등 모성보호를 위한 조치를 취하는 경우는 차별로 보지 아니한다(남녀고용평등법 제2조제1호). 취업여성의 출산전후휴가 또는 유산·사산 휴가를 지원하며, 해당 기간의 급여 등을 지급하기 위하여 필요한 비용은 국가재정이나 「사회보장기본법」에 따른 사회보험에서 분담할 수 있도록 하였다(남녀고용평등법 제18조). 또한 배우자 출산휴가를 청구하는 경우에 10일을 유급으로 주도록 하고 있다(법 제18조의2). 근로 여성이 인공수정 또는 체외수정 등 난임치료휴가를 청구하는 경우에 연간 3일 이내의 휴가를 주되 최초 1일은 유급으로 하도록 하고, 난임치료휴가를 이유로 해고, 징계 등 불리한 처우를 하여서는 안되도록 규정하고 있다(법 제18조의3).

「모자보건법」상 특별자치시장·특별자치도지사 또는 시장·군수·구청장은 임산부·영유아·미숙아 등에 대하여 대통령령으로 정하는 바에 따라 정기적으로 건강진단·예방접종을 실시하거나 모자보건 전문가에게 그 가정을 방문하여 보건진료를 하게하고, 의료지원을 할 수 있도록 하고 있다(법 제10조). 또한 국가와 지방자치단체는 고위험 임산부와 신생아 집중치료 시설 및 장비 등을 지원하고(법 제10조의2), 다태아 임산부 및 다태아로 태어난 영유아의 건강을 유지·증진하기 위하여 필요한 지원을 하며(법 제10조의4), 산전·산후 우울증 검사와 관련한 지원을 할 수 있도록 하고 있다(법 제10조의5).

제8항 보건권

Ⅰ. 보건권의 의의와 헌법규정

보건권이란 국민이 자신과 가족의 건강을 유지하기 위해 필요한 급부와 배려를 국가에 요구할 수 있는 권리를 말한다. 건강은 인간다운 생활과 행복을 위한 전제요소이고, 국민의 건강은 국가공동체의 존립과 발전을 위한 기본적 요소이다.

보건권의 개념은 제1차 세계대전 이후에 등장하였으며 우리도 제헌헌법 이래 국민의 보건권을 규정해왔다. 현행헌법은 제36조에 "모든 국민은 보건에 관하여 국가의 보호를 받는다."라고 보건권에 대해 규정하고 있다.

> **판례** | 부작위의 기본권 침해 여부 – 헌재 1998.7.16. 96헌마246(인용(위헌확인), 각하)
>
> 헌법은 "모든 국민은 보건에 관하여 국가의 보호를 받는다"라고 규정하고 있는바(제36조 제3항), 이를 '보건에 관한 권리' 또는 '보건권'으로 부르고, 국가에 대하여 건강한 생활을 침해하지 않도록 요구할 수 있을 뿐만 아니라 보건을 유지하도록 국가에 대하여 적극적으로 요구할 수 있는 권리로 이해한다 하더라도 **치과전문의제도를 시행하고 있지 않기 때문에 청구인을 포함한 국민의 보건권이 현재 침해당하고 있다고 보기는 어렵다.**

II. 보건권의 법적 성격

보건권은 국가가 국민의 건강생활을 침해해서는 안 된다는 방어권으로서 자유권적 성격을 가지며, 또한 보건권은 국민의 건강보호를 위해 국가에 대해 적극적인 배려와 급부를 요구할 수 있는 사회권성을 갖는다. 나아가 보건권은 국가공동체 생활을 위한 국민의 보건질서를 형성하는 객관적 법질서로서의 성격을 갖는다.

III. 보건권의 내용

보건권은 우선 국가가 국민의 건강생활을 침해하지 않을 권리를 그 내용으로 한다. 따라서 국가는 국민의 건강을 침해하는 어떠한 조치를 해서는 안 된다. 예컨대 생체실험, 강제불임, 법적 근거 없는 강제접종 등은 보건권의 침해가 된다.

또한 보건권은 국가가 국민보건정책을 수립하고 이를 수행하는 의무라는 적극적 보호의무를 부과한다. 따라서 국민은 건강보호를 위해 국가에 대해 적극적인 배려와 급부를 요구할 수 있다.

> **판례** | 국민건강보험법 규정이 헌법상의 행복추구권과 재산권을 침해하는지 여부 – 헌재 2003. 10.30. 2000헌마801(기각)
>
> 건강보험의 문제를 시장경제의 원리에 따라 사보험에 맡기면 상대적으로 질병발생위험이 높거나 소득수준이 낮은 사람들은 보험에 가입하는 것이 매우 어렵거나 불가능하게 되어, 국가가 소득수준이나 질병위험도에 관계없이 모든 국민에게 동질의 의료보장을 제공하고자 하는 목적을 달성할 수 없으므로, **국민건강보험법 제5조, 제31조 제1항·제2항, 제62조 제1항·제3항·제4항은 원칙적으로 전국민을 강제로 보험에 가입시키고 경제적 능력에 비례하여 보험료를 납부하도록 함으로써 의료보장과 동시에 소득재분배 효과를 얻고자 하는 것이다.**

이와 같이 국가가 국민을 강제로 건강보험에 가입시키고 경제적 능력에 따라 보험료를 납부하도록 하는 것은 행복추구권으로부터 파생하는 일반적 행동의 자유의 하나인 공법상의 단체에 강제로 가입하지 아니할 자유와 정당한 사유 없는 금전의 납부를 강제당하지 않을 재산권에 대한 제한이 되지만, 이러한 **제한은 정당한 국가목적을 달성하기 위하여 부득이한 것**이고, **가입강제와 보험료의 차등부과로 인하여 달성되는 공익은 그로 인하여 침해되는 사익에 비하여 월등히 크다고 할 수 있으므로, 위의 조항들이 헌법상의 행복추구권이나 재산권을 침해한다고 볼 수 없다.**

국가는 국민의 건강·보건을 위해 보건의료 법률을 제정하고 국민의 보건의료정책에 관하여는 폭넓은 입법재량권을 갖는다. 국민의 건강권 내지 보건권을 실현하기 위한 보건의료 법률로는 「보건의료기본법」, 「의료법」, 「국민건강보험법」, 기타 관련 법률 등을 들 수 있다.

Ⅳ. 보건권의 제한

보건권도 국가안전보장·질서유지 또는 공공복리를 위해 필요한 경우에 법률로써 제한될 수 있다. 다만, 그 본질적 내용은 침해할 수 없다.

제 **2**부
국가권력구조론

01 서 론

헌법은 국가권력기구로 제3장에 입법권의 국회, 제4장에 집행권(정부)의 대통령과 행정각부, 제5장에 사법권의 법원을 두고 있고, 제6장에 헌법재판을 담당하는 헌법재판소를, 그리고 제7장 선거관리에 선거관리위원회, 제8장에 지방자치에 관하여 규정하고 있다.

국가권력기구

제3장 국회(제40조~제65조)

제4장 정부(제66조~제100조)

제5장 법원(제101조~제110조)

제6장 헌법재판소(제111조~제113조)

제7장 선거관리(114조~제116조) - 선거관리위원회

제8장 지방자치

---

(1) 헌법은 국가권력기관으로 입법권을 국회에 두고(제40조), 국민은 국회의원을 선출하며,(제41조) 국회의원은 국회의 의정활동(제47조~제67조)과 법률제정권(제52조~제53조), 예산의 심의·확정권(제54조), 국정감사와 국정조사권(제61조)을 행사할 수 있다.

또한 국회의원은 국정수행을 위해 면책특권과 불체포특권이 부여되고(제45조, 제44조), 청렴의무 및 양심에 따른 직무수행과 지위남용에 의한 재산상 권리·이익·직위의 취득과 취득알선 금지의무(제46조)를 지닌다.

그리고 국무총리나 국무위원의 해임건의권(제63조), 탄핵소추권(제65조), 국회규칙제정권 및 의원의 자격심사와 징계 등 자율권(제64조)을 갖는다.

(2) 정부는 대통령 및 행정부로 구성되고, 대통령은 국가대표권(제66조) 및 국군통수권(제74조), 헌법수호책무 및 평화적 통일의무가 있다(제66조).

대통령은 국민의 직접선거에 의해 선출되고(제67조), 외교·국방·통일 기타 국가안위에 관한 중요정책, 국민투표부의권(제72조), 법률안제출권(제52조, 제53조), 대통령령(제75조)과 긴급명령권, 긴급재정경제처분권, 긴급재정경제명령권(제76조) 및 계엄선포권(제77조)을 지

닌다. 또한 공무원임면권(제78조), 사면·감형 또는 복권(제79조), 재직 중 형사상 불소추권(제84조)을 지닌다.

행정부는 국무총리의 행정각부 통할권(제86조), 국정심의기관으로서 국무회의를 두고 (제88조, 제89조), 각종 자문회의(제90조~제93조)와 국가의 세입·세출 결산 및 공무원의 감찰을 위해 감사원(제97조~제100조)을 두고 있다.

(3) 법원에 사법권을 부여하고(제101조), 사법권의 독립과 심판권(제103조), 위헌법률제청권과 위헌·위법명령·규칙심사권(제107조) 및 법원규칙제정권(제108조)을 규정하고 있다.

(4) 헌법재판소의 위헌법률심판권, 탄핵심판권, 정당해산심판권, 권한쟁의심판권 및 헌법소원심판권(제111조), 헌법재판소규칙제정권(제113조 제2항)을 규정하고 있다.

02 국 회

기본이해를 위한 질문
1. 국회의 헌법상 지위는 무엇인가
2. 국회의 운영과 그 의사절차는 어떻게 이루어지는가
3. 국회의원의 신분상 지위는 무엇이며, 국회의원의 특권은 무엇이며, 이는 어떻게 보장되고 있는가
4. 국회 입법권의 특성은 무엇이며, 법률제정은 어떻게 이루어지는가
5. 국회의 재정에 관한 권리란 무엇이며, 예산의 심의와 확정권은 무엇인가
6. 탄핵소추제도란 무엇이며, 탄핵소추대상은 누가 되는가
7. 국정감사권과 국정조사권이란 무엇이며, 그 범위와 한계는 어떠한가
8. 국회의 자율권이란 무엇이며, 어떤 내용인가

제1절 국회의 헌법상 지위

Ⅰ. 의 의

주권자인 국민이 직접 국정을 운영하는 것이 가장 이상적인 것이나 오늘날 현실적 상황은 국민의 의사를 대변하는 대의제를 필수원리로 하게 된다.

이러한 국민의 대의기관이 바로 국회이다. 국회는 국민의 주권적 의사를 대변하는 합의체로 민주적 정당성을 지니며, 국회의 입법권은 국회의 본질적 권한이지만 주권자의 의사의 대의적 표현이다.

따라서 오늘날 의회는 국민의 주권적 의사를 대변하는 대표기관일 뿐만 아니라 행정국가화 경향에 따른 집행부를 통제하는 기관이라 할 수 있다.

Ⅱ. 국민의 대표기관의 지위

국회는 국민주권주의에 기초하여 선거를 통하여 선출되는 국회의원으로 구성되며, 국민의 의사를 대변하는 대의기관이다. 국회는 주권자인 국민의 대표기관으로서 그 대표의 성질은 법적 대표가 아닌 정치적 대표로 본다.

오늘날 의원의 선거는 국민이 의회를 구성한 후 의원이 선거인의 지시에 따르지 않는 무기속위임이 원칙임을 감안할 때 의원은 선거민의 대표가 아닌 전국민의 대표로 활

동한다. 더 나아가 국민의 의사에 모순되는 결정이나 행동도 법적 효력에는 아무런 영향력을 나타내지 못한다. 따라서 그 대표의 성질은 정치적·이념적 대표로 이해할 수 있다.

III. 입법기관의 지위

(1) 헌법 제40조에서 "입법권은 국회에 속한다"라고 국회입법의 원칙을 선언하고 있다. 국회의 가장 본질적인 권한은 입법에 관한 권한이다. 즉 국회는 법률제정을 주된 권한으로 하는 입법기관으로 입법심의과정의 중심기관이며, 법률규범은 원칙적으로 국회만이 제정할 수 있다.

따라서 국회는 국민의 권리·의무에 관한 기본적 사항, 국가의 통치조직과 작용에 관한 기본적 사항, 헌법이나 법률이 법률로 정하도록 하는 사항을 법률로 정할 수 있다. 그러나 국회입법의 원칙에도 헌법정책상 여러 가지 예외를 규정하고 있다.

(2) 국회입법의 원칙에 대한 예외로는 대통령의 긴급명령권·긴급재정경제명령권, 대통령령·총리령·부령 등의 각종 행정입법권, 대법원과 헌법재판소의 사법규칙제정권, 중앙선거관리위원회의 규칙제정권, 지방자치단체의 자치입법권 등을 들 수 있다.

그리고 정부의 법률안제출권, 대통령의 법률안거부권, 법률안공포권 등을 통하여 국회 이외의 국가기관이 입법과정에 관여하는 것을 인정하고 있다.

(3) 오늘날 행정국가화 경향과 입법대상의 증가로 인해 입법과정에 집행부의 역할이 많아지고 행정입법이 증가함에 따라 상대적으로 입법기관으로서의 의회의 지위와 역할이 점차 감소되고 있는 실정이다.

IV. 국정통제기관의 지위

국회는 국정통제기관으로서 행정부와 사법부를 감시·비판·견제하는 지위를 갖는다.

(1) 헌법이 규정하는 국회의 집행부통제권으로는 ① 대통령선거에서 최고득표자가 2인 이상인 경우에 대통령을 선출할 권한, 국무총리임명동의권, 감사원장의 임명동의권(**행정부구성에 대한 통제**)을 가지며, ② 국회가 법률제정을 통하여 또는 정부제안 입법을 거부함으로써 정부를 통제(**입법에 대한 통제**)하며, ③ 예산심의와 결산심사권, 긴급재정경제처분·명령에 대한 승인권, 예비비지출 승인권, 기채 및 국가에 부담이 되는 계약체결 동의권, 재정적 부담을 지우는 조약의 체결·비준동의권(**재정에 대한 통제**)을 가지며, ④ 대통령 등에 대한 탄핵소추권, 국정감사·조사권, 국무총리·국무위원해임건의권, 조약의 체결·비준동의권, 일반사면동의권, 국무총리·국무위원의 국회출석요구 및 질문권, 계엄해제요구권,

계엄선포·국군의 해외파견등 동의권(**국정에 대한 통제**) 등을 들 수 있다.

   (2) 또한 국회의 사법부에 대한 통제로는 ① 대법원장·대법관·헌법재판소장의 임명동의권, 헌법재판소 재판관 3인 선출권, 법원과 헌법재판소의 설치·조직에 관한 법률제정권(**사법부구성에 대한 통제**)을 가지며, ② 법관 또는 헌법재판관 등에 대한 탄핵소추권, ③ 법원과 헌법재판소의 예산안의 심의·확정권, 국정감사·국정조사권을 통한 법원과 헌법재판소의 예산운용과 재판의 신속한 처리 여부관여(**사법부 운영에 대한 통제**) 등을 들 수 있다.

   이와 같이 국회는 민주적 정당성을 갖는 국민의 대표기관으로서 국가의사에 결정적으로 참여하고 집행부와 사법부를 통제함으로써 국가최고기관으로서의 역할을 하고 있다.

제2절 국회의 조직

Ⅰ. 국회의장과 부의장

   국회는 의장 1인과 부의장 2인을 선출한다(제48조).

1. 지 위

   의장은 국회를 대표하고 의사를 정리하며, 질서를 유지하고 사무를 감독한다(국회법 제10조). 의장이 사고가 있을 때에는 의장이 지정하는 부의장이 직무를 대리한다. 국회의원 총선거 후 의장이나 부의장이 선출될 때까지의 임시회집회공고에 관하여는 사무총장이 의장의 직무를 대행한다. 개원국회의 의장 직무는 최다선의원이, 최다선의원이 2인 이상인 경우에는 그 중 연장자가 대행한다(법 제18조).

   의장과 부의장이 사임하고자 할 때에는 반드시 국회의 동의를 얻어야 하고(법 제19조), 의장과 부의장은 원칙적으로 의원 이외의 직을 겸할 수 없다(법 제20조).

2. 선거와 임기

   의장과 부의장은 국회에서 무기명투표로 선거하되 재적의원 과반수의 찬성으로 당선된다(법 제15조). 의장 또는 부의장이 궐위된 때나 의장과 부의장이 모두 궐위된 때에는 지체없이 보궐선거를 실시한다.

의장과 부의장의 임기는 2년으로 한다. 보궐선거에 의하여 당선된 의장 또는 부의장의
임기는 전임자의 잔임기간으로 한다(법 제9조).

3. 권 한

국회의장은 정기국회 집회공고권, 임시국회 집회공고권, 원내 질서유지권, 의사정리권,
사무감독권, 국회대표권, 위원회에의 출석·발언권, 국회의 위임에 의한 특별위원선임권,
국회에서 가결된 의안의 정부에의 이송권, 확정된 법률의 예외적인 공포권, 궐원의원의
보궐선거를 정부에 요구하는 권한, 의원의 청가허가권, 폐회 중의 의원사직처리권, 의안
을 심사할 위원회의 선택결정권 등을 갖는다.

Ⅱ. 국회의 위원회

1. 위원회제도의 의의

현대국가에 있어서 국회기능의 광범위성에 비추어 본회의에서의 모든 심의가 이루어
지는 것이 현실적으로 어렵다. 따라서 소수의 의원들로 구성되는 각종의 위원회에서 심의
하여 본회의 상정 여부를 결정하며, 본회의에서의 원활한 의안심의를 목적으로 사전적·
예비적인 심의를 하는 제도가 위원회제도이다.

위원회제도는 전문적인 지식을 가지고 심의하므로 국정기능의 분화, 확대에 유용한 장
점이 있다. 반면에 위원회가 각 부처의 이익대표기관으로 되어 의회의 대표성이 손상되
고, 위원회가 당파적 대립이 있게 되면 의사방해와 투쟁으로 입법기능이 마비되어 심의기
관으로서의 역할을 할 수 없게 되는 단점이 있다.

우리나라는 상임위원회에서 법안을 심의하여 본회의에 심사보고를 한 후에 가부투표
를 하는 본회의결정 중심주의를 원칙으로 채택하고 있다. 우리의 경우 국회에 대한 독립
성과 정부에 대한 통제력을 기준으로 할 때 강한 위원회제도이고 영국은 약한 위원회제
도라 할 수 있다.

2. 위원회제도의 종류

위원회에는 상임위원회와 특별위원회 및 연석회의가 있다.

1) 상임위원회

상임위원회는 소관사항에 관한 일정한 의안을 심의하는 상설적으로 설치된 위원회이
다. 국회법상 17개의 상임위원회가 있으며, 그 소관사무는 법정되어 있다(법 제37조).

　　상임위원회에는 국회운영위원회, 법제사법위원회, 정무위원회, 기획재정경제위원회, 외교통일위원회, 국방위원회, 행정안전위원회, 교육위원회, 과학기술정보방송통신위원회, 문화체육관광위원회, 농림축산식품해양위원회, 산업통상자원중소벤처기업위원회, 보건복지위원회, 환경노동위원회, 국토교통위원회, 정보위원회, 여성가족위원회가 있다.

　　상임위원회의 위원정수는 국회규칙으로 정하며(법 제38조), 상임위원은 교섭단체 소속 의원 수의 비율에 따라 각 교섭단체대표의원의 요청으로 국회의장이 선임하거나 개선한다(법 제48조).

2) 특별위원회

　　국회는 둘 이상의 상임위원회와 관련된 안건이거나 특히 필요하다고 인정한 안건을 효율적으로 심사하기 위하여 본회의의 의결로 특별위원회를 둘 수 있다(법 제44조 제1항). 이는 활동하는 기한이 정해진 한시적 위원회이다.

　　국회법상 특별위원회는 의원의 자격심사·징계에 관한 사항을 심사하기 위하여 윤리특별위원회, 예산안, 기금운용계획안 및 결산(세입세출결산과 기금결산)을 심사하기 위하여 예산결산특별위원회를 둔다(법 제45조 제1항). 예산결산특별위원회 위원 수는 50명으로 하며 임기는 1년이다(동조 제2항, 제3항).

　　국회는 다음 각 호(1. 헌법에 따라 그 임명에 국회의 동의가 필요한 대법원장·헌법재판소장·국무총리·감사원장 및 대법관에 대한 임명동의안, 2. 헌법에 따라 국회에서 선출하는 헌법재판소 재판관 및 중앙선거관리위원회 위원에 대한 선출안)의 임명동의안 또는 의장이 각 교섭단체 대표의원과 협의하여 제출한 선출안 등을 심사하기 위하여 인사청문특별위원회를 둔다(법 제46조의3).

3) 전원위원회

　　국회는 위원회의 심사를 거치거나 위원회가 제안한 의안 중 정부조직에 관한 법률안, 조세 또는 국민에게 부담을 주는 법률안 등 주요 의안의 본회의 상정 전이나 본회의 상정 후에 재적의원 1/4 이상이 요구할 때에는 그 심사를 위하여 의원 전원으로 구성되는 전원위원회를 개회할 수 있다(법 제63조의2 제1항).

4) 연석회의

　　연석회의는 안건의 소관위원회의 회의로 한다. 소관 위원회는 다른 위원회와 협의하여 연석회의를 열고 의견을 교환할 수 있지만 표결은 할 수 없다(법 제63조 제1항).

5) 소위원회

위원회는 소관사항을 분담·심사하기 위하여 상설소위원회를 둘 수 있고, 필요한 경우 특정한 안건의 심의를 위하여 소위원회를 둘 수 있다(법 제57조 제1항). 소위원회의 활동은 위원회가 의결로 정하는 범위에 한정한다(법 동조 제4항).

예산결산특별위원회는 소위원회 외에 심사를 위하여 필요한 경우에는 이를 여러 개의 분과위원회로 나눌 수 있다(법 동조 제9항).

6) 공청회 및 청문회

위원회(소위원회 포함)는 중요한 안건 또는 전문지식이 필요한 안건을 심사하기 위하여 공청회를 열고 이해관계자 또는 학식·경험이 있는 사람 등(진술인)으로부터 의견을 들을 수 있다(법 제64조 제1항).

또한 위원회(소위원회 포함)는 중요한 안건의 심사와 국정감사 및 국정조사에 필요한 경우 위원회 의결로 청문회를 열 수 있다(법 제65조 제1항).

Ⅲ. 국회사무처·국회도서관

1. 국회사무처

국회의 입법·예산결산심사 등의 활동을 지원하고 행정사무를 처리하기 위하여 국회에 사무처를 두며, 국회사무처에 사무총장 1명과 필요한 공무원을 둔다(법 제21조 제1항, 제2항). 사무총장은 의장의 감독을 받아 국회의 사무를 총괄하고 소속 공무원을 지휘·감독한다 (법 동조 제4항).

국회사무처는 국회의 입법 및 예산결산심사 등의 활동을 지원할 때 의원이나 위원회의 요구가 있는 경우 필요한 자료 등을 제공하여야 한다(법 동조 제5항).

2. 국회도서관

국회의 도서 및 입법자료에 관한 업무를 처리하기 위하여 국회도서관을 둔다(법 제22조 제1항). 국회도서관에 도서관장 1인과 기타 필요한 공무원을 두며, 도서관장은 의장이 국회 운영위원회의 동의를 얻어 임면한다(법 동조 제2항, 제3항).

IV. 교섭단체

교섭단체는 국회의 원활한 운영을 위하여 소속의원의 의사를 수렴하고 의견을 조정하는 교섭역할을 하는 조직으로 원칙적으로 같은 정당소속의원으로 구성되는 원내정당이다. 정당의 소속의원이 20인 이상인 경우 교섭단체를 구성한다. 그러나 정당단위가 아니라도 다른 교섭단체에 속하지 아니하는 20인 이상의 의원으로 따로 교섭단체를 구성할 수 있다(법 제33조 제1항). 교섭단체는 원내발언의 순서나 각종 위원회 위원 배정, 의사일정의 결정, 발언시간의 결정 등의 권한을 가진다.

교섭단체는 원내에서 정당의 정책을 실현하기 위하여 적극적으로 활동하는 단체로 의원총회와 대표의원 등의 기관을 가진다.

교섭단체 대표의원은 그 단체의 소속 의원이 연서·날인한 명부를 의장에게 제출하여야 하며, 그 소속 의원의 이동이 있거나 소속 정당의 변경이 있을 때에는 그 사실을 지체 없이 의장에게 보고하여야 한다(법 동조 제2항).

> **ⓘ 판례** | 교섭단체 기능 – 헌재 2003.10.30. 2002헌라1(기각)
>
> 오늘날 **교섭단체**가 정당국가에서 **의원의 정당기속을 강화하는 하나의 수단으로 기능**할 뿐만 아니라 정당소속 의원들의 원내 행동통일을 기함으로써 **정당의 정책을 의안심의에서 최대한으로 반영하기 위한 기능**도 갖는다는 점에 비추어 볼 때, 국회의장이 국회의 의사(議事)를 원활히 운영하기 위하여 상임위원회의 구성원인 위원의 선임 및 개선에 있어 교섭단체대표의원과 협의하고 그의 "요청"에 응하는 것은 국회운영에 있어 본질적인 요소라고 아니할 수 없다.

헌법재판소는 교섭단체가 국회 내 국회의장을 상대로 권한쟁의심판을 청구할 수 있는 당사자능력을 부정하였으나(헌재 90헌라1), 그 후 국회의원, 국회의장 등에도 권한쟁의심판의 당사자능력을 인정하는 것으로 기존 판례(헌재 96헌라2)를 변경하였다(헌재 2002헌라1).

> **ⓘ 판례** | 권한쟁의심판의 당사자능력 – 헌재 2003.10.30. 2002헌라1(기각)
>
> 헌법재판소는 1997.7.16. 선고한 96헌라2 국회의원과 국회의장 간의 권한쟁의 사건에서 국회의원과 국회의장을 헌법 제111조 제1항 제4호 소정의 '국가기관'에 해당하는 것으로 해석하고 이들의 당사자능력을 인정한 바 있으며, 이러한 입장은 2000.2.24. 선고한 99헌라1 국회의원과 국회의장 간의 권한쟁의 사건에서도 이어지고 있다. 따라서 **이 사건의 청구인(국회의원)과 피청구인(국회의장)은 권한쟁의심판의 당사자가 될 수 있는 능력이 있다.**

제3절 국회의 운영과 의사절차

I. 국회의 운영

1. 국회의 회기

입법기(의회기)란 총선거에 의해서 국회가 구성된 시기로부터 임기가 만료되기까지의 시기를 말한다. 이 입법기 내에서 국회가 활동할 수 있는 일정한 기간을 회기라고 한다. 국회의 회기는 소집일로부터 기산하여 폐회일까지이며, 정기회와 임시회 그리고 특별회가 있다.

현행헌법은 회기에 관하여 제47조에 "① 국회의 정기회는 법률이 정하는 바에 의하여 매년 1회 집회되며, 국회의 임시회는 대통령 또는 국회재적의원 4분의 1 이상의 요구에 의하여 집회된다. ② 정기회의 회기는 100일을, 임시회의 회기는 30일을 초과할 수 없다. ③ 대통령이 임시회의 집회를 요구할 때에는 기간과 집회요구의 이유를 명시하여야 한다"라고 규정하고 있다.

2. 정기회·임시회·특별회

1) 정기회

정기회는 법률이 정하는 바에 의하여 매년 1회 집회한다(제47조 제1항). 매년 9월 1일을 집회일로 하고, 그날이 공휴일인 때에는 그 다음 날에 집회한다(국회법 제4조). 정기회는 100일을 초과할 수 없으며(제47조 제2항), 국회의 회기는 의결로 정하되 의결로 연장할 수 있다(법 제7조).

정기회의 업무는 일반적으로 예산안을 심의·확정하고, 법률안 또는 그 밖의 의안을 심의·의결하며 국정을 감사한다.

국회는 회기 중이라도 일정한 기간을 정하여 스스로 그 활동을 중지하는 휴회를 할 수 있는데, 휴회 중이라도 대통령의 요구가 있을 때, 의장이 긴급한 필요가 있다고 인정할 때, 재적의원의 1/4 이상의 요구가 있을 때에는 회의를 재개한다(법 제8조 제1항, 제2항). 회기가 종료하면 폐회하며, 폐회로 국회는 그 활동을 중지한다.

2) 임시회

임시회의 집회는 대통령 또는 국회재적의원 1/4 이상의 요구에 의하여 집회한다(제47조 제1항 후단). 대통령이 임시회의 집회를 요구할 때에는 기간과 집회요구의 이유를 명시하여야 한다. 그 밖의 임시회는 매 2월·3월·5월·6월 1일과 8월 16일에 집회한다(법 제5조의2 제2항). 국회의원 총선거가 있는 경우 임시회를 집회하지 아니하며, 집회일이 공휴일인 경우에는 그 다음 날에 집회한다(법 동조 동항 제1호). 임시회의 회기는 30일을 초과할 수 없으며, 임시회의 회기는 의결로 정하되 의결로 이를 연장할 수 있다.

임시회의 업무는 대통령이나 국회의원이 제안한 안건을 처리하고, 법률안의 심의, 추경예산안의 심의·확정 기타의 의안 등을 처리한다.

3) 특별회

특별회란 국회가 해산된 다음 새로 선출된 국회의원이 소집되어 집회하는 것을 말하며, 우리 헌법에는 국회해산제도가 없어 이에 관해 규정하지 않고 있다.

3. 연간 국회 운영

의장은 국회의 연중 상시 운영을 위하여 각 교섭단체 대표의원과의 협의를 거쳐 매년 12월 31일까지 다음 연도의 국회 운영 기본일정(국정감사 포함)을 정하여야 한다. 국회의원 총선거 후 처음 구성되는 국회의 해당 연도 국회 운영 기본 일정은 6월 30일까지 정하여야 한다(법 동조 제1항).

II. 국회의 의사절차

1. 의사절차에 관한 원칙

1) 의사공개의 원칙

(1) 의의·헌법규정

의사공개의 원칙이란 국회의 의안심의과정을 일반인에게 공개하는 것을 말한다. 이는 의사공개를 통하여 국민의 비판과 감시를 받는 민의에 따르는 국회운영을 실천한다는 점에서 당연한 원칙이다.

현행헌법은 제50조에 "① 국회의 회의는 공개한다. 다만, 출석의원 과반수의 찬성이 있거나 의장이 국가의 안전보장을 위하여 필요하다고 인정할 때에는 공개하지 아니할 수 있다. ② 공개하지 아니한 회의내용의 공표에 관하여는 법률이 정하는 바에 의한다"라고 회의공개에 대하여 규정하고 있다.

(2) 내 용

의사의 공개는 방청의 자유, 국회의사록의 공표나 배부의 자유, 의사에 대한 보도의 자유 등을 그 내용으로 한다.

본회의 또는 위원회의 의결로 공개하지 아니하기로 한 경우를 제외하고는 의장이나 위원장은 회의장 안(본회의장은 방청석으로 한정)에서의 녹음·녹화·촬영 및 중계방송을 국회규칙에서 정하는 바에 따라 허용할 수 있다(법 제149조의2 제1항). 이러한 녹음·녹화·촬영 및 중계방송을 하는 사람은 회의장의 질서를 어지럽혀서는 아니 된다(동조 제2항).

(3) 제 한

본회의는 공개한다. 의장의 제의 또는 의원 10명 이상의 연서에 의한 동의로 본회의 의결이 있거나 의장이 각 교섭단체 대표의원과 협의하여 국가의 안전보장을 위하여 필요하다고 인정할 때에는 공개하지 아니할 수 있다(법 제75조 제1항).

회의장에는 의원, 국무총리, 국무위원 또는 정부위원, 그 밖에 의안 심의에 필요한 사람과 의장이 허가한 사람 외에는 출입할 수 없다(법 제151조). 의원이 본회의 또는 위원회의 회의장에서 이 법 또는 국회규칙을 위반하여 회의장의 질서를 어지럽혔을 때에는 의장이나 위원장은 경고나 제지를 할 수 있으며, 이 조치에 따르지 아니하는 의원에 대해서는 의장이나 위원장은 당일 회의에서 발언하는 것을 금지하거나 퇴장시킬 수 있다(법 제145조 제1항, 제2항).

의장은 방청권을 발행하여 방청을 허가하며, 질서를 유지하기 위하여 필요할 때에는 방청인 수를 제한할 수 있다(법 제152조). 의장은 회의장 내 질서를 방해하는 방청인의 퇴장을 명할 수 있으며, 필요할 때에는 국가경찰관서에 인도할 수 있으며, 방청석이 소란할 때에는 모든 방청인을 퇴장시킬 수 있다(법 제154조).

흉기를 지닌 사람, 술기운이 있는 사람, 정신에 이상이 있는 사람, 그 밖에 행동이 수상하다고 인정되는 사람에 대해서는 방청을 허가하지 않으며, 의장은 필요할 때에는 경위나 경찰공무원으로 하여금 방청인의 신체를 검사하게 할 수 있다(법 제153조).

(!) 판례 | 의사공개의 원칙 – 헌재 2000.6.29. 98헌마443 등(기각, 각하)

1. 헌법 제50조 제1항은 "국회의 회의는 공개한다"라고 하여 **의사공개의 원칙을 규정**하고 있는바, 이는 단순한 행정적 회의를 제외하고 국회의 헌법적 기능과 관련된 모든 회의는 원칙적으로 국민에게 공개되어야 함을 천명한 것으로서, 의사공개원칙의 헌법적 의미, 오늘날 국회기능의 중점이 본회의에서 위원회로 옮겨져 위원회중심주의로 운영되고 있는 점, 국회법 제75조 제1항 및 제71조의 규정내용에 비추어 **본회의든 위원회의 회의든 국회의 회의는 원칙적으로 공개되어야 하고, 원하는 모든 국민은 원칙적으로 그 회의를 방청할 수 있다.**

2. 국회법 제55조 제1항은 위원회의 공개원칙을 전제로 한 것이지, 비공개를 원칙으로 하여 위원장의 자의에 따라 공개여부를 결정케 한 것이 아닌바, 위원장이라고 하여 아무런 제한없이 임의로 방청불허 결정을 할 수 있는 것이 아니라, **회의장의 장소적 제약으로 불가피한 경우, 회의의 원활한 진행을 위하여 필요한 경우 등 결국 회의의 질서유지를 위하여 필요한 경우에 한하여 방청을 불허할 수 있는 것으로 제한적으로 풀이**되며, 이와 같이 이해하는 한, 위 조항은 헌법에 규정된 의사공개의 원칙에 저촉되지 않으면서도 국민의 방청의 자유와 위원회의 원활한 운영간에 적절한 조화를 꾀하고 있다고 할 것이므로 국민의 기본권을 침해하는 위헌조항이라 할 수 없다.

3. 소위원회의 회의도 가능한 한 국민에게 공개하는 것이 바람직하나, 전문성과 효율성을 위한 제도인 소위원회의 회의를 공개할 경우 우려되는 부정적 측면도 외면할 수 없고, 헌법은 국회회의의 공개여부에 관하여 회의 구성원의 자율적 판단을 허용하고 있으므로, 소위원회 회의의 공개여부 또한 소위원회 또는 소위원회가 속한 위원회에서 여러 가지 사정을 종합하여 합리적으로 결정할 수 있다 할 것인바, 예산결산특별위원회의 계수조정소위원회는 예산의 각 장·관·항의 조정과 예산액 등의 수치를 종합적으로 조정·정리하는 소위원회로서, 예산심의에 관하여 이해관계를 가질 수 밖에 없는 많은 국가기관과 당사자들에게 계수조정 과정을 공개하기는 곤란하다는 점과, 계수조정소위원회를 비공개로 진행하는 것이 국회의 확립된 관행이라는 점을 들어 방청을 불허한 것이고, 한편 절차적으로도 계수조정소위원회를 비공개로 함에 관하여는 예산결산특별위원회 위원들의 실질적인 합의 내지 찬성이 있었다고 볼 수 있으므로, 이 사건 **소위원회 방청불허행위를 헌법이 설정한 국회 의사자율권의 범위를 벗어난 위헌적인 공권력의 행사라고 할 수 없다.**

2) 회기계속의 원칙

회기계속의 원칙이란 회기 중에 의결되지 못한 의안도 폐기되지 않고 다음 회기에서 계속 심의할 수 있다는 원칙이다. 반면 회기불계속의 원칙은 의회의 1회기 중에 심의가 완료되지 않은 안건은 그 회기가 끝남과 동시에 소멸하고 다음 회기에 계속되지 않는 원칙을 말한다.

우리나라는 회기계속의 원칙을 채택하고 있다(제51조). 회기계속의 원칙은 국회가 임기 중에는 일체성과 동일성을 가진다는 것이고, 회기불계속의 원칙은 의회는 회기 중에만 활동능력을 가지며 매 회기마다 독립된 의사를 가진다는 것에 기초한다.

3) 일사부재의의 원칙

(1) 의 의

일사부재의의 원칙이란 의회에서 일단 부결된 의안은 동일회기 중에 다시 발의나 심의를 하지 못한다는 원칙을 말한다. 「국회법」 제92조는 "부결된 안건은 같은 회기 중에 다시 발의 또는 제출하지 못한다"라고 규정하고 있다. 이 원칙은 의결한 문제에 관하여 다시 발의하거나 다시 심의하는 것은 회의의 원활한 운영이 방해되기 때문에 이를 방지하고, 특히 소수파에 의한 의사방해(filibuster)를 막기 위하여 인정된 것이다.

발언에 대한 의사방해를 막기 위하여 의원이 발언하려고 할 때에는 미리 의장에게 통지하여 허가를 얻어야 한다(법 제99조), 동일의제에 대하여 2회에 한하여 발언할 수 있고(법 제103조), 정부에 대한 질문 외 의원의 발언시간은 15분을 초과할 수 없다(법 제104조).

(2) 원칙 부적용

① 일단 의제로 된 의안이라도 후에 철회되어 의결에 이르지 아니한 것은 아직 국회의 의사가 확정되지 않았으므로 다시 발의할 수 있다. ② 동일의안이라고 하더라도 사후에 발생한 새로운 이유에 기하여 심의하는 것은 동일사안의 재의라고 할 수 없다. ③ 위원회의 결정은 국회의 의사결정이 아니기 때문에 이를 본회의에서 다시 심의하더라도 동일사안의 재의가 아니다.

> **⚠ 판례** | 일사부재의 원칙 – 헌재 2009.10.29. 2009헌라8 등(원용(권한침해, 기각, 각하)
>
> **국회의원이 특정 의안에 반대하는 경우 회의장에 출석하여 반대투표하는 방법 뿐만 아니라 회의에 불출석하는 방법으로도 반대 의사를 표시**할 수 있으므로, '재적의원 과반수의 출석'과 '출석의원 과반수의 찬성'의 요건이 국회의 의결에 대하여 가지는 의미나 효력을 달리 할 이유가 없다. 전자투표에 의한 표결의 경우 국회의장의 투표종료선언에 의하여 투표 결과가 집계됨으로써 안건에 대한 표결 절차는 실질적으로 종료되므로, 투표의 집계 결과 출석의원 과반수의 찬성에 미달한 경우는 물론 재적의원 과반수의 출석에 미달한 경우에도 국회의 의사는 부결로 확정되었다고 볼 수밖에 없다. 결국 **방송법 수정안에 대한 1차 투표가 종료되어 재적의원 과반수의 출석에 미달되었음이 확인된 이상**, 방송법 수정안에 대한 국회의 의사는 부결로 확정되었다고 보아야 하므로, 피청구인이 이를 무시하고 재표결을 **실시하여 그 표결 결과에 따라 방송법안의 가결을 선포한 행위는 일사부재의 원칙(국회법 제92조)에 위배하여 청구인들의 표결권을 침해한 것이다.**

4) 다수결의 원칙

의회민주주의를 현실적으로 실현하는 수단은 다수결원칙이다. 의회의 다수결원칙은 의회가 합의제기관이라는 데에서 도출되는 원리로 다수의사에 따르는 것이 독단이나 전제를 배제할 수 있다는 것이다.

다수결원칙의 경우에도 인간의 존엄이나 소수파 존중의 가치가 존중되는 것을 전제로 하여야 한다.

 판례 | 다수결원리 – 헌재 2010.12.28. 2008헌라7 등(인용(권한침해))

의회민주주의의 기본원리의 하나인 다수결의 원리는 의사형성과정에서 소수파에게 토론에 참가하여 다수파의 견해를 비판하고 반대의견을 밝힐 수 있는 기회를 보장하여 다수파와 소수파가 공개적이고 합리적인 토론을 거쳐 다수의 의사로 결정한다는 데 그 정당성의 근거가 있는 것이다. 따라서 **입법과정에서 소수파에게 출석할 기회조차 주지 않고 토론과정을 거치지 아니한 채 다수파만으로 단독 처리하는 것은 다수결의 원리에 의한 의사결정이라고 볼 수 없다.**

헌법 제49조는 의회민주주의의 기본원리인 다수결의 원리를 선언한 것으로서 이는 단순히 재적의원 과반수의 출석과 출석의원 과반수에 의한 찬성을 형식적으로 요구하는 것에 그치지 않는다. 헌법 제49조는 **국회의 의결은 통지가 가능한 국회의원 모두에게 회의에 출석할 기회가 부여된 바탕 위에 재적의원 과반수의 출석과 출석의원 과반수의 찬성으로 이루어져야 한다는 것으로 해석하여야 한다.**

2. 정족수

1) 의 의

정족수란 회의체에서 회의를 진행하고 의사를 결정하는 데 필요한 출석자 수를 말한다. 의사정족수는 국회가 의사를 여는 데 필요한 의원의 수를 말하며, 의결정족수란 국회의 의결에 필요한 의원의 수를 말한다.

「국회법」에 국회 "본회의는 재적의원 5분의 1 이상의 출석으로 개의한다(법 제73조 제1항)"라고 의사정족수를 규정하고 있다. 의결정족수에는 일반정족수와 특별정족수가 있다.

2) 종 류

(1) 일반정족수

헌법에서는 "국회는 헌법 또는 법률에 특별한 규정이 없는 한 재적의원 과반수의 출

석과 출석의원 과반수의 찬성으로 의결한다. 가부동수인 때에는 부결된 것으로 본다"(제
49조)라고 의결정족수를 규정하고 있다. 이는 위원회와 본회의에서 동일하게 적용된다.

(2) 특별정족수

일반정족수 이외 일정한 경우에는 특별정족수를 규정하고 있다. ① 법률안의 재의결
은 국회재적의원 과반수 출석과 출석의원 2/3 이상의 찬성으로, ② 무제한토론종결동의,
신속처리안건 지정동의의결은 재적의원 3/5 이상의 찬성으로, ③ 법률안 재의결(거부권 행
사)은 재적의원 과반수 출석과 출석의원 2/3 이상의 찬성 ④ 대통령선거 최다득표자 2인
이상일 때 대통령 선출, 임시의장·상임위원장·예결위원장·윤리특위위원장 선출은 재적
과반수 출석과 출석다수표로, ⑤ 헌법개정안 발의, 대통령탄핵소추발의, 대통령 제외 고
위공무원 탄핵의결, 계엄해제요구, 국무총리·국무위원해임건의의결, 의장과 부의장 선출,
신속처리안건 지정동의요구는 재적의원 과반수 찬성으로, ⑥ 대통령 이외의 자 탄핵발의,
국무총리·국무위원 해임건의발의, 무제한토론요구는 재적의원 1/3 이상으로, ⑦ 전원위
원회의 의안의결은 재적의원 1/4 이상 출석과 출석의원 과반수 찬성으로, ⑧ 임시회집회,
국회의원 석방요구발의, 국정조사요구, 전원위원회요구, 휴회 중 회의 재개요구는 재적의
원 1/4이상 찬성으로, ⑨ 본회의·위원회 개의, 기명·호명·무기명 투표는 재적의원 1/5
이상 찬성으로, ⑩ 위원회 폐기의안 본회의 부의, 의안의 수정동의, 자격심사청구는 30인
이상 찬성으로, ⑪ 국무총리·국무위원 출석요구발의, 긴급현안질문, 의사일정 변경발의,
징계요구발의는 20인 이상 찬성으로, ⑫ 일반의안의 발의, 회의 비공개발의는 10인 이상
찬성으로 하고 있다.

3. 회의의 진행

1) 본회의

본회의란 국회의원 전원이 회합하여 개최하는 회의를 말한다. 본회의는 매주 목요일
오후 2시(토요일은 오전 10시)에 개의한다(법 제76조의2).

의장은 부의 요청된 안건 목록의 순서에 따라 작성하고 이를 매주 공표하여야 한다(법
제76조 제1항). 일단 정하여진 의사일정도 의원 20인 이상의 연서에 의한 동의로 본회의의
의결이 있거나, 의장이 각 교섭단체대표의원과 협의하여 필요하다고 인정할 때에는 의장
이 의사일정의 일부를 변경하거나 당일 의사일정의 안건 추가 및 순서 변경을 할 수 있
다(법 제77조).

의장은 개의 시로부터 1시간이 경과할 때까지 재적의원 1/5 이상의 출석(의사정족수)이 없으면 유회를 선포할 수 있다(법 제73조 제1항, 제2항). 회의 중 정족수에 미치지 못할 때에는 의장은 회의의 중지 또는 산회를 선포한다(동조 제3항). 또 의사일정에 올린 안건의 의사가 끝났을 때에는 의장은 산회를 선포한다(법 제74조).

의장은 제1급 감염병의 확산 또는 천재지변 등으로 본회의가 정상적으로 개의되기 어렵다고 판단하는 경우에는 각 교섭단체 대표의원과 합의하여 본회의를 원격영상회의(의원이 동영상과 음성을 동시에 송수신하는 장치가 갖추어진 복수의 장소에 출석하여 진행하는 회의) 방식으로 개의할 수 있다(법 제73조의2 제1항). 원격영상회의에 출석한 의원은 동일한 회의장에 출석한 것으로 보며, 표결에 참가할 수 있다(동조 제4항).

2) 위원회

(1) 의 의

위원회는 의원의 일부로써 구성되는 회의체로, 위원회에서는 본회의에 회부되는 안건을 예비심사한다. 위원회는 상임위원회와 특별위원회가 있다. 상임위원회는 그 소관에 속하는 의안과 청원 등의 심사, 그 밖에 법률에서 정하는 직무를 수행한다(법 제36조). 둘이상의 상임위원회와 관련된 안건이거나 특히 필요하다고 인정한 안건을 효율적으로 심사하기 위하여 본회의의 의결로 활동기간을 정하여 특별위원회를 둘 수 있다(법 제44조 제1항, 제2항)다.

(2) 개회와 입법예고·예비심사

위원회는 ① 본회의 의결이 있거나, ② 의장 또는 위원장이 필요하다고 인정한 때, ③ 재적의원 1/4 이상의 요구가 있을 때에 개회한다(법 제52조). 위원장은 간사와 협의하여 회부된 법률안(체계·자구 심사를 위하여 법제사법위원회에 회부된 법률안은 제외)의 입법 취지와 주요 내용 등을 국회공보 또는 국회 인터넷 홈페이지 등에 게재하는 방법 등으로 입법예고하여야 한다(법 제82조의2 제1항).

예산안과 결산은 소관 상임위원회에 회부하고, 소관 상임위원회는 예비심사를 하여 그 결과를 의장에게 보고한다(법 제84조 제1항). 의장은 예산안과 결산에 위 보고서를 첨부하여 이를 예산결산특별위원회에 회부하고 그 심사가 끝난 후 본회의에 부의하고, 그 결과를 국회에 보고하여야 한다(법 동조 제2항).

(3) 심 사

위원회는 재적의원 1/5 이상의 출석으로 개회하고, 재적위원 과반수의 출석과 출석위원 과반수의 찬성으로 의결한다(법 제54조).

위원회는 중요한 안건 또는 전문지식을 요하는 안건을 심사하기 위하여 그 의결 또는 재적위원 1/3 이상의 요구로 공청회를 열고 이해관계자 또는 학식·경험이 있는 사람 등 으로부터 의견을 들을 수 있다(법 제64조). 위원회가 주관하는 공청회는 그 위원회의 회의 로 한다(법 동조 제4항).

위원회는 중요한 안건의 심사, 국정감사 및 국정조사에 필요한 경우 증인·감정인·참 고인으로부터 증언·진술의 청취와 증거의 채택을 위하여 청문회를 열 수 있다(법 제65조 제1항). 법률안 심사를 위한 청문회는 재적위원 1/3 이상의 요구로 개회할 수 있다(법 동조 제2항).

위원회에서 본회의에 부의할 필요가 없다고 결정되는 의안은 본회의에 부의하지 않는 다. 다만 위원회의 결정이 본회의에 보고된 날부터(폐회 또는 휴회 중 기간을 제외) 7일 이내 에 의원 30명 이상의 요구가 있을 때에는 그 의안을 본회의에 부의하여야 하며, 요구가 없을 때에는 그 의안은 폐기된다(법 제87조 제1항, 제2항).

제4절 국회의원의 지위

제1항 서 설

현대국가에서는 정당국가화경향으로 의회제도가 변모하게 되었고, 이러한 의회제도의 변모는 국회의원의 지위에도 영향을 미치고 있다. 국민의 대표기관인 국회의원은 헌법상 지위와 신분상 지위, 특권을 누리며 일반적 권리와 의무를 갖는다.

제2항 국회의원의 헌법상 지위

I. 국민대표로서의 지위

국회의원은 국민의 직접선거로 선출되는 국민의 대표이다. 국회의원은 헌법상 국민주 권의 원리(제1조), 공무원의 대국민봉사성(제7조), 국가이익 우선의무(제46조 제1항)에 비추 어 국민전체를 대표하며 무기속위임을 기초로 하고 있다.

따라서 국회의원은 국민전체의 이익을 위하여 활동해야 하고 국민은 국회의원에 대해 선거나 여론 등에 의해 정치적 책임을 물을 수 있는 정치적 대표로서의 의미를 지닌다.

Ⅱ. 국회의 구성원으로서의 지위

헌법은 "국회는 국회의원으로 구성한다"라고 규정하고 있어, 국회의원은 국회구성원으로서의 지위를 갖는다.

따라서 국회의원은 국회의 운영과 활동에 참여하고, 국회의원의 특권, 법률안제출권 등 헌법상 규정된 국회의원의 권한을 가지고 역할을 수행한다.

Ⅲ. 정당의 대표자로서의 지위

오늘날은 정당국가화 경향에 따라 국회의원은 대부분 특정정당에 소속하는 정당원으로서 소속정당을 대표하는 지위에 있고 또한 정당에 기속되고 있다.

이러한 특징은 국민에 의해 선출된 국민대표자로서의 지위에 있지만 정당의 소속원으로서 당의 결정에 따른 활동이 불가피하게 된다.

제3항 국회의원의 신분상 지위

Ⅰ. 의원자격의 발생과 소멸

1. 의원자격의 발생

의원의 자격은 ⅰ) 당선인의 결정으로 발생한다는 당선결정설, ⅱ) 당선의 결정과 피선거인의 의원취임승낙에 의하여 발생한다는 취임승낙설, ⅲ) 당선이 결정된 자라도 헌법과 법률이 정한 임기개시와 동시에 발생한다는 임기개시설이 있다. 공선법은 "국회의원의 임기는 총선거에 의한 전임의원의 임기만료일의 다음 날로부터 개시된다(법 제14조 제2항)"라고 하여 임기개시일을 규정하고 있다.

그러나 보궐선거 시 의원의 임기는 당선이 결정된 때로부터 개시되므로 의원의 자격도 이와 함께 발생하지만 그 임기는 전임자의 잔임기간으로 한다(법 동조 단서).

또한 비례대표국회의원의 궐원이 생긴 때에는 선거구선거관리위원회는 궐원통지를 받은 후 10일 이내에 그 궐원된 의원이 그 선거 당시에 소속한 정당의 비례대표국회의원 후보자명부에 기재된 순위에 따라 궐원된 국회의원 및 지방의회의원의 의석을 승계할 자를 결정하여야 한다(법 제200조 제2항).

2. 의원자격의 소멸

① 의원은 4년의 임기만료로 자격을 상실한다(제42조). ② 의원은 임기 중 본인의 희망에 의하여 국회의 허가를 얻어 사직할 수 있고, 폐회 중에는 의장이 허가 여부를 정한다(국회법 제135조). ③ 사망이나 임기만료 이외에 「국회법」상 겸직금지규정 위반(법 제29조), 당연무효와 선거무효·금고 이상의 유죄판결의 확정으로 의원자격을 상실한다. ④ 제명은 윤리특별위원회의 심사와 본회의의 보고를 거쳐(법 제155조, 제162조), 본회의에서 재적의원 2/3 이상의 찬성으로 의결하며, 제명된 사람은 그로 인하여 궐원된 의원의 보궐선거에서 후보자가 될 수 없다(법 제164조). ⑤ 국회는 의원자격의 보유에 필요한 피선거권의 보유 여부, 겸직으로 인한 자격상실 여부 등을 심사한다.

II. 의원의 당적변경

국회의원이 임기 중에 소속정당을 탈퇴하거나 다른 정당으로 당적을 변경하는 경우에 의원의 자격의 상실 여부가 문제된다. 이에 대해서 헌법상 명문규정은 없으나 자유위임의 법리에 비추어 원칙적으로 당적변경에 따라 의원직을 상실하지 않는다고 본다. 또한 정당 국가적 경향을 지양하여 무소속국회의원을 인정하고 있기 때문에 당적변경으로 의원자격이 상실되지 않는다고 본다.

공선법상 비례대표국회의원은 "소속정당의 합당·해산 또는 제명외의 사유로 당적을 이탈·변경하거나 2 이상의 당적을 가지고 있는 때에는(법 제192조 제4항)" 퇴직된다고 규정하고 있다.

III. 위헌정당 해산 시 의원직 상실 여부

위헌정당이 해산되는 경우, 그 소속 국회의원이 의원직을 상실하는가에 대해 논의된다.
오늘날 정당민주제 하에서 유권자는 후보자 개인의 인물보다는 소속정당에 투표하는 것이 일반적이므로 위헌정당임을 이유로 해산된 정당에 소속하는 의원의 자격을 그대로 보유하게 한다면 위헌결정 그 자체를 무의미한 것이 되게 할 것이므로 헌법 제8조에 의한 위헌정당으로 해산이 될 경우 소속의원은 의원직을 상실한다고 본다.

제4항 국회의원의 특권

주권자인 국민전체의 대표자인 국회의원은 국회의 구성원으로서 국회의 의사형성에 참가하여 그 책임을 완수하고 헌법상의 권한들을 효과적으로 수행할 수 있도록 일종의 특권을 가지고 있다. 그것이 헌법이 국회의원들에게 보장하고 있는 면책특권과 불체포특권이다.

현행헌법은 제45조에 "국회의원은 국회에서 직무상 행한 발언과 표결에 관하여 국회 외에서 책임을 지지 아니한다"라고 면책특권을 규정하고, 제44조에 "① 국회의원은 현행 범인인 경우를 제외하고는 회기 중 국회의 동의없이 체포 또는 구금되지 아니한다. ② 국회의원이 회기 전에 체포 또는 구금된 때에는 현행범인이 아닌 한 국회의 요구가 있으면 회기 중 석방된다"라고 불체포특권에 관해 규정하고 있다.

Ⅰ. 면책특권

1. 의 의

의원의 면책특권이란 국회의원이 국회에서 직무상 행한 발언과 표결에 대하여 국회 외에서 책임을 지지 아니하는 특권을 말한다(제45조). 헌법상 의원의 면책특권을 보장하는 것은 의회의 독립성과 자율성을 보장하고, 전체국민의 대표자로서 의원이 다른 세력의 압력을 받지 않고 오로지 자신의 양심에 따라 자유롭게 자신의 직무를 수행할 수 있도록 하기 위한 것이다.

2. 법적 성질

의원의 면책특권은 국회에서 행한 발언과 표결이 민사상·형사상 범죄 또는 책임을 구성한다할지라도 소추받지 않는 형법상 인적처벌조각사유에 해당한다. 이러한 의원의 면책특권은 의원의 원활한 직무수행을 보장하기 위한 합리적인 근거가 있는 것으로 평등의 원칙에 위배되지 않는다.

3. 주 체

헌법상 면책특권을 누리는 자는 국회의원이다. 따라서 국회의원이 아닌 국무총리·국무위원·정부위원 등이 비록 원내에서 행한 발언이라도 면책특권이 없다. 의원직을 겸한 국무총리·국무위원의 발언에 대해서는 견해가 나뉘고 있다.

헌법상 국회의원과 국무총리·국무위원의 겸직이 허용되고 있으므로, 이들이 의원의 자격에서 원내에서 행한 발언에 대해서는 면책특권을 인정해야 한다고 본다.

면책특권은 인적처벌조각사유이므로 이를 교사하거나 방조한 자는 처벌된다.

4. 면책대상

1) 국회 내에서의 행위

국회 내라 함은 국회의사당 건물만이 아니라 위원회나 지방공청회 등과 같은 의사당 외에서의 직무상 발언이나 표결도 포함된다.

2) 발언과 표결

발언은 의원이 직무상 행하는 의제에 관한 모든 의사표시(발의·토의·연설·질문·사실의 진술 등)를 말하며, 표결이란 의제에 관하여 찬반의 의사표시를 하는 것을 말한다.

의회의 독립차원에서 면책받는 행위의 범위는 직무에 부수하여 행해지는 것까지 포함 시켜 넓게 인정하는 것이 바람직하다.

> **(!) 판례** | 면책특권의 범위 – 대판 2007.1.12. 2005다57752(기각); 대판 2011.5.13. 2009도 14442(기각)
>
> 면책특권의 목적 및 취지 등에 비추어 볼 때, 발언 내용 자체에 의하더라도 직무와는 아무런 관련이 없음이 분명하거나, 명백히 허위임을 알면서도 허위의 사실을 적시하여 타인의 명예를 훼손하는 경우 등까지 면책특권의 대상이 될 수는 없지만, **발언 내용이 허위라는 점을 인식하지 못하였다면** 비록 발언 내용에 다소 근거가 부족하거나 진위 여부를 확인하기 위한 조사를 제대로 하지 않았다고 하더라도, 그것이 직무 수행의 일환으로 이루어진 것인 이상 이는 **면책특권의 대상**이 된다(대판 2007.1.12. 선고 2005다57752); 헌법 제45조는 "국회의원은 국회에서 직무상 행한 발언과 표결에 관하여 국회 외에서 책임을 지지 아니한다"고 규정하여 국회의원의 면책특권을 인정하고 있다. 그 취지는 국회의원이 국민의 대표자로서 국회 내에서 자유롭게 발언하고 표결할 수 있도록 보장함으로써 국회가 입법 및 국정통제 등 헌법에 의하여 부여된 권한을 적정하게 행사하고 그 기능을 원활하게 수행할 수 있도록 보장하는 데에 있다. 따라서 **면책특권의 대상이 되는 행위**는 국회의 직무 수행에 필수적인 국회의원의 국회 내에서의 직무상 발언과 표결이라는 의사표현행위 자체에만 국한되지 아니하고 이에 **통상적으로 부수하여 행하여지는 행위까지 포함하며, 그와 같은 부수행위인지 여부는 구체적인 행위의 목적·장소·태양 등을 종합하여 개별적으로 판단하여야 한다**(대판 2011. 5.13. 선고 2009도14442).

3) 직무행위

면책대상이 되는 행위는 직무상 행위로 직무집행 외에 직무행위와 관련 있는 선후, 부수행위도 포함된다고 본다. 그러나 의사당 내에서 행해진 발언이라 할지라도 의제와 관계가 없는 발언이나 모욕 및 폭력행위 등은 면책되지 않는다.

5. 면책의 효과

발언과 표결에 대한 면책특권은 국회 외에서 책임을 지지 않는 것이며 국회 내에서는 책임을 물을 수 있다. 면책은 일반국민이면 질 책임을 의원은 지지 않는다는 법적 책임을 말하며 정치적 책임은 물을 수 있다. 따라서 징계처분은 할 수 있다. 면책은 재임 중 뿐만 아니라 임기만료 후에도 보장되는 특권이다.

공개회의의 의사록 공개나 반포는 면책된다고 보나 국회 내에서의 발언과 표결이라도 그것을 그대로 다시 원외에서 발표하거나 유포하는 행위는 면책되지 않는다. 또한 비공개회의록이나 그 밖의 비밀참고자료는 국회 밖으로는 대출할 수 없으며(국회법 제62조), 비공개회의록 등을 공포하는 행위는 면책되지 않는다.

Ⅱ. 불체포특권

1. 의 의

의원의 불체포특권이란 현행범인이 아닌 한 의원은 회기 중 국회의 동의 없이 체포 또는 구금되지 아니하고, 회기 전에 체포 또는 구금된 경우라도 국회의 요구가 있으면 회기 중 석방될 수 있는 것을 말한다(제44조). 불체포특권은 영국에서 군주의 대권에 대항하여 획득한 특권으로 미국헌법에 명문으로 규정한 이래 각국의 헌법에 규정되었다.

2. 법적 성질

의원의 불체포특권은 국민전체의 대표자인 의원이 자신의 직책을 자율성을 가지고 성실히 수행하게 하기 위해 부여된 헌법상 특권이다.

불체포특권은 의원체포를 일시적으로 유예하는 신체불가침특권이지, 형사책임까지 면제하는 면책특권은 아니다.

불체포특권은 헌법기관으로서 국회의원에 부여된 특권인 동시에 국회의 구성원으로서의 권한이므로 의원 개인이 임의로 포기할 수 없다.

3. 내 용

1) 회기 중 체포 또는 구금 금지

국회의원은 현행범인인 경우와 국회가 동의한 경우를 제외하고는 회기 중에 체포 또는 구금되지 않는다.

① 회기 중에는 의원을 체포·구금할 수 없다. 회기 중이란 집회일로부터 폐기일까지의 기간을 말하며, 휴회 중도 포함한다. 체포·구금은 일정기간 신체의 자유를 박탈하여 일정한 장소에 유치하는 강제처분으로 「형사소송법」상 강제처분뿐만 아니라 행정상의 강제처분도 포함된다.

② 현행범인과 국회의 동의가 있는 경우에는 불체포특권이 인정되지 않는다. 범죄의 실행중이거나 실행 직후에 있는 현행범인을 특권에서 제외한 것은 명백한 범죄인까지 국회의원이란 신분 때문에 보호하는 것은 평등의 원칙에 어긋나기 때문이다.

의원을 체포·구금하기 위해 국회의 동의를 얻으려면 관할법원의 판사는 영장을 발부하기 전에 체포동의요구서를 정부에 제출하여야 하며, 정부는 이를 수리한 후 지체없이 사본을 첨부하여 체포동의를 요청하여야 한다(법 제26조 제1항). 체포동의를 요청받은 후 처음 개의하는 본회의에 이를 보고하고, 본회의에 보고된 때부터 24시간 이후 72시간 이내에 표결한다. 다만, 체포동의안이 72시간 이내에 표결되지 아니하는 경우에는 그 이후에 최초로 개의하는 본회의에 상정하여 표결한다(법 동조 제2항). 국회의 동의는 재적의원 과반수의 출석과 출석의원 과반수의 찬성으로 한다(제49조, 법 제109조).

국회의 동의 여부에 관해서는 체포 또는 구금에 명백하고 정당한 이유가 있는 때에는 국회가 반드시 동의하여야 한다는 기속설과 동의여부는 국회의 자유라는 재량설이 있으나 국회기능의 보장상 국회의 재량설이 타당하다. 국회가 자율적으로 기한조건부 체포동의를 할 수 있다고 본다.

2) 회기 전 국회요구에 의한 석방

국회의원이 회기 전에 체포 또는 구금된 때에는 현행범인이 아닌 한 국회의 요구가 있으면 회기 중 석방된다. 회기 전이라 함은 회기시작 이전 뿐 아니라 전 회기도 포함된다. 전회기에 체포·구금의 동의가 있은 경우에도 현 회기에서 석방을 요구할 수 있다. 단, 회기 전에 현행범인으로 체포·구금되지 않아야 한다.

체포·구금된 의원의 석방요구를 발의하려면 재적의원 1/4 이상의 연서로 이유를 첨부한 요구서를 의장에게 제출하여야 한다(법 제28조). 국회의 석방요구는 재적의원 과반수 출석과 출석 과반수의 찬성으로 의결한다(제49조, 법 제109조).

4. 효 과

불체포특권은 범죄행위를 한 의원의 처벌면제특권이 아니라 단지 회기 중에 체포 또는 구금되지 않을 특권이다. 따라서 국회가 회기 중 체포·구금의 동의를 해주지 않아 체포·구금되지 않았거나 또는 국회의 요구로 체포·구금된 국회의원을 석방한 경우에도 회기가 끝난 후에는 구금이유가 있으면 다시 구금할 수 있다.

또한 수사결과 범죄사실이 있으면 형사소추와 처벌을 할 수 있다.

Ⅲ. 세비와 기타 편익을 받을 권리

국회의원은 법률이 정하는 바에 의하여 국민에게 봉사하는 국회의원의 직무활동과 품위유지에 필요한 최소한의 실비를 보전하기 위한 수당을 받으며(국회의원수당 등에 관한 법률 제1조~제4조), 본회의 또는 위원회의 의결이나 국회의장의 명에 따라 공무로 여행할 때에는 여비를 지급받는다(법 제8조).

그 밖에도 국회의원은 입법기초자료 수집·연구 등 입법활동을 위한 입법활동비, 회기 중 입법활동을 특히 지원하기 위한 특별활동비, 입법 및 정책개발 활동을 지원하기 위한 입법 및 정책개발비 등을 지급받는다(법 제6조~제7조의2).

제5항 국회의원의 권리와 의무

Ⅰ. 국회의원의 권리

국회의원은 전 국민의 대표자로서 그 직무를 충실히 수행하기 위하여 그 활동이 보장되어야 하는데, 이를 위해 상임위원회와 본회의에서 발언권·발의권·질문권·질의권·토론권·표결권 등을 갖는다.

(1) 상임위원회와 본회의에서 발언할 발언권을 가지며, 정부에 대한 질문을 제외하고는 의원의 발언시간은 15분을 초과하지 아니한 범위에서 의장이 정한다. 다만 의사진행발언, 신상발언 및 보충발언은 5분을, 다른 의원의 발언에 대한 반론발언은 3분을 초과할 수 없다(법 제104조 제1항).

교섭단체를 가진 정당을 대표하는 의원이나 교섭단체의 대표의원이 정당 또는 교섭단체를 대표하여 연설(교섭단체대표연설)이나 그 밖의 발언을 할 때에는 40분까지 발언할 수 있다(법 동조 제2항).

의장은 본회의가 개의된 경우 그 개의 시부터 1시간을 초과하지 아니하는 범위에서 의원에게 국회가 심의 중인 의안과 청원, 그 밖의 중요한 관심 사안에 대한 의견을 발표할 수 있도록 하기 위하여 5분 이내의 발언(5분 자유발언)을 허가할 수 있다(법 제105조 제1항).

658 제 2 부 국가권력구조론

(2) 국회의 의제로 될 수 있는 의안을 제출할 수 있는 발의권은 의원 10인 이상의 의원의 찬성으로 행사할 수 있다(법 제79조). 의원이 예산상 또는 기금상의 조치를 수반하는 의안을 발의하는 경우에는 그 의안의 시행에 수반될 것으로 예상되는 비용에 관한 국회예산정책처의 추계서 또는 국회 예산정책처에 대한 비용추계요구서를 함께 제출하여야 한다(법 제79조의2 제1항).

(3) 의원이 정부에 대하여 질문할 수 있는 질문권에는 서면으로 하는 일반질문과 구두로 하는 질문이 있다(법 제122조, 제122조의2). 의원의 대정부질문은 20분을 초과할 수 없고(법 제122조의2), 의원 20인 이상의 찬성으로 회기 중 현안이 되고 있는 중요한 사항을 대상으로 긴급현안질문을 할 수 있다(법 제122조의3).

(4) 의원은 현재 의제가 되어 있는 의안에 대하여 위원장·발의자·국무위원·정부위원에 대하여 의의(疑義)를 물을 수 있는 질의권이 있다.

(5) 의원은 의제가 되어 있는 의안에 대하여 찬반의 토론을 할 수 있는 토론권이 있다. 토론하고자 하는 의원은 미리 찬성 또는 반대의 의사를 의장에게 통지하여야 한다(법 제106조). 의원이 본회의에 부의된 안건에 대하여 시간의 제한을 받지 아니하는 토론(무제한토론)을 하려는 경우에는 재적의원 1/3 이상이 서명한 요구서를 의장에게 제출하고, 의장은 해당 안건에 대하여 무제한토론을 실시하여야 한다(법 제106조의2).

(6) 의원은 본회의 위원회 등에 있어서 표결에 참가할 권리인 표결권이 있으며, 표결의 자유는 특히 헌법이 보장하고 있다(제45조). 의원은 국민의 대표자로서 소속 정당의 의사에 기속되지 아니하고 양심에 따라 투표한다(법 제114조의2). 표결할 때에는 전자투표에 의한 기록 표결로 가부를 결정하며(법 제112조 제1항), 중요한 안건으로서 의장의 제의 또는 의원의 동의로 본회의 의결이 있거나 재적의원 1/5 이상의 요구가 있을 때에는 기명투표·호명투표 또는 무기명투표로 표결한다(법 동조 제2항).

그 밖에 의원은 의장·부의장의 선거(법 제15조), 의사와 내부규율에 관한 규칙의 제정(법 제169조) 등의 권리를 갖는다.

Ⅱ. 국회의원의 의무

국회의원은 각종 특권과 권리를 가지는 반면 또한 일반공무원이 부담하는 의무와 구별되는 특수한 의무가 있다.

1. 헌법상의 의무

헌법은 제46조에 "① 국회의원은 청렴의 의무가 있다. ② 국회의원은 국가이익을 우선하여 양심에 따라 직무를 행한다. ③ 국회의원은 그 지위를 남용하여 국가·공공단체 또는 기업체와의 계약이나 그 처분에 의하여 재산상의 권리·이익 또는 직위를 취득하거나 타인을 위하여 그 취득을 알선할 수 없다"라고 국회의원의 청렴의무(동조 제1항), 국가이익을 우선하여 양심에 따라 직무를 행할 의무(동조 제2항), 국회의원의 지위남용 금지의무를 규정하고 있다(동조 제3항).

이에 위반하면 징계의 대상이 된다(법 제155조). 의원은 법률이 정하는 직을 겸할 수 없다(제43조, 법 제29조).

2. 국회법상 의무(국회법 제145조~제148조의3)

의원은 국회 본회의와 위원회에 출석하여야 하며, 회의에 있어서 의사에 관한 법령·규칙을 준수하여야 한다.

회의장의 질서를 어지럽히거나 본회의장 의장석이나 위원회회의장 위원장석을 점거해서는 안 된다. 의원으로서의 품위를 유지하여야 하며, 다른 사람을 모욕하거나 발언을 방해할 수 없고, 의장의 질서유지에 관한 명령에 따라야 한다.

3. 의무위반에 대한 제재

국회는 의원의 자격심사를 하며, 의원을 징계할 수 있다(제64조 제2항). 의원이 청렴의무·지위남용금지의무를 위반한 경우 및 「국회법」상의 의무에 위반한 경우에는 징계사유가 된다(법 제155조).

의원을 제명하려면 국회 재적의원 2/3 이상의 찬성이 있어야 하며, 이 처분에 대하여 법원에 제소할 수 없다(제64조 제3항, 제4항).

의원이 헌법 및 「국회법」상 해당규정 의무를 위반하였을 때에는 윤리특별위원회는 이를 심사하여 그 의결로써 징계할 수 있다(법 제155조). 의장은 징계대상의원이 있을 때에는 윤리특별위원회에 회부하고 본회의에 보고한 후 의결한다(법 제156조 제1항, 법 제162조). 징계대상자에 대한 징계를 요구할 경우에는 의원 20인 이상의 찬성으로 그 사유를 기재한 요구서를 의장에게 제출하여야 한다(법 제156조 제3항).

징계에 관한 회의는 공개하지 아니한다(법 제158조).

> **⚠ 판례 | 공직자윤리법의 입법목적의 정당성 – 헌재 2012.8.23. 2010헌가65(합헌)**
>
> 헌법 제1조 제2항은 "대한민국의 주권은 국민에게 있고 모든 권력은 국민으로부터 나온다."라고 규정하고, 헌법 제7조 제1항은 "공무원은 국민 전체에 대한 봉사자이며, 국민에 대하여 책임을 진다."라고 규정하여 공무원 일반에 대한 충실의무를 규정하고 있는 한편, 특히 국회의원에 대해서는 겸직금지의무(헌법 제43조), 청렴의무(헌법 제46조 제1항), 국가이익 우선의무(헌법 제46조 제2항), 지위남용 금지의무(헌법 제46조 제3항) 조항 등을 통해 이를 더욱 강조하고 있다. 따라서 국회의원은 자신의 사적인 이해관계와 국민에 대한 공적인 이해관계가 충돌할 경우 당연히 후자를 우선하여야 할 이해충돌 회피의무 내지 직무전념의무를 지게 되는바, 이를 국회의원 개개인의 양심에만 맡겨둘 것이 아니라 국가가 제도적으로 보장할 필요성 또한 인정된다. 결국 **이 사건 법률조항은 국민의 수임자 내지 대표자로서의 국회의원이 그 이해충돌 회피의무를 다하도록 하는 입법목적을 가지는바, 그 정당성이 인정된다.**

제5절 국회의 권한

제1항 서 설

국회의 권한은 각 국가마다 차이가 있고 정부형태와 권력분립의 내용에 따라 차이가 있다. 국회의 권한을 형식적인 견지에서 파악할 때 의결권·동의권·승인권·통고권·통제권 등으로 구분한다.

또한 국회의 권한을 실질적 견지에서 파악할 때 입법에 관한 권한, 재정에 관한 권한, 국정통제에 관한 권한, 국회내부에 관한 권한(국회의 자율권) 등으로 구분한다. 일반적으로 국회의 권한은 실질적으로 분류한다.

제2항 입법에 관한 권한

I. '입법권은 국회에 속한다'의 의미(제40조)

1. '입법권'의 개념

입법권의 의미에 관해서는 실질적 의미의 법률을 제정하는 것이라는 실질설과 형식적 의미의 법률을 제정하는 것이라는 형식설, 그리고 절충적인 학설인 양립설로 나뉜다.

ⅰ) 실질설은 법률이란 국민의 권리와 의무에 관한 규정을 정립하는 국가 작용을 말하는 것으로 그 내용이 법규를 정하는 것이면 형식은 불문한다는 것이다.

ⅱ) 형식설은 법률이란 법률의 내용은 불문하고 법률정립이 일정한 형식에 의하여야 한다는 것이다. 현행헌법은 국회에 속하는 입법권을 특정하여 조약·명령 등의 법규범을 이에서 제외하고 있으므로 헌법 제40조의 입법권은 법규(률)제정권을 의미한다는 것이다.

ⅲ) 양립설은 헌법상의 법률이란 원칙적으로 형식적 의미로 사용되나 실질적 의미로 사용될 수도 있다는 것이다.

생각건대 입법권은 헌법에 규정된 법률사항은 반드시 최소한 법률의 형식을 요한다는 것을 의미한다고 본다.

2. '국회에 속한다'의 의미

① 국회가 입법기관의 중심이라는 것을 의미한다. 헌법에 규정된 법률사항에 대한 입법은 국회가 하며 국회 이외의 기관에서 법률을 제정해서는 안 된다는 의회중심입법원칙을 말한다. 다만, 국회규칙·대법원규칙·대통령령·긴급명령·조약체결 등은 형식적 의미의 법률이 아니므로 헌법에서 타기관에 위임한 의회중심입법의 예외이다.

② 국회는 원칙적으로 단독으로 법률을 제정한다는 것이다. 다만, 국회중심입법에도 정부의 법률안제출권, 대통령의 법률안거부권, 법률공포권에 의하여 법률의 제정과정에 정부의 개입을 인정하고 있다. 그러나 실질적인 법률제정권은 여전히 국회에 있다.

Ⅱ. 입법권의 특성

1. 입법의 일반성·추상성

입법(legislation)의 일반성이란 불특정 다수인인 일반국민을 대상으로 하는 것을 말한다. 추상성이란 구체적이지 않은 불특정한 사항을 규정하는 것을 말한다.

입법의 일반성·추상성은 국민대표기관인 국회에서 국민의 권리와 의무나 국가의 행위에 관하여 일반적인 기준을 사전에 미리 정하게 하려는 데 그 목적이 있다. 이러한 입법의 일반성·추상성은 일반적이고 추상적인 법률에 의하여 일반국민이 사전에 예측을 할 수 있게 함으로써 확실성·공정성·안정성을 확보하기 위한 것이다.

그러나 현대 사회법치국가에 있어서 개인의 생존을 배려하기 위하여 필요한 경우에 개별적·구체적인 방법과 기준을 제시할 필요성이 증대됨에 따라 개별적·구체성의 원리까지도 반영을 요하게 되었다.

2. 입법권과 처분적 법률

1) 처분적 법률의 의의 및 유형

처분적 법률은 입법의 일반적 규정이 사법 또는 행정을 매개로 하지 않고 직접 구체적인 사건을 규율하여 직접 특정한 국민에게 권리와 의무를 발생시키게 하는 법률을 말한다.

처분적 법률에는 일정범위의 국민만을 대상으로 하는 개인적 법률, 개별적·구체적 상황이나 사건을 대상으로 하는 개별사건법률, 시행기간이 한정된 한시적 법률이 있다.

2) 처분적 법률의 인정 여부

처분적 법률은 일정한 범위의 국민을 그리고 구체적이고 개별적 사항을 대상으로 하는 것으로 법률의 특성인 일반성·추상성과 모순되는 것이다. 여기서 처분적 법률은 개별적 처분성이 특징인 집행과는 다른 것이다. 입법부가 입법의 특성인 일반성·추상성을 지닌 법규범이 아닌 처분적 법률을 행하는 것이 권력분립의 원리와 모순되는 것이 아닌가라는 것과 함께 처분적 법률은 일정한 범위의 국민이나 특정한 사항을 대상으로 하기 때문에 평등의 원칙에도 위배되지 않는가라는 문제가 제기된다.

그러나 현대 사회국가에 있어서는 일반적 법률만으로는 국민의 생존과 복지향상을 위해서 충분한 보장이 되지 않고 위기상황에서도 적절한 대처를 할 수가 없게 되었다. 따라서 집행을 통하지 않고 직접 구체적이고 개별적인 처분적 법률은 사회국가적 요청에서 불가피한 것이다. 또한 헌법상 평등이란 실질적·상대적 평등을 의미하는 것이므로 사회국가의 실현을 위하여 우선적으로 국가적 배려가 필요한 특정범위의 국민에게 처분적 법률을 통하여 우선적으로 행하는 배려는 오히려 실질적 평등의 견지에서 합리적 이유가 있는 것이다.

📄 **참조**

처분적 법률로는 (1) 개별적(개인적) 법률로 「부정선거관련자처벌법」, 「정치활동정화법」, 「부정축재처리법」, 「정치풍토쇄신을위한특별조치법」, 「민주화운동 관련자 명예회복 및 보상 등에 관한 법률」, 「친일반민족행위자 재산의 국고귀속에 관한 특별법」 등이 있고, (2) 개별사건법률로는 「긴급금융조치법」, 「긴급통화조치법」, 「5.18민주화운동등에관한특별법」, 「한국조폐공사노동조합파업유도및검찰총장부인에대한옷로비의혹사건진상규명을위한특별조치법」, 「의문사진상규명에관한특별법」, 「일제강점하 반민족행위진상규명에관한특별법」 등이 있고, (3) 한시법률로는 「재외국민취적·호적정정및호적정리에관한임시특별법」 등이 있다.

> **(!) 판례** | 개별사건법률 – 헌재 1996.2.16. 96헌가2 등(합헌)
>
> 　우리 헌법은 개별사건법률에 대한 정의를 하고 있지 않음은 물론 개별사건법률의 입법을 금하는 명문의 규정도 없다. 개별사건법률금지의 원칙은 "법률은 일반적으로 적용되어야지 어떤 개별사건에만 적용되어서는 아니된다"는 법원칙으로서 헌법상의 평등원칙에 근거하고 있는 것으로 풀이되고, 그 기본정신은 입법자에 대하여 기본권을 침해하는 법률은 일반적 성격을 가져야 한다는 형식을 요구함으로써 평등원칙위반의 위험성을 입법과정에서 미리 제거하려는데 있다 할 것이다. 개별사건법률은 개별사건에만 적용되는 것이므로 원칙적으로 평등원칙에 위배되는 자의적인 규정이라는 강한 의심을 불러일으킨다. 그러나 개별사건법률금지의 원칙이 법률제정에 있어서 입법자가 평등원칙을 준수할 것을 요구하는 것이기 때문에, 특정규범이 개별사건법률에 해당한다 하여 곧바로 위헌을 뜻하는 것은 아니다. 비록 **특정법률 또는 법률조항이 단지 하나의 사건만을 규율하려고 한다 하더라도 이러한 차별적 규율이 합리적인 이유로 정당화될 수 있는 경우에는 합헌적일 수 있다.** 따라서 **개별사건법률의 위헌 여부**는, 그 형식만으로 가려지는 것이 아니라, 나아가 평등의 원칙이 추구하는 **실질적 내용이 정당한지 아닌지**를 따져야 비로소 가려진다.

III. 입법권의 범위

　헌법상 국회가 단독으로 가지고 있는 입법권(실질적 의미)의 가장 많은 부분을 차지하는 것은 법률안의 심의·의결권이다(제53조). 그리고 헌법개정에 있어서 심의·의결권(제128조 제1항, 제130조 제1항), 조약의 체결·비준에 대한 동의권(제60조), 그리고 국회규칙의 제정권(제64조 제1항) 등이 있다.

1. 법률제정권

1) 의 의

　(1) 법률의 제정권은 국회가 헌법이 규정한 입법절차에 따라 제안하고 심의·의결하고, 대통령이 서명·공포함으로써 효력을 발생하는 권한이다. 따라서 국회는 국민의 권리·의무에 관한 법규사항을 법률로써 규정하고, 또한 헌법이 명시적으로 형식적 법률로 제정하도록 하는 입법사항도 법률로써 규정한다.

　(2) 헌법이 규정하고 있는 입법사항으로는 국적(제2조 제1항), 정당제도(제8조), 교육제도(제31조 6항), 대통령선거(제67조), 국회의원선거(제41조), 국군의 조직·편성(제74조 제2항), 계엄(제77조), 사면(제79조), 행정각부(제96조), 감사원(제100조), 법원(제102조 제3항), 헌법재판소(제113조 제3항), 선거관리위원회의 조직(제114조 제7항), 지방자치단체의 종류(제117조 제2항), 국토의 이용·개발(제120조), 소비자보호운동(제124조) 등이 있다.

(3) 헌법이 법률로써 규정하도록 하고 있는 법규사항으로는 죄형법정주의(제12조 제1항), 재산권의 내용과 한계 및 보상기준(제23조), 선거권(제24조), 공무담임권(제25조), 재판청구권(제27조), 국가배상청구권(제29조), 범죄피해자구조청구권(제30조), 사회보장수급권(제34조 제5항), 납세의무(제38조), 국방의무(제39조) 등이다.

2) 법률제정의 절차

현행헌법은 법률의 개정절차에 관하여 제52조에 "국회의원과 정부는 법률안을 제출할 수 있다"라고 규정하고, 제53조에 "① 국회에서 의결된 법률안은 정부에 이송되어 15일 이내에 대통령이 공포한다. ② 법률안에 이의가 있을 때에는 대통령은 제1항의 기간 내에 이의서를 붙여 국회로 환부하고, 그 재의를 요구할 수 있다. 국회의 폐회 중에도 또한 같다. ③ 대통령은 법률안의 일부에 대하여 또는 법률안을 수정하여 재의를 요구할 수 없다. ④ 재의의 요구가 있을 때에는 국회는 재의에 붙이고, 재적의원 과반수의 출석과 출석의원 3분의 2 이상의 찬성으로 전과 같은 의결을 하면 그 법률안은 법률로서 확정된다. ⑤ 대통령이 제1항의 기간 내에 공포나 재의의 요구를 하지 아니한 때에도 그 법률안은 법률로서 확정된다. ⑥ 대통령은 제4항과 제5항의 규정에 의하여 확정된 법률을 지체없이 공포하여야 한다. 제5항에 의하여 법률이 확정된 후 또는 제4항에 의한 확정법률이 정부에 이송된 후 5일 이내에 대통령이 공포하지 아니할 때에는 국회의장이 이를 공포한다. ⑦ 법률은 특별한 규정이 없는 한 공포한 날로부터 20일을 경과함으로써 효력을 발생한다"라고 규정하고 있다.

(1) 법률안의 제안

법률안은 국회의원과 정부가 제출할 수 있다(제52조). 정부의 법률안제출은 국무회의를 거쳐야 한다. 국회의원의 법률안제출은 의원 10인 이상의 찬성을 얻어 발의해야 한다. 예산상의 조치를 수반하는 법률안은 예산정책추계서[요구서]를 첨부하여야 한다(국회법 제79조의2).

(2) 법률안의 심의·의결[심의·표결권]

(가) 법률안이 제출되면 국회의장이 이를 인쇄하여 의원에게 배부하고, 본회의에 보고한 후 소관상임위원회에 회부하여 심사한다. 위원회의 심사가 끝나면 법안은 본회의에 부의되어(법 제93조) 의결된다. 심의·의결권은 국회의 다수파의원 뿐만 아니라 소수파의원 등에게도 보장된다. 소수파에게 합법적 의사진행을 제공한 '무제한토론제도'를 도입하여 (법 제106조의2 제1항) 물리적 충돌방지 및 대화와 타협의 국회 정치문화를 조성하고자 하

였다.

(나) 소관상임위원회에서 심사 결과 본회의에 부의할 필요가 없다고 결정한 경우는 본회의에 부의하지 않고 그 법안은 폐기된다(법 제87조). 이를 보류함(pigeonhole)이라 한다. 그러나 위원회의 결정이 본회의에 보고된 날로부터 7일 이내에 의원 30인 이상의 요구가 있을 경우 그 법률안은 본회의에 부의하여야 한다(법 제87조 제1항).

법률안에 대한 수정동의는 의원 30인 이상의 찬성이, 예산안에 대한 수정동의는 의원 50인 이상의 찬성이 필요하다(법 제95조 제1항). 본회의에서 법률안의 의결은 재적의원 과반수 출석과 출석의원 과반수의 찬성으로 한다(법 제49조).

법률안의 수정안에 대한 의결에 대해 법률안 원안이 본래의 취지를 잃고 전혀 다른 의미로 변경되지 않는 한 허용해야 한다는 견해(헌재 2005헌라6 다수의견)와 이를 부정하는 견해(동판례 소수의견)가 있다. 이 경우 원안이 다른 의미로 변경되는 수정안이라기보다는 별개의 의안을 제안한 것으로 보아야 할 것이다.

> **판례** | 법률안 심의·표결권 – 헌재 2011.8.30. 2009헌라7(인용(권한침해, 기각)
>
> '한국정책금융공사법안' 및 '신용정보의 이용 및 보호에 관한 법률 전부개정법률안(대안)'(이하 이들을 합하여 '이 사건 법률안들'이라 한다)은 위원회의 심사를 거친 안건이지만 청구인으로부터 적법한 반대토론 신청이 있었으므로 원칙적으로 피청구인이 그 반대토론 절차를 생략하기 위해서는 반드시 본회의 의결을 거쳐야 할 것인데(국회법 제93조 단서), 피청구인은 청구인의 **반대토론 신청이 적법하게 이루어졌음에도 이를 허가하지 않고 나아가 토론절차를 생략하기 위한 의결을 거치지도 않은 채 이 사건 법률안들에 대한 표결절차를 진행하였으므로**, 이는 국회법 제93조 단서를 위반하여 청구인의 **법률안 심의·표결권을 침해**하였다.

(3) 법률안의 정부에의 이송

법률안이 본회에서 의결되면 정부로 이송된다(제53조 제1항). 정부는 국무회의의 심의를 거쳐 대통령이 이에 서명하고 국무총리와 관계국무위원이 부서한다.

(4) 대통령의 법률안거부권

대통령은 법률안에 이의가 있으면 법률안이 이송된 날로부터 15일 이내에 이의서를 붙여 국회에 환부하고(환부거부) 재의를 요구할 수 있다. 환부거부된 법률안은 국회에서 재적의원 과반수의 출석과 출석의원 2/3 이상의 찬성으로 재의결되면 법률로써 확정된다(동조 제4항).

(5) 법률의 공포와 발효

법률안이 정부에 이송된 날로부터 15일 이내에 대통령이 공포하며(동조 제1항), 이로써 법률안은 법률로 확정된다. 대통령이 15일 이내에 공포나 재의의 요구를 하지 않은 때에도 그 법률안은 법률로써 확정된다(동조 제5항). 대통령이 지체없이 공포하지 않거나 재의결로 법률이 정부로 이송된 후 5일 이내에 대통령이 공포하지 않을 때 국회의장이 이를 공포한다.

법률은 법률에 특별한 규정이 없으면 공포한 날로부터 20일을 경과함으로써 효력을 발생한다. 공포의 인정시기에 대해 판례는 최초 구독가능시설로 본다(동조 제6항).

2. 헌법개정의 심의·의결권

국회는 재적의원 과반수의 발의로 헌법개정을 제안할 수 있다(제128조 제1항). 헌법개정안은 대통령이 20일 이상 이를 공고하며(제129조), 공고된 날로부터 60일 이내에 국회의 의결을 거쳐야 하며, 헌법개정안은 국회에서 재적의원 2/3 이상의 찬성을 얻어야 한다(제130조 제1항).

그리고 국회가 의결한 후 30일 이내에 국민투표에 부쳐 국회의원선거권자 과반수의 투표와 투표권자 과반수의 찬성으로 확정된다(동조 제2항).

3. 조약의 체결·비준에 대한 동의권

국회는 중요조약에 대한 체결·비준에 대한 동의권을 가진다(제60조 제1항). 따라서 국회의 동의를 얻지 못한 조약은 국내법으로서의 효력을 가질 수 없다.

4. 국회의 규칙제정권

국회는 법률이 저촉되지 않는 범위 안에서 그 의사와 내부규율에 관한 규칙을 제정할 수 있다(제64조 제1항). 이는 국회의 자율권을 보장하기 위한 것이다.

제3항 재정에 관한 권한

I. 의 의

재정이란 국가나 지방자치단체가 그 존립의 유지와 활동에 필요한 재원을 조달하고 취득된 재산을 관리·사용·처분하는 모든 활동을 말한다. 재정에 관한 작용은 행정부가 행하는 집행작용이지만 재정의 조달이 국민의 부담을 통하여 이루어지는 것이므로 재정의 중요한 사항은 국회가 의결하도록 하는 의회의결주의를 채택하고 있다. 따라서 의회는 재정권력작용과 관련하여 납세의무의 내용과 한계를 법률로써 명시해야 하고, 조세의 부과·징수의 절차도 법률로써 규정해야 하며, 국가재정작용을 민주적으로 통제하고 감시하여야 한다.

현행헌법은 국회의 재정과 관련하여 ⅰ) 제54조에 "① 국회는 국가의 예산안을 심의·확정한다. ② 정부는 회계연도마다 예산안을 편성하여 회계연도 개시 90일 전까지 국회에 제출하고, 국회는 회계연도 개시 30일 전까지 이를 의결하여야 한다. ③ 새로운 회계연도가 개시될 때까지 예산안이 의결되지 못한 때에는 정부는 국회에서 예산안이 의결될 때까지 다음의 목적을 위한 경비는 전년도 예산에 준하여 집행할 수 있다. 1. 헌법이나 법률에 의하여 설치된 기관 또는 시설의 유지·운영 2. 법률상 지출의무의 이행 3. 이미 예산으로 승인된 사업의 계속", ⅱ) 제55조에 "① 한 회계연도를 넘어 계속하여 지출할 필요가 있을 때에는 정부는 연한을 정하여 계속비로서 국회의 의결을 얻어야 한다. ② 예비비는 총액으로 국회의 의결을 얻어야 한다. 예비비의 지출은 차기국회의 승인을 얻어야 한다", ⅲ) 제56조에 "정부는 예산에 변경을 가할 필요가 있을 때에는 추가경정예산안을 편성하여 국회에 제출할 수 있다", ⅳ) 제57조에 "국회는 정부의 동의없이 정부가 제출한 지출예산 각 항의 금액을 증가하거나 새 비목을 설치할 수 없다", ⅴ) 제58조에 "국채를 모집하거나 예산 외에 국가의 부담이 될 계약을 체결하려 할 때에는 정부는 미리 국회의 의결을 얻어야 한다", ⅵ) 제59조에 "조세의 종목과 세율은 법률로 정한다"라고 예산 및 조세에 관하여 규정하고 있다.

Ⅱ. 조세법률주의와 조세평등주의

1. 원 칙

조세법률주의는 법률에 근거가 없으면 국가는 조세를 부과·징수할 수 없고, 국민도 법률에 근거가 없으면 조세납부를 요구받지 않는다는 원칙이다. 따라서 조세의 부과·징수는 반드시 국회가 제정한 형식적 의미의 법률로써만 행해져야 한다. 이러한 조세법률주의는 조세의 종목과 세율을 의회가 제정한 법률로써 규정함으로써 국민의 재산권을 보장하고 국민의 법적 안정성과 예측가능성을 보장하려는 것이다.

조세법률주의는 과세요건법정주의·과세요건명확주의·소급과세금지원칙·엄격한 해석의 원칙(유추해석, 확장해석 금지), 실질과세의 원칙(법적 형식보다 경제적 실질에 따라 과세) 등을 그 내용으로 하고 있다.

판례 | 조세법률주의 원칙 – 헌재 2012.5.31. 2009헌바123 등(한정위헌)

형벌조항이나 조세법의 **해석**에 있어서는 헌법상의 죄형법정주의, **조세법률주의의 원칙상 엄격하게 법문을 해석하여야 하고 합리적인 이유 없이 확장해석하거나 유추해석할 수는 없는**바, '유효한' 법률조항의 불명확한 의미를 논리적·체계적 해석을 통해 합리적으로 보충하는 데에서 더 나아가, 해석을 통하여 전혀 새로운 법률상의 근거를 만들어 내거나, 기존에는 존재하였으나 실효되어 더 이상 존재한다고 볼 수 없는 법률조항을 여전히 '유효한' 것으로 해석한다면, 이는 법률해석의 한계를 벗어나 '법률의 부존재'로 말미암아 형벌의 부과나 과세의 근거가 될 수 없는 것을 법률해석을 통하여 창설해 내는 **일종의 '입법행위'로서 헌법상의 권력분립원칙, 죄형법정주의, 조세법률주의의 원칙에 반한다.**

2. 예 외

1) 조례에 의한 지방세의 과세·징수

법률은 "지방자치단체는 법률이 정하는 바에 의하여 지방세를 부과·징수할 수 있다"(지방자치법 제135조)고 하면서도, "지방자치단체는 지방세의 세목, 과세객체, 과세표준, 세율, 기타 부과·징수에 관한 사항을 정함에 있어서는 이 법이 정하는 범위 안에서 조례로써 하여야 한다(지방세기본법 제5조 제1항)"라고 하여, 조세법률주의의 예외를 인정하고 있다. 이는 지방자치단체의 자율과세권을 확보하기 위한 것이다.

2) 조약에 의한 세율규정

헌법에 의하여 체결·공포된 조약은 국내법과 같은 효력을 갖는다고 규정하고 있으므로「국제조세조정에 관한 법률」이 비거주자 또는 외국법인의 과세표준의 계산에 관한 규정에 있어 국세와 지방세보다 조세조약의 규정을 우선하여 적용하는 것(법 제3조, 제4조), 「관세법」이 외국과의 조약에 의해 관세에 관하여 협정세율을 정하도록 한 것(법 제73조) 등은 조세법률주의에 위배되지 않는다. 그러나 이와 같은 조약은 국회의 동의를 필요로 한다.

3) 긴급재정경제처분·명령

대통령의 긴급재정경제처분·명령(제76조)에 의한 조세부과도 조세법률주의 원칙에 대한 예외라고 할 수 있다.

3. 조세평등주의

조세평등주의란 헌법 제11조 제1항의 평등의 원칙 또는 차별금지의 원칙의 조세법적 표현으로서 조세법의 입법·해석·적용에 있어서 모든 국민을 평등하게 취급해야 한다는 원칙이다. 또한 과세는 개인의 담세능력을 고려하되, 동일한 담세능력자에 대하여는 원칙적으로 평등한 과세가 이루어져야 한다.

조세평등주의의 이념을 실현하기 위한 법제도의 하나가 실질과세의 원칙이다. 실질과세의 원칙은 법률상의 형식과 경제적 실질이 서로 부합하지 않는 경우에 그 경제적 실질을 추구하여 그에 과세함으로써 조세를 공평하게 부과하려는 원칙이다.

> ⚠️ **판례** | 실질과세의 원칙 – 대판 2012.1.19. 2008두8499(파기환송)
>
> **실질과세의 원칙**은 헌법상의 기본이념인 평등의 원칙을 조세법률관계에 구현하기 위한 실천적 원리로서, 조세의 부담을 회피할 목적으로 과세요건사실에 관하여 실질과 괴리되는 비합리적인 형식이나 외관을 취하는 경우에 그 형식이나 외관에 불구하고 **실질에 따라 담세력이 있는 곳에 과세함으로써 부당한 조세회피행위를 규제하고 과세의 형평을 제고하여 조세정의를 실현하고자 하는 데 주된 목적**이 있다. 이는 조세법의 기본원리인 조세법률주의와 대립관계에 있는 것이 아니라 조세법규를 다양하게 변화하는 경제생활관계에 적용함에 있어 예측가능성과 법적 안정성이 훼손되지 않는 범위 내에서 합목적적이고 탄력적으로 해석함으로써 조세법률주의의 형해화를 막고 실효성을 확보한다는 점에서 **조세법률주의와 상호보완적이고 불가분적인 관계에 있다고** 할 것이다.

4. 준조세

준조세는 조세법률주의 원칙의 적용을 받는 것으로서 조세라는 명칭이 붙어있지 않은 조세를 말한다. 이에는 특정한 공익사업과 관련하여 그 이해관계자가 부담하는 공법상 금전납부 의무를 지는 부담금, 국가나 공공단체가 행하는 공적 역무에 대한 반대급부로 징수하는 수수료, 공공시설의 이용이나 재산의 사용에 대한 요금인 사용료 등이 있다.

부담금과 같이 조세 외에 국민에게 재산상의 부담을 부과하는 경우 헌법적 근거가 필요하며, 부담금을 부과하여 국민의 재산권을 제한하는 경우에도 일반적 법률유보 원칙이 준수되어야 한다. 현대국가에서 새로운 국가과제 수행을 위해 특별한 과제에 대한 재정충당을 위해 반대급부 없이 부과되는 특별부담금도 국민의 재산권을 제한하는 것으로, 법률에 근거가 있어야 한다.

> **⚠ 판례 | 특별부담금 허용 한계 - 헌재 1999.10.21. 97헌바84(합헌)**
>
> **특별부담금을 부과**함으로써 국민의 재산권을 제한하는 법률규정이 헌법에 위배되지 않기 위하여는 헌법 제37조 제2항에서 정하고 있는 과잉금지의 원칙이 지켜져야 하고, 평등의 원칙에 위배되어서는 아니됨은 물론이며, 특히 조세유사적 성격을 지니고 있는 특별부담금의 부과가 과잉금지의 원칙과 관련하여 방법상 적정한 것으로 인정되기 위해서는, 이러한 부담금의 부과를 통하여 수행하고자 하는 특정한 경제적·사회적 과제에 대하여 **특별히 객관적으로 밀접한 관련이 있는 특정집단에 국한하여 부과**되어야 하고, 이와 같이 **부과·징수된 부담금은 그 특정과제의 수행을 위하여 별도로 지출·관리**되어야 하며 국가의 일반적 재정수입에 포함시켜 일반적 국가과제를 수행하는 데 사용하여서는 아니 된다.

Ⅲ. 예산의 심의·확정권

1. 예산의 의의와 종류

예산은 일회계연도에 있어서 예정되는 국가의 세입·세출에 대한 준칙으로서(실질적 의미의 예산) 국회의 의결로써 성립하는 법규범의 일종이다(형식적 의미의 예산). 헌법 및 예산회계법에서 말하는 예산은 형식적 의미의 예산을 의미한다.

예산에 관해서는 법률의 형식으로 의결하는 예산법률주의(미국, 영국, 프랑스, 독일)와 법률과 다른 특별한 형식으로 의결하는 예산특수의결주의(일본, 스위스)가 있다. 우리나라는 법률의결권과는 별도의 규정에서 예산의결권을 규정하여 법률과 예산의 형식을 구별하고 있다.

예산의 종류에는 본예산과 추가경정예산, 확정예산과 임시예산(준예산), 일반회계예산(총예산)과 특별회계예산 등이 있다.

2. 예산의 성질

예산의 법적 성질에 대해서도 법규범설과 법규범부인설(세출승인설) 등이 대립되는데, 이는 헌법이 예산법률주의를 채택하지 않은 데서 기인한다. 법규범설은 예산을 법규범의 일종으로 보고 있으나, 법규범부인설은 예산은 국회가 정부에 대하여 지출의 승인을 하는 것이므로 예산은 어디까지나 행정행위로서 국회에 대한 의사표시에 불과하다고 본다.

국회의 승인은 예산을 성립시키는 요소이고 국회의 승인으로 예산은 국가기관에 대하여 구속력을 발휘하게 된다. 따라서 예산은 단순한 세입·세출의 견적표가 아니며 세입에 대해서는 재원·시기를, 세출에 대해서는 시기·목적 등을 한정해주는 법규범의 일종이라 할 수 있다.

3. 예산과 법률

1) 공통점

예산과 법률은 국회의 의결로써 확정되며, 예산도 법규범의 일종이다.

2) 차이점

예산의결권(제54조)은 법률의결권(제53조)과는 별도의 헌법조항에서 규정하고 있으며(**헌법규정상 차이**), 예산은 예산의 형식으로 법률은 법률의 형식으로 의결한다(**형식상 차이**). 예산은 정부만이 제출권이 있고 국회는 제출권이 없다(**제출권의 차이**). 예산은 정부의 예산안의 범위 내에서 삭감할 수 있지만 정부의 동의 없이 증가, 새 비목을 설치할 수 없는데 법률은 이러한 제한이 없다(**심의의 차이**). 예산안은 관보로써 공고하면 효력이 발생하나 법률안은 공포가 효력발생요건이다(**효력발생요건의 차이**). 국회는 법률안과는 달리 예산심의를 전면 거부할 수 없으며, 대통령도 법률안거부권과는 달리 예산안거부권 행사는 할 수 없다(**거부권 제한의 차이**). 예산은 1회계연도에 한하여 효력을 갖는데 반해 법률은 영속적 효력이 원칙이다(**효력기간의 차이**). 예산은 관계국가기관의 재정행위만을 구속하나, 법률은 일반국민도 구속한다(**구속력의 차이**).

3) 예산과 법률의 상호관계

(1) 변경·구속관계

예산과 법률은 서로 성질·성립절차·효력의 차이로 예산을 가지고 법률을 변경하지 못하고 법률을 가지고 예산을 변경할 수 없다. 세출예산은 지출을 명하거나 인정하는 법률이 없는 경우에 지출할 수 없으며, 세입예산도 근거법률이 없으면 징수할 수 없다. 그러나 법률의 근거가 있는 한 세입예산을 초과하거나 예산에 계상되어 있지 않은 항목의 수납도 가능하다.

(2) 불일치와 조정

예산과 법률의 형식·성립절차·성립시기의 차이로 법률을 집행함에 있어서 필요한 예산이 없거나, 예산에는 지출이 계상되어 있으나 지출의 근거법률이 없는 경우가 생길 수 있다. 이 경우 예산과 법률의 불일치에 대한 조정문제가 제기된다. 이에 정부는 예산안과 법률안을 제출함에 있어서 불일치가 발생하지 않도록 모든 세출을 예산안에 반영하고 그 근거법령과 예산안을 동시에 제출하고, 정부의 국회출석·발언권 등 국회에 대한 견제권 행사를 통하여 조정한다.

예산을 필요로 하는 법률이 성립한 경우에 정부가 법률을 성실하게 집행할 의무를 다하기 위해서는 반드시 예산조치를 한다. 국회법은 예산상의 조치를 수반하는 법률안에 대하여 국회예산정책처의 추계서[요구서] 제출을 의무화하고 있다(법 제79조의2). 이러한 사전적 조정이 이루어지지 않으면 추가경정예산조치, 예비비제도를 통한 사후 조정을 하거나 예산 관련 법률을 제정하거나 시행시기를 조절하는 방안도 강구할 수 있다.

Ⅳ. 예산의 성립

1. 예산의 편성과 제출

정부는 회계연도마다 예산안을 편성하여 국무회의의 심의를 거쳐 회계연도 개시 90일 전까지 국회에 제출하여야 한다(제54조 제2항). 이는 예산심의기간의 부족으로 인한 예산심의 부실화와 준예산의 성립을 방지하기 위한 것이다.

예산은 1회계연도마다 편성하여야 하며(1년예산주의), 국가의 총수입과 총지출을 계상하여 편성하여야 하며(총계예산주의), 국가의 세입·세출을 단일회계로 통일하여 편성하여야 한다(단일예산주의).

2. 예산의 심의

1) 예산의 심의절차

예산안이 국회에 제출되면 국회는 정부의 시정연설을 들은 후 예산안을 소관상임위원회에 회부하고 소관상임위원회는 예비심사를 하여 그 결과를 의장에게 보고한다. 의장은 예산안에 위의 보고서를 첨부하여 예산결산특별위원회에 회부하고, 그 심사가 끝나면 본회의에 부의하여 심의한다(국회법 제84조).

2) 예산심의권의 제약

국회는 예산안에 대한 발안권이 없다. 예산안에 대한 폐지·삭제·감액권은 인정되나 증액수정 또는 새 비목설치권은 인정되지 않는다. 증액수정 또는 새 비목설치시는 정부의 동의를 얻어야 하며(제57조), 이미 조약이나 법률에서 확정된 세출은 삭감할 수 없다.

예산이 수반되는 국가적 사업을 규정한 법률이 존재하고 정부가 이를 위한 예산안을 제출한 때에는 국회의 예산심의권은 이에 구속된다.

정부가 본회의 또는 위원회에서 의제가 된 예산안을 수정 또는 철회할 때에는 본회의나 위원회의 동의를 얻어야 하며(국회법 제90조 제3항), 의원이 수정동의를 할 때에는 의원

30인 이상의 찬성[예산안 수정동의는 의원 50인 이상 찬성]이 있어야 한다(법 제95조 제1항).

3. 예산안의 확정

예산안에 대한 국회처리 시안준수를 위해 예산안·세입예산안 부수 법률안 등에 대해서는 무제한 토론을 규정하고 있다(법 제106조의2 제10항). 무제한 토론은 매년 12월 1일 밤 12시에 종료하도록 하고 있으나 형식적으로 처리되고 있다.

국회는 예산안을 회계연도개시 30일 전에 의결하여야 한다(제54조 제2항). 국회가 의결한 예산은 정부에 이송되어 대통령이 공고한다. 예산의 공고는 예산의 효력발생요건이 아니다.

4. 계속비와 예비비제도

1) 계속비의 의결

헌법은 1회계연도를 넘어 계속 지출할 필요가 있을 때에는 정부가 연한을 정하여 계속비로서 국회의 의결을 얻어야 하는 1년예산주의에 대한 예외를 인정하고 있다(제55조 제1항).

계속비는 수년 도에 걸친 사업의 경비에 관하여 일괄하여 미리 국회의 의결을 얻고, 이를 변경할 경우 외에는 다시 국회의 의결을 얻을 필요가 없는 경비를 말한다. 계속비는 사업의 목적 경비총액과 그 연한을 미리 정할 뿐만 아니라 각 연도에 지출할 금액을 미리 정하여 국회의 의결을 얻어야 한다.

2) 예비비의 의결과 지출에 대한 승인

예산 중에는 예측하기 어려운 세출예산의 부족에 충당하기 위하여 예산에 계상되는 비용인 예비비 설치도 인정된다. 예비비는 총액만을 계정하고 사용목적이나 방법은 집행부의 재량에 맡겨져 있기 때문에 예비비 지출은 차기국회의 승인을 얻어야 한다(제55조 제2항).

5. 예산의 불성립과 변경

1) 예산의 불성립과 준예산

국회는 회계연도 개시 30일 전까지 이를 의결하여야 하나(제54조 제2항), 회계연도가 개시되기까지 예산안을 의결하지 못한 때에 정부는 국회에서 예산안이 의결될 때까지

① 헌법이나 법률에 의하여 설치된 기관 또는 시설의 유지·운영, ② 법률상 지출의무의 이행, ③ 이미 전년도 예산으로 승인된 사업의 계속 등을 위하여 전년도 예산에 준하여 집행을 할 수 있다(동조 제3항). 이는 국회가 예산을 의결하지 못해 국정의 기능이 마비되는 것을 방지하기 위한 준예산제도이다.

2) 추가경정예산

정부가 예산 성립 이후에 발생한 사유로 인하여 예산에 변경을 가할 필요가 있을 때에는 국회에 추가경정예산안을 제출하고 그 의결을 얻어야 한다(제56조). 추가경정예산안에 대한 심의도 본예산안의 심의와 같은 절차를 밟는다.

V. 예산의 효력

1. 시간적·대인적·장소적 효력

예산은 일회계연도 내에서만 효력을 갖는다. 예산은 법률과는 달리 관계 국가기관만을 구속하고 일반국민은 구속하지 않는다. 예산은 국내뿐 아니라 외국공관 등 국외에도 효력이 미친다.

2. 형식적·실질적 효력

예산과 법률은 형식이 다르므로 예산으로 법률을 변경할 수 없고, 법률로 예산을 변경할 수도 없다(**형식적 효력**). 예산의 변경은 추가경정예산의 방법으로 하는 것이 원칙이다.

예산은 국회의 의결을 얻으면 법적 효력을 발생하여 정부의 재정행위를 구속한다(**실질적 효력**). 세출예산이 정한 목적 외에 경비를 사용할 수 없고(국가재정법 제45조), 예산이 정한 각 기관 간 또는 각 장·관·항 간에 상호 이용(移用)할 수 없다(법 제47조 제1항).

VI. 결산심사권

국회는 예산안을 심의·확정하며, 예산의 집행은 관계국가기관의 권한이다. 그러나 그 집행결과에 대해서는 국회가 심사권을 가진다. 국회는 결산에 대한 심의·의결을 정기회 개회 전까지 완료하여야 한다(국회법 제128조의2).

감사원은 매년 세입·세출의 결산을 검사하고 그 결과를 대통령과 차년도 정기국회에 보고해야 한다(제99조). 국회의 의결을 얻은 예산의 집행결과인 결산을 국회에 보고하게 하는(결산심사제도) 것은 국회의 재정작용에 대한 사후감독 통제의 실효를 거두려는 것이다. 국회는 결산심사결과 결산이 부당하다고 인정될 때에는 정부에 대해 탄핵소추 등 법적 책임, 정치적 책임을 물을 수 있다.

Ⅶ. 정부재정행위에 대한 권한

1. 승인권

1) 예비비지출승인권

예비비의 지출에 대해 차기국회의 승인을 얻지 못한 경우에 정부는 그에 대한 책임을 면할 수 없다.

2) 긴급재정경제처분·명령에 대한 승인권

대통령이 중대한 재정·경제상의 위기에 있어서 발동하는 긴급권에 대하여는 지체없이 국회에 보고하여 승인을 얻어야 한다(제76조 제3항).

2. 동의권

1) 기채동의권

국가가 세입부족을 보충하기 위하여 부담하는 국채를 모집하려 할 때에는 국회의 사전동의를 얻어야 한다(제58조).

2) 예산 외에 국가의 부담이 될 계약체결에 대한 동의권

외채 지불보증계약, 외국인고용계약 등 예산 외에 국가의 부담이 될 사법상 계약체결 시 국회의 사전동의를 얻어야 한다(제58조).

3) 재정적 부담을 지우는 조약의 체결·비준에 대한 동의권

국가나 국민에 중대한 재정적 부담을 지우는 조약의 체결·비준은 국회의 동의를 얻어야 한다(제60조 제1항).

제4항 국정통제에 관한 권한

국정통제권은 의회가 그 밖의 국가기관들을 감시하고 비판하고 견제할 수 있는 권한을 말한다. 현행헌법은 국회로 하여금 법률제정을 통하여 국정을 통제하는 외에 탄핵소추

권(제65조), 국정감사·조사권(제61조), 긴급명령 등에 대한 승인권(제76조 제3항), 계엄해제
요구권(제77조 제5항), 국방·외교정책에 대한 동의권(제60조), 일반사면에 대한 동의권(제79조
제2항), 국무총리·국무위원에 대한 해임건의권(제63조), 국무총리·국무위원 등의 국회출석
요구 및 질문권(제62조 제2항) 등을 통해 국정을 통제하고 있다. 또한 국회는 공직후보자
에 대한 인사청문회제도를 실시하고 있다.

Ⅰ. 탄핵소추권[탄핵제도]

1. 탄핵제도의 의의·연혁

1) 탄핵제도의 의의

탄핵제도(Impeachment)란 일반사법절차에 따라 소추하거나 징계절차로써 징계하기가
곤란한 고급공무원 등이 직무상 위법한 행위를 한 경우에 의회가 소추하여 처벌하거나
파면하는 제도를 말한다.

탄핵제도에 대해서는 무용론과 유용론이 대립되고 있다. 무용론은 탄핵제도는 역사적
으로 운용된 예가 드물고, 특히 의원내각제국가의 경우에는 내각불신임제도에 의하여 탄
핵제도는 실용성이 없는 헌법상 장식품에 불과하다고 본다. 반면 유용론은 탄핵제도가 고
전적 권력통제수단으로서 고위직공무원이 권력을 남용하는 것을 방지하는 기능이 있으므
로 여전히 그 실효성이 있다고 본다. 입법작용을 하는 의회가 사법작용에 해당하는 탄핵
소추를 하게 하는 것은 부적당하며 의원내각제국가에서는 유명무실한 제도라고 볼 수도
있다.

그러나 현행헌법 하에서 탄핵제도는 이념적으로는 국민주권의 원리를 구현하는 것이
고, 제도적으로는 집행부와 사법부에 대한 감시·통제 기능 외에 헌법수호기능까지도 수
행하는 것이므로 유용한 제도라고 할 수 있다.

2) 연 혁

탄핵제도는 그리스와 로마에서 기원한 것이라고 하지만 근대적 의미의 탄핵제도는 영
국의 에드워드 3세(1327~1377) 때 처음으로 하원이 고위직공무원을 상원에 소추한 것에
서 유래된 것으로 본다. 그 후 '공권박탈법'을 제정하여 탄핵제도를 명문의 법률로서 인정
하였으나 1805년 멜빌(Melvile)사건 이후에 내각책임제가 확립되어 내각불심임권의 행사
로 탄핵소추의 목적을 달성할 수 있게 되어 그 실효를 거두지 못하였다.

　대통령제를 채택하고 있는 미국의 경우에는 탄핵제도를 도입하여 하원이 탄핵소추권을 갖고 상원이 탄핵심판권을 행사한다. 미국에서는 제37대 대통령 닉슨이 1972년 닉슨 재선운동과 관련한 민주당 워터게이트본부 도청사건의 은폐기도 및 이에 관한 사법방해를 문책받아 하원이 탄핵소추를 발의하였고 발의되자 사임한 바 있다. 제42대 대통령인 빌 클린턴도 성추문사건과 관련하여 하원에서 탄핵소추되었으나 상원에서 부결된 바 있다.

　우리나라의 경우 탄핵제도는 제헌헌법부터 채택한 제도로 1985년 유태흥 당시 대법원장의 탄핵소추 발의가 부결되었고, 1998년 김태정 검찰청장 탄핵소추 발의가 부결된 바 있다. 2004년 노무현 대통령에 대한 탄핵소추가 가결되었으나 헌법재판소의 기각결정이 있었고, 2016년 박근혜 대통령에 대한 탄핵소추가 헌법재판소에서 가결되어 파면되었다. 또한 2021년 임성근법관에 대한 탄핵소추에 헌법재판소가 각하결정을 내린바 있다.

2. 법적 성격

　현행헌법에서 "탄핵결정은 공직으로부터 파면함에 그친다"라고 규정하고 있으므로 탄핵심판에 의하여 당사자의 공직만 박탈하는 징계벌적 성격만 지니고 있으며, 형사재판적 사법절차는 아니다.

　그러나 영국과 프랑스에서의 탄핵제도는 파면 이외에 징역·금고 또는 벌금과 같은 형벌까지 선고할 수 있으므로 형사벌적 성격도 가진다.

3. 국회의 탄핵소추

1) 탄핵소추의 기관

　헌법상 탄핵소추권은 국회의 권한이며 소추위원은 국회 법제사법위원장이다. 양원제 국가인 경우에는 하원을 소추기관으로 한다. 헌법은 "국회는 탄핵의 소추를 의결할 수 있다"(제65조 제1항)라고 규정하고 있다.

　이 탄핵소추의결은 국회의 재량행위로서 국정통제의 권한으로, 대통령 등의 위헌·위법행위가 있는 경우 국회가 반드시 소추권을 행사하여야 하는 헌법상 의무는 아니다.

2) 탄핵소추의 대상자

헌법 제65조는 탄핵소추대상자로서 ① 대통령·국무총리·국무위원·행정각부의 장, ② 헌법재판소 재판관과 사법부의 법관, ③ 중앙선거관리위원회위원·감사원장·감사위원, ④ 기타 법률이 정한 공무원을 들고 있다.

여기서 "기타 법률이 정한 공무원"에 대해서는 구체적 입법화가 이루어지지 않고 있으나 대체로 일반사법절차에 의한 소추가 곤란한 검찰총장을 비롯한 검사·각 처장·정부위원·각군 참모총장·고위직외교관·정무직 또는 별정직고급공무원 등이 이에 포함된다고 하겠다. 다만 유일하게 「검찰청법」은 "검사는 탄핵 또는 금고 이상의 형을 받거나 징계처분에 의하지 아니하면 파면·정직 또는 감봉의 처분을 받지 아니한다"(법 제37조)라고 규정하여 검사가 탄핵에 의하여 파면될 수 있음을 규정하고 있다.

3) 탄핵소추의 사유

헌법은 "직무수행에 있어서 헌법이나 법률에 위배한 때"에 탄핵소추를 할 수 있다고 규정하고 있다. 직무집행은 현직 시의 위헌·위법행위이므로 취임 전이나 퇴임 이후의 위헌·위법행위는 그 소추의 대상이 되지 않는다(다수설). 다만, 탄핵소추절차 개시 이후에 탄핵소추를 면탈할 목적으로 전직시킬 경우는 현직 중의 행위로 간주하여 탄핵소추를 할 수 있다.

탄핵소추의 사유는 직무집행과 관련된 것이어야 하므로 공직 중의 간통행위와 같은 사생활상행위는 그 소추대상이 될 수 없다.

탄핵소추는 "헌법과 법률"에 위배된 경우라야 한다. 헌법은 형식적 의미의 헌법과 헌법적 관행이 포함되며, 법률도 형식적 의미의 법률뿐 아니라 법률과 동등한 효력을 가지는 국제조약, 일반적으로 승인된 국제법규, 그리고 긴급명령을 포함한다. 여기서 헌법위반이나 법률위반의 행위는 고의나 과실은 물론 법의 무지로 인한 경우도 포함된다.

⚠ 판례 | 탄핵사유 – 헌재 2004.5.14. 2004헌나1; 2017.3.10. 2016헌나1(인용(파면))

헌법 제65조에 규정된 **탄핵사유**를 구체적으로 살펴보면, '직무집행에 있어서'의 **'직무'란, 법제상 소관 직무에 속하는 고유 업무 및 통념상 이와 관련된 업무**를 말한다. 따라서 **직무상의 행위란, 법령·조례 또는 행정관행·관례에 의하여 그 지위의 성질상 필요로 하거나 수반되는 모든 행위나 활동을 의미**한다. 헌법은 탄핵사유를 "헌법이나 법률에 위배한 때"로 규정하고 있는데, '**헌법**'에는 **명문의 헌법규정**뿐만 아니라 헌법재판소의 결정에 의하여 형성되어 확립된 **불문헌법도 포함**된다. '**법률**'이란 단지 **형식적 의미의 법률** 및 그와 등등한 효력을 가지는 **국제조약, 일반적으로 승인된 국제법규 등을 의미**한다.

4) 탄핵소추의 발의 및 의결

대통령을 탄핵소추하는 경우에는 국회 재적의원 과반수의 발의가 있어야 하고, 그 의결은 재적의원 2/3 이상의 찬성이 있어야 한다. 대통령 이외의 자를 탄핵소추하는 경우에는 국회 재적의원 1/3 이상의 발의와 재적의원 과반수의 찬성으로 의결한다(제65조 제2항).

탄핵소추사건의 조사는 「국정감사 및 조사에 관한 법률」의 규정에 의하여 국회의 국정조사권의 행사로 인정된다.

5) 탄핵소추의결의 효과

탄핵소추가 의결된 경우 피소추자는 소추의결서가 본인에게 송달된 때로부터 헌법재판소의 탄핵심판이 있을 때까지 권한행사가 정지되며 임명권자는 피소추자의 사직원을 접수하거나 해임할 수 없다(국회법 제134조 제2항). 그러나 "탄핵소추를 받은 자가 그 결정 선고 전에 파면된 때에는 탄핵심판청구를 기각하여야 한다"(헌법재판소법 제53조 제2항)라고 규정하고 있어 임면권자에 의한 파면은 탄핵목적을 달성한 것으로 보아 가능하다.

Ⅱ. 국정감사 · 국정조사권

1. 의 의

국정감사권이란 국회가 매년 정기적으로 국정전반에 관하여 조사할 수 있는 권한으로서 포괄적인 통제기능을 하는 것으로 한국헌법의 특유한 제도이다. 이에 대해 국정조사권이란 의회가 입법에 관한 권한, 재정에 관한 권한, 국정통제에 관한 권한 등을 유효 적절하게 행사하기 위하여 특정한 국정사안에 관하여 부정기적으로 조사할 수 있는 권한을 말한다.

국정감사와 국정조사는 그 본질이나 권한 · 효과면에 있어서 서로 동일한 것이나 일반적으로 국정감사는 정례 일반국정조사인데 국정조사는 부정기적 특정국정조사라는 점에서 둘은 주체, 조사대상의 범위, 시기, 형식 등에서 다르다.

즉 ① 그 주체에 있어서 국정감사권은 소관상임위원회가 되나 국정조사권은 특별위원회 또는 상임위원회가 되며, ② 대상 및 범위에 있어서 국정감사권은 감사기관대상으로 국정전반에 관한 조사를 하는 반면 국정조사권은 문제되는 국정의 특정한 사안과 관련된 조사계획서에 따른다. ③ 시기 및 기간에 있어서 국정감사권은 정기회 집회일 다음 날부터 20일간 정기적으로 행해지나 국정조사권은 재적의원 1/4 이상의 요구가 있을 때 부정기적으로 행해진다. ④ 형식에 있어서 국정감사권은 상임위원장이 국회운영위와 협의하여 작성한 감사계획서에 의하는 반면 국정조사권은 본회의 승인의 조사계획서에 의한다.

2. 연혁과 입법례

국정조사는 1689년 영국에서 아일랜드와의 전쟁 패배원인의 조사를 위한 영국의회의 특별위원회활동을 그 기원으로 보고 있다. 국정조사권이 헌법적 차원에서 최초로 규정된 것은 1919년 바이마르헌법이며 제2차 세계대전 이후 독일기본법도 이를 명문화하고 있다. 미연방헌법에는 국정조사권이 명문으로 규정되어 있지 않지만 입법목적 추정이론에 근거하여 국정조사권을 의회의 권한행사를 위한 보조적 권한으로서 인정해오고 있다.

우리나라는 1948년 제헌헌법과 제2·제3공화국에서 국정감사권을 인정하였으나 제4공화국헌법과 「국회법」에서 폐지하였고, 1953년에 제정된 「국정감사법」도 폐지하였다. 그러나 1975년 7월 「국회법」의 개정으로 국정조사권을 규정하고, 제5공화국헌법에서 이를 명시적으로 규정하였다. 현행헌법은 국정조사권 외에 국정감사권을 규정하고 있고, 관련 법률로 「국정감사 및 국정조사에 관한 법률」(약칭: 국감국조법), 「국회에서의 증언·감정 등에 관한 법률」, 「국회법」 등이 있다.

3. 법적 성격

국정감사·국정조사권의 본질에 대하여 ⅰ) 보조적 권한설은 국정감사·조사권은 독자적인 기능을 수행하는 권한이 아니라 의회에 부여된 본래적 기능을 유효·적절하게 행사하는데 필요한 보조적 권한에 지나지 않는 것이라고 한다. ⅱ) 이에 대하여 독립적 권한설은 의회가 국민의 대표기관이라는 최고기관성을 강조하여 국정전체를 통할 감독하기 위한 권한이라는 것과 국민의 알권리를 충족시키기 위하여 국민에 대한 정보의 제공의 기능을 하고 있는 독립적 권한이라고 한다. ⅲ) 또한 이분설은 국정감사권은 독립적 권한이지만 국정조사권은 보조적 권한이라고 한다.

국정감사·조사권은 그 기능과 성격이 국회가 가지는 헌법상의 권한들을 유용하고 적절한 것으로 되게 하기 위한 보조적 권한으로 보아야 한다.

4. 주 체

국정감사는 국회에 부여된 권한이지만(제61조) 효율적인 실시를 위하여 소관상임위원회에서 국정감사를 실시할 수 있다. 지방자치단체에 대하여 2 이상의 위원회가 합동으로 반을 구성하여 감사하도록 하는데(국감국조법 제7조의2), 1개의 지방자치단체에 위원회 간

감사일정의 중복 등에 대한 개선책으로 도입된 것이다.

국정조사는 상임위원회 또는 특별위원회가 실시하며 이를 조사위원회라고 한다. 특별위원회는 교섭단체 의원수의 비율에 따라 구성하여야 하며(법 제4조 제1항), 특별위원회는 위원장을 호선하고 본회의에 보고한다(동조 제2항). 감사·조사를 위한 위원회는 별도의 소위원회나 반을 구성할 수 있다(법 제5조 제1항).

5. 시 기

국정감사는 국정전반에 관하여 소관 상임위원회별로 매년 정기회 집회일 이전에 국정감사 시작일부터 30일 이내의 기간을 정하여 감사를 실시한다. 다만, 본회의 의결로 정기회 기간 중에 감사를 실시할 수 있다(법 제2조 제1항).

국정조사는 국정의 특정한 사안에 관하여 재적의원 1/4 이상의 요구가 있을 때에 행할 수 있다(법 제3조 제1항). 국회가 폐회 또는 휴회 중일 때에는 조사요구서에 따라 국회의 집회 또는 재개의 요구가 있는 것으로 본다(법 동조 제3항).

6. 방법과 장소

1) 방 법

(1) 감사계획서 작성과 예비조사 및 출석요구

매년 처음 집회되는 임시회에서 국정감사계획서를 작성하고 감사대상기관에 통지하여야 한다(법 제2조 제4항). 국정조사위원회는 국정조사를 하기 전에 전문위원 기타 국회사무처 소속직원이나 조사대상기관의 소속이 아닌 전문가 등으로 하여금 예비조사를 하게 할 수 있다(법 제9조의2).

감사위원회나 조사위원회는 의결로써 감사 또는 조사와 관련된 보고 또는 서류의 제출을 관계인 또는 기관에 요구하고 증인·감정인·참고인의 출석을 요구하고 검증할 수 있으며(법 제10조 제1항), 이러한 요구를 받은 자 또는 기관은 법률에 특별히 규정된 경우 외에는 협조해야 한다(법 동조 제4항).

(2) 청문회

청문회는 국회의 위원회가 중요한 안건을 심사하거나 국정감사 또는 국정조사를 함에 있어 결정을 내리기 전에 판단의 기초가 되는 정보나 자료를 입수하기 위하여 증인 등을 출석시켜 증언을 청취하는 것을 말한다.

감사위원회나 조사위원회는 국정감사·조사에 필요한 경우 증인·감정인·참고인들로부터 증거의 채택 또는 증거의 조사를 위하여 청문회를 열 수 있다(국감국조법 제10조 제1항, 제3항, 국회법 제65조 제1항).

2) 장소 및 공개의 원칙

국정감사·조사는 위원회에서 정하는 바에 따라 국회의사당이나 감사·조사 대상 현장이나 그 밖의 장소에서 할 수 있다(법 제11조).

국정감사와 조사는 공개를 원칙으로 하며, 다만 위원회는 그 의결로써 달리 정할 수 있다(법 제12조).

7. 대상기관

1) 국정감사의 대상기관

국감국조법은 국정감사의 대상기관을 구체적으로 명시하고 상임위원회가 선정하도록 하고 있다. 특별히 필요한 경우에는 본회의의 의결을 얻도록 하고 있다. 국정감사대상기관으로는 ① 「정부조직법」 그 밖의 법률에 따라 설치된 국가기관, ② 지방자치단체 중 특별시·광역시·도의 국가위임사무와 국가보조금 예산지원 사업, ③ 「공공기관의 운영에 관한 법률」 제4조에 따른 공공기관, 한국은행, 농업협동조합중앙회, 수산업협동조합중앙회 ④ 그 외 지방행정기관, 지방자치단체가 있고, 「감사원법」에 따른 감사원의 감사대상기관이 있다(국감국조법 제7조).

2) 국정조사의 대상기관

국정조사위원회는 조사의 목적, 조사할 사안의 범위와 조사방법, 조사에 필요한 기간 및 소요경비 등을 기재한 조사계획서를 본회의에 제출하여 승인을 받은 기관에 국한해 조사한다(법 제3조 제4항).

8. 범위와 한계

1) 범 위

국회는 국회의 권한에 속하는 국정 전반에 대해 국정감사를 할 수 있고, 특정한 국정사안에 대하여 국정조사를 할 수 있다.

그 범위는 입법·재정·행정·사법의 전 국정영역을 포함하며, 국회내부의 자율적 사항에 대해서도 행사할 수 있다.

2) 한 계

(1) 기본권 보장상의 한계로, 국회의 국정감사·조사는 국정과 관계가 없는 개인의 사생활사항에 관해서는 할 수 없다(법 제8조 전단). 그러나 사생활에 관한 사항이라도 그것이 국가작용과 관련이 있는 정치자금의 출처나 용도, 선거에 관한 사회적 조직과 활동 및 금융거래 등은 조사대상으로 할 수 있다.

(2) 권력분립상의 한계로 ① 행정부에 관해 감사·조사를 하는 경우에 국회가 구체적인 행정처분을 하거나 행정부에 압력을 가하는 것과 같은 감사·조사는 할 수 없다. 정부 또는 해당기관의 시정을 필요로 하는 사유가 있을 때에는 국회가 시정을 요구하고 정부 또는 해당기관에 이송하여 처리하게 하고 그 결과를 국회에 보고하여야 한다(법 제16조). ② 사법부에 대한 감사·조사로 법원에 계속 중인 사건에 대하여 이를 감사·조사할 수 있는가에 관해서는 긍정설과 부정설이 나뉜다. 국감국조법은 "계속 중인 재판 또는 수사 중인 사건의 소추에 관여할 목적으로 행사되어서는 아니 된다"(법 제8조)라고 명시하고 있으므로 재판에 개입하거나 재판기록의 제출을 요하는 것, 판결의 내용이나 소송절차의 당·부당에 대한 감사·조사도 사법권을 침해하는 것으로 인정될 수 없다. 다만, 법원과 병행하여 동일 사건을 다른 목적을 위하여 독자적으로 감사·조사하는 것은 가능하다고 본다. ③ 국회의 국정감사·조사는 광역자치단체의 사무 중 국가위임사무에 한정되며, 지방자치단체의 고유사무는 지방의회의 권한으로서 국회의 조사대상에서 제외된다.

(3) 국가이익상의 한계로 국정감사·조사는 국익과 관련된 중요한 사항에 대해서는 그 발동이 자제되어야 한다.

공무상 비밀에 관한 증언·서류 등 제출에 대하여 ① 국회로부터 공무원 또는 공무원이었던 사람이 증언의 요구를 받거나, 국가기관이 서류 등의 제출을 요구받은 경우에 증언할 사실이나 제출할 서류 등의 내용이 직무상 비밀에 속한다는 이유로 증언이나 서류 등의 제출을 거부할 수 없다. 다만, 군사·외교·대북 관계의 국가기밀에 관한 사항으로서 그 발표로 말미암아 국가안위에 중대한 영향을 미칠 수 있음이 명백하다고 주무부장관(대통령 및 국무총리의 소속기관에서는 해당 관서의 장)이 증언 등의 요구를 받은 날부터 5일 이내에 소명하는 경우에는 그러하지 아니하다. ② 국회가 위 소명을 수락하지 아니할 경우에는 본회의의 의결로, 폐회 중에는 해당 위원회의 의결로 국회가 요구한 증언 또는 서류 등의 제출이 국가의 중대한 이익을 해친다는 취지의 국무총리의 성명을 요구할 수 있다. ③ 국무총리가 위 성명 요구를 받은 날부터 7일 이내에 그 성명을 발표하지 아니하는 경우에는 증언이나 서류 등의 제출을 거부할 수 없다(이상 국회에서의 증언·감정 등에 관한 법률 제4조).

III. 국무총리·국무위원의 해임건의권

1. 의 의

현행헌법상 국무총리·국무위원에 대한 해임건의제는 의원내각제 하의 내각불신임제와 유사한 제도로서 순수대통령제 하에서는 이례적인 것이다. 그러나 국무총리·국무위원에 대한 해임건의제는 해임의결이 아니라 해임의결의 구속력이 없는 해임건의로서 국무위원 등에 대한 개별적 또는 연대적인 정치적 책임을 지우는 것에 불과하다.

2. 사 유

해임건의를 할 수 있는 사유에 관해서는 헌법에 아무런 규정이나 제약이 없다. 직무집행의 위헌·위법행위나 정책수립과 집행에 있어서 중대한 과오나 정치적으로 무능하다는 이유에서도 해임건의를 할 수 있다.

또한 부하직원의 과오나 범법행위에 대한 정치적 책임으로서 또는 국무회의 구성원으로서 대통령을 그릇되게 보좌할 경우 등 광범위하고 포괄적으로 인정된다.

3. 발의·의결

국무총리·국무위원에 대한 해임건의는 국회 재적의원 1/3 이상의 발의에 의하여 국회 재적의원 과반수의 찬성으로써 한다(제63조 제2항). 해임건의안이 발의되면 그것이 본회의에 보고된 때로부터 24시간 이후 72시간 이내에 무기명투표로 표결한다. 이 기간 내에 표결하지 아니한 때에는 해임건의안은 폐기된 것으로 본다(국회법 제112조 제7항).

4. 효 과

국무총리·국무위원의 해임건의가 있는 경우에 대통령이 이에 대해 법적으로 구속되는가에 대해 긍정설과 부정설이 대립된다. 현행 정부형태가 대통령중심제이며 현행헌법이 기속력을 인정한 규정이 없는 점 등으로 보아 부정설이 타당하다. 그리고 대통령이 국무총리에 대한 해임건의를 존중하여 국무총리를 해임하는 경우라도 그 밖의 국무위원 전원을 해임할 필요는 없다고 본다.

Ⅳ. 국무총리·국무위원 등의 국회출석요구와 질문권

1. 의 의

국무총리·국무위원 등의 국회출석요구 및 발언은 의원내각제적 요소로 대통령제 하에서는 이례적인 것이다. 이는 국회와 행정부간의 관계를 보다 밀접히 함으로써 정책의 수립과 수행을 보다 효과적으로 수행할 수 있게 하기 위한 것이다. 또한 행정부와 국회 간 공화관계를 설정·유지하고 국회의 행정부 견제기능을 보장하기 위한 것이다.

2. 대 상

헌법규정상 국회출석 및 답변요구의 대상자는 국무총리·국무위원 또는 정부위원이다. 국회나 그 위원회의 요구가 있을 때에는 출석·답변의 의무가 있을 뿐 아니라 국회출석 및 발언권도 있다(제62조 제1항).

대통령은 국회에 출석하여 발언하거나 서한으로 의견을 표시할 수 있다. 그러나 국회는 대통령의 출석을 요구할 수 없다.

국무총리나 국무위원은 의장 또는 위원장의 승인을 받아 국무총리는 국무위원으로 하여금, 국무위원은 정부위원으로 하여금 대리하여 출석·답변하게 할 수 있다(법 제121조 제4항). 본회의나 위원회는 특정한 사안에 대하여 질문하기 위하여 대법원장, 헌법재판소장, 중앙선거관리위원회 위원장, 감사원장 또는 그 대리인의 출석을 요구할 수 있다(법 동조 제5항).

3. 절 차

(1) 국회의 본회의가 국무총리·국무위원·정부위원의 출석을 요구하는 발의를 하기 위해서는 의원 20인 이상이 이유를 명시한 서면으로써 하여야 한다. 위원회도 그 의결로 그들의 출석을 요구할 수 있다(법 제212조 제1항, 제2항). 질문을 하고자 하는 의원은 미리 질문의 요지와 소요시간을 기재한 질문요구서를 의장에게 제출해야 하며, 의장은 늦어도 질문시간 48시간 전까지 질문요지서가 정부에 도달되도록 송부하여야 한다(법 제122조의2 제7항).

(2) 국회의 회기 중 대정부질문 시에 제기되지 아니한 사안으로서 긴급히 발생한 중요문제 또는 사전에 대하여 질문(긴급현안질문)을 하는 경우 의원 20인 이상의 찬성으로서 질문요구서를 본회의 개의 24시간 전에 의장에게 제출하여야 한다(법 제122조3 제1항, 제2항).

(3) 의원이 서면으로 정부에 대하여 국정에 관한 질문을 하는 경우에는 질문서를 국회의장에게 제출하고(법 제122조 제1항), 국회의장은 지체없이 이를 정부에 이송한다(법 동조 제2항). 정부는 질문서를 받은 날로부터 10일 이내에 서면으로 답변하여야 하며 답변하지 못하는 경우에는 그 이유와 답변기한을 국회에 통지하여야 한다(법 동조 제3항). 정부의 답변에 대하여 보충하여 질문을 하고자 하는 경우 의원은 서면으로 질문할 수 있다(법 동조 제5항).

V. 국가긴급권 발동에 대한 요구 및 승인권

대통령이 계엄을 선포한 때에는 지체없이 국회에 통고하여야 하며, 국회는 재적의원 과반수의 찬성으로 계엄의 해제를 요구할 수 있고, 대통령은 계엄을 해제하여야 한다(제77조).

대통령이 긴급명령·긴급재정경제명령·긴급재정경제처분을 발한 때에는 지체없이 국회에 보고하여 승인을 얻어야 한다(제76조). 승인에 필요한 정족수는 헌법이 규정하고 있지 않으나 일반정족수인 국회 재적의원 과반수의 출석과 출석의원 과반수의 찬성을 얻어야 하는 것으로 본다.

VI. 중요조약에 대한 동의권·일반사면동의권

헌법은 제60조에 "① 국회는 상호원조 또는 안전보장에 관한 조약, 중요한 국제조직에 관한 조약, 우호통상항해조약, 주권의 제약에 관한 조약, 강화조약, 국가나 국민에게 중대한 재정적 부담을 지우는 조약 또는 입법사항에 관한 조약의 체결·비준에 대한 동의권을 가진다. ② 국회는 선전포고, 국군의 외국에의 파견 또는 외국군대의 대한민국 영역 안에서의 주류에 대한 동의권을 가진다"라고 중요조약에 대한 동의권 및 선전포고, 국군의 외국 파견 또는 외국군대의 대한민국 영역 안에서의 주류에 대한 동의권(제60조 제1항, 제2항)에 관하여 규정하고, 제79조에 "일반사면을 명하려면 국회의 동의를 얻어야 한다"라고 대통령이 행사하는 일반사면은 국회의 동의를 얻어야 함을 규정하고 있다.

VII. 인사청문회제도

헌법에 따라 국회에서 선출하는 공직후보자에 대해 인사청문회를 실시함으로써 국가기관을 구성하는데 있어서 국민적 정당성을 실현하고 국회의 통제권한을 강화하고 있다.

국회의 동의 및 선출을 요하는 공직후보자(국회동의가 필요한 대법원장, 대법관, 헌법재판소장, 국무총리, 감사원장, 국회선출 헌법재판관, 중앙선거관리위원회 위원 등)에 대해 인사청문특별위원회에서 인사청문을 실시하고(국회법 제46조의3), 그 밖의 법률상 해당 공직후보자(1. 대통령이 임명하는 헌법재판소 재판관, 중앙선거관리위원회 위원, 국무위원, 방송통신위원회 위원장, 국가정보원장, 공정거래위원회 위원장, 금융위원회 위원장, 국가인권위원회 위원장, 고위공직자범죄수사처장, 국세청장, 검찰총장, 경찰청장, 합동참모의장, 한국은행총재, 특별감찰관 또는 한국방송공사 사장의 후보자 2. 대통령당선인이 「대통령직 인수에 관한 법률」 제5조 제1항에 따라 지명하는 국무위원 후보자 3. 대법원장이 지명하는 헌법재판소 재판관 또는 중앙선거관리위원회 위원의 후보자)에 대해 소관상임위원회에서 인사청문을 실시하도록 하고 있다(법 제65조의2).

인사청문회제도가 잘 정착되기 위해서 공직자임명에 있어서 국회의 임명동의와 소관 상임위원회의 보고가 반영되는 공직자임명이 요청된다 하겠다.

제5항 국회의 자율권

Ⅰ. 의 의

국회의 자율권이란 국회가 다른 국가기관의 간섭을 받지 아니하고 헌법과 법률 그리고 의회규칙에 따라 그 의사와 내부사항에 독자적으로 결정할 수 있는 권한을 말한다.

이는 권력분립의 원리에 따라 의회의 내부사항에 관해서는 다른 국가기관이 관여하는 것을 금지하는 것과 국회고유의 권한을 행사하기 위한 자율성을 존중하기 위한 것이다.

Ⅱ. 집회 등에 대한 자율권

국회는 헌법과 「국회법」이 정하는 바에 따라 집회·휴회·폐회·회기 등을 자주적으로 결정한다. 국회가 휴회 중이라도 대통령의 요구가 있는 때, 의장이 긴급한 필요가 있다고 인정한 때, 재적의원 1/4 이상의 요구가 있는 때에는 회의를 재개한다(법 제8조 제2항).

Ⅲ. 국회규칙제정권

1. 의 의

국회규칙이란 헌법과 법률에 저촉되지 아니하는 범위 내에서 국회가 의사와 내부사항에 관하여 정하는 규칙을 말한다(제64조 제1항). 「국회법」은 헌법이 직접 규정하고 있는 국회의 구성과 권한 등에 관한 사항을 제외하고는 국회의 조직과 구성, 운영 기타 의사 및 내부규율 등에 관하여 비교적 상세한 규정을 두고 있다.

2. 성 격

국회가 제정하는 국회규칙의 성격에 관하여 국회규칙을 국회법의 세목규정으로 보아 국회규칙은 국회법의 시행령이라는 명령설과 국회의 자주적 결정에 의한 법규범으로 보아 명령과는 다르다는 자주법설이 대립한다.

국회규칙은 국회의 자주적 결정에 의한 규칙이기는 하지만 국회법 등 법률의 시행세칙을 그 내용으로 하고, 그 형식적 효력은 명령에 준한다고 본다.

3. 내용과 범위

국회규칙은 "의사와 내부규율을 그 내용과 범위로 한다"(제64조 제1항)고 규정하고 있다. 헌법과「국회법」은 의사절차와 내부규율을 상세히 규정하고 있으므로 국회규칙은 비교적 기술적·절차적 사항을 그 내용으로 한다.

본회의에서 의결한 국회규칙의 예로는「국회상임위원회 의원정수에 관한 규칙」,「국회의원의 청가 및 결석에 관한 규칙」,「국회방청 규칙」,「국회청원 심사규칙」,「국회에서의 중계방송 등에 관한규칙」,「국회의원 윤리실천규범」등을 들 수 있고, 국회운영위원회의 동의를 얻어 의장이 정한 국회규칙으로는「국회인사규칙」,「국회사무처직제」,「국회도서관직제」,「국회공직자윤리위원회 운영 등에 관한 규칙」등을 들 수 있다.

4. 제정절차

국회의 규칙은 국회 자체의 활동이라든가 국회의원과 직접 관련되는 사항은 본회의 의결을 거쳐 제정하고, 국회사무처·국회도서관의 운영 그 소속직원에 관한 사항은 국회의장이 국회운영위원회의 동의를 얻어 제정하는 것이 보통이다.

5. 효 력

국회규칙은 법률에 저촉되지 아니하는 범위 내에서 정할 수 있으므로 법률의 하위규범이다(형식적 효력).

국회의 의결과 동시에 효력이 발생하며 제정당시의 국회의원뿐만 아니라 의원의 개선이나 국회회기의 변경에 관계없이 효력이 중단되거나 소멸되지 않는다(시간적 효력).

국회규칙 중 내부사항을 규율하는 규칙은 국회의 내규로서 행정규칙에 준하는 것이므로 국회구성원에 대해서만 구속력을 가지나, 의사에 관한 국회규칙은 국회법의 시행령으로서 명령에 준하는 것이기 때문에 제3자에 대해서도 구속력을 가진다(대인적 효력).

IV. 의원의 신분에 대한 자율권

1. 의원의 자격심사권

국회는 의원의 자격을 심사할 수 있다(제64조 제2항 전단). 현행법상 의원의 자격요건으로는 ① 적법한 당선인일 것, ② 겸직이 금지된 직에 취임하지 아니하거나, ③ 「국회법」 제29조 제2항의 규정에 의하여 임기개시일 이후에 해직된 직의 권한을 행사하지 아니할 것, ④ 법률에 규정된 피선거권을 계속하여 갖고 있을 것 등이다.

의원이 다른 의원의 자격에 관하여 이의가 있으면 30인 이상의 연서로 자격심사를 의장에게 청구할 수 있다. 의원의 자격심사는 윤리특별위원회의 예심을 거치며 자격이 없음을 의결할 때에는 본회의에서 재적의원 2/3 이상의 찬성이 있어야 한다. 국회가 행한 자격심사의 결과에 대해서는 권력분립의 원리와 국회의 자율권을 존중한다는 견지에서 법원에의 제소를 인정하지 않고 있다(동조 제4항).

2. 의원에 대한 징계

1) 징계의 의의

국회는 의원을 징계할 수 있다(동조 제2항 후단). 징계는 원내질서를 문란하게 하거나 국회의 위신과 품위를 손상하게 한 의원이 있을 때 국회가 질서를 유지하기 위하여 자율권에 의해서 당해 의원에게 과하는 제재를 말한다.

2) 징계사유와 징계회부시한

「국회법」에 징계사유는 ① 청렴의무(법 제46조 제1항) 또는 지위남용 및 재산상 권리·이익·직위 취득, 알선 위반(법 동조 제3항), ② 겸직금지 규정을 위반하였을 때(법 제29조) 및 영리업무 종사 금지 규정을 위반하였을 때(법 제29조의2), ③ 사적 이해관계의 등록·변경 등록을 하지 아니하거나 등록·변경등록 사항을 고의로 누락 또는 허위로 제출하였을 때 (법 제32조의2 제1항, 제2항) 및 표결 및 발언을 회피할 의무가 있음을 알면서 회피를 신청하지 아니하였을 때(법 제32조의5 제1항), ④ 국가기밀에 속하는 사항을 공개하거나 타인에게 누설 위반하였을 때(법 제54조의2 제2항), ⑤ 의제와 관계없거나 허가받은 발언의 성질과 다른 발언을 하거나 이 법에서 정한 발언시간의 제한 규정을 위반하여 의사진행을 현저히 방해하였을 때(법 제102조), ⑥ 게재되지 아니한 부분을 다른 사람에게 열람하게 하거나 전재 또는 복사하게 하였을 때(법 제118조 제3항) 및 공표금지 내용을 공표하였을 때

(법 동조 제4항), ⑦ 회의장의 질서를 어지럽히는 행위를 하거나 이에 대한 의장 또는 위원장의 조치에 따르지 아니하였을 때(법 제145조 제1항), ⑧ 본회의 또는 위원회에서 다른 사람을 모욕하거나 다른 사람의 사생활에 대한 발언을 하였을 때(법 제146조), ⑨ 의장석 또는 위원장석을 점거하고 점거 해제를 위한 제145조에 따른 의장 또는 위원장의 조치에 따르지 아니하였을 때(법 제148조의2) 및 의원의 본회의장 또는 위원회 회의장 출입을 방해하였을 때(법 제148조의3), ⑩ 정당한 이유 없이 국회 집회일부터 7일 이내에 본회의 또는 위원회에 출석하지 아니하거나 의장 또는 위원장의 출석요구서를 받은 후 5일 이내에 출석하지 아니하였을 때, ⑪ 탄핵소추사건을 조사할 때 「국정감사 및 조사에 관한 법률」에 따른 주의의무를 위반하는 행위를 하였을 때, ⑫ 「국정감사 및 조사에 관한 법률」 제17조(제척사유 또는 회피사유가 있음을 알면서 회피신청을 하지 아니하거나 주의의무를 위반한 때)에 따른 징계사유에 해당할 때, ⑬ 「공직자윤리법」 제22조에 따른 징계사유에 해당할 때, 「공직자의 이해충돌 방지법」을 위반하였을 때, ⑭ 「국회의원윤리강령」이나 「국회의원윤리실천규범」을 위반하였을 때이다.

징계요구는 징계사유가 발생한 날 또는 징계대상자가 있음을 알게 된 날로부터 10일 이내에 하여야 하며(법 제157조 제2항), 그 심사는 자격심사와 달리 비공개로 한다(법 제158조).

(3) 징계의 종류

징계의 종류로는 ① 공개회의에서의 경고, ② 공개회의에서의 사과, ③ 30일 이내의 출석정지, ④ 제명이 있다(법 제163조 제1항). 제명을 의결하려면 재적의원 2/3 이상의 찬성을 요하며, 징계로 제명된 자는 그로 인하여 궐원된 의원의 보궐선거에서 후보자가 될 수 없다(법 제164조).

3. 자율권의 한계

1) 자격심사·징계처분

국회의원에 대한 본회의에서 자격심사의 결과와 징계처분에 대해서는 법원에의 제소가 금지된다(제64조 제4항). 이는 국회의 자주성을 최대한 존중해주려는 것이다.

2) 입법절차상 하자에 대한 사법심사

국회의 법률제정 등과 관련된 의사절차의 적부에 대한 사법심사에 관해서는 긍정설과 부정설이 대립된다.

이에 대해 대법원은 국회가 적법하게 통과하여 공포한 법률에 대해서는 삼권분립의 원칙상 법원이 입법부의 자율권에 개입해서는 안 된다는 부정설의 입장이나(대판 71도1845), 헌법재판소는 국회의 의사절차나 입법절차에 헌법이나 법률의 규정을 명백히 위반한 흠이 있는 경우에는 국회의 자율권 행사로 볼 수 없다고 하여 제한적으로 의사절차의 하자에 대한 심사를 긍정하였다(헌재 96헌라2). 이러한 제한적 긍정설이 권력분립원리나 국회의 자율권을 위하여 타당하다고 본다.

> **⚠ 판례** | 국회의 자율권에 대한 법원의 사법심사 여부 – 대판 1972.1.18. 71도1845(기각)
>
> 국회가 적법하게 통과하였다 하여 정부에 이송하고 국방회의가 의결하고 대통령이 승인 공포했으면 실질상 입법의 전 과정에 걸쳐 적법히 통과하였다고 인정되므로 삼권분립의 원칙으로 보아 법원이 헌법상 동 위인 입법부의 자율권에 개입해서는 안 된다.

> **⚠ 판례** | 국회의 자율권의 범위 – 헌재 1997.7.16. 96헌라2(인용(권한침해), 기각)
>
> 국회는 국민의 대표기관, 입법기관으로서 폭넓은 자율권을 가지고 있고, 그 자율권은 권력분립의 원칙이나 국회의 지위, 기능에 비추어 존중되어야 하는 것이지만, 한편 법치주의의 원리상 모든 국가기관은 헌법과 법률에 의하여 기속을 받는 것이므로 **국회의 자율권도 헌법이나 법률을 위반하지 않는 범위내에서 허용**되어야 하고 따라서 국회의 의사절차나 입법절차에 헌법이나 법률의 규정을 명백히 위반한 흠이 있는 경우에도 국회가 자율권을 가진다고는 할 수 없다.

3) 원내에서의 의원의 범죄와 국회의 고발

의원은 원내에서 행한 폭행·상해·공무집해방해 등의 행위에 대해서도 면책특권이 인정되는가, 면책특권이 인정되지 않는다고 할 때 이러한 범죄를 기소하려면 국회의 고발을 요하는가에 대해 고발불요설과 고발필요설, 그리고 의원의 원내에서 직무상 관련된 범죄행위에 대해서는 국회의 고발을 요한다는 절충설이 있다.

국회의 자율성을 존중한다고 하더라도 직무와 무관한 범죄까지 국회 고발권을 기소요건으로 할 필요는 없다고 보아 절충설이 타당하다고 본다.

03 정 부

기본이해를 위한 질문
1. 대통령의 헌법상 지위란 무엇이며, 대통령의 신분상 지위는 무엇인가
2. 대통령의 국회와 입법기관에 대한 권한은 무엇인가
3. 대통령의 사법에 관한 권한은 무엇인가
4. 대통령의 행정에 관한 권한은 무엇인가
5. 국무총리의 헌법상 지위는 무엇이며, 그 신분상 지위는 무엇인가
6. 국무회의의 헌법상 지위는 무엇인가
7. 감사원의 헌법상 지위는 무엇이며, 그 권한은 무엇인가

제1절 서 설

헌법상 정부는 대통령과 행정부를 포괄하는 집행부 전체를 의미하는 넓은 의미의 정부를 말한다. 정부는 외관상 대통령과 행정부로 이원화되어 있다. 따라서 헌법상 행정부는 대통령을 제외한 정부를 가리킨다. 그러나 국무회의 의장은 대통령이며 감사원이 대통령의 직속기관이며, 국무위원은 국무총리의 제청으로 대통령이 임명하는 등 행정부는 대통령과 밀접하게 관련되어 있다.

제2절 대통령

Ⅰ. 대통령의 헌법상 지위

1. 대통령과 정부형태의 유형

엄격한 권력분립을 전제로 집행부가 일원적 구조를 가지는 미국형대통령제에서 대통령은 국가원수이자 집행부수반으로 입법부와 사법부의 장과 동위에 선다.

이원정부제의 대통령이 집행부의 수반인 경우는 수상을 중심으로 한 정부와 집행권을 공유하나 대통령과 정부가 불일치하는 경우에 대통령은 행정부의 장으로서의 권한보다

국가원수로서의 지위와 권한에 집중된다.

의원내각제 하에서의 국가원수는 세습적인 군주제도를 두고 있는 국가와 선거를 통한 대통령을 국가원수로 하는 국가가 있다. 의원내각제하에서의 대통령은 명목적·의례적·상징적 지위에 머물며 국정에 관한 실질적 권한은 갖지 못하며, 권한과 지위가 있더라도 극히 제한적이다. 그러나 프랑스 제5공화국과 같이 대통령이 실질적인 권한과 특권까지 보유하는 경우도 있다.

2. 헌법상 대통령의 지위 변천

1) 제헌헌법

제헌헌법의 정부형태는 대통령제를 기본으로 하지만, 국무총리제를 두고 대통령은 국가원수이자 집행부수반으로서의 지위를 가지는 변형된 대통령제의 일종이었다.

국민의 직선에 의한 임기 4년의 부통령제를 규정하여, 헌법상 대통령지위승계권, 대통령권한대행권, 참의원의장겸임권, 탄핵재판소재판장겸임권, 헌법위원회위원장겸임권 등이 인정되었다.

2) 제2공화국헌법

제2공화국헌법은 의원내각제를 채택하여 집행부는 대통령과 내각으로 구성되는 이원적 구조에 입각하고 있었다. 집행에 관한 실질적 권한과 책임은 내각이 가지고, 대통령은 상징적 국가원수, 명목적이고 의례적인 집행부 수반으로서의 지위를 보유하였다.

3) 제3공화국헌법

제3공화국헌법의 대통령은 국민이 직접 선거하고 정부의 국회해산권 등이 인정되지 않아 비교적 대통령제에 가까운 것이었다. 그러나 대통령의 법률안제출권과 국회의 국무총리·국무위원해임건의권이 인정되는 것으로 순수한 의미의 대통령제라고는 할 수 없는 것이었다.

4) 제4공화국헌법

제4공화국헌법은 대통령제를 골간으로 하였으나 대통령에게 국회해산권을 비롯하여 국회 1/3 구성권 등을 가지고 있는 강력한 대통령의 지위를 가지고 있었다. 대통령은 직선이 아닌 간선제였기 때문에 국민적 정당성도 확보하지 않으면서도 타 기관에 비해 절대적 우위를 점하고 있었다.

5) 제5공화국헌법

제5공화국헌법상 대통령은 국회에서 간선되고 국회의 정부불신임권과 정부의 국회해산권을 부여하는 의원내각제적 요소가 많았다. 그리고 대통령은 타 국가기관에 비하여 상대적으로 우월적 지위를 점하고 있었다.

3. 현행헌법상 대통령의 지위

1) 민주적 정당성을 지닌 기관

대통령은 국민의 직선에 의하여 선출된다(제67조). 따라서 국민에 의해 선출되는 국회와 함께 국민적 정당성을 지니고 있다.

대통령은 행정부의 수반으로서 행정부의 성립과 존속에 있어서 민주적 정당성을 지닌 국회와 합의를 하여야 한다. 즉, 행정부의 구성에 있어서 대통령은 국회의 동의를 얻어 국무총리를 임명하며(제86조 제1항), 행정부의 존속에 있어서도 국회의 국무총리·국무위원 해임건의제도에 의한 통제를 받고 있다(제63조).

2) 국가원수로서의 지위

대통령은 국가의 원수이며 외국에 대하여 국가를 대표한다(제66조 제1항). 현행헌법상 대통령의 국가원수로서의 지위는 대외적으로 국가를 대표할 지위, 국가와 헌법의 수호자로서의 지위, 국정의 최고책임자로서의 지위, 헌법기관구성자로서의 지위 등으로 나뉜다.

(1) 대외적으로 국가를 대표할 지위

대통령은 외국에 대하여 국가를 대표한다. 대통령은 국가의 대표자로서 조약을 체결·비준하고 외교사절을 신임·접수 또는 파견하며, 외국에 대하여 선전포고와 강화를 한다(제73조). 대통령은 국가대표의 지위에서 일정한 국제법상 특권을 누린다.

(2) 국가와 헌법의 수호자로서의 지위

대통령은 국가의 독립, 영토의 보전, 국가의 계속성과 헌법을 수호할 책무를 진다(제66조 제2항). 헌법을 준수하고 국가를 보위함을 명시하고 있다(제69조). 대통령의 위헌정당제소권(제8조 제4항), 국가긴급권(제76조의 긴급명령, 긴급재정경제명령·처분권, 제77조의 계엄선포권) 등은 국가와 헌법을 수호하기 위하여 대통령에게 부여한 헌법상 권한이다. 또한 대통령은 국가안전보장회의를 주재한다.

(3) 국정의 통합·조정자로서의 지위

국가기능의 효율성을 유지하고 국론통일을 위해 국정의 통합·조정권을 대통령에게 부여하고 있다. 헌법개정안제안권(제128조 제1항), 영전수여권(제80조), 사면권(제79조), 법률공포권을 가지며, 국가안위에 관한 중요정책의 국민투표부의권(제72조), 국회임시회의 집회요구권(제47조 제1항), 국회에의 출석·발언 및 서한에 의한 의견표시권(제81조), 법률안제출권(제52조)을 갖는다. 대통령은 민족의 숙원인 조국의 평화적 통일을 위한 성실한 의무를 지며(제66조 제3항), 조국의 평화적 통일의 책무를 선서하고 있다(제69조).

(4) 국가기관 구성권자로서의 지위

헌법은 국가원수로서의 대통령에게 그 밖의 헌법기관을 구성할 권한을 부여하고 있다. 대통령은 국회의 동의를 얻어 대법원장과 헌법재판소장 및 감사원장을 임명하고, 대법원장의 제청으로 국회의 동의를 얻어 대법관을 임명한다. 그리고 헌법재판소 재판관, 중앙선거관리위원회 위원, 감사원장의 제청으로 감사위원을 임명하고 있다.

3) 행정부수반으로서의 지위

행정권은 대통령을 수반으로 하는 정부에 속한다(제66조 제4항). 대통령의 행정부수반으로서의 지위는 집행에 관한 최고책임자로서의 지위, 행정부 조직자로서의 지위, 국무회의 의장으로서의 지위 등을 갖는다.

(1) 행정의 최고지휘·책임자로서의 지위

대통령은 행정부수반으로서 오로지 그 권한과 책임 하에 집행에 관한 최종적인 결정을 하며, 행정부 구성원에 대하여 최고의 지휘·감독권을 행사한다.

(2) 행정부조직권자로서의 지위

대통령은 행정부구성원을 임명하고 해임할 권한을 갖는다. 대통령은 국회의 동의를 얻어 국무총리를 임명하고 국무총리의 제청으로 국무위원을 임명한다. 행정각부의 장은 국무위원 중에서 국무총리의 제청으로 임명한다. 또한 대통령은 헌법과 법률이 정하는 바에 의하여 공무원을 임면한다(제78조).

(3) 국무회의 의장으로서의 지위

국무회의는 집행부의 권한에 속하는 중요정책을 심의하는 기관으로 대통령·국무총리·국무위원 등으로 구성된다. 대통령은 국무회의의 의장으로서 국무회의를 소집하고 주재하며 그 운영을 통할한다(제88조).

II. 대통령의 신분상 지위

1. 대통령의 선거

1) 대통령선거와 정부형태

대통령의 선출기관과 선출방법은 정부형태에 따라 다르다. 대통령제국가에 있어서 대통령은 행정부의 실질적 수반이며 임기동안 의회에 대해 책임을 지지 않는다. 대통령은 국민에 의해 직접 선출됨으로써 민주적 정당성을 확보할 수 있다.

이에 대하여 의원내각제국가에서 대통령은 명목적·의례적인 국가원수일 뿐 집행에 관한 실질적인 권한과 책임은 내각이 지닌다. 따라서 국민의 직선을 요하지 않아도 되므로 의원내각제국가에서는 대통령은 간선제가 보통이다. 간선제의 경우에도 의회에 의해서 선출되는 경우(스위스, 독일)와 선거인단에 의하여 선출되는 경우가 있다.

2) 헌법상 대통령의 선거

(1) 대통령선거제도의 변천

제1공화국에서 대통령은 간접선거로 선출되었으나 1952년 발췌개헌으로 직선제를 도입하였다. 제2공화국에서는 순수한 의원내각제를 도입하여 대통령은 국회 양원의 합동회의에서 선출되었다. 제3공화국에서는 대통령을 직선으로, 제4공화국, 제5공화국에서는 간접선거로 선출되었다. 제6공화국 현행헌법에서는 1987년 6월 항쟁의 결과 대통령선거의 직선제를 도입하였다.

(2) 현행헌법과 대통령의 선거방법

대통령은 국민의 보통·평등·직접·비밀선거에 의하여 선출한다(제67조 제1항). 원칙적으로 대통령선거는 국민의 직선으로 하되, 예외적으로 국회간선제를 채택하고 있다.

대통령선거에 있어서 최고득표자가 2인 이상인 때에는 국회의 재적의원 과반수가 출석한 공개회의에서 다수표를 얻은 자를 당선자로 한다(제67조 제2항). 다만, 대통령선거에 있어서 최고득표자가 유효투표의 과반수를 얻지 못한 경우 대표자로서 민주적 정당성이 제기될 수 있는 문제점을 안고 있다. 이는 프랑스의 대통령제가 대통령 당선에 요구되는 득표율을 과반수로 하고 제1차 투표에서 과반수득표자가 없는 경우 최고득표자와 차점자에 대해 제2차 투표를 실시하는 결선투표제를 통한 절대적 다수대표제를 채택하고 있는 것과 다르다.

대통령선거에 관한 사항은 법률로 정하며(동조 제5항), 이에 관한 법률이 「공직선거법」이다.

(3) 대통령의 선거

가. 선거권과 피선거권

대통령선거권자는 18세 이상이어야 하며, 대통령으로 선출될 수 있는 자는 국회의원 피선거권이 있고, 선거일 현재 40세에 달해야 하며(제67조 제4항), 5년 이상 국내에 거주하고 있는 자라야 한다(공직선거법 제16조 제1항).

나. 대통령후보자

대통령선거에는 정당의 추천을 받거나 무소속으로 입후보할 수 있다. 대통령후보자는 대통령선거일 전 24일부터 2일간 중앙선거관리위원회에 정당의 추천서와 본인의 승낙서를 첨부하여 후보자등록을 신청하여야 하고, 무소속후보자는 같은 기간 내에 5 이상의 시·도에 나누어 하나의 시·도에 주민등록이 되어 있는 선거권자의 수를 700인 이상으로 한 3천 5백인 이상 6천인 이하가 검인하여 교부하는 추천장을 사용하여 후보자등록을 신청해야 한다(법 제48조 제2항, 제49조 제1항). 후보자등록을 신청한 자는 등록신청 시에 3억원을 기탁하여야 한다(법 제56조 제1항).

다. 대통령의 선거

임기만료로 인한 대통령의 선거는 임기만료일 전 70일 이후 첫번째 수요일에 실시한다(법 제34조 제1항). 대통령의 궐위로 인한 선거 또는 재선거는 선거실시사유가 확정된 때로부터 60일 이내에 실시하되, 선거일은 늦어도 선거일 전 50일까지 대통령 또는 대통령권한대행자가 공고한다(법 제35조 제1항).

라. 당선인 결정

중앙선거관리위원회는 유효투표의 다수를 얻은 자를 대통령당선자로 결정한다(법 제187조 제1항). 다만, 대통령후보자가 1인일 때에는 그 득표수가 선거권자 총수의 1/3 이상이 아니면 대통령으로 당선될 수 없다(제67조 제3항). 최고득표자가 2인 이상이면 최고득표자에 대하여 국회가 결선투표를 함으로써 다수득표자를 당선인으로 하는(동조 제2항), 상대다수대표제를 채택하고 있다.

2. 대통령의 신분

1) 대통령의 취임

대통령당선자는 그동안 대통령의 유고 등 특단의 사정이 없는 한 대통령 취임일인 2월 25일 취임을 준비하였으나, 전임 대통령의 파면으로 다시 집권한 문재인 대통령이 5월 10일 취임함으로써 대통령당선자는 5월 9일까지 직위를 유지하게 된다. 대통령당선자의 국정인수 준비를 위해 1988년 「대통령취임준비위원회설치령」이 제정되었으나 법률 제정의 필요성이 강조되고, 이후 2003년 2월 4일 「대통령직인수에 관한 법률」이 제정되어 대통령직의 인수를 원활하게 하고 있다.

대통령은 대통령직에 취임함으로써 대통령으로서의 신분을 취득하고 직무를 수행할수 있다. 대통령은 취임에 즈음하여 "나는 국헌을 준수하고 국가를 보위하며 조국의 평화적 통일과 국민의 자유와 복지의 증진 및 민족문화의 창달에 노력하여 대통령으로서의 직책을 성실히 수행할 것을 국민 앞에 엄숙히 선서합니다"(제69조)라는 선서를 하여야 한다.

2) 대통령의 임기

대통령의 임기는 전임대통령의 임기만료일의 다음 날 0시부터 개시된다. 다만, 전임자의 임기가 만료된 후에 실시하는 선거와 궐위로 인한 선거에 의한 대통령의 임기는 당선이 결정된 때부터 개시된다(법 제14조 제1항). 대통령은 취임일 0시부터 임기가 개시된다고 볼 수 있다.

대통령의 임기는 5년으로 하고 중임할 수 없다(제70조). 대통령의 임기연장 또는 중임제한을 위한 헌법개정은 그 헌법개정안 당시의 대통령에 대하여는 효력이 없다(제130조제2항). 이는 한국헌정사에서 문제되어 왔던 대통령의 장기집권의 병폐를 방지하고자 하는 입법의도를 담고 있다.

3) 대통령의 권한대행

대통령의 궐위나 사고로 대통령직의 유고가 확인되고 결정되는 시점에서부터 대통령권한대행이 취임하게 된다. 대통령이 궐위되거나 사고로 직무를 수행할 수 없을 때에는 제1차적으로 국무총리가 그 권한을 대행하고 제2차적으로 법률(정부조직법 제22조, 제26조)에 정한 장관, 국무위원의 순으로 그 권한을 대행한다(제71조). 궐위란 ① 대통령이 사망한 경우, ② 탄핵결정으로 파면된 경우, ③ 대통령이 판결 기타의 사유로 자격을 상실한경우, ④ 사임한 경우 등 대통령이 재직하고 있지 아니한 경우를 포괄한다. 사고란 대통령이 재직하면서도 신병이나 해외순방 등으로 직무를 수행할 수 없는 경우와 국회가 탄핵소추를 의결함으로써 탄핵결정이 있을 때까지 권한행사가 정지된 경우를 말한다.

대통령이 궐위된 때에는 60일 이내에 후임자를 선출해야 한다(제68조 제2항). 이 규정에 의해 대통령 권한대행의 재임기간은 60일을 초과할 수 없다고 볼 수 있다. 다만 부득이한 사유로 권한대행 기간이 60일을 넘는 경우도 예상할 수 있다.

선출된 후임자는 차기대통령을 의미하고 임기도 처음부터 개시된다.

4) 대통령의 형사상 특권과 의무

(1) 대통령의 형사상 특권과 탄핵

대통령은 내란 또는 외환의 죄를 범한 경우를 제외하고는 재직 중 형사상의 소추를 받지 아니하나(제84조), 민사소추는 가능하다. 그리고 재직 중 범한 형사범죄에 대하여 퇴직 후에는 형사소추가 가능하다.

대통령은 탄핵 이외의 사유로 파면되지 않는다. 탄핵소추의 의결이 있으면 그 권한행사가 정지되며, 탄핵결정이 있으면 대통령직에서 파면된다. 대통령직의 특수성을 고려하여 탄핵소추는 국회 재적의원 과반수 발의와 재적의원 2/3 이상의 찬성이 있어야 한다(제65조).

(2) 대통령의 의무

대통령의 헌법상 의무로는 직무상 의무와 겸직금지의무를 들 수 있다. 대통령은 "헌법을 준수하고 국가를 보위하며 조국의 평화적 통일과 국민의 자유와 복리의 증진 및 민족문화의 창달에 노력하여 대통령으로서의 직책을 성실히 수행할"(제69조) 의무가 있다.

대통령은 국무총리·국무위원·행정각부의 장 기타 법률이 정하는 공사의 직을 겸할 수 없다(제83조).

5) 전직대통령에 대한 예우

헌법상 전직 대통령의 신분과 예우에 관하여는 법률로 정한다(제85조). 특히 전직 대통령은 국가원로자문회의의 의장이 되고 그 밖의 전직대통령은 위원이 된다. 국가원로자문회의는 국정의 중요한 사항에 관한 대통령의 자문에 응하기 위한 기구이나 필수적 헌법기관은 아니다(제90조).

「전직대통령 예우에 관한 법률」에서는 연금·경호·경비 등에 관하여 상세히 규정하고 있다. 그러나 ① 재직 중 탄핵결정을 받아 퇴임한 경우, ② 금고 이상의 형이 확정된 경우, ③ 형사처분을 회피할 목적으로 외국정부에 망명을 요청한 경우, ④ 대한민국의 국적을 상실한 경우 등에는 예우를 하지 아니한다(법 제7조).

III. 대통령의 권한

1. 헌법기관의 구성 권한

대통령은 국가원수로서 대법원장과 대법관, 헌법재판소의 재판관과 헌법재판소장, 중앙선거관리위원회 위원, 감사원장과 감사위원을 임명하는 등 헌법기관을 구성하는 권한을 갖는다.

대통령은 국회의 동의를 얻어 대법원장을 임명하고 대법원장의 제청으로 국회의 동의를 얻어 대법관을 임명한다(제104조 제1항, 제2항). 대통령은 재판관 중 3인은 국회가 선출한 자를, 3인은 대법원장이 지명한 자를 임명하고, 3인은 대통령이 직접 임명한다(제114조 제2항, 제3항). 그리고 대통령은 헌법재판소의 장을 국회의 동의를 얻어 재판관 중에서 임명한다(동조 제4항).

중앙선거관리위원회위원 9인 중 3인은 국회가 선출하고, 3인은 대법원장이 지명하며, 나머지 3인은 대통령이 임명한다. 위원장은 위원 중에서 호선한다(동조 제2항).

대통령은 국회의 동의를 얻어 감사원장을 임명하고, 감사원장의 제청으로 감사위원을 임명한다(제98조 제2항, 제3항).

2. 국가긴급권 발동

현행헌법은 국가긴급사태에 대처하기 위하여 긴급명령권과 긴급재정경제처분·명령권, 계엄선포권 등 국가긴급권을 대통령의 권한으로 규정하고 있다.

3. 국민투표부의권

헌법에 "대통령은 필요하다고 인정할 때에는 외교·국방·통일 기타 국가안위에 관한 중요정책을 국민투표에 붙일 수 있다"(제72조)라고 하여 대통령의 국민투표부의권을 규정하고 있다. 이러한 국민투표는 국가안위에 관한 중요정책인가와 국민투표에 붙일 것인가의 판단이 대통령의 재량에 속하는 임의적 국민투표인 반면 헌법개정안에 대한 국민투표는 필수적 국민투표이다.

> **판례** | 임의적 국민투표부의권 – 헌재 2005.11.24. 2005헌마579 등(각하)
>
> 헌법 제72조는 국민투표에 부쳐질 중요정책인지 여부를 대통령이 재량에 의하여 결정하도록 명문으로 규정하고 있고 헌법재판소 역시 위 규정은 대통령에게 국민투표의 실시 여부, 시기, 구체적 부의사항, 설문내용 등을 결정할 수 있는 임의적인 국민투표발의권을 독점적으로 부여하였다고 하여 이를 확인하고 있다. 따라서 특정의 국가정책에 대하여 다수의 국민들이 국민투표를 원하고 있음에도 불구하고 대통령이 이러한 희망과는 달리 국민투표에 회부하지 아니한다고 하여도 이를 헌법에 위반된다고 할 수 없고 국민에게 특정의 국가정책에 관하여 국민투표에 회부할 것을 요구할 권리가 인정된다고 할 수도 없다.

헌법 제72조에 따라 대통령은 국가안위에 관한 중요정책을 국회의 의결에 의하지 않고 직접 국민의 의사를 물어 결정할 수 있다. 여기서 국가안위에 관한 중요정책이란 국가안위에 관계되는 것이면 열거된 외교·국방·통일 등의 정책에 국한하지 않고 그 밖의 정책까지 포함된다. 헌법 제72조에서는 중요정책이라고 규정하고 있으므로 대통령 자신의 신임만을 묻는 플레비지트만은 곤란하며, 특정한 중요정책에 대한 레퍼렌덤이어야 한다.

> **판례** | 중요정책에 대한 국민투표부의권 - 헌재 2004.5.14. 2004헌나1(기각)
>
> **헌법 제72조의 국민투표의 대상인 '중요정책'에는 대통령에 대한 '국민의 신임'이 포함되지 않는다.** 선거는 '인물에 대한 결정' 즉, 대의제를 가능하게 하기 위한 전제조건으로서 국민의 대표자에 관한 결정이며, 이에 대하여 **국민투표는 직접민주주의를 실현하기 위한 수단으로서 '사안에 대한 결정' 즉, 특정한 국가정책이나 법안을 그 대상으로 한다.** 따라서 국민투표의 본질상 '대표자에 대한 신임'은 국민투표의 대상이 될 수 없으며, 우리 헌법에서 대표자의 선출과 그에 대한 신임은 단지 선거의 형태로써 이루어져야 한다. 대통령이 이미 지난 선거를 통하여 획득한 자신에 대한 신임을 국민투표의 형식으로 재확인하고자 하는 것은, 헌법 제72조의 국민투표제를 헌법이 허용하지 않는 방법으로 위헌적으로 사용하는 것이다. 대통령은 헌법상 국민에게 자신에 대한 신임을 국민투표의 형식으로 물을 수 없을 뿐만 아니라, 특정 정책을 국민투표에 붙이면서 이에 자신의 신임을 결부시키는 대통령의 행위도 위헌적인 행위로서 헌법적으로 허용되지 않는다. 물론, 대통령이 특정 정책을 국민투표에 붙인 결과 그 정책의 실시가 국민의 동의를 얻지 못한 경우, 이를 자신에 대한 불신임으로 간주하여 스스로 물러나는 것은 어쩔 수 없는 일이나, 정책을 국민투표에 붙이면서 "이를 신임투표로 간주하고자 한다."는 선언은 국민의 결정행위에 부당한 압력을 가하고 국민투표를 통하여 간접적으로 자신에 대한 신임을 묻는 행위로서, 대통령의 헌법상 권한을 넘어서는 것이다. 헌법은 대통령에게 국민투표를 통하여 직접적이든 간접적이든 자신의 신임여부를 확인할 수 있는 권한을 부여하지 않는다. …… 결론적으로, 대통령이 자신에 대한 재신임을 국민투표의 형태로 묻고자 하는 것은 헌법 제72조에 의하여 부여받은 국민투표부의권을 위헌적으로 행사하는 경우에 해당하는 것으로, 국민투표제도를 자신의 정치적 입지를 강화하기 위한 정치적 도구로 남용해서는 안 된다는 헌법적 의무를 위반한 것이다. 물론, 대통령이 위헌적인 재신임 국민투표를 단지 제안만 하였을 뿐 강행하지는 않았으나, **헌법상 허용되지 않는 재신임 국민투표를 국민들에게 제안한 것은 그 자체로서 헌법 제72조에 반하는 것으로 헌법을 실현하고 수호해야 할 대통령의 의무를 위반한 것이다.**

4. 국회와 입법에 관한 권한

1) 국회에 관한 권한

(1) 임시회 집회 요구권

대통령은 국회의 임시회의 집회를 요구할 수 있다(제47조 제1항). 이때는 국무회의의 심의를 거쳐야 하고(제89조 제7호), 기간과 집회요구의 이유를 명시하여야 한다(제47조 제3항).

(2) 국회출석·발언권

대통령은 국회에 출석하여 발언을 하거나 서한으로 의견을 표시할 수 있다(제81조). 대통령은 행정부수반으로서 국회에 출석하여 국정에 관한 연설을 하거나 연두교서 등을 전달할 수 있다.

2) 입법에 관한 권한

(1) 헌법개정에 관한 권한

대통령은 헌법개정안을 제안할 권한을 가진다(제128조 제1항). 헌법개정안이 제안되면 대통령은 20일 이상의 기간 이를 공고하여야 한다(제129조). 헌법개정안이 국민투표로써 확정되면 대통령은 확정된 개정헌법을 즉시 공포하여야 한다(제130조). 대통령의 헌법개정안에 대한 공고와 공포는 권한인 동시에 의무이다.

(2) 법률제정에 관한 권한

가. 법률안제출권

대통령은 국무회의의 심의를 거쳐 국회에 법률안을 제출할 수 있다(제52조, 제89조 제3호). 이러한 법률안제출권은 의원내각제적 요소로 국회에 대한 집행부의 우월성이 보장되는 것이다.

나. 법률안거부권

국회에서 의결된 법률안은 정부에 이송되어 15일 이내에 대통령이 공포한다(제53조 제1항). 법률안에 이의가 있을 때 대통령은 15일 이내에 이의서를 첨부하여 국회로 환부하고 그 재의를 요구할 수 있다. 국회의 폐회 중에도 또한 같다(동조 제2항).

가) 의 의

법률안거부권(Right of Veto)이란 국회가 의결하여 정부에 이송한 법률안에 대하여 대통령이 이의를 제기하여 국회에 재의를 요구하는 권한으로, 법률안재의요구권이라고도 한다.

국회가 가중된 정족수로써 재의결하면 그 법률안은 법률로써 확정되고, 재의결되지 아니하면 폐기된다. 이러한 법률안거부권이 인정되는 것은 법률은 국회가 제정하고, 법률의 집행은 행정부가 하므로 행정부의 입장에서는 법률안에 대해 이의가 있을 수 있다. 또한 법률안의결권을 독점하고 있는 의회가 헌법에 위반되거나 부당한 입법으로 행정부의 권한을 침해하거나 간섭할 경우 대통령으로 하여금 이를 견제하게 하여 권력적 균형을 유지할 필요가 있기 때문이다. 다만, 대통령의 법률안거부권은 정당하게 행사되어야 하고 남용되어서는 안 된다.

나) 법적 성격

대통령의 법률안거부권이 법률의 완성에 어떠한 성격을 갖는가에 대해서 정지조건설과 취소권설 등이 있다.

생각건대 법률안거부권은 국회가 재의결할 때까지 법률로서의 확정을 정지시키는 소극적인 조건부정지권의 성격을 갖는 것으로 본다. 따라서 국회의 재의결 전까지 대통령은 재의요구를 철회할 수 있다고 보아야 한다.

다) 유 형

법률안에 대한 거부의 유형으로는 환부거부와 보류거부가 있다.

① 환부거부(direct veto)는 국회에서 의결하여 정부에 이송한 법률안이 이송된 후 15일 이내에 대통령이 이의서를 첨부하여 국회에 환부하고 재의를 요구하는 제도이다(제53조 제2항). 국회가 폐회중이라도 의원의 임기만료로 인한 경우가 아닌 한 환부거부를 할 수 있다. 그러나 대통령은 법률안의 일부에 대하여 또는 법률안을 수정하여 재의를 요구할 수 없다(동조 제3항).

② 보류거부(pocket veto)란 국회의 폐회나 해산 등으로 인하여 대통령이 지정된 기일 내에 법률안을 국회에 환부할래야 환부할 수 없는 경우에 대통령이 그 법률안을 거부하기 위하여 법률안을 공포하지 아니한 채 가지고 있으면 법률안이 자동적으로 폐기되는 것을 말한다. 미연방헌법은 의회가 장기휴회나 폐회로 법률안을 환부하고자 하여도 환부할 수 없는 경우에 보류거부를 인정하고 있다. 현행헌법에 있어서도 보류거부가 인정되는가에 대해 전부부정설은 보류거부는 인정되지 않는다고 하고, 부분긍정설은 원칙적으로 보류거부는 인정되지 않지만 국회의원의 임기만료로 폐회되거나 국회가 해산된 경우에는 국회에의 환부가 불가능하기 때문에 법률안이 폐기되므로 보류거부가 예외적으로 인정된다는 것이다.

현행헌법은 제51조에 "국회에 제출된 법률안 기타의 의안은 회기 중에 의결되지 못한 이유로 폐기되지 아니한다. 다만, 국회의원의 임기가 만료된 때에는 그러하지 아니하다"라고 하여 회기계속의 원칙(제51조)과 국회 폐회 중의 환부를 인정하고 있다(제53조 제2항). 또한 15일 이내에 공포나 재의요구를 하지 않으면 법률로써 확정되기 때문에(동조 제5항) 보류거부는 인정되지 않는다고 보아야 한다. 국회의원의 임기만료로 폐회되거나 국회가 해산된 경우 새로 구성된 국회는 새로운 의원들의 의회활동으로 지난 국회의 의안을 이어받지 않는다고 본다.

라) 행사요건

(가) 실질적 요건

법률안거부권행사의 실질적 요건에 대한 명문규정은 없으나 법률안거부권의 행사에는 정당한 이유가 있어야 한다. 즉 법률안이 헌법에 위반되는 경우, 집행이 불가능한 법률안인 경우, 국익에 반하는 법률안의 경우, 집행부에 부당한 정치적 압력을 가하는 내용의 법률안인 경우 등에 법률안거부권을 행사할 수 있다.

(나) 절차적 요건

대통령은 국회에서 의결된 법률안이 정부에 이송된 후 15일 이내에 국무회의의 심의를 거친 후 이의서를 첨부하여 국회로 환부하여 재의를 요구하여야 한다.

마) 통 제

대통령의 법률안거부권의 남용을 방지하기 위하여 국회의 재의결과 국회의장의 법률공포권을 인정하고 있다. 대통령의 재의의 요구가 있을 때에는 국회는 재의에 붙이고, 재적의원 과반수의 출석과 출석의원 2/3 이상의 찬성으로 의결을 하면 그 법률안은 법률로써 확정된다(제53조 제4항). 재의결로 확정된 법률이 정부에 이송된 후로부터 5일 이내에 대통령이 공포하지 아니할 때에는 국회의장이 이를 공포한다(동조 제6항 제2문).

다. 법률공포권

국회에서 의결된 법률안은 정부에 이송되어 15일 이내에 대통령이 공포한다(동조 제1항). 대통령의 거부권 행사로 국회가 재의결하여 확정된 법률은 대통령이 지체없이 공포하여야 한다(동조 제6항 제1문).

법률은 특별한 규정이 없는 한 공포일로부터 20일을 경과함으로써 효력을 발생한다(동조 제7항). 법률의 공포는 법률의 효력발생요건이다.

(3) 행정입법에 관한 권한

헌법은 "대통령은 법률에서 구체적으로 범위를 정하여 위임받은 사항과 법률을 집행하기 위하여 필요한 사항에 관하여 대통령령을 발할 수 있다"(제75조)라고 하여 대통령의 행정입법권을 규정하고 있다. 이에는 위임명령과 집행명령이 있다.

가. 의 의

입헌주의의 원칙상 입법권은 국회의 권한에 속한다(제40조). 그러나 오늘날 행정국가·사회국가에서는 모든 법규사항을 의회가 법률로써 직접 규정하는 것이 불가능하기 때문에 헌법에 근거한 대통령 또는 행정부의 행정입법이 불가피하게 되었다.

이러한 행정입법은 의회입법의 원칙과 법률에 의한 기본권 제한의 원칙에 대한 예외이므로 헌법에 그에 관한 근거규정이 있거나 법률의 구체적 위임이 있는 경우에만 인정되어야 한다.

나. 유 형

행정입법은 그 성질과 효력에 따라 법규명령과 행정명령으로 구분된다. 법규명령은 그 발령주체에 따라 대통령령(제75조), 총리령(제95조), 부령(제95조)으로 구분되고, 그 성격에 따라 위임명령과 집행명령으로 구분된다.

가) 법규명령과 행정명령

(가) 법규명령

법규명령은 행정기관이 헌법에 근거하여 국민의 권리와 의무에 관한 법규사항을 규정하는 것으로 대국민적 구속력을 가진다.

법규명령은 일정한 형식과 절차를 거쳐서 제정되며 공포(관보에 게재)됨으로써 유효하게 성립한다(법령 등 공포에 관한 법률 제11조~제12조).

헌법은 법규명령으로 대통령령·총리령과 부령·대법원규칙(제108조)·헌법재판소규칙(제113조 제2항)·중앙선거관리위원회규칙(제114조) 등을 규정하고 있다.

(나) 행정명령

행정명령(행정규칙)은 행정기관이 국민의 권리·의무와 직접 관계가 없는 비법규사항을 규정하는 것으로 행정조직의 내부에서만 효력을 갖는다. 행정명령은 헌법상 근거를 요하지 않는 것으로 대외적 구속력을 가지지 않는 규칙이다.

행정명령은 그 내용에 따라 조직규칙·근무규칙·영조물규칙 등이 있고, 형식에 따라 훈령·예규·고시·통첩·지시·일일명령 등이 있다. 행정명령의 발령형식과 절차에 관한 일반규정은 없으며 다만 관행상 공포절차를 거친다.

! 판례 | 행정규칙[명령]의 법규성 – 헌재 1990.9.3. 90헌마13(각하)

행정규칙이 법령의 규정에 의하여 행정관청에 **법령의 구체적 내용을 보충할 권한을 부여한 경우**, 또는 **재량권행사의 준칙인 규칙**이 그 정한 바에 따라 되풀이 시행되어 **행정관행이 이룩되게 되면**, 평등의 원칙이나 신뢰보호의 원칙에 따라 행정기관은 그 상대방에 대한 관계에서 그 규칙에 따라야 할 자기구속을 당하게 되고, 그러한 경우에는 **대외적인 구속력을 가지게 된다** 할 것이다.

나) 위임명령과 집행명령

(가) 위임명령

A. 의 의

위임명령은 헌법에 근거하고 법률이 구체적으로 범위를 정하여 위임에 따라 발하는 명령이다. 위임명령은 법률이 위임한 사항에 관한 한 법률을 대신하는 것이며, 실질적으로 법률의 내용을 보충한다는 의미에서 보충명령이라고도 한다.

B. 성 질

위임명령은 모법인 법률의 위임에 따른 명령이므로 위임한 법률에 종속한다. 따라서 모법인 법률에 위반되게 규정할 수 없고, 모법의 개정·소멸로 위임명령도 개정·소멸된다. 다만, 위임명령은 법률이 위임한 범위 내에서는 새로운 입법사항도 규정할 수 있다.

위임명령은 행정기관과 국민을 모두 구속하는 법규명령으로서의 성질을 가진다.

C. 형 식

헌법은 법률이 명령에 위임하는 형식에 있어서 "대통령은 법률에서 구체적으로 범위를 정하여 위임받은 사항에 관하여 대통령령을 발할 수 있다"라고 하여 개별적·구체적 위임의 형식만을 인정하고 있다. 따라서 일반적·포괄적 위임은 사실상 백지위임과 같아 의회입법권을 부인하고 집행부의 독재와 기본권의 무제한적 침해를 초래할 것이므로 허용되지 아니한다.

그러나 조례는 법률의 위임이 없는 사항에 관하여도 법령에 저촉되지 않는 한도 내에서 규율할 수 있기 때문에 조례에 대한 법률의 위임은 반드시 개별적·구체적일 필요가 없고, 포괄적 위임도 가능하다.

그리고 국민의 기본권 제한이나 침해 여지가 있는 처벌규정이나 조세규정은 구체성과 명확성이 요구되어 요건과 범위가 제한적이나, 급부행정 등의 경우, 탄력적 규율이 필요한 경우(헌재 2009헌바328)나 법률이 명령이 아닌 대법원규칙에 위임하는 경우에는 위임의 구체성이나 명확성 정도가 완화될 수 있다(헌재 2013헌바370 등).

⚠ 판례 | 포괄적위임금지원칙 위반 여부 1 – 헌재 2012.7.26. 2009헌바328(합헌)

(1) '역사문화미관지구' 내에서 허용될 수 있는 건축물의 층수나 용적률, 건폐율 등의 건축제한 내용을 정하는 것은, 해당 지구의 지정목적, 지역적 특성, 주민의 생활편익과 문화재의 보존가치와의 조화를 고려하여 급변하는 사회·경제환경에 맞추어 탄력적으로 규율해야 할 필요가 있으므로, 지방자치단체의 조례에 위임할 필요성이 인정된다.

게다가, 이 사건 처분근거조항에서 미관지구에 관한 정의와 지정목적을 설정하고, 해당 지구 내에서의 건축제한이 용도지구의 지정목적에 적합하도록 요구한 관련 법률 및 시행령조항의 내용을 종합하면 **'역사문화미관지구' 내에서의 건축제한**은 문화재의 미관이나 보존가치를 증대시키기 위한 미관상 목적의 층수제한일 것임이 일반적으로 예측되므로, 이 사건 법률조항들과 관련조항들에 의하여 이미 그 **위임범위나 내용이 구체적으로 예상가능하다. 따라서 이 사건 재산권제한조항은 포괄위임입법금지원칙에 위반되지 아니한다.**

⚠ 판례 | 포괄적위임금지원칙 위반 여부 2 – 헌재 2016.6.30. 2013헌바370 등(합헌)

위임입법이 대법원규칙인 경우에도 수권법률에서 헌법 제75조에 근거한 포괄위임금지원칙을 준수하여야 하는 것은 마찬가지이나, **위임의 구체성·명확성의 정도는 다른 규율 영역에 비해 완화될** 수 있다. 변호사보수 가운데 어느 정도를 소송비용으로 인정할 것인지는 기술적이고 전문적인 사항이므로, 소송비용 산입기준에 관한 세부 사항을 법률보다 탄력성이 있는 하위규범에 위임할 필요성이 있다. **심판대상조항은 소송비용으로 인정되는 변호사보수 금액의 '범위'를 정하도록 위임**하였으므로, 일정한 하한과 상한이 정해질 것임을 알 수 있다. 또 소송목적의 값 등과 같이 개별 변호사보수 계약내용과 상관없이 적용할 수 있는 객관적 기준이 마련될 것임을 어렵지 않게 예상할 수 있다. **대법원규칙으로 정하는 사항에는 금액 산정 기준을 토대로 법원이 구체적 판단을 달리할 수 있다는 내용이 포함될 수 있고, 개별 사정에 따라 법원 판단으로 금액을 가감할 수 있다는 내용이 마련될 것임도 충분히 예측할 수 있으므로, 심판대상조항은 포괄위임금지원칙을 위반하지 아니한다.**

D. 위임의 범위와 한계

헌법상 국회의 전속적 입법사항으로 하고 있는 국적취득의 요건(제2조 제1항), 조세의 종목과 세율(제89조), 지방자치단체의 종류(제117조 제2항) 등은 위임할 수 없다.

벌칙규정에 있어서 죄형법정주의와 적법절차의 원칙상 처벌의 대상이 되는 행위는 반드시 법률로써 규정해야 하나, 처벌의 수단과 정도는 모법인 법률이 최고한도를 정한 후 그 범위 내에서 명령으로써 위임할 수 있다. 다만, 처벌법규 위임에 있어서 위임입법의 예측가능성 유무의 판단은 관련 법조항을 유기적·체계적으로 종합적 판단을 하여야 한다 (헌재 94헌바22).

판례 | 처벌법규의 위임 – 헌재 1997.5.29. 94헌바22(위헌)

범죄와 형벌에 관한 사항에 있어서도 위임입법의 근거와 한계에 관한 헌법 제75조는 적용되는 것이고, 다만 **법률에 의한 처벌법규의 위임**은, 헌법이 특히 인권을 최대한 보장하기 위하여 죄형법 정주의와 적법절차를 규정하고, 법률에 의한 처벌을 강조하고 있는 기본권보장 우위사상에 비추어 바람직하지 못한 일이므로, 그 **요건과 범위가 보다 엄격하게 제한적으로 적용**되어야 하는바, 따라서 처벌법규의 위임을 하기 위하여는 첫째, 특히 **긴급한 필요**가 있거나 미리 법률로써 자세히 정할 수 없는 **부득이한 사정이 있는 경우에 한정**되어야 하며, 둘째, 이러한 경우에도 법률에서 **범죄의 구성 요건**은 처벌대상행위가 어떠한 것일 것이라고 **예측할 수 있을 정도로 구체적으로** 정하고, 셋째, **형 벌의 종류 및 그 상한과 폭을 명백히 규정**하여야 하되, **위임입법의 위와 같은 예측가능성의 유무를 판단**함에 있어서는 당해 특정 조항 하나만을 가지고 판단할 것이 아니고 **관련 법조항 전체를 유기 적·체계적으로 종합하여 판단**하여야 한다.

위임명령이 법률에서 위임받은 사항을 하부기관에 재위임할 수 있는가에 대해서는 위임받은 사항에 대하여 대강만 규정하고 특정사항을 범위를 정하여 하는 재위임은 가능하다고 본다. 그러나 법률이 위임한 사항을 전혀 규정하지 않고 하부기관에 그대로 재위임하는 백지위임은 허용되지 않는다(헌재 94헌마213).

 판례 | 백지 재위임금지 – 헌재 1996.2.29. 94헌마213(기각, 각하)

법률에서 위임받은 사항을 전혀 규정하지 않고 재위임하는 것은 이 위임금지의 법리에 반할 뿐 아니라 수권법의 내용변경을 초래하는 것이 되고, 부령의 제정·개정절차가 대통령령에 비하여 보다 용이한 점을 고려할 때 **재위임에 의한 부령의 경우에도** 위임에 의한 대통령령에 가해지는 헌법상의 제한이 당연히 적용되어야 할 것이므로 **법률에서 위임받은 사항을 전혀 규정하지 아니하고 그대로 재위임하는 것은 허용되지 않으며 위임받은 사항에 관하여 대강을 정하고 그 중의 특정사항을 범위 를 정하여 하위법령에 다시 위임하는 경우에만 재위임이 허용된다.**

(나) 집행명령

A. 의 의

집행명령은 헌법에 근거하여 법률을 집행하는 데에 필요한 세칙을 정하는 명령이다. 법률의 집행은 행정부의 고유한 권한이지만 법률의 집행에 있어서 혼란과 불균형을 방지 하기 위해 통일성·형평성·합리성을 위한 일반적 준칙이 필요하다. 이것이 법률의 시행세 칙으로서의 일반준칙을 내용으로 하는 집행명령이다.

B. 성 질

집행명령은 법률에 종속되며, 근거법령인 모법이 폐지되면 특별한 규정이 없는 한 그 효력을 상실한다. 모법인 집행명령은 행정기관과 국민을 모두 구속하는 법규명령으로서의 성질을 가진다.

C. 한 계

집행명령은 모법을 변경하거나 보충할 수 없으며, 위임명령과 달리 모법에 규정이 없는 새로운 입법사항을 규정하거나 국민의 새로운 권리나 의무를 규정할 수 없다.

(4) 행정입법에 대한 통제

A. 국회에 의한 통제

국회는 행정입법의 성립과 발효에 동의를 얻게 하거나 행정입법의 효력을 소멸시키기 위하여 법률을 제정·개정함으로써 행정입법을 직접적으로 통제할 수 있다. 또한 국정감사·조사(제61조), 국회에서의 대정부질문, 국무총리·국무위원의 해임건의, 탄핵소추 등을 통해서 위법·부당한 행정입법의 철회, 폐지, 개정을 하도록 할 수 있다.

B. 법원에 의한 통제

법원은 명령·규칙의 위헌·위법 여부의 심사를 통해서 행정입법을 통제할 수 있다(제107조 제2항). 행정입법이 위헌·위법이라고 판단될 때에 그 명령·규칙은 당해 사건에 적용되지 아니한다.

「행정소송법」은 대법원의 판결에 의하여 명령·규칙이 헌법 또는 법률에 위반된다는 것이 확정된 경우에는 대법원은 지체없이 그 사유를 행정안전부장관에게 통보해야 하고, 행정안전부장관은 지체없이 이를 관보에 게재하도록 하는 명령·규칙의 위헌·위법판결공고제를 규정하고 있다(법 제6조).

C. 헌법재판소에 의한 통제

헌법재판소는 법원의 재판을 제외한 모든 사항에 대한 헌법소원심판권을 갖는다(제111조 제1항 제5호, 헌법재판소법 제68조 제1항). 법규명령 특히 처분적 법규명령의 위헌여부에 대한 헌법소원을 헌법재판소가 심판할 수 있는가에 대해 헌법재판소는 적극적인 입장을 취하고 있다.

법원이 처분적 법규명령에 대하여 처분성을 인정하여 행정소송의 대상적격으로 받아들인다면 보충성의 원칙에 의하여 행정소송을 제기하게 되고 헌법소원은 부적법하게 된다. 그러나 법원이 처분적 법규명령이나 처분적 조례에 대해 처분성을 인정하지 않거나 인정하기 전에는 헌법소원을 통해 권리구제를 받을 수 있게 된다. 헌법재판소는 처분적

법규명령에 대해 다른 법률에 다른 구제절차가 존재하지 않는다는 이유로 헌법소원을 제기
할 수 있다고 보고 있다(헌재 89헌마178).

> **판례** | 처분적 법규명령[사법부 제정 규칙]의 헌법소원 대상성 – 헌재 1990.10.15. 89헌마178
> (위헌)
>
> 가. 헌법 제107조 제2항이 규정한 명령·규칙에 대한 대법원의 최종심사권이란 구체적인 소송사건
> 에서 명령·규칙의 위헌여부가 재판의 전제가 되었을 경우 법률의 경우와는 달리 헌법재판소에
> 제청할 것 없이 대법원이 최종적으로 심사할 수 있다는 의미이며, **명령·규칙 그 자체에 의하여
> 직접 기본권이 침해되었음을 이유로 하여 헌법소원심판을 청구하는 것은 위 헌법규정과는 아무
> 런 상관이 없는 문제**이다.
> 나. 따라서 **입법부·행정부·사법부에서 제정한 규칙**이 별도의 집행행위를 기다리지 않고 **직접 기본
> 권을 침해하는 것일 때에는 모두 헌법소원심판의 대상**이 될 수 있는 것이다.

또한 대법원이 두밀분교사건 판결(대판 95누8003)에서 처분적 조례가 행정소송의 대상
이 된다고 밝혀 헌법재판소가 처분적 조례에 대해 헌법소원을 인용할 수 있을 것인가에
대해서는 여전히 논란이 있다. 그 이후에도 헌법재판소는 행정부가 제정하는 명령·규칙
도 별도의 집행행위를 기다리지 않고 기본권이 직접 침해되는 경우에는 헌법소원을 제기
할 수 있다고 보고 있다(헌재 94헌마52).

> **판례** | 행정부 제정 법규명령의 헌법소원 대상성 – 헌재 1997.6.26. 94헌마52(기각)
>
> **행정부에서 제정한 명령·규칙도** 별도의 집행행위를 기다리지 않고 **직접 기본권을 침해**하는 것일
> 때에는 **헌법소원심판의 대상**이 될 수 있고 현행 행정소송법의 해석상 명령·규칙 자체의 효력을 다
> 투는 것을 소송물로 하여 일반법원에 소송을 제기할 수 있는 방법은 인정되지 아니하므로 이 사건
> 의 경우에는 헌법재판소법 제68조 제1항 단서의 규정(다만, 다른 법률에 구제절차가 있는 경우에는
> 그 절차를 모두 거친 후에 청구할 수 있다)이 적용되지 아니한다.

D. 행정부 내부의 통제

행정부 내부의 자율적 통제를 통해서 행정입법을 통제할 수 있다. 상급행정청은 하급
행정청의 입법에 대한 지휘감독권을 행사할 수 있으며, 법제처와 같은 전문기관의 심사를
통해 행정입법에 대한 통일성·형평성을 제고시킬 수 있다. 또한 행정입법을 제정하는 데

있어 입법예고·공청회의 개최 등을 통하여 행정입법의 적정성을 기하고 있다.

E. 국민에 의한 통제

행정입법이 적법절차원리에 부합하도록 「행정절차법」에서는 법령 등을 제정·개정 또는 폐지(입법)하려는 경우에는 해당 입법안을 마련한 행정청은 이를 예고하는 입법예고제(법 제41조 제1항)·의견진술 및 증거제출의 기회를 주는 청문(법 제31조)·의견제출과 발표·토론의 기회를 제공하는 공청회절차(법 제38조, 제38조의2) 등을 규정하여, 이를 실시하도록 하고 있다.

5. 사법에 관한 권한

1) 위헌정당해산제소권

정당의 목적이나 활동이 민주적 기본질서에 위배될 때에는 정부는 헌법재판소에 그 해산을 제소할 수 있다. 대통령은 이를 제소하기 위해서 국무회의의 심의를 거쳐야 한다(제89조 제14호).

2) 사면권

헌법은 "대통령은 법률이 정하는 바에 의하여 사면·감형 또는 복권을 명할 수 있다. 일반사면을 명하려면 국회의 동의를 얻어야 한다. 사면·감형 및 복권에 관한 사항은 법률로 정한다"(제79조)라고 하여 대통령의 사면·감형·복권에 관한 권한을 규정하고 있다. 이를 위해 「사면법」이 제정되어 있다.

(1) 협의의 사면권

광의의 사면은 사면·감형·복권이 포함되는 것이며, 협의의 사면은 「형사소송법」이나 그 밖의 형사법 절차에 의하지 않고 형의 선고의 효과 또는 공소권을 소멸시키거나 형집행을 면제시키는 것을 말한다.

협의의 사면에는 일반사면과 특별사면이 있다. 일반사면(대사)은 범죄의 종류를 지정하여 이에 해당하는 모든 범죄인에 대해 형의 효과를 소멸시키거나 형의 선고를 받지 않은 자에 대하여 공소권을 소멸시키는 것을 말한다. 일반사면은 대통령령으로 하며 국무회의의 심의와 국회의 동의가 있어야 한다(제89조 제9호, 제79조 제2항).

이에 대해 특별사면(특사)은 이미 형의 선고를 받은 특정인에 대하여 형의 집행을 면제한 것을 말한다. 특별사면은 사면심사위원회 심사를 거쳐 법무부장관의 상신과 국무회의 심의를 거쳐 대통령의 명으로 한다(사면법 제9조, 제10조).

(2) 감형권

감형은 형의 선고를 받은 자에 대하여 선고받은 형을 경감하거나 형의 집행을 감경시켜주는 대통령의 특권이다.

형의 종류를 일반적으로 정하여 행하는 일반감형은 국무회의의 심의를 거쳐 대통령령으로 하고, 특정인에 대한 특별감형은 사면심사위원회를 거쳐 법무부장관의 상신과 국무회의의 심의를 거쳐 대통령이 명으로써 한다(제89조 제9호, 사면법 제5조 제1항 제3호, 제4호, 제8조, 제9조).

(3) 복 권

복권은 죄를 범하여 형의 선고를 받은 자가 다른 법령에 의하여 자격이 상실 또는 정지된 경우에 형의 집행이 종료하거나 집행을 면제받은 자에 대해서 그 상실 또는 정지된 자격을 회복시켜 주는 것을 말한다.

복권에는 형의 종류를 정하여 일반적으로 행하는 일반복권과 특정한 자에 대하여 하는 특별복권이 있다. 일반복권은 대통령령으로써 하고(법 제8조), 특별복권은 사면심사위원회를 거쳐 법무부장관의 상신에 따라 대통령이 명으로써 한다(법 제9조).

(4) 사면의 효과 및 사면권의 한계

사면의 효과는 장래효로 소급효는 갖지 않는다. 대법원은 유죄판결 후 형 선고의 효력을 상실하게 하는 특별사면이 있는 경우에 재심청구를 인정하고 있다(대판 2011도1932).

대통령이 행하는 사면권 행사에 대해 그 한계를 인정할 것인지에 대해 견해가 대립된다. 즉, 헌법상 권력분립원리나 국가이익이나 국민화합을 위해 행사해야 하는 헌법내재적 한계설과 사면권은 견제와 균형의 원리에 기초한 권력분립원리와는 상관이 없다는 한계부정설의 견해가 있다.

생각건대 대통령이 행하는 사면권은 사법부의 판단을 변경시키는 것이므로 권력분립의 원리에 대한 예외라 할 수 있다. 그리고 사면권은 사법부의 본질적 내용을 침해하지 않는 한도내에서 국가이익이나 국민화합을 위해 행사되어야 한다고 본다.

6. 행정에 관한 권한

대통령은 행정부의 수반으로서 집행에 관한 최고결정권과 최고지휘권을 가진다.

1) 국가의 대표 및 외교에 관한 권한

대통령은 국가원수로서 외국에 대하여 국가를 대표한다(제66조 제1항).

① 대통령은 국무회의의 심의를 거쳐 조약을 체결하고 비준하는 권한을 가진다(제73조). ② 대통령은 외교사절을 신임·접수 또는 파견한다. ③ 대통령은 국무회의의 심의를 거쳐 선전포고를 하고, 강화를 할 권한을 가진다. ④ 대통령은 국군을 외국에 파견할 수 있고, 외국군대를 대한민국영역 안에 주류시킬 수 있다. 단 국회는 상호조약 또는 안전보장에 관한 조약, 중요한 국제조직에 관한 조약, 강화조약, 국가나 국민에게 중대한 재정적 부담을 지우는 조약 또는 입법사항에 관한 조약의 체결·비준에 대한 동의권을 갖는다(제60조).

2) 국군통수권

대통령은 헌법과 법률이 정하는 바에 의하여 국군을 통수한다(제74조 제1항). 통수란 대통령이 국군의 최고사령관·최고지휘권자로서 국가와 헌법을 수호할 책무를 다하기 위하여 군령·군정에 관한 권한을 행사하는 것을 말한다.

군령은 국방을 위하여 군을 현실적으로 지휘·명령하고 통솔하는 작용을 말하며, 군정은 군을 조직·유지·관리하는 것으로 국민에게 명령·강제·부담을 과하는 작용을 말한다. 군령·군정 이원주의는 군정은 일반행정기관이 관장하고 군령은 국가원수 소속 하에 별도의 특수기관에서 담당하는 제도이다. 이에 대하여 군령·군정 일원주의는 군령과 군정을 모두 일반행정기관이 관장하는 제도로 현행헌법은 군령·군정 일원주의를 채택하고 있다.

국군의 조직과 편성은 법률로 정한다(제74조 제2항). 이에 따라 「국군조직법」이 제정되어 있다.

3) 공무원임면권

대통령은 헌법과 법률이 정하는 바에 의하여 공무원을 임면한다(제78조). 임면에는 임명·면직·보직·전직·휴직·징계처분 등이 포함된다.

다만 대통령의 공무원임면권에는 일정한 제약이 있다. 즉 선거에 의해 선출된 공무원은 대통령이 임명할 수 없고, 임명에 자격이 정해져 있거나 일정한 기관의 제청을 요하거나(예 국무위원·행정각부의 장·감사위원 등), 국회의 동의를 요하거나(예 국무총리·감사원장·대법관·대법원장) 국무회의의 심의를 거쳐야 하는 경우(예 검찰총장·합동참모의장·각군참모총장·국립대학교총장 등) 등이 있다.

대통령의 공무원면직권에 대해서도 일정한 제한이 있다. 즉, 일정한 공무원에 대해서는 헌법과 법률이 정한 면직사유(형벌·탄핵·징계처분 등)가 없는 한 자의로 면직시킬 수 없다.

4) 재정에 관한 권한

대통령은 행정부수반으로서 예산을 편성하여 회계연도 개시일 90일 전까지 국회에 제출하고 국회의 의결을 거쳐 집행한다(제54조 제2항). 예산에 변경을 가할 필요가 있을 때에는 추가경정예산안을 편성하여 국회에 제출할 수 있다(제56조).

그 외에 계속비(제55조 제1항), 예비비(동조 제2항), 기채 및 국가의 부담이 될 계약의 체결(제58조)에 대해서는 국회의 의결 또는 승인을 얻어야 한다. 그리고 대통령은 재정·경제상의 위기를 극복하기 위하여 긴급재정경제명령·처분권을 갖는다(제76조 제1항).

5) 영전수여권

대통령은 법률이 정하는 바에 의하여 훈장 기타 영전을 수여한다(제80조). 대통령의 영전수여권의 행사에 있어서는 국무회의의 심의를 거쳐야 하고 특권부인의 원칙(제11조 제3항) 등에 의한 제한을 받는다. 이에 관한 법률로 「상훈법」이 있다.

6) 통치행위

(1) 의 의

통치행위란 고도의 정치적 행위로서 사법적 심사의 대상으로 하기에는 적절하지 못한 행위를 말한다. 통치행위에 관한 헌법이론은 재판권으로부터 자유로운 고도의 정치적 행위가 헌법질서에서 인정될 수 있을 것인가의 문제이다.

일반적으로 통치행위로 보는 행위로는 대통령의 국가원수로서의 권한인 헌법개정안 발의권, 국가중요정책 국민투표회부권, 긴급명령권, 긴급재정경제명령권, 계엄선포권, 외국에의 선전포고권, 국가승인권, 영전수여권, 사면·감형·복권, 국군통수권 등이다.

(2) 통치행위에 대한 사법심사대상 여부
가. 부정설(통치행위 인정설)

이는 현행 헌법상 법치주의하에서도 고도의 정치성을 띠는 행위는 사법심사의 예외를 인정하여 사법심사를 할 수 없다는 견해이다. 통치행위를 인정하는 견해 중 ⅰ) 내재적 제약론은 권력분립원리상 통치행위는 그 타당성 여부에 대한 정치적 판단만이 가능하지 법적합성 여부의 문제는 처음부터 존재하지 않는다는 논리이다. 따라서 통치행위에 대해서는 법원은 이를 심사하지 않고 그에 대한 소송을 각하한다고 한다. 또한 ⅱ) 사법적 자제설은 정치성을 지니는 일정행위는 사법적 심사대상으로 하기보다는 국민의 정치적 판단대상으로 하는 것이 더 적절하다는 상황논리를 그 논거로 한다. 법원 스스로 사법권 행사의 본래 기능을 일탈하지 않으면서 주권자인 국민을 판단주체로 하여 고도의 정치적 행위로부터 스스로를 보호하는 등 사법적 자제를 하는 것이 헌법원칙을 유지할 수 있다고 한다. 이는 헌법재판소의 입장이다. ⅲ) 자유재량행위론은 어떠한 고도의 정치적 행위라도 재판권으로부터 자유로울 수 없지만 고권적 행위가 재량권을 일탈·남용이 있는 경우에 한하여 실제로 재판권이 발동된다는 것이다.

나. 긍정설(통치행위 부정설)

통치행위는 그 개념 성립부터가 법치주의와 권력분립주의 원리에 예외가 인정되는 것으로, 사법권으로부터 자유로운 통치행위를 인정하는 것은 법치주의의 예외적 권력을 인정하는 것으로서 민주주의적 원리에 위배되는 것이라는 견해이다. 그러므로 어떠한 국가작용이라도 법률문제로서 성격을 갖는 것은 모두 재판을 받을 권리의 대상이 되는 것으로 재판권으로부터 자유로운 행위는 있을 수 없다는 것이다.

다. 검 토

헌법재판소는 헌법현실 내지 헌법정책적인 입장에서 통치행위를 최소한 받아들이는 사법자제설을 취하고 있다.

> **⚠ 판례** | 통치행위의 사법심사대상 여부 – 헌재 2003.12.18. 2003헌마255등(각하) 다수의견의 별개의견
>
> 이 사건 **(이라크전쟁)파견결정**은 그 성격상 국방 및 외교에 관련된 **고도의 정치적 결단을 요하는 문제**로서, 헌법과 법률이 정한 절차를 지켜 이루어진 것임이 명백한 이 사건에 있어서는, 대통령과 국회의 판단은 존중되어야 하고 우리 재판소가 **사법적 기준만으로 이를 심판하는 것은 자제**되어야 한다. 오랜 민주주의 전통을 가진 외국에서도 외교 및 국방에 관련된 것으로서 고도의 정치적 결단을 요하는 사안에 대하여는 줄곧 사법심사를 자제하고 있는 것도 바로 이러한 취지에서 나온 것이라 할 것이다. 이에 대하여는 설혹 사법적 심사의 회피로 자의적 결정이 방치될 수도 있다는 우려가 있을 수 있으나 그러한 대통령과 국회의 판단은 궁극적으로는 선거를 통해 국민에 의한 평가와 심판을 받게 될 것이다.

통치행위는 집행부 권한이며 정치적인 국가통치행위는 법판단보다는 정치적 영역의 문제로 남겨두는 것이 바람직하다고 본다. 그러나 통치행위가 무한자유영역일 수는 없으며 항상 권력은 남용될 가능성이 존재하므로 권력남용에 대한 최소한의 견제는 필요하다고 본다. 헌법현실에 있어서 특정행위의 통치행위성 여부의 판단에 직면할 경우에 있어서는 그 구체적 사안에 따라 판단하여야 할 것이다.

판례 | 통치행위의 헌법재판 대상성 - 헌재 1996.2.29. 93헌마186(기각, 각하)

대통령의 긴급재정경제명령은 국가긴급권의 일종으로서 **고도의 정치적 결단에 의하여 발동되는 행위**이고 그 결단을 존중하여야 할 필요성이 있는 행위라는 의미에서 이른바 통치행위에 속한다고 할 수 있으나, **통치행위를 포함하여 모든 국가작용**은 국민의 기본권적 가치를 실현하기 위한 수단이라는 한계를 반드시 지켜야 하는 것이고, 헌법재판소는 헌법의 수호와 국민의 기본권 보장을 사명으로 하는 국가기관이므로 비록 **고도의 정치적 결단에 의하여 행해지는 국가작용이라고 할지라도** 그것이 **국민의 기본권 침해와 직접 관련되는 경우에는 당연히 헌법재판소의 심판대상**이 된다.

Ⅳ. 권한행사의 방법과 통제

1. 서 설

헌법상 대통령은 집행에 관한 모든 사항을 그의 권한과 책임 하에 독자적으로 행사하는 것이 원칙이다. 그러나 그 권한행사는 헌법과 법률에 규정된 절차와 방법에 따라야 하고. 대통령의 전제를 막기 위한 통제를 받게 하고 있다.

2. 권한행사의 방법

1) 문서주의와 부서제도

대통령의 국법상 행위는 반드시 문서로써 하여야 하고, 이 문서에는 국무총리와 관계 국무위원이 부서한다. 군사에 관한 것도 또한 같다(제82조).

대통령의 국법상 행위에 대한 문서주의는 대통령의 권한행사의 내용을 명확하게 하고 그에 따른 증거를 남김으로써 권한행사에 있어서 신중을 기하기 위한 것이다. 부서제도는 대통령의 국법상 행위에 있어서 물적 증거를 남김으로써 대통령의 전제를 방지하고, 국무총리와 관계국무위원의 책임소재를 분명히하기 위한 것이다.

부서 없는 대통령의 국법상 행위의 유효성 여부에 대해서는 견해가 나뉘나, 부서 없는 대통령의 국법상 행위는 헌법상 요건결여로 무효라고 보아야 한다.

2) 국무회의 심의

헌법 제89조에 열거된 사항에 관하여 대통령은 국무회의의 심의를 거쳐야 한다. 이는 국정의 통일성을 기하기 위한 것으로 대통령의 집행부의 권한에 속하는 중요사항은 거의 모두가 포함된다고 할 수 있다.

3) 자문기관의 자문

헌법상 자문기관을 두어 대통령이 자문을 받을 수 있도록 하고 있다. 헌법상 필수적 자문기관으로는 국가안전보장회의가 있고, 임의적 자문기관으로는 국가원로자문회의, 국가안전보장회의, 민주평화통일자문회의, 국민경제자문회의, 국가과학기술자문회의가 있다.

3. 통 제

1) 정부 내부적 통제

대통령의 권한행사에 대한 정부내 통제로는 국무회의의 심의, 국무총리·국무위원의 부서, 국무총리의 국무위원임명제청과 해임건의, 자문기관들의 자문 등이 있다.

2) 국회에 의한 통제

대통령의 권한행사에 대하여 국회의 동의나 승인을 얻게 하는 경우가 있다. 헌법상 중요조약의 체결·비준(제60조), 선전포고와 국군의 해외파견, 외국군대의 국내주둔, 일반사면, 국무총리·감사원장·대법관·헌법재판소장의 임명에는 국회의 동의를 얻어야 한다. 그리고 예비비지출, 긴급명령, 긴급재정경제처분·명령에 대해서는 국회의 승인이 있어야 한다. 또한 국가는 계엄에 대한 해제요구권, 국정감사·조사, 국무총리·국무위원해임건의, 대정부질문, 탄핵소추 등을 통하여 대통령에 대한 통제를 할 수 있다.

3) 법원에 의한 통제

대통령이 행한 명령·처분이 헌법이나 법률에 위반되는 여부가 재판의 전제가 된 경우에는 대법원은 이를 최종적으로 심사할 권한을 가진다(제107조 제2항).

4) 헌법재판소에 의한 통제

헌법재판소는 탄핵심판, 위헌법률심판, 헌법소원심판, 권한쟁의심판 등을 통하여 대통령의 권한행사를 통제할 수 있다(제111조 제1항).

5) 국민에 의한 통제

대통령의 권한행사에 대한 국민의 통제로는 여론을 통하여 가능하며 저항권 행사에 의해서도 통제될 수 있다. 그리고 대통령이 헌법개정안과 국가중요정책을 국민투표에 부의할 경우 그 결과에 구속되므로 통제가 가능하다.

제3절 행정부

I. 국무총리

1. 의 의

헌법은 대통령제를 기본으로 하고 있으면서도 대통령제 하에서의 부통령제 대신에 의원내각제 요소인 국무총리제를 두고 있다. 이에 따라 국무총리는 대통령의 유고 시에 권한대행자로서, 대통령을 보좌하고 집행부를 통할하고 조정하는 보좌기관으로서 존재한다. 그러나 헌법상 국무총리는 의원내각제 하에서의 수상과 같이 강력한 집행권 수장의 지위가 아닌 대통령에 다음가는 집행권의 제2인자일 뿐이다.

2. 헌법상 지위

1) 대통령의 권한대행자의 지위

국무총리는 대통령이 궐위되거나 사고로 인하여 직무를 수행할 수 없을 경우에 제1순위의 권한대행권을 가진다(제71조). 대통령의 유고 시에 대통령의 권한대행은 집행권의 제2인자로서의 지위가 아니라 국가원수로서의 대통령직의 권한대행이며 대통령의 권한인 국무회의의 의장 권한도 대행하게 된다.

국무총리는 대통령이나 국회와 같이 직접적인 민주적 정당성을 지니지 못하므로 대통령의 유고 시에 제1순위 권한대행자가 되는 것에 부정적 견해가 있기도 하다. 대통령제 하의 부통령보다는 민주적 정당성이 빈약하다 할지라도 국무총리도 국회의 동의를 얻어 대통령이 임명하므로 간접적으로나마 국민적 정당성을 확보하고 있는 것으로 이해할 수 있다.

2) 대통령 다음가는 보좌기관으로서의 지위

국무총리는 행정부에 있어서 대통령 다음가는 보좌기관(제2인자)으로서의 지위에 있다. 국무총리는 대통령의 보좌기관으로 대통령의 명을 받아 행정각부를 통할하고(제86조 제2항), 행정부의 권한에 속하는 중요한 정책심의에 있어서 국무회의의 부의장으로서 대통령을 보좌하며(제88조 제3항), 대통령의 모든 국법상 행위에 대하여 부서를 한다(제82조).

또한 대통령 다음가는 행정부 제2인자로서의 지위에서 국무회의의 부의장이 되며, 국무위원과 행정각부의 장의 임명을 대통령에게 제청하고, 국무위원의 해임을 대통령에게 건의하며, 대통령이 행하는 모든 국무행위에 부서한다.

3) 상급행정관청으로서의 지위

국무총리는 행정각부와의 관계에서 상급행정관청으로서의 지위를 갖는다. 국무총리는 대통령의 명을 받아 상급행정관청으로서 중앙행정기관의 장을 지휘·감독하고, 그 명령이나 처분이 위법 또는 부당하다고 인정될 때에는 대통령의 승인을 받아 이를 중지하거나 취소할 수 있다(정부조직법 제18조).

또한 국무총리는 행정각부의 사무를 기획하고 조정하는 업무와 특정의 부에 속하게 할 수 없는 성질의 사무를 그 소관사무로 하여 처리한다.

3. 신분상 지위

1) 임 명

국무총리는 국회의 동의를 얻어 대통령이 임명한다(제86조 제1항). 국무총리의 임명에 대한 국회의 동의는 재적의원 과반수 출석과 출석의원 과반수의 찬성으로써 한다.

2) 문민원칙

"군인은 현역을 면한 후가 아니면 국무총리로 임명될 수 없다"(동조 제3항)라고 하여 문민원칙을 규정하고 있다. 이는 군인의 정치관여를 금지하고, 문관우위의 원칙을 확립하려는 데에 목적이 있다.

3) 국무총리의 국회의원 겸직

국무총리의 의원겸직 여부에 대해서는 헌법에는 직접적인 언급이 없지만 "국회의원은 법률이 정한 직을 겸할 수 없다"(제43조)라고 하고 그 구체적인 범위는 「국회법」에 위임하고 있다.

「국회법」 제29조 제1항은 "의원은 국무총리 또는 국무위원 직 외의 다른 직을 겸할 수 없다"라고 하여, 겸직금지대상에 국무총리·국무위원이 포함되어 있지 않다. 또한 「국회법」에서 "국무총리 또는 국무위원 등의 직을 겸한 의원은 상임위원을 사임할 수 있다"(법 제39조 제4항)라고 하여 국무총리의 의원직 겸직을 전제로 하고 있다.

4) 국무총리의 직무대행

국무총리가 면직 등의 사유로 직무를 수행할 수 없을 때에는 국무총리 권한대행을 통하여 국무총리직을 수행하도록 한다. 국무총리가 사고로 직무를 수행할 수 없는 경우에는 기획재정부장관이 겸임하는 부총리, 교육부장관이 겸임하는 부총리의 순으로 직무를 대행하고, 국무총리와 부총리가 모두 사고로 직무를 수행할 수 없는 경우에는 대통령의 지명이 있으면 그 지명을 받은 국무위원이, 지명이 없는 경우에는 제26조 제1항(1. 기획재정부 2. 교육부 3. 과학기술정보통신부 4. 외교부 5. 통일부 6. 법무부 7. 국방부 8. 행정안전부 9. 문화체육관광부 10. 농림축산식품부 11. 산업통상자원부 12. 보건복지부 13. 환경부 14. 고용노동부 15. 여성가족부 16. 국토교통부 17. 해양수산부 18. 중소벤처기업부)에 규정된 순서에 따른 국무위원이 그 직무를 대행한다(정부조직법 제22조).

헌법사적으로 국무총리임명에 있어서 대통령이 국무총리를 지명하고 국회의 동의 전에 국무총리지명자를 임명하는 것(국무총리서리제)이 문제가 되었다. ⅰ) 국무총리서리제에 대해서는, 제헌헌법 이후 관행적으로 임명되어 왔고 국무총리 궐위에 따른 법적 흠결을 보충하는 것으로 합리적 해석 범위 내의 것이라고 보는 합헌론과 ⅱ) 과거의 관행은 잘못된 것으로 국회의 동의를 얻지 아니한 채 국무총리서리를 임명하는 것은 권력분립주의에 어긋나며, 국무총리 궐위 시 법률에 정한 바에 따른 직무대행을 하면 되는 것이라는 위헌론이 대립된다.

생각건대 국무총리의 임명은 국회의 사전동의를 요하는 것으로 국회의 동의를 얻지 못한 국무총리서리제도는 헌법정신에 위배되는 것으로 위헌적이라고 본다.

5) 국무총리의 해임

대통령은 국무총리를 자유롭게 해임할 수 있으며, 국회도 국무총리의 해임을 대통령에게 건의할 수 있다. 국회는 재적의원 1/3 이상의 발의와 국회 재적의원 과반수의 찬성으로 국무총리의 해임건의를 할 수 있다(제63조 제2항). 국회의 해임건의가 있는 경우에도 해임여부에 대해서는 법적 구속력이 없는 대통령의 재량사항이다.

4. 권 한

1) 대통령의 권한대행권

대통령이 궐위되거나 사고로 인하여 직무를 수행할 수 없을 때에는 국무총리가 제1차적으로 대통령의 권한을 대행한다(제71조).

권한대행자의 직무대행범위는 잠정적인 현상유지에 국한되며 정책의 전환이나 인사의 이동 등 현상유지를 벗어나는 직무는 대행할 수 없다고 할 것이다.

2) 국무위원과 행정각부의 장의 임면관여권

국무총리는 국무위원과 행정각부의 장의 임명에 대한 제청권을 가지며, 국무위원의 해임을 대통령에게 건의할 수 있다(제87조 제1항, 제3항). 국무총리임명제청권이나 국무위원의 해임건의가 대통령을 구속할 수 있는가에 관해서는 견해가 나뉜다.

(1) 국무총리의 임명제청

국무총리의 임명제청이 없이 대통령이 단독으로 하는 임명행위에 대하여 ⅰ) 유효설은 국무총리의 제청은 기관 내 통제에 불과하고 그것은 형식적 의미밖에 가지지 못하는 적법요건일 뿐이라고 본다. ⅱ) 이에 대해 무효설은 이는 헌법상의 절차를 무시한 대통령의 전횡에 대하여 면죄부를 주는 결과를 초래할 우려가 있는 것으로, 헌법규정상 명백한 부분은 헌법규범대로 해석하여야 한다고 한다.

생각건대 국무총리의 국무위원임명제청은 대통령의 보좌기능의 명목적인 권한으로 국무총리의 제청 없이 대통령이 단독으로 한 임명행위가 당연히 무효가 되는 것은 아니라고 보아야 한다.

(2) 해임건의와 사임

국무총리의 국무위원에 대한 해임건의에 대통령이 법적으로 구속하는가에 대해 견해가 나뉜다. 국무총리의 국무위원해임건의권에 관하여는 대통령이 법적으로 구속되지 않는다고 본다.

그러나 대통령이 국무총리의 해임건의에 법적인 구속은 없지만 해임건의를 수용하지 못하는 특별한 사유가 있는 경우에 국무총리가 스스로 사임하거나 대통령이 국무총리를 면직시키는 결과를 가져올 수 있다.

국무총리가 스스로 사임하거나 대통령이 해임한 경우에 그가 제청했던 국무위원이나 행정각부의 장도 사임해야 하는가에 대해서도 견해가 나뉜다.

국무총리의 사임이나 해임은 개인이 지는 책임으로 다른 국무위원 등은 사임할 필요가 없다고 본다.

3) 국무회의에서의 심의권

국무총리는 국무회의의 구성원으로서 그리고 부의장으로서 정부의 권한에 속하는 중요한 정책의 심의에 참가할 권한을 갖는다(제88조, 제89조).

4) 대통령의 국무행위에 대한 부서권

대통령의 국법상 행위는 문서로써 하며, 이 문서에는 국무총리와 관계국무위원이 부서한다(제82조). 국무총리는 국무위원들이 그들과 관계있는 사항에 관해서만 부서하는데 대하여 국무총리는 문서로써 하는 대통령의 모든 국무행위에 부서한다.

5) 행정각부의 통할권

국무총리는 대통령의 명을 받아 행정에 관하여 행정각부를 통할한다(제86조 제2항). 국무총리의 행정각부에 대한 통할권은 대통령의 명을 받아 하는 것으로 의원내각제 하에서 수상이 집행권의 책임자로서 행하는 통할권과는 다르다.

6) 총리령의 발포권

(1) 국무총리는 소관사무에 관하여 법률이나 대통령령의 위임 또는 직권으로 총리령을 발할 수 있다. 총리령 중 위임명령과 직권명령은 법규명령으로 국민의 권리와 의무까지도 규율하는 대국민적 구속력을 가진다. 또한 국무총리는 행정기관의 내부에서만 효력을 가지는 행정명령을 발할 수 있다.

(2) 법률과 대통령령에 근거하여 총리가 발하는 총리령과 행정각부의 장이 발하는 부령 사이의 우열관계에 관하여는 명문규정이 없기 때문에 견해가 나뉜다.

총리령과 부령은 모두가 법률 또는 대통령령의 위임에 따른 것이거나 그 집행을 위한 것으로 그 형식적 효력에 있어서는 우열이 없다고 본다. 그러나 실질적으로는 총리령에 반하는 부령의 제정은 어렵다고 할 수 있다.

5. 의무와 책임

1) 대통령에 대한 의무와 책임

국무총리는 대통령의 보좌기관으로서 부서의 의무와 책임, 국무회의 부의장으로서의 직무수행의무와 책임, 그리고 집행에 관하여 대통령의 명을 받아 행정각부를 통할할 의무와 책임이 있다.

2) 국회에 대한 의무와 책임

(1) 국회의 요구에 의한 출석·답변의무

국회나 그 위원회는 국무총리의 출석을 요구할 수 있고, 국무총리는 국회에 출석하고 질문에 답변해야 한다. 국무총리가 출석요구를 받은 때에도 국무위원 또는 정부위원으로 하여금 출석·답변하게 할 수 있다(제62조 제2항).

(2) 국회의 해임건의에 따른 책임

국회는 재적의원 1/3 이상의 발의와 재적의원 과반수의 찬성으로 대통령에게 국무총리의 해임을 건의할 수 있다(제63조). 대통령은 특별한 사유가 없는 한 해임건의에 응해야 하지만 이는 정치적 의미의 구속일 뿐 법적인 구속력은 없는 것이다.

(3) 국회의 탄핵소추에 따른 책임

국무총리가 직무를 수행함에 있어서 위법한 행위를 하였을 경우에 국회는 재적의원 1/3 이상의 발의와 재적의원 과반수의 찬성으로 탄핵소추를 의결할 수 있다. 이때 탄핵소추가 의결되면 탄핵심판이 종결될 때까지 그 권한행사가 정지된다(제65조 제1항, 제2항, 제3항). 헌법재판소가 탄핵결정을 하면 공직에서 파면되고 5년간 공직에 취임할 수 없으며(헌법재판소법 제54조 제2항), 위법한 직무집행으로 발생한 민·형사상의 책임도 진다(법 동조 제1항).

Ⅱ. 국무위원

1. 헌법상 지위

1) 국무회의의 구성으로서의 지위

국무위원은 국무회의의 구성원으로서 행정부의 권한에 속하는 중요정책을 심의할 권한과 책임이 있다. 국무위원은 의장에게 의안을 제출하고 국무회의의 소집을 요구할 수 있고(정부조직법 제12조 제3항), 국무회의 심의와 의결에 참가한다(제89조). 국무위원들은 국무회의 구성원으로서는 동등한 지위에 있으며, 그 직무에도 한계가 없다. 그리고 국무회의의 구성원으로서 국무위원은 대통령이나 국무총리와도 법적으로는 동등한 지위에 있다.

2) 대통령의 보좌기관으로서의 지위

국무위원은 대통령의 보좌기관으로서 국정에 관하여 대통령을 보좌할 권한과 책임이 있다. 또한 대통령이 문서로써 하는 국무행위에 부서할 권한과 의무가 있다(제82조).

2. 신분상 지위

1) 국무위원의 임명

국무위원은 국무총리의 제청으로 대통령이 임명한다(제87조 제1항). 국무위원의 수는

15인 이상 30인 이하이다(동조 제2항). 군인은 현역을 면한 후가 아니면 국무위원으로 임명될 수 없다(동조 제4항). 국무위원이 국회의원을 겸직할 수 있는가에 관해서는 국무총리의 경우와 같이 겸직이 허용된다고 본다.

행정각부의 장은 국무위원 중에서 국무총리의 제청으로 대통령이 임명한다(제94조). 그러므로 국무위원은 행정각부의 장을 겸한 국무위원과 장이 아닌 국무위원이 있다.

2) 국무위원의 면직

국무위원은 대통령이 자유로이 해임한다. 국무총리는 대통령에게 국무위원의 해임을 건의할 수 있다(제87조 제3항). 국회도 대통령에게 국무위원의 해임을 건의할 수 있다. 이 경우도 대통령은 그 건의에 있어서 법적 책임이 아닌 정치적 책임의 문제로 보는 것이 타당하다.

3. 권 한

1) 대통령의 권한대행권

국무위원은 대통령이 궐위되거나 사고로 인하여 직무를 수행할 수 없는 때에는, 국무총리에 이어 법률이 정하는 국무위원의 순으로 대통령의 권한을 대행한다(제71조).

국무총리가 사망이나 사고 등으로 대통령의 권한을 대행할 수 없는 경우 법률이 정하는 순서로 장관, 국무위원이 권한을 대행하게 된다(정부조직법 제22조). 국무회의 의장의 권한대행은 의장과 부의장이 모두 사고 시 법률이 정하는 순서로 그 직무를 대행한다(법 제12조 제2항).

2) 국무위원의 부서권

대통령이 문서로써 하는 국법상 행위에는 관계 국무위원이 부서한다(제82조). 국무총리는 대통령의 모든 국법상 행위에 관하여 부서할 권한과 의무를 갖는데 반해 국무위원은 관계가 있는 사항에 대해서만 부서한다.

3) 국무회의의 소집요구·심의·의결권

국무위원은 국무회의의 소집을 요구하고, 의장을 통하여 의안을 제출하며(제89조 제17호), 국무회의에 출석하여 발언하고 심의·의결에 참가할 권한과 의무가 있다.

4) 국무위원의 출석·발언권

국무위원은 국회나 그 위원회에 출석하여 국정처리상황을 보고하거나 의견을 진술하고 질문에 응답할 수 있는 권한을 가진다(제62조 제1항). 또한 국회나 그 위원회의 요구가 있을 때에는 국무위원 또는 정부위원은 출석·답변하여야 하며, 국무위원이 출석요구를 받은 때에는 국무위원 또는 정부위원으로 하여금 출석·답변하게 할 수 있다(동조 제2항).

4. 책 임

국무위원은 국회나 그 위원회의 요구가 있을 때에는 출석·답변해야 하고, 국회의 해임건의에 따라 대통령에 의한 해임이 있으면 사임해야 한다. 또한 대통령의 국법상 행위 중 자신의 권한사항과 관련해 사임을 하지 않는 한 부서를 해야 한다.

Ⅲ. 국무회의

1. 유 형

국무회의(Cabinet Meeting)의 헌법상 지위는 정부형태에 따라 다르다. 미국형 대통령제 하에서의 국무회의는 헌법상 기관이 아닌 헌법적 관례나 편의에 의한 기구에 불과하다. 대통령을 보좌하기 위한 단순한 자문기관에 불과하며, 대통령에 대해서만 책임을 지고, 의회에 대해서는 책임을 지지 않는다.

의원내각제에서 행정부는 대통령(군주)과 내각으로 구성된다. 대통령은 명목적인 국가원수일 뿐이며, 내각은 집행에 관한 일체의 사항을 의결하는 합의제기관이다. 내각은 의회에 대하여 연대책임을 지는, 내각의 성립과 존속이 전적으로 의회의 의사에 의존한다.

현행헌법은 기본적으로 대통령제를 채택하고 있으면서도 단순한 자문기관이 아니라 집행부의 권한에 속하는 중요정책을 심의하는 기관인 국무회의를 두고 있다.

2. 헌법상 지위

1) 헌법상 필수기관

국무회의는 헌법상 필수적 기관으로 헌법개정에 의하지 아니하고는 폐지할 수 없다.

2) 정부의 최고정책자문기관

국무회의는 정부의 권한에 속하는 중요한 정책을 심의한다(제88조 제1항). 국무회의는 헌법상 국정에 관한 최고의 심의기관이다. 국무회의는 의원내각제의 내각과 같은 의결기관도 아니고 대통령제 하의 국무회의처럼 단순한 자문기관도 아닌 헌법 제89조에 열거된 사항은 반드시 거쳐야 하는 둘의 중간에 위치하는 정책심의기관이라 할 수 있다. 헌법은 행정부의 권한에 속하는 중요한 정책에 대해서는 반드시 국무회의의 심의를 거치게 함으로써 대통령의 독선을 방지하고자 하고 있다.

국무회의는 헌법 제89조의 제1호에서 제16호까지 열거된 사항, 제17호에의 기타 대통령·국무총리 또는 국무위원이 제출한 사항도 심의해야 한다. 따라서 국무회의의 심의 자체를 거치지 아니한 대통령의 국법상 행위는 효력을 발생하지 않는다고 보아야 한다.

그리고 국무회의의 심의결과에 대통령이 구속되는가에 대해서는 구속되지 않는다고 보나 현실적으로 대통령이 국무회의의 심의결과와 상이한 행위를 하는 것은 어렵다고 할 수 있다.

헌법 제89조 제1호 이하에 규정된 심의사항
1. 국정의 기존계획과 정부의 일반정책
2. 선전·강화 기타 중요한 대외정책
3. 헌법개정안·국민투표안·조약안·법률안 및 대통령령안
4. 예산안·결산·국유재산처분의 기본계획·국가의 부담이 될 계약 기타 재정에 관한 중요사항
5. 대통령의 긴급명령·긴급재정경제처분 및 명령 또는 계엄과 그 해제
6. 군사에 관한 중요사항
7. 국회의 임시회집회의 요구
8. 영전수여
9. 사면·감형과 복권
10. 행정각부 간의 권한의 획정
11. 정부 안의 권한의 위임 또는 배정에 관한 기본계획
12. 국정처리상황의 평가·분석
13. 행정각부의 중요한 정책의 수립과 조정
14. 정당해산의 제소
15. 정부에 제출 또는 회부된 정부의 정책에 관계되는 청원의 심사
16. 검찰총장·합동참모의장·국립대학교총장·대사 기타 법률이 정한 공무원과 국영기업체관리자의 임명
17. 기타 대통령·국무총리 또는 국무위원이 제출한 사항

3) 독립된 합의제기관

국무회의는 헌법상 독립된 기관이자 합의제기관이다. 국무회의는 대통령에 소속하는 기관이 아니며 의장, 부의장인 대통령과 국무총리도 국무회의의 구성원 중의 일원이다. 국무회의는 합의제기관으로서 구성원 과반수의 출석으로 개의하고, 출석구성원 2/3 이상의 찬성으로 의결한다.

3. 구성과 운영

1) 구 성

국무회의는 대통령을 비롯하여 국무총리와 15인 이상 30인 이하의 국무위원으로 구성된다(제88조 제2항). 대통령은 국무회의의 의장이 되고 국무총리는 부의장이 된다(제88조 제3항).

의장이 사고로 직무를 수행할 수 없는 경우에는 부의장인 국무총리가 그 직무를 대행하고, 의장과 부의장이 모두 사고로 직무를 수행할 수 없는 경우에는 기획재정부장관이 겸임하는 부총리, 교육부장관이 겸임하는 부총리 및 제26조 제1항에 규정된 순서에 따라 국무위원이 그 직무를 대행한다(정부조직법 제12조 제2항).

2) 운 영

대통령은 국무회의의 구성자로서 국회의 동의를 얻어 국무총리를 임명하고 국무총리의 제청으로 국무위원을 임명한다(제87조 제1항). 대통령은 국무회의의 의장으로서 국무회의를 소집하고 이를 주재한다(정부조직법 제12조 제1항). 국무위원은 국정에 관하여 대통령을 보좌하며, 국무회의 구성원으로서 국정을 심의하며(제87조 제2항), 의장에게 의안을 제출하고 국무회의의 소집을 요구할 수 있다(정부조직법 제12조 제3항).

국무회의는 국무회의 구성원 과반수의 출석으로 개의하고 그 출석위원 2/3 이상의 찬성으로 의결한다(국무회의 규정 제6조 제1항). 국무회의에는 그 구성원이 아닌 국무조정실장·국가보훈처장·인사혁신처장·법제처장·식품의약품안전처장 그 밖에 법률로 정하는 공무원은 필요한 경우 국무회의에 출석하여 발언할 수 있으나(정부조직법 제13조), 표결권은 가지지 아니한다.

IV. 행정각부

1. 행정각부의 의의 및 성격

행정각부는 대통령을 수반으로 하는 집행부의 구성단위로서 대통령이 결정한 정책과 그 밖의 행정부 권한에 속하는 사항을 집행하는 중앙행정기관이다. 행정각부는 대통령이나 국무총리의 지휘와 통할 하에 소관사무를 담당하지만 단순한 대통령이나 국무총리의 보좌기관이 아닌 독자적으로 행정업무를 처리하는 행정관청이다.

2. 행정각부의 장

1) 행정각부의 장의 지위

행정각부의 장은 국무위원 중에서 국무총리의 제청으로 대통령이 임명한다(제94조). 따라서 행정각부의 장은 국무위원의 지위와 행정각부의 장이라는 이중적 지위를 가진다.

2) 행정각부의 장과 국무위원의 지위

국무위원과 행정각부의 장은 법적 지위에 있어서 상이하다. ① 국무위원은 정책심의기관인 국무회의의 구성원인 반면, 행정각부의 장은 국무회의에서 심의하고 대통령이 결정한 정책을 집행하는 행정관청이다. ② 국무위원의 지위에서 국무회의에 참가하는 경우에 대통령이나 국무총리와 법적으로 동등한 지위에 있는 반면, 행정각부의 장의 지위에서는 대통령과 국무총리의 명을 받아서 하는 지휘와 감독을 받는 지위에 있다. ③ 국무위원은 그 사무에 있어서 한계가 없는 반면, 행정각부의 장은 담당부의 관할에 속하는 사항만을 담당하는 사무의 한계가 있다.

3) 행정각부의 장의 권한

행정각부의 장은 법률이 정하는 바에 따라 결정하고 집행하는 권한을 가진다. 즉 소관사무를 통할하고 소속직원을 지휘·감독한다(정부조직법 제7조 제1항). 부·처의 장은 그 소관사무의 효율적 추진을 위하여 필요한 경우에는 국무총리에게 소관사무와 관련되는 다른 행정기관의 사무에 대한 조정을 요청할 수 있다(법 동조 제5항).

행정각부의 장은 소관사무에 관하여 법률이나 대통령령의 위임 또는 직권으로 부령을 발할 수 있다(제95조).

행정각부의 장은 소관사무에 관하여 법률 또는 대통령령의 제정·개정·폐지안을 작성하며, 소속청에 대하여는 중요정책수립에 관하여 그 청의 장을 직접 지휘할 수 있다(정부조직법 제7조 제4항).

V. 대통령의 자문기관

헌법은 대통령의 자문기관으로 필수적 자문기관인 국가안전보장회의와 임의적 자문기관인 국가원로자문회의·민주평화통일자문회의·국민경제자문회의를 규정하고 있다.

1. 국가원로자문회의

헌법은 "① 국정의 중요한 사항에 관한 대통령의 자문에 응하기 위하여 국가원로로 구성되는 국가원로자문회의를 둘 수 있다. ② 국가원로자문회의의 의장은 직전대통령이 된다. 다만, 직전대통령이 없을 때에는 대통령이 지명한다. ③ 국가원로자문회의의 조직·직무범위 기타 필요한 사항은 법률로 정한다"(제90조)라고 하여 국가원로자문회의를 두고 있다. 따라서 국가원로자문회의는 국정의 중요사항에 관하여 대통령의 자문에 응하거나 기타 필요한 사항을 심의한다.

2. 국가안전보장회의

헌법은 "① 국가안전보장에 관련되는 대외정책·군사정책과 국내정책의 수립에 관하여 국무회의의 심의에 앞서 대통령의 자문에 응하기 위하여 국가안전보장회의를 둔다. ② 국가안전보장회의는 대통령이 주재한다. ③ 국가안전보장회의의 조직·직무범위 기타 필요한 사항은 법률로 정한다"(제91조)라고 규정하고 있고 필수적 헌법상 설치기관이다. 이에 관한 법률로 「국가안전보장회의법」이 있다.

3. 민주평화통일자문회의

헌법은 "① 평화통일정책의 수립에 관한 대통령의 자문에 응하기 위하여 민주평화통일자문회의를 둘 수 있다. ② 민주평화통일자문회의의 조직·직무범위 기타 필요한 사항은 법률로 정한다"(제92조)라고 하여 민주평화통일자문회의를 규정하고 있다. 이에 관한 법률로서 「민주평화통일자문회의법」이 있다.

4. 국민경제자문회의

헌법은 "① 국민경제의 발전을 위한 중요정책의 수립에 관하여 대통령의 자문에 응하기 위하여 국민경제자문회의를 둘 수 있다. ② 국민경제자문회의의 조직·직무범위 기타 필요한 사항은 법률로 정한다"(제93조)라고 하여 국민경제자문회의를 규정하고 있다. 이에 관한 법률로는 「국민경제자문회의법」이 있다.

5. 국가과학기술자문회의

헌법은 "국가는 과학기술의 혁신과 정보 및 인력의 개발을 통하여 국민경제의 발전에 노력하여야 한다"(제127조 제1항)라고 하고 "대통령은 제1항의 목적을 달성하기 위하여 필요한 자문기구를 둘 수 있다(동조 제3항)"라고 규정하고 있다. 다만, 국가과학기술자문회의 는 헌법상의 기관이 아니라는 점이 상기한 자문회의와 다르다.

VI. 감사원

1. 감사원의 의의와 변천 및 유형

1) 의의 및 변천

감사원은 국가의 세입·세출의 결산과 국가나 법률이 정한 단체의 예산집행에 대한 회계감사 및 행정기관과 공무원의 직무감찰을 담당하는 대통령의 직속기관이다.

제헌헌법에서는 심계원이 회계검사의 기능만을 담당하고 있었고, 제3공화국헌법부터 는 감사원을 두어 현재에 이르고 있다.

2) 유 형

감사위원은 각국 입법례에 따라 상이하다. 감사기관을 독일·프랑스·일본 등은 독립된 기관으로, 미국·영국은 입법부소속 하에 설치하고 있으며, 우리나라는 행정부에 소속시 키고 있다.

2. 감사원의 헌법상 지위

1) 대통령소속기관

감사원은 대통령소속 하의 중앙행정기관이다(제97조). 감사원은 조직에서 있어서는 대통령에 소속되지만, 직무에 있어서는 독립적으로 활동하는 헌법상 기관이다(감사원법 제2조 제1항).

2) 헌법상 필수기관

감사원은 반드시 설치해야 하는 헌법상 필수기관이다.

3) 독립기관

감사원은 독자적으로 업무를 수행하는 독립기관이다. 따라서 감사원 소속 공무원의 임용, 조직 및 예산의 편성에 있어서는 감사원의 독립성이 최대한 존중되어야 한다(법 동조 제2항).

감사원법은 감사원의 독립성과 정치적 중립성을 유지하기 위하여 감사위원의 신분을 보장하고 일정직의 겸직을 금지하고(법 제9조), 정당가입이나 정치운동에 관여할 수 없게 하고 있다(법 제10조).

4) 합의제의결기관

감사원은 감사원장을 포함한 5인 이상 11인 이하의 감사위원으로 구성되는 감사위원회에서 업무를 처리하는 합의제기관이다. 따라서 감사업무의 합의에 있어서 감사원장과 감사위원은 법적으로 동등한 지위에 있다.

3. 감사원의 구성과 신분

1) 구 성

헌법은 "감사원은 감사원장을 포함한 5인 이상 11인 이하의 감사위원으로 구성한다"(제98조 제1항)라고 규정하고 있고, 「감사원법」은 "감사원은 감사원장을 포함한 7명의 감사위원으로 구성한다(법 제3조)"라고 규정하고 있다.

2) 임 명

감사원장은 국회의 동의를 얻어 대통령이 임명한다(제98조 제2항). 감사위원은 감사원장의 제청으로 대통령이 임명한다(법 제5조 제1항). 감사위원의 임용자격에 관해서는 「감사원법」 제7조에서 규정하고 있다.

3) 임기와 신분보장

감사원장과 감사위원의 임기는 4년이다(제98조 제2항, 제3항). 감사원장과 감사위원은 1차에 한하여 중임할 수 있게 하여(제98조 제2항, 제3항) 장기재직에 따른 폐해를 방지하고자 하고 있다. 감사원장이 사고로 인하여 직무를 수행할 수 없을 때에는 최장기간 재직한 감사위원, 연장자 순으로 그 직무를 대행한다(감사원법 제4조 제3항).

감사위원의 정년은 65세이고, 감사원장인 감사위원의 정년을 70세로 한다(법 제6조 제2항).

감사위원은 법에 규정한 경우(1. 탄핵결정이나 금고 이상의 형의 선고를 받았을 때, 2. 장기(長期)의 심신쇠약으로 직무를 수행할 수 없게 된 때)가 아니면 본인의 의사에 반하여 면직되지 않도록 신분을 보장하고 있다(법 제8조 제1항).

4. 감사원의 권한

1) 결산검사 · 보고 · 회계검사권

감사원은 국가의 세입 · 세출의 결산, 국가 및 법률이 정한 단체의 회계검사를 담당한다(제97조 제1항). 감사원은 세입 · 세출의 결산을 매년 검사하여 대통령과 차년도 국회에 그 결과를 보고하여야 한다(제99조). 감사원의 회계검사의 범위에 관해서는 필요적 검사사항(1. 국가의 회계, 2. 지방자치단체의 회계, 3. 한국은행의 회계와 국가 또는 지방자치단체가 자본금의 2분의 1 이상을 출자한 법인의 회계, 4. 다른 법률에 따라 감사원의 회계검사를 받도록 규정된 단체 등의 회계)을 두어 검사하고(법 제22조), 선택적 검사사항을 두어 필요하다고 인정하거나 국무총리가 요구한 경우에 검사하도록 규정하고 있다(법 제23조).

2) 직무감찰권

감사원은 행정기관과 공무원의 직무에 관한 감찰을 행할 권한을 가지며, 직무감찰의 범위를 규정하고 있다(법 제24조). 직무에 관한 감찰권에는 공무원의 비위감찰권뿐만 아니라 행정감찰권도 포함된다.

감사원의 회계감사 및 직무감찰을 받는 자는 감사원 규칙에 따른 계산서 · 증거서류 · 조서 및 그 밖의 자료를 감사원에 제출하여야 한다(법 제25조 제1항). 감사는 제출된 서류에 의하여 상시 서면감사 외에 필요한 경우 실지감사를 할 수 있다(법 제26조). 또한 감사에 필요하면 출석 · 답변요구 · 자료제출 · 봉인의 조치를 할 수 있다(법 제27조 제1항).

3) 감사원 규칙제정권

감사원은 감사에 관한 절차 · 감사원의 내부규율과 감사사무처리에 관한 규칙을 제정할 수 있다(법 제52조). 감사원규칙의 법적 성격에 관해서는 법규명령인가 행정명령인가의 대립이 있으나 법규사항이기 위해서는 헌법에 명문규정이 있어야 하고, 국민의 권리 · 의무에 관한 것이어야 하므로 이는 행정명령으로 보아야 한다.

04 선거관리와 지방자치

기본이해를 위한 질문

1. 선거관리위원회의 헌법상 지위는 무엇이며, 어떤 권한을 가지고 있는가
2. 1) 지방자치제란 무엇이며, 어떤 유형이 있는가
   2) 「지방자치법」상 지방자치단체의 종류는 무엇이며, 지방의회와 지방자치단체장은 어떤 권한을 갖는가
   3) 지방자치단체가 가지는 권한은 무엇인가
   4) 주민자치란 무엇이며, 주민은 어떤 권리를 갖는가

제1절 선거관리위원회

Ⅰ. 선거관리위원회의 의의

선거는 민주주의의 성패를 좌우하는 중요한 사안으로 선거운동이나 선거 비용 및 정치자금 등의 공정한 관리와 투명성 확보를 위하여 헌법기관으로 중앙선거관리위원회를 두고 있다. 각급 선거관리위원회의 조직과 직무범위, 기타 필요한 사항은 법률로 정하도록 하고 있고, 이 법률이 「선거관리위원회법」(약칭: 선관위법)이다.

Ⅱ. 선거관리위원회의 헌법상 지위

(1) 선거관리위원회는 선거와 국민투표의 공정한 관리와 정당에 관한 사무를 처리하는 합의제독립기관으로 헌법상 필수기관이다. 헌법은 "선거와 국민투표의 공정한 관리 및 정당에 관한 사무를 처리하기 위하여 선거관리위원회를 둔다"(제114조)라고 하여 헌법상 필수적 기관임을 명시하고 있다. 따라서 헌법의 개정에 의하지 않고는 이를 폐지할 수 없다.

(2) 선거관리위원회는 합의제기관이므로 직무에 관한 합의에 있어서는 위원장과 위원들 사이에는 법적으로 동등한 지위에 있다. 중앙선거관리위원회의와 각급선거관리위원회 위원장은 위원 중에서 호선하도록 하고(동조 제3항, 선관위법 제5조 제2항), 각급선거관리위원회는 위원 과반수의 출석으로 개의하고 출석위원 과반수의 찬성으로 의결하고, 가부동수인 때에는 위원장이 결정권을 가진다(법 제10조).

(3) 선거관리위원회는 독립기관으로 위원의 신분이 보장되고 위원들은 정당가입이나 정치관여가 금지되는 중립적 기관이다.

중앙선거관리위원회 위원의 임기는 6년으로 하며 연임에 관한 제한은 없다. 위원은 정당에 가입하거나 정치에 관여할 수 없게 하여 위원의 정치적 중립성을 보장하고 있다. 그리고 위원은 탄핵 또는 금고 이상의 형의 선고에 의하지 아니하고는 파면되지 아니한다(제114조 제4항, 제5항).

그리고 각급선거관리위원회위원의 임기는 6년으로 하며, 다만, 구·시·군선거관리위원회 위원의 임기는 3년으로 하되, 한 차례만 연임할 수 있다(선관위법 제8조). 각급선거관리위원회 위원은 정당에 가입하거나 정치에 관여할 수 없게 하여 위원의 정치적 중립성을 보장하고 있으며, 정당에 가입하거나 정치에 관여한 때 이외에는 해임·해촉 또는 파면되지 아니한다(법 제9조 제1항).

III. 선거관리위원회의 조직과 구성

선거관리위원회는 중앙선거관리위원회와 서울특별시·광역시·도선거관리위원회, 구·시·군선거관리위원회, 읍면동선거관리위원회를 둔다.

중앙선거관리위원회는 대통령이 임명하는 3인, 국회에서 선출하는 3인과 대법원장이 지명하는 3인의 9인의 위원으로 구성한다(제114조 제2항). 각급 선거관리위원회의 조직·직무범위 기타 필요한 사항은 법률로 정하도록 하고 있다(동조 제7항).

선거관리위원회는 중앙선거관리위원회, 특별시·광역시·도선거관리위원회, 구·시·군선거관리위원회의 위원수는 9인, 읍·면·동선거관리위원회 위원수는 7인으로 한다(법 제2조 제1항).

중앙선거관리위원회에 사무처를 두고, 사무처에 사무총장과 사무차장을 둔다(법 제15조 제1항, 제2항). 사무총장은 위원장의 지휘를 받아 처무를 장리하며 소속공무원을 지휘·감독한다(법 동조 제3항).

선거·정당사무에 관한 공무원의 교육과 선거·정당관계자에 대한 연수를 위하여 사무처에 선거연수원을 둘 수 있다(법 제15조의2).

IV. 선거관리위원회의 권한

1. 선거운동과 선거관리

선거관리위원회는 선거운동을 관리한다. 선거운동은 각급 선거관리위원회의 관리 하에 법률이 정하는 범위 안에서 하되, 균등한 기회가 보장되어야 한다(제116조 제1항). 선거관리위원회에서는 법이 지켜지고 깨끗한 선거를 위해 선거법 위반행위를 관리하고 있다.

1) 선거운동

「공직선거법」상 선거운동이라 함은 당선되거나 되게 하거나 되지 못하게 하기 위한 행위를 말하며, ① 선거에 관한 단순한 의견개진 및 의사표시, ② 입후보와 선거운동을 위한 준비행위, ③ 정당의 후보자 추천에 관한 단순한 지지·반대의 의견개진 및 의사표시, ④ 통상적인 정당활동, ⑤ 설날·추석 등 명절 및 석가탄신일·기독탄신일 등에 하는 의례적인 인사말을 문자메시지(그림말·음성·화상·동영상 등 포함)로 전송하는 행위를 제외한 행위는 선거운동에 해당하는 것으로 보고 있다(법 제58조 제1항).

선거운동과 관련하여 사전선거운동을 하는 경우 각급선거관리위원회의 위원·직원은 직무수행 중에 선거법위반행위를 발견한 때에는 중지·경고 또는 시정명령을 하여야 하며, 그 위반행위가 선거의 공정을 현저하게 해치는 것으로 인정되거나 중지·경고 또는 시정명령을 불이행하는 때에는 관할수사기관에 수사의뢰 또는 고발할 수 있다(법 제14조의2).

'선거운동을 위한 준비행위'(사전선거운동)라 함은 비록 선거를 위한 행위이기는 하나 특정 후보자의 당선을 목적으로 투표를 얻기 위한 행위가 아니라 단순히 장래의 선거운동을 위한 내부적·절차적 준비행위를 가리키는 것으로, 예컨대 선거사무장 등 선거사무 관계자, 연설원 등을 선임하기 위한 교섭행위 및 선거사무소·연설장소 등의 물색행위, 선거운동용 자동차·확성장치 등의 임차행위, 선거벽보 등 선전물의 사전 제작행위, 연설문 작성행위, 예비 선거운동원들에 대한 선거법 해설 강좌 실시행위 등을 말하는 것이다(헌재 2004헌바41).

2) 선거관리와 선거구 관리

(1) 선거관리

중앙선거관리위원회는 이 법에 특별한 규정이 있는 경우를 제외하고는 선거사무를 통할·관리하며, 하급선거관리위원회(투표관리관 및 사전투표관리관 포함) 및 제218조에 따른 재외선거관리위원회와 제218조의2에 따른 재외투표관리관의 위법·부당한 처분에 대하여 이를 취소하거나 변경할 수 있다(공선법 제12조 제1항).

① 시·도선거관리위원회는 지방의회의원 및 지방자치단체의 장의 선거에 관한 하급선거관리위원회의 위법·부당한 처분에 대하여, ② 구·시·군선거관리위원회(성질에 반하지 아니하는 범위에서 세종특별자치시선거관리위원회 포함)는 당해 선거에 관한 하급선거관리위원회의 위법·부당한 처분에 대하여 이를 취소하거나 변경할 수 있다(법 동조 제2항~제4항).

(2) 선거구선거사무관리

선거구선거사무라 함은 선거에 관한 사무중 후보자등록 및 당선인결정 등과 같이 당해 선거구를 단위로 행하여야 하는 선거사무를 말한다(법 제13조 제2항).

선거사무관리는 ① 대통령선거 및 비례대표전국선거구국회의원선거의 선거구선거사무는 중앙선거관리위원회, ② 특별시장·광역시장·특별자치시장·도지사선거와 비례대표선거구시·도의회의원선거의 선거구선거사무는 시·도선거관리위원회, ③ 지역선거구국회의원선거, 지역선거구시·도의회의원선거, 지역선거구자치구·시·군의회의원선거, 비례대표선거구자치구·시·군의회의원선거 및 자치구의 구청장·시장·군수선거의 선거구선거사무는 그 선거구역을 관할하는 구·시·군선거관리위원회에서 행한다(법 동조 제1항).

선거구선거관리위원회 또는 직근 상급선거관리위원회는 선거관리를 위하여 특히 필요하다고 인정하는 때에는 중앙선거관리위원회가 정하는 바에 따라 당해 선거에 관하여 관할선거구안의 선거관리위원회가 행할 선거사무의 범위를 조정하거나 하급선거관리위원회 또는 그 위원으로 하여금 선거구선거관리위원회의 직무를 행하게 할 수 있다(법 동조 제3항).

구·시·군선거관리위원회 또는 읍·면·동선거관리위원회가 천재·지변 기타 부득이한 사유로 그 기능을 수행할 수 없는 때에는 직근 상급선거관리위원회는 직접 또는 다른 선거관리위원회로 하여금 당해 선거관리위원회의 기능이 회복될 때까지 그 선거사무를 대행하거나 대행하게 할 수 있고, 다른 선거관리위원회로 하여금 대행하게 하는 경우에는 대행할 업무의 범위도 함께 정하여야 한다(법 동조 제4항, 제5항).

2. 국민투표관리권

선거관리위원회는 선거와 국민투표의 공정한 관리를 하고(제114조 제1항) 각급 선거관리위원회는 선거인명부의 작성 등 선거사무와 국민투표 사무에 관하여 관계행정기관에 필요한 지시를 할 수 있다(제115조 제1항).

행정기관이 국민투표 관계법령을 제정·개정 또는 폐지하고자 할 때에는 미리 당해 법령안을 중앙선거관리위원회에 송부하여 그 의견을 구하여야 하고(선관위법 제17조 제1항), 중앙선거관리위원회는 국민투표 관계 법령의 제정·개정 등이 필요하다고 인정하는 경우에는 국회에 그 의견을 서면으로 제출할 수 있다(법 동조 제2항).

3. 정당사무관리권과 정치자금배분권

선거관리위원회는 정당에 관한 사무를 처리하며, 정치자금의 기탁과 기탁된 정치자금 및 국고보조금을 각 정당에 배분하는 사무를 담당한다.

중앙선거관리위원회는 후원회와 기탁금 등의 사무를 처리한다. 정치자금의 기부를 목적으로 설립·운영되는 단체로서 후원회는 관할 선거관리위원회에 등록하여야 하고(정치자금법 제7조 제1항), 선거관리위원회는 등록신청을 접수한 날부터 7일 이내에 등록을 수리하고 등록증을 교부하여야 한다(법 동조 제5항).

또한 중앙선거관리위원회는 기탁금의 모금에 직접 소요된 경비를 공제하고 지급 당시 제27조(보조금의 배분)의 규정에 의한 국고보조금 배분율에 따라 기탁금을 배분·지급한다(법 제23조 제1항).

4. 규칙제정권

중앙선거관리위원회는 법령의 범위 안에서 선거관리·국민투표관리 또는 정당사무에 관한 규칙을 제정할 수 있으며, 법률에 저촉되지 아니하는 범위 안에서 내부규율에 관한 규칙을 제정할 수 있다(제114조 제6항). 중앙선거관리위원회의 규칙제정권은 국회·대법원·헌법재판소의 규칙제정권과 같은 법규명령 제정권으로 법문상 '법령의 범위 안에서'라는 표현은 '법률의 범위 안에서'라는 의미로 보아야 한다.

제2절　지방자치

Ⅰ. 지방자치제의 의의

지방자치제란 일정한 지역을 중심으로 하여 주민이 독자적인 자치기구를 설치하고 그 자치단체의 고유사무를 그들의 책임 하에 자신들이 선출한 기관을 통해 직접 처리하게 하는 제도를 말한다. 지방자치제도는 지방자치행정의 민주성과 능률성을 제고하고 지방의 균형있는 발전, 나아가 국가의 민주적 발전을 도모하는 민주정치의 이념상 필연적인 제도라고 할 수 있다. 오늘날 많은 자유민주국가의 헌법에서는 지방자치제도를 규정하고 있고, 우리 헌법도 지방자치제도를 규정하여 이를 제도적으로 보장하고 있다.

Ⅱ. 지방자치제의 법적 성격

지방자치제의 헌법적 보장이 어떠한 성격을 갖는가에 대해서는 자치고유권설(기본권보장설)과 제도적 보장설이 있다. ⅰ) 자치고유권설은 지방자치단체는 국가 이전부터 혹은 헌법 이전부터 존재한 것으로 지방자치단체가 가지는 자치권은 개인이 국가에 대하여 가지는 천부적 자연권과 같은 기본권의 일종이라고 한다. ⅱ) 이에 대해 제도적 보장설은 지방자치권은 헌법상의 보장에 본질이 있으며 그것은 역사적으로 형성된 제도보장으로서 지방자체제도의 본질은 이를 침해할 수 없는 것이라고 한다.

지방자치제는 헌법이 지방자치단체에게 부여한 국가로부터 위임된 권력으로 볼 때 천부적 자연권이라는 자치고유권설은 타당하지 않다고 본다. 지방자치제도는 역사적·제도적으로 형성된 제도의 일종으로 이를 폐지하거나 유명무실하게 해서는 안되고 반드시 그 보장이 요구되는 것이지만 지방자치제도가 최소한의 보장이라는 제도적 보장설에 천착되는 것은 오늘날 헌법이 광범위하게 보장하고자 하는 논리에 부응하지 못하는 것이다. 따라서 지방자치제를 규정한 헌법 제117조와 118조의 규정은 입법자를 구속하는 헌법적 보장규정으로 보는 것이 타당하다.

Ⅲ. 지방자치제의 유형과 형태

1. 지방자치제의 유형

지방자치제는 역사적으로 주민이 자치사무를 처리하느냐, 아니면 국가로부터 독립한 단체의 자치기구가 자치사무를 자주적으로 처리하느냐에 따라 주민자치와 단체자치로 구별해 왔다.

주민자치는 영국의 지방정부(Local Government)에서 유래하고 민주주의 발전과정에서 성립한 것이다. 영국에서는 지방적인 국가행정사무를 지방주민에게 담당시키는 제도가 발달하여 지방적인 공공사무를 국회의 입법에 의하여 지방주민이 자치적으로 처리하고, 사무는 지방주민이 선출한 명예직공무원이 담당하였다.

주민자치의 특징은 국가의 행정사무를 주민의 자치기관이 처리하여 고유사무와 위임사무의 구별이 없고, 지방의회가 의결기관과 집행기관의 지위를 겸한다. 국가의 지방자치단체에 대한 감독은 입법적·사법적 감독을 원칙으로 하고, 행정적 감독은 제한하여 중앙적 감독을 최소화하였다.

이에 대하여 단체자치는 프랑스의 단체권력, 독일의 단체사상에서 유래한 것으로, 절대적 관료국가 형성과정에서 성립되었으며, 전제군주로부터 지역단체의 자치권을 확립하는 것을 그 기초로 하였다. 그 특징으로는 지방자치단체가 국가로부터 독립되고 그 단체의 집행기관과 의결기관이 분리되어 있다. 또한 고유사무와 위임사무의 구별이 명확하고, 지방자치단체에 대한 국가기관의 감독권이 강하다는 것이다.

2. 지방자치의 형태

지방자치단체의 조직형태로는 직접민주제형과 대표제형이 있다. 직접민주제형으로는 지역주민이 지역의회를 구성하고 동시에 집행의 책임을 지는 주민총회형이 있는데, 이는 스위스, 미국동부주 등에서 행해지고 있다. 대표제형으로는 지방의회의원만을 주민이 선출하고 자치단체의 장은 지방의회가 선거하는 의원내각제형, 지방의회의원은 물론 자치단체의 장까지도 주민이 선출하는 수장제형(대통령제형)이 있다.

IV. 헌법상 지방자치제

1. 연혁 및 헌법규정

1) 연 혁

1948년 제헌헌법에서는 지방자치제에 관한 규정을 두고, 1949년에는 「지방자치법」을 제정하였고, 제2공화국에서는 시·읍·면의 지방의회가 구성되었다. 제3공화국헌법에서는 부칙에서 지방의회의 구성시기를 법률로 정하도록 하였으나 실시하지는 못하였고, 제4공화국에서는 지방의회구성을 조국의 평화적 통일이 있을 때까지로 미루어 지방자치를 사실상 폐지하였다. 제5공화국에서도 지방의회의 구성을 지방자치단체의 재정자립도를 감안하여 순차적으로 하되 그 구성시기는 법률로 정한다는 부칙조항을 두었다. 제6공화국헌법에서는 지방의회의 구성에 관한 유예규정을 폐지하고, 1988년에는 「지방자치법」이 전면 개정되었고, 1991년에는 각 지방의회가 구성되었다. 1995년에는 지방자치단체의 장과 지방의회의원 선거가 실시되고, 1998년에는 명실상부한 지방선거가 실시되어 본격적인 지방자치시대를 열었다.

2) 헌법규정

헌법은 제117조에서 "① 지방자치단체는 주민의 복리에 관한 사무를 처리하고 재산을 관리하며, 법령의 범위 안에서 자치에 관한 규정을 제정할 수 있다. ② 지방자치단체의 권능과 그 종류는 법률로 정한다"라고 하여 지방자치의 제도적 보장·권능·종류를 규정하고 있다.

제118조에서는 "① 지방자치단체에 의회를 둔다. ② 지방의회의 조직과 권한, 의원선거와 지방자치단체장의 선임방법 기타 지방자치단체의 조직과 운영에 관한 사항은 법률로 정한다"라고 하여 지방자치단체의 기구와 구성방법을 규정하고 있다.

2. 지방자치단체의 종류와 조직

1) 지방자치단체의 종류

헌법은 "지방자치단체의 종류는 법률로 정한다"(제117조 제2항)고 규정하고, 「지방자치법」에 의해 일반지방자치단체로 광역지방자치단체(특별시, 광역시, 특별자치시, 도, 특별자치도)와 기초지방자치단체(시·군 및 구)가 구성되어 있다. 특별시와 광역시 및 도는 정부의 직할 하에 두고, 시와 군은 도의 관할구역 안에 두며, 구는 특별시와 광역시의 관할구역 안에 둔다. 특별자치시로는 세종특별시가 있고 특별자치도로는 제주특별자치도가 있다.

2) 지방자치단체의 조직

헌법은 "지방자치단체의 조직과 운영에 관한 사항은 법률로 정한다"(제118조 제2항)라고 규정하고, 「지방자치법」에 의결기관인 지방의회와 집행기관인 지방자치단체장의 조직과 지위·권한에 대해 규정하고 있다.

(1) 지방의회

가. 조 직

헌법은 "지방자치단체에 의회를 둔다. 지방의회의 조직·권한·의원선거는 법률로 정한다"(제118조 제1항, 제2항)고 규정하고 있다. 지방의회는 헌법상 필수적 설치기관으로 주민의 보통·평등·직접·비밀 선거에 의해 선출되는 지방의회의원으로 구성되는 대의기관이다(법 제38조, 제37조).

나. 지방의회의원

지방의회의원(이하 지방의원)의 임기는 4년으로(법 제39조), 유급직이다(법 제40조). 지방의원의 의정활동을 지원하기 위하여 정책지원 전문인력을 둘 수 있다(법 제41조 제1항).

지방의원은 의정자료의 수집·연구와 이를 위한 보조활동의 비용 보전을 위해 매월 의정활동비를 지급받을 수 있고(법 제40조), 의안제출권·임시회(법 제54조) 및 위원회(법 제70조) 소집요구권·표결권(법 제74조)·질문 및 질의권(법 제51조)·청원의 소개권(법 제85조)·여비청구권(법 제40조) 등의 권리를 가진다.

지방의회에 청원을 할 때에 지방의회 의원의 소개를 얻도록 한 것은 의원이 미리 청원의 내용을 확인하고 이를 소개하도록 함으로써 **청원의 남발을 규제하고 심사의 효율을 기하기 위한 것**이고, 지방의회 의원 모두가 소개의원이 되기를 거절하였다면 그 청원내용에 찬성하는 의원이 없는 것이므로 지방의회에서 심사하더라도 인용가능성이 전혀 없어 심사의 실익이 없으며, 청원의 소개의원도 1인으로 족한 점을 감안하면 이러한 정도의 **제한은 공공복리를 위한 필요·최소한의 것**이라고 할 수 있다.

그리고 공익우선의무·청렴 및 품위유지의무·이권불개입의무·영업금지의무(이상 법 제44조)·회의장에서 질서유지(법 제94조)·모욕적 발언금지(법 제95조)·발언방해금지(법 제96조) 등 의사진행에 관한 의무·본회의와 위원회에 출석할 의무 등을 가진다.

지방의원이 직무로 인하여 신체에 상해를 입히거나 사망한 경우와 그 상해나 직무로 인한 질병으로 사망한 경우에는 보상금을 지급할 수 있고, 보상금 지급기준은 해당 자치단체 조례로 정한다(법 제42조 제1항, 제2항).

다. 지방의회의 권한

지방의회는 조례의 제정 및 개폐·예산의 심의·확정·결산의 승인 기타 주민부담에 관한 사항의 심의와 의결권을 가진다(법 제47조). 또한 지방자치단체의 사무를 감사하거나 특정사안에 관하여 지방의회의 의결로써 행할 수 있는 행정사무감사·조사권, 행정사무처리상황을 보고받을 권한과 질문권을 가진다(법 제50조, 제51조). 그리고 기타 내부조직·의원의 신분·회의 및 징계에 관한 규칙 등을 정하는 자율권을 가진다(법 제52조).

(2) 지방자치단체장

헌법은 "지방자치단체의 장의 선임방법은 법률"(제118조 제2항)로 정한다고 규정하여, 법률에 그 선임방법을 위임하고 있다. 지방자치단체장은 주민의 보통·평등·직접·비밀 선거에 의해 선출되고(법 제107조), 임기는 4년이며 계속 재임은 3기에 한하고 있다(법 제108조 – 관련 판례: 헌재 2005헌마403).

헌법재판소는 지방자치단체장이 금고 이상의 형의 선고를 받은 경우 부단체장의 권한 대행 규정(구 지방자치법 제111조 제1항 제3호)은 위헌으로 판단하였다(헌재 2010헌마418).

> **(!) 판례** | 지방자치단체장의 계속재임기간을 3기로 제한 – 헌재 2006.2.23. 2005헌마403(기각)
>
> 지방자치단체 장의 계속 재임을 3기로 제한한 규정의 입법취지는 장기집권으로 인한 지역발전저해 방지와 유능한 인사의 자치단체 장 진출확대로 대별할 수 있는바, 그 목적의 정당성, 방법의 적절성, 피해의 최소성, 법익의 균형성이 충족되므로 헌법에 위반되지 아니한다.

> **(!) 판례** | 금고 이상 형 선고 사실만으로 자치단체장의 직무 정지 – 헌재 2010.9.2. 2010헌마418 (헌법불합치)
>
> '금고 이상의 형이 선고되었다.'는 사실 자체에 주민의 신뢰가 훼손되고 자치단체장으로서 직무의 전념성이 해쳐질 것이라는 부정적 의미를 부여한 후, 그러한 **판결이 선고되었다는 사실만을 유일한 요건으로 하여, 형이 확정될 때까지의 불확정한 기간동안 자치단체장으로서의 직무를 정지**시키는 불이익을 가하고 있으며, 그와 같이 불이익을 가함에 있어 필요최소한에 그치도록 엄격한 요건을 설정하지도 않았으므로, **무죄추정의 원칙에 위배**된다 … 이 사건 법률조항으로 인하여 해당 자치단체장은 불확정한 기간 동안 직무를 정지당함은 물론 주민들에게 유죄가 확정된 범죄자라는 선입견까지 주게 되고, 더욱이 장차 무죄판결을 선고받게 되면 이미 침해된 공무담임권은 회복될 수도 없는 등의 심대한 불이익을 입게 되므로, **법익균형성 요건 또한 갖추지 못하였다.** 따라서, 이 사건 법률조항은 자치단체장인 청구인의 **공무담임권을 침해한다.**

지방자치단체의 장은 지방자치단체의 통할대표권(법 제114조)·자치사무의 관리집행권(법 제116조)·소속직원의 임면 및 지휘감독권(법 제118조)·규칙제정권(법 제29조)·지방의회의 임시회요구권(법 제54조 제3항)·조례공포권(법 제32조 제2항)·지방의회의결에 대한 재의요구권(법 제120조, 제121조)·지방의회에의 의안발의권(법 제76조 제1항)·선결처분권(법 제122조)·주민투표부의권(법 제18조 제1항) 등을 가진다.

그 보조기관으로 특별시에는 3인의 부시장, 광역시·특별자치시·도·특별자치도에는 2인(인구 800만 이상의 광역시 및 도는 3인)의 부시장·부지사, 시·군에는 부시장·부군수·부구청장을 둔다.

지방자치단체의 장 또는 지방의회의 의장은 상호 간의 교류와 협력을 증진하고 공동의 문제를 협의하기 위하여 전국적 협의체를 설립할 수 있다(법 제182조).

(3) 협력 및 특례

2개 이상의 지방자치단체에 관련된 사무의 일부를 공동으로 처리하기 위하여 관계 지방자치단체 간 행정협의회를 구성할 수 있고(법 제169조), 2개 이상의 지방자치단체가 하나 또는 둘 이상의 사무를 공동으로 처리할 필요가 있을 때 규약으로 지방자치단체조합법인을 설립할 수 있다(법 제176조).

서울특별시·세종특별자치시·제주특별자치도·인구 50만 이상 대도시에 대해 법률로 정하는 바에 따라 특례를 둘 수 있고(법 제197조, 제198조), 2개 이상의 지방자치단체가 공동으로 특정한 목적을 위하여 광역적으로 사무를 처리할 필요가 있을 때 특별지방자치단체를 설치할 수 있다(법 제199조).

(4) 지방교육자치

「지방교육자치에 관한 법률」은 지방교육의 발전을 위해 "교육의 자주성 및 전문성과 지방교육의 특수성을 살리기 위하여 지방자치단체의 교육·과학·기술·체육 그 밖의 학예에 관한 사무를 관장하는 기관의 설치와 그 조직 및 운영 등에 관한 사항을 규정"(법 제1조)하고 있다. 이 법에 규정된 사항 이외에는 그 성질에 반하지 않는 한 「지방자치법」을 준용한다.

시·도의 교육·학예에 관한 사무의 집행기관으로 시·도에 교육감을 두고, 교육감 소속하에 국가공무원으로 보하는 부교육감 1인(인구 800만명 이상이고 학생 150만명 이상인 시·도는 2인)을 두며, 부교육감은 교육감을 보좌하여 사무를 처리한다. 하급교육행정기관으로서 교육지원청을 둔다. 교육지원청에 교육장을 두되 장학관으로 보하고, 그 임용에 관하여 필요한 사항은 대통령으로 정한다.

「공직선거법」상 규정(법 제53조 제1항 각 호)에 해당하는 사람 중 교육감후보가 되려는 사람은 선거일 전 90일까지 그 직을 그만두어야 한다. 다만 교육감선거에서 해당 지방자치단체의 교육의원이나 교육감이 그 직을 가지고 입후보하려는 경우에는 그 직을 그만두지 않아도 되도록 하고 있다(법 제47조). 주민은 직접 선거하는 교육감에 대해 소환할 권리를 가진다.

3. 지방자치단체의 권한

헌법은 지방자치단체는 "주민의 복리에 관한 사무를 처리하고, 재산을 관리하며, 법령의 범위 안에서 자치에 관한 규정을 제정할 수 있다"(제117조 제1항)라고 하여 자치행정권, 자치재정권, 자치입법권의 권한을 규정하고 있다.

1) 자치행정권(고유사무처리권)

지방자치단체는 주민의 복리를 위하여 행정을 할 수 있는 자치행정권을 가진다. 지방자치단체는 그 사무를 처리함에 있어서 주민의 편리 및 복리증진을 위하여 노력하여야 하며(**고유사무**), 법령에 따라 지방자치단체에 속하는 사무를 처리한다. 지방자치단체는 국가나 상급지방자치단체가 지방자치단체에 위임한 사무를 처리하고(**단체위임사무**), 국가 또는 도 등 광역자치단체로부터 지방자치단체의 집행기관에 위임된 사무를 처리한다(**기관위임사무**).

단체위임사무는 지방자치단체의 사무로 전환되는 것으로 조례의 규율대상이 되며, 사무처리의 효과는 지방자치단체에 귀속된다. 소요경비는 위임행정주체가 분담하고, 지방세법에 의한 시·군 조세징수사무를 예로 들 수 있다. 기관위임사무는 전국적으로 통일적 처리가 요구되는 사무로 사무처리 효과는 위임행정주체에 귀속된다.

기관위임사무는 원칙적으로 조례의 규율대상이 되지 않으며, 병무나 선거, 경찰사무 등이 이에 해당한다. 단체위임사무는 권한쟁의심판을 청구할 수 있으나, 단체의 사무가 아닌 기관위임사무는 이를 청구할 수 없다(헌재 98헌라4).

2) 자치재정권(재산관리권)

지방자치단체는 재산을 관리하며 재산을 형성하고 유지할 권한을 가진다. 지방자치단체는 그 재정을 수지균형의 원칙에 따라 건전하게 운영하여야 하며(법 제137조), 지방자치단체장이나 지방자치단체조합은 법률로 정하는 바에 따라 지방채를 발행할 수 있다(법 제138조). 지방자치단체장은 회계연도(매년 1월 1일~12월 31일) 시작 50일 전까지, 시·군 및 자치구는 회계연도 시작 40일 전까지 예산안을 편성하여 지방의회에 제출하여야 하며(법 제142조), 계속비(법 제143조)·추가경정예산(법 제145조) 지출 필요 시 지방의회의 의결을, 예비비(법 제144조) 지출 시 지방의회의 승인을 받아야 한다.

지방자치단체는 기본재산을 유지하고 적립금의 설치·관리 및 처분을 할 수 있으며(법 제159조, 제160조), 지방세를 부과·징수하고(법 제152조), 공공시설의 이용 또는 재산의 사용에 대한 사용료(법 제153조)·특정인을 위한 사무에 대한 수수료(법 제154조)·재산 또는 공공시설 설치로 이익을 받은 주민에 대한 분담금(법 제155조) 등을 징수할 수 있고, 자치사무 및 위임사무에 필요한 경비를 지출할 의무를 진다(법 제158조). 지방재정을 보조하고 지방자치단체의 재정기반을 확충하기 위한 법률로 「지방교부세법」과 「지방양여금법」·「지방양여금관리특별회계법」 등이 있다.

3) 자치입법권

지방자치단체는 법령의 범위 안에서 자치에 관한 규정을 제정할 수 있는 자치입법권을 가진다. 자치입법으로는 지방의회가 법령의 범위 안에서 그 지방의 사무에 관하여 정하는 조례와 지방자치단체의 장이 법령과 조례의 범위 안에서 그 권한에 속하는 사무에 관하여 정하는 규칙이 있다.

(1) 조례제정권

가. 조례제정권의 근거

헌법 제117조 제1항은 "지방자치단체는 … 법령의 범위 안에서 자치에 관한 규정을 제정할 수 있다"고 하고 있고, 「지방자치법」(2022.1.13. 시행, 법률 제17893호, 2021.1.12. 전부개정) 제28조 제1항에 "지방자치단체는 법령의 범위 안에서 그 사무에 관하여 조례를 제정할 수 있다. 다만 주민의 권리 제한 또는 의무 부과에 관한 사항이나 벌칙을 정할 때에는 법률의 위임이 있어야 한다"고 하고, 제2항에 "법령에서 조례로 정하도록 위임한 사항은 그 법령의 하위 법령에서 그 위임의 내용과 범위를 제한하거나 직접 규정할 수 없다"고 규정하고 있다.

헌법 제117조의 '법령의 범위 안'에서의 의미는 무엇이며, 자치에 관한 조례제정권의 범위와 한계는 무엇인지 살펴볼 필요가 있다.

나. 조례제정권의 범위

헌법은 제114조 제6항에서 "중앙선거관리위원회는 법령의 범위 안에서 선거관리·국민투표관리·정당사무규칙을 제정하고, 법률에 저촉되지 아니하는 범위 안에서 내부규율규칙을 제정할 수 있다"고 하여 법률과 법령을 구분하여 규정하고 있다. 법령은 헌법을 포함한 국회제정의 형식적 의미의 법률, 법규명령을 말한다.

다만, 행정규칙(훈령, 예규, 고시, 지침 등)도 법령에 포함되는가에 대해서는 법규명령으로서 기능하는 행정규칙은 이에 포함된다고 본다.

! 판례 | 법령의 범위 안 조례 및 규칙제정에서의 법령 – 헌재 2002.10.31. 2001헌라1(기각), 2002. 10.31. 2002헌라2(기각)

헌법 제117조 제1항에서 규정하고 있는 **'법령'**에 법률 이외에 헌법 제75조 및 제95조 등에 의거한 **'대통령령', '총리령' 및 '부령'과 같은 법규명령이 포함**되는 것은 물론이지만, 헌법재판소의 "법령의 직접적인 위임에 따라 수임행정기관이 그 법령을 시행하는데 필요한 구체적 사항을 정한 것이면, 그 제정형식은 비록 법규명령이 아닌 **고시, 훈령, 예규 등과 같은 행정규칙**이더라도, 그것이 상위법령의 위임한계를 벗어나지 아니하는 한, 상위법령과 결합하여 **대외적인 구속력을 갖는 법규명령으로서 기능**하게 된다고 보아야 한다"고 판시한 바에 따라, 헌법 제117조 제1항에서 규정하는 **'법령'**에는 법규명령으로서 기능하는 행정규칙이 포함된다.

따라서 지방자치단체가 자치에 관한 규정을 제정할 수 있는 권한은 헌법, 법률 및 법규명령의 범위 안에서라 할 수 있으며, 대외적 효력을 가지는 행정명령 또한 포함된다고 할 수 있다(헌재 2001헌라1; 2001헌라2).

헌법 제117조 제1항에 지방자치단체는 '법령의 범위 안'에서 자치입법권을 행사할 수 있는데, 자치입법권과 관련되는 지방자치제도의 핵심영역과 중요하고 본질적 내용은 국회가 제정한 형식적인 법률에 의해 제정되어야 한다. 이러한 의회유보의 원칙은 입법사항을 과도하게 행정입법으로의 위임하는 경우 자치권한이 침해될 소지가 크게 되므로 자치입법권을 행정입법의 위임으로부터 보호하고자 하는 것이다.

"주민의 권리제한 또는 의무부과에 관한 사항이나 벌칙을 정할 때에는 법률의 위임이 있어야 한다"라고 규정하고 있다. 여기서 주민의 권리·의무에 관한 법규사항을 내용으로 하는 조례의 경우, 헌법과 「지방자치법」의 규정에 의할 경우 법률의 위임이 일반적·포괄적 위임을 의미하느냐 아니면 구체적·개별적 위임을 의미하느냐에 대해서는 견해가 갈린다.

ⅰ) 일반적·포괄적 위임 견해는 국회에 속하는 입법권은 국가의 입법권을 규정한 것이지 지방자치단체의 입법권을 규정한 것이 아니므로 지방의회 또한 주민의 대표기관인 이상 대의제원리에 문제가 없다고 한다.

ⅱ) 반면 구체적·개별적 위임 견해는 국민의 자유와 권리를 제한할 경우에는 반드시 법률에 근거가 있어야 하는 것이 비추어 조례로써 법규사항을 규율하는 경우에도 구체적·개별적 수권이 있어야 한다고 본다.

생각건대 법규사항에 관한 조례는 법령의 '범위 안에서'라는 규정에 비추어 법령을 위배하지 않는 범위 내로 엄격히 한정하여야 하며, 그 위임에 있어서 구체적일 필요는 없으며 포괄적이어도 족하다고 본다. 조례제정권의 벌칙에 관해서도 법규정상 동일하게 본다. 따라서 지방자치단체는 그 내용이 주민의 권리제한·의무부과에 관한 사항이거나 벌칙에 관한 사항이 아닌 경우에 한하여 구체적·개별적 법률의 위임이 없더라도 조례를 제정할 수 있다고 본다.

다. 조례제정의 헌법상 의무와 조례의 통제

지방자치단체가 조례를 제정해야할 헌법상 의무가 있음에도 불구하고 이를 제정하지 않은 부작위에 대해 헌법재판소는 위헌선언을 하였다(헌재 2006헌마358).

> **판례** | '사실상 노무에 종사하는 공무원'의 구체적 범위를 정하는 조례제정의 헌법상 의무 부담
> 여부 – 헌재 2009.7.30. 2006헌마358(인용(위헌확인))
>
> 지방공무원법 제58조 제2항은 **'사실상 노무에 종사하는 공무원'의 구체적인 범위를 조례로 정하**
> **도록** 하고 있기 때문에 그 범위를 정하는 조례가 제정되어야 비로소 지방공무원 중에서 단결권·단
> 체교섭권 및 단체행동권을 보장받게 되는 공무원이 구체적으로 확정된다. 그러므로 지방자치단체는
> 소속 공무원 중에서 지방공무원법 제58조 제1항의 '사실상 노무에 종사하는 공무원'에 해당하는 지
> 방공무원이 단결권·단체교섭권 및 단체행동권을 원만하게 행사할 수 있도록 보장하기 위하여 그
> **구체적인 범위를 조례로 제정할 헌법상 의무를 부담**하며, 지방공무원법 제58조가 '사실상 노무에
> 종사하는 공무원'에 대하여 단체행동권을 포함한 근로3권을 인정하더라도 업무 수행에 큰 지장이
> 없고 국민에 대한 영향이 크지 아니하다는 입법자의 판단에 기초하여 제정된 이상, 해당 조례의 제
> 정을 미루어야 할 정당한 사유가 존재한다고 볼 수도 없다.

조례에 의해 기본권이 침해된 경우에는 헌법소원에 의한 위헌성 심사가 가능하게 된
다. 처분성이 있는 조례의 경우 법원의 항고소송의 대상이 되어(대판 95누8003), 헌법소원
보충성의 원칙상 조례에 대한 헌법소원심판은 각하결정을 하게 된다.

> **판례** | 조례가 항고소송의 대상이 되는 행정처분에 해당되는 경우 – 대판 1996.9.20. 95누8003
> (기각)
>
> 조례가 집행행위의 개입 없이도 그 자체로서 직접 국민의 구체적인 권리의무나 법적 이익에 영
> 향을 미치는 등의 법률상 효과를 발생하는 경우 그 조례는 항고소송의 대상이 되는 행정처분에 해
> 당하고.

그러나 처분성이 인정되지 않는 조례의 경우에 그 조례가 국민의 기본권을 침해하는
경우에 헌법소원심판을 청구할 수 있게 된다.

지방자치단체의 장은 지방의회의 의결이 월권이거나 법령에 위반되거나 공익을 현저
히 해친다고 인정되면 그 의결사항을 이송받은 날부터 20일 이내에 이유를 붙여 재의를
요구할 수 있고(법 제120조 제1항), 재의결된 사항이 법령에 위반된다고 인정되면 대법원에
소를 제기할 수 있다(법 동조 제3항).

라. 조례제정권의 제한과 한계

기본권의 제한은 국가안전보장·질서유지·공공복리를 위하여 필요한 경우에 한하여

법률로써 가능하다(제37조 제2항). 기본권을 제한하는 조례 또한 최소한 법률에 근거하는 법률유보의 원칙이 적용된다.

지방자치단체의 사무에 속하는 사항은 법률로써 규정하지만, 법령에 규정된 지방자치단체의 자치사무를 처리하기 위하여 필요한 때에는 조례를 정할 수 있다. 그러나 국가사무 중 기관위임사무는 조례로써 규정할 수 없으며, 다만 국가사무 중 단체위임사무는 지방자치단체에 의해 자율적 처리가 어느 정도 인정되는 것이므로 자치사무와 같이 특별한 법률상의 근거를 요하지 않고 조례를 제정할 수 있다.

조례는 형식적으로 헌법과 법령의 범위 내에서 제정되어야 한다. 조례는 실제 지방자치단체의 사무에 관한 사항이어야 하며, 자치단체 사무라고 할 수 없는 것은 자치조례 제정범위에 속하지 않는다고 본다.

> **⚠ 판례** | 조례제정의 범위 – 대판 1999.9.17. 99추30(인용), 대판 2007.2.9. 2006추45(재의결무효)
>
> **조례제정은 원칙적으로 자치사무와 단체위임사무에 한정되며, 기관위임사무에 관하여 조례를 제정할 수 없다.** 다만 **기관위임사무도 개별법령에서 위임한 경우에는 예외적으로 가능**하다(대판 1999.9.17. 99추30); 지방자치법은 지방의회와 지방자치단체의 장에게 독자적 권한을 부여하고 상호견제와 균형을 이루도록 하고 있으므로 **지방의회**는 법률에 특별한 규정이 없는 한 견제의 범위를 넘어서 **상대방의 고유권한을 침해하는 내용의 조례를 제정할 수 없다**(대판 2007.2.9. 2006추45).

시·군 및 자치구의 조례나 규칙은 시·도의 조례나 규칙을 위반해서는 아니 된다(법 제30조).

조례는 법규의 성질을 가진다는 점에서 그 밖의 법령과 다를 것이 없지만 법률에 의한 규제는 전국적인 것인데 대하여, 조례에 의한 규제는 지역에 따라 다르다. 따라서 조례에 의한 벌칙규정이 지역에 따라 상이하여 불평등한 것이 될 가능성이 있으나, 그것은 헌법이 지방자치제를 보장하고 있는데서 오는 불가피한 결과로 헌법위반이 아니라고 본다.

그리고 법원은 조례로 정하고자 하는 특정 사항에 관해 규율하는 국가 법령이 이미 존재하는 경우 지방자치단체가 각 지방의 실정에 맞게 규율하는 하는 것으로 해석하는 한 조례가 국가법령 위반은 아니라고 보고 있다(대판 96추244).

> **판례** | 조례로 정하고자 하는 특정사항에 관하여 이미 법령이 존재하는 경우, 조례의 적법 요건
> – 대판 1997.4.25. 96추244
>
> 지방자치단체는 법령에 위반되지 아니하는 범위 내에서 그 사무에 관하여 조례를 제정할 수 있는 것이고, 조례가 규율하는 특정사항에 관하여 그것을 규율하는 국가의 법령이 이미 존재하는 경우에도 조례가 법령과 별도의 목적에 기하여 규율함을 의도하는 것으로서 그 적용에 의하여 **법령의 규정이 의도하는 목적과 효과를 전혀 저해하는 바가 없는 때**, 또는 양자가 동일한 목적에서 출발한 것이라고 할지라도 국가의 법령이 반드시 그 규정에 의하여 전국에 걸쳐 일률적으로 동일한 내용을 규율하려는 취지가 아니고 **각 지방자치단체가 그 지방의 실정에 맞게 별도로 규율하는 것을 용인하는 취지라고 해석되는 때에는 그 조례가 국가의 법령에 위반되는 것은 아니다.**

조례나 규칙에 의하여 국민의 기본권이 침해된 경우에는 헌법소원에 의한 위헌성심사가 가능하며, 법원에 의한 위헌·위법성심사가 가능하다.

지방자치단체의 장은 지방의회가 제정한 조례안에 대하여 재의를 요구할 수 있으나, 조례안의 일부 또는 수정하여 재의를 요구할 수 없다(법 제32조 제3항).

(2) 규칙제정권

지방자치단체의 장은 법령 또는 조례의 범위에서 그 권한에 속하는 사무에 관한 규칙을 제정할 수 있다(법 제29조). 하위 조례나 규칙(시·군·자치구)은 상위(시·도지사)의 조례나 규칙에 위반하여서는 아니된다(법 제30조).

위임사무는 국가 또는 광역자치단체가 기초자치단체의 장에게 위임한 사무로 자치단체의 장이 규칙을 제정하여야 한다(대판 94누4615).

(3) 교육규칙

「지방교육자치에 관한 법률」은 교육감은 법령 또는 조례의 범위 안에서 그 권한에 속하는 사무에 관하여 교육규칙을 제정할 수 있다고 규정하고 있다(법 제25조 제1항).

(4) 조례와 규칙에 대한 유지·보고

지방자치단체의 장은 지방자치단체의 분합 또는 새로운 지방자치단체가 설치되거나 지방자치단체의 격이 변경되면 그 지방자치단체의 장은 필요한 사항에 관하여 새로운 조례나 규칙이 제정·시행될 때까지 종래 그 지역에 시행되던 조례나 규칙을 계속 시행할 수 있다(지방자치법 제31조).

조례나 규칙을 제정 또는 개폐하는 경우 조례는 이송된 날부터 5일 이내에, 공포예정 15일 전에 시·도지사는 행정안전부장관에게, 시장·군수·자치구의 구청장은 시·도지사

에게, 그 전문을 첨부하여 보고하여야 한다(법 제35조).

V. 주민자치

1. 선거권과 피선거권

지방자치단체 구역 안에 주소를 가진 자인 주민은 법령이 정하는 바에 따라 그 지방자치단체에서 실시하는 지방의회의원과 지방자치단체의 장에 선거에 참여할 권리를 가진다(법 제17조 제1항, 제3항).

2. 공공시설 이용권 및 균등 행정수혜권

주민은 법령으로 정하는 바에 따라 소속 지방자치단체의 재산과 공공시설을 이용할 권리와 그 지방자치단체로부터 균등하게 행정의 혜택을 받을 권리를 갖는다(법 동조 제2항).

3. 주민투표권

주민에게 과도한 부담을 주거나 중대한 영향을 미치는 지방자치단체의 주요 결정사항 등에 대한 주민투표권이 있고(법 제18조 제1항), 「주민투표법」이 제정되어 시행되고 있다. 이러한 주민투표권은 헌법이 아닌 입법에 의해 채택된 것이고 법률이 보장하는 권리라고 할 수 있다(헌재 2004헌마530; 2000헌마735; 2004헌마643; 2006헌바99).

> **① 판례 | 주민투표권의 기본권성 – 헌재 2005.12.22. 2004헌마530(각하)**
>
> **우리 헌법**은 간접적인 참정권으로 선거권(헌법 제24조), 공무담임권(헌법 제25조)을, 직접적인 참정권으로 국민투표권(헌법 제72조, 제130조)을 규정하고 있을 뿐 **주민투표권을 기본권으로 규정한 바가 없고** 제117조, 제118조에서 제도적으로 보장하고 있는 지방자치단체의 자치의 내용도 자치단체의 설치와 존속 그리고 그 자치기능 및 자치사무로서 지방자치단체의 자치권의 본질적 사항에 관한 것이므로 주민투표권을 헌법상 보장되는 기본권이라고 하거나 헌법 제37조 제1항의 "헌법에 열거되지 아니한 권리"의 하나로 보기 어렵다. 지방자치법이 주민에게 주민투표권(제13조의2), 조례의 제정 및 개폐청구권(제13조의3), 감사청구권(제13조의4) 등을 부여함으로써 주민이 지방자치사무에 직접 참여할 수 있는 길을 일부 열어 놓고 있지만 이러한 제도는 어디까지나 입법에 의하여 채택된 것일 뿐 헌법에 의하여 보장되고 있는 것은 아니므로 **주민투표권은 법률이 보장하는 권리일 뿐 헌법이 보장하는 기본권 또는 헌법상 제도적으로 보장되는 주관적 공권으로 볼 수 없다.**

4. 주민소환권

주민은 지방자치단체의 장 및 지방의회의원(비례대표 지방의회의원은 제외)을 소환할 권리인 주민소환권을 가지며(법 제25조), 「주민소환에 관한 법률」이 제정되어 시행되고 있다.

주민소환제도는 헌법적 요구가 아닌 법률에 의한 제도로 주민소환권은 법률상의 권리이며, 이는 대의제의 원리를 보장하는 범위 내에서 인정될 수 있는 것이다(헌재 2004헌마530; 2007헌마843).

5. 조례제정 및 개폐청구권

주민은 지방조례의 제정이나 개폐를 청구할 수 있고(법 제19조 제1항), 제29조에 따른 규칙(권리·의무와 직접 관련되는 사항으로 한정)의 제정, 개정 또는 폐지와 관련된 의견을 해당 지방자치단체의 장에게 제출할 수 있다(법 제20조 제1항).

6. 감사청구권

18세 이상의 주민으로서 관할 주민등록이나 해당 지방자치단체 외국인등록대장에 등재된 사람은 시·도는 300명, 제198조에 따른 인구 50만 이상 대도시는 200명, 그 밖의 시·군 및 자치구는 150명 이내에서 그 지방자치단체의 조례로 정하는 수 이상의 18세 이상의 주민이 연대 서명하여 감사를 청구할 수 있다. 즉, 그 지방자치단체와 그 장의 권한에 속하는 사무의 처리가 법령에 위반되거나 공익을 현저히 해친다고 인정되면, 시·도의 경우에는 주무부장관에게, 시·군 및 자치구의 경우에는 시·도지사에게 감사를 청구할 수 있다(법 제21조 제1항).

7. 주민소송권

주민은 공금의 지출에 관한 사항, 재산의 취득·관리·처분에 관한 사항, 해당 지방자치단체를 당사자로 하는 매매·임차·도급 계약이나 그 밖의 계약의 체결·이행에 관한 사항 또는 지방세·사용료·수수료·과태료 등 공금의 부과·징수를 게을리한 사항에 대해 감사를 청구할 수 있다. 이를 감사 청구한 주민은 감사 청구한 사항과 관련이 있는 위법한 행위나 업무를 게을리한 사실에 대하여 해당 지방자치단체의 장을 상대방으로 하여 소송을 제기할 수 있다(법 제22조).

8. 청원권

주민은 지방의회의원의 소개로 지방의회에 청원을 할 수 있다. 이는 주민이 청원을 하더라도 지방의회의원 중 이에 찬성하는 의견이 없으면 실효성이 없게 되는 것이므로 청원의 실효성을 위한 것이다. 이러한 청원권은 헌법에 근거하여 보장되는 권리이다.

9. 주민의 의무

주민은 법령으로 정하는 바에 따라 소속 지방자치단체의 비용을 분담하여야 하는 의무를 진다(법 제27조). 즉 주민은 지방세, 분담금, 수수료, 사용료 등의 공과금을 납부할 의무를 지며, 필요한 노력제공의무, 물품제공의무, 자치법규준수의무 등을 진다.

05 법원

기본이해를 위한 질문
1. 법원의 헌법상 지위는 무엇이며, 법원의 운영은 어떻게 이루어지고 있는가
2. 대법원의 헌법상 지위와 구성은 어떠하며, 대법원의 권한은 무엇인가
3. 사법권의 독립이란 무엇인가

제1절 법원의 의의

법원은 법 또는 권리에 관한 다툼이나 법익이 침해된 경우 직접 조사한 증거를 통해 객관적 사실을 바탕으로 법을 해석·적용하는 사법기관이다. 법원은 다른 국가기관으로부터 독립하여 제3자인 위치에서 재판권을 행사함으로써 국민의 권리 및 국민의 재판을 받을 권리(제27조) 등을 실현한다.

제2절 법원의 헌법상 지위

Ⅰ. 사법기관으로서의 지위

헌법상 법원은 헌법재판소와 더불어 사법부를 구성하는 사법기관이다. 실질적 의미의 사법에 관한 권한을 의미하는 사법권은 헌법 제101조 제1항에 따라 헌법에 다른 규정이 없는 한 원칙적으로 법원이 행사한다.

Ⅱ. 중립적 권력으로서의 지위

국가권력 중 입법부와 집행부를 정치적 권력이라 한다면, 법원(사법부)은 이들로부터 독립된 중립적 권력이어야 한다. 특히 헌법 103조에서 "법관은 헌법과 법률에 의하여 그 양심에 따라 독립하여 심판한다"라고 규정함으로써 사법권의 독립과 법원의 정치적 중립성을 강조하고 있다.

Ⅲ. 헌법수호기관으로서의 지위

헌법상 헌법수호기관으로 헌법재판소와 법원을 들 수 있다. 현행헌법상 헌법재판에 관한 권한은 헌법재판소가 담당하고, 법원은 명령·규칙·처분의 위헌·위법심사를, 위헌법률심판제청, 선거소송심판을 통해 헌법수호기능을 담당하고 있다.

Ⅳ. 기본권보장기관으로서의 지위

공권력 특히 집행부에 의해 국민의 기본권이 침해되는 경우에는 법원이 명령·규칙·처분의 위헌·위법심사를 통하여 국민의 기본적 권익을 보호하는 역할을 수행하고 있다. 이와 같이 국민의 자유와 권리를 보장하는 기능은 주로 법원이 담당하고 있다.

제3절 법원의 조직과 운영

제1항 법원의 조직의 의의

법원의 조직에 있어서 최고법원인 대법원은 헌법상 기관이므로 폐지할 수 없으며 반드시 두어야 한다. 다만, 각급 법원의 종류와 구성 그리고 3심제는 법률로 정하도록 하고 있는 헌법사항이 아니므로 헌법개정에 의하지 않고 폐지가능하다. 이를 정하는 법으로 「법원조직법」이 있다.

「법원조직법」에 의하면 법원에는 대법원·고등법원·지방법원, 그리고 특수법원인 가정법원·행정법원·특허법원·회생법원을 두고 있고, 지방법원과 가정법원사무의 일부를 처리하기 위하여 관할구역 내에 각 지원·소년부지원·시·군법원 등기소를 두고 있다. 이외 특별법원으로 군사법원을 두고 있다.

제2항 법원의 조직

Ⅰ. 대법원

1. 대법원의 헌법상 지위

(1) 대법원은 현행 헌법상 최고법원으로서 최고사법기관이자 최고사법행정기관으로

서울특별시에 둔다(법원조직법 제12조). 헌법 제101조에 따라 사법권은 원칙적으로 법원에 속하고 대법원은 법원 중에서도 최고법원이므로 대법원은 최상급법원의 지위에 있다.

(2) 사법행정은 재판권의 행사나 재판제도를 운영하고 관리하기 위한 행정작용이라는 점에서 본래의 사법권과는 구별되지만 법원의 사법행정사무는 법원의 수장인 대법원장이 총괄한다.

(3) 대법원은 국민의 자유와 권리를 수호하는 기본권보장기관의 역할과 헌법수호기관으로서의 역할을 담당하고 있다. 대법원은 최고의 사법기관으로서 국민의 기본권이 공권력에 의해 침해되었을 경우에 이를 최종적으로 구제해 주는 최종심법원이다.

(4) 또한 명령·규칙의 위법심사에 있어서 최종심을 담당하고, 하급법원이 위헌법률심판을 헌법재판소에 제청할 경우에 반드시 대법원을 경유하도록 하고, 선거소송을 관할하게 하는 등 헌법의 헌법수호기관의 역할을 담당하게 하고 있다.

2. 대법원의 구성과 조직

1) 대법원의 구성

대법원은 대법원장과 대법관으로 구성되며, 법률이 정하는 바에 의하여 대법관이 아닌 법관을 둘 수 있다(제102조 제2항).

대법원장은 판사 중에서 재판연구관을 지명하여, 대법원에서 사건의 심리와 재판에 관한 조사·연구에 종사하도록 할 수 있다(법 제24조 제2항).

대법원장은 국회의 동의를 얻어 대통령이 임명한다(제104조 제1항). 대법관은 대법원장의 제청으로 국회의 동의를 얻어 대통령이 임명한다(동조 제2항). 대법관이 아닌 법관은 대법관회의의 동의를 얻어 대법원장이 임명한다(동조 제3항).

대법관의 수는 대법원장을 포함하여 14인으로 한다(법 제4조 제2항).

(1) 대법원장

① 대법원장은 대법원의 장으로서 법원을 대표하는 법원의 수장이며, 대법관회의 의장이 되며(법 제16조 제1항), 대법관전원합의체의 재판장의 지위를 가진다.

② 대법원장은 대법원의 일반사무를 관장하며, 대법원의 직원과 각급법원 및 그 소속기관의 사법행정사무에 관하여 직원을 지휘·감독한다(법 제13조 제2항).

③ 대법원장은 법원을 대표하며, 대법관 임명에 대한 제청권을 가지며(제104조 제2항), 각급판사에 대한 임명권(농조)과 보직권(법 제44조)을 가진다. 또한 대법원장은 헌법재판소

3인의 재판관(제113조)과 중앙선거관리위원회 3인 위원의 임명권을 가지며(제114조 제2항), 법원공무원의 임명권과 사법행정사무를 총괄할 권한을 가진다(법 제9조 제1항).

④ 대법원장이 궐위되거나 부득이한 사유로 직무를 수행할 수 없을 때에는 선임대법관이 그 권한을 대행한다(법 제13조 제3항).

⑤ 대법원장은 판사·검사·변호사의 자격이 있는 자로서 15년 이상의 법조경력을 가진, 만 40세 이상인 자 중에서 대통령이 국회의 동의를 얻어 임명한다. 임기는 6년이며 중임할 수 없으며(제105조 제1항), 정년은 70세이다.

(2) 대법관

① 대법관은 대법원의 구성원이며, 대법관회의 및 전원합의체 구성원이다.

② 대법관은 15년 이상의 법조경력을 가진 자로서 40세 이상이어야 한다. 대법관은 대법원장이 대법관후보추천위원회의 추천을 받아 대통령에게 제청하고(법 제41조의2 제1항, 제2항), 국회의 동의를 얻어 대통령이 임명하며(제104조 제2항), 임기는 6년으로 연임할 수 있다(제105조 제2항).

③ 대법관은 대법원 재판부 심판권과 의견 표시권한을 가진다(법 제15조). 또한 대법관회의의 권한사항에 대한 의결권을 갖는다(법 제16조 제2항).

(3) 대법관이 아닌 법관과 재판연구관

대법원에는 법률이 정하는 바에 의하여 대법관이 아닌 법관을 둘 수 있다(제102조 제2항).

또한 대법원에는 대법원장의 명을 받아 대법원에서 사건의 심리 및 재판에 관한 조사·연구 업무를 담당하는 재판연구관을 둔다(법 제24조 제1항, 제2항). 재판연구관은 판사로 보하거나 3년 이내의 기간을 정하여 판사가 아닌 사람 중에서 임명할 수 있다(법 동조 제3항).

2) 대법원의 조직

(1) 대법관회의

대법관회의는 대법관 전원(현재 14인)으로 구성되며, 대법원장이 의장이 된다(법 제16조 제1항). 대법관회의는 대법관 전원의 2/3 이상의 출석과 출석인원 과반수의 찬성으로 의결(법 동조 제2항)하며, 가부동수일 때에는 의장이 결정권을 갖는다(법 동조 제3항).

대법관회의의 의결사항(1. 판사의 임명 및 연임에 대한 동의, 2. 대법원규칙의 제정과 개정 등에 관한 사항, 3. 판례의 수집·간행에 관한 사항, 4. 예산 요구, 예비금 지출과 결산에 관한 사항, 5. 다른 법령에 따라 대법관회의의 권한에 속하는 사항, 6. 특히 중요하다고 인정되는 사항으로서 대법원장이 회의에 부친 사항)을 규정하고(법 제17조), 대법관회의의 운영에 필요한 사항은 대법원규칙으로 정한다(법 제18조).

(2) 대법관 전원합의체와 부

대법원에는 대법관 2/3 이상의 합의체인 전원합의체를 두고, 대법원장이 재판장이 된다(법 제7조 제1항). 대법원에는 과중한 업무 부담으로 "대법원에 부를 둘 수 있"(제102조 제1항)도록 하고, 부는 대법관 3인으로 구성된다.

대법원 전원합의체 심판사항(법 제7조 제1항)을 규정하고, 대법원장은 필요하다고 인정하는 경우에 특정한 부로 하여금 행정·조세·노동·군사·특허 등의 사건을 전담하여 심판하게 할 수 있다(법 동조 제2항).

(3) 부설기관

대법원에 부설된 기관을 두어 사무와 연구 등을 담당하도록 하고 있다.

① 사법행정사무를 관장하기 위하여 대법원에 법원행정처를 두어, 법원의 인사·예산·회계·시설·통계·송무·등기·가족관계등록·공탁·집행관·법무사·법령조사 및 사법제도 연구에 관한 사무를 관장하도록 하고 있다(법 제19조 제1항, 제2항).

② 또한 법원도서관을 두어 재판사무의 지원 및 법률문화의 창달을 위한 판례·법령·문헌·사료 등 정보를 조사·수집·편찬하고 이를 관리·제공하고 있다(법 제22조).

③ 판사의 연수와 사법연수생의 수습에 관한 사무를 관장하기 위하여 대법원에 사법연수원을 두고(법 제20조), 법원직원·집행관 등의 연수 및 양성에 관한 사무를 관장하기 위하여 대법원에 법원공무원교육원을 두고 있다(법 제21조). 그리고 사법제도 및 재판제도의 개선에 관한 연구를 하기 위하여 대법원에 사법정책연구원을 두고 있다(법 제20조의2).

3. 대법원의 관할

대법원은 상고심, 명령·규칙의 위법 여부의 최종심사, 위헌법률심판의 제청, 선거소송 등을 관할한다. 대법원은 특히 고등법원 또는 항소법원·특허법원의 판결에 대한 상고사건과 항고법원·고등법원 또는 항소법원·특허법원의 결정·명령에 대한 재항고사건, 다른 법률에 의해 대법원의 권한에 속하는 사건 등을 최종심으로 심판한다.

Ⅱ. 고등법원

1. 구성과 조직

고등법원은 고등법원판사로 구성된다. 고등법원장은 당해 법원의 사법행정사무를 관장하며, 소속공무원을 지휘·감독한다(법 제26조 제3항).

고등법원장이 궐위되거나 부득이한 사유로 직무를 수행할 수 없을 때에는 수석판사, 선임판사의 순서로 그 권한을 대행한다(법 동조 제4항).

고등법원에는 부를 두며(법 제27조 제1항), 부의 구성원 중 1인은 그 부의 재판에서 재판장이 되며, 고등법원장의 지휘에 따라 그 부의 사무를 감독한다(법 동조 제3항).

2. 관 할

고등법원의 심판은 3인의 판사로 구성된 합의부에서 행한다(법 제7조 제3항).

고등법원은 ① 지방법원 합의부, 가정법원 합의부, 회생법원 합의부 또는 행정법원의 제1심 판결·심판·결정·명령에 대한 항소 또는 항고사건, ② 지방법원단독판사, 가정법원단독판사의 제1심 판결·심판·결정·명령에 대한 항소 또는 항고사건으로서 형사사건을 제외한 사건 중 대법원규칙으로 정하는 사건, ③ 다른 법률에 따라 고등법원의 권한에 속하는 사건을 심판한다(법 제28조).

Ⅲ. 특허법원

1. 조 직

특허법원은 판사인 특허법원장과 판사로 구성된다. 특허법원에는 부를 두고 부에는 부장판사를 둔다.

특허법원장은 그 법원의 사법행정사무를 관장하며, 소속공무원을 지휘·감독한다(법 제28조의2 제3항).

2. 관 할

특허법원의 심판은 판사 3인으로 구성된 합의부에서 행한다(법 제7조 제3항).

특허법원은 ① 「특허법」 제186조 제1항(심결 등에 대한 소), 「실용신안법」 제33조(특허법의 준용), 「디자인보호법」 제166조 제1항(심결 등에 대한 소) 및 「상표법」 제162조(심결 등에 대한 소)에서 정하는 제1심사건, ② 「민사소송법」 제24조 제2항 및 제3항(지식재산권 등에 관한 특별재판적)에 따른 사건의 항소사건, ③ 다른 법률에 따라 특허법원의 권한에 속하는 사건을 심판한다(법원조직법 제28조의4).

특허심판절차는 특허심판원에서 특허법원을 거쳐 대법원의 순으로 진행된다.

Ⅳ. 지방법원

1. 구성과 조직

1) 지방법원

지방법원은 판사인 지방법원장과 지방법원판사로 구성된다. 지방법원에는 부를 두고, 부에는 부장판사를 둘 수 있다(제30조 제1항, 제2항).

지방법원장은 당해 법원과 그 소속지원, 시·군법원 및 등기소의 사법행정사무를 관장하며, 소속공무원을 지휘·감독한다(법 제29조 제3항). 지방법원장이 궐위되거나 부득이한 사유로 직무를 수행할 수 없을 때에는 수석부장판사, 선임부장판사의 순서로 그 권한을 대행한다(법 동조 제4항).

지방법원의 지원과 가정지원에 판사인 지원장을 둔다(법 제31조 제1항, 제2항). 가정지원에 부를 둘 수 있다(법 동조 제5항).

지원장은 소속 지방법원장의 지휘를 받아 그 지원과 관할구역에 있는 시·군법원의 사법행정사무를 관장하며, 소속 공무원을 지휘·감독한다(법 동조 제3항). 사무국을 둔 지원의 지원장은 소속 지방법원장의 지휘를 받아 관할구역에 있는 등기소의 사무를 관장하며, 소속 공무원을 지휘·감독한다(법 동조 제4항).

2) 시·군 법원

대법원장은 지방법원 또는 그 지원 소속 판사 중에서 그 관할구역에 있는 시·군법원의 판사를 지명하여 시·군법원의 관할사건을 심판하게 한다. 이 경우 1명의 판사를 둘 이상의 시·군법원의 판사로 지명할 수 있다(법 제33조 제1항).

시·군법원의 판사는 소속 지방법원장 또는 지원장의 지휘를 받아 시·군법원의 사법행정사무를 관장하며, 그 소속 직원을 지휘·감독한다. 또한 가사사건에 관하여는 그 지역을 관할하는 가정법원장 또는 그 지원장의 지휘를 받는다(법 동조 제2항).

2. 관 할

1) 지방법원과 지방법원지원 합의부의 관할

지방법원의 심판은 단독판사가 행하며, 합의심판을 요할 때에는 판사 3인으로 구성된 합의부에서 행한다(법 제7조 제4항, 제5항).

지방법원과 그 지원의 합의부는 ① 합의부에서 심판할 것으로 합의부가 결정한 사건,

② 민사사건에 관하여는 대법원규칙으로 정하는 사건, ③ 사형, 무기 또는 단기 1년 이상의 징역 또는 금고에 해당하는 사건, ④ '③'의 사건과 동시에 심판할 공범사건, ⑤ 지방법원판사에 대한 제척·기피사건, ⑥ 다른 법률에 따라 지방법원 합의부의 권한에 속하는 사건을 제1심으로 심판한다(법 제32조 제1항).

지방법원 본원 합의부 및 춘천지방법원 강릉지원 합의부는 지방법원단독판사의 판결·결정·명령에 대한 항소 또는 항고사건 중 제28조 제2호(민사소송법 제24조 제2항 및 제3항에 따른 사건의 항소사건)에 해당하지 아니하는 사건을 제2심으로 심판한다(법 동조 제2항).

2) 시·군법원의 관할

시·군법원은 ① 「소액사건심판법」의 적용을 받는 민사사건, ② 화해·독촉 및 조정에 관한 사건, ③ 20만원 이하의 벌금 또는 구류나 과료에 처할 범죄사건, ④ 「가족관계의 등록 등에 관한 법률」 제75조에 따른 협의상 이혼의 확인 등을 관할한다(법 제34조 제1항).

시·군법원의 불복사건은 그 지역을 관할하는 지방법원 또는 지원이 관할한다.

20만원 이하의 벌금·구류·과료에 처할 범죄사건에 대하여는 즉결심판한다(법 동조 제3항). 다만, 즉결심판으로 유죄를 선고받은 피고인은 그 고지를 받은 날로부터 7일 이내에 정식재판을 청구할 수 있다(법 제35조).

V. 가정법원

1. 조 직

가정법원은 판사인 가정법원장과 판사로 구성된다.

가정법원장은 그 법원과 소속 지원의 사법행정사무를 관장하며, 소속 공무원을 지휘·감독한다. 다만, 1개의 지원을 두는 경우에는 가정법원장은 그 지원의 가사사건, 소년보호 및 가족관계등록에 관한 사무를 지휘·감독한다(법 제37조 제3항).

가정법원에는 부를 두고(법 제38조 제1항), 가정법원 지원에 지원장을 둔다(법 제39조 제1항).

지원장은 소속 가정법원장의 지휘를 받아 지원의 사법행정사무를 관장하며, 소속 공무원을 지휘·감독한다(법 동조 제2항).

2. 관 할

가정법원 및 가정법원지원의 합의부에서는 ① 「가사소송법」에서 정한 가사소송과 마

류 가사비송사건 중 대법원규칙으로 정하는 사건, ② 가정법원판사에 대한 제척·기피사
건, ③ 다른 법률에 의하여 가정법원합의부의 권한에 속하는 사건을 제1심으로 심판한다
(법 제40조 제1항).

가정법원본원 합의부 및 춘천가정법원 강릉지원 합의부는 가정법원단독판사의 판결·심
판·결정·명령에 대한 항소 또는 항고사건 중 제28조 제2호(고등법원 심판권)에 해당하지
아니하는 사건을 제2심으로 심판한다(법 동조 제2항).

VI. 행정법원과 행정심판

1. 행정법원

1) 조 직

행정법원은 판사인 행정법원장과 판사로 구성된다(법 제40조의2 제1항, 제2항).

행정법원장은 그 법원의 사법행정사무를 관장하며, 소속 공무원을 지휘·감독한다(법
동조 제3항).

2) 관 할

행정법원의 심판권은 판사 3명으로 구성된 합의부에서 행사한다. 다만, 행정법원의 경
우 단독판사가 심판할 것으로 행정법원 합의부가 결정한 사건의 심판권은 단독판사가 행
사한다(법 제7조 제3항).

행정법원은 「행정소송법」에서 정한 행정사건과 다른 법률에 따라 행정법원의 권한에
속하는 사건을 제1심으로 심판한다(법 제40조의4).

행정쟁송절차는 행정법원에서 1심을, 고등법원을 거쳐 대법원의 순으로 진행된다. 행
정법원은 서울에만 있으며, 지방에서의 행정사건은 지방법원이 심판한다.

2. 행정심판과 행정심판기관

1) 행정심판

헌법은 "재판의 전심절차로서 행정심판을 할 수 있다. 행정심판의 절차는 법률로 정하
며, 사법절차가 준용되어야 한다"(제107조 제3항)라고 행정심판에 대해 규정하고 있다. 행
정소송을 제기하기 전에 행정심판을 거칠 수 있도록 한 것은 소송사건의 폭주를 피하고
행정관청에게 행정처분을 재검토하여 스스로 시정할 기회를 주기 위한 것이다.

2) 행정심판기관

행정심판기관은 일반행정심판기관과 특별행정심판기관으로 구분된다. 해양안전심판원·국세심판원·특허심판원 등은 특별행정심판기관에 해당한다.

해양사고에 대한 조사 및 심판을 하는 해양안전심판원은 지방해양안전심판원(제1심 재결)을 거쳐 중앙해양안전심판원(제2심 재결)을 거쳐 고등법원에 이어 대법원의 상고 절차를 거친다.

조세심판원은 세금문제에 관하여 행정소송을 제기하기 전에 거쳐야 할 준사법기관으로, 심판관회의의 결정사항에 불복할 때에는 결정통보일로부터 90일 이내에 처분청 관할 행정법원에 행정소송을 제기할 수 있다(국세기본법 제56조).

특허심판원의 특허심판 심결(결정)에 불복하는 자는 특허법원(심결 취소소송)(특허법 제186조 제1항)을 거쳐 대법원에 상고할 수 있다(법 동조 제8항).

Ⅶ. 회생법원

1. 조 직

회생법원은 판사인 회생법원장과 판사로 구성되며(법원조직법 제40조의5 제1항, 제2항), 부를 둔다(법 제40조의6 제1항).

회생법원장은 그 법원의 사법행정사무를 관장하며, 소속 공무원을 지휘·감독한다(법 동조 제3항).

2. 관 할

회생사건, 간이회생사건 및 파산사건 또는 개인회생사건은 ① 채무자의 보통재판적이 있는 곳, ② 채무자의 주된 사무소나 영업소가 있는 곳 또는 채무자가 계속하여 근무하는 사무소나 영업소가 있는 곳, ③ '① 또는 ②'에 해당하는 곳이 없는 경우에는 채무자의 재산이 있는 곳(채권의 경우에는 재판상의 청구를 할 수 있는 곳)의 어느 한 곳을 관할하는 회생법원의 관할에 전속한다(「채무자 회생 및 파산에 관한 법률」(약칭: 채무자회생법) 제3조 제1항).

회생법원의 합의부는 ① 채무자 회생 및 파산에 관한 법률에 따라 회생법원 합의부의 권한에 속하는 사건, ② 합의부에서 심판할 것으로 합의부가 결정한 사건, ③ 회생법원판사에 대한 제척·기피사건 및 「채무자 회생 및 파산에 관한 법률」 제16조에 따른 관리위원에 대한 기피사건, ④ 다른 법률에 따라 회생법원 합의부의 권한에 속하는 사건을 제1심으로 심판한다(법원조직법 제40조의7 제1항).

회생법원 합의부는 회생법원단독판사의 판결·결정·명령에 대한 항소 또는 항고사건
을 제2심으로 심판한다(법 동조 제2항).

Ⅷ. 특별법원

1. 의 의

법관이 아닌 자가 재판을 담당하거나 대법원을 최종심으로 하지 않는 법원이 특별법
원이다. 이러한 특별법원을 설치할 수 있는가에 대해서 문제가 된다. 이에는 특별법원의
성격에 대해 ⅰ) 법관의 자격을 가진 자가 재판을 담당하고 그 재판에 대한 대법원에의
상고가 인정되고 있더라도 그 관할에 특수한 사항에 한정된 법원이라는 특수법원설과
ⅱ) 헌법에 규정된 법관자격이 없는 자가 재판을 담당하거나 그 재판에 대한 대법원에의
상고가 인정되지 않는 법원이라는 예외법원설이 있다.

군사법원을 특별법원으로서 인정하는 최소한의 필요성 검토와 관련해서 헌법이 직접
규정하고 있는 것(제110조) 외에 특별법원의 설치가 예외적인 것으로 그 축소 논의가 제
기되고 있는 관점에서 예외법원설로 보아야 하며, 다수설과 헌법재판소의 견해이다.

(!) 판례 | 특별법원으로서의 군사법원의 설치 – 헌재 1996.10.31. 93헌바25(합헌)

1. 구 군사법원법 제6조가 군사법원을 군부대 등에 설치하도록 하고, 같은 법 제7조가 군사법원에
   군 지휘관을 관할관으로 두도록 하고, 같은 법 제23조, 제24조, 제25조가 국방부장관, 각군 참
   모총장 및 관할관이 군판사 및 심판관의 임명권과 재판관의 지정권을 갖고 심판관은 일반장교
   중에서 임명할 수 있도록 규정한 것은 헌법 제110조 제1항, 제3항의 위임에 따라 **군사법원을**
   특별법원으로 설치함에 있어서 군대조직 및 군사재판의 특수성을 고려하고 군사재판을 신속, 적
   정하게 하여 군기를 유지하고 군지휘권을 확립하기 위한 것으로서 **필요하고 합리적인 이유가 있**
   다고 할 것이다.
2. **헌법이 군사법원을 특별법원으로 설치하도록 허용하되 대법원을 군사재판의 최종심**으로 하고 있
   고, 구 군사법원법 제21조 제1항은 재판관의 재판상의 독립을, 같은 조 제2항은 재판관의 신분
   을 보장하고 있으며, 또한 같은 법 제22조 제3항, 제23조 제1항에 의하면 군사법원의 재판관은
   반드시 일반법원의 법관과 동등한 자격을 가진 군판사를 포함시켜 구성하도록 하고 있는바, 이
   러한 사정을 감안하면 구 군사법원법 제6조가 **일반법원과 따로 군사법원을 군부대 등에 설치하**
   도록 하였다는 사유만으로 헌법이 허용한 특별법원으로서 군사법원의 한계를 일탈하여 사법권의
   독립을 침해하고 위임입법의 한계를 일탈하거나 헌법 제27조 제1항의 재판청구권, 헌법 제11조
   의 평등권을 본질적으로 침해한 것이라고 할 수 없고, 또한 같은 법 제7조, 제23조, 제24조, 제

> 25조가 일반법원의 조직이나 재판부구성 및 법관의 자격과 달리 군사법원에 관할관을 두고 군검찰관에 대한 임명, 지휘, 감독권을 가지고 있는 **관할관이 심판관의 임명권 및 재판관의 지정권을 가지며 심판관은 일반장교 중에서 임명할 수 있도록 규정**하였다고 하여 바로 위 조항들 자체가 **군사법원의 헌법적 한계를 일탈하여 사법권의 독립과 재판의 독립을 침해하고 죄형법정주의에 반하거나 인간의 존엄과 가치, 행복추구권, 평등권, 신체의 자유, 정당한 재판을 받을 권리 및 정신적 자유를 본질적으로 침해하는 것이라고 할 수 없다.**

2. 군사법원

1) 의 의

군사법원은 대법원에의 상고가 인정되지만, 법관의 자격이 없는 심판관이 재판을 행한다는 점에서 헌법이 정하는 유일한 예외법원인 특별법원이다(제110조).

비상계엄하의 군사재판은 군인·군무원의 범죄나 군사에 관한 간첩죄의 경우와 초병·초소·유독음식물공급·포로에 관한 죄 중 법률이 정한 경우에 사형의 경우를 제외하고는 단심으로 할 수 있다.

2) 조직과 관할

(1) 조 직

군사법원의 조직·관할 및 재판관(군판사와 심판관)의 자격 등은 법률로 정하는데, 이에 관한 법률이 「군사법원법」이다.

군사법원에는 보통군사법원과 고등군사법원이 있다(법 제5조). 보통군사법원은 재판관 1명 또는 3명으로 구성하고(법 제22조 제1항), 고등군사법원은 재판관 3명 또는 5명으로 구성한다(법 동조 제2항).

재판관은 군판사와 심판관으로 하고, 재판장은 선임군판사가 된다(법 동조 제3항). 심판관은 일정한 자격(1. 법에 관한 소양이 있는 사람, 2. 재판관으로서의 인격과 학식이 충분한 사람)을 갖춘 영관급 이상의 장교 중에서 관할관이 임명한다(법 제24조 제1항). 군판사는 각 군 참모총장이 영관급 이상의 소속 군법무관 중에서 임명한다. 다만, 국방부 및 국방부직할 통합부대의 군판사는 국방부장관이 영관급 이상의 소속 군법무관 중에서 임명한다(법 제23조 제1항).

군사법원에 관할관을 둔다. 보통군사법원의 관할관은 그 설치되는 부대와 지역의 사령관, 장 또는 책임지휘관으로 하며(법 제7조 제3항), 그 군사법원의 행정사무를 관장한다(법

제8조 제2항). 고등군사법원의 관할관은 국방부장관으로 하며(법 제7조 제2항), 고등군사법원의 관할관은 그 군사법원의 행정사무를 관장하고, 국방부직할통합부대와 각 군 본부 보통군사법원의 행정사무를 지휘·감독한다(법 제8조 제1항).

(2) 관 할

보통군사법원은 ① 군사법원이 설치되는 부대의 장의 직속부하와 직접 감독을 받는 사람이 피고인인 사건(다만, 그 예하부대에 군사법원이 설치된 경우 제외), ② 군사법원이 설치되는 부대의 작전지역·관할지역 또는 경비지역에 있는 자군(自軍)부대에 속하는 사람과 그 부대의 장의 감독을 받는 사람이 피고인인 사건(다만, 그 부대에 군사법원이 설치된 경우 제외), ③ 군사법원이 설치되는 부대의 작전지역·관할지역 또는 경비지역에 현존하는 사람과 그 지역에서 죄를 범한 「군형법」제1조에 해당하는 사람이 피고인인 사건(다만, 피고인의 소속 부대의 군사법원이 그 지역에 있거나 그 사건에 대한 관할권이 타군(他軍) 군사법원에 있는 경우 제외)을 제1심으로 심판한다(법 제11조 제1항).

고등군사법원은 보통군사법원의 재판에 대한 항소사건, 항고사건 및 그 밖에 법률에 따라 고등군사법원의 권한에 속하는 사건에 대하여 심판한다(법 제10조).

대법원은 군사법원 판결의 상고사건에 대하여 심판한다(법 제9조).

제3항 법원의 운영

I. 재판의 심급제

헌법은 제101조 제2항에서 "법원은 최고법원인 대법원과 각급법원으로 조직된다"고 규정하고, 「법원조직법」은 법원의 종류를 대법원·고등법원·특허법원·지방법원·가정법원·행정법원·회생법원의 7종으로 하여 재판의 심급제를 예정하고 있다. 재판의 심급제를 인정하는 이유는 소송절차를 신중히 함으로써 공정한 재판을 확보하려는 데 그 목적이 있다.

3심제는 민사·형사·행정재판 등에 적용되고, 특허재판과 지방의회의원 및 기초자치단체장의 선거쟁송재판은 2심제로 하고 있으며, 대통령·국회의원·시도지사의 선거쟁송재판과 비상계엄하의 군사재판은 단심제로 하고 있다.

Ⅱ. 재판의 공개제

1. 재판공개의 원칙

1) 의 의

헌법 제109조 본문은 "재판의 심리와 판결은 공개한다"라고 하여 재판공개의 원칙을 규정하고 있다. 재판의 공개주의는 소송의 심리와 판결을 공개함으로써 재판의 공정성과 재판에 대한 국민의 신뢰를 확보하려는 데 그 의의가 있다.

2) 내 용

심리란 원고·피고가 법관 앞에서 심문을 받으며 변론을 제기하는 것을 말하고, 판결이란 심리의 결과에 대한 법원의 판단을 말한다. 그리고 공개란 일반인에게도 방청을 허용하는 것을 말한다.

재판공개의 원칙에 있어서 공개의 대상은 재판의 심리와 판결이므로 비송사건절차는 공개대상이 되지 않으며, 소송법상의 결정이나 명령은 공개할 필요가 없다.

2. 재판공개 원칙의 예외

재판은 공개를 원칙으로 하지만 심리는 국가의 안전보장 또는 안녕질서를 방해하거나 선량한 풍속을 해칠 우려가 있을 경우에는 법원의 결정으로 공개하지 않을 수 있다(제109조 단서).

비공개는 심리에 관해서만이고 판결은 반드시 공개해야 한다. 공개의 규정을 위반한 경우에는 헌법위반으로 상고이유가 된다.

Ⅲ. 재판의 배심제

1. 의 의

배심제란 법률전문가가 아닌 국민 중에서 선출된 배심원이 심판을 하거나 기소하는 제도를 말한다. 배심제는 재판과정에 국민 사법참여를 보장하고 법관의 관료화를 막는 데 기여하는 기능을 지니고 있다.

2. 종 류

배심에는 기소를 행하는 기소배심(대배심), 심판 또는 심리를 행하는 심리(소배심)이 있다. 미국은 기소배심과 심리배심을 규정하고 있다(수정헌법 제5조, 제7조). 독일은 참심제만을 채택하고 있는데, 참심제란 선거나 추첨에 의하여 국민 중에서 선출된 자인 참심원이 법관과 함께 합의체를 구성하여 재판하는 제도를 말한다.

우리나라는 국민참여재판에서 배심원이 사실인정과 양형과정에 참여하고 있지만 배심원의 평결과 의견은 권고적 효력만을 가지고 법원을 기속하지 않는다(국민의 형사재판 참여에 관한 법률(약칭: 국민참여재판법) 제46조 제5항).

Ⅳ. 법정질서의 유지

「법원조직법」은 법정질서유지에 관해 규정하고 있다. 재판장은 법정의 질서를 유지하고, 재판장은 법정의 존엄과 질서를 해할 우려가 있는 자의 입정을 금지하거나 퇴정을 명할 수 있고, 그 밖의 법정의 질서유지에 필요한 명령을 발할 수 있다(법 제58조).

법원 및 재판장은 법정내외에서 ① 질서유지명령에 위배하는 행위를 하거나, ② 재판장 허가없이 녹화·촬영·중계방송 등의 행위를 하거나, ③ 폭언, 소란 등의 행위로 법원의 심리를 방해하거나, ④ 재판의 위신을 현저히 훼손한 사람에 대하여 결정으로 20일 이내의 감치 또는 100만원 이하의 과태료를 부과할 수 있으며, 둘을 병과할 수 있다(법 제61조 제1항).

제4절 대법원의 권한

Ⅰ. 명령·규칙의 심사권

1. 의 의

명령·규칙심사권이란 법원의 재판의 대상이 되고 있는 구체적 사건에 적용할 명령·규칙을 심사하여 위헌·위법으로 판단되면 그 명령·규칙을 당해 사건에 한하여 적용을 거부하는 권한을 말한다. 헌법 제107조는 "명령·규칙이 헌법이나 법률에 위반되는 여부가 재판의 전제가 된 경우에는 대법원은 이를 최종적으로 심사할 권한을 가진다"라고 하여 법원의 명령·규칙심사권을 규정하고 있다.

이 권한은 법률우위원칙에 따라 인정되는 것으로서 명령·규칙의 합헌성과 합법성을 보장하고 헌법과 법률에 위배되는 명령·규칙으로 인하여 개인의 자유나 권리가 침해되는 것을 방지하기 위한 것이다. 다만 헌법이 명령·규칙 이외에 처분에 대한 심사도 포함하는 것은 행정처분에 대한 행정소송의 관할권이 법원에 속함을 밝히고 있는 것이다.

이하에서는 명령·규칙에 대해서만 살펴본다.

2. 내 용

1) 심사주체

대법원을 비롯한 각급법원뿐만 아니라 군사법원도 명령·규칙을 심사할 수 있다. 다만, 대법원은 명령·규칙의 위헌 위법에 대한 최종적 심사권을 갖는다.

헌법재판소가 명령·규칙의 심사주체가 될 수 있는가에 대하여는 부정설과 긍정설로 나뉜다. 명령·규칙이라도 대외적 구속력을 갖는 경우 국민의 기본권을 침해한다면 헌법재판소에 헌법소원을 제기할 수 있도록 하여야 한다고 본다. 헌법재판소는 대법원규칙인 「법무사법 시행규칙」에 대한 헌법소원을 인정하여 긍정설의 입장에 있다(헌재 89헌마178).

> **⚠ 판례** | 사법부 제정규칙의 헌법소원 대상 – 헌재 1990.10.15. 89헌마178(위헌)
>
> 헌법 제107조 제2항이 규정한 명령·규칙에 대한 대법원의 최종심사권이란 구체적인 소송사건에서 명령·규칙의 위헌여부가 재판의 전제가 되었을 경우 법률의 경우와는 달리 헌법재판소에 제청할 것 없이 대법원이 최종적으로 심사할 수 있다는 의미이며, **명령·규칙 그 자체에 의하여 직접 기본권이 침해되었음을 이유로 하여 헌법소원심판을 청구하는 것은 위 헌법규정과는 아무런 상관이 없는 문제**이다. 따라서 입법부·행정부·사법부에서 제정한 규칙이 별도의 집행행위를 기다리지 않고 직접 기본권을 침해하는 것일 때에는 모두 헌법소원심판의 대상이 될 수 있는 것이다.

2) 심사대상

심사의 대상은 명령과 규칙이다.

여기서 명령이란 모든 법규명령을 말하며 위임명령·집행명령 그리고 대통령령·총리령·부령을 불문한다. 다만, 행정기관 내부만 기속하는 행정명령(행정규칙)은 포함되지 않는다.

규칙이란 국가기관에 의해서 정립되는 '규칙'이라는 법규범을 의미하지만 국민에 대하여 일반적으로 구속력을 가지는 법규범을 말한다. 여기에는 국회규칙, 대법원규칙, 헌법재판소규칙, 중앙선거관리위원회규칙, 지방자치단체의 조례나 규칙도 포함된다.

행정규칙은 이에 포함되지 않는다고 보나, 다만 행정규칙이나 행정명령이 법규보충규범의 성격을 가진 경우와 같이 예외적으로 법규성을 가진 행정규칙인 경우에는 심사대상이 될 수 있다고 할 수 있다. 그 밖에 명령·규칙과 동일한 효력을 갖는 조약이나 협정도 포함된다고 본다.

3) 심사요건과 기준

명령·규칙을 심사하기 위해서는 명령 또는 규칙이 헌법이나 법률에 위반되는 여부가 재판의 전제가 되는 경우라야 한다(제107조 제2항). 이는 헌법이 당해 사건에만 적용하는 구체적 규범통제만을 인정하고 구체적 사건과 관계없는 명령·규칙의 효력 그 자체만의 문제인 경우로 재판의 전제가 없는 추상적 규범통제는 인정되지 않는다.

명령·규칙을 심사함에 있어서 심사기준은 헌법과 법률이다. 헌법은 형식적 의미의 헌법을 의미하며, 불문의 헌법관습까지 포함된다고 본다. 법률은 국회에서 제정된 형식적 의미의 법률뿐 아니라 긴급명령·긴급재정경제명령, 그리고 법률과 동일효력을 지닌 조약도 포함된다.

4) 심사의 범위

법원의 명령·규칙심사에는 형식적 효력의 심사는 물론 실질적 효력의 심사도 포함한다.

형식적 효력의 심사는 명령·규칙이 적법한 제정 및 공포절차에 따른 것인지의 형식적인 하자의 유무에 따라 심사하는 것을 말한다.

이에 대하여 실질적 효력의 심사란 명령·규칙의 내용이 헌법이나 법률의 내용에 위반되는지 여부에 대한 실질적인 하자 유무에 대해 심사하는 것을 말한다. 그러나 심사의 내용으로서 명령·규칙의 합목적성 여부까지 심사하는 것은 아니다.

3. 심사절차

대법원이 명령·규칙의 위헌 또는 위법을 인정하는 경우에는 대법관 전원의 2/3 이상이 출석하고 대법원장이 재판장이 되는 합의체에서 출석대법관 과반수의 찬성으로써 이를 결정한다. 다만, 명령·규칙의 합헌·합법결정에는 대법관 3인 이상으로 구성된 부에서 전원일치로 할 수 있다(법 제7조 제1항).

행정소송에 관한 대법원의 판결에서 명령·규칙이 헌법 또는 법률에 위반된다는 것이 확정된 경우에는 그 위헌·위법판결공고제를 채택하고 있다(행정소송법 제6조).

4. 효 력

명령·규칙이 헌법이나 법률에 위반된다고 인정하는 경우에 법원의 본래 임무가 구체적 사건의 심판을 하는 것이지 명령·규칙의 효력 그 자체를 심사하는 것이 아니다. 따라서 법원은 그 명령 또는 규칙을 당해 사건에 적용하는 것을 거부함에 그친다고 본다.

Ⅱ. 위헌법률심사제청권

법률의 위헌 여부가 재판의 전제가 되는 경우에 법원이 직권으로 헌법재판소에 위헌법률심판을 제청할 수 있는 위헌법률심사제청권에 대해서는 헌법재판소 편에서 헌법재판소의 위헌법률심판과 함께 다룬다.

Ⅲ. 규칙제정권

1. 의 의

대법원규칙이란 대법원이 법률에 저촉되지 아니하는 범위 안에서 소송에 관한 절차나 법원의 내부규율 또는 사무처리에 관하여 제정하는 것을 말한다(제108조). 이러한 대법원의 규칙제정권은 법원의 자주성과 독립성을 확보하고 사법부 내에서의 대법원의 통제권과 감독권을 강화하고 그 실효성을 확보하기 위해 인정하고 있는 것이다.

2. 대상과 범위

대법원이 제정하는 규칙은 소송에 관한 절차, 법원의 내부규율과 사무처리에 관한 사항을 그 대상으로 한다.

3. 절 차

대법원규칙의 제정과 개정 등에 관한 사항은 대법관회의의 의결로 한다(법 제17조 제2호). 대법관회의에서 의결된 규칙은 의결 후 15일 이내에 법원행정처장이 공포절차를 밟는다. 대법원규칙의 공포는 관보에 게재함으로써 이루어진다(대법원규칙의 공포에 관한 규칙 제4조).

4. 효 력

대법원규칙은 특별한 규정이 없는 한 공포한 날로부터 20일을 경과함으로써 효력을 발생한다(동규칙 제6조).

제5절 사법권의 독립

Ⅰ. 사법권 독립의 의의와 헌법규정

1. 의 의

사법권의 독립이란 법원이 다른 국가기관이나 국민의 간섭을 받지 않고 법관은 오직 법에 의거해서만 재판권을 행사함으로써, 법질서의 정당성을 유지하도록 하는 헌법원리를 말한다. 사법권 독립은 법관의 직무상독립(물적 독립)을 의미한다. 이러한 법관의 직무상 독립을 보장하기 위해서, 법원의 독립과 그 자율성이 보장되어야 하고 직접적으로는 법관의 신분상 독립(인적 독립)이 보장되어야 한다.

2. 헌법규정

사법권의 독립을 위하여 헌법은 법관의 심판은 헌법과 법률에 의하여 그 양심에 따라 독립하여 심판하며(제103조), 재판의 심리와 판결은 공개하도록 하고 있다(제109조). 사법권을 법관으로 구성된 법원에 귀속시키고(제101조 제1항), 최고법원인 대법원과 각급법원의 조직을 법률로 정하고 있다(제102조 제2항, 제3항).

법관의 자격, 대법원장·대법관의 임기·정년 등을 법률로 정하고(제105조), 법관의 신분보장 규정을 두고 있다(제106조). 또한 대법원의 규칙제정권을 규정하여(제108조) 자주성을 보장하고 있다.

Ⅱ. 법관의 직무상 독립

1. 의 의

법관의 직무상 독립이란 법관은 독립하여 오직 헌법과 법률, 그리고 자신의 양심에 따라서 재판을 하는 것을 말한다. 이러한 법관의 직무상 독립은 사법권 독립의 핵심으로서 재판상 독립, 기능상 독립, 물적 독립이라고도 한다.

2. 헌법과 법률 및 양심에 따른 재판

헌법은 성문헌법으로서 헌법전, 그리고 헌법규범, 헌법규범에서 도출되는 헌법원리를 포함하며 헌법적 관습까지도 포함된다.

법률은 형식적 의미의 법률뿐 아니라 모든 법률을 의미한다. 다만, 재판의 기준이 되는 법률의 의미는 재판의 유형에 따라 다르다.

민사·행정의 실체법에 의한 재판은 형식적 의미의 법률 외에 일체의 성문법과 관습법·조리·불문법·국제관습법도 포함된다.

그러나 형사실체법에 의한 재판이나 모든 절차법에 의한 재판은 형식적 의미의 법률에 의해서만 재판해야 한다.

재판상 양심은 법관으로서의 양심이며 재판을 직무로 하는 사람의 법조적 양심인 법적 확신을 의미한다. 인간으로서의 도덕적 확신과 법관으로서의 법적 확신이 일치하지 않을 때에는 법관의 법적 확신이 우선되어야 한다.

3. 독립하여 하는 재판

1) 법원 내부로부터의 독립

법관의 직무상 독립은 소송당사자로부터의 독립을 포함하는 것으로 이를 위해 법관의 제척·기피·회피 등의 제도가 있다.

심판기능은 대법원장이나 각급 법원장 기타 상급 법관으로부터의 독립을 포함한다. 합의부재판의 경우에 배석법관은 합의부재판장인 법관의 사실관계 및 법률의 판단에 기속되지 않는다. 다만, 일단 합의 후 내려진 평결에 배석법관이 따르는 것은 합의제도의 당연한 결과이다.

상급법원은 하급법원에 대해서 사법행정상의 지시·감독은 할 수 있으나, 구체적인 하급심의 재판사항에는 간섭할 수 없다. 다만 「법원조직법」상(제8조) 심급제의 의미는 상급법원이 행한 법적 판단에 하급심법원이 기속된다는 것을 의미하는 것이지, 상급법원의 지시에 따라 재판을 해야 하는 것이 아니다.

2) 법원 외부로부터의 독립

법관의 독립이 보장되기 위해서는 법관이 심판작용을 행함에 있어서 다른 국가기관인 입법부나 행정부의 간섭으로부터 독립될 수 있어야 한다. 즉 법관은 국가기관의 지시나 명령에 따르지 않고, 국가기관도 재판에 간섭할 수 없다.

또한 법관은 사회적·경제적 세력으로부터 독립하여 재판을 하며, 이익단체·사회단체 등도 법관의 사실인정이나 유·무죄의 판단자체를 대상으로 비판할 수 없다.

Ⅲ. 법관의 신분상 독립

1. 의 의

사법권의 인적 독립은 법관의 신분상 독립을 요구한다. 법관의 신분상 독립이란 법관의 자격·임기·연임 여부·정년 등 인사독립과 신분상 불리한 처분금지 등을 통하여 법관의 신분을 보장함으로써 공정한 재판을 이루기 위한 것이다.

2. 법관의 신분상 독립

법관의 신분상 독립을 위하여 헌법 제106조 제1항에서 법관은 일반공무원에 비하여 가중된 신분보장 규정을 두고 있다.

법관의 신분상 독립을 위한 헌법규정은 법관의 자격 및 정년의 법정주의(제101조 제3항, 제105조 제4항), 법관의 임기제(제105조) 등을 규정하고 있다. 이를 기초로 법관의 자격(법 제42조), 일정한 법정의 결격사유가 없는(법 제43조) 대법관이 아닌 법관을 대법원장이 법관으로 임명하고(제104조 제3항), 보직을 부여하고(법 제44조), 파견근무금지(법 제50조), 휴직(법 제51조), 법관의 보수(법 제46조 제2항) 등을 규정하고 있다.

법관의 임기는 6년 단임인 대법원장과 6년의 연임가능한 대법관, 10년의 연임가능한 대법관이 아닌 법관으로 하며(제105조), 법관은 정년을 대법원장, 시·군판사는 70세, 대법관은 65세, 대법관이 아닌 법관은 63세 등으로 규정함으로써 법정보수화를 막는 한편 정년을 보장함으로써 신분보장을 통하여 사법권의 독립을 유지하고자 하고 있다.

⚠ 판례 | 연임결격조항의 사법권 독립 침해 여부 – 헌재 2016.9.29. 2015헌바331(합헌)

이 사건 **연임결격조항**은 직무를 제대로 수행하지 못하는 판사를 그 직에서 배제하여 **사법부 조직의 효율성을 유지하기 위한 것으로 그 정당성이 인정**된다. 판사의 근무성적은 공정한 기준에 따를 경우 판사의 사법운영능력을 판단함에 있어 다른 요소에 비하여 보다 객관적인 기준으로 작용할 수 있고, 이를 통해 국민의 재판청구권의 실질적 보장에도 기여할 수 있다. 나아가 연임심사에 반영되는 판사의 근무성적에 대한 평가는 10년이라는 장기간 동안 반복적으로 실시되어 누적된 것이므로, 특정 가치관을 가진 판사를 연임에서 배제하는 수단으로 남용될 가능성이 크다고 볼 수 없다. 근무성적평정을 실제로 운용함에 있어서는 재판의 독립성을 해칠 우려가 있는 사항을 평정사항에서 제외하는 등 평정사항을 한정하고 있으며, 연임 심사과정에서 해당 판사에게 의견진술권 및 자료제출권이 보장되고, 연임하지 않기로 한 결정에 불복하여 행정소송을 제기할 수 있는 점 등을 고려할 때, **판사의 신분보장과 관련한 예측가능성이나 절차상의 보장이 현저히 미흡하다고 볼 수도 없으므로, 이 사건 연임결격조항은 사법의 독립을 침해한다고 볼 수 없다.**

3. 징계 및 겸직으로부터의 자유

법관의 신분상 독립을 위해서는 징계와 해직으로부터의 독립, 재직 중 겸직의 금지 등을 규정하고 있다.

헌법은 제106조에 ① "법관은 탄핵 또는 금고 이상의 형의 선고에 의하지 아니하고는 파면되지 아니하며, 징계처분에 의하지 아니하고는 정직·감봉 기타 불리한 처분을 받지 아니한다", ② "법관이 중대한 심신상의 장해로 직무를 수행할 수 없을 때에는 법률이 정하는 바에 의하여 퇴직하게 할 수 있다"라고 규정하고, 처분은 정직·감봉·견책의 3종에 한하도록 하고 있다(법관징계법 제3조).

대법원장 자문기관인 법관인사위원회를 두어 법관의 인사에 관한 기본계획과 인사의 운영을 수행하게 하고 있다(법원조직법 제25조의2 제1항).

법관은 재직 중 겸직이 금지되어, 의원, 행정공무원, 보수를 받는 직종, 금전상 이익을 목적으로 하는 업무, 보수에 상관없이 국가기관 외의 법인·단체 등의 고문, 임원, 직원에 취임할 수 없도록 하고 있다(법 제49조). 또한 법관은 정치운동에도 관여할 수 없다(법 동조 제3호).

06 헌법재판소

제1절 서 설

헌법재판소는 헌법규범의 실효성을 확보하기 위하여 헌법재판을 하는 기관이다. 헌법재판소는 독립성이 보장된 제4의 국가기관으로 각 국가마다 헌법재판소의 명칭이나 권한은 달리 규정된다.

우리나라는 제헌헌법과 제4공화국헌법 및 제5공화국헌법에서는 헌법위원회에서 헌법재판을 담당하고, 제2공화국헌법, 제6공화국헌법에서는 헌법재판소에서 헌법재판을 담당한다.

제2절 헌법재판소의 구성과 조직

I. 헌법재판소의 구성

(1) 헌법재판소는 법관의 자격을 가진 9인의 재판관으로 구성되며, 재판관은 대통령이 임명한다(제111조 제2항). 그중 3인은 국회에서 선출하는 자를, 3인은 대법원장이 지명하는 자를 임명한다.

(2) 재판관의 임기는 6년으로 하며, 법률이 정하는 바에 의하여 연임할 수 있다(제112조 제1항). 재판관은 정당에 가입하거나 정치에 관여할 수 없다.

재판관은 탄핵 또는 금고 이상의 형의 선고에 의하지 아니하고는 파면되지 아니한다.

(3) 재판관회의는 7인 이상의 출석과 출석인원 과반수의 찬성으로 의결한다(헌법재판소법 제16조 제2항).

Ⅱ. 헌법재판소의 조직

헌법재판소의 조직과 운영 기타 필요한 사항은 법률로 정한다(제113조 제3항). 이에 관한 법률이 「헌법재판소법」이다.

1. 헌법재판소장

(1) 헌법재판소장은 국회의 동의를 얻어 재판관 중에서 대통령이 임명한다(법 제12조 제2항). 헌법재판소장은 헌법재판소를 대표하고, 헌법재판소의 사무를 총괄하며, 소속 공무원을 지휘·감독한다(법 동조 제3항).

(2) 재판소장이 궐위되거나 부득이한 사유로 직무를 수행할 수 없을 때에는 다른 재판관이 헌법재판소규칙이 정하는 순서에 따라 그 권한을 대행한다(법 동조 제4항).

2. 헌법재판소 재판관

(1) 헌법재판소의 재판관(이하 재판관)은 헌법재판소장을 포함하여 9인으로 한다(제111조 제2항). 헌법재판관의 대우와 보수는 대법관의 예에 준한다(법 제15조).

(2) 재판관은 법관의 자격을 가져야 하며(제111조 제2항), 15년 이상 40세 이상인 ① 판사·검사·변호사, ② 변호사의 자격이 있는 사람으로서 국가기관, 국영·공영기업체, 법률에 따른 공공기관 또는 그 밖의 법인에서 조교수 이상의 직에 있던 사람 중에서 임명한다(법 제5조 제1항).

(3) 재판관의 임기는 6년이며, 법률이 정하는 바에 의하여 연임할 수 있다(제112조 제1항). 그리고 재판관의 정년은 70세로 한다(법 제7조 제2항).

(4) 재판관은 다음과 같은 직무상 독립과 신분보장을 받는다.

재판관은 헌법과 법률에 의하여 양심에 따라 독립하여 심판한다(법 제4조).

재판관은 탄핵 또는 금고 이상의 형의 선고에 의하지 아니하고는 파면되지 아니한다(제112조 제3항). 재판관은 정당에 가입하거나 정치에 관여할 수 없다(동조 제2항).

일정한 직위나 신분에 있었던 사람(1. 다른 법령에 따라 공무원으로 임용하지 못하는 사람,

2. 금고 이상의 형을 선고받은 사람, 3. 탄핵에 의하여 파면된 후 5년이 지나지 아니한 사람, 4. 「정당법」 제22조에 따른 정당의 당원 또는 당원의 신분을 상실한 날부터 3년이 경과되지 아니한 사람, 5. 「공직선거법」 제2조에 따른 선거에 후보자(예비후보자를 포함한다)로 등록한 날부터 5년이 경과되지 아니한 사람, 6. 「공직선거법」 제2조에 따른 대통령선거에서 후보자의 당선을 위하여 자문이나 고문의 역할을 한 날부터 3년이 경과되지 아니한 사람)은 재판관에 임명될 수 없도록 제한규정을 두고 있다(법 제5조 제2항).

3. 재판관회의

(1) 재판관회의는 재판관 전원으로 구성되며, 헌법재판소장이 의장이 된다(법 제16조 제1항).

(2) 재판관회의는 재판관 7명 이상의 출석과 출석인원 과반수의 찬성으로써 의결하며 (법 동조 제2항), 의장은 의결에 있어서 표결권을 가진다(법 동조 제3항).

다음 일정한 사항(1. 헌법재판소규칙의 제정과 개정, 제10조의2에 따른 입법 의견의 제출에 관한 사항, 2. 예산 요구, 예비금 지출과 결산에 관한 사항, 3. 사무처장, 사무차장, 헌법재판연구원장, 헌법연구관 및 3급 이상 공무원의 임면(任免)에 관한 사항, 4. 특히 중요하다고 인정되는 사항으로서 헌법재판소장이 재판관회의에 부치는 사항)은 재판관회의의 의결을 거쳐야 한다(법 동조 제4항).

4. 보조기관

(1) 헌법재판소의 보조기관으로서 헌법재판소의 행정사무를 처리하기 위하여 사무처를 두고, 사무처장과 사무차장을 둔다(법 제7조 제1항, 제2항). 사무처장은 헌법재판소장의 지휘를 받아 사무처의 사무를 관장하며, 소속공무원을 지휘·감독한다(법 동조 제3항). 사무처장은 국회에 출석하여 헌법재판소의 행정에 관하여 발언할 수 있다(법 동조 제4항).

(2) 또한 헌법재판소에는 헌법재판소규칙으로 정하는 수의 헌법연구관과 헌법연구관보, 헌법연구위원, 헌법재판연구원을 둔다.

① 헌법연구관은 헌법재판소장의 명을 받아 사건의 심리 및 심판에 관한 조사·연구에 종사한다(법 제19조 제3항). 헌법연구관의 임기는 10년으로 하되, 연임할 수 있고, 정년은 60세로 한다(법 동조 제7항). 헌법연구관을 신규임용하는 경우에는 3년간 헌법연구관보로 임용하여 근무하게 한 후 그 근무성적을 고려하여 헌법연구관으로 임용한다(법 제19조의2 제1항).

② 헌법재판소에 헌법연구위원을 둘 수 있고, 헌법연구위원은 사건의 심리 및 심판에 관한 전문적인 조사·연구에 종사한다(법 제19조의3 제1항).

③ 헌법 및 헌법재판 연구와 헌법연구관, 사무처 공무원 등의 교육을 위하여 헌법재판소에 헌법재판연구원을 둔다(법 제19조의4 제1항).

제3절 헌법재판소의 심판절차

　　헌법재판소의 심판절차는 일반심판절차와 특별심판절차로 나뉜다. 특별심판절차는 다시 위헌법률심판절차 · 정당해산심판절차 · 탄핵심판절차 · 권한쟁의심판절차 · 헌법소원심판절차로 나뉜다.

　　헌법재판소의 심판절차는 「헌법재판소법」에 특별한 규정이 있는 경우를 제외하고는 헌법재판의 성질에 반하지 아니하는 한도에서 민사소송에 관한 법령의 규정을 준용한다. 탄핵심판의 경우에는 형사소송에 관한 법령을 준용하고, 권한쟁의심판 및 헌법소원의 경우에는 「행정소송법」을 함께 준용한다(법 제40조 제1항). 형사소송에 관한 법령 또는 「행정소송법」이 민사소송에 관한 법령과 저촉될 때에는 민사소송에 관한 법령은 준용하지 아니한다(법 동조 제2항).

　　이하에서는 헌법재판의 일반심판절차에 대해 살펴본다.

Ⅰ. 재판부

　　(1) 「헌법재판소법」에 특별한 규정이 있는 경우를 제외하고는 헌법재판소의 심판은 재판관 전원으로 구성되는 재판부에서 관장한다. 전원재판부의 재판장은 헌법재판소장이 된다(법 제22조). 단, 헌법재판소장은 헌법재판소에 재판관 3인으로 구성되는 지정재판부를 두어 헌법소원심판의 사전심사를 담당하게 할 수 있다(법 제72조 제1항).

　　(2) 재판관이 「헌법재판소법」에 규정(1. 재판관이 당사자이거나 당사자의 배우자 또는 배우자였던 경우, 2. 재판관과 당사자가 친족관계이거나 친족관계였던 경우, 3. 재판관이 사건에 관하여 증언이나 감정(鑑定)을 하는 경우, 4. 재판관이 사건에 관하여 당사자의 대리인이 되거나 되었던 경우, 5. 그 밖에 재판관이 헌법재판소 외에서 직무상 또는 직업상의 이유로 사건에 관여한 경우)된 경우 제척된다(법 제24조 제1항).

　　재판관에게 공정한 심판을 기대하기 어려운 사정이 있는 경우 당사자는 기피신청을 할 수 있고(법 동조 제3항), 재판관은 제척, 기피의 사유가 있는 경우에는 재판장의 허가를 받아 회피할 수 있다(법 동조 제5항).

Ⅱ. 심판당사자와 소송대리인

　　(1) 헌법재판절차에서 자기 이름으로 심판을 청구하는 자를 청구인이라 하고, 그 상대

방인 당사자를 피청구인이라 한다. 이들 헌법재판의 당사자는 심판절차에 관한 권리와 심판의 내용에 관하여 주장할 권리를 가진다.

(2) 각종심판절차에 있어서 정부가 당사자인 경우에는 법무부장관이 이를 대표하고, 국가기관 또는 지방자치단체가 당사자인 때에는 변호사 또는 변호사의 자격이 있는 소속 직원을 대리인으로 선임하여 심판을 수행하게 할 수 있다.

그러나 사인이 당사자인 경우에는 변호사를 대리인으로 선임하지 아니하면 심판청구 또는 심판수행을 할 수 없으며(변호사강제주의), 다만 그가 변호사의 자격이 있는 때에는 그러하지 아니하다(법 제25조 제3항).

> **판례** | 변호사강제주의의 위헌 여부 – 헌재 1990.9.3. 89헌마120(기각)
>
> **변호사강제주의**는 재판업무에 분업화 원리의 도입이라는 긍정적 측면 외에도, 재판을 통한 기본권의 실질적 보장, 사법의 원활한 운영과 헌법재판의 질적 개선, 재판심리의 부담경감 및 효율화, 사법운영의 민주화 등 공공복리에 그 기여도가 크다 하겠고, 그 이익은 변호사선임 비용지출을 하지 않는 이익보다는 크다고 할 것이며, 더욱이 무자력자에 대한 국선대리인제도라는 대상조치가 별도로 마련되어 있는 이상 **헌법에 위배된다고 할 수 없다**.

Ⅲ. 심판의 청구

(1) 헌법재판소에 심판을 청구하기 위해서는 심판사항별로 정하여진 청구서를 제출하여야 한다. 다만 위헌법률심판에 있어서는 법원의 제청서, 탄핵심판에 있어서는 국회의 소추의결서의 정본으로 이에 갈음한다(법 제26조 제1항, 제2항).

(2) 헌법재판소가 청구서를 접수한 때에는 지체없이 그 등본을 피청구기관 또는 피청구인에게 송달하여야 한다(법 제27조 제1항). 청구서의 송달을 받은 피청구인은 헌법재판소에 심판청구의 취지와 이유에 대응하는 답변서를 제출할 수 있다(법 제29조).

(3) 재판장은 심판청구가 부적법하나 보정할 수 있다고 인정하는 경우에는 상당한 기간을 정하여 보정을 요구하여야 한다(법 제28조 제1항).

Ⅳ. 심 리

(1) 전원재판부는 재판관 7인 이상의 출석으로 사건을 심리한다(법 제23조 제1항). 탄핵심판·정당해산심판·권한쟁의심판은 구두변론에 의하고, 위헌법률심판과 헌법소원심판은

서면심리에 의하되 재판부가 필요하다고 인정하는 경우에는 변론을 열 수 있다(법 제30조).

(2) 위헌법률심판사건이 접수되거나 「헌법재판소법」 제68조 제2항의 규정에 의한 헌법소원(위헌심사형헌법소원)이 재판부에 심판회부된 경우에 당해 소송사건의 당사자 및 법무부장관은 헌법재판소에 법률의 위헌 여부에 대한 의견서를 제출할 수 있고(법 제44조, 제74조 제2항), 「헌법재판소법」 제68조 제1항의 규정에 의한 헌법소원(권리구제형헌법소원)의 경우에도, 그 심판에 이해관계가 있는 국가기관 또는 공공단체와 법무부장관은 헌법재판소에 그 심판에 관한 의견서를 제출할 수 있다(법 제74조 제1항).

(3) 재판부는 사건의 심리를 위하여 필요하다고 인정하는 때에는 당사자의 신청에 따라 또는 직권에 의하여 「헌법재판소법」 제31조 제1항 소정의 사항에 관하여 증거조사를 할 수 있다. 또한 재판부는 결정으로써 다른 국가기관 등에 대하여 심판에 필요한 사실을 조회하거나 기록의 송부나 자료의 제출을 요구할 수 있다(법 제32조).

(4) 심판의 변론과 결정의 선고는 공개한다. 다만, 서면심리와 평의는 공개하지 아니한다(법 제34조 제1항).

(5) 헌법재판소는 동일한 사건에 대한 다시 심판을 할 수 없는(법 제39조) 일사부재리원칙을 두고 있다. 이는 소송경제상 동일한 헌법분쟁의 방지와 법적 안정을 회복하기 위한 것이다.

V. 결 정

1. 정족수와 형식

(1) 법률의 위헌결정·탄핵결정·정당해산결정과 헌법소원의 인용결정을 하는 경우와 종전에 헌법재판소가 판시한 헌법 또는 법률의 해석적용에 관한 의견을 변경하는 경우에는 재판관 6인 이상의 찬성이 있어야 한다. 그 외의 결정은 종국심리에 관여한 재판관의 과반수의 찬성으로써 한다(제113조 제1항, 법 제23조 제2항).

(2) 종국결정을 할 때에는 사건번호와 사건명, 당사자와 심판수행자 또는 대리인의 표시, 주문, 이유, 결정일을 기재한 결정서를 작성하고, 심판에 관여한 재판관전원이 서명날인해야 한다. 위헌법률심판·권한쟁의심판·헌법소원심판에 관여한 재판관은 결정서에 의견을 표시해야 한다.

(3) 심판청구의 형식으로는 심판청구가 부적법할 때에 각하결정을 하고, 심판청구가 적법하지만 이유가 없을 경우에 기각결정을 하며, 심판청구가 적법하고 이유가 있을 경우에 인용결정을 한다. 다만, 위헌법률심판의 경우에는 합헌결정이나 위헌결정 또는 변형결

정 중의 하나를 한다.

(4) 재판부는 재판관 7명 이상 출석으로 심리하고, 심리를 마친 때에는 종국결정을 한다(법 제36조 제1항). 재판부는 종국심리에 관여한 재판관의 과반수의 찬성으로 사건에 관한 결정을 한다.

(5) 종국결정은 관보에 게재함으로써 이를 공시해야 한다(법 제36조 제5항).

심판유형의 사건부호
① 헌가: 위헌법률심판사건
② 헌나: 탄핵심판사건
③ 헌다: 정당해산심판사건
④ 헌라: 권한쟁의심판사건
⑤ 헌마: 권리구제형헌법소원사건(헌법재판소법 제68조 제1항)
⑥ 헌바: 위헌심사형헌법소원사건(헌법재판소법 제68조 제2항)
⑦ 헌사: 각종 신청사건
⑧ 헌아: 각종 특별사건

---

2. 가처분

(1) 헌법재판소법은 정당해산심판(법 제57조)과 권한쟁의심판(법 제65조)에 대해서만 가처분에 관한 규정을 두고 있다. 가처분은 본안결정의 실효성을 확보하기 위하여 잠정적으로 임시의 지위를 정하는 것을 주된 내용으로 하는 가구제제도이다.

(2) 헌법재판소는 심판청구를 받은 때에 직권 또는 청구인의 신청에 의하여 종국결정의 선고 시까지 피청구인의 활동을 정지하는 결정을 할 수 있다(법 제57조, 법 제65조, 법 제40조). 가처분의 경우도 변호사강제주의가 적용된다.

(3) 가처분신청이 부적법한 것일 경우에는 각하결정을 한다. 가처분신청이 적법하고 이유가 있을 때에는 인용결정을 하고, 적법하지만 이유가 없을 때에는 기각결정을 한다. 가처분결정에도 이유를 기재해야 한다(법 제36조 제2항 제4호).

3. 결정의 효력

헌법재판소의 결정은 내용적인 효력으로서 확정력, 기속력, 법규적 효력 등을 발생시킨다.

1) 확정력

(1) 헌법재판소의 결정의 확정력에 관해서는 명문규정은 없지만 "헌법재판소는 이미 심판을 거친 동일한 사건에 대하여는 다시 심판할 수 없다"(법 제39조)는 일사부재리에 관한 규정을 두고 있다. 또한 헌법재판소의 심판절차에 대하여 민사소송에 관한 법령을 준용하도록 규정(법 제40조 제1항)하고 있으므로 확정력이 인정된다.

(2) 이 확정력에는 결정이 선고되면 ① 동일한 심판사건에서 자신이 내린 결정을 더 이상 취소하거나 변경할 수 없는 불가변력, ② 결정에 대해서는 더 이상의 상급심이 존재하지 않으므로 선고함으로써 형식적 확정력인 불가쟁력이 발생하고, ③ 재판에 형식적 확정력이 발생하면 심판당사자는 확정된 당해 심판은 물론, 동일한 사항에 대하여 다시 심판을 청구하지 못하는 실질적 확정력인 기판력이 생긴다.

2) 기속력

(1) "법률의 위헌결정은 법원 기타 국가기관 및 지방자치단체를 기속한다"(법 제47조 제1항)고 규정하고 있고, "권한쟁의심판과 헌법소원의 인용결정은 모든 국가기관과 지방자치단체를 기속한다"(법 제67조 제1항, 제75조 제1항)라고 규정하여 기속력에 대한 법적 근거를 명시하고 있다.

(2) 기판력은 당사자 사이에서의 효력인 반면, 기속력은 모든 국가기관과 지방자치단체를 기속한다.

(3) 기속력으로 모든 국가기관은 헌법재판소의 결정에 따라야 한다. 이들 국가기관은 장래에 어떤 처분을 행할 경우 헌법재판소의 결정을 존중해야 하며, 동일한 사정 하에서 동일한 이유에 근거한 동일내용의 공권력행사를 금지한다.

3) 법규적 효력

헌법재판소의 위헌결정은 국가기관뿐만 아니라 일반사인에게도 효력이 미치는 법규적 효력을 가진다. 따라서 국가기관뿐 아니라 일반국민도 헌법재판소가 위헌선언한 법규범에 의해 더 이상 구속받지 않는다.

VI. 심판기간과 심판비용

1. 심판기간

헌법재판소는 심판사건을 접수한 날로부터 180일 이내에 종국결정의 선고를 하여야한다. 다만, 재판관의 궐위로 말미암아 7인의 출석이 불가능한 때에는 그 궐위된 기간은심판기간에 이를 산입하지 아니한다(법 제38조).

재판정의 보정명령이 있을 경우 그 보정기간은 위 심판기간에 산입하지 아니한다(법 제28조 제4항).

2. 심판비용

헌법재판소의 심판비용은 국가부담을 원칙으로 한다(법 제37조 제1항). 따라서 청구서나준비서면 등에 인지를 첨부하지 않는다.

VII. 심판의 지휘와 법정경찰권

재판장은 심판정의 질서와 변론의 지휘 및 평의의 정리를 담당한다. 심판정의 질서유지와 용어사용에 관하여는 「법원조직법」을 준용한다(법 제35조).

VIII. 심판확정기록의 열람·복사

(1) 누구든지 권리구제, 학술연구 또는 공익 목적으로 심판이 확정된 사건기록의 열람또는 복사를 신청할 수 있다. 다만, 헌법재판소장은 ① 변론이 비공개로 진행된 경우, ② 사건기록의 공개로 인하여 국가의 안전보장, 선량한 풍속, 공공의 질서유지나 공공복리를 현저히 침해할 우려가 있는 경우, ③ 사건기록의 공개로 인하여 관계인의 명예, 사생활의 비밀, 영업비밀 또는 생명·신체의 안전이나 생활의 평온을 현저히 침해할 우려가있는 경우에 해당하는 경우에 사건기록을 열람하거나 복사하는 것을 제한할 수 있다(법 제39조의2 제1항).

(2) 사건기록을 열람하거나 복사한 자는 열람 또는 복사를 통하여 알게 된 사항을 이용하여 공공의 질서 또는 선량한 풍속을 침해하거나 관계인의 명예 또는 생활의 평온을훼손하는 행위를 하여서는 아니 된다(법 동조 제4항).

제4절 헌법재판소의 권한

제1항 서 설

헌법재판소는 헌법재판을 하는 헌법상 최고의 사법기관 중 하나이다. 헌법재판소의 권한으로는 위헌법률심판, 탄핵심판, 정당해산심판, 권한쟁의심판, 헌법소원으로 특별심판절차로 진행된다.

헌법은 제111조에 헌법재판소의 권한에 관하여 "①헌법재판소는 다음 사항을 관장한다. 1. 법원의 제청에 의한 법률의 위헌 여부 심판, 2. 탄핵의 심판, 3. 정당의 해산 심판, 4. 국가기관 상호 간, 국가기관과 지방자치단체 간 및 지방자치단체 상호 간의 권한쟁의에 관한 심판, 5. 법률이 정하는 헌법소원에 관한 심판"으로 규정하고 있다.

이에 따라 헌법재판소는 법률이 헌법에 위반되는지 여부를 판단하는 위헌법률심판권, 고위직 공무원의 직무행위의 위헌·위법 여부를 판단하는 탄핵심판권, 정당의 목적이나 활동이 민주적 기본질서에 위반되는지 여부를 판단하는 정당해산심판권, 국가기관 간의 분쟁을 해결하는 권한쟁의심판권, 그리고 공권력의 작용으로 기본권이 침해된 경우 이를 구제해 주는 헌법소원심판권을 갖는다.

제2항 위헌법률심판

I. 위헌법률심판의 헌법규정과 성질

1. 헌법규정

헌법은 "법률이 헌법에 위반되는 여부가 재판의 전제가 된 경우에 법원은 헌법재판소에 제청하여 그 심판에 의하여 재판한다"(제107조 제1항), "헌법재판소는 '법원의 제청에 의한 법률의 위헌여부심판'을 관장한다"(제111조 제1항 제1호), "헌법재판소에서 법률의 위헌결정에 인용결정을 할 때에는 재판관 6인 이상의 찬성이 있어야 한다"(제113조 제1항)라고 하여 위헌법률심판권을 규정하고 있다.

2. 성 질

현행헌법에 있어서 위헌법률심판은 사후적·교정적 위헌심사이며, 법률이 헌법에 위반되는지 여부가 재판의 전제가 된 경우에 당해 사건을 심리하는 법원의 제청에 따라 그 법률의 위헌 여부를 심판하는 구체적 규범통제이다.

그러나 위헌으로 결정된 법률 또는 법률조항은 일반적으로 효력을 상실하여 그 법률이 폐지된 것과 동일한 효과를 가져오게 하고 있다(법 제47조).

II. 위헌법률심판의 제청[위헌법률심판제청권]

1. 위헌법률심판제청권의 의의

위헌법률심판제청권이란 법률의 위헌여부가 재판의 전제가 되는 경우에 법원이 직권으로 또는 소송당사자의 신청에 따른 결정으로 헌법재판소에 위헌법률심판을 제청할 수 있는 권한을 말한다.

헌법은 "법률이 헌법에 위반되는 여부가 재판의 전제가 된 경우에는 법원은 헌법재판소에 제청하여 그 심판에 의하여 재판한다"(제107조 제1항)라고 하여 법원의 위헌법률심판제청권을 규정하고 있다.

2. 위헌법률심판제청권의 주체

대법원과 각급법원은 위헌법률심판제청을 할 수 있다(헌법재판소법 제41조 제1항). 위헌법률을 제청할 권한은 당해 사건을 담당하는 법원(재판부)에 있다.

3. 위헌법률심판제청권의 성격

법원의 위헌법률심판제청권에 법률의 합헌결정권 내지 합헌판단권이 포함되는 것인가가 문제된다.

(1) 긍정설은 법원은 법률의 위헌결정은 할 수 없지만 합헌결정은 할 수 있다고 한다. 그 논거로서 ①「헌법재판소법」제43조 제4호가 법원이 위헌심판제청을 할 때에 제청서에 위헌이라고 해석되는 이유를 기재하도록 규정하고 있고, ②「헌법재판소법」제68조 제2항은 제청신청이 기각된 때에 「헌법재판소법」에 직접 헌법소원심판을 청구할 수 있도록 규정하고 있으며, ③ 사법의 본질상 법률에 대한 심사권은 법원이 가지는 고유권한이라고 한다.

(2) 이에 대하여 부정설은 법원의 합헌결정권은 인정할 수 없다고 한다. 그 논거로서 ① 현행헌법상에는 제5공화국헌법 제108조 제1항의 "법률이 헌법에 위반되는 것으로 인정할 때"라는 문구가 삭제되어 있고, ② 대법원에게 하급법원의 위헌제청에 대한 실질적

심사권을 주었던 「헌법위원회법」 제15조 제2항 및 「법원조직법」 제7조 제1항 제4호를 삭제하고 있는 점, ③ 근거조문이 없다는 점을 근거로 든다(헌재 90헌바35).

생각건대 ① 당해 사건에 대해 법원은 일차적으로 문제된 법률의 합헌성 여부를 판단하여 위헌이라고 판단되면 위헌법률심판제청을 하고, ② 합헌이라고 판단되면 위헌법률심판제청을 직권으로 기각할 수 있다. ③ 그리고 법원은 당사자의 위헌법률심판제청신청이 있는 경우에 위헌의 확신이 있을 때뿐만 아니라 위헌의 의심이 있을 경우에도 위헌제청을 하여야 하므로 법원의 위헌법률심판제청권에는 법률의 합헌결정권(합헌판단권)을 포함하는 것으로 본다.

> **(!) 판례** | 심판청구의 적법성 여부 – 헌재 1993.7.29. 90헌바35(위헌, 각하)
>
> **헌재법 제41조 제4항은 위헌여부심판의 제청에 관한 결정에 대하여는 항고할 수 없다는 것으로 서, 합헌판단권의 인정 여부와는 직접 관계가 없는 조항이므로, 그 조항이 바로 법원의 합헌판단권 을 인정하는 근거가 된다고 할 수 없다.** 또한 헌재법 제68조 제2항은 위헌제청신청이 기각된 때에 는 그 신청인이 바로 헌법재판소에 법률의 위헌 여부에 관한 심사를 구하는 헌법소원을 제기할 수 있다는 것으로서, 그 경우에 "위헌제청신청이 기각된 때"라는 것은 반드시 합헌판단에 의한 기각결 정만을 의미하는 것이 아니라 재판의 전제성을 인정할 수 없어 내리는 기각결정도 포함하는 것으로 해석되므로, 그 조항 역시 법원의 합헌판단권을 인정하는 근거가 된다고 볼 수 없다. 그렇다면 청구 인이 거론하는 헌재법조항은 바로 법원의 합헌판단권이나 그에 따른 위헌제청기각결정의 근거가 되 는 법률조항이 아니므로, 청구인이 그로 말미암아 재판청구권 기타 기본권이 침해되었다고 주장하 여 그 헌재법조항에 대한 법령소원을 제기할 수는 없다고 본다. 따라서 이 부분에 대한 이 사건 심 판청구는 본안심리에 의한 위헌 여부의 판단을 할 것도 없이 부적법하다고 하여야 할 것이다.

4. 위헌법률심판제청의 요건

위헌법률심판을 제청하려면 재판의 전제성이 있어야 하며, 이외에 구체적 사건성·당사자적격성·소의 이익 등 사법권의 발동을 위한 요건을 충족해야 한다. 이하 재판의 전제성에 대해 살펴본다.

1) 재 판

재판의 전제가 된 때의 재판은 판결·결정·명령 등 그 형식 여하를 불문하고 본안에 관한 재판인가 소송절차에 관한 재판인가를 불문하여 심급을 종국적으로 종결시키는 종국재판뿐만 아니라 중간재판도 이에 포함된다(헌재 94헌바1). 따라서 이때의 재판에는 「형사소송법」제201조에 의한 지방법원판사의 영장발부 여부에 관한 재판(헌재 90헌가70)이나「형사소송법」제295조에 의하여 법원이 행하는 증거채부결정(헌재 94헌바1)도 포함된다.

> **판례** | 재판의 전제성의 재판의 의미 – 헌재 1996.12.26. 94헌바1(위헌)
>
> 헌법재판소법 제68조 제2항에 의한 헌법소원심판은 심판대상이 된 법률조항이 헌법에 위반되는 여부가 관련사건에서 **재판의 전제가 된 경우**에 한하여 청구될 수 있는데, 여기서 **"재판"이라 함은 판결·결정·명령 등** 그 형식 여하와 **본안에 관한 재판**이거나 **소송절차에 관한 재판이거나를 불문하며**, 심급을 종국적으로 종결시키는 **종국재판**뿐만 아니라 **중간재판도 이에 포함**된다. 법 제295조에 의하여 법원이 행하는 증거채부결정은 당해 소송사건을 종국적으로 종결시키는 재판은 아니라고 하더라도, 그 자체가 법원의 의사결정으로서 헌법 제107조 제1항과 헌법재판소법 제41조 제1항 및 제68조 제2항에 규정된 재판에 해당된다.

2) 전제성

법률의 위헌심판을 위해서는 당해 법률 또는 법률조항의 위헌 여부가 제청법원에 계속 중인 당해 사건이 재판의 전제가 되어야 한다.

재판의 전제성이라 함은 ① 구체적인 사건이 법원에 현재 계속 중이어야 하고, ② 위헌 여부가 문제되는 법률 또는 법률조항이 당해 소송사건의 재판과 관련하여 적용되는 것이어야 하며, ③ 그 법률이 헌법에 위반되는지의 여부에 따라 당해 사건을 담당한 법원이 다른 내용의 재판을 하게 되는 경우를 말한다(헌재 92헌가10 등).

계속된 구체적 사건이 부적법 각하의 경우라면 재판의 전제성이 흠결된 것이 되고, 위헌여부가 문제되는 법률이나 법률조항이 당해 사건에 적용되는 경우도 직접뿐 아니라 간접 적용되는 경우도 포함된다.

그리고 당해 법원이 다른 내용의 재판을 하게 되는 경우란 사건의 결론이나 주문에 영향을 주는 것뿐만 아니라 재판의 결론을 이끌어내는 이유를 달리하는데 관련되어 있거나 재판의 내용과 효력에 관한 법률적 의미가 전혀 달라지는 경우도 포함된다(헌재 92헌가10 등).

판례 | 검사의 공소장 적용법조 적시 등으로 재판의 전제성 인정 – 헌재 2002.4.25. 2001헌가 27(합헌)

이 사건 법률 제2조 제3호 및 제8조 제1항의 '청소년이용음란물'이 실제인물인 청소년이 등장하는 음란물을 의미하고 단지 만화로 청소년을 음란하게 묘사한 당해사건의 공소사실을 규율할 수 없다고 본다면 위 각 규정은 당해사건에 적용될 수 없어 일응 재판의 전제성을 부인하여야 할 것으로 보이나, 아직 법원에 의하여 그 해석이 확립된 바 없어 당해 형사사건에의 적용 여부가 불명인 상태에서 **검사가 그 적용을 주장하며 공소장에 적용법조로 적시**하였고, 법원도 적용가능성을 전제로 재판의 전제성을 긍정하여 죄형법정주의 위반 등의 문제점을 지적하면서 위헌법률심판제청을 하여 온 이상, **헌법재판소로서는 그 법령을 해석하여 이에 대한 판단**을 하여야 하고 법원은 그 판단을 전제로 당해사건을 재판하게 되는 것이므로, 위 **각 규정은 그 해석에 의하여 당해 형사사건에의 적용 여부가 결정된다는 측면에서 재판의 전제성을 인정하여야 한다.**

 판례 | 원심판결 확정의 재판의 전제성 인정 – 헌재 2015.10.21. 2014헌바170(합헌)

제1심인 당해사건에서 헌법재판소법 제68조 제2항의 헌법소원을 제기한 청구인들이 당해사건의 항소심에서 항소를 취하하여 **원고 패소의 원심판결이 확정된 경우**, 당해사건에 적용되는 법률이 위헌으로 결정되면 확정된 원심판결에 대하여 재심청구를 함으로써 원심판결의 주문이 달라질 수 있으므로 **재판의 전제성이 인정된다.**

 판례 | 소 각하 판결 확정의 재판의 전제성 부인 – 헌재 2004.6.24. 2001헌바104(합헌)

헌법재판소법 제68조 제2항에 의한 헌법소원심판의 청구는 같은 법 제41조 제1항의 규정에 의한 적법한 위헌여부심판의 제청신청을 법원이 각하 또는 기각하였을 경우에만 제기할 수 있는 것이고 위헌여부심판의 제청신청이 적법한 것이 되려면 제청신청된 법률의 위헌여부가 법원에 제기된 당해사건의 재판의 전제가 된 때라야 하므로, 만약 당해사건이 부적법한 것이어서 법률의 위헌여부를 따져 볼 필요조차 없이 **각하를 면할 수 없는 것일 때**에는 위헌여부심판의 제청신청은 적법요건인 재판의 전제성을 흠결한 것으로서 각하될 수밖에 없고 이러한 경우 제기된 헌법소원심판청구는 결국 재판의 **전제성을 갖추지 못하여 부적법하다**(당해사건에 대한 소각하 판결이 확정된 사안).

> ⚠ **판례** | 무죄나 재심청구 기각에도 헌법질서 및 당사자 권리구제를 위해 재판의 전제성 인정 – 헌재 2013.3.21. 2010헌바132 등(위헌)
>
> 　당해 사건에서 무죄판결이 선고되거나 재심청구가 기각되어 원칙적으로는 재판의 전제성이 인정 **되지 아니할 것이나**, 긴급조치의 위헌 여부를 심사할 권한은 본래 헌법재판소의 전속적 관할 사항인 점, 법률과 같은 효력이 있는 규범인 긴급조치의 위헌 여부에 대한 헌법적 해명의 필요성이 있는 점, 당해 사건의 대법원판결은 대세적 효력이 없는 데 비하여 형벌조항에 대한 헌법재판소의 위헌결정은 대세적 기속력을 가지고 유죄 확정판결에 대한 재심사유가 되는 점, 유신헌법 당시 긴급조치 위반으로 처벌을 받게 된 사람은 재판절차에서 긴급조치의 위헌성을 다툴 수조차 없는 규범적장애가 있었던 점 등에 비추어 볼 때, **예외적으로 헌법질서의 수호·유지 및 관련 당사자의 권리구제를 위하여 재판의 전제성을 인정함이 상당**하다.

> ⚠ **판례** | 무죄판결 확정의 전판의 전제성 부인 – 헌재 2011.7.28. 2009헌바149(각하)
>
> 　헌법재판소법 제68조 제2항에 의한 헌법소원심판 청구인이 당해 사건인 형사사건에서 **무죄의 확정판결을 받은 때**에는 처벌조항의 위헌확인을 구하는 헌법소원이 인용되더라도 재심을 청구할 수 없어, 청구인에 대한 무죄판결을 종국적으로 다툴 수 없게 된다. 결국 이러한 경우 법률의 위헌 여부에 따라 당해 사건 재판의 주문이 달라지거나 재판의 내용과 효력에 관한 법률적 의미가 달라지는 경우에 해당한다고 볼 수 없으므로 더 이상 재판의 전제성이 인정되지 아니하는 것으로 보아야 한다.

> ⚠ **판례** | 독립한 불복방법 없는 재판절차의 재판의 전제성 부인 – 헌재 2017.5.25. 2015헌바349(각하)
>
> 　독립한 불복방법(이의신청, 항고 등)이 있는 재판절차의 경우에는 그 재판절차를 당해 사건으로 보아 재판의 전제성을 인정할 수 있을 것이나, **독립한 불복방법이 없는 재판절차의 경우**에는 그 재판에 대해서는 불복신청이 허용되지 아니하므로, 종국재판이 나기를 기다려 그에 대한 상소와 함께 상소심에서 다투어야 하고, 이 경우에는 **종국재판절차를 당해 사건으로 볼 수밖에 없다.** 청구인이 건물철거와 토지인도 등을 구하는 청구만 한 상태에서, 상해를 원인으로 한 손해배상청구에 필요한 신체감정을 위하여 피고측에 그 감정비용의 예납을 명해 달라고 법원에 신청한 경우, **민사소송에서 소송비용의 예납명령이나 증거채부결정에 대해서는 불복신청이 허용되지 아니하므로**, 소송비용의 예납명령절차나 신체감정절차를 당해 사건으로 볼 수는 없고, 상해를 원인으로 한 손해배상청구소송절차를 당해 사건으로 볼 수밖에 없다. 따라서 **상해를 원인으로 한 손해배상청구를 하지 않은 이상 당해 사건이 법원에 계속 중이라고 볼 수 없으므로, 소송비용의 예납에 관한 민사소송법 제116조의 위헌 여부는 재판의 전제가 되지 않는다.**

3) 전제성요건 구비 여부의 판단

법률의 위헌 여부와 관련하여 재판의 전제가 되는 요건을 갖추고 있는지의 여부는 법원의 견해를 존중하는 것이 원칙이다.

그러나 재판의 전제성과 관련된 법원의 법률적 견해가 유지될 수 없는 것으로 보이면, 헌법재판소가 직권으로 조사할 수도 있다. 재판의 전제성은 법률의 위헌 여부 심판 제청 시만이 아니라 심판 시에도 갖추어져야 함이 원칙이다.

5. 위헌법률심판제청결정

법원은 직권으로 또는 당사자의 신청에 의한 결정으로 헌법재판소에 위헌 여부의 심판을 제청하며(법 제41조 제1항), 이 제청에 관한 결정에 대하여는 항고할 수 없다.

법률의 위헌 여부의 제청신청이 기각된 때에는 그 신청을 한 당사자는 헌법재판소에 헌법소원심판을 청구할 수 있다(법 제68조 제2항).

법원이 법률의 위헌 여부를 제청할 때에는 제청법원의 표시, 사건 및 당사자의 표시, 위헌이라고 해석되는 법률 또는 법률의 조항, 위헌이라고 해석되는 이유, 기타 필요한 사항을 기재하여야 한다(법 제43조).

법원의 위헌제청이 있은 후 당사자가 위헌제청신청을 취하한 경우에 대법원은 즉시 위헌법률심판제청취소결정을 내리고 그 정본을 헌법재판소에 송부하면 헌법재판소는 소의 이익이 없음을 이유로 당해 사건을 각하하게 된다.

6. 위헌법률제청의 효과

법원이 법률의 위헌 여부의 심판을 헌법재판소에 제청한 때에는 당해 소송사건의 재판은 헌법재판소의 위헌 여부의 결정이 있을 때까지 정지된다(법 제42조 제1항). 다만 법원이 긴급하다고 인정하는 경우에는 종국재판 외의 소송절차를 진행할 수 있다(법 동조 단서).

Ⅲ. 위헌법률심판

1. 위헌법률심판의 의의

위헌법률심판이란 헌법재판소가 국회가 제정한 법률이 헌법에 위반되는가의 여부를 심사하고 그 법률이 위헌으로 인정될 경우에 그 효력을 상실하게 하는 제도를 말한다. 헌법재판소는 법원의 위헌법률심판제청을 인용한 경우 위헌법률심판을 한다.

2. 위헌법률심판의 대상

위헌법률심판제청의 대상이 되는 것은 형식적 법률 이외에 그와 동일한 효력을 가지는 실질적 의미의 법률인 긴급명령·긴급재정경제명령 그리고 국회의 동의를 얻어 비준된 조약도 포함된다. 헌법률도 위헌심판의 대상이 된다는 견해도 있으나 헌법재판소는 부정적이다.

(1) 법 률

위헌심판의 대상이 되는 법률은 국회가 제정한 형식적 의미의 법률이 원칙이다. 이때의 법률은 공포된 것이어야 하고, 위헌심판시를 기준으로 하여 현재 효력을 가지고 있는 법률이어야 한다.

이미 폐지되거나 개정된 법률은 위헌심사의 대상이 되지 않는 것이 원칙이다. 그러나 폐지되거나 개정된 법률이라 하더라도 이로 인해 국민의 권리침해가 있을 경우에는 심판의 대상이 될 수 있다는 것이 헌법재판소의 입장으로(헌재 89헌마32 등) 일응 타당하다고 본다.

또한 형식적 의미의 법률은 아니지만 관습법의 경우도 실질적으로 법률과 같은 효력을 가지므로 위헌법률심사의 대상이 된다(헌재 2009헌바129).

! **판례** | 폐지된 법률의 위헌법률심판의 대상 여부 - 헌재 1989.12.18. 89헌마32 등(위헌, 각하)

폐지된 법률(실효된 법률)이라도 헌법재판소법 제68조 제2항의 헌법소원심판청구인들의 **침해된 법익을 보호하기 위하여** 그 위헌 **여부가 가려져야 할 필요가 있는 때에는 심판의 대상이 된다.**

! **판례** | 관습법의 위헌법률심판 대상 여부 - 헌재 2013.2.28. 2009헌바129(각하)

법률과 동일한 효력을 갖는 조약 등을 위헌법률심판의 대상으로 삼는 것은 헌법을 최고규범으로 하는 법질서의 통일성과 법적 안정성을 확보할 수 있을 뿐만 아니라, 합헌적인 법률에 의한 재판을 가능하게 하여 궁극적으로는 국민의 기본권 보장에 기여할 수 있다. 그런데 **이 사건 관습법은 민법 시행 이전에 상속을 규율하는 법률이 없는 상황에서 재산상속에 관하여 적용된 규범으로서 비록 형식적 의미의 법률은 아니지만 실질적으로는 법률과 같은 효력을 갖는 것이므로 위헌법률심판의 대상이 된다.**

---

(2) 긴급명령·긴급재정경제명령

긴급명령·긴급재정경제명령은 법률과 동일한 효력을 갖게 되므로 위헌심판의 대상이 된다. 헌법재판소도 금융실명거래및비밀보장에관한긴급재정경제명령에 대한 헌법소원사건에서 "긴급재정경제명령은 법률의 효력을 갖는 것이므로 마땅히 헌법에 기속되어야 한다"(헌재 93헌마186)고 판시하고 있다.

(3) 조 약

조약이 위헌법률심판의 대상이 되는가에 대해서는 조약심사 긍정설과 조약심사 부정설이 있다. 조약도 헌법의 하위에 위치하고, 국내 법률과 동일한 효력을 가지고 있는 경우 헌법재판소의 위헌판단의 대상이 된다고 본다. 위헌법률심판의 대상은 주로 헌법 제60조에 의해 체결된 조약으로 보아야 할 것이다.

그러나 조약도 그 효력에 차이가 있어 일률적으로 헌법재판소의 위헌법률심판의 대상으로 할 수 있는 것은 아니다. 법률보다 하위의 효력을 가지는 행정협정 등은 명령·규칙과 같이 원칙적으로 대법원이 심판한다고 보아야 할 것이다.

(4) 입법부작위

헌법상 명문으로 입법을 규정하거나 헌법해석상 입법의무가 있는 경우에 이에 반하는 입법부작위는 위헌이 된다.

입법부작위에는 우선 ① 입법자가 헌법상 입법의무가 있는 경우 전혀 입법을 하지 않음으로써 입법행위의 흠결이 있는 경우인 진정입법부작위가 있다. 이 경우 당사자는 입법부작위 그 자체를 대상으로 하여 위헌확인을 구하는 헌법소원을 제기할 수 있으나 위헌법률심판의 경우는 법률을 대상으로 하므로 진정입법부작위는 그 대상이 될 수 없다.

또한 ② 입법은 하였으나 그 입법의 내용·범위·절차 등이 당해 사항을 불완전·불충분·불공정하게 규율함으로써 입법행위에 흠결이 있는 경우인 부진정입법부작위가 있다. 이 경우인 불완전입법을 재판상 다툴 수 있는 경우에는 그 불완전한 법률조항 자체를 대상으로 하여 위헌제청을 해야 한다고 하고, 이는 헌법재판소의 입장이다.

여기서 진정입법부작위의 경우 재판의 전제성이 인정된다면 자체를 대상으로 위헌확인을 구하는 헌법소원을 제기할 수는 있으나, 입법부작위를 헌법소원의 대상으로 삼을 수는 없다(헌재 89헌마1).

(5) 헌법규범

헌법규범 중 헌법핵에 해당하는 규범이 아닌 헌법률적 가치를 가지는 규범이 헌법핵에 해당하는 규범에 위반한 경우 위헌법률심판이 가능한가에 대해서 헌법재판소는 이를 부인한다(헌재 94헌바20).

헌법규범을 가치 통일적으로 조화롭게 해석·적용하는 것이 필요하다고 본다.

> **!** **판례** | 헌법개별규정의 위헌심사 대상 여부 – 헌재 1996.6.13. 94헌바20(합헌, 각하)
>
> 헌법 제111조 제1항 제1호, 제5호 및 헌법재판소법 제41조 제1항, 제68조 제2항은 위헌심사의 대상이 되는 규범을 '법률'로 명시하고 있으며, 여기서 '법률'이라고 함은 국회의 의결을 거쳐 제정된 이른바 형식적 의미의 법률을 의미하므로 **헌법의 개별규정 자체는 헌법소원에 의한 위헌심사의 대상이 아니다.**

(6) 입법사실

헌법재판소는 입법사실도 법률의 위헌 여부를 판단하기 위하여 필요한 범위 내에서만 헌법재판의 대상이 된다고 한다(헌재 92헌가3).

> **!** **판례** | 확정하여야 할 사실관계가 중복되는 경우 헌법재판 대상 여부 – 헌재 1994.4.28. 92헌가3(한정위헌, 한정합헌)
>
> 헌법재판소는 법률의 위헌 여부에 대한 법적 문제만 판단하고 법원 계속 중인 당해 사건에 있어서의 사실확정과 법적용 등 고유의 사법작용에는 관여할 수 없으나, 법률의 위헌 여부에 대한 법적 문제를 판단하기 위하여 입법의 기초가 된 사실관계 즉 입법사실을 확인하여 밝힐 수 있고, **헌법재판소가 확인하여 밝힐 수 있는 입법사실과 당해 사건이 계속 중인 법원에서 확정하여야 할 사실문제가 중복되어 있는 경우에는 법률의 위헌 여부를 판단하기 위하여 필요한 범위 내에서만 입법사실을 확인하고 밝히는 것이 바람직하다.**

3. 위헌법률심판의 요건

1) 법원의 위헌법률심판제청

법원의 위헌법률심판제청은 직권 또는 당사자의 신청에 의한 결정으로써 한다. 법원의 제청은 서면(제청서)으로써 해야 하고, 하급법원이 제청하는 경우에는 대법원을 경유해야 한다.

2) 재판의 전제성

위헌법률심판을 제청하려면 재판의 전제성이 있어야 하는 실질적 요건을 갖추어야 하며, 위헌법률심판을 하는 경우에 재판의 전제성을 전제요건으로 하고 있다.

4. 위헌법률심판의 기준

위헌법률심판은 "법률이 헌법에 위반되는지 여부"를 심판하는 것이므로 심판의 기준은 헌법재판을 할 당시의 규범적 효력을 갖는 헌법이어야 한다(헌재 2010헌바132 등). 여기서 헌법이라 함은 형식적 의미의 헌법전을 말하며, 헌법적 관습은 원칙적으로 헌법의 의미에 포함될 수 없다. 그러나 헌법재판소는 헌법적 사항을 담은 관습헌법을 근거로 위헌법률심판을 하였다(헌재 2004헌마554 등).

자연법의 원리나 정의의 원리 등도 위헌법률심판의 기준이 될 수 있다. 이는 비록 헌법전에 명문규정이 없다 하더라도 실정헌법규범이 자연법에 위배되는 입법은 허용될 수 없다는 것과 헌법적 규범적 공백을 보충할 수 있기 때문이다.

> **(!) 판례** | 헌법재판의 심사기준 – 헌재 2013.3.21. 2010헌바132 등(위헌)
>
> 유신헌법 일부 조항과 긴급조치 등이 기본권을 지나치게 침해하고 자유민주적 기본질서를 훼손하였다는 반성에 따른 헌법 개정사, 국민의 기본권의 강화·확대라는 헌법의 역사성, 헌법재판소의 헌법해석은 헌법이 내포하고 있는 특정한 가치를 탐색·확인하고 이를 규범적으로 관철하는 작업인 점에 비추어, 헌법재판소가 행하는 **구체적 규범통제의 심사기준은 원칙적으로 헌법재판을 할 당시에 규범적 효력을 가지는 현행헌법**이다.

5. 위헌법률심판의 절차

위헌법률심판은 법원의 위헌법률심판제청에 따라 "헌법재판소는 제청된 법률 또는 법률조항의 위헌 여부만을 결정한다. 다만 법률조항의 위헌결정으로 인하여 당해 법률 전부를 시행할 수 없다고 인정될 때에는 그 전부에 대하여 위헌의 결정을 할 수 있다"(헌법재판소법 제45조). 위헌으로 결정하려면 재판관 9인 중 6인 이상의 찬성이 있어야 한다.

6. 위헌법률심판의 결정과 송달

위헌심판의 종국결정을 할 때에는 사건번호와 사건명·제청법원과 제청신청인, 대리인의 표시, 주문, 결정일을 기재한 결정서를 작성하고 심판에 관여한 재판관 전원이 이에 서명날인하여야 한다(법 제36조 제2항). 법률의 위헌심판에 관여한 재판관은 결정서에 의견을 표시하여야 한다.

헌법재판소는 결정일로부터 14일 이내에 결정서 정본을 제청한 법원에 송달한다. 이 경우 제청한 법원이 대법원이 아닌 경우에는 대법원을 거쳐야 한다(법 제46조).

종국결정은 헌법재판소규칙으로 정하는 바에 따라 관보에 게재하거나 그 밖의 방법으로 공시한다(법 제36조 제5항).

7. 위헌법률심판의 결정유형과 효력

1) 위헌법률심판의 결정유형

「헌법재판소법」은 "헌법재판소는 제청된 법률 또는 법률조항의 위헌 여부만을 결정한다. 다만, 법률조항이 위헌결정으로 인하여 당해 법률전부를 시행할 수 없다고 인정될 때에는 그 전부에 대하여 위헌의 결정을 할 수 있다"(법 제45조)라고 하여 합헌결정과 위헌결정의 두 가지 유형만을 명시하고 있다. 따라서 그 중간결정형식 또는 변형결정을 인정할 것인가에 대해 논란이 있고, 결정형식에 관하여 충분한 규정을 두고 있지 않고 있어 그 분류도 학자마다 다르다.

여기서는 적법요건에 관한 결정인 각하결정·합헌결정·위헌결정·변형결정으로 나뉜다. 단순합헌결정과 위헌불선언결정의 합헌결정과 단순위헌결정 이외에는 모두 변형결정으로 보아, 변형결정을 헌법불합치결정·입법촉구결정·한정합헌결정·일부위헌결정·한정위헌결정·적용위헌결정으로 나누어 살펴본다.

(1) 각하결정

위헌법률심판제청법원이 제청요건을 갖추지 못하여 부적법한 것이면 각하결정을 한다. 「이 사건 심판제청을 각하한다」라는 주문으로 결정한다. 헌법재판소는 ① 위헌법률심판의 대상이 되지 않는 경우, ② 재판의 전제성이 없는 경우, ⑱ 폐지된 구법 또는 이미 위헌선언된 법률조항에 대한 심판제청으로 제청이익이 없는 경우에 대해서 각하결정을 내렸다.

(2) 합헌결정
가. 단순합헌결정

헌법재판소가 법률의 위헌 여부를 심사한 결과 헌법위반사실을 확인할 수 없을 경우에 「법률은 헌법에 위반되지 아니한다」라는 주문형식으로 합헌결정을 내린다. 단순합헌결정에는 재판관 5인 이상이 합헌으로 판단하여야 한다.

나. 위헌불선언결정

위헌불선언결정은 재판관 과반수 이상이 위헌의견을 내더라도 위헌정족수 6인이 되지 않아 위헌선언을 할 수 없는 경우에 내리는 것으로 결정형식이다. 즉, 재판관 5인이 위헌의견을 내고 4인이 합헌의견을 낼 경우에 내리는 결정형식이다. 위헌불선언결정을 할 경우에 「헌법에 위반된다고 선언할 수 없다」는 주문형식을 취하며 결과적으로는 단순합헌결정과 차이가 없다.

헌법재판소는 위헌불선언결정 대신 단순합헌결정이나 기각결정 형식을 취하기도 한다(헌재 96헌가2 등).

위헌불선언결정은 재판관 과반수 이상이 위헌의견을 제시함에도 불구하고 단순합헌결정과 결과적으로는 동일한 법적 효과를 갖는 것이라는 것에 대해 법적 안정성과 합헌적 법률해석의 관점에서는 긍정적으로 이해할 수 있다. 그러나 재판관의 과반수 이상이 위헌의견을 제시하고 있다는 것을 입법부의 입법작용에 반영될 수 있도록 하여야 한다는 측면에서 그 결과적 효과를 떠나서 이 결정도 단순합헌결정과 별개로 존중되어야 한다고 본다.

다. 위헌결정

헌법재판소가 위헌법률심판의 대상이 된 법률에 대하여 위헌결정을 할 때에는 재판관 9인 중 6인 이상의 찬성이 있어야 한다(제113조 제1항). 단순위헌결정을 내릴 경우에는 「법률은 헌법에 위반된다」는 주문형식을 취한다.

위헌법률심판의 대상이 된 법률에 대하여 위헌성을 확인하게 되면 원칙적으로 위헌결정을 하고, 당해 법률은 효력을 상실하게 된다.

라. 변형결정과 그 기속력

"헌법재판소는 제청된 법률 또는 법률조항의 위헌 여부만을 결정한다"(법 제45조)라고 규정하고 있어 위헌결정 외 변형결정을 할 수 있는가에 대해 논란이 있다.

헌법재판소는 원칙적으로 단순합헌결정이나 단순위헌결정을 내려야 하지만 경우에 따라서는 국회입법권을 존중하고, 복잡하고 다양한 헌법상황과 법적 공백이나 법적 혼란상태를 방지하기 위해 좀 더 유연한 판단의 필요성 관점에서 변형결정을 취하고 있다.

가) 헌법불합치결정

헌법불합치결정이란 실질적으로 위헌성이 인정되는 법률이라 하더라도 입법자의 입법형성권을 존중하고 즉시 위헌결정의 효력을 발생시킬 경우에 오는 법의 공백을 막아 법적 안정성을 유지하기 위하여 일정기간까지 당해 법률의 효력을 지속시키는 결정형식이다. 헌법불합치결정도 일종의 위헌결정이므로 재판관 6인 이상의 찬성이 있어야 한다.

헌법불합치결정의 주문형식은 「헌법에 합치되지 아니한다」, 「입법자가 개정할 때까지 그 효력을 지속한다」로 하고 있다.

　헌법불합치결정은 입법촉구를 수반하고 입법촉구결정은 헌법불합치를 그 전제로 이루어지고 있어 둘은 각기 그 자체로서 독자적으로 이루어지는 별개의 결정형식일 수 없다고 보나 문제된 법률이나 법률조항이 이미 개정된 경우 입법촉구결정을 할 필요는 없게 된다.

　이 결정 후 개정입법이 없이 기한이 도래하면 당해 법률 또는 법률조항은 그 효력을 상실하게 된다. 문제는 헌법불합치결정은 위헌결정과는 달리 결정후 법률이 일정기간 형식적으로 존속하게 된다. 그래서 헌법불합치결정에 근거한 처분은 그 기간 동안 유효한 처분으로 존속하게 된다. 또한 헌법불합치결정이 입법자의 입법형성권을 존중하는 데 본질이 있는 것으로 입법자는 입법개선 의무를 진다.

　헌법불합치결정도 위헌결정의 일종이므로 소급효를 가지나 둘은 그 의미와 내용에서 다르다. 위헌결정의 경우에는 법원은 소급효가 미치는 당해 사건에 대하여 무효를 전제로 재판을 하게 된다. 이에 대해 헌법불합치결정의 경우에 법원은 소급효가 미치는 사건에 대하여는 개정 혹은 폐지 법률을 기다렸다 그에 따라 재판을 해야 하는 것이다.

　헌법재판소는 헌법불합치결정 이후에 제소된 사건에서는 위헌성이 제거된 법률을 적용해야 한다고 하고(헌재 96헌바95등), 헌법불합치결정을 선고하면서 당해 사건 적용법률을 입법자가 개정할 때까지 잠정적용을 밝히고 있다(헌재 2016헌마263).

❗ 판례 | 적용중지명령 헌법불합치결정 선고와 당해 사건 적용법률 – 헌재 2000.1.27. 96헌바95 등(헌법불합치, 각하)

　위 법률조항들은 헌법에 위반되므로 원칙으로 위헌결정을 하여야 할 것이나, 이에 대하여 단순위헌결정을 선고하여 당장 그 효력을 상실시킬 경우에는 위 법률조항들에 의한 특별부가세를 부과할 수 없게 되는 법적 공백상태가 되고, 이에 따라 조세수입을 감소시켜 국가재정에 막대한 영향을 줄 뿐 아니라, 이미 위 법률조항들에 따른 특별부가세를 납부한 납세의무자들과 사이에 형평에 어긋나는 결과를 초래하는데다가, 위 법률조항들의 위헌성은 국회에서 법률로 제정하지 아니한 입법형식의 잘못에 기인하는 것이므로, 우리 재판소는 단순위헌결정을 하지 아니하고 **헌법불합치 결정**을 하면서 법원 기타 국가기관 및 지방자치단체에 대하여 **위 법률조항들의 적용중지를 명한다.** 헌법재판소가 헌법불합치라는 변형결정주문을 선택하여 위헌적 요소가 있는 조항들을 합헌적으로 개정 혹은 폐지하는 임무를 입법자의 형성재량에 맡긴 경우에는, **헌법불합치 결정의 효력이 소급적으로 미치게 되는 모든 사건이나 앞으로 위 법률조항들을 적용하여 행할 부과처분에 대하여는 법리상 헌법불합치 결정 이후 입법자에 의하여 위헌성이 제거된 새로운 법률조항을 적용하여야 한다.**

! 판례 | 헌법불합치결정 선고와 잠정적용 명령 – 헌재 2018.8.30. 2016헌마263(헌법불합치, 각하)

이 사건 법률조항은 청구인의 기본권을 침해하여 헌법에 위반되지만, 단순위헌결정을 하면 수사기관이 인터넷회선 감청을 통한 수사를 행할 수 있는 법률적 근거가 사라져 범행의 실행 저지가 긴급히 요구되거나 국민의 생명·신체·재산의 안전을 위협하는 중대 범죄의 수사에 있어 법적 공백이 발생할 우려가 있다. 한편, **이 사건 법률조항이 가지는 위헌성은** 인터넷회선 감청의 특성에도 불구하고 **수사기관이 인터넷회선 감청으로 취득하는 자료에 대해 사후적으로 감독 또는 통제할 수 있는 규정이 제대로 마련되어 있지 않다는 점에 있으므로** 구체적 개선안을 어떤 기준과 요건에 따라 마련할 것인지는 **입법자의 재량에** 속한다. 이러한 이유로 이 사건 법률조항에 대해 단순위헌결정을 하는 대신 헌법불합치결정을 선고하되, **입법자가 이 사건 법률조항의 위헌성을 제거하고 합리적인 내용으로 개정할 때까지 일정 기간 이를 잠정적으로 적용할 필요가 있다.**

한편 대법원이 헌법불합치결정이 위헌결정이고 위헌결정은 일반적으로는 소급하지 않는다고 하더라도 당해 사건에 한하여 위헌결정의 소급효를 인정하여야 한다고 보거나(대판 90다5450), 헌법불합치결정으로 개정되기 전까지는 개정법률이 아닌 구법을 그대로 잠정적용하는 것으로 보고(대판 95누17960), 헌법불합치결정에서 개정법률에 대한 소급적용에 관한 명시적인 규정 유무에 따라 소급적용을 달리해야 한다(대판 2014두35447)고 하고 있어 헌법재판소의 헌법불합치결정의 의미에 대한 혼선을 가져오기도 했다라는 비판이 제기되기도 한다.

! 판례 | 헌법불합치결정의 의미 – 대판 1991.6.11. 90다5450(기각)

헌법재판소가 1989.9.8. "1. 국회의원선거법(1988.3.17. 법률 제4003호 전문개정) 제33조 및 제34조는 헌법에 합치되지 아니한다. 2. 위 법률조항은 1991년 5월말을 시한으로 입법자가 개정할 때까지 그 효력을 지속한다"라는 결정(88헌가6)을 하면서 …… **국회가 위 법률조항들을 개정할 늦어도 1991년 5월말까지 계속 적용될 수 있게 불합치 결정을 하는 것이 타당하다고 판단되므로,** 위와 같은 변형결정을 하는 것으로서, 주문과 같은 변형결정은 헌법재판소법 제47조 제1항에 정한 위헌결정의 일종이라고 이유를 밝히고 있는바, 헌법재판소법이 제45조 본문에서 "헌법재판소는 제청된 법률 또는 법률조항의 위헌 여부만을 결정한다."고 규정하고 있는 취지에 비추어 볼 때, 헌법재판소의 위 결정은 같은 법 제45조 본문 및 제47조 제1항 소정의 **위헌결정임**이 틀림없고, 다만 "위헌으로 결정된 법률 또는 법률의 조항은 그 결정이 있는 날로부터 효력을 상실한다"는 같은 법 제47조 제2항 본문의 예외로서 **위헌결정으로 인한 법률조항의 효력상실 시기만을 일정기간 뒤로 미루고 있음에 지나지 아니한다** …… 법률의 위헌여부의 심판제청은 결국 그 전제가 된 당해 사건에서 위헌으로 결정된 법률조항을 적용받지 않으려는 데에 그 목적이 있고, 헌법 제107조 제1항에도 "법률이 헌법에 위반되는 여부가 재판의 전제가 된 경우에는 법원은 헌법재판소에 제청하여 그 심판에 의하여 재판한다"고 규정하고 있어, **위헌결정의 효력이 일반적으로는 소급하지 아니하더라도 당해 사건에 한하여는 소급하는 것으로** 보아, 위헌으로 결정된 법률조항의 적용을 배제한 다음 당해 사건을 재판하도록 하려는 취지가 포함되어 있다고 보여질 뿐만 아니라, 만일 제청을 하게 된 당해 사건에 있어서도 소급효를 인정하지 않는다면, 제청 당시 이미 위헌 여부 심판의 전제성을 흠결하여 제청조차 할 수 없다고 해석되어야 하기 때문에, 구체적 규범통제의 실효성을 보장하기 위하여서라도 **적어도 당해 사건에 한하여는 위헌결정의 소급효를 인정하여야 한다고 해석되고**, 이와 같은 해석은 이 사건에 있어서와 같이 **헌법재판소가 실질적으로 위헌결정을 하면서도 위헌결정으로** 인한 **법률조항의 효력상실시기만을 일정기간 뒤로 미루고 있는 경우에도 마찬가지로 적용된다.**

(!) 판례 | 헌법불합치결정과 개정법률 시행 전까지 구규정 잠정적용 – 대판 1997.3.28. 95누17960 (파기환송)

헌법재판소는 1995.11.30. 91헌바1 등 병합사건의 결정에서 구 소득세법(1994.12.22. 법률 제4803호로 전문 개정되기 전의 것) 제60조에 대하여 헌법불합치결정을 하였는바, 헌법재판소가 구 소득세법 제60조가 위헌임에도 불구하고 굳이 헌법불합치결정을 한 것은 단순위헌결정을 하는 경우 그 결정의 효력이 당해 사건 등에 광범위하게 미치는 결과 구 법령에 근거한 양도소득세부과처분이 모두 취소되어 법적 공백의 발생, 조세수입의 감소로 인한 국가재정의 차질, 기납세자와의 형평 위배 등의 불합리가 발생하므로 이러한 부작용을 회피하기 위하여 개정법령의 시행일 전에 종전의 법령을 적용하여 한 부과처분을 그대로 유지시키고 또 그 시행일 전에 과세할 소득세에 대하여도 종전의 법령을 적용함이 옳다는 판단에서 나온 것임이 분명하므로, 따라서 위의 **헌법불합치결정은 그 위헌성이 제거된 개정법률이 시행되기 이전까지는 종전 구 소득세법 제60조를 그대로 잠정적용하는 것을 허용하는 취지의 결정이라고 이해함이 상당하다.**

(!) 판례 | 헌법불합치결정 이후 일반사건 개선입법 소급적용 여부 – 대판 2015.5.29. 2014두35447 (기각)

위헌으로 결정된 법률 또는 법률의 조항은 형벌에 관한 것이 아닌 한 그 결정이 있는 날로부터 효력을 상실하고(헌법재판소법 제47조 제2항), 어떠한 법률조항에 대하여 헌법재판소가 헌법불합치결정을 하여 입법자에게 법률조항을 합헌적으로 개정 또는 폐지하는 임무를 입법자의 형성 재량에 맡긴 이상, 개선입법의 소급적용 여부와 소급적용의 범위는 원칙적으로 입법자의 재량에 달린 것이다. 따라서 어느 법률 또는 법률조항에 대한 적용중지의 효력을 갖는 **헌법불합치결정에 따라 개선입법이 이루어진 경우 헌법불합치결정 이후에 제소된 일반사건에 관하여 개선입법이 소급하여 적용될 수 있는지 여부**는, 그와 같은 입법형성권 행사의 결과로 만들어진 개정법률의 내용에 따라 결정되어야 하므로, **개정법률에 소급적용에 관한 명시적인 규정이 있는 경우에는 그에 따라야 하고**, 개정법률에 그에 관한 경과규정이 없는 경우에는 다른 특별한 사정이 없는 한 **헌법불합치결정 전의 구법이 적용되어야 할 사안에 관하여 개정법률을 소급하여 적용할 수 없는 것이 원칙이다.**

생각건대 헌법불합치결정의 경우 법적 공백상태를 메우기 위해 구법을 잠정적용하는 것은 국민의 기본권과 헌법규범의 규범력의 침해가 되므로 제한적으로 적용하는 것이 바람직하다. 즉, 헌법재판소가 헌법불합치결정을 하면서 구법의 잠정적용을 명시적으로 명한 경우에 구법을 적용하여 판결을 하여야 한다. 다만 이 경우에 잠정적용의 범위를 어디까지 인정할 것인가에 대해서도 문제가 제기된다. 잠정적용을 명한다고 하더라도 문제가 된 당해사건의 경우까지 구법률을 잠정적용하는 것은 구체적 규범통제를 벗어날 수 있기 때문이다.

그러나 잠정적용의 범위를 정하는 자체가 헌법의 규범력을 약화시키는 것이 될 수 있으며, 헌법재판소가 명시적으로 잠정적용을 명한 취지에도 어긋난다 할 것이다.

나) 입법촉구결정

입법촉구결정이란 결정당시에는 합헌적 법률이지만 위헌으로 될 소지가 있기 때문에 합헌의 상태를 실현하기 위하여 또는 장차 발생할 위헌의 상태를 방지하기 위하여 입법자에게 당해 법률의 개정이나 보충 등 입법을 촉구하는 결정형식을 말한다. 헌법재판소 소수의견에서 입법촉구결정을 제시한 바 있다(헌재 88헌가13; 89헌마165).

다) 한정합헌결정

한정합헌결정이란 해석 여하에 따라 위헌의 의심이 있는 부분을 포함하고 있는 법률의 의미를 헌법의 정신에 합치하도록 한정적으로 해석하여 위헌판단을 회피하는 결정형식을 말한다. 한정합헌결정의 주문은 「~것으로 해석하는 한[이러한 해석 하에] 헌법에 위반되지 아니한다」라는 형식을 취하고 있다.

헌법재판소는 한정합헌의견은 질적인 일부위헌으로 이해하고 있어 재판관 6인 이상의 찬성을 요한다고 한다.

라) 한정위헌결정

한정위헌결정이란 불확정개념이나 다의적인 해석가능성이 있는 조문에 대하여는 한정축소해석을 통하여 일정한 합헌적 의미를 넘는 확대해석은 헌법에 위반되어 채택할 수 없다는 결정유형이다. 이 결정은 일정한 법률관계 내지 사실관계를 적시하는 방법으로 위헌범위를 특정한 뒤 위헌선언하는 위헌결정이다. 한정위헌결정의 주문은 「~로 해석하는 한 헌법에 위반된다」는 형식을 취한다.

마) 일부위헌결정

위헌결정에는 법률 전체에 대한 위헌을 선언하는 것 이외에 그 일부에 대해서 위헌선언을 하는 경우도 있다. 일부위헌의 대상은 독립된 법조문일 수도 있고, 법조문 중 특정의 항일 수도 있으며, 일정한 문장 또는 그 일부분일 수도 있다.

일부위헌에는 위헌선언으로 법조문의 일부분이 삭제되는 효과를 가져오는 양적일부위헌결정과 법조문은 그대로 둔 채 그 법조문의 적용례에 대해서만 위헌을 선언하는 질적일부위헌결정이 있다.

일부위헌결정은 재판관 9인 중 6인 이상의 찬성이 있어야 한다.

바) 변형결정의 기속력(기속력)

「헌법재판소법」은 "법률의 위헌결정은 법원 기타 국가기관 및 지방자치단체를 기속한다"(법 제47조 제1항)라고만 규정하고 있어 변형결정이 허용되는지, 그리고 변형결정에 대해 어느 정도의 기속력을 인정할 것인지에 대해 논란의 여지를 남기고 있다.

특히 문제가 되는 것은 한정합헌결정과 한정위헌결정이다. 이에 대해 대법원은 한정합헌결정과 한정위헌결정에 대해 기속력을 부인(대판 95누11405)하고 있는 반면 헌법재판소는 한정합헌·한정위헌·헌법불합치결정까지도 당연히 기속력을 갖는다(헌재 89헌가104)고 본다.

위헌결정에 대해 대법원과 헌법재판소의 견해 차이로 갈등이 있지만 헌법재판이 일반재판과 다른 특수성을 고려할 때 이를 모두 위헌심사의 한 유형으로 보는 것이 타당하다고 본다.

2) 위헌결정의 효력

(1) 기속력

법률의 위헌결정은 법원 기타 국가기관 및 지방자치단체를 기속한다(헌법재판소법 제47조 제1항). 이러한 기속력으로 인해 헌법재판소는 이미 내린 결정을 임의로 변경할 수 없다.

헌법재판소는 재심에 의한 취소에 대해서도 권리구제형 헌법소원(법 제68조 제1항)의 경우는 재심청구를 인정하고 있으나(헌재 2001헌아3), 위헌심사형 헌법소원(법 동조 제2항)에 대해서는 성질상 재심이 허용될 수 없는 것으로 보고 있다(헌재 90헌아1).

> **⚠ 판례** | 판단유탈도 재심사유 – 헌재 2001.9.27. 2001헌아3(기각)
>
> 공권력의 작용에 대한 **권리구제형 헌법소원심판절차**에 있어서 **'헌법재판소의 결정에 영향을 미칠 중대한 사항에 관하여 판단을 유탈한 때'를 재심사유로 허용**하는 것이 헌법재판의 성질에 반한다고 볼 수는 없으므로, 민사소송법 제422조 제1항 제9호를 준용하여 **"판단유탈"도 재심사유로 허용되어야 한다.** 따라서 종전에 이와 견해를 달리하여 행정작용에 속하는 공권력 작용을 대상으로 한 권리구제형 헌법소원에 있어서 판단유탈은 재심사유가 되지 아니한다는 취지의 의견(헌재 1995.1.20. 93헌아1; 1998.3.26. 98헌아2)은 이를 변경하기로 한다.

> **⚠ 판례** | 위헌심사형 헌법소원의 재심 불허용 – 헌재 1992.6.26. 90헌아1(각하)
>
> 헌법재판소법은 헌법재판소의 심판절차에 대한 재심의 허용 여부에 관하여 별도의 명문규정을 두고 있지 않으나, 일반적으로 위헌법률심판을 구하는 헌법소원에 대한 헌법재판소의 결정에 대하여는 재심을 허용하지 아니함으로써 얻을 수 있는 법적 안정성의 이익이 재심을 허용함으로써 얻을 수 있는 구체적 타당성의 이익보다 훨씬 높을 것으로 쉽사리 예상할 수 있으므로, **헌법재판소의 이러한 결정에 대하여는 재심에 의한 불복방법이 성질상 허용될 수 없다고 보는 것이 상당하다.**

(2) 일반적 효력

위헌으로 결정된 법률 또는 법률의 조항은 그 결정이 있은 날로부터 효력을 상실한다(법 제47조 제2항)(장래효). 형벌에 관한 법률 또는 법률의 조항은 소급하여 그 효력을 상실한다(소급효). 다만, 해당 법률 또는 법률의 조항에 대하여 종전에 합헌으로 결정한 사건이 있는 경우에는 그 결정이 있는 날의 다음 날로 소급하여 효력을 상실한다(법 동조 제3항).

현행헌법의 위헌법률심사제는 위헌결정이 있는 경우 당해 사건에 한하여 단지 그 적용이 배제되는 구체적 규범통제를 취하면서도 일반적 효력(추상적 규범통제)까지 부여하고 있다. 이러한 일반적 효력으로 위헌결정이 된 법률은 효력을 상실하게 되고 이를 법적 근거로 원용할 수 없게 된다. 이에 따라 위헌결정은 법규적 효력을 가지게 된다.

(3) 위헌결정의 효력발생시기

위헌결정의 효력발생시기에 관한 견해로는 ⅰ) 위헌결정에 소급효를 인정하면서 부분적으로 이를 제한하는 소급무효설, ⅱ) 위헌결정에 장래효를 원칙으로 하면서 부분적으로 소급효를 인정하는 폐지무효설, ⅲ) 위헌결정에 소급효를 인정할 것인가를 구체적인 사건별로 결정하는 선택적 무효설의 견해가 있다.

「헌법재판소법」은 "위헌으로 결정된 법률 또는 법률의 조항은 그 결정이 있는 날로부터 효력을 상실한다. 다만 형벌에 관한 법률조항은 소급하여 그 효력을 상실한다"라고 하여(법 제47조 제2항), 형벌은 위헌결정의 소급효를 인정하고 있지만, 형벌 이외의 법률조항에 대한 위헌결정에 대해서는 소급효에 대해서 언급하고 있지 않아 논란이 있다.

대법원은 일반사건의 경우 위헌결정의 소급효를 제한할 수 있다는 입장을 취하고 있다.

> **❗ 판례** | 사정변경 이유로 위헌결정시 소급효범위 제한 허용 여부 - 대판 2011.4.14. 2010도5605
>
> 형벌조항의 경우 그 제정이나 개정 이후의 **시대적·사회적 상황의 변화로 말미암아 비로소 위헌적인 것으로 평가받는 때**에는 그 조항의 효력발생 시점까지 위헌결정의 전면적인 소급효를 인정하는 것이 오히려 사법적 정의에 현저히 반하는 결과를 초래할 수 있으므로, 헌법재판소법 제47조 제2항 단서의 규정에도 불구하고 **소급효를 제한할 필요성이 있음은 비형벌조항의 경우와 크게 다르지 않다.** 특히 동일한 형벌조항이 과거 헌법재판소의 결정에 의하여 합헌으로 선언된 바 있음에도 그 후의 **사정변경 때문에 새로 위헌으로 결정된 때에는 더욱 그러하다.** 그럼에도 형벌조항에 대한 위헌결정의 경우, 죄형법정주의 등 헌법과 형사법하에서 형벌이 가지는 특수성에 비추어 위헌결정의 소급효와 그에 따른 재심청구권을 명시적으로 규정한 법률의 문언에 반하여 해석으로 소급효 및 피고인의 재심에 관한 권리를 제한하는 것은 허용되기 어렵고, 그에 따른 현저한 불합리는 결국 입법으로 해결할 수밖에 없다.

> **❗ 판례** | 헌법재판소의 위헌결정의 소급효가 제한되는 경우 - 대판 2005.11.10. 2003두14963
>
> 헌법재판소의 위헌결정의 효력은 위헌제청을 한 당해 사건, 위헌결정이 있기 전에 이와 동종의 위헌 여부에 관하여 헌법재판소에 위헌여부심판제청을 하였거나 법원에 위헌여부심판제청신청을 한 경우의 당해사건과 따로 위헌제청신청은 아니하였지만 당해 법률 또는 법률 조항이 재판의 전제가 되어 법원에 계속중인 사건뿐만 아니라 위헌결정 이후에 위와 같은 이유로 제소된 일반사건에도 미친다고 할 것이나, 위헌결정의 효력은 그 미치는 범위가 무한정일 수는 없고, **법원이 위헌으로 결정된 법률 또는 법률의 조항을 적용하지는 않더라도 다른 법리에 의하여 그 소급효를 제한하는 것까지 부정되는 것은 아니라 할 것이며, 법적 안정성의 유지나 당사자의 신뢰보호를 위하여 불가피한 경우에 위헌결정의 소급효를 제한하는 것은 오히려 법치주의의 원칙상 요청되는 바라 할 것이다.**

위헌결정에 소급효를 인정할 것인가에 있어서 헌법재판소는 부분적으로 소급효를 인정하는 견해를 취하고 있다(헌재 92헌가10 등).

> **판례** | 헌법재판소법 제47조 제2항의 위헌 여부 – 헌재 1993.5.13. 92헌가10 등(합헌)
>
> (1) 헌법재판소에 의하여 **위헌으로 선고된 법률 또는 법률의 조항**이 제정 당시로 소급하여 효력을 상실하는가 아니면 장래에 향하여 효력을 상실하는가의 문제는 특단의 사정이 없는 한 헌법적 합성의 문제라기보다는 입법자가 법적 안정성과 개인의 권리구제 등 제반이익을 비교형량하여 가면서 결정할 **입법정책의 문제인 것으로** 보인다. 우리의 입법자는 헌법재판소법 제47조 제2항 본문의 규정을 통하여 **형벌법규를 제외하고는 법적 안정성 더 높이 평가하는 방안을 선택**하였는바, 이에 의하여 구체적 타당성이나 평등의 원칙이 완벽하게 실현되지 않는다고 하더라도 헌법상 법치주의의 원칙의 파생인 법적 안정성 내지 신뢰보호의 원칙에 의하여 정당화된다 할 것이고, 특단의 **사정이 없는 한 이로써 헌법이 침해되는 것은 아니라 할 것이다.**
> (2) 그렇지만 효력이 다양할 수밖에 없는 위헌결정의 특수성 때문에 **예외적으로 부분적인 소급효의 인정을** 부인해서는 안 될 것이다. 첫째, 구체적 규범통제의 실효성의 보장의 견지에서 법원의 제청·헌법소원 청구 등을 통하여 헌법재판소에 법률의 **위헌결정을 위한 계기를 부여한 당해 사건,** 위헌결정이 있기 전에 이와 **동종의 위헌여부에** 관하여 헌법재판소에 위헌제청을 하였거나 법원에 위헌제청신청을 한 경우의 당해 사건, 그리고 따로 **위헌제청신청을 아니하였지만 당해 법률 또는 법률의 조항이 재판의 전제가 되어 법원에 계속 중인 사건**에 대하여는 **소급효를 인정**하여야 할 것이다. 둘째, 당사자의 권리구제를 위한 구체적 타당성의 요청이 현저한 반면에 소급효를 인정하여도 법적 안정성을 침해할 우려가 없고 나아가 구법에 의하여 형성된 기득권자의 이득이 해쳐질 사안이 아닌 경우로서 **소급효의 부인이 오히려 정의와 평등 등 헌법적 이념에 심히 배치되는 때**에도 **소급효를 인정**할 수 있다.

제3항 헌법소원심판

I. 헌법소원의 의의

헌법소원이란 공권력의 행사 또는 불행사로 말미암아 헌법상 보장된 기본권이 현실적으로 직접 침해당한 자가 헌법재판소에 공권력의 위헌 여부의 심사를 청구하여 기본권을 구제받는 것을 말한다.

헌법 제111조 제1항 제5호는 "법률이 정하는 헌법소원에 관한 심판"을 규정하여 헌법재판소의 헌법소원제도를 규정하고 있다. 이에 따라 헌법재판소법 제68조 내지 제75조에서는 헌법소원에 관한 규정을 두고 있다.

II. 헌법소원의 법적 성격

헌법소원은 개인의 주관적 기본권을 보장한다는 기본권 보장기능과 위헌적인 공권력

행사를 통제하는 객관적 헌법질서 보장기능을 갖는다.

　따라서 헌법소원에 있어서 기본권의 권리보호이익은 침해가 종료한 행위에도 위헌이었음을 확인할 필요가 있다고 보는 것이다(헌재 91헌마111).

⚠ 판례 | 헌법소원 대상된 침해행위 종료와 심판청구 이익 유무 – 헌재 1992.1.28. 91헌마111 (인용(위헌확인), 위헌)

　헌법소원의 본질은 개인의 주관적 권리구제 뿐 아니라 객관적인 헌법질서의 보장도 하고 있으므로 **헌법소원에 있어서의 권리보호이익은 일반법원의 소송사건에서처럼 주관적 기준으로 엄격하게 해석하여서는 아니 된다.** 따라서 침해행위가 이미 종료하여서 이를 취소할 여지가 없기 때문에 헌법소원이 주관적 권리구제에는 별 도움이 안 되는 경우라도 그러한 **침해행위가 앞으로도 반복될 위험이 있거나** 당해 **분쟁의 해결이 헌법질서의 수호·유지를 위하여 긴요한 사항이어서 헌법적으로 그 해명이 중대한 의미를 지니고 있는 경우에는 심판청구의 이익을 인정하여 이미 종료한 침해행위가 위헌이었음을 선언적 의미에서 확인할 필요가 있는 것이다.**

Ⅲ. 헌법소원의 유형

1. 권리구제형 헌법소원

　권리구제형 헌법소원은 공권력의 행사 또는 불행사로 말미암아 헌법상 보장된 기본권을 침해당한 자가 청구하는 헌법소원을 말하며, 법원의 재판은 헌법소원에서 제외하고 있다. 다만, 다른 법률에 구제절차가 있는 경우에는 그 절차를 거친 후가 아니면 청구할 수 없다(법 제68조 제1항). 권리구제형 헌법소원제도는 본래적 의미의 헌법소원이다.

2. 위헌심사형[위헌법률심사형] 헌법소원

　위헌법률심사형 헌법소원이란 위헌법률심판의 제청신청이 법원에 의하여 기각된 경우에 제청신청을 한 당사자가 청구하는 헌법소원을 말한다. 이 경우 그 당사자는 당해 사건의 소송절차에서 동일한 사유를 이유로 다시 위헌 여부 심판의 제청을 신청할 수 없다(법 동조 제2항). 이러한 위헌법률심사형 헌법소원은 법원의 재판에 대한 헌법소원을 제외하고 위헌심판제청신청이 기각된 경우 바로 헌법소원을 청구할 수 있도록 하는 것으로 우리나라가 채택한 특유의 제도이다.

　위헌심사형 헌법소원에 대한 성격에 대해서는 헌법소원이라는 견해와 위헌법률심판이라는 견해 간 대립이 있다. 헌법소원이 인용될 경우 헌법재판소법은 위헌결정과 그 효력에 관한 위헌법률심판의 규정들을 준용하도록 하고 있어, 이 헌법소원은 사실상 위헌법률심판이라 할 수 있다(헌재 92헌바48).

위헌심사형 헌법소원은 위헌법률심판과 같이 재판의 전제성이 요구되며, 재판의 전제가 되는 법률은 형식적 의미의 법률 이외 법률과 동일한 효력을 가진 관습법도 그 대상이 된다(헌재 2013헌바396 등).

> **⚠ 판례** | 관습법의 위헌심사형헌법소원심판 대상이 여부 – 헌재 2016.4.28. 2013헌바396 등(합헌)
>
> 민법(1958.2.22. 법률 제471호로 제정된 것) 시행 이전의 "여호주가 사망하거나 출가하여 호주상속이 없이 절가된 경우, 유산은 그 절가된 가(家)의 가족이 승계하고 가족이 없을 때는 출가녀(出家女)가 승계한다."는 구 **관습법**은 민법 시행 이전에 상속 등을 규율하는 법률이 없는 상황에서 절가된 가(家)의 재산분배에 관하여 적용된 규범으로서, 비록 형식적 의미의 법률은 아니지만 **실질적으로는 법률과 같은 효력**을 갖는다. 그렇다면 **법률과 같은 효력을 가지는 이 사건 관습법도 헌법소원심판의 대상**이 되고, 단지 형식적 의미의 법률이 아니라는 이유로 그 예외가 될 수는 없다.

Ⅳ. 헌법소원의 청구요건

1. 심판청구권자

1) 개 설

공권력의 행사 또는 불행사로 인하여 헌법상 보장된 기본권을 침해받은 자는 법원의 재판을 제외하고는 헌법재판소에 헌법소원심판을 청구할 수 있다(법 제68조 제1항). 따라서 권리구제형 헌법소원심판을 청구할 수 있는 자는 공권력의 행사 또는 불행사로 말미암아 헌법상 보장된 자신의 기본권이 침해되었다고 주장하는 모든 국민이다.

위헌심사형 헌법소원심판을 청구할 수 있는 자는 위헌제청신청을 한 당사자로 모든 재판에서의 당사자를 말한다.

2) 청구권자

헌법소원을 청구하는 모든 국민 중에는 자연인뿐만 아니라 법인도 포함된다. 또한 권리능력 없는 사단을 포함하여 정당, 노동조합(헌재 95헌마154), 국·공립대학이나 공영방송국(헌재 90헌마125)도 일정한 범위 내에서는 헌법소원을 심판할 수 있다.

다만, 법인단체는 단체의 구성원을 위하여 또는 그 구성원을 대신하여 헌법소원을 청구할 수 없고(헌재 92헌마177등; 2007헌마359; 2015헌마236), 단체소속의 분과위원회 또는 단체 내부기관(헌재 90헌마56), 농지개량조합(헌재 99헌마190)과 학교법인이 아니고 교육시설에 지나지 않은 중학교나 고등학교(헌재 89헌마123), 민법상 권리능력이나 「민사소송법」상 당사자능력이 없는 자(헌재 89헌마123)도 청구권자가 될 수 없다고 본다.

또한 국가, 지방자치단체나 공법인은 기본권의 수범자이고 기본권의 주체가 아니라고 보아, 지방자치단체(헌재 2004헌바50), 지방자치단체장(헌재 2005헌마442), 지방자치단체 의결기관(헌재 96헌마345), 국회의원(헌재 2000헌마156), 국회의 구성원인 국회상임위원회(헌재 93헌마120), 공법인인 지방자치단체의 교육위원(헌재 92헌마23 등), 경찰공무원(헌재 2009헌마118) 등에 대한 청구인적격성을 부인하고 있다.

2. 심판청구대상

1) 개 설

헌법소원의 대상은 "공권력의 행사 또는 불행사"이다. 공권력의 행사인 이상 입법·행정·사법 등이 적극적인 공권력을 행사한 경우는 물론 부작위에 의한 공권력의 행사도 포함된다.

헌법재판소는 작위의무 없는 공권력의 불행사에 대한 헌법소원(헌재 2003헌마916)이나 사법상의 행위(헌재 90헌마160; 2001헌마464), 정당의 행위(헌재 2007헌마1128)는 헌법소원심판의 대상이 되지 않는다.

또한 공권력의 행사 또는 불행사가 성질상 기본권의 보장과 아무런 연관이 없는 경우 헌법소원청구는 부적법하고(헌재 91헌마55), 외국기관이나 국제기구는 공권력에 해당되지 않는다(헌재 96헌마159).

2) 심판청구대상

(1) 입법작용
가. 법 률

국민이 어떤 법률 또는 법률조항에 의하여 직접 자신의 기본권을 현재 침해받고 있는 경우에는 그 법률 또는 법률조항에 대하여 「헌법재판소법」이 정한 절차에 따라 그 권리구제를 구하는 헌법소원을 청구할 수 있다. 개별적 처분이 있는 경우에는 법률 자체에 의한 권리침해의 직접성이 인정되지 않지만, 예외적으로 집행행위가 존재하지 않는 경우라도 법률에 대한 전제성이 확실하다고 인정된 때에는 당해 법률을 직접 헌법소원의 대상으로 삼을 수 있다(헌재 90헌마82).

헌법재판소는 입법사항도 헌법재판의 대상이 된다고 본다. 즉 행정입법 중 법규명령 (헌재 98헌마363; 93헌마159)은 헌법소원심판의 대상이 되고, 행정규칙도 법령의 위임을 받아 이를 구체화하거나 법령의 내용을 구체적으로 보충하는 경우(헌재 90헌마13)나 행정규칙(고시, 지침, 통보 등)의 형식이면서도 실질이 법규명령인 경우(헌재 91헌마25)는 헌법소원심판 대상이 된다.

또한 대법원규칙과 같은 사법입법(헌재 88헌마1)과 지방의회가 제정한 조례도 자치입법 권력 행사로 헌법소원심판 대상이 된다(헌재 92헌마216).

나. 헌법규정

헌법전의 규정이나 헌법개정작용이 헌법소원심판의 대상이 되는 입법행위에 포함되는 가가 문제된다. 헌법에 의하여 설치되고 구성된 기관이 국민적 합의로 정립한 헌법을 심사하여 무효화한다는 것은 국민주권원리와 모순된다. 헌법재판소도 이를 부정하고 있다 (헌재 95헌바3).

다. 긴급명령·긴급재정경제명령

긴급명령, 긴급재정경제명령도 국회의 승인을 얻으면 법률과 동일한 효력을 갖게 되므로 헌법소원심판의 대상이 된다(헌재 93헌마186).

라. 명령·규칙

명령·규칙 등이 헌법이나 법률에 위반되는가의 여부는 최종적으로 대법원이 심판하는 법원의 구제사항이므로, 명령·규칙 자체는 원칙적으로 헌법소원의 대상이 되지 않는다. 그러나 명령·규칙이 그 자체의 위헌여부와는 별개로 당해 법률의 하위규범인 명령·규칙에 의하여 직접 기본권이 침해되었을 경우에는 그 명령이나 규칙을 대상으로 하여 헌법소원심판을 청구할 수 있다. 이 경우에도 명령·규칙이 구체적 집행행위를 매개로 하지 아니하고 직접적으로 그리고 현재적으로 국민의 기본권을 침해하는 것이어야 한다(헌재 89헌마178).

마. 입법부작위

헌법상 입법의무를 전제로 하지 아니하는 단순입법부작위의 경우에 있어서 헌법재판소는 법률의 제정을 소구하는 헌법소원은 원칙적으로 인정되지 않는다고 본다.

헌법이 입법자에게 입법의무를 부과하였음에도 불구하고 입법자가 이를 이행하고 있지 않는 위헌적 입법부작위에는 입법자가 헌법상 입법의무가 있는 어떤 사항에 관하여 전혀 입법을 하지 않는 경우인 진정입법부작위와 입법자가 어떤 사항에 관하여 입법은 하였으나 불완전·불충분 또는 불공정하여 결함이 있는 부진정입법부작위가 있다. 이 중 진정입법부작위에 대한 헌법소원에 대하여 헌법소원을 인정한다(헌재 89헌마2; 헌재 89헌마

79). 그리고 부진정입법부작위의 경우에는 불완전한 법규 자체를 대상으로 헌법소원을 제기할 수 있으나(헌재 2001헌마484), 불완전한 입법이 아닌 입법부작위로 하여 헌법소원을 제기할 수 없다고 본다(헌재 89헌마1; 2000헌마192 등).

(!) 판례 | 진정입법부작위에 대한 헌법소원의 적법요건 – 헌재 1993.3.11. 89헌마79(각하)

아무런 입법을 하지 않은 채 방치되어 있는 **진정입법부작위가 헌법소원의 대상이 되려면** 헌법에서 기본권보장을 위하여 **명시적인 입법위임을 하였음에도 입법자가 이를 이행하지 않을 때**, 그리고 헌법해석상 특정인에게 구체적인 기본권이 생겨 이를 보장하기 위한 국가의 행위의무 내지 보호의무가 발생하였음이 **명백함에도 불구하고 입법자가 아무런 입법조치 취하고 있지 않은 경우**라야 한다.

(!) 판례 | 부진정입법부작위에 대한 헌법소원의 적법요건 – 헌재 2001.12.20. 2001헌마484(각하)

부진정입법부작위를 대상으로, 즉 입법의 내용·범위·절차 등의 결함을 이유로 **헌법소원을 제기하려면 결함이 있는 당해 입법규정 그 자체를 대상**으로 하여 그 헌법위반을 내세워 적극적인 **헌법소원을 제기**하여야 하고, 이 경우에는 헌법재판소법 **소정의 제소기간(청구기간)을 준수**하여야 한다.

(!) 판례 | 불비의 입법부작위에 대한 헌법소원의 적법 여부 – 헌재 1989.7.28. 89헌마1(각하)

기본권 보장을 위한 법규정이 불완전하여 그 보충을 요하는 경우 그 **입법부작위를 헌법소원심판 청구의 대상으로 삼을 수는 없으므로 부적법**하다.

---

(2) 행정작용

가. 행정처분

헌법소원에 있어서의 보충성의 원칙으로 인해 행정처분에 대한 헌법소원은 행정소송을 통한 권리구제절차를 거치지 않고는 제기할 수 없다. 그러나 행정소송을 거치는 경우에는 법원의 재판으로 끝나는 것이고, 법원의 재판은 헌법소원의 대상에서 제외하고 있기 때문에 행정처분에 대한 헌법소원은 불가능하다.

나. 원행정처분

행정처분이 헌법에 위반된다는 등의 이유로 그 취소를 구하는 행정소송을 제기하였으나, 청구가 받아들여지지 않는 판결이 확정된 경우에, 원행정처분 자체가 청구인의 기본권을 침해하였다고 하여 원행정처분의 취소의 소를 구하는 헌법소원심판을 청구하는 것이 가능한가에 대해 논란이 있다.

ⅰ) 긍정설은 원행정처분은 공권력으로 헌법의 통제를 받아야 하는 것이고, 행정처분의 전제가 된 법률이 위헌임에도 불구하고 이를 간과하였을 경우에 헌법재판소의 판단을 받을 수 있어야 하고, 행정처분을 헌법소원 대상에서 제외한다면 헌법재판소법 제75조 제3항, 제4항, 제5항(③ 제2항의 경우에 헌법재판소는 기본권 침해의 원인이 된 공권력의 행사를 취소하거나 그 불행사가 위헌임을 확인할 수 있다. ④ 헌법재판소가 공권력의 불행사에 대한 헌법소원을 인용하는 결정을 한 때에는 피청구인은 결정 취지에 따라 새로운 처분을 하여야 한다. ⑤ 제2항의 경우에 헌법재판소는 공권력의 행사 또는 불행사가 위헌인 법률 또는 법률의 조항에 기인한 것이라고 인정될 때에는 인용결정에서 해당 법률 또는 법률의 조항이 위헌임을 선고할 수 있다)의 규정을 무의미하게 한다고 한다.

ⅱ) 이에 대하여 부정설은 원행정처분만을 취소하는 결정을 하는 것은 확정판결의 기판력에 저촉되어 법적 안정성을 해치고, 원행정처분에 대한 헌법소원은 법원의 재판에 대한 헌법소원을 의미하므로, 원행정처분에 대한 헌법소원청구는 허용되지 않는다고 한다.

ⅲ) 헌법재판소는 원칙적으로 원행정처분에 대한 헌법소원심판청구를 부인하고 있으나, 법원의 판결에 대한 헌법소원심판 청구가 예외적으로 허용되어 그 재판자체까지 취소되는 경우에 한하여 원행정처분은 헌법소원의 대상이 된다고 하고 있다(헌재 96헌마172등).

> **판례** | 원래의 행정처분에 대한 헌법소원심판의 인용 여부 – 헌재 1997.12.24. 96헌마172 등 ((한정위헌), 위헌(취소))
>
> 행정처분이 헌법에 위반되는 것이라는 이유로 그 취소를 구하는 행정소송을 제기하였으나 법원에 의하여 그 청구가 받아들여지지 아니한 후 다시 원래의 행정처분에 대하여 헌법소원심판을 청구하는 것이 원칙적으로 허용될 수 있는지의 여부에 관계없이, 이 사건의 경우와 같이 행정소송으로 **행정처분의 취소를 구한 청구인의 청구를 받아들이지 아니한 법원의 판결에 대한 헌법소원심판의 청구가 예외적으로 허용**되어 그 **재판**이 헌법재판소법 제75조 제3항에 따라 **취소되는 경우**에는 **원래의 행정처분에 대한 헌법소원심판의 청구도 이를 인용**하는 것이 상당하다.

다. 검사의 처분

검사의 불기소처분(공소권없음·무혐의·기소중지)이나 기소유예처분은 행정처분으로 헌법소원의 대상이 되지 않는다는 견해가 있다. 그러나 검사의 불기소처분 등은 공권력 행사에 해당되는 것으로 헌법재판소는 이에 대해 헌법소원을 인정해왔다(헌재 88헌마3).

> **판례 | 검사의 불기소처분에 대한 헌법소원의 적법 여부 – 헌재 1989.4.17. 88헌마3(각하)**
>
> 불기소처분은 처분의 형식상 피의자를 대상으로 하는 적극적 처분이라고 할 수 있으나, 피해자를 중심으로 생각하여 보면 피해자에 대한 보호를 포기한 소극적인 부작위처분이라는 실질을 함께 가지고 있다. 국가기관이 공소권을 독점하고 피해자에 의한 복수를 허용하지 아니하면서 자력구제를 아주 제한적으로만 인정하고 있는 법제도는 국가에 의한 피해자 보호가 충분히 이루어질 때 비로소 그 존재의의가 있는 것이다. 따라서 **범죄로부터 국민을 보호하여야 할 국가의 의무가 이루어지지 아니할 때 국가의 의무위반을 국민에 대한 기본권 침해로 규정할 수 있다.** 이 경우 개인의 법익을 직접 침해하는 것은 국가가 아닌 제3자의 범죄행위이므로 위와같은 원초적인 행위 자체를 기본권침해 행위라고 규정할 수는 없으나, 이와 같은 **침해가 있음에도 불구하고 이것을 배제하여야 할 국가의 의무가 이행되지 아니한다면 이 경우 국민은 국가를 상대로** 헌법 제10조, 제11조 제1항 및 제30조(이 사건과 같이 생명·신체에 대한 피해를 받은 경우)에 규정된 **보호의무 위반 또는 법 앞에서의 평등권 위반이라는 기본권 침해를 주장할 수 있는 것이다.**

그리고 검사의 기소처분, 약식명령, 내사종결처분, 수사재기결정은 헌법소원의 대상이 되지 않는다.

라. 권력적 사실행위·행정계획

헌법재판소는 권력적 사실행위와 행정계획에 대해서 헌법소원을 인정하고 있다.

ⅰ) 헌법재판소가 **권력적 사실행위에 대한 헌법소원을 인정한 것**으로는 • 재벌기업의 해체행위(헌재 89헌마31), • 미결수용자의 서신의 지연발송·지연교부행위(헌재 92헌마144), • 소송기록 송부행위(헌재 92헌마44), • 유치장 수용자의 정밀 신체수색행위(헌재 2000헌마327), • 규제적·구속적 성격을 상당히 강하게 갖는 행정지도인 교육인적자원부장관의 대학총장들에 대한 학칙시정요구(헌재 2002헌마337등), • 마약류사범에 대한 구치소장 정밀신체검사(헌재 2004헌마826), • 교도소수형자 소변강제채취(헌재 2005헌마277), • 서울남대문경찰서장의 법률상 근거없이 옥외집회신고서를 반려한 행위(헌재 2007헌마712), • 검찰수사관의 피의자 신문 시 변호인에 대한 후방착석요구행위(헌재 2016헌마503) 등이 있다.

ⅱ) 그리고 **행정계획안에 대해 헌법소원을 인정한 것**으로는 • 서울대학교의 '94학년도 대학입학고사 주요요강 발표행위(헌재 92헌마68등), • 공무원채용시험 시행계획 공고(헌재 99헌마123), • 2010년 법학적성시험 시행계획 공고(헌재 2009헌마399), • 법학전문대학원 졸업예정자에 대한 법원행정처장의 재판연구원 신규임용계획 및 법무부장관의 검사임용지원안내(헌재 2013헌마504) 등이 있다.

ⅲ) 그러나 • 개발제한구역제도 개선방안 확정발표(헌재 99헌마538등), • 국무총리 새만

금간척사업에 대한 정부조치계획의 확정발표(헌재 2001헌마579), • 국토교통부장관이 발표한 한국토지주택공사 이전방안(헌재 2011헌마291), • 변호인에 대한 참여신청서 요구행위(헌재 2016헌마503) 등은 비구속적 행정계획안으로 예외적으로 **헌법소원의 대상이 될 수 없다**고 보고 있다.

(!) 판례 | 유치장수용자 정밀신체수색의 공권력의 행사 해당 여부 – 헌재 2002.7.18. 2000헌마327(인용(위헌확인))

　유치장 수용자에 대한 신체수색은 유치장의 관리주체인 경찰이 피의자 등을 유치함에 있어 피의자 등의 생명·신체에 대한 위해를 방지하고, 유치장 내의 안전과 질서유지를 위하여 실시하는 것으로서 그 우월적 지위에서 피의자 등에게 일방적으로 강제하는 성격을 가진 것이므로 **권력적 사실행위**라 할 것이며, 이는 헌법소원심판청구의 대상의 되는 헌법재판소법 제68조 제1항의 **공권력의 행사에 포함**된다.

(!) 판례 | 법학적성시험 시행계획 공고의 공권력 행사 해당 여부 – 헌재 2010.4.29. 2009헌마399(기각, 각하)

　법학전문대학원협의회는 교육과학기술부장관으로부터 적성시험의 주관 및 시행업무를 위임받아 매년 1회 이상의 적성시험을 실시하므로, 최소한 적성시험의 주관 및 시행에 관해서는 교육과학기술부장관의 지정 및 권한의 위탁에 의해 관련 업무를 수행하는 공권력 행사의 주체라고 할 것이며, **2010학년도 적성시험의 구체적인 시험 일시는 위 공고에 따라 비로소 확정되는 것으로 위 공고는 헌법소원의 대상이 되는 공권력의 행사에 해당**한다.

(!) 판례 | 변호인참여신청서작성 요구행위의 공권력 행사 해당 여부 – 헌재 2017.11.30. 2016헌마503(인용(위헌확인), 각하)

　청구인(변호인)은 이 사건 **참여신청서요구행위**에 따라 수사관이 출력해 준 신청서에 인적사항을 기재하여 제출하였는데, 이는 청구인이 피의자의 변호인임을 밝혀 피의자신문에 참여할 수 있도록 하기 위한 검찰 내부 절차를 수행하는 과정에서 이루어진 **비권력적 사실행위**에 불과하므로, **헌법소원의 대상이 되는 공권력의 행사에 해당하지 않는다**.

마. 행정부작위

　행정의 부작위에 대한 헌법소원은 공권력의 주체에게 헌법에서 유래하는 작위의무가 특별히 구체적으로 규정되어 있음에도 불구하고 공권력의 주체가 그 의무를 해태하는 경우에 인정될 수 있다(헌재 89헌마163; 2005헌마437). 행정부작위도 행정소송의 대상이 되므로 실제로는 헌법소원의 대상이 되는 경우가 드물 것이나, 대법원이 행정부작위를 행정소송의 대상에서 제외시키고 있고, 헌법재판소는 이에 대해 헌법소원을 인정하고 있다(헌재 88헌마22; 2004헌마859; 2015헌마11).

행정의 거부처분은 적극적인 거부행위가 존재하는 것으로 부작위에 해당되지 않는다(헌재 93헌마92).

헌법재판소는 • 공정거래위원회의 자의적인 심사불개시결정은 공권력 행사로 **헌법소원의 대상이 된다**고 하였다(헌재 2003헌마404). 그러나 • 위헌결정이 있은 후 교육부장관이 중등교사를 우선 임용할 조치를 하지 아니한 행위(헌재 90헌마196), • 국회가 탄핵소추의결을 하지 아니한 행위(헌재 93헌마186), • 정부가 재일 피징용부상자의 보상청구권을 위하여 일본국에 중재를 하지 아니한 행위(헌재 98헌마206), • 장애인을 위한 저상버스를 도입해야 할 국가의 구체적 의무를 이행하지 아니한 행위(헌재 2002헌마52), • 국가보훈처장의 서훈추천 부작위(헌재 2004헌마859), • 정신질환의 수용자 출소 후 국가의 정신질환 수용자를 위한 전문적 치료시설인 치료감호소를 설치하지 않아 충분한 치료를 받지 못해 행복추구권, 보건권 등이 침해되었다는 주장의 청구(헌재 2007헌마1285), • 구치소장의 특정 의약품 지급요청 불응행위(헌재 2015헌마11) 등은 **헌법상 작위의무가 없는 단순한 부작위로 이에 대한 헌법소원은 부적법하여 다툴 수 없다**고 보고 있다.

ⓘ **판례** | 행정권력의 불행위에 대한 헌법소원의 요건 – 헌재 1991.9.16. 89헌마163(각하)

행정권력의 부작위에 대한 소원의 경우에는 공권력의 주체에게 헌법에서 유래하는 작위의무가 특별히 구체적으로 규정되어, 이에 의거하여 기본권의 주체가 행정행위를 청구할 수 있음에도 공권력의 주체(主體)가 그 의무를 해태하는 경우에 허용된다 할 것이므로 단순한 일반적인 부작위 주장만으로써는 족하지 않다.

ⓘ **판례** | 행정청의 검토없이 불응한 부작위의 헌법소원의 적법성 – 헌재 1989.9.4. 88헌마22(인용(위헌확인, 기각)

대법원의 판례를 종합해 보면 **행정청 내부의 사실행위나 사실상의 부작위에 대하여 일관하여 그 행정처분성을 부인함으로써 이를 행정쟁송 대상에서 제외**시켜 왔음을 알 수 있어 본 건과 같은 경우도 행정쟁송에서 청구인의 주장이 받아들여질 가능성은 종래의 판례 태도를 변경하지 않는 한 매우 희박함을 짐작하기에 어렵지 않은 것이다. …… 헌법소원심판 청구인이 그의 불이익으로 돌릴 수 없는 **정당한 이유 있는 착오로 전심절차를 밟지 않은 경우** 또는 **전심절차로 권리가 구제될 가능**

성이 거의 없거나 권리구제절차가 허용되는지의 여부가 객관적으로 불확실하여 **전심절차 이행의 기대가능성이 없을 때에는 그 예외를 인정하는 것**이 청구인에게 시간과 노력과 비용의 부담을 지우지 않고 **헌법소원심판제도의 창설취지를 살리는 방법**이라고 할 것이므로, 본 건의 경우는 위의 예외의 경우에 해당하여 적법하다고 할 것이다.

> **⚠ 판례** | 국가보훈처장 서훈추천거부의 행정부작위 헌법소원 가능 여부 – 헌재 2005.6.30. 2004헌마859(각하)
>
> 독립유공자 인정의 전 단계로서 상훈법에 따른 서훈추천은 해당 후보자에 대한 공적심사를 거쳐서 이루어지며, 그러한 공적심사의 통과 여부는 해당 후보자가 독립유공자로서 인정될만한 사정이 있는지에 달려 있다. 이에 관한 판단에 있어서 국가는 나름대로의 재량을 지닌다. 따라서 **국가보훈처장이 서훈추천 신청자에 대한 서훈추천을 하여 주어야 할 헌법적 작위의무가 있다고 할 수는 없으므로, 서훈추천을 거부한 것에 대하여 행정권력의 부작위에 대한 헌법소원으로서 다툴 수 없다.**

(3) 사법작용

「헌법재판소법」에서는 법원의 재판에 대한 헌법소원을 제외시키고 있다. 헌법재판소의 결정 역시 자기구속력 내지 법적 안정성 때문에 헌법소원의 대상이 될 수 없다.

가. 법원의 재판에 대한 헌법소원

「헌법재판소법」 제68조 제1항은 "공권력의 행사 또는 불행사로 인하여 헌법상 보장된 기본권을 침해받은 자는 법원의 재판을 제외하고는 헌법재판소에 헌법소원심판을 제기할 수 있다"고 규정하여 법원의 재판에 대해 헌법소원을 인정하고 있지 않다.

법원의 재판을 헌법소원의 대상으로 할 경우에 헌법재판소가 법원의 재판에 대한 최종심으로서 기능하게 되어 법원과 헌법재판소의 관계에서 문제가 야기될 수 있다. 헌법 제111조 헌법재판소 권한의 제1항 제5호에 "법률이 정하는 헌법소원의 심판"의 규정이 법률(헌법재판소법)로써 법원의 재판을 헌법소원의 대상에서 제외시킨다고 하더라도 당연히 기본권을 침해할 수 있는 것은 아니며, 법원의 재판을 헌법소원심판의 대상에 포함시켜야 하는지에 대한 문제는 입법자의 판단 내지 입법재량의 수행이 헌법소원제도의 본질에 부합하는 방향으로 정립하여야 하는 것으로 이는 입법자가 해결해야 할 과제라 하겠다.

나. 법원의 재판에 대한 헌법소원의 예외

법원의 재판에 대한 헌법소원은 원칙적으로 부인된다고 보아야 한다. 다만 예외적으로 위헌심판권을 갖는 헌법재판소가 위헌이라고 판단한 법령을 법원이 적용함으로써 국민의 기본권을 침해하는 것까지를 포함하는 것은 아니라고 보아야 한다.

헌법소원제도의 본질적 기능과 역할에 부합하게 하는 것은 실질적으로 헌법소원제도가 추구하고자 하는 헌법수호와 국민의 기본권 보호의 역할을 수행하는 것이라 할 수 있다.

따라서 법원의 재판도 예외적으로 헌법소원의 심판의 대상으로 하는 것이 국민의 기본권보호를 위해서 타당하다고 하겠다(헌재 2015헌마861).

> **!** **판례** | "법원의 재판을 제외하고는"의 기본권 침해 여부 – 헌재 2018.8.30. 2015헌마861 등 (기각, 각하)
>
> 법원의 재판은 헌법재판소가 위헌으로 결정한 법령을 적용함으로써 국민의 기본권을 침해한 경우에 한하여 예외적으로 헌법소원심판의 대상이 된다.

다. 재판의 지연

법원은 법령이 정한 국민의 정당한 재판청구행위에 대하여만 재판을 할 의무를 부담하고 법령이 규정하지 아니한 재판청구행위에 대하여는 재판의 의무가 없다. 또한 법원이 판단을 유탈하거나 탈루한 재판의 경우에 헌법소원심판을 청구할 수 없다(헌재 92헌바30).

그러나 정당한 이유 없이 심리나 선고를 하지 않는 재판의 지연행위에 대해서는 헌법소원심판을 청구할 수 있다(헌재 93헌마161).

> **!** **판례** | 공권력의 불행사에 대한 헌법소원의 요건 – 헌재 1994.6.30. 93헌마161(각하)
>
> 공권력의 불행사에 대한 헌법소원은 공권력의 주체에게 헌법에서 유래하는 작위의무가 특별히 구체적으로 규정되어 이에 의거하여 기본권의 주체가 공권력의 행사를 청구할 수 있음에도 공권력의 주체가 그 의무를 해태하는 경우에 허용되는 것이므로, **작위의무가 없는 공권력의 불행사에 대한 헌법소원은 부적법하다.**

라. 사법입법

사법부의 자율적인 입법권한에 의해 제정되는 대법원규칙 등의 부작위에 대해서도 헌법소원의 요건이 갖추어져 있는 한 헌법소원의 대상이 된다.

3. 기본권의 침해

헌법소원심판청구는 헌법상 보장된 기본권이 침해되어야 하고, 그 침해는 심판청구인 '자신'의 기본권이 '직접' 그리고 '현재' 침해되어야 한다.

1) 자기관련성

헌법소원심판청구는 심판청구인 자신의 기본권이 침해당한 경우라야 하는 자기관련성이 있어야 한다. 따라서 단순히 간접적·사실적 또는 경제적 이해관계에 있는 제3자의 기본권 침해에 대해서는 원칙적으로 헌법소원심판을 청구할 수 없다(헌재 89헌마123).

> **⚠ 판례** | 헌법소원에서의 적법요건 "자기관련성"의 의미 – 헌재 1993.7.29. 89헌마123(각하)
>
> 헌법재판소법 제68조 제1항에 규정된 "공권력의 행사 또는 불행사로 인하여 **기본권의 침해를 받은 자**"라는 것은 공권력의 행사 또는 불행사로 인하여 자기의 기본권이 현재 그리고 직접적으로 침해받은 경우를 의미하므로 원칙적으로 공권력의 행사 또는 불행사의 직접적인 상대방만이 이에 해당한다 할 것인바, 이 사건 과세처분의 상대방은 청구인 남문학원이고, 위 과세처분으로 말미암아 **위 학교에 재학 중인 학생들인 청구인들은 단지 간접적이고 사실적이며 경제적인 이해관계가 있는 자들**일 뿐, 법적인 이해관계인이 아니라고 할 것이므로 그들에게는 **동 처분에 관하여 자기관련성이 인정되지 않는다.**

자기관련성은 관련 법령이 수혜적인 법령의 경우에는 당해 법령의 직접 상대방은 아니지만 수혜범위에서 배제된 자, 혜택을 부여하는 당해 법령이 위헌 선고되어 그러한 혜택이 제거되어 자신의 법적 지위가 향상되었다고 볼 여지가 있는 경우 등은 자기관련성을 인정할 수 있다(헌재 2009헌마340).

> **⚠ 판례** | 수혜적 법령에 대한 기본권 침해의 자기관련성 – 헌재 2010.4.29. 2009헌마340(각하)
>
> 일반적으로 침해적 법령에 있어서는 법령의 수규자가 당사자로서 자신의 기본권 침해를 주장하게 되지만, 예술·체육 분야 특기자들에게 병역 혜택을 주는 이 사건 법령조항과 같은 **수혜적 법령의 경우**에는, **수혜범위에서 제외된 자가 자신이 평등원칙에 반하여 수혜대상에서 제외되었다는 주장을 하거나,** 비교집단에게 혜택을 부여하는 법령이 위헌이라고 선고되어 그러한 혜택이 제거된다면 비교집단과의 관계에서 **청구인의 법적 지위가 상대적으로 향상된다고 볼 여지가 있는 때**에 비로소 청구인이 그 법령의 직접적인 적용을 받는 자가 아니라고 할지라도 **자기관련성을 인정할 수 있다.**

헌법재판소는 ① 공정거래법 위반행위에 대하여 공정거래위원회의 고발권 불행사로 인한 피해자(헌재 94헌마136), ② 정당의 재물손괴에 대해 검사의 불기소처분의 지구당부위원장(헌재 92헌마262), ③ 직권남용죄의 의무없는 일의 행사를 강요받은 사람이나 권리행사 방해받은 피해자(헌재 92헌마234), ④ 불기소처분의 형사피해자(헌재 93헌마86) 등은 침해의 자기관련성을 **인정**하고 있다.

그러나 ① 검사의 불기소처분에 대한 고발인(헌재 89헌마145), ② 법인·사단의 소속원(헌재 90헌마56), ③ 의료사고 피해자의 아버지나 남편(헌재 93헌마81), ④ 대한민국 정부의 이라크전쟁 파병결정에 대한 시민단체대표(헌재 2003헌마255 등), ⑤ 교육인적자원부장관의 국공립대학 총장들에 대한 학칙시정요구에 대한 해당 대학의 교수회나 그 소속교수들(헌재 2002헌마337등), ⑥ 「국립대학법인 서울대학교 설립·운영에 관한 법률」에 대해 다른 대학 교직원, 일반시민과 서울대학교 재학생(헌재 2011헌마612), ⑦ 사립대학의 학생이나 교수(헌재 2002헌마312), ⑧ 「신문법」상 관련조항에 대한 독자·신문사의 대표이사·신문사 기자(헌재 2005헌마165) 등은 침해의 자기관련성을 **부인**하고 있다.

2) 직접성

헌법소원심판청구는 청구인의 기본권을 직접 침해당한 경우라야 제기할 수 있다. 직접성이란 구체적인 집행행위에 의하지 아니하고, 직접 법령 그 자체에 의하여 기본권이 침해된 경우를 말한다. 여기서 기본권을 침해받은 자라 함은 기본권을 직접적으로 침해받은 자를 의미하는 것이지, 간접적 또는 반사적으로 불이익을 받은 자를 의미하는 것은 아니다(헌재 92헌마175).

> **⚠ 판례** | 헌법소원에서의 '기본권을 침해 받은 자'의 의미 – 헌재 1992.9.4. 92헌마175(각하)
>
> 공권력의 행사 또는 불행사로 인하여 헌법상 보장된 기본권을 침해받은 자는 헌법재판소에 헌법소원심판을 청구할 수 있으나, 여기서 **"기본권을 침해받은 자"란 공권력의 행사 또는 불행사로 인하여 기본권을 직접적으로 침해받은 자를 의미하는 것이지 간접적 또는 반사적으로 불이익을 받은 자를 의미하는 것이 아니다.**

헌법재판소는 법령을 직접 다투지 않고는 권리구제절차가 없거나, 구제절차가 있다고 하더라도 구제의 가능성이 없고, 단지 기본권을 침해당한 자가 불필요한 우회적 절차 강요밖에 되지 않는 경우에는 직접성을 인정하여 헌법소원을 인정하고 있다(헌재 90헌마82; 2005헌마173).

판례 | 법률의 헌법소원의 직접성과 구체적 집행행위와의 관계 – 헌재 1992.4.14. 90헌마82

헌법소원심판의 대상이 될 수 있는 법률은 그 법률에 기한 다른 집행행위를 기다리지 않고 직접 국민의 기본권을 침해하는 법률이어야 하지만 구체적 집행행위가 존재한다고 하여 언제나 반드시 법률 자체에 대한 헌법소원심판청구의 적법성이 부정되는 것은 아니고, **예외적으로 집행행위가 존 재하는 경우에도** 그 집행행위를 대상으로 하는 **구제절차가 없거나** 구제절차가 있다고 하더라도 **권 리구제의 기대가능성이 없고** 다만 기본권 침해를 당한 자에게 **불필요한 우회절차를 강요하는 것밖 에 되지 않는 경우**로서 당해 법률에 대한 **전제관련성이 확실하다고 인정되는 때**에는 **당해 법률을 헌법소원의 직접대상으로 삼을 수 있다.**

법령조항이 시혜적인 내용을 담고 있는 경우에는 기본권 침해의 가능성이나 위험성이 없다 할 것이므로 당해 법령조항을 대상으로 헌법소원심판 청구는 허용되지 않는다(헌재 2004헌마914).

 판례 | 시혜적인 법령의 기본권 침해 가능성이나 위험성 여부 – 헌재 2007.7.26. 2004헌마914
　　　　(기각, 각하)

어떤 법령조항이 헌법소원을 청구하고자 하는 사람에 대하여 **시혜적인 내용을 담고 있는 경우**라면, 그 법령조항은 적용 대상자에게 자유의 제한, 의무의 부과, 권리 또는 법적 지위의 박탈을 초래하지 아니하여 애당초 **기본권침해의 가능성이나 위험성이 없다** 할 것이므로, 당해 법령조항을 대상으로 헌 법재판소법 제68조 제1항이 정한 **권리구제형 헌법소원심판을 청구하는 것은 허용되지 아니한다.**

3) 현재성

헌법소원심판청구는 청구인의 기본권이 현재 침해되고 있어야 한다. 청구인이 단순히 잠재적으로 나타날 수 있는, 언젠가는 기본권의 침해를 받을 우려가 있다는 것만으로는 그 현재성을 구비하였다고 할 수 없다(헌재 89헌마12).

 판례 | 권리침해의 현재성 없는 법률의 헌법소원 적법 여부 – 헌재 1989.7.21. 89헌마12(각하)

법률에 대하여 바로 헌법소원을 제기하려면 우선 청구인 스스로가 당해 규정에 관련되어야 할 뿐만 아니라 당해 규정에 의해 현재 권리침해를 받아야 한다는 것을 요건으로 하는바, 청구인이 고소 또는 고발을 한 사실은 없고 **단순히 장래 잠재적으로 나타날 수 있는 권리침해의 우려에 대하여 헌법소원심 판을 청구한 것**에 불과하다면 **본인의 관련성과 권리침해의 현재성이 없는 경우에 해당하여 부적법하다.**

다만, 기본권 침해가 가까운 장래에 있을 것이 확실히 예측되는 경우에는 그 현재성이 있다고 본다(헌재 89헌마220). 헌법재판소는 장래 선거실시가 확실한 경우(헌재 91헌마21), 장래 실시가 확실한 대학입시요강(헌재 92헌마68 등) 등에 대한 헌법소원의 경우 현재성을 인정하였다.

> ! **판례** | 서울대학교의 "94학년도 대학입학고사주요요강" 제정 발표의 헌법소원심판청구 적법 여부(현재성) 해당여부 – 헌재 1992.10.1. 92헌마68 등(기각)
>
> **국립대학인 서울대학교의 "94학년도 대학입학고사주요요강"**은 사실상의 준비행위내지 사전안내로서 행정쟁송의 대상이 될 수 있는 행정처분나 공권력의 행사는 될 수 없지만 그 내용이 **국민의 기본권에 직접 영향을 끼치는 내용**이고 앞으로 법령의 뒷받침에 의하여 **그대로 실시될 것이 틀림없을 것으로 예상되어** 그로 인하여 직접적으로 기본권 침해를 받게 되는 사람에게는 사실상의 규범작용으로 인한 위험성이 이미 현실적으로 발생하였다고 보아야 할 것이므로 이는 헌법소원의 대상이 되는 헌법재판소법 제68조 제1항 소정의 공권력의 행사에 해당된다고 할 것이며, 이 경우 헌법소원 외에 달리 구제방법이 없다.

4. 보충성의 원칙과 예외

1) 원 칙

「헌법재판소법」은 "다른 법률에 구제절차가 있는 경우에는 그 절차를 모든 거친 후가 아니면 청구할 수 없다"(제68조 제1항 단서)라고 하여 보충성의 원칙을 규정하고 있다. '다른 법률의 구제절차'란 공권력의 행사 또는 불행사를 직접 대상으로 하여 그 효력을 다툴 수 있는 적법한 권리구제절차를 의미하는 것이지, 사후적·보충적 구제수단인 손해배상청구나 손실보상청구를 의미하는 것이 아니다(헌재 88헌마3).

> ! **판례** | 헌법소원심판청구의 '다른 권리구제절차'의 의미 – 헌재 1989.4.17. 88헌마3(각하)
>
> 헌법재판소법 제68조 제1항 단서 소정의 **다른 권리구제절차**라 함은 **공권력의 행사 또는 불행사를 직접대상으로 하여 그 효력을 다툴 수 있는 권리구제절차**를 의미하고, **사후적·보충적 구제수단**을 뜻하는 것은 아니다.

또한 '다른 법률에 의한 구제절차를 거친 후'란 다른 법률에 의한 구제절차를 적법하게 거친 경우를 말한다(헌재 2008헌마628; 2012헌마652).

판례 | 체포법정시한인 48시간 경과 전 석방된 자의 헌법소원의 적법 여부
– 헌재 2010.9.30. 2008헌마628(각하)

체포에 대하여는 헌법과 형사소송법이 정한 체포적부심사라는 구제절차가 존재함에도 불구하고, **체포적부심사절차를 거치지 않고 제기된 헌법소원심판청구**는 법률이 정한 구제절차를 거치지 않고 제기된 것으로서 **보충성의 원칙에 반하여 부적법**하다. 한편 헌법과 형사소송법이 정하고 있는 체포적부심사절차의 존재를 몰랐다는 점은 보충성의 예외로 인정될 만큼 정당한 이유 있는 착오라고 볼 수 없으며, 헌법과 형사소송법이 규정하고 있는 체포적부심사의 입법목적, 청구권자의 범위, 처리기관, 처리절차 및 석방결정의 효력 등을 고려하여 볼 때, 자신이 부당하게 현행범인으로 체포되었다거나 더 이상 구금의 필요가 없음에도 계속 구금되고 있다고 생각하는 피의자에게 있어서 체포적부심사절차는 가장 강력하고 실효성있는 권리구제수단으로서 피의자에게 체포적부심사절차를 이행하도록 하는 것이 그 절차로 권리가 구제될 가능성이 거의 없거나 대단히 우회적인 절차를 요구하는 것밖에 되지 않는 경우에 해당한다고 볼 수 없다.

2) 예 외

헌법소원의 보충성 요건은 법령에 대한 직접적인 헌법소원의 경우에 그 예외가 인정된다. 다른 법률에 권리구제절차가 마련되어 있지 않은 경우 보충성 원칙의 예외에 해당한다(헌재 2008헌마716).

 판례 | 헌법소원의 보충성 예외 여부 – 헌재 2010.6.24. 2008헌마716(인용(취소), 기각)

1. 검사의 불기소처분의 취소를 구하기 위해 별도의 고소 없이 곧바로 제기된 피해자의 헌법소원의 보충성원칙 예외 해당 적법 여부
피해자의 **고소가 아닌 수사기관의 인지 등에 의해 수사가 개시된 피의사건에서 검사의 불기소처분이 이루어진 경우**, 고소하지 아니한 피해자로 하여금 별도의 고소 및 이에 수반되는 권리구제절차를 거치게 하는 방법으로는 종래의 불기소처분 자체의 취소를 구할 수 없고 당해 수사처분 자체의 위법성도 치유될 수 없다는 점에서 이를 본래 의미의 사전 권리구제절차라고 볼 수 없고, 고소하지 아니한 피해자는 검사의 불기소처분을 다툴 수 있는 통상의 권리구제수단도 경유할 수 없으므로, 그 불기소처분의 취소를 구하는 헌법소원의 사전 권리구제절차라는 것은 형식적·실질적 측면에서 모두 존재하지 않을 뿐만 아니라, 별도의 고소 등은 그에 수반되는 비용과 권리구제가능성 등 현실적인 측면에서 볼 때에도 불필요한 우회절차를 강요함으로써 피해자에게 **지나치게 가혹**할 수 있으므로, 고소하지 아니한 피해자는 **예외적으로 불기소처분의 취소를 구하는 헌법소원심판을 곧바로 청구**할 수 있다.

2. 기소유예처분의 취소 헌법소원심판 청구가 보충성원칙의 예외 해당 적법 여부

검사의 불기소처분에 대한 검찰청법 소정의 항고 및 재항고는 그 피의사건의 고소인 또는 고발인만이 할 수 있을 뿐, **기소유예처분을 받은 피의자가 범죄혐의를 부인하면서 무고함을 주장하는 경우**에는 검찰청법이나 다른 법률에 이에 대한 **권리구제절차가 마련되어 있지 아니하므로**, 검사의 기소유예처분의 취소를 구하는 헌법소원심판을 청구하는 경우에는 **보충성원칙의 예외에 해당**한다.

또한 헌법소원심판 청구인이 그의 불이익으로 돌릴 수 없는 정당한 이유가 없는 착오로 전심절차를 밟지 않은 경우 또는 전심절차로써 권리가 구제될 가능성이 거의 없거나, 권리구제절차가 허용되는지의 여부가 객관적으로 불확실하여 전심절차이행의 기대가능성이 없을 때, 그리고 당사자가 권리구제절차를 밟으리라고 기대하기 어려운 권력적 사실행위의 경우에는 보충성의 원칙의 예외가 인정된다(헌재 88헌마22).

> **(!) 판례** | 헌법소원에 있어서 보충성의 원칙의 예외사유 – 헌재 1989.9.4. 88헌마22(인용(위헌확인, 기각)
>
> 헌법소원심판청구인이 그의 불이익으로 돌릴 수 없는 **정당한 이유 있는 착오로 전심절차를 밟지 않은 경우** 또는 **전심절차로 권리가 구제될 가능성이 거의 없거나 권리구제절차가 허용되는지의 여부가 객관적으로 불확실하여 전심절차이행의 기대가능성이 없을 때**에는 예외적으로 헌법재판소법 제68조 제1항 단서 소정의 전심절차이행요건은 배제된다.

5. 권리보호의 이익

헌법소원은 권리보호의 이익이 있는 경우라야 제기될 수 있다. 헌법재판소는 심판청구 당시 권리보호의 이익이 인정되더라도 심판계속 중에 사실관계나 법령의 변동으로 인해 생긴 사정변경의 경우에 심판청구는 원칙적으로 부정한다. 다만, 이같은 경우에도 헌법재판소는 기본권 침해행위가 반복될 위험이 있거나 그러한 분쟁의 해결이 헌법질서의 수호유지를 위하여 긴요한 사항이어서 헌법적으로 그 해명이 중대한 의미를 가지고 있는 경우에는 심판의 청구가 인정된다고 보고 있다(헌재 91헌마111; 2001헌마565).

판례 | 헌법소원심판청구의 이익 유무 – 헌재 1992.1.28. 91헌마111(인용(위헌확인), 위헌)

헌법소원의 대상이 된 침해행위가 이미 종료하여서 이를 취소할 여지가 없기 때문에 헌법소원이 주관적 권리구제에는 별 도움이 안되는 경우라도 그러한 **침해행위가 앞으로도 반복될 위험**이 있거나 당해분쟁의 해결이 헌법질서의 수호·유지를 위하여 긴요한 사항이어서 **헌법적으로 그 해명이 중대한 의미를 지니고 있는 경우**에는 **심판청구의 이익을 인정**하여 이미 종료한 침해행위가 위헌이었음을 선언적 의미에서 확인할 필요가 있다.

헌법재판소는 검사의 불기소처분의 취소를 구하는 헌법소원대상이 되는 피의사실의 공소시효완성 후 청구된 헌법소원심판(헌재 95헌마188; 2011헌마214)이나, 기소유예처분에 대해 일반사면이 있는 사건의 피의자가 청구한 헌법소원심판(헌재 95헌마318)에 대해 권리보호이익이 인정된다고 판시하였다.

판례 | 기소유예처분 대상 범죄 공소시효 완성 후 헌법소원 권리보호이익 여부 – 헌재 1997.5.29. 95헌마188(기각)

기소유예처분을 받은 피의자가 검사의 피의사실의 인정에 불복하고 자기의 무고함을 주장하여 **헌법소원을 제기한 경우** 그 **피의사실에 대한 공소시효가 완성된 때**에는, 헌법재판소가 이를 인용하여 그 처분을 취소하더라도 검사로서는 "공소권없음"의 처분을 할 것으로 보이나, 기소유예처분이 그 피의자에 대하여 피의사실을 인정하는 것과는 달리 **"공소권없음"의 처분**은 범죄혐의의 유무에 관한 실체적 판단을 하는 것이 아니고 단지 **공소권이 없다는 형식적 판단을 하는 것**으로서 기소유예처분 보다는 피의자에게 유리한 것이므로, 비록 **그 범행에 관한 공소시효가 이미 완성되었다고 하더라도, 그 사실만으로 피의자가 제기한 헌법소원이 권리보호의 이익이 없다고 할 수 없다.**

V. 헌법소원심판의 절차

1. 심판청구의 형식

권리구제형 헌법소원심판의 청구는 서면으로써 해야 하고, 심판청구서에는 청구인 및 대리인, 침해된 권리, 침해의 원인이 되는 공권력의 행사 또는 불행사, 청구이유, 기타 필요한 사항 등을 기재해야 한다(법 제71조 제1항). 위헌심사형 헌법소원의 경우, 심판청구서의 기재사항은 위헌법률심판의 제청서에 준한다.

2. 변호사강제주의

헌법소원심판절차에 있어서 당사자는 변호사의 자격을 가진 때를 제외하고는 변호사를 대리인으로 선임하지 아니하면 심판청구를 하지 못한다(법 제25조 제3항).

헌법소원심판을 청구하려는 자가 변호사를 대리인으로 선임할 자력이 없는 경우에는 헌법재판소에 국선대리인 선임을 신청할 수 있고(법 제70조 제1항), 공익상 필요하다고 인정할 때에 헌법재판소는 국선대리인을 선임할 수 있다. 다만, 그 심판청구가 명백히 부적법하거나 이유없는 경우 또는 권리남용이라고 인정되는 경우에는 국선대리인을 선정하지 아니할 수 있다(법 동조 단서). 국선대리인 선임신청을 기각하는 헌법재판소의 결정에 대해서는 헌법소원심판을 청구할 수 없다(헌재 89헌마144).

3. 청구기간

권리구제형 헌법소원심판은 기본권 침해의 사유가 발생하였음을 안 날로부터 90일 이내에, 사유가 발생한 날로부터 1년 이내에 청구하여야 한다(법 제69조 제1항). 다만, 다른 법률에 의한 구제절차를 거친 헌법소원의 심판은 최종결정을 통지받은 날로부터 30일 이내에 청구하여야 한다(법 동조 동항 단서).

위헌심사형 헌법소원의 경우에는 위헌법률심판의 제청신청이 기각된 날로부터 30일 이내에 청구하여야 한다(법 동조 제2항). 그러나 정당한 사유가 있는 때에는 제소기간이 지난 후에도 헌법소원을 제기할 수 있다.

진정입법부작위의 경우는 공권력의 불행사가 계속되는 경우에는 기본권침해가 계속되므로 청구기간의 제약이 없으나(헌재 89헌마2), 부진정입법부작위의 경우는 불완전한 입법규정을 대상으로 하므로 「헌법재판소법」 제69조 제1항의 청구기간의 적용을 받는다(헌재 94헌마204).

4. 공탁금의 납부

헌법재판소는 헌법소원심판의 청구인에 대하여 헌법재판소규칙으로 정하는 공탁금의 납부를 명할 수 있다(법 제37조 제2항). 헌법재판소는 헌법소원의 심판청구를 각하할 경우와 헌법소원의 심판청구를 기각하는 경우에 그 심판청구가 권리의 남용이라고 인정되는 경우에는 헌법재판소규칙에 따라 공탁금의 전부 또는 일부의 국고귀속을 명할 수 있다(법 동조 제3항).

VI. 헌법소원심판의 심리

1. 서면심리

헌법소원심판은 서면심리를 원칙으로 하나, 다만 재판부가 필요하다고 인정하는 경우에는 변론을 열어 당사자, 이해관계인 그 밖의 참고인의 진술을 들을 수 있다(법 제30조 제2항).

2. 지정재판부의 사전심사

헌법재판소장은 재판관 3인으로 구성되는 지정재판부를 두어 헌법소원의 사전심사를 담당하게 할 수 있다(법 제72조 제1항). 헌법소원의 남소로 인한 헌법재판 업무량의 과다조절을 위해 전술한 공탁금 납부명령제와 지정재판부에 의한 사전심사제(법 제37조 제2항, 제72조)를 규정하고 있는 것이다.

지정재판부는 심판청구서에 기재된 청구요지와 청구인의 주장에 한정된 판단만을 할 것이 아니라, 가능한 한 모든 측면에서 헌법상 보장된 기본권의 침해 유무를 직권으로 심사해야 한다(헌재 92헌마80).

지정재판부는 재판관 전원의 일치된 의견으로 각하결정을 하지 아니하는 경우에는, 결정으로써 헌법소원을 전원재판부의 심판에 회부해야 한다. 헌법소원심판청구 후 30일이 경과할 때까지 각하결정이 없는 때에는 전원재판부의 심판에 회부하는 결정이 있는 것으로 본다(법 제72조 제4항). 심판회부결정을 한 때에는 그 결정일로부터 14일 이내에 청구인 또는 대리인 및 피청구인에게 그 사실을 통지하여야 한다.

3. 재판부의 심리

지정재판부가 헌법소원을 재판부의 심판에 회부하는 결정을 한 때에는 전원재판부가 이를 심리한다. 헌법재판소장은 헌법소원이 전원재판부의 심판에 회부된 때에는 법무부장관과 청구인이 아닌 당해 사건의 당사자에게 그 사실을 통지하여야 한다(법 제73조 제2항). 그 심판에 이해관계가 있는 국가기관 또는 공공단체와 법무부장관은 헌법재판소에 당해 사건의 심판에 관한 의견서를 제출할 수 있다.

심판의 내용은 심판청구의 적법성과 심판청구의 타당성 여부이다. 또한 헌법재판소는 심판청구에 기재된 청구의 취지에 구애됨이 없이 청구인의 주장요지를 종합적으로 판단하여야 한다. 그리고 청구인이 주장하는 침해된 기본권과 침해의 원인이 되는 공권력을 직권으로 조사하여, 피청구인과 심판대상을 확정하여 판단해야 한다.

헌법소원심판에 있어 청구인이 심판청구를 취하한 때에는 각하결정을 한다.

VII. 헌법소원심판의 결정

1. 의 의

헌법재판소는 헌법소원의 심리를 마친 경우에는 결정으로 심판한다. 결정은 지정재판부 심판결정과 재판부의 심판결정으로 이루어진다.

2. 심판청구의 결정유형

1) 각하결정

지정재판부는 헌법소원심판청구가 ① 다른 법률에 의한 구제절차가 있는 경우에 그 절차를 모두 거치지 아니한 경우, ② 법원의 재판에 대하여 헌법소원심판이 청구된 경우, ③ 「헌법재판소법」 제69조의 규정에 의한 청구기간이 경과된 후 헌법소원심판이 청구된 경우, ④ 「헌법재판소법」 제25조의 규정에 의한 대리인의 선임 없이 심판을 청구한 경우, ⑤ 기타 헌법소원심판의 청구가 부적법하고 그 흠결을 보정할 수 없는 경우 등은 지정재판부 재판관 전원의 일치된 의견에 의한 결정으로 헌법소원심판청구를 각하한다(법 제72조 제3항).

각하결정이 내려질 경우 청구인이 납부한 공탁금의 전부 또는 일부가 헌법재판소의 명령으로 국고에 귀속될 수 있다(법 제37조 제3항 제1호).

2) 기각결정

기각결정은 공권력의 행사 또는 불행사로 말미암아 헌법상 보장된 자신의 기본권이 직접 그리고 현재 침해되었음이 인정되지 않아 헌법소원심판청구가 이유 없을 때 내리는 결정이다. 헌법재판소는 청구기각결정 시 그 심판청구가 권리의 남용이라고 인정되는 경우, 청구인이 납부한 공탁금의 전부 또는 일부를 국고에 귀속시키도록 명할 수 있다(법 동조 제3항).

3) 인용결정

(1) 의의 및 절차

인용결정은 공권력의 행사 또는 불행사로 말미암아 청구인의 헌법상 보장된 기본권이 침해되어 청구가 이유있다고 받아들이는 결정이다. 헌법재판소는 기본권 침해의 원인이 된 공

제2부 국가권력구조론

권력의 행사를 취소하거나 그 불행사가 위헌임을 확인할 수 있다(법 제75조 제2항, 제3항).

권리구제형 헌법소원인 공권력의 행사 또는 불행사가 위헌인 법률 또는 법률의 조항에 기인한 것이라고 인정될 때에는 인용결정에서 당해 법률 또는 법률의 조항이 위헌임을 선고할 수 있다.

위헌심사형 헌법소원을 인용하는 결정은 원칙적으로 법률에 대한 위헌결정이 되며 이경우에는 위헌법률심판에 관한 위헌결정효력에 관한 규정을 준용한다.

헌법소원에 관한 인용결정을 함에는 재판관 6인 이상의 찬성이 있어야 한다(제113조제1항). 인용결정은 관보에 게재함으로써 공시한다.

(2) 효 과

헌법소원의 인용결정은 모든 국가기관과 지방자치단체를 기속한다(법 제75조 제1항).

헌법재판소가 공권력의 불행사에 대한 헌법소원에서 인용결정을 한 때에는 피청구인은 결정의 취지에 따라 새로운 처분을 하여야 한다(법 동조 제4항).

헌법재판소는 불충분한 수사로 내린 불기소처분을 다시 취소하고 있는데, 이러한 불기소처분에 대한 취소결정의 법적 성격에 대하여는 ⅰ) 기소강제로 이해하는 입장과 ⅱ) 단순한 재수사명령설로 이해하는 입장, ⅲ) 그리고 사건별로 판단해야 한다는 개별적 판단설이 있다.

현행 「형사소송법」은 재정신청의 대상 범위를 모든 범죄로 하고 기소강제절차를 도입하고 있어, 법원의 재정결정서를 송부받은 경우 검찰청의 지정받은 검사는 공소를 제기하여야 하므로(법 제262조 제2항 제2호), 이 문제는 대부분 해결되었다고 할 수 있다.

VIII. 재심청구

헌법재판소의 결정에 대한 재심의 허용여부에 대한 명문규정이 없기 때문에 헌법재판소의 결정에 대해 재심을 허용할 것인가에 대한 논란이 있다.

이에 대해 헌법재판소는 권리구제형 헌법소원심판에서 재판부의 구성이 위법한 경우 등 '절차상 중대하고 명백한 위법'이 있어서 재심을 허용하지 아니하면 현저히 정의에 반하는 경우에 한하여 재심이 제한적으로 허용할 수도 있다고 판시하고 있다(헌재 93헌아1).

> **판례** | 헌재결정에 대한 재심 허용 여부 및 권리구제형헌법소원의 판단유탈의 헌법재판소결정
> 재심사유 여부 – 헌재 1995.1.20. 93헌아1(각하)
>
> 1. 헌법재판은 그 심판의 종류에 따라 그 절차의 내용과 결정의 효과가 한결 같지 아니하기 때문에 **재심의 허용 여부 내지 허용 정도**는 심판절차의 종류에 따라 **개별적으로 판단**되어야 한다.
> 2. 헌법재판소법 제68조 제1항에 의한 헌법소원 중 행정작용에 속하는 공권력작용을 대상으로 하는 **권리구제형 헌법소원**에 있어서는, 사안의 성질상 **헌법재판소의 결정에 대한 재심**은 재판부의 구성이 위법한 경우 등 **절차상 중대하고도 명백한 위법이 있어서 재심을 허용하지 아니하면 현저히 정의에 반하는 경우에 한하여 제한적으로 허용**될 수 있을 뿐이다.
>   그런데 헌법소원심판절차에서는 변론주의가 적용되는 것이 아니어서 직권으로 청구인이 주장하는 청구이유 이외의 헌법소원의 적법요건 및 기본권 침해 여부에 관련되는 이유에 관하여 판단하는 점과, 헌법재판이 헌법의 해석을 주된 임무로 하고 있는 특성, 행정작용에 속하는 공권력작용을 대상으로 하는 권리구제형 헌법소원심판절차에서는 사전구제절차를 모두 거친 뒤에야 비로소 적법하게 헌법소원심판을 청구할 수 있다고 하는 사정 등을 고려할 때, 이러한 **헌법소원심판절차에서 선고된 헌법재판소의 결정**에 대하여는 민사소송법 제422조 제1항 제9호 소정의 **판단유탈은 재심사유가 되지 아니한다.**

위헌심사형 헌법소원심판의 경우에 인용결정이 있으면 당해 헌법소원과 관련된 소송사건이 이미 확정된 때에는 당사자가 재심을 청구할 수 있다(법 제75조 제7항). 형사사건에 대해서는 「형사소송법」을 준용하고, 그 외 사건에는 「민사소송법」을 준용한다(법 동조 제8항).

IX. 가처분

헌법소원심판절차에 있어서 가처분에 대한 명문규정이 없으나 권리구제형 헌법소원심판절차에서는 가처분을 허용하지 않을 상당한 이유를 찾아볼 수 없으므로 가처분이 허용된다(헌재 2000헌사471)고 할 것이다.

> **판례** | 헌법재판소법 제68조 제1항 헌법소원심판에서 가처분 허용 여부
> – 헌재 2000.12.8. 2000헌사471(인용)
>
> 헌법재판소법은 명문의 규정을 두고 있지는 않으나, 같은 **법 제68조 제1항 헌법소원심판절차에서도 가처분의 필요성이 있을 수 있고 또 이를 허용하지 아니할 상당한 이유를 찾아볼 수 없으므로, 가처분이 허용된다.**

제4항 탄핵심판

I. 탄핵심판의 의의 및 전개

탄핵심판은 고위공직자의 직무상 중대한 위법행위에 대하여 특별한 절차를 통한 처벌이나 파면을 하는 제도이다. 이는 고위공직자에 의한 헌법침해를 방지하여 헌법을 수호하기 위한 것으로 헌법재판소에서 담당하고 있다.

> **⚠ 판례** | 탄핵제도의 의의 – 헌재 2017.3.10. 2016헌나1(인용(파면))
>
> 헌법은 탄핵소추 사유를 '헌법이나 법률을 위배한 경우'라고 명시하고 헌법재판소가 탄핵심판을 관장하게 함으로써 탄핵절차를 정치적 심판절차가 아닌 규범적 심판절차로 규정하고 있다. **탄핵제도는** 누구도 법 위에 있지 않다는 **법의 지배 원리를 구현하고 헌법을 수호하기 위한 제도**이다. 국민에 의하여 직접 선출된 대통령을 파면하는 경우 상당한 정치적 혼란이 발생할 수 있지만 이는 **국가공동체가 자유민주적 기본질서를 지키기 위하여 불가피하게 치러야 하는 민주주의의 비용**이다.

II. 탄핵소추

헌법은 "국회는 탄핵의 소추를 의결할 수 있다"(제65조 제1항)고 규정하고 있다. 국회의 탄핵소추제도는 국민의 대표기관인 국회가 국민을 대신하여 책임을 추궁할 수 있는 것으로서, 국회의 정부와 사법부에 대한 통제수단이다.

탄핵소추사유로 "공무원이 그 직무집행에서 헌법이나 법률을 위반한 경우에는 국회는 헌법 및 국회법에 따라 탄핵의 소추를 의결할 수 있다"(법 제48조 제1항)고 규정하고 있다. 여기서 직무집행이라 함은 국정수행과 관련하여 행하는 모든 행위를 포괄하는 개념을 말한다(헌재 2016헌나1).

> **⚠ 판례** | 직무집행에 있어서 헌법이나 법률 위배 – 헌재 2017.3.10. 2016헌나1(인용(파면))
>
> 헌법은 탄핵소추 사유를 '헌법이나 법률을 위배한 경우'라고 명시하고 헌법재판소가 탄핵심판을 관장하게 함으로써 **탄핵절차를 정치적 심판절차가 아닌 규범적 심판절차로 규정**하고 있다. 탄핵제도는 누구도 법 위에 있지 않다는 법의 지배 원리를 구현하고 헌법을 수호하기 위한 제도이다. 국민에 의하여 직접 선출된 대통령을 파면하는 경우 상당한 정치적 혼란이 발생할 수 있지만 이는 국가공동체가 자유민주적 기본질서를 지키기 위하여 불가피하게 치러야 하는 민주주의의 비용이다.

헌법 제65조는 대통령이 '그 직무집행에 있어서 헌법이나 법률을 위배한 때'를 탄핵사유로 규정하고 있다. 여기에서 **'직무'**란 **법제상 소관 직무에 속하는 고유 업무와 사회통념상 이와 관련된 업무**를 말하고, **법령에 근거한 행위**분만 아니라 대통령의 지위에서 **국정수행과 관련하여 행하는 모든 행위를 포괄하는 개념**이다. 또 **'헌법'**에는 **명문의 헌법규정**분만 아니라 헌법재판소의 결정에 따라 형성되어 확립된 **불문헌법도 포함**되고, **'법률'**에는 **형식적 의미의 법률**과 이와 동등한 효력을 가지는 **국제조약 및 일반적으로 승인된 국제법규 등이 포함**된다(헌재 2004.5.14. 2004헌나1).

대통령 등 법률이 정한 공무원(1. 대통령, 국무총리, 국무위원 및 행정각부의 장, 2. 헌법재판소 재판관, 법관 및 중앙선거관리위원회 위원, 3. 감사원장 및 감사위원, 4. 그 밖에 법률에서 정한 공무원)이 그 직무집행에서 헌법이나 법률을 위반한 경우에는 국회는 헌법 및 「국회법」에 따라 탄핵의 소추를 의결할 수 있다(법 제48조).

탄핵소추의 의결을 받은 사람은 헌법재판소의 심판이 있을 때까지 그 권한 행사가 정지되며(법 제50조), 임명권자는 피소추자의 사직원을 접수하거나 해임할 수 없다(국회법 제134조 제2항). 피청구인에 대한 탄핵심판 청구와 동일한 사유로 형사소송이 진행되고 있는 경우에는 재판부는 심판절차를 정지할 수 있다(법 제51조).

Ⅲ. 탄핵의 심판

1. 탄핵심판의 기관

각국 입법례는 탄핵심판기관을 달리하고 있다. 영국·미국 등 상원으로 하는 경우, 독일 이탈리아 등과 같이 헌법법원으로 하는 경우, 일본과 같이 독립된 탄핵법원으로 하는 경우 등이 있다.

우리나라는 제헌헌법에서는 탄핵재판소, 제2공화국헌법에서는 헌법재판소, 제3공화국헌법에서는 탄핵심판위원회, 제4공화국과 제5공화국에서는 헌법위원회가 각각 탄핵심판을 담당하였다. 현행헌법에는 공정하고 중립적 입장에 있는 헌법재판소가 탄핵심판을 담당하고 있다(제111조 제1항).

2. 탄핵심판의 개시 및 심리

탄핵심판에서 국회 법제사법위원회 위원장이 소추위원이 되며(법 제49조 제1항), 소추위원은 헌법재판소에 소추의결서의 정본을 제출하여 탄핵심판을 청구하며, 심판의 변론에서 피청구인을 심문할 수 있다(법 동조 제2항).

탄핵심판의 심판절차는 형사소송에 관한 법령의 규정을 준용한다(법 제40조).
탄핵심판은 구두변론에 의한다(법 제30조 제1항).

3. 탄핵심판의 결정 및 효과

탄핵심판의 청구가 형식적 요건을 갖추지 못하여 부적법한 경우에 각하결정을 한다. 청구 이유가 없는 경우나 탄핵결정 선고 전에 해당 공직에서 파면되었을 때(법 제53조 제2항)에는 기각결정을 한다.

"탄핵청구가 이유가 있는 경우에는 헌법재판소는 피청구인 해당 공직에서 파면하는 결정을 선고한다"(법 제53조 제1항)라고 인용결정을 통한 탄핵심판을 규정하고 있다. 이때 '탄핵심판청구의 이유가 있는 때'라 함은 헌법수호의 관점에서 중대한 법위반이 있는 경우만을 의미한다고 보아야 한다(헌재 2016헌나1). 탄핵결정의 경우 헌법과 법률에 대한 단순한 위배가 아니라 그 사유가 중대하여야 한다(헌재 2004헌나1).

> **!** **판례** | 탄핵의 요건 중 헌법이나 법률 위배의 중대성 – 헌재 2004.5.14. 2004헌나1(기각)
>
> 헌법재판소법 제53조 제1항은 '탄핵심판 청구가 이유 있는 경우' 피청구인을 파면하는 결정을 선고하도록 규정하고 있다. 그런데 대통령에 대한 파면결정은 국민이 선거를 통하여 대통령에게 부여한 민주적 정당성을 임기 중 박탈하는 것으로서 국정 공백과 정치적 혼란 등 국가적으로 큰 손실을 가져올 수 있으므로 신중하게 이루어져야 한다. 따라서 대통령을 탄핵하기 위해서는 대통령의 법 위배 행위가 헌법질서에 미치는 부정적 영향과 해악이 중대하여 대통령을 파면함으로써 얻는 헌법수호의 이익이 대통령 파면에 따르는 국가적 손실을 압도할 정도로 커야 한다. 즉, **'탄핵심판청구가 이유 있는 경우'란 대통령의 파면을 정당화할 수 있을 정도로 중대한 헌법이나 법률 위배가 있는 때**를 말한다.
>
> **대통령의 파면을 정당화할 수 있는 헌법이나 법률 위배의 중대성을 판단하는 기준은 탄핵심판절차가 헌법을 수호하기 위한 제도라는 관점과 파면결정이 대통령에게 부여한 국민의 신임을 박탈한다는 관점에서 찾을 수 있다.** 탄핵심판절차가 궁극적으로 헌법의 수호에 기여하는 절차라는 관점에서 보면, 파면결정을 통하여 손상된 헌법질서를 회복하는 것이 요청될 정도로 대통령의 법 위배 행위가 헌법 수호의 관점에서 중대한 의미를 가지는 경우에 비로소 파면결정이 정당화된다. 또 대통령이 국민으로부터 직접 민주적 정당성을 부여받은 대의기관이라는 관점에서 보면, 대통령에게 부여한 국민의 신임을 임기 중 박탈하여야 할 정도로 대통령이 법 위배 행위를 통하여 국민의 신임을 배반한 경우에 한하여 대통령에 대한 탄핵사유가 존재한다고 보아야 한다.

탄핵의 결정은 재판관 7인 이상의 출석으로 심리하고, 재판관 6인 이상의 찬성이 있어야 한다(제113조 제1항).

탄핵결정된 공무원은 공직으로부터 파면함에 그치고, 이는 징계적 처벌이다. 따라서 탄핵대상자의 민·형사상 책임은 면제되지 않으며 헌법상의 탄핵심판과 민사·형사재판 간에는 일사부재리의 원칙이 적용되지 않는다(법 제54조 제1항).

탄핵결정에 의하여 파면된 자는 결정 선고가 있은 때로부터 5년이 경과하지 아니하면 공무원이 될 수 없다(법 동조 제2항).

또한 대통령을 포함한 탄핵결정된 공무원에 대해서 대통령이 사면권을 행사할 수 있는지 여부에 대하여 미국과 같이 이를 금지하는 명문규정이 없어 논란이 있다.

또한 국회의 탄핵심판청구의 철회나 취하가 가능한지, 가능하다면 언제까지 가능할 것인지, 그리고 탄핵심판결정에 대해 재심청구가 허용되는지 등에 대하여는 입법의 보완을 통한 해결이 필요한 부분이다.

제5항 정당해산심판

Ⅰ. 정당해산심판의 의의

정당해산심판은 정당의 목적이나 활동이 민주적 기본질서에 위배될 때 위헌정당으로 해산을 하는 것을 말하며, 헌법재판소가 담당하고 있다. 이는 헌법이 방어적 민주주의를 통한 헌법보장을 제도적으로 보장하고 있는 것이다.

Ⅱ. 정당해산의 제소

1. 제소권자(청구인)

정당의 목적이나 활동이 민주적 기본질서에 위배될 때에 정부는 국무회의의 심의를 거쳐 헌법재판소에 그 해산을 제소할 수 있다(제8조 제4항). 정당이 위헌이라고 판단될 때 정부는 헌법재판소에 정당해산의 심판을 청구할 수 있는 것이다.

피청구인은 원칙적으로 정당으로 등록을 마친 정당으로 정당의 부분조직이나 창당준비위원회도 피청구인이 될 수 있다.

피청구인 확정은 심판청구 시를 기준으로 한다.

2. 청구서의 기재사항

정당해산심판청구서에는 해산을 요구하는 정당의 표시, 청구의 이유를 기재해야 한다

(법 제56조).

III. 정당해산심판의 절차

1. 심리의 방식

헌법재판소는 정부의 정당해산심판의 청구가 있으면 심판의 대상에 대해 심리하고 이어 결정을 한다(법 제36조 제1항). 정당해산의 심판은 구두변론에 의한다(법 제30조).

2. 가처분

헌법재판소는 정당해산심판의 청구를 받은 때에는 직권 또는 청구인의 신청에 의하여 종국결정의 선고 시까지 피청구인의 활동을 정지하는 결정을 할 수 있다(법 제57조).

3. 청구 등의 통지

정당해산심판의 청구가 있는 때, 가처분결정을 한 때 및 그 심판이 종료한 때에는 헌법재판소장은 그 사실을 국회와 중앙선거관리위원회에 통지하여야 한다(법 제58조 제1항). 정당해산을 명하는 결정서는 피청구인 외에 국회, 정부 및 중앙선거관리위원회에도 송달하여야 한다(법 동조 제2항).

4. 일사부재리의 원칙

헌법재판소가 정당의 위헌 여부를 심사한 결과, 일단 위헌이 아니라고 결정하면, 정부는 동일정당에 대하여 동일사유로 다시 제소할 수 없다(법 제39조).

5. 정당해산심판

정당해산심판은 재판관 7명 이상의 출석으로 사건을 심리하고, 종국심리에 관여한 재판관 과반수의 찬성으로 사건에 관한 결정을 한다(법 제23조 제1항, 제2항).

심판절차는 구두변론주의와 심판변론, 그리고 결정선고의 공개주의를 원칙으로 한다(법 제30조 제1항, 제34조 제1항).

IV. 정당해산의 결정

헌법재판소가 정당해산을 결정하는 경우에는 헌법재판소 재판관 9인 중에서 6인 이상의 찬성이 있어야 한다(제113조 제1항).

헌법재판소장은 정당해산심판의 청구가 있는 때, 가처분결정을 한 때 및 그 심판이 종료한 때에는 그 사실을 국회와 중앙선거관리위원회에 통지하여야 한다(법 제58조 제1항).

정당해산을 명하는 결정서는 피청구인 외에 국회, 정부 및 중앙선거관리위원회에도 송달하여야 한다(법 동조 제2항).

정당해산심판에 관한 헌법재판소 결정에 대한 재심청구가 가능하다(헌재 2015헌아20)고 본다.

> **판례** | 정당해산결정에 대하여 재심이 허용되는지 여부 – 헌재 2016.5.26. 2015헌아20(각하)
>
> 정당해산심판은 원칙적으로 해당 정당에게만 그 효력이 미치며, 정당해산결정은 대체정당이나 유사정당의 설립까지 금지하는 효력을 가지므로 오류가 드러난 결정을 바로잡지 못한다면 장래 세대의 정치적 의사결정에까지 부당한 제약을 초래할 수 있다. 따라서 **정당해산심판절차에서는 재심을 허용하지 아니함으로써 얻을 수 있는 법적 안정성의 이익보다 재심을 허용함으로써 얻을 수 있는 구체적 타당성의 이익이 더 크므로 재심을 허용하여야 한다.** 한편, 이 재심절차에서는 원칙적으로 민사소송법의 재심에 관한 규정이 준용된다.

V. 정당해산결정의 집행과 효과

1. 정당해산결정의 집행

정당해산결정은 중앙선거관리위원회가 「정당법」의 규정에 따라 집행한다(정당법 제60조).

해산결정의 통지를 받은 중앙선거관리위원회는 그 정당의 등록을 말소하고, 지체없이 그 뜻을 공고해야 한다(법 제40조).

해산결정이 선고된 정당은 그 때부터 불법결사가 되므로, 행정청이 행정처분으로 그 존립과 활동을 금지할 수 있다.

2. 정당해산결정의 효과

정당해산결정은 일종의 창설적 효력을 갖는다. 헌법재판소가 해산결정을 선고하면 그 때부터 그 정당은 위헌정당이 되므로 정당의 특권을 상실한다.

정당의 대표자와 간부는 해산된 정당의 강령 또는 기본정책과 동일하거나 그와 유사한 대체정당을 창설하지 못한다(법 제42조).

해산된 정당의 잔여재산 중 적극재산은 국고에 귀속된다. 해산된 정당의 명칭과 같은 명칭은 정당의 명칭으로 다시 사용하지 못한다(법 제43조 제2항).

해산된 정당의 소속의원의 자격상실여부에 대해서는 실정법상 규정이 없으므로 견해가 나뉘나, 방어적 민주주의의 관점에서 볼 때 의원자격을 상실하는 것으로 보아야 한다.

제6항 권한쟁의심판

Ⅰ. 권한쟁의심판의 의의·종류·특징

1. 의 의

권한쟁의심판은 국가기관 상호간, 국가기관과 지방자치단체 간 및 지방자치단체 상호간에 권한의 유무 또는 범위에 관하여 다툼이 있을 때에 해당 국가기관 또는 지방자치단체가 헌법재판소에 권한쟁의심판을 청구(헌법재판소법 제61조 제1항)할 수 있는 권한을 말한다.

이는 기관 상호간의 업무수행의 원활과 권력통제 및 권한배분의 균형의 원리를 실현함으로써 헌법 수호기능을 확보하려는 데 그 목적이 있다.

헌법은 국가기관 상호 간, 국가기관과 지방자치단체 간 및 지방자치단체 상호 간의 권한쟁의에 관한 심판을 헌법재판소에 부여하고 있다(제111조 제1항 제4호).

2. 종 류

권한쟁의심판의 종류는 (1) 국가기관 상호 간의 권한쟁의심판(국회, 정부, 법원 및 중앙선거관리위원회 상호 간의 권한쟁의심판),

(2) 국가기관과 지방자치단체 간의 권한쟁의심판(① 정부와 특별시·광역시·특별자치시·도 또는 특별자치도 간의 권한쟁의심판, ② 정부와 시·군 또는 지방자치단체인 구(이하 "자치구"라 한다) 간의 권한쟁의심판),

(3) 지방자치단체 상호 간의 권한쟁의심판(① 특별시·광역시·특별자치시·도 또는 특별자치도 상호 간의 권한쟁의심판, ② 시·군 또는 자치구 상호 간의 권한쟁의심판, ③ 특별시·광역시·특별자치시·도 또는 특별자치도와 시·군 또는 자치구 간의 권한쟁의심판)이 있다(이상 법 제62조).

3. 특 징

권한쟁의심판은 개인의 권리구제기능이 아닌 국가기관 등의 권한 배분의 실현을 통한 객관적 권한질서를 유지하기 위한 법적 수단이다(헌재 2009헌라2).

「행정소송법」상 기관소송은 "국가 또는 공공단체의 기관상호 간에 있어서의 권한의

존부 또는 그 행사에 관한 다툼이 있을 때에 이에 대하여 제기하는 소송"(법 제3조 제4호)
을 규정하고, 단서에 헌법재판소의 권한쟁의심판소송은 제외하고 있다. 이에 의해 「행정
소송법」상 기관소송은 헌법상 국가기관 상호 간을 제외한 공공단체기관 상호간의 권한분
쟁에 적용되어 권한쟁의심판과 기관소송 간의 중첩문제는 발생하지 않는다.

「헌법재판소법」은 권한쟁의심판청구가 피청구인의 처분 또는 부작위가 헌법 또는 법
률에 의하여 부여받은 청구인의 권한을 침해하였거나 침해할 현저한 위험이 있는 경우(법
제61조 제2항)에 가능하다고 규정하고 있다. 법원은 국가나 지방자치단체 간 공법상 분쟁
의 경우에 항고소송을 통한 재판권을 행사할 수 있다. 이 경우에 공법상 분쟁에 관해 헌
법재판소의 권한쟁의심판권과 법원의 재판권이 충돌하는 경우가 발생할 수 있고, 둘 간
견해의 대립을 가져올 수 있다.

Ⅱ. 권한쟁의심판의 절차

1. 당사자 능력

1) 국가기관 상호 간의 권한쟁의심판

(1) 국가기관 상호 간의 권한쟁의심판의 당사자는 입법부·행정부·사법부·중앙선거관
리위원회이다(법 제62조 제1항 제1호).

(2) 이 규정은 열거규정인가 예시규정인가에 대해 헌법재판소는 종전에 열거규정으로
보았으나(국회의원, 국회의장, 교섭단체 등의 당사자능력 부인), 판례를 변경하여 이 규정을 예
시적 규정으로 보고 있다(국회의원, 국회의장 등도 당사자능력 인정).

즉, 그동안 헌법재판소는 권한쟁의심판 청구권자로서 국가기관의 범위를 좁게 해석하
여 권한쟁의의 폭을 좁히게 된다는 지적이 있었다(헌재 90헌라1). 1995년 결정에서 국회의
원 등에 대해 권한쟁의심판의 당사자능력을 부인하였으나, 1997년 판례를 변경하여 헌법
재판소법 제62조 제1항 제1호의 규정은 한정적·열거적 조항이 아니라 예시적 조항이라
해석하는 것이 헌법합치적이라 하여 그 당사자능력을 인정하여 국가기관 해당 여부는 종
합적으로 고려하여 판단하여야 한다고 보았다(헌재 96헌라2).

(3) 예시적 규정설에 따라 열거한 입법부·행정부·사법부·중앙선거관리위원회 외 국
가기관들도 권한쟁의심판 당사자가 될 수 있다.

> **판례** | 국회의원과 국회의장의 권한쟁의심판 당사자 여부 – 헌재 1997.7.16. 96헌라2(인용(권한침해), 기각)
>
> 가. 헌법재판소법 제62조 제1항 제1호가 국가기관 상호간의 권한쟁의심판을 "국회, 정부, 법원 및 중앙선거관리위원회 상호간의 권한쟁의심판"이라고 규정하고 있더라도 이는 한정적, 열거적인 조항이 아니라 **예시적인 조항이라고 해석하는 것이 헌법에 합치**되므로 이들 기관 외에는 권한쟁의심판의 당사자가 될 수 없다고 단정할 수 없다.
>
> 나. 헌법 제111조 제1항 제4호 소정의 **"국가기관"**에 해당하는지 여부는 그 **국가기관이 헌법에 의하여 설치되고 헌법과 법률에 의하여 독자적인 권한을 부여받고 있는지, 헌법에 의하여 설치된 국가기관 상호간의 권한쟁의를 해결할 수 있는 적당한 기관이나 방법이 있는지** 등을 종합적으로 고려하여야 할 것인바, 이러한 의미에서 **국회의원과 국회의장**은 위 헌법조항 소정의 **"국가기관"**에 해당하므로 **권한쟁의심판의 당사자가 될 수 있다.**

(4) 헌법재판소는 국가기관에 해당 여부의 판단기준을 ① 국가기관이 헌법에 의하여 설치되고, ② 헌법과 법률에 의하여 독자적인 권한을 부여받고 있는 국가기관인지 여부, ③ 그 권한쟁의를 해결할 수 있는 적당한 기관이나 방법이 있는지 여부 등을 종합적으로 고려하여야 한다고 보았다(헌재 96헌라2).

헌법재판소는 이 기준에 의해 국회의원, 국회의장(헌재 96헌라2), 구·시·군 선거관리위원회(헌재 2005헌라7)는 권한쟁의심판의 당사자능력을 인정하고, 국가인권위원회(헌재 2009헌라6), 국회소위원회 및 그 위원장(헌재 2019헌라4), 안건조종위원회 위원장(헌재 2019헌라5), 정당과 원내교섭단체(헌재 2019헌라6) 등에 대해서는 당사자능력을 부인하였다.

예컨대 권한쟁의심판 당사자가 되는 국가기관은 헌법에 의하여 설치되는 국가기관에 한하고, 국가인권위원회와 같이 오로지 법률에 설치 근거를 두고 있는 기관은 이에 해당되지 않는다(헌재 2009헌라6)는 것이다.

2) 국가기관과 지방자치단체 간, 지방자치단체 상호 간의 권한쟁의심판

(1) 국가기관과 지방자치단체 간 권한쟁의심판 당사자는 ① 국가기관과 광역지방자치단체, ② 국가기관과 기초지방자치단체가 된다.

이 경우 국기기관과 지방자치단체 간 권한쟁의로 국가기관으로서의 도지사(재결청)와 지방자치단체(시) 간 분쟁(헌재 98헌라4), 의무교육경비의 높은 부담률 제정에 대한 정부와 서울특별시 간 분쟁(헌재 2004헌라3), 충청남도 등과 행정자치부장관 등 간 분쟁(헌재 2015헌라3), 성남시 등과 대통령 간 분쟁(헌재 2016헌라7), 화성시와 국방부장관 간 분쟁(헌재

2017헌라2) 등에 관한 권한쟁의심판이 있었다.

(2) 지방자치단체 상호 간의 권한쟁의심판 당사자는 ① 기초지방자치단체와 광역지방자치단체, ② 기초지방자치단체와 기초지방자치단체, ③ 광역지방자치단체와 광역지방자치단체가 된다.

이 경우는 지방자치단체 자체가 당사자가 되고 지방자치단체 소속 기관인 지방자치단체장이나 지방의회는 심판청구 당사자가 되지 않는다. 또한 권한쟁의심판에 지방자치단체 소속 기관들 간의 내부적 쟁의도 포함되지 않는다. 권한쟁의가 「지방교육자치에 관한 법률」 제2조에 따른 교육·학예에 관한 지방자치단체의 사무에 관한 것인 경우에는 교육감이 당사자가 된다(법 동조 제2항).

이에 따라 헌법재판소는 지방의회의원과 지방의회의장 간 분쟁(헌재 2009헌라11), 지방자치단체와 교육감 간 분쟁(헌재 2014헌라1), 지방자치단체 의결기관과 지방자치단체의 집행기관 간 분쟁(헌재 2018헌라1)은 내부적 분쟁으로 권한쟁의심판의 범위에 들지 않는다고 각하결정을 내렸다.

헌법재판소는 기관위임사무는 지방자치단체의 사무가 아니므로 이에 대해 지방자치단체가 제기한 권한쟁의심판은 부적법하다(헌재 2005헌라11)고 본다.

> **！ 판례** | 청구인(북제주군)의 완도군수 상대 심판청구 적법 여부 – 헌재 2008.12.26. 2005헌라11(인용(권한확인), 각하)
>
> **청구인의 피청구인 완도군수에 대한 심판청구**는 지방자치단체인 청구인이 국가사무인 지적공부의 등록사무에 관한 권한의 존부 및 범위에 관하여 국가기관의 지위에서 국가로부터 사무를 위임받은 피청구인 완도군수를 상대로 다투고 있는 것임이 분명하므로, 이 부분 심판청구는 **그 다툼의 본질을 지방자치권의 침해로 보기 어렵고, 따라서 청구인의 권한에 속하지 아니하는 사무에 관한 권한쟁의심판 청구로서 부적법하다.**

2. 청구사유

(1) 기관 간에 권한의 존부나 범위에 관하여 다툼이 있으면, 국가기관이나 지방자치단체는 헌법재판소에 권한쟁의심판을 청구할 수 있다.

심판청구는 피청구인의 처분 또는 부작위가 헌법이나 법률에 의하여 부여받은 청구인의 권한을 침해하였거나 침해할 현저한 위험이 있는 때에 한하여 할 수 있다(법 제61조 제2항).

헌법재판소는 권한의 존부나 범위의 다툼과 관련해 기관 사이의 직접적인 다툼이나 침해가 아니라는 이유로, 영일군과 정부간 권한쟁의는 어업면허 연장 불허가처분으로 지급되어야 할 손실보상금 채무에 관한 다툼으로 권한 다툼이 아니(헌재 94헌라1)라고 하고, 국회법상 심사기간 지정사유는 국회의원의 법안에 대한 심의·표결권이 직접 침해당할 가능성이 없다(헌재 2015헌라1)고 각하결정하였다.

(2) 적극적 권한쟁의 이외 자신의 권한이나 의무 없음을 확인하는 소극적 권한쟁의도 인정할 수 있을 것인가에 대해 논란이 있다.

이에 대해 ⅰ) 모든 권한쟁의는 헌법재판 대상이 되고 법의 흠결은 법의 해석을 통해 보충되어야 한다는 긍정설과 ⅱ) 권한이나 존부만이 문제가 되고 상대방의 부작위로 청구인의 권한이 침해되지 않는다는 부정설이 대립되고 있다. 헌법재판소는 성질상 소극적 권한쟁의를 다루기도 하였다(헌재 94헌라1; 96헌라1).

> **⚠ 판례** | 공공시설 관리부재의 권한쟁의심판 권한침해나 침해할 현저한 위험 여부 – 헌재 1998. 8.27. 96헌라1(기각)
>
> **이 사건 공공시설**은 특별히 공업단지의 기능을 유지하기 위하여 설치된 것이 아니라 일반 행정구역에서도 설치되어 사용되고 있는 것으로서 불특정 다수의 사용에 제공되고 있는 공공시설이므로 이를 관리하는 것은 공업단지의 기능을 유지하기 위한 업무라기보다는 **일반적인 행정업무**라고 하여야 할 것이다. 따라서 이 사건 공공시설의 관리권자는 일반 행정구역의 공공시설에 적용되는 관련 법규를 적용하여 결정하여야 할 것이므로, 청구인은 도로법, 하천법, 하수도법, 수도법 등에 따라 이 사건 공공시설을 관리하여야 할 것이다. 그렇다면 **청구인이 이 사건 공공시설의 관리권자이므로 피청구인이 이 사건 공공시설을 관리하지 아니하고 있다고 하여 청구인의 권한이 침해되거나 침해될 위험이 있다고 할 수 없을 것이다.**

3. 청구기관과 청구서의 기재사항

권한쟁의심판은 그 사유가 있음을 안날로부터 60일 이내에, 그 사유가 있은 날로부터 180일 이내에 청구해야 하며, 이 기간은 불변기간이다(법 제63조).

권한쟁의심판의 청구서에는 청구인 또는 청구인이 속한 기관 및 심판수행자 또는 대리인의 표시, 피청구인의 표시, 심판대상이 되는 피청구인의 처분 또는 부작위, 청구의 이유, 그 밖에 필요한 사항 등을 기재하여야 한다(법 제64조).

4. 심 리

권한쟁의심판은 구두변론에 의하며(법 제30조 제1항), 심판의 변론과 결정의 선고는 공개한다. 다만 서면심리와 평의는 공개하지 아니한다(법 제34조 제1항).

Ⅲ. 권한쟁의심판의 결정

1. 결정정족수

권한쟁의의 결정은 재판관 7인 이상이 참석하고, 참석재판관 중 과반수의 찬성으로써 한다(법 제23조 제1항, 제2항).

2. 결정의 내용

헌법재판소는 심판의 대상이 된 국가기관 또는 지방자치단체의 권한의 존부 또는 범위에 관하여 판단한다(법 제66조 제1항).

헌법재판소는 권한침해의 원인이 된 피청구인의 처분을 취소하거나 그 무효를 확인할 수 있고, 헌법재판소가 부작위에 대한 심판청구를 인용하는 결정을 한 때에는 피청구인은 결정 취지에 따른 처분을 하여야 한다(법 동조 제2항).

결정서에는 심판에 관여한 재판관의 의견이 표시되어야 한다.

3. 결정의 효력

헌법재판소의 권한쟁의심판의 결정은 모든 국가기관과 지방자치단체를 기속한다(법 제67조 제1항).

국가기관 또는 지방자치단체의 처분을 취소하는 결정은 그 처분의 상대방에 대하여 이미 발생한 효력에는 영향을 미치지 않는다(장래효)(법 동조 제2항).

이러한 소급효배제는 처분의 상대방에 국한되고 처분도 침익적인지 수익적 인지의 여부를 고려하지 않은 점이 문제로 지적되고 있다.

Ⅳ. 가처분

헌법재판소가 권한쟁의심판 청구를 받았을 때에는 직권 또는 청구인의 신청에 의하여 종국결정의 선고시까지 심판대상이 된 피청구인의 처분의 효력을 정지하는 결정을 할 수 있다(법 제65조). 이러한 가처분제도는 권한쟁의심판의 결정이 있기 전에 권한을 침해하는 처분이 완료되는 등의 경우 회복하기 힘든 손해발생을 사전에 막기 위한 것이다.

가처분을 인용할 수 있는 요건으로 제시되는 것은 ① 본안심판이 부적법하거나 이유 없음이 명백하지 않는 경우, ② 회복불능의 중대한 불이익으로 현저한 손해를 방지할 필요성과 긴급성과 필요성이 있고, ③ 가처분 인용 뒤 종국결정에서 청구 기각시 발생될 불이익과 가처분 기각뒤 청구 인용시 발생 불이익을 비교형량하여 후자가 더 클 경우 가처분을 인용할 수 있을 것 등이 제시되고 있다.

제7항 규칙제정권

Ⅰ. 규칙제정권의 의의

헌법재판소규칙이란 법률에 저촉되지 아니하는 범위 내에서 심판에 관한 절차, 내부규율과 사무처리에 관한 규칙을 제정하는 사법규칙을 말한다(제113조 제2항).

헌법재판소에 규칙제정권을 인정한 취지는 헌법재판소의 독립성을 보장함과 동시에 그 지위를 강화하기 위한 것이고, 헌법소송 기술적 사항은 실제 실무에 정통한 헌법재판소 자신이 제정하는 것이 보다 합리적이라는 데에 있다.

Ⅱ. 규칙제정권의 법적 성격

헌법기관이 제정하는 규칙 중에서 법규명령에 해당하는 규칙의 제정은 대국민적 구속력이 있으므로 반드시 헌법적 근거가 있어야 한다. 헌법 제113조 제2항의 심판에 관한 절차는 대국민적 구속력을 갖는 규칙으로 그 제정에는 반드시 헌법적 근거가 있어야 하는 것으로 법규명령에 해당하는 것이다.

그리고 내부규율과 사무처리에 관한 규칙은 행정내규를 의미하는 것으로 대국민적 구속력이 없는 행정명령에 해당하는 규칙으로 보아야 한다.

Ⅲ. 규칙제정권의 내용

헌법재판소법은 헌법재판소규칙으로 정할 수 있는 사항에 대해서 예시하고 있다.

헌법재판소장의 유고시에 대리할 재판관의 순서(법 제12조 제4항), 재판관회의의 운영에 관하여 필요한 사항(법 제16조 제5항), 헌법재판소장 비서실의 조직과 운영(법 제20조 제3항), 사무처의 조직·직무범위, 사무처에 두는 공무원, 증거조사의 비용, 공탁금의 납부와 국고귀속, 지정재판부의 구성과 운영 등이다.

Ⅳ. 규칙의 제정절차와 공포

헌법재판소규칙의 제정과 개정은 재판관회의의 의결사항이다(법 제16조 제4항 제1호).

재판관회의는 재판관 7인 이상의 출석과 출석인원 과반수의 찬성으로써 의결한다(법 동조 제2항).

헌법재판소규칙은 관보에 게재하여 공포한다(법 제10조 제2항).

Ⅴ. 규칙제정권의 효력

헌법재판소의 규칙은 특별한 규정이 없는 한 공포한 날로부터 20일을 경과함으로써 효력을 발생한다.

헌법재판소규칙은 법률의 하위에 있으므로 법률과 그 내용이 충돌할 경우 헌법재판소 규칙은 무효이다.

Ⅵ. 규칙제정권의 통제

헌법재판소규칙의 합헌 내지 합법성 여부는 법원에 의해 통제를 받는다. 대법원은 명 령·규칙·처분에 대한 최종적 위헌법률심판권을 가지므로 헌법재판소규칙에 대한 최종적 심판권은 대법원이 갖는다.

대한민국헌법

[시행 1988. 2. 25.] [헌법 제10호, 1987. 10. 29., 전부개정]

전　문

유구한 역사와 전통에 빛나는 우리 대한국민은 3·1운동으로 건립된 대한민국임시정부의 법통과 불의에 항거한 4·19민주이념을 계승하고, 조국의 민주개혁과 평화적 통일의 사명에 입각하여 정의·인도와 동포애로써 민족의 단결을 공고히 하고, 모든 사회적 폐습과 불의를 타파하며, 자율과 조화를 바탕으로 자유민주적 기본질서를 더욱 확고히 하여 정치·경제·사회·문화의 모든 영역에 있어서 각인의 기회를 균등히 하고, 능력을 최고도로 발휘하게 하며, 자유와 권리에 따르는 책임과 의무를 완수하게 하여, 안으로는 국민생활의 균등한 향상을 기하고 밖으로는 항구적인 세계평화와 인류공영에 이바지함으로써 우리들과 우리들의 자손의 안전과 자유와 행복을 영원히 확보할 것을 다짐하면서 1948년 7월 12일에 제정되고 8차에 걸쳐 개정된 헌법을 이제 국회의 의결을 거쳐 국민투표에 의하여 개정한다.

1987년 10월 29일

제1장 총　강

제 1 조 ① 대한민국은 민주공화국이다.

② 대한민국의 주권은 국민에게 있고, 모든 권력은 국민으로부터 나온다.

제 2 조 ① 대한민국의 국민이 되는 요건은 법률로 정한다.

② 국가는 법률이 정하는 바에 의하여 재외국민을 보호할 의무를 진다.

제 3 조 대한민국의 영토는 한반도와 그 부속도서로 한다.

제 4 조 대한민국은 통일을 지향하며, 자유민주적 기본질서에 입각한 평화적 통일 정책을 수립하고 이를 추진한다.

제 5 조 ① 대한민국은 국제평화의 유지에 노력하고 침략적 전쟁을 부인한다.

② 국군은 국가의 안전보장과 국토방위의 신성한 의무를 수행함을 사명으로 하며, 그 정치적 중립성은 준수된다.

제 6 조 ① 헌법에 의하여 체결·공포된 조약과 일반적으로 승인된 국제법규는 국내법과 같은 효력을 가진다.

② 외국인은 국제법과 조약이 정하는 바에 의하여 그 지위가 보장된다.

제 7 조 ① 공무원은 국민전체에 대한 봉사자이며, 국민에 대하여 책임을 진다.

② 공무원의 신분과 정치적 중립성은 법률이 정하는 바에 의하여 보장된다.

제 8 조 ① 정당의 설립은 자유이며, 복수정당제는 보장된다.

② 정당은 그 목적·조직과 활동이 민주적이어야 하며, 국민의 정치적 의사형성에 참여하는데 필요한 조직을 가져야 한다.

③ 정당은 법률이 정하는 바에 의하여 국가의 보호를 받으며, 국가는 법률이 정하는 바에 의하여 정당운영에 필요한 자금을 보조할 수 있다.

④ 정당의 목적이나 활동이 민주적 기본질서에 위배될 때에는 정부는 헌법재판소에 그 해산을 제소할 수 있고, 정당은 헌법재판소의 심판에 의하여 해산된다.

제 9 조 국가는 전통문화의 계승·발전과 민족문화의 창달에 노력하여야 한다.

제 2 장 국민의 권리와 의무

제10조 모든 국민은 인간으로서의 존엄과 가치를 가지며, 행복을 추구할 권리를 가진다. 국가는 개인이 가지는 불가침의 기본적 인권을 확인하고 이를 보장할 의무를 진다.

제11조 ① 모든 국민은 법 앞에 평등하다. 누구든지 성별·종교 또는 사회적 신분에 의하여 정치적·경제적·사회적·문화적 생활의 모든 영역에 있어서 차별을 받지 아니한다.

② 사회적 특수계급의 제도는 인정되지 아니하며, 어떠한 형태로도 이를 창설할 수 없다.

③ 훈장등의 영전은 이를 받은 자에게만 효력이 있고, 어떠한 특권도 이에 따르지 아니한다.

제12조 ① 모든 국민은 신체의 자유를 가진다. 누구든지 법률에 의하지 아니하고는 체포·구속·압수·수색 또는 심문을 받지 아니하며, 법률과 적법한 절차에 의하지 아니하고는 처벌·보안처분 또는 강제노역을 받지 아니한다.

② 모든 국민은 고문을 받지 아니하며, 형사상 자기에게 불리한 진술을 강요당하지 아니한다.

③ 체포·구속·압수 또는 수색을 할 때에는 적법한 절차에 따라 검사의 신청에 의하여 법관이 발부한 영장을 제시하여야 한다. 다만, 현행범인인 경우와 장기 3년 이상의 형에 해당하는 죄를 범하고 도피 또는 증거인멸의 염려가 있을 때에는 사후에 영장을 청구할 수 있다.

④ 누구든지 체포 또는 구속을 당한 때에는 즉시 변호인의 조력을 받을 권리를 가진다. 다만, 형사피고인이 스스로 변호인을 구할 수 없을 때에는 법률이 정하는 바에 의하여 국가가 변호인을 붙인다.

⑤ 누구든지 체포 또는 구속의 이유와 변호인의 조력을 받을 권리가 있음을 고지받지 아니하고는 체포 또는 구속을 당하지 아니한다. 체포 또는 구속을 당한 자의 가족등 법률이 정하는 자에게는 그 이유와 일시·장소가 지체없이 통지되어야 한다.

⑥ 누구든지 체포 또는 구속을 당한 때에는 적부의 심사를 법원에 청구할 권리를 가진다.

⑦ 피고인의 자백이 고문·폭행·협박·구속의 부당한 장기화 또는 기망 기타의 방법에 의하여 자의로 진술된 것이 아니라고 인정될 때 또는 정식재판에 있어서 피고인의 자백이 그에게 불리한 유일한 증거일 때에는 이를 유죄의 증거로 삼거나 이를 이유로 처벌할 수 없다.

제13조 ① 모든 국민은 행위시의 법률에 의하여 범죄를 구성하지 아니하는 행위로 소추되지 아니하며, 동일한 범죄에 대하여 거듭 처벌받지 아니한다.

② 모든 국민은 소급입법에 의하여 참정권의 제한을 받거나 재산권을 박탈당하지 아니한다.

③ 모든 국민은 자기의 행위가 아닌 친족의 행위로 인하여 불이익한 처우를 받지 아니한다.

제14조 모든 국민은 거주·이전의 자유를 가진다.

제15조 모든 국민은 직업선택의 자유를 가진다.

제16조 모든 국민은 주거의 자유를 침해받지 아니한다. 주거에 대한 압수나 수색을 할 때에는 검사의 신청에 의하여 법관이 발부한 영장을 제시하여야 한다.

제17조 모든 국민은 사생활의 비밀과 자유를 침해받지 아니한다.

제18조 모든 국민은 통신의 비밀을 침해받지 아니한다.

제19조 모든 국민은 양심의 자유를 가진다.

제20조 ① 모든 국민은 종교의 자유를 가진다.

② 국교는 인정되지 아니하며, 종교와 정치는 분리된다.

제21조 ① 모든 국민은 언론·출판의 자유와 집회·결사의 자유를 가진다.

② 언론·출판에 대한 허가나 검열과 집회·결사에 대한 허가는 인정되지 아니한다.

③ 통신·방송의 시설기준과 신문의 기능을 보장하기 위하여 필요한 사항은 법률로 정한다.

④ 언론·출판은 타인의 명예나 권리 또는 공중도덕이나 사회윤리를 침해하여서는 아니된다. 언론·출판이 타인의 명예나 권리를 침해한 때에는 피해자는 이에 대한 피해의 배상을 청구할 수 있다.

제22조 ① 모든 국민은 학문과 예술의 자유를 가진다.

② 저작자·발명가·과학기술자와 예술가의 권리는 법률로써 보호한다.

제23조 ① 모든 국민의 재산권은 보장된다. 그 내용과 한계는 법률로 정한다.

② 재산권의 행사는 공공복리에 적합하도록 하여야 한다.

③ 공공필요에 의한 재산권의 수용·사용 또는 제한 및 그에 대한 보상은 법률로써 하되, 정당한 보상을 지급하여야 한다.

제24조 모든 국민은 법률이 정하는 바에 의하여 선거권을 가진다.

제25조 모든 국민은 법률이 정하는 바에 의하여 공무담임권을 가진다.

제26조 ① 모든 국민은 법률이 정하는 바에 의하여 국가기관에 문서로 청원할 권리를 가진다.

② 국가는 청원에 대하여 심사할 의무를 진다.

제27조 ① 모든 국민은 헌법과 법률이 정한 법관에 의하여 법률에 의한 재판을 받을 권리를 가진다.

② 군인 또는 군무원이 아닌 국민은 대한민국의 영역 안에서는 중대한 군사상 기밀·초병·초소·유독음식물공급·포로·군용물에 관한 죄 중 법률이 정한 경우와 비상계엄이 선포된 경우를 제외하고는 군사법원의 재판을 받지 아니한다.

③ 모든 국민은 신속한 재판을 받을 권리를 가진다. 형사피고인은 상당한 이유가 없는 한 지체없이 공개재판을 받을 권리를 가진다.

④ 형사피고인은 유죄의 판결이 확정될 때까지는 무죄로 추정된다.

⑤ 형사피해자는 법률이 정하는 바에 의하여 당해 사건의 재판절차에서 진술할 수 있다.

제28조 형사피의자 또는 형사피고인으로서 구금되었던 자가 법률이 정하는 불기소처분을 받거나 무죄판결을 받은 때에는 법률이 정하는 바에 의하여 국가에 정당한 보상을 청구할 수 있다.

제29조 ① 공무원의 직무상 불법행위로 손해를 받은 국민은 법률이 정하는 바에 의하여 국가 또는 공공단체에 정당한 배상을 청구할 수 있다. 이 경우 공무원 자신의 책임은 면제되지 아니한다.

② 군인·군무원·경찰공무원 기타 법률이 정하는 자가 전투·훈련등 직무집행과 관련하여 받은 손해에 대하여는 법률이 정하는 보상외에 국가 또는 공공단체에 공무원의 직무상 불법행위로 인한 배상은 청구할 수 없다.

제30조 타인의 범죄행위로 인하여 생명·신체에 대한 피해를 받은 국민은 법률이 정하는 바에 의하여 국가로부터 구조를 받을 수 있다.

제31조 ① 모든 국민은 능력에 따라 균등하게 교육을 받을 권리를 가진다.

② 모든 국민은 그 보호하는 자녀에게 적어도 초등교육과 법률이 정하는 교육을 받게 할 의무를 진다.

③ 의무교육은 무상으로 한다.

④ 교육의 자주성·전문성·정치적 중립성 및 대학의 자율성은 법률이 정하는 바에 의하여 보장된다.

⑤ 국가는 평생교육을 진흥하여야 한다.

⑥ 학교교육 및 평생교육을 포함한 교육제도와 그 운영, 교육재정 및 교원의 지위에 관한 기본적인 사항은 법률로 정한다.

제32조 ① 모든 국민은 근로의 권리를 가진다.

국가는 사회적·경제적 방법으로 근로자의 고용의 증진과 적정임금의 보장에 노력하여야 하며, 법률이 정하는 바에 의하여 최저임금제를 시행하여야 한다.

② 모든 국민은 근로의 의무를 진다. 국가는 근로의 의무의 내용과 조건을 민주주의원칙에 따라 법률로 정한다.

③ 근로조건의 기준은 인간의 존엄성을 보장하도록 법률로 정한다.

④ 여자의 근로는 특별한 보호를 받으며, 고용·임금 및 근로조건에 있어서 부당한 차별을 받지 아니한다.

⑤ 연소자의 근로는 특별한 보호를 받는다.

⑥ 국가유공자·상이군경 및 전몰군경의 유가족은 법률이 정하는 바에 의하여 우선적으로 근로의 기회를 부여받는다.

제33조 ① 근로자는 근로조건의 향상을 위하여 자주적인 단결권·단체교섭권 및 단체행동권을 가진다.

② 공무원인 근로자는 법률이 정하는 자에 한하여 단결권·단체교섭권 및 단체행동권을 가진다.

③ 법률이 정하는 주요방위산업체에 종사하는 근로자의 단체행동권은 법률이 정하는 바에 의하여 이를 제한하거나 인정하지 아니할 수 있다.

제34조 ① 모든 국민은 인간다운 생활을 할 권리를 가진다.

② 국가는 사회보장·사회복지의 증진에 노력할 의무를 진다.

③ 국가는 여자의 복지와 권익의 향상을 위하여 노력하여야 한다.

④ 국가는 노인과 청소년의 복지향상을 위한 정책을 실시할 의무를 진다.

⑤ 신체장애자 및 질병·노령 기타의 사유로 생활능력이 없는 국민은 법률이 정하는 바에 의하여 국가의 보호를 받는다.

⑥ 국가는 재해를 예방하고 그 위험으로부터 국민을 보호하기 위하여 노력하여야 한다.

제35조 ① 모든 국민은 건강하고 쾌적한 환경에서 생활할 권리를 가지며, 국가와 국민은 환경보전을 위하여 노력하여야 한다.

② 환경권의 내용과 행사에 관하여는 법률로 정한다.

③ 국가는 주택개발정책등을 통하여 모든 국민이 쾌적한 주거생활을 할 수 있도록 노력하여야 한다.

제36조 ① 혼인과 가족생활은 개인의 존엄과 양성의 평등을 기초로 성립되고 유지되어야 하며, 국가는 이를 보장한다.

② 국가는 모성의 보호를 위하여 노력하여야 한다.

③ 모든 국민은 보건에 관하여 국가의 보호를 받는다.

제37조 ① 국민의 자유와 권리는 헌법에 열거되지 아니한 이유로 경시되지 아니한다.

② 국민의 모든 자유와 권리는 국가안전보장·질서유지 또는 공공복리를 위하여 필요한 경우에 한하여 법률로써 제한할 수 있으며, 제한하는 경우에도 자유와 권리의 본질적인 내용을 침해할 수 없다.

제38조 모든 국민은 법률이 정하는 바에 의하여 납세의 의무를 진다.

제39조 ① 모든 국민은 법률이 정하는 바에 의하여 국방의 의무를 진다.

② 누구든지 병역의무의 이행으로 인하여 불이익한 처우를 받지 아니한다.

제 3 장 국 회

제40조 입법권은 국회에 속한다.

제41조 ① 국회는 국민의 보통·평등·직접·비밀선거에 의하여 선출된 국회의원으로 구성한다.

② 국회의원의 수는 법률로 정하되, 200인 이상으로 한다.

③ 국회의원의 선거구와 비례대표제 기타 선거에 관한 사항은 법률로 정한다.

제42조 국회의원의 임기는 4년으로 한다.

제43조 국회의원은 법률이 정하는 직을 겸할

수 없다.

제44조 ① 국회의원은 현행범인인 경우를 제외하고는 회기 중 국회의 동의없이 체포 또는 구금되지 아니한다.

② 국회의원이 회기 전에 체포 또는 구금된 때에는 현행범인이 아닌 한 국회의 요구가 있으면 회기 중 석방된다.

제45조 국회의원은 국회에서 직무상 행한 발언과 표결에 관하여 국회외에서 책임을 지지 아니한다.

제46조 ① 국회의원은 청렴의 의무가 있다.

② 국회의원은 국가이익을 우선하여 양심에 따라 직무를 행한다.

③ 국회의원은 그 지위를 남용하여 국가·공공단체 또는 기업체와의 계약이나 그 처분에 의하여 재산상의 권리·이익 또는 직위를 취득하거나 타인을 위하여 그 취득을 알선할 수 없다.

제47조 ① 국회의 정기회는 법률이 정하는 바에 의하여 매년 1회 집회되며, 국회의 임시회는 대통령 또는 국회재적의원 4분의 1 이상의 요구에 의하여 집회된다.

② 정기회의 회기는 100일을, 임시회의 회기는 30일을 초과할 수 없다.

③ 대통령이 임시회의 집회를 요구할 때에는 기간과 집회요구의 이유를 명시하여야 한다.

제48조 국회는 의장 1인과 부의장 2인을 선출한다.

제49조 국회는 헌법 또는 법률에 특별한 규정이 없는 한 재적의원 과반수의 출석과 출석의원 과반수의 찬성으로 의결한다. 가부동수인 때에는 부결된 것으로 본다.

제50조 ① 국회의 회의는 공개한다. 다만, 출석의원 과반수의 찬성이 있거나 의장이 국가의 안전보장을 위하여 필요하다고 인정할 때에는 공개하지 아니할 수 있다.

② 공개하지 아니한 회의내용의 공표에 관하여는 법률이 정하는 바에 의한다.

제51조 국회에 제출된 법률안 기타의 의안은 회기중에 의결되지 못한 이유로 폐기되지 아니한다. 다만, 국회의원의 임기가 만료된 때에는 그러하지 아니하다.

제52조 국회의원과 정부는 법률안을 제출할 수 있다.

제53조 ① 국회에서 의결된 법률안은 정부에 이송되어 15일 이내에 대통령이 공포한다.

② 법률안에 이의가 있을 때에는 대통령은 제1항의 기간내에 이의서를 붙여 국회로 환부하고, 그 재의를 요구할 수 있다. 국회의 폐회 중에도 또한 같다.

③ 대통령은 법률안의 일부에 대하여 또는 법률안을 수정하여 재의를 요구할 수 없다.

④ 재의의 요구가 있을 때에는 국회는 재의에 붙이고, 재적의원과반수의 출석과 출석의원 3분의 2 이상의 찬성으로 전과 같은 의결을 하면 그 법률안은 법률로서 확정된다.

⑤ 대통령이 제1항의 기간내에 공포나 재의의 요구를 하지 아니한 때에도 그 법률안은 법률로서 확정된다.

⑥ 대통령은 제4항과 제5항의 규정에 의하여 확정된 법률을 지체없이 공포하여야 한다. 제5항에 의하여 법률이 확정된 후 또는 제4항에 의한 확정법률이 정부에 이송된 후 5일 이내에 대통령이 공포하지 아니할 때에는 국회의장이 이를 공포한다.

⑦ 법률은 특별한 규정이 없는 한 공포한 날로부터 20일을 경과함으로써 효력을 발생한다.

제54조 ① 국회는 국가의 예산안을 심의·확정한다.

② 정부는 회계연도마다 예산안을 편성하여 회계연도 개시 90일전까지 국회에 제출하고, 국회는 회계연도 개시 30일전까지 이를 의결하여야 한다.

③ 새로운 회계연도가 개시될 때까지 예산안이 의결되지 못한 때에는 정부는 국회에서 예산안이 의결될 때까지 다음의 목적을 위한 경비는 전년도 예산에 준하여 집행할 수 있다.

1. 헌법이나 법률에 의하여 설치된 기관 또는

　　　시설의 유지·운영

　2. 법률상 지출의무의 이행

　3. 이미 예산으로 승인된 사업의 계속

제55조 ① 한 회계연도를 넘어 계속하여 지출할 필요가 있을 때에는 정부는 연한을 정하여 계속비로서 국회의 의결을 얻어야 한다.

　② 예비비는 총액으로 국회의 의결을 얻어야 한다. 예비비의 지출은 차기국회의 승인을 얻어야 한다.

제56조 정부는 예산에 변경을 가할 필요가 있을 때에는 추가경정예산안을 편성하여 국회에 제출할 수 있다.

제57조 국회는 정부의 동의없이 정부가 제출한 지출예산 각항의 금액을 증가하거나 새 비목을 설치할 수 없다.

제58조 국채를 모집하거나 예산외에 국가의 부담이 될 계약을 체결하려 할 때에는 정부는 미리 국회의 의결을 얻어야 한다.

제59조 조세의 종목과 세율은 법률로 정한다.

제60조 ① 국회는 상호원조 또는 안전보장에 관한 조약, 중요한 국제조직에 관한 조약, 우호통상항해조약, 주권의 제약에 관한 조약, 강화조약, 국가나 국민에게 중대한 재정적 부담을 지우는 조약 또는 입법사항에 관한 조약의 체결·비준에 대한 동의권을 가진다.

　② 국회는 선전포고, 국군의 외국에의 파견 또는 외국군대의 대한민국 영역안에서의 주류에 대한 동의권을 가진다.

제61조 ① 국회는 국정을 감사하거나 특정한 국정사안에 대하여 조사할 수 있으며, 이에 필요한 서류의 제출 또는 증인의 출석과 증언이나 의견의 진술을 요구할 수 있다.

　② 국정감사 및 조사에 관한 절차 기타 필요한 사항은 법률로 정한다.

제62조 ① 국무총리·국무위원 또는 정부위원은 국회나 그 위원회에 출석하여 국정처리상황을 보고하거나 의견을 진술하고 질문에 응답할 수 있다.

　② 국회나 그 위원회의 요구가 있을 때에는 국무총리·국무위원 또는 정부위원은 출석·답변하여야 하며, 국무총리 또는 국무위원이 출석요구를 받은 때에는 국무위원 또는 정부위원으로 하여금 출석·답변하게 할 수 있다.

제63조 ① 국회는 국무총리 또는 국무위원의 해임을 대통령에게 건의할 수 있다.

　② 제1항의 해임건의는 국회재적의원 3분의 1 이상의 발의에 의하여 국회재적의원 과반수의 찬성이 있어야 한다.

제64조 ① 국회는 법률에 저촉되지 아니하는 범위 안에서 의사와 내부규율에 관한 규칙을 제정할 수 있다.

　② 국회는 의원의 자격을 심사하며, 의원을 징계할 수 있다.

　③ 의원을 제명하려면 국회재적의원 3분의 2 이상의 찬성이 있어야 한다.

　④ 제2항과 제3항의 처분에 대하여는 법원에 제소할 수 없다.

제65조 ① 대통령·국무총리·국무위원·행정각부의 장·헌법재판소 재판관·법관·중앙선거관리위원회 위원·감사원장·감사위원 기타 법률이 정한 공무원이 그 직무집행에 있어서 헌법이나 법률을 위배한 때에는 국회는 탄핵의 소추를 의결할 수 있다.

　② 제1항의 탄핵소추는 국회재적의원 3분의 1 이상의 발의가 있어야 하며, 그 의결은 국회재적의원 과반수의 찬성이 있어야 한다. 다만, 대통령에 대한 탄핵소추는 국회재적의원 과반수의 발의와 국회재적의원 3분의 2 이상의 찬성이 있어야 한다.

　③ 탄핵소추의 의결을 받은 자는 탄핵심판이 있을 때까지 그 권한행사가 정지된다.

　④ 탄핵결정은 공직으로부터 파면함에 그친다. 그러나, 이에 의하여 민사상이나 형사상의 책임이 면제되지는 아니한다.

제4장 정　부
제1절 대 통 령

제66조 ① 대통령은 국가의 원수이며, 외국에

대하여 국가를 대표한다.

② 대통령은 국가의 독립·영토의 보전·국가의 계속성과 헌법을 수호할 책무를 진다.

③ 대통령은 조국의 평화적 통일을 위한 성실한 의무를 진다.

④ 행정권은 대통령을 수반으로 하는 정부에 속한다.

제67조 ① 대통령은 국민의 보통·평등·직접·비밀선거에 의하여 선출한다.

② 제1항의 선거에 있어서 최고득표자가 2인 이상인 때에는 국회의 재적의원 과반수가 출석한 공개회의에서 다수표를 얻은 자를 당선자로 한다.

③ 대통령후보자가 1인일 때에는 그 득표수가 선거권자 총수의 3분의 1 이상이 아니면 대통령으로 당선될 수 없다.

④ 대통령으로 선거될 수 있는 자는 국회의원의 피선거권이 있고 선거일 현재 40세에 달하여야 한다.

⑤ 대통령의 선거에 관한 사항은 법률로 정한다.

제68조 ① 대통령의 임기가 만료되는 때에는 임기만료 70일 내지 40일전에 후임자를 선거한다.

② 대통령이 궐위된 때 또는 대통령 당선자가 사망하거나 판결 기타의 사유로 그 자격을 상실한 때에는 60일 이내에 후임자를 선거한다.

제69조 대통령은 취임에 즈음하여 다음의 선서를 한다.

"나는 헌법을 준수하고 국가를 보위하며 조국의 평화적 통일과 국민의 자유와 복리의 증진 및 민족문화의 창달에 노력하여 대통령으로서의 직책을 성실히 수행할 것을 국민 앞에 엄숙히 선서합니다."

제70조 대통령의 임기는 5년으로 하며, 중임할 수 없다.

제71조 대통령이 궐위되거나 사고로 인하여 직무를 수행할 수 없을 때에는 국무총리, 법률이 정한 국무위원의 순서로 그 권한을 대행한다.

제72조 대통령은 필요하다고 인정할 때에는 외교·국방·통일 기타 국가안위에 관한 중요정책을 국민투표에 붙일 수 있다.

제73조 대통령은 조약을 체결·비준하고, 외교사절을 신임·접수 또는 파견하며, 선전포고와 강화를 한다.

제74조 ① 대통령은 헌법과 법률이 정하는 바에 의하여 국군을 통수한다.

② 국군의 조직과 편성은 법률로 정한다.

제75조 대통령은 법률에서 구체적으로 범위를 정하여 위임받은 사항과 법률을 집행하기 위하여 필요한 사항에 관하여 대통령령을 발할 수 있다.

제76조 ① 대통령은 내우·외환·천재·지변 또는 중대한 재정·경제상의 위기에 있어서 국가의 안전보장 또는 공공의 안녕질서를 유지하기 위하여 긴급한 조치가 필요하고 국회의 집회를 기다릴 여유가 없을 때에 한하여 최소한으로 필요한 재정·경제상의 처분을 하거나 이에 관하여 법률의 효력을 가지는 명령을 발할 수 있다.

② 대통령은 국가의 안위에 관계되는 중대한 교전상태에 있어서 국가를 보위하기 위하여 긴급한 조치가 필요하고 국회의 집회가 불가능한 때에 한하여 법률의 효력을 가지는 명령을 발할 수 있다.

③ 대통령은 제1항과 제2항의 처분 또는 명령을 한 때에는 지체없이 국회에 보고하여 그 승인을 얻어야 한다.

④ 제3항의 승인을 얻지 못한 때에는 그 처분 또는 명령은 그때부터 효력을 상실한다. 이 경우 그 명령에 의하여 개정 또는 폐지되었던 법률은 그 명령이 승인을 얻지 못한 때부터 당연히 효력을 회복한다.

⑤ 대통령은 제3항과 제4항의 사유를 지체없이 공포하여야 한다.

제77조 ① 대통령은 전시·사변 또는 이에 준하는 국가비상사태에 있어서 병력으로써 군사상

의 필요에 응하거나 공공의 안녕질서를 유지할 필요가 있을 때에는 법률이 정하는 바에 의하여 계엄을 선포할 수 있다.

② 계엄은 비상계엄과 경비계엄으로 한다.

③ 비상계엄이 선포된 때에는 법률이 정하는 바에 의하여 영장제도, 언론·출판·집회·결사의 자유, 정부나 법원의 권한에 관하여 특별한 조치를 할 수 있다.

④ 계엄을 선포한 때에는 대통령은 지체없이 국회에 통고하여야 한다.

⑤ 국회가 재적의원 과반수의 찬성으로 계엄의 해제를 요구한 때에는 대통령은 이를 해제하여야 한다.

제78조 대통령은 헌법과 법률이 정하는 바에 의하여 공무원을 임면한다.

제79조 ① 대통령은 법률이 정하는 바에 의하여 사면·감형 또는 복권을 명할 수 있다.

② 일반사면을 명하려면 국회의 동의를 얻어야 한다.

③ 사면·감형 및 복권에 관한 사항은 법률로 정한다.

제80조 대통령은 법률이 정하는 바에 의하여 훈장 기타의 영전을 수여한다.

제81조 대통령은 국회에 출석하여 발언하거나 서한으로 의견을 표시할 수 있다.

제82조 대통령의 국법상 행위는 문서로써 하며, 이 문서에는 국무총리와 관계 국무위원이 부서한다. 군사에 관한 것도 또한 같다.

제83조 대통령은 국무총리·국무위원·행정각부의 장 기타 법률이 정하는 공사의 직을 겸할 수 없다.

제84조 대통령은 내란 또는 외환의 죄를 범한 경우를 제외하고는 재직중 형사상의 소추를 받지 아니한다.

제85조 전직대통령의 신분과 예우에 관하여는 법률로 정한다.

제2절　행정부

제1관　국무총리와 국무위원

제86조 ① 국무총리는 국회의 동의를 얻어 대통령이 임명한다.

② 국무총리는 대통령을 보좌하며, 행정에 관하여 대통령의 명을 받아 행정각부를 통할한다.

③ 군인은 현역을 면한 후가 아니면 국무총리로 임명될 수 없다.

제87조 ① 국무위원은 국무총리의 제청으로 대통령이 임명한다.

② 국무위원은 국정에 관하여 대통령을 보좌하며, 국무회의의 구성원으로서 국정을 심의한다.

③ 국무총리는 국무위원의 해임을 대통령에게 건의할 수 있다.

④ 군인은 현역을 면한 후가 아니면 국무위원으로 임명될 수 없다.

제2관　국무회의

제88조 ① 국무회의는 정부의 권한에 속하는 중요한 정책을 심의한다.

② 국무회의는 대통령·국무총리와 15인 이상 30인 이하의 국무위원으로 구성한다.

③ 대통령은 국무회의의 의장이 되고, 국무총리는 부의장이 된다.

제89조 다음 사항은 국무회의의 심의를 거쳐야 한다.

1. 국정의 기본계획과 정부의 일반정책
2. 선전·강화 기타 중요한 대외정책
3. 헌법개정안·국민투표안·조약안·법률안 및 대통령령안
4. 예산안·결산·국유재산처분의 기본계획·국가의 부담이 될 계약 기타 재정에 관한 중요사항
5. 대통령의 긴급명령·긴급재정경제처분　및 명령 또는 계엄과 그 해제
6. 군사에 관한 중요사항
7. 국회의 임시회 집회의 요구
8. 영전수여

9. 사면·감형과 복권

10. 행정각부간의 권한의 획정

11. 정부안의 권한의 위임 또는 배정에 관한 기본계획

12. 국정처리상황의 평가·분석

13. 행정각부의 중요한 정책의 수립과 조정

14. 정당해산의 제소

15. 정부에 제출 또는 회부된 정부의 정책에 관계되는 청원의 심사

16. 검찰총장·합동참모의장·각군참모총장·국립대학교총장·대사 기타 법률이 정한 공무원과 국영기업체관리자의 임명

17. 기타 대통령·국무총리 또는 국무위원이 제출한 사항

제90조 ① 국정의 중요한 사항에 관한 대통령의 자문에 응하기 위하여 국가원로로 구성되는 국가원로자문회의를 둘 수 있다.

② 국가원로자문회의의 의장은 직전대통령이 된다. 다만, 직전대통령이 없을 때에는 대통령이 지명한다.

③ 국가원로자문회의의 조직·직무범위 기타 필요한 사항은 법률로 정한다.

제91조 ① 국가안전보장에 관련되는 대외정책·군사정책과 국내정책의 수립에 관하여 국무회의의 심의에 앞서 대통령의 자문에 응하기 위하여 국가안전보장회의를 둔다.

② 국가안전보장회의는 대통령이 주재한다.

③ 국가안전보장회의의 조직·직무범위 기타 필요한 사항은 법률로 정한다.

제92조 ① 평화통일정책의 수립에 관한 대통령의 자문에 응하기 위하여 민주평화통일자문회의를 둘 수 있다.

② 민주평화통일자문회의의 조직·직무범위 기타 필요한 사항은 법률로 정한다.

제93조 ① 국민경제의 발전을 위한 중요정책의 수립에 관하여 대통령의 자문에 응하기 위하여 국민경제자문회의를 둘 수 있다.

② 국민경제자문회의의 조직·직무범위 기타 필요한 사항은 법률로 정한다.

제 3 관   행정각부

제94조 행정각부의 장은 국무위원 중에서 국무총리의 제청으로 대통령이 임명한다.

제95조 국무총리 또는 행정각부의 장은 소관사무에 관하여 법률이나 대통령령의 위임 또는 직권으로 총리령 또는 부령을 발할 수 있다.

제96조 행정각부의 설치·조직과 직무범위는 법률로 정한다.

제 4 관   감 사 원

제97조 국가의 세입·세출의 결산, 국가 및 법률이 정한 단체의 회계검사와 행정기관 및 공무원의 직무에 관한 감찰을 하기 위하여 대통령 소속하에 감사원을 둔다.

제98조 ① 감사원은 원장을 포함한 5인 이상 11인 이하의 감사위원으로 구성한다.

② 원장은 국회의 동의를 얻어 대통령이 임명하고, 그 임기는 4년으로 하며, 1차에 한하여 중임할 수 있다.

③ 감사위원은 원장의 제청으로 대통령이 임명하고, 그 임기는 4년으로 하며, 1차에 한하여 중임할 수 있다.

제99조 감사원은 세입·세출의 결산을 매년 검사하여 대통령과 차년도국회에 그 결과를 보고하여야 한다.

제100조 감사원의 조직·직무범위·감사위원의 자격·감사대상공무원의 범위 기타 필요한 사항은 법률로 정한다.

제 5 장 법   원

제101조 ① 사법권은 법관으로 구성된 법원에 속한다.

② 법원은 최고법원인 대법원과 각급법원으로 조직된다.

③ 법관의 자격은 법률로 정한다.

제102조 ① 대법원에 부를 둘 수 있다.

② 대법원에 대법관을 둔다. 다만, 법률이 정하는 바에 의하여 대법관이 아닌 법관을 둘 수 있다.

③ 대법원과 각급법원의 조직은 법률로 정한다.

제103조 법관은 헌법과 법률에 의하여 그 양심에 따라 독립하여 심판한다.

제104조 ① 대법원장은 국회의 동의를 얻어 대통령이 임명한다.

② 대법관은 대법원장의 제청으로 국회의 동의를 얻어 대통령이 임명한다.

③ 대법원장과 대법관이 아닌 법관은 대법관회의의 동의를 얻어 대법원장이 임명한다.

제105조 ① 대법원장의 임기는 6년으로 하며, 중임할 수 없다.

② 대법관의 임기는 6년으로 하며, 법률이 정하는 바에 의하여 연임할 수 있다.

③ 대법원장과 대법관이 아닌 법관의 임기는 10년으로 하며, 법률이 정하는 바에 의하여 연임할 수 있다.

④ 법관의 정년은 법률로 정한다.

제106조 ① 법관은 탄핵 또는 금고 이상의 형의 선고에 의하지 아니하고는 파면되지 아니하며, 징계처분에 의하지 아니하고는 정직·감봉 기타 불리한 처분을 받지 아니한다.

② 법관이 중대한 심신상의 장해로 직무를 수행할 수 없을 때에는 법률이 정하는 바에 의하여 퇴직하게 할 수 있다.

제107조 ① 법률이 헌법에 위반되는 여부가 재판의 전제가 된 경우에는 법원은 헌법재판소에 제청하여 그 심판에 의하여 재판한다.

② 명령·규칙 또는 처분이 헌법이나 법률에 위반되는 여부가 재판의 전제가 된 경우에는 대법원은 이를 최종적으로 심사할 권한을 가진다.

③ 재판의 전심절차로서 행정심판을 할 수 있다. 행정심판의 절차는 법률로 정하되, 사법절차가 준용되어야 한다.

제108조 대법원은 법률에서 저촉되지 아니하는 범위 안에서 소송에 관한 절차, 법원의 내부규율과 사무처리에 관한 규칙을 제정할 수 있다.

제109조 재판의 심리와 판결은 공개한다. 다만, 심리는 국가의 안전보장 또는 안녕질서를 방해하거나 선량한 풍속을 해할 염려가 있을 때에는 법원의 결정으로 공개하지 아니할 수 있다.

제110조 ① 군사재판을 관할하기 위하여 특별법원으로서 군사법원을 둘 수 있다.

② 군사법원의 상고심은 대법원에서 관할한다.

③ 군사법원의 조직·권한 및 재판관의 자격은 법률로 정한다.

④ 비상계엄하의 군사재판은 군인·군무원의 범죄나 군사에 관한 간첩죄의 경우와 초병·초소·유독음식물공급·포로에 관한 죄중 법률이 정한 경우에 한하여 단심으로 할 수 있다. 다만, 사형을 선고한 경우에는 그러하지 아니하다.

제 6 장 헌법재판소

제111조 ① 헌법재판소는 다음 사항을 관장한다.

1. 법원의 제청에 의한 법률의 위헌여부 심판
2. 탄핵의 심판
3. 정당의 해산 심판
4. 국가기관 상호간, 국가기관과 지방자치단체 간 및 지방자치단체 상호간의 권한쟁의에 관한 심판
5. 법률이 정하는 헌법소원에 관한 심판

② 헌법재판소는 법관의 자격을 가진 9인의 재판관으로 구성하며, 재판관은 대통령이 임명한다.

③ 제2항의 재판관중 3인은 국회에서 선출하는 자를, 3인은 대법원장이 지명하는 자를 임명한다.

④ 헌법재판소의 장은 국회의 동의를 얻어 재판관중에서 대통령이 임명한다.

제112조 ① 헌법재판소 재판관의 임기는 6년으로 하며, 법률이 정하는 바에 의하여 연임할 수 있다.

② 헌법재판소 재판관은 정당에 가입하거나 정치에 관여할 수 없다.

③ 헌법재판소 재판관은 탄핵 또는 금고 이상의 형의 선고에 의하지 아니하고는 파면되지 아니한다.

제113조 ① 헌법재판소에서 법률의 위헌결정,

탄핵의 결정, 정당해산의 결정 또는 헌법소원에 관한 인용결정을 할 때에는 재판관 6인 이상의 찬성이 있어야 한다.

② 헌법재판소는 법률에 저촉되지 아니하는 범위안에서 심판에 관한 절차, 내부규율과 사무처리에 관한 규칙을 제정할 수 있다.

③ 헌법재판소의 조직과 운영 기타 필요한 사항은 법률로 정한다.

제 7 장 선거관리

제114조 ① 선거와 국민투표의 공정한 관리 및 정당에 관한 사무를 처리하기 위하여 선거관리위원회를 둔다.

② 중앙선거관리위원회는 대통령이 임명하는 3인, 국회에서 선출하는 3인과 대법원장이 지명하는 3인의 위원으로 구성한다. 위원장은 위원중에서 호선한다.

③ 위원의 임기는 6년으로 한다.

④ 위원은 정당에 가입하거나 정치에 관여할 수 없다.

⑤ 위원은 탄핵 또는 금고 이상의 형의 선고에 의하지 아니하고는 파면되지 아니한다.

⑥ 중앙선거관리위원회는 법령의 범위 안에서 선거관리·국민투표관리 또는 정당사무에 관한 규칙을 제정할 수 있으며, 법률에 저촉되지 아니하는 범위 안에서 내부규율에 관한 규칙을 제정할 수 있다.

⑦ 각급 선거관리위원회의 조직·직무범위 기타 필요한 사항은 법률로 정한다.

제115조 ① 각급 선거관리위원회는 선거인명부의 작성등 선거사무와 국민투표사무에 관하여 관계 행정기관에 필요한 지시를 할 수 있다.

② 제1항의 지시를 받은 당해 행정기관은 이에 응하여야 한다.

제116조 ① 선거운동은 각급 선거관리위원회의 관리하에 법률이 정하는 범위안에서 하되, 균등한 기회가 보장되어야 한다.

② 선거에 관한 경비는 법률이 정하는 경우를 제외하고는 정당 또는 후보자에게 부담시킬

수 없다.

제 8 장 지방자치

제117조 ① 지방자치단체는 주민의 복리에 관한 사무를 처리하고 재산을 관리하며, 법령의 범위 안에서 자치에 관한 규정을 제정할 수 있다.

② 지방자치단체의 종류는 법률로 정한다.

제118조 ① 지방자치단체에 의회를 둔다.

② 지방의회의 조직·권한·의원선거와 지방자치단체의 장의 선임방법 기타 지방자치단체의 조직과 운영에 관한 사항은 법률로 정한다.

제 9 장 경   제

제119조 ① 대한민국의 경제질서는 개인과 기업의 경제상의 자유와 창의를 존중함을 기본으로 한다.

② 국가는 균형있는 국민경제의 성장 및 안정과 적정한 소득의 분배를 유지하고, 시장의 지배와 경제력의 남용을 방지하며, 경제주체간의 조화를 통한 경제의 민주화를 위하여 경제에 관한 규제와 조정을 할 수 있다.

제120조 ① 광물 기타 중요한 지하자원·수산자원·수력과 경제상 이용할 수 있는 자연력은 법률이 정하는 바에 의하여 일정한 기간 그 채취·개발 또는 이용을 특허할 수 있다.

② 국토와 자원은 국가의 보호를 받으며, 국가는 그 균형있는 개발과 이용을 위하여 필요한 계획을 수립한다.

제121조 ① 국가는 농지에 관하여 경자유전의 원칙이 달성될 수 있도록 노력하여야 하며, 농지의 소작제도는 금지된다.

② 농업생산성의 제고와 농지의 합리적인 이용을 위하거나 불가피한 사정으로 발생하는 농지의 임대차와 위탁경영은 법률이 정하는 바에 의하여 인정된다.

제122조 국가는 국민 모두의 생산 및 생활의 기반이 되는 국토의 효율적이고 균형있는 이용·개발과 보전을 위하여 법률이 정하는 바에

의하여 그에 관한 필요한 제한과 의무를 과할 수 있다.

제123조 ① 국가는 농업 및 어업을 보호·육성하기 위하여 농·어촌종합개발과 그 지원등 필요한 계획을 수립·시행하여야 한다.

② 국가는 지역간의 균형있는 발전을 위하여 지역경제를 육성할 의무를 진다.

③ 국가는 중소기업을 보호·육성하여야 한다.

④ 국가는 농수산물의 수급균형과 유통구조의 개선에 노력하여 가격안정을 도모함으로써 농·어민의 이익을 보호한다.

⑤ 국가는 농·어민과 중소기업의 자조조직을 육성하여야 하며, 그 자율적 활동과 발전을 보장한다.

제124조 국가는 건전한 소비행위를 계도하고 생산품의 품질향상을 촉구하기 위한 소비자보호운동을 법률이 정하는 바에 의하여 보장한다.

제125조 국가는 대외무역을 육성하며, 이를 규제·조정할 수 있다.

제126조 국방상 또는 국민경제상 긴절한 필요로 인하여 법률이 정하는 경우를 제외하고는, 사영기업을 국유 또는 공유로 이전하거나 그 경영을 통제 또는 관리할 수 없다.

제127조 ① 국가는 과학기술의 혁신과 정보 및 인력의 개발을 통하여 국민경제의 발전에 노력하여야 한다.

② 국가는 국가표준제도를 확립한다.

③ 대통령은 제 1 항의 목적을 달성하기 위하여 필요한 자문기구를 둘 수 있다.

제10장 헌법개정

제128조 ① 헌법개정은 국회재적의원 과반수 또는 대통령의 발의로 제안된다.

② 대통령의 임기연장 또는 중임변경을 위한 헌법개정은 그 헌법개정 제안 당시의 대통령에 대하여는 효력이 없다.

제129조 제안된 헌법개정안은 대통령이 20일 이상의 기간 이를 공고하여야 한다.

제130조 ① 국회는 헌법개정안이 공고된 날로부터 60일 이내에 의결하여야 하며, 국회의 의결은 재적의원 3분의 2 이상의 찬성을 얻어야 한다.

② 헌법개정안은 국회가 의결한 후 30일 이내에 국민투표에 붙여 국회의원선거권자 과반수의 투표와 투표자 과반수의 찬성을 얻어야 한다.

③ 헌법개정안이 제 2 항의 찬성을 얻은 때에는 헌법개정은 확정되며, 대통령은 즉시 이를 공포하여야 한다.

부   칙

제 1 조 이 헌법은 1988년 2월 25일부터 시행한다. 다만, 이 헌법을 시행하기 위하여 필요한 법률의 제정·개정과 이 헌법에 의한 대통령 및 국회의원의 선거 기타 이 헌법시행에 관한 준비는 이 헌법시행 전에 할 수 있다.

제 2 조 ① 이 헌법에 의한 최초의 대통령선거는 이 헌법시행일 40일 전까지 실시한다.

② 이 헌법에 의한 최초의 대통령의 임기는 이 헌법시행일로부터 개시한다.

제 3 조 ① 이 헌법에 의한 최초의 국회의원선거는 이 헌법공포일로부터 6월 이내에 실시하며, 이 헌법에 의하여 선출된 최초의 국회의원의 임기는 국회의원선거후 이 헌법에 의한 국회의 최초의 집회일로부터 개시한다.

② 이 헌법공포 당시의 국회의원의 임기는 제 1 항에 의한 국회의 최초의 집회일 전일까지로 한다.

제 4 조 ① 이 헌법시행 당시의 공무원과 정부가 임명한 기업체의 임원은 이 헌법에 의하여 임명된 것으로 본다. 다만, 이 헌법에 의하여 선임방법이나 임명권자가 변경된 공무원과 대법원장 및 감사원장은 이 헌법에 의하여 후임자가 선임될 때까지 그 직무를 행하며, 이 경우 전임자인 공무원의 임기는 후임자가 선임되는 전일까지로 한다.

② 이 헌법시행 당시의 대법원장과 대법원판사가 아닌 법관은 제 1 항 단서의 규정에 불구

하고 이 헌법에 의하여 임명된 것으로 본다.

③ 이 헌법 중 공무원의 임기 또는 중임제한에 관한 규정은 이 헌법에 의하여 그 공무원이 최초로 선출 또는 임명된 때로부터 적용한다.

제5조 이 헌법시행 당시의 법령과 조약은 이 헌법에 위배되지 아니하는 한 그 효력을 지속한다.

제6조 이 헌법시행 당시에 이 헌법에 의하여 새로 설치될 기관의 권한에 속하는 직무를 행하고 있는 기관은 이 헌법에 의하여 새로운 기관이 설치될 때까지 존속하며 그 직무를 행한다.

사항색인

판례색인(대법원)

[저자약력]

나달숙

이화여자대학교 법과대학 대학원 졸업
법학박사(이화여자대학교)
서울대학교 법과대학 BK21 포닥, 사무국장, 연구조교수
백석대학교 법행정경찰학부 학부장
한국 법과인권교육학회 회장
대한법학교수회 부회장
한국법학회 부회장
인사혁신처 소청심사위원회 비상임위원
중앙선거관리위원회 자금정책자문위원
대전교정청 행정심판위원회위원, 자문위원
충남 학교폭력지역위원회위원
충남 경찰인권위원회위원
천안지원 조정위원 등
현재 백석대학교 경찰학부 교수

신헌법개론

초판발행	2022년 2월 25일
지은이	나달숙
펴낸이	안종만 · 안상준
편 집	박가온
기획/마케팅	오치웅
표지디자인	이영경
제 작	고철민 · 조영환
펴낸곳	(주) 박영사
	서울특별시 금천구 가산디지털2로 53, 210호(가산동, 한라시그마밸리)
	등록 1959. 3. 11. 제300-1959-1호(倫)
전 화	02)733-6771
f a x	02)736-4818
e-mail	pys@pybook.co.kr
homepage	www.pybook.co.kr
ISBN	979-11-303-3870-5 93360

정 가   49,000원